Marktstrategien
der Kurienbanken

Kurt Weissen

Marktstrategien der Kurienbanken

Die Geschäfte der Alberti, Medici und Spinelli in Deutschland (1400–1475)

HEIDELBERG
UNIVERSITY PUBLISHING

Bibliografische Information der Deutschen Nationalbibliothek
Die Deutsche Nationalbibliothek verzeichnet diese Publikation in der Deutschen Nationalbibliografie; detaillierte bibliografische Daten sind im Internet über http://dnb.dnb.de abrufbar.

Publiziert bei Heidelberg University Publishing (heiUP)
Heidelberg 2021.

Die Online-Version dieser Publikation ist auf den Verlagswebseiten von Heidelberg University Publishing https://heiup.uni-heidelberg.de dauerhaft frei verfügbar (Open Access).

urn: urn:nbn:de:bsz:16-heiup-book-675-6
doi: https://doi.org/10.17885/heiup.675

Umschlagillustration: Benozzo Gozzoli, La Cavalcata dei Magi, Fresko, 1459–60, Ausschnitt aus der Westwand, Kapelle im Palazzo Medici-Riccardi, Florenz: Nach einer wissenschaftlich ungesicherten Überlieferung schaut hier der Bankier Roberto di Niccolò Martelli den Betrachter direkt an.

ISBN 978-3-96822-021-5 (Hardcover)
ISBN 978-3-96822-022-2 (Softcover)
ISBN 978-3-96822-020-8 (PDF)

Wolfgang von Stromer
&
Arnold Esch gewidmet

Inhalt

Hinweis: Da dieses Buch auch in einer Open-Access-Version erhältlich ist, die im PDF-Format durchsuchbar ist, wurde auf Orts- und Personenindex verzichtet.

Dank

Ein Forschungsvorhaben, das wesentlich auf ausgedehnten Recherchen in den außerordentlich bestandreichen florentinischen Archiven beruht, führt nur zu Ergebnissen, wenn es auf die freundliche Unterstützung vieler auskunftswilliger Kenner der lokalen Verhältnisse zählen kann. Dank Historikerinnen und Historikern, die mich auf Dokumente mit einem möglichen Bezug zu meiner Fragestellung hinwiesen und mit mir über die Interpretation und Einordnung meiner Funde diskutierten, konnte dieses Projekt langsam fortschreiten und nun zu einem Abschluss kommen. In Florenz durfte ich mich unzählige Male auf Richard Goldthwaite, Marco Spallanzani, Sergio Tognetti, Francesco Guidi Bruscoli und Lorenz Böninger abstützen, die geduldig meine Thesen und Fragen mit mir diskutierten. In Deutschland waren die Gespräche mit Wolfgang von Stromer und Peter Geffcken von großer Wichtigkeit, da ihr profundes Wissen über die deutschen Handelsherren des Spätmittelalters durch keine Bücher zu ersetzen ist. Wertvolle Hinweise erhielt ich von vielen weiteren Wissenschaftlern, die mit spezifischen lokalen wirtschaftshistorischen Verhältnissen oder mit relevanten Archivbeständen südlich und nördlich der Alpen vertraut sind. Von diesen kann ich hier leider nur einige wenige namentlich anführen: Luca Boschetto, William Caferro, Hans-Jörg Gilomen, Rolf Hammel-Kiesow, Franz Irsigler. Arnold Esch und Gerhard Fouquet haben mir darüber hinaus freundlicherweise unveröffentlichte Manuskripte zur Verfügung gestellt, damit ich ihre wichtigen Erkenntnisse berücksichtigen konnte.

Ein besonderer Dank gebührt den Mitarbeiterinnen und Mitarbeitern der Archive in Italien, Deutschland, der Schweiz und den USA, auf deren Hilfsbereitschaft ich stets zählen durfte. In sehr guter Erinnerung behalte ich die italienischen Familien, die mir bereitwillig die Türen ihrer Villen und Paläste geöffnet haben, um mir den Zugang zu ihren Privatarchiven zu ermöglichen: Marchesa Agli, Principessa Borromeo, Principessa Corsini, Marchese Frescobaldi, Conte Guarienti, Conte Sagramoso und Marchesa Torrigiani.

Cristina Cecchi, Elena Cecchi und Gino Corti haben mir bei der Transkription florentinischer Quellen geholfen und waren stets bereit, mich in Florenz bei der Suche nach Dokumenten zu unterstützen. Ohne ihre Hilfsbereitschaft hätte dieses Buch nicht geschrieben werden können. Beat Trachsler und Sabine Mischner danke ich für die aufmerksame und einfühlsame Lektorierung des Manuskripts, Anja Konopka, Daniela Jakob und Frank Krabbes für die Bewältigung der gestalterischen und verlagstechnischen Herausforderungen bei der Drucklegung.

Eine frühe Version der hier vorgelegten Studie, die inzwischen in vielen Punkten weitgehend überholt ist, wurde an der Universität Basel als Habilitationsschrift und von der Ruprecht-Karls-Universität Heidelberg als Grundlage für die Umhabilitierung angenommen. Den

Wissenschaftlerinnen und Wissenschaftlern, die diese Verfahren begleiteten, danke ich für ihre Bereitschaft, diesen Text zu lesen und zu begutachten: Natalie Fryde (Darmstadt), Hans-Jörg Gilomen (Zürich), Thomas Maissen (Heidelberg), Werner Meyer (Basel), Achatz von Müller (Basel), Reinhold Mueller (Venedig), Bernd Schneidmüller (Heidelberg) und Rainer Schwinges (Bern).

1 Einleitung

In vielen europäischen Städten finden sich heute Straßen und Plätze, die an die Niederlassungen italienischer Kaufleute in früheren Jahrhunderten erinnern. In London befinden sich noch heute viele Banken und Versicherungen an der *Lombard Street,* in der Altstadt von Paris liegt die *Rue des Lombards,* in Genf die *Place des Florentins* und in Brügge die *Florentijnse loge.* Diese Bezeichnungen erinnern an die Niederlassungen der Händler und Bankiers von der italienischen Halbinsel, die im Spätmittelalter und der Frühen Neuzeit einen Wirtschaftsraum von London bis nach Tunis, von Sevilla bis ans Schwarze Meer und von der französischen Westküste bis nach Norddeutschland und Böhmen beherrschten. Nördlich der Alpen bauten vor allem Kaufleute aus der Lombardei und der Toskana ihre Präsenz aus.[1] In einer ersten Phase wickelten sie ihre Geschäfte als reisende Kaufleute ab und trafen die Händler aus dem Norden auf den Messen der Champagne. In zunehmender Zahl ließen sie sich dann aber in den städtischen Zentren nieder und errichteten permanente Niederlassungen. Sie waren die großen Innovatoren im Bereich der Handels- und Banktechnik und kombinierten mit ihren Filialnetzen und internationalen Korrespondenten Kredit- und Handelsaktivitäten.[2] Dank ihrer Präsenz in allen wichtigen Wirtschaftszentren des Kontinents konnten sich die Händler-Bankiers aus der Toskana im bargeldlosen Transfer der Geldsummen, die aus dem ganzen katholischen Christentum nach Rom gelangen mussten, eine dominante Stellung aufbauen. Sie beherrschten so eines der ertragreichsten und umfangreichsten Bankgeschäfte des späten Mittelalters. Die dadurch erzielten Gewinne bildeten in vielen Fällen den Grundstein riesiger Vermögen, ohne die kaum entstanden wäre, was heute als Epoche der Renaissance bezeichnet wird.

Die Antworten der deutschen Historiker auf die Frage, welche Rolle die florentinischen Banken in Deutschland im Spätmittelalter spielten und wie weit ihre Zusammenarbeit mit deutschen Handelsgesellschaften ging, teilen sich in zwei Schulen. Wolfgang von Stromer hat in Aufsätzen und in vielen Gesprächen mit mir betont, dass er ziemlich sicher sei, dass die Italiener in Deutschland viel aktiver waren, als er selber durch seine Forschung belegen konnte:[3] „Es scheint fast so, als wäre dieser große Wirtschaftsraum für die Italiener ohne Belang und ohne Interesse gewesen, wenn dem auch triftige, wenn auch sehr verstreute Nachrichten und wesentliche Fakten nicht widersprächen." Ausgangspunkt seiner Überlegungen war die These, dass der kuriale Zahlungsverkehr mit Deutschland im 15. Jahrhundert viel zu bedeutend gewesen sei, als dass ihn die Bankiers aus Florenz nicht ab seinem Ursprungsort hätten erfassen

1 Reichert (2003); Weissen (2006).
2 Goldthwaite (2009).
3 Stromer (1985), S. 135.

und kontrollieren wollen, um daraus einen möglichst sicheren und hohen Gewinn zu erzielen. Dass sie sich darauf beschränkt haben sollen, Wechsel in Brügge, Genf oder Venedig auszustellen, schien ihm wenig plausibel. Seine Einschätzung sah er durch die vielen Nennungen deutscher und florentinischer Bankhäuser erhärtet, die vor allem in Publikationen zum kurialen Zahlungsverkehr mit Dänemark, Schweden und Deutschland zu finden sind, wofür die Register der apostolischen Kammer ausgewertet wurden.[4] Nach Meinung von Arnold Esch hingegen dienten die deutschen Kaufleute des 15. Jahrhunderts den Italienern im kurialen Zahlungsverkehr nur als Zulieferer von Geldern auf die Bankenplätze Brügge und Venedig, da sich die Kurienbanken in Deutschland selbst kaum aktiv engagierten. „Während fast ganz Europa von einem Netz italienisch bedienter *piazze di cambio* überzogen war, von denen man in der Regel Wechselbriefe in alle Himmelsrichtungen finden, also bargeldlos überweisen konnte, hatte dieses System östlich des Rheins ein auffallendes Loch – und auch das gehörte zur Rom-Ferne Norddeutschlands."[5] Die Debatte mit Wolfgang von Stromer über die Qualität und den Umfang der Zusammenarbeit zwischen Deutschen und Italienern betrachtet er als beendet:

> Die (vor allem von Wolfgang von Stromer geäußerte) Vermutung, in den vatikanischen Archivalien würden doch noch einmal Belege für die direkte Zusammenarbeit zwischen deutschen Handelshäusern und apostolischer Kammer schon vor den Fuggern zum Vorschein kommen, hat sich, nach vollständiger Durchsicht, erwartungsgemäß nicht bestätigt. Wo deutsche Kaufleute in den päpstlichen Registern genannt werden, erscheinen sie als Partner italienischer Bankfirmen, die diesen aus dem deutschen Raum Gelder nach Brügge oder Venedig zuliefern.[6]

Die unterschiedlichen Thesen von Esch und Stromer lassen sich in der Frage gegenüberstellen, ob die geringe Zahl von Berichten über Aktivitäten florentinischer Bankiers in Deutschland in der wissenschaftlichen Literatur der weitgehenden Nichtbeachtung dieses Marktes entspricht oder ob dies das Ergebnis fehlender Forschung ist. In der folgenden Geschichte des Handels und der Händler[7] wird basierend auf intensiven Archivrecherchen danach gefragt, wie aktiv sich die italienischen Kurienbankiers den Fluss aus Deutschland nach Rom zu transferierender Gelder kommerziell zu Nutzen machten und wie sie dabei mit Deutschen zusammenarbeiteten. Sie folgt damit einem Aufruf von Wolfgang von Stromer:

4 APD, APS, Esch (1998).
5 Esch (2004a), S. 124.
6 Esch (2003a), S. 30–31. Im gleichen Sinne Esch (2007), S. 395–396.
7 Vgl. Hoock / Reininghaus (1997), S. 11–23.

> Jedoch haben wir auch einzelne Nachrichten, die bei systematischer Suche wohl noch ein dichteres System ergeben könnten, wonach mit Geldgeschäften befasste oberdeutsche Kaufleute und Firmen in Deutschland und auch im Osten und Norden an das Reich angrenzenden Ländern Gefälle für die Kurie einhoben und der camera apostolica nach Avignon oder Rom überwiesen.[8]

Arnold Esch hingegen erwartete von diesen Recherchen keine wesentlichen neuen Erkenntnisse: „Doch wird sich vermutlich nichts an der Feststellung ändern, dass es vor den Fuggern Deutschen nicht wirklich gelungen ist, ohne italienische Partnerfirmen direkten Kontakt zur apostolischen Kammer zu finden. Anm. 51: Wie von der Arbeit von Kurt Weissen über die Florentiner Bankiers und Deutschland zu erwarten ist."[9]

1.1 Marktraumstrategien

Kaufleute legen der Entwicklung ihrer Marktraumstrategie[10] seit jeher eine Reihe von entscheidenden Überlegungen und Einschätzungen zu Aufwand und Ertrag, Bedrohungen und Chancen eines evaluierten Engagements in einem Wirtschaftsgebiet zugrunde. Sie müssen sich ihrer eigenen Stärken und Schwächen bewusst sein und Risiken einschätzen können. Diese Schlüsselfaktoren müssen ständig auf Veränderungen überprüft werden und aus der Neubeurteilung heraus sind kontinuierlich Anpassungen an der Marktraumstrategie vorzunehmen. Es sind keine Dokumente bekannt, in denen leitende Männer einer Kurienbank Überlegungen zu den entscheidenden Faktoren in Bezug auf eine Geschäftstätigkeit in Deutschland festgehalten haben. Überliefert sind aber Instruktionen von Cosimo de' Medici an Bernardo Portinari, als dieser etwa 1436 nach Brügge und London geschickt wurde, um Streitigkeiten mit den dortigen Handelspartnern zu lösen und bei dieser Gelegenheit zu explorieren, wie die örtlichen Bedingungen für Handelsleute sind. Offensichtlich ging es bei diesem Auftrag darum, abzuklären, ob sich die Eröffnung eigener Niederlassungen in diesen beiden Städten lohnen würde.[11] Diese Instruktionen zeigen deutlich, welche Faktoren bei der Beurteilung eines Marktes beachtet wurden. Mehrfach wird in diesem Schreiben darauf hingewiesen, wie wichtig die Sicherheit der

8 Stromer (1970a), S. 194.

9 Esch (2003a), S. 33.

10 Selbstverständlich ist der Begriff ‚Marktraumstrategie' im 15. Jahrhundert völlig unbekannt. Er bezeichnet aber sehr präzise, was Kaufleute immer schon taten und ist bei der Analyse der geographischen Präsenz der Kurienbanken sehr hilfreich. Die folgenden Abschnitte stützen sich weitgehend auf das Marketingkonzept von Becker (2013).

11 Roover (1963), S. 319–320; Zanoboni (1960–).

Verkehrswege ist. Portinari sollte lieber langsamer reisen und immer auf Gesellschaft warten. Von großem Interesse war in Florenz auch der Verlauf des Hundertjährigen Krieges, der gerade in diesen Jahren in Flandern tobte, wodurch Warentransporte in ständiger Gefahr waren. Er solle ausführlich darüber berichten, wie in Brügge der Warenhandel und das Wechselgeschäft betrieben werden. Gibt es viele reiche fremde Kaufleute und italienische Gesellschaften, die für guten Umsatz beim Warenhandel sorgen und für große Nachfrage nach Wechseln? Zu welchen Konditionen werden die Geschäfte abgewickelt? Wie verhalten sich die Bürger der Stadt gegenüber den Fremden? Werden Gerichtsfälle, in die Fremde involviert sind, immer noch in gerechten Verfahren gelöst, wie dies früher der Fall war? Schließlich solle er auch auf die Messe nach Antwerpen gehen und dort beobachten, wie die Geschäfte dort laufen:

> *[...] avisarci delle conditioni del paese, et massime quello senti di questa ghuerra si rinforza fra l'inghilesi e francesi, che comporti danno, faranno ghuerra al ducha di Borgognia et tutta Fiandra, n'arà detrimento assai che non verrà bene apunto a merchatanti nostri pari.*
>
> *Chosì farai d'avisarci chome in Brugia si fà faccende, chosì di chambi chome di merchatantie et chome vi sono merchatanti forestieri ricchi che si travaglino in fare faccende assai, et massime de[i] chambi di chome debono credere o smaltirebbono somma di danari per chi di qua ve ne volgesse.*
>
> *Chosì fa[i] d'avisarci delle compagnie vi sono de mostrarli come si travagliono in fare faccende assai, et chome senti quelli stanno di là in dette compagnie abbino conditione, chosì cho[i] borgiesi come cho[i] forestieri et se ne[i] chasi acchagiono a forestieri v'aministrate e fatta buona ragione et giustitia chome ne[i] tempi passati fare si soleva.*
>
> *Anchora ci pare che quando sarà la fiera d'Anghuersa o dell'altre fiere chonosca merchatanti vi vadino che ttu a si vi debi ire non vi servo più dubio chell'usato e vedi e considera e ghusta bene le cose vi si fanno che tutte queste cose aranno a giovare come tu sai.*[12]

Die in diesem Schreiben genannten Wissens- und Erfahrungsbausteine, auf denen die strategischen Entscheidungen der Medici und aller anderen Kurienbankiers fußten, müssen bei der Planung für einen Eintritt und ein Weiterführen eines unternehmerischen Engagements in Deutschland um eine Reihe von Schlüsselfaktoren erweitert werden, die für diesen Markt spezifisch waren. Alle diese Elemente zusammen bilden das Raster für die nachfolgende Untersuchung:

- Hauptstrategie
  - Die Entscheidung für die Präsenz in einem Marktraum hängt zuerst von den finanziellen und organisatorischen Möglichkeiten des Unternehmens und seiner

12 ASFi, MAP 68, Nr. 588.

Marktstrategie ab. Daraus resultieren Vorgaben, Ziele und Einschränkungen, die den Rahmen für das Verhalten in Teilmärkten vorgeben.

- Deutscher Markt
  - Wie vielen potentiellen Kunden im Norden konnten die Banken ihre Dienstleistungen im Zahlungsverkehr anbieten? Diese Zahl wurde in erster Linie durch die Beziehungen zwischen dem Reich und dem Heiligen Stuhl bestimmt und dem daraus resultierenden Umfang an Annaten-, Ablass- und Zehntzahlungen deutscher Bischöfe und Äbte an die Kurie.
  - In welchem Verhältnis standen Aufwand und Ertrag im Vergleich zwischen einem aktiven Engagement in Deutschland und einer nur passiven Abschöpfung des Zahlungsverkehrs aus diesen Räumen auf den Handelsplätzen Brügge und Venedig?
  - Welche Firmenstruktur eignete sich am besten für den aktiven Handel nördlich der Alpen? Es musste entschieden werden, ob dieses Geschäft mit eigenen Niederlassungen, in Zusammenarbeit mit in Deutschland niedergelassenen Florentinern oder deutschen Handelsherren betrieben wurde.
  - Waren die deutschen Kaufleute, sofern sie dafür über das notwendige Kapital, Handelsvolumen und Wissen verfügten, an Kooperationen interessiert oder wenigstens zur Duldung der Florentiner in ihren Märkten bereit?
  - Wie förderlich oder hinderlich waren die politischen Strukturen für ein kommerzielles Engagement? Um in weit entlegenen Städten in einem fremden Kulturkreis arbeiten zu können, mussten dort auch die rechtlichen und gesellschaftlichen Systeme der Präsenz einer florentinischen Bank gegenüber günstig und wohlwollend sein.
- Finanzmarkt um die Kurie
  - Wie entwickelte sich das Volumen des Geldflusses vom Süden in den Norden, etwa durch Geldsendungen der Kurie an deutsche Fürsten?
  - Welchen Schwankungen war die Intensität der Beziehungen zwischen der Kurie und dem Reich unterworfen? Je besser sich der Papst und die deutschen Fürsten verstanden, umso größer war auch die Kolonie deutscher Prälaten am päpstlichen Hof und die Schar der Pilger, die sich Geld für den Lebensunterhalt oder aus Pfründen schicken ließen.
  - Welche Auswirkungen hatte das politische Verhältnis zwischen den Päpsten und der Republik Florenz auf die Präsenz und Geschäftsmöglichkeiten der florentinischen Banken bei der Kurie?
  - Die Beurteilung der Konkurrenzsituation fragte nach attraktiven unbedienten Regionen und nach dem Konkurrenzverhalten. Gab es Wettbewerb um den Markt oder wurde dieser durch stille Absprachen aufgeteilt und kontrolliert?
  - Wie lösten die Kurienbanken die Herausforderungen der Konzilien in Konstanz und Basel, da sich während der Versammlungsjahre die ganze Kurie oder wichtige Teile davon in Deutschland aufhielten und dadurch Enklaven im deutschen Markt darstellten?

1.2 Ausgangswissensstand

1.2.1 Pratiche di Mercatura

Es gibt zwar keine wirtschaftsgeographischen Werke aus dem Spätmittelalter, doch kann der ökonomische Raum, in dem ein florentinischer Kaufmann des 15. Jahrhunderts dachte, deskriptiv anhand der Informationen in den „Pratiche di Mercatura" erschlossen werden. In den erhaltenen 23 zwischen 1270 und 1500 geschriebenen Pratiche werden 25 Städte genannt, in denen regelmäßig Wechsel gekauft werden konnten und in denen regelmäßig die Kurse der wichtigsten Währungen kotiert wurden. In diesen Listen wird keine deutsche Stadt erwähnt, die als Bankenplatz in das internationale Zahlungssystem eingebunden war.[13] Im Zusammenhang mit Bankgeschäften erwähnt nur eine Quelle um 1415 Wechselbriefe von Konstanz nach Florenz. Es ist die einzige Pratica di Mercatura, in der – sogar mehrfach – die Stadt am Bodensee erwähnt wird. So werden die Spesen genannt, die für den Transport von florentinischem Tuch zwischen Mailand und Konstanz anfallen. Wir erfahren, dass ein Wechselbrief von Konstanz nach Florenz 45 Tage brauchte, und es ist die Rede von den Münzen in Deutschland, Tüchern aus Konstanz und von deutschen Preisen. Es fehlt allerdings der Hinweis auf die Möglichkeit, Wechselgeschäfte in Lübeck und Köln machen zu können. Diese Bezüge zu Deutschland beruhen auf der spe zifischen Situation des Schreibers, denn Antonio di Messer Francesco Salutati da Pescia stand seit 1416 in den Diensten von Giovanni de' Medici und hat sich wohl einige Zeit am Bodensee aufgehalten.[14]

Die ausführlichsten Informationen über den Warenhandel liefert die Francesco Balducci Pegolotti zugeschriebene Schrift, die zwischen 1310 und 1340 entstanden sein soll. Als leitender Angestellter der Gesellschaft der Bardi war er in London, den Niederlanden, in Florenz und auf Zypern tätig.[15] Er verfügte also aus eigener Erfahrung über ausgezeichnete wirtschaftsgeographische Kenntnisse und gab in seinem Text dennoch nur wenige Hinweise auf Deutschland: Kölner Maßeinheiten, Kupfer aus Goslar, Tuch aus Konstanz, Münzen aus Graz und Wien.[16] Auch eine um 1345 in Venedig verfasste Pratica di Mercatura eines anonymen Autors

13 Eine Auflistung der genannten Handelsplätze bei Spufford (2002), S. 61. Vgl. auch Roover (1970b), S. 13; Roover (1971), S. 7.

14 Ricci (1963). Vgl. Guidi Bruscoli (1960–).

15 Zur Biographie von Pegolotti vgl. Friedmann (1912), S. 3–4; Pegolotti (1936), S. 33.

16 Pegolotti (1936). – Evans ersetzte durch diese mustergültige Edition die unwissenschaftliche Publikation dieses Textes von Pegolotti (1766); Grierson (1979) bespricht die Münzlisten dieser Pratica, doch erwähnt er dabei diese Münzen nicht. Die Kölner Maße auch in der Pratica des Chiarini. Vgl. Hirschfelder (1994). – Pegolotti (1936), S. XVII: Am 1. Juni 1311 ernannte das Bankhaus der Bardi Pegolotti zu einem ihrer fünf Prokuratoren für die Geschäfte des Johanniterordens *in partibus Tuscie, Ytalie, ac Lombardie et Alamannie et alibi.* Aus diesem Satz ablesen zu wollen, dass Pegolotti sich nach Deutschland begeben hätte, ist sicherlich unzulässig.

weist sich über Kenntnisse deutscher Maßeinheiten und Währungen aus.[17] Antonio Salutati erwähnt um 1415 Spesen für den Transport von florentinischem Tuch zwischen Mailand und Konstanz, deutsche Münzen und Konstanzer Tuch.[18] Schließlich ist noch die Nennung von Preisen für Felle aus Lübeck aufzuführen, die um 1440 in ein Kaufmannsnotizbuch eines in Genua arbeitenden Florentiners aufgenommen wurden.[19] Auch das *Libro di gabella, e pesi, e misure di più, e diversi luoghi,* das 1440 von dem damals etwa 20-jährigen Giovanni di Bernardo da Uzzano abgeschlossen wurde,[20] ist in seinem über Deutschland vermittelten Wissen immer noch auf dem Stand des hundert Jahre zuvor schreibenden Pegolotti. Es ist darin nicht ein einziger Hinweis zu finden, der auf eine Erweiterung des wirtschaftsgeographischen Horizonts in Richtung Norden oder Osten schließen ließe. Dies verwundert, da der Vater des Schreibers während der Zeit der Niederschrift des Werks in Basel eine Konzilsbank betrieb und mit Bankiers in Köln in Verbindung stand.[21] Schließlich ist noch auf den Chronisten Benedetto Dei hinzuweisen, der für das Jahr 1470 ausführliche Namenslisten von florentinischen Kaufleuten in der Fremde erstellte, ohne darin auch nur einen Bezug nach Deutschland zu machen,[22] obwohl er selber nachweislich durch Basel, Mainz und Köln gereist ist.[23] Ganz anders stellte Enea Silvio Piccolomini die florentinische Präsenz in Deuschland dar. Als Kaiser Friedrich III. auf der Rückreise von seiner Krönung in Rom fürchtete, die Florentiner könnten etwas gegen ihn unternehmen, wurde er durch den Bischof von Siena getrötest, Florenz würde sich um die Sicherheit seiner Kaufleute sorgen, wenn es dem Monarchen etwas antun würde.[24]

Wolfgang von Stromer bestätigt in seinen Forschungen das Fehlen von Bezügen zu Deutschland in diesen Textsammlungen[25] und Arnold Esch schloss daraus: „[Deutschland war] ausgespart aus dem Netz der italienischen Kontore, von den klassischen Handbüchern des zeitgenössischen italienischen Handels gänzlich übergangen."[26] Zusammenfassend ist festzuhalten, dass sich einerseits in diesen Handschriften kein Anlass findet, nach einem Interesse florentinischer Bankiers am deutschen Geldmarkt zu suchen. Anderseits ist aus guten Gründen daran zu zweifeln, dass diese tatsächlich den ganzen greographischen Umfang ihrer Interessen

17 Luzzatto (1925).

18 Ricci (1963), S. 89, 97, 111–115, 122, 133–134 und 148.

19 Florenz, Biblioteca Marucelliana, Ms. C. 226.

20 Da Uzzano (1766). Vgl. Friedmann (1912), S. 5.

21 Dini (1980), S. 395. Zu diesen Beziehungen von Bernardo da Uzzano nach Basel und Köln vgl. unten S. 144.

22 Pagnini del Ventura (1765–1766), II, S. 305 ff.

23 Dei (1985), S. 120–121.

24 Rubinstein (1957), S. 130.

25 Stromer (1995a), S. 135: „Die Pratiche della Mercatura der oberitalienischen Handelshäuser liefern zwar dichte Nachrichten für West- und Nordwesteuropa und einiges für die Donauländer, kaum etwas jedoch für Oberdeutschland und den Hanseraum."

26 Esch (1966), S. 336. – Wenn Fernand Braudel vom italienischen Wirtschaftsraum als dem „L'Occidente accerchiato" schreibt, dann liegt auch bei ihm Deutschland außerhalb dieses Raums. Vgl. Braudel (1974), S. 2109–2110. Zum selben Ergebnis kam Dini (1995a).

widerspiegeln. Diese Kompilationen von verschiedenartigsten Handelsinformationen meist in Listenform wurden in der Forschung sicherlich irrtümlicherweise als „Kaufmannshandbücher" (Pratica di Mercatura) bezeichnet.[27] Sie als Nachschlagewerke im täglichen Gebrauch der Kaufleute zu interpretieren, scheint jedoch realitätsfern. Was soll ein Bankier, der täglich die Wechselkurse verfolgt, mit Informationen, die teilweise seit mehr als hundert Jahren überholt waren? Weshalb weisen diese Handschriften keine Korrekturen oder Ergänzungen aus, wie sie ein Benutzer mit Sicherheit nachgeführt hätte? Und warum sind diese Manuskripte nicht in den Archiven der Kaufleute, sondern in Handschriftensammlungen zu finden? Vermutlich waren es lediglich Schreibübungen von jungen Kaufleuten, die sie als Teil ihrer Ausbildung anfertigten.[28] Antonio Salutati beschrieb 1416 genau diesen Zweck in der Einleitung seiner Abschrift eines zwanzig Jahre früher entstandenen Manuals: *E' vero che alchuni pesi e monete si sono schambiate da poi fatto questo fino a questo dì; no è per ciò che tosto non si ritruovi per chi vorrà studiarllo e intendere la reghola.*[29] Der Inhalt dieser „Handbücher" kann und will deshalb keinen Anspruch auf Vollständigkeit erheben; dass darin nur marginal von florentinisch-deutschen Wirtschaftsbeziehungen die Rede ist, schließt nicht aus, dass diese nicht doch einen viel größeren Umfang hatten als darin beschrieben.

1.2.2 Forschungsstand

Aloys Schulte publizierte im Jahre 1900 die These, Banken aus Italien seien während des Mittelalters im deutschen Wirtschaftsraum nicht präsent gewesen: „Überblicken wir das Ganze, so ergiebt sich, dass mit Sicherheit sich keine italienische Filiale in Deutschland, abgesehen vom heutigen Belgien und Holland, nachweisen lässt."[30] Für viele Jahrzehnte wurde an dieser

---

27 Eine Beschreibung dieser Texte als Quellengattung bei Denzel (2002). Eine Übersicht über die erhaltenen Manuskripte bei Spufford (2002). Spuffords Liste ist durch das Kaufmannshandbuch des Berto di Piero Berti zu ergänzen, das in Florenz in der Biblioteca Marucelliania unter der Signatur Ms. C. 226 aufbewahrt wird, und die von Galoppini (2012c) beschriebene Handschrift aus Pisa.

28 Durch das Abschreiben von Texten mit kommerziellem Inhalt sollten die angehenden Kaufleute die Sprache des Handels und die Handelsbräuche kennenlernen. Gleichzeitig brachte ihnen diese Lernmethode bei, dass fleißiges und leserliches Schreiben für die erfolgreiche Ausübung dieses Berufes eine wesentliche Voraussetzung war. Leon Battista Alberti meinte, ein guter Kaufmann habe stets mit Tinte beschmutzte Hände. Alberti (1994), S. 218: *Dicea messer Benedetto Alberti […], ch'egli stava così bene al mercatante sempre avere le mani tinte d'inchiostro. […] Dimostrava essere officio del mercatante e d'ogni mestiere, quale abbia a tramare con più persone, sempre scrivere ogni cosa, ogni contratto, ogni entrata e uscita fuori di bottega, e così spesso tutto rivedendo quasi sempre avere la penna in mano.*

29 Ricci (1963), S. 63.

30 So auch bereits Schulte (1900), S. 286.

Interpretation nicht gerüttelt.[31] Josef Kulischer schrieb 1908 über die Ausdehnung des italienischen Handelsraums im Mittelalter: „Die Wirksamkeit der italienischen Kaufleute erstreckte sich hauptsächlich auf England, Frankreich, Unteritalien, Flandern, wo sie in bedeutender Anzahl Niederlassungen besaßen. In Deutschland dagegen waren sie nicht vertreten."[32] Raymond de Roover ging bei seiner Betrachtung der italienischen Expansion im spätmittelalterlichen Europa von einer strategischeren Sichtweise aus und sah in den Niederlassungen der Florentiner in Lübeck einen gescheiterten Versuch, ins Baltikum vorzudringen. Die offensichtliche Überlegenheit ihrer Geschäftspraktiken hätten ihnen gegenüber den einheimischen Handelsherren keinen Vorteil verschafft und seien mit den lokalen Usanzen nicht vereinbar gewesen. Zudem hätte die Hanse ihr Handelsmonopol mit wirtschaftlichen und politischen Mitteln geschützt.[33] Er fand auch bei seinen Archivrecherchen in Deutschland keinen durch die großen italienischen Bankhäuser organisierten Handelsplatz für Wechselgeschäfte: „Any reference to German places is conspicuous by its absence. This omission can be explained only by the fact that there were no organized exchange markets in Germany, not even in Lübeck, the leading Hanseatic city."[34] Sehr lange ging die Forschung also davon aus, dass es im Spätmittelalter, abgesehen von Ausnahmesituationen wie während der Konzilien von Konstanz und Basel, in keiner deutschen Stadt über längere Zeit die Möglichkeit gab, einen Wechselbrief zu erstehen, der von einer italienischen Bank am päpstlichen Hof honoriert worden wäre. Es habe im Rheintal und in den östlich davon gelegenen Städten keine permanente Niederlassung einer der großen florentinischen Banken und kein Kontor eines ihrer Korrespondenten gegeben.[35] Ein Anschluss deutscher Städte an das italienische Zahlungssystem wurde von den Historikern ausgeschlossen.

---

31 Schulte (1900), S. 325. – Die drei anderen Klassiker zu den deutsch-italienischen Wirtschaftsbeziehungen im Mittelalter zeigen im Vergleich zu Schulte keine Abweichung von dieser Einschätzung: Heyd (1879); Simonsfeld (1887); Schaube (1906). Vgl. die Würdigung dieser Studien durch Ammann (1937), S. 179. In dieser Aufarbeitung des damaligen Forschungsstandes beschränkt sich der Autor ganz auf den Warenhandel und lässt die Bankengeschichte außer Betracht.

32 Kulischer (1908), S. 50.

33 Postan et al. (1963), S. 43. – Weitgehend gleichlautend Roover (1970b), S. 14: „Il n'y avait pas de place bancaire outre-Rhin, en Europe centrale ou en Scandinavie, sans doute parce que les méthodes commerciales relativement arriérées en vigueur dans ces pays ne favorisaient pas semblable développement. Une tentative florentine, pourtant soutenue par les Médicis, d'ériger Lübeck en place bancaire aboutit à un échec total pour la raison déjà indiquée et à cause de l'opposition systématique de la Ligue hanséatique qui redoutait la pénétration des Italiens dans la Baltique et la perte de ses monopoles."

34 Roover (1948a), S. 60. Vgl. auch Roover (1968), S. 15. Schon ein paar Jahre vorher hatte er jede Präsenz von italienischen Kaufleuten in Deutschland verneint. Roover (1963), S. 8: „The domain of the Italian merchant-bankers did not extend east of the Rhine." – Postan et al. (1963), S. 43.

35 Bedeutend mehr ältere Literatur ist zu den weiter östlich gelegenen Gebieten in Böhmen, Ungarn und Polen zu finden. Vgl. Fournier (1893); Ptásnik (1922); Sapori (1955–1967a); Székely (1964); Stromer (1968); Quirini-Poplawska (1977); Halaga (1978); Manikowski (1985); Stromer (1985); Reichert / Irsigler (1994); Reichert (2003); Prajda (2018).

Zwar haben deutsche Historiker immer wieder in der Stadt am Arno wissenschaftlich gearbeitet und dabei viele grundlegende Werke über die Geschichte von Florenz verfasst, doch haben sie sich mit deutsch-florentinischen Beziehungen nur am Rande beschäftigt. Diese wenigen haben allerdings grundlegende Arbeiten geschrieben, sodass ihnen auch Armando Sapori „un posto predominante" in der Schreibung der spätmittelalterlichen Wirtschaftsgeschichte Italiens zubilligte.[36] Diese Beurteilung beruhte vor allem auf den großen Arbeiten von Robert Davidsohn und Doren, die sich mit allgemeinen Fragen der Geschichte von Florenz beschäftigten und nur wenig auf deutsch-florentinische Beziehungen eingingen.[37] Wie stark die toskanischen Archivbestände von deutschen Wirtschaftshistorikern vernachlässigt worden sind, zeigt eindrücklich eine quantitative Auswertung der Provenienz der in Schultes „Geschichte des mittelalterlichen Handels und Verkehrs zwischen Westdeutschland und Italien mit Ausschluss von Venedig" aus italienischen Archiven publizierten Regesten: 250 stammten aus lombardischen Archiven, 3 aus Turin, 22 aus Genua, 3 aus Florenz und 2 aus Siena.[38] Der geringen Einschätzung der Bedeutung Deutschlands für die Geschäfte der florentinischen Banken der Renaissance entspricht also der bescheidene Aufwand, der bislang für Nachforschungen zu diesem Thema in den Archiven der Arnostadt betrieben wurde.[39] Da der spätmittelalterliche Aktivhandel der Deutschen in Italien primär auf Venedig, Mailand, Bologna und Genua ausgerichtet war, konzentrierten sich die deutschen Wirtschaftshistoriker weitgehend auf Quellenarbeit in den Archiven dieser Handelsmetropolen. Es ist auch bemerkenswert, dass das Hauptinteresse der deutschen Historiker vor allem den Anstrengungen deutscher Handelshäuser in Italien galt; nur Aloys Schulte, Wolfgang von Stromer, Arnold Esch, Winfried Reichert und Gerhard Fouquet schenkten bei ihren Forschungsarbeiten italienischen Unternehmungen in Deutschland Beachtung.[40] Gleichzeitig ist generell festzuhalten, dass in den letzten Jahrzehnten bankengeschichtliche Fragestellungen in der deutschen Renaissance-Forschung nur eine marginale Rolle gespielt haben.[41]

Der Wissensstand wurde wesentlich erweitert, als Wolfgang von Stromer 1970 in seiner Studie über die deutsche Hochfinanz im Zeitalter vor den Fuggern viele neue Erkenntnisse zur Zusammenarbeit zwischen oberdeutschen und italienischen Bankhäusern vorlegte,[42] nachdem

36 Sapori (1933), S. 127.

37 Davidsohn (1896–1925); Doren (1901–1908); Davidsohn (1928); Davidsohn (1929); Doren (1934). – In den Betrachtungen von Davidsohn zum Handelsgebiet der Florentiner kommt Deutschland gar nicht vor: Davidsohn (1928).

38 Schulte (1900); Stromer (1970a), S. V.

39 Ammann ([um 1955]), S. 136: Ammann hielt eine umfassende Archivrecherche zu den deutsch-italienischen Wirtschaftsbeziehungen in Italien aufgrund der riesigen Quellenbestände für unmöglich. Wolfgang von Stromer betonte ebenfalls, dass an vielen Orten noch gar nicht nach Quellen gesucht worden sei. Vgl. Braunstein (1967), S. 384; Stromer (1995a), S. 135.

40 Vgl. die Schriften dieser Historiker in der Bibliographie.

41 Vgl. hierzu die Darstellungen von Karant-Nunn (1994); Karant-Nunn (1995); Karant-Nunn (1996); Böninger (1998).

42 Stromer (1970a).

er dieses Arbeitsgebiet fünf Jahre zuvor noch als „carte blanche" bezeichnet hatte.[43] Er konnte aufzeigen, dass die oberdeutschen Banken im 15. Jahrhundert in Venedig, Bologna, Florenz, Mailand, Rom und Brügge „vollen Anschluß an die große europäische Finanz" hatten.[44] Zu einer grundlegenden Neubetrachtung der Wirtschaftsaktivitäten der Italiener in Deutschland haben ihn seine Quellenfunde allerdings nicht geführt, denn er sieht die Italiener in einer passiven Rolle und schreibt ihnen kein strategisches Interesse an der aktiven Erschließung Deutschlands zu. Er formulierte deshalb 1979 im Sinne der wissenschaftlichen Tradition: „Deutschland östlich des Rheins war ausgespart aus dem System, womit die oberitalienischen Banken die Mittelmeerwelt im Spätmittelalter dicht überzogen hatten."[45] Hermann Kellenbenz fasste 1985 zusammen, was in der Forschung über wirtschaftliche Aktivitäten von Italienern in Deutschland bekannt war. Er beschränkte sich dabei auf eine Aufzählung der in der Fachliteratur erwähnten Quellenbelege, ohne daraus eine These über die Entwicklungsparameter zu erarbeiten.[46] Markus Denzel verfasste 1994 eine umfassende kritische Analyse des Forschungsstands zur Rolle der Banken im spätmittelalterlichen Zahlungsverkehr mittels Wechseln zwischen Deutschland und Italien, in der die von Kellenbenz genannten Fakten bestätigt werden.[47] 1995 fasste Wolfgang von Stromer nüchtern zusammen: „Kaum etwas ist [...] über geschäftliche Aktivitäten italienischer Firmen jenseits des Alpenkamms in Kerndeutschland östlich des Rheingrabens und westlich von Elbe und Oder bekannt."[48] Schließlich sah auch Esch 2003 in Norddeutschland ein „auffallendes Loch" im Bankensystem der Italiener und meint, diese seien wenig auf die Durchdringung dieses Raumes bedacht gewesen.[49]

Was über die italienischen Banken im Allgemeinen geschrieben wurde, gilt auch für die Toskaner und die Kurienbanken im Speziellen. Die älteren Wirtschaftshistoriker waren sich darin einig, dass Deutschland für die italienischen *merchant-bankers* so uninteressant war, dass sie bei ihnen keine Strategien zur Erschließung dieses Marktes entdecken konnten. Die Florentiner hätten nicht auf regelmäßiger Basis direkt mit Kontoren in Deutschland zusammengearbeitet, hätten sich also nicht auf deutsche Handelsusanzen, deutsches Recht und die Risiken dieses Marktes eingelassen. Folglich habe es durch sie auch keine Akquisition von Kunden innerhalb Deutschlands, keine gezielte Marktstrategie und keine Konkurrenzsituation gegeben.

In der Forschung blieb die allgemein vertretene Lehrmeinung des weitgehenden Desinteresses der Florentiner Bankiers an Deutschland unwidersprochen, obwohl es durchaus auch Historiker gab, die Zweifel an ihr äußerten und damit Hoffnungen machten, dass die Suche

43 Stromer (1974), S. 259.
44 Stromer (1974), S. 261.
45 Stromer (1979), S. 3.
46 Kellenbenz (1985).
47 Denzel (1994), S. 263–264.
48 Stromer (1995a), S. 135.
49 Esch (2003b), S. 87. Vgl. auch Czaja (1999); Czaja (2003).

nach direkten Geschäftskontakten von Florentinern mit in Deutschland lebenden Kaufleuten nicht von vornherein völlig aussichtslos sein würde. Philippe Braunstein ging 1967 als Erster entgegen der Opinio communis davon aus, dass es enge und umfangreiche Beziehungen zwischen Nürnbergern und Florentinern gegeben habe, die jedoch für das 15. Jahrhundert noch nie untersucht worden seien.[50] Auch Hermann Kellenbenz vermutete, dass es weit mehr italienische Wirtschaftsaktivitäten in Deutschland gegeben habe, als ihm selber bekannt waren.[51] Doch er untermauerte diese sehr allgemein formulierten Aussagen nicht durch Quellenbelege und stellte selber keine spezifischen Nachforschungen in Archiven an. Weitere Hinweise auf florentinisch-deutsche Geschäftskontakte finden sich in Schriften von vielen Gelehrten aus dem deutschsprachigen Raum, Italien, Frankreich, Belgien, Großbritannien, Australien und den USA, die sich in den letzten Jahrzehnten mit ökonomischen Aspekten der Renaissance auseinandersetzten. Das Vordringen italienischer Handelshäuser ins spätmittelalterliche Deutschland stand zwar bei keinem im Zentrum seiner Forschung, doch überlieferten sie in vielen Fällen in Randnotizen Informationen mit Bezug zu Deutschland.[52] Auch diese ließen vermuten, dass es dazu noch mehr zu finden geben könnte. Besonders inspirierend war Federigo Melis, der zusammen mit seinen Schülern mehr als 3 000 Rechnungsbücher toskanischer Kaufleute des Rinascimento für Studien zur Wirtschaftsgeschichte der Toskana erschlossen haben soll und wenigstens von gelegentlicher Präsenz von Florentinern östlich des Rheins schrieb: „Ad est del Regno [di Francia] e di là dalle Alpi centro-orientali [...] la penetrazione fiorentina è stata occasionale."[53] In seinen Schriften sind mehrfach kleine Hinweise darauf zu finden, dass er während seiner langjährigen Archivarbeit auf Spuren von Florentinern in Deutschland gestoßen ist. So zählt er in seinen Publikationen über die im Archiv des Francesco di Marco Datini in Prato erhaltenen 153 000 Briefe auch die heutige Schweiz und Deutschland unter den Ländern auf, die in dieser Korrespondenz erwähnt werden,[54] und in einem Referat auf dem Dante-Kongress von 1966 sagte er über florentinische Bankiers: „[...] nel Quattrocento si trovano dei

50 Braunstein (1967), S. 384.

51 Kellenbenz (1985).

52 Die ersten bedeutenden Informationen aus florentinischen Archiven publizierte Sieveking (1901–1902); Sieveking (1906). – Häufig genug wurden diese Fakten ohne eigene archivalische Recherchen übernommen. Ein Beispiel dafür ist Ehrensperger (1971), der offensichtlich nur Roover (1963) ausgewertet und selber nie im Staatsarchiv von Florenz gearbeitet hat.

53 Melis (1987), S. 17. Über den Umfang dieser Forschungsarbeit vgl. Melis (1974b), S. 13–15. Schüler von Melis haben etwa 180 dieser Rechnungsbücher zum Thema ihrer Magister- oder Doktorarbeit gemacht. Weitere Dissertationen zur Banken- und Handelsgeschichte der Florentiner mit Bezügen zu Deutschland wurden unter der Anleitung seiner Schüler Bruno Dini und Marco Spallanzani abgeschlossen: Careri (1992); Celli (1993); Berti (1994); Orzalesi (1996); Rachini (1996); Baglioni (1997); Girgenti (1998); Buggani (1999); Fissi (1999). – Leider sind die für diese Doktorarbeiten geschaffenen Transkriptionen nur in ganz wenigen Fällen publiziert und wegen des italienischen Rechtes zum Schutz des geistigen Eigentums den Wissenschaftlern meist nicht zugänglich.

54 Melis (1956), S. 19, Anm. 1 gibt nur eine Liste dieser Länder, verzichtet aber auf eine Angabe, in welchen dieser vielen Briefe die beiden Gebiete vorkommen.

nuclei più consistenti nella Germania (sopratutto a Norimberga).“[55] Schließlich erwähnt er in einer Arbeit über die kommerzielle Korrespondenz florentinischer Kaufleute eine Reihe von Briefen zwischen Basel und der Stadt am Arno. Da er den Fundort seiner Quellen nicht angab, bleiben sie allerdings unauffindbar.[56]

Seit der Jahrhundertwende sind viele Forschungsbeiträge zu unterschiedlichen Untersuchungsgebieten erschienen, die neue Fakten lieferten, aus denen auf eine bedeutend häufigere und regelmäßigere Handelstätigkeit italienischer Kaufleute in Deutschland geschlossen werden konnte, als bis dahin angenommen. Die Anzahl dieser Publikationen ist so groß, dass an dieser Stelle kein umfassender analytischer Forschungsstand geboten werden kann, sondern eine Beschränkung auf die Schriften notwendig ist, die als wertvolle Vorarbeiten zu einer umfassenden Gesamtschau dienen konnten. Eine erste Gruppe von Forscherinnen und Forschern, unter denen besonders William Caferro hervorzuheben ist, hat sich mit der Unternehmensgeschichte von Kurienbanken beschäftigt: Medici, della Casa und Spinelli.[57] Eine zweite hat die Rolle der Bankiers im kurialen Finanzwesen untersucht. Vor allem die Publikationen von Ivana Ait und Luciano Palermo entfalteten einen großen Einfluss.[58] Sehr viel Inspiration und Faktenwissen konnte aus den Arbeiten von Knut Schulz und Christiane Schuchard über die Deutschen in Rom und im Gefolge der Kurie gewonnen werden.[59] Da die Handelsplätze an der Peripherie des deutschen Handelsraumes für die Kontakte zwischen Deutschen und Italienern von zentraler Bedeutung waren, wären sehr viele Fragen ohne die Konsultation der Schriften von Laura Galoppini, Anke Greve, Volker Henn und Werner Paravicini über die Deutschen und Italiener in Brügge[60] sowie das umfassende Œuvre von Philippe Braunstein zu Venedig[61] ohne Antworten geblieben. Schließlich konnten viele Anregungen aus der Forschung zur Präsenz der Florentiner in anderen Regionen gewonnen werden. Zu nennen sind hier die Arbeiten von Maria Elisa Soldani zu Barcelona, Leslie Carr-Riegel zu Polen sowie Susanna Teke, Katalin Prajda und Krisztina Arany zu Ungarn.[62] Fast eine eigenständige historische Schule ist die Auswertung des Salviati-Archivs in Pisa zu nennen, die unter Leitung von Mathieu Arnoux und Jacques Bottin von der EHESS in Paris erfolgreich vorangetrieben wurde. In dieser langen Liste der Historikerinnen und Historiker, deren Schriften wichtige Referenzwerke zu der hier untersuchten

55 Melis (1984), S. 17.

56 Melis (1985a), S. 214. – Für das 16. Jahrhundert ist die Forschungslage etwas besser. Erst Pölnitz (1942) hat für seinen Aufsatz auch Forschungsarbeit im Staatsarchiv von Florenz geleistet. In umgekehrter Richtung schauen Spallanzani (1991); Guidi Bruscoli (1999).

57 Caferro (1995); Caferro (1996); Arcelli (2001); Jacks / Caferro (2001); Fazzini et al. (2016).

58 Ait (1987); Palermo (1988a); Palermo (1988b); Palermo (2000); Ait (2014b).

59 Schuchard (1999); Schulz / Schuchard (2005b).

60 Paravicini (1991); Henn (1999); Greve (2000); Galoppini (2001); Greve (2006); Galoppini (2009).

61 Braunstein (1994a); Braunstein (2016).

62 Teke (1995); Soldani (2010); Prajda (2013); Arany (2014); Prajda (2017); Prajda (2018); Carr-Riegel (2021). Vgl. den Überblick über den Forschungsstand bei Figliuolo (2013).

Fragestellung sind, dürfen Sergio Tognetti mit seiner Geschichte der Cambini-Bank, das Projekt zu den Lombarden im Grenzbereich von Reich und Frankreich unter der Leitung von Franz Irsigler und der Aufsatz von Gerhard Fouquet über Gherardo Bueri nicht fehlen, in dem er mit den Testamenten des Florentiners neue aufschlussreiche Quellen vorstellen konnte.[63] Für die Auswertung buchhalterischer Dokumentationen und die Zusammenarbeit zwischen Bankiers und apostolischer Kammer hatten die von Francesco Guidi Bruscoli veröffentlichten Beiträge zu den Kurienbanken, den Florentinern in Portugal und zum Handelsplatz Brügge (zusammen mit Jim Bolton) beispielgebenden Charakter.[64]

Ein eigener Abschnitt gebührt Arnold Esch, der fast zu jedem der oben erwähnten Themen grundlegende Arbeiten verfasst hat. Er hat sich mit den Banken im Umkreis der Kurie während des Großen Schismas, den Deutschen in Rom, der Bedeutung Brügges als Handelsplatz und dem Zahlungsverkehr zwischen Deutschland und der apostolischen Kammer befasst. Viele seiner Schriften sind nicht bloß Faktenlieferanten, sondern wichtige Wegweiser und Inspirationen zu methodischen Überlegungen und zur Thesenbildung dieser Arbeit.[65]

1.3 Aussichten auf neue Erkenntnisse durch Archivrecherchen

Eine aufwändige Recherche über Geschäftsbeziehungen der Medici-Bank und anderer florentinischer Banken nach Deutschland zu beginnen, macht nur einen Sinn, wenn es Anhaltspunkte für kommerzielle Aktivitäten von Florentinern in dieser Region gibt, die über das in der bisherigen Forschung Dargelegte hinausgehen. Wie sinnvoll und ertragreich kann es sein, umfassende Archivrecherchen zu unternehmen, obwohl eine Koryphäe wie Arnold Esch daran zweifelt, dass sie mehr als die Bestätigung des Altbekannten bringen werden?

1.3.1 Archive der Bankiers

Die meisten Informationen über Beziehungen zwischen Bankiers bei der apostolischen Kammer und den Marktakteuren auf den internationalen Handelsplätzen sind in den Rechnungsbüchern der florentinischen Kaufleute selber zu finden.[66] Aus dem hier betrachteten Zeitabschnitt sind

63 Fouquet (1998); Tognetti (1999); Irsigler (2006).

64 Guidi Bruscoli (2000); Bolton/Guidi Bruscoli (2007); Guidi Bruscoli (2010); Guidi Bruscoli (2012); Guidi Bruscoli (2018).

65 Esch (1998); Esch (1999a); Esch (2002); Esch (2004b); Esch (2005a); Esch (2007); Esch (2010); Esch (2016).

66 Zum Schriftwesen der Kaufleute in Italien und Deutschland vgl. Stromer (1967); Melis (1972); Mantegna (2011); Tognetti (2012); Tognetti (2013); Tanzini/Tognetti (2014).

nur von wenigen Kurienbankiers buchhalterische Aufzeichnungen bekannt und davon nur kleine Teile publiziert.[67] Den geschlossensten Datenbestand liefern die Rechnungsbücher der bei der Kurie und in Genf aktiven Gesellschaften von Antonio della Casa und seinen Erben.[68] Einen besonderen Glücksfall stellte die Möglichkeit dar, in der Beinecke-Library der Yale University in New Haven (USA) im Archiv der Familie Spinelli arbeiten zu können, auf dessen Bedeutung für die deutsche Wirtschaftsgeschichte bereits William Caferro hingewiesen hat.[69] Leider besteht kaum mehr Hoffnung, dass die vermutlich seit der Überschwemmung von Florenz im Jahre 1966 verschollenen Bestände, zu denen vor allem die Rechnungsbücher gehören, noch gefunden werden können. Dennoch ist der Fundus an Bilanzen und kaufmännischer Korrespondenz aus dem Wirken von Tommaso Spinelli und seinen Nachfolgern von großer Bedeutung für die deutsche Wirtschaftsgeschichte.[70] Das Archiv der frühen Medici und ihrer Banken befindet sich als Fundus *Mediceo avanti il Principato* im Florentiner Staatsarchiv.[71] Nur sehr bruchstückhaft ist die Überlieferung von Schriftstücken aus den Schreibstuben der großen Kompanien der Alberti und Pazzi.[72]

Wenige Dokumente sind von den auf den internationalen Handelsplätzen Brügge und Venedig arbeitenden italienischen Bankiers erhalten, über die ein wesentlicher Teil des Zahlungsverkehrs zwischen Deutschland und der Kurie abgewickelt wurde. Bekannt sind die *libri dei debitori e creditori* der Salviati, der Cambini und der Borromei.[73] Aus diesen Quellen lässt sich aber jeweils nur der mit dieser Bank in Verbindung stehende Teil des Bankensystems erschließen. In keinem Fall können die Ergebnisse aus verschiedenen Archiven so zur Deckung gebracht werden, dass ein geschlossenes Bild entstehen würde. Statistische Auswertungen, die für das Spätmittelalter ein quantifiziertes Gesamtbild der Handelsbilanz zwischen Nord- und Südeuropa, der päpstlichen Finanzen oder der von den Kurienbankiers erzielten Umsätze und Gewinne ermöglichen würden, sind auf dieser schmalen Quellenbasis ausgeschlossen. Auch der umfassendste Archivbestand aus der Arbeit eines toskanischen Kaufmanns des

---

67 Tognetti (2013).

68 Von den Banken der della Casa und Guadagni werden im Archiv des Ospedale degli Innocenti in Florenz (nachfolgend: AOIF) fünf Hauptbücher aus der Römer Filiale aufbewahrt. Von den drei Genfer Registern ist eines transkribiert und publiziert: Cassandro (1976b).

69 Caferro (1995); Caferro (1996).

70 Der größte Teil des Spinelli-Archivs befindet sich heute in der Beinecke Library der Yale University, General Manuscripts 109 (nachfolgend: YUSA). Kleinere Archivteile, die wenig Bezug zur Geschäftstätigkeit dieser Familie haben, liegen im Fondo Spinelli-Baldocci des Archivio di Stato di Firenze (nachfolgend: ASFi).

71 Dieses Archiv ist vollständig digitalisiert und online zugänglich: Klein (1999).

72 Von den Alberti sind nur Rechnungsbücher aus dem 14. Jahrhundert erhalten, vgl. Goldthwaite et al. (1995); Sapori (1952). Über die Cambini schrieb Tognetti (1999) eine umfassende Monographie.

73 Das Salviati-Archiv befindet sich im Archiv der Scuola Normale Superiore in Pisa, die Register der Cambini im AOIF. Ausführlich dazu Carlomagno (2009). – Das Archiv der Borromei wird auf der Isola Bella im Lago Maggiore konserviert. Rechnungsbücher der Filialen in Brügge und London wurden mustergültig ausgewertet und als Datenbanken im Internet der Forschung zugänglich gemacht: Bolton / Guidi Bruscoli (2007).

Spätmittelalters, die schriftliche Hinterlassenschaft von Francesco di Marco Datini aus Prato, führt nicht zu neuen Erkenntnissen zu den deutsch-italienischen Wirtschaftsbeziehungen. In den zwischen 1362 und 1410 geschriebenen 602 Rechnungsbüchern und in den etwa 150 000 Briefen finden sich keine Hinweise auf eine Strategie für Deutschland.[74] Vor allem im Vergleich mit den Unternehmungen der Familie Alberti, die zwischen 1350 und 1400 die führenden Finanz- und Handelsgesellschaften betrieb, wurde Datini in der Wirtschaftsgeschichte sicherlich überbewertet.[75]

Von den deutschen Partnern der florentinischen Kurienbankiers sind gar keine umfassenden Archivbestände erhalten. Es gibt zwar mehrere Rechnungsbücher von bedeutenden deutschen Handelsherren des Spätmittelalters, die auch Kontakte mit Italien hatten, doch kein Partner einer Kurienbank hat Rechnungsbücher hinterlassen.[76] Einzig das „Buch der Hantierung" des Nürnberger Kaufmanns Marquart Mendel aus den Jahren 1425 bis 1438 ist noch nicht ausgewertet, doch ist es der Wissenschaft zur Zeit nicht zugänglich.[77] Es ist kaum mehr damit zu rechnen, dass nördlich der Alpen noch größere Funde an kompakten Quellenbeständen aus der Arbeit eines Geldhändlers gemacht werden können, die zu einer

74 Zu Datini vgl. Origo (1957); Toccafondi (2004); Hayez (2005); Nigro (2010). – Renouard (1949), S. 148; Goldthwaite et al. (1995), S. XXI sehen in Datini die wichtigste unternehmerische Kraft seiner Zeit und messen ihm eine ähnliche Bedeutung zu wie den Bardi und Peruzzi für die davorliegenden fünfzig Jahre und den Medici für die anschließende Epoche. Hinter den Pratesen setzen sie die Pazzi, Strozzi, Rucellai, Alberti, Guardi, Soderini und Ricci in die zweite Reihe. Die außerordentlich vollständige Überlieferung von seiner Geschäftsdokumentation hat dazu geführt, dass zwischen seiner tatsächlichen kommerziellen Bedeutung und seinem Platz in der Geschichtsschreibung eine große Diskrepanz entstanden ist. Richard Goldthwaites These, die internationale Banken- und Handelsgeschichte des 15. Jahrhunderts könnte sehr gut ohne eine Erwähnung der Medici geschrieben werden, gilt in gleicher Weise für Datini und die zweite Hälfte des 14. Jahrhunderts. Goldthwaite (1987), S. 17: „La storia della banca e del commercio internazionale nella Firenze medicea potrebbero essere scritte quasi senza menzionare i Medici, e questo sarebbe un salutare correttivo alla situazione storiografica corrente."

75 Renouard (1938), S. 52; Renouard (1949), S. 30–39 beklagte, dass es noch keine umfassende Darstellung der Unternehmensgeschichte der Alberti gibt. Trotz der seither publizierten Aufsätze von Roover (1958); Holmes (1960–1961); Roover (1970b); Foster (1985); Foster Baxendale (1991); Goldthwaite et al. (1995); Boschetto (1998); Boschetto (2000) gilt diese Aussage auch heute noch. Der aktuelle Wissensstand über ihre wirtschaftliche Tätigkeit beschränkt sich vor allem auf die ersten Jahre der Alberti-Aktivitäten und die Jahre in der Mitte des 14. Jahrhunderts für die Alberti nuovi. Die jüngsten Publikationen haben auch einiges Licht in den Konkurs nach 1436 gebracht. Da es aufgrund der Literaturlage zur Zeit noch schwierig ist, sich über die Geschichte der Alberti-Unternehmen einen Überblick zu verschaffen, die Beziehungen dieser Familie zu Deutschland aber sehr wichtig waren, wird dieser Darstellung mehr Platz eingeräumt als etwa den Medici, über die es sehr umfassende Bücher gibt.

76 Die erhaltenen und publizierten Quellen aus Nürnberg sind bei Stromer (1967), S. 752–758 zusammengestellt. Vgl. Ehrenberg (1896); Kuske (1908); Kuske (1909); Kuske (1917–1934); Schulte (1923); Pölnitz (1942); Roover (1963); Stromer (1970a); Ehrensperger (1972); Hirschfelder (1994).

77 Das Buch soll sich heute im Archiv der Familie von Oettinger befinden. Stromer (1966) zitiert Einzelheiten aus dieser Quelle, doch hat er keine vollständige Transkription hinterlassen. Auf Nachfrage bei der Besitzerfamilie wurde mitgeteilt, die Handschrift sei derzeit nicht auffindbar.

völlig neuen Darstellung oder einer wesentlichen Revision des heutigen Wissensstandes führen könnten.[78]

1.3.2 Ultramontane Archive

Die Staats- und Privatarchive nördlich der Alpen wurden in den letzten hundert Jahren von vielen Historikern intensiv nach wirtschaftshistorischen Quellen aus dem Mittelalter durchsucht. Auf Kaufleute aus Florenz stießen sie dabei am häufigsten, wenn sich diese einer Zunft anschlossen oder im lokalen Handel tätig wurden. Zunftakten, Ratsprotokolle und Gerichtsarchive sind deshalb die bedeutendsten Fundorte von Nennungen von Florentinern. Originalmanuskripte florentinischer Kaufleute haben Historiker in den Archiven östlich des Rheins fast keine gefunden. Dies ist nicht verwunderlich, denn dieselbe Feststellung ist an allen anderen Orten zu machen, an denen Florentiner außerhalb der Toskana wirtschaftlich tätig waren.[79] Dies ist durch die Tatsache zu erklären, dass Florenz meist das Zentrum ihres wirtschaftlichen Handelns blieb und sich nur sehr wenige von ihnen definitiv nördlich der Alpen niederließen; wenn sie in ihre Heimatstadt zurückkehrten, nahmen sie ihre Geschäftsdokumente mit, Streitfälle und Konkursverfahren verhandelten sie nach Möglichkeit vor den Gerichten in Florenz und ließen Verträge durch florentinische Notare ausfertigen.

Die deutschen Archive scheinen für die Zeit vor dem Jahr 1500 weitgehend ausgeschöpft und der wissenschaftliche Ertrag in Lokal- und Handelsgeschichten deutscher Städte sowie in Firmengeschichten und Editionen der wenigen erhaltenen Buchhaltungsstücke publiziert. Es ist allerdings nicht auszuschließen, dass kleinere Funde neue Detailerkenntnisse über das Leben und die Tätigkeit von Florentinern in Deutschland zulassen. Vor kurzem gelang dies Fouquet mit der Entdeckung eines zweiten Testamentes von Gherardo Bueri in Lübeck.[80] Auch in Nürnberg, Frankfurt, Wien und Leipzig könnten durch eine gezielte und sehr aufwändige Suche sicherlich weitere Einzelbelege gefunden werden; in Basel und Köln hingegen sind kaum mehr unbekannte Quellen zu ermitteln. Gesamthaft betrachtet, erscheint es wenig sinnvoll, derartig umfangreiche Nachforschungen zu beginnen, wenn man sie in Relation zu dem realistischerweise zu erwartenden mageren Ertrag setzt.

---

78 Diese Feststellung machte bereits Sapori (1933), S. 135: „Mentre gli archivi del nord potranno aggiungere, ma non modificare sostanzialmente, conoscenze acquisite".

79 Vgl. die Untersuchung der Archive in Flandern von Roover (1948a), S. 88. – Kellenbenz (1990), S. 11: In Florenz sollen mindestens 400 Register und 10 000 Briefe aus Lyon erhalten sein, während in dieser Stadt selber nur wenige Dokumente von Handelsleuten des Spätmittelalters zu finden seien.

80 Fouquet (1998). – Weitere Hinweise auf Archive, die für die deutsch-florentinischen Beziehungen ergiebig sein könnten, erwähnt Esch (1998), S. 274–275.

1.3.3 Archive in Rom

Ähnlich gut erschlossen wie die deutschen sind für die Finanzgeschichte die vatikanischen Archivbestände, die heute im Archivio Segreto Vaticano und im Archivio di Stato di Roma liegen.[81] Im monumentalen Forschungsprojekt des Repertorium Germanicum wurde für die Jahre 1378 bis 1492 ein Verzeichnis der in den Registern und Kameralakten von Avignon vorkommenden Personen, Kirchen und Orte des Deutschen Reiches, seiner Diözesen und Territorien erstellt, wodurch eine riesige Menge an Informationen zur Orts-, Territorial-, Personen-, Wirtschafts- und Sozialgeschichte gewonnen werden konnte.[82] Dank den Aufzeichnungen in der kirchlichen Zentralverwaltung über Einnahmen aus Annatengeldern und Kollekten sowie Zahlungen an päpstliche Legaten in Deutschland ist sehr viel über die Zusammenarbeit von Kirche und Kurienbankiers bekannt. Da es für die Kurie aber nur wichtig war, von welchem Kaufmann oder Kleriker sie das Geld in Rom erhielt oder wem sie es hier für den Transfer anvertraute, hielten die Schreiber der apostolischen Kammer in ihren Büchern in den wenigsten Fällen fest, wer im Norden die Zahlstelle war. Wenn notiert wurde, dass die Medici für einen deutschen Kleriker die Servitien bezahlt haben, so erfahren wir dadurch gar nichts über den Weg dieses Geldes von Deutschland nach Rom. Wurde es mit einem in Deutschland ausgestellten Wechsel direkt an die Medici angewiesen? Lief es zuerst über Brügge oder Venedig? Wer waren die Bankiers, die den Wechsel im Norden ausstellten? Ging der Wechsel an eine andere Bank in Rom, die den Medici den Betrag bar übergab? Wurde der Wechsel als Transferinstrument benutzt oder überbrachte ein anderer deutscher Kuriengast Bargeld? Alle diese Informationen fehlen beispielsweise in Kammerregistern, die festhalten, dass ein *Janni Cherno* 1429 duc. 25 in bar als Annaten für die Pfarrkirche von *Henenfelfelt* im Bistum Eichstätt bezahlt hat.[83] Sie fehlen ebenso in Quittungen für Zahlungseingänge, etwa in einer Urkunde aus dem Jahre 1430, in der Oddo de Varris, päpstlicher Protonotar und Thesaurar, dem Frankfurter Bartholomäusstift den Empfang von 95 Goldgulden bescheinigte, welche der Canonicus des Stifts, *Peter Guffer,* ihm für die Annaten ausgehändigt hatte.[84] In beiden Fällen lässt sich anhand der gegebenen

81 Vgl. Loye (1899); Göller (1920); Göller (1924a); Göller (1924b); Weiss (2003); Weiss (2018). Sehr detailreich sind diese Lücken für das Pontifikat von Johannes XXIII. untersucht: Bluhme (1864); Kühne (1935), S. 7–8. 1419 unternahm die Kurie eine große Suchaktion, um die Bücher der Kammer wiederzufinden, die 1413 bei der Eroberung Roms durch König Ladislaus verloren gegangen waren. Die Kammer hatte sie Bankiers zur Verwahrung übergeben. Diese behaupteten nun, die Bücher seien in die Hände von Pfarrern gelangt. Unter Androhung der Exkommunikation wurden diese Kleriker zur Herausgabe aufgerufen. Offensichtlich blieb diese Suche ohne Erfolg. Vgl. Baumgarten (1898), S. XXVI. – Ausführlich zu den vatikanischen Archiven Ramacciotti (1961); Esch (1969b), S. 133–135; Boyle (1972); Strnad (1983); Pastura Ruggiero (1984); Märtl (2005). – Allgemein zu den Quellen zur römischen Wirtschaftsgeschichte während der Renaissance: Esch (2005b).

82 Deutsches Historisches Institut in Rom (1916–).

83 ASFi, MAP 131, c. 43v.

84 Bluhme (1864), S. 103.

Informationen der Weg des Geldes nicht rekonstruieren, denn der Bareingang bei der Kurie schloss nicht aus, dass das Geld wie ein Reisecheck mittels *lettera di cambio* bis nach Rom gelangt oder als Darlehen bei einem Bankier in Rom besorgt worden war. In sehr vielen Fällen vermerkten die Schreiber der Kurie sogar nur den Geldeingang, ohne jeden Hinweis auf den Überbringer. So stellte die Kammer 1404 für Erzbischof Günther von Magdeburg eine Quittung über eine geleistete Servitienzahlungen aus, ohne darin den Namen des in Rom anwesenden Zahlers zu nennen.[85] Präziser sind die Angaben in den vatikanischen Dokumenten häufiger, wenn es um Kollektorengelder ging oder wenn die Kurie selber Beträge innerhalb der katholischen Welt versenden wollte, denn bei solchen Transaktionen wollte sie möglichst wenige Risiken eingehen und konnte bevorzugte Banken begünstigen.

Es ist davon auszugehen, dass die florentinischen Bankiers in Rom viele ihrer Geschäfte mit Deutschen durch notarielle Urkunden absichern ließen. Offensichtlich gingen sie für deren Ausfertigung aber nicht zu den römischen Notaren, sondern vornehmlich zu toskanischen, die bei der Kurie arbeiteten.[86] Es gab auch eine Gruppe von deutschen Notaren in Rom. Aus deren Beurkundungsarbeit sind nur Aufzeichnungen des Notars Johannes Michaelis erhalten, in denen sich keine Bankgeschäfte mit Bezug nach Deutschland registriert sind.[87]

1.3.4 Archive in Florenz

Die aus den bereits erwähnten Bankarchiven gewonnenen Informationen können durch Quellenfunde in vielen florentinischen Archivbeständen ergänzt werden. Die ergiebigsten Recherchen wurden in den riesigen Beständen des Archivio di Stato di Firenze durchgeführt. In der mit mehr als 14 000 Bänden fast unüberschaubaren Menge an Akten des Wirtschaftsgerichts *(Mercanzia)*[88] konnten wichtige Informationen zu Bankrottfällen und Streitigkeiten zwischen Vertragspartnern gefunden werden.[89] Im Notariatsarchiv *(Notarile Antecosimiano)* und in der Pergamentensammlung *(Diplomatico)* fanden viele Fragen zu Beziehungen zwischen Kunden und Bankiers sowie Regelungen von Nachlässen eine Antwort. Aus den Steuererklärungen *(Catasto)*[90] wurden biographische Daten, Kooperationsbeziehungen, Investitionen und Bilanzen

85 Magdeburg, Landesarchiv Sachsen-Anhalt, U 1, IV Nr. 7.

86 Ait (1988a), S. 83, Fußnote 9. Zu den römischen Quellen vgl. Esch (2005b). – Bislang sind nur Notariatsakten der Notare Giusto Luparelli und Gherardo Maffei bekannt. Vgl. Esch (1973) und Böninger (2006), S. 20.

87 Lanza (1973–1975). Hier auch in Anm. 2 eine Bibliographie zur Erforschung der Notariatsakten in Rom.

88 Grunzweig (1932–1934).

89 Zur Bedeutung und Funktionsweise der Mercanzia auch im Hinblick auf Prozesse zwischen Florentinern und auswärtigen Kaufleuten vgl. die Einführung bei Böninger (2016), S. 157–165.

90 Zum Catasto von 1427 gibt es zwei online zugängliche Datenbanken: a) Herlihy et al. (2002); b) L'Atelier du Centre de recherches historiques (2016).

von Niederlassungen erfasst. Schließlich waren die Ämterziehungslisten *(Tratte)*[91] bei der Identifikation florentinischer Akteure sehr hilfreich. Doch gab es weitere Funde in Beständen, die hier nicht alle aufgeführt werden können. Auch Überraschungen sind möglich, wie etwa das Rechnungsheft der Konstanzer Konzilsbank der Spini, das von Cristina Cecchi zufälligerweise in den Unterlagen des Klosters von San Pancrazio gefunden wurde.[92] Es kann nicht ausgeschlossen werden, dass es in diesem Archiv weitere Quellen gibt, die für die Fragestellung von Bedeutung wären. Es ist aber ausgeschlossen, sämtliche Privatarchive zu durchforschen oder etwa im schlecht erschlossenen Fundus mit den Akten des Podestà, der für die Zeitspanne von 1343 bis 1502 nicht weniger als 5 716 archivalische Einheiten umfasst, nach zivilrechtlichen Prozessen (etwa dem Streit um die Erbschaft von Gherardo Bueri) zu suchen.

Im Archivio dell'Ospedale degli Innocenti werden nicht nur die bereits erwähnten Rechnungsbücher der della-Casa-Bank konserviert, sondern im Fundus *Eredità diverse – Estranei* viele weitere Rechnungsbücher von Kaufleuten des 15. Jahrhunderts.[93] Zwar weist keines davon regelmäßige Geschäfte mit Deutschland aus, doch finden sich darin Belege zu Einzeltransaktionen. Schließlich wurde in der Biblioteca Nazionale Centrale in der Abteilung der Manoscritti geforscht. Die zahlreichen hier liegenden Rechnungsbücher erwiesen sich als weitgehend ohne Bezug zur Fragestellung, doch fanden sich auch hier Einzelbelege und wertvolle genealogische Daten im *Fondo Passerini.*

1.3.5 Zusammenfassung

Überschaut man die ganze Menge des für die Beantwortung der formulierten Fragestellung zur Verfügung stehenden Quellenmaterials, so ist zunächst festzuhalten, dass die Quellenlage zu den Aktivitäten der Florentiner auf den Konzilien in den beiden deutschen Städten viel günstiger ist als die für die Aktivitäten in Köln, Lübeck und Nürnberg. Buchhalterische Aufzeichnungen, Korrespondenz, Notariatsinstrumente, Dokumente aus der Verwaltung der Konzilien, der apostolischen Kammer und der städtischen Behörden lassen für diese kurzlebigen Niederlassungen deshalb ein wesentlich klareres Bild rekonstruieren als für die anderen florentinischen Unternehmung in Deutschland, die über Jahrzehnte fernab der Kurie arbeiteten.

Auf keinen Fall darf davon ausgegangen werden, dass in Italien die Suche nach Dokumenten mit Bezug zu florentinischen Aktivitäten in Deutschland nun abgeschlossen sei. Es musste eine

91 Dieser Bestand ist durch eine online abfragbare Datenbank erschlossen: Herlihy et al. ([vor 2006]).

92 ASFi, Corporazioni religiose soppresse dal governo francese 88, Nr. 22. – Eine sehr hilfreiche Beschreibung der Quellen im Staatsarchiv von Florenz, die für die Bankengeschichte von Interesse sind, findet sich bei Tognetti (1999), S. 9–16.

93 Vor wenigen Jahren wurden die Archivsignaturen dieses Bestandes geändert. In dieser Publikation werden die neuen Signaturen verwendet.

Selektion der zu untersuchenden Bestände vorgenommen werden, da die Archive in Florenz und den umliegenden Städten auch für die Jahre vor der Erhebung der Medici in den Fürstenstand *(Principato)* dermaßen viele Urkunden konservieren, dass eine vollständige Erschließung für eine Einzeluntersuchung reine Illusion wäre. Mit Sicherheit ist in den großen staatlichen Sammlungen wie auch in privaten Archiven weiteres Material aufzuspüren. Möglicherweise würde dieses in Einzelheiten Ergänzungen und Korrekturen bringen; am Gesamtbild der florentinischen Marktpräsenz in Deutschland dürften weitere Funde aber kaum etwas ändern. Neue Erkenntnis gewinnt der Historiker jedoch nicht allein aus der Auswertung neuer Quellenfunde; ebenso wichtig ist die kritische Lektüre von bereits früher interpretierten Dokumenten. Der englische Historiker Frederic W. Maitland hat diese Aufforderung an die Wissenschaft treffend formuliert: „And then one never dares to say that a MS has been used up, that everything that was in it has been got out of it.“[94]

Legt man die in den allgemeinen Archiven gefundenen Mosaiksteine an Informationen mit den Erkenntnissen aus den Bankarchiven und kurialen Quellen zusammen, so entsteht zwar sicher kein vollständig zusammengesetztes Puzzle, doch kann das Hauptmotiv des Bildes erkannt werden. Ausgeschlossen werden muss allerdings eine Quantifizierung des über diese Handelsstrukturen transferierten Geldes, denn für keinen Aspekt gibt es aureichend Daten für eine serielle Auswertung.[95]

1.4 Definitionen und Abgrenzungen

1.4.1 Aktives und passives Marktverhalten

Unter ‚aktiver Erschließung des deutschen Marktes‘ werden nachfolgend alle Geschäfte verstanden, bei denen florentinische Kurienbanken direkt in Deutschland tätig wurden. Erfüllt war dieses Kriterium, wenn sie mit Partnerunternehmen in deutschen Städten direkt zusammenarbeiteten. Dies konnten eigene Filialen sein, die durch Angestellte oder Teilhaber geführt wurden, aber auch Niederlassungen anderer Florentiner oder die Banken deutscher Handelsherren.

Nicht Untersuchungsgegenstand ist die ‚passive Markterschließung‘, worunter Transaktionen zwischen Deutschen und Florentinern auf den internationalen Handelsplätzen an der Peripherie des deutschen Wirtschaftsraumes (Messen der Champagne, Brügge, Genf, Venedig, Lyon) verstanden werden, wenn darin kein Element zu erkennen ist, durch das der Florentiner

94 Murray (1999), S. 31.
95 L'Atelier du Centre de recherches historiques (2016).

selber nach Deutschland hinein aktiv wurde. Aus diesem Grunde werden beispielsweise alle Geldgeschäfte der Datini-Niederlassung in Brügge nicht in diese Studie einbezogen. Unter den 516 Wechseln aus Brügge, welche von Datini-Niederlassungen akzeptiert wurden, sind acht mit deutscher Kundschaft. Alle belegen Geldtransfer von Flandern nach Barcelona.[96] Nur einer von ihnen wurde von einer Alberti-Gesellschaft (Antonio e Bernardo degli Alberti) ausgestellt. Guglielmo Barberi und Luigi e Salvestro Mannini e co. waren ebenfalls je einmal auszahlende Bank *(prenditore)*; fünfmal hingegen wurden Wechsel von Giovanni Orlandini e Piero Benizi e co.[97] von der Datini-Bank in Katalonien bedient. Die Deutschen waren keine Korrespondenten, sondern waren auf die Rolle des Kunden beschränkt. Bei den in diesen Wechseln genannten Männern – soweit sie identifizierbar sind – handelt es sich mit einer bemerkenswerten Ausnahme um oberdeutsche Handelsherren, die in Venedig, Mailand, Posen, Barcelona und Nürnberg aktiv waren. Als Begünstigte in Barcelona werden Luitfried und Onofrius Muntprat und Joss Humpis von Ravensburg, Luitfried Bettminger aus Konstanz[98] sowie Bertold Kraft und Heinrich Tracht aus Nürnberg genannt.[99] In Brügge waren Luitfried Bettminger, Onofrius Muntprat und Konrad Sprutenhofer aus Konstanz[100] und die Nürnberger Konrad Seiler und Arnold Poltus die Auftraggeber.[101] Der Hansekaufmann *Ganni di Lubecca,* der in Barcelona Geld bei Datini in Empfang nehmen konnte, ist leider nicht genauer zu bestimmen. Bei all diesen Geschäften dürfte es sich um Anweisungen für die Bezahlung von in Barcelona erstandenen Waren handeln. Diese wenigen Belege sind Bestätigungen für die eigene Stärke der oberdeutschen Kaufleute, die in großem Umfange im internationalen Handel tätig waren und dabei die Dienstleistung der florentinischen Bankiers in Anspruch nahmen. Um einen Reisecheck handelte es sich hingegen bei dem Blankowechsel, den die Orlandini am 1. März 1408 für den in Köln und Brügge im Safran- und Tuchhandel tätigen Claus Rummel ausstellten. In einem Schreiben an den Leiter der Datini-Bank in Barcelona schrieben sie, dass sich *Nicholaio Romolo* aus Nürnberg auf Pilgerfahrt nach Santiago begebe. Er sei ein großer Freund der Orlandini und

96 Im ADP sind insgesamt etwa 5000 *lettere di cambio* erhalten. Von den 516 aus oder nach Brügge standen zehn in Verbindung mit Pisa, 52 mit Genua, 18 mit Valencia, 434 mit Barcelona und zwei mit Lucca. Nur in den Wechseln zwischen Brügge und Barcelona finden sich deutsche Kunden. Vgl. S. 522.

97 Die Orlandini transferierten keine Gelder nach Rom, doch ist sicherlich bemerkenswert, dass ihr Korrespondent in Florenz die Gesellschaft von Averardo di Francesco de' Medici war. Vgl. Roover (1963), S. 40. – Weitere Beispiele für Wechsel deutscher Kunden bei florentinischen Banken zwischen Brügge und Venedig bei Roover (1972), S. 56.

98 Bettminger war Angestellter oder Partner der Muntprat in Brügge, vgl. Schulte (1923), I, S. 27 und 152.

99 Über den Spanienhandel der Kraft-von-Locheim-Stark-Gesellschaft vgl. Stromer (1970b).

100 ADP, Nr. 1145, 3.7.1400 und 23.10.1400. Hinweis von Elena Cecchi. – Ein weiteres Dokument zu Onofrius Muntprat und Arnold Poltus bei ADP, Nr. 9301178 vom 4.10.1388. – Zu den Munprat vgl. Schulte (1923), I, S. 189.

101 Roover (1972), S. 56. – Die Orlandini in Brügge und die Davanzati in Venedig haben auch mit Hildebrand Veckinchusen Wechselgeschäfte gemacht: Stieda (1894).

ein zuverlässiger Mann. Ihm solle mit Geld ausgeholfen werden: „Weil es unsere Freunde sind, mit denen wir alle Tage viele Geschäfte haben.“[102]

Nicht untersucht wurden auch die deutschen Kriegsleute, die in den Diensten italienischer Adliger oder Städte standen und als Soldbezüger oder Darlehensnehmer in der Buchhaltung florentinischer Bankiers genannt werden. Als Beispiel sei hier auf die beiden Rechnungsbücher der del Bene in Padua aus den Jahren 1390 bis 1392 verwiesen, in denen sich zahlreiche Nennungen des Grafen Hugo von Montfort, seines Kanzlers und vieler seiner Soldaten finden.[103] Um ein rein inneritalienisches Geschäft handelte es sich, als ein *misser Giovanni di Lone, prete todesco, della Magna bassa* bei der Balducci-Bank in Rom eine *lettera di credito* kaufte, die er bei Bonifazio Fazzi e co. in Florenz einlösen konnte.[104] Es ließen sich leicht viele weitere Belege dafür anfügen, wie deutsche Kunden die Dienstleistungen der florentinischen Banken im lokalen Bereich nutzten.

Melis hat dargestellt, wie die international arbeitenden Bankiers ihren weit entfernten Partnern durch die Gewährung von Überzugslimiten auf die laufenden Konten Kredite einräumen konnten.[105] Diese Möglichkeit der Ausdehnung des Handelsvolumens auf den internationalen Handelsplätzen wurde auch deutschen Händlern eingeräumt. Wie diese Geschäfte funktionierten, zeigen die Abmachungen zwischen Friedrich Humpiss von der Großen Ravensburger Gesellschaft und Lionardo Spinelli.[106] Die beiden Handelsherren kamen nämlich in Venedig überein, einen fingierten Wechsel auszustellen. Am 6. Februar 1465 stellte Lionardo Spinelli *(prenditore)* in Venedig der Gesellschaft von Friedrich Humpiss *(datore),* die damals vermutlich zur Großen Ravensburger Gesellschaft gehörte, einen Wechsel über duc. 1 000 aus, der in Brügge durch die Bank da Rabatta e Cambi *(trattario)* an die dortige Humpiss-Niederlassung *(beneficiario)* auszubezahlen war. Was wie eine gewöhnliche *lettera di cambio* zum Zwecke der Geldüberweisung aussah, verbarg eine bedeutend raffiniertere Finanztransaktion. Der Florentiner notierte sich nämlich in seinen *ricordanze,* dass er den im Dokument genannten Wechselbetrag tatsächlich gar nicht erhalten hatte, sondern mit den Deutschen andere Zahlungskonditionen abgemacht hatte. Jedes Mal, wenn von der in Flandern bezogenen Bank in Venedig die Nachricht einging, die Humpiss-Gesellschaft habe sich einen Wechsel über duc. 1 000 ausbezahlen lassen, wurde das Geld bei Niccodemo Spinelli in Venedig fällig. De facto wurde Humpiss durch diesen Vorgang in Brügge eine Kreditlimite eingerichtet. Dieses Geschäft bot ihm die Möglichkeit, an beiden Handelsplätzen jederzeit über Valuta zu verfügen und damit flexibel Handel treiben

102 Schaper (1981), S. 30–31; Gruber (1956); Irsigler (1971), S. 382. Claus Rummel war ein Cousin von Heinrich I. und Wilhelm I. Rummel und starb 1434. Vgl. Ammann (1970), S. 133; Schaper (1981), S. 21–24.

103 ASFi, Carte del Bene, Nr. 19 und 20. Bei diesem Grafen handelt es sich möglicherweise um Hugo XII. von Montfort (1357–1423), der als Minnesänger bekannt ist.

104 Vgl. Spallanzani (1986), S. 759–760.

105 Melis (1972), S. 87; vgl. auch Goldthwaite (1985), S. 28–31.

106 YUSA 93, 1779, c. 57r, 6. Februar 1465.

zu können. Der Vertreter der Humpiss-Gesellschaft bestätigte diese Absprache, indem er diese Abmachungen in venezianischer Sprache direkt in das Heft des Florentiners bestätigte:

> *Richordo questo dì 6 di febraio che ò fatto prima e seconda di canbio a Federigo Onpis e conpagni, di ducati mille, che ò tratti detto dì a uso a' Rabatti e Canbi di Brugia, a grossi 54 ¼ per ducato, in detto Federigho e conpagni, per la quale dicho averne avuto qui in Vinegia da' sopradetti. La verità è che non ne n'ànno dato la valuta, ma siamo restati d'acordo che ongni volta che gl'avessono ricievuti, mi promettono farmi buoni qui la valuta, cioè ducati mille d'oro di Vinegia. E chosì mi promettono di fare in presenza di Nichodemo, mio barba, e punto non ànno aspettare d'averneli a paghare con tenpo, ma isofatto, ché sopradetti Rabatti ànno fatto lo paghamento me li debono qui paghare.*
>
> [Von anderer Hand] *Mi conardo dele pator di ser Fryderigho Hompis e conpagni, e sarò contento quando si aveto de nostro de' ducati mile a Brugies per un cambi. E se sii fato s'aboa dito, e nui abiamo la trata di nostri di Brugies, che sono pagare sebra dir ducati 1000 e di poi mi o altri se posso qua per voi e volio pagare per Nicodemo de Spineli per nome di ser Lionardo e so barba.*[107]

1.4.2 Deutschland

‚Deutschland' und ‚Deutsche' sind problematische Begriffe für die Benennung des Untersuchungsgebietes, da sie in der mittelalterlichen Rechtssprache kaum gebraucht wurden.[108] Die Ungenauigkeit dieser Bezeichnungen ist jedem Historiker bekannt; es gibt jedoch keinen befriedigenden Ersatzterminus (etwa ‚Regnum Teutonicorum' oder ‚Regnum Teutonicum'),[109] der als Umschreibung des geographischen Rahmens dieser Arbeit hätte dienen können. Auch die Abstützung auf die Sprache der florentinischen Wirtschaftsquellen hilft nicht weiter, denn die Definition der dort verwendeten Begriffe *la Magna* und *i Tedeschi* ist nicht präziser oder einschränkender als die deutschsprachige Terminologie.[110] Verworfen wurde auch ein Versuch, die Beschreibungen von *Germania* oder *Alamania* durch italienische Reisende der Renaissance (beispielsweise Petrarca, Enea Silvio und Marinus de Fregeno) als Grundlage zu verwenden,

107 YUSA 93, 1779, c. 57r. Der Name des deutschen Vertragspartners wird in diesem Dokument nicht genannt.

108 Vgl. Werner (1980–1999). – Braunstein (1994a), S. 63 hat aufgezeigt, wie schwierig eine Definition der Verwendung der Begriffe ‚teutonicus' und ‚alamanus' auch in venezianischen Quellen des Spätmittelalters ist. – Eine Beschränkung auf das Staatsgebiet der Weimarer Republik, wie sie Kellenbenz (1977a), S. 12 vornimmt, wäre hier völlig ungeeignet, weil dies zu einem Ausschluss der Städte in der deutschen Schweiz geführt hätte, die einen wichtigen Teil des südwestdeutschen Wirtschaftsraumes des Mittelalters ausmachten. – Nicht viel einfacher ist die Definition, was denn im Mittelalter ein ‚Italiener' war. Vgl. Fusaro (2007).

109 Beumann (1973); Stromer (1995a), S. 135; Jenks (2018), S. 5–6.

110 Vgl. dazu die Ausführungen bei Braunstein (1987), S. 411–412, in denen er aufzeigt, wie geographisch offen der Kreis der Bewohner des Fondaco dei Tedeschi in Venedig zusammengesetzt war.

da die Unterschiede und Unklarheiten zu groß blieben.[111] Viel zu unscharf und offen erwies sich ebenfalls das Nationalverständnis, das der Zugehörigkeit zur Santa Maria dell'Anima,[112] der deutschen Pilgerkirche in Rom, zugrunde lag. Auch bei Wirtschaftshistorikern ist keine befriedigende Klärung zu finden, wenn sie sich mit der Aufzählung von geographischen Bezeichnungen behelfen, wie dies beispielsweise Wolfgang von Stromer tat: „jenseits des Alpenkamms [...] östlich des Rheingrabens und westlich von Elbe und Oder".[113] Hilfreich erwies sich die leicht verständliche Definition des Begriffs ‚Deutschland', welche die Herausgeber des „Repertorium Germanicum" ihrem riesigen Projekt zugrunde legten: „Alles, was sich auf Geschichte des deutschen Reiches und seiner Territorien in dem Umfange von 1378, sowie auf das heute zu Preussen gehörige polnische Gebiet bezieht."[114] Christiane Schuchard hat für ihre Arbeiten über deutsche Kleriker in Rom dieses Konzept übernommen und es knapp und klar umschrieben: „Per ‚Germania' intendo il territorio dell'Impero al di là delle Alpi, in quanto comprende lo spazio linguistico tedesco, inclusi la Boemia e il territorio dell'Ordine teutonico (che come si sa, non faceva parte dell'Impero)."[115] Der Klarheit und Einfachheit halber folgt auch die hier vorgelegte Studie weitgehend dieser Umschreibung des Begriffs Deutschland. Ausgeschlossen werden die florentinischen Kolonien in Buda und Krakau, während Breslau Teil der Untersuchung ist. Beachtet werden auch die skandinavischen Reiche, deren Zahlungsverkehr und Warenfluss häufig durch diesen Wirtschaftsraum verlief und in den kommerziellen Überlegungen der an Deutschland interessierten Florentiner eine wichtige Rolle spielten.

1.4.3 Banken- und Wechselplatz

Raymond de Roover hat den Titel eines internationalen Bankenplatzes nur vergeben, wenn eine Stadt in den zeitgenössischen Handelslehrbüchern (Pratica di Mercatura) erwähnt wird und an diesem Ort die Kurse der wichtigsten Währungen regelmäßig kotiert wurden. Seiner Meinung nach erfüllte keine deutsche Stadt diese Kriterien.[116] Für Lübeck verkündete er apodiktisch

111 Von den Schwierigkeiten, eine Umschreibung der Begriffe ‚Deutschland', ‚La Magna', ‚tedesco' aus italienischer Sicht zu finden, zeugen die definitorischen Ausführungen bei Voigt (1973), S. 10; Franceschi (1989), S. 257–258; Hollberg (2005), S. 55–56 und Heitmann (2008), S. 24–38.

112 Strangio (2000).

113 Stromer (1995a), S. 135. Diese Umschreibung entspricht etwa dem Gebiet, das Hirschfelder (1994), S. 356 als ‚das engere Reichsgebiet' bezeichnet.

114 Arnold (1897), S. XI.

115 Schuchard (1994), S. 52. – Zum Einbezug der Deutschschweiz in den deutschen Wirtschaftsraum des Mittelalters vgl. Körner (1991), S. 28. – Das Untersuchungsgebiet der hier vorgelegten Forschungsergebnisse ist also kleiner als die ‚Natio Germanica' auf den Konzilien von Konstanz und Basel, größer aber als die ‚Natio Alamanica' des Wiener Konkordats von 1448.

116 Roover (1970b), S. 13; Roover (1971), S. 7.

„Lübeck, however, never became ein Wechselplatz“;[117] bei der Beurteilung anderer deutscher Städte blieb er etwas vorsichtiger: „Perhaps Nuremberg and Frankfort-on-the-Main began to emerge as banking centers in the fifteenth century, or even sooner, but they did not become really important until after 1500.“[118] Dieser These wird hier nicht widersprochen, doch wird sie etwas differenzierter formuliert. Es bestand während des ganzen Forschungsprozesses nie ein Zweifel daran, dass es in Deutschland im 15. Jahrhundert keinen ‚internationalen Bankenplatz‘ gab. Mit diesem Begriff werden auf den folgenden Seiten die Orte bezeichnet, an denen im Tagesgeschäft die Kurse zwischen verschiedenen Währungen ermittelt wurden, die dann als Grundlage für das Wechselgeschäft dienten. Damit diese Funktion wahrgenommen werden konnte, mussten gleichzeitig mehrere Bankiers an einem Ort niedergelassen sein. Nach Raymond de Roover erfüllten im 15. Jahrhundert 21 Städte diese Kriterien: Bologna, Florenz, Genua, Lucca, Mailand, Neapel, Palermo, Pisa, Rom, Siena, Venedig, Avignon, Montpellier, Paris, Brügge, London, Barcelona, Palma de Mallorca, Valencia, Sevilla, Konstantinopel. Diese Liste ist noch um die Messen von Genf und Lyon zu ergänzen.[119]

Unter einem ‚Wechselplatz‘ *(piazza di cambio)* wird hier eine Stadt verstanden, die kein Bankenplatz war und in der es dennoch möglich war, einen Wechsel in der lokalen Währung zu kaufen, der in der Umgebung des päpstlichen Hofes in Kammerdukaten eingelöst werden konnte oder in der in umgekehrter Richtung ein in Rom ausgestellter Wechsel bedient wurde. Für die Abwicklung dieses Geschäfts brauchte es nur einen einzigen Kaufmann, der über eine geschäftliche Verbindung mit einem Bankier in Rom verfügte. Wie nachfolgend gezeigt wird, bestand dieses Angebot zeitweise in Mainz, Köln, Lübeck, Nürnberg, Frankfurt, Konstanz und Basel.

1.4.4 Handelsherr und Bankier

Zu Beginn der Archivrecherchen wurde der Begriff ‚Kaufmann‘ sehr weit gefasst und nach *mercante, campsor, banchiere* und vielen anderen Wörtern gesucht, die in den italienischen Dokumenten des 15. Jahrhunderts als Berufsbezeichnung für die Träger des florentinischen Geldgeschäftes und Handels verwendet wurden.[120] In der deutschsprachigen Fachliteratur

117 Roover (1968), S. 15.

118 Roover (1971), S. 7; Stromer (1976a), S. 132.

119 Diese Definition folgt Roover (1970b), S. 13: „Au Moyen Age, une place bancaire ou cambiste peut se définir comme un centre commercial où il y avait un marché monétaire organisé, et qui cotait régulièrement les cours du change sur plusieurs autres places.“ – Vgl. Denzel (1995a), S. 3–30.

120 Neben Kaufleuten haben sich päpstliche Legaten, Konzilsbesucher, Amtleute der Könige, Gelehrte, Apotheker, Ärzte und politische Emissäre mit florentinischem Bürgerrecht nördlich des Rheins aufgehalten und darüber in die Heimat berichtet. Einen Bericht über seine Reise zum Kaiser nach Amberg, Mainz, Heidelberg und Augsburg durch Bonaccorso Pitti bei Fiorato (1991), S. 89–95. Die Tätigkeit dieser Personen und rein diplomatische Vorgänge, wie sie in verschiedenen Dokumenten im Medici-Archiv zu finden sind, wurden von

wird von Bankiers, Wechslern, Kaufleuten, Lombarden oder Händlern gesprochen. Alle diese mittelalterlichen und modernen Bezeichnungen geben die geschäftliche Realität nur sehr ungenau wieder, denn sie schließen zu vieles aus. Es gab zwar Gesellschaften, die sich ganz auf Warengeschäfte konzentrierten, Beispiele für eine Beschränkung aufs Geldgeschäft sind jedoch keine bekannt.[121] In jeder Bankbilanz finden sich auch Warenkonten: *e chanbiano e fanno merchantia,* wie der Chronist Benedetto Dei im 15. Jahrhundert schrieb.[122] Die Peruzzi, Alberti, Medici und die vielen anderen florentinischen Handelsherren waren gleichzeitig Händler und Bankiers. Cosimo de' Medici bezeichnete die Tätigkeit der Florentiner in Brügge deshalb als *di chambi chome di merchatantie.*[123] Von N. S. B. Gras stammt die treffende Beschreibung: „scratch an early private banker and you find a merchant".[124] Es ist ein typisches Merkmal der *mercantanti,* dass sie gleichzeitig im Warenhandel, Bank- und Versicherungsgeschäft tätig waren: „il mercante-banchiere, al tempo stesso commerciante, imprenditore e banchiere."[125] In einem Briefwechsel der Guldenmund-Gesellschaft wurde von *koufflewten adir banckirern* geschrieben.[126] In der englisch- und italienischsprachigen Fachliteratur hat sich deshalb die Berufsbezeichnung *merchant-banker* weitgehend durchgesetzt. Auf den folgenden Seiten wird dennoch meist von Bankiers die Rede sein, da hier in erster Linie die Geldgeschäfte von Interesse sind.[127] Während der Archivbesuche wurde sehr schnell deutlich, dass nur die Florentiner an Geschäften in Deutschland interessiert waren, die sich auf die Finanzgeschäfte in der Umgebung

---

der Untersuchung ausgeklammert. Nur wenn die Politik einen direkten Einfluss auf das Tagesgeschäft hatte, wurden auf den folgenden Seiten die Beziehungen zwischen diesen beiden Bereichen thematisiert. Deutlich wird dies etwa beim Engagement der Medici auf den Konzilien von Konstanz und Basel. Vgl. ASFi, MAP 23, Nr. 319; 26, Nr. 566; Nr. 574; Nr. 578. Häufig handelt es sich dabei um Briefe, welche die Beziehungen der Medici zum kaiserlichen Hof erhellen, doch wäre diesem Thema eine eigene Arbeit zu widmen. – Am Hofe Philipps des Schönen von Frankreich gab es als Kaufleute und Berater Albizzo und Musciatto Guidi, die auch mit diplomatischen Reisen nach Deutschland beauftragt wurden. Strayer (1969), S. 113–114. Über die Reisen dieser beiden Florentiner nach Deutschland: Viard (1899), Nr. 912, 1550, 2443, 2985, 3797, 4176, 4366 und Fußnote 397.

121 Vgl. unten S. 319 die Ausführungen über die Spini-Bank am Konzil von Konstanz, welche die erste reine Bank der modernen Geschichte gewesen zu sein scheint. Vgl. auch Cassandro (1994a), S. 209.

122 Da Uzzano (1766), S. 275.

123 ASFi, MAP 68, Nr. 588.

124 Gras (1939), S. 145.

125 Cipolla (2003), S. 24. – Diese Hilfskonstruktion vermag nur einen Ausschnitt der Realität wiederzugeben, denn auch politische und kulturelle Tätigkeiten gehörten zu dieser Berufsform. Ihre deutsche Übersetzung ‚Händlerbankier' ist sehr hässlich und hat sich nicht durchsetzen können, sodass es bislang keinen umfassenden deutschen Oberbegriff gibt. Es wird also auf den folgenden Seiten der englische Terminus gebraucht oder von Händlern, Wechslern, Bankiers, Unternehmern und Kaufleuten die Rede sein, doch immer im Bewusstsein, dass diese Begrifflichkeit sehr unpräzis ist. – Vgl. Cassandro (1991), S. 345; Cassandro (1994a), S. 209. – Zur Kultur der florentinischen Kaufleute und zur Verbindung von Handel und Republik vgl. Pinto (2014).

126 Stromer (1970a), S. 202.

127 Cassandro (1991), S. 344 schlägt vor, von ‚attività bancaria' statt von ‚banca' zu sprechen, doch wäre dies sprachlich in einem deutschen Text mit den Übersetzungen ‚Banktätigkeit' und ‚Bank' nicht sinnvoll umzusetzen.

des päpstlichen Hofes konzentriert und sich auf die Abwicklung des damit verbundenen internationalen Zahlungsverkehrs spezialisiert hatten.

Als ‚Florentiner' werden auf den folgenden Seiten alle Bürger und Untertanen von Florenz bezeichnet, die ihre familiäre, politische und wirtschaftliche Verankerung in der Stadt am Arno hatten. Ausgedrückt wurde diese Zugehörigkeit beispielsweise durch das Bezahlen von Steuern, der Mitgliedschaft in einer Zunft (Arte del Cambio, Arte della Calimala, Arte della Seta, Arte della Lana) oder die Leistung eines Beitrages in die Kasse des Konsuls der florentinischen Kolonie in Brügge oder Lyon. Auch Antonio di Ricciardo degli Alberti, der mit seinem Vater seit frühester Kindheit im politischen Exil in Bologna leben musste und wohl auch nach der Aufhebung der Verbannung durch die *signori* nie nach Florenz kam, war also in diesem Sinne Florentiner, denn er gab den Ufficiali des Catastos eine schriftliche Zusammenstellung seiner Vermögensverhältnisse ab, die als Grundlage für die Berechnung seiner Steuerschuld diente.[128] Ebenso gilt Francesco di Marco Datini, der in der Wirtschaftsgeschichte als der Kaufmann aus Prato bekannt ist, hier als Florentiner, da er auch das Heimatrecht der großen Nachbarstadt erwarb und sich dort wirtschaftlich und wohltäterisch engagierte.[129]

Weitgehend ausgeschlossen von dieser Untersuchung waren die Finanzgeschäfte, die von den italienischen Bankiers in den Diensten der Finanzverwaltung des Basler Konzils abgewickelt wurden. Als Depositare des Konzils hatten sie Aufgaben und Pflichten, die mit denen der Generaldepositare der apostolischen Kammer zu vergleichen sind. Die umfangreichen Kredite und die Verwaltung der Depositen hatten keinen direkten Bezug zur deutschen Wirtschaft, sodass allein der Zahlungsverkehr für die Unterstützung der Gesandtschaften und das Einsammeln der Ablassgelder relevant für die kommerzielle Strategie in Deutschland waren.

1.4.5 Untersuchungszeitraum

Die Zusammenarbeit zwischen Päpsten und Bankiers in den Jahren vor dem Großen Schisma hat Yves Renouard umfassend erforscht; der anschließende Zeitabschnitt bis zum Konzil von Konstanz wurde durch Arnold Esch und Jean Favier eingehend untersucht und in mehreren Publikationen aufgearbeitet.[130] Es war deshalb nicht sinnvoll, sich bei den Recherchen noch einmal intensiv mit dieser Periode zu befassen. Da sie aber für das Verständnis der Jahre ab 1414 wichtig ist, werden die von diesen Historikern dargebotenen zentralen Fakten und Thesen zusammengefasst und nur in wenigen Punkten ergänzt oder diskutiert. Die eigene Untersuchung

---

128 ASFi, Catasto 32, cc. 38r–45v.

129 Vgl. Origo (1957).

130 Renouard (1938); Renouard (1941); Renouard (1942); Renouard (1949); Esch (1966); Favier (1966); Esch (1971–1972); Esch (1972); Esch (1974); Esch (1975); Esch (1988); Esch (2003a); Esch (2004a); Esch (2016). – Sehr aufschlussreich ist auch die Rezension von Faviers Arbeit durch Esch: Esch (1969a).

setzt ein, als die Bankiers aus Florenz im Finanzwesen der Kurie wieder die zentrale Rolle zurückgewonnen hatten, die sie nach dem Intermezzo während des Krieges der Otto Santi (1375–1378) gegen den Papst vor allem an die Lucchesen verloren hatten. Der Untersuchungszeitraum endet um 1475, da hier eine Reihe von Ereignissen zusammentreffen, die einen starken Rückgang des Interesses der Florentiner am deutschen Markt bewirkten: das Urteil der Mercanzia im Prozess zwischen Guasparre di Niccodemo Spinelli und Wilhelm Rummel von Nürnberg im Jahre 1472, der Bruch zwischen Papst Sixtus IV. und Lorenzo de' Medici, der im Juli 1474 zur Absetzung des Leiters der Medici-Bank als Generaldepositar der apostolischen Kammer führte,[131] und der Konkurs von Benvenuto Aldobrandi (1475).[132] Mit letzterem verließ der letzte florentinische Bankier des Spätmittelalters Deutschland. Wenige Jahre später entstand in Nürnberg eine kleine florentinische Kolonie, doch war deren Hauptgeschäft der Seidenhandel und nicht mehr das Bankgewerbe.[133] Diese Studie bricht also ab, als die Kurienbank der Spinelli in Konkurs ging und die Pazzi an der Kurie die Vormachtstellung der Medici ernsthaft zu bedrohen begannen, wie dies etwa an den Verleihungen der Kreuzzugsdepositarien an die Pazzi zu erkennen ist.[134] Im Juli 1474 kam es zwischen Sixtus IV. und Lorenzo de' Medici wegen inneritalienischen Ereignissen zum Bruch.[135] In diesem Jahrzehnt wurde auch das Quasimonopol der Italiener im internationalen Bankgeschäft mit dem päpstlichen Hof durch das Emporkommen der Fugger, Welser, Hochstetter und anderer oberdeutscher Handelsherren abgelöst. „Die Epoche der Medici neigte sich ihrem Ende zu. Das Zeitalter der Fugger sollte sie ablösen," wie von Pölnitz es formulierte.[136]

Schließlich ist noch darauf hinzuweisen, dass im Text aus stilistischen Gründen nicht jedes Mal präzisiert wird, dass sich die Päpste während des Untersuchungszeitraums nicht immer in Rom aufgehalten haben, wenn vom päpstlichen Hof geschrieben wird. Die Florentiner Bankiers haben diesem Fakt Rechnung getragen, indem sie ihre Gesellschaften nicht mit „di Roma", sondern mit „di Corte" bezeichneten. Entsprechend ist auf den folgenden Seiten auch meist von den Banken am päpstlichen Hof oder den Kurienbanken die Rede, auch wenn es um Vorgänge geht, die mit der Kurie als Institution gar nichts zu tun hatten.

---

131 Roover (1963), S. 164.

132 Zu Aldobrandi vgl. unten S. 223. – Die Periodisierung der florentinischen Handels- und Bankengeschichte folgt meist dem Vorschlag von Melis (1974b), S. 15–21, der den ersten Abschnitt im 12. Jahrhundert beginnen lässt und mit der Einführung des *Fiorino d'oro* (1252) beendet *(la rinascita economica generale)*. Die zweite Periode ist gekennzeichnet von Expansion und findet ihren Abschluss im Untergang der Super-Companies (1348). Die letzte Periode *(la decadenza)* schließlich dauert bis in die ersten Jahrzehnte des 16. Jahrhunderts.

133 Vgl. Guidi Bruscoli (1999); Weissen (2001); Guidi Bruscoli (2019).

134 Dieser Wechsel von den Medici zu den Pazzi lässt sich in den Akten der apostolischen Kammer nachvollziehen: ASRo, Camerale I, Nr. 1233–1236.

135 Frantz (1880), S. 154.

136 Pölnitz (1960), S. 60. – Vgl. Bergier (1979a); Stromer (1981), S. 125; Rosa (1991), S. 328.

1.5 Darstellungsweise

Schwer fiel die Entscheidung, aus welcher Perspektive die Darstellung erfolgen sollte, denn bei einer Betrachtung des gesamten deutschen Marktes gibt es vier Dimensionen, die alle den Rahmen hätten vorgeben können: die Kurienbanken, die Korrespondenten, die Kunden und die Wechselplätze. In jedem Fall zeigten sich Vorteile und Nachteile. Schließlich fiel die Wahl auf eine Mischform, bei der zuerst die wichtigsten Eckdaten der in Deutschland agierenden Kurienbanken behandelt werden und im Anschluss daran ihr Auftreten in den Markträumen untersucht wird. Wäre strikt aus der Sicht der Kurienbanken berichtet worden, dann hätte es beispielsweise zu Simone Sassolini je einen Abschnitt bei den Gozzadini, Ricci, Guadagni und Medici geben müssen, da er mit all diesen Kurienbankiers zusammenarbeitete. Die Zusammenhänge wären so weitgehend verloren gegangen.

Die Darstellung der Untersuchungsergebnisse versteht sich als Geschichte der Bankiers und des Bankgeschäftes.[137] Im Zentrum stehen die Determinanten und Ergebnisse der strategischen Entscheidungen der Medici-Bank und ihrer florentinischen Konkurrenten: In welchen Jahren, an welchen Orten, mit welchen Partnern, Kunden und Geschäften waren sie im deutschen Markt aktiv?[138] Dabei geht es nicht allein um Veränderungen in Deutschland, sondern um Entwicklungen im gesamteuropäischen wirtschaftlichen Kontext, in der florentinischen Wirtschaft und im Finanzwesen der apostolischen Kammer. Außerhalb der Fragestellung dieser Arbeit liegen hingegen ausdrücklich alle theologischen und moralischen Aspekte des Bankgeschäftes und des päpstlichen Finanzwesens. Ebenso wurden viele weitere Gesichtspunkte ausgeklammert, die nicht im engeren Sinne mit Wirtschaftsgeschichte zu tun haben.

Die anhand des Quellenstudiums in italienischen Archiven festgestellte Dominanz der großen Gesellschaften im Geschäft mit Deutschland warf die Frage auf, wie weit dieser Befund durch die Überlieferungsgeschichte beeinflusst wird. Hatten die Alberti, Medici und Spinelli tatsächlich während eines bestimmten Zeitabschnittes eine Vormachtstellung inne oder haben zufälligerweise nur ihre Geschäftsdokumente überlebt, während die Urkunden anderer wichtiger Unternehmer verloren gingen? Legt man die Liste der Florentiner, deren Namen neu in toskanischen Archivbeständen gefunden wurden, neben die bekannten Ergebnisse aus den Nachforschungen in Deutschland und Rom, so zeigt sich für das 15. Jahrhundert eine fast vollständige Übereinstimmung. Differenzen ergaben sich für diesen Zeitabschnitt einzig durch die Nennung von ein paar wenigen unbedeutenden Florentinern, die in Deutschland nicht aktenkundig sind. Es kann für diesen Zeitraum mit großer Sicherheit

137 Vgl. Hoock / Reininghaus (1997), S. 11–23.
138 Vgl. Ferguson (1960), S. 9–10.

davon ausgegangen werden, dass alle Unternehmungen[139] mit längerer Präsenz in Deutschland erfasst werden konnten.

Florentinische Kaufleute haben sehr viele Briefe, Wechsel und Quittungen geschrieben und eine elaborierte Buchhaltung geführt. Das Datini-Archiv stellt überlieferungsgeschichtlich einen außerordentlichen Einzel- und Glücksfall dar. Bei allen anderen Unternehmen zeigt die Überlieferungsgeschichte einen massiven Schwund an Dokumenten. Von einigen sind wenigstens Bruchstücke aus der Buchhaltung und einzelne Briefe aus der Korrespondenz erhalten; bei anderen kann jedoch nur noch anhand von indirekten Quellen auf ihre Geschichte geschlossen werden. Diese uneinheitliche Quellenlage führte dazu, dass zwischen der historischen Bedeutung einer Unternehmung und der Seitenzahl, die ihr in dieser Studie eingeräumt wird, nicht in allen Fällen eine Relation hergestellt werden konnte. Dies zwang dazu, den Darstellungsumfang der Quantität und Aussagekraft des zur Verfügung stehenden Materials anzupassen. Bewusst werden aber die Firmengeschichten der Banken, zu denen es bislang noch keine Monographie gibt, detaillierter dargestellt als die der anderen (Medici, della Casa, Spinelli).[140]

In den erschlossenen Quellen wird über eine Vielzahl von Geschäftsvorgängen berichtet, die weit mehr Einzelheiten überliefern, als für die Darstellung der grundlegenden Entwicklungen notwendig waren. Vor allem die Listen deutscher Kunden der florentinischen Bankiers könnten in verschiedener Hinsicht wertvolle Aufschlüsse enthalten. Für die hier vorliegende Studie reichte es aber meist aus, wenn Stand und Herkunft der Deutschen bekannt waren. Deswegen wurde auf eine prosopographische Erschließung all dieser Männer und Frauen verzichtet. Da solche Angaben möglicherweise für die Beantwortung anderer historischer Fragestellungen von Bedeutung sein könnten, werden im Text und im Anhang mehr dieser Detailangaben, als für die Darstellung unbedingt notwendig, wiedergegeben. In vielen Fällen war es jedoch unmöglich, in der italianisierten Form deutscher Namen die ursprüngliche Form wiederzuerkennen: Dass *Pargortimer* für Paumgartner, *Rommoli* für Rummel, *Arrigo Albixon* für Heinrich Halbisen, *Guarnieri della Chiesa* für Wernli von Kilchen stehen, ist leicht ersichtlich. Doch wer war *Giannes Filiberti di Zurigho de Vacchiendurch* oder *don Ian Vaelhundunch, canonico di Cologna?*[141] Bei der Aufschlüsselung dieser Rätsel dürften Historiker, die mit den jeweiligen lokalen Verhältnissen am Herkunftsort dieser Personen gut vertraut sind, sicherlich mehr Erfolg haben. Und in vielen Fällen konnte auf deren wertvolle Unterstützung zurückgegriffen werden.

---

139 Wie in der Betriebswirtschaftslehre weitgehend üblich werden hier die Begriffe ‚Unternehmung' und ‚Unternehmen' synonym gebraucht.

140 Roover (1963); Arcelli (2001); Jacks / Caferro (2001).

141 Abgesehen von vielen verfälschenden Namens- und Ortsinterpretationen, wie etwa im Inventar des ASFi, MAP 81, Nr. 46, das mit Uppsala in Verbindung gebracht wird, obwohl deutlich *Ipsalensis* (Sevilla) zu lesen ist.

2 Marktattraktivität

2.1 Vom Hochmittelalter bis zum Konzil von Konstanz

2.1.1 Päpstliche Gelder

Der Bedarf der Kurie nach einem Geldtransfer vom Süden über die Alpen beschränkte sich auf die Zahlungen der Kurie an die in diese Regionen geschickten Legaten und Nuntien, damit diese in Deutschland ihren Reiseaufwand bezahlen konnten. In mehreren Fällen wurden auch Subsidien an Herrscher im Norden geschickt, die Kriege gegen Ungläubige führten. Für die Bankiers erreichten diese Transaktionen nie einen so großen Umfang, dass er bei der Bewertung der Attraktivität des deutsch-italienischen Zahlungsverkehrs positiv ins Gewicht gefallen wäre.

Für die italienischen Bankiers konnte ausschließlich der Geldfluss aus Deutschland zur Kurie von Interesse sein. Das erste Geld, das von dort in päpstliche Hände kam, waren Münzen, die Pilger in ihren Taschen über die Alpen gebracht hatten und in die Opferstöcke Roms legten. Diese *Oblationen* konnten sich besonders in Jubeljahren zu beträchtlichen Beträgen summieren.[142] Solche Einnahmen reichten aber bei weitem nicht aus, die finanziellen Bedürfnisse der Päpste zu decken, als diese im 11. Jahrhundert begannen, sich vermehrt in die weltliche Politik einzubringen. Die Auseinandersetzungen mit den Staufern, die Kreuzzüge und die territoriale Erweiterung und Sicherung des Kirchenstaates verbrauchten riesige Summen. Weiteres Geld wurde für den Ausbau des Beamtenapparates und des Hofstaates an der zunehmend universalkirchlich ausgerichteten Kurie in Avignon verwendet.[143] Aus Steuern, Zöllen und weiteren Abgaben der Gemeinden und Ländereien des Kirchenstaates ließen sich nicht ausreichend Einkünfte erzielen.[144] Unzweifelhaft wurde Kirchengeld auch missbraucht und durch unsachgemäße Verwaltung verschleudert.[145] Zur Deckung der zunehmenden Ausgaben setzte ein permanenter Prozess ein, neue Einnahmequellen aus der gesamten katholischen Christenheit zu erschließen. Die zentrale strategische Idee war dabei, die Universalkirche konsequent für die Bezahlung der Belange des Papsttums heranzuziehen.[146] Es entwickelte sich so ein komplexes

142 Johrendt (2018), S. 90.

143 Feine (1964), S. 346.

144 Vgl. Gottlob (1892); Schneider (1899); Renouard (1941); Denzel (1991), S. 30–31 und 84–121; Cassandro (1994a). – Über die Abgaben, welche Kleriker und Laien aus der ganzen katholischen Welt an den Petersstuhl abzuführen hatten, gibt es eine umfangreiche Literatur, sodass an dieser Stelle auf eine ausführliche Darstellung ihrer Formen und Geschichte verzichtet werden kann und nur gerade die für die Gelder aus Deutschland im 15. Jahrhundert relevanten kurz beschrieben werden. Lunt (1909); Lunt (1934); Lunt (1962).

145 Plöchl (1962), S. 377–378.

146 Bauer (1928), S. 473.

kuriales Fiskalsystem von Taxen, Abgaben und Steuern, das zu einem umfangreichen Geldfluss aus Deutschland an den päpstlichen Hof führte.[147]

Der *Peterspfennig (denarius S. Petri)* war wohl die früheste Abgabe, die von den Päpsten aufgrund von rechtlich abgesicherten Ansprüchen außerhalb des Kirchenstaates eingefordert werden konnte. Sie konnten diese Zuwendungen auf lehnsrechtlicher Grundlage in England, Polen, Ungarn und in den skandinavischen Ländern vom 11. bis zum 13. Jahrhundert durchsetzen. Im Heiligen Römischen Reich aber wurde diese Abgabe nie bezahlt, sodass die Einkünfte aus dem Peterspfennig in den folgenden Ausführungen nur für Skandinavien, Polen und die Territorien des Deutschen Ordens eine Rolle spielen werden. Erich Maschke hat für die Provinzen Kummerland und Pomerellen, für die der Orden diese Abgabe ab 1330 fast ununterbrochen leistete, für 150 Jahre die Totalablieferung auf 8 000 Mark Silber geschätzt.[148] Aus Schweden gingen bei der Kurie zwischen 1318 und 1356 etwa 7 000 Mark schwedischer Pfennige ein.[149] Adolf Gottlob betont aber, die Zahlungen aus Skandinavien seien für die Camera apostolica nicht ins Gewicht gefallen.[150] Von geringer Bedeutung für die päpstlichen Kassen waren auch die *Spoliengelder*. Dabei handelt es sich um den von der Kurie eingeforderten Teil an der beweglichen Hinterlassenschaft von Klerikern auf den Päpsten reservierten Benefizien.

Einen wichtigen Schritt zur Linderung ihrer Finanznöte konnte die Kurie in den letzten Jahrzehnten des 12. Jahrhunderts tun, als sie den Einzug eines *Papstzehnten* auf die Einnahmen der Kleriker der Universalkirche durchsetzen konnte.[151] Zuerst wurden diese Gelder ausschließlich für die Kosten der Kreuzzüge ausgeschrieben; unter Gregor IX. (1227–41) wurden sie von dieser konkreten Zweckbindung gelöst und ab 1298 auch allgemein *pro necessitate ecclesiae* erhoben. Begünstigt wurde der Einzug dieser Gelder im 13. Jahrhundert durch eine größere Bereitschaft der zur Zahlung Verpflichteten, die unter dem Eindruck der Bedrohung des Orbis christianus und der heiligen Stätten standen. Die Papstzehnten wurden in dieser Zeit zur wichtigsten Einnahmequelle der kurialen Finanzverwaltung außerhalb des Kirchenstaates. Sie werden auf das Dreifache der dem französischen König zur Verfügung stehenden Mittel geschätzt.[152] In der

147 Über die Taxen, die bei der Kurie anfielen vgl. Woker (1878); Mayr-Adlwang (1896); Feine (1964), S. 347–348; Liermann (1976–2007); Ganzer (1979), S. 215. Einen detailreichen Überblick über die päpstlichen Finanzen im 14. Jahrhundert bietet Denzel (1991).

148 Sprandel (1975), S. 100–101; Maschke (1979), S. 176, 279 und 288 u. a.

149 Brilioth (1915), Tabelle 1–6.

150 Gottlob (1889), S. 216.

151 Ausführlich dazu Spittler (1827); Hennig (1909); Denzel (1995b); Johrendt / Müller (2012), S. 39. Vgl. auch Roberg (1980–1999), Sp. 1942; Plöchl (1962), S. 381. – In der Literatur werden bislang die Entwicklungen des päpstlichen Finanzwesens während des Exils in Avignon sehr stark gewichtet. Markus Denzel betont entgegen dieser These die Bedeutung der finanziellen Errungenschaften der Päpste des 13. Jahrhunderts, wo er die zentralen Weichenstellungen für die späteren Veränderungen in der kurialen Finanzverwaltung sieht. Vgl. Denzel (2018), S. 132.

152 Gottlob (1892); Plöchl (1962), S. 378–379; Feine (1964), S. 348; Bysted (2015). – Denzel (2018), S. 134 bezeichnet die Zehntausschreibung von 1199 durch Innozenz III. „als erste Kreuzzugssteuer“.

Zweijahresperiode 1302–1303 kamen aus den westdeutschen Diözesen als Zehnteinkünfte etwa duc. 60000 nach Rom, was allerdings nur gerade 4,38 Prozent der gesamten Zehnteinkünfte ausmachte.[153] In einer ersten Phase waren die *Ablässe* auch fast ausnahmslos mit den Kreuzzügen verbunden, doch spätestens seit der von Bonifaz VIII. verkündeten allgemeinen vollkommenen Indulgenz aus Anlass des Jubeljahres 1300 war diese Zweckbindung aufgehoben und wurde 1343 durch die Bulle *Unigenitus Dei Filius* Teil der Kirchenlehre. Bald danach setzte der Verkauf von Ablassbriefen ein, die ebenso für das Seelenheil von Toten erworben werden konnten.[154]

Unter dem Pontifikat Clemens' V. (1305–14) ging die Bedeutung der Papstzehnten sehr stark zurück, da der Widerstand der Fürsten und der Bischöfe gegen diesen Mittelabfluss in den Kirchenprovinzen immer stärker wurde.[155] Die Kurie musste also andere Geldquellen erschließen. Gelegenheit dazu boten die Benefizien, über deren Besetzung der Papst ohne ein Konsistorium verfügen konnte. Für die Providierung mit niederen Pfründen, die in der Kanzlei oder in der Geheimkammer des Papstes vergeben wurden und einen Mindestwert von 24 Kammergulden aufwiesen, ließ der Empfänger der Kurie ein Geschenk zukommen, woraus sich eine Abgabenpflicht entwickelte. Die Ernennung wurde mit einer Gebühr verbunden, die in der Regel die Hälfte des ersten Jahresertrages *(fructus medii anni oder fructus primi anni)* ausmachte.[156] Geld floss auch aus den Einkünften für den unkanonischen Besitz eines Benefiziums *(fructus male percepte)* in die päpstlichen Kassen.[157] Zum ersten Male ist eine solche *Annata* im Jahre 1306 belegt, als Clemens V. alle in England freien und frei werdenden Benefizien mit dieser Abgabe beschwerte.[158] Während des Pontifikats von Johannes XXII. (1316–34) wurden die Einnahmen aus dieser Quelle zu einem wichtigen Bestandteil des kurialen Budgets.[159]

War die Konfirmation der Wahl eines Bischofs oder Abtes nach kanonischem Recht von der Zustimmung des Papstes abhängig, so wurde vom Konfirmierten zunächst eine unfreiwillige Schenkung eingefordert, die im 14. Jahrhundert in eine weitgehend fixierte obligatorische Taxe umgewandelt wurde.[160] Da diese Bestätigungen in einem Konsistorium erfolgten, das der Papst gemeinsam mit den Kardinälen abhielt, wurde diese Abgabe *servitium commune* genannt. Die *Servitien* beliefen sich einmalig auf ein Drittel einer Jahreseinkunft, wenn diese f. 100

153 Denzel (2018), S. 146.

154 Lea (1896); Göller (1923); Paulus (1923); Wall (1964–1998), S. 19; Benrath (1976–2007); Swanson (2006); Doublier (2016); Koch (2017); Jenks (2018).

155 Hennig (1909), S. 2–13; Denzel (2018), S. 145. Bei Hennig findet sich auch eine umfassende Darstellung der Territorial- und Reichszehnten, die der Papst Fürsten zugestand. – Exemplarisch wird dieser Widerstand für das Bistum Ratzeburg dargestellt: Petersen (2001). – Zur Reduktion der an die Kammer abfließenden Gelder vgl. auch Sprandel (1975), S. 100–101.

156 Kirsch (1903); Schmidt (1984), S. XXII–XXIII; Tewes (2005), S. 209.

157 Denzel (1991), S. 61.

158 Bauer (1928), S. 468–469. Hier wurden noch die Einkünfte des ganzen ersten Jahres eingefordert.

159 Denzel (2018), S. 137.

160 Göller (1924a), S. 82. Ausführlich bei Denzel (1991), S. 64–67 und Denzel (2018), S. 137–138.

überstieg.[161] Davon erhielt der Papst die Hälfte und die andere Hälfte wurde auf die anwesenden Kardinäle aufgeteilt. Hinzu kamen noch die *servitia minuta,* die durch die Konfirmierten oder Providierten an die niedrigeren Kurialen zu bezahlen waren. Diese erhielten auch noch die *Konsekrationsservitien* für die Bischofsweihe oder die Abtsbenediktion.[162] Das *servitium commune* belief sich je nach Vermögen eines Bistums auf 100 bis 12000 (Köln, Salzburg) Floreni.[163] Für das Bistum Passau summierten sich die an die Kurie zu entrichtenden Beträge beispielsweise auf f. 2485: *servitium commune* f. 1600, *servitia minuta* f. 285, *propina* an den im Konsistorium vortragenden Kardinal f. 500, Taxen für das Ausstellen der Urkunde f. 100.[164] Hohberg hat berechnet, dass im 14. Jahrhundert 40000 RG an die Kurie geflossen wären, wenn alle Bistümer gleichzeitig neu besetzt worden wären.[165]

Die Annaten und Servitien, die von den Zeitgenossen häufig undifferenziert beide als Annaten bezeichnet wurden, entwickelten sich schnell zu den wichtigsten Einnahmequellen der avignonesischen Kurie, waren aber sehr starken jährlichen Schwankungen unterworfen.[166] In ihrer Jahresrechnung für 1309 machten die Servitien mit fast 26000 Gulden fast 28 Prozent aller Einkünfte aus.[167] Diese hohen Zahlungen führten schon auf dem Konzil von Vienne im Jahre 1311 zu Protesten. Der Anteil Deutschlands war im Vergleich vor allem mit Frankreich nur gering. Bei den Eingängen für die Periode von 1295 bis 1314 machten diese Leistungen von Bischöfen aus dem Reich mit Böhmen, Ungarn, Polen und dem Baltikum etwa 15 Prozent an der Gesamtsumme aus, bei den Äbten und Prälaten waren es nicht einmal vier Prozent.[168] Johann Peter Kirsch und Yves Renouard haben in den vatikanischen Archiven nur fünf Abrechnungen von Kollektoren aus den Jahren bis 1339[169] und verschiedene kleinere Belege über Anweisungen an die Kammer (1309–32) mit Bezug zu Deutschland gefunden.[170] Dass es für die erste Hälfte des 14. Jahrhunderts nur so wenige Zeugnisse für den Eingang deutscher Gelder in Avignon gibt, ist nicht nur durch die schlechte Quellenlage zu begründen, sondern auch durch die Tatsache, dass die päpstlichen Gelder aus Deutschland wegen der Auseinandersetzung zwischen den

161 Bauer (1928), S. 468; Lunt (1962), S. 169; Balz et al. (1999), S. 566–567.

162 Vgl. Eubel (1913–1935); Hoberg (1944). – Eine weitere Abgabe waren die *servitia quindennia,* die alle 15 Jahre von den inkorporierten Pfründen zu entrichten waren. In Deutschland wurde diese Gabe aber nie geleistet. Vgl. Bäumer (1980–1999), Sp. 1795. Wegen der sehr kleinen Beträge können im Folgenden auch die *visitationes,* die Zahlungen wegen der *visitatio liminum* und der *Zensus* vernachlässigt werden. Vgl. Plöchl (1962), S. 379; Denzel (1991), S. 52–53.

163 Denzel (2018), S. 142.

164 Frenz (2000).

165 Hoberg (1944); Sprandel (1975), S. 100–101. Eine detaillierte Aufstellung dieser Kosten für das Bistum Passau bei Frenz (2000).

166 Vgl. Samaran / Mollat (1905); Esch (1988); Tewes (2005), S. 209.

167 Denzel (2018), S. 145.

168 Denzel (2018), S. 143–144.

169 Kirsch (1894), S. 1–157.

170 Kirsch (1894), S. 381–383, 419 und 421–422; Renouard (1941).

Päpsten und König Ludwig dem Bayern während vieler Jahre sehr spärlich flossen und gemäß Renouard „réduits à peu près à néant" waren.[171] Werte zum Geldfluss aus Deutschland lassen sich wieder für die Jahre des Pontifikats von Innozenz VI. (1353–62) eruieren, nach denen die Einkünfte der Kollektoren in Deutschland, Böhmen, Polen und Ungarn 13 Prozent des Totals der Kollektoriengelder der Kirche ausmachten.[172]

Zu einem weiteren Abfluss von Geldern aus Deutschland führten Suppliken und Gratialsachen, für deren Bearbeitung durch die Kurialbehörden, Kanzlei, Kammer, Rota und Pönitentiarie *Urkundentaxen* erhoben wurden, die seit Johannes XXII. (1316–34) taxmäßig festgelegt waren.[173] Dabei wurden die Arbeiten der Gerichte und die Ausfertigung von Bullen, Dispensen, Privilegien usw. in der immer stärker zentralisierten katholischen Christenheit zu mehr als kostendeckenden Ansätzen berechnet.[174]

Wünschte ein deutscher Bischof oder Abt vom Papst ein Privileg, vom Klerus und den Gläubigen ihrer Diözese außerordentliche Abgaben verlangen zu dürfen, so ließ sich dieser die Erfüllung dieses Wunsches meist teuer bezahlen. Dem Erzbischof von Trier wurde beispielsweise 1462 die Möglichkeit eingeräumt, von seinen Geistlichen bis zu 15 000 Gulden Steuern einzufordern.[175] Es kam jedoch auch vor, dass das Privileg als Gunstbeweis ohne jede Abgabe gewährt wurde. Pius II., der als junger Mann einige Jahre als Konzilssekretär in Basel verbracht hatte, gewährte dem hoch verschuldeten Basler Bischof 1463 kostenlos das Recht, für den Gebrauch von Butter während der Fastenzeit eine Steuer (Ankengeld) zu erheben.[176]

2.1.2 Gelder ohne direkten Bezug zu den päpstlichen Finanzen

Neben den Summen, die im Auftrag der apostolischen Kammer zu transferieren waren, gab es eine Reihe von deutschen Institutionen und Personen im Umkreis des päpstlichen Hofes, die für die Bankiers als Kunden von Interesse sein konnten. Die finanzkräftigste Gruppe bildeten deutsche Kleriker, die ein Amt an der Kurie erwerben konnten. Sie arbeiteten als Protonotare, Kanzleischreiber oder Abbreviatoren in einflussreichen Funktionen,[177] die ihnen Zugang zu guter Bezahlung und reichen Geldquellen verschafften. Häufig gelangten sie zudem in den Besitz von Pfründen in Deutschland, deren Ertrag nach Rom abgeführt werden musste. Über vergleichbare Einkünfte verfügte auch ein Kleriker im Gefolge eines Kirchenfürsten, etwa als

171 Renouard (1941), S. 140.
172 Favier (1966), S. 580; Esch (1969a), S. 138–139.
173 Bauer (1928), S. 480; Plöchl (1962), S. 381; Feine (1964), S. 349; Johrendt (2018), S. 94.
174 Plöchl (1962), S. 381.
175 Esch (1998), S. 334.
176 Vgl. Weissen (1994), S. 428.
177 Weiss (1991).

Sekretär eines Kardinals. Die vermögenderen unter diesen Klerikern benötigten lokale Depositen- und Kreditdienstleistungen, doch konnte ebenso der Zahlungsverkehr mit Deutschland den Bankiers Umsätze generieren. Viele von diesen Geistlichen waren darauf angewiesen, dass ihnen die Einkünfte aus deutschen Pfründen nach Rom geschickt wurden.[178] Italienische und französische Kurienangehörige, die Pfründen in Deutschland erwarben, waren eine weitere Gruppe von Personen mit Bedarf nach Zahlungsverkehr aus dem Norden. So lag die Würzburger Domprobstei, die mit 1000 Gulden eine der reichsten Deutschlands war, ab 1360 meist in der Hand von Südländern.[179]

Unter den Kurienklerikern stellten die permanent in den Amtsstuben des päpstlichen Hofes wirkenden Prokuratoren für die Bankiers eine besonders attraktive Kundegruppe dar. Sie halfen aus Deutschland angereisten Klerikern und Laien bei der Einreichung ihrer Suppliken,[180] denn die komplizierten und oft nur schwer durchschaubaren kurialen Geschäftsabläufe und der Umgang mit ihren Kanzleien stellten viele Gesuchsteller vor große Schwierigkeiten. Seit spätestens dem 13. Jahrhundert erlaubte die Kurie hohen Geistlichen (Erzbischöfe, Bischöfe, Äbte usw.), dem Adel (Könige, Herzöge, Markgrafen, Grafen) und kirchlichen Institutionen, sich durch bevollmächtigte Helfer vertreten zu lassen.[181] Für die Kurienbankiers waren sie wichtige Partner, denn sie vermittelten Kredite für die Hinterlegung von Kuriengebühren und stellten sich selber als Bürgen zur Verfügung, bis das benötigte Geld aus dem Norden eingetroffen war.[182] Die Anzahl der auf deutsche Gesuche spezialisierten Prokuratoren ist deshalb ein Indikator für die Intensität der Beziehungen zwischen der Kurie und dem Herkunftsgebiet der Supplikanten.

Der Deutsche Orden *(Ordo fratrum domus hospitalis Sanctae Mariae Teutonicorum Ierosolimitanorum)* delegierte nicht jedes Mal einen Gesandten, wenn er ein Anliegen an den Papst hatte, sondern installierte für die Vertretung seiner Interessen bei der Kurie permanent einen Generalprokurator.[183] De facto konnte es auch bei längeren Verhandlungszeiten zur Errichtung einer mit Vollmachten ausgestatteten Vertretung kommen. Der Rat der Stadt Hamburg beispielsweise unterhielt in einem Streit mit dem Hamburger Domkapitel von 1338 bis 1355 einen Gesandten in Avignon.[184] Sowohl die Interessenvertreter, die nur kurzzeitig für ein einzelnes Geschäft an den päpstlichen Hof reisten, als auch die permanenten Bevollmächtigten

178 Deutsches Historisches Institut in Rom (1916–); Bauer (1928), S. 466; Sohn (1994); Sohn (1997). – Zu Pfründenjägern: Schwarz (1991); Schwarz (1997).

179 Engel (1956), S. 17. 1464 wurde sie von Pius II. seinem Neffen Kardinal Francesco Piccolomini übertragen. Vgl. Widder (1995), S. 65; Rehberg (1999), S. 213. Kurz vor dem Konstanzer Konzil begann der florentinische Kleriker *Gerardus de Boeriis* einen jahrelangen Prozess um eine Pfründe der Schweriner Domkirche. Vgl. Schuchard (2000b), S. 77.

180 Weiss (1991), S. 59.

181 Sohn (1997), S. 61.

182 Sohn (1997), S. 63.

183 Sohn (1997), S. 80.

184 Apelbaum (1915); Schrader (1907).

verursachten Kosten für Reisespesen, Lebensunterhalt und nicht selten für Geschenke, durch die bei den Entscheidungsträgern das eigene Anliegen befördert und durchgesetzt werden sollte, wie viele Belege in der Korrespondenz der Prokuratoren des Deutschen Ordens für derartige *erungen* zeigen.[185] Auch dieses Geld für die Erledigung des Auftrages musste über die Alpen transportiert werden. Selbstverständlich konnten derartige Gaben ebenso in Naturalien erfolgen, wie ein Eintrag in den Hamburger Kämmereirechnungen für das Jahr 1373 zeigt, wo man den Kauf von Hermelin für den Papst verbucht *(41 lb. vor hermelen domino pape)*.[186]

Mögliche Kunden von Finanzdienstleistungen hätten auch in Avignon oder Rom lebende Kaufleute, Handwerker, Söldner oder Studenten aus Deutschland sein können.[187] Sie waren unzweifelhaft zahlreicher als die Kleriker,[188] doch finden sich während des ganzen Untersuchungszeitraums nur Belege für Studenten, die sich mit Hilfe einer Bank Geld aus der Heimat nach Italien transferieren ließen.[189] Die Entwicklung dieser Kolonien spielte also für die Umsatzerwartungen der Bankiers keine Rolle und sie können aus der folgenden Darstellung ausgeklammert werden. Dasselbe gilt ebenfalls für die Pilger, die vor allem in Jubeljahren in großen Gruppen an den Apostelgräbern beteten, denn sie waren zum überwiegenden Teil keine vermögenden Personen und trugen das benötigte Geld mit sich.[190]

Die frühesten Spuren deutscher Präsenz finden sich im Campo Santo Teutonico, dem bis ins 8. Jahrhundert zurückreichenden deutschen Friedhof im Vatikan.[191] Doch Persönlichkeiten wie Albert Behaim und Alexander von Roes, die im 13. Jahrhundert einen Einfluss auf die päpstliche Politik hatten,[192] sind seltene Ausnahmen, denn bis zum Ausbruch des Großen Schismas war die Zahl der deutschen Kurialen am päpstlichen Hof nur sehr klein. Die Gründe dafür sind einerseits in den immer wieder aufflackernden Spannungen zwischen Papsttum und römischem Königtum und anderseits in der Bevorzugung von Landsleuten durch die französischen Päpste zu suchen. Bernard Guillemain hat für die Jahre zwischen 1309 und 1376 in Avignon insgesamt 4 253 Kuriale benennen können, wovon für 2 224 die Herkunft zu ermitteln war. Von all diesen Personen wies er lediglich 69 Deutschland zu, wovon der Großteil aus Lüttich und Toul stammte.[193] Auch unter den Prokuratoren dominierten zuerst Italiener, dann Franzosen

185 Koeppen (2000), S. 29; Johrendt (2018), S. 98.

186 Koppmann (1869–1941), S. 184.

187 Die deutschen Kolonien sind wissenschaftlich sehr umfassend untersucht: Evelt (1877); Doren (1901); Schmidlin (1906); Noack (1927); Maas (1981); Lee (1983); Ait (1987); Schuchard (1987); Ait (1988b); Schulz (1991); Schulz (1994); Maleczek (1995); Schmugge (1995); Schulz (1995); Varanini (1995); Esposito (1998); Esch (1999b); Füssel / Vogel (2001); Schwarz (2001b); Esch (2002); Esch (2004b); Esch (2005a); Esch / Michler (2005); Israel (2005); Schulz / Schuchard (2005); Böninger (2006); Fusaro (2007); Sanfilippo (2009); Ait (2014a).

188 Maas (1981), S. 47.

189 Vgl. S. 162.

190 Schmugge (1995).

191 Maas (1981), S. 13.

192 Maas (1981), S. X. – Maas (1981), S. 11: Allerdings waren 1362 immerhin 39 Deutsche bei Kardinälen angestellt.

193 Guillemain (1962); Schuchard (1994), S. 53. – Vgl. auch Schäfer (1906).

und erst ab 1350 sind die für deutsche Petenten arbeitenden Prokuratoren zunehmend Männer deutscher Muttersprache.[194]

2.1.3 Finanzielle Folgen des Interdikts über Florenz und des Großen Schismas

Am 31. März 1376 brach das Arrangement zwischen dem Papsttum und seinen florentinischen Bankiers zusammen; eine seit Jahrzehnten funktionierende und beiden Seiten Gewinn bringende Partnerschaft wurde abrupt beendet. An diesem Tag verhängte Papst Gregor XI., der gegen Florenz den Krieg der Otto Santi führte, das Interdikt über die Stadt und über alle ihre Bürger den Bann. Die apostolische Kammer fror ihre Beziehungen zu florentinischen Bankiers fast vollständig ein. Viele von ihnen verließen Avignon fluchtartig unter Zurücklassung ihrer Gelder, die konfisziert wurden.[195] Mit Recht bezeichnete Holmes die Auswirkungen dieses Bruches für die Florentiner gesamthaft als „severe".[196] Im Reich hingegen, wo Kaiser Karl IV. am 5. April 1376 dem Papst folgte und die Florentiner mit der Acht belegte,[197] sind kaum Auswirkungen auf die deutsch-florentinischen Wirtschaftsbeziehungen festzustellen, denn diese waren ja schon vor diesen Maßnahmen wenig ausgeprägt.

Gregor XI. kehrte mit seiner Kurie im Januar 1377 von Avignon nach Rom zurück, um die Heilige Stadt wieder zum Sitz des Papsttums zu machen. Doch er starb bereits am 26. März 1378 und hinterließ ein tief zerstrittenes Kardinalskollegium, das sich nicht auf einen Nachfolger einigen konnte. Mit der Wahl eines zweiten Papstes begann am 20. September 1378 das Große Schisma der abendländischen Kirche mit Urban VI. (1378–89) in Rom und Clemens VII. (1378–94) in Avignon, auf die sich auch die Einkünfte aus den Diözesen aufteilten. Gleichzeitig stiegen die Ausgaben der beiden konkurrierenden Kurien stark an, da der Kampf um Anerkennung große Summen verschlang.

Der Avignoneser Clemens hatte in Deutschland zunächst mächtige Parteigänger, von denen die namhaftesten der Habsburger Leopold III. (während seine Brüder zu Rom hielten), zahlreiche Bischöfe (beispielsweise Salzburg, Brixen, Basel, Straßburg) und Städte wie Freiburg waren. Als Herzog Leopold 1386 in der Schlacht von Sempach gegen die Eidgenossen fiel, verlor diese Obödienz im Reich zunehmend an Anhängern. Die Auswertung der avignonesischen Supplikenregister zeigt aber deutlich, dass das Reich an diesem päpstlichen Hof kaum eine Rolle spielte. Die Zahl der Deutschen im Umkreis dieser Kurie blieb folglich sehr klein.[198] Kamen zu

---

194 Sohn (1997), S. 67.

195 Vgl. Esch (1966), S. 293; Holmes (1968), S. 357; Goldthwaite et al. (1995), S. XX und XXVII.

196 Holmes (1968), S. 358.

197 Weizsäcker (1882), I, S. 92. Vgl. dazu auch ASFi, Miscellanea Repubblicana, 1366–1376, Nr. 155.

198 Schuchard (1994), S. 53.

Beginn des Schismas noch 4.5 Prozent der Gesuche aus Deutschland, so waren es 1388 nur noch etwa ein Prozent.[199] Bis zum Ende der Kirchenspaltung bestand zwischen Deutschland und der apostolischen Kammer in Avignon nur ein unbedeutender Geldfluss, der für die Bankiers am päpstlichen Hof in Avignon ohne jede Bedeutung war.

Die urbanistische Kurie hatte bei der Aufteilung Europas außer England vor allem wenig ertragreiche Territorien unter ihre Kontrolle gebracht, zu denen auch Deutschland zu zählen ist.[200] Doch Zahlungen aus dem Reich nach Rom waren nicht selbstverständlich, denn den Geldfluss bremsten Spaltungen in Domkapiteln, die wie etwa im Hochstift Basel zu Doppelwahlen bei der Besetzung von Bischofsstühlen führten. Auch die Zahlungsmoral verschiedener Fürsten war nicht sehr hoch, denn sie versuchten, die unklare Situation an der Spitze der Kirche durch eine Politik des Hin-und-her-Schwankens oder Neutralität zu ihren Gunsten auszunutzen.[201]

Da sich fast die gesamte Finanzverwaltung der Kurie und alle Kollektoren für Avignon entschieden, musste in Rom eine neue Verwaltung aufgebaut werden. Dabei fiel die jahrzehntelange Dominanz französischer Kleriker zwangsläufig weg, denn die neuen Männer mussten nun aus der römischen Obödienz stammen. Unter den drei neapolitanischen Päpsten Urban VI., Bonifaz IX. und Johannes XXIII. wurde die Kurie von Männern aus dem Süden Italiens dominiert.[202] In den nun ein wenig internationaler zusammengesetzten päpstlichen Behörden konnten sich aber auch Deutsche Ämter sichern.[203] Vor allem Kleriker aus den finanzstarken Diözesen Köln und Mainz konnten frei werdende Stellen in ausschließlich niederen Positionen erwerben und unter Gregor XII. gelang es einigen sogar, in höhere und prestigeträchtigere Positionen aufzusteigen.[204] Arnold Esch sieht gar eine „massive Präsenz von Deutschen an der römischen Kurie".[205] Die apostolische Kammer in Rom war in den ersten Jahren der Kirchenspaltung im Vergleich mit der in Avignon mit unerfahreneren Männern besetzt und administrativ kaum in der Lage, alle fiskalischen Forderungen zu erfassen und einzutreiben.[206]

Peter Partner und Hermann Hoberg haben versucht, die jährlichen päpstlichen Einkünfte im 15. Jahrhundert zu berechnen, kommen aber zu keinen eindeutigen Zahlen, da diese durch sehr viele unsichere Faktoren und erhebliche jährliche Schwankungen geprägt sind.[207] Noch

---

199 Müller (2012), S. 8–9.

200 Esch (1966), S. 278.

201 Jansen (1904), S. 35–39.

202 Müller (2012), S. 8.

203 Maas (1981), S. 48–49; Schuchard (2001), S. 27.

204 Schuchard (1994), S. 53.

205 Esch (1975), S. 137.

206 Favier (1966).

207 Partner (1953). – Hofmann (1914), S. 289 gibt die Gesamteinnahmen Johannes XXIII. für den Zeitabschnitt von März 1413 bis September 1414 mit 226 489 flor. 48 sol. 6 den. an, den Gesamtexitus mit 226 461 flor. 32 sol. 12 den. Für das Jahr 1426–27 hat Partner (1960), S. 259–260 Einnahmen von fast duc. 170 000 errechnet, wovon etwa die Hälfte aus dem Kirchenstaat stammte. In den „Introitus et Exitus" sind allerdings duc. 114 385

vager sind die Schätzungen zu den kurialen Einkünften aus Deutschland bis zum Konstanzer Konzil, da hier die Quellenüberlieferung sehr viel lückenhafter ist. Es ist deshalb Arnold Esch zu folgen: „[…] das Wesentliche wird sich vielleicht nicht in Zahlen beziffern, aber doch in Worten ermessen lassen.“[208] Die wenigen Informationen, die sich aus diesen Jahren in Archiven finden, lassen den Worten viel Ermessensspielraum. Nach Jean Favier wären besonders während des Pontifikats Bonifaz IX. (1389–1404) die Einnahmen aus den Kollektorien sehr stark zurückgegangen. Diesem Bild widerspricht jedoch Esch, der eine zunehmende Anerkennung des Machtanspruchs dieses Papstes sieht und daraus eher auf eine Zunahme der Zahlungsbereitschaft und damit der Einkünfte schließt. Die Unklarheit in dieser Einschätzung wird deutlich bei der Darstellung der Servitienzahlungen. Während der französische Historiker herausstreicht, dass viele Verpflichtungen nur mit sehr langer Verschleppung oder gar nicht eingehalten wurden, betont der deutsche, dass besonders bei den höheren Taxen das Geld viel schneller als vor dem Schisma eingegangen sei.[209]

Für die Zahlungen aus Deutschland ist das tatsächliche Ausmaß der Geldsorgen von Bonifaz IX. weniger bedeutend als die simple Feststellung, dass er zu immer neuen Kreditaufnahmen gezwungen war.[210] Sein Ausbau des päpstlichen Fiskalismus war so stark, dass er schon von Zeitgenossen dafür kritisiert wurde.[211] Vor allem zwei seiner Entscheidungen führten dazu, dass Bankiers auf einen breiteren Geldfluss aus Deutschland hoffen konnten. Am ersten Tag seines Pontifikats erließ er eine Bulle, in der er die untere Grenze für Annatenzahlungen auf duc. 24 hinaufsetzte, gleichzeitig aber den Kreis der Zahlungspflichtigen ausweitete. Diese *Annatae Bonifatianae* wurden in den folgenden zehn Jahren noch weiter ausgebaut, sodass schließlich selbst die höheren kirchlichen Ämter, die bereits mit den Servitien belastet waren, nun auch zur Leistung dieser Abgabe verpflichtet wurden.[212] Welche Auswirkungen die Bulle für Deutschland hatte, lässt sich am Beispiel des Klosters St. Emmeran in Regensburg zeigen. 1395 bezahlte der neu gewählte Abt ein Servitium von 150 Gulden, sein Nachfolger musste 1403 in Rom zusätzlich zum Servitium noch 200 Gulden für die *primi fructus* des Stiftes abliefern. Die Abgabe an den Papst hatte sich also mehr als verdoppelt.[213] Dies ist allerdings eine der wenigen belegbaren Belastungen mit der neuen Abgabe in Deutschland. Auf Grund der sehr schlechten Quellenlage lässt sich kein schlüssiges Gesamtbild zeichnen und es muss offenbleiben, wie viel zusätzliches deutsches Geld die neue Annatenregelung tatsächlich einbrachte.

---

verbucht. In diesen Büchern fand er für Januar bis Dezember 1436 duc. 59160 und für September 1461 bis August 1462 duc. 471694. Hoberg (1977) kommt für die Jahre um 1500 zu beträchtlich tieferen Zahlen.

208 Esch (1988), S. 487. – Zur Quellenlage vgl. Esch (1966), S. 278–282.

209 Favier (1966), S. 514 und 516: „[…] c'est parce que l'époque […] n·était pas propice: les collecteurs n'envoyaient plus guère d'argent […]“. – Esch (1969a), S. 149.

210 Esch (1997–1998), S. 284.

211 Esch (1966), S. 277; Esch (1969a), S. 133.

212 Jansen (1904), S. 201–202.

213 Jansen (1904), S. 120–121.

Einig sind sich die meisten Historiker darin, dass das von Urban VI. ausgerufene und von seinem Nachfolger zelebrierte *Jubiläum 1390* eine Goldgrube war.[214] Für die Bankiers waren nicht die vielen Pilger von Interesse, die nach Rom zogen, sondern die aus diesem Anlass resultierenden Ablassgelder. Da viele Gläubige nicht nach Rom reisen konnten, um dort die Indulgenz zu erwerben, führte Bonifaz auf Wunsch von Königen, Fürsten und Bischöfen das Afterjubiläum ein. Die bayerischen Herzöge waren 1392 die ersten, die eine solches Nachfeierprivileg für die Stadt München erhielten, sodass der mit diesem Kirchenfest verbundene Ablass auch in der Stadt an der Isar erworben werden konnte, wenn man dafür wenigstens die gesparten Reisekosten in die Ewige Stadt bezahlte. Die eine Hälfte des so eingesammelten Geldes sollte nach Rom geschickt werden, die andere durfte für Kirchenbau in der Stadt verwendet werden.[215] Diesem Vorbild folgten viele weitere päpstliche Urkunden, in denen beispielsweise König Wenzel für die Stadt Prag, die Markgrafen von Meißen und die Stadt Köln eine ähnliche Gnade erhielten. Auch bei dieser Geldquelle kann nicht in allen Fällen in Zahlen ausgedrückt werden, wie viele Gulden den Weg über die Alpen fanden. Für Köln ist in den päpstlichen Büchern ein Betrag von 6000 Gulden überliefert.[216] Doch in der Stadt am Rhein wie in allen anderen Orten musste die Kurie zuerst einen heftigen Widerstand überwinden, denn diese schöne Summe hätte man gern zurückbehalten. Der Papst drohte bei Nichtzahlung mit Exkommunikation und dem Widerruf des Ablasses.[217] Die trotz aller Verhinderungsversuche in die Kammer einlaufenden Summen hält Esch für „spektakulär genug".[218]

Das *Jubeljahr 1400* wurde vom Papst in Avignon ausgerufen, der also dazu aufrief, die unter der Kontrolle seines Widersachers stehenden Apostelgräber zu besuchen. Es hätte für Bonifaz keinerlei Sinn gemacht, auch für diesen Anlass Nachfeiern zu erlauben, sodass es in Deutschland nicht zu einem vergleichbaren Einzug von Ablassgeldern wie wenige Jahre zuvor kam.[219] Deutsche scheinen aber in großen Massen aus diesem Anlass nach Rom gezogen zu sein. So soll ein Zug von 5000 weiß gekleideten deutschen Pilgern *(bianchi)* einem wundertätigen Prediger folgend durch das von der Pest verseuchte Bologna gezogen sein und in Rom heftige

214 Hefele (1873–1890), VI, S. 693; Favier (1966), S. 376; Esch (1969a), S. 142.

215 Paulus (1923), Bd. 3, S. 156; Neuheuser (1994), S. 26; Esch (1997–1998), S. 283; Kühne (2000), S. 232; Bünz (2017), S. 355. – Eine Übersicht über die nach Deutschland vergebenen Afterjubiläen und die Schwierigkeiten beim Transfer der Gelder nach Rom bei Jansen (1904), S. 145–164.

216 Bünz (2017), S. 357.

217 In der päpstlichen Urkunde für die Magdeburger Jubiläumsverleihung ist festgehalten, dass das Jubiläum bei Zurückhalten des gesammelten Geldes widerrufen werde. Vgl. Kühne (2000), S. 232.

218 Esch (1969a), S. 152. – Das Jubeljahr in Meißen soll finanziell ein Misserfolg gewesen sein. Vgl. Bünz (2009), S. 61.

219 Esch (1969a), S. 152; Hrdina (2007).

Abwehrreaktionen ausgelöst haben.[220] Für die florentinischen Bankiers war dies mit Sicherheit keine interessante Klientel.

Die Nachfolger von Bonifaz IX. hatten zunehmend Schwierigkeiten, die ihnen zustehenden Gelder einzutreiben. Gregor XII. (1406–17) gelang es nicht einmal mehr, an die Abrechnungen seiner Kollektoren zu kommen. Favier formulierte die These, dass die von diesem Pontifex vorgenommenen Ernennungen von Kollektoren nur noch Symbolcharakter hatten, nachdem auf dem Konzil von Pisa 1409 Alexander V. gewählt worden war. Es gab nun nicht nur drei Päpste, sondern auch drei apostolische Kammern.[221]

Als Alexander nach einem nur zehnmonatigen Pontifikat verstarb, folgte ihm mit Johannes XXIII. ein in Finanzgeschäften sehr erfahrener Mann auf den Petersstuhl. Es gelang ihm schnell, Unterstützung für seinen Anspruch auf die Tiara vor allem gegenüber Gregor XII. zu finden und diese auszubauen: weite Teile Italiens, Frankreich, England, Polen und Skandinavien. Für den Papst und seinen Bankier war es von großer Bedeutung, als am 21. Juli 1411 Sigismund von Luxemburg zum römischen König gewählt wurde, denn der neue Herrscher bekannte sich zur Pisaner Obödienz, also zu Johannes XXIII.[222] Die meisten deutschen Bischöfe, so auch der Bamberger (mit Nürnberg) und der Lübecker,[223] schlossen sich an und bald hielten im Reich nur noch die Pfalz und der Erzbischof von Trier zu Gregor XII.[224] Diese Entwicklung hatte dazu geführt, dass die Zahlungen aus den nordischen Kirchenprovinzen an die apostolische Kammer des Pisaner Papstes stetig anwuchsen. In den Archiven der Medici findet diese Entwicklung ihren Niederschlag in Urkunden, die mit deutschen Pfründen in Zusammenhang stehen.[225] Für die florentinischen Banken musste die Beurteilung der im deutschen Markt zu erwartenden Umsätze und Gewinne als Folge dieser kirchenpolitischen Veränderungen bedeutend positiver ausfallen als noch wenige Jahre zuvor.

---

220 Melis (1985b), S. 245–246. Im offensichtlichen Widerspruch zu diesem Bericht schreibt derselbe Autor auf S. 253: „[...] le popolazioni dell'Europa centrale – Germania, Polonia, Ungheria e Boemia –, che sarebbero scese a Roma esclusivamente per le strade interne (per i passi compresi fra il Gottardo e la Carnia) mancarono quasi del tutto, avendo levato l'obbedienza a Bonifacio IX."

221 Favier (1966), S. 99, 108 und 113.

222 Schwerdfeger (1895); Blumenthal (1901), S. 488. – Zur Kirchenpolitik Sigismunds vgl. Göller (1901); Göller (1903). – ASFi, Diplomatico, Strozziane Uguccioni, 1412 maggio 13: Die Bemühungen des Pisaner Papstes um Anerkennung wurden von Florenz verfolgt und unterstützt, wie dieser Brief zeigt. Johannes XXIII. fordert darin Kardinal Branda Castiglione auf, mit Andrea de' Buondelmenti, *nunzio apostolico,* zu sprechen. Dieser solle König Sigismund dazu bewegen, zugunsten von Johannes in Italien zu intervenieren.

223 Die erste von Johannes XXIII. für Lübeck ausgestellten Urkunde datiert vom 10. März 1411. Prange (1994), S. 335–336.

224 Kraus (1950), S. 19–20; Müller (2012), S. 21. – Gregorianer blieben beispielsweise der Erzbischof von Trier und Pfalzgraf Ludwig III. Vgl. Beckmann (1928), S. 623; Kühne (1935), S. V; Jank (1983).

225 Beispiele: ASFi, MAP 86, Nr. 36, cc. 304–308 (Passau, 22. September 1410); ASFi, Diplomatico, Medici, 13 luglio 1411 (Magdeburg).

2.2 Geld für die Kassen des Papstes

In den Sitzungen des Konstanzer Konzils kam der Zehnten- und Annatenfrage hohe Bedeutung zu. Durfte der Papst allein über Abgaben auf den ganzen Klerus entscheiden oder brauchte er dafür die Zustimmung eines Konzils? Auf seiner 25. Sitzung wurde die Zahlung aller Annaten bis zur Wahl eines neuen Papstes aufgehoben. Bald nach der Krönung Martins V. (1417–31) fanden die Konzilsnationen für diese Frage Lösungen in nationenspezifischen Konkordaten. Der Natio Germanica gestand der Papst zu, dass ihm außer den generell reservierten Pfründen nur noch die Hälfte aller niederen Benefizien zur Vergabe zustanden. Auf kleinere Abgaben wie die Spolien musste er ganz verzichten. Diese Abmachungen sollten für fünf Jahre gelten, danach sollte der Papst wieder über alle alten Rechte verfügen.[226] 1425 verzichtete er in einer Reformkonstitution auf etwa ein Drittel der Benefizien, sodass ihm von diesem Zeitpunkt an das Vergaberecht über alle höheren Kirchenämter und etwa zwei Drittel der niederen Pfründen verblieben.[227] Anhand der erhaltenen Kammerregister kam Hans Erich Feine zum Schluss, Martin V. habe de facto von allen durch ihn direkt verliehenen Benefizien, deren Jahreseinkommen auf mehr als duc. 24 geschätzt wurden, eine Abgabe in Höhe eines halben Jahresertrages eingezogen.[228] Im Ergebnis führten diese Regelungen zu einem Rückgang der Macht des Papstes, den Klerus der Gesamtchristenheit für seine Belange zu besteuern. In der Folge nahm im Gesamtbudget der Kurie die Bedeutung der Einnahmen aus diesen Abgaben ab und die Einkünfte aus dem Kirchenstaat wurden zur wichtigsten Finanzquelle.[229] Für die Bankiers war von Bedeutung, dass die Gelder aus Deutschland an die Kurie nun wieder zu fließen begannen, allerdings auf einem wesentlich niedrigeren Niveau als vor dem Großen Schisma, wenn diese Veränderung auch nicht in Zahlen auszudrücken ist.

Das Basler Konzil diskutierte von neuem die Annatenfrage, während es selbst Servitien einzog. So bestätigte Bischof Matteo del Carretto als Thesaurar *sacrosanctae generalis synodi Basiliensis* am 26. Februar 1434 dem Abt Bartold von St. Stephan in Würzburg die Bezahlung der Servitien und übergab die Münzen dem Bankier Piero de' Guarienti als Deposit.[230] Die Verkündung des Reformdekrets *De annatis* am 9. Juni 1435 war dennoch ein radikaler Schritt, der zu einem starken Rückgang der Zahlungen an die Kurie führte. Die Reaktion von Eugen IV. (1431–47) darauf schilderte der Benediktiner Ulrich Stöckel an seinen Abt in Tegernsee: *Item umb dasselb décret de annatis ist unser heyliger vater papa Eugenius valde amaricatus contra sacrum concilium*

226 Mansi (1759–1927), XXVII, Sp. 1189–1193; Hübler (1867); Boeselager (1999), S. 42 und 83. Bei Hübler, S. 181–183 der Text zu den Annaten im Konkordat.

227 Jansen (1904), S. 202; Hennig (1909), S. 63–64; Weiss (1991), S. 59–60.

228 Feine (1964), S. 349.

229 Bauer (1928), S. 473–480; Plöchl (1962), S. 378–381; Favier (1966), S. 689; Gardi (1986), S. 526–527.

230 Bendel et al. (1912–1938), II, S. 344. – Zu den Verhandlungen über die Annatenfrage auf dem Konzil vgl.: Clergeac (1911), S. 229; Zwölfer (1929), S. 198–247; Kast (2017), S. 125.

und sunder wider dominum legatum auf den er alle schuld legt.[231] Der Konflikt zwischen dem Papst und der Kirchenversammlung spitzte sich weiter zu und am 18. September 1437 kam es zur Spaltung des Konzils. Die Konziliaristen tagten in Basel, die päpstliche Partei in Ferrara. Die deutschen Bischöfe und Fürsten standen vor der Obödienzfrage, denn sie mussten zwischen dem Papst und dem Konzil wählen. Die Konzilsversammlung in Deutschland schrumpfte in kurzer Zeit stark zusammen, denn sie verlor vor allem viele der Kleriker aus den oberen hierarchischen Rängen. Der Direktor der Medici-Bank schrieb an Cosimo, es seien noch nie so wenige Prälaten und bedeutende Männer hier gewesen: *[...] non ci fusse mai sì poco numero di prelati e di valenti huomini quanto oggi, intanto che chi lo vedesse se ne maraviglierebbe [...].*[232]

Die Kurfürsten gingen einen dritten Weg, indem sie am 17. März 1438 eine feierliche Neutralitätserklärung abgaben. Obwohl dieses Gremium selten so geeint war, konnte es nicht das ganze Reich auf diese Politik verpflichten.[233] Vor allem das Konzil gewann in Deutschland viele Anhänger, die ihm auch folgten, als es am 5. November 1439 mit Papst Felix V. den letzten Gegenpapst der Kirchengeschichte wählte. Der Großteil der vermögenden Kirchenfürsten hatte jedoch Basel verlassen, wodurch die Zahl der für die Banken interessanten Kunden abnahm. Kompensiert wurde dieser Umsatzverlust durch die Annaten, die man nun hier einzuziehen begann. Wie schon zu Beginn des Jahrhunderts wurde der kuriale Geldfluss aufgeteilt. Welche Folgen dieses Schisma für die Arbeit und Umsätze der Kurienbanken hatte, lässt sich in Zahlen nicht ausdrücken, da alle Bücher der Finanzverwaltung des Konzils und der Kammer von Felix V. unwiederbringlich verloren sind. Einiges Geld wird nach Basel geflossen sein, weniges zum Papst und vieles wurde mit dem Argument der Neutralität an keine der beiden Kammern bezahlt. Es gibt Indizien dafür, dass die Zahlungen aus dem Norden an die Kurie Eugens massiv zurückgingen. Graphik 1 zeigt die Zahl der Buchungen in den Kurienregistern, bei denen Esch eine Angabe über Bankiers fand.[234] Diese Kurve erlaubt selbstverständlich keine absoluten Aussagen über die Entwicklung der Zahlungseingänge aus Deutschland bei der apostolischen Kammer, da auch Änderungen in der Buchungspraxis denkbar sind. Doch ist die Zahl der Buchungen ein Indiz dafür, dass die Jahre vor der Jahrhundertmitte für die florentinischen Bankiers im deutschen Geschäft sehr schwierig gewesen sein müssen. Bestätigt wird dieser Befund durch die Zahlen aus Schweden (vgl. Graphik 2), die ebenfalls einen markanten Rückgang von Belegen für Geldtransfer an die Kurie zeigen.

Erst im März 1448 wurde zwischen dem Reich und der Kirche eine Lösung für die Wiederherstellung der Einheit gefunden, als Papst Nikolaus IV. ein Konkordat verkündete, das einen Monat zuvor in Wien ausgehandelt worden war. Die Eintracht zwischen König und Papst

231 Zwölfer (1929), S. 233.
232 ASFi, MAP 11, Nr. 618.
233 Pückert (1858), S. 120–122; Bachmann (1889); Freudenberger (1988).
234 Esch (1998).

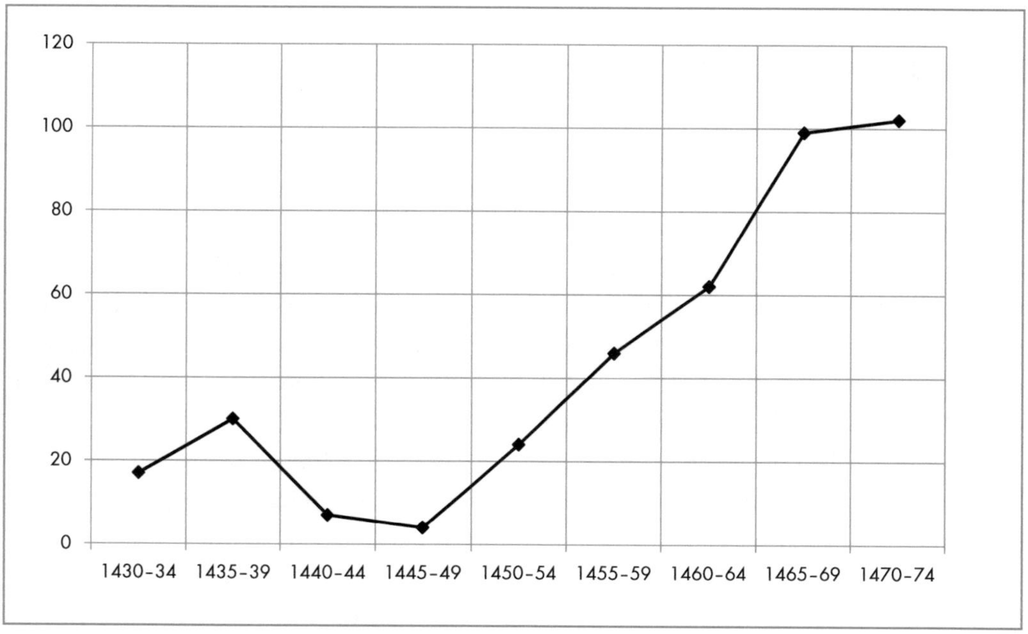

Graphik 1 Servitien- und Annatenzahlungen aus Deutschland für fünfjährige Perioden mit Nennung eines Bankiers, 1431–74

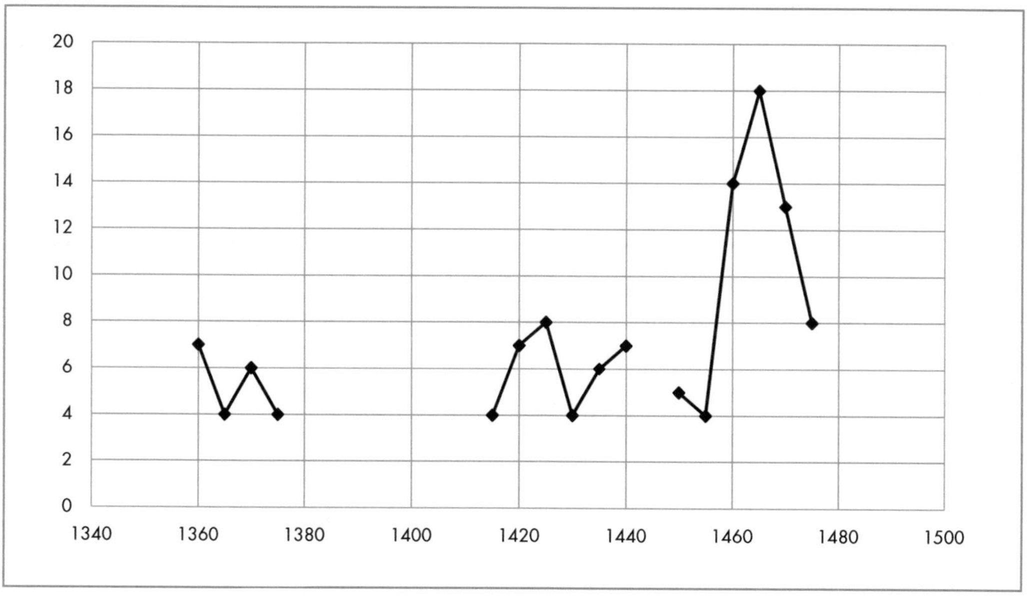

Graphik 2 Bankiers bei Annatenzahlungen aus Schweden, 1355–1475

beendete das Schisma, denn sie führte am 7. April 1449 zum Rücktritt von Felix V., obwohl sich nicht alle deutschen Kirchenprovinzen dem Wiener Konkordat sofort anschlossen. Im Zentrum der Vereinbarungen standen Regelungen über die Vergabe der Benefizien und die Annatenzahlungen. Im Grundsatz wurde bestätigt, was bereits im Konstanzer Konkordat gestanden hatte, sodass nun die kurialen Gelder nach altem Muster wieder flossen.[235] Götz-Rüdiger Tewes hat die Einkünfte der Kammer aus den Annaten für das Jahr 1461/62 errechnet und gezeigt, wie klein der Beitrag Deutschlands an den eingenommenen 27 704 Gulden war. Die Zahlungen aus Frankreich machten 56.5 Prozent aus, Italien lieferte 17.5 Prozent ab, Spanien 15.2 Prozent und das Reich nur gerade 10.8 Prozent.[236] Wenn diese Zahlen von Jahr zu Jahr auch stark schwankten und nur als vage Indikatoren gewertet werden dürfen, so ist doch festzuhalten, dass die deutschen Annaten für die Geschäfte von Bankiers weit weniger attraktiv waren als die anderer Regionen der katholischen Kirche.

Die Päpste haben mehrfach versucht, durch Ablässe Geldmittel zu beschaffen, die eigene Unternehmungen oder kriegerische Aktionen weltlicher Fürsten im Kampf gegen Bedrohungen der römisch-katholischen Gemeinschaft unterstützen sollten. 1420 rief Martin V. zum Kreuzzug gegen die Hussiten auf und Paul II. (1464–71) wandte sich gegen König Georg Podiebrand von Böhmen, der dieser Lehre anhing. Zur Befreiung von Byzanz von den Türken und gegen deren weiteres Vordringen nach Europa verkündeten Kalixt III. (1455) und Pius II. (1463) Bullen mit vollständigem Ablass, den alle Unterstützer dieses Kampfes erwerben konnten. Ein Jubelablass wäre im Jahre 1423 möglich gewesen, da dieses Fest planmäßig 33 Jahre nach dem letzten Jubiläum gefeiert wurde. Es zogen zwar viele Pilger aus diesem Anlass an das Apostelgrab in Rom, doch hat Martin V. auf eine offizielle Ausrufung eines Heiligen Jahres und einen Ablass verzichtet. Nikolaus V. (1447–55) erklärte dann 1450 zum Jubeljahr und bestimmte, dass dieses besondere Jahr von nun an alle 25 Jahre gefeiert werden sollte. Er hat in diesem Jahr soviel Geld eingenommen, dass er zeitweise über Bargeldreserven von über duc. 100 000 verfügt haben soll.[237] Auch die Bankiers haben aus diesem Kirchenfest viel Gewinn gezogen. Als Tommaso Spinelli seine Niederlassung in Rom besuchte, wollte er nicht glauben, dass sich in den Kassen so viel Geld befand und ließ die Bücher auf Fehler prüfen.[238]

Einmal nahm sich auch ein Konzil die Kompetenz, einen vollständigen Ablass zu verkünden, als in Basel am 14. April 1436 die Bulle *Vox illa jocundatis* beschlossen wurde. Durch den Verkauf dieses Ablasses sollte das Geld beschafft werden, das für die Verhandlungen mit dem byzantinischen Kaiser und dem orthodoxen Patriarchen über die Vereinigung der Kirchen

---

235 Clergeac (1911), S. 42–43; Toews (1965); Schwaiger (1980–1999), S. 88–89; Meyer (1986); Boeselager (1999), S. 63–67. Die Urkunde befindet sich heute im Österreichischen Staatsarchiv, Haus-, Hof- und Staatsarchiv https://www.archivinformationssystem.at/detail.aspx?ID=12, UR AUR, 1448 II 17.

236 Tewes (6.–7. Juli 2001), S. 16. – Zum Fehlen Englands in diesen Berechnungen vgl. Tewes (2001), S. 127–129.

237 Miglio (2013), S. 70.

238 YUSA 89, 1662.

benötigt wurde.[239] Bei all diesen Indulgenzien konnten sich die Bankiers gute Gewinnerwartungen ausrechnen, wenn sie über die für den Transfer der gesammelten Gelder an den Bestimmungsort benötigten organisatorischen Strukturen verfügten und deren Ausfuhr nicht auf zu großen Widerstand stießen. Doch immer wieder gab es große Probleme mit dem Geschäftsgebaren von Kollektoren und mit Fürsten, die das Gold nicht wegführen lassen wollten. Wie die Kurienbanken damit umgingen, wird in den folgenden Ausführungen zu ihrer Strategie und ihren Geschäften zu untersuchen sein. In den Archiven sind vor allem über ihr Arbeiten mit den Geldern für die Griechenunion und die Kreuzzüge gegen die Türken viele Quellen zu finden.

Dass der deutsche Markt für die Florentiner an Bedeutung verlor, soll mit der Abnahme der päpstlichen Gelder aus Annaten, Servitien und Kollektorien in der zweiten Hälfte des 15. Jahrhunderts zusammenhängen, die Clemens Bauer postulierte. Wichtig sei hierbei vor allem der immer stärker werdende Zugriff der Fürsten und lokalen Behörden auf die Einnahmequellen der apostolischen Kammer gewesen, indem sie sich 50 Prozent der Kollektorien sicherten. In der deutschen Kirche wuchs auch der Widerstand gegen die Finanzpolitik der römischen Kurie, wie die *Gravamina* von Martin Mair, dem Kanzler des Erzbischofs von Mainz, vom 31. August 1457 an Kardinal Enea Silvio Piccolomini zeigen. Er wollte darin belegen, dass sich die Päpste nicht an Annatenbeschlüsse der Konzilien von Konstanz und Basel gehalten hätten und auch das Wiener Konkordat umgingen. Deutschland sei durch die Kurie ausgebeutet worden, wodurch es dem Elend preisgegeben und machtlos geworden sei. Der Kardinal wies die Vorwürfe in der Schrift *De ritu, situ, moribus et conditione Germaniae descriptio* zurück.[240] Dass diese Entwicklungen vor 1475 zu einem Rückgang des Geldflusses aus Deutschland in die päpstlichen Kassen geführt haben, lässt sich in den vatikanischen Archiven nicht belegen. Mehrere Studien zeigen zwar, dass die Gelder aus dem Kirchenstaat in den Kassen der Kurie gegenüber den Einkünften aus den *spiritualia* proportional stark zunahmen. Doch fehlen die absoluten Zahlen, die einen Rückgang der Abgaben aus den Kirchenprovinzen beweisen.[241] Dies kann erst im darauffolgenden Zeitabschnitt bewiesen werden, denn Nennungen von Deutschen oder deutschen Ortschaften in den vatikanischen Registern gingen von 15 Prozent in der ersten Hälfte des 15. Jahrhunderts auf lediglich fünf Prozent in der ersten Hälfte des 16. zurück.[242]

---

239 Es ist hier nicht der Platz, um die umfangreiche Literatur zu diesen Ablässen zu analysieren. Eine Publikation aller wichtigen Urkunden findet sich bei Jenks (2018). Vgl. Holmes (1992), S. 23; Kipper (2002), S. 32–37; Märtl (11. 08. 2011), S. 20.

240 Tewes (2005), S. 210.

241 Bauer (1928), S. 480–482; Partner (1960); Favier (1966).

242 Schuchard (1994), S. 52.

2.3 Die apostolische Kammer und die Bankiers

2.3.1 Generaldepositar

Unter den großen international tätigen Bankiers bei der Kurie kam denjenigen eine besonders herausragende Position zu, die sich *depositarius pape* oder *depositarius Camerae apostolicae* nennen durften. Dieser Titel wurde seit den ersten Jahren des 15. Jahrhunderts verliehen und bezeichnete damit Bankiers, die mit der Verwahrung kurialer Gelder und der Ausführung von Zahlungsaufträgen der Kammer betraut wurden.[243] Bis zum Pontifikat Johannes XXIII. vergab die apostolische Kammer diesen Titel nicht exklusiv. Erst kurz vor dem Konzil von Konstanz ist deutlich zu erkennen, dass sie mit jeweilen einem Leiter einer der großen Kurienbanken *(depositarius generalis)* eine bevorzugte persönliche Zusammenarbeit einging. Seit dem Pontifikat von Martin V. bilden der Kämmerer, der Thesaurar und der Generaldepositar ein Triumvirat, das sich in der Organisation der Buchführung der Kammer niederschlug, denn die *libri introitus* und die *libri exitus* wurden immer in drei Versionen geführt: je eine lateinische für die beiden Kleriker und eine italienische für den Bankier.

Der Generaldepositar musste nicht nur die Bareinlagen der Kammer verwalten und für die Zahlungen vom Kontokorrent sorgen; er musste nötigenfalls auch durch Kredite die Sicherung der Liquidät und damit die Zahlungsfähigkeit der Kurie sicherstellen.[244] Er hatte die Aufträge der Kammer auszuführen und verfügte selber über keine Entscheidungsbefugnisse. Im internationalen Zahlungsverkehr gab es zwar keine schriftlich festgehaltenen Verpflichtungen, doch lag es in seinem eigenen Interesse, dass auch Gelder aus den entferntesten christlichen Flecken auf sicherem Weg an die Kurie transferiert werden konnten. Grundsätzlich ist festzuhalten, dass dieses Amt weniger wegen der Geschäfte mit der Kurie attraktiv war, als wegen seines Renommees, das ein Türöffner zu vielen einflussreichen Personen war. Das sich so entwickelnde Netzwerk führte zu vielen Geschäften mit vermögenden Kunden, die sehr ertragreich waren.

Die Päpste haben ihren Generaldepositaren im 15. Jahrhundert kein Monopol im Transfer der Gelder aus den weit entlegenen Gegenden ihres fiskalischen Einzugsgebietes eingeräumt. Die Medici waren beispielsweise fast nie in Zahlungen aus Spanien involviert. Raymond de

243 Kühne (1935), S. 31. – Die Quellenlage lässt eine genaue Datierung für die Einführung dieses Amtes nicht zu. Der Begriff *depositarius* wird von der Kammer schon vor dem Konstanzer Konzil verwendet, doch bleibt unklar, ob es zeitweise nicht gleichzeitig mehrere Depositare gab. Tewes (6.–7. Juli 2001), S. 3 nennt das Jahr 1421 als Anfang, nimmt dafür also die Ernennung der Medici-Bank zum Generaldepositar durch Martin V. – Allerdings war dies nicht die einzige Kasse der Kurie, denn es gab wohl auch immer eine Privatschatulle des Papstes und die Datarie, in die alle Einnahmen aus einer Reihe von Gebühren wie Dispensen, Lizenzen und päpstlichen Gnaden flossen. Für die internationalen Geschäfte der Banken war die Datarie aber von geringer Bedeutung. Vgl. Tewes (6.–7. Juli 2001).

244 Bauer (1928), S. 479. – Die einzige zeitgenössische Beschreibung der Aufgaben und Pflichten eines Depositars bei Holmes (1968), S. 364–366.

Roover hat auch festgestellt, dass es zeitweise bewusste Politik der Päpste war, immer auch Konkurrenten des Depositarius zu berücksichtigen.[245] Sie haben offensichtlich mit verschiedenen Bankiers zusammengearbeitet, um ein Klumpenrisiko und eine allzu große Abhängigkeit von einem Bankhaus zu vermeiden. Schließlich konnten auch politische Überlegungen eine wichtige Rolle spielen. Pius II. und Paul II. haben sich offensichtlich gerne auf Bankiers aus der eigenen Heimatstadt Siena abgestützt, auch wenn vielleicht die Medici ein Geschäft schneller und kostengünstiger hätten besorgen können.[246]

2.3.2 Zusammenarbeit der Kammer mit den Bankiers

Am 11. November 1417 wurde Kardinal Oddo Colonna zum Papst gewählt, der sich wegen des Tagesheiligen den Namen Martin V. gab. Der neue Pontifex wurde mit der riesigen Herausforderung konfrontiert, in der Kirche und in Rom nach den Jahren des Großen Schismas für eine neue Ordnung zu sorgen.[247] Bis er das Konzil mit der letzten Sitzung am 22. April des Folgejahres schloss und am 16. Mai Konstanz verließ, um sich auf eine mehr als zweijährige Rückreise nach Rom zu machen, suchte er in vielen Problemfeldern energisch nach Lösungen. Von hoher Priorität war die Neuordnung des päpstlichen Finanzwesens und die Zusammenarbeit mit den Bankiers musste dringend neu geregelt werden, denn seit vier Jahren gab es keinen Depositar mehr.[248] Bei der Wahl des künftigen Finanzpartners hatte Martin V. keine große Auswahl, sondern musste sich mit den bestehenden drei florentinischen Gesellschaften arrangieren. Am 1. Dezember ernannte er Carlo di Geri Bartoli, den Leiter der Bank von Jacopo della Vigna und Doffo degli Spini zum Depositar der Kammer und des Kardinalkollegiums. Doffo notierte diesen Vorgang mit Stolz in seinen *ricordanze*: *e la nostra compagnia suoi depositare e cambiatori.*[249] Während aus der papstlosen Zeit kaum Zeugnisse von Beziehungen zwischen

---

245 Roover (1963), S. 199.

246 Vgl. Roover (1963), S. 284–285.

247 Zur Reorganisation der kirchlichen Verwaltung und des Kirchenstaates unter Martin V. vgl. Partner (1958).

248 Fink (1971–1972), S. 628. – Das Problem der drei noch amtierenden Thesauraren mit ihren Offizialen löste Martin V. diplomatisch. Zuerst ließ er alle drei weiterarbeiten und entschied sich erst 1421 für Antonio Casini als einzigen Leiter der apostolischen Kammer. Die beiden anderen Thesaurare wurden nicht abgesetzt, sondern hatte Sinekuren inne. Vgl. Partner (1958), S. 137; Favier (1966), S. 111. – Stefano del Buono, der als treuer Receptor von Johannes XXIII. einer der wichtigsten Ansprechpartner der Bankiers gewesen war, verlor hingegen seine Ämter. Die Signoria von Florenz gab ihrem Gesandten zu Martin V. den Auftrag, sich für ihn einzusetzen (ASFi, Signori, Legazioni e commissarie, Elezioni, istruzioni, lettere, 6, 1411–1422, c. 90r). Der Kleriker wurde aber erst 1435 unter Eugen IV. auf Intervention von Cosimo de' Medici rehabilitiert und zum Generalvikar von Rom ernannt.

249 Palermo (2000), S. 349 und 375: *Item die prima mensis decembris prefatus dominus noster papa recepit in camporem sive depositarium et custodem pecuniarum camere apostolice Carolum de Chieri mercatorem Florentinum Romanam curiam sequentem, qui eadem die fidelitatis in forma dicti officii consueta prestitit juramentum.*

der apostolischen Kammer und den Kurienbanken zu finden sind, setzt unmittelbar nach der Krönung des neuen Papstes eine dichte kuriale Überlieferung von Akten zu Finanzgeschäften ein. Sie zeigt, dass der Depositar in diesen Transaktionen wieder die zentrale Funktion an der Schnittstelle zwischen Kammer und Geldgeschäft übernommen hatte.[250]

Die ersten Monate des Pontifikats von Martin V. trugen die Züge einer Reiseherrschaft, denn als er am 16. Mai 1418 Konstanz verließ, war den Mächten Europas lange Zeit nicht klar, wohin diese Reise denn führen würde. König Sigismund schlug Basel, Mainz oder Straßburg als Papstresidenz vor, der französische König pochte auf Avignon und die Italiener bestanden auf Rom.[251] Der neue Papst wusste immer, wohin er wollte, und zog mit der Kurie und einem großen Gefolge über Genf (11.06.–03.09.1418), Mantua (24.10.1418–06.02.1419) und Florenz (27.02.–09.09.1420) nach Rom, wo er am 28. September 1420 eintraf.[252] Die Bankiers folgten dem Hofe und machten ihrer Bezeichnung *romanam curiam sequentes* alle Ehre.

Das Verhältnis zwischen Martin V. und den Florentinern war nie spannungsfrei. Während seines Aufenthalts in Santa Maria Novella sollen Gassenjungen unter seinem Fenster gesungen haben: *Papa Martino non vale un quattrino* (Papst Martin ist keinen Heller wert).[253] Weitere Spannungen setzten im November 1420 ein, als die Spini-Bank fallierte und ihre Geschäfte einstellte, was die apostolische Kammer vor große Probleme stellte. Zehn Monate später wurden Spini und del Vigan zusammen mit ihren Angestellten exkommuniziert.[254] Neben den direkten Folgen für die gescheiterten Bankiers und die geschädigten Kunden hatte dieses Ereignis tiefgreifende Auswirkungen auf das Verhältnis von Martin V. zur Republik Florenz. Am 29. Januar 1424 schickte die Signoria den General des Predigerordens als Gesandten zum Papst, damit dieser eine neue Steuer auf die Kaufleute wieder aufheben möge, die an die apostolische Kammer bezahlt werden musste. Einige Florentiner seien schon ins Gefängnis gebracht worden. Er solle den Papst auch daran erinnern, dass noch hohe Kredite an die Kurie aus den Jahren von Johannes XXIII. nicht zurückbezahlt worden seien.[255] Als 1425 immer noch nicht alle Forderungen aus dem Spini-Konkurs erledigt waren, verlangte Martin V., die Stadt müsse für die Entschädigung der geschädigten Kunden sorgen, und drohte mit gravierenden Repressalien gegen alle florentinischen Bankiers. Erst nach langen Verhandlungen gelang es, einen Ausgleich

250 Baumgarten (1907), S. 254; Baix (1947–1960); Fink (1971–1972), S. 646–648.

251 Vgl. Meuthen (1978), S. 246.

252 Miltenberger (1894a); Moranvillé (1894); Banholzer (1982).

253 Petruccelli della Gattina (1869), S. 48.

254 ASFi, Signori. Missive I Cancelleria, 29, c. 128v, 29 aug. 1421, d. Paulo Iohannis de Roma: Signoria hat gehört, dass der Papst Antonio di Iacopo del Vigna, Doffo di Nepo Spini, Piero (di Cenni) Bardella, Luigi Corsini, Lorenzo und Giovanni Spini exkommuniziert hat. Hinweis von Lorenz Böninger.

255 ASFi, Signori, Legazioni e commissarie, Elezioni, istruzioni, lettere, 7, Missive, istruzioni e lettere a oratori, 1422 giugno 14–1427, cc. 17v.

zu finden.[256] Die Abwicklung des Zahlungsverkehres zwischen der Kurie und Deutschland durch die Florentiner wurde durch die Spannungen zwischen Papst und Republik vielleicht unfreundlicher und angespannter, aber die Umsätze haben darunter nicht gelitten. Die Kurie konnte die florentinischen Bankiers auch gar nicht massiv unter großen Druck setzen, da Kaufleute aus keiner anderen italienischen Stadt in der Lage gewesen wären, dieses Geschäft in vollem Umfang zu übernehmen. Durch das Wegfallen der Spini war aber eine Lücke entstanden, die problemlos aus den eigenen Reihen gefüllt werden konnte. Mit Bartolomeo de' Bardi, dem Leiter der Medici-Bank, wurde im März 1421 auch wieder ein Florentiner zum Depositar der Kammer berufen. So wurden die Medici zum großen Nutznießer dieser Ereignisse, denn ihre Niederlassungsleiter in Rom wurden in der Folge im 15. Jahrhundert mehr als fünfzig Jahre lang von der Kammer als Depositare eingesetzt.[257]

Während des Pontifikats von Eugen IV. waren die Beziehungen zwischen der Republik Florenz und der Kurie bedeutend freundlicher. Der Papst flüchtete 1434 in die Arnostadt, als er wegen des Widerstands der Colonna und weiter Teile der römischen Bevölkerung aus der Ewigen Stadt fliehen musste. Hier fand er Hilfe in seinem Kampf zur Wiederherstellung seiner Autorität in Rom, im Kirchenstaat und gegen das Basler Konzil. Hierhin verlegte er am 16. Januar 1439 das Konzil, dessen großes Ziel die Wiedervereinigung der römischen mit der griechischen Kirche war. Insgesamt verbrachte er acht seiner sechzehn Pontifikatsjahre in Florenz.[258] Cosimo de' Medici galt in den ersten Jahren als enger Freund, dem er durch Fürsprache mithalf, die Exilierung nach Venedig schon nach einem Jahr beenden zu können. Nach 1440 verschlechterten sich aber die Beziehungen zwischen den beiden Männern. Der Papst verbündete sich mit den Visconti und Venedig, während er die offensichtliche Freundschaft Cosimos mit dem Condottiero Francesco Sforza missbilligte. Schließlich setzte er die Medici im April 1443 als Generaldepositare der apostolischen Kammer ab, als Cosimo die Mailänder beim Vordringen in päpstliches Territorium in den Marche unterstützt hatte.[259] Der Nachfolger in diesem Amt

---

256 Einer der umstrittenen Punkte war der Gerichtsort für Schadensersatzforderungen, denn der Papst zweifelte daran, dass die Florentiner Gerichte im Sinne der Geschädigten entscheiden würden. Am 18. November 1426 wurde Cosimo di Giovanni de' Medici als Gesandter zum Papst geschickt. ASFi, Signori, Legazioni e Commissarie, Nr. 7, cc. 49v und 69v. Weitere Gesandtschaften in dieser Sache und wegen einer Zwangsabgabe auf die Florentiner in Rom: ASFi, Signori, Legazioni e Commissarie, Nr. 5, cc. 19r–20r und 53rv. Reaktionen in Florenz auf die Drohungen des Papstes bei Guasti (1867), I, S. 333. Vgl. Salutati (1905), S. 10; Tripodi (2013), S. 57–60. – Im Catasto von Bernardo Lamberteschi von 1427 wird von den Auswirkungen dieser Repressalien berichtet. ASFi, Catasto 68, c. 42v: *E s'è dato sentenzia alla Merchatantia contro a creditori d'Antonio d[i] Iachopo e Doffo Spini in favore di merchatanti anno a fare a Roma per quello restano avere delle rapresagl[i]e concedette il Papa contro a fiorentini era creditore di f. 1076 che gliene toccherà a pagare circha di f. 54 – f. 109 s. 17.*

257 Holmes (1968), S. 377–378; Palermo (2000), S. 378.

258 Boschetto (2012); Plebani (2012).

259 YUSA 24, 544. Die Originaldokumente befinden sich nicht mehr im Archiv; erhalten sind nur archivalische Querverweise darauf. – Am 1. Januar 1445 wurde Tommaso auch zum Depositar aller Einnahmen der Stadt

war mit Tommaso Spinelli wiederum ein Florentiner. Nach der Wahl von Nikolaus V. im Jahre 1447 ging die prestigeträchtige Charge jedoch wieder an die Medici zurück.[260]

Zwei Monate nach seiner Wahl setzte Kalixt III. 1455 Roberto Martelli, den Direktor der Medici-Bank in Rom, als seinen Depositar ab und verlangte von ihm die Übergabe aller Rechnungsbücher. Mit diesem Akt ging das fast 37-jährige Monopol der Florentiner in dieser zentralen Position im kurialen Finanzwesen zu Ende, denn als neuer Amtsträger wurde mit Ambrogio di Nanni Spannocchi ein Bankier aus Siena berufen. Dieser betrieb zusammen mit dem Neapolitaner Alessandro Miraballi eine Kurienbank, dessen gute Beziehungen zum spanischsprechenden Königshof in Neapel sicherlich eine wichtigere Rolle bei seiner Berufung gespielt hatten. Über eine erprobte und stabile Struktur an internationalen Korrespondenten im Zahlungsverkehr konnte er sich auf jeden Fall nicht ausweisen, da dieses sich auf Neapel, Venedig und die iberische Halbinsel beschränkte. Ein vollständiger Verzicht auf die Bankdienstleistungen der Florentiner war also ausgeschlossen.[261] Es verwundert deshalb nicht, dass am Ende eines aus finanzwirtschaftlicher Sicht eher chaotischen Pontifikats die Kammer bei den Medici Schuldner über mehr als duc. 20 000 war.[262] Pius II. musste deshalb mit seinem Landsmann und Depositar Spannocchi eine umfassende Reform des kurialen Rechnungswesens in Angriff nehmen.[263] Doch die beiden Sienesen stießen mit ihrem Finanzgebaren ebenfalls auf großen Widerstand, den Paul II. zu lösen suchte, indem er den Venezianer Giovanni Condulmer zum Depositar (1465–71) machte, der mit ihm selber und Eugen IV. verwandt war. Dieser Generaldepositar ließ sich auf reine Befehlsausführung beschränken, wodurch das Amt stark an Bedeutung verlor.[264]

Seit dem Tod von Nikolaus V. kamen die Päpste aus Territorien, die keine Verbündeten der Republik Florenz waren: Aragon, Siena und Venedig. Trotzdem hatten die florentinischen Banken ihre Stellung als führende Banken in der Umgebung der Kurie verteidigen können. Mit der Wahl des Ligurers Sixtus IX. im Jahre 1471 hofften die Florentiner auf eine freundliche Atmosphäre in Rom, wofür die Ernennung von Giovanni Tornabuoni, dem Leiter der

Rom ernannt: YUSA 24, 545a. – Roover (1963), S. 59 und 198; Holmes (1968), S. 247; Caferro (1996), S. 420; Lewin (2003), S. 211–212.

260 ASFi, Fondo Martelli, Nr. 303, cc. 60r–62v: Über die Beziehungen zwischen den Päpsten und den Medici während den Pontifikaten von Eugen IV. bis Pius II. hat Roberto Martelli als Leiter der Medici-Bank in Rom einen sehr bildhaften Bericht hinterlassen. – Esch (1981), S. 47 weist darauf hin, dass die Rendite aus dieser Charge immer mehr zurückging.

261 Gottlob (1889), S. 111 nennt irrtümlich einen Petrus Clementis als ersten Nachfolger von Martelli. Dieser Mann war aber Kammerkleriker. Zu Spannocchi und seiner Ernennung vgl. Ait (1987); Partner (2003), S. 35; Ait (2007a); Ait (2007b); Märtl (11.08.2011), S. 22–23; Ait (2014b), S. 268–269.

262 Märtl (11.08.2011), S. 24. Erschüttert wurde die Arbeit der apostolischen Kammer vor allem durch die Machenschaften des Venezianers Francesco Vernier, worüber Pius II. in seinen *Commentarii* berichtet. Piccolomini (Pius II.) (2003–2007). Vgl. dazu auch Märtl (2005), S. 184.

263 Bauer (1928), S. 491; Ait (2014a), S. 269–270.

264 Guidi Bruscoli (2000), S. 89; Arcelli (2001), S. 17.

römischen Medici-Bank, ein Zeichen war. Doch dieses Amt war kein reines Privileg und Statuszeichen mehr, sondern wurde zunehmend zu einer Belastung. Die Beziehungen zwischen Lorenzo de' Medici und Sixtus verschlechterten sich schnell. Ein Streit um den Erwerb Imolas, die Ernennung von Francesco Salviati zum Erzbischof von Pisa gegen den Willen Lorenzos und schließlich der Kampf um Città di Castello führten im Juli 1474 zum Bruch.[265]

2.4 Kolonie deutscher Kurialen und Gesandten in Rom

Für einen Anstieg des Geldflusses aus dem Norden nach Rom sorgte die Kolonie der deutschen Kleriker, die während des Pontifikats von Martin V. auf etwa 975 angewachsen sein soll, wenn auch die wichtigsten Positionen in Kammer und Kanzlei durch Italiener und Franzosen bekleidet waren.[266] Die deutschen Kurialen gehörten in den meisten Fällen nicht zum inneren Kreis des päpstlichen Hofes und hatten keine apostolischen Funktionen innen.[267] Neben den Geistlichen nahm auch die Zahl der deutschen Handwerker stark zu, doch waren diese für die Kurienbanken als Kunden nicht interessant.[268] Deutsche Kaufleute, Söldner und Studenten fand man hier seltener als in vielen anderen Städten Italiens.[269] Zur Entwicklung der Größe und Zahlungskraft der deutschen Kolonie bei der Kurie in den weiteren Jahrzehnten des 15. Jahrhunderts sind eindeutige Aussagen kaum möglich, da in der Literatur dazu sehr unterschiedliche Angaben zu finden sind. Bei vielen Historikern wird herausgestrichen, die deutsche Präsenz sei zeitweise sehr stark gewesen. Am ausgeprägtesten war sie während des Pontifikats von Pius II. Allerdings nahm die Qualität der durch die Deutschen bekleideten Chargen weiter ab. Nach der Jahrhundertmitte soll es gar keine deutschen Kleriker in den Diensten der Kurie mehr gegeben haben.[270] Im Vergleich zwischen den einzelnen Amtszeiten der Päpste zeigen sich kleine Schwankungen, die aber nichts daran ändern, dass bis zum Tod von Paul II.

---

265 Frantz (1880).

266 Maas (1981), S. 19; Weiss (1991), S. 60; Schuchard (1994), S. 53–56; Schuchard (2001), S. 27; Israel (2005), S. 59. Zur Internationalisierung des Prokuratorenkollegiums vgl. Sohn (1997), S. 74–75.

267 Schuchard (1994), S. 55.

268 Schulz (1994); Schuchard (1999); Schulz / Schuchard (2005). In diesen Arbeiten wird die Bedeutung der Gründung einer Bruderschaft der Bäcker, der Vereinigung der Bäckergesellen und der deutschen Kirche Santa Maria dell'Anima mit ihren Institutionen dargestellt.

269 Weigle (1959); Varanini (1995).

270 Schuchard (1994), S. 56: „Dopo la metà del Quattrocento praticamente non esistono tedeschi presso la Camera apostolica. Chierici camerali e segretari di origine tedesca si ritrovano solamente all'inizio del Cinquecento." Ein paar Jahre später formulierte sie etwas vorsichtiger: „Man kann davon ausgehen, daß sich also die deutsche Präsenz an der Kurie im Laufe des 15. Jahrhunderts allmählich verringerte. Ich formuliere diese Aussage allerdings so vorsichtig, weil wir für das letzte Jahrhundertviertel den Bereich gesicherter Kenntnisse verlassen und uns auf den schwankenden Boden der Spekulation begeben müssen." Schuchard (2001), S. 28.

kein markanter Rückgang der Zahl der Deutschen in Rom auszumachen ist.[271] 1471 sollen in Rom beispielsweise von 49 Notaren drei Viertel aus deutschen Diözesen gekommen sein.[272] Die einzigen statistischen Werte, die aus der Auswertung von Notariatsakten aus den Jahren 1471–1484 gewonnen werden konnten, zeigen einen Anteil der Deutschen von 7.3 Prozent. Dies ist allerdings nur ein Wert für das Quartier Rione und lässt sich nicht auf die Gesamtbevölkerung Roms hochrechnen.[273] Trotz aller Unsicherheiten über den Umfang des potentiellen deutschen Kundenkreises in Rom kann mit Sicherheit festgehalten werden, dass er zu klein war, um allein für den Handel mit *lettere di cambio* der florentinischer Bankiers von Interesse zu sein. Er bot Möglichkeiten zu Zusatzgeschäften, die aber wohl mehr im Kreditgeschäft als im Zahlungsverkehr abgeschlossen werden konnten.

2.5 Handelshemmnisse

Der Zahlungsverkehr mittels Wechsel zwischen Deutschland und der Kurie war nur möglich, wenn mehrere Voraussetzungen erfüllt waren, die für einen freien und sicheren Handel mit Geld und Waren unabdingbar sind. Die städtischen Ordnungen an den Wechselplätzen durften die Aktivitäten der Bankiers nicht behindern; auch mussten die Beschaffung von Waren und ihr Transport auf die internationalen Bankenplätze, um sie dort mit Geldgeschäften zu verrechnen, sicher sein. Während des 15. Jahrhunderts sind immer wieder mögliche negative Einflüsse auszumachen, doch ist es fast ausgeschlossen, deren Auswirkungen auf die hier untersuchten Geschäfte zu quantifizieren. Da keine seriellen Quellen wie Zolleinnahmen oder Rechnungsbücher erhalten sind, die Rückschlüsse auf die Umsätze der Kaufleute ermöglichen, bleiben nur wenige Textstellen in Urkunden und Briefen, die von Schwierigkeiten wegen dieser Faktoren berichten. Es bleibt deshalb nur die Möglichkeit, sie kurz zu beschreiben und darauf hinzuweisen, dass sie möglicherweise für Umsatzeinbrüche verantwortlich und bei den strategischen Entscheidungen der Florentiner von Bedeutung waren. Wolfgang von Stromer hat sicherlich mit Recht darauf aufmerksam gemacht, dass keines dieser Hemmnisse den Handel langfristig unterbunden hat. Die Risiken waren aber so groß, dass nur die Unternehmungen darin Gewinn finden konnten, die über genügend Eigenmittel für das Überstehen magerer Zeiten verfügten.[274]

271 Schuchard (1994), S. 54–56.

272 Noack (1927), S. 9. Vgl. Noack (1907); Deutsches Historisches Institut in Rom (1916–); Schuchard (1987); Schwarz (1991); Schuchard (1992). Im 15. Jahrhundert war die deutsche Kolonie im Umkreis des päpstlichen Hofes jedoch so groß, dass immer noch sehr viel Forschungsarbeit zu unternehmen ist.

273 Schulz / Schuchard (2005), S. 34.

274 Stromer (1970a), S. 67.

Die gesetzlichen Vorgaben für die Arbeit der angereisten italienischen Kurienbanken, welche durch die Stadträte in Konstanz und Basel während des Konzils erlassen worden waren, waren Antworten auf Ausnahmesituationen, die nicht auf die florentinisch-deutschen Beziehungen außerhalb des konziliaren Rahmens übertragen werden können.[275] Aus dem ober- und süddeutschen Raum sind außerhalb dieser Jahre keine Gesetze bekannt, die sich explizit gegen die Wechselgeschäfte an die Kurie wandten. Der Rat der Stadt Köln scheint vielmehr Interesse an diesen Transfers gefunden und den Eindruck gewonnen zu haben, die Geschäfte der Italiener würden sehr gut laufen und man könne sie mit einer Umsatzsteuer belasten, denn er verordnete 1401: *Item die Walen soelen van eyme yeckligem hundert guelden, die sij oever berck weselen, eynen gulden zo assise geven [...].*[276] Die geringe Präsenz von Florentinern im Gebiet der Hanse auf die Furcht vor der starken italienischen Konkurrenz zurückzuführen, wie dies Philippe Dollinger vermutete, scheint eher realitätsfern, denn eine solche Konkurrenzgefahr ist in den Quellen kaum zu erkennen. Aber häufig erscheinen Bedrohungen aus der Ferne größer und schlimmer. 1397 baten die preußischen Städte den Hochmeister des Deutschen Ordens, den Lombarden das Betreten ihres Landes zu verweigern.[277] Die Hanse hatte sich auf mehreren Versammlungen klar gegen ein Vordringen von italienischen Kaufleuten in ihren Wirtschaftsraum ausgesprochen. 1412 verbot ihnen der Hansetag von Lüneburg vor allem in den Seestädten jegliche kaufmännische und finanzielle Betätigung.[278] Auch gegen die Nürnberger Großkaufleute, die ebenfalls Wechselgeschäfte anboten, wehrten sich 1405–06 die lokalen Kleinhändler.[279] Doch die Umsetzung der protektionistischen Beschlüsse war offensichtlich nicht so streng wie ihr Wortlaut; die Beschlüsse von 1406 wurden gar nicht durchgesetzt.[280] Die Hanse hatte zudem eingesehen, dass es durchaus in ihrem eigenen Interesse war, wenigstens ein paar Italiener zu dulden.[281] Auch der Hansetag vom 10. April 1412 in Lüneburg, auf dem erneut eine Vertreibung der Italiener beschlossen wurde, blieb ohne Folgen: *dat in den steden bii der see beleghen noch in Pruszen de Lumbarde nene handelinge in kopenschop noch in wesslinge hebben schullen.*[282] Gerhard Fouquet hat daraus geschlossen, dass „die Lombarden in den hansischen Städte von jeher keinen leichten Stand" hatten,[283] und Richard Goldthwaite schreibt von Widerstand gegen die Florentiner

275 Vgl. S. 319 und 329.
276 Stein (1895), Bd. 2, S. 137.
277 Schildhauer et al. (1977), S. 146. – Über die Expansionsversuche der Holländer in das Gebiet der Hanse vgl. Spading (1970); Spading (1973).
278 Dollinger (1966), S. 252.
279 Zu den Protesten der Lübecker Einzelhändler gegen die Nürnberger vgl. Birkner (1929), S. 20; Nordmann (1933b), S. 5.
280 Birkner (1929), S. 23.
281 Nordmann (1933b), S. 25.
282 Koppmann (1870–1893), S. 58; Fouquet (1998), S. 196–197.
283 Fouquet (1998), S. 192–193. Vgl. dort seine Ausführungen über Restriktionen der Hanse gegenüber den Italienern.

durch die Hansestädte: „Only in northern Germany was their penetration somewhat blunted by the organized resistence of the Hanseatic cities.“[284] Diesen Ansichten stehen Thesen entgegen, die Protektionismus und eine Tendenz zum Aufbau von Wirtschaftshemmnissen erst gegen Ende der Geschichte der Hanse gelten lassen. Bis etwa 1470 sei die Hanse vielmehr vom Gedanken der Wirtschaftsfreiheit und einer weitgehenden Freiheit der Wirtschaftsunternehmer getragen gewesen.[285] Rolf Hammel-Kiesow hat gezeigt, dass auch die Verbote von Handelsgesellschaften mit außerhansischen Kaufleuten nur befristete Maßnahmen in Handelskämpfen waren und sich nicht gegen Florentiner richteten.[286] Die folgende Darstellung der florentinischen Präsenz in Lübeck, die fast sechs Jahrzehnte dauerte, zeigt, dass es zwischen den Lübeckern und den italienischen Kaufleuten ein friedliches Zusammenarbeiten gab. Dieses beruhte darauf, dass die Florentiner mit dem bargeldlosen Geldtransfer an die Kurie eine Dienstleistung anboten, die auch den einheimischen Behörden einen großen Nutzen brachte und von den einheimischen Kaufleuten in dieser Form gar nicht erbracht werden konnte. Es bestand sicherlich auch nie die Gefahr, dass die Italiener Lübeck zu einem zweiten Brügge im Norden hätten ausbauen wollen. Man ließ also immer einen Florentiner unbehelligt seinem Geschäft nachgehen.[287]

Die Beziehungen der florentinischen Bankiers zu Deutschland wurden in den Jahren nach dem Konzil auch durch Vorgänge beeinflusst, die nicht aus dem Umkreis der Kurie kamen, sondern vom Hofe König Sigismunds. Im März 1418 brach ein seit Jahren schwelender Konflikt zwischen dem römischen König und der Republik Venedig wieder aus. Sigismund verhängte einen Handelsboykott und zwang die oberdeutschen Handelsherren, sich diesem anzuschließen.[288] Genua und Mailand sollten den Platz der Lagunenstadt als internationaler Handelsplatz einnehmen. Vor allem für die Nürnberger Kaufleute hatte dieser Boykottaufruf schwerwiegende Folgen. Wilhelm Rummel setzte sich für eine diplomatische Lösung des Konflikts ein und unternahm im November 1418 im Auftrag des Königs eine diplomatische Reise nach Venedig.[289]

---

284 Goldthwaite (1980), S. 39. Vgl. auch Roover (1970a), S. 94.

285 Vogel (1937), S. 8. Vgl. Koppmann (1870–1893), I. 4., S. 397 § 14; UB Lübeck, V, Nr. 545. – Während langer Zeit galt bei den Historikern als Communis Opinio, die Hanse sei kreditfeindlich und damit fortschritts- und lombardenfeindlich gewesen. Dies schlossen sie aus den Beschlüssen der Hanse, Kauf und Verkauf auf Kredit zu verbieten. Vgl. Dollinger (1966), S. 267–271. Seither haben aber weitere Forschungen diese Ansicht revidiert und ein differenzierteres Bild gezeichnet. Neuere Forschungen haben gezeigt, dass der Kredit zwischen den Hansekaufleuten immer wichtiger und selbstverständlicher wurde, während er im Geschäft mit Fremden verboten blieb. Vgl. Schildhauer et al. (1977), S. 148; Jenks (1982); North (1991).

286 Hammel-Kiesow (2004), S. 57.

287 Nordmann (1933b), S. 25; Dollinger (1966), S. 252 und 268–271.

288 Stieda (1894), S. 5–36; Klein (1955–1956), S. 318; Stromer (1986); Schmidt (2006).

289 Der päpstliche Sekretär Cantelmi zitiert in seinem Tagebuch aus dem Brief eines Venezianers vom 3. November an einen Peruginer in Genf: *Io Giovanello Bontempi in Vinezia a messer Rugiero de Perusa: Qui é venuto uno gran mercatante tedesco che ha nome Guielmo Romolo per parte del'imperadore a proferire bon acordo a la Signoria. Et ha portato salvoconducto per anbassadori dela Signoria che sono eletti cioé messer Francesco Foscari, el quale non acepta, di che in suo luoco é stato eletto misser Ruberto Moresino e l'altro si é Fantin Micheli crede se cavalcaranno et in questo mese.* Biblioteca Universitaria di Bologna, Manoscritto 52, busta I, n. 14, c. 28.

Offensichtlich erreichte er mit seiner Reise wenig, denn die Handelssperre blieb bis 1433 bestehen und minderte die Umsätze der deutschen Handelsherren in Venedig erheblich. Viele Benutzer des Fondaco dei Tedeschi zogen ihre Vertreter ab oder wurden gar insolvent. Doch nicht alle Kaufleute hielten sich daran; immer wieder kam es zur Verhaftung von Deutschen, die von Sigismunds Leuten auf den Straßen nach Venedig aufgebracht wurden. Die Rummel sollen ihren Geschäften in Venedig weiterhin regelmäßig nachgekommen sein. Die Venezianer beklagten sich auch über massive Einbrüche des Warenhandels mit dem Norden, doch hat Sigismund mit seinen Maßnahmen seinen eigenen Untertanen vermutlich größeren Schaden zugefügt als den Venezianern.[290] Wenn die Lieferungen aus Deutschland ausblieben, muss es für die florentinischen Kurienbankiers sehr schwierig geworden sein, die Wechsel deutscher Herkunft zu verrechnen. Seltsamerweise findet sich aber keine einzige Äußerung aus der Stadt am Arno, in der diese Probleme angesprochen werden. Auch von diplomatischen Interventionen beim König zur Stützung des Bankenplatzes Venedig kann nichts berichtet werden. Es scheint fast unmöglich, dass dieser Handelsboykott die deutsch-florentinischen Handelsbeziehungen nicht belastet hat, doch können seine Auswirkungen in den Quellen zum Zahlungsverkehr nur in wenigen Fällen aus den Quellen nachgewiesen werden. Diese Feststellung ist wohl als Ausdruck der noch relativen Bedeutungslosigkeit des Zahlungsverkehrs mit Deutschland über Venedig in diesen Jahren zu werten. Ein Ausfallen des Bankenplatzes Brügge hätte sicherlich weitaus gravierendere Konsequenzen gehabt. Möglicherweise haben die Florentiner durch diesen Wirtschaftskrieg, den ein Dritter gegen einen ihrer großen Konkurrenten führte, im direkten Hinterland der Lagunenstadt und in der Adria wirtschaftliche Vorteile erringen können. Auf ihr Engagement in Oberdeutschland aber scheint er keinerlei Auswirkungen gehabt zu haben; es konnte kein Dokument gefunden werden, aus dem sich auf eine Zunahme ihrer Expansionsbestrebungen in diese Gegend oder einen Ausbau der Geschäftsbeziehungen mit oberdeutschen Händlern als Folge der Handelssperre schließen ließe.[291]

Dagegen hatten die Repressalien, die König Sigismund am 14. September 1418 gegen die Florentiner bewilligte, eine starke Wirkung. Er gestattete dem päpstlichen Auditor Friedrich Deys in diesem Erlass, sich an durch Deutschland geführten Gütern der Kaufleute von Florenz schadlos zu halten. Der Anspruch des Klerikers resultierte aus einem Prozess gegen die Erben des Florentiners Matteo de' Borromei von San Miniato, in dem er – nach Ansicht

290 Stromer (1995a), S. 154; Stromer (1995b); Wirtz (2006), S. 34; Stefanik (2015), S. 9–11.

291 Vgl. auch Klein (1955–1956); Stromer (1995b). Stromer (1995a), S. 154 schreibt: „Das Zusammenspiel zwischen dem Nürnberger Bankhaus der Rummel mit Picoranus als Verbindungsmann zu Venedig und der Medicibank verdichtete sich zu gesellschaftlichen – und landesverräterischen Beziehungen, blieb jedoch bis in die Gegenwart unentdeckt." Es konnte kein Beleg für den hier erwähnten Ausbau der Beziehungen zwischen den Rummel und den Medici gefunden werden.

Sigismunds – ungerechtfertigterweise zur Zahlung von duc. 1000 verurteilt worden war.[292] Über den Anlass zu diesem Prozess und wo er durchgeführt wurde, gibt es keine Dokumente. In den Kammerakten findet sich ein Eintrag zur Servitienzahlung von Erzbischof Eberhard von Neuhaus von Salzburg im Jahre 1406. Als Zahler werden Deys als Prokurator des Zahlers und *magistri Mathei d. s. Miniate, d. pape secretarii* genannt.[293] Borromei war also ein Kurienkleriker und kein Kaufmann. Ein zweiter Hinweis auf größere Geldgeschäfte des Deutschen resultiert aus seiner Ernennung zum päpstlichen Kollektor in den Kirchenprovinzen Bremen und Riga und in den Diözesen Kammin, Verden und Schleswig im selben Jahre.[294] Bei beiden Vorgängen wurden größere Geldbeträge aus Deutschland nach Rom transferiert. Vermutlich ist es bei einem Transfer zu Streitigkeiten gekommen, die nicht vor einem Kirchengericht, sondern vor einem weltlichen Gericht gelöst werden mussten. Die Verhängung von Repressalien gegen die florentinischen Kaufleute in Deutschland hat diese offensichtlich beeindruckt, denn als sie ans Basler Konzil kommen sollten, verlangten sie, gegen diese geschützt zu werden.[295] Konkrete und quantifizierbare Auswirkungen dieser Maßnahme auf den Zahlungsverkehr zwischen Deutschland und der Kurie können aber nicht nachgewiesen werden. Aufgehoben wurde sie erst am 2. Juli 1493 durch Friedrich III.[296]

Die Handelsrouten und die Beschaffungsmärkte zwischen dem Ostseeraum und den internationalen Handelsplätzen Brügge und Venedig wurden nach 1429 stark durch kriegerische Auseinandersetzungen zwischen den Hansestädten und Dänemark belastet, die 1435 im Frieden von Vordingborg zu Gunsten der Hanse entschieden wurden. Der anschließende Hansisch-Niederländische Krieg führte 1441 im Frieden von Kopenhagen dazu, dass die Hanse die Präsenz der Niederländer in der Ostsee akzeptieren musste. Die Bemühungen der in Lübeck tätigen Florentiner, im Ostseeraum Waren zu beschaffen und als Gegenwert für Wechsel in den Süden zu transportieren, wurden durch diese Vorgänge gestört. Ein Beleg dafür findet sich im Jahre 1446, als Gherardo Bueri nach Florenz schrieb, dass er gehört habe, es sei ein Waffenstillstand im Krieg zwischen Novgorod, der Hanse und dem Deutschen Orden

---

292 Altmann (1896–1900), I, Nr. 3460. – Friedrich Deys (auch: Theis von Thesingen) war 1408 Offizial und Generalvikar des Erzbischofs von Salzburg, Auditor am Konstanzer Konzil und Auditor Martins V. 1422–1424 Bischof von Lavant, 1424–1429 Bischof von Chiemsee. Vgl. Gatz (2001), S. 133–134. Über diese schillernde Figur gibt es sehr viele Quellen: Remling (1853), S. 107 und 113; Anthony von Siegenfeld (1883), S. 406; Finke (1890), S. 347 und 357; Nagl (1899), S. 48; Deutsches Historisches Institut in Rom (1916–), III / IV, S. 97, 146 und 164; Sułkowska-Kurasiowa / Kuraś (1992), S. 46; Holbach (2002), S. 352–353; Esch (2016), S. 61. – 1424 klagte Friedrich Deys bei der Mercanzia in Florenz, da er noch ein ausstehendes Guthaben in Höhe von 150 Kammerdukaten und 32 rheinischen Gulden bei der konkursiten Bank del Vigna-Spini hatte. Vgl. ASFi, Mercanzia 4359, cc. 175v–177v. Hinweis von Lorenz Böninger.

293 Göller (1924a), S. 145.

294 Favier (1966), S. 737.

295 Vgl. unten S. 329.

296 ASFi, Miscellanea Repubblicana, Busta I, Nr. 22. Dazu auch ASFi, Signori, Minutari, 16 (1491–1502), cc. 59r–60v. Hinweis von Lorenz Böninger.

geschlossen worden. Nun könne er hoffentlich bald die bestellten Hermelinpelze senden.[297] Weiter im Süden sorgte der Erste Markgrafenkrieg (1449–50) zwischen der Stadt Nürnberg und dem Markgrafen Albrecht Achilles für Gefahren auf den Handelsrouten nach Venedig und wahrscheinlich zu großen Umwegen. Zehn Jahre später wurde Nürnberg noch einmal durch einen Fürsten massiv in seinem Handel eingeschränkt. Herzog Wilhelm von Sachsen fühlte sich durch das Bankhaus Paumgartner betrogen, als er sich durch dieses 1461 Geld für seine Pilgerreise ins Heilige Land nach Venedig überweisen ließ. Nach seiner Rückkehr forderte er vergeblich von den Bankiers eine Summe dieses Geldes zurück. Er erklärte Nürnberg die Fehde und beschlagnahmte Waren der Kaufleute aus dieser Stadt. Erst 1466 konnte Erfurt einen Frieden vermitteln.[298]

Die Handelsrouten wurden ebenso in Italien immer wieder durch Kriege oder Kriegsdrohungen gestört, denn diese waren immer auch mit Repressalien gegen die Kaufleute der in die Konflikte verstrickten Mächte verbunden. Aus dem Jahre 1423 sind Berichte eines Florentiners erhalten, die seine Bemühungen zeigen, aus Flandern kommende Warenzüge vom Territorium Mailands fernzuhalten, da man dort deren Beschlagnahmung befürchtete.[299] 1449 berichtete Giovanni Talani, er habe große Schwierigkeiten, Ware von Florenz nach Lübeck zu bringen. Der einzige offene Weg führe über Genf und der sei nun in der Lombardei behindert.[300] Von großer Tragweite für den Geldfluss zwischen Deutschland und Italien war der Krieg zwischen Venedig und Florenz (1467–68). Es kam während dieser Zeit zwar nur zu wenigen offenen Feindseligkeiten, doch diese reichten aus, um den Handelsplatz Venedig für einige Zeit völlig zu paralysieren. Im November 1467 beklagte sich der Leiter der Medici-Bank in Venedig, dass die Geschäfte eingeschlafen seien.[301] Auch der Handelsplatz Brügge und die Wege den Rhein entlang blieben von kriegerischen Beeinträchtigungen nicht verschont. Der Hundertjährige Krieg (1337–1453) und der Bürgerkrieg der Armagnacs und Burgund (1410–19) machten die Straßen und Städte unsicher und verhinderten sicherlich zeitweise jeden Handel.[302]

Die Handelsherren aus Italien, Frankreich, Spanien und Deutschland pflegten auf wenigen internationalen Handelsplätzen ihre Beziehungen und wickelten hier miteinander Geschäfte ab. Diese Märkte waren von grundlegender Bedeutung für das Funktionieren des europaumspannenden Handels mit Ware und Geld. Für die deutschen Geschäfte der Kurienbanken waren Brügge und Venedig von zentraler Bedeutung. Hier konnten in Deutschland an die

297 Weissen (2003), S. 73. Zu diesem Waffenstillstand vgl. Goetz (1922), S. 139.

298 Krag (1914), S. 23.

299 Weissen (2017).

300 ASFi, MAP 6, Nr. 67: *Intorno alla tornatta mia di là non vi posso per anchora dare né dire quando si fia e questo per chagione di questo fatto di Lonbardia perché non si potendo mandare a Ginevra roba non di quivi parttirmi per chagione d'alchuna roba ò a mandare di là, la quale non posso mandare per alltra via.*

301 Roover (1963), S. 123–124.

302 Stöckly (1995), S. 158.

Kurie ausgestellte *lettere di cambio* durch den Verkauf von angelieferter Ware bezahlt werden. An diesen Orten waren Informationen über die internationalen Wechselkurse zu finden, deren Schwankungen tagesaktuell notiert wurden.[303] Die Italiener konnten hier auch langfristige persönliche Beziehungen zu Deutschen knüpfen und die für die Zusammenarbeit notwendige Vertrauensbasis aufbauen. Grundvoraussetzung für ein erfolgreiches Zusammenspiel war die Präsenz von Vertretern aller betroffenen Handelsnationen. In den Fünfzigerjahren des 15. Jahrhunderts kam es in Brügge und Venedig gleichzeitig zu Störungen dieses Handels zwischen den Deutschen und den Florentinern. Als Cosimo de' Medici erreichte, dass die Republik Florenz 1450 die jahrzehntealte Allianz mit Venedig aufgab und den Condottiero Francesco Sforza beim Erwerb der Herrschaft über Mailand unterstützte, antwortete die Lagunenstadt am 1. Juni mit der *Proclamatio expulsionis florentinorum.* Diese Ausweisung aller Florentiner betraf nicht nur die Handelsherren in Venedig, sondern auch in den Territorien. Deutsche Handelsherren trafen ihre Partner auch in Verona und Padua nicht mehr an. Matthieu Scherman hat anhand einer Untersuchung der Salviati-Rechnungsbücher aufzeigt, dass das Wechselgeschäft zwischen London und Venedig bis 1454, als der Frieden von Lodi die Spannung beseitigte und die Florentiner wieder in die Lagunenstadt zurückkehren konnten, fast völlig zum Erliegen kam.[304] Dass kein anderer Handelsplatz den Zahlungsverkehr aus dem Norden Europas übernehmen konnte, war die Folge einer zufälligen Koinzidenz, denn gleichzeitig verschlechterten sich die Möglichkeiten zur Zusammenarbeit zwischen Deutschen und Florentinern auch in Brügge. In einer Auseinandersetzung mit dem Herzog von Burgund beschloss die Hanse am 4. Juli 1451, den Handel in Brügge einzustellen und den Stapel nach Deventer zu verlegen. Diese Sperre gegen Flandern dauerte sechs Jahre. Das Ausmaß der Auswirkungen auf die Geschäfte der Italiener bringen Schreiben der Vereinigungen der in Brügge arbeitenden Florentiner, Lucchesen, Genuesen, Katalanen und Spanier zum Ausdruck, in denen sie Lübeck 1457 dringend um die Rückkehr der Kaufleute der Hanse baten. Der *intercursus communis mercandisie,* die *communis omnium nationum mercancia* sei in seiner Existenz gefährdet, wenn sich eine der beteiligten Kaufmannschaften daraus fernhalte.[305] In der Mitte des 15. Jahrhunderts war die Abwicklung des bargeldlosen Zahlungsverkehrs mittels *lettere di cambio* also während mehrerer Jahre massiv gestört. In Brügge war eine Verrechnung von deutschen Geldsendungen nach Rom durch den Verkauf von Waren gar nicht möglich, in Venedig nur, wenn sie über Nicht-Florentiner ablaufen konnte. Eine wichtige Rolle dürfte dabei Niccodemo Spinelli, der Bruder von Tommaso,

303 Denzel (2000); Denzel (2008).

304 Mueller (1992); Scherman (2016).

305 Brief der Florentiner abgedruckt bei Koppmann (1870–1893), S. 352–355, Nr. 491–495; Rörig (1959), S. 377. Zum Einsatz der Kontorverlegung durch die Hanse als kommerzielles Druckmittel und im Speziellen zur Krise von 1451–1457 vgl. Poeck (2000), S. 51–53; Daenell / Wernicke (2001), S. 404–410; Hammel-Kiesow (2004), S. 96.

gespielt haben, der bereits am 7. September 1432 Bürger Venedigs geworden war und bis 1477 hier als Kaufmann tätig war.[306]

2.6 Entwicklung der Gewinnaussichten im Handel mit Wechselbriefen

Ein Kurienbankier, der während des Untersuchungszeitraums nach neuen Expansionszielen suchte und prüfte, ob Deutschland für die Errichtung einer eigenen Filiale oder die direkte Zusammenarbeit mit einem Korrespondenten kommerziell von Interesse sein könnte, blickte auf einen Markt mit stark schwankenden Gewinnaussichten. Das Volumen des Geldes, mit dem er Wechselgeschäfte machen konnte, wuchs nach 1410 stark an, als Johannes XXIII. in großem Maße Anerkennung in Deutschland fand und die während des Großen Schismas ausgetrockneten Kassen der Kurie wieder vermehrt mit deutschen Gulden rechnen durften. Dieser kurzzeitige Aufschwung wurde durch das Konzil von Konstanz abrupt beendet. Es beseitigte zwar die Kirchenspaltung, doch das Konkordat Martins V. mit den deutschen Bischöfen wirkte sich negativ auf den Umfang der Geldtransfers aus. Nur während der Jahre, als das Konzil in Basel tagte, bestand als Ausnahmesituation ein temporär lukrativer Geschäftsverkehr zwischen einer deutschen Handelsstadt und dem päpstlichen Hof, der bereits nach fünf Jahren durch das Schima von Felix V. weitgehend zum Erliegen kam. Auch das Wiener Konkordat konnte die Summe der nach Rom fließenden Gelder nicht steigern. Erst das Einsammeln der Kreuzzugsgelder ab der zweiten Hälfte der Fünfzigerjahre bewirkte wieder ein Anwachsen der Nachfrage nach Dienstleistungen im Zahlungsverkehr. Gleichzeitig wuchs im Norden aber der Unwille, finanzielle Leistungen für die Belange der Kurie zu erbringen.

Die wenig günstigen Aussichten auf einen wachsenden oder zumindest stabilen Markt mit Wechselbriefen wurden durch zeitweise massive Behinderungen der Warenbeschaffung im Ostseeraum und des freien Handels in Brügge und Venedig weiter eingetrübt. Für einen florentinischen Bankier waren wohl die Jahre zwischen 1410 und1415 und zwischen 1457 und 1466 die einzigen Zeitabschnitte, während denen Deutschland für Wechselgeschäfte attraktiv erscheinen konnte.

306 Nicodemus de Spinellis qd Leonardi, Cives Veneciarum, http://www.civesveneciarum.net/dettaglio.php?id=2580, versione 56/2017-02-01, 02.07.2021.

3 Wege des Geldtransfers

Wollten Personen oder Institutionen Geldwerte zwischen Deutschland und der Kurie transferieren, so mussten sie abklären, welche Zahlungswege ihnen zum aktuellen Zeitpunkt am Absendeort offenstanden (Tabelle 1). Sie hatten immer die Möglichkeit, Bargeld direkt zum päpstlichen Hof und nach Venedig oder Brügge zu bringen oder bringen zu lassen. In sehr wenigen Fällen konnten sie italienische Bankiers dazu bewegen, für ein einzelnes Geschäft nach Deutschland zu reisen, um dort die Münzen für die Ausfuhr in Empfang zu nehmen. Am wenigsten Aufwand erwuchs ihnen, wenn sie in ihrer Nähe einen Bankier fanden, der mit einem Partner bei der Kurie zusammenarbeitete, sodass ein Wechselgeschäft durchgeführt werden konnte. Wie die Verrechnung zwischen den Handelsherren dann abgewickelt wurde, konnte ihnen dabei völlig gleichgültig sein.

Tabelle 1. Zahlungswege zwischen Deutschland und der Kurie

Variante	**Bargeldtransport**	**Ausstellung des Wechsels**	**Verrechnung**
Bargeld	Zahler ganze Wegstrecke bis an den päpstlichen Hof		
halber Weg	Zahler bis nach Brügge, Venedig, Genf oder Lyon	in Brügge, Venedig, Genf oder Lyon	direkt zwischen den italienischen Bankiers
entgegenreisender italienischer Bankier	Zahler bis zum Treffpunkt mit dem Bankier Bankier bis zum Bankenplatz	am Treffpunkt oder in Brügge, Venedig, Genf oder Lyon	direkt zwischen den italienischen Bankiers
mitreisender italienischer Bankier	Bankier vom Übergabeort bis zu seiner Niederlassung	am Übergabeort oder in Brügge, Venedig, Genf oder Lyon	direkt zwischen den italienischen Bankiers
deutsche Bankiers mit Niederlassungen oder Partnern in Brügge, Venedig, Genf oder Lyon		1. Wechsel oder Zahlungsauftrag nach Brügge, Venedig, Genf oder Lyon 2. Wechsel an den päpstlichen Hof	direkt zwischen den italienischen Bankiers
Abwicklung „per commissionem"		in Deutschland	über italienischen Bankier in Brügge, Venedig, Genf oder Lyon
Abwicklung „a drittura"		in Deutschland	direkt zwischen Bankier in Deutschland und seinem italienischen Partner am päpstlichen Hof

3.1 Geldtransfer ohne Einbezug von Bankiers

3.1.1 Bargeldtransport

Die dem Papst aus den Kirchenprovinzen zustehenden Gelder aus Peterspfennig, Papstzehnten und Ablässen wurden im 12. Jahrhundert zunächst von den lokalen Kirchenbehörden eingezogen und an die Kurie abgeführt. So wurden die für den Vierten Kreuzzug benötigten Gelder durch die Diözesanbischöfe und ihre Kleriker eingesammelt.[307] Mit Innozenz IV. änderte sich diese Praxis, indem die abgabenpflichtigen Gegenden zunehmend in Einzugsbezirke *(collecteriae)* eingeteilt wurden, in die päpstliche Geldeinsammler *(collectores)* geschickt wurden.[308] Häufig waren es päpstliche Legaten, die diese Aufgabe gleichzeitig mit politischen Aufträgen wahrnahmen.[309] So entstand ein von der apostolischen Kammer *(Reverenda Camera Apostolica)* kontrolliertes weitverzweigtes Netz von Kollektoren und Subkollektoren.[310] Die Kollektoren mussten sehr häufig einen Transport von Geld, ungemünztem Metall und sogar Robbenfellen und Walrosszähnen (aus dem Zehnt aus Grönland)[311] bis auf den nächstliegenden Bankenplatz oder direkt an den päpstlichen Hof organisieren.

Der Transport von Bargeld aus weit entlegenen Gegenden Europas nach Avignon oder Rom war gefährlich und oft mit viel Bewachungsaufwand durch einen bewaffneten Geleitschutz verbunden.[312] So wurden 1320/21 im Raum Münster in Westfalen Zisterzienseräbten auf dem Weg von Krakau nach Avignon 32 Mark Gold aus dem Peterspfennig von Gnesen und Breslau gestohlen.[313] In einem anderen Fall schob ein Kollektor das Transportrisiko auf den Subkollektor ab, denn Graf Heinrich von Werdenberg, Kanoniker des Bistums Konstanz verpflichtete sich 1318, die von ihm im Bistum Konstanz erhobenen Gelder auf eigene Gefahr den Kollektoren oder

307 Denzel (2018), S. 150–151.

308 Feine (1964), S. 348.

309 Die Aufgaben der Legaten und Kollektoren waren in vielen Fällen so ähnlich, dass Schuchard den wesentlichen Unterschied nicht in ihrem Betätigungsfeld, sondern im hierarchischen Rang sieht: Kardinäle waren Legaten, die niederen Geistlichen meist *nuntius et collector* oder *receptor.* Vgl. Schuchard (1995), S. 261 und 270.

310 Vgl. Kirsch (1894); Göller (1920); Göller (1923); Göller (1924a); Göller (1924b); Göller (1925); Renouard (1941); Plöchl (1962); Schuchard (1995); Esch (1998); Schuchard (2000a); Schuchard (2000b).

311 Schuchard (2000b), S. 63.

312 Renouard (1941), S. 210 gibt für die Dekade zwischen 1330 und 1340 für den Peterspfennig aus Polen eine Summe von etwa f. 28 200, für das Jahrzehnt zwischen 1350 und 1360 f. 45 500 an. – 1304 wurden aus Basel 1 526 libr. angewiesen. Vgl. Kirsch (1894), S. 30; Puza (1980–1999), S. 1254; Denzel (1995b), S. 308; Schuchard (1995), S. 275. – Zur Organisation von Bargeldtransporten aus Skandinavien und durch Deutschland vgl. Sprandel (1975), S. 40–43. – Über den Transport von Bargeld durch italienische Banken vgl. unten S. 425.

313 Denzel (1995b), S. 308. – Vgl. Renouard (1941), S. 550; Reichert (1987a), S. 306; Schuchard (1995), S. 275: „[...] es gab aber nicht selten auch tätliche Angriffe auf Kollektoren: sie wurden bestohlen, beraubt, gefangengenommen, bedroht, so daß sie manchen Ort fluchtartig, womöglich sogar heimlich und verkleidet verlassen mußten."

den Dominikanern nach Basel zu liefern.[314] Der päpstliche Kollektor und der ihn begleitende Bankier, die 1390 in Deutschland die Jubeljahrkollekte einziehen wollten, kehrten von dort nie zurück.[315] Weitere Beispiele von Klerikern, die Geld an den päpstlichen Hof bringen wollten und unterwegs Opfer von Räubern wurden, finden sich bei Yves Renouard, der zum Schluss kommt, Deutschland sei „la région la moins sûre de l'Europe"[316] gewesen. Auch die von Arnold Esch ausgewertete Abrechnung des Kollektors Angelus de Cialfis, der von August 1470 bis April 1472 in Österreich und Deutschland Gelder für einen Hussitenablass einsammelte, berichtet von den Gefahren, denen der Bargeldtransport ausgesetzt war.[317]

Es ist deshalb verständlich, dass es die Kollektoren in Anbetracht dieser Risiken vorzogen, mit einem Transport nicht mehr als f. 1000 auf die Reise zu schicken.[318] Für die Entscheidung zwischen Bargeldtransport und Wechselkauf in Brügge oder Venedig spielte die Distanz zwischen Sammelort und Kurie eine Rolle.[319] Als das Papsttum seinen Sitz nach Avignon verlegte, nahm der Anteil der Transporte zu, bei denen der Kollektor das im Rheintal und östlich davon eingesammelte Geld selber an den päpstlichen Hof brachte. Dies mag wohl daran gelegen haben, dass der Weg von Basel oder Köln nach Avignon nicht viel weiter oder gefährlicher war als der Weg nach Brügge oder gar Venedig.[320] Renouard vermutete, der Weg vom Rheinland aus sei wegen seiner Kürze recht sicher gewesen und der Transport konnte „sans trop de difficultés"[321] erfolgen. Als sich die Pisaner Obödienz in Deutschland weitgehend durchgesetzt hatte, waren für Bargeldtransporte wieder Brügge und Venedig die Umschlagsplätze für die als Bargeld transportierten Kollekten. Johannes XXIII. schrieb 1412 einen mit einem Ablass verbundenen Kreuzzugsaufruf gegen König Ladislaus von Neapel aus, der vom Kollektor Wenzel Thiem eingezogen wurde. Das in Salzburg gesammelte Geld in Höhe von duc. 2860 wurde 1414 über Venedig an die Kammer transferiert. Allerdings scheint es schwierig gewesen zu sein, die Münzen auf den Weg zu bringen, denn die Kammer musste duc. 35 für Reisespesen nach Venedig und Salzburg aufwenden. Darin wird auch eine Reise eines *Bondiolo da Chomo che sta a Vienna avere speso in più volte andare al arcivescovo di Sansisborgho e a messer Vinzilao Tien per avere detti danari* erwähnt. Vermutlich hat es sich bei

314 Kirsch (1894), S. 421–422.
315 Esch (1975), S. 130.
316 Renouard (1941), S. 140. – Weitere Beispiele von Überfällen auf Transporte von Bargeld bei Renouard (1941), S. 545; Sprandel (1975), S. 40–43.
317 Esch (2004a); Esch (2007), S. 397–398.
318 Zaoral (2015), S. 5.
319 Esch (1969a), S. 144.
320 Beispiele für Gelder, die von Venedig aus an die Kurie gelangten: Kirsch (1894), S. 81 und 382; Renouard (1941), S. 139 und 148.
321 Despy (1952), S. 95.

diesem Mann um einen in Wien niedergelassenen Kaufmann aus Como gehandelt, der mit Venedig in Verbindung stand.[322]

Für die Ablieferung der Servitien und Urkundentaxen bei der Kammer mussten die zur Zahlung Verpflichteten selbst sorgen. Es stand allein in ihrer Verantwortung, einen Weg zu finden, wie sie das geschuldete Geld bis zu den Kassen der Kurie brachten. Waren Kollektoren in ihrem Bistum aktiv, war es zeitweise auch möglich, diesen die geforderten Münzen zu übergeben. Gold- und Silbermünzen über die Alpen zu führen war sehr häufig die einzige mögliche Transfermethode. Bargeld trugen auch immer Reisende an den päpstlichen Hof mit sich, da sie ja unterwegs ihren Lebensunterhalt bestreiten mussten. Von Bischof Wolfger von Passau ist überliefert, dass er 1204 Barrensilber auf eine Reise nach Rom mitnahm, um sie unterwegs nach und nach einzutauschen.[323] Die apostolische Kammer war auch bereit, Gold als Zahlmittel zu akzeptieren, das in den Geldwert umgerechnet wurde. 1466 übergab ein Regensburger Kleriker dem Depositar eine halbe Unze Gold für eine Schuld des Klosters St. Emmeran, die als vier Kammergulden und acht Bolendini verbucht wurden.[324]

Aus den Unterlagen über den Zahlungsverkehr des Deutschen Ordens sind viele Berichte über den Transport durch Boten erhalten, die zeigen, dass immer wieder Bargeld in den Westen oder Süden geschickt wurde. In den Briefen der Generalprokuratoren des Ordens bei der Kurie wird während den ersten Jahren des avignonesischen Papsttums mehrfach ein Priesterbruder Johannes als Bote genannt, der Münzen aus Livland überbrachte.[325] Diese Methode der Zahlungsabwicklung verursachte hohe Spesen und war wegen des beträchtlichen Verlustrisikos sehr unsicher. Gefahren gingen nicht nur von Straßenräubern aus, auch den Boten konnte nicht immer vertraut werden. Die Hamburger Gesandten in Avignon baten deshalb den Rat im Jahre 1346, Bargeld in einem mit dem Stadtsiegel verschlossenen Beutel zu schicken.[326] Aber auch im 15. Jahrhundert, als der Hochmeister längst zur regelmäßigen Zusammenarbeit mit italienischen Bankiers in Flandern und Lübeck übergegangen war, wurde weiterhin reisenden Ordensmitgliedern Geld mitgegeben.[327]

Als von der zweiten Hälfte des 14. Jahrhunderts an in Deutschland immer häufiger die Möglichkeit geboten wurde, Geld mittels Wechsel zu transferieren, führte dies nicht zu einem vollständigen Verdrängen des Transportes von Bargeld oder Silber- und Goldbarren. Es ist vielmehr mit großer Wahrscheinlichkeit davon auszugehen, dass während des ganzen Spätmittelalters

---

322 ASFi, MAP 87, Nr. 58, c. 321v. Rechnungsheft aus der Buchhaltung der Bank Francesco d'Averardo de' Medici di Corte. – Vgl. dazu Archiv der Universität Wien, Ladula V.2a. Wenzel Thiem: RG Online, RG III 02133, http://rg-online.dhi-roma.it/RG/3/2133, 02.07.2021.

323 Spufford (1986), S. XXVI–XXVII.

324 Bayerisches Hauptstaatsarchiv München, Kloster St. Emmeram Regensburg Urkunden 1884.

325 Militzer (1993), S. 35.

326 Schrader (1907), S. 28.

327 Eine Lister derartiger Transaktionen bei Beuttel (1999), S. 528, Anm. 185.

das meiste Geld aus Deutschland in den Süden als Bargeld transportiert wurde, auch wenn aufgrund der Quellenlage keine quantifizierenden Aussagen möglich sind.[328] Mengenmäßig dürfte der Transport von Hartgeld aufgrund des Anwachsens der kommerziellen Zahlungsströme im Zusammenhang mit der Entwicklung des internationalen Handels eher noch gestiegen sein. Die hansischen Kaufleute sind bis in die Zeit von Francesco Datini meist mit großen Bargeldsummen gereist und scheinen den Wechsel im Warenhandel kaum gebraucht zu haben. Erst zu Beginn des 15. Jahrhunderts setzte sich bei ihnen der Wechsel tatsächlich für die Abwicklung der Warengeschäfte durch. Ob dieses Verhalten allerdings mehr auf eine „Vorliebe für Bargeld" oder auf das Fehlen eines ausgebauten Wechselmarktes zurückzuführen ist, kann aufgrund der aktuellen Forschungslage noch nicht eindeutig geklärt werden.[329]

3.1.2 Bargeldloser Geldtransfer

Anweisungen

Der einfachste Weg, die von Kollektoren gesammelten Gelder für die Kammer nutzbar zu machen, war die temporäre Abtretung eines regionalen Einzugsrechts an Fürsten im Einzugsgebiet, um diese dadurch in einem für die Kirche wichtigen Vorhaben wie etwa in Kriegen gegen Hussiten, Türken oder Slaven mit Subsidien zu unterstützen. Durch eine Assignation auf die Gelder einer Kollekte konnte jemandem Geld angewiesen werden, ohne dieses zuerst an die Kurie abführen zu müssen. Beispielsweise verzichtete Clemens VI. 1346 auf die Ablieferung des Papstzehnts aus Polen, um den Kampf von König Kasimir III. gegen die Tataren, Ruthenen und Litauer zu unterstützen.[330]

Päpstliche Legaten, Kollektoren und Nuntien, die im Namen des Heiligen Stuhls in Deutschland unterwegs waren, verbrauchten für ihre Reisespesen, Repräsentationskosten und Geschenke häufig sehr viel Geld, das ihnen aus den Kassen der Kurie bereitgestellt werden musste. Bei kürzeren Aufenthalten führten sie dieses häufig in bar mit sich,[331] bei längeren Reisen hingegen mussten sie auf anderem Wege mit neuen Mitteln ausgestattet werden. Es wurden ihnen Geldboten nachgeschickt oder man suchte die Zusammenarbeit mit Bankiers.[332] Am einfachsten war es, die Reisekosten direkt aus dem für einen Zehnt oder einen Ablass

328 Renouard (1941), S. 138–140. Als Beleg für die Dominanz der direkten Zahlungen vgl. auch die vielen Belege bei Kirsch (1894), S. 381–382.

329 Roover (1968), S. 49 stellte fest, dass sich der Geldmarkt in Brügge immer dann entspannte, wenn große Gruppen hansischer Kaufleute sich dort aufhielten. Vgl. auch Jenks (1989), S. 147.

330 Rhode (1955).

331 ASFi, MAP 87, Nr. 58, c. 315r: Die Bank von Averardo di Francesco de' Medici bezahlte am 18. August 1414 duc. 50 aus den Kassen von Johannes XXIII. an den Bischof von Lausanne, als dieser als Gesandter nach Polen geschickt wurde: *a messer Giovanni per parte di sue spese quando nostre signore lo mandò inbasciadore in Pollana.*

332 Untergehrer (2012).

eingesammelten Geld zu decken. Kardinal Nikolaus von Kues bezahlte 1451/52 seine Legationsreise nach Deutschland teilweise aus Geldern des Jubiläumsablasses. Die Spesen für die Legationsreise von Kardinal Juan de Carvajal nach Ungarn wurden ab 1455 durch Prälaten mitbezahlt, die ihm der apostolischen Kammer geschuldete Gelder aushändigten. Kurienbanken wiesen Geld im Auftrag der Kammer auch für Reisende in Köln, Lübeck, Frankfurt, Nürnberg und Wien an.[333]

Gewinne aus dem Warenhandel im Umkreis der Kurie

In der Umgebung des päpstlichen Hofes gab es Bedarf nach Waren, die aus Deutschland stammten. Zwischen den Handelsplätzen im Norden und dem Aufenthaltsort des Papstes konnte diese Nachfrage für die Verrechnung von Warenverkäufen mit Zahlungen an die Kammer genutzt werden. Ein Händler akzeptierte dabei im Norden Geld, das der Kammer abzuliefern war. Er kaufte damit Waren, die er nach Avignon oder Rom transportierte, wo er sie wieder veräußerte. Mit dem Erlös beglich er die Schuld seines Kunden und strich für sich den erzielten Gewinn ein. Auf diese Weise wurden Handelsherren im kurialen Zahlungsverkehr aktiv, die sonst keine Bankgeschäfte machten. Ein solcher Vorgang ist für das Jahr 1322 dokumentiert, als ein Kaufmann aus Mainz der Kammer in Avignon duc. 981 einzahlte, die er in seiner Heimatstadt vom päpstlichen Kollektor wieder einziehen konnte. Durch diese Abmachungen konnte der Händler das Risiko umgehen, sein Geld, das er wahrscheinlich durch den Verkauf von Waren im Süden Frankreichs eingenommen hatte, in Form von Bargeld mit sich zurückführen zu müssen. Dass der Papst den Kollektor Pierre Durand anwies zu überprüfen, ob dieser Händler nicht noch Schulden bei der Kammer hatte, führte Renouard darauf zurück, dass die Kurie kaum an die Möglichkeit eines spesenfreien Geldtransfers nach Deutschland glauben konnte.[334]

Durch die Auswertungen der römischen Zollregister konnte Esch nachweisen, dass im 15. Jahrhundert deutsche Händler auch große Mengen an Waren aus einer breiten Produktepalette in die Ewige Stadt eingeführt und zum Verkauf angeboten wurden.[335] Nur bei ganz wenigen Vorgängen diente der erzielte Gewinn aber dazu, Zahlungen bei der apostolischen Kammer zu leisten. Dies war sicherlich bei einem aus dem Norden stammenden *Vittorio mercator Romanam curiam sequens* der Fall, der in den Kammerbüchern der 70er-Jahre des 15. Jahrhunderts mehrfach Gelder aus der Diözese Köln für Annaten und Kreuzzugszehnt einzahlte.[336]

Um eine bargeldlose Überführung von Geld ohne Einbezug eines Bankiers handelte es sich auch bei einem recht merkwürdigen Vorgang, von dem die zwei in Avignon weilenden

333 Esch (1998), S. 272; Maleczek (2003), S. 46 und 51; Esch (2007), S. 388–389.

334 Renouard (1941), S. 139; Schuchard (2000b), S. 70.

335 Esch (1978); Esch (1981); Esch (1994a); Esch (1994b); Esch (2004b); Esch (2005a).

336 Esch (2012), S. 6; Esch (2010), S. 252.

städtischen Gesandten in einem Brief vom 2. September 1354 an den Hamburger Rat erzählen: Sie hätten in Avignon einen Mönch des Zisterzienserklosters Reinfeld in Holstein kennen gelernt. Dieser wollte sich auf den Heimweg machen, hatte aber aus seinem Privatvermögen 200 Gulden bei sich, die er nicht auf die Reise mitnehmen wollte. Wie er in Avignon an dieses Geld gelangt war, wird nicht überliefert. Die Gesandten verbuchten die Münzen als Bareingang und baten den Rat, dem Mönch in Hamburg den entsprechenden Betrag aus der Stadtkasse auszubezahlen. Tatsächlich weisen die Kämmereirechnungen eine entsprechende Auszahlung in Höhe von 85 Pfund für 200 lübische Gulden aus. Als Gegenbuchung wurde der Betrag *ad curiam Romanam* belastet.[337] Durch diese Transaktion hatte der Hamburger Rat seinen Gesandten bargeldlos 200 Gulden anweisen können und der Mönch hatte sein Geld risikolos über eine weite Strecke transferiert.

3.2 Geldtransfer durch Bankiers

3.2.1 Einbindung von Korrespondenten in Deutschland

Verrechnungsverhältnis

Nur in wenigen deutschen Städten und auch dort nicht zu allen Zeiten konnten Personen oder Institutionen, die Geld an die Kurie transferieren mussten, bei einem Bankier Geld einzahlen, das durch diesen dann mittels eines Wechsels bis an den Zielort angewiesen wurde. In diesem Geschäft mit der *lettera di cambio* waren vier Parteien involviert. Ein Wechselnehmer *(datore, Remittent)* gab einem Wechselgeber *(prenditore, Traente, Trassant)* Bargeld. Der *prenditore* stellte einen Wechselbrief aus, in dem ein Geschäftspartner in einer anderen Stadt angewiesen wurde, einer genannten Person diesen Betrag auszubezahlen. Dieses Dokument schickte der *datore* an den Zahlungsbegünstigten *(beneficiario, Präsentant)*, der es dem Wechselnehmer *(trattario, pagatore, Trassat)* vorlegte, um die Auszahlung des einbezahlten Betrages zu erwirken. Der *trattario* war in der Regel durch den *prenditore* in einer *lettera d'avviso* darüber informiert worden, dass auf ihn ein Wechsel ausgestellt worden war.[338]

337 Schrader (1907), S. 28–29.

338 Zu diesem Finanzinstrument vgl. Bolton / Guidi Bruscoli (2007), S. 471. Eine sehr bildhafte Beschreibung eines Wechselgeschäfts durch einen ungarischen Adligen bei Arany (2014), S. 99. Zu den technischen Aspekten des Wechselgeschäfts vgl. die Einführung bei Mueller (1997), S. 292–303.

Direktgeschäft

Akzeptierte ein Bankier in Rom Wechsel, die direkt aus Deutschland kamen, trat er in Vorleistung, denn er zahlte Geld aus, das bei ihm noch nicht eingetroffen war. Er hatte selbstverständlich ein großes Interesse daran, das Verlustrisiko zu minimieren. Dies konnte er tun, indem er nur Handelsleuten mit höchster Kreditwürdigkeit und Anschluss an das internationale Bankensystem der Florentiner gestattete, direkt mit ihm zu verrechnen. Als typisches Beispiel eines Wechselgeschäfts *a drittura* kann hier eine *lettera di cambio* dienen, die am 1. August 1436 durch einen Faktor der Medici-Filiale in Venedig im Ausgabenbuch festgehalten wurde:

> *A' nostri di Basilea per loro, lire cinquanta di grossi, per tanti à ttratto da Basilea e detti in Piero Bacherech e Giovanni Brome*[339] *per loro lettera di chanbio de' dì 15 di giugno, posto debino avere al quaderno di chas[s]a a c. 36, sono per la valuta n'ebono da Iachopo, ostiere della chorona; posto libro grande, a c. 108.*[340]

Jakob, der Wirt des Gasthofes zur Krone in Basel *(datore)* hatte bei der Medici-Filiale in Basel *(prenditore)* am 15. Juni 1436 einen Wechsel über 50 Lire di grossi gekauft. Dieser Wechsel wurde den beiden Kaufleuten Peter Bacherach und Hans Brumm aus Frankfurt *(beneficiario)* nach Venedig geschickt. Diese präsentierten ihn den Angestellten der dortigen Medici-Filiale *(trattario)*, von denen der Betrag am 1. August gutgeschrieben und zur Auszahlung ins Kassenbuch übertragen wurde. Welche Rolle der Kronen-Wirt in diesem Geschäft spielte, ist anhand des Textes nicht ersichtlich. Vielleicht hatte er bei den beiden deutschen Händlern Waren gekauft und wollte diese auf diesem Wege bezahlen. Möglicherweise war er in diesem Geschäft nur als Makler tätig, der die Transaktion für Dritte vermittelte.

Im selben Rechnungsbuch ist festgehalten, dass der Basler Giovanni Amelonch *(datore)* am 21. August 1436 bei den Medici in Basel *(prenditore)* einen Wechsel über 10 Lire di grossi gekauft hatte. Diese *lettera di cambio* legte er selbst am 20. September den Medici in Venedig *(trattario)* vor, die ihn *(beneficiario)* mit diesem Betrag in bar bedienten. Man kann also annehmen, dass der Kunde den Wechsel in Basel gekauft hatte, weil er für seinen Aufenthalt in der Lagunenstadt Geld brauchte, das er aber während der Reise nicht mit sich führen wollte. Wenn *datore* und *beneficiario* dieselbe Person waren, übernahm die *lettera di cambio* die Funktion, die heute vom Reisescheck erfüllt wird. Der Eintrag in der Buchhaltung lautete entsprechend:

339 Peter Bacherach und Hans Blum waren Frankfurter Handelsleute. Vgl. Dietz (1910), S. 194–196.
340 ASFi, MAP 134, Nr. 1, c. 67r.

A' nostri di Basilea per loro, lire dieci di grossi, sono per tanti ci trassero da Basilea e detti, per loro lettera di chanbio de' dì 21 d'aghosto in Giovanni Amelonch da bBasile[a] [!] e a llui gli demo contanti, portò il detto contanti, sono per la valuta n'eboro da llui; a libro grande, a c. 108.[341]

In beiden hier knapp geschilderten Vorgängen wurden die in Venedig ausbezahlten Gelder dem *loro*-Konto der Basler Medici-Niederlassung belastet.[342] Auf diesen Konten wurden alle Transaktionen verbucht, welche durch die Basler ausgelöst wurden; für die durch Venedig initiierten Geschäfte wurde in der Lagunenstadt ein *nostro*-Konto geführt. In Basel waren logischerweise die Kontobezeichnungen dementsprechend umgekehrt: Beträge, die in Venedig aufs *nostro* kamen, schrieben die Basler ins *loro/voi/vostro*.

Finden sich in den buchhalterischen Aufzeichnungen einer Bank *loro*- und *nostro*-Konten *(per loro, per noi)* für einen Geschäftspartner, so kann davon ausgegangen werden, dass sie direkt miteinander verrechneten.[343] Bei diesem Direktgeschäft musste sich der *trattario* an seinen Korrespondenten halten, wenn er bei diesem Ausstände hatte. Da die Durchsetzung von bestrittenen Forderungen in deutschen Städten sehr viel aufwändiger und risikobehafteter war, waren so enge Verbindungen zwischen Kurienbanken und Bankiers in Deutschland selten. In den Bilanzen der Spinelli-Bank in Rom aus den 60er-Jahren des 15. Jahrhunderts sind nur drei solch enge Partnerschaften zu erkennen: Rucellai in Lübeck, Rummel in Nürnberg und der Augsburger Meuting in Köln, Nürnberg und Krakau. In jeder Zwischenbilanz sind die am Stichtag festgestellten Saldi der Transaktionen zwischen den Spinelli bei der Kurie und diesen Korrespondenten notiert. Auch Sassolini, Biliotti, Bueri, Talani, Lamberteschi und die Konzilsbanken hatten diesen Status.

Kommissionsgeschäft

Kurienbanken honorierten auch *lettere di cambio* von Korrespondenten, für die sie keine Konten führten. In diesen Fällen hatten sie einen großen Teil des Risikos auf einen Partner in Venedig oder Brügge delegiert. Diese Gesellschaft war ihnen gegenüber für den Eingang des ausbezahlten Geldes verantwortlich. Sie handelten in Rom nur im Auftrag *(per commissionem)* der Venezianer und Brügger. Am Kommissionsgeschäft waren also drei Banken beteiligt, die paarweise in einem Verrechnungsverhältnis standen. Eine der drei Gesellschaften kannte die beiden anderen, die aber direkt in keiner Geschäftsbeziehung miteinander standen. In einem konkreten Beispiel stand Niccodemo Spinelli e co. in Venedig mit der Gesellschaft von Hans und Erhart Vöhlin in Memmingen in einem Korrespondentenverhältnis. Spinelli kannte die

---

341 ASFi, MAP 134, Nr. 1, c. 85r.

342 In anderen Buchhaltungen dieser Zeit wird dieses Konto auch *vostro* oder *per voi* genannt.

343 Vgl. oben S. 67.

Vöhlin sicherlich sehr gut von ihrem Handel in Venedig und vertraute auf ihre kaufmännische Redlichkeit und ihr wirtschaftliches Potential. Da Niccodemo auch mit der Bank seines Neffen Lionardo Spinelli e co. in Rom auf diese Weise zusammenarbeitete, konnte er den Deutschen ermöglichen, Wechsel auf die Römer zu ziehen. Niccodemo haftete dabei gegenüber seinen beiden Partnern und diente als Verrechnungsstelle.[344] In Rom bestand also kein Konto auf den Namen der Vöhlin. Lionardo honorierte den in Memmingen ausgestellten Wechsel in Rom *per commissionem* der Bank seines Onkels in Venedig.[345] Im Spinelli-Archiv sind zahlreiche Wechsel auf die Gesellschaft in Rom von verschiedenen deutschen Banken zu finden, deren Namen in den Bilanzen nie erwähnt werden: beispielsweise Vöhlin, Zilli, Müllner, Meichsner.

Da in die Abwicklung von Kommissionsaufträgen drei Banken und ebenso viele Bankenplätze eingebunden waren, verliefen diese Transaktionen bedeutend komplizierter als die Direktgeschäfte (Graphik 3): Am 16. Dezember 1467 übergab Martinus de Eybe den Nürnberger Bankiers Heinrich und Peter Meichsner einen unbekannten Betrag in rheinischen Gulden, für den er 24 Kammerdukaten an einen *Fridericus Pawtucz* in Rom überwiesen haben wollte. Eybe erhielt von Meichsner eine Quittung, in der ihm die Zahlung und die auszubezahlende Summe bestätigt wurden.[346] Die Bankiers schrieben eine *prima* und eine *seconda lettera* an Pawtucz und avisierten *Lionardo Spinelli e compagni di Corte*. Im Januar des folgenden Jahres präsentierte Pawtucz den Wechsel Lionardo Spinelli und bestätigte am 9. Februar mit zwei Quittungen, dass er den Betrag erhalten hatte. Die erste behielten die Spinelli in Rom als Beleg; die zweite schickten sie an Niccodemo nach Venedig: *per commissione di Niccodemo Spinelli.*[347] Dieser legte sie frühestens im April 1468 dem Vertreter der Meichsner in der Lagunenstadt vor und erhielt dafür Bargeld oder eine andere Art der Verrechnung. Niccodemo musste nun seinerseits seine Konten mit seinen Verwandten in Rom glattstellen, indem er ihnen Bargeld oder Ware übergab oder dieses Geschäft mit einem Wechsel von Rom nach Venedig buchhalterisch verrechnete. Durch den Einbezug von nun vier Kaufleuten mussten die Vergütungen und Belastungen entsprechend über je zwei *loro*- und *nostro*-Konten erfolgen. Dasselbe musste Meichsner mit seinem Partner tun. Da Meichsner das Geld im Dezember 1467 erhielt, Niccodemo Spinelli aber erst im April des folgenden Jahres bezahlen musste, hatte er den ganzen Betrag also während vier Monaten zu seiner Verfügung.

---

344 Vgl. unten S. 88.

345 Diese Geschäftsvariante war nicht auf den florentinisch-deutschen Geldtransfer beschränkt, sondern war weit verbreitet. Im Spinelli-Archiv finden sich viele Belege für gleichartige Transaktionen mit der Bank der Redi di Jacopo Salviati in London. Vgl. YUSA 98, 1869.

346 Derartige Quittungen sind sehr selten; für Geschäfte, in welche die Spinelli verwickelt waren, sind keine erhalten. Dass sie aber von deutschen Kaufleuten ausgestellt wurden, belegen vier Dokumente, die von der Gesellschaft der Vöhlin von Memmingen für Gelder nach Rom geschrieben wurden: Hauptstaatsarchiv in Stuttgart. Vgl. Württembergische Regesten 1301 bis 1500, hg. vom Hauptstaatsarchiv Stuttgart, 3. Teil, Stuttgart 1940, S. 596–597, Nr. 14810, 14813, 14814 und 14818.

347 YUSA 98, 1865. Ähnlich lautende Formulierungen finden sich auf vielen anderen dieser Wechselbriefe.

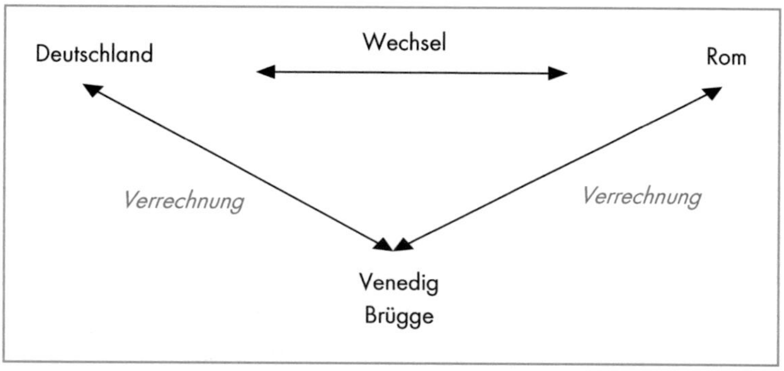

Graphik 3. Ablauf eines Wechselgeschäftes im Kommissionsverhältnis

Konditionen der Zusammenarbeit

Die Bedingungen, unter denen eine Kurienbank eine Zusammenarbeit mit einem Korrespondenten in Deutschland einging, wurden in persönlichen Treffen in Venedig oder Brügge ausgehandelt oder durch Briefwechsel. Die definitiven Abmachungen wurden in Briefen festgehalten und nicht in einem notariell beglaubigten Vertrag; die Bankiers hielten sie in ihren *ricordanze* fest. Neben mehreren Textbelegen, in denen über Eckdaten einer Kooperation korrespondiert wurde, sind in drei Fällen die Vereinbarungen überliefert.[348]

1448 teilte Carlo de' Ricci von der Medici-Bank in Rom Abel Kalthoff in Köln mit, zu welchen Bedingungen die Zusammenarbeit mit ihm möglich ist: Wir sind bereit, bei der Kurie *(dove andassi il papa, andremo noi)* alle eure Wechsel zu akzeptieren. Die ursprüngliche Abmachung, dass ihr in Brügge 50½ Grosse für einen in Rom ausbezahlten Dukaten abliefert, können wir wegen der Pest nicht mehr einhalten. Der Wechselkurs von Brügge nach Venedig ist von 51 Grossi auf 52½ gestiegen, sodass wir in Rom auf eure Wechsel 4 Prozent verlieren. Während Pestzeiten wird das Geld knapp: *ci è maggiore charestia di danari.* Einigt euch mit unseren Leuten in Brügge auf Bedingungen, bei denen weder ihr noch wir einen Verlust machen. Was ihr dort abmacht, wird in Rom eingehalten. Die Verrechnung wird über die Filiale in Venedig erfolgen. Akzeptiert nur die Wechsel von Roberto Martelli und Lionardo Vernacci, deren Handschrift ihr gut kennt. Zusätzlich nehmt auch die von Carlo de' Ricci geschriebenen an, dessen Schrift ihr in diesem Brief seht. In Rom kennen wir die Handschrift von Abel Kalthoff gut. In der Beilage senden wir euch eine Kopie einer *lettera di cambio,* damit ihr seht, wie wir sie machen. Merkt euch das. So wird die Freundschaft Dauer haben und lange weiterleben.[349]

348 ASFi, MAP 82, Nr. 52, c. 197r; MAP 84, Nr. 91, c. 183v: Rahmenbedingungen für Giovanni da Magonza durch die Medici.

349 ASFi, MAP 82, Nr. 179. Der Inhalt des Briefes ist nicht sehr strukturiert, weshalb hier eine den Sinn wiedergebende Paraphrasierung gegeben wird.

Die Bedingungen für die Kooperation mit Jakob Gartner in Nürnberg hat Lionardo Spinelli am 31. Januar 1465 in seinen *ricordanze* festgehalten: Er akzeptierte die Wechsel des Deutschen in Rom bis zu einer Höhe von 2 500 Kammerdukaten. Zwei Monate nach Auszahlung in Rom musste der Gegenwert in Venedig gestellt werden. Als Wechselkurs wurde für jeden Kammerdukaten ein venezianischer Dukaten gerechnet. Sollte Gartner dies zu teuer werden, wurde der Betrag mit einem Gegenwechsel verrechnet.[350]

Fünf Tage später notierte Lionardo Spinelli in seinen *ricordanze* die Abmachungen mit dem Nürnberger Hans Müllner. Hier setzte er für die Wechsel keine Obergrenze und legte den Umrechnungskurs auf 99 venezianische Dukaten für 100 Kammerdukaten fest. Zahlungstermin war eineinhalb Monate und acht Tage nach Präsentation der Quittung bei Leonhard Hirschvogel in Venedig. Er verlangte, dass ihm die *lettere di cambio* in einem gesiegelten Brief angekündigt werden, in dem äußerliche Merkmale der Person genannt werden müssten, an die er ausbezahlt werden sollte. Auch der Wechsel musste gesiegelt sein:

> *Scrissi detto dì a Norinbergho, a Gian Muler e conpagni ch'ero contento paghare per lui quella quantità di ducati mi traesse, con patti che per ongni ducati ciento di chamera ch'io paghi in Corte di Roma, mi facci buoni qui in Vinesia ducati 99 di Vinegia di peso, dal dì ch'io avessi apresentato la quitanza a Lionardo Irsifolgor a mesi 1 ½ e più dì 8 farmi lo mio paghamento, e che prima me n'avisasse qui la lettera del chanbio e a sugiellare dentro con ciera, e sì ancora sugiellare la lettera e dare sengni e contrasengni della persona a chui saranno a paghare e che cominciasse a sui posta.*[351]

In den drei vorgestellten Kooperationsvereinbarungen ging es offensichtlich um Wechselgeschäfte *per commissionem.* Neben den Eckdaten zur Limite des Wechselbetrags, zum Wechselkurs und zu den Zahlungsorten und fristen spielten in ihnen die Sicherheitsvorkehrungen eine wichtige Rolle. Von zentraler Bedeutung waren die formalen Merkmale der *lettera di cambio.* Sie sollte im Prinzip möglichst einfach zu handhaben sein und dennoch über genügend Sicherheitsmerkmale verfügen, damit das Geschäft schnell, sicher und kostengünstig abgewickelt werden konnte. Es galten daher eine Reihe von Vorschriften, die von den Partnern streng einzuhalten waren. Der Text folgte im Korrespondenzstil einem

350 YUSA 93, 1779, c. 85r.

351 YUSA 93, 1779, c. 85r. Vgl. auch YUSA 93, 1779, cc. 100r und 102r. – Über Müllner vgl. Stromer (1970a), S. 199–200, 384, 430 und 454. Sergio Tognetti hat mich freundlicherweise darauf hingewiesen, dass er wohl diesen *Anzi Muler* in einem Eintrag der Rechnungsbücher der Serristori im Jahre 1486 gefunden hat. ASFi, Serristori, 597, c. 121. – Über Hirschvogels Präsenz in Venedig vgl. Schaper (1973), S. 110–111.

genauen, aber sehr einfachen Formular und wurde vom Wechsler selbst ausgestellt und nicht von einem Notar.[352]

Aus dem deutschen Geschäft sind nur aus dem Spinelli-Archiv genügend Dokumente bekannt, die diese formalen Kriterien untersuchen lassen. Von besonderem Interesse sind die etwa 500 *lettere di cambio* und *quietanze,* die gegen 350 Transaktionen dokumentieren.[353] Sie stammen aus den Jahren 1463 bis 1469 und wurden in den ersten Jahren auf *Lionardo Spinelli e compagni di Corte* als *trattario* ausgestellt; nach dem Tod von Lionardo lauten sie ab dem 8. Februar 1468 auf *Eredi di Lionardo Spinelli e compagni di Corte.* Mehr als ein Viertel dieser Geschäfte wurde mit deutschen Partnern abgeschlossen, von denen wiederum mehr als die Hälfte Nürnberger waren. Dabei fällt auf, dass die in Deutschland auf die Spinelli in Rom gezogenen Wechsel eine ganze Reihe von Abweichungen von den in der Fachliteratur beschriebenen Merkmalen italienischer *lettere di cambio* zeigen, die doch als Vorlage dienten. Verursacht wurden diese Abweichungen durch den Wunsch Spinellis nach mehr Sicherheit im Geschäft mit den Deutschen; sie zeigen jedoch auch ein Entgegenkommen gegenüber den Wünschen seiner Partner.

Die italienischen Wechsel waren üblicherweise nur wenige Zentimeter hohe Papierstreifen. Diesem Erscheinungsbild entsprechen die diversen *lettere di cambio,* die von Rucellai in Lübeck geschrieben wurden. Der Florentiner hielt sich also an das ihm vertraute und zwischen seinen Landsleuten übliche Format: Er versuchte, so viele Dokumente wie möglich aus einer Seite Papier zu schaffen. Die von deutschen Bankiers ausgestellten Wechsel haben zwar auch nicht die Maße eines normalen Briefes jener Zeit, doch unterscheiden sie sich mit Handflächengröße wesentlich von den Exemplaren, die Italiener auszustellen pflegten. Inhalt und Wortlaut einer *lettera di cambio* war genau vorgeschrieben und durfte in nichts verändert werden. Die untenstehenden Beispiele zeigen, dass der einzige wesentliche Unterschied zwischen einem Wechsel von Brügge nach Barcelona im Jahre 1400 und einem von Lübeck nach Rom im Jahre 1467 das Fehlen der Umrechnungskurse ist.

---

352 Die formale Vielfalt und die Bedeutung der *lettera di cambio* für die Abwicklung verschiedenartiger Geschäfte wird in unzähligen wissenschaftlichen Abhandlungen beschrieben und untersucht, sodass hier eine Beschränkung auf die Verwendung im deutsch-florentinischen Zahlungsverkehr sinnvoll ist. Über die Entstehung und die Verwendung der *lettera di cambio* vgl. Roover (1953); Cassandro (1955–1956); Roover (1963), S. 108–141. Eine ausgezeichnete Einführung, die auch einen Überblick über die Verhältnisse in Deutschland vermittelt, findet sich bei Denzel (1994). Vgl. auch Spufford (1986), S. XXX–XXXIX; Mueller (1997), S. 288–303.

353 Vgl. unten S. 567–576.

Al nome di Dio, a dì viiij di luglio 1400

[Pa]ghate per questa siconda lettera se per la prima paghati no lli avessi, a Game Sala di Barzalona o a Lufrede Monperott [..] o a Gios Chunpis, a l'uno di loro tre, a dì 9 d'ottobre prosimo che viene, schudi milliciento otanta, a s. 10 d. 7 per ∇ in oro, [c]ioè paghate oro, per la valuta d'Arnoldo Poltuse; al tenpo gli paghate e ponete a conto costì. Idio con voi,

Alberto e Bernardo degli Alberti e conpagni, in Bruga

[verso] *Franciescho da Prato e conpagni,in Barzalona*

seconda[354]

Al nome di Dio, addì vj d'agosto 1467

Pagate per questa prima di chambio a suo piacere, a misere Antonio Sconelbelt, ducati quaranta di camera, cioè duc. XL di camera, per la valuta da llui decto e ponete a nostro. Cristo vi guardi. Per

Francesco Rucellai, in Lubecca

Pagata a dì 6 d'ottobre; a Uscita, c. 267

[verso] *Lionardo Spinelli e compagni di Corte in Roma*

prima[355]

354 ADP, D, 1145, Bruges-Barcellona, 1400 luglio 9.
355 YUSA 11, Nr. 161.

Wie wichtig die korrekte Form der *lettera* war, machte Carlo de' Ricci von den Medici klar, als er Abel Kalthoff eine Vorlage schickte. Entsprach sie nicht den Erwartungen, dann machten Kunden schlechte Erfahrungen. Als Hermann Rose von Warendorp 1393 in Rom einen in Köln ausgestellten Wechsel einzulösen versuchte, erklärte ihm der Bankier Giovanni Cristofori aus Lucca, dass dies nicht möglich sei. Erstens werde sein Name im Dokument nicht genannt und zweitens sei dies nicht die Handschrift von Paolo Pagani.[356] Dem Generalprokurator des Deutschen Ordens wurde die Auszahlung eines Wechsels, den vermutlich Gherardo Bueris Schwager Hans Schutze ausgestellt hatte, durch einen Bankier mit der Begründung verweigert, das seien gar keine Wechselbriefe: *sprechend das die gedochten brieffe, die uns vor wechselbrieffe geantwurt seyn, nicht wechselbriffe sey sulden.*[357]

Beispiele für *lettere di cambio* aus Deutschland nach Rom

Einzelheiten zu Wechselgeschäften, die im 15. Jahrhundert zwischen Deutschland und Italien abgewickelt wurden, lassen sich heute meist nur anhand von Verbuchungen in der Buchhaltung von beteiligten Kaufleuten oder Gerichtsurkunden rekonstruieren. Authentische *lettere di cambio* sind nur im Archiv der Spinelli-Bank zu finden. Drei Beispiele aus diesem Fundus sollen diese Quellenart illustrieren. Den ersten Wechsel hat Francesco Rucellai am 20. September 1468 in Lübeck über 23 Kammerdukaten ausgestellt, die er von *Benedetto Wulff* erhalten hatte (Abbildungen 1a–b). Die Bank von Lionardo Spinelli zahlte die Münzen demselben Mann am 26. November in Rom aus. Bei diesem Schriftstück handelt es sich um eine *lettera di cambio,* die neben den unverzichtbaren inhaltlichen Informationen auch alle typischen äußerlichen Merkmale aufweist: ein schmaler Papierstreifen, der nicht gesiegelt wurde. Der Nürnberger Kaufmann Heinrich Meichsner, der sich vermutlich zeitweise in Venedig aufgehalten hatte, hielt sich inhaltlich in jeder Hinsicht an die italienischen Usanzen, verwendete aber ein etwas größeres Stück Papier und musste sein Dokument mit einem Siegel versehen (Abbildungen 1c–d). Der Wechsel des in Köln arbeitenden Nikolaus Perckheimer entfernt sich am weitesten vom italienischen Standardmodell (Abbildungen 1e–f). Auch er schrieb auf ein unüblich großes Stück Papier und siegelte den Wechsel, doch war er des Italienischen nicht mächtig, sodass er sich des Lateinischen bediente.

Florentinische Banken stellten nie einen Wechsel auf einen ihnen unbekannten Bankier aus, sondern nur auf Gesellschaften, mit denen sie in klar geregelten Geschäftsbeziehungen standen. Carlo de' Ricci hat in seinem Brief an Abel Kalthoff die Mitarbeiter der Medici-Bank in Rom aufgezählt, deren Wechsel er akzeptieren dürfe. Voraussetzung dafür war, dass er die Handschriften der Römer kannte, sowie die Römer die seine. In Rechnungsbüchern florentinischer

356 Keussen (1887), S. 70–71.
357 OBA, Ordensfoliant 16, S. 536.

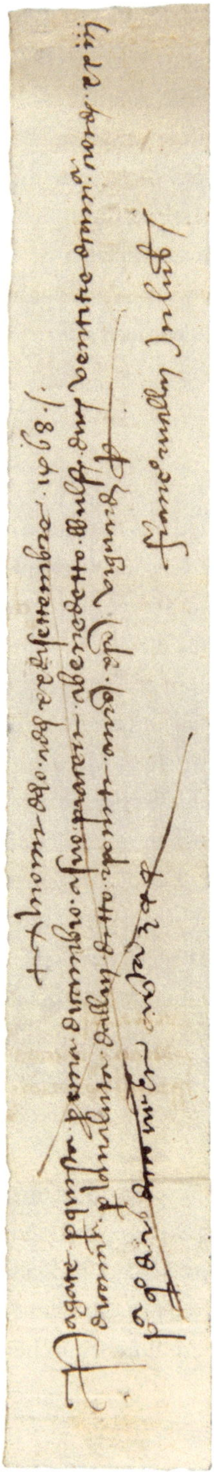

a

b

Abbildungen 1a–b. Lettera di cambio aus Lübeck, 1468

Transkription:
Al nome di Dio addì XX di settembre 1468 / Pagate per questa prima di cambio a suo piacere a Benedetto Wulff ducati ventitre di camera cioè ducati XXIII di camera per la valuta da llui detto e ponete a nostro. Christo vi guardi / Francesco Rucillai in Lubecca
[zweite Hand] *Pagata questo dì 26 di novembre a carta 344*

[verso] *Lionardo Spinelli e compagnia di corte in Roma*

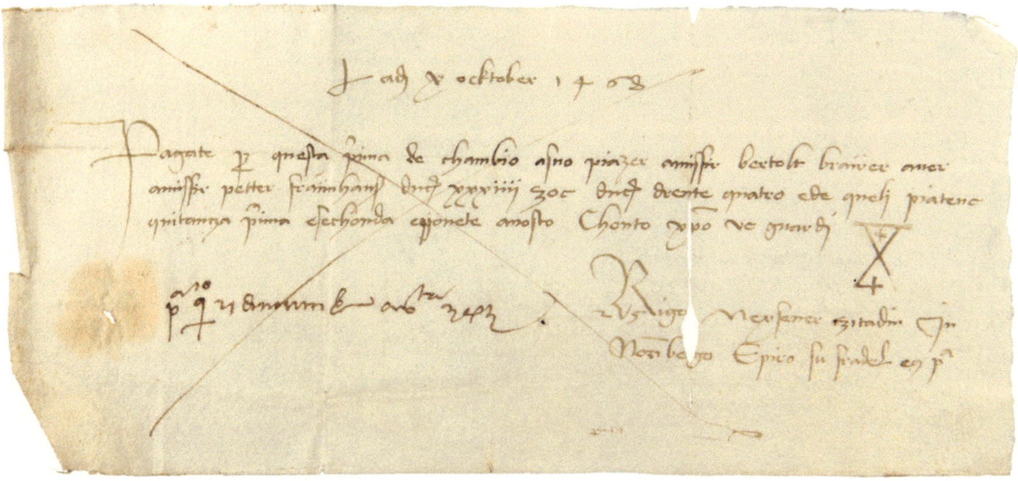

c

d

Abbildungen 1c–d. Lettera di cambio aus Nürnberg, 1468

Transkription:
A dì X ocktober 1468 / Pagate per questa prima de chambio a suo piazer a missere Bertolt Brawer aver a missere Petter Frannhansser ducati XXXIIII zoé ducati drente quatro e de queli piatene quitanza prima e sechonda e ponete a nostro chonto Christo ve guardi / Vostro Rigo Meysener zitadin in Norimbergo e Piro su fradel e compagnia
[zweite Hand] *Paghati questo 21 di novembre a carta 343*

[verso] *Domino Lionardo Spinelli e compagnia de chorte in Roma*

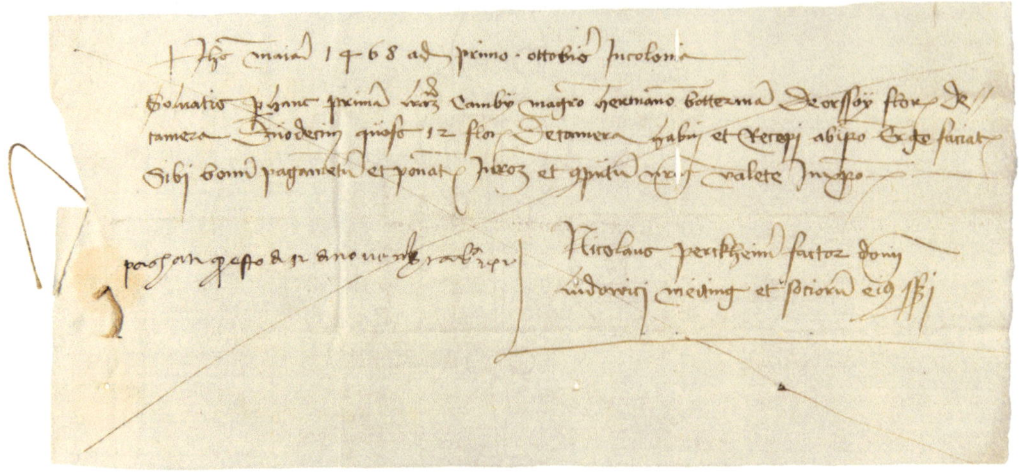

e

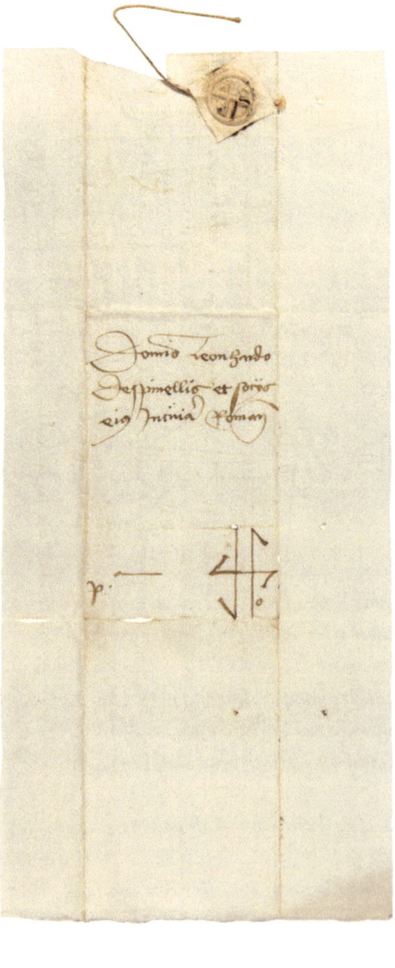

f

Abbildungen 1e–f. Lettera di cambio aus Köln, 1468

Transkription:
Jhesus Maria 1468 a dì primo ottobris in Colonia / Solvatis per hanc primam litteram cambii magistro Hermano Botterman de Orssoy flor. de camera duodecim que fa 12 flor. de camera habui et recepi ab ipso, ergo faciatis sibi bonum pagamentum et ponatis in rationem et computum nostrum. Valete in Christo / Nicolaus Perckheimer factor domini / Ludovici Meiting et sociorum eius. Subscripsi [zweite Hand] *Paghati questo dì 12 di novembre a c. 342* [verso] *Domino Leonhardo de Spinellis et sociis eius in curia Romana*

Gesellschaften finden sich Listen, mit welchen Partnern an anderen Bankenplätzen zusammengearbeitet wurde, und wie die Namen der Unterschriftsberechtigten der anderen Unternehmung lauteten. Wie auch heute noch üblich, wurden Unterschriftenverzeichnisse erstellt, welche die Handelsbevollmächtigten auflisteten.[358]

Das doppelte Siegeln der Briefe, das Spinelli von Müllner im oben zitierten Schreiben forderte, ist ein Charakteristikum der *lettere di cambio* aus Deutschland, das im Zahlungsverkehr der Italiener sonst nicht zu finden ist. Sogar der Florentiner Rucellai in Lübeck hat sich daran gehalten und seine Wechsel mit seiner Petschaft versehen; die Salviati aus London hingegen haben ihre auf die Spinelli in Rom ausgestellten *lettere di cambio* nie gesiegelt.[359] Es ging hierbei darum, die Auszahlung von gefälschten Wechseln zu verhindern. Lustigerweise konnte sich Müllner beim ersten nachgewiesenen Wechselbrief, den er nach Rom schickte, nicht an diese Abmachungen halten, denn er befand sich auf der Frankfurter Messe und hatte sein Siegel in Nürnberg vergessen. Das Geld wurde am 2. November 1465 dennoch ausbezahlt, der *beneficiario* war mit Kardinal Francesco Piccolomini ja auch ein sehr prominenter Kunde.[360] Die weiteren Wechsel Müllners sind dann tatsächlich alle gesiegelt.

Spinelli forderte von Müllner weiter, er solle den *beneficiario* beschreiben, um sicherzustellen, dass das Dokument nicht durch einen Dieb eingelöst werden konnte. Dies war vor allem beim Gebrauch des Wechsels als Reisescheck eine übliche Praxis, wie die von Marco Spallanzani studierten Aufzeichnungen der Bank Balducci in Rom belegen.[361] Tatsächlich finden sich aber in den Wechseln für deutsche Kunden nur sehr selten derartige Beschreibungen. Ein Beispiel zeigt eine *lettera di cambio,* die Niccodemo Spinelli in Venedig ausstellte: *l'aportatore misser Prepicio Busse di Maidlargho, il quale e homo longho e magro di zircha anni 30 in 32*.[362] In der Regel wurden diese Texte nicht in der *lettera di cambio* festgehalten, sondern in der *lettera d'avviso,* die der *prenditore* an den *trattario* zu senden hatte, um ihm den Wechsel anzukündigen. Diese Voranzeige war einerseits eine weitere Sicherheit dafür, dass der Wechsel echt war und an die richtige Person ausbezahlt wurde, anderseits gab sie dem in Rom arbeitenden Bankier die Möglichkeit, die Auszahlung vorzubereiten.

---

358 1440: ASFi, MAP 104, Nr. 2, cc. 37v–40r; 1455: ASFi, MAP 134, Nr. 2, cc. 41v–48r. Vgl. Roover (1963), S. 128–129. – Zur Bedeutung der Handschrift als Sicherheitsmerkmal vgl. Goldthwaite (2008), S. 214.

359 YUSA 98, 1859.

360 YUSA 97, 1847: + *in Christo nomine a dì 10 settembris in Franckfordio 1465 + Pagatte per questo per littera di chambio a misser Francischo Picolomini, cardinalli Senensis, ducatos tre cento et tre, zué ducatos 303. E pregovi fatte ne bon pagamentto e tollette de lui quitanczia e mandatte in Venezia a Linhardo Hirsfogell que sattisfamo con li patti que voi avette fatti consegno. Sia infatto Io Hanss Mullner sié qui alle fiere di Francforda e mi non pode aver la segno per metre in questo litra come é nostro vissamento car el es a Norembergo. Mai io habio schritto a Linhardo Hirsfogell in Venezia que voi avisserà. Perciò io voi prego que voi vollettett fare bon pagamentto e più avanti noi schriveremo le lettere di chambio; non altra sopra [...]. Hans Mullner et compagni di Noremberga.*

361 Marco Spallanzani hat Kopien derartiger Personenbeschreibungen in den Rechnungsbüchern der Balducci in Rom gefunden. Vgl. Spallanzani (1986).

362 YUSA 98, 1851.

Von der *lettera di cambio* wurde sicherheitshalber in der Regel mindestens eine Kopie erstellt, und die *prima* und die *seconda* auf verschiedenen Wegen an den *beneficiario* geschickt. Der Begünstigte ging mit dem Wechsel zum bezogenen Bankier, um sein Geld einzufordern. Raymond de Roover hat bei Wechseln aus Brügge, die eine reine Zahlungsfunktion erfüllten, auch Exemplare gefunden, die an den *trattario* geschickt wurden und nicht an den *beneficiario*. Es war in diesen Transaktionen also der bezogene Bankier, der den Begünstigten über den Eingang des Geldes zu informieren hatte. Bei vielen der Wechsel aus Deutschland im Spinelli-Archiv könnte dies auch der Fall gewesen sein, doch ist dies nicht zu beweisen. Der Florentiner Bueri hat in Lübeck in gewissen Fällen sogar eine *terza lettera* ausgestellt, um sicherzugehen, dass das Dokument auch am Bestimmungsort ankam. Der Rat von Danzig berichtet darüber in einem Schreiben von 1432 an den Prokurator bei der Kurie: *als hat vns nv derselbe Gerardus in eynen brieffen obirgescreven gescreven, das her das in gedubbelten brieffen vnd by gewissen luthen bestalt habe vnd hat vns czu merer sicherheit nv noch eyne wechselbrieff obir gesant, den wir euwir herlikeit hir inne vorslossen senden off das yo keyne vorsumenesse nicht mer dor inne enkome.*[363]

Korrespondenz

Die Bankiers informierten sich direkt untereinander, um sicherzustellen, dass honorierte Wechsel dem *prenditore* bezahlt wurden. Aus dem Jahre 1452 ist in den Basler Gerichtsakten die Übersetzung ins Deutsche einer solchen Mitteilung erhalten. Arrigo degli Orsi, Kaufmann in Bologna, tat darin dem in Basel arbeitenden Lamberto Lamberteschi kund, dass er seinen auf Ognibene de' Sagramoso in Rom ausgestellten Wechsel an Hanns Waltheim von Basel ausbezahlt habe. Er schreibt ihm auch den Wechselkurs, damit dem *datore* in Basel der entsprechende Betrag verrechnet werden konnte:

> *Heinrich von Ursis am zweinzigsten und nünden tag des monatz junii im jar gezalt thusendt vierhundert funffzig und zwen jor. Lieber fründ, es ist harkomen Johannes Waltenheim von Basel mit einem uwren briefe uff lyhung zweyhundert guldin, der da gesandt ist zue Omne bene zu Rom und statt uff zweintzig tag des octoberss, und ein uwren breif an mich, der mir vest den selben empholhen hat und ein andren sinen gesellen, genant Jacob Oppermano, der nit harkomen ist; harumb üch und uwer schriben angesehen, so ir zu mir gethan, und ich ime gezalt hundertfunffzig und syben ducaten, sechtzehen schilling uff geld ze rechnen. Welt üch hie mit warnen, daz ir daselbs zue Basel mögen bezalt werden. Nit me, dan gott helff uch. Und wyset die übergeschrifft Lamperto Lamperteschi.*[364]

363 Neumann (1863), S. 147.

364 Ehrensperger (1972), S. 446. – Zur Bedeutung der kaufmännischen Korrespondenz vgl. Melis (1972); Doumerc (1994).

Die Leiter der Filialen derselben Gesellschaft schrieben sich regelmäßig Briefe, in denen sie sich gegenseitig über Geschäftsvorgänge informierten und Konten miteinander abstimmten. Sie teilten sich Veränderungen am Markt mit und hielten sich über die Entwicklung der Wechselkurse auf dem Laufenden. Mittels dieser *lettere di compagnia* konnte auch die Anweisung gegeben werden, jemandem Geld zur Verfügung zu stellen. Da diese Transaktion innerhalb einer Gesellschaft abgewickelt wurde, konnte auf die Formalität des Wechsels verzichtet werden, denn es war praktisch ausgeschlossen, dass einer solchen Aufforderung nicht Folge geleistet wurde. Die Medici in Genf, Brügge oder Venedig garantierten beispielsweise gegenüber ihrer Schwesterunternehmung in Rom. Kam es zu irgendwelchen Unstimmigkeiten, so wurde zur Vermittlung die Hauptdirektion in Florenz eingeschaltet. Häufig wurde auch die Form der *lettera d'avviso* gewählt, die ähnlich wie die vorgängig beschriebene Mitteilung funktionierte, jedoch nur gerade eine Anweisung enthielt und nur von sehr vertrauenswürdigen Korrespondenten gebraucht werden konnte.[365] Diese zwei Briefarten stellten die einfachsten und wohl auch für alle Beteiligten kostengünstigsten Möglichkeiten dar, jemandem auf einem anderen Bankenplatz Geld anzuweisen. Anderseits konnte ein Nachteil sein, dass der *beneficiario* in der Regel kein rechtsverbindliches Dokument in den Händen hielt, das ihm einen Anspruch auf Auszahlung auswies. Grundlage dieser Abwicklungsart war ein großes Vertrauen, das alle Beteiligten für die anderen Partner aufbringen mussten. Weigerte sich der *trattario* aus irgendeinem Grunde, einen Wechsel zu akzeptieren, so wurde die *lettera* mittels eines Notariatsinstruments protestiert, mit dem der *datore* sein einbezahltes Geld am Ausstellungsort unter Vergütung aller Spesen zurückerstattet erhielt. War der *prenditore* nicht mehr haftbar zu machen, hatte er seine Einlage verloren.[366] Es sind nur drei in Deutschland geschriebene Wechsel bekannt, die protestiert wurden. Es sind die *lettere di cambio,* die Filippo de' Ricci di Corte 1414 in Konstanz ausgestellt hat, obwohl die Gesellschaft zu diesem Zeitpunkt schon in Konkurs war.[367]

3.2.2 Wechselgeschäfte über die Bankenplätze

Wenn die Deutschen den Transfer von Geld mittels Bargeld bis nach Venedig, Brügge oder Genf selber besorgt hatten, so konnten sie dort eine *lettera di cambio* in einen der Banken- oder Wechselplätze kaufen, die nach den in der Fachliteratur bekannten Mustern ausgestellt und

365 Ein Beispiel für die Übermittlung von Geld mittels *lettera d'avviso* vgl. unten S. 252.

366 Roover (1963), S. 112.

367 ASFi, Diplomatico normale, Prato, S. Vincenzo, Nr. 67b, 1414 gennaio 24; Diplomatico normale, Prato, S. Vincenzo, Nr. 67c, 1414 gennaio 24; Diplomatico normale, Prato, S. Vincenzo, Nr. 67d, 1414 gennaio 24.

abgewickelt wurde.[368] *Prenditore* war fast immer ein Kaufmann aus Florenz. Deutsche Bankiers auf den internationalen Bankenplätzen, die mit italienischen Bankiers als Korrespondenten zusammenarbeiteten, sind nur in Einzelfällen belegt. 1424 bezog die Medici-Bank in Rom die Gesellschaft von *Heverard Merlinchusen* oder *Heverardum Moecinc mercatores in Bruggis,* die vermutlich zur Veckinchusen-Familie gehörten, mit einer *lettera di cambio* über duc. 100 für einen Kleriker aus Dorpat.[369] Am 24. Oktober 1439 stellte der Konstanzer Ulrich Sprutenhofer einen Wechsel über duc. 380 auf die Medici in Venedig aus. Als *beneficiario* war *Petro Maier alamano e compagno* eingesetzt. Diese Zahlung wurde durch die Medici protestiert.[370]

Da sehr wenige Bruchstücke buchhalterischer Aufzeichnungen von Bankiers in Venedig oder Brügge erhalten sind, bleiben nur die Rechnungsbücher der Kurienbanken als Quellen zu diesen Transaktionen. Diese notierten den Namen der Person, der sie das Geld auszahlten, und belasteten ihren Partner in Venedig mit diesem Betrag. Diese Einträge unterschieden sich in keiner Weise von den Verbuchungen der oben besprochenen Kommissionsgeschäfte. Anhand dieser Aufzeichnungen allein lässt sich folglich nie beurteilen, auf welchem dieser beiden Wege der Transfer abgewickelt worden war. Dasselbe gilt auch für den Fall, dass ein deutscher Bankier den Transfer bis auf den internationalen Bankenplatz übernommen hat oder einem in Venedig anwesenden Landsmann Geld nach Rom vorstreckte. Ein Beleg für die Vermittlung eines Wechsels durch eine deutsche Bank in der Lagunenstadt konnte im Spinelli-Archiv ermittelt werden. Am 31. Oktober 1465 ließ Ludwig Meuting e co. in Venedig von Niccodemo Spinelli einen Wechsel über 20 Dukaten zu Gunsten eines Piero Piler ausstellen, der am 12. November von Lionardo Spinelli in Rom akzeptiert wurde. Der Bankier in Venedig erhielt vom Deutschen die Summe erst, nachdem die Quittung vorgelegt wurde:[371]

> \+ *A dì 31 d'ottobre 1465*
>
> *Paghate per questa prima di chambio a suo piazere a m° Piero Piler ducati venti di camera zoé f. venti di Vinegia per la valuta dobiamo avere qui da Luigi Mautini e compagni e prima averne [?] e mandatene quitanza e avixate Nichodemo Spinelli in Vinegia.*
>
> [Von anderer Hand] *Paghati a dì 12 di novembre.*
>
> [verso] *Lionardo Spinelli e co. di Chorte. In Roma.*

368 In dieser Untersuchung werden nur die Wechsel an die Kurie untersucht. Diese konnten aber auch auf andere Plätze gekauft werden. Als Beispiel wird hier auf die von der Ravensburger Humpis-Gesellschaft 1455 bei Jacopo Attavanti in Venedig auf die Medici in Mailand gekauften Wechsel hingewiesen: AOIF 12615, c. 3 links.

369 Vgl. unten S. 277.

370 ASFi, MAP 93, Nr. 629.

371 YUSA 98, 1848.

Bemerkenswert ist, dass die Zahlung hier nach demselben nachschüssigen Verfahren erfolgte, wie bei den meisten in Deutschland geschriebenen Wechseln. Allerdings wurde hier auf das Siegeln der *lettera* verzichtet.

Die Weiterbeförderung von Venedig nach Rom konnte auch ohne Wechsel durch einfache briefliche Anweisung erfolgen. Als sich Lionardo Spinelli 1464 in Venedig aufhielt, kamen Konrad Hinderbach und Iachomo Zettener, der Faktor der Wiener Kaufmanns Simon Puotal,[372] zu ihm. Sie baten ihn, dem kaiserlichen Gesandten in Rom, Johannes Hinderbach,[373] 120 Kammerdukaten anzuweisen und ihm bei Bedarf darüber hinaus weitere 30 bis 40 Dukaten auszuzahlen. Er erhielt die 120 Dukaten in bar mit der Auflage, dass er sie einem der beiden *pagatori* zurückzahlen müsse, falls sie in Rom nicht ausbezahlt werden könnten. Als Beweis verlangten sie das Vorlegen einer Quittung. Lionardo erledigte den Auftrag mittels einer *lettera d'avviso* an seine Faktoren in Rom; eine *lettera di cambio* scheint nicht ausgestellt worden zu sein.[374]

Venedig

Venedig war für die deutschen Kaufleute zweifelsohne die wichtigste Handelsstadt südlich der Alpen. Die Lagunenstadt war „die wahre Schule und Hauptniederlassung der deutschen Kaufherren im Süden“ (Pölnitz).[375] Schon vor 1228 besaßen sie in der Lagunenstadt mit dem Fondaco dei Tedeschi in der Nähe des Rialto ein Stapelhaus, in dem sie unter einer strengen

372 Simon Puottal bei Simonsfeld (1887), Nr. 390, 423, 492, 495 und 513; II 52: als Simon Putel (puotel, Potl, Poetl) oder Simon aus Wien.

373 Johannes Hinderbach, Bischof von Trento (1465–86).

374 Lionardo machte für diesen Vorgang in seinen *ricordanze* (YUSA 93, 1779) fünf Einträge.
c. 2 rechts: [Lionardo Spinelli e co. di Corte] E adì 5 di dicembre ducati 120 di Vinegia per fiorini 120 di camera che detto dì ordinai loro per mia d'aviso paghassino a messer Ioanni Interpoc, inbassadore dello 'nperadore, e sono per la valuta n'ò qui avuto da messer Churado Interpoc e da messer Iachomo Zettaner; posto chassa dare in questo, a c. 3. f. 120/duc. 120.
c. 3 links: [Chassa] E adì 5 detto ducati 120 ebbi da messer Churado Interpoc e da messer Iachomo Zettaner, i quali trassi a' miei di Corte in messer Ioanni Interpoc; posto detti miei avere in questo, c. 2. duc. 120.
c. 80 links: Questo dì 5 di dicenbre scrissi a Roma a' miei che paghino a messer Ioanni Interpoc, inbassadore dello inperadore, ducati 120 di camera, che sono per altretanti n'ò ricievuti da messer Prechurado Interpoc e da ser Jachomo Zettener, fattore di messer Simon Puottal, e piglino quitanza.
c. 81 rechts: A' miei di Corte, fiorini 120 di camera, a messer Ioanni Interpoe, inbassadore dello Inperadore, e in chaso che 'l detto messer Ioanni non li piglasse, li debbo lor rendere ad ongni lor buon piaciere, a chi fusse di lor due. E oltre a detti fiorini 120, son contento che bisongnando a messer Ioanni sopradetto ducati 30 in 40, gl[i]e le paghino e pìglino quitanza.

375 Pölnitz (1940), S. 224. – Vgl. auch Heyd (1874); Ennen (1875); Heyd (1884); Simonsfeld (1887); Schulte (1900); Schulte (1904); Beutin (1933); Pölnitz (1942); Rösch (1986); Braunstein (1987); Jacoby (1994); Molà / Mueller (1994); Rosetti (1994).

Gesetzgebung der Stadt lebten und arbeiteten.[376] In den beiden ersten Jahrzehnten des 14. Jahrhunderts wurde der Fondaco zu einem stark bewachten Handelszentrum, in das die Deutschen nicht nur Pelze und Tuche aus dem nordosteuropäischen Wirtschaftsraum sowie Metallwaren verschiedener Fertigungsstufen aus eigener Produktion brachten, sondern vor allem die für den Handel mit dem Orient wichtigen Rohmaterialien (Silber, Gold, Erz, Eisen) aus den Karpaten und dem Eisenbergbau in der Oberpfalz.[377] Wegen der geographischen Nähe kamen zuerst Ravensburger, Augsburger und Nürnberger; lange nach diesen kamen 1370 auch Lübecker und Kölner in die Lagunenstadt, um hier den Anschluss an die Handelsstraßen in den Süden Italiens sowie in den Orient zu finden und von den Finanzdienstleistungen der italienischen Bankiers zu profitieren.[378] Dank des großen Umsatzes im Warenhandel konnte Venedig auch eine zentrale Funktion im Geschäft mit den kurialen Geldern übernehmen. Die Venezianer selber waren am internationalen Bankgeschäft des Spätmittelalters nur wenig beteiligt, da ihre Aktivitäten im Geldgeschäft weitgehend auf die *banchi di scritta* auf dem Rialto beschränkt waren, bei denen Deutsche und Florentiner die beiden größten Kundengruppen bildeten.[379]

Die florentinische Kolonie entwickelte sich in der Markusstadt spätestens seit 1221 unter strenger gesetzlicher Reglementierung durch die Stadtbehörden. Im Jahre 1382 änderte Venedig seine protektionistische Politik und erlaubte Florentinern die Eröffnung eines Ladens und Investitionen in den Seehandel.[380] Die Florentiner waren sich der Bedeutung Venedigs als Handelsplatz mit den Deutschen sehr bewusst. Giovanni Rucellai schrieb in der Mitte des 15. Jahrhunderts in seinem *Zibaldone* über die Bedeutung von Venedig für die Geschäfte der Florentiner, da die Stadt sehr nahe bei Deutschland sei. Von hier aus sei es einfach und kostengünstig, Waren wie Wolle und Gewürze zu Wasser und zu Land dorthin zu führen: *ma la chagione perché si dicie che Vinegia è posta in più comodo sito per fare merchatantie per terra ferma che niuna altra ciptà, e massimamente per essere vicina alla Magnia e per avere comodità di condurvi le merchatantie parte per aqua parte per charette con pocha spesa, nella quale Magnia si fa grandissimo consumare di spezierie e cotoni e altre merchatantie* [...].[381] Auch Kontakte zu anderen Italienern wurden hier gepflegt, so hat Molà auf die Beziehungen zwischen den Deutschen und den Lucchesen hingewiesen.[382]

376 Kellenbenz (1967a), S. 21. Ausführlich über Deutsche in Venedig: Erdmannsdörffer (1858); Flegler (1867); Ennen (1875); Simonsfeld (1887); Simonsfeld (1891); Sieveking (1901–1902); Kuske (1908); Braunstein (2016). – Deutsche waren bereits vor 1225 in Venedig als Kaufleute tätig. Vgl. Stromer (1978a).

377 Braunstein (1994a), S. 64–65.

378 Roeck (2000), S. 48.

379 Mueller (1997), S. 48 und 255–256.

380 Goldthwaite (1980), S. 38. Zu den Florentinern in Venedig vgl. Lane / Mueller (1985); Mueller (1992); Mueller (1997), S. 255–287.

381 Kent / Perosa (1960–1981), S. 125; Rucellai (2013), S. 195–196. – Aufschlussreiche quantitative Angaben über den Handel zwischen Venedig und der Levante bei Ashtor (1975); Ashtor (1980).

382 Molà (1994), S. 239–249.

Das Interesse der Deutschen und Florentiner am Handelsplatz Venedig wurde mehrfach durch politische und wirtschaftliche Entwicklungen beeinträchtigt, die aber noch in keiner umfassenden Studie untersucht wurden. Es kann deshalb hier nur auf einige der wichtigsten Einschnitte hingewiesen werden. So ging die Bedeutung der Lagunenstadt etwas zurück, als die Umfahrung Gibraltars um 1300 zu einer Aufwertung Brügges für die deutschen Kaufleute führte, doch wuchs sie mit dem Aufstieg der oberdeutschen Handelsstädte wieder an. Negative Auswirkungen hatten auch die bereits weiter oben behandelten als Kontinentalsperre bezeichneten Sanktionen, die König Sigismund von 1411 bis 1433 gegen Venedig durchzusetzen versuchte. Die Handelswege der Venezianer zu Land und See wurden unterbrochen oder doch erheblich gestört und Deutschen der Handel mit ihnen untersagt.[383] Wolfgang von Stromer hat diese Maßnahmen in den größeren Zusammenhang der wirtschaftspolitischen Vorgänge jener Jahre gestellt und darin Maßnahmen zur Förderung der oberdeutschen Textilindustrie gesehen. Er vermutete, dass „Repräsentanten des Toscanischen und Oberdeutschen Grosskapitals" die Entscheidungen des Herrschers wesentlich beeinflusst haben.[384] Tiefgreifend waren auch die Folgen der Eroberung Konstantinopels durch die Türken im Jahre 1453 und die vielen Schwankungen im Verhältnis zwischen der Serenissima und der Signoria von Florenz.

Dass sich deutsche Kaufleute in Venedig niederließen, Venezianer aber nicht in Deutschland, ist vor allem auf eine Gesetz aus dem Jahre 1279 zurückzuführen, mit dem der Maggior Consiglio ein Monopol für das deutsch-venezianische Warengeschäft im Fondaco dei Tedeschi beschloss und es seinen Bürgern untersagte, in Deutschland Waren einzukaufen oder abzusetzen.[385] Es war ihnen aber nicht verboten, bei Fahrten durch deutsches Gebiet (nach Frankreich, Flandern, Ungarn) Pferde, Waffen und Lebensmittel zu kaufen. Sie waren deshalb häufig auf den deutschen Handelsstraßen anzutreffen. Sie gingen regelmäßig durchs Wallis (Großer St. Bernhard), nach Basel (Gotthard) und Nürnberg (Brenner). 1276 sicherte ihnen König Rudolf in seinen Gebieten Schutz zu und Albrecht I. befahl der Stadt Konstanz 1307, beraubten venezianischen Kaufleuten zu Schadenersatz zu verhelfen. 1351 trat der Rat Venedigs mit dem Burggrafen von Nürnberg in Verhandlungen, da die Wege über Frankreich und Basel zu unsicher waren.[386] 1358 wehrte sich Nürnberg nachdrücklich gegen Versuche Venedigs, im Einflussgebiet der Stadt festen Fuß zu fassen. Kaiser Karl IV. veranlasste darauf den Rat, seinen Bürgern den Aufschlag ihrer Waren

383 Vgl. oben S. 60.

384 Stromer (1978c), S. 114.

385 Thomas (1874), S. XXIV: *Capta fuit pars quod mercatores Veneciarum non vadant cum mercantiis vel mittant mercantias neque portent per se vel per alios in Alemaniam [...].* Heyd (1874), S. 205; Simonsfeld (1887), S. 31; Schulte (1900), S. 353. – Hierbei spielte sicherlich auch eine Rolle, dass die Venezianer im Handel in Deutschland durch kaiserliche Dekrete lange Zeit behindert waren und immer wieder unter Repressalien, die vornehmlich von den Nürnbergern ausgingen, zu leiden hatten. Vgl. Friedmann (1912), S. 57; Simon (1974), S. 18; Stromer (1978b), S. 68.

386 Mone (1854), S. 20–21.

nur in Köln zu gestatten.[387] 1448 schickte Venedig eine Gesandtschaft nach Deutschland, um Bekümmerungen seiner Bürger zu beseitigen.[388]

Brügge

Die jährlichen sechs Messen in der Champagne, die seit dem 12. Jahrhundert abgehalten wurden, waren die ersten wichtigen internationalen Handelsplätze im mittelalterlichen Nordeuropa.[389] In der ersten Zeit waren es reine Warenmessen, auf denen hauptsächlich Wolle und Wollprodukte aus Flandern, Brabant und Frankreich gehandelt wurden.[390] Auf diesen Märkten kamen die *popoli romanici* mit den *popoli germanici* zusammen, um Handel zu treiben. Italiener trafen hier auf Flamen, Spanier, Provenzalen, Skandinavier und Engländer; hierhin kamen Kaufleute aus dem Rheinland, aus Norddeutschland und auch Konstanzer Leinwandhändler.[391] Bis 1180 entwickelte sich auf den Champagnermessen ein System der Geldverrechnung des internationalen Handels: Die Kaufleute schrieben während den Messen ihre verschiedenen Ein- und Verkäufe auf und kamen am Ende der Veranstaltung zusammen, um die verschiedenen Konten gegeneinander auszugleichen.[392] Hier wurde auch der Wechselverkehr konzentriert, wodurch die *lettere di cambio* zwischen den verschiedenen Händlern ausgeglichen (Skontration) und internationale Zahlungen zwischen Messeteilnehmern abgewickelt werden konnten.[393] Ab 1260 gewann der Geldmarkt auf diesen Messen immer mehr an Bedeutung, sodass sie sich zum wichtigsten Finanzmarkt Europas wandelten, während der Warenhandel mengen- und wertmäßig abnahm.[394]

Zu Beginn des 14. Jahrhunderts verließen die meisten Florentiner die Messen der Champagne und konzentrierten ihre Aktivitäten auf Brügge, wo sich die ersten Italiener bereits gegen Ende

387 Simonsfeld (1887), Nr. 2, 125, 171 und 172; Schulte (1900), S. 354.

388 Kuske (1908), S. 405.

389 Über den Messezyklus der Champagner Messen vgl. Schönfelder (1988), S. 21–23; Stabel (2000).

390 Über das an den Champagner Messen vertretene Warenangebot vgl. Schönfelder (1988), S. 27–30. – Laurent (1935) hat in seiner Studie über die Bedeutung der Tuchindustrie der Niederlande aufgezeigt, dass die Entstehung einer hochwertigen Tuchproduktion in Nordwesteuropa und ihre Verbindung mit Norditalien und dem Mittelmeerraum der entscheidende Faktor für den großen wirtschaftlichen Aufschwung im Hochmittelalter war. Diese These ist in den Jahren seit ihrer Veröffentlichung überprüft und weiterentwickelt worden, doch bleibt die Kernaussage bis heute gültig. Vgl. Ammann (1957).

391 Mone (1853), S. 48–49; Badische historische Commission (1895–1941); Schulte (1900), S. 156–158; Alengry (1915); Sayous (1932); Ammann (1955–1956), S. 284. Vgl. die vier Gewürzhändler aus Köln in der Abrechnung der Tolomei aus Siena von der Mai-Messe in Provins im Jahre 1279 bei Bautier (1955), S. 127.

392 Pinchart (1851); Bourquelot (1865); Donnet (1900); Laenen (1905); Morel (1908); Face (1957); Bassermann (1911); Pirenne (1967), S. 115–118; Schneider (1991).

393 Schneider (1991), S. 138.

394 Schönfelder (1988), S. 31; Miskimin (1963), S. 119: „[…] the Champagne fairs […] matured into a financial clearinghouse for the settlement of international debts."

des 13. Jahrhunderts niedergelassen hatten.[395] Seit 1420 besaßen die Florentiner in dieser Stadt ein eigenes Haus und schlossen sich zu einer Gemeinschaft mit eigenen Statuten zusammen.[396] Brügge wurde zum wichtigsten kommerziellen Treffpunkt nördlich der Alpen und übernahm die Funktion einer „Vermittlerin des Austausches zwischen dem germanischen Nordwest- und dem romanischen Südeuropa".[397] Die Hansekaufleute wickelten einen großen Teil ihres Warenhandels in den Westen und Süden Europas über diesen Handelsplatz ab. Sie sind mit ihren Koggen nur sehr selten weiter in den Westen oder gar ins Mittelmeer gesegelt.[398] Aber auch Nürnberger, Basler, Konstanzer und Kaufleute vieler anderer deutscher Städte reisten regelmäßig nach Brügge oder gründeten Niederlassungen.[399] Es entstand ein gesamteuropäischer Handelsplatz, auf dem Produkte aus dem Mittelmeerraum und dem Baltikum,[400] flämische Tuche und englische Wolle gehandelt wurden; aus Deutschland, Skandinavien und Russland kamen Metalle, Wachs, Tuch und Pelze.[401] Sehr bald wurde diese Stadt auch zum wichtigsten Bankenplatz nördlich der Alpen und für „ganz Nordwesteuropa die *piazza di cambio* schlechthin."[402] Groß war die Zahl der Italiener, die sich hier niederließen, wie ein Chronist aus dem

395 Einen guten Überblick über das Wachsen und Verschwinden des Marktes in Brügge bei Houtte (1966); Murray (2005). – Über die Gründe, weshalb die Italiener die Messen der Champagne verließen und nach Brügge zogen vgl. Roover (1948a), S. 11; Schneider (1988a), S. 24; Schönfelder (1988), S. 46–50. Vgl. Gauthier (1907); Morel (1908); Bigwood (1921–1922); Roover (1948a); Lexikon des Mittelalters (1980–1999), II, Sp. 746; North (1996), S. 224. – Neben Brügge wurde in kleinerem Ausmaß auch in anderen Städten dieser Region Handel getrieben. Vgl. Renouard (1941), S. 311–313; Hirschfelder (1994), S. 268. – Weitere internationale Messen mit deutscher Beteiligung bei Dubois (1976). Für die Florentiner waren vor allem die Messen von Interesse, die auch Bankgeschäfte ermöglichten. In Chalon an der Saône waren zwar viele Deutsche anzutreffen, die Kaufleute aus Florenz fehlten dort aber. Vgl. Ammann (1941b).

396 Henn (1999), S. 135.

397 Doren (1901–1908), I, S. 107: Bereits 1292 gab es in Brügge eine Straße der Florentiner. – Roover (1948a), S. 29; Ferguson (1960), S. 17; Roover (1972); Melis (1974b), S. 310–317; Dini (1995b), S. 123. In dieser Bewertung der Bedeutung Brügges herrscht in der Forschung seltene Einigkeit.

398 Vgl. Dollinger (1966), S. 323–331; Stromer (1970b); Paravicini (2003). – Paulsen (2016), S. 202 hält diese These für das Ergebnis der Vernachlässigung der südeuropäischen Archive durch die Hanseforschung. Die in der Forschung genannten sechs *navi d'alamanni,* die 1404 in Ibiza Salz einkauften, sind seines Erachtens „nur Spotlights". Vgl. ADP, busta 885, inserto 11, codice 116932: Brief von Giovanni di Gennaio an Francesco di Marco Datini e Simone di Andrea Bellandi e co. di Barcellona vom 15. April 1404.

399 Die Geschichte der Deutschen in Brügge, vor allem der Hanse, wurde erst in den letzten Jahren intensiv untersucht. Grundlegend ist die kleine Studie von Sprandel (1990) und die Forschungsskizze von Paravicini (1990).

400 Melis (1956), S. 39–40; Melis (1984), S. 118; Kellenbenz (1990), S. XIX. – Im 15. Jahrhundert wurde auch der Seidenhandel sehr wichtig. Bei der Gesellschaft der Salviati in Brügge machte zwischen 1460 und 1461 der Seidenhandel einen Viertel des Gesamtumsatzes aus, d. h. etwa f. 15 000. Ein Drittel davon wurde an Engländer und *alemanni* (Hansekaufleute) verkauft. Vgl. Dini (1993), S. 117.

401 Dini (1995b), S. 123. Zu weiteren Waren aus Deutschland auf dem Markt in Brügge vgl. Melis (1956), S. 145; Sprandel (1974); Goldthwaite et al. (1995), S. 68, 553, 557 und 635.

402 Denzel (1991), S. 139. – Illustrativ für die Geschäfte zwischen Florentinern und Deutschen in Brügge sind zwei Rechnungsbücher der Bank, welche Piero da Rabatta für Giovanni da Rabatta und Giovanni di Alamanno Salviati 1461–70 führte. Verbucht wurden Seidenverkäufe in Antwerpen an *Sibrechet Bissere di Chologna, Federigo*

Jahre 1440 berichtete: Als Herzog Philipp der Gute von Burgund in die flandrische Stadt einritt, waren im Willkommenszug 40 Venezianer, 40 Mailänder, 36 Genuesen, 22 Florentiner und zwölf Lucchesen.[403]

In der Mitte des 15. Jahrhunderts machten sich in Brügge Zeichen des Niedergangs bemerkbar, der sich darin zeigt, dass die Florentiner in der zweiten Hälfte des 15. Jahrhunderts die über Jahrzehnte durchgeführten Galeerenfahrten vom Mittelmeer in die Niederlande einstellten, vor allem weil die Rückfracht fehlte.[404] Der Lieferumfang der Tuche und Leinenware, die von den Niederlanden nach Süden gingen, war zu gering und konnte auch über Land transportiert werden. Hinzu kam noch die Drosselung der Wollexporte durch die englischen Könige. Allmählich verlor Brügge seine Funktion als Zahlungsknotenpunkt zwischen den *Romanici* und den *Germanici* an Genf und Lyon.[405] Und immer mehr Händler verlegten ihre Aktivitäten auf die Messen von Bergen op Zoom und Antwerpen, das die Führungsrolle als Handelsstadt des Nordens immer stärker übernahm.[406] Als Maximilian von Habsburg im Kampf gegen die aufständischen Untertanen in Flandern allen ausländischen Händlern befahl, von Brügge nach Antwerpen umzuziehen, wurde diese Verlagerung des Handelsschwerpunktes noch beschleunigt.[407]

Wie in Brügge die Zusammenarbeit der Deutschen mit den Italienern ablief, lässt sich anhand der Finanzierung der Gesandtschaften des Hamburger Rats nach Avignon im Streit mit dem Domkapitel (1338–55) exemplarisch aufzeigen, da sich aus den Abrechnungen zu dieser Gesandtschaft, dem Briefverkehr zwischen Avignon und Hamburg und den städtischen Kämmereirechnungen weitgehend rekonstruieren lässt, wie diese Zahlungen abgewickelt wurden. Meist sollten diese möglichst schnell erfolgen, denn die Gesandten schrieben immer wieder dringliche Briefe, das Geld für das Vorantreiben des eigenen Anliegens und die eigenen Lebenshaltungskosten ginge ihnen aus und sie müssten bald ihre Silberbecher verkaufen.[408]

Honpis, Arrigho Berghen alamanno und *Bernardo Hosenbry, alamanno.* Deutsche traten auch als Kunden im Handel mit *lettere di cambio* zwischen Brügge, Venedig, Genf, Avignon, Genua und London auf. Die darin genannten deutschen Handelsherren gehören zur Elite unter den Wirtschaftsakteuren dieser Epoche: Friedrich Humpiss, Konrad Paumgartner sowie Jakob und Bartholomäus Welser. Als Partner in diesen Geldgeschäften werden Guglielmo de' Pazzi e Francesco Masi e co., Piero de' Medici, Ambrogio Roffini e frategli, aber auch die Strozzi, Rucellai, Corboli, Frescobaldi, Biliotti, Manelli und Lefevre genannt. Scuola Normale Superiore, Pisa, Archivio Salviati, Nr. 24, cc. 113, 119, 153, 158, 230 und 286; Nr. 25, cc. 24, 282, 296, 299, 376 und 339.

403 Houtte (1985), S. 158. – Guidi Bruscoli (2012), S. 15: In der Parade aus Anlass der Hochzeit von Karl dem Kühnen im Jahre 1468 marschierten 20 Florentiner, 108 Genuesen, 108 Deutsche und 14 Spanier mit.

404 Dieser Rückgang erfolgte nicht alleine aufgrund des Versandens des Zwin, wie in der Forschung lange angenommen wurde, sondern wegen des Rückgangs der Konkurrenzfähigkeit der flandrischen Tuchproduktion gegenüber den Produkten aus der Toskana und aus England. Vgl. Lexikon des Mittelalters (1980–1999), II, Sp. 748; Houtte (1994), S. 260.

405 Ammann (1955–1956), S. 285; Melis (1974b), S. 317.

406 Antwerpen: Houtte (1940); Coornaert (1959); Bolton (2008).

407 Houtte (1994), S. 261.

408 Schrader (1907); Apelbaum (1915).

Wie bereits beschrieben überbrachten Boten Münzen nach Avignon;[409] es wurden aber auch Wechsel in Brügge gekauft. Die städtischen Bücher zeigen, dass die ersten Zahlungen über die *societas de Bonocurs* (Bonaccorsi) geleistet wurden.[410] Nach dem Zusammenbruch der florentinischen Bankhäuser wurde Antonio Malabaila aus Asti zum bevorzugten Partner, der Banken bei der Kurie und in Brügge betrieb.[411] Mit ihm *(creditor noster)* hatten die Hamburger Gesandten so enge Kontakte, dass sie ihm zu den hohen Kirchenfesten Geschenke (Fleisch oder Geflügel) bringen ließen.[412]

Die Perspektive der florentinischen Bankiers erhellt sich aus Rechnungsbüchern der Alberti nuovi. Von großem Aussagewert für die alltägliche Geschäftspraxis sind besonders die beiden Rechnungsbücher *dell'avere e del dare,* in welchen von 1348 bis 1358 wichtige Vorgänge aus der Gesellschaft *Iacopo e Bartolomeo di Caroccio* und *Bartolomeo di Caroccio* verbucht wurden. Darin finden sich insgesamt 21 Bankgeschäfte mit norddeutschen, skandinavischen und baltischen Kunden. Die Gesamtzahl dieser Transaktionen muss wesentlich größer gewesen sein, denn es handelt sich hier um Bücher der Filiale in Florenz, die sicher nur in wenigen Fällen in Brügger Geschäfte einbezogen war. Die von den Alberti in Brügge durchgeführten Wechselbriefgeschäfte lassen sich in drei Gruppen einteilen. Bei der ersten hatten sie direkten Kontakt mit der Person, welche Geld transferieren wollte oder in Empfang nahm. Der Kunde transportierte das Geld also selbst durch Deutschland und verhandelte mit den florentinischen Bankiers. Drei dieser Wechsel sind überliefert, von denen zwei von Flandern nach Avignon gingen und einer nach Paris. Bei zwei Geschäften handelte es sich um Reiseschecks, denn *datore* und *beneficiario* waren dieselbe Person *(Bertoldo Vuite di Sondis de la Magna* und *Ermanus Beches Offeten della Magna).* Im dritten Fall überwies ein Kleriker aus Rostock *(sire Gianni Lebianche de Rostoccho de la Magna)* Geld an einen anderen Rostocker in Avignon *(messer Armanno de Rostoccho de la Magna).*[413]

Die meisten deutschen Kunden erschienen aber nicht persönlich in der Bank, denn in 15 Fällen wird der zu transferierende Betrag von anderen in Brügge lebenden Kaufleuten überbracht. 9-mal wird als *datore sire Matteo della Borsa* genannt.[414] Dieser gehörte zur bekannten Brügger Patrizier- und Wirtefamilie van der Beurse, die sich darauf spezialisiert hatte, Geldgeschäfte zwischen nordischen Kunden und italienischen Kaufleuten zu vermitteln.[415] De Roover berichtet darüber, dass viele deutsche Gäste in Brügge ihr Geld den Wirten anvertrauten, weshalb in den italienischen Rechnungsbüchern des 14. Jahrhunderts Wirt *(oste)* häufig mit

---

409 Vgl. oben S. 68–71.

410 Schrader (1907), S. 25.

411 Schrader (1907), S. 113: *Anno domini 1355 recepimus ab Anthonio de Malabayla de Ast 120 fl. aureos cle Florencia, die Veneris 8. dicti mensis Maji, et 6. die dicti mensis venit Johannes de Gothinghe et portavit unam litteram nobis de Brugis ad dictum Anthonium super suprascriptis 120 florenis et infrascriptis florenis nobis presentandis.*

412 Schrader (1907), S. 25.

413 Goldthwaite et al. (1995), S. 302, 303 und 461.

414 Goldthwaite et al. (1995), S. 313, 457, 467, 607, 613 und 626.

415 Vgl. Ehrenberg (1885); Werveke (1936); Roover (1948a), S. 17; Houtte (1978–1981).

‚Korrespondent' gleichgesetzt wird.[416] Schon 1284 hat die Stadt Lübeck die Dienste der van der Beurse in Anspruch genommen und 1301 schickte sie über Robert van der Beurse Geld an ihren Prokurator in Rom. Der in den Alberti-Büchern genannte Matthäus diente 1350 als Vermittler für eine Zahlung zwischen Brügge und Lübeck.[417] 1358 finanzierte er die Spesen eines Boten aus Brügge bei einem Hansetag und vertrat die Interessen seiner Stadt als Gesandter in Lübeck.[418] Beim Wirt *Ser Matteus van der Buerze* konsumierten die Hansekaufleute 1366/67 Wein und Bier, wie Brügger Steuerlisten ausweisen.[419] Van der Beurse war also ein Makler, die von deutschen Kunden um Vermittlung beim Kauf eines Wechsels bei den Italienern gebeten wurden.

Die meisten deutschen Kaufleute verzichteten gerne darauf, einem Makler eine Provision für ihre Dienste zu bezahlen. Sie nahmen den zu transferierenden Betrag in einer deutschen Stadt entgegen, transferierten ihn nach Brügge und gingen damit direkt zu einem italienischen Bankier. Dies war mit größter Wahrscheinlichkeit bei neun Geschäften der Alberti der Fall, bei denen als *datore* ein *sir Gian Crespini, merciante di Lubeche* genannt wird; sieben dieser Wechsel gingen von Brügge nach Avignon, zwei für den Deutschen Orden nach Paris.[420] Bei Gian Crespini handelt es sich zweifelsfrei um den italianisierten Namen des lübischen Brüggefahrers Johan Crispin, den Asmussen für die Jahre 1353 bis 1380 nachweist.[421] Er hat die Gelder zwischen eigenen Niederlassungen von Lübeck nach Brügge transferiert, wo er sie den Alberti übergab. Direkt zu einem Florentiner ging auch der Kaufmann Gerhard Cruos aus Kleve, der im Jahre 1472 die 600 Golddukaten für die Servitien des Abtes von Laach in Brügge bei der Niederlassung von Tommaso Spinelli in einen Wechsel nach Rom umwandeln ließ.[422]

---

416 Roover (1948a), S. 337–338: „In the first half of the fourteenth century, the Bruges innkeepers began to invade the banking business, as they had done successfully before with the brokers' trade, so that ‚broker' and ‚innkeeper' had come to mean the same thing. [...] By and by the innkeepers became competitors of the money-changers. This tendency was encouraged especially by the Germans who preferred to entrust their money to their hosts rather than to a bank." – Zur Bedeutung der Wirte als Makler vgl. Greve (2000); Greve (2002); Greve (2006).

417 Pauli (1872a), S. 127: Arnold Voet, consul Sudensis, bestätigt, dass er in Lübeck Geld erhalten hat: *Brugis persolvendis ad usum ipsorum domino Matheo de Bursa et Thidemanno Blomenrot.*

418 Paravicini (1990), S. 113–114. – Über die van der Beurse vgl. Ehrenberg (1885); Werveke (1936); Roover (1948a), S. 17; Houtte (1978–1981).

419 Krüger (1991), S. 43–44.

420 Goldthwaite et al. (1995), S. 328, 439, 451, 468, 492, 545, 582 und 627–628.

421 Asmussen (1999), S. 463–469. – Der Name könnte von seinen Lauten her auch auf eine bekannte Bankiersfamilie in Arras hinweisen, die den Namen Crespin trug. Diese Crespin gehörten zu den ‚caravan merchants' und spielten eine bedeutende Rolle auf den Messen der Champagne. Vgl. Bigwood (1924), S. 470–490 und Roover (1948a), S. 10–11. Bigwood nennt für die Jahre um 1370 auch einen Jean Crespin, doch erwähnt er keine Verbindung dieses Mannes mit Lübeck. – In den Rechnungsbüchern von Hildebrand Veckinchusen wird um 1400 mehrfach ein *Johan Kryspyn, dey to der Borch wont* erwähnt. In welcher Beziehung der hier genannte Mann zum Partner der Alberti stand, lässt sich nicht mehr klären. Vgl. Lesnikov (1973), S. 508.

422 Landeshauptarchiv Koblenz, Best. 128, Laach, Benediktinerkloster 370.

Schon im 13. Jahrhundert finden sich viele Kreditgeschäfte der Florentiner mit Bezügen nach Deutschland. Kirchenfürsten aus dem Reich haben sich gerne an die italienischen Bankiers auf den Messen der Champagne und in den flandrischen Städten gewandt, um finanzielle Notlagen zu überbrücken. Dabei suchten sie nach Geld, um Verpflichtungen gegenüber der Kurie nachkommen oder um Schulden im eigenen Bistum begleichen zu können. Die ersten dieser Kreditgeschäfte wurden über Römer, Sienesen und Bolognesen auf den Messen von Bar-sur-Aube und Troyes abgewickelt.[423] Der Kölner Erzbischof Dietrich von Heinsberg stand aus diesem Grunde im Mai 1213 in Kontakt mit römischen Kaufleuten.[424] Als dieser Kirchenfürst abgesetzt wurde, kamen auf seinen Nachfolger Engelbert hohe Prozesskosten und die Zahlung der Servitien zu.[425] Hierzu nahm er Geld von Florentinern auf, wie ein päpstliches Schreiben vom 29. Juni 1220 belegt. Darin wird er von Papst Honorius III. ermahnt, den Florentinern Gerard und Johann eine Schuld von 120 Mark zurückzuzahlen. Sollte er diesen Forderungen nicht nachkommen, drohte ihm die Suspension.[426] Aus den folgenden Jahren sind viele gleichartige Vorgänge überliefert, bei denen sich deutsche Kirchenfürsten bei Florentinern Kredite besorgten. Das Geld wurde direkt der Kurie übergeben; die Rückzahlung erfolgte dann entweder in einer der Handelsstädte im Norden, meist in Brügge oder in Venedig.[427] Wo der Deutsche und der Florentiner das Geschäft abschlossen, ist in keinem Fall überliefert. Vermutlich war der päpstliche Hof der wichtigste Verhandlungsort. Es mag auch vorgekommen sein, dass der deutsche Kleriker Kontakt mit Florentinern in Brügge aufnahm und sich dort das benötigte Geld besorgte. Bei keinem Vorgang kann nachgewiesen werden, dass sich der Kreditgeber in Deutschland aufhielt.[428]

---

423 Ennen / Eckertz (1863), S. 107, 108 und 116; Schulte (1900), S. 238. – Kuske (1908), S. 395 nennt als Kreditgeber vor allem Römer, Bolognesen und Sienesen.

424 Denzel (1991), S. 95. Eine Liste von solchen Kreditgeschäften der Bischöfe von Köln, Trier und Mainz mit Bankiers aus Siena, Rom und Bologna bei Schulte (1900), S. 235–246.

425 Schulte (1900), S. 238; Ennen (1975), S. 181.

426 Andernach (1954–1995), III, Nr. 279.

427 Ein Beispiel für eine Rückzahlung in Venedig: Bischof Johannes von Schlackenwerth von Bamberg erhielt vom Papst 1322 die Erlaubnis für die Aufnahme eines Kredites, um seinen Zahlungsverpflichtungen bei der Kurie nachkommen zu können. Er erhielt das Geld von den Peruzzi in Avignon. Zwei Jahre später ging diese Summe bei den florentinischen Bankiers in Venedig wieder ein. Vgl. Denzel (1991), S. 152–153.

428 Andernach (1954–1995), III, Nr. 1604: Papst Innozenz IV. befahl 1250 dem Erzbischof von Köln, Aringus Abadinghi e co. das Geld zurückzubezahlen, das diese Florentiner dem Prokurator des Erzbischofs, Canonicus Godschalk von S. Mariengraden, auf Weisung des Kardinallegaten geliehen haben. – Schulte (1900), S. 242–243: Der Kölner Erzbischof Siegfried von Westerburg ließ 1274 bei der Kurie einen Kredit in Höhe von 2000 Mark Sterling bei Manetto di Rinaldo de' Pulci aufnehmen, der durch König Rudolf persönlich verbürgt wurde. Die Rückzahlungen, die sich über mehrere Jahre hinzogen, wurden an Lamberto di Iacopo in Brügge geleistet. – Ennen (1975), S. 182: Um 1280 war Erzbischof Siegfried verpflichtet, Florentinern eine Schuld in Höhe von 1470 Mark in Brügge zurückzubezahlen. – Davidsohn (1896–1908), III, S. 45–46, Nr. 178: Im Jahre 1292 wurde Eberhard von Strahlberg zum Bischof von Worms gewählt. Die Stadt protestierte gegen diese Wahl, denn der Electus sei auf Verlangen der Alfani exkommuniziert worden, da er eine Schuld von 900 Mark nicht zurückbezahlt habe. – Schneider (1899), S. 50; Denzel (1991), S. 151: Bischof Wulfing von

In der Zeit Rudolfs von Habsburg setzt eine kurze Reihe von Darlehen ein, bei denen sich römisch-deutsche Könige gegenüber florentinischen Kaufleuten verschuldeten.[429] Rudolf, sein Sohn Albrecht und Adolf von Nassau haben sich beispielsweise von den Alfani und den Pulci-Rimbertini Geld geliehen, wofür sie diesen Rechte an königlichen Einkünften in der Nähe der Stadt Florenz verpfändeten. Zu permanenten Beziehungen von Deutschen zu florentinischen Bankiers und einem längerfristigen Engagement von Florentinern in Deutschlands Wirtschaft haben diese Geschäfte aber nicht geführt. Die Geldaufnahmen waren vielmehr aus akuten Finanznöten des Königs entstandene Einzelgeschäfte. Gemeinsam war diesen Vorgängen, dass die Kreditgeber dieselben Florentiner waren, die auch mit dem kurialen Zahlungsverkehr aus Deutschland beauftragt waren. Jacopo und Vermigliano Alfani haben den Königen 1283 und 1292 Kredite gewährt.[430] Im Jahre 1283 haben dieselben Florentiner den Transfer der Kollekte aus Metz besorgt[431] und Jacopo war am 27. Februar 1291 in Basel anwesend, als der Kollektor von Papst Nikolaus IV. (1288–1292) die Gelder aus Trier, Mainz, Köln, Bremen, Magdeburg und Kammin einem Sozius der Gesellschaft der Chiarienti von Pistoia und Tommaso di Uberto, einem Faktor der Gesellschaft des Lambertuccio Frescobaldi von Florenz, übergab.[432] Es kann deshalb vermutet werden, dass es sich hierbei um Vierecksgeschäfte gehandelt haben könnte. Dabei wurde die päpstliche Kollekte durch den Florentiner bei der Kurie eingezahlt, das Bargeld aber gar nicht aus Deutschland an die Kurie transferiert, sondern als Darlehen dem König überlassen, der den Bankiers dafür Einkünfte in der Umgebung von Florenz anwies. An die Kurie musste dann nur noch Geld von Florenz nach Rom transferiert werden. Über die Konditionen dieser Kredite kann man keine verallgemeinernden Feststellungen machen, weil der Bankier dabei nicht an Geschäftsusanzen und Zunftordnungen gebunden war; die Abmachungen zwischen dem Kreditgeber und seinem Kunden wurden den Umständen angepasst. Dabei wurde berücksichtigt, dass diese großen Darlehen sehr risikoreich waren, denn durch äußere Einwirkungen wie Krieg, Tod usw. konnte die Rückzahlung verzögert oder gar verunmöglicht werden. Der König konnte bei Ausbleiben der Rückzahlung auch nur schwer haftbar gemacht werden, weshalb der Wert der verlangten Sicherheiten häufig den Kredit um ein Mehrfaches überstieg.[433] Die Beziehungen zwischen den Florentiner Bankiers und den römisch-deutschen Königen

Bamberg nahm am 21.5.1304 mit Erlaubnis des Papstes 250 Mark Silber bei den Cerchi auf, um seine Servitien bezahlen zu können. Am 8.9.1307 erklärt Nicola di Filippo de' Cerchi als Vertreter der *societas Circolorum* vor einem Notar in Florenz diese Schuld für erloschen, da diese Gelder durch den Kanoniker Landulf auf die Kurie angewiesen worden seien. Landulf hatte den Betrag in Poitiers in der Herberge des päpstlichen Kämmerers übergeben. Als Zeuge war auch der florentinische Kaufmann Gherardo Hugonici anwesend.

429 Zu den Darlehen der deutschen Könige bei Florentinern vgl. Troe (1937), S. 87–88.

430 Troe (1937), S. 87, Anm. 3.

431 Davidsohn (1896–1908), III, S. 32, Nr. 118.

432 Vgl. Friedmann (1912), S. 58.

433 Bassermann (1911), S. 49; Roover (1970b), S. 20–21.

wurden durch den Italienzug Heinrichs VII. in den Jahren 1310–13 beendet. Das guelfische Florenz hatte kein Vertrauen mehr in den König und dieser hatte zudem den größten Teil seiner Einkünfte in Italien verloren, die er als Sicherheiten für Kredite hätte stellen können. Gleichzeitig war durch den Wegzug des Papstes nach Avignon das florentinische bargeldlose Transfersystem zusammengebrochen.

Sicherlich spielten auch die unangenehmen Expeditionen nach Deutschland wegen zahlungsunwilliger oder unfähiger Debitoren eine Rolle für den Rückgang des Kreditgeschäfts im Reich. Meist blieb den Bankiers in diesen Fällen nichts anderes übrig, als das direkte Eintreiben des Geldes zu versuchen. Lapo di Donato Velluti sandte im Jahre 1310 Prokuratoren nach Deutschland, um seine Schuldner an ihre Verpflichtungen zu erinnern.[434] 1329 schickten die Davizzi den Notar Guernerio di Nerio Ciabini nach Köln, um von hier aus Gelder von mehreren Adligen und Geistlichen einzutreiben. Unter den Schuldnern befand sich auch der Mainzer Elekt Heinrich von Virneburg (11. Oktober 1328). Als Ciabini von den Davizzi und den Bianchi ein weiteres Mal nach Köln geschickt wurde, ließ ihn der Mainzer während sechs Jahren in einem schmutzigen Gefängnis schmachten.[435]

Genf und Lyon

Die Genfer Messen, die 1262 zum ersten Male urkundlich erwähnt werden, waren seit dem Ende des 14. Jahrhunderts von Bedeutung für den internationalen Warenhandel, ohne aber die Vorrangstellung von Brügge und Venedig gefährden zu können. Als Paris in der Folge der schlechten wirtschaftlichen Entwicklung in Frankreich zur Zeit der Regentschaft Karls VI. (1380–1422) als Bankenplatz immer mehr Kundschaft verlor, entstand in Genf auch ein internationaler Geldmarkt. Begünstigt wurde diese Entwicklung durch den Bischof von Genf, der die Wuchergesetzgebung liberalisierte, um die großen Bankiers in seine Stadt zu ziehen. Die Florentiner reagierten sehr schnell auf diesen neuen Markt und eröffneten Niederlassungen.[436] Genf erlangte vor allem für den Handel und die Finanzgeschäfte mit süddeutschen Kaufleuten sehr schnell an Gewicht, wie die vielen Geschäfte zeigen, die diese hier tätigten.[437] Eine wichtige Rolle dürfte dabei gespielt haben, dass durch Genf und danach Lyon der größte Teil des Aufkommens der deutschen Silberminen geflossen sein soll.[438] Die Rhonestadt hatte ihren

434 Davidsohn (1896–1908), III, S. 116, Nr. 586. In diesem Dokument werden Prokuratoren für verschiedene Gegenden Europas ernannt. Es ist nicht klar, welche der genannten Schuldner in Deutschland lebten.

435 Ausführlich zu diesem Vorgang: Reichert (1987a), S. 203–204.

436 Nach Meinung von Melis (1989), S. 24 waren die Messen von Genf geradezu eine Erfindung der Florentiner.

437 Borel (1892); Bergier (1978–1981).

438 Roover (1963), S. 280.

Höhepunkt in den Jahrzehnten nach 1430 und blieb bis 1464 einer der wichtigsten Messe- und Bankenplätze Europas.[439]

Begünstigt durch königliche Messeprivilegien machte Lyon den Genfer Messen immer mehr Konkurrenz und schon ab 1450 begannen florentinische Unternehmen, hier Niederlassungen zu eröffnen.[440] Der französische König ordnete zwischen 1462 und 1465 eine Reihe wirtschaftspolitischer Maßnahmen an, die es Lyon schnell ermöglichten, die Vorrangstellung über Genf zu gewinnen.[441] Besonders die Florentiner ließen sich nun in großer Zahl hier nieder und waren ab 1470 in einer *nazione* organisiert. Die Verlegung des Genfer Sitzes der Medici an den neuen Messeort im Jahre 1466 zeigt mit aller Deutlichkeit, wie sich die wirtschaftliche Bedeutung in den Westen verschob.[442] Im letzten Drittel des 15. Jahrhunderts waren fünf Sechstel der ausländischen Firmen in Lyon florentinischer Herkunft.[443] Die meisten Deutschen nahmen nun auch den längeren Weg auf sich, doch blieben viele Kaufleute aus dem süddeutschen Raum den Messen am Genfersee treu.[444]

3.2.3 Zusammentreffen von Bankiers und Kollektoren in Deutschland

Ein Kollektor konnte sich das Organisieren des Transports des Sammelgutes zu einem Wechselplatz oder bis zur Kurie sparen, wenn er einen italienischen Bankier dafür gewinnen konnte, ihn auf der Reise durch seinen Einzugsbezirk zu begleiten. Der Kaufmann nahm die Gelder nach und nach in Verwahrung und sorgte für den Transport zum Bestimmungsort. Dass eine

439 In der Pratica di Mercatura des Giovanni da Uzzano, die kurz vor 1440 verfasst wurde, wird Genf noch nicht erwähnt; Chiarini (1936) hingegen führt Genf auf. – Ammann (1955–1956), S. 285; Goldthwaite (1980), S. 38–39; Denzel (1994), S. 227–234; Dini (2006).

440 Melis (1974a), S. 364. Vgl. Fournier (1893); Vigne (1903); Rouche (1912); Brésard (1914); Caizzi (1953); Gascon (1960); Gascon (1971); Bayard (1980).

441 Ehrensperger (1972), S. 181: Der französische König verbot seinen Untertanen den Besuch der Genfer Messen und den fremden Kaufleuten die Durchreise dorthin. Er erhöhte die Anzahl der Messen pro Jahr von zwei auf vier und legte diese auf die gleichen Tage wie die Genfer Veranstaltungen. Gegenmaßnahmen des Herzogs von Savoyen erwiesen sich als wenig wirksam.

442 Roover (1963), S. 291–292.

443 Ammann (1955–1956), S. 291–292; Gascon (1971), S. 49; Goldthwaite (1980), S. 39; Lang (2015).

444 Süddeutsche Kaufleute zogen in großer Zahl an den Léman, denn sie hatten hier den Vorteil, dass sie in ihrer Nähe auf eine große Messe konnten, ohne die Alpen traversieren zu müssen. Besonders die Nürnberger scheinen eine hervorragende Rolle gespielt zu haben. Dies belegt der Unmut der savoyischen Zöllner in Morges, die klagten, dass wegen des kriegsbedingten Fehlens der Nürnberger Einnahmen ausblieben. Vgl. Ehrensperger (1972), S. 181 und 414, Anm. 12. – Ehrensperger (1972), S. 181: 1498 verschickte Herzog Philibert II. von Savoyen ein Rundschreiben, in dem er die Genfer Messen empfahl. Basel, Konstanz, Ravensburg, Memmingen, Biberach, Ulm, Augsburg, Nürnberg und Straßburg antworteten positiv. Vgl. auch Borel (1892), S. 102–103; Heyd (1892); Schulte (1900), S. 487–488; Nübling (1900), S. 187; Babel (1963), II, S. 421; Bergier (1957); Bergier (1963); Cassandro (1976a); Cassandro (1976b); Cassandro (1979); Cassandro (1985).

solche Zusammenarbeit auch weit weg von den internationalen Handelszentren möglich war, ist allerdings nur in sehr wenigen Fällen belegt. 1285 war eine ganze Gruppe von italienischen Bankiers in Skandinavien unterwegs und ein Florentiner namens Franciscus hielt sich als *mercator domini legati* 1310 in Posen auf.[445] Kollektoren in Begleitung eines Bankiers waren in Deutschland besonders in den Jahren der durch Lucchesen beherrschten Kurienfinanzen anzutreffen.[446]

Wenigstens einmal kam es vor, dass der Papst selbst einem Kollektor einen Teil des Transferrisikos abnahm, indem er ihm einen Boten entgegensandte. Dieser traf 1320 in der Provinz Mainz den Kanoniker Hugo Bovis, um von diesem in Böhmen gesammeltes Geld in Empfang zu nehmen.[447] Die italienischen Bankiers gingen ungern Risiken ein und verließen ihre Niederlassungen in Flandern oder in Venedig nur selten, um dem Kollektor ins Reich entgegenzureisen. Sie erwarteten in der Regel, dass ihnen das Geld auf den Bankenplatz gebracht wurde. Zu weiteren Konzessionen waren sie nur in seltenen Fällen bereit. Manchmal gelang es einem Kollektor dennoch, einen Florentiner dazu zu überreden, ihm wenigstens ein Stück des Weges nach Deutschland hinein entgegenzureisen, um die eingesammelten Gelder in Empfang zu nehmen. Der Bankier oder sein Faktor übernahm dadurch die Verantwortung für den Transport des Geldes vom Übergabeort bis zum Auszahlungsort. Bei einem auf diese Art abgewickelten Geschäft ist am 27. Februar 1291 zum ersten Male die Präsenz eines florentinischen Kaufmanns in Deutschland belegt, der mit Sicherheit nicht in Basel wohnhaft war, sondern für dieses Geschäft vermutlich von Flandern aus das Rheintal hinauf gereist war.[448] Basel wurde wohl nicht nur wegen seiner verkehrsgünstigen Lage als Übergabeort gewählt, sondern auch wegen der Bedeutung, den die Silbervorkommen des nahen Breisgau für die Geldleute hatten: Neben gemünztem Geld (12 *Hallenses Denariorum* und 12 *solidi Westfaliense*) übernahmen die Bankiers auch Silber: 66½ Mark *ad pondus Erfordense, ad pondus Constantiense, argentum de Friberg, ad pondus Bremense.* 1304 kam es in der Stadt am Rheinknie zum zweiten Mal zu einer Übergabe kurialer Gelder an Florentiner. Guillermus Lanfredi hielt sich in Begleitung eines Guillermus de Condamina hier auf, um mit dem päpstlichen Subkollektor Heinrich, Probst von St. Peter in Basel, über Einnahmen und Ausgaben aus der Provinz Besançon abzurechnen. Überliefert ist dieser Vorgang dank der Spesenabrechnung, welche für das Essen der beiden Italiener erstellt wurde.[449]

445 Davidsohn (1896–1925), IV / 2, S. 403. – Vgl. Schneider (1899), S. 29; Reichert (1987a), S. 308; Denzel (1995b), S. 328.

446 Vgl. unten S. 120–124.

447 Kirsch (1894), S. 419. Dazu eine Spesenabrechnung vom 6. Dezember 1320. Vgl. Lunt (1934), I, S. 252.

448 Vgl. Friedmann (1912), S. 58. – Bekannt sind weitere Urkunden, die zeigen, dass die Frescobaldi im Norden mit Kaufleuten aus Konstanz, Esslingen und Augsburg Handel trieben. Vgl. Davidsohn (1896–1908), III, S. 330, Nr. 53. – Regest dieser Urkunde bei Davidsohn (1896–1908), III, S. 41, Nr. 154. – Vgl. Ammann (1941a), S. 254.

449 Kirsch (1894), S. 4 und 32; Weber (1947), S. 76; Ehrensperger (1972), S. 345. Wahrscheinlich war Lanfredi Faktor einer der großen Banken, doch gelang es nicht, ihn zu identifizieren. Der Familienname deutet auf eine Herkunft aus Mantua hin. Sein Reisepartner könnte ein Guillaume de Condamine sein, eine an Avignon angrenzende Region im Süden Frankreichs. Schulte (1900), S. 282.

3.2.4 Gelegenheitsgeschäfte durchreisender Florentiner

Selten sind Belege zu finden, die davon berichten, dass Florentiner auf deutschem Gebiet Gelegenheitshandel trieben oder als reisende Händler östlich des Rheins tätig waren. Wirtschaftlich waren diese Geschäfte ohne große Bedeutung, da sie in aller Regel nur zu einem willkommenen Nebenverdienst verhalfen, nicht aber das Ergebnis geplanter unternehmerischer Anstrengungen waren. 1846 wurden beim Umbau der Casa Maiorfi in Florenz elf Wachstafeln gefunden, die von Kaufleuten vom Ende des 13. oder Beginn des 14. Jahrhunderts stammen müssen. Darin finden sich neben Notizen über Geschäfte, die offensichtlich mit den Messen der Champagne in Zusammenhang stehen, auf der zweiten Tafel auch Bezüge zur deutschen Schweiz. Erwähnt werden *s. di baslesi* und *s. di zurachesi a lucera.*[450] Robert Davidsohn hat diese Stellen so interpretiert, dass ein Florentiner auf der Reise über den Gotthard in die Champagne in Basel, Zürich und Luzern Handel trieb. In das Wachs habe er die Beträge notiert, die er einfordern oder abtreten wollte. Die Angaben in dieser Quelle sind zu knapp, um eine weitergehende Interpretation zuzulassen. Es scheint allerdings auch möglich, dass mit *Lucera* die Ortschaft Leuk im Wallis gemeint ist. Der Schreiber dieser wenigen Wörter wäre dann auf der Simplon-Route unterwegs gewesen und in Leuk mit Kaufleuten zusammengetroffen, welche über den Gemmipass gekommen waren. Auf jeden Fall handelte es sich um einen Händler, der Gelegenheitshandel betrieb und nicht um einen dauernd im Lande ansässigen Florentiner.[451]

Während seines Aufenthaltes am Vierwaldstättersee im Jahre 1349[452] hat der Alberti-Faktor Ticcio di Bonaccorso Bonaccorsi auch Bankgeschäfte abgewickelt. Er schloss hier ein Versicherungsgeschäft mit einem Perotto da Montbeliard ab, der *nove balle di lana* über den Gotthard nach Mailand führen wollte. Ticcio sicherte diesen Transport mit einem Wechselbrief über f. 295 ab, der nach gutem Ausgang beim Korrespondenten der Alberti in Mailand gegen f. 307 gelöst wurde. Die Bank machte bei diesem Geschäft also einen Gewinn von f. 12.[453] Dieser Vorgang war allerdings ein Einzelfall, denn es ist nirgends eine Absicht zu erkennen, hier eine Niederlassung der Alberti zu eröffnen.

Am Hofe des ungarischen Königs gab es seit dem 14. Jahrhundert Florentiner, die sich in Buda niederließen und den Hof mit den Luxusartikeln ihrer Heimat belieferten. Ähnlich wie die Bankiers bei der Kurie begleiteten diese Kaufleute den König, wenn er zusammen mit den wichtigsten Hofleuten größere Reisen unternahm. Diese illustre und vermögende Gesellschaft bot ihnen immer interessante Geschäftsmöglichkeiten. In den Jahren, als Sigismund neben der Stephanskrone auch die des deutschen Königs trug, folgten sie ihm mehrmals auch nach Deutschland.[454] Sigismund

450 Milani (1877), S. 156.
451 Davidsohn (1896–1925), IV / 2, S. 320.
452 Zum Zweck dieses Aufenthaltes vgl. unten S. 402.
453 Goldthwaite et al. (1995), S. CI und 123.
454 Vgl. Beinhoff (1995).

hatte Florentiner in seinem Gefolge, als er sich auf dem Konzil in Konstanz aufhielt.[455] Auch vom Nürnberger Reichstag von 1431 sind Dokumente erhalten, die von der vorübergehenden Präsenz von Florentinern in der Stadt an der Pegnitz berichten.[456] Aufgrund der fragmentarischen Quellenlage ist nichts Genaues über die Art und den Umfang ihrer Geschäfte zu ermitteln. Während ihrer kurzen Aufenthalte in Deutschland haben sie sich aber mit Sicherheit nicht im Geldgeschäft betätigt, sondern sich auf den Handel mit wertvoller Handelsware konzentriert.

Es gibt nur einen einzigen Beleg für die Abwicklung einer Zahlung von Deutschland nach Rom durch einen reisenden Florentiner. 1467 hielt sich Alessandro de' Bardi, einer der beiden Direktoren der Bank von Lionardo Spinelli e co. di Corte, in Deutschland auf. Über den Anlass dieser Reise ist nichts bekannt; belegt ist sie allein durch einen Wechsel, den er am 20. September dieses Jahres in Halberstadt ausstellte. *Datore* war Otto de Specke *(notarius palacii)* und *beneficiario* Heinricus Gherwen. Bedient wurden die überwiesenen 50 Kammergulden in Rom am 6. November.[457] Die seltene Anwesenheit von Florentinern auf den Straßen Deutschlands sind Zeugnis davon, dass bei Geschäften mit Deutschen im besten Fall ein willkommener Zusatzverdienst erzielt wurde und dass sie keine geplanten unternehmerischen Anstrengungen waren.

Die Zahl der Belege für die Anwesenheit von Florentinern in Deutschland wird auch durch die Analyse der Besucher auf den großen deutschen Messen nicht wesentlich erweitert. Wenn es auch Hinweise darauf gibt, dass zum Beispiel der in Lübeck lebende Gherardo Bueri Kontakte zur Frankfurter Messe hatte,[458] so gibt es doch nur einen einzigen eindeutigen Beweis aus dem Jahre 1473, dass ein Florentiner eine Messe in Deutschland besuchte. Damals veranstaltete die Stadt Basel auf ihrer Messe, die nur von regionaler Bedeutung war, eine Lotterie. Wer mitmachen wollte, musste seinen Namen angeben und einen Plappart in den Glückshafen werfen. In einem dieser Glückshafenrödel wurde auch ein Florentiner verzeichnet.[459] Erst nach 1480 boten florentinische Seidenhändler auf den Frankfurter Messen regelmäßig ihre Ware feil. Es handelte sich dabei um Händler, welche sich in Nürnberg niedergelassen hatten. Sicherlich gab es schon vor dieser Zeit florentinische Ware am Main zu kaufen, doch gelangte diese über den Zwischenhandel dorthin.

---

455 Richental (1882), S. 182 zählt die Teilnehmer am Konstanzer Konzil auf. Darunter: *Item wechseler, oun Florentzer, die nit zu dem hof gehörend, von allen landen mit ihren dienern waren LXX.* Daraus ist wohl logisch zu schließen, dass auch Florentiner anwesend waren, die zum Hof gehörten.

456 Hinweis von Lorenz Böninger: ASFi, Notarile Antecosimiano 1876, 8, Nr. 21. Ein Dokument, das Leonardo di Nofri di Baimozi (Giudice de' Latini) am 1. Februar 1431 in Nürnberg verfasste. Es befasst sich mit einem Streit um einen Ballen Tuch zwischen Tomaso di Piero Milanesi und Zenobi Panciatichi.

457 YUSA 98, 1866. – Dieser Otto Speck von Halberstadt hat bereits in der Spinelli-Bilanz vom 24. 3. 1465, (YUSA 91, 1733) ein Guthaben von f. 20. Dort aber keine Angabe über den Zahlungsweg.

458 Weissen (2003), S. 63.

459 STAB, Handel und Gewerbe N 2. Vgl. Ehrensperger (1972), S. 335; Rippmann (1990). Leider wird der Name dieses Florentiners nicht angegeben.

4 Im deutschen Markt tätige Kurienbanken

Max Weber hat die Betrachtung der mittelalterlichen Banken in seinen Vorlesungen über die Wirtschaftsgeschichte in zwei Merkmalsgruppen unterteilt:[460] Unter der Überschrift „Die ökonomischen Betriebsformen des Handels“ untersuchte er die rechtlichen Grundlagen, die Rolle der Familie in der Betriebsführung und das Problem der finanziellen Haftung. In einem zweiten Kapitel ging er dann auf die Geschäfte der Banken ein. Diese Trennung hat sich im Prinzip bis heute in der Schreibung der mittelalterlichen Bankgeschichte erhalten. Am genauesten hat sie Federigo Melis definiert, der dafür die Begriffe *storia interna* und *gestione* in die Historiographie eingeführt hat. Unter *storia interna* versteht er die Geschichte der Struktur einer Bank, also die konstitutiven Elemente: Personal und Güter. Demgegenüber steht die *gestione,* worunter er die geschäftlichen Aktivitäten verstand, durch die eine Bank ihren Ertrag erwirtschaftet. Melis selber hat mit seiner Darstellung der Datini-Bank von Prato ein Beispiel dafür geschaffen, wie er sich eine *storia interna* vorstellte.[461] In der Folge sind an den Universitäten von Florenz und Pisa eine Reihe von Dissertationen entstanden, die diese Untersuchungsmethode auch auf andere Banken anwandten und viele methodische Hinweise enthalten.[462] Die Darstellungen der Kurienbanken folgen diesem erprobten Ansatz und unterteilen dabei in die drei Unternehmensphasen Gründung, Betrieb und Auflösung.[463] Dabei beschränken sich die Ausführungen auf die wichtigsten Eckdaten der Unternehmensgeschichte, soweit sie für das Verständnis ihrer strategischen Ausrichtung im deutschen Markt von Bedeutung sind.

4.1 Konkurrenzsituation

4.1.1 Beginn der Zusammenarbeit zwischen Kurie und Bankiers

Banken im Zahlungsverkehr der Kurie bis zum Untergang der Super-Companies in der Mitte des 14. Jahrhunderts

In Anbetracht des Aufwands und der hohen Risiken suchten die apostolische Kammer und die Kollektoren nach Wegen, wie sie den Transport von Bargeld vermeiden konnten, wenn Assignationen nicht möglich waren.[464] Auf der Suche nach Hilfe stützte sich die Kurie zunächst auf

460 Weber (1923).
461 Melis (1962); Melis (1964).
462 Beispielhaft für viele sei hier auf Cornelio (1961) hingewiesen.
463 Vgl. Bleicher (1991), S. 793.
464 Metcalf (1980).

die Niederlassungen von Ordensgemeinschaften ab. In der Mitte des 12. Jahrhunderts halfen die Templer, im 14. Jahrhundert dann auch die Humiliaten und Franziskaner beim Transfer der kurialen Gelder an den päpstlichen Hof. Bald organisierte die Kurie den Geldfluss nicht mehr selber, sonder betraute damit Bankiers, die der Kammer auch Münzen aus ganz Europa wechseln, nicht dringend benötigte Summen aufbewahren und Kredite gewähren konnten. Die Kurie bediente sich zunächst der einheimischen Bankiers in der Heiligen Stadt, die das Geldgeschäft 1180 bis 1220 dominierten, aber häufig in Partnerschaft mit Pistoiesen und Sienesen arbeiteten. Ab 1232 tauchen in den Urkunden Bezeichnungen wie *‚campsor domini papae‘* oder *‚campsores/mercatores papae/camerae‘* auf.[465] Nach und nach übernahmen diese Bankiers auch den kurialen Zahlungsverkehr, den sie spätestens seit Urban IV. beherrschten.[466] Gleichzeitig begannen auch die Florentiner, sich im Geldgeschäft zu profilieren. Seit 1219 werden sie im Zusammenhang mit päpstlichen Geldern erwähnt und übernahmen sehr schnell eine bedeutende Rolle als Bankiers an der Kurie.[467] Begünstigt wurde diese Entwicklung durch den 1252 zum ersten Male von Florenz herausgegebenen *Fiorino d'oro,* der sich schnell für ganz Europa zur Standardwährung entwickelte und eine wichtige Grundlage für den wirtschaftlichen Aufstieg der Stadt am Arno bildete.[468] Mit dem Interdikt über Siena im Jahre 1262 begann die „dégibelinisation et florentinisation“, wie Armand Jamme, eine Wendung von Robert Davidsohn aufnehmend, prägnant formulierte.[469] Im Jahre 1275 taucht zum ersten Male in einer päpstlichen Urkunde eine Bank aus Florenz in der Abwicklung des Transports von Geldern auf, die in Deutschland gesammelt worden waren, als die Spigliati zusammen mit den Piacentinern Bernardo Scotti e co. eine Art Monopol für dieses Geschäft erhielten.[470]

465 Lunt (1934), I, S. 51; Denzel (1991); Denzel (1995b), S. 309.

466 Schulte (1900), S. 274–280; Bauer (1928); Lunt (1934), I, S. 47, 51–53 und 55– 56; Olsen (1969), S. 43 und 56; Denzel (1991), S. 95–96; Vendittelli (1993); del Punta (2010); Denzel (2018), S. 156; Jamme (2018), S. 185; Johrendt (2018), S. 120–121; Vendittelli (2018a); Vendittelli (2018b). Nach Denzel (1995b), S. 308 arbeitete die Kurie seit den 1210er Jahren mit italienischen Kaufleuten zusammen.

467 Die umfassendste Darstellung der Beziehungen zwischen Papsttum und florentinischen Bankiers im 14. Jahrhundert verfasste Yves Renouard in seinem grundlegenden Werk, das er 1941 publizierte. Für den hier interessierenden Untersuchungsraum haben vor allem die Studien von Schuchard (1995), Denzel (1991), S. 95 und Denzel (1995b) weitere Erkenntnisse vermittelt. Zu beachten bleiben weiterhin die durch Renouard teilweise überholten Werke von Kirsch (1894); Roon-Bassermann (1912); Baethgen (1928–1929); Baethgen (1932–1933).

468 Franceschi (2017).

469 Jamme (2018), S. 193.

470 Kaltenbrunner (1889), Nr. 250, 264, 265, 283, 287, 313 und 319; Gottlob (1892), S. 246; Schneider (1899), S. 11 und 24; Denzel (1991), S. 99. – Die folgenden Ausführungen über die Rolle der Florentiner im kurialen Zahlungsverkehr mit Deutschland beschränken sich auf die wichtigsten Informationen. Eine detaillierte Darstellung findet sich bei Denzel (1991), S. 84–121. Vgl. auch Denzel (1995b), S. 309. – Es wird an dieser Stelle darauf verzichtet, die Geschichte der Beziehungen zwischen den Päpsten und den italienischen Banken im Detail nachzuerzählen und die Darstellung auf das deutsche Geschäft beschränkt. Ausführungen dazu können bei Schneider (1899) nachgelesen werden. Es wäre allerdings sicherlich ein Desiderat, wenn diesem Thema eine neue Studie gewidmet würde, welche die Forschungen von Renouard (1941) und vielen anderen aufarbeiten würde. Die Dissertation von Orzalesi (1996) ist leider unpubliziert und der Forschung nicht zugänglich.

Nach dem Konkurs des großen sienesischen Unternehmens der Bonsignori *(la gran tavola)* im Jahre 1298 übernahmen die Florentiner schließlich die Vormachtstellung im internationalen Bank- und Handelsgeschäft,[471] wobei die Kammer und die Kollektoren nur mit Partnern zusammenarbeiten konnten, deren Filialnetz zumindest Niederlassungen beim päpstlichen Hof, Venedig und Brügge umfasste.

Von all den Personen und Gesellschaften, die sich im kurialen Umfeld im Kredit- und teilweise auch im Depositengeschäft betätigten, war der überwiegende Teil mit wenig Kapital im lokalen Rahmen tätig und hatte nur Kunden, die sich längere Zeit in Rom aufhielten.[472] Während das Kreditgeschäft nicht allein Sache von institutionellen Wirtschaftsakteuren war, war das Erbringen von Dienstleistungen im internationalen Zahlungsverkehr für Privatpersonen unmöglich und blieb allein den *società/compagnie* vorbehalten. Nur diese verfügten über das benötigte Spezialwissen, kannten die spezifischen Bedürfnisse der klerikalen Kundschaft und waren in der Lage, eine umfassende Filial- und Korrespondentenstruktur zu unterhalten, über die sie auch sehr große Summen an den päpstlichen Hof transferieren konnten. Raymond de Roover nannte sie die „banchi grossi" und Michele Cassandro „le grandi banche internazionali".[473]

Auf den Bankenplätzen war die Gesellschaft der Bardi, die seit dem Ende des 13. Jahrhunderts zu den wichtigen florentinischen Wirtschaftsakteuren gehörte, zur größten Unternehmung emporgewachsen.[474] Parallel zu den Bardi stiegen die Peruzzi auf, doch blieb deren Geschäftsvolumen immer etwas kleiner.[475] Neben diesen beiden riesigen Gesellschaften, die wegen ihres großen Umsatzes in der Bankengeschichte Super-Companies genannt werden,[476] diente eine Gruppe von mittelgroßen Unternehmen (Scali, Acciaiuoli, Bonaccorsi, Frescobaldi, Alfani, Spini, Cerchi, Pulci-Rimbertini, Mozzi)[477] zeitweise als Partner der Kurie, die bis heute kaum Gegenstand historischer Forschung waren. In zehn Städten haben die Bardi oder Peruzzi permanente Niederlassungen unterhalten: Barletta, Bologna, Genua, Neapel, Perugia, Venedig, Avignon, Brügge, London und Paris. An 15 weiteren Handelsplätzen war mindestens eine dieser florentinischen Gesellschaften vertreten: Benevent, Cagliari, Macerata, Mailand, Palermo, Pisa, Piacenza, Rom, Barcelona, Palma de Mallorca, Sevilla, Tunis, Kyllini, Famagusta und Rhodos.[478]

Die Super-Companies florierten, bis es in den Jahren 1333 bis 1346 zu einer Finanz- und Handelskrise von gewaltigem Ausmaß kam, während derer 350 florentinische Unternehmen ihre

471 Jordan (1902); Chiaudano (1935); Renouard (1949), S. 119; Roover (1963), S. 2.
472 Vgl. Ait (1992).
473 Roover (1970a), S. 19–23; Cassandro (1991), S. 354.
474 Renouard (1942), S. 11.
475 Renouard (1942), S. 15–18.
476 Vgl. insbesondere Roon-Bassermann (1912); Denzel (1991), S. 95.
477 Renouard (1942), S. 18–24 und 90; Denzel (1995b), S. 309.
478 Renouard (1949), S. 126.

Bücher schließen mussten.[479] Bereits 1326 waren die Scali in Konkurs, die Bonaccorsi folgten 1342, die Acciaiuoli und Peruzzi 1343 und 1346 die Bardi.[480] Fast gleichzeitig mit dem Schock des Unterganges ihrer größten Wirtschaftsträger erlebte auch Florenz ab der Mitte des 14. Jahrhunderts die großen Pestwellen, welche die Bevölkerungszahl in ganz Europa in starkem Maße reduzierte. Ob die Jahre nach diesen einschneidenden Ereignissen für die Florentiner Wirtschaft mehr von Krise oder Aufschwung gekennzeichnet waren, ist Gegenstand einer lebhaften Diskussion unter Wirtschaftshistorikern.[481] Unbestritten ist, dass die ökonomische Situation in der Arnostadt als „grande malessere"[482] und „chaotisch"[483] bezeichnet werden kann und dass in dieser Zeit eine grundlegende Umverteilung der Vermögensverhältnisse und eine „major revolution" in der Gruppe von Personen stattfand, welche die florentinische Wirtschaft kontrollierte.[484] Große Unternehmen wie die dell'Antella, Cocchi, Perondoli, Bonaccorsi, Corsini, da Uzzano, Castellani, Acciaiuoli, Peruzzi und Bardi verschwanden nach diesem gewaltigen wirtschaftlichen Zusammenbruch ganz oder brauchten Jahrzehnte, um wenigstens wieder zu mittelgroßen Unternehmen aufzusteigen.

Der Verlust ihrer wichtigsten Bankpartner brachte die Päpste vorübergehend beim Transport der für den päpstlichen Hof in Avignon bestimmten Gelder in große Schwierigkeiten.[485] Clemens VI. (1342–52) konnte deshalb während seiner ganzen Amtszeit auf keine große Unterstützung durch Florentiner in Finanzgeschäften zählen.[486] Teilweisen Ersatz boten Bankiers aus anderen italienischen Städten, wie etwa die Malabaila aus Asti, doch war deren Leistungsfähigkeit bedeutend geringer. Die Kurie war in diesen Jahren dazu gezwungen, sich bis zu elf verschiedener Banken zu bedienen, um eine Summe von f. 20 000 von Avignon nach Rom zu transferieren.[487]

---

479 Die Zahl war vermutlich noch höher, denn Brucker (1962), S. 16 stützt diese Angabe auf eine alphabetische Liste (ASFi, Tratte, 1155), die nur die Firmen mit den Anfangsbuchstaben A bis S umfasst. Vgl. dazu auch die Liste der Konkurse in den Jahren 1343–46 in ASFi, Tratte, 216. – Goldthwaite et al. (1995), S. XXVI.

480 Es gibt viele Versuche, die Ursachen dieser Krise zu analysieren: Renouard (1949), S. 145. Über die Ursachen und ihren Verlauf ist viel publiziert worden, das für die Geschichte der Florentiner in Deutschland aber unerheblich ist. Vgl. Brucker (1962), S. 3–27; Hunt (1994), S. 212–229; Tanzini (2018).

481 Eine Zusammenfassung der Diskussion mit bibliographischen Angaben zu den wichtigsten Beiträgen bei Dini (1995a), S. 163–165; Dini (1995b), S. 127. Vgl. auch von der neueren Literatur: Falsini (1971); Barducci (1979); Balestracci (1985); Molho (1990).

482 Dini (1995b), S. 127.

483 Brucker (1962), S. 9.

484 Brucker (1962), S. 16. In dieser Studie findet sich auch eine tiefgreifende Analyse der wirtschaftlichen, politischen und sozialen Entwicklungen, welche in der zweiten Hälfte des 14. Jahrhunderts die florentinische Gesellschaft grundlegend veränderten. Vgl. Niccolini de'Sirigatti / Bec (1969), S. 10.

485 Renouard (1942), S. 24–29; Goldthwaite (1980), S. 38.

486 Davidsohn (1929), S. 86; Esch (1966), S. 293; Hunt (1994), S. 212–229.

487 Renouard (1942), S. 26.

Dominanz der Alberti (1362–76)

In den ersten Jahrzehnten des 14. Jahrhunderts waren die Alberti[488] als Tuchhändler im Dreieck Florenz, Brügge und Avignon sehr aktiv.[489] Erst in den Dreißigerjahren erfolgte eine Ausweitung der Tätigkeit auf das Bankgeschäft.[490] In den folgenden Jahren stiegen sie, gestützt vor allem auf Gewinne aus dem Handel mit selber produzierten Tuchen und Kleidern und dem kurialen Zahlungsverkehr, hinter den Bardi, Peruzzi und Acciaiuoli in die Gruppe der mittelgroßen florentinischen Unternehmen auf.[491] Dass der Umfang ihres Bankgeschäftes neben dem Handel in bescheidenem Rahmen blieb, hat nach Yves Renouards Ansicht wesentlich dazu beigetragen, dass sie die ökonomische und gesellschaftliche Krise in der Mitte des 14. Jahrhunderts fast unbeschadet überstanden und nach dem Untergang der Super-Companies die größte solvente Unternehmung von Florenz besaßen.[492] Sie blieben bis in die Dreißigerjahre

488 Roover (1958), S. 31: Bis zum 1. März 1346 waren alle Teile des Vermögens der Familie in der Compagnia Alberti vereint, die jeweilen den Namen ihres Leiters führte: 1304–1331: Alberto del Giudice, dann Agnolo und von 1342 bis 1345 Iacopo und Caroccio. Renouard (1938), S. 53 nennt als Datum der Trennung den 1. März 1345. Vermutlich hat er dabei nicht beachtet, dass in Florenz das Jahr mit dem 24. März endete. – Iacopos Unternehmen und ihre Nachfolgegesellschaften wurden Alberti antichi genannt, diejenigen von Caroccio Alberti nuovi. Nach dem wirtschaftlichen Niedergang der Alberti nuovi im ersten Viertel des 15. Jahrhunderts sind immer die antichi gemeint, wenn von den Alberti die Rede ist. – Renouard (1938), S. 52–53: Nach Feststellung des französischen Historikers stammt die Unterscheidung in *antiqui* und *novi* aus der päpstlichen Kammer. Es werden hier die italienischen Bezeichnungen verwendet, die in der Fachliteratur üblich sind. Selten findet sich statt *antichi* auch *vecchi,* so bei Schulte (1900), S. 288. Die Alberti selber haben die Gesellschaft von Caroccio als *compagnia vecchia* bezeichnet und diejenige von Iacopo als *compagnia nuova.* Vgl. Foster (1985), S. 139. Wenn auf den folgenden Seiten von den Alberti die Rede ist, sind damit immer die Unternehmen der Alberti antichi gemeint, andernfalls wird dies ausdrücklich vermerkt. Das Unternehmensnetz der Alberti nuovi blieb immer kleiner als das der antichi und erreichte nicht dieselbe kommerzielle Bedeutung. Sie wurden durch die Vertreibung der Florentiner vom päpstlichen Hof im Jahre 1376 schwer getroffen und konnten den Bezug zum Geschäft mit der Kurie nach diesem Einbruch nie wiederherstellen. Bereits um 1380 war ihre Gesellschaft an Umsatz und Ansehen durch viele andere florentinische Banken überholt worden, und wurde nicht mehr zu den führenden Gesellschaften gezählt. Das Florentiner Catasto von 1430 weist noch Gesellschaften von Giannozzo di Tommaso und Antonio di Tommaso in Florenz und Venedig und eine *bottega di Arte della lana* aus, doch waren dies nur noch Unternehmen von zweitrangiger Bedeutung. Nur noch einmal spielte ein Angehöriger dieser Familie eine herausragende Rolle: als Alberto di Giovanni di Cipriano degli Alberti von Papst Eugen IV. 1439 zum Kardinal ernannt wurde. Der letzte bekannte Nachkomme von Caroccio di Lapo ist 1993 in Genua gestorben, wohin sich ein Zweig der Familie in der Mitte des 15. Jahrhunderts begeben hatte. Für das Geschäft mit Deutschland sind die Alberti nuovi also für das 15. Jahrhundert nicht von Interesse. Vgl. Goldthwaite et al. (1995), S. 12–32.

489 Die erste bekannte Alberti-Gesellschaft wurde im Oktober 1302 durch die Brüder Alberto, Neri und Lapo di Iacopo degli Alberti gegründet. Vgl. Goldthwaite et al. (1995), S. XXVI und Foster (1985), S. 133–135. Vgl. unten S. 137ff. – Kellenbenz erwähnt in einem Aufsatz auch Briefe der Alberti, die sich im Ospedale degli Innocenti in Florenz befinden sollen. Diese Dokumente konnten trotz intensiver Suche nicht gefunden werden. Kellenbenz (1990), S. X.

490 Roover (1958); Roover (1974), S. 5.

491 Brucker (1962), S. 13 beschreibt sie für die Zeit vor 1340 als „a prosperous company of middling rank".

492 Renouard (1942), S. 32: „Et c'est cette médiocrité même qui leur a permis d'échapper au désastre de 1342–1346." – Brucker (1962), S. 14.

des 15. Jahrhunderts unter den Hauptträgern des internationalen Bankgeschäfts und Handels; nur gerade die Medici konnten sich während einer längeren Zeitspanne unter den führenden Familien in Florenz behaupten und während mehr als zwei Generationen in Florenz den vermögendsten Familienverbund bilden.[493] Die Alberti haben die florentinische Wirtschaft, Politik und Kultur während eines halben Jahrhunderts ganz wesentlich mitgestaltet und mitbestimmt, während vielen Jahren an allererster Stelle.[494]

Der Aufstieg der Alberti im kurialen Zahlungsverkehr begann während der Amtszeit von Innozenz VI. (1352–62). Begünstigt wurden sie in diesen Jahren durch die Zusammenarbeit mit Kardinal Egidio Albornoz, dem sie finanzielle Mittel für die Rückeroberung des Kirchenstaates für den Heiligen Stuhl zur Verfügung stellten.[495] Als die Malabaila aus Asti im Jahre 1362 in Konkurs gingen,[496] konzentrierte sich Papst Urban V. (1362–70) auf die Zusammenarbeit mit den Florentinern. Besonders die Alberti nahmen von ihren Niederlassungen in Brügge und Venedig eine hervorragende Stellung im päpstlichen Finanzwesen ein, neben weniger bedeutenden florentinischen Banken (Soderini, Guardi, Ricci, Strozzi, Albizzi)[497] sowie den Guinigi aus Lucca.[498] Während vieler Jahre waren sie vor allem für die wichtigen Gelder aus England zuständig, doch kam ihnen auch im Verkehr mit deutschen Beträgen eine zentrale Rolle zu.[499] Von 1368 an hatten sie de facto ein Monopol für den Transfer der kurialen Gelder an den päpstlichen Hof in Avignon inne. Sie waren so dominierend, dass sie beispielsweise zwischen 1355 und 1374 mit einer einzigen Ausnahme (1371: Guardi) alle Kollektengelder und Servitien aus Schweden nach Avignon transferierten.[500] Ihre Verbindung mit der Kurie wurde in diesen Jahren so stark, dass auch schwere äußere Belastungen diese Zusammenarbeit nicht endgültig beenden konnten.[501] So scheiterte ein Versuch der Guardi, sie zu diskreditieren, und führte zu deren eigenem Bankrott (1370–71).[502]

---

493 So etwa Renouard (1949), S. 149, der die Alberti „au premier plan“ setzt.

494 Renouard (1938), S. 52; Renouard (1942), S. 32. – Goldthwaite (1980), S. 34 sieht ihren Höhepunkt in den letzten Jahren des 14. Jahrhunderts. Vgl. auch Goldthwaite et al. (1995), S. XXII. – Bereits 1352 gehörte Niccolò di Iacopo degli Alberti zu den zehn reichsten Florentinern. Vgl. Brucker (1962), S. 21. Weitere Ausführungen zum Reichtum der Alberti im 14. Jahrhundert und zu ihrer politischen und kulturellen Bedeutung in Florenz bei Mancini (1882), S. 1–16; Renouard (1949), S. 30–32; Goldthwaite et al. (1995), S. XXCII–XXVIII.

495 Tognetti (2018), S. 158.

496 Von den Malabaila sind Zahlungen aus Köln (17. Mai 1348) und Mainz (11. Oktober 1361) in den päpstlichen Büchern zu finden. Renouard (1941), S. 215. – Konkurs bei Renouard (1941), S. 281.

497 Renouard (1942), S. 38–42.

498 Vgl. Renouard (1938), S. 133; Denzel (1995b), S. 320.

499 Esch (1966), S. 292.

500 Quelle: APS.

501 Denzel (1991), S. 98–110; vgl. auch die darin verzeichnete Literatur. Foster (1985), S. 146; Denzel (1995b), S. 309.

502 Renouard (1949), S. 133–134 und 149. Nach Holmes (1968), S. 357 bestand dieses Monopol erst ab 1372.

Fehlen italienischer Präsenz in Deutschland

Obwohl es keinen eindeutigen Quellenbeleg dafür gibt, dass italienische Bankiers vor den Jahren des Großen Schismas für einen Geschäftsabschluss in Deutschland anwesend waren, haben Historiker mehrfach Indizien für die Existenz florentinischer Bankniederlassungen zu erkennen geglaubt. Nach Ansicht von Davidsohn sollen die Spigliati-Spini, Cerchi und Mozzi um 1296 eine Niederlassung in Deutschland unterhalten haben.[503] Er bezieht sich dabei auf eine Papsturkunde, in der Modalitäten eines Auftrags an die florentinischen Bankiers im Zusammenhang mit Geldern aus Deutschland festgelegt sind. Wo die Bank ihre Niederlassung hatte, geht aus diesem Schriftstück jedoch nicht hervor.[504] Es kann deshalb in keiner Weise als Beleg für die Existenz von florentinischen Kontoren in Deutschland dienen.[505]

Franz Irsigler und Winfried Reichert haben in einer sehr umfassend angelegten Studie die Präsenz italienischer Bankiers in der Rhein-Mosel-Region und den daran angrenzenden Territorien während des Spätmittelalters untersucht. Sie konnten zahlreiche Belege für Lombarden im Geldgeschäft finden, doch beschränkten sich diese fast ausschließlich auf das Kreditgeschäft und den Warenhandel.[506] Zu Spekulationen über das Bestehen einer florentinischen Bank in Köln, die auch im internationalen Zahlungsverkehr aktiv war, haben die sehr engen Beziehungen zwischen Kölner Erzbischöfen und Florentinern geführt. Tatsächlich taucht in der wissenschaftlichen Literatur die Behauptung auf, die Peruzzi hätten während der ersten Hälfte des 14. Jahrhunderts in Köln eine Filiale unterhalten. Davidsohn nennt für das Jahr 1307 einen Donato di Nicola *(Donato Nicolai)* als Faktor und Teilhaber dieser Gesellschaft, der von Erzbischof Heinrich von Birneburg zum „erzbischöflichen Kaufmann" ernannt worden sei.[507] Er

503 Davidsohn (1896–1908), Bd. 4, S. 275.

504 Thomas (1884), Nr. 1296. – Auch Jordan (1909) bringt keinerlei Hinweis auf florentinische Niederlassungen in Deutschland, obwohl er sonst sehr detailreich über die *mercatores camerae apostolice* im 13. Jahrhundert berichtet.

505 Sapori (1952), S. 105: Im Jahre 1304 erwähnt ein Rechnungsbuch der Alberti del Giudice einen *Allesandro da Berghamo oste in Basola,* weil ihm ein Faktor der Bank ohne Zustimmung der *maggiori* Geld geliehen hatte. Da dieser Kredit nicht zurückbezahlt wurde, haben die Alberti ihrem Mitarbeiter den Betrag von seinem Gehalt abgezogen. Die Bezeichnung *oste* kann in der Sprache der italienischen Kaufleute die Bedeutung ‚Wirt' oder ‚Korrespondent' haben. Wäre die zweite Variante hier gemeint, dann hätte es sich um einen in Basel lebenden Kaufmann aus Bergamo gehandelt, mit dem die Alberti auf brieflichem Wege regelmäßig Geschäfte machten. Dies wäre allerdings der einzige in Deutschland lebende italienische Kaufmann gewesen, der vor 1370 mit Florentinern in so enger Geschäftsbeziehung stand, dass seine Wechsel auf einem der internationalen Bankenplätze von einer florentinischen Bank bedient wurden. Viel wahrscheinlicher ist, dass es sich bei diesem Vorgang um ein Gelegenheitsgeschäft handelte, bei dem sich der Alberti-Angestellte während einer Durchreise durch Basel von seinem Gastgeber zu einem Darlehen hat überreden lassen, das er bei der Rückreise vergeblich wieder einzufordern versuchte. – Renouard (1941), S. 52 geht davon aus, die Alberti-Leute hätten bei der Durchreise in Basel bei diesem Allesandro übernachtet. Zur Bedeutung von *oste* in den Rechnungsbüchern der Alberti vgl. Goldthwaite et al. (1995).

506 Reichert / Irsigler (1994); Reichert (2003).

507 Davidsohn (1896–1908), III, S. 106, Nr. 531; Andernach (1954–1995), IV, Nr. 419 und 451. – Davidsohn (1896–1925), IV / 2, S. 310. – Einen weiteren Schädel schenkte er ihm am 30. September 1314. Darin nennt er ihn *servitoris nostri.* Vgl. Andernach (1954–1995), IV, Nr. 419 und 451.

stützt seine Aussage auf zwei Urkunden, in denen es um die Schenkung von Schädeln geht. Dabei handelte es sich um Reliquien der nach einer Legende in Köln als Märtyrerinnen gestorbenen elftausend Jungfrauen, deren Anführerin Ursula, eine bretonische Königstochter, die Stadtpatronin Kölns wurde. Erzbischof Heinrich, Erzkanzler für Italien, nennt in dieser Urkunde den Empfänger des Geschenkes *dilectus noster Donatus Nicholai mercator noster de societ. Peruziorum de Flor.*[508] Aus dem Possessivpronomen abzuleiten, Donato di Nicola sei in Köln sesshaft gewesen, ist sicherlich nicht zulässig, denn eine enge geschäftliche Beziehung zwischen den Peruzzi und dem Kirchenfürsten war ohne Schwierigkeit von Flandern aus zu unterhalten.[509] Auch in einem Dokument vom 22. Dezember 1308, mit dem Heinrich von Köln demselben Bankier von der Gesellschaft der Peruzzi zur Deckung einer Schuld 1 200 Mark kleine schwarze Turnosen aus dem Bistum Utrecht anweist, findet sich kein Hinweis auf eine Niederlassung dieser Florentiner Bank in der Rheinstadt.[510]

Auch für die Bardi gibt es Belege, die diese Super-Company in Verbindung mit Deutschland zeigen. 1311 erteilen sie in einem in Florenz gefertigten Notariatsinstrument verschiedenen ihrer Mitarbeiter Vollmacht, um in ihrem Namen in Geschäften mit Bezug zum Johanniterorden handeln zu können. In diesem Dokument werden auch die Ballien in Deutschland genannt.[511] 1326 verlangte die Arte di Calimala von Florenz, dass alle Florentiner, die an einer Handelsgesellschaft beteiligt waren, in die Schriften der Zunft einzutragen seien. Es entstand so das erste Florentiner Firmenregister, das allerdings bei weitem nicht vollständig war. Auf der Liste von Personen, die sich wegen Abwesenheit nicht eintragen konnten, figurieren auch *Pero dom. Gualterotti in Alamannia* und *Gherardino Jannis in Alamannia.*[512] Bei Pero dürfte es sich um ein als Kaufmann nachgewiesenes Mitglied der Familie de' Bardi handeln: Piero di messer Gualterotto de' Bardi.[513] Gherardino Gianni ist ab Dezember 1319 als Angestellter der Peruzzi nachgewiesen. Er wurde 1320 Gesellschafter und starb am 11. Juli 1332. In den von Sapori eingehend untersuchten Rechnungsbüchern dieser Handelsgesellschaft gibt es keinen Hinweis darauf, dass sich dieser Gherardino in Deutschland niedergelassen hat.[514] Auch bei den Bardi gibt es kein Indiz auf ein Kontor östlich des Rheins. Es ist also wahrscheinlich, dass sie sich 1326 nur vorübergehend dort aufgehalten haben. Immerhin ist bemerkenswert, dass Vertreter der beiden größten Gesellschaften gleichzeitig im deutschsprachigen Raum

508 Davidsohn (1896–1908), III, S. 107–108, Nr. 531; Andernach (1954–1995), IV, Nr. 2032.

509 Deutsche Kleriker machten auch mit bedeutend weiter von ihrem Wohnsitz niedergelassenen Bankiers Kreditgeschäfte. Bekannt sind beispielsweise diejenigen von Passauer Bischöfen mit sienesischen Bankiers, die in Bologna arbeiteten. Vgl. Englberger (1996).

510 Friedmann (1912), S. 59; Andernach (1954–1995), IV, Nr. 419, 451 und 2598. Vgl. auch Kuske (1908), S. 410.

511 Tognetti (2018), S. 150. Sergio Tognetti hat mir freundlicherweise die genaue Belegstelle angegeben: ASFi, NA 2964, cc. 11v–12r, 1311 giugno 1.

512 Davidsohn (1896–1908), III, S. 172, Nr. 850.

513 Renouard (1938), S. 63.

514 Sapori (1926). Zu Gherardino vgl. S. 265.

unterwegs waren, wenn auch nicht klar wird, welche Region hier mit „Alamannia“ gemeint ist. Unklar bleibt, wen der Chronist Marchionne Stefani meinte, als er schrieb, dass in Deutschland im Jahre 1349 florentinische Kaufleute als Folge der grossen europäischen Wirtschaftskrise schlecht behandelt wurden: *Onde in Francia e in Lombardia e nella Magna i mercatanti fiorentini n'erono male veduti e trattati.*[515] Vermutlich dachte er dabei an die in Flandern sesshaften Florentiner und nicht an Kaufleute, die permanent oder temporär in Deutschland weilten.

Trotz aller wissenschaftlichen Bemühungen ist für die erste Hälfte des 14. Jahrhunderts kein Beweis für die Existenz einer florentinischen Bankniederlassung in einer deutschen Stadt zu finden.[516] Belegt sind nur Warenhändler und Münzmeister ohne jeden Bezug zum internationalen Bankgeschäft: die Agli in Schwäbisch Hall (1308–09), ein Cino in Mainz (1318–30), die Macci in Überlingen (1311–26) und die Salimbene in Lübeck (1364–86).[517] Toskanische Kaufleute spielten zwar eine wichtige Rolle in der deutschen Münzgeschichte (Prager und Meißner Groschen, Etsch-Kreuzer, schwäbischer Heller, lübischer Floren),[518] doch waren sie für das Handels- und Bankgeschäft nur von regionaler Bedeutung.[519] Keiner von ihnen war im internationalen Geschäft mit Wechselbriefen engagiert. Hätten sie diese Dienstleistung angeboten, hätten die Kleriker mit Sicherheit davon Gebrauch gemacht.

---

515 Stefani (1903), S. 233, Rubrica 239. – Vgl. Brucker (1962), S. 10.

516 Weissen (2006). – Entlang des Wegs zwischen Norditalien und der Champagne werden in nahezu allen Städten des Rheintales und Süddeutschlands seit dem 13. Jahrhundert Italiener erwähnt, die als Wechsler und Händler sesshaft wurden. Vgl. Schulte (1900); Pölnitz (1942), S. 137; Reichert (1987a); Jamme (2018), S. 185. – In Trier sind Lombarden ab 1209 aktenkundig, in Aachen um 1265. Zahlreich waren von 1250 bis zum Beginn des 14. Jahrhunderts im Rheinland die Kaufleute aus Asti anzutreffen, welche während zweier Jahrhunderte eine wichtige Rolle im Kreditgeschäft spielten. Die berühmtesten Familien waren die Ottini, Pelleti, Vlegeti, de Montemagno, Rotarii und Montefia. Vgl. Liebe (1894); Kuske (1908), S. 396; Kellenbenz (1985); Reichert (1987a); Reichert / Irsigler (1994). – Das Verhältnis zwischen diesen Immigranten und den städtischen Behörden war sehr wechselvoll. Historiker meinen Hinweise gefunden zu haben, dass Fürsten versucht haben, Italiener für die Eröffnung von Niederlassungen in Deutschland zu gewinnen. Perroni (1968), S. 134 etwa sieht im Salvokondukt, das Rudolf von Habsburg 1283 allen Italienern für Reisen durch das Reich gewährte, im Verbot, weitere Zölle am Rhein zu erheben und im ernsthaften Vorgehengegen Raubritter einen Versuch, italienische Kaufleute für die Eröffnung von Niederlassungen in Deutschland zu gewinnen. Dies alles in einem guten Augenblick, denn in Brabant und Frankreich standen die Wollhändler in diesen Jahren unter starkem Druck durch Steuern. Dieser Ansicht widerspricht jedoch Pfeiffer (1997), S. 421 in seiner eingehenden Untersuchung der Zollpolitik Rudolfs. Seine Studien ließen ihn vermuten, dass die königliche Politik der Transitabgaben keine volkswirtschaftlichen Ziele verfolgte. Nach Meinung von Schulte (1900), S. 135 haben die deutschen Könige die Florentiner nicht nur in keiner Weise gefördert, sondern sie sogar schon bei ihrer Expansion innerhalb Italiens wiederholt behindert.

517 Weissen (2006).

518 Vgl. Alexi (1890), S. 269; Schulte (1900), S. 335 hat allerdings darauf hingewiesen, dass dabei die Leistung der Astigianen nicht gebührend gewürdigt wird.

519 Vgl. bei Weissen (2006) die Abschnitte über diese Unternehmungen.

Gene Brucker hat in den Jahren nach 1346 eine „increased activity“ florentinischer Kaufleute in den nördlich und östlich von Venedig gelegenen Gebieten festgestellt.[520] Diese Ausdehnung des Tätigkeitsraumes basierte auf den Geschäften von Stoff- und Seidenhändlern und hat sich offensichtlich auf Polen, Böhmen und Ungarn,[521] das Alto Adige[522] und die istrische Küste[523] beschränkt, während Deutschland in diese Expansion nicht einbezogen war. Die Zeugnisse, die wir über Aktivitäten von Bankiers in Deutschland finden, gehen im Gegenteil quantitativ signifikant zurück. Nördlich der Alpen und östlich des Rheins fanden sie nicht die wirtschaftlichen Verhältnisse, die sie für ihre Art des Geschäftes brauchten. Sie suchten nach Märkten, in denen sie ihre veredelten teuren Stoffe verkaufen konnten und wo sie auf große Vermögen sowie ein Bedürfnis nach internationalen Bankgeschäften stießen. Deutschland erfüllte diese Rahmenbedingungen nicht, denn in dieser Epoche fehlten Residenzen, welche große Gewinne durch den Verkauf von Luxusgütern und das Abwickeln internationaler Finanzgeschäfte erhoffen ließen. Diese für ihre Geschäfte günstigen Verhältnisse fanden die Florentiner hingegen in der Nähe der Königshöfe Böhmens und Ungarns, wo sie schnell kleine Kolonien bildeten, wie Susanna Teke, Krisztina Arany und Katalin Prajda in ihren Publikationen zeigen.[524]

Galhardus de Carceribus, päpstlicher Nuntius in Polen, machte einmal den Versuch, Krakau direkt in das italienische Zahlungssystem einzubinden. 1338 schickte er ein längeres Schreiben an den Papst, in dem er mitteilte, dass es das Sicherste wäre *(tutissimum et securum et certum)*, wenn die Bardi oder eine andere große Bank eine Niederlassung in der polnischen Stadt eröffnen würden; den einheimischen Händlern könne er sein Geld nicht anvertrauen.[525] Das Projekt wurde nicht realisiert – „infolge des auch anderweitig erkennbaren Desinteresses der Florentiner Bankiers am Aufbau eines eigenen Agentennetzes östlich des Rheins …“.[526] Ob es ähnliche Ermunterungen an Florentiner gab, etwa in Köln, Basel oder Lübeck eine Niederlassung zu eröffnen, ist nicht überliefert.

---

520 Brucker (1962), S. 13. – Hoshino (1980), S. 320 erwähnt Kontakte zwischen einem Albizzi-Faktor in Deutschland und Fuhrleuten aus Flandern und Brabant. Diese Behauptung fand sich in den angegebenen Quellen nicht bestätigt.

521 Wenzel (1874–1876), III, S. 131–132 und 150–152; Rubinstein (1957).

522 Neri (1948).

523 Franceschi (1938), S. 92–93.

524 Teke (1995); Arany (2014); Prajda (2018). – Aus dieser unterschiedlichen Entwicklung zwischen benachbarten Gebieten auch auf einen unterschiedlichen Konjunkturverlauf zu schließen, wäre sicherlich falsch. Dazu auch Reichert (1987b), S. 271.

525 Theiner (1860), S. 416–420.

526 Reichert (1987b), S. 309–310. Hier auch auf S. 352–353 die wichtigsten Passagen dieses Briefes transkribiert. – Vgl. auch Renouard (1941), S. 148–149; Denzel (1995b), S. 329–330.

Erste Wechselplätze in Deutschland

Nürnberg

Nürnberg hatte bereits im Hochmittelalter einige Bedeutung als Geldmarkt erworben, wie die große Produktion der Münze um 1200 und der Nachweis von Geldsortenwechslern für 1204 und 1219 zeigen. Auch das *instrumentum ex causa cambii*, bei dem ein Kreditnehmer die Rückzahlungen in einer anderen Währung an einem anderen Ort versprach, war hier schon sehr früh in Gebrauch und seit der Zeit der Stauferkönige leisteten Bürger der Stadt den Königen immer wieder Hilfe in finanziellen Notlagen.[527] In den folgenden Jahrzehnten entstand in Nürnberg ein oberdeutscher Geld- und Wechselmarkt, der über die Niederlassungen der Nürnberger Handelsherren in Venedig und Brügge an das internationale Bankensystem angeschlossen war.[528] Markus Denzel misst Nürnberg sicherlich mit Recht zumindest einen Platz als regionales Zentrum zu.[529] In zwei Briefen, welche ein Teilhaber der Mailänder de Resta-Gesellschaft am 23. Dezember 1346 und am 6. Januar 1347 nach Mainz schrieb, ist zum ersten Male davon die Rede, dass in Oberdeutschland Wechsel ausgestellt wurden. Es sind zwei Dokumente, die einen *ospes Cugratus de Norimbergo* als *prenditore* ausweisen.[530] Diese Zahlungsanweisungen ohne Währungswechsel zeigen einen lokalen und regionalen bargeldlosen Zahlungsverkehr zwischen Nürnberg, Prag, Mailand, Köln, Mainz und Brügge, den vor allem Wolfgang von Stromer untersucht und dargestellt hat.[531] Er konnte aufzeigen, dass es seit der Mitte des 14. Jahrhunderts häufig möglich war, in Nürnberg bei einem deutschen Kaufmann einen Wechsel zu kaufen, mit dem Geld auf bargeldlosem Weg bis an die Kurie transferiert werden konnte. Dabei ging das Geld mit einem ersten Auftrag bis auf einen Bankenplatz, von dem aus es dann mit einer zweiten Transaktion bis an den päpstlichen Hof geschickt wurde. Erste Station des Geldes war die Niederlassung eines deutschen Handelsherrn oder eines befreundeten

527 Vgl. Hucker (1987) über die Staufer; Engel (1975) über die Zeit von 1250 bis 1314, Moraw (1969); Moraw (1974) über die Zeit von König Ruprecht und Stromer (1970a) über den Zeitabschnitt von 1350 bis 1450.

528 Fouquet (1998), S. 192. – Nürnbergs Stellung beruhte auf seinem international bekannten Metallgewerbe, dessen Waren im Fernhandel einen großen Umsatz erzielten. Daneben war auch eine Textilindustrie entstanden, die von Hektor Ammann mit dem Prädikat „ansehnlich" bewertet wurde. Die vornehmlich in mittlerer Qualität produzierten Leinen- und Barchenttuche spielten im Handel mit dem Osten eine wesentliche Rolle und bei der Zunahme des Handels mit Baumwolle nahm Venedig eine besonders wichtige Stellung ein. Diese Ausweitung des Handels trug zur Steigerung des Lebensstandards breiter Bevölkerungskreise bei, weshalb von Stromer diese Entwicklung als „Industrielle Revolution des Spätmittelalters" bezeichnet. Vgl. Stolz (1955); Lütge (1967), S. 333; Schultheiss (1967); Ammann (1968), S. 10; Simsch (1970), S. 24–28; Stromer (1970a), S. 223; Stromer (1978b); Hassinger (1979); Hassinger (1987); Kiessling (1983); Hildebrandt (1991).

529 Denzel (1991), S. 196–197.

530 Stromer (1970a), S. 57–61; Maschke (1974), S. 11; Stromer (1976b), S. 137. Stromer übersetzt *ospes* mit Gastfreund, statt mit Korrespondent / Geschäftspartner. – *Cungratus* lässt an Konrad Imhoff denken, der auch Wechsel für Kollekten aus dem Osten ausstellte. Vgl. unten S. 182.

531 Stromer (1970a), S. 210–225; Denzel (1994), S. 262–263.

Italieners. Die Stromeir, Kammerer & Seiler und viele andere Handelshäuser verwendeten in der zweiten Hälfte des 14. Jahrhunderts auf diese Weise den Wechsel als selbstverständliches Finanzinstrument. Eine Generation später sind auch Wechselgeschäfte aus Ulm und Augsburg belegt. Die Oberdeutschen konnten allerdings nur eine schwache Position im Transport mit Kollektorien, Servitien und Annaten aus dem Reich und den östlich und nördlich angrenzenden Territorien aufbauen.[532] Wechsel von Nürnberg an den päpstlichen Hof in Avignon sind 1372 durch Ulrich Stromeyer geschrieben worden und 1375 hat vermutlich derselbe Mann für den Kollektor Thomas de Ammanatis Geld an die päpstliche Kammer übermittelt.[533] Wie diese Zahlung abgewickelt wurde, lässt sich nicht mit Sicherheit klären. Es ist aber davon auszugehen, dass die Nürnberger keine Korrespondenten bei der Kurie hatten, sondern diese Zahlungen über Venedig, Genua oder Brügge laufen ließen.[534]

Lübeck

Aus Lübeck datiert ein Notariatsinstrument vom 4. August 1283, in dem der Rat von Lübeck dem Kollektor Raynerius de Orio verspricht, ihm in Brügge die erhaltenen 1500 Mark lübisch wieder auszubezahlen. Aloys Schulte hält dieses Dokument für den ältesten Eigenwechsel Deutschlands, allerdings ohne Mitwirken einer Bank.[535] Da auch der in Turnosen auszubezahlende Betrag und der Zahlungstermin (3. Mai 1284) angegeben wurden, fehlt von den grundlegenden Elementen dieses Finanzinstruments nur der Name der Person, die ihn in Flandern bedienen musste. Vermutlich handelt es sich hier um ein Kreditgeschäft, bei dem die Stadt das Risiko des Transports übernehmen musste. Den Lübecker Räten war also bereits im 13. Jahrhundert bekannt, wie Wechsel funktionierten und wie man sie für Kreditgeschäfte einsetzen konnte. Hansekaufleute verstanden es, Münzen verschiedenster Währungen in Empfang zu nehmen und den Betrag nach einer bestimmten Zeit an einem anderen Ort auszubezahlen. Die erhaltenen Verträge zu

532 Stromer (1976b), S. 135–136. – In diesen Jahren verschwanden in den oberdeutschen Städten viele der Wechselstuben, während gleichzeitig die großen Handelsgesellschaften die Wirtschaft zu bestimmen begannen. Hildebrandt (1991), S. 829. – Daran änderte auch ein Beschluss des Nürnberger Rates vom 14. Februar 1401 nichts, der den Kaufleuten anfechtbare Wechselgeschäfte auf den Messen verbot. Vgl. Schmeidler et al. (1934), S. 44; Simon (1974), S. 61. – Auch Sapori (1933), S. 131 führt als Grund für die geringe Durchdringung Deutschlands mit florentinischen Kaufleuten die Stärke der deutschen Konkurrenz an: Als die Toskaner sich für Niederlassungen in Deutschland zu interessieren begannen, seien die deutschen Handelsunternehmen bereits zu groß gewesen, um den Italienern noch ein profitables Geschäftsfeld überlassen zu können. Es sei also umgekehrt als in Flandern gewesen, wo sich die Lombarden und Venetianer eine dominante Stellung erobern konnten, die erst gegen Ende des 15. Jahrhunderts durch einheimische Kaufleute wie die Crespin und die Louchard ernsthaft bedroht wurde. Vgl. auch Cuvelier (1921).

533 Kirsch (1894), S. 414–415; Stromer (1964), S. 61–62.

534 Ammann (1970), S. 192. – Florentiner spielten in diesen Geschäften nie eine Rolle. Von den Italienern waren es vor allem die Venezianer, die mit Oberdeutschen in engem Kontakt standen. Bekannt sind die guten Beziehungen zwischen den Kress von Nürnberg und den Amadi in Venedig, die sogar dazu führten, dass gegenseitig die Söhne für die kaufmännische Ausbildung ausgetauscht wurden. Stromer (1970a), S. 185.

535 Böhmer/Techen (1843–1932), Bd. 1, S. 410–411, Nr. 450; Schulte (1900), S. 276.

solchen Geschäften verwenden zwar noch nicht das Wort *cambium,* dennoch handelt es sich rechtlich gesehen um einen domizilierten eigenen Wechsel.[536] Mit diesem Finanzinstrument oder mit ihm verwandte Formen des bargeldlosen Geldtransfers waren im Norden in der Mitte des 14. Jahrhunderts bekannt, aber nur wenig gebräuchlich und Hansekaufleute haben die Toskaner in Brügge und Venedig kaum eingebunden.[537]

Erst als die Nürnberger in den norddeutschen Raum vordrangen, gab es in Lübeck Banken, bei denen problemlos Wechsel gekauft werden konnten. In der um 1370 in Lübeck eröffneten Niederlassung der Pirckheimer handelte Johannes Lange vor allem mit oberdeutschem Barchent und verkaufte Überweisungen nach Brügge, Venedig, Prag und Nürnberg.[538] Eingebettet in das Korrespondentennetz dieser Handelsfamilie, das Finanzgeschäfte mit Böhmen, Italien und Nordwesteuropa abwickelte, stellte er die Verbindung nach Skandinavien sicher.[539] 1375 ist der erste Wechsel von Lübeck nach Venedig belegt, der vermutlich durch Lange abgewickelt wurde.[540] Spätestens jetzt war auch Lübeck zu einem Wechselplatz geworden. Der bargeldlose Geldtransfer an die Kurie mittels zwei Transaktionen über einen Bankenplatz war nun aus weiten Teilen Deutschlands und Skandinaviens möglich. Auf diesem Wege wurden beispielsweise 1381 durch den päpstlichen Kollektor Kardinal Pileus Gelder des Erzbistums Lund von Schweden nach Rom transferiert. Über Nürnberg stand Lübeck auch in Verbindung mit den in Krakau und Breslau entstandenen Wechselplätzen.[541]

Köln

Als ältesten Beleg für ein Wechselgeschäft im westlichen Teil Deutschlands nennt Schulte ein Dokument aus dem Jahre 1328, mit dem Geld zwischen Straßburg und Metz bewegt wurde.[542] Die deutschen Kaufleute in den großen Städten am Rhein haben dieses Finanzinstrument also gekannt, es aber sehr selten verwendet. Zwischen 1330 und 1378 stammen alle überlieferten *lettere di cambio,* die in einem Ort zwischen Flandern und dem Gotthard ausgestellt wurden, von durchreisenden Italienern; deutsche Kaufleute boten diese Dienstleistung gar nicht an. Wolfgang von Stromer erwähnt, dass 1349 dem Luzerner Hans Hitzlisberg in Mailand zwei Wechsel bedient wurden, die er von einem Maffiolo Subtus Ripa von Como in Köln und

536 Neumann (1863), S. 27–28.

537 Fouquet (1998), S. 195: „Das Wechselgeschäft war um die Mitte des 14. Jahrhunderts noch nicht über Flandern hinaus gelangt.“ Diese Aussage ist wohl auch auf Wechselgeschäfte zwischen Deutschen und Italienern zu beziehen. Eine tiefergehende Analyse zu den Gründen für das weitgehende Fehlen der Wechsel im innerhansischen Handel bei Fouquet (1998), S. 191–193.

538 Nordmann (1937), S. 124–125; Stromer (1976b), S. 137; Strack (2010), S. 22; Braunstein (2016), S. 283–286.

539 Hammel-Kiesow (2000), S. 49.

540 Pauli (1872b), Anh. Nr. 18; Esch (1966), S. 340.

541 Fouquet (1998), S. 195; Strack (2010), S. 22–23.

542 Wiegand (1884), S. 363; Schulte (1900), S. 286. Auf Seite 281 schreibt Schulte, der älteste bekannte Wechsel stamme aus dem Jahre 1323, ohne für diese Zahl einen Beleg zu liefern. Vermutlich ist dies ein Verschreiben.

Mainz gekauft hatte. Da dieser Italiener zu diesem Zeitpunkt Textilgroßhändler und Bürger von Mechelen war, ist daraus wohl zu schließen, dass diese Verträge nicht in einer permanenten Bankniederlassung in Deutschland geschlossen wurden.[543] Im selben Jahr hielt sich ein Mitarbeiter der Alberti nuovi am Vierwaldstättersee auf,[544] um sich um die Freigabe requirierter Ware zu kümmern. Der Faktor Ticcio di Bonaccorso Bonaccorsi schloss hier ein Versicherungsgeschäft mit einem Perotto da Montbeliard ab, der Wolle *(nove balle di lana)* über den Gotthard nach Mailand führen wollte. Ticcio sicherte diesen Transport mit einem Wechselbrief über f. 295 ab, der nach gutem Ausgang beim Korrespondenten der Alberti nuovi in Mailand gegen f. 307 gelöst wurde. Die Bank machte bei diesem Geschäft also einen Gewinn von f. 12.[545]

Renouard hat eine Liste mit allen Zahlungen aus den Jahre 1362–78 aus den europäischen Kirchenprovinzen an die Kurie zusammengestellt, wobei sich zeigte, dass aus Rheindiözesen die größten Summen aus Nordeuropa an den Papst abgeliefert wurden.[546] Von den 42 dokumentierten Transaktionen wurde das Geld dem Vertreter der Bank 37 Mal außerhalb Deutschlands übergeben: in Mechelen, Maastricht, Brügge, Lüttich, Metz oder Paris.[547] In fünf Fällen jedoch wird in den Urkunden Köln als Übergabeort genannt. Zwischen dem 20. Mai 1364 und dem darauffolgenden 14. Januar lieferte der päpstliche Kollektor Petrus Begonis in Köln größere Beträge an Bankiers aus Florenz ab. Angelo di Borgognone und Domenico de' Soderini reisten für die Übernahme der Gelder den Rhein herauf, wie der Zusatz *mercatoribus Florentinis in Brabantia commorantibus* zeigt.[548] Bei den vier Transaktionen, an welchen die Alberti beteiligt waren, ist der Text nicht eindeutig und lässt der Spekulation Platz, es habe damals eine Niederlassung dieser Gesellschaft am Rhein gegeben. Reichert etwa argumentiert dafür, indem er darauf hinweist, dass es in der Urkunde zum Florentiner heißt: *ibidem commorans factor societatis Albertorum antiquorum*.[549]

Bei der ersten Transaktion kam der Kaufmann aus Brügge nach Köln. Ein Banco Zenobio hielt sich laut vatikanischer Quellen am 12. Oktober 1364 als Faktor der Alberti nuovi (Gesellschaft von Cipriano und Doffo di Duccio degli Alberti) in Köln auf, um 4000 *flor. de Alamannia* entgegenzunehmen. Er stellte dafür einen Wechsel aus, der zwei Monate später der päpstlichen

543 Stromer (1970a), S. 61. – Stefania Duvia (Como) ist die Information zu verdanken, dass die Familie Suptusripa / Sottoripa / Sottoriva im 14. Jahrhundert zu den ersten Familien Comos zählte. Dokumente aus ihrer kommerziellen Tätigkeit sind keine erhalten. Die Überlieferung der Notariatsakten in dieser Stadt ist sehr schlecht und in den wenigen erhaltenen Registern wird kein Mitglied dieser Familie erwähnt.

544 Zum Zweck dieses Aufenthaltes vgl. unten S. 402.

545 Goldthwaite et al. (1995), S. CI und 123.

546 Renouard (1941), S. 301 und 305–305.

547 Bei acht weiteren Zahlungen fehlt die Angabe des Übergabeortes.

548 Domenico di Giovanni de' Soderini Angiolo di Borgognone, vgl. Renouard (1938), S. 177.

549 Reichert (2003), S. 377–378.

Kammer auszubezahlen war.[550] Bei diesem Bankier handelt es sich um Banco di Zanobi di Banco Bencivenni, der 1357 im Rechnungsbuch des Bartolomeo di Caroccio degli Alberti als Mitarbeiter der Niederlassung in Avignon genannt wird,[551] 1364–65 Teilhaber der Alberti-Gesellschaft in Flandern-Brabant war und 1378 Ginevra di Luigi degli Alberti heiratete.[552] Banco war zweifellos nur während weniger Tage in Köln, wohl um vor allem dieses eine Geschäft abzuwickeln. Dasselbe gilt mit großer Sicherheit auch für Lorenzo Fruosini, der von 1362 bis 1367 und von 1374 bis 1375 als Sozius der Alberti in Brügge arbeitete.[553] Nicht so eindeutig ist der Wohnort des im zweiten Geschäft genannten Florentiners Bartholomeo Iohannis von den Alberti festzulegen. Schulte hat aus dem Zusatz *ibidem commorante* geschlossen, dass er sich zumindest vorübergehend in der Stadt am Rhein niedergelassen hatte und deshalb wenigstens für kurze Zeit eine Niederlassung der Alberti in Köln bestanden habe. Wenn diese These auch nicht mit letzter Gewissheit widerlegt werden kann, so sprechen doch einige Indizien gegen sie. Bei diesem Florentiner dürfte es sich um Bartolomeo di Giovanni Sovaglini handeln, den Renouard von 1362 bis 1365 und nochmal von 1371 bis 1375 als Faktor der Gesellschaft von Niccolò di Iacopo und messer Benedetto di Nerozzo degli Alberti in Flandern-Brabant nachweist.[554] Hätte er sich in Deutschland als Leiter einer Alberti-Filiale niedergelassen, so müsste diese Unternehmung in der Buchhaltung der Alberti Spuren hinterlassen haben. Noch aussagekräftiger ist, dass der päpstliche Kollektor zwei Tage, nachdem er sich von den Alberti einen Wechsel besorgt hatte, mit den Alberti nuovi genau das gleiche Geschäft über denselben Betrag abschloss. Wieso hätte ein zweiter Bankier den Weg nach Köln auf sich nehmen sollen, wenn in Köln Wechsel zu kaufen gewesen wären? Wenn weiter beachtet wird, dass nur gerade dieser Kollektor seine Wechsel in Köln besorgte und an keinem anderen Ort mit Bankiers zusammenarbeitete, dann wird eine andere These bedeutend wahrscheinlicher. Petrus Begonis hat die Florentiner nach Köln gerufen, da er selbst das Risiko des Weitertransportes der Gelder nicht tragen wollte. Es bleibt rätselhaft, wie es ihm gelungen ist, die Wechselaussteller zur Reise nach Köln zu bewegen. Kein Kollektor nach ihm hat dies erreicht. Der Kollektor in der Diözese Mainz musste nach Brügge reisen, um sein Geld am 13. August 1365 vom Direktor der Niederlassung der Alberti an den päpstlichen Hof transferieren zu lassen. Es ist auch nicht

---

550 Kirsch (1894), S. 394–395. – Der Eingang wurde am 14. Dezember 1364 in den päpstlichen Registern vermerkt. An diese Zahlungstermine haben sich die Kaufleute allerdings selten gehalten, wie Arias (1905), S. 339 zeigt. In einem anderen Wechselgeschäft von Köln nach Rom erhielten die Alberti das Bargeld am 30. April 1365 in Köln, bezahlten es aber erst am 31. Juli 1367 der Kammer aus.

551 Goldthwaite et al. (1995), S. 616.

552 Passerini (1869–1870), Alberti, Tavola V; Renouard (1938), S. 59; Foster (1985), S. 141.

553 Renouard (1938), S. 55.

554 Renouard (1938), S. 56. – Viele Mitglieder der Familie Alberti tragen den Namenszusatz „messer". Leon Battista Alberti (1946), S. 259 schrieb dazu in seinem dritten Buch „Della famiglia": *Lionardo. – Et tutta questa moltitudine de' nostri avol chiamati messeri furono eglino cavalieri o pur così per età o altra dignità chiamati? Gianozzo. – Furono, et notabilissimi, cavalieri quasi tutti facti con qualche loro singolarissimo merito.*

ersichtlich, weshalb Begonis mit verschiedenen Häusern zusammenarbeitete. Waren diese nur bereit, Bargeld bis zu einer bestimmten Höhe nach Brügge oder Paris zu führen, oder wollte der Kollektor das Risiko streuen?[555] Fest steht: die Aufenthalte von Florentinern im Rheinland waren in der zweiten Hälfte des 14. Jahrhunderts nur „épisodiques, semblent déterminés par les appels des collecteurs", wie schon Renouard feststellte.[556]

Die deutschen Kaufleute in Köln, Mainz, Straßburg oder Basel standen nicht mit italienischen Kurienbanken in Verbindung, um mit ihnen Wechselgeschäfte zu machen. Allerdings schließt Aloys Schulte bei einem Vorgang aus dem Jahre 1365 zumindest nicht aus, dass Straßburger Kaufleute Geld eines Kollektors mittels eines Wechsels bis nach Brügge transferiert haben, um es von dort mit einem zweiten Vertrag nach Avignon weiterzubefördern.[557] Doch die Formulierung *per Hugonem dictum Spanner de Argentina in villa de Brugis fecisset fieri cambium cum Perozo Corsini et Laurentio Froxini*[558] macht keinen Sinn, wenn der Weg bis nach Flandern nicht mit Bargeld oder Handelsware zurückgelegt wurde. Der Straßburger Johannes Merswin war 1382 in die Abwicklung einer Zahlung des Bischofs seiner Stadt involviert, doch sind keine Einzelheiten zu deren Ablauf überliefert.[559] Es ist festzuhalten, dass keine Stadt im Westen Deutschlands ein Wechselplatz war, auch nicht das wirtschaftlich so bedeutende Köln.

4.1.2 Bankiers aus Lucca lösen die Florentiner ab

Abgesehen von den Münzmeistern in Freiberg[560] gab es zu Beginn des Großen Schismas in ganz Deutschland keine im Handel oder Bankgeschäft aktiven Florentiner, die durch das Interdikt von 1376 einen geschäftlichen Schaden hätten erleiden können.[561] Betroffen waren jedoch die Geschäfte über Brügge und Venedig, die beide in der römischen Obödienz lagen. Obwohl das Interdikt über Florenz am 28. Juli 1378 durch Urban VI. (1378–89) aufgehoben wurde, nahmen die Florentiner nicht umgehend wieder die alte dominante Stellung im päpstlichen Finanzwesen ein. Einschneidend war, dass sie aus dem Transfer der kurialen Gelder aus dem Norden ausschieden. Die Beziehungen der Alberti zur Kurie blieben bis etwa 1390 weitgehend unterbrochen. Diese Einbuße an Einfluss und Geschäft zeigen die Zahlungen aus Schweden.

555 Arias (1905), S. 341. Von den Alberti nuovi sind verschiedene Geschäfte dokumentiert, in denen ein Teilhaber oder Faktor einer ihrer Niederlassungen in Flandern oder Brabant einem päpstlichen Kollektor in Deutschland oder seinem Beauftragten einen Wechsel für Summen ausstellte, die an den päpstlichen Hof nach Avignon transferiert werden sollten. Vgl. Kirsch (1894), S. 68, 369–371 und 395.

556 Renouard (1941), S. 301.

557 Schulte (1900), S. 285.

558 Kirsch (1894), S. 397.

559 RG Online, RG II 00046, http://rg-online.dhi-roma.it/RG/2/46, 19.02.2019. Vgl. Schuchard (2000b), S. 70–71.

560 Weissen (2006), S. 373–375.

561 Trexler (1974), S. 101.

An diesen waren sie zwischen 1355 und 1371 mindestens 19 Mal beteiligt, zwischen 1372 und 1402 hingegen wird bei keiner Transaktion ihr Name oder der einer anderen florentinischen Bank erwähnt.[562] Auch von den noch viel wichtigeren Märkten Englands verschwanden sie innert kurzer Zeit fast vollständig.[563]

Die komplexe Gliederung der weitflächigen römischen Obödienz machte die Kooperation mit weitverzweigten Bankfirmen auch nach dem Abbruch der Zusammenarbeit mit den Florentinern unabdingbar.[564] Die Kaufleute aus Lucca waren die einzigen, die über genügend Eigenkapital und ein Netz von Niederlassungen auf den wichtigen Bankenplätzen verfügten.[565] Die Guinigi führten die größte Partnerbank der Kurie und wurden für die kommenden zehn Jahre zu den „banquiers exclusifs" der römischen Päpste.[566] Ab 1391 wurden sie in dieser Position durch zwei andere Lucchesen verdrängt, Lando Moriconi und Bartolomeo Turchi.[567]

Partner der großen lucchesischen Bankhäuser bei der Kurie war die apostolische Kammer *(Reverenda Camera Apostolica)*, welche zum großen Teil die Einnahmen aus den Kirchenprovinzen und aus dem Kirchenstaat verwaltete. Geleitet wurde sie vom Camerar (Kämmerer), dem der für das Kassawesen zuständige Thesaurar unterstellt war.[568] Diese beiden Würdenträger bildeten zusammen mit weiteren Funktionären das *Collegium Clerici Camerae.*[569] Die Gerichtsbarkeit in allen Finanzfragen stand dem Kammerauditor zu, dem die Banngewalt und das Instrument der Exkommunikation zur Verfügung standen.[570] Allerdings verwalteten diese Amtsträger nicht die einzige Kasse der Kurie, denn es gab auch eine Privatschatulle des Papstes und die Datarie, in die alle Einnahmen aus einer Reihe von Gebühren wie Dispensen, Lizenzen und päpstlichen Gnaden flossen. Für die internationalen Geschäfte der Banken war die Datarie aber von geringer Bedeutung.[571] In den Dokumenten des Kämmerers und des Thesaurars sind Turchi und Moriconi kurz vor 1400 die ersten Bankiers, die *depositarius pape* oder *depositarius Camerae apostolicae* genannt werden. Der Depositar hatte die Aufträge der Kammer auszuführen und verfügte selber über keine Entscheidungsbefugnisse. Im internationalen Zahlungsverkehr gab es zwar keine schriftlich festgehaltenen Verpflichtungen, doch lag es in seinem eigenen

---

562 Vgl. oben Graphik 2, S. 49. 1402 wurden der Spini-Bank die Servitien von Strengnaes quittiert. Esch (1966), S. 377–378.

563 Holmes (1960–1961), S. 202 schreibt von der „sudden disappearance of the Florentines from England".

564 Esch (1966), S. 278–279.

565 Esch (1969a), S. 145.

566 Renouard (1941), S. 286; Esch (1966), S. 321–323; Favier (1966), S. 505–506.

567 Favier (1966), S. 509–513.

568 Gottlob (1889); Bauer (1928), S. 479; Feine (1964), S. 349. Detailreich zur Entwicklung der Strukturen und der Arbeitsweise auch in Zusammenarbeit mit Bankiers vgl. Palermo (1991).

569 Gottlob (1889).

570 Bauer (1928), S. 470; Plöchl (1962), S. 378. Feine (1964), S. 349 hat für einen einzigen Tag im Jahre 1365 96 Bannungen von ranghohen italienischen Klerikern wegen ausstehender Zahlungen dokumentiert. 1390 traf diese Strafe auch fünf deutsche Kleriker: Puza (1980–1999), Sp. 1294.

571 Tewes (6.–7. Juli 2001); Tewes (2017), S. 217.

Interesse, dass auch Gelder aus den entferntesten christlichen Flecken auf sicherem Weg an die Kurie transferiert werden konnten. Grundsätzlich ist festzuhalten, dass dieses Amt weniger wegen der Geschäfte mit der Kurie attraktiv war, als wegen seines Renommees, das seit dem Pontifikat von Johannes XXIII. (1410–15) ein Türöffner zu vielen einflussreichen Personen war. Das sich so entwickelnde Netzwerk führte zu vielen Geschäften mit vermögenden Kunden, die sehr ertragreich waren.[572]

Gleichzeitig mit dem Amt des Depositars der apostolischen Kammer wurde die Zusammenarbeit zwischen dem Kardinalskollegium und einem ausgewählten Bankier institutionalisiert. Die *depositarii* (auch *campsores* oder *receptores pecuniarum*) *sacri collegii* verwalteten die Kassengelder des heiligen Kollegiums, die sie meist vom Depositar der Kammer erhielten, etwa den Anteil der Kardinäle an den Servitien. Mit einem Bankier wurde auch das Amt des *depositarius pecuniarum camere alme urbis* besetzt, der für die Verwaltung der weltlichen Einnahmen der Stadt Rom zuständig war. Mit Zahlungsverkehr hatten diese beiden Depositare nur sehr selten zu tun, doch führten sie mit dem anvertrauten Geld Finanztransaktionen durch, die wirtschaftlich sehr interessant sein konnten.[573] Die Beurteilung der Wertschätzung eines Bankiers bei der Kurie hat folglich die Besetzung der drei Depositaren-Ämter zu berücksichtigen.

Am 10. November 1376 übertrug Gregor XI. (1370–78) Francesco Guinigi das Monopol für den Transfer kurialer Gelder aus einer Reihe von Kollektorien, zu denen auch das Rheinland gehörte. Dieser Privilegierung folgte eine Reihe weiterer, mit denen die Bankiers aus Lucca mit dem Transfer von Kollektorengeldern aus Deutschland und den östlich oder nördlich angrenzenden Königreichen betraut wurden, worunter besonders die Gelder des Jubelablasses für die Bankiers von Interesse gewesen sein dürften.[574] Das deutsche Geschäft rückte dadurch in das Zentrum ihres Interesses und ihrer Aktivitäten. Michele de' Pagani, Ludovico di Filippo de' Baglioni (aus Perugia) und Bartolomeo Turchi reisten zum Einsammeln und Abtransport der päpstlichen Gelder bis weit in diese Territorien hinein. Dabei wurde Pagani überfallen und ausgeraubt, von Turchi verliert sich 1394 auf dem Weg nach Magdeburg jede Spur.[575]

Trotz aller Schwierigkeiten und Gefahren ließen die großen lucchesischen Kurienbanken die Kollektorengelder aus Deutschland und Skandinavien erst von Brügge aus bargeldlos nach Rom transferieren.[576] Hier gab es eine große Kolonie von Handelsgesellschaften aus Lucca, die 1377 mindestens 46 Männer umfasste.[577] Es gab offensichtlich keinen Grund, von den seit

572 Esch (1969a), S. 146–147. – Favier (1966), S. 509: Vermutlich hatten die Guinigi bereits dieselbe Verantwortung, ohne mit diesem Amtstitel bezeichnet worden zu sein.

573 Baumgarten (1898), S. CLXIV.

574 Favier (1966), S. 509–513.

575 Esch (1966), S. 345–346; Favier (1966), S. 511.

576 Esch (1966), S. 322.

577 Roover (1949), S. 82. – Zur Kolonie der Lucchesen in Brügge vgl. auch: Lazzareschi (1947); Galoppini (2003); Galoppini (2012a); Galoppini (2012b).

Jahrzehnten bestens eingespielten und bewährten Transaktionsmethoden der beim Papst in Ungnade gefallenen Alberti abzuweichen. Auch Wechsel von Einzelkunden aus Köln wickelten die Guinigi zwischen Rom und Brügge ab, ohne die Stadt am Rhein direkt in das Wechselgeschäft einzubeziehen.[578]

Wie die obenstehenden Ausführungen über den Wechselplatz Nürnberg gezeigt haben, wäre es möglich gewesen, sich Geld von oberdeutschen Handelsherren nach Italien schicken zu lassen. Dies belegen auch Gelder, die von Kollektoren in Böhmen und Deutschland an die Kurie transferiert wurden. Am 10. November 1380 quittierte Urban VI. den Eingang von duc. 6 000. Dieses Geld war mit einem Wechsel von Hans und Konrad Imhoff in Nürnberg an den Kaufmann Ludovico Avvenati in Ferrara geschickt worden. Dieser hatte es an Francesco d'Averardo de' Medici nach Rom und an die apostolische Kammer weitergeleitet.[579] Die Imhoff-Brüder gelten als die Begründer der großen Handelsgesellschaft dieser Familie und als Wegbereiter der Handelsbeziehungen zwischen Nürnberg und Venedig. Nachgewiesen sind auch Aktivitäten in Breslau und Köln.[580] Zwei Jahre später bediente Francesco de' Medici einen von Paul Stangl *(Paulus Stangil)* und Konrad Schultz *(Conradus Scuchulcz)* in Breslau ausgestellten Wechsel des Kollektors in Böhmen über f. 2 000, der wohl auch über Avvenati oder einen italienischen Kaufmann in Venedig gelaufen war.[581] Direkt mit der Kurie verhandelten Hermann und Johannes von Lochaim, welche um 1382 Papst Clemens VII. (1378–94) f. 4 000 borgten, wofür er ihnen Anweisungen auf Annaten aus den Diözesen Köln und Mainz verschrieb.[582] Bei all diesen Geschäften machte sich bezahlt, dass sich Nürnberg zur Zeit des Großen Schismas an

578 Laut Schulte (1900), S. 343 kauften 1378 zwei Kölner gezogene Wechsel in Rom bei den Guinigi, die bei der Schwesterfirma in Brügge zu bezahlen waren.

579 Krofta (1903), S. 52, Nr. 55 hat die Namen der Nürnberger Handelsherren als *Johann et Konrad de Chuna* gelesen. Dieser Name hält sich seltsamerweise in der nachfolgenden Forschung, obwohl er keinen Sinn macht. Man findet ihn bei Esch (1966), S. 288; Favier (1966), S. 515; Stromer (1970a), S. 197. Auch im Repertorium Germanicum findet er sich: RG Online, RG II 00120, http://rg-online.dhi-roma.it/RG/2/120, 19.02.2019. Peter Geffcken (München) hat freundlicherweise darauf verwiesen, dass es sich bei diesen beiden Bankiers mit Sicherheit um Mitglieder der Familie Imhoff handelt, deren Name mit *de Curia* lateinisiert wurde. Das Original im Archivio di Stato di Roma, Reg. Vet. 310, f. 82r ist tatsächlich schwer zu lesen. Auch die Lesung *de Chrina* scheint möglich. Sinn macht beides nicht, sodass hier von einem Verschreiben des römischen Registerführers auszugehen ist. Es müsste wohl heißen *de Churia,* denn die beiden Kaufleute waren sicherlich Hans III. und Konrad I. Imhoff. – Dass Ludovico Avvenati in Ferrara arbeitete und nicht in Venedig, belegt ein Wechselgeschäft aus dem Jahre 1380: Reinhold C. Mueller, The Venetian money market. Banks, panics, and the public debt, 1200–1500. https://www2.scc.rutgers.edu/memdb/about_mueller.html, 02.07.2021. Zu den Imhoff vgl. Braunstein (2016), S. 286–298.

580 Bosl (1983), S. 384.

581 Krofta (1903), S. 59, Nr. 74. Vgl. Esch (1966), S. 337–340; Favier (1966), S. 515; Stromer (1970a), S. 197; Stromer (1971), S. 59; Stromer (1976b), S. 137; Stromer (1995a), S. 145; RG Online, RG II 00189, http://rg-online.dhi-roma.it/RG/2/189, 19.02.2019. – Zu den beiden Kaufleuten in Breslau waren keine weiteren Informationen zu finden. Vgl. Schuchard (2009), S. 36.

582 Eubel (1893), S. 417. Zu den Lochaim vgl. Petzsch (1966).

die Linie der deutschen Könige und der meisten italienischen Städte hielt, also von 1379 bis zum Tode König Ruprechts auf der Seite der Päpste in Rom stand.[583]

Es findet sich kein einziger Beleg dafür, dass lucchesische Kurienbankiers die in Lübeck und Nürnberg angebotenen Möglichkeiten des bargeldlosen Zahlungsverkehrs genutzt hätten. Dies verwundert, denn zwischen italienischen Kaufleuten in Venedig und deutschen Handelsherren gab es recht enge Beziehungen, wie die von Philippe Braunstein veröffentlichten Briefe zwischen den Kress und den Amadi bezeugen.[584] Die wenigen Dokumente, die von Geldtransfer der Lucchesen in Venedig berichten, erwähnen nur Kaufleute aus der toskanischen Heimatstadt.[585] In vielen Fällen sind es Geschäfte zwischen Niederlassungen derselben Unternehmung, sodass es sich dabei wohl eher um *lettere d'avviso* und nicht um *lettere di cambio* gehandelt haben dürfte, also um einfache Zahlungsanweisungen. Die Guinigi transferierten so im Jahre 1387 Kollekten aus Deutschland an die Kurie.[586] Wie diese Gelder nach Venedig gelangt waren, bleibt aber unklar. Die Lucchesen in Venedig hatten nicht nur keine Korrespondenten in Deutschland, sie scheinen sich im Wechselgeschäft allgemein sehr zurückgehalten zu haben, da sie sich in der Lagunenstadt weitgehend auf den Warenhandel und dabei hauptsächlich auf die Seide konzentrierten.[587] Bezeichnend dafür ist, dass in der Arbeit von Luca Molà über die *comunità* der Lucchesen in Venedig der Begriff *lettera di cambio* gar nicht vorkommt.[588]

4.1.3 Von der Rückkehr der Florentiner bis zum Ende des Großen Schismas

In Rom waren die Florentiner schon vor dem Ende des Interdikts wieder anzutreffen und eroberten Schritt für Schritt die von ihren Landsleuten zuvor aufgegebenen Funktionen zurück. Nach der Rückkehr Urbans VI. in die Ewige Stadt, die er während Kämpfen mit Kardinälen und dem König von Neapel hatte verlassen müssen, verstärkte sich ab 1388 wieder ihr Einfluss auf das päpstliche Finanzwesen. Arnold Esch hat gezeigt, dass diese neue große Kolonie von Florentinern bei der Kurie mit der alten Gruppe in Avignon nur wenig gemein hatte. Seine Forschung führten ihn zum Schluss, die Florentiner hätten gegen Ende des Pontifikates von Urban die Konkurrenten aus Lucca eingeholt und unter Bonifaz IX. (1389–1404) überholten sie diese.[589] Die Nennungen von Bankiers in den erhaltenen Finanzakten der Kurie zeigen, dass

583 Kraus (1950), S. 19–20.

584 Braunstein (1964). Zu den engen Beziehungen zwischen Lucchesen und Deutschen vgl. auch Molà (1994), S. 239–249.

585 Bini (1853), I, S. 123 f.; Bd. 2, S. 410 und 416.

586 Esch (1966), S. 322.

587 Dies erklärt wohl auch, warum 1378 ein Kollektor in Venedig einen Wechsel an die Kurie nicht bei einem Lucchesen kaufte. Esch (1975), S. 151.

588 Molà (1994).

589 Esch (1972), S. 477–478.

sie bis 1400 die frühere zentrale Position im päpstlichen Finanzwesen wieder zurückgewonnen und sogar noch ausgebaut hatten. Abrechnungen des Kardinalkämmerers zeigen im Mai 1407, dass die Kurienfinanzen wieder fest in der Hand der Direktoren florentinischer Banken waren: Pigello de' Portinari (Filippo e Niccolò de' Ricci), Geri di Testa (Antonio di Iacopo e Doffo degli Spini), Aldighiero di Francesco Biliotti (Lorenzo degli Alberti), Ilarione de' Bardi (Giovanni de' Medici).[590] Die Florentiner beherrschten aber nicht nur den kurialen Zahlungsverkehr, sondern dominierten das Bankgeschäft Europas. Der Doge Tommaso Mocenigo sagte 1410 von ihnen, sie gingen in alle Teile Europas und vermischten sich mit den lokalen Kaufleuten: *Però eglino vanno ogni giorno in Francia, Alemagna, Linguadoca, Catalogna, Ungheria e per l'Italia; e si disperderanno che non si diranno più di Firenze.*[591]

Trotz der sicherlich bereits starken Stellung von Giovanni de' Medici und des Wiedererstarkens der Alberti innerhalb der päpstlichen Finanzen ging die Funktion des päpstlichen Generaldepositars nach dem Tode Gozzadinis an andere Bankiers aus Florenz über, die sich in kurzen Zeitabschnitten folgten. Niccolò de' Ricci hatte als erster Florentiner das Amt des *depositarius apostolice sedi camere* ab 1406 während der Pontifikate von Innozenz VII. (1404–06) und Gregor XII. (1406–15) inne.[592] Alexander V. (1409–10) schenkte sein Vertrauen nach der Wahl auf dem Konzil von Pisa im Sommer 1409 Doffo di Nero degli Spini, der seit 1389 zusammen mit seinem Verwandten Antonio di Giacomo degli Spini eine Kurienbank betrieb. Johannes XXIII. (1410–15) ließ während des ersten Jahres seines Pontifikats die Spini im Amt, berief dann mit Pietro Bardella (auch Bardelli)[593] den Direktor der römischen Bank von Jacopo del Bene und Francesco di Giachinotto Boscoli.[594] Die monatlichen Abrechnungen von Johannes XXIII. listen 1411 dieselben Banken wie vier Jahre zuvor auf; nur die Niederlassung von Giovannis de' Medicis Bruder Francesco hatte sich neu dazugesellt.[595] Die unterschiedliche

590 Guasti (1884), S. 38.

591 Doren (1901–1908), I, S. 106.

592 Favier (1966), S. 519; Goldthwaite (2008), S. 249.

593 Holmes (1968), S. 360–361 und 372; Esch (1971–1972), S. 772; Esch (1972), S. 504–505; Palermo (2000), S. 356–361; Lewin (2003).

594 Holmes (1968), S. 361. – Vertrag zwischen der Kammer und der del Bene / Boscoli-Bank: ASFi, MAP 99, Nr. 42, cc. 149–154. Vgl. Palermo (2000), S. 357–358.

595 Guasti (1884), S. 172. – Mehrfach wird auch der Bolognese Pietro Pratesi als Bankier genannt, der aber nur für lokale Geschäfte in Bologna zuständig war, wo sich der päpstliche Hof zeitweise aufhielt. – Francesco d'Averardo de' Medici hat kurz vor der Jahrhundertwende in Florenz eine eigene Unternehmung gegründet. Er konzentrierte sich in den folgenden Jahren auf die Geschäfte mit der Kurie in Avignon, zu der nur sehr kleine Summen aus dem Osten und Norden Europas flossen. Nach dem Konzil von Pisa eröffnete er bis spätestens 1411 unter dem Namen des Geschäftsleiters und Partners Andrea de' Bardi eine Bank in Rom. Dadurch wurden die Medici-Brüder zwar an diesen beiden Orten zu kommerziellen Konkurrenten, blieben aber in gesellschaftlichen und politischen Fragen eng verbunden. Francesco starb 1412. Sein Familienzweig war kommerziell bedeutend weniger erfolgreich als der seines jüngeren Bruders. In den Prestanze von 1403 war Giovanni im Quartier von S. Giovanni nur auf dem 21. Platz, sein älterer Bruder auf dem 26. Im Catasto von 1427 war der jüngere der Brüder mit einem Vermögen von f. 79 472 der zweitreichste Einwohner von

Bedeutung dieser Geldinstitute für die kurialen Finanzen macht ein Rechnungsbuch der päpstlichen Finanzverwaltung aus den Jahren 1413 und 1414 deutlich. Die weitaus häufigsten Nennungen beziehen sich darin auf die Alberti, vertreten durch Francesco d'Aldighiero Biliotti, und Giovanni de' Medici, dessen Geschäftsinteresse durch Illarione de' Bardi oder Matteo Barucci wahrgenommen wurde. Andrea de' Bardi und del Bene / Boscoli spielten damals nur eine untergeordnete Rolle.[596]

Am päpstlichen Hof handelten die großen florentinischen Gesellschaften zwar auch mit Seide, Schmuck und anderen Luxusgütern, doch stand das Geldgeschäft im Vordergrund. In einem Brief der Spini-Bank in Rom aus dem Jahre 1400 wird ausdrücklich festgehalten, das Wechselgeschäft sei das einzige Ziel der Gründung gewesen.[597] Für diese Bankiers war es unerheblich, wo sich die Päpste aufhielten. Ob diese nun in Rom oder Avignon residierten oder vorübergehend in Florenz (Johannes XXIII., Martin V., Eugen IV.) oder in einer anderen Stadt Schutz suchten, die *mercatores Romanam curiam sequentes* folgten ihnen überall hin. Arnold Esch, Luciano Palermo, Ivana Ait, Francesco Guidi Bruscoli und viele andere Historikerinnen und Historiker haben sich mit dieser vielköpfigen Gruppe von Bankiers beschäftigt, die sich auf die Geschäfte mit der Kurie und die sie umgebenden Personen spezialisiert hatten.[598] Diese Kaufleute kamen aus Rom, Florenz, Siena, Bologna, Lucca, Genua und vielen anderen Städten Italiens. Die marktbeherrschende Stellung hatten die Florentiner inne, von denen Esch schon zu Beginn des 15. Jahrhunderts 26 Banken und 56 Bankiers im Umkreis des päpstlichen Hofs zählte. Er schloss daraus: „Das Rom der Renaissance ist das Rom nicht der Römer, sondern der

---

Florenz, während es sein Neffe Averardo di Francesco nur gerade auf f. 15 097 brachte. Vgl. Martines (1963), S. 356 und 369; Roover (1963), S. 36–38. – Auf dem deutschen Markt war Francesco nicht aktiv. Von der Gesellschaft Averardo di Francesco de' Medici in Florenz ist ein Rechnungsbuch aus dem Jahre 1395 erhalten: ASFi, MAP 133, Nr. 1. Darin kommen zahlreiche deutsche Namen vor, doch beziehen sich fast alle auf Wechsel zwischen Florenz und der Bank von Giovanni de' Medici in Rom. Auf einer Seite (c. 41v) allein finden sich *Tederigho Bode della Magna, Michele Frisach della Magna, Giorgio Frosciliens della Magna* und *Janes Somens da Maghonza.* Alle diese Geschäfte wurden mittels Bargeldeinzahlung oder -auszahlung abgewickelt. Warum fast alle diese Kunden Deutsche waren, ist nicht ersichtlich. Ein Guglielmo ließ von Francesco Benini e Nicolaio di Bonacorso in Avignon einen kleinen Betrag nach Pisa anweisen, der über Averardo in Florenz lief (c. 57v). Gar keine Deutschen sind hingegen in den Konten der Korrespondenten in Venedig und Brügge zu finden, obwohl sein wichtigster Korrespondent in der Markusstadt die Bank von Nanni und Bonifazio Gozzadini war, die ja über deutsche Korrespondenten verfügte. Vgl. die Beschreibungen dieses Dokumentes bei Sieveking (1901–1902), S. XXVI, 170–177 und Roover (1963), S. 37–38.

596 BNCF, Magliabechiano XIX, Nr. 81.

597 ADP, Brief 515182, 31. Januar 1399 (moderner Datumsstil 1400): *Noi non ci impacciamo di mercha[n]tie nessuno in altro che di chanbi none [a]biam bisogno aviso di questo ci dite vostro partire quando ve toglie fare, posto che pocho ci si facia per costì pur non può altro che giovare.* Vgl. Palermo (1988b), S. 91.

598 Schneider (1899); Renouard (1938); Renouard (1941); Renouard (1942); Holmes (1968); Ait (1987); Palermo (1988a); Palermo (1988b); Palermo (1991); Ait (2000); Palermo (2000); Ait (2004); Mercanti stranieri a Roma tra '400 e '500 (2004); Palermo (2005); Ait (2007a); Ait (2007b); Esch (2012); Vendittelli (2013); Ait (2014a); Ait (2014b); Ait (2018); Jamme (2018); Vendittelli (2018a).

Florentiner.“[599] Der Chronist Benedetto Dei führte für das Jahr 1469–70 zehn florentinische Banken namentlich auf und wies darauf hin, dass es weitere gegeben habe *(e altre ragione).* In diesen Gesellschaften kannte er 49 Bankiers mit Namen *(e altri Merchanti).*[600] Angesiedelt waren sie hauptsächlich im *rione Ponte,* der direkt der Engelsburg gegenüberliegt.[601] Die überwiegende Zahl von ihnen, wie auch Bankiers anderer Herkunft, römische Juden[602] und viele Privatpersonen,[603] beschränkte sich auf das Kredit- und Depotgeschäft und bot den Zahlungsverkehr entweder nicht an oder nur innerhalb Italiens.

4.1.4 Auswertung der Kammerakten durch Arnold Esch für die Jahre 1431 bis 1471

Den einzigen Langzeitüberblick über die in das deutsche Geschäft involvierten Banken bietet Arnold Esch, der in den Büchern der apostolischen Kammer alle deutschen Zahlungen erfasst hat, bei denen zwischen 1431 und 1471 eine Bank beteiligt war. Die Fakten, die daraus gewonnen werden, sind aufgrund der Quellenlage und der unterschiedlichen Aussagekraft der Urkunden überaus ungenau, sodass sie keine exakten Quantifizierungen zulassen; sie liefern jedoch so viele übereinstimmende Indizien, dass klare Trends abgeleitet werden können. Für den internationalen Zahlungsverkehr sind die Angaben allerdings zu relativieren, da in den Kurienregistern nur in wenigen Fällen festgehalten wurde, auf welchem Wege das vom Bankier abgelieferte Geld in seine Hände gelangt war. In den 391 verarbeiteten Verbuchungen werden 22 Banken genannt, die ihre Wurzeln in Florenz, Verona, Siena, Genua, Lucca, Flandern und Deutschland hatten. Nur bei fünf Gesellschaften (Tabelle 2: Alberti, Medici, Spinelli, della Casa, Sagramoso) sind Zahlungen aus Deutschland über lokale Korrespondenten belegt. Dabei treten die Medici mit weitem Abstand als größter Marktteilnehmer hervor; die Spinelli konnten ab der Mitte des 15. Jahrhunderts einen Teil dieses Geschäfts erringen und in den letzten Jahren des Untersuchungszeitraums sogar die Führung übernehmen. Alle anderen Banken verfügten

599 Esch (1972), S. 476. – Für die Jahre zwischen 1388 und 1412 zählte er 211 Florentiner in Rom. Vgl. auch die Studie von Ait (1988b); Ait (2014a), S. 265; Renouard (1938), S. 45 beziffert die florentinischen Bankiers am Hof in Avignon auf 28; Bullard (1976), S. 54 nennt 25. Bullard hat aus den Angaben von Esch für Rom eine Präsenz von 110 Kaufleuten und 26 Banken errechnet. In den Protokollen des Notars Lupparelli fand Esch (1973), S. 7 die Namen von 128 Florentinern, die in Rom lebten. – Dass diese florentinische Dominanz zu Schwierigkeiten mit den Römern führen konnte, zeigt Palermo (1988b), S. 81. – Für die Jahre um 1377 ermöglichen die Protokolle von Verhören der in Rom inhaftierten Florentiner auch eine soziale Analyse dieser Kolonie. Diese gehörten allerdings eher den Unterschichten an, da die Kaufleute damals die Stadt wohl längst verlassen hatten. Vgl. Esch (1973), S. 5–7.

600 Pagnini del Ventura (1765–1766), II, S. 306.

601 Conforti (1999), S. 93–94.

602 Esposito (2004).

603 Esch (2004c).

Tabelle 2. Internationale Kurienbanken in Beziehung zu Servitien- und Annatenzahlungen aus Deutschland, 1431–74

Bank	1431–34	1435–39	1440–44	1445–49	1450–54	1455–59	1460–64	1465–69	1470–74	Total
Alberti	3									3
Medici	14	23	6	1	18	26	27	32	13	160
Spinelli		1	1		2	6	12	23	32	77
della Casa				1		1				2
Sagramoso					2					2
Zahlungen	**17**	**24**	**7**	**2**	**22**	**33**	**39**	**55**	**45**	**244**

sehr wahrscheinlich nur über Beziehungen bis nach Brügge oder Venedig oder waren als Kreditgeber in Rom tätig.

Bei ihren Geldsendungen an päpstliche Nuntien in Deutschland setzte die Kurie allein auf die beiden größten Gesellschaften, die Medici und die Spinelli (Tabelle 3). Die Eintragungen zeigen, dass diese auch in der Lage waren, Auszahlungen in deutschen Städten (Wien, Mainz) zu organisieren, in denen sie keine festen Korrespondenten hatten.

Die Daten für Deutschland werden bestätigt durch die Nennungen von Kurienbanken in den umfangreichen Urkundensammlungen vatikanischer Quellen aus Schweden und Dänemark.[604] Auch hier werden nur die Medici mit Baglioni und Bueri (1413–74) und Spinelli mit Rucellai genannt.

Nur die großen florentinischen Banken verfügten über die notwendigen organisatorischen und finanziellen Voraussetzungen, um eine Strategie für die Erschließung des deutschen Marktes zu entwickeln und auch durch ertragsmäßig schwierige Zeiten durchhalten zu können. Sie allein waren in der Lage, die Bedürfnisse des päpstlichen Hofes im Transfer von Geld an Bestimmungsorte in weitentlegene Gegenden Europas und von dort nach Rom zu befriedigen. Zwischen 1403 und 1474 erfüllten nur die Banken der Spini, Ricci, Alberti, Medici, Guadagni / Giachinotti / Cambini, Benzi / Guarienti / Sagramoso, della Casa, da Uzzano und Borromei / Spinelli diese Voraussetzungen und nutzten sie für Bankgeschäfte in Deutschland. Im europaweiten kurialen Zahlungsverkehr waren während des Untersuchungszeitraums nie mehr als fünf bis sieben Gesellschaften aus Florenz und gleichzeitig höchstens zwei aus einer

604 APS; APD.

Tabelle 3. Banken bei der Kurie im Versand päpstlicher Gelder an Nuntien in Deutschland, 1431–74. In Klammern werden Partner angegeben, die in den Quellen nicht genannt werden, aber die vermuteten Akteure waren.

Auszahlungsort	**Eckdaten**		***prenditore***	***trattario***
Basel	1435.09.04.	1438.04.02.	Medici	(Medici)
	1436.03.09.	1436.10.14.	(Borromei)/Spinelli	(Spinelli)
Frankfurt	1442.06.30.		Medici	
Köln	1438.07.24.		Medici	(Sassolini)
Lübeck	1438.05.26.		Medici	(Bueri)
	1453.01.30.		(Spinelli)	Rucellai
Mainz	1441.09.13.		(Borromei)/Spinelli	
Nürnberg	1438.11.18.	1467.05.01.	Medici	
	1458.12.18.			Paumgartner
Wien	1439.07.13.	1448.04.24.	Medici	
	1446.04.29.		Spinelli	

anderen italienischen Stadt (Bologna, Verona, Lucca, Neapel, Siena) tätig.[605] Nur diese Gesellschaften sind für die hier untersuchten Marktstrategien der Kurienbanken von Belang. Neben diesen gab es weitere Banken, die zwar im Zahlungsverkehr mit Kuriengeldern ihren Gewinn suchten, sich dabei aber auf andere Regionen Europas beschränkten. Im Catasto des Jahres 1427 ist etwa klar zu erkennen, dass sich die Gesellschaft von Matteo di Bernardo de' Bardi ganz auf die iberische Halbinsel konzentrierte.[606] Ebenso wurden Unternehmungen nicht beachtet, die bei der Kurie Münzen deutscher Kunden einzahlten, deren Transfer aber nicht direkt mit einem Handelsherrn in Deutschland abwickelten. Im Zusammenhang mit deutschen Geldern werden in der Jahrhundertmitte besonders häufig die Medici genannt, deren Vertreter bei der Kurie zwischen 1451 und 1475 in 243 Buchungseinträgen vorkommen. Die Spinelli brachten es im selben Zeitraum auf 116 Nennungen. Dies sind die beiden einzigen Kurienbanken, die in diesem Zeitabschnitt eine Strategie für Deutschland verfolgten.

605 Erste Untersuchungsergebnisse zu dieser Fragestellung wurden vor wenigen Jahren publiziert: Weissen (2011). – Bankiers anderer Nationen in Rom können völlig außer Acht gelassen werden, da sich ihr Interesse allein auf ihre Herkunftsregion konzentrierte, beispielsweise die Iberer. Vgl. Lombardo (2004); Vaquero Piñeiro (2004).

606 ASFi, Catasto 64, c. 67v.

88 Mal kommen die Pazzi in den Kammerakten im Zusammenhang mit dem Eingang von Zahlungen aus Deutschland vor. Dass sie während Jahrzehnten eines der mächtigsten Bankensysteme besaßen und zwischen 1460 und 1470 wohl die einzige Bank führten, welche eine ernsthafte Konkurrenz der Medici darstellte, ist von den Historikern zwar anerkannt worden, es schlägt sich aber in wissenschaftlichen Publikationen nicht in angemessenem Umfang nieder.[607] Dies ist vermutlich vor allem auf die vergleichsweise schlechte Quellenlage zurückzuführen, da keinerlei buchhalterische Aufzeichnungen und keine Schriftstücke aus der Korrespondenz erhalten sind. Das ganze Wissen beruht deshalb auf den Schriften der Steuerverwaltung und Notizen in den Büchern anderer Gesellschaften. Anhand dieser Quellen kann ausgeschlossen werden, dass sie mit einer Ausnahme direkt in Deutschland aktiv waren. Da sie als Korrespondenten ihres exilierten und in Basel lebenden Verwandten Lamberto Lamberteschi tätig waren, lag dieser Verbindung kein Erschließen des deutschen Marktes zu Grunde, sondern Unterstützung eines Familienmitglieds. Die Register nennen auch Rinaldo della Luna,[608] Francesco Baroncelli & Guglielmo Rucellai,[609] Francesco e Bernardo de' Cambini,[610] Pietro Capponi e Jacopo degli Spini, Alessandro Miraballi e Ambrogio Spannocchi, Matteo del Bene e Alessandro de' Bardi und Lionardo de' Vernacci.[611] Sie alle können nie in Verbindung mit einem Handelsherrn in Deutschland gebracht werden, der für sie als direkter Korrespondent oder Kommissionär gearbeitet hätte.[612] Die wenigen Quellen, in denen von ihrer Aktivität mehr als die Mitteilung zu erfahren ist, dass ein bestimmtes Bankhaus bei der Kurie für einen deutschen Kleriker Geld einbezahlt hat, stehen ausnahmslos in Bezug mit einem Vorgang auf einem der großen Bankenplätze.

607 Bedeutung der Pazzi bei Roover (1970a), S. 531; Spallanzani (1987); Soldani (2010), S. 416–428. – Abgesehen von den Dokumenten des Catastos konnten für die vorliegende Arbeit keine Quellen verarbeitet werden, die über die Darstellung Spallanzanis hinausführen. Wenn nicht anders angegeben, so beruhen die folgenden Aussagen auf diesem Artikel.

608 ASFi, Catasto 818, c. 115v: *Rinaldo della Luna mio figliuolo emancipato mi dé dare f. cinqueciento d.o i quali a danne in diposito a sua discrizione i qua(li) mi richiese perché disse avere fato una chonpagnia a Roma che doveva principiare a dì primo di gennaio 1454 insieme chon Iachopo di Scholaio Spini e chosì di poi anno fatto. Ebbe deta ragione dice nel deto Rinaldo e chonpangni dove apartiene deto Iachopo Spini del quartiere di Santa Maria Novella ghonfalone de Lionchorno. Non so oggi di quello s'abbi fato nella deta sua ragione o abi scrito per potermi dire dove si truova se de fato profito, o perdita che pelle spese inghorde fanno a Roma di vivere di vestire di pigione et d'altro sene vanno.* Rinaldo war damals etwa 20 Jahre alt, Iacopo etwa 25. – Kurz nach 1461 ließ sich Rinaldo della Luna vom berühmten Bildhauer Mino di Giovanni da Fiesole, der auch das Grabmal von Paul II. schuf, in einer Büste verewigen. Vgl. Sciolla (1970), S. 78, 114 und 134. – Rinaldo della Luna wurde erst 1466 Mitglied der Arte del cambio. BNCF, Carte Passerini, 189. – Vgl. auch Boeselager (1999), S. 113–114.

609 Vgl. die Geschäfte in Genf bei Cassandro (1976b). – ASFi, Catasto 798, cc. 103r–108v.

610 Esch (1981), S. 50. – Nachdem die Cambini während fast 25 Jahren nicht mehr in Deutschland aktiv waren (vgl. unten S. 172), vertraute ihnen die Kurie im Jahre 1457 den Transfer von f. 3 000 nach Deutschland an. Dieser lief wohl über die Bank von Piero da Rabatta e co. in Brügge, denn in den Geschäftsbüchern der Cambini findet sich kein Korrespondent in Deutschland selber. Eine Liste der Korrespondenten der Cambini aus dem Jahre 1458 bei Tognetti (1999), S. 197.

611 Roover (1963), S. 220.

612 Esch (1998).

4.1.5 Martin V. und Eugen IV.

In einem kleinen Papierbüchlein hat der apostolische Notar Gherardo Maffei da Volterra zwischen 1424 und 1425 Notizen zu Schuldverpflichtungen *(obligationes)* und Bestätigungen von Zahlungen festgehalten.[613] Aus diesen Texten sind die Höhe eines Kredites, die Namen des Gläubigers, des Schuldners sowie in vielen Fällen die der Bürgen zu erfahren. Für die hier untersuchte Fragestellung ist bedeutend, dass oft auch notiert wurde, bei welcher Bank das Darlehen zurückzuzahlen war (Tabelle 4). Bei den weitaus meisten Darlehen erfolgte die Tilgung bei der Kurie *(in Romana curia)*; doch wurde bei einigen als Ort ein Bankpartner in Venedig oder in einer Stadt außerhalb Italiens vereinbart. Daraus lassen sich Geschäftsbeziehungen zwischen den Geldgebern bei der Kurie und den als Zahlstellen dienenden Banken auf den internationalen Bankenplätzen rekonstruieren. Dieses Dokument zeigt deshalb erstmals einen breiteren Ausschnitt über die im internationalen Zahlungsverkehr tätigen florentinischen Kurienbanken. Vollständig ist dieser Überblick allerdings nicht, denn es fehlt von den zu diesem Zeitpunkt bekannten Finanzakteuren die Bank von Vieri di Vieri Guadagni; sicherlich haben auch weitere Notare solche *obligationes* beurkundet und für viele Kreditgeschäfte wurde gar kein Jurist bemüht.

Europa als Marktraum der Kurienbanken war offensichtlich streng geregelt und die geographischen Aktivitätszonen waren so abgegrenzt, dass es fast keine Überschneidungen gab. Jede Bank verfügte in ihrem Arbeitsgebiet de facto über ein Monopol. Matteo de' Bardi bearbeitete die iberische Halbinsel, Cosimo de' Medici Deutschland und Südfrankreich und die Alberti England und Preußen. Konkurrierende Positionen gab es vor allem in Köln (Biliotti, Sassolini) und vermutlich auch in Oberdeutschland. Die Rummel und Kress werden bei den Medici zwar nicht genannt, obwohl es mit Sicherheit zwischen diesen Banken Beziehungen gab. Doch ein über Venedig abgewickeltes Geschäft der Alberti mit dem Bischof von Augsburg ist ein Beleg für Wettbewerb in dieser Region.

Als die Florentiner 1427 mit dem Catasto ein neues Steuersystem einführten, das allein auf dem Vermögen basierte, wurde in den schriftlichen Abgaben *(portate)* an die Beamten der Stadt auch erfasst, welche Gläubiger und Schuldner eine Familie hatte. Aus diesem Grund wurden von den Gesellschaften, an denen sie beteiligt waren, an einem Stichtag Listen der *debitori* und *creditori* erstellt. Aus diesen Aufstellungen können viele Informationen über die Korrespondentenbeziehungen und Kunden der Kurienbanken ermittelt werden. Die Steuer sollte ursprünglich alle drei Jahre erhoben werden, doch wurde sie während des Untersuchungszeitraums schließlich nur achtmal von den Bürgern eingefordert. Die *bilanci* finden sich in den Jahren 1427, 1430, 1433 und 1457; nicht

613 ASFi, Notarile Antecosimiano, Nr. 12519. – Böninger (2006), S. 21–22. – Gherardo Maffei wurde später Sekretär von Pius II. und Professor an der Sapienza. Auch Gherardos Söhne Antonio und Raffaello haben Eingang in die historische Fachliteratur gefunden. Der ältere versuchte 1478 bei der Verschwörung der Pazzi den Mordanschlag auf Lorenzo de' Medici, der jüngere war ein bedeutender Humanist. Mehr zu dieser Familie bei Paschini (1953); Pontecorvi (1960–); Lagorio (1997), S. 1094.

Tabelle 4. Gherardo Maffei da Volterra, Tilgungsorte von Krediten, 1424/25

Cosimo e Lorenzo de' Medici e co.	Barcelona	Giovanni di Andrea
	Avignon	Pietro de' Pazzi
	Paris	Filippo de' Rapondi
		Jacopo de' Rapondi
	Genf	Michele del Ferro
	Köln	Simone Sassolini
	Brügge	Gualterotto de' Bardi
		Geverardus Merlinchusen oder Heverardum Moekinc
	London	Alessandro Ferrantini
	Lübeck	Ludovico Baglioni e Gherardo Bueri
Leonardo degli Alberti e co.	Köln	Bartolomeo di Domenico Biliotti
	London	Alessandro Ferrantini
Matteo de' Bardi e co.[i]	Valencia	Bartolomeo Simoni, Vieri de' Bardi e Mariotto de' Bardi
	Sevilla	Giovanni de' Bardi e Bonavolti
	Barcelona	Jacopo de' Covoni e Bernardo de' Bardi
Adovardo Giachinotti e Niccolò Cambini e co.	Brügge	Filippo degli Alberti
Francesco de' Boscoli e co.	Barcelona	Geronimo de' Guasconi

i In der folgenden Untersuchung fallen die Gesellschaften von Boscoli und Bardi außer Betracht, da sie keine deutschen Kunden bedienten.

eingereicht wurden sie 1442, 1446, 1451 und 1469. Das Catasto 1427 wurde vom Forscherteam David Herlihy und Christiane Klapisch-Zuber durch eine computerunterstützte Auswertung umfassend analysiert; Paul McLean und John Padgett erfassten die *bilanci* des Jahres 1457.[614] Hinweise auf

614 Herlihy / Klapisch-Zuber (1978). Die von diesem Forscherteam erfassten Daten sind online zugänglich: Herlihy et al. (2002). Sie haben vier Haushaltsvorstände erfasst, bei denen Deutschland als Wohnortsangabe vermerkt wurde. Da Bueri in Lübeck in der Abgabe seiner Mutter Pippa erfasst wurde und Antonio di Giovanni in

direkte Geschäfte in Deutschland fanden sich in den Dokumenten, die von den Alberti (1427), Giovanni de' Medici (1427), Giachinotti/Cambini (1427, 1430), Antonio della Casa (1459) und Tommaso Spinelli (1457) den Beamten des Catastos abgegeben wurden.[615] Von den Niederlassungen florentinischer Bankiers in Lübeck, Köln und Basel waren keine *bilanci* zu finden. Von den nachfolgend behandelten Unternehmungen sind nur von der Gesellschaft von Bernardo da Uzzano und Francesco Boscoli keine Informationen aus Steuerklärungen zu gewinnen, da während ihrer kurzen Existenz (1437–1439) die Stadt Florenz von ihren Bürgern diese Abgabe nicht einforderte.

Von Notar Gherardo Maffei da Volterra ist ein weiteres Dokument erhalten, das in Bezug zu Bankgeschäften an der Kurie steht. Er hat darin im Jahre 1441 vor allem kurze Vollmachtserklärungen festgehalten. Bemerkenswert ist dieses Büchlein, weil es auf der ersten Seite eine Liste der Kurienbanken zeigt:

Societates bancheriorum residentes in curia
- *Cosimus de Medicis et sotii*
- *Bonromeus de Bonromeis et sotii*
- *Antonius della Casa et sotii*
- *Odoardus de Jachinottis et Andreas de Cambinis et sotii*
- *Andreas de Paçis et Antonius de Rabatta et sotii*
- *Martinus de Brunis et sotii*
- *Bonaventura et Baldassar de Sancto Severino fratres*
- *Franciscus de Boscolis et sotii*
- *Franciscus Altobianchi de Albertis et sotii*
- *Laurentius et Gherardus de Casassis et sotii*
- *Raymundus de Manellis*[616]

Breslau in der seines Bruders Michele, ist Biliotti in Köln der einzige, der in dieser Analyse korrekt als in Deutschland lebender florentinischer Bankier erkannt wurde. Auch zum 24-jährigen Pierozzo di Giovanni di Ludovico del Banco wurde in den Steuerregistern vermerkt: *abita nella Magna:* ASFi, Catasto 1, c 125v. Schon ein Jahr später wurde dieser Zusatz weggelassen und auch in den späteren Quellen ist kein Hinweis auf einen Bezug zu Deutschland zu finden: ASFi, Catasto 332, c. 380rv; ASFi, Catasto 450, cc. 397r–404r. Vermutlich war er als *garzone* bei einem Florentiner im Norden angestellt. Nach seiner Rückkehr nach Florenz wurde er ein erfolgreicher Seidenfabrikant und -händler, der in der Tassa dei Traffichi von 1451 als Teilhaber in der Seidenindustrie von Mariotto di Mariotto Banchi genannt wird: ASFi, Catasto 687, c. 532rv. Die beiden anderen Florentiner, die gemäß Herlihy/Klapisch-Zuber in Deutschland gelebt haben sollen, sind von ihren wissenschaftlichen Helfern in den Datenfiles falsch erfasst worden. Matteo di Giusto dell'Abbaco wohnte in Pesaro und der als Medici-Direktor bekannte Giovanni d'Amerigo Benci in Genf: ASFi, Catasto 15, c. 799v. Es kann deshalb davon ausgegangen werden, dass in den nachfolgenden Einzeldarstellungen der Gesellschaften alle Kurienbanken mit Geschäftsbeziehungen nach Deutschland erfasst werden.

615 Die Auswertung dieser Dokumente findet sich weiter unten bei den Einzeldarstellungen der Aktivitäten dieser Banken in Deutschland.

616 ASFi, NA 12517.

Bei den Brüdern Sanseverino handelt es sich wohl um Neapolitaner, bei den Casassi um Pisaner; alle anderen waren Florentiner, von denen die Alberti und Boscoli vernachlässigt werden können, da sie zu diesem Zeitpunkt bereits bankrott waren. Im internationalen Zahlungsverkehr waren nur die fünf ersten Banken auf dieser Liste aktiv.

4.1.6 Von Nikolaus V. bis zu Sixtus IV.

Während 150 Jahren waren in den meisten Zeiten nur zwei bis drei florentinische Banken am päpstlichen Hof im Zahlungsverkehr mit Deutschland tätig. Dies änderte sich in der Mitte des 15. Jahrhunderts, wie die Bücher der apostolischen Kammer zeigen, denn in ihnen nimmt die Zahl der am deutschen Geschäft beteiligten Banken nach 1455 auffällig zu. Das Quasimonopol der Florentiner ging verloren, denn neben Rinaldo della Luna, Francesco Baroncelli, Antonio della Casa, den Pazzi und Tommaso Spinelli machten auch Baldassare di Giovanni di San Severino, Ognibene de' Sagramoso aus Verona, die Franciotti aus Lucca und die Sienesen Alessandro Miraballi und Ambrogio Spannocchi Geldgeschäfte mit Deutschen.[617] In diesen Jahren werden in den Registern der Kurie mit Luce de Donkere (Luce Donck und andere Schreibweisen) und Viktor Bacharen zum ersten Male sogar flämische Bankiers genannt.[618] Die Vorrangstellung der Medici blieb zwar bestehen, doch gingen wesentliche Marktanteile an verschiedene andere Banken. In einem kleinen Rechnungsheft der apostolischen Kammer aus dem Jahre 1461–62 sind Konten für elf Banken angelegt.[619] Es bleibt völlig rätselhaft, ob diese Entwicklung das Ergebnis eines freiwilligen Rückzuges der Medici oder des Vordringens neuer Bankiers in dieses Geschäft war. Die offensichtliche Bevorzugung der Bankiers aus seiner Heimatstadt Siena durch Pius II. (1458–64) etwa vermag dieses Phänomen nur gerade für einen kurzen Zeitabschnitt zu erklären. Zur Zeit von Sixtus IV. (1471–85) registrierten Ait und Palermo eine abnehmende Bedeutung der Florentiner in der kurialen Finanz.[620] Reinhold Mueller bemerkte, dass auch in Venedig die florentinischen Banken ab 1470 immer unwichtiger wurden.[621]

Mit der weitgehenden Auflösung des florentinischen Quasimonopols in den Bankgeschäften der kurialen Finanzverwaltung ging ein Rückgang der der Präsenz florentinischer Bankiers im deutschen Geschäft einher. Dieses Phänomen hatte seine Wurzeln sicherlich nicht

617 Esch (1998). Vgl. die dort zitierten Einträge zu den Ciccala, Franciotti, Sagramoso und Spannocchi.

618 Esch (1998), S. 257. Vgl. auch Schulte (1904), S. 8–9; Pölnitz (1940), S. 225.

619 Roma, Archivio Segreto Vaticano, Annatae 13: Spannocchi, Medici, Baroncelli, Cambini, della Luna, Pazzi, della Casa, Spinelli Franciotti, Nochi und Spini.

620 Ait (1988a); Palermo (1988b), S. 81–83.

621 Mueller (1997), S. 285.

in „zurückgehenden Wirtschaftsbeziehungen“[622] und ebenso war es kein „échec total [...] à cause de l’opposition systématique de la Ligue hanséatique qui redoutait la pénétration des Italiens dans le Baltique et la perte des ses monopoles.“[623] Die Wirtschaftshistoriker streiten sich vielmehr darüber, ob das Verschwinden der florentinischen Bankiers aus Deutschland die Folge einer breiteren Krise der florentinischen Wirtschaft war, wie sie Gene Brucker in den 1470er und 1480er Jahren in der Toskana sah.[624] Er verweist auf Aussagen von Benedetto Dei, Alamanno Rinuccini und Alamanno Acciaiuoli, die in ihren Schriften von großen Bankenkrisen berichten.[625] Federigo Melis ging hingegen davon aus, dass die internationale Bedeutung der florentinischen Wirtschaftskräfte in der zweiten Hälfte des 15. Jahrhunderts weiter zunahm: „assume un primato mondiale, certamente non un primato di mercato, ma un primato di aziende.“[626] Auch Richard Goldthwaite kann vor 1500 keine Krise bei den Banken in Florenz erkennen.[627] Dieser Meinung würden wohl auch Richard Ehrenberg, Götz von Pölnitz und Wolfgang von Stromer weitgehend zustimmen, die nicht von einer Schwäche der Florentiner ausgehen, sondern von einem Erstarken der Banken in Nürnberg und Augsburg.[628]

4.1.7 Deutsche Bankiers in Rom

Deutsche spielten in Rom im kurialen Zahlungsverkehr in den ersten acht Jahrzehnten des 15. Jahrhunderts nur eine marginale Rolle. Hermann Kellenbenz hat auf einen möglicherweise aus Köln stammenden Wilhelm Kremers hingewiesen, der in der Heiligen Stadt eine Bank

622 Beutin (1957), S. 42.

623 Roover (1970a), S. 14.

624 Brucker (1994), S. 9; Böninger (1998), S. 276. Von einem konjunkturellen Abschwung nach 1470 geht auch Roover (1963), S. 3–5 aus.

625 Aiazzi (1840), S. XCIV–XCV; Dei (1985), S. 98 und 130. – Dini (1996) hat in einer Untersuchung des Archivs des Ospedale degli Innocenti in Florenz im Hinblick auf die wirtschaftliche Entwicklung der Seidenproduktion in Florenz deutlich zeigen können, dass die Krise von 1464 im Jahre 1471 überwunden war; die Erholung wurde um 1474 brüsk unterbrochen (Pest), hinzu kamen Lieferungsprobleme aus Konstantinopel. Der folgende Wiederanstieg wurde durch Krisen in den Jahren 1478 (Ermordung von Giuliano de’ Medici) und 1479 (die Pest) unterbrochen. Von 1482 bis 1493 stieg die Produktion aber kontinuierlich an.

626 Kellenbenz (1990), S. XL.

627 Goldthwaite (1985), S. 48–49: „In this respect it is of course significant that the banking sector never underwent a major crisis after the failures of the 1340s, not even with the collapse of what was perhaps the largest and most prestigious bank following the exile of the Medici in 1494. Bankruptcies were not unusual occurences, but for the most part they remained isolated events; even the chain-reaction set off in 1464–65, the only one that elicited much comment by contemporaries, sent only minor ripples through the banking community – and none at all (so far as we know) in any other sector of the economy.“ Vgl. Roover (1964), S. 359–360; Kent / Kent (1981), S. 79.

628 Ehrenberg (1896); Pölnitz (1960), S. 60; Stromer (1970a); Bergier (1979a); Stromer (1981), S. 125; Rosa (1991), S. 328.

führte; Arnold Esch und Ivana Ait haben die Wareneinfuhr durch deutsche Kaufleute in der Mitte und in der zweiten Hälfte des 15. Jahrhunderts dargestellt.[629] Über Geldgeschäfte von Kaufleuten aus dem germanischen Raum ist nur wenig gesichertes Wissen dokumentiert und dieses bezieht sich nur sehr selten auf Oberdeutsche oder Hanseaten; häufig meinen die Quellen mit den *tedeschi* Flamen.[630] Zweifelsfrei kann aber festgehalten werden, dass es während des ganzen Untersuchungszeitraums bei der Kurie keine Niederlassung eines deutschen Handelshauses gab, die in der Lage gewesen wäre, Geld bargeldlos aus dem Norden in den Süden zu transferieren.

Zu beachten sind vermögende Kleriker, die im Umkreis der Kurie umfangreiche Kreditgeschäfte gemacht haben und sicherlich auch als Makler für die florentinischen Banken wirkten. In den Zwanzigerjahren spielte der aus Herford stammende Protonotar und Referendar Hermann Dwerg, Probst an St. Viktor in Xanten und Erzpriester von Santa Maria Maggiore eine wichtige Rolle an der Kurie Martins V. (1417–31). Er war in der Lage, dem Papst 1421 ein Darlehen über 1 000 Gulden zu gewähren.[631] Vermutlich war dies nicht sein einziges Geldgeschäft, denn sein Vermögen erreichte für einen Kurienkleriker ohne Kardinalsrang eine erstaunliche Höhe. Den größten Teil seines Reichtums dürfte er durch Darlehen an deutsche Kleriker gemacht haben, die vor allem bei der Entrichtung der Annaten häufig Hilfe bei Geldgebern suchen mussten. Er taucht vielfach in Geldgeschäften des Deutschen Ordens auf, mit dessen Generalprokuratoren in Rom er beste Beziehungen pflegte.[632] Diese Aktivitäten brachten ihn auch in engen Kontakt mit den Alberti, für die er zeitweise eine maklerähnliche Funktion übernahm. Er obligierte sich beispielsweise bei den Bankiers für die Zahlung der Servitien des Bischofs von Samland, die vom Hochmeister des Deutschen Ordens brieflich verbürgt worden war.[633] Ein Thomas (vermutlich Spinelli) aus diesem Bankhaus war Zeuge, als Dwerg 1425 in Rom ein Haus verkaufte.[634] 1427 hatte er bei den Medici in Rom ein *deposito a discrezione* über f. 4000.[635] Ein anderes Haus wurde 1431 vom Deutschen Orden aus seinem Nachlass gekauft, um als

629 Vgl. Kellenbenz (1967b), S. 21; Esch (1981), S. 56–58; Esch (1994b), S. 120; Esch (1994a), 392 ff.; Ait (1987); Ait (1988b).

630 Vgl. auch die von Esch (1998), S. 293, 296, 303–304, 311–312, 325–326, 328, 349–350, 364, 366, 370–371 und 381 ff. genannten deutschen Kaufleute, deren Namen er in vatikanischen Akten fand. Mehrfach erscheinen in den Büchern der Kurie zwischen 1451 und 1462 Theodoricus de Dryl, ein Kaufmann aus der Diözese Utrecht, und sein Faktor Lucas Donker, die Zahlungen für deutsche Kleriker leisteten. – Unbewiesen und unwiderlegt ist immer noch die These von Aloys Schulte, dass Johannes Peters aus Dordrecht, dessen Häuserschenkung den Grundstein für das Anima-Hospiz bildete, sein Geld mit Wechselgeschäften gemacht habe. Reine Vermutung ist, dass er in eine Linie mit Wilhelm Petri aus Mecheln zu bringen sei, der ab 1492 in Rom Geldgeschäfte betrieb. Noack (1927), S. 51.

631 Maas (1981), S. 37.

632 Vgl. Beuttel (1999), S. 683.

633 Beuttel (1999), S. 393.

634 OBA 2.230 (1425, Oktober 19).

635 ASFi, Catasto 49, c. 1199r. Vgl. Roover (1963), S. 208.

repräsentative Unterkunft des Generalprokurators zu dienen.[636] Der Universität Köln vermachte er 10 000 Gulden und ein Haus, seiner Heimatgemeinde ebenfalls ein Haus und 1 200 Gulden. Eine der sechs Kapellen von Santa Maria dell'Anima wurde ihm gewidmet, da er diese Nationalkirche der Deutschen in Rom reich beschenkt hatte.[637] Ein ebenso geschäftstüchtiger Kleriker muss Hermann Duker (Ducker, Dunker) gewesen sein. Bei ihm mietete sich die Delegation der Stadt Lüneburg unter der Leitung des Bürgermeisters Albert van der Molen ein, die 1454 in Rom weilte.[638] Er belieferte seine Gäste mit Wein, Korn und Heu. Duker ist auch mehrfach als Kunde der Medici und Spinelli in Wechselgeschäften zu finden.[639]

4.2 Alberti antichi, da Uzzano e del Bene

Die Alberti (Stammbaum 1) errangen in einem losen Verbund von Firmen bis 1400 nicht nur ihre alte Marktstärke zurück, sondern stiegen darüber hinaus auf zur wichtigsten Kaufmannsdynastie auf den beiden internationalen Handelsplätzen des Nordens in Brügge und London auf.[640] Ihr Niederlassungsnetz erinnert an das der Super-Companies: In Avignon, Barcelona, Bologna, Brügge, Genua, London, Neapel, Paris, Perugia und Venedig gab es Unternehmen, an denen Mitglieder der Familie beteiligt waren und die häufig auch von einem Alberti geleitet wurden.[641] Ihre Unternehmensstruktur war zwischen 1390 und 1410 auf dem Höhepunkt der kommerziellen Kraft.[642] In England waren sie dermaßen angesehen, dass ihr Name im Parlament

636 Boockmann (1995), S. 184.

637 Maas (1981), S. 36–37.

638 Ropp (1887), S. 32 und 41.

639 ASFi, MAP 131, Nr. 1, c. 52v: *Hermanno Duncher* bezahlt Servitien. YUSA 89, 1689 (16. Januar 1457): *lettera di cambio* von Francesco Rucellai in Lübeck zugunsten von *Manno Ducher.* APD, III, S. 202, Nr. 2018 (25. Juni 1454): *Hermann Duker, doctor decretorum* von Lübeck, im Streit mit Krumendiek wegen einer Pfründe in Lübeck.

640 Vgl. Holmes (1968), S. 360–361; Esch (1972), S. 476–477.

641 Roover (1974), S. 57.

642 Die wichtigsten Unternehmen waren damals: Diamante und Altobianco in Brügge, Calcidonio und Niccolò in London sowie Alberto und Ricciardo in Paris. Vgl. Melis (1974b), S. 316. – Es ist noch nicht gelungen, bis ins letzte Detail zu rekonstruieren, wo und wann es überall Alberti-Unternehmen gab. Es scheint vielmehr völlig unmöglich zu sein, die komplexen Beteiligungsverhältnisse wieder aufzuschlüsseln. Die folgenden Ausführungen stellen einen Versuch dar, die äußere Geschichte der Gesellschaften, welche Beziehungen nach Deutschland unterhielten, in den wichtigsten äußeren Daten nachzuzeichnen. Um zu verstehen, wie dieser Verbund von Unternehmen zusammenarbeitete, ist es wichtig, nicht nur die Rechtsstruktur, sondern auch die familiären Verhältnisse zu klären, denn der Wille zur Zusammenarbeit innerhalb der Familie stellte das wichtigste Bindemittel in diesem Gebilde von eigenständigen Rechtskörpern dar. Unternehmensgeschichte wird hier sehr stark zur Familiengeschichte und die Genealogie zur wichtigen wirtschaftsgeschichtlichen Hilfswissenschaft. Vgl. Roover (1948a), S. 30. – Foster Baxendale (1991), S. 738 kündigt eine umfassende Studie der

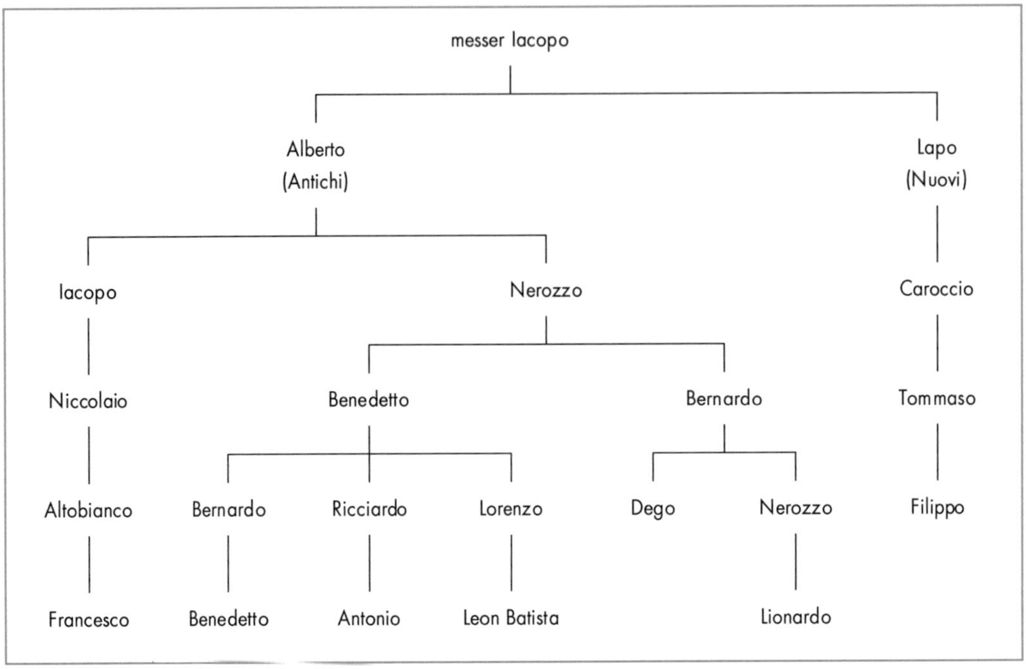

Stammbaum 1. Alberti (stark vereinfacht)

als Bezeichnung für den ganzen Berufsstand verwendet wurde und als *Albertines* gleichbedeutend neben geschlossene nationale Kolonien von Bankiers gestellt wurde.[643] Ihre Stellung und ihr Vermögen waren so ansehnlich, dass sie als Referenzgrößen für alle anderen Gesellschaften dienten. 1398 schrieb die Compagnia Orlandini e Benizi in Brügge über Mitkonkurrenten, sie seien *gente sode e ricche come gli Alberti.*[644] Sie waren in diesen Jahren wirtschaftlich so stark, dass ihnen Renouard für diese Periode „une grandeur supérieur à celle qu'avaient connue les Bardi dans la première moitié du siècle" zumisst.[645]

In ihrer Heimatstadt standen viele Mitglieder der Alberti mit anderen Familienclans in jahrzehntelangen Auseinandersetzungen um die Macht. 1387 wurde messer Benedetto di Nerozzo auf Betreiben der Albizzi aus der Stadt Florenz verbannt; weitere Alberti wurden im Jahre 1393 exiliert und von 1401 an durfte sich kein erwachsenes männliches Familienmitglied in Florenz aufhalten. 1412 versuchten einzelne Mitglieder der Familie, die herrschende Oligarchie aus Florenz zu vertreiben. Doch diese Verschwörung führte sie nicht in ihre Heimatstadt zurück

„Alberti company structure and business practices" an, die aber bis heute noch nicht erschienen ist. So bleiben ihre Ausführungen in Foster (1985), S. 150–204 die detailreichsten Analysen.

643 Holmes (1968), S. 193.

644 ADP, Nr. 853.

645 Renouard (1942), S. 33.

und ihre Gegner unternahmen neue Schritte, sie durch schwere finanzielle Bestrafungen wirtschaftlich zu schwächen.[646] So wurde jedem, der als Faktor für die Alberti arbeiten wollte, neben vielen anderen Strafen, eine *gabella* (indirekte Steuer) in Höhe von f. 1 000 auferlegt.[647] Fabrizio Ricciardelli vertritt die These, diese Verurteilung sei eine Maßnahme unter mehreren gegen die alte Gruppe von Bankiersfamilien (Alberti, Del Bene, Ricci) gewesen, um gezielt einer neuen Platz zu schaffen.[648] Es bestand also zwischen den großen florentinischen Bankhäusern neben der kommerziellen auch eine politische Konkurrenzsituation. Zu greifen ist diese Spannung in einem Abschnitt von Leon Battista Albertis *libri di famiglia,* in dem er von einem gescheiterten Versuch erzählt, die Bankiers seiner Familie aus den Kurienfinanzen ganz zu entfernen, indem man sie im Jahre 1414 in den Konkurs zu treiben versuchte. Johannes XXIII. verlangte von den Alberti, sie hätten ihm innerhalb von fünf Tagen in Bologna die riesige Summe von duc. 80 000 zu übergeben, die bei ihrer Niederlassung in London hinterlegt war. Die in ihrer Existenz bedrohten Bankiers konnten dieses Ansinnen erfüllen, indem Lorenzo diesen Betrag von Venedig aus an seinen Bruder Ricciardo überführte. Leon Battista Alberti spricht davon, dass hinter diesem Ansinnen des Papstes die Feinde *(nimici)* seiner Familie gestanden hätten. Ob er damit die Medici meinte, deren Namen er beim Abfassen dieses Textes nach 1430 wohl mit gutem Grund nicht hätte nennen können, bleibt unklar.[649]

Die politischen Schwierigkeiten in ihrer Heimatstadt hatten auf die Geschäfte der Alberti auf den internationalen Handelsplätzen erstaunlicherweise kaum feststellbare negative Auswirkungen.[650] Die neuere Forschung betrachtet deshalb die Verbannung als ein persönliches Unglück für die betroffenen Menschen, nicht aber für deren Geschäfte.[651] George Holmes sieht im Gegenteil im Exil sogar den Grund für einen weiteren Aufstieg, da es zu einer Dezentralisierung der Unternehmensstruktur ohne eine Zentrale in Florenz führte. Dieser These widerspricht Susannah Foster Baxendale, nach der die offene Gesellschaftsorganisation schon

646 Vgl. Guasti (1867), S. 218; Foster (1985), S. 181; Foster Baxendale (1991), S. 737.

647 Foster Baxendale (1991), S. 730. – Das Verbannungsurteil von 1412 bei Passerini (1869–1870), S. 325–340. Hinweis von Fabrizio Ricciardelli.

648 Ricciardelli (2007).

649 Mancini (1967), S. 12; Foster (1985), S. 182–183; Foster Baxendale (1991), S. 737. – ASFi, Diplomatico, Medici, 1411 febbraio 9: Johannes XXIII. scheint eine Tendenz gehabt zu haben, seine Gelder sehr plötzlich umzulagern. Er forderte schon drei Jahre vorher die Lamberti, Medici, Spini, Bardi und Ricci auf, alle seine Guthaben kurzfristig in den Fondaco der Spini in Bologna zu überweisen.

650 Aus englischen Quellen ist klar ersichtlich, dass die Alberti zwischen 1400 und 1433 mit großem Vorsprung die wichtigste Bank für den Transfer von Geldern von der Insel an die Kurie waren. Die Niederlassungen in London und Brügge waren hierbei von zentraler Bedeutung. Vgl. Holmes (1960–1961), S. 196.

651 Dass die Alberti das Ziel von „political vendetta and partisan taxation“ waren, wie Martines (1963), S. 103 schrieb, wird von Foster Baxendale (1991), S. 735 anhand einer Analyse der Prestanze (Florentiner Steuer vor der Einführung des Catastos) bestritten. – Vgl. Renouard (1949), S. 157; Trexler (1974), Kapitel 3; Goldthwaite et al. (1995), S. XXVII.

vor der Verbannung bestand.[652] Was für die Niederlassungen außerhalb Italiens offensichtlich scheint, muss für die Filialen in Venedig und Rom zumindest in Zweifel gezogen werden, denn hier verlieren sie den ersten Rang bald nach der Verbannung aus der Heimatstadt an die Medici.

Ab 1415 wird unter den Nachfahren von Alberto di Iacopo degli Alberti eine Tendenz erkennbar, die verschiedenen Teile des Familienvermögens in immer weniger Gesellschaften zu sammeln und an einem Ort nur noch eine *compagnia* zu betreiben.[653] Ricciardo di Benedetto degli Alberti tat sich mit Bruder Lorenzo und Cousin Benedetto di Bernardo zusammen.[654] Benedetto führte die Geschäfte in Venedig, Lorenzo und Ricciardo waren vor allem Investoren und überließen das Tagesgeschäft in den Niederlassungen meist anderen Familienmitgliedern oder weiteren Partnern. Nach dem Tod Lorenzos (1421) und Ricciardos (1422)[655] fielen ihre Anteile an Antonio di Ricciardo, der im Exil in Bologna lebte.[656] Lorenzos illegitimer Sohn, der berühmte Leon Battista Alberti, erhielt aus dieser Erbschaft lediglich ein Legat, um das er lange Jahre mit Antonio und Benedetto streiten musste. 1427 flossen die seit 1372 getrennten Vermögensteile der Alberti antichi wieder zusammen, als sich Antonio und Benedetto mit Lionardo di Nerozzo und Francesco d'Altobianco zusammentaten.[657] Als Bankiers scheinen

652 Holmes (1960–1961), S. 194; Foster (1985), S. 179–185.

653 Foster (1985), S. 181.

654 ASFi, Catasto 32, cc. 422r–432v; und Passerini (1869–1870), I, S. 151: Benedetto di Bernardo, geboren 1383, lebte in Padova, wo er sich offensichtlich vor allem um Grammatik kümmerte, denn seine Sammlung von Grammatikbüchern war dermaßen wertvoll, dass er sie den Steuerbehörden deklarierte. Er ließ sich durch Francesco d'Altobianco ein Haus in Florenz kaufen, doch behielt er einigen Besitz in Padova und ein Haus in Venedig. Bei der Abfassung der Erklärung für das Catasto von 1433 war seine illegitime Tochter sechs Monate alt. Er starb 1437. – Mancini (1967), S. 50–52 und 67: Am Tag vor seinem Tod (21. Mai 1421) bestimmte Lorenzo seinen Bruder Ricciardo zum Testamentsvollstrecker. Er sollte die beiden Banken liquidieren und ein Drittel des erlösten Ertrages an Benedetto, den Sohn seines Bruders Bernardo, auszahlen; zwei Drittel des Erlöses und fast alle anderen Besitzungen sollten an Ricciardo gehen. Verschiedene Legate sollten den beiden illegitimen Söhnen Carlo und Battista, der als Leon Battista Alberti zum berühmtesten Mitglied dieser Familie wurde, und der Witwe entrichtet werden. Noch 1431 berichtet Benedetto dem Catasto in Florenz, dass diese Liquidation nicht vollzogen worden war und die unehelichen Söhne ihre Gelder nicht erhalten hatten. Benedetto hatte sich offensichtlich mit Antonio di Ricciardo, dem Sohn des 1422 verstorbenen Testamentsvollstreckers und neuem Oberhaupt der Familie, auf eine Weiterführung der Geschäfte in London und Brügge geeinigt.

655 Passerini (1869–1870), I, S. 127.

656 ASFi, Catasto 32, cc. 39r–45v; und Passerini (1869–1870), I, S. 127: Er war 1403 geboren und lebte in Bologna im Exil, wo er auch noch Häuser, Weingärten und drei Seidenwebereien besaß. Verheiratet war er seit 1427 mit Giovanna di Rosello Strozzi, mit der er 1433 vier Kinder hatte: Ciofero (4 Jahre), Ricciardo (3), Andrea (1), Maria frisch geboren. Er starb am 9. Juni 1452.

657 ASFi, Catasto 32, cc. 226r–233v; und Passerini (1869–1870), I, S. 151: Er war geboren am 14. Juni 1401, drei Monate nachdem sein Vater ins Exil musste. Er heiratete 1432 Giovanna di Bernardo de' Bardi, mit der er ein Kind hatte: Maria, (1442 war sie 24 Jahre alt). Weiter hatte er drei illegitime Söhne: Giovanni (23), Lanzilao (13) und Troiolo (8 Monate). Er verfügte über einen großen Haus- und Güterbesitz in Florenz und Poggibonsi. Francesco starb am 9. Dezember 1461. Er ist bekannt als Dichter, der viele humoristische Gedichte hinterlassen hat. Leon Battista degli Alberti widmete ihm das dritte Buch seines Werkes „Della Famiglia". – Foster (1985),

nur Benedetto (Venedig) und Francesco (Rom) gearbeitet zu haben, die beiden anderen waren stille Teilhaber. Die Alberti schufen dadurch eine komplexe Struktur von Beteiligungen, die heute kaum mehr bis ins letzte Detail aufzuschlüsseln ist. Francesco war beispielsweise als Partner an der Niederlassung in Rom beteiligt, an den Gesellschaften in Brügge, Basel, Florenz und Venedig war er aber nur über *depositi* beteiligt.[658] Am 22. Oktober 1428 wurde die Verbannung vieler Alberti aufgehoben, nachdem einzelne Familienzweige schon vorher nach und nach ausgenommen worden waren.[659] Francesco kehrte in seine Vaterstadt zurück und hat als Generaldirektor von Florenz aus seine eigenen Interessen und die von Antonio in Rom, Florenz, Brügge und London vertreten.[660] Die Gesellschaft in Venedig, die für das Wechselgeschäft mit Deutschland keine Rolle spielte, war allein im Besitz von Benedetto.

1434 geriet der Verbund der Alberti-Banken in eine finanzielle Schieflage. Ein Indiz dafür ist die Emanzipation der beiden Söhne von Francesco d'Altobianco, wodurch Teile des Vermögens gesichert werden sollten.[661] Im selben Jahr verließ mit Tommaso Spinelli der langjährige Leiter die Kurienbank im Streit und ein paar Monate später tat der erfahrene Bartolomeo Biliotti in Köln den gleichen Schritt. Es verwundert also nicht, dass am 11. September 1434 zum letzten Male in den Büchern der Kurie der Eingang einer deutschen Servitienzahlung notiert wurde, die über die Alberti abgewickelt worden war.[662] Im Frühjahr 1436 traten die Schwierigkeiten offen zutage, als die Streitigkeiten zwischen den Teilhabern vor die Gerichte getragen wurden. Am 9. und 13. April wurden auf Antrag von Francesco d'Altobianco *robbas et res,* welche Iacopo de' Strozzi auf dem Schiff „Querina" von England nach Livorno transportiert hatte, sequestriert. Eigentümer dieser Ware waren die Alberti-Filialen in London *(Alessandro de' Ferrantini e co. di Londra)*, Brügge *(Antonio di Ricciardo degli Alberti e co. di Brugia)*, Köln *(Bartolomeo di Domenico Biliotti e co.)* und Florenz *(Benedetto di Bernardo degli Alberti).* Francesco versuchte

S. 192. Eine Darstellung der Alberti-Niederlassungen in Brügge, London und Rom auch bei Esch (1966), S. 290–292.

658 Foster (1985), S. 117 und 197. Sie bezieht sich auf ASFi, Catasto 450, cc. 397r–404r und ASFi, Catasto 492, cc. 228v–235v.

659 Erst im Dezember 1435 wurde dem letzten Familienmitglied die Rückkehr erlaubt. Vgl. Boschetto (1998), S. 90.

660 Die meisten anderen hier vorkommenden Familienmitglieder wurden im Oktober 1428 *ribanditi,* also aus der Verbannung befreit. Benedetto di Bernardo hatte bereits am 13./14. Oktober 1427 das Recht zur Geschäftsausübung in Florenz erhalten; erst am 13./14. Februar 1430 wurde er *ribandito.* Nach der Rückkehr der Alberti aus dem Exil nach Florenz nach 1428 verdichten sich die Nachrichten über die Familienverhältnisse und die von ihnen betriebenen Unternehmen. Die beiden wichtigsten Quellen dafür sind die schriftlichen Vermögensdeklarationen *(portate),* welche die hier interessierenden Alberti den Uffiziali des Catastos von 1433 abgaben (Antonio di Riccardo: ASFi, Catasto 32, cc. 39r–45v; Dego und Nerozzo di Bernardo: ASFi, Catasto 32, cc. 364r–365v; Benedetto di Bernardo: ASFi, Catasto 32, cc. 422r–432v; Francesco d'Altobianco: ASFi, Catasto 32, cc. 226r–233v) und die Protokolle der Gerichtsverhandlungen der Mercanzia, die verfasst wurden, als ab 1436 zwischen den verschiedenen Alberti-Unternehmen der mit dem Konkurs endende Rechtsstreit ausgetragen wurde.

661 Kuehn (2002), S. 200.

662 Es waren Gelder des neuen Erzbischofs von Mainz. Esch (1998), S. 279.

durch diesen Schritt an über f. 17 000 zu kommen, die ihm diese Unternehmen seiner Meinung nach schuldeten.[663] Am 23. Juli entschied die Mercanzia über die Aufteilung des Betrages auf die drei Schuldner.[664] Der Konkurs des ganzen Firmenkonglomerats war damit besiegelt und der Konsul der florentinischen Kolonie in Brügge wurde aufgefordert, die Bücher von Antonio e Benedetto degli Alberti e co. einzuziehen.[665] Am 29. August protestierte Papst Eugen IV. bei der Mercanzia in Florenz, weil die Alberti die Wechsel eines Engländers nicht bedienten.[666] Einen Monat später erließ das Basler Konzil einen Haftbefehl gegen Francesco d'Altobianco.[667] Die folgenden Prozesse im Konkursverfahren dauerten mehr als zehn Jahre.[668] Die Schieflage der Gesellschaft wurde durch Prozesse mit anderen Unternehmen noch verschlimmert: So lagen die Alberti anfangs 1437 auch im Streit mit den Borromei von Brügge und Venedig.[669] Am 30. Juni 1437 teilten die Prioren der Zünfte von Florenz König Heinrich VI. von England mit, dass die Unternehmen der Alberti *in manifestam ruinam prolapsi sunt.*[670] 1437 waren die meisten der Alberti-Gesellschaften bankrott und ihr Name verschwindet aus den Büchern der Banken- und Handelsgeschichte.[671]

Die Auswirkungen des Hundertjährigen Krieges auf Flandern in den Dreißigerjahren des 15. Jahrhunderts haben die Alberti sicherlich hart getroffen. Die Hauptursachen für den Konkurs sind aber bei ihnen selbst zu suchen, denn die mangelnde unternehmerische Erfahrung dieser Alberti-Generation und ihr offensichtliches Desinteresse an geschäftlichen Dingen traten während der Prozesse deutlich zu Tage. So soll es für die Niederlassung in Brügge seit etwa 1432 keinen Gesellschaftsvertrag mehr gegeben haben.[672] Es ist auch erstaunlich, mit welcher Freimütigkeit Benedetto di Bernardo 1436 vor der Mercanzia eingestand, dass er nie Informationen über die Geschäftstätigkeit der Alberti-Unternehmung in Brügge erhalten habe, an deren Kapital er immerhin mit einem Drittel beteiligt war: *et di tal 1428 in qua non ha mai poduto veder de' facti dela compagnia de Brugia, non havendo poduto veder niente, dice che lui è*

663 ASFi, Mercanzia 271, c. 36rv. Englische Berichte zu diesem Vorgang bei Holmes (1960–1961), S. 197–198.

664 ASFi, Mercanzia 7130, cc. 251v–255v. Vgl. Boschetto (1998), S. 121.

665 ASFi, Mercanzia 271, c. 81r.

666 ASFi, Diplomatico, Strozziane Uguccioni, 1436 agosto 26.

667 ASFi, Diplomatico normale, S. Frediano in Cestello, Nr. 2218, 1436 ottobre 1.

668 Vgl. Boschetto (1998).

669 ASFi, Mercanzia 1323, cc. 275 und 277–278.

670 Williams (1872), S. 249–250. Der König hatte bei der Signoria protestiert, da im Zusammenhang mit den Streitigkeiten zwischen den diversen Alberti-Gesellschaften in Pisa Wollballen sequestriert worden waren, die einem Willelmus Wolley de Campeden gehörten. – Erst am 22. April 1439 wurde nach dem Tode von Benedetto di Bernardo degli Alberti ein Konkursverfahren eingeleitet. Vgl. ASFi, Mercanzia 10874, cc. 39v–40v und 43v–45v.

671 Zu den Verhandlungen wegen des Alberti-Konkurses vgl. Boschetto (1998).

672 BNCF, Magliabechiano VIII, Nr. 1392, Brief von Alessandro Ferrantini, Leiter der Alberti-Filiale in London, an Filippo degli Strozzi vom 27. Juli 1435: *[...] che Lorenzo da Bruggia da tre anni va senza scripta, lo dovessi avisare dello stato di chotesti nostri maggiori.*

[in]formato di niente.[673] Viele Jahre wurde in der Geschichtswissenschaft die These vertreten, die Beteiligungsstrukturen der Gesellschaft seien wesentlich am Zusammenbruch mitschuldig gewesen. Die Alberti hätten immer mehr Vermögen in denselben Gesellschaften zentralisiert. Diese Konzentration auf immer weniger Unternehmen, welche die Entwicklung der Gesellschaftsstruktur wieder umkehrte und in die Zeit vor 1370 zurücklenkte, habe dazu geführt, dass Schwierigkeiten einer Niederlassung alle anderen mit in den Ruin reißen konnten. Foster Baxendale fasste diesen Gedanken folgendermaßen zusammen: „Ironically, at the time when the Alberti were gradually returning to the more traditional monolithic orientation of family business, the Medici were coming to profit tremendously from decentralization of family enterprise.“[674] Seit den Publikationen von Luca Boschetto ist diese Darstellungsweise widerlegt. Auch die Alberti betrieben nicht eine Gesellschaft mit vielen Filialen, sondern eine Reihe juristisch unabhängiger Unternehmungen.[675]

673 ASFi, Mercanzia 1322, c. 36v.

674 Foster (1985), S. 223. In ähnlichem Sinne auf S. 201: „Thus, in the exile phase, the Alberti as a whole were operating in a decentralized business system, but internally, they had consolidated their companies on a personal level. By the 1430s, the consolidation was to intrude into the overall organization, with the result that too many Alberti companies were depending upon the same capital base, and too many Alberti were investing in the same few società. At that point and in that situation, a failure in one Alberti company would have immediate repercussions on the future of the other family companies, and in the financial security of the Alberti investors. Earlier in the history of the Alberti however, the reaction to difficulties in one società would have had a limited effect on the others.“ – Zu den Unterschieden zwischen zentralisierten und dezentralisierten Unternehmensstrukturen vgl. Roover (1948a), S. 31–41. – Benedetto ist 1437 gestorben, hat also gerade noch den Untergang seiner Unternehmungen miterleben müssen. Antonio di Ricciardo hat allen seinen Besitz verloren. Sogar die im Monte Commune von Florenz abgesicherten Summen, welche als Mitgift für die Töchter bestimmt waren, hatte er aufgelöst. In seiner *portata* zuhanden des Catastos von 1442 schilderte er selber in bewegenden Worten, was ihm passiert ist. Seine Frau sei aus Kummer über diesen Verlust gestorben, und nun habe er Schulden in Höhe von f. 30 000: *Le sustanzie mie mi sono state rubate e tolte, e a me non resta nulla nulla, ecietto ch'i'ò VII figluoli e debitto tra chol Chomune e altri forse XXX mila fiorini, e quelo io avea, dov'è itto ve lo dirò apreso, che breve fia.* ASFi, Catasto 617, c. 33r. Wer aus seiner Sicht die Hauptschuld am Untergang seiner Unternehmungen trug, hat Antonio in diesem Text deutlich gemacht: Francesco d'Altobianco. Auch dieser hatte große Summen verloren *(mi truovo debito parecchi migliaia)* und musste viel von seinem Grundbesitz veräußern. ASFi, Catasto 700, c. 560v. Im Catasto 664, c. 192 schreibt Francesco: *Chol Chomune di Firenze debito, che da X anni in qua mi sono guardato [...]. Sia ridoto al convenevole sí che, se possibile è, la persona almancho sia libera, perché da 10 anni in qua non sepi che coxa fuxe libertà.* Im Catasto von 1451 beklagte er, dass er wegen seines Alters nicht noch einmal mit neuen Geschäften beginnen könne: *è difficile a mettere chaval vecchio in ambia dura.* ASFi, Catasto 804, cc. 267r–276r. In der großen Enzyklopädie „Treccani“ steht heute kein Wort über ihn als Kaufmann. Er wird als *poeta* bezeichnet und zu den besten Dichtern der ersten Hälfte des 15. Jahrhunderts gezählt. (Albèrti, Francesco d'Altobianco nell'Enciclopedia Treccani (o. J.), https://www.treccani.it/enciclopedia/francesco-d-altobianco-alberti, 02.07.2021).

675 Boschetto (2000), S. 20–31.

4.2.1 Kurienbank

Die dem päpstlichen Hof folgende Bank der Alberti stand um die Jahrhundertwende unter der Leitung von Simone di messer Dino, der zwischen 1390 und 1406 belegt ist.[676] Bereits 1402 wird als *factor et gubernator* der um 1378 geborenen Aldighiero di Francesco Biliotti genannt, der die Gesellschaft auch 1409 auf dem Konzil von Pisa vertrat. Ab etwa 1400 lautete der Firmenname Lorenzo degli Alberti e co. di Corte.[677] Über die Geschäfte der Bank in Konstanz, die von Aldighiero di Francesco Biliotti geleitet wurde, gibt es nur sehr wenige gesicherte Erkenntnisse, da das Archiv der Alberti nur in kleinen Teilen erhalten ist und darin aus der Tätigkeit am Konzil kein Dokument zu finden ist. In den Kammerakten gibt es einen Eintrag über ein Warengeschäft, bei dem Aldighiero an den Hof weiße Seide als Mantelfutter verkaufte.[678] Eine weitere Verbuchung nennt ihn am 31. Dezember 1415 im Zusammenhang mit der Zahlung der Servitien des Kölner Erzbischofs Dietrich II. von Moers.[679] In Wechselgeschäften wird er als *datore* in zwei Transaktionen der Ricci-Bank von Konstanz nach Paris genannt, die von Michele de' Pazzi e Antonio Sostegni e co. und Andrea e Poldo de' Pazzi e co. protestiert wurden.[680] Zu seinen Kunden zählte der Bischof von Évora, Alvaro I. Afonso, und weitere Portugiesen, die ihm fünf Jahre nach dem Ende des Konzils immer noch 5 000 französische Écus schuldeten.[681]

Martin V. pflegte die guten Beziehungen mit den Alberti weiter, von denen er schon als Kardinal profitiert hatte. Er ernannte Aldighiero di Franscesco Biliotti 1418 zum *domestico e familiare* und bat die Fürsten Deutschlands und Italiens, ihn von allen Abgaben für die Waren zu befreien, die er in den Diensten der Kirche mit sich durch diese Territorien führte.[682] Der Weg des Bankiers ging aber nicht in den Norden, sondern zurück nach Italien. Der fast 20-monatige Zwischenhalt der Kurie am Arno stellte die Alberti-Bank vor ein großes Problem, denn die Familie war ja aus der Stadt verbannt und durfte sich hier nicht aufhalten und keine Geschäfte machen. So musste ein raffinierter Ausweg helfen: Aldighiero wurde

676 Esch (1972), S. 523.

677 Petti Balbi (2016), S. 219.

678 Fink (1971–1972), S. 644. Dies ist der einzige Vorgang, bei dem ein Bankier in Konstanz als Warenhändler nachgewiesen ist. Möglicherweise waren die Banken der Ricci, Medici und Spini die ersten Handelsgesellschaften des Mittelalters, die zumindest während der Tätigkeit am Konstanzer Konzil ausschließlich das Geldgeschäft betrieben haben. Das Geld, das Bartoli am 29. April 1418 von der Kammer für diverse Waren erhielt, sind Beträge, die er als Depositar an andere Händler weiterzugeben zu hatte. Ein Beleg für einen eigenen Warenhandel sind diese Vorgänge nicht. Fink (1971–1972), S. 646:

679 Sieveking (1906), S. 60.

680 ASFi, Diplomatico normale, Prato, S. Vincenzo, Nr. 67c und Nr. 67d, 1414 gennaio 24.

681 ASFi, NA 12155, c. 126v: Biliotti ernannte am 13. März 1423 Adovardo Giachinotti zu seinem Prokurator, um diese Schulden einzutreiben. Die Giachinotti-Cambini-Bank verfügte in Portugal über ausgezeichnete Geschäftsbeziehungen. Bischof Afonso war zu diesem Zeitpunkt allerdings bereits verstorben. Hinweis von Lorenz Böninger.

682 ASFi, Diplomatico normale, Innocenti, 1418 gennaio 28.

zum Teilhaber gemacht und die Gesellschaft nach ihm benannt.[683] Tommaso Spinelli, der im selben Jahr in dieser Bank als Lehrling angestellt wurde, berichtet, die Gesellschaft sei während der Anwesenheit in Florenz nach ihrem Direktor Biliotti benannt worden, da den Alberti die Geschäftstätigkeit hier ja untersagt war: *vera cosa fù, che d'Aldighiero faceva di traffico per gli Alberti, ma perché gli Alberti in quei tempi non potevano trafficare a Firenze, diceva lo nome in detto Aldighieri.*[684] Selbstverständlich hat jedermann in Florenz diese Umgehung der Verbannung durchschaut, aber der Papst hätte ein Arbeitsverbot für die Alberti-Biliotti-Gesellschaft kaum akzeptiert. Er hat auch in den folgenden Jahren häufig mit ihr zusammengearbeitet. Wie wichtig sie ihm war, zeigte er 1424, als er sich in einem Schreiben an die Signoria von Florenz dafür einsetzte, die Verbannung der Alberti aufzuheben.[685]

Die juristische Struktur und die Firma der Römer Alberti-Gesellschaft zu fassen, ist aufgrund der schlechten Quellenlage und der komplexen Beteiligungsverhältnisse nur in groben Zügen möglich. Zwischen 1423 und 1427 wird *Lionardo degli Alberti e co.* genannt. Im Catasto 1427 nennt Francesco d'Altobianco seinen Arbeitsplatz *sta a Roma colla compagnia di Benedetto di Bernardo degli Alberti,* erwähnt aber auch die *compagnia della comeseria di Lionardo degli Alberti e compagni.*[686] Es ist nicht mit Sicherheit zu klären, ob dies eine Aufeinanderfolge von Partnerschaften war oder ob diese Gesellschaften zeitweise nebeneinander bestanden. In Rom hatte Francesco d'Altobianco als Teilhaber die Position des *maggiore* inne; Aldighiero di Francesco Biliotti war *governatore.* Die Gesellschaft erhielt 1427 den Namen *Francesco d'Altobianco e co. di Corte* und arbeitete wie die Römer Filiale der Medici ohne eigenes Grundkapital. Dies war nicht so, „because the accounts had been unbalanced for so long", wie Foster Baxendale meinte,[687] sondern weil die Arbeitsweise der florentinischen Banken bei der apostolischen Kammer in vielen Fällen ein solches gar nicht unbedingt erforderte: Der hohe Klerus an der Kurie hatte bis in die Mitte des 15. Jahrhunderts meist mehr Bedarf nach der Möglichkeit, Geld anzulegen als Kredite aufzunehmen, wie de Roover gezeigt hat.[688]

1427 bekleidete Francesco d'Altobianco das Amt des Bankiers für die Finanzverwaltung des Kirchenstaates, konnte den Medici die Verwaltung der Gelder der apostolischen Kammer aber nicht streitig machen.[689] Wenn man seinen Angaben gegenüber den Uffiziali des Catasto glaubt, so konnte die von ihm geführte Bank nie Gewinn erwirtschaften. Seit 1428 war sie wegen der Unruhen gegen Ende des Pontifikates von Martin V. und zu Beginn der Amtszeit von Eugen IV.

683 Text nach Caferro (1995), S. 722–723.

684 ASFi, Vagante 9, c. 1r.

685 ASFi, Diplomatico, Riformagioni atti pubblici, 1424 dicembre 8.

686 ASFi, Catasto 34, cc. 608–619. Lionardo muss vor 1427 gestorben sein.

687 Foster (1985), S. 199.

688 Es gab allerdings eine ganze Reihe von florentinischen Banken in Rom, welche einen *corpo* hatten: Antonio della Casa arbeitete mit f. 2000, Tommaso Spinelli mit f. 4000. Vgl. Caferro (1995), S. 721. Es ist schwer zu entscheiden, ob nun der Einsatz von Eigenkapital oder der Verzicht darauf die Regel war.

689 Partner (1958), S. 166.

in Schwierigkeiten.[690] Grund dafür waren die Bargeldsummen, welche beim Tode des Papstes ausbezahlt werden mussten. Francesco hatte den großen Teil der ihm anvertrauten Gelder in Waren angelegt. Da diese wegen der Unruhen nicht verkauft werden konnten, musste er selber Kredite aufnehmen. Verschlimmert wurde die Situation noch durch ein Darlehen von f. 5 000, das er dem neugewählten Papst gewähren musste:

> *Similmente a Roma. No' v'è corpo, e pe' tempi aversi sono stati, noi non abiamo potuto saldare i conti nostri dal 1428 in qua, e questo per le tribolazioni vi furon a ttempo di papa Martino e pe' la morte sua e poi pe' lla ghuera e ttempo d'Eugenio ch'è ora. El perché null'abiam potuto, né saldare né [a]chonciare, ma perdita essere vi dovrà piutosto che avanzo, e questo pe' danari ci chavano di mano quando Martino morì, che subito ci convenne sborsare gran soma di danari e darlli a chi lli dovea [a]vere, e noi gli avamo i[n] merchantie e chonvennecieli trovare a tor[r]e a costo, che ancora abiamo adoso di dete merchatantie, perché pel temporale stato, mai ne siamo potuti uscire, e più prestamo a papa Ugenio circha di f. V mila quando fu fatto papa, che mai cie li à renduti, di che abiamo danno e [i]ntereso assai.*[691]

Nach der Heimkehr von Francesco d'Altobianco nach Florenz führte Tommaso Spinelli als *maggior governatore* ab 1428 die Geschäfte in Rom für sechs Jahre allein. Als er die Niederlassung *di Corte* 1434 im Streit verließ, wurden die Geschäfte de facto eingestellt.[692]

Im Konkurs der Alberti-Gesellschaft wurden die Filialen in Rom, Venedig und London saldiert. Für die anderen kam die Rettung durch Bernardo da Uzzano, einem Kaufmann aus sehr einflussreicher Familie. Zusammen mit seinen Partnern Francesco Boscoli und Bianco d'Agostino del Bene betrieb er die Kurienbank *Francesco Boscoli e Giovanni da Uzzano e co.*[693] Dazu kam ein Netz von Filialen in Barcelona und Genua unter der Firma *Bernardo da Uzzano*

690 Schon die alte *società*, die bis 1427 bestanden hatte, war in einem sehr schlechten Zustand. Als Francesco eintrat, war die Bilanz scheinbar ausgeglichen, denn es standen sich Guthaben und Schulden von je duc. 95 000 gegenüber. Er erachtete allerdings Ausstände in Höhe von duc. 22 000 als nicht mehr eintreibbar. Diese Schulden erkannte er in der neuen Gesellschaft nicht an. Vgl. die bei Cessi (1907), S. 277–284 abgedruckte Notariatsakte.

691 ASFi, Catasto 32, cc. 38r–42r und 45v. Foster (1985), S. 195 interpretiert diese Aussage von Antonio ganz anders: „At the death of Martin V, the company books had been confiscated, leaving the accounts still unbalacend. Moreover, caught with too much liquid capital at that politically unstable moment, the Alberti had rushed to purchase merchandise as collateral (?) and still had the goods on their hands." Sie bezieht sich auf Catasto 450, cc. 147r–150v und Reg. Div. 296, cc. 55r–58r; Catasto 492, cc. 534r–538v.

692 Boschetto (1998), S. 91.

693 Giovanni di Bernardo da Uzzano war der minderjährige Sohn von Bernardo. – Boscoli vertrat am 13. Juli 1437 vor der Mercanzia die Interessen von Antonio und Benedetto degli Alberti gegen Dego und Francesco: ASFi, MAP 81, Nr. 48, cc. 521r–524v.

e co. und in Genf als *Bardo di Neri e co.*[694] Er gehörte damit zu den wichtigsten Bankiers von Florenz und arbeitete auch als Korrespondent für die Unternehmen von Cosimo de' Medici.[695] Die Partnerschaft mit Francesco Boscoli führte zur Gründung einer Bank bei der Kurie, die zur Korrespondenzbank für die früheren Alberti-Niederlassungen in Basel, Brügge und Köln wurde; Dego degli Alberti und Antonio Gianfigliazzi in Basel schlossen mit da Uzzano einen Partnerschaftsvertrag: *Bernardo da Uzzano e co. di Basilea.* Schon 1438 wurden Klagen gegen da Uzzano und seine Gesellschaften bei der Mercanzia eingereicht und am 11. August 1439 stellten seine Banken in Florenz und bei der Kurie alle Zahlungen ein. [696] Anfangs 1440 begann vor den Richtern der Mercanzia das Konkursverfahren.[697] Bernardo starb bereits am 6. Oktober dieses Jahres, und sein Sohn Giovanni notierte, sein Vater habe ihm nichts hinterlassen und das in großer Unordnung: *poi mio padre morì, che fu dì 6 ottobre 1440, che non mi lasciò nulla e in molto disordine.*[698] Boscoli starb im September 1446; sein Sohn lehnte die Erbschaft ab.[699] Die Gesellschaften in Brügge, Köln und Basel mussten sich noch einmal neu organisieren und einen anderen Korrespondenten bei der Kurie suchen.

4.2.2 Präsenz auf den Bankenplätzen

Die wichtigste Partnerin der Kurienbank war die Niederlassung in Brügge, von wo aus die Alberti nach ihrer Rückkehr in das Geschäft mit der Kurie[700] schnell wieder den Zahlungsverkehr mit Flandern und England dominierten.[701] Eine Aufsplittung des Alberti-Vermögens von 1372 hatte dazu geführt, dass hier um 1400 mindestens fünf Gesellschaften bestanden, die unter dem Namen von Mitgliedern dieser Familie geführt wurden: die Gesellschaft der Alberti nuovi, diejenige von Gherardo und Lorenzo di messer Benedetto, eine Bank von Ricciardo, eine von Antonio und Bernardo und schließlich eine Compagnia von Diamante und Altobianco di Niccolò. Doch ist nicht sicher, ob es nicht sogar noch mehr Alberti-Unternehmen

694 ASFi, Mercanzia 4405, cc. 194r–196v und 205v–206v; ABIB, Famiglia, Filippo di Vitaliano, Nr. 661; AOIF 12573 (libro rosso C des Andrea Banchi), cc. 24, 48, 58, 73, 81 und 97. Vgl. Litta (1819–1894); Zerbi (1952), S. 434; Edler-de Roover (1992), S. 939; Esch (1998), S. 281; Boschetto (2000), S. 62.

695 ASFi, MAP 134, Nr. 1, c. 55r: Wechselgeschäft mit den Medici in Ancona.

696 ASFi, Mercanzia 272, cc. 125v–127v und 148v–149r.

697 Litta (1819–1894), XV, Tavola I: Der Doge von Genua, dem Bernardo 10 000 Dukaten schuldete, nahm als Repressalie den Florentinern ihr Gut weg. Florenz drohte ihm deswegen mit Krieg. Belege für diesen Bericht Littas konnten nicht gefunden werden.

698 Scuola Normale Superiore di Pisa, Archivio Salviati, n. 2, c. 2s. Zitiert nach Dini (1980), S. 388.

699 ASFi, Catasto 665.

700 Favier (1966), S. 520.

701 Vgl. Graphik 2, S. 49.

gab.[702] Für den kurialen Zahlungsverkehr mit Kunden in Deutschland ist die Gesellschaft Antonio di Ricciardo degli Alberti e co. allein von Bedeutung. Sie bestand seit den ersten Jahren des Jahrhunderts und wurde von Filippo di Giovanni di ser Rucco geleitet.[703] Am 1. Juli 1428 wurde Dego als Teilhaber aufgenommen und die ausserordentlichen Einlagen und wiederinvestierte Gewinne *(sopraccorpo)* wurden in das Eigenkapital *(corpo)* von nun insgesamt etwa f. 4000 übernommen. Um 1430 wurde unter derselben Firma ein neuer Partnerschaftsvertrag geschlossen, in dem sich Antonio, Benedetto und Dego degli Alberti mit Lorenzo di Niccolò di Zanobi zusammenschlossen, dem sie die Geschäftsführung übertrugen.[704] Nach dem Konkurs führte er die Geschäfte in Brügge ab 1436 unter eigenem Namen weiter.

Auch in Venedig sind während den ersten drei Jahrzehnten des 15. Jahrhunderts mehrere Alberti-Niederlassungen nachzuweisen, deren Dauer nicht mit Sicherheit zu fixieren ist: Giannozzo, Antonio, Luigi di Tommaso, Lionardo di Nerozzo und Benedetto di Bernardo.[705] Es lässt sich bei allen kaum ein Interesse am Geldfluss aus Deutschland an die Kurie erkennen, denn nur ein einziges Geschäft ist belegt. 1424 erhielt der Bischof von Augsburg, Peter von Schaumberg, von *Aldighiero di Francesco Biliotti e Leonardo degli Alberti e co.* in Rom ein Darlehen über 650 venezianische Dukaten. Dieser Betrag war sicherlich für die Servitienzahlung bestimmt und sollte bei Leonardo degli Alberti e co. in der Lagunenstadt zurückbezahlt werden.[706] Wie der Kleriker das Geld von Augsburg nach Venedig schaffte, ist nicht überliefert. Es gibt auch keinerlei Hinweise auf Verbindungen der Alberti in Venedig zu deutschen oder italienischen Handelsgesellschaften in Deutschland.

---

702 Roover (1970a), S. 62. – Eine aufschlussreiche Darstellung über die diversen Alberti-Unternehmen findet sich bei Melis (1956), S. 25. – Über die große Unternehmung von Diamante und Altobianco degli Alberti vgl. Melis (1990b), S. 297–316; Melis (1956), S. 25–27 hat versucht, für die Jahre um 1400 ein Verzeichnis zu erstellen, das allerdings nicht für sich in Anspruch nehmen kann, vollständig zu sein. In Pisa konnte er für die kurze Periode von 1383 bis 1384 nicht weniger als sechs Alberti-Niederlassungen nachweisen: Aliso, Andrea, Antonio, Benedetto, Niccolò di Luigi und Nerozzo.

703 Guidi Bruscoli (2012), S. 18–19 Tognetti identifiziert diesen Filippo di Giovanni di ser Rucco als Mitglied einer Familie von Notaren, die er in der ersten Hälfte des 14. Jahrhunderts als Juristen wichtiger Kaufleute wie die Frescobaldi nachweisen kann. Vgl. Tognetti (2014), S. 135; Tognetti (2018), S. 152.

704 Boschetto (1998), S. 91; Guidi Bruscoli (2012), S. 18–19.

705 Noch heute gibt es in der Nähe des Rio di San Barnaba am Ort, an dem ihre Fondachi standen, eine Fondamenta Alberti. Vgl. Mancini (1967), S. 52. Das Haus von Benedetto di Bernardo befand sich im Borgo di Santa Maria Maddelena. Vgl. ASFi, Catasto 492, c. 119r. – Vgl. Foster Baxendale 1985, S. 194, Anm. 155 erwähnt eine Urkunde (ASFi, NA P376, 1419–32, f. 72r, 13. Feb. 1422/23), in der diese drei Nachkommen von Lapo di Iacopo als Prokuratoren von Aldighiero di Francesco Biliotti in einer Transaktion mit Alessandro Ferrantini e co. in London auftraten. Vgl. ASFi, Catasto 32, cc. 422r–432v.

706 ASFi, NA 12519. Vgl. Böninger (2006), S. 22.

4.3 Giovanni d'Averardo de' Medici und seine Nachkommen

4.3.1 Kurienbank

Gründung der Gesellschaft

Giovanni d'Averardo de' Medici und sein älterer Bruder Francesco waren in der Kurienbank des entfernt verwandten messer Vieri di Cambio de' Medici zu Kaufleuten ausgebildet worden und in dieser Unternehmung zu Teilhabern aufgestiegen (Stammbaum 2).[707] Als sich Vieri 1393 aus dem Bankgeschäft zurückzog, gründeten Giovanni und Francesco finanziell und juristisch getrennte Unternehmungen. Während sich Francesco auf Florenz und Avignon mit Frankreich und Spanien orientierte, konzentrierte sich Giovanni auf Rom mit Italien und Nordeuropa. Giovanni überließ die Leitung der Römer Niederlassung, deren Geschäftsaktivitäten im Jahre 1397 einsetzten, zuerst seinem Partner Benedetto di Lippaccio de' Bardi (Stammbaum 3). Als er diesen 1402 als Generaldirektor seiner Unternehmungen nach Florenz rief, betraute er dessen Bruder Ilarione mit dieser Funktion.[708]

Schon Vieri de' Medicis Bank hatte viel Vertrauen bei Bonifaz IX. gewinnen können und Giovanni scheint um das Jahr 1400 neben den Spini an der römischen Kurie der wichtigste florentinische Bankier gewesen zu sein; er hatte in dieser Position also die Lucchesen und Bolognesen abgelöst.[709] Ein funktionierender Geldverkehr von großen Geldsummen aus dem Norden war für ihn wegen seiner Kreditgeschäfte mit dem Papst von großer Wichtigkeit, denn dieser sicherte das erhaltene Darlehen häufig mit Anweisungen auf ihm aus diesen Gegenden

707 Da es über die Geschichte der Medici-Bank mit den detailreichen Werken von Roover (1948b); Roover (1963) und der ausgezeichneten Kurzfassung von Esch (1966), S. 283–290 ausreichend moderne wissenschaftliche Publikationen gibt, kann hier auf eine ausführliche Nacherzählung verzichtet werden. Die Darstellung beschränkt sich deshalb auf die wesentlichen Etappen der Unternehmensgeschichte und die Vorstellung ihrer bedeutendsten Mitarbeiter, soweit sie für die Geschäfte in Deutschland von Bedeutung sind. – Averardo de' Medici trug den Übernamen Bicci. Seine Söhne wurden deshalb in Florenz von den Zeitgenossen Giovanni di Bicci und Francesco di Bicci gerufen. Der Klarheit halber wird in diesem Text die Variante Bicci nicht verwendet.

708 Favier und Cassandro vermuteten, dass sich dahinter eine gemeinsame Geschäftsstrategie verbirgt. Indem die Medici und Bardi in beiden päpstlichen Lagern juristisch und finanziell getrennte Banken unterhielten, ließen sie sich alle Möglichkeiten des aktuellen Geschäfts offen und verbauten sich als Familie im Hinblick auf ein Ende des Schismas nicht die Zukunft. Dieser Ansicht widersprechen de Roover und Esch, die daran zweifeln, dass hinter dieser Aufteilung des Marktes auf zwei häufig kooperierende Firmen tatsächlich eine Rücksichtnahme auf die Kirchenspaltung zu sehen sei. Vgl. Favier (1966), S. 517–518; Cassandro (1994a), S. 217–218; Roover (1963), S. 56–58; Esch (1969a), S. 148–149. – Im deutschen Markt arbeitete allein die Bank von Giovanni, sodass hier immer dieses Unternehmen gemeint ist, wenn auf den folgenden Seiten vereinfachend von der Medici-Bank die Rede ist. – Ilarione de' Bardi: Esch (1966), S. 283.

709 Roover (1963); Esch (1966), S. 282 gibt anhand der Menge der überlieferten Belege zu Geschäften der Medici mit der Kammer von Bonifaz IX. dieser Bank den ersten Rang, während Holmes (1968), S. 361 für die Spini plädiert.

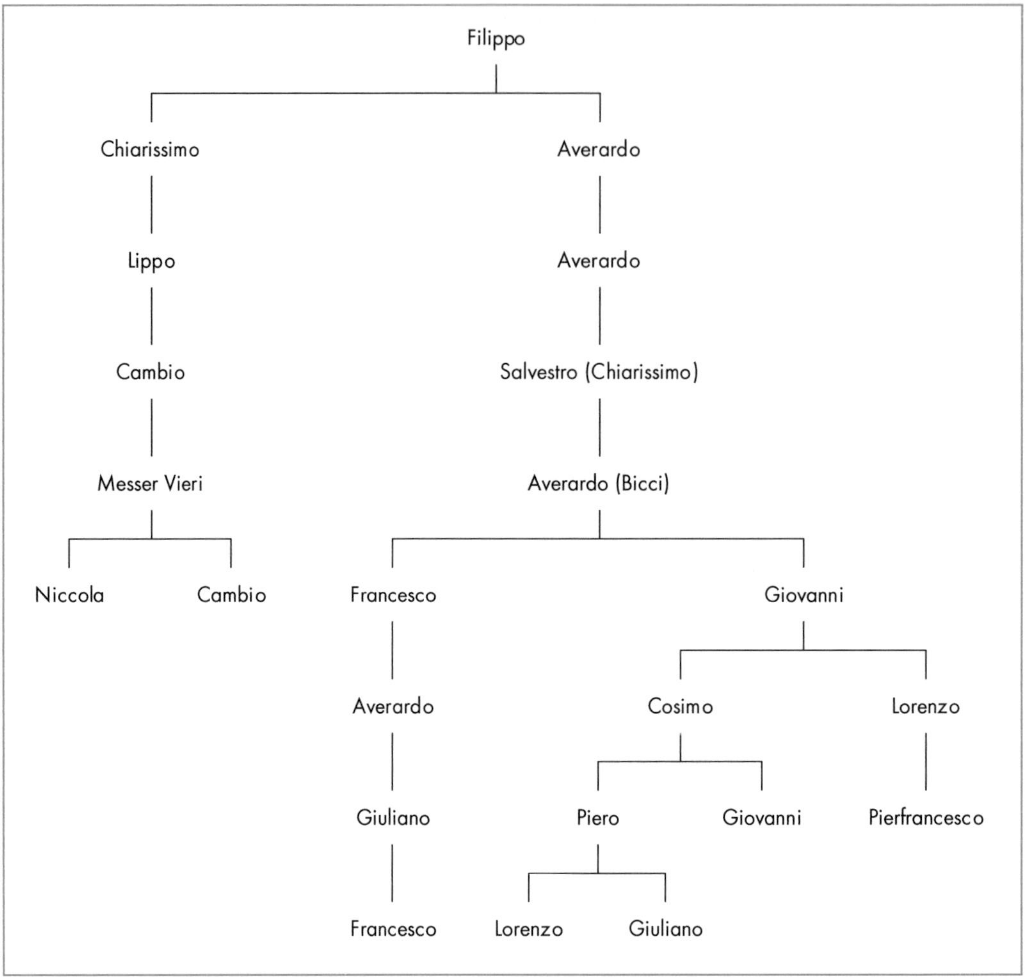

Stammbaum 2. Medici (stark vereinfacht)

zustehenden Geldern ab. Eine solche Vereinbarung zwischen Papst und Bankiers bildet den Hintergrund für eine Urkunde in den Medici-Pergamenten, in der der päpstliche Kämmerer am 10. März 1413 den Kollektor in Polen anweist, der Medici-Bank duc. 500 auszuzahlen.[710] Auch die Annatenzahlungen und die Kredite für Privatpersonen in Rom führten zwangsläufig zu kommerziellen Kontakten mit Deutschland. Am 13. Mai 1395 löste beispielsweise die Bank von Giovannis Neffen Averardo in Florenz einen Wechsel ein, den die Gozzadini in Venedig für zwei Deutsche *(Martino Vetorman* und *Janis Vuachult)* ausgestellt hatten. Die Deutschen lösten auf ihrem Weg nach Rom nur einen Teil des Wechsels ein und ließen sich für den Restbetrag

710 ASFi, Diplomatico, Medici, 1413 marzo 10. Vgl. Favier (1966), S. 516.

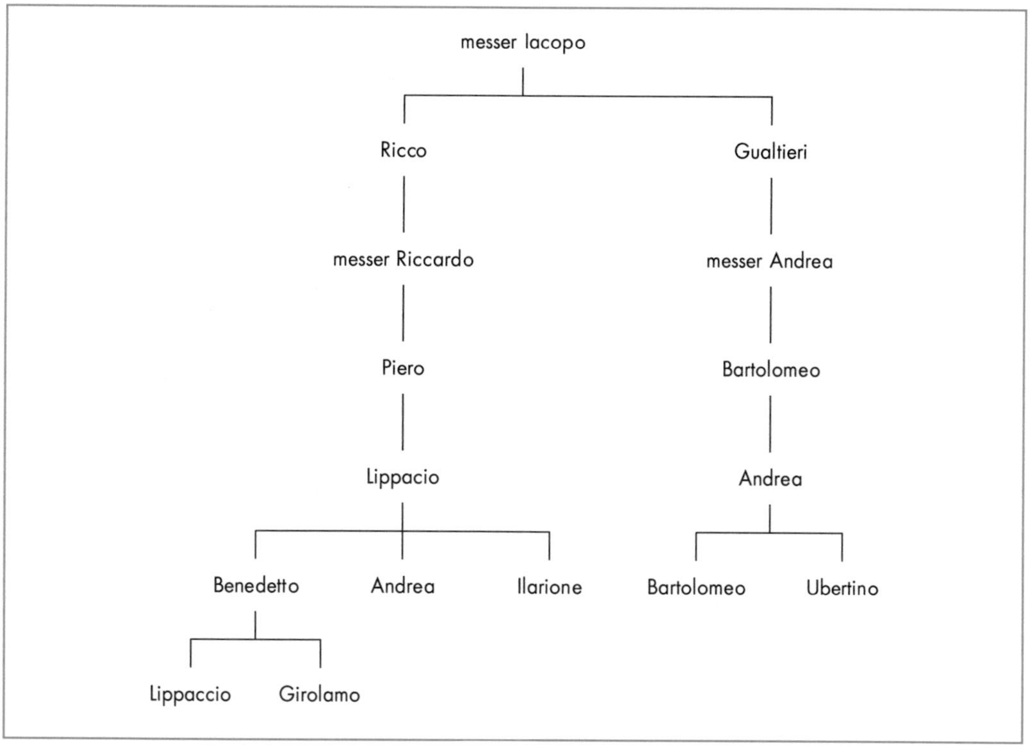

Stammbaum 3. Bardi (stark vereinfacht)

einen neuen auf eine Bank beim päpstlichen Hof ausstellen.[711] Im August 1395 bestätigte Arnold von Dinslaken, dass ihm Giovanni de' Medici ein Deposit bei der Bank zurückbezahlt hat.[712] Im August 1396 lieh Giovanni duc. 35 000 an Erzbischof Gregor Schenk von Osterwitz von Salzburg, die der Kirchenfürst der apostolischen Kammer wegen der Spolien seines Vorgängers Pilgrim zu zahlen hatte.[713] Zunehmendes Interesse für deutsche Belange zeigt auch der Anstieg der Zahl von Urkunden im Medici-Archiv, die einen eindeutigen Bezug zu kirchlichen Institutionen in Deutschland haben.[714] Schließlich wird in den Registern der apostolischen

711 ASFi, MAP 133, Nr. 1, c. 22v.

712 ASFi, MAP 153, Nr. 1, c. 1rv. Zu Arnold von Dinslaken vgl. Giersiepen (1993), S. 249; Andernach (1954–1995), X, S. 424.

713 Wien, Haus-, Hof- und Staatsarchiv, Salzburg, Erzstift (798–1806), AUR 1396 VIII 16. Zu den Schwierigkeiten mit der Rückzahlung dieses Kredits vgl. Favier (1966), S. 442, 516.

714 Es ist an dieser Stelle nicht möglich, alle diese Urkunden hier aufzulisten, sodass eine Beschränkung auf Beispiele genügen muss. – ASFi, Diplomatico, Medici, 1406 febbraio 9: Erhard Weichser, Probst der Johanniskirche in Regensburg klagt gegen Don Giovanni, Abt von S. Stefano in Padova, der ihm den Besitz der Stefanskapelle im Dom von Regensburg bestritt. Zu diesem Vorgang eine zweite Urkunde im selben Fundus mit Datum vom 9. Juni 1406. – ASFi, MAP 101, Nr. 13: Bulle von Bonifaz IX., in der er dem Kloster St. Peter und Paul

Kammer der Name der Medici-Bank und ihres Niederlassungsleiters immer häufiger im Zusammenhang mit Zahlungen aus Deutschland genannt. So quittierte sie beispielsweise am 13. Juni 1399 der Medici-Bank die Servitien des Basler Bischofs und am 13. Dezember 1401 die Gelder des Bischofs von Freising.[715]

Kardinal Baldassare Cossa und Giovanni de' Medici haben sich vermutlich 1399 kennen gelernt, arbeiteten spätestens ab 1402 miteinander und standen ab 1404 in einer sehr engen Beziehung, wie die dem Kirchenfürsten eingeräumten großen Kredite belegen.[716] Giovanni hatte zwar bei der apostolischen Kammer kein offizielles Amt inne, war aber mit den Depositaren Iacopo del Bene und Francesco Boscoli so eng verbunden, dass Jean Favier die Medici als „dépositaires occultes" bezeichnete.[717] In wenigen Jahren wurde Giovanni de' Medici zum mächtigsten Kurienbankier und reichsten Mann in Florenz;[718] Baldassare Cossa wurde am 17. Mai 1410 von den Kardinälen der Pisaner Obödienz zum Papst gewählt. Sehr schnell nimmt in den Kammerregistern die Zahl der Nennungen der Medici-Bank zu, während die vorher dominierenden Ricci und Spini in den Hintergrund gedrängt werden.[719] Esch brachte die Bindung der beiden aufstrebenden Männer auf die Gleichung „die Papstfinanz Johannes XXIII. ist ohne die Medici so wenig zu denken wie der Aufstieg der Medici ohne Johannes XXIII."[720] Und beide waren sehr an Geld interessiert. Cossa hatte vor seinem Pontifikat an der Kurie in bankähnlichen Geldgeschäften ein großes privates Vermögen erworben und setzte während seines Pontifikats den Kirchenfinanzen eine sehr große Bedeutung zu. Den Zeitgenossen blieb nicht unbemerkt, dass Geld kuriale Entscheidungen in hohem Maße beeinflusste. Der Prokurator des Deutschen Ordens schrieb dazu im Juni 1414, dass Kirchenämter ohne Bezahlung nicht zu erhalten seien und der sie erhalte, der am meisten zahle: *deßer czit in aller werlt offenbar sint, das deßer bobst kein bischtum noch keyn behalden lehen vorgibt, das gelt sey denne vor beczalt* und *welcher allermeist hette wolt geben, der hettes behalden.*[721]

---

in Paderborn die Inkorporierung der Pfarrkirche von Putten (heute Niederlande) gestattet (16. März 1400). – ASFi, Diplomatico, Medici, 1406 dicembre 26: Urkunde zur St.-Mauritius-Kirche in Diebach im Bistum Mainz. – Schriftstück des Corado Branthagius von Mainz, das die Mauritiuskirche in Mainz betrifft: ASFi, Diplomatico, Medici, 1407 febbraio 26. – ASFi, MAP 86, Nr. 36: Mandato di Ermanno, abate della diocesi di Passau, per il conferimento a Giovanni Ottenperg di una chiesa nella predetta diocesi, S. l., 1410 settembre 22, cc. 304–308.

715 Esch (1966), S. 375.

716 Lewin (2003), S. 157. Zu Johannes XXIII. (Baldassare Cossa) vgl. Prignano (1919).

717 Favier (1966), S. 519; Esch (1969a), S. 157; Cassandro (1994a), S. 221. – Zur Entwicklung des Amts des Depositars unter Johannes XXIII. vgl. Holmes (1968), S. 364–365.

718 Vgl. beispielsweise die von Kardinal Cossa ausgestellte Quittung über Zahlungen von Giovanni de' Medici: ASFi, Diplomatico, Medici, 1410 settembre 29.

719 Holmes (1968), S. 361–362. – Zur Überlieferung der päpstlichen Rechnungsbücher aus den Jahren von Johannes XXIII. vgl. Kühne (1935), S. 7–8.

720 Esch (1971–1972), S. 777.

721 Koeppen (1960), S. 207–208.

Konzil von Konstanz

Giovanni de' Medici gab seiner Konzilsbank in Konstanz keinen eigenen Gesellschaftsvertrag, denn es war keine neue Organisationseinheit, die Johannes XXIII. nach Konstanz folgte, sondern die bestehende Kurienbank mit ihren bewährten Mitarbeitern.[722] Dass es die Bank mit den meisten Faktoren war, ist in Anbetracht der engen finanziellen Verbindung zwischen ihr und dem Papst nicht verwunderlich.[723] Angeführt wurde diese Gruppe zunächst von Ilarione di Lippaccio de' Bardi, Teilhaber und Direktor der Römer Filiale.[724] Unter seiner Leitung arbeitete auch sein entfernter Verwandter Bartolomeo d'Andrea de' Bardi. Das Konstanzer Ratsbuch nennt ihn *Bartholomeus de Bardis in der Thannen*. Im selben Protokoll wird auch *Johannes Ammerisi* genannt,[725] bei dem es sich mit Sicherheit um Giovanni d'Amerigo Benci handelt.[726]

Vespasiano da Bisticci, ein Florentiner Buchhändler und persönlicher Bekannter von Cosimo de' Medici, schreibt in seinen „Vite di uomini illustri del secolo XV", der Sohn von Giovanni de' Medici sei ans Konzil nach Konstanz und dann zwei Jahre lang durch Deutschland und Frankreich gereist.[727] Diesen Satz nehmen viele Historiker auf und erwähnen Cosimos Aufenthalt in Konstanz. Jean Favier übernimmt diesen Bericht und George Holmes, der sich intensiv mit der frühen Geschichte der Medici-Bank beschäftigt hat, hält ihn für „very likely true".[728] Skeptisch hingegen ist Raymond de Roover: „Whether this trip actually took place is questionable."[729] Es gibt keinen einzigen eindeutigen Beweis für eine Anwesenheit Cosimos in Deutschland oder Frankreich. Als Indiz dafür kann nur der Salvokondukt für eine Reise

---

722 Roover (1974), S. 291 geht davon aus, dass der bestehende Mitarbeiterbestand geteilt worden sei, um so zwei Filialen gleichzeitig betreiben zu können. Es bleibt allerdings unklar, mit welchen Kunden die in Italien verbliebenen Bankiers hätten arbeiten sollen. – Lisowski (1960), S. 69: Der erste Nachweis für die Präsenz der Medici-Bank in Konstanz ist auf den 3. November 1414 datiert.

723 Holmes (1968), S. 361–362.

724 Staatsarchiv Zürich, C II 12, Nr. 304: Das erste in Konstanz geschriebene Dokument, in dem er erwähnt wird, ist auf den 17. Dezember 1414 datiert. – ASFi, Diplomatico, Medici, 1415 marzo 23: Ilarione ist in Florenz nachgewiesen. Am 23. Juni desselben Jahres war er wieder in Konstanz: Baumgarten (1898), S. 197. Es ist darauf hinzuweisen, dass die Nennung eines Namens in einem Dokument nicht immer mit Sicherheit bestätigt, dass diese Person tatsächlich bei der Abfassung anwesend war. – Zur Biografie von Ilarione s. Esch (1972), S. 512–513.

725 Schulte (1900), S. 230–231; Camerani Marri (1951), S. 29; Roover (1963), S. 202; Fink (1971–1972), S. 638.

726 Er wurde zehn Jahre später Leiter der Genfer Medici-Niederlassung und war Gründer der Agentur auf dem Konzil in Basel. Nach seiner Rückkehr nach Florenz im Jahre 1435 war er bis zu seinem Tod Cosimos rechte Hand.

727 Bisticci (1859), S. 247: *In questo tempo, per avere non solo notizia delle cose della città, ma dell' esterne, per questo, sendo il concilio a Costanza, dov' era tutto il mondo, Cosimo v' andò; e fece pensiero di fare dua cose: una, spegnere la invidia; l' altra, vedere il concilio, dove s'aveva a riformare la Chie-sa, ch' era piena di scissure. Istato alquanto a Costanza, e veduto l'ordine di quello concilio, andò per gran parte della Magna e di Francia; dove istette circa a dua anni in questo viaggio; e tutto fece per raffreddare uno poco la invidia, ch' egli era molto multiplicata.*

728 Favier (1966), S. 682: Giovanni de' Medici sei ab 1415 persönlich in Konstanz anwesend gewesen. Als Beleg dafür nennt er ASFi, MAP 137, Nr. 989. Darin ist aber nur von der Gesellschaft der Medici die Rede; der Name Cosimo wird darin nicht erwähnt. Holmes (1968), S. 373.

729 Roover (1963), S. 203.

nach Konstanz angeführt werden, der am 27. September 1414 in Bologna für *dilectum filium Cosmum dilecti filii Johannis de Medicis* ausgestellt wurde.[730] Auch ein Blick in die Archive von Florenz bringt keine Klärung dieser Frage, denn es finden sich hier Belege dafür, dass Cosimo sich zwischen 1414 und 1418 in Florenz aufgehalten hat, und solche, die seine Abwesenheit festhalten.[731] So muss offen bleiben, ob es sich bei dieser Reise nach Konstanz um ein historisches Faktum oder eine Legende handelt.

Als Niederlassungsleiter in Konstanz wird nach Ilarione und Bartolomeo de' Bardi auch Matteo d'Andrea Barucci genannt, ein langjähriger Faktor dieser Gesellschaft. Er war am 25. Marz 1416 zum Teilhaber und Direktor der Kurienbank und damit zum Vertreter in Konstanz ernannt worden.[732] Ob er bereits vor diesem Zeitpunkt am Bodensee war, lässt sich nicht belegen; er lässt sich mit Sicherheit gegen Ende des Jahres 1417 und am 8. Mai 1418 hier nachweisen.[733] Der Gesellschaftsvertrag besagt, dass Barucci alle Bargeldbestände in Konstanz übernehmen und auch die dortigen Bücher weiterführen sollte: *stare fermo in chorte di Roma*.[734] Weshalb bis zu Rückkehr des Papstes nach Rom Bartolomeo und Matteo gleichzeitig als Niederlassungsleiter genannt werden, lässt sich anhand der bekannten Quellen nicht klären.[735]

Die Quellenlage für den Aufenthalt der Medici-Bank in Konstanz ist sehr schlecht. Dokumentiert sind hautpsächlich Transaktionen mit der apostolischen Kammer, in denen keine Verbindung zu Deutschland zu identifizieren sind. Es handelt sich dabei um Annatenzahlungen aus Posen, Bologna und Florenz;[736] 1416 gewährte sie der Kirchenversammlung ein Darlehen in Höhe von f. 200[737] und im Dezember des folgenden Jahres hatte sie Gelder des Konzils

730 Holmes (1968), S. 373.

731 ASFi, Mercanzia 4339, 15. Februar 1416: Cosimo erscheint persönlich bei der Mercanzia, um ein Haus versiegeln zu lassen. Die Auswertung der Ergebnisse der Tratte zeigen, dass Cosimo 1416 in das Amt eines Prioren gewählt wurde, 1417 aber ortsabwesend war und ein Amt in der Cambio-Zunft nicht annehmen konnte.

732 Zur Biographie von Barucci s. Esch (1972), S. 518.

733 Clark (1899), S. 125; Holmes (1968), S. 377.

734 ASFi, MAP 94, Nr. 166: *Et d'è chontento il detto Matteo contarsi per buoni chome se fossono contanti fatti a debitori che questo dì si truoviano a Gostanza tanto quelli de[l] libro grande tanto quelli del quaderno della chassa e se pure veruno fosse che no[n] li piacesse buono in questa se ne farà conniziatione.*

735 Sicherlich mit Recht hat Holmes (1968), S. 377 der These von Roover (1963), S. 203 widersprochen, der Personalbestand der Römer Medici-Filiale sei zu Beginn des Konzils in zwei Gruppen geteilt worden. Ilarione de' Bardi sei mit Johannes XXIII. über die Alpen gezogen. Während Barucci die Geschäfte in Italien weitergeführt habe. In den Jahren, während denen die gesamte Kurie mit der Kammer in Konstanz war, gab es in Italien aber gar keine Kunden für eine Kurienbank. Es nicht einmal mit Sicherheit zu klären, ob es tatsächlich gleichzeitig zwei Organisationseinheiten der Medici im Kuriengeschäft gab. Falls dies der Fall war, so bleiben alle Thesen reine Spekulation, die Aufteilung auf zwei Strukturen habe politische Gründe gehabt, um sich gleichzeitig um die Geschäfte des inhaftierten Baldassare Cossa und um die Konzilsbesucher kümmern zu können.

736 Sieveking (1906), S. 59–60; ASFi, Diplomatico, Medici, 1415 marzo 23.

737 Sieveking (1906), S. 60.

in Verwahrung.[738] Es sind nur gerade drei Wechselgeschäfte bekannt, in die Giovanni de' Medicis Niederlassung in Konstanz involviert war. Diesen lag jeweils ein Kredit zugrunde, der Konzilsteilnehmern gewährt wurde und der an einem anderen Ort zurückzuzahlen war. Kardinal Ludovico Fieschi und sein Bruder Luca verpflichteten sich am 15. März 1415, ein in Konstanz erhaltenes Darlehen über duc. 60 in Pisa bei Andrea de' Bardi e co. auszugleichen.[739] Ein Kredit, der in Konstanz den Lübecker Konzilsgesandten gewährt worden war, wurde am 27. Mai 1416 in Brügge an den lucchesischen Bankier Filippo Rapondi zurückbezahlt. Der Rat der Stadt transferierte den Betrag von 2350 RG in mehreren Tranchen über Kaufleute wie Rudolph Comhaer nach Flandern.[740] Nur indirekt über die Agentur in Lübeck war die Medici-Bank in ein Darlehensgeschäft zwischen dem Rat der Stadt Lübeck und dem bereits 1414 in Geldgeschäften mit dem Deutschen Orden genannten Kaufmann Piero di Fronte di Piero in Brügge involviert.[741] In Konstanz war zwischen einem Vertreter Lübecks und dem Florentiner Kaufmann eine Vereinbarung getroffen worden, in der sich die Stadt verpflichtete, für den Ersatz des Schadens wegen säumiger Zahlung 100 RG zu entrichten. Den Transfer des Geldes von Lübeck nach Brügge besorgte Ludovico Baglioni, der dem Rat den Eingang am 21. Dezember 1417 quittierte.[742] Neben Brügge und Lübeck schickten die Leiter der Medici-Bank in Konstanz sicherlich auch Wechsel in die anderen Schwesterfilialen in Florenz, Venedig und Neapel. Da mit dem sienesischen Kaufmann Piero di Nanni, der in Verona niedergelassen war, politische Informationen schriftlich ausgetauscht wurden, wird er auch als Korrespondent in Wechselgeschäften mitgewirkt haben.[743] Sicherlich ist mit diesen wenigen Namen nur ein kleiner Teil der europäischen Banken rekonstruiert, die mittels *lettere di cambio* mit den Medici in Konstanz geschäfteten. Es ist dennoch zu erkennen, dass Giovanni de' Medici seine Strategie der Marktpräsenz in Lübeck weiterverfolgte, ohne einen Ausbau seines Kundenkreises zu erreichen.

Für die Medici-Bank machte Bartolomeo de' Bardi noch in Konstanz mehrfach Geldgeschäfte mit der apostolischen Kammer.[744] Er trat als Servitienzahler auf, löste Pfänder der

738 Fink (1971–1972), S. 634.

739 ASFi, Diplomatico, Medici, 1415 marzo 23. – Zu diesen Fieschi-Brüdern vgl. Bornstein (2019), S. 60.

740 UB Lübeck, V, Nr. 575, S. 633; Nordmann (1933b), S. 26; Roover (1963), S. 196; Sprandel (1975), S. 49; Fouquet (1998), S. 200.

741 Vgl. unten S. 257.

742 UB Lübeck, V, Nr. 640, S. 727–728; Nordmann (1933b), S. 26–27; Roover (1963), S. 196; Fouquet (1998), S. 200.

743 Brandmüller (1997), Bd. I, S. 177 und S. 227.

744 In Konstanz und Florenz war immer noch die Bank von Giovanni de' Medicis Neffen Averardo im Gefolge Martins V. präsent. Die Geschäfte wurden nun aber nicht mehr von Andrea de' Bardi geführt, sondern von Francesco di Giachinotto Boscoli, dem früheren Depositar und Partner von Jacopo di Francesco del Bene. Von den Kurienbanken im Gefolge von Martin V. war diese Gesellschaft sicherlich die unbedeutendste. Da sie im deutschen Markt nach der Abreise aus Konstanz nicht mehr aktiv war und dafür auch keine aktive Strategie entwickelte, als sie von 1431 bis 1436 als Depositar der Kammer von Eugen IV. amtierte, ist sie für die weitere

Kurie bei anderen Kaufleuten aus und zahlte aus einem Kontokorrent kleinere Beträge.[745] Die Beziehungen zwischen Martin V. und Giovanni de' Medici blieben jedoch ambivalent, wie aus einer Reihe von Zwistigkeiten zwischen diesen beiden Persönlichkeiten zu erkennen ist. So soll sich der Bankier trotz Androhung der Exkommunikation geweigert haben, eine verpfändete kostbare Mitra, eventuelle Guthaben und Register von Johannes XXIII. in seiner Verwahrung an die apostolische Kammer herauszugeben.[746] Die Mitra hat Giovanni zurückgegeben, die Rechnungsbücher hingegen nicht.[747] Geld war wohl gar keines mehr vorhanden. Dass zwischen Kurie und Giovanni aber nicht nur Spannungen bestanden, zeigt die Ernennung des Leiters der römischen Medici-Niederlassung zum Depositar des Kardinalkollegiums *(depositarius collegii)* im Jahre 1419.[748]

Von Giovanni zu Lorenzo

In den Jahren nach 1420 zog sich Giovanni d'Averardo schrittweise aus dem operativen Alltagsgeschäft zurück. Seine beiden Söhne Cosimo und Lorenzo hatten die operative Leitung der Unternehmungen bei seinem Tod im Jahre 1429 schon vollständig übernommen und Ilarione de' Bardi zum Direktor eingesetzt. Als Ilarione Ende 1432 oder Anfang 1433 starb, verließen sich die Medici mit Lippaccio di Benedetto zum dritten Mal auf einen Bardi als Hauptdirektor. Kurz darauf eskalierte der in Florenz seit langem schwelende Konflikt zwischen der herrschenden Oligarchie unter der Führung von Rinaldo degli Albizzi und Palla Strozzi und den neuen Familien *(gente nuova)*, deren mächtigster Mann Cosimo war. Am 3. Oktober 1433 wurden die Medici für zwanzig Jahre aus der Stadt verbannt. Doch bereits am 29. September 1434 konnten sie aus dem Exil in Venedig heimkehren. Cosimo

Untersuchung hier nicht weiter von Relevanz. – Boscoli ist am 24. April 1418 in Konstanz nachgewiesen: Ptásnik (1910), S. 18–20. – Andrea de' Bardi ist am 4. Februar 1418 in Rimini fassbar, wo am 18. Oktober 1417 der frühere Papst Gregor XII. gestorben war. Über den Zweck dieses Aufenthaltes ist nichts überliefert. ASFi, MAP 5, Nr. 957.

745 Baix (1947–1960), S. 1; Fink (1971–1972), S. 634 und 638–639.

746 Finke et al. (1896–1928), III, S. 291–292: Kardinal Branda Castiglione forderte am 1. März 1419, also kurz nach der Ankunft der Kurie in Florenz von Giovanni de' Medici, die Register von Johannes XXIII. auszuliefern. – Im September 1419 versuchte der Kämmerer des Kardinalkollegiums, auch wieder in der Besitz der in Rom verlorengegangenen Bücher des Kardinalkollegiums zu gelangen. Baumgarten (1898), S. XXVI. – Dass Baldassare Cossa von Giovanni de' Medici ebenfalls die Rückgabe von Guthaben bei der Römer Bank eingefordert habe und dieser im geantwortet habe *che ei non poteva restituire al cardinale Cossa quello che aveva ricevuta dal papa Giovanni XXIII* und dass dies die Grundlage des Medici-Vermögens gewesen sei, gehört sicherlich in das Reich der historischen Legenden. Petruccelli della Gattina (1869), S. 48.

747 Miltenberger (1894b), S. 400; Finke et al. (1896–1928), III, S. 292. – Am 7. September 1420 verpfändete Martin V. selber eine kostbare Mitra an Aldighiero di Francesco Biliotti. Ob es sich um dasselbe wertvolle Stück gehandelt hat, das er sich von Giovanni de' Medici zurückerstritten hatte, lässt sich nicht verifizieren. Miltenberger (1894b), S. 438–439.

748 Baumgarten (1898), S. CLXV, CLXIX und 208.

ging gnadenlos gegen seine Feinde vor, von denen viele hingerichtet und noch mehr exiliert wurden. In seinen Unternehmungen nahm er 1435 eine radikale Umstrukturierung vor, bei der die Bardi aus allen gemeinsamen Geschäften eliminiert wurden. Francesco Salutati da Pescia, der Filialleiter in Rom, und Giovanni d'Amerigo Benci, der Leiter der Niederlassung in Genf, wurden nach Florenz gerufen und zu Hauptgeschäftsführern ernannt.[749] Als Lorenzo im Jahre 1440 starb, umfasste das Medici-Imperium die Tavola in Florenz, Filialen in Rom und Venedig, Accomandita-Betriebe in Ancona, Brügge, Genf und Basel. Hinzu kamen zwei Wollbetriebe und eine Seidenwerkstatt in Florenz. Nach der Gründung weiterer Medici-Niederlassungen in Pisa (1442), London und Avignon (1446) zog sich Cosimo il Vecchio 1451 aus dem Geschäft zurück und überließ seinen Söhnen Piero und Giovanni sowie Lorenzos Sohn Pierfrancesco die Anteile an der Bank. Giovanni d'Amerigo Benci blieb der wichtigste Kopf des Unternehmens und baute das Filialnetz 1452 durch die Eröffnung einer Niederlassung in Mailand weiter aus. Sein Tod im Jahre 1455 stellt den Wendepunkt in der bis dahin so erfolgreichen Unternehmensgeschichte dar. Die Leitung der Bank lag während der folgenden acht Jahre bei Giovanni di Cosimo und nach dessen Tod von 1463 bis 1490 bei Francesco Sassetti. Nach Cosimos Tod im Jahre 1464 beschleunigte sich der Niedergang und eine Niederlassung nach der andern musste geschlossen werden: Mailand 1478, Avignon 1479, Brügge und London 1480, Venedig 1481 und Pisa 1489. Unter Piero di Cosimo und seinem Sohn Lorenzo di Piero verlor die Bank für die Familie nach und nach an Bedeutung. Es ging nun mehr um Sicherung und Rettung des Bestehenden als um weiteren Ausbau der Marktstellung. Raymond de Roover betitelte die beiden Zeitabschnitte in der Geschichte des Unternehmens vor und nach dem Ableben Cosimos mit „Heyday" und „Decline".[750] Es kann kein Zweifel daran bestehen, dass die Medici-Bank die wichtigste Kurienbank des 15. Jahrhunderts war. Diesen Befund bestätigen die Auswertungen der päpstlichen Register durch Arnold Esch, der sie bereits während des Pontifikats von Bonifaz IX. (1389–1404) über die Alberti stellt.[751] Dass Richard Goldthwaite hingegen schrieb, die Bankgeschichte von Florenz im 15. Jahrhundert könnte geschrieben werden, ohne die Medici auch nur zu erwähnen, ist sicherlich als wissenschaftliche Provokation zu verstehen, die sich gegen einen

749 Roover (1963), S. 55; Roover (1970a), S. 113–115. – Gleichzeitig machten sie die beiden zu gleichberechtigten Partnern in der Hauptgesellschaft, von welcher aus das Gesamtunternehmen geleitet wurde. Die am Gesellschaftsvertrag beteiligten vier Geschäftsleute wurden *Compagni* genannt; Cosimo und seinem Bruder war die Bezeichnung *maggiore* vorbehalten. Jede Filiale war eine eigenständige juristische Einheit mit eigenem Namen, eigenem Kapital, eigener Buchhaltung und eigener Verwaltung. Die Macht Cosimos war dennoch sehr groß, da er zusammen mit seinem Bruder, der sich sehr im Hintergrund hielt, die Mehrheit in allen Unternehmenszweigen hielt. Er musste über seine Beschlüsse keinerlei Rechenschaft ablegen, hat sich aber wohl in den meisten Fällen mit Benci und Salutati besprochen. Die Partner beteiligten sich an Accomandite und gründeten Filialen, indem sie mit den Agenturdirektoren neue Teilhaberschaften abschlossen.

750 Roover (1963).

751 Esch (1966), S. 282.

verklärenden Medici-Kult wendet.[752] Als die Medici 1494 aus Florenz vertrieben wurden und die Franzosen die Stadt einnahmen, stand die Bank vor dem Konkurs und überlebte diesen Schlag nicht.[753]

4.3.2 Präsenz auf den Bankenplätzen

Für den Ausbau des Zahlungsverkehrs mit Deutschland war für Giovanni d'Averardo de' Medici die Gründung einer eigenen Niederlassung an einem der großen Bankenplätze zwingend, wenn er nicht Teile des Gewinns an Partner an diesen Orten abgeben wollte. Nachdem er 1397 für sein im Aufbau befindliches Netzwerk eigener Filialen einen Hauptsitz in Florenz errichtet hatte, entschied er sich 1398 für die Gründung einer Vertretung in Venedig, die zum Knotenpunkt für den Zahlungsverkehr zwischen Deutschland und der Kurie werden sollte.[754] Bezeichnenderweise wurde mit der Exploration der kommerziellen Aussichten in der Lagunenstadt und der Abwicklung erster Geschäfte mit Neri di Cipriano Tornaquinci ein Faktor der Römer Niederlassung beauftragt. Dass Venedig als Außenstelle Roms betrachtet wurde, zeigt die gewählte Rechtsform einer unselbstständigen Gesellschaft. Als Agentur wurden ihre Ergebnisse innerhalb der römischen Buchhaltung saldiert. Die im letzten Abschnitt erwähnten Servitienzahlungen aus Basel und Freising sind wohl über diese Niederlassung in der Lagunenstadt nach Rom transferiert worden.[755] 1402 wurde die Medici-Agentur in Venedig in eine eigenständige Gesellschaft umgeformt, Neri di Cipriano Tornaquinci zum Teilhaber befördert und als Direktor bestätigt.[756] Der Gesellschaftsvertrag dieser Gründung ist nicht erhalten, doch zeigt ein Vertrag der Nachfolgegesellschaft klar, dass in diesem Unternehmen die Wechselgeschäfte im Vordergrund stehen sollten: *intorno al mestiere del cambio.*[757] 1469 steckte die Medici-Filiale in Venedig in einer tiefen Krise und musste liquidiert werden.[758] 1471 wurde mit Giovanni d'Orsino Lanfredini dort noch einmal eine Gesellschaft gegründet, die aber 1481 ebenfalls geschlossen werden musste.[759]

Als die Unternehmen der Alberti antichi in der Mitte der Dreißigerjahre des 15. Jahrhunderts kollabierten, wurden die Medici deren Haupterben in Brügge, denen auf diesem Handelsplatz ab 1416 Aktivitäten nachzuweisen sind. Sie gründeten hier lange Zeit keine eigene Niederlassung,

---

752 Goldthwaite (1987), S. 17: „The history of international banking and commerce in Medicean Florence could be written without so much as mentioning the Medici – and such a study would be a healthy corrective to the current historiographical situation."

753 Dazu umfassend: Tewes (2011).

754 ASFi, Arte del Cambio, Nr. 14, cc. 115r und 117r.

755 Roover (1963), S. 35 und 240.

756 Roover (1963), S. 35.

757 ASFi, MAP 89, Nr. 190, c. 200r. Vgl. Mueller (1997), S. 276.

758 Roover (1963), S. 252.

759 Roover (1963), S. 253.

sondern arbeiteten mit italienischen Banken als Korrespondenten zusammen und stellten die Vormachtstellung der Alberti nie in Frage. Zuerst arbeiteten sie mit dem Lucchesen Filippo Rapondi zusammen; um 1430 wurden sie durch Ubertino de' Bardi und Galeazzo Borromei vertreten.[760] Ein Beispiel für diese Arbeitsweise ist eine *lettera di cambio* über duc. 500, welche am 5. Februar 1437 in Venedig an den Kölner *Ridolfo di Burcho* (Alf von der Burg?) in bar ausbezahlt wurde. Das Geld kam von den Bardi in Brügge und war für die Tilgung einer Schuld von Derigho Laghuida bei der Gianfigliazzi-Bank in Valencia bestimmt.[761] Cosimo de' Medici beschloss 1436, Bernardo di Giovanni Portinari nach Flandern zu schicken, um abzuklären, ob die Gründung einer eigenen Niederlassung profitabel sein könnte.[762] In London und Brügge erschien gleichzeitig auch der in Basel arbeitende Giovenco della Stufa, um die Lage auf diesen Handelsplätzen abzuklären.[763] Es kann kein Zufall sein, dass diese Schritte unternommen wurden, als in Florenz die großen Schwierigkeiten der Alberti bekannt wurden, wenn auch das offizielle Konkursverfahren über ihre Gesellschaften noch nicht eröffnet war.

Das Verschwinden der Alberti auf dem internationalen Handelsplatz Brügge änderte die strategische Ausgangssituation grundlegend. Zwei Jahre später ließ sich Portinari in Flandern nieder und am 24. März 1439 wurde der Gesellschaftsvertrag für die Medici-Niederlassung in Brügge unterschrieben.[764] Von der Medici-Filiale in Brügge ist aus dem Jahre 1440 ein Verzeichnis der Unterschriftsberechtigten der Korrespondenten erhalten. Danach wurden *lettere di cambio* in Deutschland allein mit der Schwesterunternehmung in Basel gehandelt: *A Basilea a nostri per mano di Giovanni Benci* und *da lloro per mano di Giovencho della Stufa.* Verbindungen zu Bueri, Biliotti oder zu einer anderen Bank in Deutschland werden nicht erwähnt.[765] Der Grund für dieses Fehlen ist in der strategischen Begründung für den Schritt nach Brügge zu finden. Es ging Cosimo überhaupt nicht um das deutsche Geschäft, denn dieses kontrollierte er über Lübeck, Basel und Venedig zu diesem Zeitpunkt in so großem Maße, dass er kaum weiteren Umsatz hinzugewinnen konnte.[766] Die Filiale in Brügge brachte ihm hingegen eine

760 Roover (1963), S. 318. Er hielt Galeazzo Borromei irrtümlicherweise für einen Mailänder.

761 ASFi, MAP 134, Nr. 1, c. 133v.

762 Zanoboni (1960–).

763 Giovenco besuchte im März 1436 den Leiter der Alberti-Niederlassung in London, Alessandro Ferrantini, der über diese Begegnung am 6. März an seinen Kollegen in Brügge, Lorenzo di Niccolò Rinieri berichtete: *Solo questa per dirti come questo giovane de' Medici, cioè Giovencho della Stufa, il quale per sua beningnità mi mostra buona charità, mi s'è alquanto aperto e dettomi come si truova alquanto charicho di denari a cche visto di chanbi non si fa nulla, se io li sapessi dare alquno chammino ydoneo d'aiutarliele smaltire.* Er gab Giovenco einen Ratschlage, wie er im Tuchhandel in Flandern und Nordfrankreich Geld anlegen könne. Nun bittet er Rinieri, dem mit den Verhältnissen noch nicht vertrauten Portinari nach Möglichkeit zu helfen. ASFi, MAP 20, Nr. 52.

764 Roover (1963), S. 59–60; Guidi Bruscoli (2012), S. 27–29.

765 ASFi, MAP 104, Nr. 2, S. 39 ff.

766 Esch (2000), S. 122: „Dass Brügge in den päpstlichen Schreiben eher selten als Finanzplatz ausdrücklich genannt ist, dürfte sich daraus erklären, dass sich das bei Nennung der italienischen Bankiers erübrigte, ...“ Wichtiger war wohl, dass die meisten Zahlungen aus Deutschland gar nicht über Brügge liefen, sondern über Venedig.

bedeutend stärkere Präsenz im Tuchhandel in Flandern und im Wechselgeschäft mit England, Schottland und Irland. Aus diesen Überlegungen ergab sich auch, dass Cosimo den bestehenden Geldfluss über Lübeck und Venedig nicht nach Brügge umleitete, sondern die nordischen Gelder im Gegenteil noch stärker auf diese Linie zu konzentrieren suchte. Seine Partner und Direktoren in Brügge interessierten sich nur für die großen Zahlungen aus dem Norden, die hier direkt einbezahlt wurden. Auch außerordentlich große Auszahlungen, wie etwa die f. 9 250 an den Kölner Priester *Giovanni de Loviano* im Jahre 1439, wurden hier abgewickelt.[767] Dieses Verhalten überließ Konkurrenten wie Cambi & da Rabatta und Borromei einen Spielraum für Geschäfte im kurialen Zahlungsverkehr.

Für die Oberdeutschen bot die Gründung einer Medici-Filiale in Mailand im Jahre 1452 viele neue Möglichkeiten, denn viele von ihnen handelten von Ravensburg, St. Gallen und Konstanz aus über die Alpenpässe in die Lombardei. Heinrich Frey *(Arigho Francho alamanno)* sandte 1455 aus Florenz Geld an die Große Ravensburger Gesellschaft in Mailand *(Jos Onpis e chompagni alamanni)*.[768] Peter Keller von der Gesellschaft Hofmann & Keller sandte Geld an Antonio Martelli nach Florenz.[769] Die Bilanz der Mailänder Bank von 1460 nennt Lienhard Frey, den Faktor der Großen Ravensburger Gesellschaft,[770] und weitere Oberdeutsche.

4.3.3 Entwicklung der Korrespondentenstruktur

Als Ausgangspunkt für die Analyse der Geschäfte der Medici in Deutschland nach dem Konstanzer Konzil bietet sich ein Rechnungsbuch aus der Arbeit des Depositars der Kurie an, das Einnahmen und Ausgaben zwischen dem 26. März 1429 und dem 24. März 1430 belegt.[771] Vermutlich ist es ein Kassenbuch, das von Antonio Salutati da Pescia geführt wurde, der als Leiter der Medici-Niederlassung die Funktion des Generaldepositars innehatte.[772] Diese Aufzeichnungen sind von allergrößter Bedeutung, da sie einen für das ganze 15. Jahrhundert

---

767 ASFi, MAP 148, Nr. 15, Ferrara, 1438 Juli 22: *Cosimo e Lorenzo di Giovanni de' Medici e compagni, da Ferrara, ordinano a Bernardo Portinari a Bruges di pagare 9250 fiorini a messer Giovanni de Loviano, prete della diocesi di Colonia e dottore in utroque iure, o al suo legittimo procuratore.* Auf der Rückseite bestätigt Portinari die Ausführung der Zahlung am 12. Januar 1439. Vgl. dazu RG Online, RG V 04962, http://rg-online.dhi-roma.it/RG/5/4962, 02.07.2021.

768 ASFi, MAP 134, Nr. 3, c. 3. Heinrich Frei (aus Konstanz, seit 1441 Bürger von Ravensburg). Ging 1430 von Konstanz nach Kempten, 1436 in Genua. 1447 Passbrief in Mailand erhalten. Familiare des Herzogs Filippo Maria. Führte 1466 für die Deutschen die Verhandlungen mit dem Herzog über den Handelsvertrag. Vgl. Schulte (1923), I, S. 162.

769 ASFi, MAP 134, Nr. 3, cc. 13v und 16v. Zu dieser Gesellschaft vgl. Schulte (1900), S. 57.

770 Sieveking (1906), S. 40–42; Schulte (1923), S. 163; Roover (1963), S. 270.

771 ASFi, MAP 131.

772 Nach dem Tode von Bartolomeo de' Bardi wurde Antonio di messer Francesco Salutati, der meist nur Antonio da Pescia genannt wurde, zum Leiter der Römer Medici-Bank befördert. Roover (1963), S. 211.

Tabelle 5 *Lettere di cambio* zwischen Cosimo e Lorenzo de' Medici di Corte und den Korrespondenten in Deutschland, 26. März 1429–24. März 1430

Korrespondent	aus Rom		nach Rom	
	duc.	Anzahl	duc.	Anzahl
Simone Sassolini, Köln	20.00.00	1	1 127.04.00	3
Gherardo Bueri, Lübeck	77.00.00	1	5 176.03.00	65
Rummel, Nürnberg	130.00.00	1	8 073.15.00	31
Kress, Nürnberg			1 338.00.00	10
Total	227.00.00	3	15 715.02.00	109
Durchschnitt / lettera di cambio	75.66		144.17	

einmaligen Überblick und einen detaillierten Querschnitt des europaweiten Bankensystems der Medici ermöglichen, über das sie den Transfer der kurialen Gelder abwickelten (Tabelle 5).[773]

773 Seit dem Pontifikat von Martin V. bildeten der Kämmerer, der Thesaurar und der Generaldepositar ein Triumvirat, das sich in der Organisation der Buchführung der Kammer niederschlug, denn die *libri introitus* und die *libri exitus* wurden immer in drei Versionen geführt: je eine lateinische für die beiden Kleriker und eine italienische für den Bankier. – Aus der Gegenbuchhaltung der Kammer sind verschiendene Register aus diesen Jahren erhalten. Vgl. vor allem ASR, Collectoriae, vol. 392: *Hic est liber seu quaternus aut in hac parte libri scribentur omnes et singuli redditus et prouentus cam. ap. recepta per reuerendum in Christo patrem dominum Danielem episcopum Palentinensem d. n. pape thessaurarium [!] per manus nobilis viri Antonii de Piscia mercatoris Florentini suo nomine ac vice et nomine ut supra in titulo presentis libri latius continetur. 1431–1433.* – Auf den ersten 164 Seiten befinden sich *entrata*-Eintragungen, die mit *Da* beginnen. Es handelt sich dabei um Bareingänge von Annaten und Gewinne aus Warenverkäufen. Verbucht wurden etwa 2 000 Kammerdukaten, welche deutsche Schuldner persönlich oder über ihre Bank dem Depositar übergeben hatten, sodass aus dem Buchungstext nichts über den Weg des Geldes nach Rom zu erfahren ist. Beispiel von c. 26v: [26. Juni 1429] *Da Antonio da Pescia per la camera ducati ciento di camera avemmo da maestro Arrigo de Beyem contanti per parte del comune servigio della chiesa di Basilea in persona di messer Giovanni; a libro 168, ducati 100. Maestro Arrigo de Beyem* (vermutlich der bekannte Basler Chronist Heinrich Beinheim) hat der Medici-Bank im Namen eines *messer Giovanni* (der Basler Bischof Johannes von Fleckenstein) duc. 100 in Münzen als Teilzahlung für die Servitien übergeben. Nur bei einer Verbuchung lässt sich der Vorgang dank ergänzender Quellen genauer nachzuvollziehen, denn es hat sich dazu der Aktenvermerk in den päpstlichen Registern erhalten. Darin wird bestätigt, dass Andreas Schonau, Scriptor der päpstlichen Kanzlei, am 26. Juli 1429 die Annaten des Johann Dattel bezahlt hatte (vgl. Forstreuter / Koeppen (1973), S. 99). Die Kurie übergab das Bargeld ihrem Generaldepositar zur Verwaltung, sodass Antonio Salutati am 27. Juli notierte, *Andrea Scionau, scrittore appostolico* habe duc. 45 für die Annaten einer ermländischen Kirche bezahlt. Der Überbringer des Geldes wurde als *maestro Giovanni* festgehalten (ASFi, MAP 131, c. 30v). Bei zwei Barzahlungen waren andere florentinische Bankiers die Überbringer. In beiden Fällen handelt es sich um Gelder aus Köln. Geld des Kollektors in dieser Diözese wurde durch einen Mitarbeiter der Alberti-Bank in Rom zu den Medici gebracht; Annaten für eine Kölner Pfründe kamen über Cambio de' Medici e co. (ASFi, MAP 131, cc. 31r und 82v). Offensichtlich wurde der erste Betrag von der Alberti-Filiale in Köln über das Schwesterunternehmen in Rom transferiert; beim zweiten Vorgang ist eine Zahlung über Brügge nach Rom zu vermuten. Weitere Aussagen über die Zahlungswege sind anhand der

Während des gesamten Buchungsjahres wurden nur gerade drei Wechsel mit einer Summe von duc. 227 aus dem Süden nach Deutschland geschickt, je einer nach Köln, Lübeck und Nürnberg. Dass dieser kleinen Zahl an Transaktionen 109 über eine Summe von duc. 15 715 in Gegenrichtung gegenüberstanden, zeigt eindrücklich die Einseitigkeit des Geldflusses in die Nord-Süd-Richtung.

Die Medici *di Corte* bedienten nicht nur die deutsche Kundschaft bei der Kurie, sondern waren als Knotenpunkt in der Struktur des internationalen Zahlungsverkehrs in der Lage, Wechsel aus Deutschland in die regionale Feinverteilung weiterzuleiten (Tabelle 6). In dieser Funktion haben sie die Gesellschaft Alfano e Savere di Francesco Alfani in Perugia[774] mit sechs *lettere di cambio* bezogen, als deren Empfänger deutsche Studenten in der umbrischen Stadt

Bareingänge nicht möglich. Es fällt zwar auf, dass Zahlungen aus Mainz und Köln sehr häufig waren, aber auch Konstanzer werden mehrfach genannt. Die anderen oberdeutschen Diözesen sind eher untervertreten. Anhand der geographischen Verteilung der Annaten können aber keine Aussagen über die Zahlungswege gemacht werde, denn es war ja immer möglich, dass die Münzen von jemandem aus Deutschland nach Rom gebracht worden waren. – Von Seite 103r bis 198r gehen die *uscita*-Buchungen, die alle mit der Präposition *A* beginnen. Unter den Ausgängen stellen die Anweisungen an das Kardinalskollegium und einzelne seiner Mitglieder die höchsten Beträge dar. Über den Anteil der *Camera Collegii Cardinalium* an den Annatengeldern. Vgl. Baumgarten (1898). Für die deutsch-florentinischen Wirtschaftsbeziehungen ist jedoch viel wichtiger, dass alle durch die Medici in Rom honorierten Wechsel für Annatenzahlungen mit Angabe des datore, prenditore und beneficiario zu finden sind. Beispiel von c. 103r: [26. März 1429] *A nostri di Vinegia ducati ottantadue di camera pagammo per loro lettera de dì 2 di marzo di ducati 100 a Currado da Francofort mercatante, portò contanti per la valuta da Pisano de' Pisannelli e pigliamo lettera di contento diretto al detto, al libro a c. 88.* Die Römer Filiale belastete ihr Schwesterunternehmen in Venedig am 26. März 1429 mit duc. 82, die sie einem Frankfurter Kaufmann namens Konrad nach Vorlage einer *lettera di cambio* bar ausbezahlt haben. Datore war am 2. März ein Pisano de' Pisanelli (der berühmte Maler Antonio Pisano?). Der Deutsche stellte für diesen Betrag eine Quittung aus. Da in keinem Fall der Name eines Begünstigten wieder unter den Barzahlern von Annaten auftaucht, kann geschlossen werden, dass alle mittels Wechsel direkt an die Medici angewiesenen Kurientaxen in den vorliegenden Aufzeichnungen nicht enthalten sind. Wenn nachfolgend die *lettere di cambio* analysiert werden, so ist davon auszugehen, dass ihre tatsächliche Zahl noch bedeutend höher gewesen sein muss. Es fehlen beispielsweise verschiedene Servitienzahlungen, die Eubel (1914) für diesen Zeitraum ausweist: Albertus von Hohenrechberg, Bischof von Eichstätt, 26. August 1429, f. 800; Aslacus Bolt, Bischof von Drontheim, 27. Dezember 1429, f. 800; Thomas Simonsson, Bischof von Strengnaes, 8. Juni 1429, f. 266 2 / 3; Hermannus Runbeky, Bischof von Viborg, 26. August 1429, f. 331 / 3; Hermannus Köppen, Bischof von Schwerin, 14. Oktober 1429, f. 667.

774 Zur Bank der Brüder Alfani vgl. Esch (1966), S. 344; Grohmann (1981), I, S. 246. Vgl. Briefe aus seinem Nachlass in ASPE, Alfani Alfano, (1438–1549), die bei Cecchini (1943) besprochen sind. – Über Rom gelangte deutsches Geld auch nach Neapel, wie Einträge in einem Rechnungsbuch der Bank von Filippo di Matteo Strozzi 1473 zeigen. Der älteste Beleg datiert vom 13. Januar als im Auftrag der Cambini in Rom ein Wechsel vom 24. Dezember über duc. 300 dem Deutschen *Pietro Prata* ausbezahlt wurde. In den folgenden Monaten wurden für *alamanni* Wechsel mit den Pazzi und Giovanni e Alessandro Moscheroni e co. in Rom, den Strozzi in Florenz und Pasquale di Santuccio e co. in Neapel gehandelt. Die in den Buchungstexten genannten deutschen Namen lauten: *Giov. di Cholognia tedescho maestro di stalla von Giovanni di Rimino, Arigho Satunghel alamanno per chonmessione d'Angielmo Burlino* (Anselm Bürlin?), *Tomaxo di Gostanza alamanno, m° Armante tedescho chantore, m° Bernardo della Magnia.* In Neapel empfing ein *Giovanni Moffola* Geld, das in Zusammenhang mit den Bardi in London und den Spinelli in Rom stand. War dieser Moffola ein Nürnberger Muffel? Weitere Deutsche im Königreich Neapel: *Enrico Brunellini, Giorgio Besset* (Georg Besserer) in Sulmona, *Arrigo Dax, Bulfardo Camerer.* Leone (1981), S. 36, 67, 97, 227–228, 380, 416, 570, 572 und 580. – Zur Bank von Filippo Strozzi vgl. Goldthwaite (1968); Gregory (1985).

Tabelle 6. Direkte Korrespondenten der Medici-Bank in Rom, 1429

Ancona	Andrea degli Agli
Aquila	Giacopo de'
	Bardi e co.
	Bartolino de' Bardi
Avignon	Cosimo e Lorenzo de' Medici
	Giovanni di Gignmar
	Jacopo e Matteo Morosini
Barcelona	Fantino de' Medici
Bordeaux	Lionardo de' Bardi e co.
Brügge	Giovanni di Zanobi dal Pino
	Luca Spinola
	Galeazzo Borromei
Cosenza	Michele Marini
Ferrara	Jacomo d'Ambruogio e co.
	Bonatosi
Florenz	Cosimo e Lorenzo de' Medici
	Bartolomeo Peruzzi e co.
	Bardo e Bernardo de' Bardi e co.
	Orlando de' Medici e co.
	Nicola e Cambio de' Medici e co.
	Giovanni d'Amerigo Benci
	Benini
	Gino Gondi e Tadeo Lippi e co.
	Isau d'Agnolo Martellini
Genf	Giovanni d'Amerigo Benci
Imola	Giovanni di Nettolo
Köln	**Simone Sassolini**
London	Ubertino de' Bardi e co.
Lübeck	**Gherardo Bueri**
Mailand	Mariano di Vitale
Montpellier	Ventura e Carnesecchi
Neapel	Matteo Masi
	Allessandro Tagliamilo
	Morosini
Nürnberg	**Rummel**
	Kress
Paris	Serrati
Perpignan	Francesco Fabra
Perugia	Alfonso e Savere e co.
Pisa	Piero Gaetano
	Bardi
Siena	Francesco del maestro Marco e co.
	Paolo di Nanni e fratelli
	Riccardo Pini e fratelli
	Tommasi
Trani	Pellegrino di Moroldo
Valenzia	Mariotto de' Bardi e Jacopo Ventura
	Benini
	Vieri de' Bardi
Venedig	Cosimo e Lorenzo de' Medici
	Giovanni Teghiacci
Verona	Piero di Nanni
Viterbo	Ugo d'Albizo
unklar	Simone Buondalmonte (Buda?)
	Giovanni d'Antonio de' Medici (Krakau?)
	Niccolò d'Andrea del Benino e Bernardo della Tosa

genannt werden. Zwei dieser Wechsel kamen wieder nach Rom zurück, da sie – wohl wegen Abreise oder Tod der Begünstigten – nicht ausbezahlt werden konnten. In fünf dieser Transfers nach Perugia war der in Rom als berufsmäßiger Prokurator lebende deutsche Kleriker Thomas Roden verwickelt, der wohl eine Maklerrolle zwischen Deutschen und italienischen Bankiers in der Ewigen Stadt ausübte. Er war an elf der 112 Wechselgeschäfte beteiligt.[775]

Einen Überblick über die Gesamtstruktur der mit den Medici zusammenarbeitenden Korrespondenten gestatten die Unterschriftenverzeichnisse. In diesen wurde festgehalten, welche Medici-Mitarbeiter zum Ausstellen von Wechseln berechtigt waren und wessen *lettere di cambio* man zu bedienen bereit war: *per chui mani s'abi a dare compimento.*[776] Aufstellungen der Unterschriftsberechtigten sind von 1440 und 1455 erhalten und zeigen, an welchen Orten die Partner im internationalen Zahlungsverkehr installiert waren (Tabelle 7).[777] In Bezug auf den deutschen Markt ist festzuhalten, dass im Vergleich zur Struktur von 1429 Lübeck und Nürnberg bereits 1440 nicht mehr von den Medici direkt bedient wurden. Basel war wegen der Konzilsbank unter der Leitung von Giovenco della Stufa vorübergehend hinzugekommen. In Köln stand nach einer Lücke nach Sassolini ab 1455 mit Abel Kalthoff wieder eine deutsche Handelsgesellschaft in Geschäftsbeziehung mit den Medici.

4.4 Francesco d'Averardo de' Medici und seine Nachkommen

Die Bank von Francesco d'Averardo de' Medici und seiner Nachkommen existierte bis zum Tode von Giuliano di Averardo di Francesco im Jahre 1443. Sie war bedeutend weniger erfolgreich als die ihrer Verwandten und hatte keine Ambitionen, sich am Zahlungsverkehr mit Deutschland zu beteiligen. Nur während der Jahre des Konstanzer Konzils war sie nördlich der Alpen tätig.[778] Aus den Abgaben, die der Konstanzer Rat von den florentinischen Wechslern einzog, lässt sich errechnen, dass spätestens am 1. April 1417 mit *Andreas de Bardis et Lucas socii* eine vierte Gesellschaft auf dem Konzil eine Bank eröffnete.[779] Andrea de' Bardi war ein Bruder von Ilarione, der zu diesem Zeitpunkt wohl bereits nicht mehr in den Diensten von Giovanni de' Medici in Konstanz stand.[780] An dieser Gesellschaft waren neben ihm Averardo di Francesco

775 ASFi, MAP 131. Vgl. unten S. 537–548. – Forstreuter / Koeppen (1973), S. 716.

776 ASFi, MAP 134, Nr. 3, c. 41v.

777 1440: ASFi, MAP 104, Nr. 2, cc. 37v–40r; 1455: ASFi, MAP 134, Nr. 3, cc. 41v–48r. Vgl. Roover (1963), S. 128–129.

778 Roover (1963), S. 33.

779 Stadtarchiv Konstanz, Ratsprotokoll B I Bd. 2 der Jahre 1414–1419, S. 124. – Schulte (1900), S. 230; Roover (1963), S. 38.

780 Der Familienname wird bei Luca in den Konstanzer Dokumenten nicht genannt. Dass es sich um ein Mitglied der Familie Bardi gehandelt hat, geht aus einem Dokument aus dem Jahre 1413 hervor. Vgl. Modigliani (1994),

Tabelle 7. Direkte Korrespondenten der Medici-Bank in Rom, 1440 und 1455

	1440	1455
Ancona	1	
Avignon	3	1
Barcelona	1	1
Basel	**1**	
Bologna	1	2
Brügge	1	2
Catanzaro	1	
Ferrara	1	3
Genf	1	1
Genua		1
Köln		**1**
London	1	1
Lyon		1
Mailand		3
Modena	1	
Montpellier	1	1
Neapel		3
Palermo	1	
Perugia	1	3
Pisa	1	1
Reggio Calabria	1	
Rodi		1
Rom	1	1
Zaragoza	1	
Siena	1	1
Venedig	2	3
Total	**23**	**31**

de' Medici, der Neffe von Giovanni, und sehr wahrscheinlich auch der ehemalige Depositar der apostolischen Kammer Francesco di Giachinotto Boscoli beteiligt.[781] Wenige Jahre zuvor hatte Andrea von Genua aus gearbeitet und war auch Kreditgeber von Benedikt XIII. Als sich mit dem Konzil von Pisa und der Absetzung des nach Spanien weggezogenen avignonesischen Papstes die Einheit der Kirche abzeichnete, verlegte er seinen Schwerpunkt spätestens 1411 an die Kurie.[782] Seine guten Beziehungen in den südfranzösischen und iberischen Raum behielt er aber bei, wie Geldgeschäfte mit der Aragoneser Gesandtschaft an den Konzilsort zeigen.[783] Sehr wahrscheinlich wurde Konstanz für Andrea de' Bardi geschäftlich erst interessant, als sich immer mehr spanische Gesandte und Kleriker hierhin auf den Weg machten und Bankverbindungen in ihre Heimat benötigten. In der Karwoche 1415 hatten Spanier noch von Konstanz abreisen müssen, weil ihnen das Geld ausging und ihnen niemand leihen wollte.[784] Die beiden Medici-Banken in Konstanz sahen sich nicht als Konkurrenten, sondern als Ergänzung, da sie mit ihren Wechseln unterschiedliche Regionen Europas bedienten. Ein in Konstanz von der Bank Giovannis auf Andreas Gesellschaft in Pisa ausgestellter Wechsel zeigt, dass die beiden Unternehmen zusammenarbeiteten.[785]

4.5 Ricci – Spini – Guadagni – Giachinotti – Cambini

Aus dem Vergleich der Korrespondentensysteme, der leitenden Mitarbeiter und der Kunden lässt sich schließen, dass sich *Filippo de' Ricci e co., Antonio di Jacopo e Doffo degli Spini e co., Vieri di Vieri Guadagni e co.* und schließlich *Adovardo Giachinotti e Niccolò Cambini e co.* in vielen Teilen nachfolgten. Jede hat ihre eigene Geschichte und keine ist einfach eine Weiterführung einer aufgelösten Gesellschaft unter einem anderen Namen. Dennoch sind die Überschneidungen bemerkenswert. Adovardo di Cipriano Giachinotti und Niccolò di Francesco Cambini arbeiteten beispielsweise für Spini und Guadagni. In Venedig arbeiteten Ricci, Guadagni und Giachinotti mit Michele di Giovanni di ser Matteo zusammen. Es erscheint deshalb auch aus Darstellungsgründen sinnvoll, die Geschäfte dieser Banken mit Deutschland als Einheit zu behandeln.

S. 53. Ob es sich dabei um einen weiteren von Lipaccio de' Bardi handelte, konnte nicht geklärt werden. Vgl. Esch (1972), S. 498 und 516.

781 Boscoli wird in Konstanz nie erwähnt und sein Name erscheint in keinem Dokument dieser Gesellschaft. Als Martin V. jedoch nach Italien zurückkehrte, wird in einer am 30. November 1418 in Mantua ausgestellten Urkunde die Gesellschaft *Andree de Bardis et Francisci de Bostolis ac sociorum Romanam curiam sequentium* genannt. Baumgarten (1898), S. 205. Zur Biografie vgl. Esch (1972), S. 507–508.

782 Favier (1966), S. 573; Roover (1963), S. 38.

783 Esch (1966), S. 289; Frenken (2008), S. 135.

784 Finke (1903), S. 35.

785 ASFi, MAP 137, Nr. 989. Vgl. oben S. 153. Dazu Favier (1966), S. 517.

4.5.1 Filippo de' Ricci

Mitglieder der Familie Ricci sind nach dem Ende des Interdikts über Florenz in den letzten Jahrzehnten des 14. Jahrhunderts mit vielen Kompanien in den Finanzgeschäften der Kurie anzutreffen. Sie gehörten zu den aufstrebenden Bankiersfamilien der Arnostadt, als im Jahre 1400 mehrere Familienmitglieder zusammen mit den Alberti wegen einer Verschwörung gegen die herrschende Oligarchie für zwanzig Jahre aus der Stadt verbannt wurden. Samminiato de' Ricci wurde sogar hingerichtet. Den Geschäften der Ricci an der Kurie tat dies keinen Abbruch, wie viele Nennungen in den Kammerakten zeigen. 1406 wurde Niccolò Ricci, der zusammen mit Filippo eine Bank betrieb, zum Depositar der Kammer ernannt. Seit spätestens 1411 war Adovardo di Cipriano Tornaquinci Leiter der Kurienbank, die unter der Firma *Filippo de' Ricci e co.* arbeitete. Vermutlich waren er und Niccolò di Francesco Cambini als Partner in diese Gesellschaft eingetreten. Sie brachten nicht nur zusätzliches Kapital ein, sondern ergänzten mit eigenen Unternehmungen auf der iberischen Halbinsel die Korrespondentenstruktur der Ricci, die auf Italien und Frankreich ausgerichtet war.[786]

Für den 3. November 1414, fünf Tage nach dem Einzug von Johannes XXIII. in die Konzilsstadt, ist ein erstes Wechselgeschäft der Bank Filippo de' Ricci e co. in Konstanz belegt. Der Niederlassungsleiter Adovardo di Cipriano Tornaquinci stellte eine *lettera di cambio* über duc. 800 aus, die in Avignon von Piero e Poldo de' Pazzi e co. an Antonio di Narduccio ausbezahlt werden sollten. Das Geld hatte er von den Pazzi in Paris erhalten.[787] Offensichtlich ahnte am Bodensee zu diesem Zeitpunkt noch niemand, welcher Sturm sich gleichzeitig in Florenz zusammenbraute. Rinaldo degli Albizi, einer der führenden Männer der herrschenden Oligarchie, schrieb nämlich am 13. November an seinen Bruder vom Konkurs dieser Bank. Der Schaden belaufe sich auf etwa f. 80 000. Hunderte von ehrenwerten Männern und Frauen habe Ricci enttäuscht: *c'ha disfatti centinaia di buonomeni, e di donne.*[788] Ein paar Tage später wurden die Geschäftsbücher von der Mercanzia eingezogen und ein Syndikat zur Abwicklung des Konkurses eingesetzt.[789] Am 27. November wurde der Fehlbetrag mit über f. 100 000 bewertet. Zum finanziellen Schaden kam noch die Schädigung des guten Rufes der florentinischen Kaufleute. Degli Albizzi schrieb an seinen Bruder, dieser Vorfall habe ihn sehr traurig gemacht. Jeder Florentiner müsse traurig sein, wenn ein Kaufmann Konkurs anmelden muss, denn der

786 Guasti (1884), S. 38; Esch (1966), S. 304–305; Holmes (1968), S. 361; Esch (1972), S. 507.

787 ASFi, Diplomatico normale, Prato, S. Vincenzo, Nr. 67a, 1414 gennaio 24. – Zur Firmengeschichte der Ricci vgl. Ricci (1963), S. 15–35. Zur Biografie von Adovardo Tornaquinci vgl. Guasti (1867), I, S. 224; Esch (1972), S. 506; Simons (1985), S. 102; Palermo (2000), S. 359. In der Literatur findet man ihn auch unter den Vornamensvarianten Odoardo, Adoardo, Edoardo und Averardo. Hier wird die Variante Adovardo verwendet, wie er sich selber im Catasto 1427 schrieb. ASFi, Catasto 46, c. 83.

788 Guasti (1867), S. 276. – Zum juristischen Teil dieses Konkursverfahrens vgl. ASFi, Mercanzia 1266, cc. 343r–346r, 373v–375v und 428v–431: Deutsche oder Konstanz werden darin nicht erwähnt. Ricci ist *fugitivo.*

789 Guasti (1867), S. 280.

Handel hat Florenz Grösse und Ansehen verschafft: *Ebbi gran doglia quando lo sentì, perchè a ogni uomo da Firenze de' dolere quando uno mercatante rompe; perchè la mercatanzia è quella cosa che ha fatto grande e onorata la nostra città.*[790] Von all dem bekam man nördlich der Alpen noch nichts mit. Noch am 1. Dezember wies der offensichtlich ahnungslose päpstliche Kaplan Angelo de' Baglioni dem Leiter der Konstanzer Ricci-Niederlassung, Tornaquinci, eine größere Summe an.[791] Bereits am 19. November hatte sich dieser Bankier aber geweigert, zwei Klerikern aus Lissabon drei Wechsel über insgesamt 1 000 RG auszubezahlen, weil er vermutlich gar nicht mehr über ausreichende Barmittel verfügte.[792] Zwei Tage später wurden die Salvokondukte für ihn und seine beiden Mitarbeiter, Niccolò Cambini und Zocco de' Ricci, verlängert.[793] Möglicherweise sollten ihnen diese Pässe die sichere Rückreise nach Italien ermöglichen. Tornaquincis letzte Spuren als Bankier in Konstanz sind drei Wechsel nach Paris, die er am 24. und 26. Dezember auf Andrea e Poldo de' Pazzi e co. und Michele de' Pazzi e Antonio Sostegni e co. ausstellte. Diese Transaktionen geben Rätsel auf, denn zu diesem Zeitpunkt muss allen Beteiligten die Zahlungsunfähigkeit der Ricci längst bekannt gewesen sein. Sie wurden denn auch einen Monat später in Paris protestiert.[794]

Wohl schon in den ersten Wochen des Jahres 1415 wird diese Bank in Konstanz definitiv geschlossen worden sein, ohne ein einziges Geschäft mit einem Bezug zu Deutschland abgeschlossen zu haben. Adovardo Tornaquinci und Niccolò di Francesco Cambini blieben am Bodensee und machten mit der Kurie Geschäfte. Vom *receptor* von Johannes XXIII. erhielten sie am 28. Januar und 15. Februar jenen Jahres Bürgschaften über insgesamt f. 170[795] und 1429 beklagten sie sich, die apostolische Kammer dieses Papstes sei ihnen immer noch f. 245 schuldig. Die weiteren Schuldner aus dieser Zeit waren die Alberti-Bank und vier Kleriker.[796]

4.5.2 Antonio di Jacopo del Vigna und Doffo degli Spini

Die Bank von Antonio di Jacopo del Vigna und Doffo di Nepo degli Spini war von 1409 bis 1411 Depositar der apostolischen Kammer und gehörte auch in den anschließenden Jahren als *Antonius Jacobi et Doffo de Spinis et socii* zu den großen und angesehenen Finanzinstituten. In Konstanz wurde sie durch Carlo di Geri Bartoli vertreten, der bereits im Januar 1402 als Bankier

---

790 Guasti (1867), S. 281.

791 ASFi, Diplomatico normale, S. Pancrazio, 1414 dicembre 1.

792 ASFi, Diplomatico normale, Ricci, Nr. 77, 1414 novembre 19.

793 Brandmüller (1997), I, S. 136.

794 ASFi, Diplomatico normale, Prato, S. Vincenzo, Nr. 67b, 1414 gennaio 24; Diplomatico normale, Prato, S. Vincenzo, Nr. 67c, 1414 gennaio 24; Diplomatico normale, Prato, S. Vincenzo, Nr. 67d, 1414 gennaio 24.

795 Prato, Biblioteca Roncioniana, Manoscritti Roncioniani, Nr. 336, c. 8.

796 ASFi, Catasto 83, c. 103v.

bei der Kurie nachgewiesen ist.[797] In seiner Bank arbeiteten zwei florentinische und zwei deutsche *famigli* (Diener), die wohl die einfacheren geschäftlichen Aufgaben und Botengänge erledigten. Hinzu kam noch ein deutscher Koch.[798] Die Quellenlage zu seinen Geschäften ist weniger schlecht als die zu seinen Berufskollegen, da zwei Dokumente aus seiner Buchhaltung erhalten blieben. Von seiner Hand ist ein 41 Blätter umfassendes Kassenbuch erhalten, das seine Geschäfte für die Zeitspanne zwischen dem 9. Juni 1416 und dem 15. März 1417 ausweist. Leider fehlen die ersten Seiten, sodass nur die Ausgaben überliefert sind, nicht aber seine Einnahmen.[799] Die zweite Quelle ist ein Heft mit Bartolis Transaktionen für den persönlichen Bedarf von Stefano del Buono, Bischof von Volterra und *receptor* von Johannes XXIII., aus den Jahren 1413 bis 1420.[800]

In den zehn durch das Rechnungsheft dokumentierten Monaten, während derer Johannes XXIII. bereits in Haft saß, hat Carlo di Geri Bartoli viele Zahlungen geleistet, bei denen es sich vor allem um kleine Kredite oder Abbuchungen von einem Guthaben handelte, für das ein Kontokorrent geführt wurde. In den meisten Fällen sind es kleine Beträge, mit denen beispielsweise Stoff oder Wein für einen Kunden bezahlt wurden.[801] Zwei Kredite für den deutschen Theologen Dietrich von Niem, der mit seinen Streitschriften zur Simonie und der Einheit der Kirche eine wesentliche Rolle auf dem Konzil spielte, beliefen sich zusammen auf 115 RG und sind die einzigen Vorgänge, bei denen Bartoli notierte, er habe dafür ein Dokument mit der Unterschrift des Schuldners.[802] Bemerkenswert ist, dass im ganzen Rechnungsheft keine Wareneinkäufe zu finden sind. Auch im Kontokorrent für Stefano da Prato werden nur Zahlungen von dessen Einkäufen bei anderen Kaufleuten in Konstanz erwähnt.

Bartoli hat 231 Wechsel mit einem Gesamtwert von wenig über duc. 16 160 ausbezahlt (Tabelle 8); deren durchschnittlicher Wert belief sich auf fast duc. 70. Zieht man einen Wechsel über duc. 2 000 für Geistliche aus Brügge und einen über 1 000 RG und 600 ungarische Gulden aus Buda ab, so ist leicht zu erkennen, dass es sich bei diesen Geschäften meist um sehr kleine Beträge handelte, die für den Lebensunterhalt in der Fremde bestimmt waren.[803] Zu den Empfängern der Gelder gehörten acht Kardinäle, zwei Erzbischöfe und neun Bischöfe. Viele

797 ADP, codice 408571. – Zur Biografie dieses Bankiers vgl. Esch (1972), S. 504.

798 ASFi, Corporazioni religiose soppresse dal governo francese 88, Nr. 22 (nachfolgend Bartoli 22). Die beiden Deutschen werden *Chonzo da Cholongnia* und *Ditimaro* genannt; die Italiener waren Francesco Corsini und Filippo di Dego. Mattia war der Koch.

799 ASFi, Bartoli 22. – Zu den Spini vgl. Tripodi (2013).

800 Prato, Biblioteca Roncioniana, Manoscritti Roncioniani, Nr. 336, c. 5.

801 ASFi, Bartoli 22, c. 70v: Baronto da Pistoia lässt sich Waren bei Lodovico da Orti e co. kaufen. Offensichtlich wird dort für ihn angeschrieben und Carlo di Geri begleicht unregelmäßig die Schulden über das Kontokorrent. Ebenso bezahlen sie seine Schulden bei *maestro Giorgio sarto* und bei *Frizo de Naneghe di Gostanza* für Wein und die Miete.

802 ASFi, Bartoli 22, cc. 87r und 88r.

803 ASFi, Bartoli 22, c. 71 und 82r.

Tabelle 8. Durch Antonio di Jacopo e Doffo degli Spini e co. di Corte in Konstanz ausbezahlte Wechsel, 1416/17

Herkunft	Briefe	Betrag
Avignon	41	1207
Montpellier	8	185
Paris	108	9153
Brügge	20	2991
Rom	1	16
Florenz	20	592
Neapel	11	271
Venedig	20	1729
Mailand	2	16
	231	**16160**

Begünstigte werden nur als Kleriker bezeichnet; etwas aus der Reihe fällt der Schneider von Johannes XXIII. Die Kunden kommen aus Italien, Schottland, England, Frankreich, Spanien. Der einzige Wechsel für einen Deutschen war ein Reisecheque, den sich *Angiolino tedesco* von den Spini in Florenz für f. 4 s. 2 d. 4 ausstellen ließ; in Konstanz erhielt er dafür 4 RG.[804] In einem einzigen Fall wird das Geld an eine andere florentinische Bank in Konstanz ausbezahlt. Die Spini von Paris hatten auf diesem Weg duc. 630 von Antonio de' Cerchi an die Alberti angewiesen.[805]

Erstaunlich klein ist die Zahl der Korrespondenten, deren Wechsel in Konstanz durch die Spini bedient wurden (Tabelle 9). Den inneren Kreis bildeten die vier Schwesterunternehmen *(i nostri)*, der durch sechs Partnerbanken erweitert wurde. Von den großen Bankenplätzen fehlen London und Barcelona. Die Gesellschaft hatte ihren Marktschwerpunkt in Frankreich (Paris, Avignon, Montpellier), stand hier also in klarer Konkurrenz zu Filippo de' Ricci. Die Spini verfolgten in Konstanz keine Strategie, den deutschen Markt zu erschließen. Sie erledigten hier ihr Geschäft, wie sie es in den Jahren zuvor in Italien für die Kurie und die sie begleitenden Personen getan hatten.

804 ASFi, Bartoli 22, c. 98r.

805 ASFi, Bartoli 22, c. 73v, Auszahlung am 6. Juli 1416.

Tabelle 9. Korrespondenten von Antonio di Jacopo e Doffo degli Spini e co. di Corte, 1416/17

1.	Spini (Paris)
2.	Spini (Avignon)
3.	Spini (Neapel)
4.	Spini (Florenz)
5.	Alessandro Borromei e co. (Venedig)
6.	Filippo degli Alberti e Bartolomeo Spinelli e co. (Brügge)
7.	Jacopo di Lorenzo e Tomaso d'Orlando e co. (Avignon)
8.	Raffaello Bosso (Mailand)
9.	Pagolo Corbizi e co. (Montpellier)
10.	Gabriello Borromei e Alamanno degli Alberti e co. (Pisa)
11.	Matteo da Canedolo e co. (Bologna)

Nach der Rückkehr nach Florenz geriet die Gesellschaft sehr schnell in Schieflage. 1419 wurde der langjährige Leiter Carlo di Geri Bartoli durch Piero Bardella ersetzt. Gleichzeitig verlor die Bank das Amt des Depositars des Kardinalkollegiums, das sie an Matteo Barucci von der Medici-Bank abgeben musste.[806] Vermutlich waren diese Veränderungen bereits Warnzeichen, denn nur wenige Wochen nach der Abreise von Martin V. aus Florenz ging die Spini-Bank am 11. November 1420 bankrott. Doffo degli Spini notierte in seinen *ricordanze* lapidar und nüchtern, sein Unternehmen sei am Martinstag falliert: *il dì di san Martino fallì la nostra compagnia.*[807]

806 Baumgarten (1898), S. CLXV; Holmes (1968), S. 376–377; Palermo (2000), S. 375. Baumgarten nennt den Depositarius Collegii im Jahre 1419 „Mattey de Barneiis", dabei handelt es sich sicherlich um ein Verlesen.

807 ASFi, Carte Strozziane II, filza 13, f. 18. Über die Folgen dieses Bankrotts vgl. S. 172. Über den Grund für ihren Untergang gibt es bislang keine abschließende Studie. Der Eintrag in den *ricordanze* geht weiter mit *per la qual cosa non fu bisogno di palesare la scrittura de' furti di Luigi.* Luigi Corsini war neben Jacopo del Vigna, Doffo degli Spini und Piero Bardella der vierte Teilhaber dieser Gesellschaft. Welche Diebstähle dieser Partner begangen haben soll, ist noch nicht geklärt. – Unter dem 17. Dezember findet sich in einem Dokument der apostolischen Kammer: *ropturam banchi societatis de Spiniis mercatorum florentinorum.* Vgl. Holmes (1968), S. 378; Palermo (2000), S. 376. Einen Tag vorher schon hatten sich in Rom lebende deutsche Geschädigte zusammengeschlossen: http://rg-online.dhi-roma.it/RG/4/10023, 02.07.2021.

4.5.3 Guadagni – Giachinotti – Cambini

Um 1420, also etwa gleichzeitig mit dem Spini-Konkurs, investierten Vieri di Vieri Guadagni, eine der prägenden Persönlichkeiten der von Maso degli Albizzi angeführten Oligarchie, sein Bruder Bernardo und Niccolò Sacchetti Kapital in die Gründung einer Bank bei der Kurie. Als Niccolò 1422 verstarb, übernahm sein Sohn Andreuolo dessen Anteil an der Gesellschaft. Als vierten Teilhaber nahmen sie Fruosino di Luca da Panzano in die Sozietät auf, der die Geschäfte leitete.[808] Am 24. März 1424 saldierte Vieri Guadagni seine erste Kurienbank, da er sich für eine Fusion mit einer Unternehmung entschlossen hatte, die von seinem Bruder Bernardo 1420 gegründet worden war: *quando il Papa fu in Firenze.*[809] Dessen Partner waren Männer, die im internationalen Handel und Bankgeschäft viel Erfahrung gesammelt hatten. Adovardo di Cipriano di Giachinotto Tornaquinci war Leiter der Kurienbank von Filippo de' Ricci gewesen und hatte in Konstanz den Bankrott seines Arbeitgebers erleben müssen. Um 1418 hatte er seinen Familiennamen geändert und nannte sich von da an nach seinem Großvater Adovardo Giachinotti.[810] Niccolò di Francesco Cambini hatte zwischen 1405 und 1410 in den Diensten von Giovanni de' Medicis Niederlassung in Neapel gestanden und war ebenfalls für die Ricci-Bank am Bodensee gewesen. Niccolòs Bruder Andrea hatte sich sein kommerzielles Wissen vor allem in Portugal erworben.[811] In den Kammerregistern erscheint diese Kurienbank als *Adoguardo Iachinocti, Nicolao Cambii et sociis mercatoribus Florentinis.*[812] Auch dieser Vertrag wurde per 24. März 1424 beendet. Bernardo zog sein Kapital aus beiden Gesellschaften ab, während seine früheren Partner mit der Investorengruppe um Vieri Guadagni fusionierten *(ci achompagnammo).*[813] Am darauffolgenden Tag nahm die Bank Vieri di Vieri Guadagni e Adovardo di Cipriano Giachinotti e co. di Corte di Roma ihre Tätigkeit auf, an der juristisch

808 Zu Vieri di Vieri Guadagni vgl. Zaccaria (1960–); Cassandro (1974), S. 314–316; Prajda (2018), S. 129–130. – Die Anteile der Gesellschafter lauteten auf 4/8 für Guadagni, 3/8 für Sacchetti und 1/3 für da Panzano. Dass auch Bernardo beteiligt war, schreibt er in ASFi, Catasto 56, c. 465r: *Dalla ragione del nostro fondacho vecchio, dove fu chompangnio Vieri Guadagni, e Nicchholò di Francho Saccheti, e Nicchholò Villani ed altri resto avere e non so il ché perché.* Er erwähnt hier die hohen Forderungen, die Vieris Erben an ihn stellten. – ASFi, Catasto 34, cc. 489r–490v: 1427 schuldete Fruosino di Luca da Panzano nach Abschluss der Gesellschaft den Guadagni f. 497.

809 ASFi, Catasto 47, c. 85r (Adovardo Giachinotti). – Zu Bernardo di Vieri Guadagni vgl. Cassandro (1974), S. 312–314.

810 Zu dieser Namensänderung vgl. Simons (1985), S. 102; Klapisch-Zuber (2009), S. 240–241. In einem Notariatsinstrument, das 1423 ausfertigt wurde, aber von einem Sachverhalt aus der Zeit des Konstanzer Konzils handelt, wird dieser Bankier deshalb als *Adovardum olim Cipriani de Giachinottis et olim de Tornaquincis de Florentia* bezeichnet (ASFi, NA 12155, c. 126v).

811 Brandmüller (1997), I, S. 136: *littera passus* für die Reise nach Konstanz für Adovardo Tornaquinci, Niccolò Cambini und Socco de' Ricci. Zur Ausbildung der Cambini-Brüder vgl. Tognetti (1999), S. 27.

812 Prajda (2018), S. 129–130.

813 ASFi, Catasto 75, c. 504v (Niccolò Cambini); Catasto 77, c. 18r (Adovardo Giachinotti). Vgl. Prajda (2018), S. 218, die keine Aufeinanderfolge von Gesellschaften sieht, sondern ein Nebeneinander.

betrachtet zwei Investoren beteiligt waren: die Gesellschaft Guadagni (Vieri Guadagni, Fruosino da Panzano) und die Gesellschaft Giachinotti-Cambini (Adovardo Giachinotti, Niccolò und Andrea Cambini, Nofri di Iacopo Cardinali, der als stiller Teilhaber nicht über das Tagesgeschäft informiert wurde: *che Nofri non avesse a vedere i fatti della nostra compagnia*).[814] Fruosino brachte statt Geld seine Arbeitskraft ein: *misse la persona in detta compagnia.*[815] Cardinali und da Panzano schieden am 24. März 1426 aus der Partnerschaft aus.[816] Das Ende der von den verbliebenen Gesellschaftern weitergeführten Bank setzte mit dem Tode Vieris am 3. August 1426 ein, als er durch eine Bombarde tödlich getroffen wurde, während er als Kommissär der Republik den Kämpfen der florentinischen Armee im Krieg gegen den Herzog von Mailand folgen wollte.[817] Seine Erben führten die Geschäfte noch kurze Zeit weiter, bis sie die Tätigkeit am 7. Juli 1427 einstellten und die Konten saldierten.[818] Nach dem Ausscheiden der Guadagni aus der Gesellschaft setzte Giachinotti mit den Cambini-Brüdern die Gesellschaft alleine fort: *Adovardo di Cipriano Giachinotti e Andrea di Francesco Cambini e co.*

4.6 Il Banco da Verona

4.6.1 Benzi & Guarienti

Buonsignore d'Andrea Benzi wird in wissenschaftlichen Publikationen mehrfach genannt, doch meist nur als Bruder des berühmten Arztes Ugo d'Andrea Benzi.[819] Die Wirtschaftshistoriker haben von ihm und seiner Bedeutung als Bankier bislang kaum Notiz genommen. Getauft wurde er 1387 in Siena;[820] als Geschäftsmann wird er am 14. Januar 1424 erstmals erwähnt, als er zusammen mit seinem Bruder Ugo von Kardinal Gabriel Condulmer, dem späteren Papst Eugen IV., zum Bürger von Bologna aufgenommen wurde.[821] Vermutlich profitierte der Kaufmann von der Tatsache, dass sein Bruder damals Leibarzt des Kirchenfürsten war.[822] Ein Brief, den im selben Jahr florentinische Gesandte aus dieser Stadt an die Signoria schickten,

814 ASFi, Catasto 47, c. 85r (Adovardo Giachinotti).

815 ASFi, Catasto 57, c. 907r (redi di Vieri Guadagni); Catasto 47, c. 85r (Adovardo Giachinotti).

816 ASFi, Catasto 78, c. 85r (Adovardo Giachinotti).

817 Zaccaria (1960–).

818 ASFi, Catasto 29, c. 7rv. (Andreuolo Sacchetti). – In dieser Abschlussphase lautete die Firma auf *Redi di Vieri di Vieri Guadagni e Adovardo di Cispriano Giachinotti e co.*

819 Über Ugo vgl. Istituto della Enciclopedia italiana (1960–), VIII, S. 720–723.

820 Archivio di Stato di Siena, Ms. A 31, c. 99.

821 Lockwood (1951), S. 147–148; Piana (1966), S. 185.

822 Lockwood (1951), S. 159.

wurde durch ihn transportiert.[823] 1429 erwähnt ein Geschäftsbuch der Medici eine Niederlassung in Florenz: *Bonsignore d'Andrea e co. di Firenze.*[824] Benzi ging zu einem unbekannten Zeitpunkt eine Partnerschaft mit dem um 1380 geborenen Pace Guarienti ein. Dieser gehörte zur städtischen Elite Veronas und ist in den Geschichtsbüchern seiner Heimatstadt vor allem als Bannerträger seiner Stadt bekannt, als sie 1405 Venedig den Treueid *(dedizione)* leistete.[825] Als *mercatores in Romana Curia* sind sie am 7. Oktober 1435 erstmals belegt, als ihnen Kardinal Giovanni Casanova in Florenz den Empfang eines Darlehens in Höhe von 250 Dukaten bestätigte.[826] Die Firma muss aber bereits einiges älter sein, denn die Basler Konzilsväter haben den Direktor ihrer Basler Niederlassung schon 1433 zu ihrem ersten Depositar bestimmt.[827] Um 1436 stand *Bonsignore d'Andrea Benzi e co. di Corte* in regem geschäftlichem Kontakt mit der apostolischen Kammer für Geld- und Warengeschäfte.[828] Diese Gesellschaft findet sich auch viele Male unter den Banken, die von den Medici-Faktoren im Handel mit Wechselbriefen als Partner in Geschäften nach Basel, Barcelona, Florenz, Brügge, Ancona, London, Neapel, Avignon und Saragossa genannt werden.[829]

Die Anbindung der Benzi und Guarienti in Basel und Rom an den Bankenplatz Brügge erfolgte um 1433 über die Niederlassung des Florentiners Galeazzo Borromei.[830] Als dieser 1435

---

823 BNCF, Ginori Conti, Nr. 017, c. 70v: *Mandata per le mani di Buonsignore d'Andrea da Siena banchiere in Bologna.* (8. März 1424).

824 ASFi, MAP 131, Nr. 1, c. 79v.

825 Baja Guarienti (Anno Accademico 2002/2003), S. 10; Zagata (1749), S. 250. Pace Guarienti war 1421 *provveditore di comune.*

826 Archivio di Stato di Verona, Antico Archivio del Comune, reg. 253, c. 5r, reg. 254 und anagrafi 994. – ASFi, MAP 131 C, c. 6 links und MAP 65, Nr. 32. – Ich danke der Contessa Enrica Baja Guarienti, welche mir den Zugang zum Familienarchiv in ihrem Palazzo in Tamassia gestattet hat. Leider war darin kein Dokument zu finden, das eine Beziehung zur Handels- und Banktätigkeit dieser Familie hat. In diesen Akten wird erwähnt, dass Pace am 30. September 1433 von König Sigismund in den Ritterstand erhoben worden sei. Vgl. Demo (2001), S. 40 und 276; Baja Guarienti (2002/2003), S. 10.

827 Vgl. S. 330.

828 ASFi, MAP 65, Nr. 34: Zahlungsauftrag der Kammer an die Medici 1000 duc. an *Bonsignore Benci, Pace Guarienti e Antonio da Rabatta e co. di Corte* auszubezahlen. Das Geld ist der Anteil der Kardinäle Jordanus de Ursinis, S. Marcelli, Francesco Condulmer und S. Sixti an den Servitien des Erzbischofs von Sevilla. Es ist nicht aktenkundig, wer zu diesem Zeitpunkt Depositar des Kardinalskollegiums war. Paschini (1927), S. 9: Der Kardinalkämmerer schrieb am 30. April 1435 an die Beamten des Zolls von Florenz, sie sollen Benzi und Guarienti nicht weiter wegen vier Stück veronesischen Tuches belästigen, die für den päpstlichen Hof bestimmt und deshalb von allen Zöllen befreit seien. Zu den Guarienti als Warenhändler vgl. Demo (2004), S. 281–298.

829 ASFi, MAP 134, Nr. 1. – Die Firma der Gesellschaft variiert häufig: ASFi, MAP 65, cc. 17r, 18r und 32r: *Bonsignori Benssi et sociis mercatoribus florentinis [sic] curiam romanam sequentibus;* ASFi, MAP 65, c. 34r: *Bonsignore Benzi, Pace Guarienti e Antonio da Rabatta curiam Romanam sequentibus.* – ASFi, MAP 68, Nr. 656: In diese Zeit fällt ein Dokument zur Hinterlegung der Ernennungsurkunde des Abtes von Bonnecombe durch die apostolische Kammer bei Benzi und Guarienti. – Vgl. Del Treppo (1972), S. 290.

830 Der Name der Bank in Brügge wird im Dokument nicht genannt. Die Zusammenarbeit zwischen Benzi und Galeazzo Borromei in Brügge ergibt sich aus der Steuererklärung des Florentiners. Vgl. ASFi, Catasto 500, c. 253.

in Basel kommerziell aktiv wurde, erschien ihnen dies offensichtlich als unfreundliches Eindringen in den eigenen Marktraum und gingen am 10. Januar 1436 in Flandern eine Partnerschaft mit Bernardo Cambi und Forese da Rabatta ein: *Bernardo Cambi e Forese da Rabatta e co. di Bruggia.* Das Eigenkapital wurde durch Einlagen der Benzi-Guarienti-Bank in Rom in Höhe von f. 3 500 und f. 1 000 von den beiden anderen Teilhabern gebildet.[831] Die kaufmännische Alleinverantwortung lag bei der gewählten Gesellschaftsform einer Accomenda allein bei Cambi.

Als Buonsignore d'Andrea Benzi im Winter 1438 starb,[832] war sein Sohn Niccolò noch minderjährig. Das Erbe wurde von seinem Vormund Jacopo Benzi in eine Bank in Venedig investiert, an der auch Pace Guarienti und der Florentiner Zanobi di Taddeo Gaddi beteiligt waren.[833] Alle anderen Beteiligungen der Guarienti an Gesellschaften der Benzi wurden saldiert und mit neuen Partnern weitergeführt. Für die Kurienbank und die Niederlassung in Genf bildete Pace Guarienti Gesellschaften mit dem Florentiner Bardo di Neri Bovatteri, der kurz zuvor als Leiter der Genfer Niederlassung von Bernardo da Uzzano den Konkurs dieses Kaufmanns miterlebt hatte.[834] Aus der Gesellschaft in Brügge zogen sich die Guarienti ganz zurück.[835]

Pace Guarienti beschrieb in seinem Testament vom 6. März 1446 die Struktur seiner Unternehmensbeteiligungen: *Jenevra, ducatum Sabaudie, et per totam Sabaudiam, in Alamania, et*

---

831 Ginori Conti (1939), S. 15. – Istituto della Enciclopedia italiana (1960–), XVII, S. 90. Von den Unternehmungen des Bernardo Cambi sind vier Rechnungsbücher erhalten: BNCF, fondo Ginori Conti. Vgl. BNCF, Poligrafo Gargani, nn. 456–458. – Cambi und Rabatta arbeiteten bis 1484 zusammen. Sie hatten Unternehmen in Brügge, Florenz, Pisa und London. 1470–1484 firmierten die meisten dieser Gesellschaften unter dem Namen *Antonio da Rabatta e Bernardo Cambi e co.*

832 Archivio di Stato di Siena, Concistorio 1650, c. 30v: Schreiben der Signoria von Siena vom 21. März 1438 wegen der Hinterlassenschaft von Benzi an den Herzog von Mailand und an Niccolò Piccinino. Auch Buonsignores Bruder Ugo wird in diesem Brief genannt. Über Ugo vgl. Istituto della Enciclopedia italiana (1960–), VIII, S. 720–723. ABIB, mastro 7, cc. 28, 57 und 114 usw.: In den Geschäftsbüchern von Filippo Borromei e co. in London finden sich Liquidationskonten aus diesem Jahr. ASSi, gabella 198, c. 32 und Ms. A 34, c. 91v: Seine Gattin wird in einem Dokument vom 29. Juli 1439 als *relicta* bezeichnet. Vgl. Lockwood (1951), S. 193; Garosi (1958), S. 207.

833 ASFi, Catasto 680, c. 1100rv: Zanobi hatte Florenz 1440 verlassen. Für die Firmenbezeichnung dieser venezianischen Gesellschaft finden sich in den Quellen mehrere Varianten: *Zanobi Gaddi e Jacopo Guarienti e co. di Vinegia* (ASFi, Diplomatico normale, S. Maria Nuova, Nr. 3385, 1442 luglio 29, 1441 novembre 23 und 1442 luglio 29); *Ghaddi e Ghuarienti di Vinegia* (AOIF 12737, c. 511r, 23. April 1443); *Jacopo Benzi e Ghaddi e Ghuarienti* (AOIF 12737, c. 420v, 16. Juni 1443); *Zanobi Gaddi e Iacopo Guarienti e compagni* (AOIF 12737, c. 537r, 5. November 1444).

834 ASFi, Mercanzia 10874, c. 113r: Der Familienname Bovatteri erscheint in den Quellen nur einmal und dort in lateinischer Übersetzung. Er könnte also Bovattieri, oder Bovateri geheißen haben. In den kommerziellen Texten wird er nur *Bardo di Neri* genannt. In diesem Eintrag der Mercanzia wird er ausdrücklich als Bürger von Florenz bezeichnet, obwohl dieser Name im Catasto und in den Tratte nie vorkommt. – ASFi, Diplomatico normale, S. Maria Novella, 1446 novembre 20.

835 Die Filiale in Brügge wurde von Cambi und da Rabatta allein weitergeführt, denen es gelang, in den folgenden Jahrzehnten eine wichtige Rolle für deutsche Kunden in Brügge zu spielen. Ihre Nachfolgegesellschaften waren in Brügge bis 1464 im kurialen Zahlungsverkehr tätig. Sie haben nie eine Strategie für direkten Handel mit Deutschland entwickelt. Vgl. AOIF 12743, cc. 6 und 20; Esch (1998), S. 313.

quacumque eius parte, Roma, et per omnes terras Sanctae Romanae Ecclesiae, et in tota Apulia, Venetiis, et Florentia.[836] Von der Gesellschaft in Genf aus, sollten Savoyen und Deutschland mit all seinen Regionen bearbeitet werden, während Rom als Hauptsitz für die italienischen Märkte diente. Von seinen Söhnen leitete Guglielmo die Bank in Venedig, Pietro folgte der Kurie[837] und Iacopo führte zuerst die Geschäfte in Verona, folgte dann seinem Bruder in Venedig.[838] Kurz nach dem Tod des Familienoberhauptes wurden alle seine Gesellschaften beendet. In Venedig verschwindet der Name Guarienti aus der Gesellschaftbezeichnung, der ab dem 1. April 1446 nur noch *Jacopo Benzi di Vinegia e co.* lautet.[839] Kurz darauf ging auch diese Rumpfgesellschaft in Konkurs.[840] Die Geschäfte von Bardo di Neri in Genf wurden im August 1446 eingestellt; am 20. November bestätigten die Teilhaber Pietro und Bardo ihrem Faktor Giovanni Panciatichi, dass aus den Aktivitäten der römischen Gesellschaft gegenseitig keinerlei Verpflichtungen mehr bestanden.[841] Das Engagement der Guarienti in Deutschland war damit beendet.

4.6.2 Ognibene Sagramoso

Ognibene Sagramoso aus Verona arbeitete zuerst in leitender Funktion in der Basler Gesellschaft der Guarienti. Spätestens 1442 hat er sich selbstständig gemacht, denn die von Tommaso Spinelli erstellten Bilanzen der Römer Borromei-Bank erwähnen ihn in den Jahren 1443 und 1444 als Korrespondenzbank in Basel: *Ognibene de' Sagramori di Baxilea.*[842] Nach dem Ende

836 Die Abschrift des Testamentes wurde in der ersten Hälfte des 19. Jahrhunderts angefertigt und befindet sich heute im Privatbesitz des Conte Carlo Pio Guarienti in Tamassia.

837 StaBS, GA 24, c. 42. Abreise Pieros nach Italien.

838 ASFi, Mercanzia 4415, c. 158v: Abschrift eines Wechsels vom 23. Mai 1446. Giovanni Rucellai in Venedig hat Geld von Zanobi Gaddi & Jacopo Guarienti erhalten, das in Florenz von Piero di Giovanni Pierozzi an Piero d'Orlando de' Medici ausbezahlt werden soll. – ASFi, Catasto 715/2, c. 910r: 1451 zeigt sich Gaddi im Catasto als verarmt: *Non mi truovo beni d'alchuna.* ASFi, Catasto 827, cc. 574rv: Zanobi im Schuldnergefängnis in Florenz verstorben. *Detto Zanobi morì in prigione a la mercantantia del mese di gienaio 1453 e del suo non si truova nulla salvo debito e alchuni debitori.* Unter seinen Gläubigern sind auch die Guarienti: *Piero e Jacopo de' Ghuarenti suoi conpagni a Vinegia, altri dicono restare avere denari assai.*

839 AOIF 12737, cc. 76r und 199v.

840 Tognetti (2004), S. 37–42, 63–64 und 74–84. – ASFi, Catasto 715/2, c. 910r: Im Catasto von 1451 beschreibt der frühere Partner Zanobi di Taddeo Gaddi das Ausmaß seiner Armut: *Non mi truovo beni d'alchuna ragione ma per seghuire l'ordine degl'altri do questi.* – Buonsignores Sohn Niccolò machte seinem Vormund heftigste Vorwürfe wegen des Verlusts seines Vermögens. Er wird später Scriptor und Abbreviator an der Kurie seines Landsmanns Pius II. und geht in die Kunstgeschichte als Stifter der Reliquienkapelle für die Heilige Katharina von Siena in der Kirche von San Domenico ein. Vgl. Brandmüller (1994), S. 211; Parsons (2008), S. 29.

841 Genf: ASFi, Mercanzia 10874, cc. 113r. – Rom: ASFi, NA 12518, 1446 maggio 8; Diplomatico normale, S. Maria Novella, 1446 novembre 20.

842 YUSA 90, 1704: Bilanz vom 24. März 1443. Ognibene hat darin eine Schuld von 13 s. – YUSA 90, 1707: Bilanz von 1444. – Vgl. Caferro (1995), S. 736.

des Konzils begab er sich nach Rom und betrieb dort eine Bank *di Corte.* In einer Urkunde des Jahres 1453, in der die Gütertrennung zwischen ihm und seinen Brüdern festgehalten wurde, wird diese Niederlassung als einzige Gesellschaft aufgeführt.[843] Während des langjährigen Aufenthalts nördlich der Alpen konnte er sich gute Kenntnisse des deutschen Finanzmarkts aneignen und hier auch ein persönliches Netzwerk aufbauen, das auch in seiner Ernennung zum *Comes Palatinus* durch den römisch-deutschen König Albrecht II. im Jahre 1438 zum Ausdruck kommt.[844] Im päpstlichen Finanzwesen spielte er nur eine Nebenrolle, denn sein Name wird in vatikanischen Akten sehr selten erwähnt und im Archiv seiner Nachfahren ist nicht eine einzige Urkunde aus der apostolischen Kammer zu finden. Anderseits erstanden die Brüder Sagramoso nach 1440 eine sehr große Zahl an Liegenschaften und Gütern in der Stadt Verona und ihrem Umland, sodass auf sehr hohe Gewinne aus dem Bankgeschäft geschlossen werden kann.[845]

Jodocus Hogenstein, der Prokurator des Deutschen Ordens in Rom, erwähnt Sagramoso 1450 in einem Brief an Sylvester Stodewescher, den neuen Erzbischof von Riga.[846] Nach dem Ende der Medici-Präsenz in Norddeutschland war Sagramoso bis 1455 der wichtigste – vermutlich auch der einzige – Kurienbankier im deutschen Geschäft. Auffallend viele Quellen, die ihn in Beziehung mit Deutschland zeigen, sind aus dem Jahre 1452 erhalten. In diesem Jahr nennt ihn *(Omnibene de Sacromontis)* die apostolische Kammer als Zahler von Annaten aus den Diözesen Regensburg und Bamberg.[847] Schließlich bestätigte Friedrich III. ihm anlässlich der Kaiserkrönung in Rom die frühere Erhebung in den Adelsstand.[848] Dass er gerade in diesem Zeitabschnitt in den Quellen etwas in den Vordergrund tritt, dürfte mit der gleichzeitigen Verbannung der florentinischen Kaufleute aus Venedig zusammenhängen, die ihm für kurze Zeit einen verwaisten Markt öffnete. Als Bankier kann er in Rechnungsbüchern in Wechselgeschäften bis Dezember 1455 nachgewiesen werden, mit denen Geld über die Medici in Florenz und Jacopo Attavanti in Venedig nach Neapel, London und Rom transferiert wurde.[849] Bald danach hat er sich nach Verona zurückgezogen, wo er 1460 das Amt eines Provveditore ausübte. Am 2. Juni 1473 machte er hier sein Testament. Seine Nachkommen bilden heute den Familienzweig der Grafen Sagramoso di San Paolo di Campomarzo.[850]

---

843 Archiv der Grafen Sagramoso in Verona, Nr. 36, c. 8r: *Item trafficum iamdiu gubernatum per dictum Ognibenum in Civitate Rome.*

844 Sein Vater Donato wurde am 13. September 1438 von Albrecht II. zum Pfalzgrafen ernannt. Dies wurde am 9. August 1442 durch Friedrich III. bestätigt. Vgl. Daugnon (1905–1907), S. 260; Oneto (1938).

845 Die Kaufurkunden befinden sich heute im Archiv der Grafen Sagramoso in Verona.

846 *Accepi [...] certa mandata de quingentis ducatis versus Romam per medium cujusdam mercatoris Omnebene volgariter dicti ordinatis.* Zitiert nach Schuchard (1992), S. 88. OBA, Nr. 10 040.

847 Esch (1998), S. 301.

848 Dalla Corte (1744), III, S. 93.

849 ASFi, MAP 134, Nr. 3, c. 13v; AOIF 12615, c. 2 sinistra.

850 Vgl. Oneto (1938). Ich danke für die Unterstützung bei der Archivrecherche durch die Grafen Cesare und Gabriele Sagramoso.

4.7 Antonio und Jacopo della Casa

Antonio di ser Lodovico della Casa, geboren 1405, kam schon als Jüngling in die Dienste der Medici-Bank in Rom (Stammbaum 4). Nach dem Weggang Antonio Salutatis übernahm er 1435 von diesem die Leitung dieser Filiale und gleichzeitig auch die Funktion des Generaldepositars der apostolischen Kammer.[851] Am 24. März 1438 löste er sich von Cosimo de' Medici und gründete gegen Ende des Jahres zusammen mit Jacopo di Michele Donati eine eigene Bank am päpstlichen Hof, der sich seit der Flucht Eugens IV. im Jahre 1431 nicht mehr in Rom befand. Antonio stattete die Gesellschaft mit einem Eigenkapital *(corpo)* von f. 2000 aus.[852] Obwohl er mit der letzten Gewinnausschüttung, welche ihm die Medici gegeben hatten, nicht ganz zufrieden war, verzichtete er auf einen heftigen Protest, um es sich mit dem mächtigen Cosimo nicht zu verderben.[853] Dieses Verhalten zahlte sich aus, denn seine alten Chefs *(maggiori)* betrachteten ihn in den folgenden Jahren nicht als Konkurrenten, sondern gewährten ihm bei verschiedenen Geschäften auffallend günstige Konditionen. Am 26. Januar 1439 tätigte die neue Gesellschaft di Corte ihre ersten Geschäfte in Florenz, wo sich der Papst bis 1443 aufhielt. Sie entwickelte sich sehr positiv, wobei ihr sicherlich geholfen hat, dass sich Antonio während den Jahren in den Diensten der Medici bei der klerikalen Kundschaft einen guten Namen hatte machen können.[854]

Auf den internationalen Bankenplätzen arbeitete della Casa viel – aber nicht ausschließlich – mit den Niederlassungen der Medici zusammen. Fast so wichtig waren für ihn die Gesellschaften von Filippo Borromei, die auch Zugang zu Regionen erschlossen, in denen die Medici kaum oder gar nicht präsent waren, beispielsweise in Spanien.[855] In Brügge waren Antonio da Rabatta e Bernardo Cambi e co. und Giovanni Salviati e Piero da Rabatta e co. weitere wichtige Partner. In Venedig machte della Casa viele Geschäfte mit den Gesellschaften der Gaddi und Guarienti. Nachdem die Bank Eugen IV. nach Rom gefolgt war, begann er damit, sich ein eigenes Filialnetz aufzubauen, indem er 1443 eine Niederlassung in Florenz gründete und mit Simone Guadagni 1450 eine Partnerschaft für eine Filiale in Genf einging.[856] Nach Antonios Tod im Jahre 1454 führte zunächst sein Bruder Jacopo die Bank bis 1462 und schließlich sein Neffe Pandolfo bis ins 16. Jahrhundert weiter.[857]

---

851 Zur Biographie von Antonio della Casa vgl. Cassandro (1974); Arcelli (1996), S. 10–11; Saffré (2016).

852 Cassandro (1976b), S. 29. – ASFi, NA 12518, 18. März 1446: In einem Notariatsinstrument von Gherardo Maffei wird die Gründungsgeschichte mit anderen Daten dargestellt: *Antonio di Lodovico della Casa e Iacopo di Niccolò dei Donati entrambi mercanti fiorentini nella curia romana fecero una società ovvero un banco nella curia romana il primo febbraio 1439 che finì il primo febbraio 1445 in comune concordia.*

853 Roover (1963), S. 309.

854 Arcelli (1996), S. 11–12.

855 Arcelli (1996), S. 20–21.

856 Zur Genfer Filiale der della Casa vgl. Cassandro (1976b).

857 Arcelli (1996), S. 10.

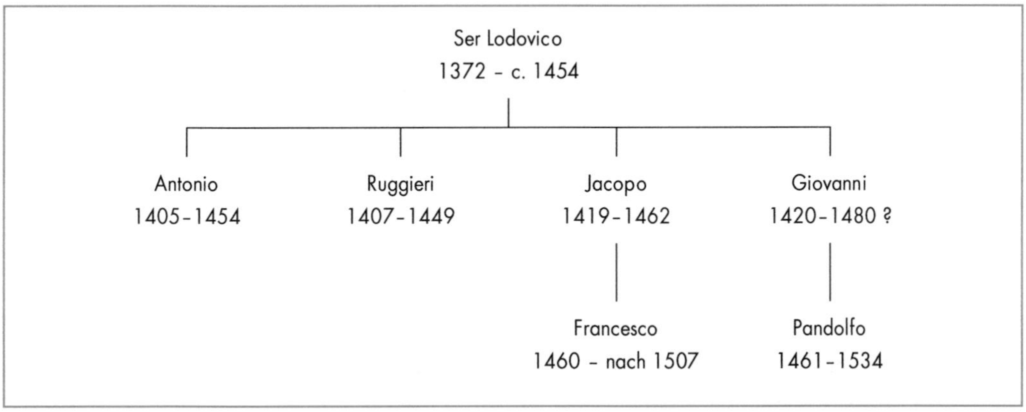

Stammbaum 4. Della Casa (stark vereinfacht)

4.7.1 Antonio della Casa

Die enge Verbindung zwischen Basel und der Kurie kommt in den kommerziellen Beziehungen zum Ausdruck, die Antonio della Casa in die Konzilsstadt pflegte. Sie wird in seinem *Libro grande bianco segnato A* am 13. Mai 1439 zum ersten Mal erwähnt. Dieser Eintrag ist der erste in einer Reihe von gezogenen Wechseln, die in Basel zu bezahlen waren.[858] Zwischen Rom und Basel lief einmal auch ein Warengeschäft. Der neugewählte Trierer Erzbischof Jakob con Sierck ließ sich im selben Jahr 40 Ellen eines grauen Samtstoffes an Heinrich Halbisen schicken, den einer seiner Diener in der Ewigen Stadt für ihn gekauft hatte. Della Casa ließ die teure Ware über die Medici in Genf an den Rhein transportieren.[859] Viel bedeutender als diese kleinen Transaktionen war für die Umsätze von Antonio della Casa das Geschäft mit den *lettere di cambio* zwischen der Kurie und den Konzilsteilnehmern. Dego degli Alberti und Antonio de' Gianfigliazzi, die durch den Konkurs von Bernardo da Uzzano ihren Partner bei der Kurie verloren hatten, waren ab Oktober 1439 seine Korrespondenten in Basel.[860] Bis zum 12. März 1445 kam es zwischen ihnen zu 25 Wechseltransaktionen, wovon fünf von der Kurie ausgingen.[861] Die Mehrheit der Buchungen in den *libri grandi* von della Casa betrafen Geldtransfers für Personen, die sich vom Konzil an die Kurie begaben. Ab Oktober 1442 wurden

858 AOIF 12736, cc. 15 links und rechts. Ähnliche Geschäfte für Kleriker aus Deutschland und England auf cc. 16–17 und 29 links und rechts. Der letzte Wechsel in dieser Reihe wurde bei den Alberti ausgeglichen. – Arcelli (2001) erwähnt in seiner detailreichen Liste der Korrespondenten und Kunden von Antonio della Casa unerklärlicherweise Dego degli Alberti und Bartolomeo Biliotti mit keinem Wort. Dafür macht er die Medici zu den Korrespondenten in Basel.

859 AOIF 12736, c. 27.

860 AOIF 12736, c. 37 links: erste Erwähnung der Alberti im Rechnungsbuch von della Casa am 15. Oktober 1439.

861 AOIF 12736 und 12737.

für Antonio Gianfigliazzi in Genf und Dego degli Alberti in Basel getrennte Konten geführt. Am 18. Januar 1445 wurde die letzte Transaktion für die Alberti in Basel verbucht und am 1. Februar wurden die Konten saldiert.[862] Unter den vielen *lettere di cambio* über Beträge bis duc. 100 sticht einer über duc. 500 für einen Giovanni Parim aus der Diözese Tours heraus.[863] Die Basler Medici werden im Rechnungsbuch als Partner nicht erwähnt, von den Guarienti nur die Niederlassung in Venedig.[864]

In geringem Maße stand Antonio della Casa e co. in Kontakt mit Gherardo Bueri in Lübeck, mit dem zwischen 1439 und 1442 Kreditgeschäfte mit gezogenen Wechseln abgerechnet wurden. Gleich mehrfach besorgten Johannes Zeven, Vikar an der Marienkirche in Hamburg, und Tommaso di Bisenusem aus Halberstadt auf diesem Weg Geld in Rom. Der Kontakt zwischen della Casa und Bueri bricht im Januar 1443 ab.[865]

Am 8. August 1439 bediente Antonio della Casa bei der Kurie den ersten Wechsel als Korrespondent von Bartolomeo Biliotti in Köln *(Bartolomeo di Domenico e co. di Cologna)*.[866] In den darauffolgenden sieben Jahren bestand eine enge Zusammenarbeit zwischen den Gesellschaften in Köln und bei der Kurie, die sich ganz auf Wechselgeschäfte konzentrierte, denn deutsche Depositenkunden oder Schuldner sind in den römischen Rechnungsbüchern keine zu finden. Immerhin scheint der Umsatz mit diesem Kundenkreis so groß gewesen zu sein, dass della Casa mit *Rinieri della Magna* einen Deutschen in seinen Diensten hatte.[867] Zwischen 1439 und 1446 sind in den *libri grandi* der della-Casa-Gesellschaft 116 Wechselgeschäfte zwischen dem Rheintal und dem päpstlichen Hof verbucht worden.[868] Der Gesamtumsatz belief sich dabei auf f. 3 509 s. 7 d. 7. Abgesehen von zwei Ausnahmen (290 und 100 RG) waren die überwiesenen Beträge kleiner als 50 RG. Große Servitienzahlungen wurden über diesen Transferweg nicht abgewickelt. Der Kundenkreis setzte sich vor allem aus Klerikern der Diözese Köln zusammen: der Prokurator der Stadt und Universität Köln, Petrus de Mera,[869] viele Domkanoniker und Klöster. Darüber hinaus finden sich Geistliche aus dem angrenzenden niederländischen Raum (Lüttich, Utrecht, Kempen, Löwen), während nur wenige Namen in Richtung Osten (Trier, Montabauer) führen. Personen aus Mainz, Straßburg oder Basel sind gar keine zu finden. Biliotti schloss in Köln also das Einzugsgebiet von Brügge ab, ohne es den Rhein hinauf zu erweitern. Möglicherweise hat er viele seiner Geschäfte während Reisen zwischen Köln und Brügge abgewickelt.[870] Köln war durch Biliotti an das internationale Bankennetz angeschlossen, bei dem problemlos Wechsel

862 AOIF 12736, c. 173 links und 12737, cc. 10v und 14r.
863 AOIF 12736, c. 511 rechts.
864 AOIF 12737, cc. 173r und 177v.
865 AOIF 12736, cc. 7, 24, 38, 195 und 401.
866 AOIF 12736, cc. 31 links und 35 links.
867 AOIF 12737, c. 78r.
868 Vgl. unten S. 553–566.
869 Schuchard (1987), S. 152; Hirschfelder (1994), S. 87.
870 Zum Handel zwischen Köln und dem niederländischen Raum vgl. Hirschfelder (1994), S. 267–270.

über Beträge bis zu 100 RG gekauft werden konnten. Wechselkursarbitragegeschäfte hingegen waren nicht möglich. Er fallierte1446 und Antonio della Casa ging nach diesem Konkurs kein neues Korrespondentenverhältnis mit einem Bankier in Köln ein, sondern überließ diesen Markt wieder den Medici. Dass der Pfundmeister des Deutschen Ordens in Danzig in diesem Jahr dem Hochmeister auf die Marienburg schreiben musste, es sei ihm nicht gelungen, einen Wechsel in die Stadt am Rhein zu kaufen, war aber kaum allein die Folge des Verschwindens der florentinischen Präsenz.[871] Es ist Militzer beizupflichten, welcher die temporären Schwierigkeiten des Wechselverkehrs im Norden bei den in Preußen aktiven Kaufleuten verortete, die in diesen Jahren nicht in der Lage waren, diese Geschäfte abzuwickeln.[872]

Als Sylvester Stodewescher 1448 zum Erzbischof von Riga erhoben wurde, kamen auf den Deutschen Orden Servitienzahlung in Höhe von duc. 800 zu. Generalprokurator Jodocus Hogenstein obligierte sich bei der Kurie persönlich für diesen Betrag, fand jedoch weder in Rom noch in Bologna eine italienische Bank, die bereit war, einen Kredit zu gewähren.[873] Schließlich sprang die Große Ravensburger Gesellschaft ein, die durch Zusammenarbeit mit Antonio della Casa in Rom einen Weg der Bevorschussung fand. Die Deutschen zahlten bei della Casas Korrespondenten Iacopo Benzi e co. in Venedig duc. 2 500 ein.[874] Dieser übergab die Urkunde an Hans Griesinger, der sie nach Nürnberg zu den Vertretern der Ravensburger, Oswald Morgen und Hans Hillenson, brachte.[875] Die Handelsgesellschaft verfügte aber über keine Niederlassungen im Ordensland und hatte dort keine Korrespondenten. Der Weg von Danzig nach Nürnberg war beim Transfer des Geldes das große Problem. Am 31. Dezember 1448 klagte der Pfundmeister dem Hochmeister, er finde wegen der unsicheren Straßen keinen Kaufmann, der bereit war, Geld bis nach Nürnberg zu transferieren.[876] Am 22. Januar zeichnete sich noch keine Lösung des Problems ab, sodass der Pfarrer von Danzig vom Deutschmeister nach Nürnberg zum Komtur von Franken und zu Markgraf Hans von Brandenburg geschickt wurde. Er erhielt ausführliche schriftliche Anweisungen mit, wie er bei den Ordensmitgliedern um Darlehen nachsuchen und wie er mit den Vertretern der Ravensburger verhandeln sollte.[877] Schließlich konnten die Gulden dann doch durch deutsche Kaufleute in Nürnberg bereitgestellt werden und am 1. März quittierten die Ravensburger den Eingang des Geldes und übergaben die Urkunde.[878] Am 12. Mai verbuchte della Casa auf dem Konto von Iacopo Benzi

871 Hirsch (1858), S. 237–238.

872 Militzer (2003), S. 15–16.

873 Beuttel (1999), S. 270.

874 Zu den Servitien waren Kosten für die Bezahlung von Kurialen und Darlehenszinsen gekommen. Esch (2007), S. 381 spricht von duc. 3 000; Boockmann (1994), S. 88 nennt als Totalkosten für diese Erhebung 6 240 Gulden.

875 Militzer (1979), S. 239–242.

876 OBA 9767.

877 OBA 9822.

878 OBA 9828.

den Eingang von f. 2077 s. 3 d. 5: *da quelli della gran conpagnia de' tedeschi di Norimbrego per la valuta ebono detti tedeschi in Norinbrego sopra le bolli della chiesa in Rossia.*[879] Am 29. August 1449 legte Jodocus Hogenstein Rechnung über seine Auslagen wegen der Rigaischen Sache ab. Insgesamt hatte er an der Kurie Auslagen über etwas mehr als 1872 Kammergulden. Dem *bankarius per interesse suo,* der ihm diese Summe während sechs Monaten geliehen hatte, musste er 380 Gulden bezahlen.[880] Antonio della Casa hat keine weiteren Geschäfte mit dem Orden oder den Ravensburgern gemacht.

4.7.2 Jacopo della Casa

In der Reihe der erhaltenen Rechnungsbücher der della-Casa-Bank in Rom fehlt das *libro verde segnato D,* sodass im *libro grande giallo E* auf Transaktionen verwiesen wird, die nicht nachvollzogen werden können. Aus dem älteren Buch war am 15. März 1459 noch ein Konto von Francesco di Filippo Rucellai in Lübeck in Höhe von f. 118 offen, über deren Grundlage nichts zu ermitteln ist. Wenige Wochen später hatte Rucellai in Lübeck im Soll f. 22, die sein Bruder Girolamo für eine Reise zu ihm erhalten hatte, und sechs Beträge für gezogene Wechsel über zusammen f. 309, die bei ihm getilgt worden waren. Für diese Wechsel konnte er sich einen Gewinn von f. 61 oder etwa 20 Prozent gutschreiben.[881] Geldtransfer in den Norden gab es keinen und nur zwei Wechsel aus Lübeck wurden in Rom honoriert: f. 500 für *mesere Churrado Bideze* und 54 RG für *Comandatore di Santo Spirito di Roma.*[882] Der Ausgleich der Positionen erfolgte in Venedig durch Zahlungen von Filippo Inghirami oder Maffeo Franco an Giovanni e Agnolo Baldesi e co.

Der zweite Korrespondent der della Casa in Deutschland am Ende der Fünfzigerjahre war Abel Kalthoff in Köln. Die Geschäfte zwischen diesen beiden Handelshäusern gleichen denjenigen des Florentiners mit Rucellai in Lübeck. Wechselverkehr gab es keinen; der Kölner diente ausschließlich als Zahlstelle für Kredite, die mit gezogenen Wechseln abgesichert worden waren. Es handelt sich um sechs Kredite über insgesamt 260 RG, womit ein Gewinn von

879 AOIF 12737, c. 199v. – Zum Ablauf dieser Finanzierung vgl. Stromer (1970a), S. 202; Militzer (1979); Militzer (2003), S. 15–16.

880 OBA 10.040, 1449 August 29.

881 AOIF 12742, c. 40 links: *Bertoldo Dehell* (f. 20), *Giordano Heynne e Giovanni Lochsted* (70), *Giordano Eine* (4), *Antonio Stunevolt* (15), *Churado Bideze* (100), *frate Aquino d'Andrea, abate del munistero Selyensis della dyoce di Bergha* (100).

882 AOIF 12742, c. 88 links, 15. Juni und 1. Juli 1460. – In diesem Rechnungsbuch findet sich auf c. 65 eine Zahlung in Rom im Auftrag der Nürnbergers Hans Ortolf über 150 RG. Ob es sich dabei um einen Wechsel aus Nürnberg handelt, wird anhand des Buchungstextes nicht klar. Den fälligen Betrag ließ Ortolf in Venedig durch Konrad Imhoff *(Churrado Inghurio e fratelli)* an die Baldesi bezahlen.

lediglich f. 16 erzielt wurde. Das am Rhein einbezahlte Geld wurde über Piero da Rabatta in Brügge nach Rom überwiesen.[883]

In Relation zum Gesamtumfang der Aktivitäten von Jacopo della Casa in Rom waren die Geschäfte mit Rucellai und Kalthoff nur ein unbedeutendes Nebenfeld. Es ist darin keine Strategie zur Erschließung des deutschen Zahlungsverkehrs zu erkennen, sondern allein eine Dienstleistung im lokalen Kreditgeschäft im Umfeld der Kurie.

4.8 Borromei – Spinelli

4.8.1 Galeazzo di Borromeo Borromei

In vielen Veröffentlichungen zur deutschen Handelsgeschichte in der zweiten Hälfte des 15. Jahrhunderts findet sich der Name des florentinischen Bankhauses Spinelli. Schon Schulte berichtete, dass der erste direkte Kontakt zwischen den Fuggern und Rom über diese Gesellschaft lief und auch bei von Pölnitz und von Stromer wird sie erwähnt. Niemand hat dieser Bank aber eine große Bedeutung beigemessen. Über Tommaso Spinelli und seine Nachkommen gab es bis 1996 keine einzige Studie. William Caferro hat sich in zwei Aufsätzen als erster Historiker mit den Aktivitäten dieses bedeutenden Kaufmanns beschäftigt und ihm in einer umfassenden Publikation zu dem Rang in der Wirtschaftsgeschichte verholfen, der ihm sicherlich zusteht.[884] Der langen Nichtbeachtung durch die Wissenschaft steht die Einschätzung von Spinellis Zeitgenossen gegenüber, die in ihm eine wichtige Persönlichkeit sahen: Der Chronist Benedetto Dei führte ihn beispielsweise in seiner Liste der vermögendsten Florentiner auf.[885]

Tommaso di Lionardo Spinelli wurde als jüngster Sohn des Lionardo di Francesco Spinelli in Florenz geboren (Stammbaum 5). In der offiziellen Familiengeschichte wird 1400 als sein Geburtsjahr angegeben; wenn man jedoch seinen eigenen Angaben in den Erklärungen für das Catasto Glauben schenkt, so scheint 1398 wahrscheinlicher zu sein. Er stammte aus einer Familie,

883 AOIF 12742, c. 55 rechts: *Nicolao Quedebaym* (f. 30, 20), *Sifrido di Draganach* (79, 38), *Tenrichus Termoni* (18), *Arrigo Auri* (75).

884 Caferro (1995); Caferro (1996); Jacks/Caferro (2001); Caferro (2008). In seiner ersten Arbeit formulierte er auf Seite 718 ein bisschen pointiert, dass bis zum Erscheinen seiner Aufsätze die Inschrift auf dem Grab von Tommaso Spinelli in Santa Croce die einzige schriftliche Überlieferung über diesen Wirtschaftsmann war. Tatsächlich gehen die wenigen Erwähnungen Spinellis nicht weit über den Text auf dieser Grabplatte hinaus, die er selber bereits 1453 herstellen ließ. Bekannt waren weiter die Inschrift, welche Tommaso beim Eingang zum zweiten Kreuzgang von S. Croce anbringen ließ, und die Catasto-Erklärungen der verschiedenen Mitglieder der Familie: Moise (1845), S. 297–313; Saalman (1966); Dykmans (1968); Mack (1983).

885 Dei (1985), S. 85.

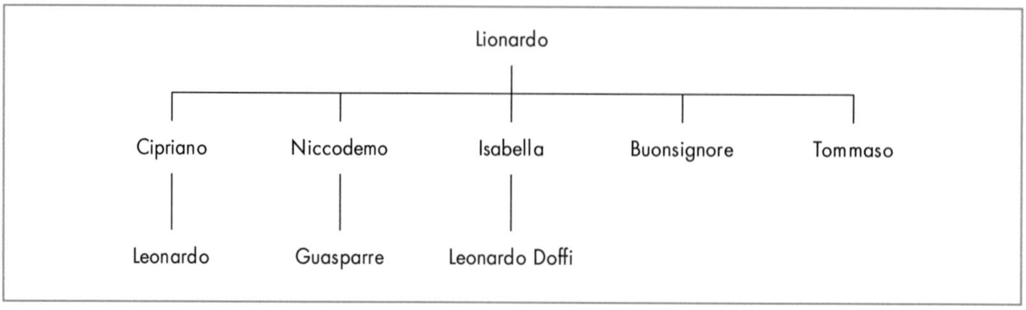

Stammbaum 5. Spinelli (stark vereinfacht)

welche in Florenz mehrfach hohe Ämter bekleidete,[886] doch war sein Vater wenig erfolgreich als *pelliciaio* im Geschäft mit Pelzen tätig und hinterließ bei seinem Tod kein Vermögen.[887] Tommaso erarbeitete sich seinen Aufstieg also allein durch eigenen Verdienst, was sich auch aus seinen Steuererklärungen ablesen lässt, die den kontinuierlichen Anstieg seines Vermögens vom Mittellosen zum Reichen zeigen. Im August 1419 wurde Tommaso zum ersten Male als Angestellter der Bank der Alberti di Corte erwähnt, die zu diesem Zeitpunkt ihre Geschäfte in Florenz betrieb, wo Papst Martin V. in Santa Maria Novella Hof hielt. Wahrscheinlich war Tommaso nur wenige Tage zuvor in den Dienst dieser Gesellschaft getreten: *Ricordo come fino a 13 Agosto 1419 io presi il conto della cassa al bancho d'Aldighieri di Francesco, che faceva traffico in corte di Roma, trovandosi in quel tempo la Corte in Firenze a tempo di Papa Martino Quinto, e stava a S. Maria Novella.*[888] Er arbeitete als *garzone* und folgte dem päpstlichen Hof nach Rom und blieb auch bei der Gesellschaft, als Francesco d'Altobianco degli Alberti 1427 die Leitung übernahm.[889] Er stieg zum Teilhaber auf und leitete nach der Heimkehr Francesco d'Altobiancos nach Florenz im Jahre 1428 die Römer Alberti-Bank als *maggior governatore.*[890] Verschiedentlich taucht sein Name in diesen Jahren bei Geschäften mit deutschen Kunden auf.[891] Im Februar

886 Im Catasto von 1427 wird das Alter von Tommaso mit 27 angegeben, 1446 wird 48 genannt, 1469 soll sein Alter 71 gewesen sein. Vgl. YUSA 8, 95 und Caferro (1996), S. 419, Anm. 14.

887 Anders lässt sich wohl kaum erklären, weshalb sein Sohn Cipriano das Erbe ausschlug. Vgl. YUSA 9, 105 und 31a, 722. – Das Testament Lionardos vom 16. Oktober 1410: YUSA 11, 189a. – Vgl. die Vergleiche anhand der Catasto-Angaben bei Caferro (1996), S. 419, Anm. 15.

888 Zu den Beziehungen zwischen den Familien Alberti und Spinelli vgl. Caferro (1995), S. 721–722.

889 ASFi, Catasto 34, c. 467.

890 Boschetto (1998), S. 91.

891 OBA 2.230: 1425 Oktober 19: Ein Thomas (Kaufmann aus dem Bankhaus der Alberti) ist Zeuge beim Verkauf auf eines Hauses durch Hermann Dwerg in Rom. – OBA 5.046, 1429, Februar 15: Caspar Wandofen quittiert einen Wechsel über 470 Kammergulden, welche ihm Francesco d'Altobianco degli Alberti am 15. Februar 1429 in Rom auszahlte. *Prenditore*: Antonio degli Alberti in Brügge am 28. Dezember 1428. – LivUB, VIII, S. 70, 1429: Als *socius et generali institore* der Alberti in Rom stellt Spinelli einem Domherrn aus Riga eine Quittung aus. – Esch (1998), S. 279: Am 5. November 1433 übergab Spinelli der Kurie noch Gelder im Namen der Alberti.

1434 trennte sich Tommaso von den Alberti, weil er sich mit den Alberti nicht über seinen Lohn einigen konnte und ging wegen seinen Forderungen sogar bis zur Mercanzia.[892]

Tommaso reiste 1434 nach Venedig und traf sich dort mit dem Kaufmann Galeazzo di Borromeo Borromei. Dieser war in Mailand geboren worden und stammte aus einer Familie, die 1369 von der Signoria von Florenz aus dem toskanischen S. Miniato verbannt worden war. Nach der Aufhebung dieses Bannes im Jahre 1413 ließ er sich in Florenz nieder und heiratete eine Gianfigliazzi. Im Catasto von 1427 erscheint er als viertreichster Florentiner.[893] 1433 deklarierte er Beteiligungen an Handelsgesellschaften in Brügge, London und Venedig, die bei der Kurie mit Buonsignore d'Andrea Benzi zusammenarbeiteten.[894] Im selben Jahr verlegte er seinen Wohnsitz nach Venedig, schrieb sich jedoch 1435 in Florenz in die Arte del Cambio ein. Es ist also nicht verwunderlich, dass Melis diesen Bankier den Lucchesen zurechnet, Beinhoff aber den Mailändern und de Roover seine Unternehmung offener als *una ditta toscana* bezeichnet.[895] Er hat seine Töchter mit Florentinern verheiratet und wurde auch in den Rechtsakten von Florenz als *cittadino* bezeichnet; bestatten ließ er sich aber in Venedig.[896] Nahe Verwandte von ihm lebten als erfolgreiche Kaufleute in mehreren Städten Norditaliens und nahmen dort auch vielfach das Bürgerrecht an. Mitglieder des Borromei-Familienclans betrieben von Florenz, Mailand, Venedig, Pisa und Padova aus Niederlassungen in Brügge, Antwerpen, London, Genua und Barcelona; häufig befanden sich in derselben Stadt mehrere Borromei-Gesellschaften.[897] Die Verbindung zu den Toskanern war in diesen Jahren aber noch sehr stark, so schloss sich auch die Bank von Filippo di Vitaliano Borromeo, der in Mailand lebte, 1435 in London der Kolonie der Florentiner an.[898]

---

892 YUSA 268, 4979: *Di poi seguì com'appare che lo detto Aldighieri [...] la corte n'andò a Roma, gli Alberti furono ribanditi, e potéono per tutto trafficare, ed io rimasi a servigi di detto Aldighieri, e stetti con loro. Partii da detti Alberti di febbraio 1433 come si dimostra al detto quaderno ché chi lo leggerà bene, troverà quando, come e dove domandai loro licenza. E di poi facendo io conto con Francesco degli Alberti a tutto tempo era rimasta detta ragione, rimanemmo d'accordo che di fiorini 1560, fiorini 1543, degli io intendea fusino per mio salario, lui non fù contento [...] in dietro fiorini 350 di camera, e fune pagato in due partite, cioè fiorini 150 – e fiorini 200 – com' appare al libro di coreggione segnato A, c. 11, e finale quietanza per mano di ser Benedetto da Staggia, notaio alla Mercanzia.*

893 ASFi, Catasto 81, cc. 508r–513r.

894 ASFi, Catasto 500, cc. 253r–259r.

895 Istituto della Enciclopedia italiana (1960–), XII, S. 48–49; Roover (1970a), S. 460; Melis (1984), S. 290; Beinhoff (1995), S. 221.

896 ASFi, Mercanzia 1297, 20. Juli 1429.

897 Die Ursprünge der Bank von Galeazzo Borromei liegen in einer Gesellschaft, welche Alessandro und Borromeo gegen Ende des 14. Jahrhunderts in Venedig gegründet hatten. Nach dem Tode Borromeos wurde die Firma zunächst unter dem Namen von Alessandro und Lazaro di Giovanni weitergeführt. Schon vor 1427 waren von Venedig aus Banken in Brügge und London unter dem Namen von Galeazzo di Borromeo Borromei und Antonio di Francesco (da Volterra) gegründet worden. Eine dritte Bank bestand in Florenz unter dem Namen von Gabriele Borromeo, Antonio Corbinelli e co. Vgl. Biscaro (1913), S. 39. In der Zeitspanne zwischen 1435 und 1460 ist es häufig schwierig, die verschiedenen Familienzweigen angehörenden Filippos und Alessandros auseinanderzuhalten.

898 Biscaro (1913), S. 58.

Spinelli und Borromei einigten sich darauf, dass Tommaso nach Basel sollte, um dort eine Konzilsbank *Galeazzo Borromei e co.* zu eröffnen und zu leiten.[899] Nach anderthalb Jahren kehrte er nach Italien zurück, weil er mit dem am Rhein erzielten Ergebnis nicht zufrieden war und sich von einer Bank direkt beim päpstlichen Hof bessere Gewinne versprach.[900] In Venedig traf er erneut Galeazzo Borromei, um die Zukunft ihrer Partnerschaft zu besprechen. Sie vereinbarten am 15. März 1435, eine Gesellschaft *di Corte* zu bilden. Der Name der neuen Firma lautete auf die Galeazzo, Spinelli wurde Geschäftsleiter: *Tommaso ne fù governatore.*[901] Am 31. Juli 1435 nahm die Bank in Florenz, wo sich der Papst gerade aufhielt, ihre Arbeit auf.[902]

4.8.2 Borromeo Borromei e co.

Als Galeazzo Borromei im April 1436 starb, war die Gesellschaft zeitweise in Frage gestellt, wie ein Brief vom September dieses Jahres zeigt. Darin setzte sich Giovanni da Castro, Spinellis Faktor in Basel, bei Antonio di Borromeo Borromei, dem Bruder und Erben der Unternehmungen des Verstorbenen, für die Weiterführung der Zusammenarbeit mit Tommaso Spinelli ein, obwohl Galeazzo testamentarisch die Auflösung seiner Banken angeordnet hatte. Geschickt zeigte er ihm darin auf, wie ertrag- und ruhmreich eine Niederlassung am päpstlichen Hof war, die sich bestens Antonios Geschäften *(trafichi)* in London, Brügge und Venedig angliedern würden. Dort verdiene man sein Geld im Schlaf, besonders mit Spinelli als Geschäftsführer, der über sehr viel Erfahrung verfüge und an der Kurie allen überlegen sei: *E sono questi guadagni che si fanno dormendo, e puòsi dormire faciendoli, aveteli al ghoverno di Tomaso, huomo di non pichola praticha, uomo qui parem, al dì d'ogi in corte non à.*[903] Die Ermunterung durch da Castro hatte offensichtlich Erfolg, denn Antonio und die Töchter Galeazzos erlaubten Spinelli am 12. April 1436, die Gesellschaften bei der Kurie und in Basel als *Commisseria* provisorisch weiterzuführen.[904] Dass er an der Kurie hoch angesehen war, entsprach scheinbar den Tatsachen, denn im August 1435 wurde er von Eugen IV. mit dem Ehrentitel eines Familiaren ausgezeichnet.[905]

899 Zum Aufenthalt Spinellis in Basel vgl. unten S. 368 ff.

900 Vgl. unten S. 511.

901 YUSA 85, 1585.

902 YUSA 268, 4979: *Seguì depoi che io mi fu levato dagli Alberti che mi partii di febbraio 1433 e andai a Vinegia, e quivi firmai compagnia con Galeazzo Borromei per Corte di Roma, siccome appare per la scritta facemmo insieme e dipoi ritornai a Firenze dove trovai lo Papa colla corte sua era, e quivi aprii bancho, e questo fù a dì 31 luglio 1435.*

903 YUSA 88, 1679. Dass sich eine Kopie dieses Briefes im Spinelli-Archiv befindet, lässt vermuten, dass Tommaso dieses Empfehlungsschreiben eventuell selber veranlasst hatte.

904 YUSA 85, Nr. 1574a.

905 YUSA 85, Nr. 1574a. – Altmann (1896–1900), XI, Nr. 11236, 23. Dezember 1435: Ernennung Galeazzos zum Familiaren Kaiser Sigismunds; gleichzeitig erhielt er ein Wappen. Wofür er diese Privilegien allerdings erhalten hat, ist nicht überliefert. – Beinhoff (1995), S. 113.

1439 wurde die *Commissaria di Galeazzo Borromei di Corte* aufgelöst und ein neuer Partnerschaftsvertrag geschlossen. Hauptgeldgeber wurde Antonio Borromei, doch lautete die Firma auf den Namen seines minderjährigen Sohnes Borromeo di Antonio (Stammbaum 6).[906] Tommaso Spinelli konnte weiterhin von seinen guten Beziehungen zum Papst profitieren, der ihm im selben Jahr das Recht verlieh, Annaten einzuziehen, und ihn im April 1443 auf Kosten der Medici gar zum Generaldepositar der Kurie ernannte.[907] Diese Maßnahme war eine Reaktion Papst Eugens IV. auf die Unterstützung, welche Cosimo den Mailändern unter Francesco Sforza beim Vordringen in päpstliches Territorium in den Marche gewährt hatte.[908] Nach der Wahl von Nikolaus V. zum Papst am 1. April 1447 ging die einträgliche Charge jedoch wieder an die Medici zurück.[909] Spinelli wurde mit dem päpstlichen Ehrentitel eines *scudiere* und einer Reihe von Privilegien vertröstet.[910]

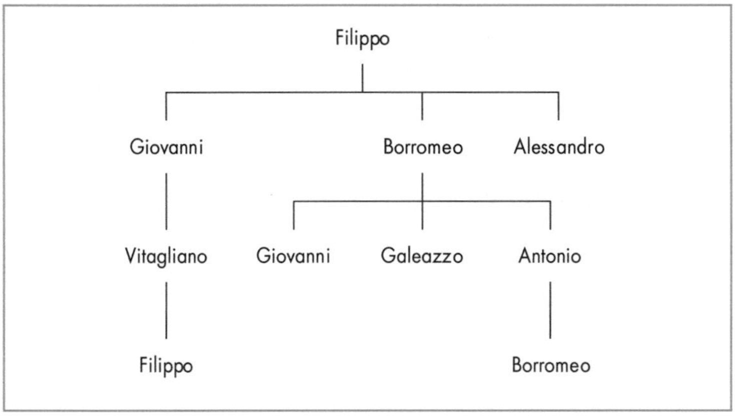

Stammbaum 6. Borromei (stark vereinfacht)

906 YUSA 268, 4979 und 85, 1574a. – Caferro (1996), S. 420.

907 YUSA 24, 544. Die Originaldokumente befinden sich nicht mehr im Archiv; erhalten sind nur archivalische Querverweis darauf. – Am 1. Januar 1445 wurde Tommaso zum Depositar aller Einnahmen der Stadt Rom ernannt: YUSA 24, 545a.

908 Zu dieser Auswechslung des Depositars vgl. die Sicht der Medici oben S. 55. Roover (1963), S. 59 und 198; Caferro (1996), S. 420.

909 Esch (1981), S. 47 weist darauf hin, dass die Rendite aus dieser Charge immer mehr zurückging.

910 YUSA 24, 546. Partner (1960), S. 258 hat festgestellt, dass die Inhaber des Titels des *scudiere* gegen Ende des 15. Jahrhunderts „were in effect shareholders in the papal debt. The purchase price of their office was their invested capital; the salary of their office was their interest, at an average rate of 11 per cent.“ Es kann also nicht ganz ausgeschlossen werden, dass es sich auch bei Spinelli nicht nur um einen Trosttitel handelte, sondern dass hinter dieser Verleihung ein Geschäft stand. Vgl. Hofmann (1914), S. 281–289; Bauer (1928), S. 485–489.

4.8.3 Tommaso Spinelli e co.

Wenige Wochen nach dem Tod Eugens IV. löste Spinelli am 12. April 1447 die Partnerschaft mit Antonio Borromei auf,[911] dessen Bank in Venedig schon zwei Jahre vorher in Schieflage geraten war,[912] und gründete *Tommaso Spinelli e co. di Corte* und arbeitete ohne Partner weiter.[913] Sein Ansehen blieb trotz des Verlustes des höchsten Bankamtes bei der Kurie sehr hoch. Ab 1452 nahm er wieder Teilhaber in seine Bankgeschäfte auf, die bis zu seinem Tod mehrmals wechselten. Hintergrund dieser Änderung in der Struktur seiner Unternehmungen war die Verlegung seines Wohnsitzes von Rom in seine Heimatstadt Florenz. Er musste sich deshalb erfahrene Bankiers als Partner suchen, welche fähig waren, seine Geschäftsinteressen in Rom wahrzunehmen.[914] Zuerst war Smeraldo degli Strozzi geschäftsführender Partner in seiner Römer Bank, die mit einem *corpo* von f. 4000 arbeitete.[915] Spinelli selber kümmerte sich von da an um die Geschäfte in Florenz sowie um sein Ansehen und Seelenheil, indem er den Auftrag zum Bau des heute noch erhaltenen Palazzo Spinelli gab, das Franziskanerkloster von S. Croce mit riesigen Geldsummen beschenkte[916] und eine enge Freundschaft mit dem Erzbischof von Florenz, S. Antonino, pflegte.[917]

4.8.4 Lionardo di Cipriano Spinelli

Nach dem Tod von Papst Kalixt III. im Sommer 1458 geriet Tommaso Spinellis Bank in große Schwierigkeiten, da sie diesem Papst zu großzügig Kredite gewährt hatte. Spinelli gelang es durch einen großen persönlichen Einsatz, seine Bank, in der er ein Kapital von f. 4500 eingelegt hatte,

---

911 YUSA 85, 1580–1581 und 268, 4979. Die Gesellschaft Borromeo Borromei e Tommaso Spinelli di Corte wurde am 12. April aufgelöst.

912 YUSA 85a, 1585. Vgl. Mueller (1997), S. 273.

913 *In mio nome e senza aver altro compagni.* Zitiert nach Jacks/Caferro (2001), S. 51.

914 Caferro (1995), S. 738–739.

915 YUSA 90, 1715, c. 1v.

916 YUSA 268, 4979: In der Familienchronik der Spinelli aus dem 18. Jahrhundert werden verschiedene Stiftungen von Tommaso an S. Croce erwähnt, die dazu geführt haben, dass sein Name an verschiedenen Orten verewigt sei: *(a) Cartello fra la Porta del Convento di S. Croce e la Rimessa del Dini: Questo lavoro ha fato fare Tomaso di Lionardo Spinelli a onore di dio e Servigio de' poveri anno domini MCCCCXXXV; (b) Dalla porta del secondo chiostro de' P.P. sud i vi è il Ritratto di Tommaso Spinelli co questa iscrizione: Vetusta Imago Thomae de Spinellis. Restaurata anno MXCCXLV; (c) Sotto il suddetto ritratto vi è un epitaffio di Inarmo, che dice: Thome Spinelli Patritii Florentini Patriae Republicae Signiferi Extat Imago, Pietatis et Munificentiae Simulacrum, Hospes intuere. Quibus nedum maximos inter homines, Eugenium IV. Nicol. V. Callistum III. Paulum Secundum [...]; (d) Nella parete del Ricetto, che precede al secondo Chiostro del Convento di S. Croce, [...], affiso è il suo elogio in marmo, sopra a cui stà appeso und quadro rappresentante la intera sua figura in Abito Priorale della Repubblica.* Keine dieser Inschriften oder Darstellungen konnte ich in S. Croce finden.

917 Vgl. Saalman (1966); Mack (1983). Tommaso hat für den Erzbischof verschiedene Finanzgeschäfte ausgeführt. Tommaso soll die Briefe Antoninos mit in sein Grab genommen haben.

vor dem Untergang zu retten.[918] Er erklärte gegenüber dem Catasto von 1457, seine Geschäftsführer in Rom hätten ihm sein Haus und seine Bank geraubt.[919] Die Bilanz der Gesellschaft in Rom vom 5. Juni 1460 zeigt, dass sie bereits wieder die alte Bedeutung zurückgewonnen hatte. Ihr Korrespondentensystem umfasste Partner in allen wichtigen Handels- und Bankenplätzen Europas: Florenz, Venedig, Bologna, Palermo, Neapel, Siena, Pisa, Modena, Perugia, Genua, Milano, London, Brügge, Köln, Lübeck, Genf, Paris, Montpelier, Nantes, Toledo, Valencia, Barcelona.[920] Besonders enge Beziehungen hatte Tommaso Spinelli mit den Unternehmungen seiner Brüder: Niccodemo in Venedig, Cipriano in Florenz, Bonsignore und (Ruba)Conte in Mantova.

Als sich Tommaso erneut weitgehend von den Geschäften in Rom zurückzog, machte er seinen Neffen Lionardo di Cipriano Spinelli zum Partner und Geschäftsführer in Rom und gab dieser Bank auch dessen Namen. Er stellte ihm Alessandro di Bernardo de' Bardi zur Seite, der seine Lehre bei den Medici in Rom absolviert hatte[921] und seit spätestens 1457 bei Tommaso Spinelli tätig war.[922] Tommasos Gesellschaft hat die wirtschaftlichen Krisenjahre unter der neuen Leitung nach dem Tode Cosimos de' Medici nach 1464 gut überstanden,[923] doch wurde das Unternehmen 1468 durch den frühen Tod Lionardos gefährdet.[924] Wie Caferro gezeigt hat, ging das Geschäftsvolumen in starkem Maße zurück.[925] Zum dritten Male musste Tommaso einen Nachfolger suchen. Er fand ihn in Iacopo di Scolaio Spini, der während Jahren die in Konkurs gegangene Römer Bank von Rinaldo della Luna geleitet hatte.[926] Wenige Wochen später starb Tommaso Spinelli am 21. Januar 1472.[927] Auf seine eigenen Anordnungen hin wurde er in seinem teuersten Kleid und auf besonders prächtige Art und Weise zu Grabe getragen.[928]

918 YUSA 90, 1713.

919 YUSA 8, 95, S. 38 f. Entwurf für seine Abgabe an das Catasto: *Certo io credo che non abbiate cittadino di mio pari, che si truovi in tante tribulazioni quanto fò io [...] e miei governatori dei quali mi sono fidato [...] m' hanno tolto la casa e banco dove sono stato circa d'anni trenta.* – In den offiziellen Büchern der Stadt findet sich folgender Text. ASFi, Catasto 804, c. 17r: *Ho avuto chonpagnia in chorte di Roma chon Marcho da Ricasoli la quale finì a di primo giennaio nella quale ragione o danno migliaia di fiorini chome io credo che sia noto a buona parte di voi fo chonto andare là più presto potrò e metterò in saldo la detta ragione e mandarvi il bilancio de debitori e creditori e per quelli rimanete chiari dello stato mio prieghovi abbiate pazienza che di tutto vi credo chiarire inanzi abbiate a saldare la mia scritta.*

920 YUSA 90, 1722: Bilanz der Bank in Rom vom 5. Juni 1460.

921 Bardi hatte die Medici 1453 verlassen, da er sich mit einem der Niederlassungsleiter in Rom nicht vertragen haben soll. Vgl. Roover (1970a), S. 313.

922 YUSA 91, 1742, S. 9: *Alessandro de' Bardi nostro. Transì ducati 400 su chambi di Vinegia per lui f. 647.16.48.*

923 Aiazzi (1840), S. 94–95.

924 Da Tommasos einziger Sohn schon kurz nach Geburt starb, blieb der Bankier ohne einen direkten männlichen Nachkommen, dem er sein Geschäft hätte übergeben können.

925 Jacks/Caferro (2001), S. 253.

926 Der Gesellschaftsvertrag ist in einer Kopie vom 20. Januar 1472 erhalten: YUSA 85, 1597. Dass der Vertrag aber bereits einen Monat zuvor unterschrieben wurde, berichtet Guasparre Spinelli in seinen *ricordi*.

927 Caferro (1995), S. 718 nennt als Todesjahr irrtümlicherweise 1471.

928 Strocchia (1981), S. 304. Als Quelle gibt sie an: ASFi, NA P3577, 1460–1480, cc. 691r–74r.

4.8.5 Guasparre di Niccodemo Spinelli

Tommasos Bruder Niccodemo, der in Venedig während vieler Jahrzehnte eine Handelsgesellschaft betrieb, erbte die Unternehmungen in Florenz und Rom, übergab die operative Leitung aber seinem Sohn Guasparre.[929] Über dessen Jugendjahre ist nur bekannt, dass er sie in Venedig verbrachte. Ob er eine Ausbildung zum Kaufmann absolvierte, ist nicht überliefert. Sein Name erscheint nicht in den Geschäftspapieren seines Onkels, sodass vermutet werden kann, dass er nie in dessen Diensten stand. Urkunden Friedrichs III., in denen er zum kaiserlichen Familiaren ernannt wurde und Zollbefreiung für sich und seine Waren und Waffen erhielt, wurden am 8. Januar 1469 in der Heiligen Stadt ausgefertigt, sodass anderseits davon ausgegangen werden kann, dass er sich bereits damals als Kaufmann in den Diensten seines Onkels betätigte und die neue Aufgabe als Leiter der Gesellschaft *Redi di Tommaso Spinelli e co. di Corte* nicht völlig unvorbereitet antrat.[930] 1470 zog er in Tommasos Palast in Florenz ein. Gestört wurde er bei seinen Bemühungen um eine kontrollierte Weiterführung der Geschäfte durch langjährige Streitigkeiten mit Tommasos Schwiegersöhnen um die Erbschaft.[931] Es bleibt unklar, wie häufig Guasparre Spinelli sich selbst in Rom aufhielt, denn seinen Hauptwohnsitz nahm er in Florenz. Als 1474 auch sein Vater Niccodemo starb, wurde Guasparre alleiniger Besitzer der Gesellschaften.[932] Bis 1492 konnte Guasparre die Bank seines Onkels am Leben erhalten, dann gingen die Unternehmungen in Konkurs.[933] Am 15. Juli 1498 starb Guasparre; seine Söhne verzichteten auf das Erbe.[934]

929 Über den Tod Tommasos berichtet Guasparrre: *Richordo chome questo dì 21 di giennaio 1471, in martedì circha a ore 24 piage a ddio chiamare a sse la buona e filice memoria di Thommaso di Lionardo Spinelli.* YUSA 55, 1182, 7r. – Die Geschäftspartner wurden durch einen Brief über den Tod Tommasos informiert. Gleichzeitig wurde ihnen mitgeteilt, dass Tommaso seinen Bruder Niccodemo und dessen Söhne zu Erben eingesetzt habe, die das Bankgeschäft weiterführen werden: *ché chon ogni diligienzia sarete serviti.* Leone (1981), S. 580, Anm. 437.

930 YUSA 24A, 546h und 546i. – In der Familienchronik der Spinelli aus dem 18. Jahrhundert wird erzählt, Papst Paul II. habe Guasparre 1469 als Botschafter zu Friedrich III. geschickt. Dieser habe ihn bei der Abreise zu seinem Familiaren und Domestico ernannt. Vgl. YUSA 650, c. 33. Für diese Darstellung konnten keine zeitgenössischen Belege gefunden werden.

931 Noch 1488 musste Papst Innozenz VIII. Lorenzo de' Medici ermahnen, dass Guasparre als Erbe zufriedengestellt werden solle. Vgl. Camerani Marri (1951), S. 136–137.

932 Niccodemo wurde in SS. Apostoli in Venedig 1474 beerdigt. Er hatte sich dort eine Kapelle errichten lassen. Vgl. sein Testament vom 10. Mai 1474 in YUSA 12, 202. Ein Dokument mit Bezug zu den Spinelli im 15. Jahrhundert verwahrt auch die Bayerische Staatsbibliothek in München. Unter der Signatur Clm 27 498 wird ein Band aufbewahrt, der Abschriften der Testamente von Tommaso, Niccodemo und Guasparre Spinelli enthält, die Entsprechungen im YUSA haben. Eine Beschreibung dieses Dokumentes bei Hauke (1975), S. 308–309.

933 Caferro (1995), S. 422.

934 YUSA 34, Nr. 763 und 763a.

4.9 Von Rom nach Deutschland

Die Ausprägung der Präsenz der florentinischen Banken im Umfeld der Kurie und ihrer Finanzverwaltung wurde durch viele Faktoren beeinflusst. Die bereits an anderem Ort beschriebene Entwicklung der Attraktivität von Bankgeschäften in diesem sehr spezifischen Markt war die wichtigste Grundlage jeder Standortentscheidung.[935] Kreditgeschäfte mit Kurialen und Rombesuchern und der häufig damit verbundene internationale Geldtransfer waren während des 15. Jahrhunderts eine lukrative Gewinnquelle. Kreditgeschäfte mit Institutionen der zentralen Kirchenverwaltung hingegen waren ohne sehr gute Sicherheitsleistungen des Kreditnehmers recht risikoträchtig und wurden selten von den Bankiers aktiv gesucht. Von grundlegender Bedeutung war auch das Verhältnis zwischen dem amtierenden Papst und der Republik Florenz. Nach dem größtenteils selbstverschuldeten Verschwinden der Lucchesen aus dem kurialen Bankgeschäft gegen Ende des 14. Jahrhunderts genossen die Florentiner während eines halben Jahrhunderts de facto eine Monopolstellung, die den Päpsten gar keine andere Wahl ließ als die Auftragserteilung an die Bankiers aus der Toskana. Erst in der zweiten Jahrhunderthälfte konnten sie diese dominante Stellung einer italienischen Stadt brechen und auch Kaufleute aus anderen Handelsstädten der Halbinsel berücksichtigen.

Dass nur eine sehr kleine Gruppe von nie mehr als sechs Florentinern von Rom aus im kurialen Zahlungsverkehr nach Gewinn strebte, obwohl der Umfang dieses Geschäfts wohl weit mehr Bankiers Platz geboten hätte, war nicht die Folge eines harten Konkurrenz- und Verdrängungskampfes zwischen den florentinischen Bankhäusern, sondern vielmehr spezifisch für eine Tätigkeit, die viel Fachwissen, große Fertigkeit im kurialen Netzwerken und dem Aufbau und Betrieb eines internationalen Beziehungsnetzes von Korrespondenten durch die Verknüpfung von Warenhandel und Geldtransfer voraussetzte. Wie sich diese Faktoren bei der Erschließung der Zahlungen aus Deutschland an die Kurie auswirkten, ist Gegenstand des folgenden Kapitels.

935 Vgl. oben S. 35–65.

5 Markträume

Die Kurienbanken haben für die direkte Abwicklung von Geldgeschäften mit deutschen Kunden nur in Städten am Rhein (Köln, Mainz, Konstanz, Basel), Nürnberg und Lübeck eigene Niederlassungen oder Beziehungen zu Korrespondenten eingerichtet. Sie betrachteten dabei Deutschland nicht als einen geschlossenen Wirtschaftsraum, sondern beurteilten die kommerzielle Attraktivität der durch diese Städte wirtschaftlich erschlossenen Regionen unabhängig voneinander. Die strategische Entscheidung, auf diesen Wechselplätzen aktiv zu sein oder nicht, überprüften sie permanent anhand des Verhältnisses zwischen den Ertragsaussichten, dem Aufwand und den Risiken. Je nach Ergebnis passten sie die Intensität ihrer Präsenz und die Ausgestaltung der unternehmerischen Organisationsstruktur an, indem sie eigene Niederlassungen in diesen Städten gründeten oder Korrespondentenverhältnisse mit hier niedergelassenen Italienern oder deutschen Handelsherren eingingen.

5.1 Oberdeutschland

5.1.1 Gozzadini

Gabione di Nanne Gozzadini aus Bologna, der seit 1397 die römische Niederlassung des Filialnetzes seiner Familie leitete, folgte den Lucchesen im Amt des Depositars der apostolischen Kammer. Arnold Esch hat sich in Archivrecherchen intensiv mit dieser Bank beschäftigt und seine Ergebnisse in mehreren Aufsätzen publiziert. Unter den Quellenfunden, die er der Forschung zugänglich gemacht hat, sind hier insbesondere der Gesellschaftsvertrag, Briefe und eine Instruktion Gabiones *(ricordo)* an seine Mitarbeiter in Rom aus dem Jahre 1403 von Bedeutung.[936] Es zeigt sich darin eine sehr starke Ausrichtung auf die Erschließung des deutschen Zahlungsverkehrs an den päpstlichen Hof. Im Vergleich mit der Organisation des deutschen Geschäfts durch die Lucchesen zeigen die Gozzadini eine starke Konzentration des Geldflusses über Venedig, wo sie eine eigene Filiale betrieben. Überlegungen, auch in Brügge eine zu gründen oder einen Korrespondenten zu suchen, führten offensichtlich nicht zu einer Realisierung.[937] Auffälligerweise nennt Gabione in den wenigen von ihm erhaltenen Geschäftsunterlagen nicht einmal einen Korrespondenten in

936 Esch (2016), S. 51.

937 Esch (2016), S. 52 zitiert aus Bologneser Prozessunterlagen die Idee der Gozzadini, auch in Brügge einen Korrespondenten zu installieren.

Brügge oder London, wohl weil die beiden Bankenplätze in diesen Jahren fest in der Hand der Alberti waren, die hier keinen Konkurrenten im kurialen Geschäft wachsen ließen.

In dem von den Nürnbergern beherrschten Wirtschaftsgebiet eröffneten die Gozzadini keine eigenen Filialen, sondern suchten die Partnerschaft der großen deutschen Handelsgesellschaften. Ihr wichtigster Korrespondent wurde die Gesellschaft der Rummel. Heinrich I. der Reiche (ca. 1340–1417) hatte sich 1388 von seinem Schwager Fritz Kress auszahlen lassen und mit diesem Geld zusammen mit seinem Bruder Wilhelm I. (nach 1350–1425) eine Gesellschaft gebildet (Stammbaum 7). Diese arbeitete aber mit den Kress in vielen Bereichen weiter zusammen, so etwa im wichtigen italienischen Geschäft, das für beide Nürnberger Handelsunternehmen durch die in Venedig niedergelassenen Brüder Reck bearbeitet wurde.[938] In Rom wurden auch Wechsel der Nürnberger Pirckheimer angenommen, die dem päpstlichen Depositar den Anschluss an die Gelder aus dem Norden Europas boten, denn immer noch war in Lübeck Johannes Lange als Vertreter dieses Handelshauses tätig. 1401 wurde gegen ihn wegen eines Wechsels über 20 lübische Mark verhandelt, den ein Kleriker aus der Diözese Linköping über ihn nach Prag schickte, wo er aber nicht bedient wurde. Im selben Jahr klagte der schwedische Ritter Andreas Lung, da sein verstorbener Bruder für 300 Mark einen Wechsel gekauft habe, der nie ausbezahlt wurde.[939]

Aus den Anweisungen Gabiones, die er den Mitarbeitern in seiner Kurienbank schrieb, ist ersichtlich, dass die Gozzadini klare Kreditlimiten einrichteten. Während die beiden Tochterunternehmen Wechsel ohne Einschränkungen *a drittura* nach Rom schicken konnten, musste Bonifazio Gozzadini in Venedig für die Höhe der Wechsel der Nürnberger garantieren.[940] Die Rummel und Pirckheimer konnten zwar Wechsel nach Rom ausstellen, doch nur *per commissionem* der venezianischen Filiale, mit der sie auch verrechnen mussten.[941] Diese beurteilte laufend ihre Kreditwürdigkeit und Liquidität auf dem Handelsplatz Venedig und bestimmten über die Höhe der Wechsel, die in Deutschland ausgestellt werden durften. Aus diesem Grunde gab es in Rom keine Konten der Deutschen, sondern nur ihrer venezianischen Partner. Dies erklärt teilweise, weshalb Esch bei seinen Nachforschungen in den vatikanischen Quellen und im Archiv der Gozzadini nur sehr wenige Wechsel und keine Regelmäßigkeit im Zahlungsverkehr zwischen Nürnberg und Rom fand. Daraus schloss er, dass die Oberdeutschen damals noch nicht in das internationale Bankensystem der Italiener integriert waren.[942] Sie waren wohl eng damit verknüpft, wurden aber nicht als gleichwertige Partner behandelt. Die Geschäfte in Deutschland liefen aber nicht zum Gefallen der Bankiers, wie mehrere Textstellen in

938 Stromer (1971), S. 67; Schaper (1981), S. 7; Braunstein (2016), S. 274–280.

939 Nordmann (1937), S. 124–125.

940 Esch (1975), S. 134–139. Vgl. Schaper (1981), S. 3 und 16. Wilhelm hielt sich häufig in Venedig auf und hat dort vermutlich auch eine Lehrzeit absolviert.

941 Esch (1975), S. 134.

942 Esch (1975), S. 131–132 und 145; Denzel (1991), S. 121.

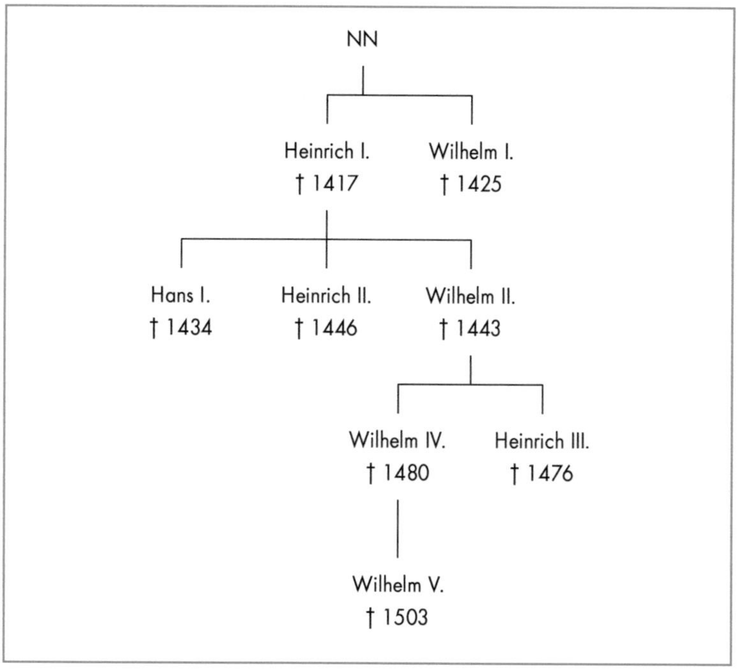

Stammbaum 7. Rummel (stark vereinfacht)

der Familienkorrespondenz der Gozzadini belegen. Weder Umsatz noch Ertrag erfüllten ihre Erwartungen.[943] Doch das Ende ihrer Bankgeschäfte war nicht das Resultat wirtschaftlichen Misserfolgs, sondern der vergebliche politische Widerstand der Gozzadini gegen die Herrschaft der Päpste über ihre Heimatstadt. Gabione verlor das Amt des Depositars, wurde gefoltert und am 4. Februar 1404 auf Befehl des Kardinallegaten Baldassare Cossa hingerichtet.[944]

5.1.2 Medici

Erste Beziehungen zu oberdeutschen Handelsherren

Ruprecht I. von der Pfalz war nach seiner Krönung zum römisch-deutschen König im Jahre 1401 von sehr eingeschränkter Wirkung und seine Herrschaft weitgehend auf sein eigenes Territorium in der Kurpfalz limitiert. Dennoch hatte er weitergehende Visionen und strebte die Kaiserkrönung in Rom an. In Deutschland fand er für diesen Plan nur wenig Unterstützung, sodass das Angebot der Signoria von Florenz sehr gelegen kam, ihm f. 200 000 zu überweisen,

943 Esch (1975), S. 137; Esch (2016), S. 66.

944 Esch (1966), S. 353–354; Esch (1975); Esch (2016). Vgl. Tamba (1960–); Holmes (1968), S. 364.

wenn er bei seinem Italienzug gegen den Mailänder Herzog Giangaleazzo Visconti militärisch vorgehen würde. Giovanni de' Medici begab sich 1401 im Auftrag seiner Heimatstadt nach Venedig, um hier Geld unter den florentinischen Kaufleuten für diesen Zweck zu sammeln.[945] Wie aber konnte dieser riesige Betrag zum Herrscher nach Deutschland gelangen? Giovanni nahm Kontakt mit den Nürnbergern Rummel, Kress, Stromeir und Kamerer auf, in deren wirtschaftliche Potenz und Technik er offensichtlich soviel Vertrauen hatte, dass er bereit war, mit ihnen zusammenzuarbeiten.[946] Mit Wilhelm Rummel, der in diesen Jahren mit den Gozzadini im kurialen Zahlungsverkehr nachgewiesen ist, verhandelte er sehr wahrscheinlich persönlich im direkten Gespräch, denn dieser hielt sich vom späten Sommer 1401 bis April 1402 hinein in der Markusstadt auf.[947] Die Signoria der Republik Florenz bedankte sich am 20. November 1401 ausdrücklich bei ihrem *Amice Karissime Guillielmo Romer de Nurimbergh* für die geleisteten Dienste bei der Überweisung der Gelder an Ruprecht *(bonitas et cordialis amicitia)*, bat ihn um weitere Unterstützung und stellte in Aussicht, sich dafür gerne bei anderer Gelegenheit erkenntlich zu zeigen.[948] Am 23. Januar 1402 bestätigte der König in Mainz, er habe vom versprochenen Betrag f. 60 000 erhalten. Die Abwicklung der weiteren Zahlungen gestaltete sich allerdings sehr schwierig. Dies kann nicht primitiven Arbeitstechniken oder einer wenig entwickelten Ökonomie in Deutschland angelastet werden, sondern vielmehr der mangelnden Kreditfreundlichkeit deutscher Handelsherren gegenüber ihrem König, wie Wolfgang von Stromer hat aufzeigen können.[949] Genauso scheinen die Florentiner Kaufleute auch nach der teilweise missglückten Großtransaktion in keiner Weise an der kaufmännischen Kompetenz der Nürnberger gezweifelt zu haben, wie die vielen Geschäftsbeziehungen zwischen Giovanni de' Medici und Nürnberger Handelsherren belegen, die in den folgenden Jahren nachzuweisen sind. Diese wären undenkbar gewesen, wenn die Florentiner nicht volles Vertrauen in ihre deutschen Partner gehabt hätten.

---

945 ASFi, Diplomatico, Riformagioni atti pubblici, 1401 settembre 13. Vgl. Mueller (1992), S. 35.

946 Schulte (1900), S. 343–344 schreibt, die Straßburger hätten in Nürnberg in diesen Jahren keinen Wechsel nach Venedig kaufen können, um ihren Truppen auf diesem Geld nach Italien zu schicken. Dadurch entsteht der Eindruck, die Nürnberger Kaufleute wären zu dieser Transaktion nicht fähig gewesen. Stromer (1971), S. 76 hat dieses Bild korrigiert, indem er aufzeigt, dass die Straßburger nur nicht bereit waren, die hohen Gebühren *(vorwehsel)* zu bezahlen. – Von engen Handelsbeziehungen zwischen Nürnbergern im Fondaco dei Tedeschi in Venedig und Florentinern zeugen zwei Prozesse vor dem Gericht der Mercanzia in Florenz aus den Jahren 1411 bis 1413. Konrad Pirckheimer, Ulrich Imhoff und die Rummel prozessierten gegen Florentiner Kaufleute wegen Wolllieferungen. Ausführlich dazu Böninger (2016). – Vom 23. Oktober 1413 datiert eine Schuldanerkennung von Ludovico und Uberto degli Strozzi in Mantua gegenüber Wilhelm und Hans Rummel von Nürnberg für Waren, die die Florentiner von den Deutschen gekauft hatten. ASFi, Diplomatico, Strozzi di Mantova, 23 ottobre 1413.

947 Schaper (1981), S. 32.

948 ASFi, Signori, Carteggi, Missive I Cancelleria, Nr. 25, c. 64v: *Nimis enim iuxta cor nostrum erit, si detur occasio, qua possimus gratiosas operas nostras debite gratitudinis operibus adequare.*

949 Stromer (1970a), S. 205–218; Stromer (1971). Esch (1966), S. 349–350 schreibt von einem „spektakulären Versagen deutscher Kaufleute“. – Vgl. den Reisebericht bei Pitti (1905).

Mit Wilhelm I. Rummel, den Wolfgang von Stromer für den größten *merchant-banker* seiner Zeit hält, scheint Giovanni de' Medici seit der persönlichen Bekanntschaft in Venedig eine besonders rege Geschäftsbeziehung entwickelt zu haben.[950] Bekannt ist beispielsweise eine Zahlung an die Kurie, die Bischof Albrecht von Bamberg über diesen Weg abwickelte. Die Rummel stellten Albrecht am 22. Februar 1404 in Nürnberg einen nachschüssigen Wechselbrief aus, den Martin von Lichtenstein nach Rom mitnahm.[951] Datore dieser *lettera di cambio* in Rom war sicherlich die Bank von Giovanni.[952] Rummel konnte also auch nach dem Ende der Gozzadini weiterhin Wechsel direkt auf Rom ausstellen, doch bleibt unklar, wo diese verrechnet wurden. Vermutlich mussten sie durch die Filiale in Venedig gebilligt sein, waren also *per commissionem.* Ob die Kurienbank von Giovanni de' Medici ihr Partner in Rom war, kann nicht definitiv bejaht werden, denn es gibt bis zur Lösegeldzahlung für die Freilassung von Baldassare Cossa im Jahre 1419 keine Belege für Wechselgeschäfte zwischen diesen beiden Unternehmungen. Da aber die beiden großen Transaktionen von 1402 und 1419 zwischen den Rummel und Medici liefen, ist davon auszugehen, dass auch in den dazwischenliegenden Jahren der Geldtransfer zwischen diesen Gesellschaften abgewickelt wurde. Dafür spricht, dass die nach dem weitgehenden Sieg der Pisaner Obödienz erwartete Zunahme der kurialen Zahlungen nicht zu einer stärkeren Präsenz der Florentiner in diesem Raum führte.[953] Verbindungen zwischen den beiden Kaufmannsfamilien fand Wolfgang von Stromer auch beim Engagement von Giovanni de' Medici im Bergbau in Polen zwischen 1404 und 1410.[954] Der Venezianer Pietro Picorano war in Krakau nämlich gleichzeitig Vertreter der Interessen der Rummel und der Medici.[955] In die Finanzierung von König Ruprechts Italienzug waren auch die Nürnberger Gesellschaften Kress und Kamerer-Seiler involviert. Die zweite hat sich dabei offensichtlich übernommen und tritt danach nur noch in Krakau in Erscheinung, wo sie große Geschäfte im Bergbau abwickelte und dabei mit Giovanni de' Medici in Verbindung stand.

950 Stromer (1971), S. 67.

951 Göldel (1988), S. 2: *Nürenberge dem Rümel, burger zu Nurenberg für 400 ducaten, die er bezalet zu Rome von unseres herren von Bamberg wegen mit dem wessel briff, den herr Mertein von Lichtenstein mit im gen Rome furt.* Auf Seite 3 nennt die Autorin den *beneficiario* wohl fälschlicherweise Martin von Liebenstein.

952 Göldel (1988), S. 4; Schneider (1988b), S. 26; Denzel (1991), S. 196–197.

953 Die als Kontinentalsperre bezeichneten Sanktionen, die König Sigismund von 1411 bis 1433 gegen Venedig durchzusetzen versuchte, haben nach Wolfgang von Stromer zu keinen Belastungen, sondern vielmehr zu einer Intensivierung der Beziehungen zwischen Rummel und Medici geführt. Stromer (1995b), S. 154 schreibt: „Das Zusammenspiel zwischen dem Nürnberger Bankhaus der Rummel mit Picoranus als Verbindungsmann zu Venedig und der Medicibank verdichtete sich zu gesellschaftlichen und landesverräterischen Beziehungen, blieb jedoch bis in die Gegenwart unentdeckt." Es konnte allerdings kein Beleg für den hier erwähnten Ausbau der Beziehungen zwischen den Rummel und den Medici gefunden werden. Vgl. Schiff (1909); Klein (1955–1956); Stromer (1971), S. 69.

954 Stromer (1970a), S. 145–154.

955 Braunstein (1964), S. 227–269; Schaper (1981), S. 28 und 42; Stromer (1995a), S. 150; Carr-Riegel (2021), S. 342–365. Picorano ist in der Fachliteratur auch unter dem Namen Bicherano zu finden.

Wie die Kress traten sie in den ersten Geschäftsjahren der Medici-Bank im Zahlungsverkehr zwischen Nürnberg und Italien nicht in Erscheinung.[956]

Arnold Esch hat in einem Aufsatz von einer ab dem Jahre 1406 geltenden Anweisung an die Direktoren dieser Filiale geschrieben: „[...] deutschen Kaufleuten grundsätzlich keine Kredite zu gewähren [...]".[957] Eine solch restriktive Weisung hätte Wechselgeschäfte von deutschen Städten aus und damit den Zahlungsverkehr der Medici mit Deutschland verunmöglicht, denn eine *lettera di cambio* war fast immer auch ein Kreditgeschäft. Grundlage für den zitierten Satz bilden wohl zwei Textpassagen in Raymond de Roovers Geschichte der Medici-Bank, in der er den Geschäftserfolg der Filiale in Venedig analysiert. In den nicht ganz vier Jahren ihrer Existenz hatte sie bis zum 30. April 1406 einen Verlust von f. 13 403 akkumuliert.[958] De Roover lastet diesen Misserfolg dem Agenturleiter Neri Tornaquinci an, der gegen den Gesellschaftsvertrag verstoßen habe, indem er Süddeutschen und Polen hohe Kredite gewährt habe, ohne die Hauptpartner vorher um Einwilligung zu ersuchen. Als diese nicht zurückbezahlt wurden, habe er selber Darlehen zu acht Prozent aufgenommen und die Bilanzen gefälscht. Als die prekäre Situation in Florenz entdeckt wurde, sei der Filialleiter umgehend abgesetzt und vor das Wirtschaftsgericht in Florenz (Mercanzia) zitiert worden. Hier sei er zu Schadensersatzzahlungen zugunsten seiner Partner verurteilt worden. Auf Grund dieses Urteils sei sein Landgut in Caraggi verkauft worden, doch habe der Erlös von f. 1 000 bei weitem nicht ausgereicht, die ehemaligen Partner für die verursachten Verluste zu entschädigen.[959] Aus diesen schlechten Erfahrungen habe Giovanni de' Medici die Konsequenz gezogen, von da an in Venedig Geschäfte mit Deutschen zu vermeiden, da gegen Schuldner vor deutschen Gerichten keine schnellen Urteile zu erhalten waren. Ausnahmen seien nur für permanente Bewohner des Fondaco dei Tedeschi gemacht worden.[960] De Roover sieht also den Grund für den schlechten Geschäftsgang allein in unerlaubten Transaktionen mit Kunden aus dem Norden.

Die Schlussfolgerung, die de Roover Giovanni de' Medici aus dem Vorfall von 1406 ziehen lässt, wäre eine sehr wichtige strategische Entscheidung für die Geschäftsbeziehungen mit Deutschland gewesen. Doch weckt seine Darstellung einige Zweifel. So findet sich in den

956 Zu den Kress vgl. Braunstein (1964); Braunstein (1967); Braunstein (2016), 264–273. – Zu den Kamerer-Seiler vgl. Rödel (1980–1999); Stromer (1989); Diefenbacher (2000).

957 Esch (1966), S. 349–350.

958 Stromer (1971), S. 78. Nach Abzug der Gewinne aus den davor liegenden Geschäftsjahren belief sich der Verlust noch auf f. 5356.

959 Roover (1963), S. 240–241.

960 Roover (1963), S. 245: „As pointed out before, dealing with Germans was avoided ever since the discouraging experiences of Neri Tornaquinci; the Medici were cautious and preferred to deal with Florentine merchants whose credit standing they knew or with Venetians who had the reputation of being reliable. To lend to Germans who were not permanent residents in Venice but stayed from time to time at the Casa dei Tedeschi (German House) was too dangerous a game, for one never knew whether they would come back to pay their bills. To pursue debtors in Germany involved great trouble and expense for meager results, since it was impossible to obtain speedy justice from local courts."

von ihm angegebenen Quellen weder ein Verbot von Kreditvergaben an Deutsche und Polen, noch eine Aussage, der riesige Filialverlust sei hauptsächlich durch Geschäfte mit Kaufleuten aus diesen Regionen entstanden. De Roover basiert also seine These weitgehend auf Indizien. Eines davon ist, dass Giovanni in seinem *libro segreto* hauptsächlich die Namen deutscher Debitoren auflistet und bei diesen Krediten vermerkt, sie seien *senza nostra voluntà* erteilt worden. Ein weiterer wichtiger Baustein seiner Thesenbildung sind die belegten Reisen von Ludovico Baglioni nach Deutschland und Krakau, die er zusammen mit seinem Handelsdiener Gottschalk unternahm, um dort Schulden für die alte Gesellschaft in Venedig einzutreiben. Über den Erfolg dieser Anstrengungen ist nichts bekannt; überliefert sind nur die Spesen, welche diese Reise verursachte und die am 4. Juli 1419 verbucht wurden: f. 180.[961]

De Roover stützt seine Darstellung allein auf die buchhalterischen Eintragungen im *libro segreto* von Giovanni de' Medici.[962] Ein davon wesentlich abweichendes Bild ergibt sich, wenn auch die im Gerichtsarchiv der Mercanzia erhaltenen Akten einbezogen werden. Dort findet sich mit Datum vom 5. August 1409 ein Bericht der mit der Prüfung der venezianischen Bücher beauftragten Schiedsricshter, Paolo di Piero Gratini und Francesco di messer Alessandro de' Bardi. Darin wird festgehalten, Tornaquinci habe der Gesellschaft einen Schaden von fast 180 *lire di grossi venetiani* verursacht. Die Schuld war durch nicht zurückbezahlte Kredite entstanden:[963]

messer Costantino de Vett della Mangnia	84 lire	4 s. 18 gr. venetiani
messer Cristiano di Salvo della Mangnia	14 lire	
messer Giovanni Laudono	4 lire	8 s.
Martino Micheli	6 lire	4 s.
Serazzo Trevigiano	30 lire	9 s.
Biagio dal Fino	40 lire	

Wenn auch der Name de Vett an ein Mitglied der Familie von Watt denken lässt, so lässt er sich dennoch nicht identifizieren, da der Vorname Konstantin in der Genealogie nicht zu finden ist und dieser Mann auch sonst nicht aktenkundig ist.[964] Hingegen können Micheli und

961 ASFi, MAP 153, Nr. 1, c. 47r; c. 100r: *sono per spese fatte di Lodovicho de' Baglioni quando andò a rischuotere nela Magna;* c. 101v: *Lodovicho di Filippo de' Baglioni per lui e Ghoschalcho quando lo mandammo a Crachovia a rischuotere i danari.* – Roover (1963), S. 455.

962 De Roover nennt als seine Quellen: ASFi, MAP 153, Nr. 1, cc. 14, 22, 28–30, 44, 46–48, 50, 103, 112 und 125.

963 ASFi, Mercanzia 4326, c. 5r, cc. 132r–134r. – In den florentinischen Quellen wird der Betrag in Fiorini umgerechnet. Zum Umrechnungskurs vgl. Molho (1971), S. 172.

964 Auch Wolfgang von Stromer, der wohl wie kein anderer Historiker mit deutschen Kaufleuten des Spätmittelalters vertraut war, konnte diese deutschen Schuldner nicht identifizieren. Er nennt sie basierend auf dem *libro segreto Ghostantino di Vort de la Magna* und *Cristiano di Salina de la Magna.* Vgl. Stromer (1971), S. 78.

Trevigiano als Michiel und Trevisan und damit als Venezianer identifiziert werden. Tornaquinci wurde dazu verurteilt, am 14. Januar 1410 drei Viertel des aktenkundigen Schadens an die anderen Teilhaber zu bezahlen: f. 1 269. Davon sollte dann noch Geld abgezogen werden, das Giovanni de' Medici bereits von seinem Vertrauensmann in Krakau, dem Venezianer Piero Picorano *(Bichierano),* hatte einfordern lassen. Die Vorwürfe gegen Tornaquinci haben sich also nur auf etwa neun Prozent des in Venedig entstandenen Gesamtverlustes bezogen und der eingeklagte Betrag war nur teilweise durch Kredite an Deutsche verursacht worden. Der Verkauf von Tornaquincis Landgut hatte, im Gegensatz zu de Roovers Aussagen, den eingeklagten Schaden weitgehend gedeckt.[965] Für den überwiegenden Teil des in Venedig erwirtschafteten Verlustes wurde Tornaquinci nicht haftbar gemacht, da ihm dafür wohl auch keine Schuld angelastet wurde. Die Trennung von Giovanni de' Medici und der daran anschließende Prozess vor der Mercanzia hat offensichtlich seiner Reputation als Kaufmann keinen großen Schaden zugefügt. Aus sechs Briefen an Unternehmen von Francesco di Marco Datini in Mallorca ist zu erkennen, dass er zunächst in Venedig blieb und bis mindestens Juli 1408 Teilhaber in der Gesellschaft Neri Tornaquinci e Tommaso di Giovanni e co. war.[966]

Wolfang von Stromer hat überzeugend aufgezeigt, dass die Hauptmasse des Schadens in der venezianischen Medici-Filiale durch Kredite an die in Krakau aktive Gesellschaft der Kamerer und Seiler entstanden war.[967] Diese hatte große Summen in den Bergbau investiert und in den Karpatenländern ein Buntmetall Oligopol errichtet. Der Verbindungsmann zwischen den Medici und den Deutschen in Krakau war Piero Picorano.[968] Die über diese Verbindung bewilligten Kredite müssen ein so großes Ausmaß gehabt haben, dass sie mit Sicherheit nicht von Tornaquinci allein hätten bewilligt werden können. Er hätte diese Summen auch in keinem Falle selbst bereitstellen können. 1403 ging die *Kamerer-Seiler-Bank* in Konkurs und ihre Nachfolgegesellschaften arbeiteten in einem sehr schwierigen Markt.[969] 1405 kam es zu massiven

Der Titel *messer* lässt allerdings darauf schließen, dass es sich bei diesen drei Personen gar nicht um Kaufleute, sondern um Geistliche gehandelt hat.

965 Dieses im *libro segreto,* ASFi, MAP 153, Nr. 1, c. 48r genannte abschließende Urteil ist in einer Abschrift erhalten: Firenze, Archivio dell'Opera di Santa Maria del Fiore, Libro primo di ser Dino di Cola, II, 1, c. 77. – Dass für Giovanni mit diesem Verkauf von Gütern die Angelegenheit weitgehend abgeschlossen war, belegt ein Eintrag im *libro segreto* vom 23. März 1423, mit dem eine Unterstützung für den scheinbar in Krakau Not leidenden Tornaquinci in Höhe von f. 36 verbucht wurde: *per limosina.* ASFi, MAP 153, Nr. 1, c. 123r. – Die Mitglieder der Familie Tornaquinci erscheinen in den Dokumenten auch unter dem Familiennamen Giachinotti, den sie kurz vor diesen Ereignissen angenommen hatten.

966 Im ADP finden sich sechs seiner Briefe und Wechsel an die Filiale von Francesco di Marco Datini in Mallorca, die zwischen dem 6. Juni 1407 und dem 31. Juli 1408 geschrieben wurden. ADP, codice 11704, 11705, 123921, 123922, 123923, 123924.

967 Stromer (1971), S. 78. – Das *libro segreto* von Giovanni de' Medici nennt bei den Rückzahlungen auch *Churado Sailier.* ASFi, MAP 153, Nr. 1, c. 83r.

968 Zu Piero Picorano: Ptásnik (1959), S. 39–42; Stromer (2006), S. 97–98; Bettarini (2015), S. 3.

969 Stromer (1971), S. 76–77.

Manipulationen im Markt für ungarisches Kupfer und polnisches Blei, die eine jahrelange Krise im Bergbau zur Folge hatten. Gleichzeitig führte König Sigismund von Böhmen einen Wirtschaftskrieg gegen Polen und die Montanunternehmer in Krakau.[970] Eine enge Verbindung der Medici-Filiale in Venedig mit Krakau würde auch verständlich machen, warum Tornaquinci ab 1410 dort nachgewiesen ist.[971]

Es ist de Roover und Esch zuzustimmen, dass Giovanni de' Medici deutschen Kaufleuten nach diesen Vorgängen keine kommerziellen Kredite mehr gewährte. Für diese Entscheidung gibt es zwar keinen schriftlichen Beleg, doch sprechen die buchhalterischen Aufzeichnungen und die nachweisbare Geschäftspraxis eine deutliche Sprache. Die venezianischen Probleme von 1406 hatten aber mit Wechselgeschäften nichts zu tun und diese wurden in der Folge auch nicht eingeschränkt. Es wäre auch nur schwer einzusehen, weshalb Giovanni, der Bankier und Seidenhändler war und kein Interesse am venezianischen Spezereihandel zeigte, in Venedig eine Niederlassung unterhalten sollte, wenn er ausgerechnet den wichtigen deutschen Zahlungsverkehr anderen Bankiers überlassen wollte.

Rummel und Kress

Als sich im Juli 1418 in Florenz die Gewissheit durchsetzte, dass sich Martin V. (1417–31) für die Rückkehr in die Ewige Stadt entschieden hatte, entwickelten Giovanni de' Medici und Niccolò da Uzzano, der erste Mann in der florentinischen Oligarchie, eine bis in kleinste Detail geplante diplomatische Operation, die auch mit Geldgeschäften nach Deutschland zu tun hatte. Die beiden einflussreichen Florentiner nennen in den erhaltenen Quellen nie konkret das Ziel dieser Aktivitäten, doch ergeben die unternommenen Schritte ein klares Bild: Baldassare Cossa sollte als Gegenpapst abdanken und sich Martin V. unterwerfen. Dadurch sollte die Einheit der Kirche – und wohl auch die des mit ihr verbundenen Geldflusses – sichergestellt werden und gleichzeitig einem alten Mitstreiter der Republik ein ehrenvoller Lebensabend ermöglicht werden. Im Sommer gaben sie Galeotto da Ricasoli den Auftrag, nach Genf zu reisen und mit Martin V. in diesem Sinne zu verhandeln. Dabei sollte er so vorgehen, dass es im Falle eines günstigen Ausganges nicht so aussehen würde, als hätten nur die beiden Initianten dies angestrebt und erreicht, sondern die ganze Republik: *che una volta appaia tutto essere passata di volontà et coscienza di Nostri Signori.*[972] Ricasoli reiste mehrfach

---

970 Molenda (1976), S. 165; Stromer (1978c), S. 114; Blanchard (1995), S. 33.

971 Fournier (1893), S. 339; ASFi, MAP 153, Nr. 1, c. 125.

972 ASFi, MAP 89, Nr. 43. – Während den Archivrecherchen zu dieser Arbeit wurden viele Dokumente im Zusammenhang mit dieser diplomatischen Operation gefunden. Auf eine ausführliche Darstellung wird an dieser Stelle verzichtet, da sie für die behandelte Fragestellung nicht von Belang ist. Das Quellenmaterial wurde Mario Prignano übergeben, der zum 600. Todestag von Baldassare Cossa eine neue Biografie dieses umstrittenen Kirchenmannes publiziert. Prignano (2019).

nach Genf, wo am 30. Juli 1418 zum ersten Male Ergebnisse der Verhandlungen zwischen ihm und dem Papst erwähnt werden.[973] Die Bereitstellung und Zahlung des vom Pfalzgrafen Ludwig geforderten Betrages in Höhe von duc. 35 000 (38 500 RG) organisierte Bartolomeo de' Bardi. Vordergründig wurde diese Forderung mit dem Aufwand für die Gefangenhaltung begründet, verstanden wurde sie wohl eher als Lösegeldforderung. Niccolò da Uzzano und Giovanni de' Medici gaben an diese Summe je 10 000 florentinische Gulden.[974] Der so aufgebrachte Betrag reichte aber noch nicht aus, um die Forderungen erfüllen zu können. Es fällt etwas schwer zu glauben, dass Niccolò und Giovanni das Geld wirklich nicht selbst hätten aufbringen können. Auf jeden Fall brachten sie Martin V. dazu, die fehlenden 6 000 Kammerdukaten zu bezahlen. Möglicherweise hat man ihn auf diesem Weg auch nur stärker in die Abmachungen einbinden wollen.[975]

Während Galeotto da Ricasoli in mehreren Reisen zur Kurie alle politischen und juristischen Aspekte der Aussöhnung zwischen dem alten und dem neuen Papst klärte,[976] kümmerte sich Bartolomeo de' Bardi um die finanziellen. Als deutsche Partner für die Abwicklung der Zahlungen konnte er die Rummel gewinnen, mit denen Giovanni de' Medici schon 1402 bei der Zahlung der Republik Florenz an König Ruprecht von der Pfalz zusammengearbeitet hatte.[977] Am 6. Dezember 1418 war Bardi in Heidelberg bei Cossa und ließ sich ein Dokument unterschreiben, in dem dieser sich verpflichtete, die für sein Lösegeld und die damit verbundenen Spesen aufzuwendenden Gulden an Giovanni de' Medici zurückzuzahlen.[978] Mit diesem Schreiben ging er nach Venedig, um den Transfer des Geldes zu organisieren. Wilhelm Rummels Vertreter in der Lagunenstadt, Hermann Reck *(de societate de Rimel de Nuremberga),* stellte am 19. Februar 1419 einen Wechsel über 38 500 RG auf seine Gesellschaft

973 Biblioteca Universitaria di Bologna, Manoscritto 52, busta I, n. 14, c. 7: *Viensi lo papa Zohanne essere acedato, e rimane cardinale e costagli fiorini 36.mila fu qui h[i]eri sera Galeocto da Ricasoli che viene da lui ch'è quello l'à facto questo accordo. A dì XXX di luglio.* – Das Tagenbuch des päpstlichen Sekretärs Cambio di Alberto Cantelmi ist eine noch zu wenig beachtete Quelle zu den ersten Monaten des Pontifikats von Martin V. Vgl. Frati (1911).

974 Giovanni de' Medici war sehr über die Zahlungsunwilligkeit anderer Florentiner enttäuscht. Es bestätige sich das Sprichwort, dass man in guten Zeiten viel Hilfe finde, in schlechten aber nur wenig: *in questo si verificha il proverbio che come nella prosperità se ne truova assai così nelle adversità se ne truova pochi.* ASFi, MAP 89, Nr. 43.

975 Biblioteca Universitaria di Bologna, Manoscritto 52, busta I, n. 14, c. 15: *Papa Martinus solvit VI.milia ducatos, dominus Johannes Coxa XXX.milia.*

976 Vgl. ASFi, MAP 89, Nr. 6 und Nr. 43; 94, Nr. 180; 100, Nr. 67. – Im Dezember hat er sich auf einer dieser Reisen über die Alpen ein Bein gebrochen: *Per tuto zenaio el nostro Signore serà in queste tere on Fiorenza on Pistogla on Pixa, Galeocto da Ricasuli é andato per deliberare al meglio B. el quale al pié di una montagna s'è schavezado una ganba [...] dio permetta quello che sia per lo meglio.* Biblioteca Universitaria di Bologna, Manoscritto 52, busta I, n. 14, c. 31.

977 Vgl. oben S. 195.

978 ASFi, MAP 105, Nr. 280. Abgedruckt bei Canestrini (1843), S. 433–435; Meltzing (1906), S. 100; Holmes (1968), S. 375.

in Nürnberg aus. Nach Ausführung des Auftrags war den Medici in Venedig eine Quittung zuzustellen.[979]

Die zeitliche Planung der Florentiner sah vor, Cossa erst dann aus dem Gefängnis in Heidelberg zu befreien, wenn Martin V. in Florenz und damit unter ihrer Beobachtung war. So sollte verhindert werden, dass Cossa auf der Reise an den Arno etwas zustieß. Martin V. kam am 27. Februar 1419 in Florenz an; nach Eintreffen dieser Nachricht in Deutschland kehrten Bardi und Rummel nach Heidelberg zurück, wo der Florentiner am 16. April 1419 auf Lateinisch Rummel autorisierte, den in Venedig ausgestellten Wechsel zu bedienen. Das Geld sollte dem Pfalzgrafen in drei Raten übergeben werden, wenn sich Cossa mit seinen Gefolgsleuten außerhalb des herzoglichen Territoriums in Basel eingefunden habe.[980] Von oberrheinischen Rittern nach Basel gebracht, erfolgte hier am 23. April die Überstellung unter die Gewalt von Martin V. Der Papst hatte dafür den Bischof des brandenburgischen Lebus, Johann von Borsitz, den ehemaligen Rektor der Heidelberger Universität, Konrad von Soest, und einen seiner eigenen Sekretäre namens Johannes Jux von Sirck ins Gasthaus „Zur Blume" ans Rheinknie geschickt.[981] Hier warteten aber auch drei Florentiner, die für die Sicherheit Cossas sorgen sollten: Bartolomeo de' Bardi, Galeotto da Ricasoli und ein alter enger Vertrauter von Cossa, Bartolomeo da Montegonzi.[982] Bardi bestätigte schriftlich, dass bis dahin alle Abmachungen eingehalten worden seien und beauftragte das Bankhaus Rummel, die erste der drei vereinbarten Raten an den Pfalzgrafen zu überweisen. Auch Gherardo Bueri war damals in Basel, wahrscheinlich ohne eine offizielle Funktion auszuüben.[983] Er zog von hier nach Lübeck zurück, während sich Cossa zusammen mit seinen sechs Aufpassern auf den Weg über die Alpen nach Florenz machte. Bartolomeo de' Bardi schrieb regelmäßig Reiseberichte an Giovanni de' Medici.[984] In Fellino kam es zu einem dramatischen Versuch der Anhänger von Martin V., den abgesetzten Papst zu entführen und nach Mantua in ein Gefängnis zu bringen. Der Plan wurde aber verraten, das Wachpersonal mit Alkohol abgefüllt und Cossa in genuesisches Territorium

979 ASFi, MAP 96, Nr. 4: Eine Übersetzung ins Italienische des von Reck auf Deutsch geschriebenen Wechsels. – Vermutlich steht mit diesen Geschäften eine Urkunde Martins V. in Verbindung. Vgl. Camerani Marri (1951), S. 32: *1419, marzo 22. Florentie: Martinus V ex confessione Nicolai Piciscelli archiep. Salernitani sciens quod Johannes XXIII, dum in generali concilio constantiensi erat, mitram papalem pretiosam Johanni de Medicis Florentie conservationis causa tradidit, nunc eam repetit, exommunicationem comminans nisi mandatis suis paruerit. – Dat. Florentie.*

980 ASFi, MAP 87, Nr. 47, cc. 202. Eine zweite Abschrift in ASFi, MAP 86, inserto 11, c. 112v. – Abgedruckt bei Canestrini (1843), S. 435–437. Vgl. ASFi, MAP 86, Nr. 11, cc. 112v.

981 Finke (1903), S. 56. ASFi, MAP filza 96, Nr. 4.

982 ASFi, Mercanzia 4348, cc. 160r–162v: Montegonzi organisierte etwa die Beerdigung von Alexander V. in Bologna und baute später in Florenz den prächtigen Palast, der heute als Palazzo Salviati der Europäischen Universität dient.

983 ASFi, MAP 5, Nr. 637, Brief von Bartolomeo de' Bardi an Giovanni de' Medici vom 14. Mai 1419: *Gherardo rimase a Basilea e penso e' sarà poi in tutto guarito e che fia ito a Lubicha.* Wahrscheinlich haben sich die beiden Florentiner in Basel zufällig getroffen, da Bueri hier krank lag.

984 ASFi, MAP 5, Nr. 637 und 638.

in Sicherheit verbracht. Von hier ging Cossa, nachdem er viele Sicherheiten für sein Leben erhalten hatte, nach Florenz, wo er am 27. Juni eintraf und sich dem Papst unterwarf.[985] Die kirchengeschichtlich bedeutende diplomatische Operation war gelungen. Und Giovanni war offensichtlich ebenso mit der Abwicklung der Zahlungen durch die Rummel zufrieden. Das Zusammenwirken der beiden Handelshäuser hatte problemlos funktioniert. Ein Jahr später wurde Bartolomeo de' Bardi zum Leiter der Medici-Filiale in Rom befördert. Hermann Reck wurde – offenbar als Dank für die Leistung – von Kurfürst Ludwig zu seinem Rat ernannt.[986]

Viele Geschäfte der Zwanzigerjahre zeigen eine regelmäßige und umfangreiche Zusammenarbeit Medici-Rummel, die sicherlich weit über das von Esch verwendete Prädikat „leidlich" hinausging.[987] Aus dem Jahre 1421 sind Zeugnisse aus einem Streit um die Grafschaft Genf erhalten, die zeigen, dass die Rummel in Verbindung mit den Medici in Genf standen.[988] In Giovanni de' Medicis Steuerklärung von 1427 waren *Ghuglelmo e Arigho Rumoli di Norimbergho* die einzigen direkten deutschen Korrespondenten. Sie hatten bei seiner Römer Filiale noch f. 704 aus Wechselgeschäften auszugleichen.[989] Im Rechnungsbuch von Antonio Salutati von 1429–30 waren sie unter den deutschen Korrespondenten mit 31 Wechseln nach Rom zwar nur der zweithäufigste *prenditore,* doch transferierten sie mit fast duc. 8 100 die weitaus größte Menge Geld aus Deutschland (vgl. Tabelle 5).[990] Die Rummel erreichten diesen hohen Transferbetrag dank Servitienzahlungen. Für den Bischof von Eichstätt, Albrecht II. von Hohenrechberg, wurden duc. 3 770 aufgeteilt auf vier Wechsel überwiesen, die in Rom an *Guglielmo de Sutechem* ausbezahlt wurden.[991] Für die Bestätigung des Bischofs von Regensburg, Konrad VII. von Soest, gingen duc. 1 295.10.0 an die Kurie. Zu den Empfängern gehörte weiter der Prokurator

985 Petriboni / di Borgo Rinaldi (2001), S. 116–121. Zur Unterwerfung Cossas unter Martin V. vgl. Prignano (2019).

986 Stromer (1970a); Schaper (1981), S. 39.

987 Esch (1966), S. 341. – Vgl. Roover (1971); Schaper (1981); Schneider (1991), S. 137.

988 Stromer (1970a), S. 198 und 419; Schaper (1981), S. 40. – Die Vermutung, dass die Gründung einer Medici-Niederlassung in Genf mit dem Konstanzer Konzil in Beziehung stehen könnte, findet in den Fakten keine Bestätigung. Es sind keine Wechselgeschäfte von Deutschen über diese Genfer Bank zu finden. Die Medici pflegten in Genf Kontakte zu Kaufleuten aus Nürnberg und Frankfurt, ohne dass deren Namen allerdings überliefert wurden, und handelten mit Tuchen aus Konstanz. ASFi, MAP 7, Nr. 327 (19. Mai 1452); MAP 138, Nr. 444 (20. Juli 1455); MAP 138, Nr. 445 (29. Juli 1455); MAP 138, Nr. 449 (19. Februar 1456). Publiziert bei Bergier (1978), S. 290–298. – Leider sind keine ihrer Buchhaltungsschriften erhalten, sodass knappe Textstellen in Briefen keine weitere Interpretation zulassen. Auch die Erwähnung von Reisespesen eines Iacopo von Genf nach Bern und Luzern, die er zusammen mit zwei Angestellten und drei Pferden im Jahre 1425 unternahm, lässt sich nicht in einen größeren wirtschaftlichen Zusammenhang einordnen. ASFi, MAP 101, Nr. 49 (7. September 1425). Publiziert bei Bergier (1978), S. 285.

989 ASFi, Catasto 49, cc. 1162 ff.

990 ASFi, MAP 131 A. Vgl. unten S. 547 ff.

991 ASFi, MAP 131 A, cc. 142r und 144r. Die Servitien des Bischofs beliefen sich auf duc. 600. Insgesamt kostete ihn seine Bestätigung in Rom aber duc. 5 000. Bethmann / Waitz (1880), S. 608: *Pro quorum quidem negociorum expedicione, sumptibus et expensis ac concordia camere apostolice atque aliis necessariis ad hec obtinendis ipse venerabilis pater exposuit summam 5000 florenorum seu ducatorum.* – Vgl. RG Online, RG IV 00135, http://rg-online.dhi-roma.it/RG/4/135, 02.07.2021. Wendehorst (2006), S. 194.

Johannes Engelhard, der duc. 210 erhielt.[992] Als *trattario* wurden die Rummel nur gerade einmal eingesetzt.[993]

Die Handelsgesellschaft der Kress war im Jahre 1388 nach der Trennung der Rummel von Fritz Kress d. Ä. gegründet worden. Nach dessen Tod leitete sein Sohn Konrad die Firma bis 1430.[994] Die Kress wurden schon weiter oben im Zusammenhang mit Geschäften in Lübeck und Krakau genannt; als direkte Korrespondenten einer Kurienbank werden sie aber nur in der Abrechnung des Depositars von 1429–30 fassbar (vgl. Tabelle 5).[995] Neben den Rummel nahm diese Gesellschaft in Nürnberg als Partner der Medici während dieses Geschäftsjahres mit großem Abstand nur den zweiten Platz ein. Sie sandte zehn Wechsel für 1388 Kammerdukaten nach Rom und wurde von den Medici nicht mit Wechseln bezogen. Die *beneficarii* mit den höchsten Beträgen waren Johannes Brun aus Schwerin[996] (duc. 500) und Gunter Grube aus dem Bistum Mainz (duc. 190).[997] Von den Verbindungen der Kress in den Osten zeugt in diesem Rechnungsbuch ein Wechsel für einen *m. Michele da Praga* (duc. 50).[998]

Die Rummel verschwanden schon kurz nach Abschluss des Rechnungsbuches der Römer Medici-Bank von 1429–30 aus dem internationalen Zahlungsverkehr. Sie waren zwar weiter kommerziell tätig, wie eine Zahlung der Medici in Venedig für Hans und Heinrich Rummel an Niccolò Bernardi in Venedig von 1436 zeigt.[999] Sie mussten aber einen herben Rückschlag überwinden, der durch den Konkurs von Hermann Reck, einem der wichtigsten deutschen Bankiers auf dem Handelsplatz Venedig, im Jahre 1431 verursacht worden war. Dieser Kaufmann hatte auf eigene Rechnung Handel in Venedig getrieben, doch trat er auch als Vertreter anderer wichtiger deutscher Handelshäuser (Mendel, Pirckheimer) auf. 1418 erhielt er die Vollmacht für die Geschäfte von Marquard Mendel und Lorenz Pirckheimer. Auch seine Brüder hatten eine Vermittlerrolle zwischen dem Handel Nürnbergs und Venedigs inne. Konrad Reck vertrat die Kress; Marquart war Faktor der Rummel.[1000] 1432 flüchtete Hermann aus Venedig *(ubi ingentia debita contraxit clam inde recessus in patriam)*[1001] und hinterließ einen Schuldenberg von über

992 ASFi, MAP 131 A, cc. 128v und 110v. Vgl. RG Online, RG IV 07245, http://rg-online.dhi-roma.it/RG/4/7245, 02.07.2021.

993 ASFi, MAP 131 A, c. 57r.

994 Nordmann (1933b), S. 10.

995 Vgl. oben S. 161. – Giovanni de' Medici notierte in seinem *libro segreto* (ASFi, MAP 153, Nr. 1, c. 63r) unter dem Datum vom 20. Juli 1407 unter den *Creditori si asengnorono i nostri di Roma* ein uneingelösten Guthaben über 4 Dukaten *per Giovanni Ritero* unter ähnlichen offenen Konten einiger anderer Deutscher. Stromer (1970a), S. 197 vermutete, dass es sich dabei um Ulman Stromeirs Schwiegersohn Hans d. J. Rieter handelt, der vor 1408 starb. Es finden sich keine Hinweise auf Wechselgeschäfte Stromeirs oder Rieters nach Rom.

996 RG Online, RG IV 06629, http://rg-online.dhi-roma.it/RG/4/6629, 02.07.2021.

997 RG Online, RG IV 03894, http://rg-online.dhi-roma.it/RG/4/3894, 02.07.2021.

998 ASFi, 131 A, c. 108r.

999 ASFi, MAP 134, Nr. 1, c. 31v.

1000 Schaper (1981), S. 38 und 46.

1001 Esch (1998), S. 141.

duc. 25 000, der zu einem großen Teil durch die Rummel getragen werden musste.[1002] Da es sich dabei teilweise um Gelder handelte, die aus dem kurialen Zahlungsverkehr stammten, setzte sich die Kurie beim Bischof von Bamberg, dem Herzog von Bayern und dem Markgrafen von Brandenburg mit unbekanntem Erfolg für die Gläubiger ein.[1003] Im Archiv der Medici findet sich der letzte Eintrag, in dem die Rummel erwähnt werden, in der Steuererklärung des Jahres 1433. Sie werden in dieser Abgabe mit einem kleinen Betrag unter den *creditori* aufgeführt: *Jani e Arigho Romoli di Norimbergho:* f. 1 s. 24 d. 2.[1004] Fast gleichzeitig mit den Rummel verschwanden die Kress aus dem internationalen Zahlungsverkehr, da die Gesellschaft um 1430 in große Schwierigkeiten geraten war.

Die direkte Anbindung Nürnbergs an eine florentinische Kurienbank war durch das Wegfallen der Rummel und Kress für mehrere Jahrzehnte unterbrochen. Deutlich kommt dies in einem in Teilen erhaltenen Rechnungsbuch der Medici in Venedig zum Ausdruck, welches das Geschäftsjahr 1436–37 abdeckt.[1005] Es zeigt die Verbuchung einiger Wechselgeschäfte, in die oberdeutsche Handelsherren involviert waren. Keiner von diesen stand in einem Korrespondentenverhältnis mit den Medici. Sie benutzten als Kunden die Dienste von Florentinern auf anderen Wechselplätzen, um sich Geld auf die Florentiner in Venedig anweisen zu lassen, stellten selbst aber keine Wechsel auf florentinische Banken aus. Fünf Transaktionen gingen vom Nürnberger Handelshaus der Mendel aus. In der Markusstadt empfingen Georg Mendel und Stefan Volkmeier zweimal Geld im Gesamtbetrag von 800 Dukaten, das Wilhelm Mendel bei Ubertino de' Bardi in Brügge abgeschickt hatte. Einen Wechsel sandte ihnen Francesco Balbi e co. Sie kauften hier auch Wechsel nach Rom, denn eine Anweisung an einen Nikolaus Wolf kam aus Rom zurück, da das Geld nicht abgeholt wurde. Sie müssen über ein Kontokorrent verfügt haben, denn von ihrem Konto werden dem Venezianer ser Cristofano Soranzo 40 Dukaten ausbezahlt.[1006] Die Mendel-Gesellschaft geriet kurze Zeit später in Schwierigkeiten, denn 1441 haben Georg und Wilhelm Mendel ihre Kammer im Fondaco an Konrad Imhof verkauft.[1007] Von Brügge nach Venedig liefen drei Wechsel, welche die Nürnberger Hirschvogel ausführen ließen. In Flandern hielten sich Karl Hirschvogel *(Charlo Iorisfoghil)* und Ludwig Poltus *(Luigi Poltus)* auf, in Venedig Wilhelm Hirschvogel *(Ghuglelmo Arisfoghel)*. Leonhard Hirschvogel

1002 Schaper (1981), S. 46. – Zum Konkurs von Hermann Reck vgl. unten S. 263. – Lorenz Rummel, der Sohn von Wilhelm I., war 1434 im Dienste der Stadt Nürnberg auf dem Basler Konzil. Geschäftliche Aktivitäten sind ihm dort keine nachzuweisen. Schaper (1981), S. 21.

1003 Esch (1998), S. 141. – Vgl. Stromer (1970a), S. 197–198 . und 456.

1004 ASFi, Catasto 470, c. 544r.

1005 ASFi, MAP 134, Nr. 1. Vgl. unten die Liste der deutschen Geschäfte auf S. 550.

1006 Stromer (1966), S. 13; Braunstein (2016), S. 258–264.

1007 Stromer (1966), S. 14; Stromer (1976b), S. 137. Stromer hat im Buch der Hantierung von Marquart Mendel in Nürnberg Wechselgeschäfte auf die Medici-Niederlassung in Venedig aus den Jahren 1425–38 gefunden. Leider ist diese wichtige Quelle noch nicht publiziert und nicht zugänglich, da sie in einem Privatarchiv aufbewahrt wird.

(Lionardo Irisfolgheri) ist an beiden Orten anzutreffen. Korrespondenzbank der Medici in Venedig auf dem Platz Brügge war in den ersten beiden Geschäften Ubertino de' Bardi e co. Die dritte *lettera di cambio* schrieb der Leiter der soeben gegründeten Medici-Filiale, Bernardo Portinari. Die drei Transaktionen machten zusammen einen Transfer von etwa 450 Dukaten vom Norden in den Süden aus.[1008] Zum ersten Male werden in dieser Quelle Augsburger Kaufleute im Verkehr mit Florentinern genannt. Klaus Meuting kaufte am 8. Juni1436 bei einem Vertreter der Medici-Gesellschaft von Genf, der sich in Antwerpen aufhielt, einen Wechsel auf Hans Meuting in Venedig. Einen zweiten Wechsel über den gleichen Betrag von 1 000 Dukaten sandte zehn Tage später ein nicht zu identifizierender Rasi van Sun an Hans Meuting in der Markusstadt. Zwei der vier im Gesellschaftsvertrag von 1436 genannten Teilhaber waren also an diesem Geschäft beteiligt: *Ich Hanns Meuting der ältere, ich Ulrich Meuting, ich Hanns Meuting der jüngere, ich Claus Grander, den man nennet Meuting, alle drei seine Vettern, ich Conrad Raud und ich Ludwig Horlin, alle Bürger zu Augsburg.*[1009]

Die Annateneingänge bei der Kurie zeigen, dass der oberdeutsche Markt nach 1430 weiterhin durch die Medici abgedeckt wurde, doch sind bis zum Ende des Untersuchungszeitraums keine Belege über einen namentlich bekannten Korrespondenten, der Wechsel direkt nach Rom ausstellen konnte, in Nürnberg oder einer anderen oberdeutschen Stadt zu finden. Auch der seit 1431 in Nürnberg niedergelassene Venezianer Filippo Morosini (Morexini), der hier 1432 auch das Bürgerrecht erwarb, scheint die Wechselgeschäfte an die Kurie nicht übernommen zu haben.[1010] Er wird in den Steuererklärungen der Kurienbanken von 1433 und im Rechnungsbuch der Medici von 1436 nicht erwähnt und lässt sich auch in keiner anderen florentinischen Quelle im Zusammenhang mit Bankgeschäften an der Pegnitz finden.

Paumgartner, Welser und Ravensburger

Konrad Paumgartner war der Schwager und wichtigste Partner von Konrad Kress, deren gemeinsame Firma von 1406 bis 1430 *Conradten Kressen und Cunraden Paumgarttners gesellschaft* geheißen hatte.[1011] Es ist also fast zwingend anzunehmen, dass er die Geschäfte der alten Kress-Gesellschaft wieder aufnahm, nachdem diese wegen Bankrotts geschlossen worden war.[1012] 1441 taucht er das erste Mal in den Büchern der Medici auf, als er sich durch die Florentiner

1008 ASFi, MAP 134, Nr. 1, c. 137v. Leonhard Hirschvogel soll um 1443 Faktor der Handelsfirma Behaim in Venedig gewesen sein. Die hier beschriebenen Geschäfte machten die Hirschvogel aber offensichtlich im eigenen Namen. Vgl. Bartels (1966), S. 108.

1009 ASFi, MAP 134, Nr. 1, c. 70r, 75v. Strieder (1938), S. 97–98; Maschke (1965), S. 249; Steiner (1978), S. 37.

1010 Stromer (1970a), S. 87–88.

1011 Nordmann (1933b), S. 10.

1012 Am 11. März 1427 wird Konrad Paumgartner als Partner von Hans Waldstromer genannt. Es ist also zweifelhaft, ob seine Zusammenarbeit mit den Kress über diesen Zeitabschnitt lückenlos war. Staatsarchiv Nürnberg, Briefbuch 7, f. 150v–152v. Hinweis von Peter Geffcken.

Wechsel von Venedig nach Brügge und von Genf nach Venedig schicken ließ.[1013] Belege zu einer Zusammenarbeit im Geldtransfer sind jedoch erst gegen Ende der Vierzigerjahre bekannt. Am 4. August 1449 schrieb Kollektor *Gerardus de Dijck* von der Marienburg aus an den Papst, es sei ihm gelungen, vom Hochmeister des Deutschen Ordens 4 000 Mark aus den für den Griechenablass gesammelten Geldern zu erhalten. Sie würden spätestens bis zum Weihnachtsfest *in bancho Medicis* eintreffen.[1014] Wie Klaus Militzer aufgezeigt hat, wurde dieser Transfer mit größter Sicherheit von Tile Spodendorf in Danzig, über Konrad Paumgartner in Nürnberg nach Rom durchgeführt.[1015] Die Zusammenarbeit zwischen diesen beiden deutschen Handelsherren ist 1453 wieder belegt und bestand wohl auch noch, als die Gelder aus dem Türkenablass zu transportieren waren.[1016] Papst Kalixt III. (1455–58) ernannte in einer Urkunde vom 26. März 1457 einen Kleriker aus der Diözese Parma, Marino de Fregeno, zum Prediger für den Kreuzzug gegen die Türken und zum Kollektor der für diesen Zweck bestimmten Gelder in Dänemark, Schweden und Norwegen, in den Erzbistümern Lemberg und Magdeburg, sowie den Bistümern Bamberg und Münster. Die gesammelten Münzen sollte er bei geeigneten Kaufleuten oder ehrenhaften Männern deponieren.[1017] Doch bald kamen in Rom Zweifel auf, ob diese Anweisungen auch befolgt wurden, denn es seien Klagen gegen ihn vorgebracht worden*: sinistras et malas informationes.* Fregeno wurde angewiesen, die gesammelten Gelder beim Handelshaus Konrad Paumgartner in Nürnberg zu deponieren, der sie nach Rom transferieren sollte. Pius II. (1458–64) erneuerte kurz nach seiner Wahl den Auftrag an Fregeno. Im April 1459 gingen f. 6 000 mittels zweier Wechsel bei den Medici in Rom ein.[1018] Offensichtlich erwiesen sich die Vorwürfe als unbegründet und Pius II. bestätigte Fregeno am 5. Juli 1459 in seinem Amt. Wiederum wurden die Paumgartner als Ort für die Deponierung der Kollekte bestimmt.[1019] Über den Ablauf des Geldtransfers sind in den Medici-Papieren keine Angaben zu finden, doch kann wohl davon ausgegangen werden, dass Paumgartner Wechsel direkt auf Rom ausstellen konnte. Dass er über diese direkte Verbindung zu einer Kurienbank verfügte, zeigt ein Brief von Thomas Pirckheimer, in dem er den Herzogen Johann und Sigismund von Bayern rät, bei Anton Paumgartner in Nürnberg Wechsel für die Bezahlung von Bullen zu

1013 ASFi, MAP 134, Nr. 2, c. 22r; MAP 82, Nr. 52, c. 191r. – ASFi, Catasto 820, c. 464v: Im Catasto 1457 von Giovanni d'Amerigho Benci wird ein *Martino di Piero Bangartt di Norimbergho* erwähnt. Um einen Paumgartner kann es sich dabei nicht handeln, denn Martin Paumgartner war ein Sohn von Konrad d. Ä.

1014 OBA 10013.

1015 Militzer (1979), S. 253; Schuchard (2000b), S. 129–130.

1016 OBA 10094. Aus demselben Jahr stammt ein Brief des Nürnberger Rats an Cosimo de' Medici in einer Sache, die Nikolaus Muffel betraf. Staatsarchiv Nürnberg, Rst. Nbg, Briefbücher des Rates, Nr. 23, S. 120r.

1017 APD, III, S. 240: *Ceterum, ut pecunie ipse ad nos et cameram apostolicam quam celerius et perveniant, volumus, ut pecunie ipse apud aliquos mercatores seu alios probos viros fide et facultatibus idoneos deponantur.*

1018 Krag (1914), S. 12; Braunstein (2016), S. 280–283.

1019 Krag (1914), S. 12–14; Stromer (1970a), S. 199; Møller Jensen (2005), S. 73–76.

kaufen.[1020] Die letzte Zahlung, welche Fregeno über die Verbindung Paumgartner-Medici an die Kammer sandte, ging dort am 9. August 1460 ein.[1021] In den folgenden Jahren wurden die Münzen des Kollektors durch Francesco Rucellai entgegengenommen und an die Kurienbank der Spinelli geschickt.

Über die Gründe der Kammer, die Bankverbindung zu wechseln, die sie mit dem Transfer der Gelder von Marino de Fregeno beauftragte, kann nur spekuliert werden. Ein Zerwürfnis zwischen Paumgartner und Medici scheint es nicht gegeben zu haben, denn es gibt bis 1462 Hinweise auf eine Zusammenarbeit. So schrieb ein deutscher Kurienkleriker 1462 über die beiden Bankhäuser: *und schreibet mir Antoni Paumgartner von Nurenberg, der der de Medicis antwort und des Pabst in theutzschen landen depositarius ist.*[1022] Andererseits hatte der Ruf der Nürnberger ab 1460 gelitten. Zuerst machte Konrads Sohn Martin Konkurs, dann zeigten sich bald danach die ersten Anzeichen von Zahlungsschwierigkeiten bei Anton und Konrad d.Ä. musste wegen seiner Gebrechen seine Aktivitäten stark einschränken. 1466 waren die Paumgartner in Konkurs.[1023]

Erst 1472 ist wieder in einem Brief der Medici in Rom an die Filiale in Venedig die Rede von Korrespondenten in Deutschland, deren Firmenname nicht genannt wird: *nostri di Norimbergho.*[1024] Im Text werden fünf Wechsel erwähnt, die für die Nürnberger ausbezahlt worden seien. Da dafür die Empfangsbestätigungen nach Venedig geschickt werden mussten, handelte es sich dabei um Geschäfte *per commissionem.* Die Deutschen stellten die *lettere di cambio* direkt bis auf Rom aus, in Venedig wurden die Zahlungsmodalitäten kontrolliert und die Transaktionen verrechnet. Welches Nürnberger Handelshaus hier gemeint war, erhellt sich aus einem Brief, der wenige Tage später aus Brügge in der Lagunenstadt einging. Hier werden Wechsel zwischen Antwerpen und Venedig *in Bartolommeo Vvelzer e chompagni, o vero in Bartolommeo Vvelzer e fratelli* über duc. 900 erwähnt.[1025] Vermutlich war die Verbindung der Medici mit Bartholomäus (IV.) Welser bedeutend älter, denn schon auf 1465 ist der erste Beleg dazu datiert, als die Bank der großen Salviati-Gesellschaft in Brügge eine Zahlung zwischen ihnen verbuchte,

1020 Krag (1914), S. 13.

1021 Esch (1998), S. 326.

1022 Esch (1998), S. 273.

1023 Krag (1914), S. 23.

1024 BNCF, Manoscritti II, V, Nr. 11, c. 136: Brief der Medici-Bank in Rom an Cosimo e Lorenzo de' Medici e co. di Venezia vom 19. August 1472.

1025 BNCF, Manoscritti II, V, Nr. 11, c. 122: Brief der Medici-Bank in Brügge an Cosimo e Lorenzo de' Medici e co. di Venezia vom 31. August 1472: *Per tal chagione arete visto di duc. 900 che d'Anvensa per fino a dì xxv di magio vi traemo in Bartolommeo Vvelzer e chompagni, o vero in Bartololommeo Vvelzer e fratelli, àvvi da Giorgio Everinche, a grs. 54 per duc., che gli arete promessi e al giorno paghati e così fate non 'sendo, e ponete a vostro conto e dattene avixo.*

die noch keinen Bezug nach Rom hatte.[1026] Diese drei Vorgänge sind die einzigen Quellen zu diesen Direktgeschäften zwischen den Medici und den Welsern.

Hinzuweisen ist auch auf einen Eintrag in einem Notizbuch der Großen Ravensburger Gesellschaft vom März 1475, in dem man sich daran erinnert, in Rom Martelli (vermutlich Carlo) und den Medici zu danken: *Item wenn man gen Florencz schriben werde, das man dem Martell dank siner fürdernuss, so er uns gen Rom ton hat, des glich den Medici mit brieff ferggan.*[1027] Möglicherweise waren die Medici auch 1473 gemeint, als der Rat der Stadt Bern die Ravensburger bat, dafür zu sorgen, dass ihr Gesandter Thüring Frickert, der sich beim Papst in Rom aufhielt, bis zu duc. 1000 bei ihren Geschäftsfreunden aufnehmen könnte, falls er Geld für seinen Lebensunterhalt brauchen würde.[1028] Mehr als diese Indizien für eine Zusammenarbeit der Medici mit den Ravensburgern war bislang aus den Archiven nicht zu gewinnen.

5.1.3 Spinelli

Diesbach-Watt-Gesellschaft

In den Zwanzigerjahren des 15. Jahrhunderts gründete der Berner Kaufmann Nikolaus von Diesbach eine Handelsgesellschaft, in die er als wichtigste Partner die St. Galler Peter und Hug von Watt aufnahm.[1029] Ein lokales Zentrum ihrer Aktivitäten lag in Nürnberg, von wo aus Peter von Watt den Handel mit dem Osten organisierte. In der Wirtschaftsgeschichte ist die Diesbach-Watt-Gesellschaft vor allem als Tuchhandelsunternehmen bekannt, das an Bedeutung nur von der Großen Ravensburger übertroffen wurde. Viel weniger ist über ihr Engagement im Wechselgeschäft bekannt, das aber so umfangreich gewesen sein muss, dass sich der Medici-Bankier Giovanni d'Amerigho Benci 1433 darüber beklagte, sie ruiniere die Preise: *quelli di San Ghallo ànno guasto l'arte di merchantia di che si sono impacciati.*[1030]

Vertreter der Diesbach-Watt-Gesellschaft in Basel war Wernli von Kilchen, der in der Halbisen-Gesellschaft reich geworden war und sich dann von ihr getrennt hatte. Er und Peter von Watt nutzten die Möglichkeiten, welche ihnen die florentinischen Banken in Basel boten. Schon am 26. Juni 1433 wird von Kilchen als Schuldner über etwas mehr als 3 RG in der Buchhaltung der Basler Medici genannt.[1031] Im September 1436 konnten Giovanni Cherlini (auch Carlini) als Faktor von Peter von Watt oder von Kilchens Diener Bartolomeo bei den

1026 Archivio della Scuola Superiore Normale di Pisa, Archivio Salviati, Nr. 24, c. 25. Zu Bartholäus Welser vgl. Geffcken (2002), S. 87–96 und 135. Zu den Salviati vgl. Carlomagno (2009).

1027 Schulte (1923), III, S. 20.

1028 Abgedruckt bei Schulte (1900), S. 194–195.

1029 Körner (1991), S. 28.

1030 ASFi, MAP 88, Nr. 119.

1031 ASFi, MAP 131 C, c. 19r.

Medici in Venedig Wechsel über duc. 1 600 einlösen, die von Kilchen bei der Medici-Bank in Basel gekauft hatte.[1032] Im Januar 1437 gingen auf demselben Weg duc. 400 von Heinrich Halbisen an Cherlini.[1033] Watt arbeitete in Venedig auch mit Churado Zel (Konrad Ziel aus Nürnberg oder Konrad Zilli aus St. Gallen?) und einem nicht identifizierbaren Gianni Torinbergh zusammen. Sie erhielten über das Medici-Netz aus Genf etwas mehr als duc. 1 000 von der Gesellschaft Iacopo di Pracoman zugesandt.[1034] Bei diesen Transaktionen waren Wernli von Kilchen und Peter von Watt bei den Medici nur Kunden, die Wechsel in Basel und Venedig kauften.[1035]

Dass von Kilchen auch selbst mit Wechseln handelte, zeigt ein Eintrag aus der Finanzverwaltung des Konzils. Er erklärt, dass Dego degli Alberti dem *Wernero de Locase* im Auftrag der Kirchenversammlung am 7. Juni 1436 duc. 25 für einen Wechsel nach Polen über duc. 20 bezahlt hat.[1036] Da keine florentinische Konzilsbank einen Korrespondenten im Osten hatte, wurde die Diesbach-Watt-Gesellschaft mit diesem Transfer beauftragt, die in Breslau eine Niederlassung hatte.[1037] Mit diesem Niederlassungsnetz begann Tommaso Spinelli bei der Kurie spätestens im Juli 1437 zusammenzuarbeiten.[1038] Eine wichtige Grundlage dieser Partnerschaft war die persönliche Beziehung zwischen Spinelli und von Kilchen, die sich aus Basel kannten, denn der Florentiner wohnte beim Basler zur Miete. Spinellis Vertrauen in von Kilchen war auf jeden Fall sehr groß. Nachdem Spinelli nach Italien zurückgekehrt war und auch sein Nachfolger Giovanni da Castro in den Süden zurückgerufen wurde, blieb der junge Lionardo Doffi als Niederlassungsleiter in Basel zurück. Da er in Bankgeschäften noch wenig erfahren war, schrieb da Castro an Spinelli, er solle von Kilchen um die Unterstützung von Doffi bitten: *Hordina a Lionardo lo bisognio e rachomandalo a Varnieri e a cchi altri ti pare e làssali i danari che chredi bisongnio, e choxì hordina l'altre choxe, e vièntene, escine di chostà.*[1039] Der Basler könne auch für

---

1032 Simonsfeld (1887), II, S. 68; Sieveking (1906), S. 21.

1033 ASFi, MAP 134, Nr. 1, cc. 89–91. In allen Fällen war Basel *prenditore;* Ammann (1928), S. 79; Ehrensperger (1972), S. 283.

1034 ASFi, MAP 134, Nr. 1, c. 126r; Kellenbenz (1967b), S. 461.

1035 Zu Wernli von Kilchen (Kirchen) bei der Diesbach-Watt-Gesellschaft vgl. Veronesi (2014), S. 148.

1036 Haller (1901), S. 240.

1037 Ammann (1928), S. 82–85.

1038 YUSA 90, 1701: In der Bilanz vom 16. Juni 1436 der Borromei-Bank bei der Kurie sind nur sehr wenige Einträge zu finden, die einen Bezug nach Deutschland haben: Die Schwesterbank in Basel verfügte über ein Guthaben in Höhe von f. 2745 und ein *messer Jacopo da Chostanza* hatte eine Schuld über f. 200. Spinelli arbeitete auch mit Adovardo Giachinotti di Corte und Buonsignore Benzi di Corte zusammen. Möglicherwiese waren dies noch offene Konten aus der Zeit vor der Gründung einer eigenen Kurienbank. – YUSA 90, 1702: In der Bilanz vom 15. Oktober 1436 ist das Bild wenig verändert. Es finden sich mit *Tedrigho de Driss della dioca. di Cholognia* und *messer Ermanno de Landerbergho* zwei deutsche Namen mehr auf der Liste der Gläubiger. – YUSA 90, 1701–1703: Die Bilanzen für die Basler Filiale dieses Jahres listen ebenfalls weder deutsche Kunden, noch Korrespondenten auf. Eine Strategie für den deutschen Markt kann zu diesem Zeitpunkt nicht bestanden haben.

1039 YUSA 89, 1694.

Angehörige der Kurie Wechsel bis zu einer noch festzulegenden Limite ausstellen: *Io ò non so se mai di chostì v'arete a partire, ma se a tale termine viene, insino da hora voglio che tu sia avisato di mio animo, che se ti pare di lasciare chomesioni a Ghuarnieri, ti possa trare in chortigiani insino a cierta somma.*[1040]

Das einzige überlieferte Geschäft, das Spinelli und die Diesbach-Watt-Gesellschaft miteinander abwickelten, wird in einem Brief vom 29. Juli 1437 von Tommaso Spinelli an Giovanni da Castro in Basel erwähnt.[1041] Er berichtete darin nach Basel, dass man bei der Kurie einen Wechsel über 3 000 Dukaten bedient habe, den Peter von Watt in Nürnberg ausgestellt hatte. Die Empfänger dieses Betrages waren nicht benannte Polen, die das Geld wohl in Posen oder Krakau bei einer Filiale der Diesbach-Watt-Gesellschaft hinterlegt hatten. Er habe vor ein paar Tagen die Quittung an Giovanni Carlini nach Venedig geschickt und warte nun darauf, dass dieser den Betrag bei der Borromei-Filiale in der Markusstadt einzahle. Spinelli hatte also Peter von Watt die Möglichkeit eingeräumt, Wechsel direkt auf die Borromei bei der Kurie auszustellen – ein Recht, das vor ihm nur die Rummel und die Kress bei den Medici erworben hatten. Spinelli wägte aber die Risiken dieser Geschäfte genau ab und beklagte sich über die Höhe dieses Wechsels, den er nur auf Grund seines Vertrauens in Wernli von Kilchen honoriert habe. Es gehe auch nicht, dass die beiden Deutschen ihre Briefe in ihrer Muttersprache schrieben, da er so immer auf die Hilfe von Übersetzern angewiesen sei. In Zukunft hätte er alle Schriften gerne auf Lateinisch. Offensichtlich verhandelte da Castro mit den beiden Deutschen über einen Vertrag für eine weitergehende Zusammenarbeit. Ob es tatsächlich zu einem Partnerschaftsvertrag zwischen den Borromei und der Diesbach-Watt-Gesellschaft gekommen ist, muss mangels weiterer Quellen unbeantwortet bleiben. Die Kontakte zwischen den beiden Gesellschaften brachen bald ab und nach 1445 erzielte die Diesbach-Watt-Gesellschaft während mehrerer Jahren keine Gewinne, was Martin Körner auf die Störungen durch Waffenhändler um süddeutschen Raum zurückführt.[1042] Wernli von Kilchen, der vor dem 20. August 1446 gestorben ist, wird in keiner weiteren italienischen Urkunde erwähnt.[1043]

1040 YUSA 89, 1694.

1041 YUSA 89, 1694; vgl. unten S. 489–492.

1042 Körner (1991), S. 28.

1043 Kirch / Nebinger (1967), S. 265. – Stromer (1970a), S. 202: 1452 hat der Kollektor Spitzmiri in Posen 1 090 duc. ung. an Kunz Guldenmund, den früheren Mitarbeiter der Diesbach-Watt-Gesellschaft, zum Transfer an die Kurie übergeben. Wer dort den Wechsel honorieren sollte, ist nicht aktenkundig.

Zweite Phase der Spinelli-Präsenz

Ab Mitte der Fünfzigerjahre nahm *Tommaso Spinelli e co. di Corte* die kommerziellen Beziehungen nach Deutschland wieder auf,[1044] wie die Zunahme von Transaktionen mit Deutschen in der Rechnungsführung zeigt. Spinelli versuchte offensichtlich, die Verluste aus dem Mittelmeergeschäft zu kompensieren, wo große Debitoren in Spanien ihre Schulden nur mit großen Verzögerungen oder gar nicht zurückzahlten.[1045] Als 1462 der Bürgerkrieg in Aragon ausbrach und ein Jahr später der Krieg zwischen den Türken und Venezianern begann, führte der weitgehende Zusammenbruch des Handelsnetzes in diesen Regionen zu einer ernsthaften Wirtschaftskrise. Verschärft wurde diese noch, als 1464 Cosimo de' Medici starb und die darauffolgende Unsicherheit zum Konkurs vieler Handelsgesellschaften in Florenz führte.[1046]

Für die Organisation von Spinellis Deutschlandgeschäft ist grundlegend, dass es fast ausschließlich über Venedig lief. Nur wenige Transaktionen mit Köln brachten auch den Bankenplatz Brügge ins Spiel. In der Lagunenstadt verfügte der Florentiner seit seiner Trennung von den Borromei nicht mehr über eine eigene Niederlassung, sodass er sich auf die Zusammenarbeit mit Korrespondenten abstützen musste. Seine wichtigsten Verbindungsmänner für die Verrechnung der aus dem Norden eingehenden Waren oder Gelder waren sein Bruder Niccodemo, der sich schon in den Dreißigerjahren in Venedig niedergelassen hatte und der aus Prato stammende Filippo Inghirami.[1047] Häufig spricht auch der Venezianer Maffeo Franco bei diesen beiden Bankiers vor, der zu den Verwaltungsbeamten des Fondaco dei Tedeschi gehörte.[1048]

Nürnberg

Nürnbergs internationale Bedeutung überragte in der zweiten Hälfte des 15. Jahrhunderts alle anderen deutschen Handelsstädte. Dies erkannten auch die Spinelli, wie die Ausweitung ihrer kommerziellen Kooperationen mit hier lebenden Handelsherren nach 1460 beweist.[1049] Sie führten in den dortigen Finanzmarkt keine innovativen neuen Bankgeschäfte ein, sondern boten

1044 Caferro (1995), S. 744; YUSA 93, 1779. – Zu Spekulationen über eine bewusste Öffnung des Geschäfts für deutsche Kunden in diesen Jahren führt eine Urkunde vom 9. Dezember 1458, in der Tommaso den Priester *Ruberto di Iacopo di Alemagna* zum Pfarrer in der Kirche S. Maria in Rignalla in der Gemeinde Villamagna machte. Wollte er in dieser Kirche einen deutschen Priester für seine deutschen Kunden, die auf der Durchreise waren? ASFi, NA, Nr. 1396, notaio Baldovino Baldovini (anni 1431–1464), c. 342r (9 dicembre 1458). Bereits sein Vorgänger war ein Priester aus Deutschland, ser Georgius domini Cefferini de Alamania de Cilegia (Schlesien), dessen Testament vom 21.11.1458 erhalten ist: ASFi, NA 19379, c. 284r/v. Hinweis von Lorenz Böninger.

1045 Jacks/Caferro (2001), S. 55–56.

1046 Roover (1963), S. 358; Caferro (1995), S. 745; Jacks/Caferro (2001), S. 252.

1047 Nicodemus de Spinellis qd Leonardi, Cives Veneciarum, http://www.civesveneciarum.net/dettaglio.php?id=2580, versione 56/2017-02-01, 14.05.2021.

1048 Braunstein (1994b), S. 183.

1049 Caferro (1995), S. 744. – Über die Ursachen und Phasen dieses wirtschaftlichen Aufschwungs der Stadt an der Pegnitz vgl. Lütge (1967); Rülke (1971); Simon (1974), S. 19; Stromer (1981); Blanchard (1995), S. 18.

wieder an, was oberdeutsche Handelsherren bis in die Dreißigerjahre als Selbstverständlichkeit von den Medici gegen Bezahlung in Anspruch genommen hatten.[1050]

Als erster Nürnberger Partner erscheint in Lionardo Spinellis Büchern der Handelsherr Anton Paumgartner, den sie aber nicht für den Zahlungsverkehr mit Preußen einsetzten, wie es die Medici mit seinem Vater Konrad getan hatten, sondern wickelten über seine Kölner Niederlassung und Venedig die Servitienzahlung des Kölner Erzbischofs Ruprecht von der Pfalz ab.[1051] Paumgartner ging aber kurz nach Zahlung der letzten Rate im Jahre 1465 in Konkurs.[1052] Dieses sehr große Geschäft ist der einzige Nachweis für Kontakte zwischen den beiden großen Handelshäusern. Spinelli scheint keiner der Leidtragenden des Zusammenbruchs der Paumgartner-Gesellschaft gewesen zu sein, denn in seinen Bilanzen finden sich keine offenen Konten aus dieser Zusammenarbeit.

Hans Müllner war in den Bankgeschäften der Florentiner sehr erfahren. Schon am 26. Januar 1443 hat er als Faktor Erhart Schürstabs zusammen mit dem Leiter der Genfer Medici-Filiale, Ruggiero della Casa, die Überweisung des Verkaufserlöses der Grafschaft Basse-Marche in Höhe von f. 9 974 per Wechsel für Herzog Ludwig d. J. von Bayern-Ingolstadt von Genf nach Nürnberg organisiert.[1053] 1460 sorgte er für die Verrechnung der Auslagen einer Nürnberger Gesandtschaft zur Kurie, die das Geld vom Lucchesen Galeotto Franciotti erhalten hatte. Zahlstelle war eine Filiale der in Brügge domizilierten Bank Filippo Pini & Andrea Graziani. Müllner soll Faktor dieser Gesellschaft gewesen sein.[1054] Am 5. Februar 1465 schrieb Lionardo Spinelli aus Venedig an ihn nach Nürnberg. Dieses Schreiben war eine Antwort auf eine nicht mehr erhaltene Anfrage des Deutschen, ob der Florentiner daran interessiert sei, mit ihm im Geschäft mit *lettere di cambio* zusammenzuarbeiten. Lionardo Spinelli hat sich die wichtigsten Punkte seines Briefes, den er Müllners Vertreter in Venedig, Lienhard Hirschvogel[1055] übergab, in den *ricordanze* notiert, sodass sie erhalten sind. Hans Müllner sollte demnach berechtigt sein, unlimitierte Beträge nach Rom anzuweisen. Verrechnen musste er die Summen erst, wenn die Quittung aus Rom bei Hirschvogel in Venedig vorgelegt wurde. Als Zeitspanne dafür wurden etwa 53 Tage angenommen.[1056] Anlass für die

1050 Vgl. Pölnitz (1940), S. 229; Stromer (1970a), S. 194–218.

1051 Die Einzelheiten zur Abwicklung dieser Servitienzahlung vgl. unten S. 441.

1052 Zum Konkurs von Anton Paumgartner vgl. Kohl (1868), S. 140.

1053 Stromer (1970a), S. 200.

1054 Stromer (1970a), S. 199–200.

1055 Die ganze Korrespondenz zwischen Spinelli und Müllner lief über Hirschvogel, der von Müllner mehrfach als *nostro* bezeichnet wird: YUSA 98, 1852. Damit ist die Zusammenarbeit von Müllner und Hirschvogel belegt, die bereits Schaper (1973), S. 108 vermutete.

1056 YUSA 93, 1779, c. 85r: *Scrissi detto dì a Norinbergho, a Gian Muler e conpagni ch'ero contento paghare per lui quella quantità di ducati mi traesse, con patti che per ongni ducati ciento di chamera ch'io paghi in Corte di Roma, mi facci buoni qui in Vinesia ducati 99 di Vinegia di peso, dal dì ch'io avessi apresentato la quitanza a Lionardo Irsifolgor a mesi 1 ½ e più dì 8 farmi lo mio paghamento, e che prima me n'avisasse qui la lettera del chanbio e a sugiellare dentro con ciera, e sì ancora sugiellare la lettera e dare sengni e contrasengni della persona a chui saranno*

Aufnahme dieser Beziehungen war vermutlich, dass Papst Paul II. Müllner 1465 den Transfer der Kollektorien der Diözese Krakau übertrug, denn dafür benötigte er einen Partner in Rom.[1057] Aus diesem Auftrag resultierte die höchste Überweisung in der Höhe von duc. 500 und möglicherweise stammen auch die 303 Dukaten, die am 10. September 1465 für Kardinal Francesco Piccolomini von Frankfurt nach Rom geschickt wurden, aus diesen polnischen Geldern.[1058] Die Aktivitäten zwischen Müllner und Spinelli müssen schnell einen großen Umfang entwickelt haben. In den Bilanzen vom 24. März und 28. März 1466 sowie vom 31. März 1467 von *Lionardo Spinelli e compagni di Corte* wurde für den Deutschen ein Konto geführt, auf dem er an diesen Stichtagen f. 496, f. 214 resp. f. 9 s. 10 offen hatte.[1059] Die überlieferten sechs *lettere di cambio* stellen also nur einen kleinen Ausschnitt eines viel umfangreicheren Volumens dar. Von 1467 an gibt es keine Belege mehr für eine Zusammenarbeit zwischen den beiden Banken. Hans Müllner starb 1485.

Neben Müllner waren die Brüder Heinrich und Peter Meichsner, die aus Pettau stammten, die wichtigsten Korrespondenten der Spinelli in Nürnberg. Heinrich lebte wohl schon lange vor seiner Einbürgerung in Nürnberg (14. März 1447), während Peter sich erst 1474 an der Pegnitz niederließ. Heinrich Meichsner war hier als Geschäftsmann außerordentlich erfolgreich, was ihm nicht nur zu einem großen Vermögen verhalf, sondern ihm auch einen schnellen Aufstieg in die politische Elite der Stadt ermöglichte. Schon 1443 ist er in Venedig belegt, und sein Bruder Peter, mit dem er in einer Handelsgesellschaft zusammenarbeitete, hatte 1458 einen ständigen Faktor in Triest. Heinrich Meichsner handelte vor allem mit Tuchen nach Ungarn und besuchte die Frankfurter Messen.[1060] Heinrich Meichsners erster Wechsel nach Rom datiert vom 16. September 1467, doch muss er bereits vorher Korrespondent Spinellis gewesen sein, da er am 31. März dieses Jahres den Spinelli als Zahlstelle für einen Kredit über f. 39 des Würzburger Klerikers Paul Brant gedient hatte.[1061] Die letzte erhaltene *lettera di cambio* schrieb er am 1. Juli 1469. Noch am 11. November 1469 waren *Righo e Piero Maissener di Norimbergho* mit f. 181 unter den Debitoren der Spinelli in Rom,[1062] doch bereits in den folgenden Bilanzen sind nur noch kleine Beträge zu finden. Zwei Einträge in den *ricordanze* von Guasparre Spinelli erhellen den freundschaftlichen Charakter dieser Beziehung, denn der Florentiner schickte im Februar

---

a paghare e che cominciasse a sui posta. Vgl. YUSA 93, 1779, 100 rechts und 102 rechts. – Über Müllner vgl. Stromer (1970a), S. 199–200, 384, 430 und 454. Über Hirschvogels Präsenz in Venedig vgl. Schaper (1973), S. 110–111.

1057 Stromer (1970a), S. 200 und 384; Schaper (1973), S. 108; Esch (1998), Nr. 756.

1058 Esch (2007), S. 396.

1059 YUSA 91, 1738, S. 7; 91, 1739, S. 11; 91, 1742, S. 5. – Klier (1967), S. 83–101: Ausführlich zu Heinrich und Peter Meichsner.

1060 Haller von Hallerstein (1967); Klier (1967).

1061 YUSA, 1742, c. 9. Bürgen waren Andreas Inderklingen, Georg Hessler und Alessandro Mosterlan.

1062 YUSA 91, 1744, S. 1.

1470 Seide nach Nürnberg, die ein Geschenk für Heinrich Meichsners Frau war.[1063] Nach dem Tod von Heinrich Meichsner am 21. Januar 1471 war bei den Spinelli noch ein Betrag von f. 17 offen.[1064] Davon konnte Niccodemo im September noch f. 12 einziehen, während man damit rechnete, den Rest zu verlieren: *e resto si perdono.*[1065] Am 19. Januar des Folgejahres wurde der Betrag abgeschrieben: *Perduti f. 5.*[1066] Vermutlich hatte Heinrichs Schwiegersohn Heinrich III. Rummel die Geschäfte von Meichsner übernommen, als dieser wegen seiner Gebrechen dazu nicht mehr in der Lage war.[1067]

Lionardo Spinellis *ricordanze* enthalten einen Eintrag, der einige Rätsel aufgibt. Er notierte sich am 31. Januar 1465, er habe an *Jachomo Gortimer* von Nürnberg einen Brief geschrieben, worin er jenem erlaube, auf *Lionardo Spinelli e compagni di Corte* in Nürnberg Wechsel auf seine Gesellschaft in Rom zu ziehen.[1068] Wer war aber dieser *Gortimer?* In Venedig ist 1478 ein Jakob Gartner aus Nürnberg bekannt, der dort zusammen mit Lienhard Hirschvogel und Konrad Marstaller auftrat.[1069] Marstaller wiederum ist 1473 zusammen mit *Jacomo Gortimer* in einem Dokument des Florentiners Benvenuto Aldobrandi zu finden.[1070] Sehr wahrscheinlich sind Jachomo Gortimer und Jakob Gartner also ein und dieselbe Person.[1071] Da von ihm keine Wechselbriefe erhalten sind und sein Name auch in den Römer Bilanzen nicht zu finden ist, ist zweifelhaft, ob Gartner tatsächlich von den eingeräumten Möglichkeiten Gebrauch machte.

In einem einzigen Vorgang ist überliefert, dass die Spinelli Wechsel von Konrad Marstaller d.J. akzeptierten. Er stellte am 12. November 1467 in Nürnberg eine *lettera di cambio* über

1063 ASFi, Aquisti e doni, Nr. 460, c. 124r: *Questo dì di febraio 1469 ebbi da Thommaso Spinelli e conpagnia settaioli […] balle […] del quale montò d'achordo chon Piero Nicholi f. […] el quale mandai a Nurinbergha per Giovani Lomel tedescho chon ordine che per mia parte lo donassi a la dona di messer Aricho Maixner.* Ein ähnlicher Eintrag auf c. 125v.

1064 YUSA 91, 1747, S. 5. Einige Zeit nach seinem Tod wird Meichsner am 19. Januar 1472 in der Römer Bilanz noch mit einem aktiven Geschäft erwähnt: *messer Stanzelas Nicholai e messer Lanzilao Alberti a presente a Norimbergo a Maisener: f. 2.14.6.* – In der umfangreichen Familiengeschichte der Alberti, die Passerini (1869–1870) veröffentlicht hat, findet sich auf Seite 93 ein Ladislao, der Sohn von Francesco d'Altobianco degli Alberti. Dieser soll aber bereits am 3. Februar 1463 im Alter von 32 Jahren in Florenz aus unbekanntem Grunde hingerichtet worden sein.

1065 YUSA 91, 1748, S. 15.

1066 YUSA 91, 1747, S. 17.

1067 Schaper (1981), S. 57 berichtet, dass Heinrich Meichsner aus diesem Grunde nicht mehr in den Rat der Stadt gewählt wurde, dem er seit 1453 angehört hatte.

1068 YUSA 93, 1779, c. 85r: *Giovedì, a dì 31 di giennaio. Scrissi detto dì a Jachomo Gortimer di Norimbergho che […] al trarmi a Roma per lettera di chambio insino alla somma di ducati 2500 di chamera. Son contento darmi compimento con questo che qui in Vinegia mi provescha della valuta dal dì li avessi paghati a mesi due, e messo per ongni ciento ducati di chamera farmi buoni ducati ciento di Vinegia e se questi fussono troppi dissi ero contento rimettella in lui.*

1069 Klier (1967), S. 89; Schaper (1973), S. 68.

1070 YUSA 11, Nr. 161.

1071 Wolfgang von Stromer hat mit freundlicherweise mitgeteilt, dass er in den *libri di commercio* von Francesco Contarini aus den Jahren 1448 bis 1455 Hans Gartner gefunden habe. Auch hier in der Schreibweise Gortiner.

100 Dukaten aus, die ein *Laurencius Pesler,* ein *doctor et canonicus Ratisponensis* am 14. Dezember desselben Jahres einforderte. Urkundlich ist dieser Nürnberger Kaufmann ab 1465 in Venedig nachweisbar; gestorben ist er 1492.[1072]

Der Augsburger Fernhändler und Bankier Ludwig Meuting betrieb auch in Nürnberg eine Niederlassung, die von Hans Kramer geleitet wurde.[1073] Aus seiner Tätigkeit ist vermutlich nur ein Bruchteil des tatsächlichen Umsatzes mit den Spinelli durch Dokumente heute noch belegbar. Die sieben *lettere di cambio* Kramers stammen aus einer Zeitspanne von einem Jahr. Er scheint nur zur Bearbeitung von sehr kleinen Beträgen berechtigt gewesen zu sein. Anders ließe sich sonst kaum erklären, dass einer seiner Kunden am selben Tag zwei *lettere di cambio* ausstellen ließ. Ein anderer Kunde splittete seine Zahlungen, indem er bei Kramer und Konrad Marstaller d. J. eine *lettera* über denselben Betrag kaufte. Mehr Sicherheit oder einen besseren Wechselkurs dürfte dieses Vorgehen den *datori* nicht gebracht haben, wenn sie die Wechsel als reine Zahlungsanweisungen gekauft hatten. Da spekulative Geschäfte ausscheiden, wird es sich um Reiseschecks gehandelt haben. Hans Kramer hatte später während Jahren eine Handelsgesellschaft mit den Fuggern, die am 21. Oktober 1486 aufgelöst wurde.[1074]

Nach der Beendigung der Zusammenarbeit mit der Römer Niederlassung der Medici ließen die Rummel fast 40 Jahre verstreichen, bis sie wieder in geschäftliche Verbindung mit einer Kurienbank traten. Ab dem 9. September 1471 finden sich Zeugnisse dafür, dass Wilhelm IV. und Heinrich III. Rummel in Nürnberg Wechsel der Spinelli honorierten. In den Büchern der Kurienbank standen sie am 19. Januar 1472 mit einer Schuld von f. 491 s. 6.[1075] Vermutlich hatten sie aber bereits früher die erfolgreichen Geschäfte von Heinrich Meichsner übernommen, was erklären würde, weshalb sich Heinrich Rummel am 16. September 1467 in einem Brief an den Herzog von Bayern-Landshut für den Geldtransfer nach Venedig, Rom und Florenz empfahl: *Wo Ir bey euch im land wexel erfürt gen Rom, Venedig oder Florentz, weist die an uns und so Ir mir schreibt, sol albey eyner am hundert ain floren bevor haben.*[1076] 1471 wurde in der Spinelli-Bilanz notiert, sie hätten Forderungen gegen die Rummel in Höhe von duc. 1380, doch befürchteten sie, davon wegen eines Gerichtsurteils in Rom nur duc. 600 eintreiben zu können.[1077] Kurz danach protestierten sie einen Wechsel der Nürnberger über duc. 772,

1072 Schaper (1973), S. 154, 178 und 323.

1073 Hans Kramer pflegte sehr gute Kontakte zu den Augsburgern. In späteren Jahren hatte er eine Handelsgesellschaft mit den Fuggern, die am 21. Oktober 1486 aufgelöst wurde.

1074 Jansen (1907), S. 48.

1075 YUSA 91, 1748, S. 5 und 9. Aus den Jahren, während denen die Rummel mit den Spinelli zusammenarbeiteten, sind keine Wechselbriefe erhalten.

1076 Bayerisches Hauptstaatsarchiv, München, Pfalz-Neuburg, Urkunden Bergwerksgegenstände 6, fol. 13. – Zum wirtschaftspolitisch sehr aktiven Teilherzogtum Bayern-Landshut vgl. Stauber (1993); Ettelt-Schönewald (1995).

1077 YUSA 92, 1776: *I Rumelli di Norenbergho anno a dare duc.1'380. Io fo chonto che a la più chativa ché ne chaverà duc. 600 perché se hora avvuto la sentenzia a Roma che bisognierà paghino duc. 600.*

mit dem der Lübecker Hinrich Drosedow Forderungen begleichen wollte, da die Rummel zahlungsunfähig waren.[1078] Die von Christa Schaper verbreitete These, dieser Bankrott sei in Verbindung mit der Krise der Medici in Brügge gestanden, da diese beiden Gesellschaften in einem Korrespondentenverhältnis zueinander standen, kann anhand der Quellen aus dem Spinelli-Archiv, die der deutschen Historikerin noch nicht bekannt waren, klar verworfen werden.[1079]

Nicht der ganze offene Betrag, den die Florentiner in Nürnberg einforderten, war die Folge von Wechselgeschäften. Ein namhafter Betrag war die Folge der sehr persönlichen Beziehung zwischen Guasparre Spinelli und dem etwa 1454 geborenen Wilhelm V. Rummel.[1080] Er war einer der wenigen Deutschen, die längere Zeit als Gast und wohl auch als Banklehrling – und nicht als Diener – im Palazzo eines Florentiners lebten.[1081] In seinen *ricordanze* hat Guasparre Spinelli festgehalten, dass er an Wilhelm III. Rummel in Nürnberg geschrieben habe, er solle im Auftrag von Luigi Guicciardini einem Deutschen bis zu zehn Golddukaten auszahlen und dafür Quittung nehmen. Der junge Wilhelm IV. in Florenz *(che stette qui in chassa)* habe sich für diesen Vorgang verbürgt.[1082] Über das Ende dieses Aufenthaltes berichten Aufzeichnungen der Mercanzia. Am 14. Januar 1472 erschien Guasparre Spinelli vor dem Florentiner Gericht und forderte Zwangsmaßnahmen gegen den anwesenden Wilhelm V. Rummel, da ihm dieser eine große Summe schulde. Sieben Jahre habe Wilhelm bei ihm gelebt, wofür er f. 70 zu zahlen habe. Weitere f. 440 habe er im Laufe dieser Jahre in bar für seine Bedürfnisse erhalten. Er habe im Auftrag Wilhelms Brokat und Tuch im Wert von f. 315 an die Nürnberger Rummel geliefert. Am 11. April 1472 entschied die Mercanzia, dass Wilhelm nicht in die Stinche, das Schuldnergefängnis, müsse. Vermutlich wollte man ihm eine Chance geben, das Geld in seiner Heimat aufzutreiben.[1083]

1078 Nordmann (1933a); Stromer (1970a), S. 199.

1079 Schaper (1981), S. 52.

1080 Lemmel (16.06.2018).

1081 Böninger (2006), S. 264.

1082 ASFi, Aquisti e doni, Nr. 460, c. 128v: *Richordo chome hoggi questo dì XXVIIII di luglio [1470] schrissi a Nurinbergho a Ghuelmo nurinbergho Romel che dovessino paghare ad ogni sua volontà a Nicholò di [Leerstelle] todescho fino a ducati 8 in 10 d'oro e che paghassino quietanza e che ce la mandassi per altrattanta persona auta qui da messer Luigi Ghuiciardini a chui stanza fò paghare detti danari. Fattone Richordo a le Richordanze del bancho chome Ghuelmo che stette qui in chassa mi s'obrigha a trarmi d'ogni dano e per ciò si depena.* – Auf c. 129v: *Richordo chome fino a dì XXIIII d'aghosto prestai a [A]nbruoxo tedescho da Norinbergho una ghabanela bixa doppia di stima di f. otto e quali mà promesso Ghuelmo Romel farmeli buoni.*

1083 ASFi, Mercanzia 1472, cc. 224r–225v und cc. 291v–292v; Mercanzia 310, c. 69v. Hinweis von Lorenz Böninger. – Wilhelm V. Rummel hat sich nach seiner Rückkehr nach Nürnberg nicht mehr im Handel betätigt. Auf seinem Totenschild in der Sebalduskirche in Nürnberg steht: *Anno Domini 1500 starb der Erbar Wilhelm Rumel von Lonerstat am Sankt Jeremiastag.* Er hinterließ einen Sohn und vier Töchter. Vgl. Schaper (1981), S. 96–97.

Die Ausstände der Rummel stellten für die Spinelli-Bank zwar keine ernsthafte Existenzbedrohung dar, doch war die durch Zinsen auf duc. 865 angewachsene Forderung erheblich.[1084] Guasparre bemühte sich sofort nach Übernahme der Geschäftsleitung, die Gelder in Deutschland einzutreiben. Neben denen von Meuting und der Rummel wollte er auch die Schulden des Klerikers Leonhard Jamnitzer eintreiben. Zuerst ernannte er Benvenuto di Daddo Aldobrandi zu seinem Prokuratoren.[1085] Gleichzeitig setzte er seine guten Beziehungen zum Papst ein, um Druck auf die Rummel zu machen. Sixtus IV. schrieb am 16. August 1472 an den Nürnberger Rat und forderte, die Prokuratoren der Kaufleute Andrea del Bene und Alessandro de' Bardi bei ihrem Vorgehen gegen die Rummel zu unterstützen.[1086] Aldobrandi war selber zwei Jahre später in Konkurs und die Bitten des Papstes verhallten ohne positives Resultat für Spinelli. Am 6. Februar 1478 machte er einen letzten vergeblichen Versuch und ernannte *frate Giovanni Menzer* zu seinem Prokuratoren in der Rummel-Sache.[1087] Schließlich wurde die Schuld buchhalterisch abgeschrieben, aber juristisch immer noch dafür gekämpft.[1088] Am 15. Juli 1480 bot Spinelli viel Prominenz zu einem neuerlichen Vorstoß auf, indem er die Bischöfe von Forlì und Ascoli zu seinen Prokuratoren machte. Sie sollten schauen, ob sie von den Witwen der Rummel noch Geld bekommen könnten, denn Heinrich und Wilhelm waren 1476 bzw. 1480 verstorben.[1089] Er verlangte nun 988 *ducati di camera,* wovon 50 Dukaten aus Spesen in dieser Streitsache resultierten. Er gab den beiden hohen Klerikern wichtige Informationen mit: Es seien in dieser *causa* bereits drei Gerichtsurteile ergangen. Die beklagten Rummel seien exkommuniziert worden, und wenn sie nicht bezahlten, sollten die Prokuratoren diese Exkommunikation tatsächlich wirksam werden lassen. Weiter gab er ihnen eine Reihe von Briefen mit: an den Rat der Stadt Nürnberg, einen an den Dekan von Bamberg und acht Empfehlungsschreiben, davon fünf von Kardinälen.[1090] Doch auch dieser massive Aufmarsch von Prominenz führte nicht zum gewünschten Resultat. Am 3. Juni 1481 wurde *messer Giorgio Sineringe, tedescho,* (Jörg

1084 YUSA 91, 1744, S. 1; 1748, S. 7; YUSA 92, 1753, S. 1; 1754, S. 3; 1755, S. 3; 1756, S. 1; 1758, S. 3; 1760, S. 3; 1761, S. 1; 1766, S. 3; 1768, S. 7; 1769. Während die Rummel ihre Geschäftsaktivitäten einstellen mussten, war Ludwig Meuting ab 1479 in Antwerpen als Kaufmann nachgewiesen. Vgl. Pölnitz (1953), S. 3.

1085 Zu Aldobrandi vgl. unten S. 223. Die Prokura in YUSA 55, 1182, c. 32r (27. August 1473): *Procura a Benvenuto per anni quatro. Richordo farò chome questo dì 27 d'aghosto 1473 i'ò costituito e fatto procchuratore Benvenuto di Daddo a Norimbergho ché possi rischuotere e piatire sì in nome mio chome in nome della ragione di chorte di Roma. E dura detta procchura per tenpo d'anni 4 a venire. E questo dì 27 detto el sopradetto Benvenuto s'è partito di qui per essere a Norimbergho. Il quale promisse d'attendere ai fatti nostri chon diligienza, cioè di ritrarre danari dal Mautino e chosì dagli Rumelli, e chosì di far pruova di ritrarre duchati 180 che sechondo me resto a' vere da Lionardo Jamiczer.*

1086 Schaper (1981), S. 52. – StAN, Rep. 16, B-Laden, Urkunde Nr. 32. Es wird aus den Quellen nicht klar, ob Alessandro de' Bardi zu diesem Zeitpunkt noch mit den Spinelli zusammenarbeitete.

1087 YUSA 55a, 1183. Diesem gab er auf seine Reise von Florenz nach Nürnberg ein Pferd und 15 RG mit.

1088 YUSA 92, 1769.

1089 Schaper (1981), S. 106.

1090 YUSA 55a, 1183, c. 91r.

Kesselring) zum Prokuratoren von Guasparre Spinelli gegen die Rummel ernannt.[1091] Der Papst schrieb im folgenden Jahr noch einmal in dieser Sache nach Nürnberg.[1092] Schließlich schrieb der Rat von Nürnberg an Kesselring, er könne gegen die Söhne der Schuldner nichts ausrichten, da diese dem Rat nicht unterworfen seien. Spinelli wandte sich noch einmal an die Kurie, die erneut eine Exkommunikation aussprach.[1093] Danach sind keine weiteren Quellen zu diesem Streit mehr zu finden.

Etwas mehr konnte Spinelli gegen seinen Schuldner *Lionardo Jamnizer* ausrichten, der 1465 fast 60 Dukaten auf eine größere Schuld zurückbezahlte.[1094] Ein zweites Mal taucht der Name in den italienischen Dokumenten im Juni 1474 auf, als er statt geforderter 190 Dukaten nur deren 70 bezahlte. Um an sein Geld zu kommen, ließ der Florentiner Jamnitzer exkommunizieren. Es ist nicht überliefert, ob dieses Instrument zum gewünschten Erfolg geführt hat.[1095]

Augsburg

Der Augsburger Hans Meuting der Reiche stand schon 1436 in geschäftlichen Beziehungen mit Florentinern in Venedig, wie die Bücher der Medici belegen.[1096] Er führte ein System von Unternehmungen, an dem in diesen Jahren auch Konrad Goldmund[1097] und Lorenz Egen[1098] beteiligt waren. Er bot Spinelli Verbindungen in eine ganze Reihe wichtiger Handelsstädte des Nordens, da er über ein verzweigtes Filialnetz verfügte. Im Spinelli-Archiv finden sich Bezüge zu ihren Niederlassungen in Köln, Augsburg, Nürnberg, Krakau und Posen. Meuting selbst hielt sich in den Jahren um 1465 in Krakau und Posen auf, wo er in einer Gesellschaft mit Lorenz Egen und Konrad Goldmund zusammenarbeitete. In Augsburg hatte er seinen Faktor Jörg Roggenburg mit den Geschäften beauftragt, in Köln den Nikolaus Perckheimer und in Nürnberg arbeitete Hans Kramer für ihn. Von all diesen Orten wurden *lettere di cambio* an die Spinelli nach Rom geschickt. Dort wurde für alle diese Meuting-Gesellschaften *(Luigi*

1091 YUSA 55a, 1183, c. 93r.

1092 Papsturkunden zu diesen Vorgängen: StAN, Rep. 16, B-Laden, Urkunden Nr. 56 (6. Mai 1480), 57 (18. August 1480) und 59 (11. Juni 1482).

1093 StAN, RB 3, f. 198 und 209, 1482. Vgl. Schaper (1981), S. 52–53.

1094 YUSA 93, 1779, c. 34r.

1095 YUSA 55, 1182, c. 43v.

1096 Vgl. oben S. 207. – Hans' Sohn Ludwig stieg bis 1461 zum größten Steuerzahler seiner Heimatstadt auf und gehörte zu den führenden Männern der deutschen Hochfinanz. Vgl. Kellenbenz (1994), S. 311. – Die wirtschaftliche Potenz von Ludwig zeigt im Jahre 1456 der Kredit, den er Herzog Sigmund von Tirol in Höhe von 35 000 RG gewährte. Dafür erhielt er das alleinige Bezugsrecht für Silber in Schwaz und Gossensaß. Vgl. Steiner (1978), S. 44–45.

1097 Stromer (1965), S. 353–354 nennt ihn Kunz Guldenmundel. Er war bis 1444 in den Diensten der Diesbach-Watt-Gesellschaft. 1458 war er Gesellschafter des Nürnberger Kaufmanns Lienhart Reutheimer. Bislang nahm man an, dass er in dieser Gesellschaft bis ins 7. Jahrzehnt tätig war. Er war in Posen tätig. Beziehungen zu Meuting und Egen sind in der Literatur bislang nicht erwähnt. Er starb 1477/78.

1098 Jansen (1907), S. 173.

Mantini e chompagni d'Auspurgo) ein gemeinsames Konto geführt. Wie für alle anderen oberdeutschen Handelspartner fand die Verrechnung dieser Beträge in Venedig statt, wo Meuting selber häufig anwesend war.[1099] Das Konto von Ludwig Meuting bei den Römer Spinelli war nur bis etwa 1472 aktiv.[1100] Meuting war ein sehr wichtiger Partner der Spinelli, dennoch spielte Augsburg im Vergleich zu Nürnberg im internationalen Zahlungsverkehr noch eine untergeordnete Rolle.[1101]

Bekannt sind die Bankgeschäfte, die Markus Fugger, der Bruder der berühmten Handelsherren Ulrich und Georg, um 1470 in Rom betrieb. Er arbeitete als Scriptor an der päpstlichen Supplikenkanzlei und kann hier – wohl in Zusammenarbeit mit seinen Brüdern – mehrfach als Kreditgeber nachgewiesen werden. *Messer Marcho Fugier* wird in der Römer Spinelli-Bilanz vom 5. März 1475 erwähnt, als er im Zusammenhang mit Krediten an *messer Lionardo Scandeler* aus der Diözese Freising in der Höhe von 200 Dukaten und an *messer Nicholò Cholein, tedescho* über 42 Dukaten genannt wird. Welche Rolle er dabei spielte, erhellt sich aus den Buchungstexten nicht eindeutig, doch dürfte es sich wohl um Kreditgeschäfte gehandelt haben.[1102] Dies war aber sicherlich nur eine – wohl einträgliche – Nebenbeschäftigung. Es ist nicht korrekt, in ihm den Leiter einer „small branch of his family's bank"[1103] zu sehen. Immerhin stellte er aber wohl die Verbindung zwischen seinem Bruder Ulrich in Nürnberg und Spinelli in Rom her, die zu Geschäften zwischen diesen beiden großen Gesellschaften führte. Vermutlich war Markus Fugger nicht der einzige Sohn einer deutschen Kaufmannsfamilie, der als Kammerkleriker dafür sorgte, dass seine Verwandten zu guten Geschäften kamen.[1104] Auch von den Mitgliedern der Nürnberger Familie Pirckheimer, die zeitweise der Kurie angehörten, wird vermutet, dass sie sich in Geldgeschäften betätigten.[1105] Als Geldleiher haben diese Geistlichen Darlehen an ihre Landsleute gewährt und möglicherweise auch Annaten bevorschusst; keiner von ihnen handelte aber mit Wechseln oder stand als Korrespondent mit einer Bank in Deutschland in ständiger Beziehung.

1099 YUSA 98, 1868.

1100 YUSA 91, 1744, S. 1; 1748, S. 7.

1101 Diese These steht im Widerspruch zu Simon (1974), S. 19.

1102 YUSA 92, 1753. Auch in der Spinelli-Bilanz vom 10. August 1477 wird Markus Fugger erwähnt: YUSA 92, 1766, S. 10. – Über die Geldgeschäfte von Markus Fugger an der Kurie vgl. Jansen (1907), S. 50–51; Favier (1987), S. 204.

1103 Maas (1981), S. 104 und 120–121.

1104 Stromer (1970a), S. 196 nennt eine Reihe von Kammerklerikern vom Ende des 14. Jahrhunderts, von denen er vermutete, sie seien Verwandte von Teilhabern großer deutscher Handelshäuser gewesen.

1105 Vgl. Pölnitz (1953), S. 3; Schuchard (1987). – In der Bilanz der Spinelli vom 31. März 1467 wird der Kleriker Hans Pirckheimer (Giovanni Pirkheimer, vielleicht auch Perckheimer) mit einer Schuld von f. 38.6.8 aufgeführt. Über den Grund für diesen Eintrag fehlt jeder Hinweis: YUSA 92, 1766.

St. Gallen

Jörg Zilli (Georvin Zilio) von St. Gallen dürfte ein Verwandter des bekannten Hans Zilli gewesen sein, der in Venedig niedergelassen war. Er erhielt am 10. Mai 1483 förmlich und rechtens eine Kammer im Fondaco dei Tedeschi zugeschrieben, die er schon seit 1457 zusammen mit den Hirschvogel mitbenutzt hatte.[1106] Von ihm ist allerdings nur gerade eine *lettera di cambio* nach Rom über f. 40 überliefert. Zilli war offensichtlich vor allem für den Handel mit *tele di San Gallo* wichtig, die Lionardo Spinelli bei ihm in großen Mengen bezog und nach Rom schickte.[1107] Größer waren die Beträge, um die es bei den Geschäften zwischen Spinelli und Jakob Mötteli ging. Am 28. September 1464 schickte König Peter von Aragon seinem Prokuratoren Alfonso Ianes einen Wechsel über f. 729⅔, den er an Tommaso Spinelli in Florenz ausbezahlen sollte. Falls Ianes abwesend wäre, so solle Piero di Cosimo de' Medici den Wechsel bedienen. Der König, der hier wie ein Bankier mit Wechseln arbeitete, um zu Krediten für die Begleichung von Kriegsunkosten zu kommen, hatte diesen Betrag in Barcelona von Jacobo Carmau (Kamerer?) und Jacopo Meteli (Jacob Mötteli der Reiche)[1108] erhalten. Mit diesen stand Spinelli offensichtlich in geschäftlicher Verbindung.[1109]

Memmingen

Hans Vöhlin d. J. (1423–96) und Erhard Vöhlin d. J. († 1484/85) führten eine bedeutende Handelsgesellschaft. Bislang war eine Nennung von Nördlingen aus dem Jahre 1469 der früheste Beleg für eine auswärtige Tätigkeit dieser Brüder; in Italien waren sie gar erst ab 1478 nachweisbar und der früheste Wechsel nach Rom 1488.[1110] Ein Wechsel aus dem Spinelli-Archiv vom 5. Januar 1467 belegt nun, dass Hans Vöhlin schon gegen Ende der Sechzigerjahre nach Venedig Bankbeziehungen unterhielt und sich vermutlich auch selber zeitweise dort aufhielt. Er war den Spinelli wohl persönlich als Gast des Fondaco bekannt, sodass sie mit ihm auch Rahmenbedingungen für Wechselgeschäfte nach Rom eingegangen waren. Anderseits lässt die Tatsache, dass dieser Brief nicht auf Italienisch geschrieben ist, vermuten, dass diese Memminger noch nicht sehr lange in Kontakt mit Florentinern standen, denn diese legten sonst größten Wert auf die Korrektheit von Wechselbriefen, zu der sie auch den Gebrauch der italienischen Sprache zählten.

1106 Simonsfeld (1887), I, Nr. 557.

1107 Vgl. YUSA 93, 1779, cc. 3 links, 8 rechts und 49 rechts.

1108 Jacob Mötteli der Reiche (gest. 1521) gehörte zu einem Zweig der Familie, der sich 1452 von der Großen Ravensburger Gesellschaft getrennt hatte. Vgl. Durrer (1893). Dort ist kein Hinweis darauf, dass sich Jakob Mötteli selber in Spanien aufgehalten hat.

1109 Peyer (1959), S. 179–180.

1110 Eirich (1971), S. 128–131.

Wien

Obwohl die Spinelli über sehr gute Beziehungen an den kaiserlichen Hof verfügten und fast so etwas wie Hoflieferanten für Seidenstoffe geworden waren, bestand keine Korrespondentenbeziehung zu einem Handelsherrn in Wien. Die Einkäufe in Florenz mussten in Venedig bezahlt werden. Leonhard Jamnitzer tilgte 1464 seine Schulden über duc. 59 ½ bei Benedetto Spinelli.[1111] Auch die kaiserlichen Gesandtschaften wurden nicht durch direkte Wechsel nach Rom finanziert. Johannes Hinderbach reiste 1464 ebenfalls im eigenen Interesse an die Kurie, denn er bewarb sich um die Nachfolge des im August verstorbenen Kardinals Nikolaus von Kues als Bischof von Brixen.[1112] Die Finanzierung dieser Gesandtschaft ist in den *ricordanze* von Lionardo Spinelli zu finden, der sich zu dieser Zeit in Venedig aufhielt. Die erste Transaktion fand am 5. Dezember statt, als der Bankier in der Lagunenstadt duc. 120 in bar von Jakob Zettaner erhielt, dem Faktor des Wiener Kaufmanns Simon Putel. Dieser hatte die Anweisung dazu von Konrad Hinderbach *(Interpoc)* erhalten. Mit einer *lettera d'avviso* wies er seine Bank in Rom an, diesen Betrag an Hinderbach auszuzahlen und ihm bei Bedarf bis zu duc. 60 Kredit zu gewähren.[1113]

Benvenuto di Daddo Aldobrandi

Der etwa 1427 geborene Benvenuto di Daddo Aldobrandi ist als Kaufmann erstmals am 17. Juli 1450 aktenkundig, als ihn die Mercanzia in Florenz verurteilte, weil er im Leinenhandel f. 20 schuldig geblieben war.[1114] Da die Leinenweberei in dieser Zeit vor allem in Mitteleuropa weit verbreitet war, war er möglicherweise bereits zu diesem Zeitpunkt im Handel mit Waren aus Deutschland tätig. Belegt ist sein Engagement in diesem Markt erst in der Abgabe seines Vaters an die Steuerbehörden von Florenz für das Catasto von 1457.[1115] Bei den sechs *debitori* seines Sohnes Benvenuto nennt er namentlich vier Deutsche, die ihm über f. 200 schuldeten: *Luigi tedescho da Usporgho, Ghuasparre da Noronbergho, Arigo tedescho di deta tera* und *Gilio di Franchoforte.* Beim Augsburger liegt es nahe, an Ludwig Meuting zu denken; die anderen Männer sind nicht ansatzweise zu identifizieren. In der bedeutend längeren Aufzählung der *creditori* ist hingegen kein Deutscher zu finden. Einen Aufenthalt seines Sohnes in Deutschland

---

1111 YUSA 93, 1779, cc. 29v und 50v.

1112 Strnad (1997), S. 422.

1113 YUSA 93, 1779, cc. 1v, 2v, 79v, 81r und 87r. – Zu Simon Putel aus Wien vgl. Simonsfeld (1887), I, S. 390, 423, 492, 495 und 513; II, 52; Braunstein (2016), S. 215. Vermutlich ist der Zettaner in der italienischen Quellen ein Mitglied der Familie Zentiner.

1114 ASFi, Mercanzia 4416, c. 119v.

1115 ASFi, Catasto 802, cc. 290r–293r. – ASFi, Catasto 912, cc. 273r–274r: Im Florentiner Catasto von 1469 erklärte der 70-jährige Daddo di Buto Aldobrandi gegenüber den Steuerbehörden, er sei *calzolaio* und habe vom Ospedale degli Innocenti eine Werkstatt gemietet. Er besitzt ein Wohnhaus, verschiedene Bauerngüter, Einlagen im Monte und eine Sklavin, die von Giovanni Rucellai in Venedig gekauft worden war. Er gehörte damit der florentinischen Mittelschicht an, was für einen Schuhmacher *(calzolaio)* erstaunlich ist.

erwähnte Daddo ebensowenig wie die Existenz einer Handelsgesellschaft. Diese Fakten führen zum Schluss, dass Benvenuto Aldobrandi einen Wanderhandel mit Seide zwischen Florenz und Nürnberg betrieb. Er war dafür in seiner Heimatstadt eine Partneschaft mit Alessio di Benedetto Lapaccini eingegangen. Als rechtliche Grundlage dieser Zusammenarbeit diente die Gesellschaftsform der Accomenda, bei der Lapaccini das Kapital von f. 225 einschoss; Aldobrandi steuerte vermutlich kein Geld bei, sondern seine Arbeitskraft. Aktenkundig ist diese Gesellschaft zum Handel in Deutschland *(nella Magna [...] et in vestirgli in mercantie)* von 1458 bis 1461. Eine zweite Accomenda ist in den Gerichtsakten ab 1466 belegt. Diese hatte Aldobrandi mit Iacopo und Piero di Bartolomeo Gualterotti geschlossen, um in Nürnberg Geschäfte zu machen *(nella Magna nella città di Norimbergho o altrove dove a lui piacesse).*[1116]

Benvenuto Aldobrandis erste Partnerschaften für Aktivitäten im deutschen Markt waren auf den Tuchhandel beschränkt und umfassten keine Bankgeschäfte. Dies änderte sich, als er eine Kooperation mit Guasparre Spinelli einging. Der Kurienbankier und Seidenfabrikant wollte durch diesen Schritt von den jahrelangen Erfahrungen und dem erprobten Beziehungsnetz im oberdeutschen Handel des Tuchhändlers profitieren; Benvenuto anderseits durfte eine Ausweitung seiner Geschäftspalette durch den Handel mit Wechseln nach Rom erwarten. Die Gesellschaft *Benvenuto di Daddo Aldobrandi di Norimberga* wird in der Bilanz der Bank der *Eredi di Tommaso Spinelli di Corte* vom 20. Juli 1473 zum ersten Mal erwähnt. Auf den beiden Konten war sie mit f. 772 und f. 663 belastet.[1117] Die Zusammenarbeit Aldobrandi–Spinelli bestand aber spätestens seit dem Dezember 1471, denn in einer Urkunde vom 14. Februar 1472 bestätigte der Nürnberger Johannes Froeschel, dass er von Heinrich III. Rummel seit dem 18. November des vergangenen Jahres in mehreren Zahlungen insgesamt 254 Rheinische Gulden erhalten habe. Dieses Geld sei Rummel einem Florentiner namens Caspar Aldebrant *pro pannis sericeis* schuldig gewesen.[1118] Der Schreiber dieser Urkunde zieht irrtümlicherweise den Namen von Guasparre Spinelli und Benvenuto Aldobrandi zusammen. Dieser Fehler weist darauf hin, dass Aldobrandi für eine Accomenda agierte, deren Firma die Namen beider Familien beinhaltete.

Obwohl in den *ricordanze* von Guasparre Spinelli an keiner Stelle ausdrücklich von einer Accomenda mit Aldobrandi die Rede ist,[1119] zeigt die Zusammenarbeit bei der Abwicklung von Servitienzahlungen aus Estland, wie eng ihre Beziehung war. Aldobrandi hat während eines Aufenthaltes in Florenz am 30. Juli 1473 von einem Notar eine Urkunde ausfertigen lassen. Er ernannte darin Niccodemo Spinelli in Venedig, Jakob Gartner und Konrad Marstaller in

1116 ASFi, Mercanzia 4440, cc. 233v–234r und 276r; 4475, cc. 247rv; 1514, cc. 564r–565r und 577r. Hinweis von Lorenz Böninger.

1117 YUSA 92, 1754, S. 7 und 9.

1118 YUSA 632, 8866. Dieses Geschäft war wohl der Anlass für einen Brief der Signoria von Florenz vom 28. Februar 1472 an den Rat von Nürnberg, in dem er sich für *Benvenutus Aldobrandus civis noster* einsetzte (BNCF, ms. Palatino 1103 (= Copialettere der Signoria, 1465–1474), cc. 143v–144r).

1119 YUSA 55a, 1183.

Nürnberg zu seinen Prokuratoren und gab ihnen die Vollmacht, dem neuen Bischof von Dorpat, Johannes Bertkow de Barbeit *(Johannes Berconu)*, acht päpstliche Bullen gegen die Zahlung von 1084 Kammergulden auszuhändigen. Nach Conrad Eubel war dieser Bischof bereits am 6. Juni vom Papst anerkannt worden, nachdem die Spinelli in Rom die fälligen Servitiengelder der Kammer eingezahlt hatten.[1120] Am 27. August reiste Aldobrandi wieder von Florenz ab, nachdem er von Spinelli eine auf vier Jahre ausgestellte Prokura erhalten hatte. Er sollte sich als sein Prokurator persönlich in Nürnberg darum kümmern, dass seine Guthaben bei den Meuting, den Rummel und bei Leonhard Jamnitzer zurückbezahlt würden:[1121] *de' vostri afari di chuà fate chonto di esere di chuà in pe[r]sona, e chon perfeto amore si ghovernerano, e basti.*[1122]

Beim Namen Aldobrandi steht in der Notariatsurkunde von 1473 der Zusatz: *solitus habitare et moram trahere in civitatem Noremberg.*[1123] Ob sich dieser tatsächlich in Nürnberg niedergelassen hatte und über einen festen Wohnsitz mit Geschäftslokal verfügte, ist zweifelhaft. Ein polnischer Kleriker, der in der Stadt an der Pegnitz ein Darlehen zurückbezahlen musste, das er in Rom von Guasparre Spinelli erhalten hatte, wurde zur Geldübergabe ins Wirtshaus „Zum Willden Mann" *(hospition Hominis Silvestri)* bestellt.[1124]

In Nürnberg wurde Benvenuto Aldobrandi von seinen Söhnen Piero und Giovanni unterstützt, von welchen in einem Brief vom 7. Dezember 1473 berichtet wird, dass sie Geld, Ware und Pferde auf dem Weg über Verona nach Venedig brachten.[1125] Sie hatten auch einen grauen Apfelschimmel dabei *(il rozino portante leardo pomelato)*, der vom Diener Giovanni geführt wurde. Benvenuto Aldobrandi berichtet weiter, dass er von den Spinelli in Venedig drei farbige Gardinenstoffe *(drapi, tre peze cholorati, di braccia 141 di Firenze)* erhalten habe, die im Einkauf f. 176¼ larghi gekostet hatten. Hinzu seien noch Transportkosten in Höhe von f. 184¼ larghi gekommen. Aber das Geschäft schien zu laufen, denn er bittet darum, ihm weitere *drapi* zu schicken, denn er könne sie mit einem guten Gewinn *(chon buono utile)* verkaufen.[1126] Spinelli

1120 YUSA 11, 161. – Die Buchhaltung der Spinelli von Rom weist den Bischof, der sich wohl zur Abwicklung dieser Zahlungen in Nürnberg aufhielt, am 20. Juli 1473 mit einer Schuld von 1100 Kammerdukaten aus: YUSA 92, 1753, S. 9: *Giovanni, vescovo Tarbatensis a presente a Norimbergho [debitore di] f. 1100.* – YUSA 114, 2217: Diese Transaktion schleppte sich bis in den Dezember 1473 hin. Aldobrandi schickte das Geld in bar über Verona nach Venedig.

1121 YUSA 55a, 1183. Darlehensvertrag von 1462 zwischen Tommaso Spinelli und *dominus Leonardus Iamnizer presbiter de Austria* über 55 Dukaten in ASFi, NA 16825, c. 248v. Hinweis von Lorenz Böninger.

1122 YUSA 114, 2217.

1123 YUSA 11, 161.

1124 ASR, FC I app. 21, 5r. – Hinweis von Arnold Esch. Vgl. Esch (1998), S. 369. – Die heutige Adresse des Hauses „Zum Wilden Mann" lautet Weinmarkt 11. Vgl. Kohn (1984). Über Gäste des Hauses ist der Literatur nichts zu entnehmen. Hinweis von Michael Diefenbacher (Nürnberg).

1125 ASFi, Catasto 912, cc. 273r–274r; Benvenuto ist 1469 42 Jahre alt und mit einer um zehn Jahre jüngeren Pippa (Filippa) verheiratet, mit der er acht Kinder hat. Giovanni ist um 1451 geboren, Piero um 1457. – YUSA 114, 2217.

1126 YUSA 114, 2217.

gewährte ihm in diesen Tuch- und Seidengeschäften wirklich breite Unterstützung. Nicht nur überließ er ihm die Ware ohne jede Vorauszahlung oder Sicherheit zum Verkauf in Deutschland, sondern er setzte sich bei anderen Florentiner Kaufleuten dafür ein, dass sie sich Aldobrandi gegenüber in gleicher Weise vertrauensvoll verhalten sollten. Einer dieser Handelspartner schrieb später, Guasparre habe ihm versprochen, Benvenuto verdiene viel Vertrauen: *quando Guasparre mi promisse che Benvenuto meriterebbe buon chonto.*

Aldobrandi hat weder die Aufträge von Spinelli als Eintreiber der ausstehenden Gelder erledigen können, noch waren seine eigenen Geschäfte gewinnbringend. Ganz im Gegenteil: Die Tuchgeschäfte mit Deutschen haben ihn in kurzer Zeit in den Bankrott geführt. Schon im Dezember 1474 waren seine Schulden auf f. 1120 angestiegen. Während er im Handel mit Wechseln nach Rom sein Konto einigermaßen ausgleichen konnte,[1127] trug ihm sein Tuchhandel große Verluste ein. Er hatte sich von Giovanni di Niccolò Ridolfi, Piero di Bartolomeo Gualterotti, Sandro de' Lotti und Guasparre Spinelli Waren nach Nürnberg schicken lassen, um sie in Deutschland zu verkaufen. Wichtige deutsche Kunden gaben ihm für gelieferte Ware zwar Schuldscheine, blieben ihm das Geld aber schuldig.

Die Gläubiger unterbreiteten Aldobrandi, den sie als *chalzolaio* bezeichnen, einen Vorschlag, wie seine Schuld durch jährliche Zahlungen und die Verpflichtung seines Vaters und seiner Söhne geregelt werden könnte. Benvenuto Aldobrandi trat auf dieses Angebot zur Schuldentilgung aber nicht ein. Die drei Tuchlieferanten hielten sich daraufhin an Spinelli, denn er habe sich ja für Benvenuto sehr stark eingesetzt und dadurch gleichsam eine Art Bürgschaft übernommen. Der Vergleich zwischen Spinelli und den Gläubigern von Aldobrandi wurde am 3. Januar 1475 durch den Notar ser Antonio da ser Batista mit einer Urkunde besiegelt. Guasparre Spinelli übernahm darin die Verpflichtungen von Aldobrandi, der sich dafür aber seinerseits mit all seinen Gütern gegenüber Spinelli obligieren musste.[1128] Aldobrandi übergab Spinelli Schuldbriefe eines *Arrigo Cheller de Bramante* über f. 500 und von *Anze Braila* von Nürnberg über f. 100.[1129] Weiter wurden Ratenzahlungen abgemacht, für die als Sicherheit das Wohnhaus der Aldobrandi in Florenz gegeben werden musste. 1478 ging diese Hypothek definitiv in den Besitz der Spinelli über.[1130]

Im Catasto von 1480 kommt zum Ausdruck, in welche Not Benvenuto Aldobrandi und seine ganze Familie durch das Scheitern seiner Geschäfte in Deutschland geraten war. Seine Söhne Giovanni und Piero waren – wohl um vor der Armut zu fliehen – Geistliche geworden und seine

1127 Schulden Aldobrandis in den Bilanzen der Spinelli in Rom: 20. Juli 1473: f. 772 und f. 663 (YUSA 92, 1754, S. 7 und 9); 5. März 1474: f. 1115 (YUSA 92, 1753, S. 3); Mai 1475: f. 4.18.10 (YUSA 92, 1756, S. 6); 3. Oktober 1475: f. 4 (YUSA 92, 1758, S. 6); 24. März 1476: Aldobrandi kommt nicht mehr vor (YUSA 92, 1756, S. 9).

1128 YUSA 55a, 1183, c. 43r; 30, 688.

1129 Die beiden Deutschen konnten noch nicht identifiziert werden. Bei Arrigo Cheller denkt man an Heinrich Keller von der Hofmann-Keller-Gesellschaft, die um diese Zeit in Mailand existierte.

1130 YUSA 30, 689: Vertrag vom 29. November 1478 des Notars Piero d'Antonio di Piero da Vinci (der Vater des berühmten Leonardo).

beiden Töchter verfügten über keinerlei Mitgift. Benvenuto selbst lebte in einem Bauernhaus auf dem Lande, da er sich keine Mietwohnung in Florenz leisten konnte: *Benvenuto di Daddo sopradetto no fo artte ne mestiero niuno ne atto a fare perchè sono rovinatto e debito sopra chapo.*[1131]

Nach dem Konkurs und der Rückkehr von Benvenuto Aldobrandi nach Florenz etablierte Guasparre Spinelli in Nürnberg keinen anderen Landsmann als Korrespondenten für seine deutschen Wechsel, sondern ging mit Ulrich Fugger eine Kooperation ein. Vielleicht waren es die Geldgeschäfte von Ulrichs Bruder Markus, der seit 1471 als Scriptor an der päpstlichen Supplikenkanzlei arbeitete und den Spinelli wohl bekannt war, die den Weg zu dieser neuen Zusammenarbeit ebneten. Bislang galt in der Fachliteratur die Zahlung von 706 Kammergulden aus der schwedischen Ablasskollektorie, die von den Fuggern im Auftrag von Marinus de Fregeno am 30. Juni 1476 über die Spinelli ausgeführt wurde, als ältestes Nord-Süd-Geschäft der Fugger.[1132] Dies kann nun korrigiert werden, denn *messer Arigo Fugger* von Nürnberg wird schon in der Spinelli-Bilanz vom 24. März 1475 mit einem Ausstand von 2000 Dukaten erwähnt.[1133] Die Fugger waren also mit Sicherheit bereits 1474 in direkten Geschäftsverbindungen mit Spinelli. Der letzte bekannte Beleg für die Partnerschaft zwischen diesen beiden Handelsgesellschaften datiert vom 15. Juli 1480, als Guasparre seinen Prokuratoren in der Rummel-Sache die Anweisung gab, eingetriebene Gelder sollten an Ulrich Fugger *(Righo Fucker e fratelli)* übergeben werden.[1134] Für die folgenden Jahre ist für beide Unternehmen die Quellenlage sehr schlecht, sodass über das Ende ihrer Beziehungen keinerlei Aussagen möglich sind. Ob die Gründung einer eigenen Niederlassung der Fugger in Rom im Jahre 1494 mit dem kurz davor erfolgten Bankrott der Spinelli zusammenhängt, muss daher offenbleiben.

5.2 Köln und Mainz

5.2.1 Lucchesen und Bolognesen

Die großen lucchesischen Banken, die mit dem päpstlichen Titel des Depositars der apostolischen Kammer ausgestattet waren, beschränkten sich auf den bargeldlosen Zahlungsverkehr von Brügge und Venedig aus. Es sind aber kleinere Kurienbanken aus Lucca bekannt, die im Geschäft mit Wechseln aus Deutschland tätig waren und damit als erste *lettere di cambio a drittura* aus

1131 ASFi, Catasto 1003, cc. 210r–211r. Auch sein Vater, der sein Alter mit 88 Jahren angab, hatte all seinen Besitz verloren. Vgl. ASFi, Catasto 1003, cc. 278rv.

1132 Schulte (1904), S. 11–12; Lunt (1934), I, S. 313–314; Pölnitz (1949), II, S. 5–6; Pölnitz (1953), S. 1; Stromer (1970a), S. 201.

1133 YUSA 92, 1756.

1134 YUSA 55a, 1183, c. 91r.

dieser Region am päpstlichen Hof ausbezahlten. Grund dafür war, dass „[...] es vor allem von Deutschen an der Kurie Urbans VI. nur so wimmelte",[1135] was auf gute Verdienstmöglichkeiten im Geschäft mit den Zahlungen einzelner deutscher Kleriker und Klöster hoffen ließ. Strategien für das Kölner Geschäft entwickelten Pietro Ugolini und Buonaccorso Bocci,[1136] Paolo Pagani und Giovanni Cristofani, der wohl in Verbindung mit den Moriconi stand.[1137]

Aufgrund einer sehr dünnen Quellenlage ist es nur in kleinen Teilen möglich, die Geschäftspartner der drei Kurienbanken zu identifizieren, die ihnen in Köln zudienten. Erschwerend kommt hinzu, dass die Filialen in der Regel nach dem örtlichen Faktor benannt wurden und nicht nach den Teilhabern. So ist nicht immer klar, zu welchem Filialnetz in einem Wechselbrief ein *datore* gehörte oder ob sich ein Faktor selbstständig gemacht hatte und auf eigene Rechnung arbeitete. Der erste von acht in Köln nachgewiesenen Lucchesen wird um 1379 urkundlich greifbar, der letzte hat um 1400 seine Bank geschlossen.[1138] Drei dieser Unternehmungen waren Filialen von Lucchesen, deren Hauptsitz sich in Brügge oder in Italien (Lucca, Rom) befand: Forteguerra Forteguerra, die Cristofani und die Pagani.[1139] Die Faktoreien am Rhein handelten sehr wahrscheinlich nicht völlig selbstständig, sondern waren von ihren Muttergesellschaften abhängig, mit deren Kapital gearbeitet wurde und auf deren Beziehungen auf die Bankenplätze sie angewiesen waren. Geleitet wurden sie von Faktoren, die einen Lohn erhielten und wohl auch am Gewinn beteiligt wurden. Als diese Filialen mangels Gewinnen und wegen der bürgerkriegsähnlichen Zustände in Lucca aufgegeben wurden, bestand in Köln noch für wenige Jahre eine Gesellschaft, die von den ehemaligen Faktoren Bonagiunta Dardagnini und Paolo Pagani gegründet und geleitet wurde.[1140]

Die Herkunft der Kunden der Lucchesen in Köln zeigt, dass deren Einzugsgebiet nicht auf die weitere Umgebung von Köln beschränkt war, sondern sich bis nach Bremen und Skandinavien erstreckte. Der Wechselverkehr funktionierte auch in umgekehrter Richtung, wenn in Rom weilende Kölner Kredite in ihrer Heimatstadt zurückzuzahlen versprachen.[1141] Köln war also direkt in das italienische Zahlungssystem einbezogen und nahm dadurch gegenüber

---

1135 Esch (1975), S. 144.

1136 Esch (1975), S. 332–350. – In Eschs umfassender Arbeit über die Bankiers an der römischen Kurie während des Großen Schismas wurden Ugolini und Bocci noch nicht erwähnt, was wohl aufzeigt, dass diese Bankiers nicht zu den bedeutenden Unternehmen aus Lucca gehörten. Vgl. Esch (1966).

1137 Esch (1966), S. 342–343. – Zur Verbindung zwischen Moriconi und Cristofani vgl. Lazzareschi (1947), S. 41.

1138 Möglicherweise hat es auch Reisen von Kaufleuten von Brügge aus nach Deutschland gegeben. Jacopo Fava reiste 1377 nach Aachen und in *la Magnia* hielt sich Nicolao da Volterra auf. Vgl. Lazzareschi (1947), S. 4 und 195.

1139 Roover (1949), S. 79; Esch (1975); Esch (2003a); Galoppini (2003).

1140 Esch (1975), S. 131. Die Auswertung des „Libro della comunità dei mercanti lucchesi in Bruges" bringt die Namen von mindestens acht Lucchesen, die in Köln gearbeitet haben.

1141 Verschiedene Belege für Wechselgeschäfte bei Jansen (1904), S. 195; Kuske (1956), S. 21; Esch (1966), S. 342; Esch (1975), S. 131 und 145.

allen anderen deutschen Städten eine Sonderstellung ein.[1142] Wie viele Wechsel zwischen der Stadt am Rhein und Rom unterwegs waren und wie viele Gulden damit transferiert wurden, lässt sich nicht schätzen, denn die spärlichen eruierbaren absoluten Werte sind in keiner Weise aussagekräftig. Es kann jedoch festgehalten werden, dass die Deutschen Wechselbriefe verwendeten, wenn auch in geringerem Umfang als etwa die Engländer.[1143] Unter Bonifaz IX., der gerade auf die Gelder aus dem Norden stark angewiesen war, nennen nur zwölf der 179 für Servitienzahlungen ausgestellten Quittungen die Namen italienischer Bankiers. Esch errechnete, dass während dieses Pontifikates Servitien aus Deutschland zu etwa 20 Prozent über italienische Bankiers liefen, während es bei den englischen 90 Prozent waren.[1144] Anderseits nahm die Bedeutung von Deutschland als Markt für den Handel mit *lettere di cambio* zu, da Deutsche in Rom und Pisa in großer Zahl anwesend waren, wo sie die Franzosen weitgehend an der Kurie abgelöst hatten.[1145] Dass die Lucchesen schließlich ganz aus dem Kuriengeschäft verschwanden und sich vom Rhein bis 1400 zurückzogen – die Pagani und Cristofani gerieten sogar in Zahlungsunfähigkeit –, führt Arnold Esch auf Machtkämpfe innerhalb der lucchesischen Elite zurück, die sich auch auf wirtschaftliche Verhältnisse auswirkten. Politische und kommerzielle Koalitionen zerbrachen oder formten sich um und die Seidenproduktion in Lucca erlahmte. Der Handel mit Seide war aber für das Wechselgeschäft in Brügge und Venedig von grundlegender Bedeutung.[1146]

5.2.2 Gozzadini

Die Gozzadini aus Bologna folgten den Lucchesen als Depositare der apostolischen Kammer. In Köln eröffneten sie um 1400 eine Niederlassung, die von ihrem Mitbürger Simone Sassolini geleitet wurde.[1147] Für die Archive seiner Heimatstadt ist dieser Bankier aber ein Unbekannter. Im Januar 1400 war ein *Sasso Sassolini banchiere* Mitglied des politisch sehr einflussreichen Ältestenrats (Anziani) der Stadt Bologna, während gleichzeitig Nicola Gozzadini das Amt des Gonfaloniere innehatte; Arnold Esch hat wohl denselben Mann im Staatsarchiv als *Saxus de Saxolinis campsor et civis* gefunden, der 1401 dort in den Akten erscheint.[1148] Ob zwischen Sasso und Simone eine verwandtschaftliche Beziehung bestand, kann nicht belegt werden. Die Familie

1142 Stromer (1979), S. 4.
1143 Göller (1924a), S. 122–125; Esch (1966), S. 336.
1144 Esch (1975), S. 130.
1145 Schuchard (1994), S. 53.
1146 Keussen (1887), S. 88; Roover (1949), S. 84; Esch (1966), S. 343–344; Holmes (1968), S. 359–364; Esch (1969a), S. 147.
1147 Reichert (2003), S. 384.
1148 Ghirardacci (1657), S. 510; Esch (1975), S. 134.

Sassolini hat in der Geschichte von Bologna keine weiteren Spuren hinterlassen. Bereits im Jahre 1401 wurde *Symon de Sessolinis, lombardus* Kölner Bürger und lebte zu diesem Zeitpunkt an der Hohen Straße beim Wallraffplatz.[1149] Er lebte am Rhein zusammen mit seiner Frau, doch berichten Quellen auch von Beziehungen mit Männern und Umgang mit Prostituierten. Die Gozzadini kritisierten diesen Lebenswandel und erwogen wegen des schlechten Geschäftsgangs seine Ablösung.[1150]

Auch in Mainz wurde unter einem Giovanni eine Gozzadini-Filiale errichtet.[1151] Der Familienname dieses Niederlassungsleiters ist nicht überliefert, doch war er möglicherweise ein Familienmitglied. Dieser Mann, den die Gozzadini *Giovanni da Magonza* nennen, scheint eine bedeutende kommerzielle Aktivität entfaltet zu haben, denn mit sehr großer Wahrscheinlichkeit sollte über ihn der Wechsel laufen, mit dem 1401 Giangaleazzo Visconti von Mailand den angeblich zum Mörder gedungenen Leibarzt des römisch-deutschen König Ruprechts von der Pfalz bezahlen wollte.[1152] 1402 versprach der dem Attentat entgangene König seinem Gesandten in Rom, er wolle einen *wehsel duen machen zu Colne oder zu Mentze umbe gelte dir zu schicken,* womit wohl nur die beiden Gozzadini-Filialen gemeint sein konnten.[1153] Giovanni war wahrscheinlich auch der Bankier in Mainz, bei dem die Stadt Frankfurt 1403 einen Wechsel nach Rom kaufte: *als man mit den Lumbarten tedingte von des wessils wegen als gein Rome.*[1154]

Der Untergang der Kurienbank der Gozzadini im Jahre 1404 unterbrach im Rheintal den Zahlungsverkehr mit Rom.[1155] Auch die Niederlassung in Mainz scheint umgehend geschlossen worden zu sein. Diese Lücke versuchte Wolter von dem Dijcke zu nutzen, der zusammen mit seinem Schwiegervater Godert von Lysekirchen als Tuchexporteur tätig war. Er konnte also sehr leicht Wechselgelder mit dem Verkauf von Kölner Tuchen in Brügge ausgleichen. Als Mitglieder der Münzerhausgenossen verfügte er offensichtlich auch über das notwendige banktechnische Wissen.[1156] Ob diese Geschäftsidee von ihm ausging, oder ob er dazu von seiner Partnerbank bei der Kurie aufgefordert wurde, kann nicht mehr geklärt werden. Vom 15. November 1403, kurz nach dem Ende der Gozzadini-Aktivitäten, datiert der erste von ihm überlieferte Wechsel nach Rom. Die Stadt Köln hatte ihn für den Gesandten Wenemar Vrunt

1149 Stehkämper / Müller (1975), S. 48; Militzer (1981), S. 73

1150 Esch (1975), S. 140.

1151 Dabei könnte es sich um den Bolognesen Giovanni di Galvano handeln. Vgl. Favier (1966), S. 514. – Immerhin als Hypothese sei hier darauf hingewiesen, dass auch die Familie Rummel in diesen Jahren in Mainz mit einem Hans präsent war. Vgl. Schaper (1981), S. 22.

1152 Pitti (1905), S. 121.

1153 Weizsäcker (1882), IV, Nr. 75; Esch (1966), S. 342.

1154 Kriegk (1862), S. 533; Neumann (1865), S. 368; Reichert (2003), S. 384.

1155 Esch (1966), S. 353–354; Esch (1975); Esch (2016). Vgl. Tamba (1960–); Holmes (1968), S. 364.

1156 Militzer (1978), S. 280–282. – Zu diesem Mann, der in den Quellen auch *Walter* oder *Wouter van dem Dijch, van dem Dijc, von den Dijcke, vom Dijcke, vamne Dijck* geschrieben wird, gibt es nur sehr wenige Belege. Vgl. Eckertz (1855), S. 304; Weizsäcker (1882), II, S. 425 und 502–503; Kuske (1917–1934), S. 88, 153, 176 und 270; Irsigler (1971), S. 397–398.

gekauft, dem die duc. 100 am 22. März des folgenden Jahres durch die Bank von Paolo und Lotto Pagani ausbezahlt wurden.[1157] Sehr wahrscheinlich kam hier eine persönliche Bekanntschaft zum Tragen, die in den mehr als zehn Jahren der Präsenz von Paolo Pagani ab 1386 in Köln entstanden war. Über einen zweiten Wechsel, den Wolter von dem Dijcke ausgestellt hat, berichten undatierte Briefe an den Kölner Rat. Ein Pilger hatte in Köln eine *lettera di cambio* über duc. 24 erstanden, die er auf dem Weg nach Rom verlor und deshalb auch nicht einlösen konnte. Der ausstellende Bankier weigerte sich, den Betrag rückzuerstatten. Vermutlich war dieser Wechsel etwa zur selben Zeit wie der erste geschrieben worden und wäre wohl auch von den Pagani zu bedienen gewesen.[1158] Die Kurienbank hat das Konto ihres Partners in Köln sicher nicht in Rom geführt, sondern ließ seine Wechsel durch einen Lucchesen in Brügge verrechnen. Ihre Geschäftsbeziehungen mit von den Dijcke waren nur von kurzer Dauer, denn die beiden erwähnten Transaktionen sind die einzigen überlieferten zwischen diesen Partnern. Es ist jedoch festzuhalten, dass dieser Kölner – soweit bekannt – als erster Deutscher in der Lage war, Wechsel direkt an die Kurie zu senden.

5.2.3 Simone Sassolini

Als Kardinal Cossa die politischen und kommerziellen Ambitionen der Gozzadini mit Gewalt brach, gelang es Simone Sassolini in Köln nicht nur zu überleben, sondern auch kommerziell erfolgreich zu sein, wie der Kauf mehrerer Liegenschaften zwischen 1408 und 1417 nahe legt.[1159] 1418 wurde er als Mitglied in die prestigeträchtige Kaufleutegesellschaft der Gaffel Windeck aufgenommen.[1160] Es fehlen jedoch für mehrere Jahre eindeutige Belege für Wechsel, die er an die Kurie ausgestellt hat. Erst nach dem Konstanzer Konzil taucht sein Name wieder in Dokumenten im Zusammenhang mit Kurienbanken auf. Es ist sehr wahrscheinlich, dass er wohl auch in diesem Geschäft weiter aktiv gewesen war und sich eine andere Partnerbank *romanam curiam sequentes* gesucht hatte. Aber vor 1421 findet sich bei den Alberti, Ricci, Spini oder Medici kein Dokument, das eindeutig auf eine Korrespondentenbeziehung mit ihm schließen lässt.

1157 Historisches Archiv Köln, Haupturkundenarchiv, U 1/7164C. Vgl. Kuske (1917–1934), I, Nr. 446; Kuske (1956), S. 23.

1158 Historisches Archiv Köln, Briefeingänge undatiert, A 324 und 324. Diese Briefe enthalten keine Informationen über Banken bei der Kurie. Kuske (1908), S. 416 datiert diesen Wechsel auf ungefähr 1410 und begründet dies mit der Mitte der Amtsjahre des Ratsschreibers. – Stromer (1979), S. 14 erwähnt auch Wechselgeschäfte des Kaufmanns Wolter von den Dijcke mit den Gozzadini. Der Beleg dafür im Gozzadini-Archiv in Bologna bezieht sich jedoch auf ein Kreditgeschäft des Kölner Domherrn Volmarus de Dyck. Vgl. Esch (1975), S. 136.

1159 Kuske (1956), S. 8.

1160 Kuske (1956), S. 9.

Als Geschäftsmann wird er erst am 16. Juli 1414 wieder greifbar, als er Sivert Veckinchusen einen Kredit gewährte.[1161] Auch der Stadt Köln hat er Darlehen gewährt: 1415 lieh er 30 000 RG und drei Jahre später 150 RG.[1162] Der erste Kredit macht stutzig, denn einen dermaßen hohen Betrag konnte er unmöglich selber bereitstellen. Er muss bedeutend kapitalkräftigere Partner im Hintergrund gehabt haben. Bei den Alberti findet sich aber keinerlei Bezug zu ihm, der auf eine Zusammenarbeit in diesen Jahren hinweisen würde. Im Jahr vor der Kreditvergabe musste der neue Kölner Erzbischof seine Servitien direkt über sie in Brügge abwickeln, da Sassolini offensichtlich nicht als ihre Zahlstelle dienen konnte. Heinrich Sieveking hat deshalb vermutet, dass Giovanni de' Medici der geheimnisvolle Geldgeber gewesen sei.[1163] Aber auch in diese Richtung führt kein konkreter Hinweis.

Die Spini-Bank hatte spätestens seit den Jahren des Konstanzer Konzils eine Geschäftsbeziehung mit Simone Sassolini in Köln, dem früheren Niederlassungsleiter der Gozzadini-Bank. Es sind zwar keine Transaktionen zwischen diesen beiden Unternehmungen bekannt, aber nach dem Konkurs der Spini im Jahre 1421 haben sich die Signoria von Florenz und der Rat der Stadt Köln in Briefen für ihre Bürger eingesetzt. Auf ein nicht erhaltenes Schreiben aus Deutschland, in dem *vehementissime* gefordert wurde, Spini und del Vigna sollten ihre Schulden bei Sassolini bezahlen, antwortete Florenz am 10. Oktober 1422, man halte sich an die üblichen Rechtsverfahren.[1164] Im darauffolgenden Jahr hakte die Stadt Köln in Florenz nach und die Signoria schrieb ebenso freundlich und bestimmt zurück.[1165] Ob aus der Konkursmasse je Geld an den Rhein geflossen ist, ist nicht aktenkundig.[1166]

Vieri Guadagni hat den Kontakt zu Sassolini von den Spini übernommen und bekannte in einer Notariatsurkunde vom 4. Dezember 1421, *procurator* von Simone Sassolini zu sein.[1167] Daraus kann geschlossen werden, dass zwischen diesen beiden Bankiers ein Korrespondentenverhältnis bestand, das den direkten Wechselverkehr zwischen der Kurie und der Stadt am Rhein ermöglichte. Die Zusammenarbeit wurde in der Gesellschaft Guadagni-Giachinotti-Cambini weitergeführt und die Prokura für die Geschäfte mit Sassolini von Vieri Guadagni auf Andrea Cambini übertragen.[1168] Dass diese Beziehungen recht intensiv waren, zeigt die

1161 Stieda (1921), S. 116–117.

1162 Schulte (1900), S. 343; Kuske (1908), S. 8–9; Kuske (1956), S. 9; Militzer (1981), S. 73 und 280.

1163 Sieveking (1906), S. 61. In diesem Sinne auch Kuske (1956), S. 9, der Sassolini für den Vertreter der Medici in Köln hielt.

1164 ASFi, Signori. Missive I Cancelleria, 30, cc. 50v–51r.

1165 Historisches Archiv der Stadt Köln, A 9, Briefbücher, 5. Februar 1422–15. Januar 1425. – ASFi, Signori. Missive I Cancelleria, 30, cc. 60rv, 20 martii 1422 (= 1423).

1166 Es kann davon ausgegangen werden, dass der Streit der Spini mit Sassolini vor der Mercanzia in Florenz ausgetragen wurde. Die in Frage kommenden Bände dieses Gerichtsarchivs sind aber nicht auffindbar: ASFi, Mercanzia 1278 und 1279; 4354 bis 4356.

1167 ASFi, NA 3372, c. 23r. Ich danke Lorenz Böninger (Florenz) für das Überlassen einer Transkription dieses Dokumentes.

1168 ASFi, NA 3372, c. 23r, 23. Mai 1426. Vgl. Böninger (2006), S. 22.

Catasto-Deklaration von Guadagnis Erben von 1427. Unter den Debitoren und Kreditoren wird der Bolognese dreimal aufgeführt. Keines der diesen Verbuchungen zugrundeliegenden Einzelgeschäfte kann jedoch in den Quellen weiterverfolgt werden. Von Beziehungen nach Deutschland zeugen auch die 59 Rheinischen Gulden, die sich im Bargeldbestand der Kurienbank befanden.[1169]

Für die Abwicklung der Transfers zwischen Sassolini und dem päpstlichen Hof spielte Filippo di Tommaso degli Alberti eine wichtige Rolle, der zum Familienzweig der Nuovi gehörte und sich als erfolgreicherer Geschäftsmann erwies als seine Verwandten. Er betrieb seit etwa 1400 eine Handelsgesellschaft in Brügge und London. Bereits 1413 hatte ihn die Signoria teilweise von den Verbannungsgesetzen gegen seine Familie ausgenommen und ihm Geschäfte in Florenz erlaubt, wenn er sich dafür mit einem Partner aus der Stadt zusammentat.[1170] Bartolomeo di Bonsignore Spinelli erfüllte diese Bedingung und übernahm das operative Geschäft in Flandern. Er verfügte über ausgezeichnete Kontakte zu den Hansekaufleuten, wie seine häufigen Nennungen in den Geschäftsbüchern von Hildebrand Veckinchusen zeigen, wo er als *Bortolmeus Spynneyl* und in anderen eingedeutschten Namensvarianten auftaucht.[1171] 1417 wurde diese Sozietät beendet, doch blieben die Teilhaber in lockerer Geschäftsverbindung.[1172] Bartolomeo Spinelli fand in Gherardo Canigiani und Antonio da Rabatta neue stille Partner und konzentrierte sich auf den Tuchhandel.[1173] Filippo di Tommaso hat ohne neuen Partner in einer Einzelfirma weitergearbeitet und das Tagesgeschäft an Giovanni di Bartolomeo Bizzeri übertragen. Er konzentrierte sich in Deutschland auf die Abwicklung der Wechselgeschäfte auf den Bankenplatz Brügge und hatte nur in Köln einen Korrespondenten. Das Dreieck Alberti-Guadagni-Sassolini hinterließ seine Spuren in Filippos Steuererklärung von 1427, denn bei den *creditori* nennt er Sassolini mit einer Schuld in Höhe von f. 200 und mehrere Guadagni-Konten, unter denen ein *conto corrente* über den hohen Betrag von f. 2481 hervorsticht.[1174]

1169 ASFi, Catasto 57, cc. 916r, 921v und 922r *(eredi di Vieri Guadagni)*.

1170 Boschetto (2000), S. 11–12. Filippo (1374–1453) und seiner Familie wurde die Rückkehr nach Florenz 1427 erlaubt. Er machte von dieser Erlaubnis keinen Gebrauch. Er war zu diesem Zeitpunkt mit einem steuerbaren Vermögen von f. 18000 das vermögendste Mitglied der Familie.

1171 Vgl. das Personenregister in Lesnikov et al. (2013).

1172 ASFi, Catasto 83, cc. 871r–90r: Im Catasto 1427 von Filippo di Tommaso finden sich viele Namen, die sich mit denen bei Spinelli überschneiden: Bartolomeo Spinelli, Gherardo Canigiani und dessen Filiale in Pisa.

1173 ASFi, Catasto 30, c. 242r: Die erste Vertrag der drei Partner existierte vom 1. Juli 1417 bis 1422. Im Anschluss daran wurde eine neue Gesellschaft gegründet, die im November 1427 endete. Nach dem Tod von Gherardo war Bernardo an die Stelle des Vaters gerückt. – ASFi, Catasto 430, c. 30v: Im Catasto 1433 erklärten die Söhne von Gherardo, sie hätten in der Gesellschaft mit Spinelli und da Rabatta mehr Geld als den eingelegten *corpo* verloren. Sie seien über das *ghoverno di detta conpagnia* nie unterrichtet worden.

1174 ASFi, Catasto 296, c. 57v. – Filippo degli Alberti machte um 1420 Wechselgeschäfte mit den Spini, denn an Kunden auf dem Konstanzer Konzil schickte er das Geld über deren Niederlassungsleiter Carlo Bartoli (vgl. oben S. 171). Dies legt die Vermutung nahe, dass es auch ein Dreieck Alberti-Spini-Sassolini gab, doch lässt sich dies nicht belegen.

Die erste Verknüpfung der Medici mit Simone Sassolini datiert vom 26. November 1424, als sich der Kanoniker *Gherardus de Bucken* aus Minden notariell verpflichtete, ein in Rom erhaltenes Darlehen über 50 RG bei *Simone de Sassolinis et sotiis* in Köln zurückzahlen. Am darauffolgenden Tag verpflichtete sich dazu auch ein *Gherardus Cwarte,* dessen Schuld sich auf 200 RG belief.[1175] Die Verbindung hat auch im Catasto von Giovanni de' Medici von 1427 Spuren hinterlassen, denn hier werden zwei kleine Beträge lautend auf den Kaufmann in Köln über f. 2.19.00 und f. 18.08.00 verzeichnet.[1176] Im Jahre 1429 schickte er drei Wechsel an die Kurie. Hermann Vryen erhielt duc. 100.[1177] Die *beneficarii* der anderen beiden Wechsel über duc. 360 und 1100 können anhand der italienischen Buchhaltungseinträge nicht identifiziert werden. In umgekehrter Richtung hat sich der reitende Bote *Jannes Frighet* einen Reisescheck schicken lassen (vgl. Tabelle 5).[1178] Sassolini arbeitete also nicht exklusiv mit einer Kurienbank zusammen, denn er machte gleichzeitig mit Vieri Guadagni und den Medici in Rom Wechselgeschäfte. Die kleine Zahl an Sassolini-Medici-Wechseln legt den Schluss nahe, dass er mit Guadagni wesentlich mehr Abschlüsse machte. Die meisten Zahlungen zwischen Köln und der Kurie werden zu diesem Zeitpunkt noch über die Niederlassung der Alberti unter der Leitung von Bartolomeo Biliotti geflossen sein. Bis zu seiner letzten Erwähnung in Köln im Jahre 1432 gibt es keine weiteren Belege für eine Zusammenarbeit mit den Medici.[1179]

Sicherlich hat Sassolini in Köln nicht nur am Geldgeschäft zu verdienen versucht, sondern auch mit Waren gehandelt. Doch unzweifelhafte Quellen gibt es dazu keine. Vermutlich war er aber der *Simon de Colonia,* der 1428 aus Barcelona Safran im Wert von 145 Libras ausführte.[1180] Dies ist die letzte Quelle, die Sassolini als Handelsherrn zeigt. 1432 wurden seine beiden Liegenschaften in Köln verkauft. Vermutlich war er kurz zuvor verstorben. Er hatte während dreißig Jahren ohne einen Teilhaber eine Einzelgesellschaft geführt. Er stieg nicht bis in die erste Reihe der internationalen Bankiers auf, sondern blieb von regionaler Bedeutung für Köln.

1175 ASFi, NA 12519, 26. und 27. November. – Gerardus de Bucken: RG IV 03439, http://rg-online.dhi-roma.it/RG/4/3439, 02.07.2021. Zum anderen Gerhard konnten keine weiteren Informationen gefunden werden.

1176 Roover (1963), S. 209 nennt den Korrespondenten in Köln Simone Colin. Vgl. ASFi, Catasto 49, c. 1194v: *Simone Sassolini di Chologna.* – Zu Simone Sassolini vgl. Kuske (1908), S. 8–9; Esch (1974); Kellenbenz (1985), S. 339.

1177 Vryen: RG Online, RG IV 05472, http://rg-online.dhi-roma.it/RG/4/5472, 02.07.2021.

1178 Vgl. unten S. 541.

1179 Militzer (1981), S. 73.

1180 Bardenhewer (1914), S. 45.

5.2.4 Alberti

Bartolomeo di Domenico e co. di Cologna

Während das Konzil in Konstanz tagte, unternahmen Ricciardo und Lorenzo degli Alberti Schritte, die großen deutschen Städte am Rhein als Standorte zu erschließen. Sie schickten dazu den etwa 1385 geborenen Bartolomeo di Domenico Biliotti nach Köln. Dieser war als junger Bursche nach Brügge gegangen, um eine Handelslehre in der Gesellschaft von Lorenzo di Messer Bernardo degli Alberti e co. zu absolvieren. Nach Abschluss dieser Ausbildung blieb er als *garzone* in der Unternehmung. Der entfernt verwandte Aldighiero di Francesco Biliotti, der in diesen Jahren Geschäftsführer der Alberti in Rom war, sorgte möglicherweise dafür, dass er in dieser großen Gesellschaft angestellt wurde.[1181]

Zur Gründungsgeschichte der Niederlassung in Köln und ihrem ersten Leiter findet sich in den Akten der Mercanzia ein Bericht, den Benedetto di Bernardo degli Alberti den Gerichtsherren 1436 zu Protokoll gab. Er sagte damals aus, sie hätten im Jahre 1418 mit den Geschäften in Köln unter der Leitung von Bartolomeo di Domenico Biliotti begonnen, der vorher ein kleiner Angestellter in Brügge gewesen sei und lediglich ein Jahresgehalt von f. 10 bezogen habe. Obwohl dieser damals noch selber über kein eigenes Vermögen verfügte, das er in die Gesellschaft hätte einbringen können, wurde er als Teilhaber aufgenommen, mit einem Viertel an den Gewinnen beteiligt und die Firma nach ihm benannt: Bartolomeo di Domenico di Cologna:

> *E dapuoi l'altra si è che nel mille CCCCXVIII decto Bartholomeo non havea niente et stava in Brugia et era più tenpo stato per garzone, non havea niente si non che avea solo salario di fiorini e lire X l'anno; dapuyo quigli di Bruggia lo mandarono a Cologna et là fé uno traffico, del quale traffico decto Bartholomeo traeva el quarto.*[1182]

1181 ASFi, Catasto 69, cc. 588 und 492, cc. 181r–182r. Kuske (1908), S. 9–10; Kellenbenz (1962), S. 72 und Kellenbenz (1985), S. 339–340. In der älteren deutschen Geschichtsschreibung wird dieser Kaufmann häufig Bartolomeo Dominici genannt. Für die Alberti haben tatsächlich nicht selten Mitglieder einer vermutlich aus Prato stammenden Familie Dominici gearbeitet. Philippus, Dominicus und Johannes werden zwischen 1360 und 1370 als ihre Korrespondenten in Breslau erwähnt und ein Rayner (vermutlich Rinieri) war 1365–66 einer ihrer Faktoren in England. Vgl. Holmes (1960–1961), S. 193. Dass auch der Kölner unter diesem Familiennamen geführt wird, beruht auf einem Irrtum, der aus der florentinischen Art der Namensgebung herrührt. Deutsche Historiker haben nicht bemerkt, dass sich die Florentiner in notariellen Urkunden sehr häufig darauf beschränkten, nur den eigenen Vornamen und das Patronym anzugeben. In lateinischen Texten konnte die Genitivform des zweiten Wortes dann als Familienname missverstanden werden. Vgl. Kuske (1908), S. 402.

1182 ASFi, Mercanzia 1322, c. 37r, Aussage von Benedetto di Bernardo degli Alberti vom 7. August 1436.

Benedetto di Alberto hat sich wohl im Datum getäuscht, denn schon am 3. Januar 1417 verpflichtete sich der Rat der Stadt Köln, dem *discreto viro Bartholomeo Dominici mercatori de Florencia [...] de societate Albertinorum* einen Kredit über 3 000 RG am nächsten Weihnachtstag zurückzuzahlen.[1183] In der Urkunde wird nicht erwähnt, wo dieses Geschäft abgeschlossen wurde und wo der Bankier niedergelassen war, doch wäre wohl kaum der kleine *garzone* Biliotti Vertragspartner, wenn es in Brügge geschehen wäre. Sicher ist seine Präsenz in Köln am 6. September 1417, denn zu diesem Datum notierte der Lübecker Kaufmann Hildebrand Veckinchusen in seinen Rechnungsbüchern: *[...] do makede ick [in Brügge] ene wesselle myt Fylyppusse Johan to den Alberten huse [...]. Des so sal hey my to Colnne geven by Bartolmeus Domynnycy [...].*[1184] Es kann auch kein Zweifel daran bestehen, dass der *trattario* in Köln Bartolomeo di Domenico Biliotti war, bei dem der Deutsche Orden im Januar 1418 eine Schuld über 2 000 RG tilgen sollte und mit Sicherheit war er der *Bartelmeus lombarder,* bei dem die Stadt Köln im selben Jahr einen Kredit über 100 RG aufnahm.[1185] Mehr als fünfzig Jahre waren seit dem letzten nachweisbaren Aufenthalt eines Bankiers der Alberti in Köln vergangen, als hier 1365 einer ihrer Faktoren mit einem päpstlichen Kollektor zur Übergabe einer größeren Summe zusammengetroffen war.[1186]

Bei der Niederlassung in Köln handelte sich nicht um eine eigenständige Gesellschaft, sondern um eine Agentur derjenigen von Brügge. Sie wurde nicht mit eigenem Kapital ausgestattet und ihre Ergebnisse wurden in der Bilanz der übergeodneten Gesellschaft in Flandern konsolidiert: *El corpo che a Colongnia e cioè della ragione di Brugia è di una medesima chosa con la ragione di Brugia e quando si salda l'una si salda l'altra si che di quella ragione di Colongnia nulla vi sa a dare.*[1187] Die Aufteilung des Betriebskapitals war deshalb in beiden Banken identisch: Antonio di Ricciardo war zu zwei Dritteln beteiligt, ein Drittel gehörte Benedetto di Alberti. Biliotti rechnete also nicht direkt mit seinen *maggiori* in Italien ab, sondern mit dem *governatore* in Brügge. Die Entsendung eines Mitarbeiters ohne Führungserfahrung und die Unterordnung unter die Gesellschaft in Flandern lassen die Entscheidung für die Filialgründung nicht als einen entschlossenen Schritt zur Erschließung neuer Märkte erscheinen. Sie macht im Gegenteil eher den Eindruck eines weitgehend risikofreien Versuchs, den Markt zu testen. Zu den strategischen Gründen für diesen Schritt gibt es keine aussagekräftigen Quellen, doch ist gesichert, dass Köln ab August 1416 bei den Zahlungen des Hochmeisters des Deutschen Orderns eine wachsende Bedeutung zukam, da große Beträge zu Händen des Deutschmeisters, der für die Balleien in

1183 Kuske (1917–1934), I, S. 201 gibt ein Regest, nach dem die Rückzahlung in Frankfurt vorgesehen war. In Wahrheit wird im Originaldokument der Ort der Zahlung nicht genannt: Köln, Historisches Archiv, Briefbuch 6, Bl. 49v. Ich danke Klaus Militzer für die Überprüfung des Textes. Vgl. Irsigler (1971), S. 361; Hirschfelder (1994), S. 80–81.

1184 Lesnikov et al. (2013), S. 367.

1185 Koeppen (1960), S. 453; Militzer (1981), S. 44, Nr. 6 und S. 275.

1186 Vgl. oben S. 119.

1187 ASFi, Catasto 1001/2, c. 148v. Vgl. Boschetto (1998), S. 91.

Deutschland zuständig war, nach Köln und Speyer bezahlt werden sollten. Da sich die Alberti mit dem deutschen Kaufmann, der die Interessen des Ordens in Brügge vertrat (Lieger), zunehmend schwertaten, haben sie möglicherweise einen Zahlungsweg gesucht, in den dieser nicht involviert war.[1188] Als Motive kommen aber auch Spannungen zwischen Brügge und der Hanse und Störungen der Handelswege nach Brügge in Frage.[1189]

Schon 1418 wurde Biliotti Mitglied der Kaufleutegaffel Windeck, hat aber mit dem Erwerb des Kölner Bürgerrechts bis zum Tod seiner Mutter im Jahre 1431 zugewartet.[1190] Es scheint, als hätte er die direkte gesellschaftliche Bindung an seine Geburtsstadt nach dem Tod seiner Mutter ganz aufgegeben und sich für die definitive Niederlassung in Deutschland entschieden. Im Gegensatz zu dem in Lübeck eingebürgerten Gherardo Bueri erscheint sein Name nach 1427 nicht mehr in den Registern des Florentiner Catastos.[1191] Schließlich kaufte er sich für f. 300 beim Dominikanerkloster ein Haus, das für ihn selbst als Wohnhaus und nicht als Geschäftsgebäude bestimmt war. In den folgenden Jahren folgten weitere Immobilientransaktionen.[1192]

In Florentiner Gerichtsakten wird berichtet, die Kölner Alberti-Filiale habe während den ersten zehn Jahren ihrer Existenz einen Gewinn von mehr als 4 000 RG erwirtschaftet, wovon Biliotti 1 178 RG erhielt.[1193] Durchschnittlich wurden in Köln in jedem Jahr also mehr als f. 400 erwirtschaftet. Für den Leiter resultierten daraus Einkünfte, die zehnmal höher waren als zuvor sein Gehalt in Brügge. Dies war ein recht ansehnlicher Lohn, wobei noch zu berücksichtigen ist, dass er seine Spesen und Lebenshaltungskosten in Köln vom erzielten Gewinn abziehen durfte und die Erlaubnis hatte, in eigenem Namen zusätzliche Geschäfte abzuschließen. Im Catasto von 1427 wies er zusammen mit seinem Bruder Ricco, der damals in Apulien lebte, ein privat investiertes Vermögen von f. 700 aus und hatte kein Geld im Monte di pietà eingelegt. Damit waren etwa 2 500 Familien vermögender als diese Biliotti-Brüder. Bartolomeo Biliotti gab sein Alter mit 42 Jahren an und hatte in Florenz nur seine 70-jährige Mutter, für deren Lebensunterhalt er im Jahr f. 20 zahlte.[1194] Nach Abzug seiner Verpflichtungen blieb kein steuerbares Vermögen mehr übrig. Diese Angaben sind nur mit allergrößter Vorsicht zu interpretieren, denn sie geben nur den Besitz in Florenz wieder. Er war damals sicherlich bedeutend reicher; doch erfuhren die Uffiziali nur selten, welche Werte die im Ausland lebenden Kaufleute tatsächlich besaßen.[1195] Immerhin konnte er 1429 seinem Bruder Ricco einen Kredit

1188 Koeppen (1960), S. 351, 370 und 477.

1189 Vgl. Koppmann (1870–1893), VI, S. 376–378; Bruchhäuser (1992), S. 58–59.

1190 Militzer (1980), S. 230; Militzer (1981), S. 44; Reichert (2003), S. 382.

1191 Im Catasto von 1430 müsste seine *portata* oder die seiner Mutter im Register 350, 351 oder 352 zu finden sein, wo sie aber nicht aufzufinden sind.

1192 Kuske (1956), S. 9.

1193 ASFi, Mercanzia 1322, c. 37r.

1194 ASFi, Catasto 69, c. 588v.

1195 Vgl. die Ausführungen bei Caferro (1995) über die Catasti von Andrea Banchi, Tommaso Spinelli und Medici.

über 400 RG geben und für sich selbst ein Haus für 300 RG kaufen. Mit weiteren 600 RG machte er Wechselgeschäfte auf eigene Rechnung.[1196]

Biliotti hatte in zehn Jahren ein kleines Vermögen erworben, das es ihm erlaubte, am 1. Juli 1428 mit Antonio di Ricciardo und Benedetto di Bernardo degli Alberti einen neuen Gesellschaftsvertrag für *Bartolomeo e co. di Cologna* zu schließen. Er konnte nun selber 1000 RG investieren und sich damit am Gesellschaftskapital beteiligen. Obwohl er mit weitgehenden Kompetenzen ausgestattet war, blieb er in Abhängigkeit von der Alberti-Filiale in Brügge, denn die Kölner Gesellschaft blieb eine Zweigniederlassung von *Antonio di Ricciardo degli Alberti e co. di Brugga.*[1197] Im Gegenzug wurde Biliotti nun auch Teilhaber an der Gesellschaft in Flandern.[1198] Sein Anteil am Gewinn wurde auf ein Drittel erhöht und seine Privilegien (Abzug der Lebenshaltungskosten, Recht auf Nebengeschäfte) wurden ihm bestätigt.[1199] Es war offensichtlich geplant, dass auch sein Bruder Ricco nach Köln gekommen sollte, denn die Erlaubnis, Wechsel im eigenen Namen auszustellen, wurde von den Alberti auf beide Brüder ausgedehnt.[1200] Dieser ist dort aber vermutlich nie angekommen, wie aus einem Eintrag in der Steuererklärung von Dego degli Alberti aus dem Jahre 1433 zu schließen ist. Er hatte sich an der Accomenda von Bartolomeos Bruder in Apulien beteiligt. Doch auf der Reise von Süditalien nach Venedig war Riccos Schiff untergegangen und er ertrunken. Einen schlechteren Schuldner könne man sich nicht vorstellen.[1201] Nach sechs Jahren wurde die Partnerschaft zwischen Biliotti und den Alberti aufgelöst. Ob dies eine Entscheidung der Alberti oder von Bartolomeo Biliotti war, wird durch die Quellen nicht erhellt. Zwei Jahre später stand Biliotti seinen ehemaligen *maggiori* in Florenz vor Gericht gegenüber, da noch gegenseitige Forderungen zwischen ihm und den Alberti-Unternehmungen in Basel und Rom bestanden. Seine Position als Niederlassungsleiter in Köln nahm ab dem 1. Juli 1434 Antonio di Antonio de' Rossi wahr.[1202]

1196 ASFi, Mercanzia 1322, c. 37r.

1197 ASFi, Catasto 32, c. 42v.

1198 ASFi, Mercanzia 1325, c. 263v.

1199 ASFi, Mercanzia 1322, c. 37r; 1323, c. 71r.

1200 ASFi, Mercanzia 1322, c. 37r. – Kuske (1917–1934), II, Nr. 9; Militzer (1981), S. 44, Nr. 6.

1201 ASFi, Catasto 32, c. 364v: *[...] Richo tornando di Puglia a Venezia con ritratto de' detti panni, aneghò in mezzo del mare, chome plubicha [sic] bocie e fama si dicie, con tutta la nave e roba. [...] perché più chattivo debitore non potrebbe essere, [...].*

1202 Der neue Niederlassungsleiter war der Sohn von Antonio di Tommaso de' Rossi, der 1434 aus Florenz verbannt worden war. Antonio oder Tonino di Antonio wurde zwischen 1412 und 1414 geboren. Es ist unbekannt, wo er die Jahre bis zur Übernahme der Aufgabe in Köln verbrachte. Eine Schuld seines Vaters im Jahre 1427 über f. 70 gegenüber Benedetto degli Alberti e co. zeigt, dass bereits vor der Reise an den Rhein geschäftliche Beziehungen zwischen den beiden Familien bestanden. Vgl. Kent (1978), S. 160. – Im Catasto von 1427 sind zwei weitere Männer mit dem Namen Antonio de' Rossi zu finden. Antonio di Biagio (ASFi, Catasto 73, c. 192) und Antonio di Lippo (ASFi, Catasto 67, c. 491) können aber aufgrund ihres Alters und ihrer beruflichen Tätigkeit mit dem Geschäftsführer der Alberti nicht identisch sein.

Der *governatore* der Alberti-Filiale in Brügge, Lorenzo di Niccolò di Zanobi Rinieri, musste von seinem Faktor Iacomo Guidotti eine Übersicht der in Köln zwischen 1428 und 1434 erzielten Gewinne (Tabelle 10) erstellen lassen, die aus den Büchern in Brügge erfasst wurden. Die Richtigkeit dieser Aufstellung wurde vom Konsul der Florentiner in Brügge, Marco Spinellini, bestätigt.[1203] Auffällig ist dabei der starke Rückgang des Gewinns nach 1431, der 1434 fast bis auf null schwand. Noch schlimmer erging es der Mutterunternehmung in Brügge, denn dort wurden trotz der Gewinnablieferungen aus Köln seit 1431 gar keine Gewinne mehr erzielt: *per temporali che sono stati, che asai s'è fatto a mantenere il capitale.*[1204] Welches diese im Zitat genannten Stürme waren, kann heute nicht mehr eindeutig ermittelt werden. Vermutlich sind aber die Faktoren, die den Geschäftsgang so negativ beeinflusst haben, einerseits in firmeninternen Problemen zu suchen, die kurze Zeit später zum Konkurs führten, anderseits müssen auch die Auswirkungen des Hundertjährigen Krieges und der Unruhen in Burgund berücksichtigt werden.[1205]

Tabelle 10. An die Alberti abgelieferter Gewinn der Niederlassung in Köln, 1428–34

Jahr	lbr.	s.	d.
1428	187	10	3
1429	165	5	9
1430	221	5	9
1431	147	8	9
1432	88	17	1
1433	36	4	12
1434	20	8	1

Der Wirtschaftsraum, in dem Biliotti arbeitete, lässt sich anhand von Quellen zu seinen Wechselgeschäften teilweise rekonstruieren. Zweifellos stellte er die weitaus größte Zahl der *lettere di cambio* auf die Schwestergesellschaften bei der Kurie und auf dem Konzil in Basel aus. Belege

1203 ASFi, Mercanzia 1323, cc. 70v–72r. – Spinellini war Leiter der Niederlassung von Ubertino d'Andrea de' Bardi in Brügge. Über die Aufgaben und Rechte des Konsuls der florentinischen Nation in Brügge vgl. Roover (1948a), S. 19–23.

1204 ASFi, Catasto 32, cc. 38r–42r und 45v. Ähnliche Aussage im Catasto von Dego degli Alberti von 1433: ASFi, Catasto 492, cc. 181r–182r.

1205 Keinen Einfluss hatte sicherlich eine Verlagerung von Operationen in die Niederlassung in Basel nach 1433.

dafür gibt es allerdings nur wenige. Ein Beispiel ist der Wechsel über 125 RG vom 18. Juli 1427 für Cherubin Schunghel, *prepositus in Wedmekhusen* in der Diözese Köln, der am 15. September von Tommaso Spinelli als Direktor der Alberti-Bank in Rom honoriert wurde.[1206] Rar sind auch die Beweisstücke für Zahlungen nach Venedig. Im Notariatsarchiv der Lagunenstadt ist eine Quittung erhalten, mit der *Moises Rappa quondam Jacob ebreus venetus* bestätigt, von Benedetto e Lionardo degli Alberti e co. 2 000 venezianische Gulden erhalten zu haben, die seine Frau *Mengen Gottscalchi* am 18. Mai 1424 in Köln einbezahlt hatte.[1207] In zwei weiteren Empfangsbestätigungen aus demselben Jahr sind die Auftraggeber und die Begünstigten ebenfalls Juden.[1208] In Dokumenten der Alberti-Bank in London finden sich ein Wechsel nach Köln: *Stefano Valton, cancelliere del cardinale a cambio per Cologna lb 40* und Konten für weitere offene Geschäfte.[1209] Die Bank in Köln diente auch als Knotenpunkt für Überweisungen aus dem Osten. 1419 schickte Nikolaus Bunzlau über Antonio di Giovanni Ricchi in Breslau 1 700 RG an Ordensprokurator Peter von Wormditt.[1210] Ein Jahr später schrieb der neue Prokurator Johann Tiergarten von Florenz aus an den Hochmeister, Bartholomeus Dominici habe in Köln 3 000 RG zurückbehalten, nachdem dieser vom Tod des als *beneficiario* eingesetzten Peter von Wormditt erfahren habe.[1211] Kontakte von Biliotti nach Lübeck oder Skandinavien sind keine bekannt, obwohl er einen in Brügge auf Hildebrand Veckinchusen ausgestellten Wechsel auszahlte.[1212] In der Regel bediente Biliotti die lokale und regionale Kundschaft von Kaufleuten und Klerikern, wozu viele Personen aus dem Bistum Lüttich zählten.[1213] Von Köln aus wurden wohl vor allem kleine Beträge mittels Wechsel transferiert, während das nahe Brügge für alle großen Geschäfte zuständig blieb.

Es kann kein Zweifel daran bestehen, dass die Alberti-Niederlassung in Köln im Warenhandel tätig war, doch gibt es dazu nur gerade einen einzigen Quellenbeleg. Im Catasto 1433 von Bartolomeo d'Antonio Sernelli, der in Bologna eine Niederlassung betrieb, befindet sich unter den *creditori Bartolomeo di Domenico di Chologna*: f. 38.19.0.[1214] Vermutlich war der Betrag für eine dem Kölner noch nicht bezahlte Tuchlieferung, denn Sernelli war kein Bankier.

1206 YUSA 4975, c. 32v. Der Kunde stellte dafür eine Quittung aus. – Ein weiteres Beispiel für diesen Zahlungsweg aus dem Jahre 1428 bei Hirsch (1858), S. 237.

1207 ASVe, Cancelleria Inferiore Miscellanea Notai Diversi b 5, f. 70v–71r. Ausgefertigt am 18. September 1424.

1208 ASVe, Cancelleria Inferiore Miscellanea Notai Diversi b 5, f. 83v–84r: Samuel von Andernach *(Zambbuel de Andranoch)* hat von Maier von Bacharach am 12. September 1424 duc. 90 erhalten. Dieselben am 2. November 1424 über duc. 1 100. Ich danke Caroline Wirtz für die Transkription dieser Urkunden.

1209 ASFi, Mercanzia 271, cc. 173r, 175v und 181r.

1210 Vgl. unten S. 260.

1211 Koeppen (1966), Nr. 12, S. 74; Nr. 17, S. 79.

1212 Lesnikov (1974), S. 367.

1213 ASFi, NA 12519, 9. März 1424: *Godeschalcus de Cimiterio rector parrochialis ecclesie de Buckenbielsen leodien. Dioc.* Bekommt von Tommaso Spinelli von *Lionardo de Albertis et Aldigherio* einen Kredit über duc. 42, die er in zwei Monaten bei *Bartholomeo Dominici et sotiis* in Köln zurückbezahlen muss.

1214 ASFi, Catasto 470, c. 328r.

Antonio de' Rossi e co. di Cologna

Nach dem Ausscheiden von Bartolomeo Biliotti übernahm der knapp 20-jährige Antonio di Antonio de' Rossi im Sommer 1434 für zwei Jahre die Leitung der Alberti-Niederlassung in Köln. Er war zwischen 1412 und 1414 als Sohn von Antonio di Tommaso de' Rossi zur Welt gekommen, der 1434 aus Florenz verbannt wurde.[1215] Es ist unbekannt, wo er die Jahre bis zur Übernahme der Aufgabe in Köln verbrachte. Eine Schuld seines Vaters gegenüber Benedetto degli Alberti e co. im Jahre 1427 über f. 70 zeigt, dass bereits vor der Reise an den Rhein geschäftliche Beziehungen zwischen den beiden Familien bestanden.[1216]

1436 überzog die Römer Filiale der Alberti Antonio Rossi und seinen Vorgänger als Filialleiter vor dem Gericht der Mercanzia mit Forderungen über duc. 2 022;[1217] auf der Liste der Gläubiger der in diesem Jahr fallierten Londoner Schwesterunternehmung (Alessandro Ferrantini e co.) findet sich auch *Bartholomeo di Domenicho e compagni di Cologna per loro disuso.*[1218] Benedetto degli Alberti beschuldigte die beiden ehemaligen Leiter der Kölner Niederlassung, sie hätten die Bücher gefälscht, und Bartolomeo Biliotti erzähle *favole et non vere exceptione* über die Verhältnisse der Banken in Brügge und Köln.[1219] Dennoch hat das Gericht zugunsten der beiden Florentiner in Köln entschieden.[1220]

Beim Konkurs der Muttergesellschaft in Konkurs schloss sich Rossi wie die Leiter der Schwestergesellschaft in Basel dem Unternehmensnetz von Benardo da Uzzano und Francesco Boscoli an, allerdings ohne dessen Namen zu übernehmen.[1221] Dass *Antonio de' Rossi e co. di Cologna* den Konkurs der Kurienbank Uzzano / Boscoli nicht überstand, deutet auf deren finanzielle Beteiligung an der Kölner Unternehmung hin. Vermutlich war es aber nur eine Accomenda, denn unter seinen Filialen wird sie von Boscoli nicht aufgeführt.[1222] Rossi gewann durch diese Partnerschaft für seine Wechsel den Anschluss an die Kurie, nach Genf und in die Konzilsstadt, wo sich viele Kölner aufhielten. 1437 organisierte er die Servitienzahlungen des Kölner Domprobsts Erich von Hoya für das Bistum Osnabrück, die durch Francesco Boscoli, den Leiter der Römer da-Uzzano-Gesellschaft, bei der Kammer einbezahlt wurden.[1223] Vermutlich war er auch der Bankier, der im selben Jahr eine Überweisung über 4 500 RG aus den

1215 Kent (1978), S. 160.

1216 ASFi, Catasto 65, c. 34r.

1217 ASFi, Mercanzia 7130, c. 252v.

1218 ASFi, Mercanzia 271, c. 175r.

1219 ASFi, Mercanzia 1322, c. 36v, 7. August 1436.

1220 ASFi, Mercanzia 7130, cc. 251v–255v. Vgl. Boschetto (1998), S. 121.

1221 Boschetto (1998), S. 91.

1222 ASFi, Mercanzia 4405, cc. 194v–196v: 1445 beschrieb Francesco Boscoli das Filialnetz, das er zusammen mit Bernardo da Uzzano und Bianco d'Agostino del Bene neben der Kurienbank betrieb: Barcelona (Bernardo da Uzzano e co.), Genf (Bardo di Neri e co.) und Basel (Bernardo da Uzzano e Dego degli Alberti e co.).

1223 Esch (1998), S. 281.

Opferstöcken der Kölner Kirchen an Dego degli Alberti und Antonio Gianfigliazzi in Basel durchführte.[1224]

Die meisten Belege aus Rossis Geschäftstätigkeit sind in den Büchern von Filippo di Vitaliano Borromei in London und Brügge im Jahre 1438 zu finden (Tabelle 11). Bei der ersten Transaktion hatte man in London einen Wechsel der Kölner an einen *messer Uricho abate monasterio Bonimontis in Savoia* ausbezahlt. Bei den beiden anderen Transaktionen wurden insgesamt 420 RG von Brügge an den aus Como stammenden Dionisi d'Alza in Köln transferiert. Belastet wurden alle drei Beträge dem Konto von Lorenzo di Niccolò di Zanobi Rinieri. Rossi erscheint in diesen Transaktionen nur als Händler im regionalen Wechselverkehr zwischen London, Brügge und Köln. Die Nennung eines geistlichen Kunden aus Savoyen ist aber ein Indiz für Beziehungen innerhalb des Netzwerkes da Uzzano / Boscoli nach Genf oder nach Basel.

Bis in den September 1438 ist *Antonio de' Rossi e co. di Colognia* in Köln als kommerziell aktiv nachzuweisen, denn er stellte Wechsel auf Filippo Borromei in Brügge und London aus. Er ging 1439 zusammen mit Bernardo da Uzzano und Francesco Boscoli in Konkurs. Boscoli erhob hohe Forderungen gegen ihn und ließ ihn in Brügge ins Gefängnis werfen.[1225] Erst nach mehr als vier Jahren wurde er dank des Einsatzes der Nation der Florentiner und von Iacopo de' Bardi befreit, nachdem seine Brüder sich verpflichtet hatten, für die Zahlung von f. 363 an den Gläubiger zu haften, zu denen Antonio de' Rossi durch Urteile des Gerichts des Podestà und der Mercanzia verurteilt worden war.[1226] Da sie davon nur f. 112 aufbringen konnten, mussten sie ihren ganzen Besitz an die Erben Boscolis abtreten. Im Catasto 1446 stellten sich die Rossi völlig verarmt dar, sie hätten nur Schulden: *El mobile che ci resta è solo el debito [...] stiamo in villa tralle zolle pel debito abiano col comune.*[1227] Im September 1446 verstarb Boscoli. Merkwürdigerweise besaßen die Rossi 1457 wieder eine ganze Reihe von Immobilien und Landgütern.[1228]

1224 Kuske (1956), S. 9. Die in der älteren Literatur zu findende Darstellung, dass diese Überweisung durch Bartolomeo Biliotti abgewickelt worden sei, kann nicht stimmen, da dieser und die beiden Florentiner in Basel zu dieser Zeit heftig zerstritten waren und sich als Gegner vor den Florentiner Gerichten trafen.

1225 BNCF, Ms. Panciatichi, 148 (Epistolae reipublicae florentine nomine exaratae), v. Leonardo Bruni, 1435–1444, c. 116r (1438/39): Brief der Signoria an den Rat der Stadt Brügge die Inhaftierung Rossis auf Verlangen von Lorenzo di Niccolò di Zanobi betreffend. – In diesem Kodex auf cc. 197v–198r, 23 febr. 1442 (moderner Stil 1443) ein Brief an den Rat der Stadt Köln wegen eines Streits zwischen Rossi und einem *Iohannes Inchelmacher.* Ich danke Franz Irsigler (Köln), der diesen Kölner als Johannes Angelmacher identifiziert hat.

1226 ASFi, Catasto 648 (II), cc. 528r–530r (Num. antica), cc. 533r–535r (Num. mod.) und cc. 614r–615r (Num. antica), cc. 621r–622r (Num. mod.).

1227 Als Gegenpartei trat Iacopo Villani auf, da gegen Boscoli damals ein Konkursverfahren lief.

1228 ASFi, Catasto 788 / II, cc. 812r–814r. Zu seinem Haushalt zählten: *Antonio d'Antonio (44), Giovani d'Antonio (38), Monna Brigida donna d'Antonio (25), Lisabeta figliola d'Antonio (7), Alesandra figliola d'Antonio (6), Diamante figliola d'Antonio (5), Ghabrielo figliolo d'Antonio (4), Maria figliola no legitima d'Antonio (8), Margherita figliola no legitima di Giovani e della Maria sua fante (4), Franceschа figliola di Giovanni e della detta Maria (3).* War Brigida eine Deutsche? Elisabeth ist dann wohl in Köln zur Welt gekommen.

Tabelle 11. Antonio de' Rossi in den Büchern der Borromei, 1438

London	+ MCCCCXXXVIII		
c. 215v: Antonio de' Rossi di Colognia de'avere a dì 12 di magio f. 7.18.8, sono per nobili 23 ½ netti, in messer Uricho abate monasterio Bonimontis in Savoia, a llui di cassa, fo. 202.	f. 7	s. 18	d. 8
c. 216r: Antonio de' Rossi de'avere a dì 28 di magio fiorini 7.18.8 per Lorenzo di Nicolò qui di sotto.	f. 7	s. 18	d. 8
Brügge			
c. 267r: Bernardo do Uzano e Degho degli Alberti e compagni di Baxilea per nostro conto deno avere a dì primo di giennaio fiorini 158.16.3 di grossi, f. 26.14.-, sono per altanti ponemo al libro morello di 1437 dovessimo dare a loro, fo.166. f. 158.16.3	f. 26	s. 14	d. -
c. 318v: Antonio de' Rossi di Chologna, per nostro chonto de' dare a dì 12 di septtembre fiorini 66.10, sono per f. 420 a grossi 33 per fiorino ne traemmo in Lorenzo di Nicholò di Zanobi, a lui in credito in questo, fo. 89. f. 420.0.0	f. 66	s. 10	d. -
c. 319r: Antonio de' Rossi e compagni di Chologna per nostro chonto deno avere a dì VIII d'aghosto f. 47.10, sono per fiorini 300 di Reno li traemo per nostra lettera in Dionixi Dalza, i quali traemmo al detto per conto de' Beaqui di Milano, a loro in debito in questo indrieto, fo. 197. f. 300.0.0	f. 47	s. 10	d. -
E a dì detto f. 17.8.4, sono per f. 120 di Reno li traemmo per nostra lettera nel soprascritto Dionixi, i quali traemmo loro per conto de Ghabrielo a Aghustino Ruffino, a loro in debito a questo, fo. 7. f. 120.0.0	f. 19	s. -	d. -
Somma in Colognia f. 420 di Reno, Brugia f. 66 s. 10 d. 0			

Giovanni da Magonza

Hildebrand Veckinchusen schrieb 1420, Filippo di Giovanni di ser Rucco von den Alberti antichi in Brügge habe in Mainz einen Korrespondenten: *[...] hey my breyve hevet gheven an sin ghezelle to Mensse.*[1229] Aus diesem Vorgang kann geschlossen werden, dass der Florentiner mit einem in Mainz lebenden Kaufmann als Korrespondent zusammenarbeitete. Dass es sich um den zu Beginn des Jahrhunderts als Gozzadini-Partner nachgewiesenen *Giovanni da Magonza* gehandelt haben könnte, ist nur eine Vermutung, die allein auf dem Zusatz *van dem lumbarde to Mensse* beruht.[1230] Auch die Steuererklärungen der Alberti aus dem Jahre 1427 liefern keine weiteren Erkenntnisse zu ihm, da in diesen Dokumenten keine Listen der Schuldner und Gläubiger ihrer Unternehmungen aufgeführt sind. Der Handelsherr am Rhein kann also nicht identifiziert werden. Das Fehlen weiterer Quellenbelege zu seiner Geschäftstätigkeit legt nahe, dass seine Transaktionen, die er in Verbindung mit Brügge abgerechnet hat und sehr wahrscheinlich bis nach Rom geführt haben, keine großen Umsätze generiert haben und nur kurze Zeit umspannten.

5.2.5 Giovanni d'Alberto e co.

Eine kurze Rückkehr von Cosimo de' Medici in den Kölner Markt ist in Dokumenten aus dem Jahre 1441 zu finden. Die Zentrale in Florenz schrieb damals an Bernardo Portinari, den Leiter der erst wenige Jahr zuvor gegründeten Niederlassung in Brügge, dass sie bereit sei, *lettere di cambio* der *vostri di Cologna* zu bedienen, wenn diese über ein Guthaben verfügten. Er solle diesen aber auch mitteilen, dass sie bei schriftlichen Anweisungen klarer formulieren sollten, damit keine Missverständnisse entstehen. Cosimo wollte also einer Gesellschaft die Möglichkeit einräumen, *lettere di cambio per commissionem* auszustellen, die in Flandern verrechnet werden sollten. Die anderen Medici-Niederlassungen führten kein Konto für diese Kölner, sondern hielten sich an die Bürgschaft des Schwesterunternehmens in Brügge.[1231] Die Formulierung *vostri di Cologna*

1229 Lesnikov et al. (2013), S. 543. – Ein weiteres Wechselgeschäft von Filippo di Giovanni mit Veckinchusen nach Mainz über RG 697½ datiert vom 14. Juni 1419. In der Quelle wird der *trattario* nicht genannt. Stieda (1921), S. 238.

1230 Vgl. oben S. 230.

1231 ASFi, MAP 82, Nr. 52, c. 197r: *Voi dite che quando gl'aconci vostri da Cologna ci troveremo danari come voi scrivete e così come cen'abiamo a ghovernare facieremo quanto traremo da voi, ma da ora per questa vostra siate contento che traendoci i p[...] sino a lire 1000 li sopra di voi così faremo e trovandoci di vostro si traranno loro indietro e r[imetere] per voi come ordinate, e non trovandoci di vostro siate più contenti si paghino e rimetansi per voi e d'altra parte vi si tralghi quelo ci venisse a manchare per detta cagione e tutto sopra di voi. Così faciemo. E ci avanza ancora de' detti di Cologna lire 300 e uno [...] di spici ce li domanda per loro e nnoi abiam lettera da loro e non ci dichono che le paghiamo ma bene compre[n]diamo vogl[i]ono gli si diano, ghovernansi nelo scrivere per modo che si potrebbe prendere erore, ricordate loro che ffacino per l'avenire.*

legt den Schluss nahe, dass die Brügger Medici-Niederlassung in Köln eine Agentur gegründet hatte, wie dies auch die Alberti in den Jahrzehnten davor getan hatten. Gleichzeitig sollte auch ein Korrespondent in Mainz installiert werden, wie aus einem Schreiben von Bernardo Portinari an den Hauptsitz in Florenz vom 20. Mai 1441 hervorgeht. Er habe verstanden, dass sie *Gianni da Magonza* gestatten wollten, Wechsel auf die Kurienbank bis zu einer Höhe von duc. 250 auszustellen und ihn im Gegenzug solche bis zu duc. 100 in Mainz bedienen zu lassen.[1232] Für die Geschäftsstelle in Köln gibt es keinen eindeutigen Beleg dafür, dass diese Verhandlungen zu Wechselgeschäften geführt haben. Giovanni da Magonza war im Juli 1441 in eine Transaktion involviert, an der neben ihm die Medici in Brügge und Venedig sowie der Genuese Raffaello Giustiniani beteiligt waren.[1233] Die Identität der in Köln und Mainz handelnden Kaufleute bleibt weitgehend im Dunkeln, doch kann ausgeschlossen werden, dass es sich bei ihm um den aus Bologna stammenden *Giovanni da Magonza* handelte, der mit den Gozzadini und den Alberti antichi Wechselgeschäfte gemacht hatte. Dieser Mann wäre 1441 mindestens 70 Jahre alt gewesen.

Tommaso Spinelli konnte für die apostolische Kammer am 13. September 1441 mittels eines Wechsels 550 venezianische Dukaten nach Mainz an die päpstlichen Gesandten Juan Carvajal und Nikolaus von Kues transferieren.[1234] Eine Notiz von Tommaso Spinelli, die er um 1441 geschrieben hat, steht mit großer Wahrscheinlichkeit mit dieser Transaktion in Verbindung: Er habe Papst Eugen IV. ein Darlehen über f. 2 000 gewährt, das er nach Deutschland transferiert habe.[1235] Im Zusammenhang mit Deutschen wird Spinelli in den Kammerregistern vom 17. August 1438 bis zum 1. Oktober 1446 fünfundzwanzig Male erwähnt. Auf welchem Weg er diese Gelder in die Kurie oder von dort nach Deutschland transferierte, ist im Einzelfall nicht aktenkundig.[1236] In seiner Bilanz der Borromei in Rom vom 14. März 1443 wird eine Gesellschaft *Giovanni di Alberto e compagni di Cholognia,* erwähnt und mit f. 107 s. 7 d. 7 unter den Debitoren aufgeführt.[1237] Am 15. Juli desselben Jahres wird er als Schreiber eines in Brügge geschlossenen Vergleichs zwischen Lorenzo di Niccolò di Zanobi einerseits und Tommaso Spinelli und Borromeo Borromei andererseits genannt.[1238] In einer Bilanz der Borromei-Spinelli-Bank in Rom vom Dezember 1444 ist Giovanni d'Alberto zum letzten Mal in den Quellen mit einem Bezug zu Köln nachzuweisen.[1239]

1232 ASFi, MAP 84, Nr. 91, c. 183v: *Volete se Gian di Maganza vole a cambio per costì a denari 250 glele diamo sopra di voi e rimettere per voi, così faciano bisongniandoli e auti noi vi preghamo per l'ultima vi operassi come se per noi fusse in quel debito di Bernardo contraente e conpratore che si truova a Cologna e mandamovi una vi scrisse e qui ne sia una all'ordine piaciavi durarvene a ffar anno i nostri per vigore.*

1233 ASFi, MAP 134, Nr. 1, c. 150 links. – ASFi, MAP 134, Nr. 2, c. 14v: Am 18. Juni belasteten die Medici in Brügge ihr Schwesterunternehmen in Venedig mit s. 5, weil sie für diese eine Information über eine Wechselkursverschlechterung weitergeleitet hatten.

1234 Esch (1998), S. 280.

1235 YUSA 85, 1615: *f. 2M fè paghare nella Mangnia.*

1236 Esch (1998), S. 280 und 293–295.

1237 YUSA 90, 1704, S. 1.

1238 YUSA 85, 1576

1239 YUSA 90, 1707.

Hilfen für die Identifikation von Giovanni d'Alberto konnten im Spinelli-Archiv gefunden werden, denn in vier Dokumenten aus den Jahren 1435 bis 1445 wird ein Giovanni d'Alberto di Zanobi *di Firenze* als Gläubiger von Lorenzo di Niccolò di Zanobi *abitante a Bruggia* genannt.[1240] Diese seltene Kombination von Vornamen findet sich zu dieser Zeit nur in der Familie Rinieri (vlg. Stammbaum 8).[1241] Ein Zanobi di Berto Rinieri hatte Söhne namens Niccolò und Alberto. Alberto wurde um 1355 geboren und war wie sein Vater als Wollhändler in der *Arte della lana* eingeschrieben.[1242] Er war geschäftlich erfolgreicher als sein Bruder Niccolò, der im Jahre 1400 wegen Teilnahme an einer Verschwörung aus Florenz verbannt wurde und sich nach Brügge absetzte, wo sein Sohn Lorenzo zum Filialleiter der Alberti-Bank aufstieg.[1243] Alberto starb um 1420 und hinterließ seinen Söhnen Smeraldo und Giovanni, die beide unverheiratet blieben, ein ansehnliches Vermögen, das im Catasto von 1427 auf f. 5837 beziffert wurde und sie im Quartier von S. Croce immerhin auf den 35. Platz der Steuerzahlerliste brachte.[1244]

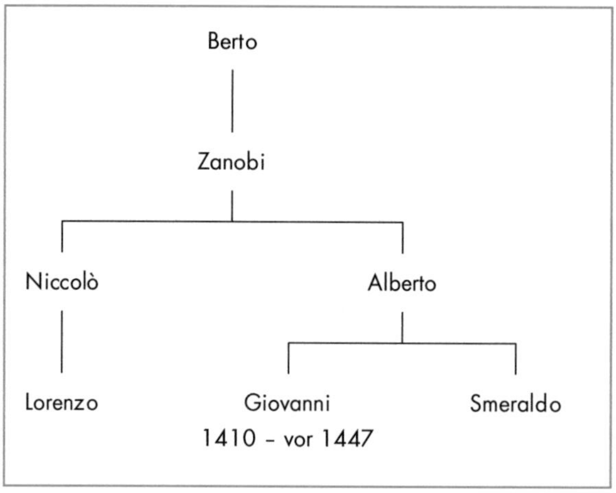

Stammbaum 8. Rinieri (stark vereinfacht)

1240 YUSA 292, 5263–64, 1435 November 20; 85, 1576, 1443 Juli 4; 85, 1577, 1443 Juli 15; 85, 1578, 1444 Dezember 10; 113, 2180, 1445 Mai 26. Ein Dokument bezieht sich auf Niccolò Rinieri: YUSA 295, 5321–22, 1433.

1241 Preyer (1983), S. 389 stellte fest, dass diese Familie, wie viele andere auch, in Dokumenten nur sehr selten den Familiennamen verwendete.

1242 Preyer (1983), S. 393–395 über die Bedeutung von Alberto: „Alberto di Zanobi belonged to a well-established family, with a solid background in the merchant economy of the city, moderate participation in politics, and a pattern of going outside his small lineage to establish connections with important people."

1243 Preyer (1983), S. 395.

1244 Zum Vermögen der Rinieri vgl. Martines (1963), S. 366. In den Prestanze von 1403 war Alberto di Zanobi auf dem 34. Platz in S. Croce, vgl. Martines (1963), S. 353. Martines hält diese beiden Männer allerdings fälschlicherweise für Mitglieder der Familie Alberti. – Catasto 72, c. 230 ff.: Smeraldo ist 30 und sein Bruder Giovanni 16. Sie verfügen über ein Vermögen von über f. 5000. Es werden keine Beteiligungen an

Die Rinieri waren in diesen Jahren als Seidenhändler in England tätig und Giovanni Benci erwähnt die *settaiuoli Giovanni di Alberto Rinieri di Pisa,* die von Filippo Rinieri e Piero Neretti e co. di Pisa weitergeführt wurde.[1245] Lorenzo di Niccolò war durch den Alberti-Konkurs vermutlich auch selber in Schwierigkeiten geraten.[1246] In den folgenden Jahren war er für die in Venedig beheimateten Borromei in Brügge tätig. Giovanni d'Alberto vertrat die Interessen seines Vetters am 13. Juni 1436 vor der Mercanzia und hielt sich nachweislich in Deutschland auf.[1247] Lorenzo di Niccolò in Brügge arbeitete in Köln zuerst mit Antonio de' Rossi zusammen, von dem er über Filippo Borromei am 12. September 1438 einen Wechsel über f. 420 erhielt.[1248] Es kann davon ausgegangen werden, dass die Gesellschaft Giovanni d'Alberto e co. in Köln eröffnet wurde, als Antonio de' Rossi 1439 in Konkurs ging, da die Rinieri dadurch ihre Verbindung in die Stadt am Rhein verloren. Eine Zusammenarbeit mit ihrem Gegner Bartolomeo Biliotti kam mit Sicherheit nicht in Frage. Die wenigen belegten kommerziellen Kontakte mit Cosimo de' Medici und Tommaso Spinelli sprechen für eine sehr kurze und wenig erfolgreiche Banktätigkeit dieser Niederlassung. Nach Brenda Preyer zeigt eine Vollmachtserklärung vom 8. Januar 1444 Giovanni d'Alberto zum letzten Mal am Leben.[1249]

5.2.6 Bartolomeo di Domenico Biliotti e co.

Als er bemerkte, dass die Muttergesellschaft in Schieflage geriet, trennte sich Bartolomeo Biliotti am 30. Juni 1434 von ihr und gründete eine Einzelfirma. Diese zeichnete unter demselben Namen *Bartolomeo di Domenico Biliotti e co.* wie die alte Partnerschaft mit den Alberti, sodass in Köln für kurze Zeit zwei Banken mit demselben Namen existierten. Er hat vermutlich einen großen Teil des Kundenstammes dank seiner über Jahre in Köln erworbenen Reputation in seine eigene Gesellschaft übernommen.[1250] Die innere Geschichte dieser Gesellschaft bleibt

---

Gesellschaften erwähnt. Im Catasto ist der Name Alberti viel später (von einem Historiker?) mit Bleistift hinzugefügt worden.

1245 ASFi, Mercanzia 271, c. 180r. Alessandro Ferrantini hat von den Rinieri im Oktober 1434 Geld erhalten. – ASFi, Carte Strozziane II, Nr. 19, c. 20v.

1246 Vgl. oben S. 141.

1247 ASFi, Mercanzia 4387, 1436 giugno 13. – AOIF 12735, c. 173 links: Einem Giovanni d'Alberto wurde am 9. Februar 1442 in Florenz durch die Bank von Antonio della Casa ein Wechsel bedient, den er am 10. Januar in Basel bei Dego degli Alberti erhalten hatte. Er soll für ein Pferd gewesen sein, das er jenseits der Alpen gelassen hatte.

1248 ABIB. Mastro 8, c. 318v.

1249 Der letzte der beiden Brüder (Smeraldo oder Giovanni) starb 1447. ASFi, Conventi soppressi 92, 124, fol. 36v. – Preyer (1983), S. 397 in ASFi, NA 15597, c. 133r. – Ein Giovanni di Alberto Rinieri di Pisa wird in einem *libro segreto* von Amerigo Benci aus den Jahren 1459–76 genannt: ASFi, Carte Strozziane II, Nr. 19.

1250 Es ist sehr unsicher, ob er der Bankier war, der 1437 im Auftrag der Stadt Köln aus den Opferstöcken der Konzilsbank von Dego degli Alberti 4600 RG anwies, denn mit Dego hatte er zu dieser Zeit eine heftige

weitgehend ungeklärt, denn über die Besitzverhältnisse, die Organisationsstruktur, das Personal und die Gewinnentwicklung können nur noch wenige Fakten zusammengetragen werden.

Cosimo de' Medici und seine Bankfilialen standen mit Biliotti zwischen 1434 und 1438 mehrfach in Kontakt, doch sind die Quellen zu wenig aussagekräftig, um ihn als Nachfolger des verstorbenen Simone Sassolini in der Funktion des Kölner Korrespondenten zu bezeichnen.[1251] Sein Name taucht 1436 anlässlich eines Aufenthaltes in der Markusstadt in den Geschäftsbüchern der Medici auf.[1252] Er hat hier Bargeld in Empfang genommen, das ihm Giovanni de' Benci von Florenz im Auftrag der Medici-Agentur in Genf angewiesen hat. Biliotti war damals wohl auf der Rückreise von Florenz, wo er in den diversen Prozessen im Zusammenhang mit dem Bankrott der Alberti vor der Mercanzia hatte aussagen müssen.[1253] Er war mit großer Sicherheit der Bankier, über den 1438 die Kurienbank der Medici f. 200 an den päpstlichen Gesandten angewiesen hat, der zur Königswahl gereist war.[1254] Cosimo überließ das Wechselgeschäft mit Biliotti in Köln im Jahre 1439 seinem langjährigen Mitarbeiter Antonio della Casa, als sich dieser 1439 selbstständig machte.[1255] Die erhaltenen Rechnungsbücher der Kurienbank zeigen bis 1446 einen regen Handel mit Wechselbriefen mit kleinen Transferbeträgen. Ein Wechsel über 290 RG war die größte Summe, an deren Überweisung Biliotti beteiligt war. Er war spezialisiert auf den kleinen Zahlungsverkehr im Auftrag von Klerikern und Kaufleuten aus Köln und den westlich und nördlich angrenzen Bistümern. Große Servitien- oder Annatenzahlungen wickelte er nicht ab, denn diese überstiegen wohl die Volumen, die er mit seinem Geschäftskapital bewältigen konnte. Die Beziehungen zu den Medici und zu Antonio della Casa waren mit Sicherheit nicht mehr als reine Korrespondentenverhältnisse. Die enge Zusammenarbeit mit den Bardi in Brügge hingegen lässt nicht ausschließen, dass diese an der Kölner Gesellschaft finanziell beteiligt waren.

Aus den Kölner Archiven sind ein paar wenige von Biliottis Kreditgeschäften mit Deutschen bekannt. Sie zeigen, dass er Geld im lokalen Markt mit Leibrenten investierte, die er 1434 und 1438 von Kölner Bürgern kaufte.[1256] Vom Warenhandel Biliottis ist fast nichts bekannt. Da er in Brügge und Venedig handelte und gelegentlich auch seine Heimatstadt besuchte, liegt es nahe anzunehmen, dass er im Norden mit kostbaren Stoffen Profit zu machen suchte. Es fehlen allerdings Quellen, die Aufschluss geben könnten. 1435 ist in den Büchern der Medici

---

Auseinandersetzung vor der Mercanzia. Historisches Archiv der Stadt Köln, Urkunde 11283. – Kuske (1908), S. 402.

1251 Vgl. oben S. 129.

1252 ASFi, MAP 134, Nr. 1, c. 115r.

1253 Biliotti deponierte am 14. und 15. November eine Aussage vor dem Gericht der Mercanzia. Vgl. ASFi, Mercanzia 1323, cc. 70v–72r.

1254 Esch (1998), S. 287.

1255 AOIF 12737, c. 199v. – Vgl. oben S. 178.

1256 Historisches Archiv der Stadt Köln, Schrsb. 181, 36b 1; 85, 36b 3.

in Venedig von *oro di Cholongnia chonprato* die Rede, doch fehlt ein Hinweis auf Biliotti.[1257] Die vielen Zahlungseingänge bei venezianischen Handelsherren, die diese Biliottis Konto bei Antonio della Casa in Rom gutschrieben, weisen auf umfangreiche Warenverkäufe in der Lagunenstadt hin, denn Bargeld oder Goldbarren wären sicher nach Brügge gebracht worden. Welche Waren dies aber waren, lässt sich anhand der Buchungseinträge nicht ermitteln.[1258]

Im Herbst 1445 befand sich Biliotti in großen geschäftlichen Schwierigkeiten, denn zwei Wechsel, mit denen Antonio della Casa e co. sein Konto ausgleichen wollte, wurden protestiert und kamen zurück. Antonio Partini in Venedig und die Bardi in Florenz waren nicht bereit, Wechsel zu honorieren, die sie auf das Konto von Bartolomeo Biliotti hätten belasten sollen: *no' lo volsono paghare e tornoron con protesto.*[1259] Nach diesem Ereignis nahm das Geschäftsvolumen zwischen della Casa und Biliotti markant ab und am 12. April 1446 wurde in Rom zum letzten Mal eine *lettera di cambio* des Florentiners in Köln honoriert. Sein Konto wurde am 1. Mai durch einen Wechsel zu seinen Lasten auf Iacopo Benzi in Venedig zugunsten von Antonio Partini ausgeglichen und geschlossen.[1260] Hintergrund von Biliottis Problemen waren Forderungen an ihn durch den Kölner Kleriker Johannes Cabebe de Werda im Jahre 1444. Obwohl zu diesem Streitfall mehrere Dokumente erhalten sind, lässt er sich nicht mehr klären. Ausgangspunkt scheint ein Depositum in Höhe von f. 9 500 zu sein, das 1438 bei den Medici in Ferrara hinterlegt wurde und aus dem Nachlass des reichen Kurienklerikers Hermann Dwerg stammen soll. Sechs Jahre später versuchten Bevollmächtigte vergeblich, dieses Geld bei den Medici in Brügge einzufordern. Schließlich richtete sich die Klage gegen Biliotti, der sich dagegen mit juristischen Mitteln zur Wehr setzte.[1261]

Biliotti wurde in seinem Haus bei der Predigerkirche von einem Landsmann ermordet. Dies muss vor dem 22. Januar 1450 geschehen sein, da der Rat der Stadt Köln an diesem Tag sich in die Verwaltung seines Erbes einschaltete.[1262] Der Greve Joeris Schynck hatte Biliottis Nachlass unrechtmäßig an sich genommen und musste durch den Rat zur Herausgabe gezwungen werden. Als Testamentsvollstrecker wurden Johan van der Arcken, Johan van Duyren, Johan van Stralen und Johannes Bruwer eingesetzt, die davon Grab, Begängnis und offene Rechnungen begleichen sollten. Das verbleibende Geld wurde nach einem Jahr und einem Tag für das

1257 ASFi, MAP 134, Nr. 1 (13. Oktober 1436): *A 'Ntonio Chanacci lire sei s. 2 di grossi, e per lui gli demmo a Iachopo di Bernabo, portò il detto chontanti, sono per oro di Cholongnia chonprato per lui; posto a libro di mercatantie, a c. 117, sino a dì 11.*

1258 Vgl. oben S. 428.

1259 AOIF 12737, c. 32 links.

1260 AOIF 12737, c. 76 links.

1261 ASFi, Diplomatico, Medici, 1438 dicembre 22 und 1439 marzo 4; Historisches Archiv der Stadt Köln, A 17, Briefbücher, 7. Februar 1444–31. Dezember 1445, f. 40b, 1444 August 7. Vgl. Höhlbaum (1890), S. 11; Kuske (1917–1934), S. 360–361; Camerani Marri (1951), S. 52–53; Hirschfelder (1994), S. 81.

1262 Historisches Archiv der Stadt Köln, Urkundekopiar 3, f. 125. – Schulte (1900), S. 304; Kuske (1908), S. 402; Kuske (1917–1934), II, Nr. 9; Militzer (1981), S. 44; Huiskes (1990), Donnerstag, 22. Januar 1450.

Heil der Seelen verwendet.[1263] Die drei Bevollmächtigten händigten gemäß ihres Auftrags dem Johann von Scheydam 17 RG aus, die er Biliotti für einen Wechsel nach Rom bezahlt hatte, den er aber dort nicht auszahlen ließ. Welche Kurienbank damit bezogen war, erhellt sich aus den Aufzeichnungen zu diesem Vorgang nicht, sodass ungeklärt bleibt, ob Biliotti auch nach seiner Trennung von della Casa im Zahlungsverkehr mit der Kurie tätig war.[1264] In den Florentiner Archivbeständen sind keine Akten zu finden, die sich mit der Liquidation der Biliotti-Gesellschaft in Köln oder mit seinem Testament und Nachlass beschäftigen. Die Signoria und die Mercanzia scheinen in Köln auch wegen seiner Ermordung keinerlei Nachforschungen angestellt zu haben.

Wer aber war dieser Landsmann, der Biliotti ermordete? In den Kölner Quellen wird sein Name nicht genannt und auch keine Bestrafung erwähnt. Eine äußerst dünne Indizienkette führt zu einem Mann, gegen den aber kein einziger Beweis vorliegt. Gemäß einem Dokument vom 20. August 1447 lebte *Borgognone, filii olim Pieri Amari de Gyanfigliatis de Florentia, incole nostri* in Köln. Die Stadt bestätigte in dieser Urkunde der Signoria in Florenz, dass ein Heinrich Gobelin van Dulken tatsächlich ein kaiserlicher Notar und Stadtschreiber sei und für diesen Gianfigliazzi eine Prokura unterschrieben habe.[1265] Borgognone di Piero Gianfigliazzi war gemäß Catasto von 1446 damals 30 Jahre alt und ohne Vermögen. Die Erbschaft seines Vaters scheint er zusammen mit Malpiglio Ciccioni bei Geschäften in Sizilien verloren zu haben, wo er 1442 nachgewiesen ist.[1266] Zur Zeit des Abfassens der Steuererklärung lebte er nicht in Florenz, doch wurde der Wohnort nicht angegeben.[1267] Es kann also durchaus sein, dass er damals schon einige Zeit in Köln lebte und als Mitarbeiter bei Biliotti arbeitete. Zwischen 1452 und 1461 lebte er als Handelsherr in Genf, wo er auch das Bürgerrecht annahm.[1268]

1263 Historisches Archiv der Stadt Köln, A 2M, Ratsmemorial, 1440–1472, fol. 46.

1264 Historisches Archiv der Stadt Köln, B 3, Urkundenkopiar (‚Kopiar C'), 15. Jh. (1422–1467), fol. 125. Vgl. Knipping (1896), S. 315.

1265 Kuske (1917–1934), IV, S. 98, Nr. 10.

1266 ASFi, Catasto 75, c. 26r. Borgognone war der um zwei Jahre jüngere Bruder von Amari di Piero, der als zwölf-Jähriger im Catasto als Haushaltsvorstand angegeben wurde. Ihre Mutter war damals 34 Jahre alt. – Catasto 456, c. 141r; Catasto 619, c. 184r.

1267 ASFi, Catasto 669, cc. 401v–402v: *Borghognione di Piero d'Amari Gianfigliazzi, il quale si truova fuori di qui, sanza alchuno aviamento e per lo passato era stato in Cicilia con Malpiglio Ciccioni e con lui insieme è mal chapitato. Teste: Borghognone, d'età d'anno 30 in circha, sanza aviamento chome si dice di sopra.*

1268 Cassandro (1994b), S. 238.

5.2.7 Abel Kalthoff

Nach dem Ende der Bank von Bartolomeo Biliotti entstand in Köln eine Lücke im florentinischen Zahlungssystem, da hier Antonio della Casa seinen Korrespondenten verlor und keinen neuen Partner in seine Korrespondentenstruktur einband. Cosimo de' Medici und sein Filialleiter in Rom schätzten die Gewinnaussichten oder den Bedarf nach dieser Verbindung offensichtlich anders ein. Vom 20. September 1447 datiert ihr erstes überliefertes Geschäft mit dem neu gewonnenen Korrespondenten in Köln. Es wird in einem Brief von Carlo de' Ricci, einem der leitenden Angestellten der Kurienbank, an den Kölner Kaufmann Abel Kalthoff erwähnt.[1269] Dieser hatte in den Dreißigerjahren in Spanien gelebt, wo er 1434 als Leiter der Niederlassung der Stralen-Kalthoff-Gesellschaft nachgewiesen ist. Dieses Handelshaus gilt als „der führende Kölner Südeuropakonzern" dieser Epoche.[1270] Nachdem er 1447 durch einen Enkel Stralens in Spanien abgelöst wurde, kehrte er in die Gesellschaftszentrale nach Köln zurück, um kurz darauf die Verbindung mit den Medici zu betreuen.[1271]

Im zitierten Brief zog Ricci eine Bilanz über die durch Kalthoff in Köln ausgestellten Wechsel. Insgesamt hatte er die Medici-Bank in Rom mit f. 338 bezogen, wovon diese bereits f. 258 ausbezahlt hatte, die restlichen f. 130 *si resta a paghare.* Die *datori* dieser Gelder sind unbekannt; nur ein paar der Begünstigten werden genannt: *Nicholò Senepp* (f. 27), *Bernardo d'Altoren* (f. 8), *Nicholò di Franch* (f. 8), *Wernero Sichen* (f. 15), *Matteo Uberti* (f. 18) und ein Prokurator namens *Piero Conte* (f. 50). Die Quittungen wurden den Medici in Brügge geschickt, die sie nach Köln weiterleiteten, damit Kalthoff die Beträge den Florentinern gutschrieb. Er war also kein direkter Korrespondent, sondern arbeitete im Kommissionsverhältnis über die Medici in Brügge, mit denen er alle Einzelheiten der Zusammenarbeit zu regeln hatte. Kalthoff wurde in Aussicht gestellt, dass alle seine Wechsel bedient würden *(pagheremo tutto che quello avete tratto),* wenn auch die Florentiner in Gegenrichtung nur wenig Umsatz mit Köln erwarteten: *Siamo cierti che pichola chosa acchadrà trarre.* Es mag ihm in der Vergangenheit seltsam erschienen sein, dass man ihm zeitweise das Schreiben von Wechseln untersagt habe *(Avendo levato la chomissione a vvoi, cioè che più non chomettiate).* Die Gründe für diesen Entscheid seien das große Sterben wegen Seuchen in Rom und ungünstige Wechselkursentwicklungen in Brügge und Venedig gewesen. Diese Entwicklungen hatten dazu geführt, dass sie auf jeder seiner *lettere di cambio*

1269 ASFi, MAP 82, Nr. 179. Der Brief datiert vom 7. Februar 1448. Möglicherweise ist er in der Forschung bislang unbeachtet geblieben, weil er in den florentinischen Inventaren unter dem irreführenden Empfängernamen „Abel Ralchoff" geführt wird.

1270 Kuske (1908), S. 8; Roover (1963), S. 128 und 209; Irsigler (1979); Kellenbenz (1985), S. 339; Hirschfelder (1994), S. 83 und 487. Kalthof war 1434 persönlich in Valencia und organisierte einen Direkthandel zwischen Barcelona und London (HUB, VIII, S. 5 und 14–15). Er war mehrfach in Antwerpen (HUB, IX, S. 5 und 621) und handelte auch in Brügge mit Italienern (Kuske (1908), S. 410 und 416), ferner vermittelte er Kontakte zu römischen Bankiers.

1271 Hirschfelder (1994), S. 14.

vier Prozent Verlust gemacht haben. Er müsse deshalb in Brügge neue Bedingungen aushandeln, die nicht mehr auf dem abgemachten Verrechnungsverhältnis der Währungen von 50 ½ Grossi für einen Dukaten *(grossi 50 ½ per uno duchato che paghassimo qui)* beruhen könnten. Nur wenn beide Seiten keinen Verlust machten, werde die Freundschaft lange andauern: *l'amicizzia dura più e chontinovasi lunghamente.* Die beiden Handelshäuser kannten sich scheinbar bereits gut, denn die Handschriften der Leiter waren an beiden Orten bekannt: *Voi intendiate bene la mano di Ruberto e di Lionardo, e sì intendiamo benissimo la vostra.*[1272] Er solle also nur *lettere* von Roberto Martelli, Lionardo Vernacci und Carlo de' Ricci honorieren.[1273] Dennoch war Kalthoff offensichtlich noch wenig erfahren im Handel mit den Wechselbriefen, denn dem Brief wurde eine Beschreibung beigelegt, wie sie Wechsel ausfertigten *in che modo facciamo le lettere di chambio,* die leider nicht erhalten ist.

Die Zusammenarbeit Kalthoff-Medici dauerte mehrere Jahre. In buchhalterischen Aufzeichnungen der Medici-Bank in Florenz aus dem Jahre 1455 ist er der einzige deutsche Korrespondent: *Abello Chatolfo, Abello Chatolff e compagni, Abello Kaltoffe, Abello Katoff.* Auch zu diesem Zeitpunkt war er bei den Medici immer noch auf ein Kommissionsverhältnis beschränkt, denn die Niederlassung in Brügge müsste dafür garantieren: *traemo a Chologna per sua lettera per conto di nostri di Bruggia.*[1274] Die letzte Erwähnung seines Namens in Verbindung mit den Florentinern stellt ein Wechsel über duc. 15 dar, der von der Mailänder Filiale der Medici am 21. April 1459 an Wilhelm van Brielle ausbezahlt wurde.[1275]

Abel Kalthoff war der erste deutsche Bankier, der zur gleichen Zeit mit mehreren Florentinern geschäftliche Beziehungen pflegte. 1454 erhielten drei Kölner in Rom ein Darlehen über 55 Kammerdukaten, das entweder bei Francesco Baroncelli oder bei ihm in Köln zurückzuzahlen war. Die Kurienkleriker Albrant, Crumdick und Nathege waren bereit, für dieses Geld zu bürgen. Da in Köln aber kein Geld einging, musste Jost Albrant für die Summe geradestehen. Er wandte sich deshalb an die Stadt Köln, damit sie für die Zahlung sorge.[1276] *Abello Chaltos di Cholongnia* findet sich im Catasto von 1457 denn auch unter den Debitoren von Francesco Baroncelli & Guglielmo Rucellai e co. Er schuldete den Florentinern f. 416. Als direkten Korrespondenten nennen ihn auch die Bilanzen der Kurienbanken Rinaldo della Luna e co.

1272 Vgl. S. 509.

1273 ASFi, MAP 134, Nr. 3, c. 46v: Die Medici sollten anderseits nur von Kalthoff selber geschrieben Wechsel bedienen, wie in Florenz im Jahre 1455 festgehalten wurde: *per loro abbiamo a dare compimento, come ci scrissono per loro d'avviso, per mano di Abello Katoff e non d'altro.*

1274 ASFi, MAP 134, Nr. 3, cc. 3r, 13v und 46v. Sieveking (1906), S. 24–25; Roover (1963), S. 128–129.

1275 ASFi, MAP 134, Nr. 4; Sieveking (1906), S. 41; Kuske (1908), S. 415. – Esch (2007), S. 379 berichtet von einem Kleriker aus Münster, dessen in Köln ausgestellte Wechsel 1463 in Rom nicht honoriert werden. Da aber die Banken in Köln und Rom nicht mit Namen genannt werden, kann diese Aussage kaum interpretiert werden. Die Aussage, die Medici hätten die Wechsel von Kalthoff nicht mehr bezahlt, da er verstorben sei, wäre reine Spekulation.

1276 Kuske (1908), S. 416; Kuske (1917–1934), II, Nr. 123 und 174; Kuske (1956), S. 23; Hirschfelder (1994), S. 86.

und Tommaso Spinelli e co.[1277] sowie Niccolò di Piero da Meleto, der in Bologna eine Bank betrieb.[1278] Kalthoff scheint zeitweise der einzige Bankier in Deutschland gewesen zu sein, der in der Lage war, als Zahlstelle für Kredite bei florentinischen Bankiers in Rom zu dienen. Dies lässt ein Brief aus dem Jahre 1456 vermuten, in dem ein Gesandter aus Rom schrieb, er könne das für die Gründungsbulle der Universität Greifswald benötigte Geld nicht über Lübeck oder Nürnberg beziehen, sondern nur mit Verpflichtung in Köln erhalten, wo für zwei Dukaten drei Rheinische Gulden gerechnet würden. In Köln konnte wohl nur Kalthoffs Bank für dieses Geschäft infrage kommen: *non valeo habere pecunias hac ad solvendum in Lubec nec Norinberghe. Oportet capere ergo ad solvendum Colonie pro duobus ducatis tres florenos rinenses.*[1279] 1458 wurden bei ihm in Köln 196½ RG für Enea Silvio Piccolomini gelegt.[1280]

In der Römer Bilanz von Tommaso Spinelli vom 5. Juni 1460 werden wieder Kunden und *Abel Chaltoff di Cholognia* aus Köln genannt.[1281] Eine ganze Reihe von Deutschen hatte in Rom kleine Darlehen aufgenommen und sich verpflichtet, diese in Köln oder Brügge zurückzuzahlen.[1282] Da Spinelli für Kalthoff in Rom ein *per nostro conto* führte, wird deutlich, dass die beiden Bankiers in einem direkten Korrespondentenverhältnis standen. Die Gesellschaft van-Stralen-Kalthoff war in Brügge und Venedig so bekannt und kreditwürdig, dass dem Florentiner das Risiko einer offenen Zusammenarbeit nicht zu groß erschien. Da sich Kalthoffs Guthaben in der Spinelli-Bilanz vom April 1462 unverändert auf f. 32 belief und die Kölner Kleriker nun zur Begleichung ihrer Schulden, die sich nur auf f. 26 beliefen, beim Bankhaus der da Rabatta in Brügge verpflichtet waren, muss die Kooperation wohl wegen Kalthoffs Tod bereits längere Zeit beendet gewesen sein.[1283] Fünf Jahre später wird noch einmal ein Teilhaber der großen Kölner Gesellschaft in den Büchern der Spinelli aufgeführt. Sie hatten in Rom Wechsel von Goswin van Stralen honoriert, die in Kommission über Niccodemo Spinelli in Venedig abgerechnet wurden.[1284] Vom selben Bankier sind auch zwei *lettere di cambio* von 1467 und 1468 erhalten, in denen er jeweilen am 23. Januar einem Bartholomeus von Luxemburg *(Lutzelenburch)* 30 Kammerdukaten sandte.[1285] Dies waren aber nur noch Einzelgeschäfte, die keinesfalls den Umsatz Kalthoffs in den Fünfzigerjahren erreichten.

1277 Della Luna: ASFi, Catasto 818, cc. 106r–108v; Spinelli: Catasto 804, cc. 14r–24r; Baroncelli: Catasto 798, cc. 103r–108v und 799, cc. 83r–99v.

1278 ASFi, Catasto 801, c. 1243. Kalthoff hatte ein Guthaben über f. 30.

1279 Esch (1975), S. 136, Anm. 23.

1280 Löhr (1909), S. 37.

1281 YUSA 90, 1722.

1282 Vgl. oben S. 438.

1283 YUSA 90, 1729, S. 5. Die Verpflichtungsformel lautete: *a rendere a Bruggia da Rabatta.*

1284 Bilanz von Lionardo Spinelli e co. di Corte vom 31. März 1467: *Giaosmino da Strolen di Chologna per lettere di chambio. A in mano la quietanza Nichodemo Spinelli e debbe li rischuotere per noi a dì 4 di magio prossimo: f. 83.* YUSA 91, 1742, S. 9. – Die Gesellschaft hatte in Venedig spätestens seit 1450 einen eigenen ständigen Faktor: Peter Kuefues. Kuske (1956), S. 30–31; Braunstein (2016), S. 247–250.

1285 Vgl. unten S. 569.

5.2.8 Oberdeutsche in Köln

In der zweiten Hälfte der Sechzigerjahre arbeiteten die Spinelli in Köln mit dem Faktor des großen Augsburger Handelshauses Meuting, Niklaus Perckheimer, zusammen.[1286] 17 seiner Wechsel sind erhalten, von den in Rom von den Empfängern ausgestellten Quittungen sind 18 auf uns gekommen. Insgesamt lassen sich anhand dieser Dokumente 24 Transaktionen nachvollziehen. Der erste Brief wurde am 3. Januar 1467 in Deutschland verfasst, der letzte am 1. April 1469.[1287] Spätestens zwei Jahre später kamen die Beziehungen der Spinelli mit Köln zum Erliegen, als die Kooperation mit Ludwig Meutings Gesellschaften eingestellt wurde. Wie schon bei den Transfers zwischen Biliotti und della Casa waren die Beträge sehr klein (neun bis 100 Kammerdukaten) und rührten wohl vor allem aus der Versorgung von Kurienangehörigen und Prokuratoren mit Geld für ihren täglichen Bedarf. Mit dem großen kurialen Zahlungsverkehr der Servitien, Annaten und Kollektorengelder hatten sie nichts zu tun. Der Kundenkreis konzentrierte sich hingegen mehr auf Köln und die angrenzenden deutschen Diözesen. Kleriker aus Lüttich, die einen großen Anteil an Biliottis Umsatz ausmachten, wurden von Perckheimer nicht bedient. Dies verwundert nicht, wenn man in Betracht zieht, dass Perckheimer das Zentrum seiner Finanzdienstleistungen in Nürnberg sehen musste und nicht in Brügge. Diese Perspektive war wohl identisch mit derjenigen Spinellis, der sein wichtigstes deutsches Ziel damals ebenfalls in der Stadt an der Pegnitz sah. Er wickelte deshalb größere Geschäfte, die durch die Meuting in Köln nicht übernommen werden konnten, über Nürnberg ab. Der Kanzler des Kölner Erzbischofs wurde beispielsweise 1467 verpflichtet, die Zahlungen für die Lieferung von Seide über die Meichsner in Nürnberg zu machen.[1288]

Der Nürnberger Konrad Paumgartner unterhielt in Köln eine Niederlassung, die von seinem Teilhaber Hans Menger geleitet wurde. Über diesen Bankier erhielt der Kölner Archidiakon Enea Silvio Piccolomini mehrfach Geld, das ihm in Rom von den Medici ausbezahlt wurde.[1289] In den Kammerregistern findet sich sein Name am 23. Juli 1466, da er sich geweigert hatte, eine *lettera di cambio* von Piero e Giovanni de' Medici e co. di Corte zu honorieren.[1290] Der Grund für dieses Verhalten ist einfach zu erkennen, denn es hätte jeder kaufmännischen Logik widersprochen, nachdem die Muttergesellschaft von Anton Paumgartner kurz zuvor in Konkurs gegangen war. Nach dieser misslungenen Transaktion war nicht nur diese Kooperation beendet, sondern das ganze direkte Engagement der Medici in Köln. In den folgenden Jahren konzentrierten sie ihre Geldgeschäfte mit Nordwesteuropa ganz auf Brügge. So schickte 1466

1286 Perckheimer stammte aus Augsburg, wo er in den Quellen auch Pergheimer genannt wird. Er war mit der berühmten Kaufmannsfamilie Pirckheimer aus Nürnberg nicht verwandt.

1287 Vgl. die Liste dieser Spinelli-Wechsel unten S. 567.

1288 YUSA 91, 1742, S. 10.

1289 Löhr (1909), S. 37.

1290 Esch (2007), S. 379.

die Kurie die Bestätigung des Erzbischofs Heinrich von Bremen für das Bistum Münster an den Leiter der Medici-Niederlassung in Brügge *(banckier),* Tommaso Portinari. Gegen Zahlung von 9 038 RG konnte der Kirchenmann seine Urkunde dort einlösen.[1291]

5.3 Breslau

5.3.1 Antonio di Giovanni de' Ricchi

1410 ließ sich in Breslau der Florentiner Antonio di Giovanni di ser Matteo als Handelsmann nieder. Viele Jahre wurde er in den städtischen Büchern als *Mitewoner* bezeichnet, bis er 1419 das Bürgerrecht annahm und Liegenschaften erwarb.[1292] In der Geschichte Schlesiens hat er nicht nur Spuren als Kaufmann hinterlassen, sondern ist wohl auch der *Anthonius Wale,* der als Autor des schlesischen „Walenbüchleins" genannt wird, eines Textes mit Wegbeschreibungen zu Schätzen, Goldadern und Erzlagerstätten.[1293] In Florenz war es im 15. Jahrhundert durchaus üblich, statt eines Familiennamens nur den Vornamen des Vaters und manchmal auch noch des Großvaters anzugeben. Bei *Antonius dem Walen* hat diese Aneinanderreihung von Vornamen in der Fachliteratur für einige Verwirrung gesorgt. So wird er irrtümlicherweise zu einem Mitglied der Familie Ricci oder gar zu einem Verwandten der Medici gemacht. Klarheit schaffen Florentiner Gerichtsakten, die Catasto-Abgaben dieser Familie und die in den Tratte erfassten Daten, wo überall der vollständige Name verwendet wurde: *Antonio di Giovanni di ser Matteo di Paolo Ricchi.*[1294] Die sprachliche Nähe von *Ricchi* und *Ricci* vor allem in lateinischen Urkunden hat wohl viel zu dieser Konfusion um den Familiennamen beigetragen. In der Geschichtsschreibung sorgt weiter für Verwirrung, dass ein Familienzweig den Namen des Großvaters als Familiennamen angenommen hat. Die Sermattei erscheinen in den Tratte ab 1430.[1295]

1291 Kuske (1956), S. 17–18.

1292 Wendt (1916), S. 49.

1293 Braunstein (1989); Langosch et al. (2011), S. 618. Hier wird 1412 als Jahr der Aufnahme ins Bürgerrecht gegeben.

1294 ASFi, Mercanzia 1266, c. 345v. Herlihy, David; Litchfield, R. Burr; Molho, Anthony; Klapisch-Zuber, Christiane: Florentine Renaissance Resources. Online Catasto of 1427. http://cds.library.brown.edu/projects/catasto/overview.html, 04.07.2021; Florentine Renaissance Resources, Online Tratte of Office Holders, 1282–1532. Machine readable data file. Edited by David Herlihy, R. Burr Litchfield, Anthony Molho, and Roberto Barducci. (Florentine Renaissance Resources / STG: Brown University, Providence, R. I., 2002.) http://www.stg.brown.edu/projects/tratte/, 04.07.2021.

1295 Florentine Renaissance Resources, Online Tratte of Office Holders, 1282–1532. Machine readable data file. Edited by David Herlihy, R. Burr Litchfield, Anthony Molho, and Roberto Barducci. (Florentine Renaissance Resources / STG: Brown University, Providence, R. I., 2002.) http://www.stg.brown.edu/projects/tratte/, 04.07.2021. – Zu diesem Familienzweig vgl. Daniels (2021).

Die Söhne von Antonio di ser Matteo hatten das väterliche Erbe nicht unter sich aufgeteilt, sondern *indiviso* für die Gründung von Handelsniederlassungen eingesetzt, sodass sie in Florenz (Bernardo), Venedig (Michele), Breslau (Antonio und Leonardo), Krakau (Guido) und Prag (Antonio Salutati) präsent waren.[1296] Auch Giovanni de' Medici hat sich gleichzeitig in dieser Region engagiert, beschränkte sich aber weitgehend auf Krakau, wo seine Interessen zuerst durch den Venezianer Piero Picorano vertreten wurden.[1297] Otto Stobbe erwähnt aus heute verlorenen Urkunden, König Wenzel hätte am 14. März und 10. Juni 1410 nach Breslau geschrieben, „dass man den Antonius von Medicis von Florenz und Stephan de Quarto von Lucca im Geldwechsel nicht hindern soll". Antonio d'Albizzo de' Medici, ein Verwandter von Giovanni, und der Lucchese haben sich aber offensichtlich dann nicht in Breslau, sondern in Krakau niedergelassen.[1298] Von mehreren Ricchi-Brüdern ist bekannt, dass sie in Niederlassungen von Giovanni de' Medici gearbeitet haben, doch entwickelten sie sich in den internen Machtkämpfen der Republik Florenz zu überzeugten Anhängern der Oligarchie um Rinaldo degli Albizzi und damit – wie die Ricci und die Alberti – zu Gegnern der Medici.[1299] Michele de' Ricchi, der die Niederlassung in Venedig leitete, war Gastgeber von Rinaldo degli Albizzi, als sich dieser 1424 während einer Gesandtschaftsreise nach Ungarn in der Lagunenstadt aufhielt. Michele gehörte offensichtlich zur florentinischen Elite in Venedig, wie seine Unterschrift unter einem Allianzvertrag zwischen seiner Heimatstadt und seiner Wohnstadt zeigt.[1300]

Die strategischen Schwerpunkte von Filippo de' Ricci lagen in Italien und Frankreich, deren Wechselplätze er mit eigenen Filialen erschloss, und auf der iberischen Halbinsel, die von Tornaquinci-Cambini bedient wurden.[1301] Um 1410 begann er sich auch für das prosperierende polnisch-böhmischen Bergbaugebiet zu interessieren, das durch einen starken Aufschwung Kaufleute aus Genua, Venedig, Florenz und Oberdeutschland anzog.[1302] Als sich nach dem Konzil von Pisa und dem Übergang von Polen und Schlesien zur Pisaner Obödienz ein zusätzliches Geschäft im Zahlungsverkehr aus diesen Regionen an die Kurie abzeichnete, fand Ricci einen Zugang zu diesem Markt durch eine Partnerschaft auf Korrespondentenbasis mit

---

1296 Im Catasto von 1427 zeigt sich, dass Michele sich nach 1414 von seinen Brüdern gelöst hatte, denn er gab eine eigenständige Steuererklärung ab, während seine Brüder zusammen in einem Haushalt blieben. ASFi, Catasto 74, c. 216r; 80, c. 567.

1297 Vgl. unten S. 200.

1298 Stobbe (1864), S. 350. Zu Giovanni d'Albizzo vgl. Stromer (1971), S. 79; Stromer (1995a), S. 44; Brucker (2015), S. 338.

1299 Roover (1963), S. 44–45 und 377; Bettarini (2015), S. 10. Die falsche Verbindung zur Familie Medici geht wohl auf Stobbe (1864), S. 350 zurück, der in zwei Urkunden aus dem Jahre 1410 je einen Anton aus Florenz gefunden hat. Dabei handelt es sich mit Sicherheit aber um Antonio d'Albizzo de' Medici und Antonio di Giovanni di ser Matteo. Die irrtümliche Zuweisung wurde durch einen Fehler in venezianischen Gerichtsakten verursacht. Vgl. Ptásnik (1910), S. 62.

1300 Bettarini (2015), S. 5.

1301 Vgl. S. 172.

1302 Stromer (1979), S. 10.

Michele di Giovanni di ser Matteo Ricchi in Venedig, der ihm den Zugang zu den Filialen seiner Brüder erschloss.[1303]

Die erste belegte Überweisung aus Deutschland, die über Antonio Ricchi in Breslau zu Filippo de' Ricci an die Kurie ging, ist für das Jahr 1411 belegt.[1304] Entgegen dem ausdrücklichen Wunsch von Peter von Wormditt, dem Prokurator des Deutschen Ordens bei der Kurie, man solle ihm Zahlungen aus Preußen über die Niederlassung der Alberti in Brügge senden,[1305] entschied sich der Hochmeister für einen anderen Zahlungsweg. Aus den Quellen ist nicht zu erkennen, ob er nur aus Sparsamkeitsgründen nach günstigeren Wegen des Geldtransfers suchte oder ob ihn das Verhalten der Alberti dazu zwang. Er wandte sich an den Kanzler des Fürstentums Breslau, Nikolaus Bunzlau, der ihm schon kurz zuvor bei der Finanzierung von Söldnertruppen wertvolle Unterstützung geboten hatte. Über florentinische Kaufleute in Brügge und Prag hatte er 12 500 Schock böhmischer Groschen an Sigismund von Böhmen transferieren können.[1306] Offensichtlich war der Hochmeister mit Bunzlaus Leistungen sehr zufrieden oder fühlte sich ihm gegenüber zu Dankbarkeit verpflichtet. Er erteilte ihm den Auftrag, duc. 2 000 nach Rom zu senden. Diesen Betrag quittierte Peter von Wormditt am 20. Dezember 1411. Er habe das Geld von Filippo de' Ricci e co. in Rom erhalten.[1307] Bedient wurde bei diesem Vorgang ein Wechsel, den *Sigismundo Poznaw et Anthonio de Johanne commorantibus in Wratislavia* am 8. Oktober ausgestellt hatten. Bunzlau war hier also in der Funktion eines Maklers, der den Wechselbetrag dem Orden als Kredit vorstreckte. Er forderte vom Hochmeister die Zahlung von duc. 2 200, als er diesem am 12. April 1412 die Quittung aus Rom vorlegen konnte. Am 13. November 1412 lag das Geld endlich beim Lieger in Danzig für Bunzlau bereit.[1308]

1303 ASVe, Cancelleria inferiore, Notai, b. 227, reg. 1412–1417, c. 5r (1412 apr. 8). In dieser venezianischen Quelle ist die Zusammenarbeit zwischen Ricci und Michele di Giovanni erstmals nachweisbar, doch zeigt der Wechsel des Deutschen Ordens von Breslau an die Kurie vom Herbst 1411, dass sie älter sein muss. Vgl. Schuchard (2009); Bettarini (2015), S. 13. – Neri di Cipriano Tornaquinci setzte Michele 1409 und 1410 zum Niederlassungsleiter in Venedig ein, als er selber seinen Wirkungsort nach Krakau verlegte. ASVe, Cancelleria inferiore, Notai, b. 226, reg. 1406–1411, cc. 172v (1409 mar. 12) und 235v (1410 lug. 18). – Tornaquinci ist zwischen 1407 und 1410 in Venedig Partner von Tommaso di Giovanni, bei dem es sich vermutlich um Tommaso di Giovanni del Palagio handelte. Vgl. die hier genannten Quellen und ADP, codice 11704, 11705, 123921–123924.

1304 Ricchi wird in den deutschen Quellen auch *Antonius der Wale* genannt. Vgl. Borchardt (2006/2007), S. 162.

1305 Militzer (1993), S. 44–45.

1306 Fronte di Piero di Fronte, Castillani Castellani: OBA, Urkunden, Schieblade 24, Nr. 5 (26.09.1414); OBA, Nr. 1815; Koeppen (1960), S. 123–125; Souhr-Könighaus et al. (2014), S. 87; ASFi, Mercanzia 4336, cc. 106v–107r (24. Juli 1414). – OBA 1934: Der Orden hätte die Tilgung am 30. März 1413 in Frankfurt leisten müssen, doch ist er dieser Verpflichtung nicht nachgekommen. Am 17. Mai erhielt der König das Geld dann in Friaul durch Fronte di Piero di Fronte. Der Florentiner hatte dem König diese Schuld wohl zu einem bedeutend tieferen Preis abgekauft. Zur Rolle der Florentiner Bankiers bei diesen Zahlungen vgl. ASFi, Mercanzia 4336, cc. 106v–107r und 109v–110r. Hinweis von Lorenz Böninger. – Zu Bunzlaus Finanzgeschäften vgl. Stromer (1995b), S. 168.

1307 Koeppen (1960), S. 136.

1308 Beuttel (1999), S. 489, Anm. 12 und S. 534–535; Militzer (2003), S. 14. – Zu Sigismund Poznaw oder auch Pozenow vgl. Stobbe (1864), S. 346.

Bis zur Eröffnung des Konstanzer Konzils registrierte die apostolische Kammer mehrere Zahlungen aus Polen, die von Adovardo Tornaquinci im Namen der Bank von Filippo de' Ricci bedient wurden. Auch diesen Geldeingängen dürften Wechsel von Antonio di Giovanni Ricchi zugrunde liegen. Bemerkenswert sind duc. 1 000 aus der Kollektorie Polen, Gnesen und Kulm, die am 17. März 1414 bei der Kurie eingingen, denn als Kollektor wird Leonardo di Giovanni genannt, ein in Breslau lebender Bruder von Antonio. In seiner Ernennungsurkunde wünschte die apostolische Kammer expressis verbis den Geldtransfer mittels *lettera di cambio.*[1309]

Die Kurienbank der Ricci war nicht die einzige, mit der die Ricchi Wechselgeschäfte machten. Am 3. März 1413 stellte Antonio di Giovanni in Breslau im Auftrag des *Arrigo Stanpa* (Heinrich Stange?) eine *lettera di cambio* über f. 70 aus, die in Rom durch Nicola e Vieri di Cambio de' Medici an den apostolischen Protonotar *Hermannus de Varchi* (Hermann Dwerg) ausbezahlt werden sollten. Die Kurienbank sollte den Betrag dem Konto von Michele di Giovanni Ricchi in Venedig belasten.[1310] Offenbar hatten die Ricchi keinen exklusiven Bankpartner in Rom, sodass unklar bleibt, auf wen sie 1413 den Wechsel über 149 Gulden ausgestellt hatten, den der Probst von Gnesen verlor und dessen Wert er vom Bankier in Breslau zurückforderte.[1311]

Als die Mercanzia 1415 gegen Filippo de' Ricci das Konkursverfahren eröffnete, wurden durch einen Notar Bilanzen erstellt, die nicht erhalten sind, sodass die Debitoren- und Kreditorenlisten nicht ausgewertet werden können. In einem Vergleich des Schuldners mit Personen, die in seine Gesellschaft Geld investiert hatten, wird mehrfach Michele di Giovanni de' Ricchi genannt, sodass sicherlich auch dessen Bruder Antonio als Korrespondent in Breslau vom Konkurs betroffen war.[1312] Finanziell war dies wohl nicht sehr gravierend, da er als Korrespondent im Norden kaum Kreditor bei der fallierten Kurienbank war, doch er hatte seinen Wechselpartner bei der Kurie und auf dem Konzil in Konstanz verloren.

In den Akten der Mercanzia erscheint Antonio de' Ricchi im Zusammenhang mit dem Ricci-Konkurs nicht als Opfer, sondern als Angeklagter. Am 16. Februar 1417 trat Antonio di messer Francesco Salutati da Pescia vor das Gericht und erhob gegen die Giovanni-Söhne schwere Vorwürfe. Am 3. August 1412 habe er sich in Venedig mit Michele di Giovanni di ser Matteo getroffen und einen Vertrag geschlossen. Er sollte nach Prag gehen und dort im Namen

1309 Ptásnik (1910), S. 16–17. In den Breslauer Signaturbüchern findet sich zu dieser Kollektorie und den damit verbundenen Geldgeschäften von Antonio und Leonardo di Giovanni ein Eintrag vom 12. April 1415. Vgl. Stobbe (1864), S. 353. Vgl. zu diesem Vorgang Stromer (1970a), S. 143. Theiner (1861), S. 8–13: *Volumus autem, quod pecunias et alia, que per te premissorum occasione exacta fuerint, per litteras cambii vel alium tutum modum ad Cameram prefatam quantocius destinare procures.* – Leonardo geriet aus unbekanntem Grund in Polen in Gefangenschaft. Für seine Freilassung bedankte sich die Signoria von Florenz mit einem Schreiben vom 5. Januar 1423 (neuer Stil 1424) beim König von Polen. ASFi, Signori. Missive I Cancelleria, 30, 80r, 5 ianuarii 1423. Hinweis von Lorenz Böninger.

1310 YUSA 4975, c. 60r. Hinweis von Tobias Daniels.

1311 Stobbe (1865), S. 38.

1312 ASFi, Mercanzia 1266, cc. 344rv, 345v, 346r und 374r.

aller Giovanni-Söhne eine Niederlassung eröffnen, um Wechsel- und Warengeschäfte zu machen. Salär und Unkostenvergütung wurden schriftlich festgehalten. Seine Vorgesetzten sollten Michele in Venedig und Antonio in Breslau sein.[1313] Während etwa 28 Monaten habe er in der Stadt an der Moldau unter dem Firmenzeichen seiner Patrons gearbeitet. Außer einer Feder und einem Tintenfass *(non portando di loro altro che la pena et il calamaio)* habe er von den Brüdern aber nie etwas erhalten. Am 17. Mai 1413 habe er vom Erzbischof von Prag für einen Wechsel 2 220 ungarische Gulden erhalten, wofür in Rom bei Filippo de' Ricci e co. für mehrere Geistliche ein Kontokorrent eingerichtet wurde. Die Bank hätte aber erst f. 1 400 ausbezahlt gehabt, als sie in Konkurs ging. Als der Erzbischof davon erfuhr, habe er ihn in ein schlimmes Gefängnis gesteckt *(tennelo in una salvaticha et aspra prigione)*. Michele und Antonio di Giovanni hätten auf seine Hilferufe aus dem Kerker nicht reagiert. Sein Bruder messer Leonardo da Pescia habe seinen Lehrstuhl an der Universität in Padova aufgegeben und sei zusammen mit Michele di Giovanni de' Ricchi nach Florenz zu Adovardo Tornaquinci gereist. Da trotz aller Drohungen kein Geld einzutreiben war, erklärte sich Michele bereit, zusammen mit seinen Brüdern in Prag für seine Befreiung zu sorgen. Sie hätten aber nur die Hälfte der benötigten f. 600 bereitgestellt, sodass er im Kerker zu sterben drohte. Messer Leonardo sei deshalb nach Konstanz gereist und habe sich dort während mehr als einem Jahr bei Kardinälen und anderen Persönlichkeiten für ihn eingesetzt. Schließlich habe er das Geld zusammenbekommen und Aldighiero di Francesco Biliotti habe dafür eine Garantie nach Prag geschrieben. Nach 14 Monaten sei er endlich befreit worden. Für die Bezahlung der Restschulden, Reisespesen und Schadensersatz verlangte er nun von den Söhnen Giovannis f. 725. Den Urteilsspruch der Mercanzia vom 15. März 1417 hat er im Anhang seiner Kopie des Manuals von Saminiato de' Ricci festgehalten.[1314] Der Kläger ist heute in der Geschichtsschreibung als Antonio di messer Francesco Salutati da Pescia bekannt. Er trat 1416 in die Dienste von Giovanni de' Medici, wurde später Leiter der Niederlassung in Rom (1429–35) und schließlich Generaldirektor der Medici-Gesellschaften (1435–43).[1315] Sein Bruder Leonardo hatte zwar wegen dieser Geschichte seinen Lehrstuhl an der Universität Padova verloren, war dann aber von 1450 bis 1466 Bischof von Fiesole.[1316]

1313 ASFi, Mercanzia 1264, cc. 203r–205v, hier c. 203r: *Dinanzi a Voi messeri ufficiali et Corte et a Vostri et della decta Università suy consiglieri expone et dice Antonio di messer Francescho da Pescia che gli è vera cosa che a dì tre d'agosto 1412 esso Antonio s'aconciò nella ci[ttà di Vinegia cum Michele di Giovanni di messer Matheo facente allora per se et per gli suoy frategli non divisi ad andare et stare nella Magna in Praga per atendere a cambi et ad altre cose che fossino di bisogno secondo che volessino decto Michele et Antonio suo fratello che stava a Bradislaio nella Magna cum pacti et modi che se contengono in una scripta la quale à decto Antonio di mano del decto Michele soscripta, et fra l'altre cose è che alle spese loro doveva decto Antonio andare nella Magna infino che fosse cum Antonio fratello di decto Michele et in quello dì che trovasse decto Antonio doveva cominciare il salario di decto Antonio da Pescia.*

1314 Ricci (1963), S. 160–161.

1315 Roover (1963), S. 377; Cecchi (2012).

1316 Raspini (1994).

Ein aus Breslau überlieferter Vorgang zeigt, dass Antonio di Giovanni Ricchi nach dem Konkurs von Filippo de' Ricci das Geschäft mit *lettere di cambio* an die Kurie nicht einstellen musste, sondern eine neue Bank fand, die seine Wechsel bediente. Beleg dafür ist eine Urkunde von 1416, in der eine Streitschlichtung zwischen ihm und dem Kanoniker Paulowski festgehalten wurde. Der Kleriker hatte sich einen Wechsel auf Konstanz ausstellen lassen, die Reise dann aber nicht angetreten. Zu klären war die Frage, welchen Betrag er nun vom Bankier zurückerhalten sollte.[1317] Wer die neue Korrespondenzbank am Bodensee war, lässt sich nicht mit Sicherheit ermitteln, denn diese wird im Dokument nicht genannt. Das Rechnungsheft der Spini aus Konstanz zeigt, dass sie in Venedig mit Alessandro Borromei gearbeitet haben, über den kein Geld aus Deutschland oder Polen nach Konstanz kam. Transaktionen mit den Ricchi in Venedig oder Breslau haben sie keine abgewickelt. Auch die Medici können ausgeschlossen werden, da sie als innerstädtische Gegner mit den Ricchi keine kommerzielle Partnerschaft eingegangen wären. Eine Spur führt zu den Alberti, doch ist die Beweislage zugunsten dieser These sehr dünn. 1416 hat Francesco Biliotti, der Leiter der Alberti-Bank, in Konstanz eine Bürgschaft gegenüber dem Erzbischof von Prag für den wegen den Ricchi im Kerker sitzenden Salutati übernommen, die zu dessen Freilassung geführt hat. Er hätte diese Garantie wohl kaum gegeben, wenn er mit Michele und Antonio di Giovanni nicht in einer Geschäftsverbindung gestanden wäre. Eine Zusammenarbeit zwischen den Alberti und dem Florentiner in Breslau ist in einem Zahlungsvorgang aus dem Jahre 1419 zu finden. Da Nikolaus Bunzlau in Breslau wohl wegen der Handelssperre keine *lettera di cambio* nach Venedig kaufen konnte, schickte er 1700 RG, die er dem Prokurator des Deutschen Ordens Peter von Wormditt schuldete, mit einem bei *Antonio di Matteo* gekauften Wechsel nach Köln zu Bartolomeo di Domenico Biliotti, dem Leiter der kurz zuvor am Rhein gegründeten Alberti-Niederlassung. Es kann sicherlich davon ausgegangen werden, dass der Wechselaussteller Antonio di Giovanni di ser Matteo war.[1318] Sollte die Verbindung zwischen Alberti und Ricchi zu mehr als wenigen Einzeltransaktionen geführt haben, dann war sie dennoch nur von sehr kurzer Dauer und hat die Konzilsjahre kaum überlebt. Mit dem Ende dieser Kooperation verschwinden auch die Breslauer Kaufleute Nikolaus Bunzlau und David Rosenfeld aus dem Geldtransfer an die Kurie.

Die Quellen lassen für die erste Hälfte der Zwanzigerjahre die These entwickeln, die Ricchi hätten in diesen Jahren mit Vieri Guadagni zusammengearbeitet, sie ist aber auf schwache Indizien abgestützt und kann nur als Arbeitshypothese für zukünftige Archivrecherchen dienen. Sie geht davon aus, dass Adovardo Tornaquinci und Niccolò Cambini nach dem Niedergang

1317 Stobbe (1865), S. 39.

1318 Da Biliotti wusste, dass Wormditt am 26. August 1419 in Florenz verstorben war, gab er dieses Geld nicht frei, bis der rechtmäßige Empfänger feststand. Ebenso blockierte er weitere 3000 RG, die für den Prokurator bestimmt waren. Vgl. dazu das detailreiche Schreiben des Notars Ludolph Grove an den Hochmeister vom 22. Januar 1420. OBA 3088. Vgl. Koeppen (1960), Nr. 234, 246, 298; Militzer (1993), S. 45–46; Militzer (2003), S. 14.

der Ricci-Gesellschaft in Konstanz geblieben sind und eine neue Bank gegründet haben, die sie 1424 in die Partnerschaftsverträge mit Vieri di Vieri Guadagni eingebracht haben.[1319] Ab Oktober dieses Jahres nehmen Beziehungen dieser Kurienbank nach Polen merklich zu. Andrea Cambini verpflichtete sich im Namen der Guadagni-Bank, für Kleriker aus Gnesen und Posen Zahlungen zu leisten.[1320] Zwei Jahre später zahlte er Geld aus der polnischen Kollektorie bei der Kurie ein.[1321] Im darauffolgenden Jahr hat der Prokurator des Deutschen Ordens in Rom duc. 2000 aufnehmen müssen. Den Großteil erhielt er von den Alberti, doch wird auch die Guadagni-Bank *(Gwadagnis)* über einen Betrag von duc. 500 zu seinem Kreditor.[1322] In den Akten zu diesen Geschäften wird der Name von Antonio di Giovanni nie genannt.

Antonio di Giovanni profitierte bei seinen Geschäften von vermögenden Einwohnern Breslaus. Johannes Bancke war ab etwa 1416 sein Partner;[1323] Nikolaus Bunzlau und David Rosenfeld verfügten über gute Verbindungen zum Hochmeister des Deutschen Ordens und vermittelten ihm ab 1418 große Zahlungsaufträge, an denen sie mitverdienen konnten.[1324] Die Handelssperre König Sigismunds gegen Venedig beendete diese Geschäftsbeziehungen, da die für die Verrechnung der Wechselgelder wichtigen Warenlieferungen in die Lagunenstadt nicht möglich waren.[1325] Direkt betroffen war Antonio di Giovanni, dessen Waren in friedlichen Zeiten sicherlich über die Handelsstraßen von Breslau, über Linz und Salzburg nach Venedig gelangten. Nachdem Sigismund 1419 auch Landesherr von Böhmen geworden war, waren die Bürger von Breslau ebenso seinen Befehlen unterworfen.[1326] Am 4. März 1421 wurde Antonio di Giovanni vom Lucchesen Giovanni Bindi und einem Antonio aus Pisa beim Rat von Breslau denunziert, er habe trotz des Handelsverbots eine Reise nach Venedig unternommen und dort *mit den venedigern kaufmanschacz und hantyrunge getreben.*[1327] Einen Monat nach dieser Klage nahm Sigismund Breslau von der Handelssperre gegen Venedig aus, sodass es wohl gar nicht zu einer Verurteilung Antonios gekommen ist. Historiker haben aber aus den Jahren 1420 bis 1431 überhaupt keine Quellen zu Handelsgeschäften zwischen Breslau und der Lagunenstadt finden können, was allerdings durch die Erwähnungen von Johannes Bancke in den Florentiner Steuererklärungen von 1427 zu revidieren ist.[1328] Während der Warenhandel und der Zahlungsverkehr

1319 Vgl. oben S. 172.

1320 RG Online, RG IV 00358, http://rg-online.dhi-roma.it/RG/4/358, 02.07.2021.

1321 Prajda (2018), S. 129–130, Anm. 217.

1322 OBA 5225.

1323 Stobbe (1865), S. 40; Braunstein (2016), S. 230–234.

1324 Vgl. oben S. 257.

1325 Vgl. oben S. 60.

1326 Myśliwski (2009a), S. 105: Myśliwski weist darauf hin, dass die Handelswege von Breslau nach Venedig immer durch das Reich führten und es deshalb von geringer Bedeutung war, dass Sigismund vor 1419 nicht Landesherr von Breslau war.

1327 Stobbe (1866), S. 344–345.

1328 Stromer (1975), S. 1093; Myśliwski (2009a), S. 105. – ASFi, Catasto 74, c. 217v.

schwächelten, machte Ricchi viele lokale Kreditgeschäfte.[1329] Mit dem Transfer großer Summen an die Kurie war er nur noch einmal befasst. Als 1441 in Breslau gegen den Kollektor des Basler Konzils, Nikolaus Gramis, wegen Unstimmigkeiten in seiner Buchführung ermittelt wurde, gehörte Antonio di Giovanni zu den Zeugen und Buchprüfern.[1330]

1425 siedelte Antonio Ricchi nach Krakau um, wo er in den folgenden Jahrzehnten bis zu seinem Tod im Bergbau investierte. Die Beziehungen zu Breslau und Johannes Bancke gab er aber nicht auf. 1427 war er in großen finanziellen Schwierigkeiten und es kam zu jahrelangen Prozessen mit seinem Partner in Venedig und Krakau.[1331] Zeitweilig wurde er inhaftiert, konnte sich dann aber in Breslau wieder soweit rehabilitieren, dass er 1439 in den Räten saß, aus denen er aber 1443 ausgeschlossen wurde. Danach verliert sich seine Spur.[1332] Sein Bruder Michele, der lange Jahre für seine Geschäfte in Venedig von zentraler Bedeutung war, wurde nach der Rückkehr von Cosimo de' Medici aus dem Exil nach Florenz ausgeliefert und am 30. Juni 1436 vor dem Palast der Mercanzia durch den Strick hingerichtet.[1333]

Die Steuererklärungen für das Catasto von 1427 zeigen mit Sicherheit, dass Antonio di Giovanni den Handel mit *lettere di cambio* völlig eingestellt hatte. Michele di Giovanni schreibt über seinen Bruder, er lebe in Polen und habe bei ihm über f. 4400 Schulden. Der größte Teil davon rührte von Krediten her, die dem polnischen König gewährt worden waren. Schulden von *Matteo e Qurado di Barsillavia dela Mangnia* (f. 116) und *Piero Bede di Barsilavia dela Mangnia* (f. 226) waren durch Warengeschäfte mit der Niederlassung in Venedig entstanden. Auf dem Konto von Johannes Bancke, dem langjährigem Partner Antonios in Breslau, notierte Michele eine Restschuld über f. 470 für Wareneinkäufe seines Faktors Baldassare in Venedig. Die Erben von Vieri Guadagni mussten ihm noch f. 360 für gelieferte Wolle *(cotone filato)* bezahlen. Wechsel werden mit keinem Wort erwähnt.[1334] In der Abgabe der Erben von Vieri Guadagni an die Steuerbeamten stehen auf der Liste der Schuldner zwar neun Personen aus Polen und ein messer *Francesco Cuggibein di Bresilavia,* doch fehlt die Nennung eines Bankiers in Breslau. Michele di Giovanni di ser Matteo in Venedig kommt in diesem Dokument achtmal vor, doch beziehen sich diese Einträge nicht auf Wechselgeschäfte, sondern auf Warenhandel.[1335]

1329 Vgl. dazu die Quellen bei Stobbe (1864); Stobbe (1865); Stobbe (1866); Stobbe (1867).

1330 Schuchard (2009), S. 41.

1331 Simonsfeld (1887), S. 190–197; Ptásnik (1911), S. 30–32; Ptásnik (1959), S. 80–83; Borchardt (2006/2007), S. 162; Bettarini (2015), S. 7–8.

1332 Braunstein (1989), S. 40.

1333 Bettarini (2015), S. 9.

1334 ASFi, Catasto 38, cc. 701r–703v; 57, cc. 906v–921r; 74, cc. 216v–218r; 361, cc. 360r–365v. Vgl. Bettarini (2015), S. 6–7.

1335 ASFi, Catasto 57, cc. 913r, 914rv, 916rv, 917rv, 919r und 921r *(eredi di Vieri Guadagni)*. Auf c. 919r wird einmal Bernardo di Giovanni di ser Matteo genannt. – Auffallend sind die vielen Nennungen von Kunden aus Portugal. Die Beziehungen der Cambini nach Portugal hat bereits Sergio Tognetti untersucht, vgl. Tognetti (1999), S. 130.

Nach Antonio di Giovanni war es im 15. Jahrhundert nicht mehr möglich, Wechsel direkt von Breslau auf eine Kurienbank auszustellen. Breslauer und Nürnberger Kaufleute konnten mit diesem Finanzinstrument Geld nur noch bis nach Venedig transferieren.[1336] In den Abgaben an die Beamten des Catastos von 1431 sind diese alten Strukturen nicht mehr ersichtlich und die Marktstrategie zeigt eine wesentlich veränderte Ausrichtung.[1337] Diese Veränderungen spiegeln sich im Catasto von Adovardo di Cipriano Giachinotti (quondam Tornaquinci) im Jahre 1430, denn die Ricchi werden nur noch mit kleinen Beträgen und polnische Kunden gar nicht mehr erwähnt. Johannes Banck kommt noch als Warenhändler vor: *Giovanni Bancho di Barsillava sta a Vinegia.* Als wichtigster Korrespondent in der Lagunenstadt wird nun Giovanni di messer Bartolomeo Panciatichi ausgewiesen, für den eine Schuld über f. 1642 in den Büchern steht.[1338] Im Catasto dieses Kaufmanns findet sich kein Gegenkonto über diese Höhe und kein Hinweis auf Wechselgeschäfte nach Deutschland. Er hat aber mit deutschen Kaufleuten in Venedig Handel getrieben, denn die großen Schwierigkeiten von Hermann Reck haben auch ihn mitgerissen und in den Konkurs geführt. Die Hintergründe dieser Probleme müssen ungeklärt bleiben. Panciatichi hat dazu – vielleicht mit einem sarkastischen Unterton – notiert, Reck habe sich bereit erklärt, seine Schulden während den kommenden 16 Jahren abzubezahlen, falls er vorher nicht stirbt.[1339]

1336 Stromer (1975); Myśliwski (2009b), S. 619.

1337 Eine Analyse der Marktstrategie der Giachinotti-Cambini-Gesellschaft anhand des Catastos von 1431 findet sich bei Tognetti (1999), S. 131–137. Die Gesellschaft stand 1434 im Wechselverkehr mit der Bank Galeazzo Borromei am Konzil in Basel. Diese Geschäfte sind sicherlich keine Zeichen für eine Strategie für Deutschland. Vgl. unten S. 371.

1338 ASFi, Catasto 369, c. 123r. – ASFi, Catasto 383, c. 64r: Die Niederlassung in Venedig bestand seit dem 1. Dezember 1428 und wurde von den Söhnen gefürt, denn er selber war bereits älter als siebzig Jahre. – ASFi, Catasto 53, cc. 332r–343v: In der Steuererklärung von 1427 ist Panciatichi noch nicht im Bankgeschäft tätig, sondern im Stoffhandel ohne Bezug nach Breslau oder Köln. Hingegen informierte er über Beziehungen nach Krakau, *Ser Piero Biccherano di Charchovia,* und Buda, wo ihm König Sigismund f. 9287 schuldete. Er machte sich aber keine Hoffnungen, dass der Schuldner seinen Verpflichtungen nachkommen würde: *chome sapete lui e chativissimo paghatore.*

1339 ASFi, Catasto 474, c. 881r: 1433 war diese Gesellschaft von Panciatichi in Venedig beendet. – Zu Hermann Reck vgl. oben S. 206. – ASFi, Catasto 383, c. 65r: *Messono avanzi i miei di Vinegia a dì 24 di marzo 1429 lire 151 s. 6 d. XI grossi, per la metà mi toccherebe l. 75 s. 13 d. 5 grossi nonne traemo niente perché in 2 debitori se n'andò più di L. 211 di grossi, che per la mia metà mi toccherebe ad an[n]o L. 105 s. 10 cio fu Ermanno Recch tedescho in magiore soma, per resto L. 196 s. 3 d. 2 grossi di Sandro Pesciolino chorriere duchati 150 se ne portò rechava da Vinegia, sicché perché fu più la perdita che gli avanzi, non se ne trasse niente e cchon detto Ermanno s'é fatta chonchordia, paghi in 16 an[n]i paghando hogni ano la rata toccha, che morendo mai se n'arebe un soldo perché di nulla siamo sichuri, sicché per insino a quel dì nulla s'é avanzato ma s'é perduto, hora quando arò i chonti di là di questo an[n]o nuovo, tutto vi darò o più o meno, sia che in questa si dicha che in su quella ci aremo a fondare e cchosì vi darò quello resto debitore in proprio di detta chonpagnia a punto.* – ASFi, Catasto 474, c. 881: 1433 wird die Niederlassung in Venedig als lange beendet beschrieben: *La chompania di Vinegia nostra è finita più fa.*

5.3.2 David Rosenfeld – ein Hansekaufmann als Konkurrent der Florentiner in Breslau?

Ab 1418 erteilte der Hochmeister des Deutschen Ordens dem in Breslau lebenden Kaufmann David Rosenfeld Aufträge, Geld an den Ordensprokurator bei der Kurie zu senden.[1340] Der Kaufmann bot dem Orden sogar an, Geldüberweisungen an den päpstlichen Hof bis zu einer Höhe von 10 000 Gulden um einige hundert Dukaten günstiger als die Konkurrenten zu vermitteln. Für Wolfgang von Stromer war also Rosenfeld zu einem erfolgreichen Konkurrenten von Antonio di Giovanni de' Ricchi im kurialen Zahlungsverkehr geworden und hatte diesen sogar ausgebootet.[1341] Bei der Formulierung dieser These setzt er voraus, dass Rosenfeld als *prenditore* Wechsel ausstellte und diese bis nach Venedig oder gar direkt bis an die Kurie senden konnte. Anhand der nun bekannten Quellen ist diese Ansicht zu revidieren. Der in Thorn geborene Rosenfeld kam 1414 nach Breslau, nachdem ihn der Hochmeister Heinrich von Plauen aus dem Ordensterritorium ausgewiesen hatte. Dessen Nachfolger Michael Küchmeister suchte dennoch den Kontakt zu ihm. Am 18. Februar 1418 schickte er Witche Morser, Rosenfelds Partner in Danzig, mit der Bitte nach Breslau, hier 900 ungarische Gulden aufzunehmen und dem Komtur in Nürnberg anzuweisen. Nach Eingang des Geldes in der Stadt an der Pegnitz sollte Prokurator Wormditt in Konstanz darüber informiert werden.[1342] Der Prokurator berichtete am 15. April nach Marienburg *so byn ich entricht der 900 ungerissche gulden, die der koufman van Danczk czu Bresslaw hatte mit den Nurenbergern obergekouft.*[1343] Es muss also Witche Morser gewesen sein, der im Wechsel als *datore* genannt war, während *prenditore* und *trattario* Nürnberger waren.

Im Januar 1419 sollten duc. 2 000 über Nürnberg oder Leipzig an Wormditt gehen.[1344] In der Zwischenzeit war aber Sigismunds Handelssperre gegen Venedig in Kraft getreten und dieses Geld scheint nicht ausgeführt worden zu sein. Trotzdem schrieb Wormditt nach Marienburg, dass Nürnberger Kaufleute bereitstanden, doch wollten sie nicht mit dem Lieger in Brügge zusammenarbeiten, sondern nur mit dem Großschäffer in Marienburg.[1345] Auch dieses Geschäft scheint nicht zustande gekommen zu sein. Die bekannten Informationen zu diesen Transaktionen nennen weder die Namen der deutschen Kaufleute noch die ihrer Partnerbanken bei der Kurie.

1340 Zu Rosenfeld gibt es bislang nur kürzere Abhandlungen, obwohl zu ihm viele Quellen in Breslau und im Hanseraum zu finden sind: Koeppen (1960), S. 467; Stromer (1979), S. 22; Hucker (1981); Kopiński (2001).

1341 Stromer (1979), S. 22–23; Hucker (1981), S. 394.

1342 OBA, Ordensfolianten, Nr. 10. Nur erhalten als Regest im Findbuch Nr. 66. – OBA 2663: Am gleichen Tag schrieb David Rosenfeld an den Hochmeister und bot sich an, bei Nikolaus Bunzlau, Sigismund Pozenow und Sigismund Syttaw in Breslau Schulden einzutreiben.

1343 OBA, Ordensfolianten, Nr. 10, cc. 231–232. – Koeppen (1960), S. 476; Militzer (2003), S. 394.

1344 Koeppen (1960), S. 586. Hier wird für den gesamten Untersuchungszeitraum das einzige Mal Leipzig als Wechselplatz erwähnt.

1345 Koeppen (1960), S. 337.

Es ist aber davon auszugehen, dass die Deutschen dieses Geld nur bis zu einem Florentiner in Brügge oder Venedig anweisen konnten, der dann für den Weitertransport an den Zielort sorgte.

Als der Hochmeister 1420 erfuhr, wie teuer es sei, Geld über Brügge nach Florenz zu transferieren, entschied er sich wiederum, die Dienste von David Rosenfeld *(eym namhaftigen kouffmanne)* in Breslau in Anspruch zu nehmen.[1346] Ende Juni ging das Geld wohl bei den Alberti ein, denn dies war auch die Vertrauensbank des neuen Prokurators, Johann Tiergarten: *in des banck ich alles pflege habe, meins ordens geld zu legen.*[1347] Im Anschluss an diesen Geldtransfer nach Florenz kam es zu einer regen Korrespondenz zwischen dem Hochmeister und Rosenfeld. Darin ging es um die Entschädigung, die der Kaufmann vom Orden für den durch den früheren Hochmeister verursachten Schaden forderte. Ein angebotenes Landgut lehnte er ab, da es unfruchtbarer Boden sei. Er wolle deswegen nicht aus Breslau wegziehen, wo er nun endlich *gottlob narung* und Wohnung gefunden habe. Es würde den durch den früheren Hochmeister verursachten Schaden auch nicht ausreichend entschädigen. Stattdessen bat er um ein Darlehen von 2 mal 500 Schock zu 10 Prozent Jahreszins, sonst müsste er den Rechtsweg beschreiten.[1348] Gleichzeitig bot er an, Wechsel zu besonders attraktiven Konditionen an die Kurie zu transferieren, wenn man ihm diese Aufträge zwei Monate im Voraus ankündige. Rosenfeld wurde auch beim Prokurator und dem Kaplan des Hochmeisters vorstellig und bat um Unterstützung für seine Bitte und sein Angebot.[1349]

Diese Quellen zeigen Rosenfeld nicht als Finanzier mit großem Eigenkapital, der in der Lage ist, Wechsel an die Kurie bis zur gewaltigen Summe von duc. 10 000 aus eigenen Mitteln zu bewältigen. Er war um 1420 ein Kaufmann, der nach Erwerb suchte und diesen in der Vermittlung von Zahlungsaufträgen fand. Er war Makler, der die Verbindung zwischen dem eigentlichen *trattario* und dem *prenditore* herstellte und für seine Dienstleistung ein Honorar in seine Forderungen einrechnete. Bezeichnenderweise erhielt er vom Hochmeister nie den Auftrag, eine *lettera di cambio* auszustellen, sondern nur, sie zu überkaufen, also in seinem Namen einen Wechsel ausstellen zu lassen, wie dies auch der Lieger in Brügge tat. Rosenfeld hat in Breslau nicht mit einer festen Partnerbank zusammengearbeitet. Mal kaufte er den Wechsel bei einem nicht genannten Nürnberger, dann beim Florentiner Antonio di Giovanni Ricchi oder dem Venezianer Francesco Amadi.[1350]

1346 Koeppen (1966), S. 87 und 102. OBA 3160.

1347 Koeppen (1966), S. 145. OBA 3203, Florenz, 6. Juli 1420.

1348 OBA 3321 und 3322. Im Jahre 1419 hatte es bereits Versuche Rosenfelds gegeben, vom Hochmeister ein Darlehen zu erhalten. Im Oktober wurde dem Kleriker geraten, er solle in Breslau bei Rosenfeld wohnen, wenn er sich dort mit König Sigismund treffen werde. Vgl. OBA 2911 und 3041.

1349 OBA 3299: Brief des Prokurators an den Hochmeister, Rosenfeld habe ihm geschrieben und um Unterstützung seiner Dienste gebeten. Der Hochmeister möge ihm *in seinen geschefften und werben* helfen. Der Brief an den Kaplan: OBA 3611. Vgl. Koeppen (1966), S. 124 und 134–138.

1350 1424 kassierte ein *Fricze Poppel* von Antonius von Florenz und David Rosenfeld f. 100 für Francesco Amadi ein. Vgl. Stromer (1975), S. 1093.

5.4 Lübeck

5.4.1 Alberti

Der wichtigste deutsche Kunde der Alberti in Brügge war der Deutsche Orden. Da es im Ordensland keinen Bankier gab, der Zahlungen bis nach Rom ausführen konnte, musste der Hochmeister entscheiden, ob er den Wechsel in Brügge, Breslau oder Lübeck kaufen wollte. In den allermeisten Fällen wählte er die Westroute und wickelte die Zahlung über den Lieger in Flandern ab.[1351] Seltener gab er dem Lieger in Danzig den Auftrag, einen Weg über die Ostroute zu suchen.[1352] Lübeck spielte bei seinen Überlegungen erst in den Dreißigerjahren des 15. Jahrhunderts eine Rolle, obwohl es auch dort einen Lieger des Ordens gab.[1353] Ein wichtiger Faktor bei der Wahl des Bankiers und damit auch des Ortes, an dem der Wechsel in den Süden ausgestellt wurde, war der Zusammenarbeitsmodus des Generalprokurators des Ordens bei der Kurie mit den Kurienbanken. Im Januar 1404 verfügte der Deutsche Orden in Rom über ein Deposit in Höhe von duc. 5 000 bei der Bank von *Lorenzo e Simone degli Alberti e co. di Corte.* Weitere duc. 130 waren dem für die Anliegen des Ordens zuständigen Kardinal anvertraut. Woher diese beträchtliche Summe stammte, ist nicht mehr zu ermitteln. Sie erschien auch dem Hochmeister auf der Marienburg als zu hoch, denn er fürchtete, sie könnte beim Papst Begehrlichkeiten wecken: *wurde dem pabste das gereite gelt vormelt, do mochte eyne unbequemekeit und eyn bose mittel von komen.* Er gab dem kurz zuvor berufenen Prokurator Peter von Wormditt deshalb den Auftrag, duc. 2 000 mit einem Wechsel nach Brügge zurück nach Preußen zu transferieren. Die verbleibenden Gelder sollte er für seinen eigenen Lebensunterhalt (duc. 1 000) und das Vorantreiben von Anliegen des Ordens bei der Kurie verwenden.[1354] Entsprechende Weisungen schrieb der Hochmeister gleichzeitig an die Alberti.[1355] Der Prokurator war zu dieser Zeit also in der angenehmen Lage, dass er bei einer der großen Kurienbanken über ein Kontokorrent verfügte und sich keine Geldsorgen machen musste.

Nach der Niederlage in der Schlacht von Tannenberg im Jahre 1410 gegen den König von Polen gingen wichtige Territorien mit ihren Einkünften verloren und die Finanzlage des Deutschen Ordens verschlechterte sich dramatisch. Er war nicht mehr in der Lage, ein Depot bei einer Kurienbank einzurichten, sondern zwang den Prokurator dazu, Kredite zu suchen, die dann durch Wechsel getilgt wurden. Doch diese Zahlungen konnte der Hochmeister nicht

1351 Hier nur ein Beispiel für viele weitere Transaktionen, die in den Berichten der Generalprokuratoren zu finden sind: Am 26. März 1411 bittet Peter von Wormditt den Hochmeister, ihm duc. 1 000 über den Lieger in Brügge anzuweisen. Koeppen (1960), S. 128.

1352 Vgl. unten S. 257.

1353 Sarnowsky (1993), S. 103.

1354 Koeppen (1960), S. 50–52.

1355 OBA 736.

immer fristgerecht leisten. Als Bartolomeo Spinelli von den Alberti nuovi in Brügge vergeblich auf die fristgerechte Tilgung eines Kredits für die Servitien von Bischof Heinrich von Samland über 3100 Gulden wartete, wurde er von den Partnern *(von iren obersten)* angewiesen, dem Orden keinen Kredit mehr zu gewähren.[1356]

Dank der umfangreichen Archivbestände des Deutschen Ordens sind die geschäftlichen Beziehungen der Alberti mit dem Ordensprokurator Peter von Wormditt während den Jahren des Konstanzer Konzils am besten dokumentiert.[1357] Sie bestätigen, dass er vom Depositen- zum Kreditkunden mutiert war. Aldighiero di Francesco Biliotti reiste als Direktor der Alberti-Bank nicht mit einem Guthaben des Ordens nach Konstanz, sondern mit einem Schuldschein über duc. 3100, der am 30. November 1414 in Brügge fällig war. Für ihn war diese Art des Geschäftens mit dem wichtigsten Kunden im Ostseeraum sicherlich sehr viel einträglicher, aber auch risikoreicher und aufwändiger. Er verdiente nun nicht mehr ausschließlich am Zahlungsverkehr zwischen Brügge und der Kurie, sondern auch an den Schuldzinsen; anderseits wurde das Eintreiben der Tilgung zu einer mühsamen Arbeit.

Wormditt nahm bei Biliotti bis Dezember zusätzliche 4800 RG[1358] auf und musste ihn bis zum Ende des Konzils mehrmals um weitere Darlehen bitten. In den Quellen hat ein Kredit vom Februar 1416 über 1000 Kronen besonders viele Zeugnisse hinterlassen, denn Biliotti musste bis Dezember des Jahres auf den Eingang der Tilgung warten, obwohl diese bereits im Mai geboten gewesen wäre.[1359] Der Hochmeister konnte dem Lieger in Brügge nur selten fristgerecht Geld von der Marienburg oder Danzig aus zusenden, damit dieser die geschuldeten Beträge beim Alberti-Vertreter Filippo di Giovanni di ser Rucco bezahlen konnte. Die Einkünfte des Deutschen Ordens in Preußen waren seit 1410 so gering, dass er für die Konstanzer Delegation vom Deutschmeister ein Darlehen über 8000 RG aufnehmen musste.[1360]

Biliotti war Wormditt gegenüber in den ersten Jahren des Konzils recht nachsichtig. Wenn ein Zahlungstermin verstrich, gewährte er Fristerstreckung, die er sich sehr gut bezahlen ließ. Die Begegnungen zwischen den beiden waren trotzdem immer durch Zahlungserinnerungen,

1356 Koeppen (1960), Nr. 101 und Nr. 127; Beuttel (1999), S. 268.

1357 Da zu den Finanzen des Deutschen Ordens in den Jahren des Konstanzer Konzils mit Krumbholtz (1892); Koeppen (1960) und Militzer (1993) detailreiche Publikationen vorliegen, werden an dieser Stelle die einzelnen Finanzvorgänge nicht nacherzählt. Beuttel (1999), S. 490 klammert in seinen Ausführungen zur Finanzierung des Generalprokurators die Zeit des Konstanzer Konzils weitgehend aus.

1358 Koeppen (1960), S. 223–224: *Ich welde in welschen landen bas tußent gulden usbrengen denne alhie hundert.* – Die erhaltene Korrespondenz zwischen den Hochmeistern und den Prokuratoren wird im Deutschordensarchiv im Geheimen Staatsarchiv Preußischer Kulturbesitz in Berlin konserviert und ist für die Jahre 1403 bis 1436 durch Hans Koeppen und Kurt Forstreuter publiziert. Von sehr großem wissenschaftlichem Interesse wären die Ordensfolianten 5 und 8–11, die aber seit 1945 verschollen sind. Die in vielerlei Hinsicht unbefriedigenden Regesten in den erhaltenen Findbüchern sind die einzige Möglichkeit, deren Inhalt wenigstens teilweise zu rekonstruieren. Vgl. Kubon (2015).

1359 Koeppen (1960), S. 310. In Fußnote 12 die Liste zu den zu diesem Geschäft erhaltenen Quellen.

1360 Beuttel (1999), S. 518.

Mahnungen und Androhung des Entzugs der Kreditwürdigkeit belastet. Doch der Bankier musste zur Kenntnis nehmen, dass der Prokurator selbst nur wenig ausrichten konnte, wenn die Unterstützung aus Preußen ausblieb.[1361] Er wandte sich deshalb am 6. September 1416 mit einem mahnenden Brief direkt an Hochmeister Michael Küchmeister, der aber auch nicht die erhofften Zahlungen auslöste. Dass er so lange geduldig blieb, beruhte wohl einerseits auf den guten Verdienstaussichten bei diesen Geschäften, anderseits bestand ein über Jahre gewachsenes Vertrauensverhältnis zwischen dem Florentiner und seinem deutschen Kunden. Biliotti hielt das Risiko lange Zeit für überschaubar, sodass Wormditt auch auf Darlehen hoffen durfte, obwohl er zeitweise keine guten Bürgschaften vorweisen konnte. Die Alberti in Brügge hielten ihren Vertreter in Konstanz offensichtlich für zu nachsichtig und forderten ihn zu energischeren Schritten auf, für Zahlung zu sorgen oder Wormditt durch die apostolische Kammer exkommunizieren zu lassen, wozu er sich aber nie entschließen konnte.[1362]

Für Wormditt war es wichtig, dass er sich auf die Großzügigkeit Biliottis verlassen konnte. Wenn man ihm aus Preußen Geld über andere Wege als die Alberti-Niederlassung in Brügge schickte, dann konnte dies zwar helfen, einen aktuellen finanziellen Engpass zu überbrücken, doch die in Konstanz auszahlende Bank oder Person konnte ihm keine Kredite in der benötigten Höhe gewähren. Solche Finanzoperationen musste er als Gefährdung seiner Kreditwürdigkeit bei den Alberti werten, *mit den ich all myn geschefte gehabt habe, syder ich im hofe gewest bin.*[1363] Entsprechend heftig war seine Reaktion, als ihm der Hochmeister im August 1415 schrieb, dass zur Zeit kein Wechsel über Brügge nach Konstanz gekauft werden könne. Der Großschäffer habe Kaufleute in Brieg damit beauftragt, ihm 2 000 Gulden zu senden.[1364] Dieser Versuch, Brügge zu umgehen, missriet aber, denn am 21. Oktober schrieb der Prokurator zurück, er habe wegen des Ausbleibens des Geldes 1 000 RG bei den Alberti aufnehmen müssen. Die Alberti hätten die Überweisung sicherlich ausführen können. Diese Verbindung habe immer funktioniert, sodass er nicht glauben könne, dass *wo der romissche hoff ist, das man dohin von Flandern nicht wechsel sulde haben. Her sulde nu eyn wechsel ken Frankenfort von Brucke haben. Das glaube ich wol, das hers do hin nicht mochte gehaben. Aber wo der hoff ist, do hin vindet man allawege wechsel. Vyndet mans nicht bey eynem, so vendet mans bey dem ander.*[1365] Ein paar Tage später wiederholte er in einem Brief an den Hochmeister seine Aufforderung, Geldgeschäfte mit den Alberti zu machen: *das gewiste, sich der geselschaft de Albertis zu bedienen, da sie allerbest bezahlte.*[1366]

1361 Wormditt beklagte sich in vielen Briefen an den Hochmeister über die Zahlungsunwilligkeit von Hannes von Geseke, den Lieger des Königsberger Großschäffers in Brügge. Dass diese Beschwerden über die unzuverlässige Geschäftsführung nicht ganz unberechtigt waren, zeigt seine Arrestierung im Jahre 1420. Vgl. Bunge / Hilderbrand (1853–1914), V, Sp. 695–696.

1362 Koeppen (1960), S. 351–352.

1363 Koeppen (1960), S. 208.

1364 Souhr-Könighaus et al. (2014), S. 157.

1365 OBA 2259. Vgl. Koeppen (1960), S. 267–268; Esch (1966), S. 338.

1366 Koeppen (1960), S. 271–272.

Im Tross, der sich 1418 auf den Weg von Konstanz nach Rom machte, ritt auch Ordensprokurator Peter von Wormditt mit, der sich über dieses Herumreisen wegen der hohen Spesen beklagte: *Und das czihen hin und her machet uns den buwtel gar spicz; das uffbrechen und wider setczen das kostet gar vil.*[1367] Der große Teil seiner Gelder erhielt er weiterhin über den Lieger in Brügge. Am 15. Juni 1421 bestätigte etwa Prokurator Tiergarten, dass ihm in Florenz duc. 10 000 durch Biliotti ausbezahlt worden seien.[1368] Am 24. Dezember 1425 erhielt Arnold von Datteln vom selben Bankier ein Darlehen in Höhe von duc. 650, das im Mai des Folgejahres bei den Alberti in Brügge zurückzuzahlen war.[1369] Auch die Stadt Danzig gab der Westroute den Vorzug, als sie 1424 Magnus Rudolf in Flandern anwies, in Brügge einen Wechsel über 100 Dukaten zu kaufen, der an den Prokurator Danzigs in Rom zu schicken sei. Das Geld, das er dem Bankier dafür geben müsse, solle er bei einem Schiffer aus Danzig aufnehmen, dem dafür eine Anweisung auf den Danziger Rat gegeben werden sollte. Dieselbe Stadt kündigte 1430 dem Deutschordensprokurator, Kaspar Wandofen, an, dass man ihm 50 Dukaten über Flandern schicke.[1370] Nur 1412 und zwischen 1418 und 1420 wurde eine Ostroute über Breslau gewählt.[1371] Betrachtet man den gesamten Zahlungsverkehr des Ordens, so war diese Verlagerung nur eine vorübergehende Störung. Der Hochmeister lenkte das Ordensgeld nach einem Zwischenspiel mit David Rosenfeld wieder ausschließlich über Flandern.

Immer wieder intervenierten die Prokuratoren beim Hochmeister, es wäre dringend notwendig, zur früheren Finanzierungsweise ihrer Arbeit zurückzukehren: Er solle bei einer florentinischen Bank ein Kontokorrent einrichten. In diesem Sinne schrieben sie ihm mehrfach: *[...] ouch so hot mir der obdochte wechseler gesagt, wie zu pflege in vorczeiten meine vorfarn obir irer jerliche czerunge und andere awsrichtunge inr banck legen hetten zum weniesten czweytawsendt gulden, fon welchen sie dorumme, das sie sy in bewarunge betten, genys entfingen, welchen sie fon mir und ouch uffs letczte fon seligen her Petir nicht gehabt hetten [...].*[1372] 1428 bat Prokurator Johann von Kurland ebenfalls um einen Systemwechsel: *das vor unsern ordens [...] nutcz were, das iiiiM gulden ober des procurators zurczeit zerunge im hofe ze Rome adir zu Florentz bey kouffleuten zu unsers ordens behuff gelegit wurden [...].*[1373] Wie bis 1410 wäre dann Geld deponiert worden und der Prokurator hätte nach und nach davon Gebrauch machen können. Es wurde jedoch

1367 Koeppen (1960), S. 530.

1368 OBA 3458. Weitere Wechsel über die Alberti in Brügge an die Kurie: Dezember 1429 (OBA 5046, 5048), August 1430 (OBA 5444).

1369 Koeppen (1966), S. 504.

1370 Beuttel (1999), S. 524.

1371 Vgl. S. 257.

1372 OBA 3356. Vgl. Koeppen (1960), S. 361.

1373 OBA 4938. Vgl. Koeppen (1966), S. 518.

keine Änderung vorgenommen und der Prokurator musste bei den Alberti Kredite aufnehmen, die dann in Brügge getilgt wurden.[1374]

Als die Alberti in finanzielle Schwierigkeiten gerieten, bekamen dies die Kunden sehr schnell zu spüren. Schlechte Erfahrungen mit der Bank in Flandern machte aus diesem Grund der Rat der Stadt Danzig, als er am 23. September 1431 einen Boten damit beauftragte, in Brügge einen Wechsel für den Prokurator des Deutschen Ordens bei der Kurie zu kaufen. Da dieser erst am 21. August des darauffolgenden Jahres honoriert wurde, geriet der Prokurator in einen finanziellen Engpass.[1375] Erst im November 1432 war man schließlich in Danzig im Besitz der Quittung aus Rom.[1376] Während Jahrzehnten waren die Alberti so zuverlässig und finanzstark, dass der Deutsche Orden nie ernsthaft in Erwägung zog, permanent auf eine der Alternativrouten über Lübeck oder Breslau zu wechseln. Sein letzter Wechsel der Brügger Niederlassung der Alberti an die Kurie wurde 1434 ausgestellt, als die Bank bereits in großen Schwierigkeiten war.[1377]

Während mehr als drei Jahrzehnten beharrten die Alberti auf derselben Unternehmensstrategie für den Zahlungsverkehr mit dem Ostseeraum. Sie erschlossen ihn fast gänzlich über Flandern, obwohl zu ihrem Filialnetz bis 1436 auch eine Niederlassung in Venedig gehörte.[1378] Die Präsenz auf dem internationalen Bankenplatz Brügge ermöglichte ihnen eine risikoarme und kostensparende Geschäftsabwicklung, die in einer offensiveren Strategie nach Norddeutschland, Preußen oder Skandinavien keinen wirtschaftlichen Sinn erkennen ließ. Auch der Deutsche Orden gab als wohl größter Kunde in dieser Region keinen Anlass, irgendetwas an den Geschäftsabläufen zu ändern und einen Korrespondenten in dieser Region zu suchen oder gar eine eigene Niederlassung zu gründen.

Während die Gerichte in Florenz die Gesellschaften der Alberti liquidierten, kam es noch einmal zu einem kommerziellen Kontakt zwischen den Bankiers und dem Hochmeister. Der Deutsche Orden hatte das Münzrecht für Preußen 1226 durch Friedrich II. verliehen erhalten.

1374 Diese Kredite dann zu erhalten, war zeitweise sehr schwierig und machte den Prokuratoren große Sorgen. Vgl. beispielsweise den Brief vom 8. Februar 1422 (OBA 3647), in dem Tiergarten schreibt, er erhalte nur noch gegen Pfand Darlehen. Am 19. November (OBA 5225) musste er das Darlehen für seinen Jahreslohn aufteilen und nahm duc. 1500 bei den Alberti und duc. 500 bei der Guadagni-Bank auf. Der Deutschordensmeister Johann Sobbe von Livland hatte hingegen 1429 ein Depot über duc. 1500. Vgl. OBA 5160. – 1433 berichtete ein Kleriker des Ordens aus Rom, er könne kein Darlehen finden, da der Papst den Bankiers befohlen habe, ihm alles verfügbare Geld zu leihen. Vgl. OBA 6565. Es ist wohl bezeichnend für die Zurückhaltung der Alberti mit der Vergabe von Krediten, dass in der Aufstellung der Schulden des 1434 verstorbenen Prokurators Kaspar Wandofen (OBA 6920) die größten Gläubiger zwei deutsche Kurienkleriker waren: Hermann Dwerg und Thomas Rode. Ein Bankier wird in dieser Liste nicht genannt.

1375 Hirsch (1858), S. 237–238.

1376 Neumann (1863), S. 145.

1377 Militzer (2003), S. 15.

1378 Es ist nur einzige Einbindung Venedigs in den Zahlungsverkehr zwischen Rom und Preußen bekannt. ASFi, NA 12519, 20. März: Johannes Tiergarten erhält in Rom von Aldighiero di Francesco von der Bank Lionardo degli Alberti einen Kredit über 650 venezianische Dukaten, die in drei Monaten bei Lionardo degli Alberti in Venedig zurückbezahlt werden müssen.

Die wichtigste Münzstätte war Thorn. 1426 wurde die Münzprägung für zehn Jahre an die Städte verpachtet. Verhandlungen über eine Verlängerung der Verpachtung zwischen dem Hochmeister und den Städten im Januar 1436 scheiterten, sodass die Münze am 22. März 1436 wieder an den Orden zurückfiel. Der Orden sah seine Münzpolitik schon bald in der Kritik der Stände, da diese eine Verminderung der Münzqualität vermuteten. Der Hochmeister sah keine Möglichkeit, den bisherigen Geldwert zu halten und suchte nach jemandem, der bereit war, die Präge zu übernehmen.[1379] Da gleichzeitig die seit Jahrzehnten erprobte Möglichkeit des Geldtransfers über die Alberti in Brügge weggefallen war, kam der Hochmeister auf eine Idee, wie er beide Probleme mit einem einzigen Partner lösen könnte. Im Herbst 1437 hat er dafür einen Versuch unternommen, einen Florentiner Bankier dazu zu bewegen, eine Niederlassung in seinem Territorium zu eröffnen. Auf dem Basler Konzil nahm der Prokurator des Ordens, Andreas Pfaffendorff, Kontakt mit den Alberti auf und klärte deren Interesse und Bereitschaft ab. Nach der Abreise Pfaffendorffs war Johann Kasche am 29. November 1437 als Vertreter des Ordens allein auf dem Konzil und wurde mit Anfragen der Bankiers konfrontiert, die er nicht beantworten konnte, da er nichts von diesen Gesprächen wusste. Wegen dieser Unsicherheit schrieb er einen Brief an den Hochmeister mit Rückfragen zu diesen Verhandlungen. Daraus geht hervor, dass die Bankiers angefragt worden waren, ob sie die Münze führen könnten und als Bankiers Kredit- und Wechselgeschäfte betreiben wollten: *[...] und welde [...] haben eynen guten montzmeistir, der die montze fertig halden kunde beide in silber und golde und mit wechsel kunde umegeen und vormochte och in noten den orden tzu vorlegen mit seyner geselschaft.* Die Alberti *(die lombartz von der banck der ander geselschaft de Albertorum)* möchten nun wissen, welche Provision ihnen der Hochmeister über den Kaufschatz hinaus zugestehen würde.[1380] Dieser Plan des Deutschen Ordens wurde nie realisiert, doch zeigt er, dass man sich im Norden darum bemühte, näheren Anschluss an das internationale Zahlungssystem der Italiener zu finden und auch bessere Möglichkeiten der Kreditaufnahme suchte. Bei diesem Vorgang ist erstaunlich, dass der Kontakt zwischen dem Deutschen Orden und den Alberti in eine Zeit fiel, in der die Bank in Florenz mit den Konkursrichtern zu tun hatte, was mit Sicherheit auch in Preußen bekannt war. Vielleicht dachte der Hochmeister, er könne die erfahrenen Bankiers leichter für sich gewinnen, wenn diese selber in großen Schwierigkeiten steckten.

1379 Waschinski (1952), S. 122; Dygo (1987), S. 51–59 (Alberti werden darin nicht erwähnt); Sarnowsky (1993), S. 230.

1380 OBA 7387, 1437 November 29. – Der Zusatz *ander* ist nicht einfach zu interpretieren. Es ist anzunehmen, dass er sich darauf bezieht, dass der Orden bislang mit den Alberti in Brügge und Köln Handel getrieben hatte. Nach deren Konkurs verhandelte man nun mit der überlebenden Gesellschaft von Dego degli Alberti, der mit der Römer Alberti-Gesellschaft verbunden war und nicht mit der Brügger. Möglicherweise war der Gesprächspartner aber auch der Vertreter der Alberti nuovi.

5.4.2 Pirckheimer, Kress, Veckinchusen

Um 1400 unterhielten die Pirckheimer, die ihren Hauptsitz in Nürnberg hatten, in Lübeck eine Gesellschaft, die von Johannes Lange geleitet wurde. Er war in der Lage, Wechsel direkt bis auf die Bank der Gozzadini nach Rom auszustellen, wie die Korrespondenz der Italiener zeigt.[1381] Wer nach dem Untergang dieser Bologneser seine Wechsel bediente, lässt sich nicht zweifelsfrei klären. Quittungen der Kurie für die Servitien von Würzburg, Stavanger und Strengnaes zeigen zwischen 1396 und 1402 Geschäfte der Spini-Bank mit Geldern aus dem Norden Europas.[1382] Da der Bischof von Strengnaes im selben Jahr sowohl mit dem Niederlassungsleiter der Pirckheimer in Lübeck als auch den Spini in Rom in Verbindung stand,[1383] ist anzunehmen, dass Transaktionen an die Kurie auch über diese Verbindung liefen. Lange hatte sich 1404 mit den Haupteignern an der Pegnitz zerstritten und war durch den Nürnberger Johannes Mosmann abgelöst worden.[1384] Noch bis 1423 finden sich Belege für Aktivitäten dieser Gesellschaft in Lübeck, doch mit dem Weggang Langes waren die Verbindungen mit dem kurialen Zahlungsverkehr abgebrochen.[1385] Auch die Kress, die seit 1405 mit ihren *famuli* Ulrich Rephun und ab 1420 Ulrich Meyer im dortigen Handel hervortraten, hatten keine nachweisbaren Beziehungen zu einer Kurienbank.[1386] Deutsche Handelsherren boten in der Stadt an der Trave nur noch Wechsel bis nach Brügge an. Vermutlich ist auf diesem Wege das Geld von Lübeck nach Flandern bewegt worden, das die Orlandini im April 1407 mittels einer *lettera di cambio* einem *Gianni di Lubeca* in Barcelona anwiesen.[1387]

Als Bischof Peter von Roskilde im Jahre 1405 Ludovico Baglioni den Auftrag gab, einen großen Geldbetrag an die Kurie zu überweisen, wurde dieses Geschäft über eine Treuhandvereinbarung abgesichert. Die drei Lübecker Bürger Westhof, tor Brugge und Hoep hinterlegten am 30. Juli in Lübeck bei Hinrich vamme Orte und Siverd Veckinchusen 422 fränkische Kronen und 400 Mark lübisch. Sie sollten dem Peruginer das Geld auszahlen, wenn er bis zum 28. Februar 1406 eine Quittung aus Rom vorlegen konnte, andernfalls sollten sie es an die drei Vertreter des Bischofs zurückgeben. Dieser Vorgang weist den ersten geschäftlichen Kontakt zwischen Kurienbankiers und der Handelsgesellschaft der Veckinchusen aus, zu deren Partnern auch vamme Orte gehörte.[1388]

1381 Vgl. oben S. 194.

1382 Esch (1966), S. 377–378.

1383 Nordmann (1937), S. 125.

1384 Nordmann (1933b), S. 8–9; Fouquet (1998), S. 195. – Das Ende der Bankierstätigkeit von Lange könnte erklären, weshalb die Spini nach 1404 mit den Geldern aus dem Norden nicht mehr in Verbindung gebracht werden können.

1385 Hammel-Kiesow (2000), S. 49; Strack (2010), S. 25–26.

1386 Nordmann (1933b), S. 10 und 12; Nordmann (1937), S. 124–125.

1387 ADP, D, 1145, Bruges-Barcellona, 1407-04-22. Die Orlandini hatten das Geld in Brügge von einem *Franceschо Moraghes* erhalten. Zu den Orlandini in Brügge vgl. Guidi Bruscoli (2012), S. 20–21.

1388 In den Quellen wird dieser Gesellschafter auch *Hinrich op Orde* genannt. Vgl. Stieda (1921), S. 23.

Aus der Geschäftstätigkeit von Hildebrand Veckinchusen, der in Brügge niedergelassen war, sind zehn Rechnungsbücher und über 500 Briefe aus den beiden ersten Jahrzehnten des 15. Jahrhunderts erhalten. Diese Schriften zeigen eindrücklich, wie gekonnt und selbstverständlich er und sein Bruder Sivert, der meist in Lübeck arbeitete, den Wechsel als Finanzierungsmittel für den Zahlungsverkehr und das Kreditgeschäft zwischen dem Hanseraum und den Bankenplätzen Brügge und Venedig einsetzten. In Brügge waren ihre Partner nicht nur deutsche Kaufleute wie Heinrich Rummel *(Hynrich Rumele)* und Arnold Poltus *(Arnt Poltes),* sondern auch Lucchesen und Florentiner wie Davino Pagani *(Danyn Pagayn),* Piero di Biagio Vespucci *(Peter de Vysputse, Peter Spusse, Peter dey Spussen)* und Giovanni Orlandini *(Johany Orlandyn).* Besonders enge Verbindungen unterhielten sie mit den Banken der Alberti nuovi und antichi, die in Brügge durch Bartolomeo Spinelli *(Bortolmeus Spynneyl),* Filippo di Giovanni di ser Rucco *(Fylypusse Johan to den Alberten huse)* und in London durch Alessandro Ferrantini *(Allacksander Ferentin)* vertreten wurden.[1389] Von den Beziehungen zu den Alberti profitierten sie, als König Sigismund ihnen im Jahre 1417 in Konstanz ein großes Darlehen zurückzahlte. Die Handelsdiener der Veckinchusen suchten am Bodensee eine Möglichkeit, den Bargeldtransport zu vermeiden und fanden sie dank ihren Beziehungen zu den Florentinern. Aldighiero di Francesco Biliotti vermittelte ihnen einen Kredit an Ordensprokurator Wormditt, sodass das Geld an diesen ausbezahlt werden konnte.[1390] Im selben Jahr notierte Hildebrand Veckinchusen in seinen Rechnungsbüchern: *[...] do makede ick [in Brügge] ene wesselle myt Fylyppusse Johan to den Alberten huse [...]. Des so sal hey my to Colnne geven by Bartolmeus Domynnycy [...].*[1391] Er hatte also bei den Alberti in Flandern einen Wechsel gekauft, der ihm in Köln durch deren Vertreter Bartolomeo Biliotti auszuzahlen war. 1420 erhielt er von Filippo di Giovanni di ser Rucco von den Alberti antichi in Brügge einen Wechselbrief, der in Mainz bedient werden sollte: *[...] hey my breyve hevet gheven an sin ghezelle to Mensse.*[1392] Trotz der offensichtlich recht engen Beziehungen zwischen den Alberti in Brügge und Veckinchusen blieben diese auf innerdeutsche Geschäfte beschränkt. Ohne Bezug zu Kuriengeldern sind auch die Einzelbelege, die Geschäfte der Veckinchusen mit weiteren Italienern in deutschen Städten zeigen.

Kontakte lassen sich auch zwischen den Veckinchusen und in Deutschland niedergelassenen Italienern finden. Am 16. Juli 1414 erwähnt Elisabeth in einem Brief an ihren Mann Hildebrand den Bologneser Simone Sassolini in Köln: *Syvert hyr hatte upgenomen 100 gulden van Symon deym*

1389 Zu diesen Geschäften vgl. die Personen- und Sachregister in Stieda (1921); Lesnikov (1973); Hammel-Kiesow (1993); Lesnikov et al. (2013). Bartolomeo Spinelli wird von Stieda mit den ebenfalls in Brügge niedergelassenen genuesischen Kaufleuten aus der Familie Spinola vermischt. Vgl. Stieda (1921), S. XXXIII–XXXIV.

1390 Krumbholtz (1892), S. 247; Koeppen (1960), S. 461–462 und 476 Aus einem Buchhaltungseintrag von Hildebrand lässt sich schließen, dass er wohl selber auch in Konstanz war. Vgl. Lesnikov et al. (2013), S. 373.

1391 Lesnikov et al. (2013), S. 367.

1392 Lesnikov et al. (2013), S. 543. – Ein weiteres Wechselgeschäft von Filippo di Giovanni mit Veckinchusen nach Mainz über RG 697½ datiert vom 14. Juni 1419. In der Quelle wird der *trattario* nicht genannt. Stieda (1921), S. 238.

Lumbarde.[1393] Zwei Jahre zuvor hatte Sivert in Köln wohl vom selben Italiener Geld für zwei Wechselbriefe erhalten.[1394] In einer Abrechnung vom 14. August 1419 schreibt Hildebrand in Brügge, er habe von *Gherhardus den Lambart 65 m. 10 sl. Lub.* erhalten.[1395] Dieser Lombarde kann niemand anders als Gherardo Bueri in Lübeck gewesen sein. Unklar bleiben der Anlass und die Verrechnung dieser Zahlung, die durch Bueri oder die Medici erfolgt sein muss.

Lange Zeit nutzten die Veckinchusen keinen ihrer vielen Kontakte zu italienischen Kaufleuten für den Geldtransfer an die Kurie, sondern beschränkten sich auf den kommerziellen Einsatz von Wechseln zwischen Brügge, Lübeck, Venedig, Köln und Frankfurt für die Abwicklung der eigenen Geschäfte, ohne diese Dienstleistung Kunden anzubieten. Diese Beschränkung wurde 1407 aufgehoben, als sie mit mehreren Partnern eine neue Gesellschaft mit Sitz in Venedig gründeten *(venedyesche selscop),* deren Leiter Peter Karbow war. Da von dieser Gesellschaft keine Rechnungsbücher erhalten sind, sind über ihre Geschäfte nur bruchstückhafte Einzelheiten aus den Briefen mit dem Kontor in Brügge zu ermitteln, sodass fast nur Geschäfte mit Flandern fassbar sind.[1396]

Das Hauptgeschäft der Niederlassung der Hansekaufleute in Venedig war der Warenhandel mit Pelzen, Bernstein, Gewürzen und Tuchen. Das Geschäft mit Wechseln war das zweite wichtige Standbein. Karbow in Venedig und Hildebrand Veckinchusen in Brügge standen in regem Wechselverkehr, in den auch der Venezianer Marco Morosini, der Sienese Giovanni Tegliacci und die noch nicht identifizierten *Marc Remundo* (Marco Aromando?) und *Bartolomeus Vonchenti* eingebunden waren.[1397] Zahlreicher waren sicherlich die Zahlungsanweisungen, die Hans von Mynden von Lübeck nach Venedig schickte. Die meisten wurden wohl in Venedig von Reisenden und Pilgern eingelöst, doch gab es auch Gelder, die an die Kurie zu transferieren waren.[1398] Als Kunden werden in den Quellen etwa die Lübecker Kleriker Jakob Crumbeke und Nikolaus von dem Werder genannt, die Geldbedarf vermutlich sehr viel eher in Rom als in Venedig hatten.[1399] Für die Wechsel an die Kurie arbeitete Karbow mit einem Florentiner zusammen, über den er 1409 an Hildebrand Veckinchusen schrieb: *Hirume vraghet na deser selscop heyten de Vitzis van Florense, hedde de er selscop to Bruggen, dat wer et best an en vorwisset, de hebben dus lange unse wessel betalt to Rome unde de sin best unse gadinghe […].*[1400] In einer buchhalterischen Aufzeichnung wird der Bankier *Lowys Davansat* genannt.[1401] Mit Sicherheit

1393 Stieda (1921), S. 116–117.
1394 Stieda (1921), S. 82.
1395 Stieda (1921), S. 243.
1396 Toomaspoeg (2011).
1397 Stieda (1894), S. 84; Stefke (1999).
1398 Stieda (1894), S. 78.
1399 Stieda (1894), S. 170.
1400 Stieda (1921), S. 24–25.
1401 Lesnikov (1973), S. 352. In den Geschäftsdokumenten der Veckinchusen ist auch von *Alwyse de Wantzati, Alwyso de Vantsati* (Stieda (1894), S. 84 und 136) und *Lodewych Dafantsat* (Lesnikov et al. (2013), S. 182) die Rede.

handelte es dabei um Luigi di Manetto Davanzati, der seit 1402 die 1384 von seinem Vater in Venedig eröffnete Bank durch Faktoren leiten ließ.[1402] Die Gesellschaft firmierte während des hier relevanten Zeitraums bis Juni 1408 unter Luigi e Arrigo di Manetto Davanzati e co., danach unter Luigi di Manetto Davanzati e co.[1403] Reinhold Mueller sieht in dieser Unternehmung die wichtigste Wechselbank in der Lagunenstadt zu Beginn des 15. Jahrhunderts. Im Archiv von Francesco Datini in Prato finden sich aus den Jahren 1407 bis 1410 insgesamt 64 Briefe aus ihrer Korrespondenz mit Niederlassungen des Pratesen, die für diese Zeit eine einzigartige Quelle für die Wechselgeschäfte darstellen.[1404] Bezüge zu Deutschland sind darin keine zu finden und Informationen über die Entwicklung von Wechselkursen wurden nur für Venedig, London, Brügge, Paris, Florenz, Bologna, Lucca und Genua gegeben. Diese Fakten bestätigen, dass die *venedyesche selscop* in die komplexen Wechselgeschäfte nicht involviert war, sondern nur den Geldtransfer *(lettera di credito)* über Venedig nach Brügge, Deutschland und in weitere Städte Italiens anbieten konnte.[1405]

Da die Davanzati keine Niederlassung in Rom betrieben, muss eine der bekannten Kurienbanken das Geld aus Lübeck bei der Kurie bedient haben. Betrachtet man die enge politische und geschäftliche Verbindung zwischen den Davanzati und Palla di Nofri degli Strozzi, so liegt es nahe, in Rom eine anti-medicäische Bank als Partner zu vermuten. Da die Ricci und die Spini im Norden zu dieser Zeit kaum aktiv waren, dürften wohl nur die Alberti für diese Aufgabe in Frage gekommen sein.[1406] In Anbetracht der vielen Kontakte der Veckinchusen mit diesen Florentinern in Brügge wäre eine – wenn auch indirekte – Verbindung mit dieser Bankiersfamilie in Rom mehr als plausibel. Für die Jahre 1420 bis 1423 ist Aldighiero di Francesco Biliotti von der Alberti-Bank in Rom als Korrespondent der Davanzati belegt.[1407]

Wie diese Wechsel finanziert wurden, erhellt sich aus einem Brief, den Sivert Veckinchusen 1410 an seinen Bruder Hildebrand schrieb. Er bringt darin seine Hoffnung zum Ausdruck,

---

1402 Der Name *de Vitzis* lässt auch an die Florentiner Familie Davizi (auch Davizzi und Dovizi) denken. Gherardo Davizi war das einzige Familienmitglied, das zu Beginn des 15. Jahrhunderts in Venedig dem Handel nachging. Seine Aktivitäten scheinen aber ganz in den Mittelmeerraum ausgerichtet gewesen zu sein. Vgl. Mueller (1997), S. 272.

1403 Chiostrini Mannini (1989), S. 33; Tognetti (2012), S. 19.

1404 Mueller (1997), S. 270–271: „In the Datini years, the specialized dealer in foreign exchange and in arbitrage was Manetto Davanzati and Company." Aus der Korrespondenz der Davanzati mit Datini sind fast 500 Briefe erhalten, die nach Mueller „constitute the best-informed sources of information on exchange and give the largest number of quotations." In den Briefen von Luigi di Manetto ist kein Bezug zu Deutschland, Karbow oder den Veckinchusen zu finden,

1405 Beispiel: ADP, busta 930, inserto 8, codice 603096 (8. Februar 1408).

1406 Guasti (1867), I, S. 280: 1414 war Luigi Davanzati einer der sechs von der Mercanzia eingesetzten Konkursverwalter beim Zusammbruch der Ricci-Gesellschaft. Dies wäre bei einer engeren Geschäftsbeziehung sicherlich nicht möglich gewesen. Davanzanti wurde auch nicht unter den Gläubigern der Ricci aufgeführt. Vgl. ASFi, Mercanzia 1266, cc. 343r–346r.

1407 Tognetti (2009), S. 49.

dass eine Warenlieferung heil in Venedig angekommen und verkauft sei. Die Wechsel seien so ohne großen Schaden bezahlt und Quittungen würden gemäß Wunsch an den Auftraggeber geschickt.[1408] Ob dieses Geld nun für jemanden in Venedig bestimmt war, oder über Davanzati nach Rom weitergeführt wurde, lässt sich hier nicht klären. Für die Abwicklung des Geldverkehrs ist dies auch unerheblich, denn in beiden Fällen musste der in Venedig zu verrechnende Betrag durch den Verkauf von aus dem Norden stammender Ware geliefert werden.[1409]

Ein paar Jahre liefen die Geschäfte im Zahlungsverkehr über Venedig offensichtlich gut, denn die Partner diskutierten 1409 über eine Erhöhung des eingelegten Hauptgutes von 11 000 auf 20 000 Mark lübisch.[1410] Es ist vermutlich kein Zufall, dass Peter Karbow fast gleichzeitig in Venedig einen Brief an Hildebrand in Brügge verfasste, in dem er vermutete, dass sich Ludovico Baglioni nicht mehr lange werde in Lübeck halten können, da sein Beschützer, der Probst von Lübeck, Nikolaus von dem Werder (auch Nikolaus de Insula), gestorben sei. Der Peruginer und der Kirchenmann kannten sich wohl seit der Zeit, als der Kleriker als Kollektor in norddeutschen Kirchenprovinzen tätig gewesen war. Baglioni werde bald nach Italien heimkehren müssen, da ihm in der Travestadt nun niemand mehr vertrauen werde: *Lodewykez wert hyr syn edder in Welschelanden, wente nymant wert em mer gheloven to Lubeke nu der proves doet is.*[1411] Die Konkurrenzsituation im Zahlungsverkehr von Lübeck nach Italien schien sich zugunsten der Hansekaufleute zu verschieben und die Errichtung eines Monopols in diesem Geschäft möglich. Doch das Gegenteil trat ein. Die Bank von Luigi Davanzati in Venedig war ab 1410 in großen Schwierigkeiten und spätestens im darauffolgenden Jahr war die *venedyesche selscop* ebenfalls in großen Nöten, die zur Festsetzung von Karbow in Lüneburg führten. Wieweit die Krisen in den beiden Unternehmen in Verbindung standen, lässt sich nicht mehr klären, doch ist es mehr als wahrscheinlich, dass die Florentiner ins Straucheln gerieten, da die Lübecker ihnen immer mehr Aufträge für Zahlungen an die Kurie schickten, die Konten aber nicht mehr ausgleichen konnten. Der Warenhandel in Venedig hatte zu großen Verlusten geführt und die benötigten Gewinne waren ausgeblieben. Die Forderungen an Karbow überstiegen bei weitem seine Zahlungsfähigkeit.[1412] Die Wechselgeschäfte der Veckinchusen an die Kurie über Venedig

1408 Stieda (1921), S. 55–56: *Wy hopen al unse gud sy wol to Venedyen mest komen und solde wol al umme gud werden, woe wy desser wessele quyt wern sunder groten schaden.*

1409 Zu diesen Geschäften vgl. die Personen- und Sachregister in Stieda (1921); Lesnikov (1973); Hammel-Kiesow (1993); Lesnikov et al. (2013).

1410 Stieda (1921), S. 23–25; Cordes (1998), S. 254 .

1411 Esch (1966), S. 348; Schwarz (2001a), S. 457–459 und 466–467; Vosshall (2016), S. 11 und 271. – Ausführlich über Karbow Fouquet (1998), S. 198.

1412 Vgl. den Brief von Sivert an Hildebrand vom 13. Februar 1411 bei Stieda (1921), S. 67. Zu den Problemen im Warenhandel vgl. Lesnikov et al. (2013), S. LVII.

waren damit beendet. Im Warenhandel waren sie mit großer Mühe noch bis etwa 1418 in der Lagunenstadt aktiv.[1413]

Die Überzeugung, dass man in Brügge und im Ostseeraum, den *guden oiden neringe,* sicherere Geschäfte mache und der Handelskrieg von König Sigismund gegen Venedig haben die Präsenz der Veckinchusen in Italien beendet.[1414] Noch einmal taucht ihr Name in römischen Quellen auf. Am 17. Januar 1430 verbuchte die Medici-Bank in Rom die Auszahlung eines Wechsels über 40 RG an *m. Gualtieri Romelin,* den der deutsche Kaufmann bei Gherardo Bueri in Lübeck gekauft hatte.[1415] Da es sich beim *beneficiario* um Walterus Remlincrode aus Dorpat gehandelt haben dürfte, wird auch das in Lübeck einbezahlte Geld aus Estland gekommen sein.[1416] Veckinchusen verfügte also nicht über die Möglichkeit, Wechsel direkt auf Rom auszustellen, doch konnte er als Makler für einen Auftraggeber arbeiten und für den Kauf der *lettera di cambio* von seinem Kunden eine Vermittlungsgebühr verlangen. Die in der Literatur anzutreffende These, dass „Bueri keine nachweisbaren Kunden unter der Lübecker Kaufmannschaft besaß" ist durch diese Belege zu revidieren.[1417] Diese Geschäftsverbindung war nicht von großer kommerzieller Bedeutung, denn sonst müssten mehr Quellen dazu erhalten sein, aber sie ist von Bedeutung für die Bewertung der Beziehungen zwischen deutschen und florentinischen Kaufleuten.

In den Akten des apostolischen Notars Gherardo Maffei sind Schuldanerkennungen mit Bezug zu Lübeck festgehalten. Viele Fragen wirft ein Eintrag vom 20. August 1424 auf, in dem eine Abmachung zwischen zwei Klerikern aus der Diözese Dorpat festgehalten wurde. Probst Bartholomäus Sauigerne ermächtigte den Kanoniker Henningus Bekeman,[1418] sich eine durch die Bank Cosimo e Lorenzo de' Medici e co. ausgestellte *lettera di cambio* in Höhe von duc. 100 in Brügge bei *Heverard Merlinchusen* oder *Heverardum Moecinc mercatores in Bruggis* auszahlen zu lassen. Der zweite Kaufmann kann mit einiger Sicherheit als Everd Moyelyk identifiziert werden, ein Schwager der Veckinchusen.[1419] Der erste gibt aber Rätsel auf. Wenn man akzeptiert, dass die deutschen Namen für den italienischen Schreiber sehr fremd waren und er sich damit schwertat, kann man auf den Schwiegervater von Moyelyk kommen: Sivert Veckinchusen.[1420]

1413 Kluge (2013); Lorenz-Ridderbecks (2014).

1414 Stieda (1921), S. XXX; Lesnikov et al. (2013), S. LVIII.

1415 ASFi, MAP 131, c. 176r.

1416 RG Online, RG IV 14458, http://rg-online.dhi-roma.it/RG/4/14458, 02.07.2021.

1417 Jahnke (2006), S. 152.

1418 RG Online, RG IV 00859, http://rg-online.dhi-roma.it/RG/4/859; RG IV 04058, http://rg-online.dhi-roma.it/RG/4/4058, 02.07.2021.

1419 Lesnikov et al. (2013), S. 574.

1420 Ich bedanke mich bei Rolf Hammel-Kiesow (Lübeck) für seine Mithilfe bei der Identifikation dieser Personen.

5.4.3 Medici-Baglioni-Agentur in Lübeck

Der Versuch des Deutschen Ordens, Zahlungen über Nikolaus Bunzlau in Breslau abzuwickeln, macht deutlich, dass sich Personen und Institutionen, die im Ostseeraum und Baltikum nach einer Möglichkeit des Geldtransfers an die Kurie suchten, nicht mehr auf die Dienstleistungen der Alberti verlassen konnten.[1421] Giovanni de' Medici erkannte in dieser Region den Bedarf nach einem Anschluss an den kurialen Zahlungsverkehr und sah darin eine kommerzielle Chance. In Lübeck erkannte er einen Wirtschaftsstandort mit steigendem Potential, denn hierhin hatten sich seit der zweiten Hälfte des 14. Jahrhunderts große Mengen des Handels zwischen Nordeuropa und dem Süden nach Osten verlagert, wie Rolf Hammel-Kiesow aufgezeigt hat.[1422] Als sich dann auch noch ganz Skandinavien und weite Teile des deutschen Nordens Johannes XXIII. anschlossen, wurde Lübeck als zentrale Zahlstelle für den Warenhandel über Nürnberg (mit seinem Anschluss nach Krakau) nach Venedig und den kurialen Zahlungsverkehr mit dem Norden wirtschaftlich vielversprechend.[1423] Giovanni de' Medici erhielt über diese Route zunehmend Gelder, die ihm von der Kammer als Absicherung von Krediten an den Papst angewiesen worden waren.[1424]

Die Konkurrenzsituation in Lübeck musste Giovanni de' Medici nach 1411 sehr günstig erschienen sein. Dank der Zunahme der Unterstützung von Johannes XXIII. in Nordeuropa und dem damit verbundenen Anwachsen des Geldtransfers an die Kurie konnte er darauf zählen, hier neue lohnende Umsätze generieren zu können. Gleichzeitig hatte sich die Konkurrenzsituation gelichtet, nachdem die Pirckheimer und die Veckinchusen aus diesem Markt ausgeschieden waren. Bei den Alberti in Brügge war keinerlei Strategie zu erkennen, sich in diesem Raum direkt zu engagieren.

Giovanni de' Medici ging in Lübeck eine Partnerschaft mit Ludovico di Filippo Baglioni[1425] (auch *Ludowico de Ballionibus*) ein. Dieser gehörte einer der führenden Familien Perugias an und war 1393 aus der Stadt verbannt worden. Seit 1394 hielt er sich in Deutschland auf, um sich um Einnahmen der apostolischen Kammer zu kümmern.[1426] Zuerst arbeitete er im Ostseeraum

---

1421 Vgl. S. 257.

1422 Hammel-Kiesow (2000), S. 59.

1423 Esch (2007), S. 395–396.

1424 APS, II, Nr. 1003: Anweisung von duc. 1 000 auf die Servitien von Bischof Peter Mickelsen Kruse von Lund zugunsten von Giovanni de' Medici im Jahre 1410. Dazu auch: APD, II, S. 212, Nr. 1154. – Am 10. März 1413 wies der päpstliche Kämmerer den Kollektor in Polen an, der Medici-Bank duc. 500 zukommen zu lassen, die Zahlungen der Bank an den Condottiero Paolo Orsini ausgleichen sollten. ASFi, Diplomatico, Medici, 1413 marzo 10. Zahlungen an Orsini durch Medici, Ricci und Spini: ASFi, Diplomatico, Medici, 1413 marzo 24.

1425 North (1991), S. 812.

1426 Esch (1966), S. 347–348. – Zu den Baglioni im Exil vgl. Shaw (2000). Die Autorin erwähnt allerdings weder Ludovico noch seinen Vater Filippo. Als Kaufmann war auch Giovanni di Filippo tätig. Vgl. Palermo (1979), S. 135.

mit Kaufleuten aus Lucca zusammen[1427] und scheint hier ab 1397 alleine in päpstlichem Auftrage gehandelt zu haben.[1428] Eine in Kopenhagen ausgestellte Urkunde vom 1. September 1398 nennt ihn zum ersten Male im Zusammenhang mit Zahlungen, die über Lübeck laufen sollten.[1429] 1402 wurde er von Bonifaz IX. zum *scutifero et familiari nostro* ernannt und mit dem Transfer der Kollekten aus Dänemark, Schweden und Norwegen beauftragt.[1430] Er hatte eine Einzelfirma an der Trave gegründet, von der aus er Zahlungen aus Skandinavien an die apostolische Kammer abwickelte. Am 30. Juli 1405 ließ er als *nuncius domini Pape* im Niederstadtbuch Lübecks eintragen, er habe von drei Lübeckern den Auftrag erhalten, für Bischof Peder Jensen Lodehat von Roskilde 412 Couronnes d'or und 40 lübische Mark nach Rom zu überweisen und am 1. Juni 1406 quittierte ihm die Kammer den Eingang der Servitien des Bischofs Peter Ingevasti von Västeras.[1431] Von Innozenz VII. erhielt er am 5. Oktober 1406 das einträgliche Privileg, die Kollektorengelder aus Deutschland, Böhmen, Dänemark, Schweden, Norwegen und Polen einzuziehen und an die apostolische Kammer zu transferieren.[1432] In keinem dieser Dokumente ist ein Hinweis auf eine Zusammenarbeit mit einer Kurienbank zu finden, sodass nicht ersichtlich ist, ob er die Zahlungen über Wechselgeschäfte abwickelte oder mit Bargeldtransporten arbeitete.

Baglioni hatte sich in Lübeck eine starke Position erarbeiten können, denn er genoss den mächtigen Schutz der Kirche. Als sein Beschützer galt der Probst von Lübeck, Nikolaus von dem Werder, den er wohl als Kollektor in norddeutschen Kirchenprovinzen kennen gelernt hatte.[1433] Doch Baglioni stand sicher nicht nur unter dem Schutz eines einzelnen einflussreichen Prälaten, sondern genoss vermutlich bis zum Papst hinauf Protektion. Diese Verbindungen zur Kurie wurden durch die Partnerschaft mit Giovanni de' Medicis Kurienbank noch vertieft, denn er gewann im Florentiner einen mächtigen Fürsprecher bei der Kurie, der sich dafür einsetzen konnte, Privilegien im Transfer von Kollekten zu erhalten und damit auch einen Salvokondukt für seinen Aufenthalt in Lübeck. Sicher war für ihn für das Eingehen dieser Verbindung auch von Bedeutung, dass er nun einen zahlungskräftigen Bankier als *trattario* für seine Wechsel in Rom hatte.

1427 Bis 1394 wird er zusammen mit Bartolomeo Turchi genannt. Vgl. Esch (1966), S. 345–346; Favier (1966), S. 511. – 1396 zusammen mit Michele Pagani: APS, II, S. 154, Nr. 926.

1428 APS, II, S. 156, Nr. 930. – Die Familie Baglioni hatte enge Beziehungen zur Kurie. Ludovicos Bruder Niccolò hat am Konzil von Pisa teilgenommen. Vgl. Baglioni (1964), S. 52.

1429 Lange / Unger (1849–1976), IV, S. 505–506. Als weitere Zahlorte werden in diesem Dokument Brügge und Stralsund genannt.

1430 APS, II, S. 179, Nr. 954 und S. 81, Nr. 956.

1431 UB Lübeck, V, S. 131, Nr. 131; APS, II, Nr. 974.

1432 APD, VII, S. 207, Nr. 5618–5620.

1433 Esch (1966), S. 348; Schwarz (2001a), S. 457–459 und 466–467; Vosshall (2016), S. 11 und 271. – Ausführlich über Karbow Fouquet (1998), S. 198.

In der bisherigen Fachliteratur wird Baglioni als Korrespondent von Giovanni de' Medici dargestellt, als Handelsherr und Bankier, der in Lübeck eine eigenständige Gesellschaft betrieb.[1434] Die Quellenlage zu dieser Zusammenarbeit ist allerdings äußerst dünn. Es ist kein Brief von ihm und keine Seite aus seinen buchhalterischen Aufzeichnungen erhalten. Auch von den Medici-Filialen in Venedig, Rom und Florenz sind aus den Jahren, in denen er in Lübeck arbeitete, keine Dokumente aus der Rechnungslegung auf uns gekommen. Einzig das *libro segreto* von Giovanni de' Medici erlaubt, wenigstens auf der obersten Ebene der Buchhaltung, Einblicke in die Geschäftsorganisation und den Erfolg der Unternehmungen. Baglioni wird darin mehrfach genannt, doch gibt es keinerlei Hinweis auf eine direkte Beteiligung von Giovanni an einer Niederlassung in Lübeck. Es kann also mit Sicherheit ausgeschlossen werden, dass es sich bei *Lodovico Baglioni e co. di Lubecca* um eine Filiale oder Accomenda von Giovanni de' Medici gehandelt hat. Diese beiden Rechtsformen hätten zwingend zu Einträgen über Gewinn und Verlust im *libro segreto* geführt. Aus der Gründungsgeschichte der Filiale von Venedig ist zu erkennen, dass Giovanni de' Medici seine Investitionen auch in einer weiteren Rechtsform organisierte, der Agentur. Diese Geschäftseinheit erhielt ihr Eigenkapital aus einer übergeordneten Filiale, in deren Bilanz dann auch Gewinn und Verlust saldiert wurden. Eine Medici-Agentur in Lübeck hätte also im *libro segreto* keine Spuren hinterlassen.

Mehrere Dokumente zeigen unzweifelhaft, dass Baglioni von Giovanni de' Medici nicht als gleichberechtigter Partner behandelt wurde, wie dies in einem Korrespondenzverhältnis der Fall gewesen wäre, sondern von diesem Anweisungen erhielt, die auszuführen waren. In fünf Briefen von Medici-Faktoren von Florenz nach Lübeck, die zwischen dem 25. April 1413 und Dezember 1415 geschrieben wurden, fallen Textpassagen auf, die so sicherlich nicht an einen Korrespondenten hätten geschrieben werden dürfen. Baglioni wird darin beispielsweise mit deutlichen Worten dafür gerügt, dass er einem Kaufmann Kredit gewährt hatte, der der florentinischen Gesellschaft der Pazzi in Paris Pferde liefern wollte.[1435] Er habe nicht gut gehandelt und er solle in Zukunft zum Schutz des Geldes keine Pferde auf eine Reise schicken: *Per cierto voi non fate bene*[1436] und *lui per più salvezza de' danari e per l'avenire non metterai a rimandare più chavagli per le chagioni vi s'é detto.*[1437] Wären die Florentiner an der Gesellschaft in Lübeck nicht in irgendeiner Form beteiligt gewesen, wäre ihnen eine solche Bemerkung nicht zugestanden und dieses Pferdegeschäft hätte sie auch nicht interessiert. Auch für die apostolische Kammer scheint die Medici-Kurienbank für das Verhalten von Baglioni verantwortlich zu sein. Als sie 1418 erhebliche Zweifel an der Abrechnung von in Lübeck gesammelten Kollektorien hatte, traf sie mit dem Medici-Bankier Bartolomeo de' Bardi am 20. November desselben Jahres eine gütliche

1434 Roover (1963), S. 57. Vgl. Esch (2007), S. 390: „[...] che non avevano mai fondato una filiale a Lubecca [...]".
1435 Zu den Pazzi in Paris vgl. Arnoux et al. (2005).
1436 ASFi, MAP 97, Nr. 121.
1437 ASFi, MAP 88, Nr. 129. Die weiteren Briefe im MAP: 83, Nr. 51; 89, Nr. 269; 97, Nr. 122.

Lösung *super facto Ludouici de Ballionibus* und nicht mit dem Peruginer im Norden.[1438] Ein weiteres Indiz für die Existenz einer Medici-Agentur in Lübeck ergibt sich aus der Verbuchung von Baglionis Inkasso-Reise nach Krakau, über die Giovanni am 4. Juli 1419 notierte: *quando lo mandammo* (als wir ihn schickten). Das tönt nicht nach einer Bitte, die Baglioni für ihn erfüllt hatte, sondern nach einer Anweisung. Dies könnte auch der Grund sein, weshalb für diesen Dienst kein Honorar bezahlt wurde, sondern nur der Ersatz der Reisespesen.[1439] Wie direkt Giovanni de' Medici in die Geschäftsführung von Baglioni eingriff, erhellt sich aus einem im Jahre 1424 in Lübeck abgeschickten Brief. Geschrieben hat ihn Andrea di Benozzo Benozzi, der sich wie ein Revisor die Bücher des Peruginers zeigen ließ, die Prüfungsergebnisse nach Florenz berichtete und Anweisungen gab, wie Baglioni seine Geschäfte zu führen habe.[1440] Schließlich sprechen Eintragungen in der Erklärung für das Catasto von 1427 eine eindeutige Sprache. In der Bilanz der Niederlassung in Venedig wird Lübeck als Gesellschaft *(ragione)* bezeichnet, was für einen Korrespondenten nicht gebraucht worden wäre.[1441]

Ein Gründungsdatum für den Beginn der Medici-Agentur in Lübeck lässt sich nicht auf den Tag genau festlegen. Die Analyse mehrerer Quellen legt aber das Jahr 1412 nahe. Am 23. August 1411 erneuerte Johannes XXIII. das Privileg, mit dem Baglioni allein mit dem Transfer der Kollekten aus Deutschland, Böhmen, Dänemark, Schweden, Norwegen und Polen bevollmächtigt wurde.[1442] Die erste gemeinsame Erwähnung der Namen Baglioni und Medici in einem Dokument findet sich in einer Abrechnung, die von einem Treffen am 10. September 1411 in Verona berichtet. Daran teilgenommen haben Ludovico Baglioni, Giovanni de' Medici und Benedetto de' Bardi, der Leiter des Medici-Hauptsitzes in Florenz. Als Grund für dieses Treffen wird nur von Abrechnungen gesprochen: *quando faciesti a Verona chonto con Benedetto.*[1443] Die beiden Gesellschaften hatten also schon gemeinsame Geschäfte abgewickelt, möglicherweise wurde nun bei dieser Gelegenheit über eine Vertiefung der Zusammenarbeit geredet.

1438 APD, II, S. 266–267; DN, XVII, S. 922.

1439 ASFi, MAP 153, Nr. 1, c. 101v. – Es ist auf eine weitere Auffälligkeit bei der Abrechnung der Spesen von Baglionis Reise nach Krakau hinzuweisen. Warum nennt das *libgro segreto* von Giovanni de' Medici Baglionis Begleiter *Goschalcho?* Ein einfacher Handlungsdiener kann es wohl nicht gewesen sein, denn dann wäre sein Name in der Zentrale in Florenz kaum bekannt gewesen. Da dies aber die einzige Nennung dieses Mannes ist, bleiben alle Thesen, er könnte etwa ein lokaler Teilhaber gewesen sein, reine Spekulation. Nicht einmal sein richtiger Name lässt sich mit Sicherheit anhand der überlieferten italianisierten Form ermitteln: Godeschall, Gottschalk?

1440 ASFi, MAP 1, Nr. 236. Über diesen Andrea di Benozzo Benozzi ist nur sehr wenig in Erfahrung zu bringen. Er war am 28. Juni 1408 einer der sechs *consiglieri* an der Mercanzia: ASFi, Mercanzia 1244, c. 172v.

1441 ASFi, Catasto 49, c. 1187r: *Jachopo da Mulino et Jacopo Donato per anbra tenpo a Natale prosimo atenghono alla ragione di Lubiche.*

1442 APD, II, Nr. 1172–1174, 1176–1178.

1443 ASFi, MAP 83, cc. 313–314. – 1410 bezahlte Giovanni de' Medici bei der Kammer die Servitien für den Bischof von Lund ein. Es findet sich aber kein Hinweis darauf, dass dieser Zahlung ein Korrespondentengeschäft mit Baglioni vorausgegangen war. APS, II, S. 214, Nr. 1009.

Giovanni de' Medici machte Ludovico Baglioni zu seinem Partner und schickte seinen Verwandten Gherardo Bueri als *socius* nach Lübeck. Baglioni, nach dem die Niederlassung weiterhin benannt wurde, war wohl der Hauptteilhaber und Gherardo sein Juniorpartner, vielleicht auch der von Giovanni geschickte Aufpasser. Gherardo war zwischen 1386 und 1393 als ältester Sohn von Pippa (Filippa) und Nicola Bueri geboren, der als Kaufmann im lokalen Florentiner Markt tätig war (Stammbaum 9).[1444] Er stammte aus einer sehr angesehenen Familie und war über Cosimos Mutter mit den Medici verwandt.[1445] Sein Großvater väterlicherseits war der Bruder von Averardo Bueri, dessen Tochter Piccarda Giovanni di Bicci de' Medici heiratete. Er war also ein Cousin zweiten Grades zu Cosimo di Giovanni.

Gherardo Bueri verließ als junger Mann seine Heimatstadt und ist 1406 als Lohnempfänger der Bank von Giovanni de' Medici in Venedig nachgewiesen: *per uno anno istette a Vinegia al tempo di Giovanni da Ghaliano.*[1446] Vermutlich war er zu diesem Zeitpunkt als Lehrling *(garzone)* angestellt gewesen.[1447] 1410 befand sich sein jüngerer Bruder Francesco in derselben Gesellschaft in Ausbildung.[1448]

Die erste Erwähnung von Gherardo Bueris Präsenz in Lübeck findet sich in einem Brief vom 25. April 1413, in dem er als Aussteller eines Wechselbriefes genannt wird: *ed abiamo auto la copia di quella del chanbio perché gli ano paghati ed é di mano di Gherardo.*[1449] Ausdrücklich als *socius* von Baglioni wird er am 1. September 1413 bezeichnet.[1450] Sein Eintritt in die

1444 Im Catasto von 1433 gibt seine Mutter sein Alter mit 40 Jahren an; 1446 erklärt er selber, 60 Jahre alt zu sein. – Die Schreibweise des Vaternamens ist in den zeitgenössischen florentinischen Dokumenten schwankend. Es ist sowohl Nicola wie auch Niccolò zu finden. Für Nicola vgl. beispielsweise ASFi, MAP 134, Nr. 1, c. 133r. Zu wirtschaftlichen Aktivitäten von Nicola Bueri vgl. ASFi, Carte del Bene, registro n. 19, c. 56v. Gherardos Mutta Pippa war die Tochter von Amaretto Manelli wie sich aus ASFi, Catasto 45, c. 436: Ramondo d'Amaretto Manelli erstellt für seine Schwester die *portata* ans Catasto 1427.

1445 Zu seiner Herkunft vgl. Roover (1963), S. 63.

1446 ASFi, MAP 153, Nr. 1, c. 50.

1447 Roover (1963), S. 63: Bueri erhielt 1406 in Venedig ein Salär von f. 20. Als er seine Anstellung aufgab, hinterließ er der Bank in Venedig eine Schuld über f. 61.14.5, welche 1420 abgeschrieben wurde. Vgl. ASFi, MAP 153, Nr. 1, cc. 49–50. Vermutlich war Bueri nur gerade ein Jahr in Venedig, wie sich aus der Formulierung *per uno anno istette a Vinegia al tempo di Giovanni da Ghaliano* schließen lässt. ASFi, MAP 153, Nr. 1, c. 50. North (1991), S. 812 schreibt, dass er diese Anstellung schnell wieder aufgegeben habe. – Fouquet (1998), S. 200 sieht in Gerhard van Buren, den Hildebrand Veckinchusen im Jahre 1405 als Geschäftspartner in Brügge erwähnt, Gherardo Bueri. Die Namensähnlichkeit reicht m. E. nicht als Indiz dafür aus, Bueri in diesem Jahr in Brügge als Händler zu sehen. In den lübischen Quellen taucht Bueri häufig als *Gerhard de Boeris, Gerhard der Wale* oder in ähnlichen lateinischen oder deutschen Varianten seines Namens auf. Nie wird er Gerhard van Buren genannt Vgl. North (1991), S. 812. – 1410 befand sich Gherardos jüngerer Bruder Francesco in der venezianischen Gesellschaft in Ausbildung. Roover (1963), S. 241.

1448 Roover (1963), S. 241.

1449 ASFi, MAP 89, Nr. 269.

1450 UB Lübeck, V, Nr. 466, S. 508: Eintrag im Niederstadt Lübecks wegen 500 Nobili, die für Baglioni und Bueri beim lokalen Wechsler Marquart Velthusen deponiert waren, und an die Kammer transferiert werden sollten. Johannes XXIII. setzte sich in Lübeck für die Bankiers ein, als diese nach dem Tod Velthusens nicht mehr an das Geld kamen. Am 22. September 1414 quittierte dieser Papst den Empfang der durch

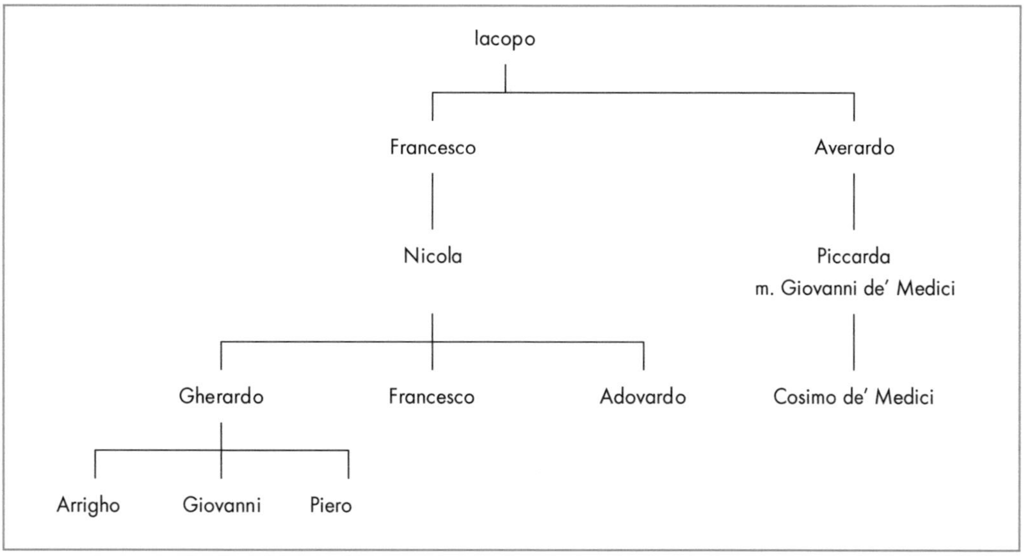

Stammbaum 9. Bueri (stark vereinfacht)

Medici-Baglioni-Gesellschaft stellte einen markanten Ausbau des Aufwands der Agentur in Lübeck dar, da nun ein weiterer Partner am erzielten Gewinn partizipieren wollte. Giovanni de' Medici hätte seinen Verwandten sicher nicht in den Norden geschickt, wenn er dort nur als Aufseher oder Hilfskraft Baglionis hätte wirken sollen. Von Bedeutung ist auch, dass mit Bueri nun ein Kaufmann in den Diensten dieser Niederlassung stand, der über Kenntnisse des venezianischen Marktes verfügte.

Ein weiterer Hinweis auf den beschriebenen Wechsel der vertraglichen Grundlage der Geschäftsbeziehung ist in einem Brief an Baglioni vom 7. Dezember 1414 zu finden, in dem ein Mitarbeiter der Medici-Zentrale in Florenz von der Saldierung der alten Gesellschaft schrieb: *s'avamo sopra saldare la ragione vecchia da Lubich.*[1451] Dies könnte als Saldierung der Konten mit der alten Gesellschaft von Baglioni verstanden werden. Der Begriff *ragione* wurde zwar in unterschiedlichen Bedeutungen verwendet, doch handelt es sich hier sicherlich um den Abschluss der Konten aus einer älteren Form der Geschäftsbeziehung.[1452] Diese Fakten führen zum Indizienschluss, dass der Peruginer von 1405 bis 1412 in Lübeck eine Einzelfirma betrieben hatte, die 1412 in einer von ihm geleiteten Medici-Agentur aufging. Offensichtlich ging dieser vertraglich geregelten Partnerschaft eine Korrespondentenbeziehung voraus.

Gherardo Bueri bei Marquart Velthusen deponierten 500 Goldgulden. Archiv der Hansestadt Lübeck, Bullae papales 073a.

1451 ASFi, MAP 83, Nr. 51.

1452 Edler-de Roover (1934), S. 236–237.

Die Medici-Baglioni-Agentur, in die Giovanni seinen Verwandten Gherardo di Nicola Bueri als Mitarbeiter geschickt hatte, nahm wohl 1412 ihre Arbeit auf, denn das erste Dokument, das sie als gemeinsame Akteure im kurialen Zahlungsverkehr zeigt, datiert vom 24. Januar 1413. Der Kämmerer befahl darin Baglioni, der seit 1411 mit dem päpstlichen Privileg als *perceptor* und *commissarius* für die Provinz Lübeck und die Königreiche Dänemark, Schweden und Norwegen ausgestattet war,[1453] an Ilarione de' Bardi von der Medici-Bank in Rom duc. 500 zu überweisen.[1454] 1414 wurde Ludovico Baglioni auch mit dem Einzug und Transfer der für die Kosten des Konstanzer Konzils bestimmten Ablassgelder in Sachsen betraut. Dieses Einzugsgebiet wurde kurz darauf stark erweitert: um die Kirchenprovinzen Bremen und Riga, unter Einschluss von Kammin und Verden, das Territorium des Deutschordens in Preußen und Livland.[1455] Der Papst wartete nicht immer, bis diese Gelder bei der Kammer eintrafen, sondern ließ sich von den Medici di Corte darauf auch einen Vorschuss auf zukünftige Einnahmen in Lübeck auszahlen. Die Bankiers in Rom teilten ihren Partnern in Lübeck etwa mit, der Papst hätte von ihnen 250 f. eingefordert, die sie in Lübeck wieder einziehen sollten.[1456]

Die Kollektorengelder aus Skandinavien und Norddeutschland waren im Rahmen des Gesamtbudgets der Kurie recht bedeutungslos und im Gesamtvolumen des internationalen Zahlungsverkehrs der Banken in den Jahren vor dem Konstanzer Konzil nur eine Randnotiz.[1457] Auch die Servitienzahlungen aus dieser Region erreichten nicht die hohen Summen, die im Vergleich dazu die reichen Diözesen am Rhein zu bezahlen hatten, doch ergaben sie zusammen mit den Annaten ein beachtenswertes Volumen. So findet sich der Name Baglioni im Repertorium Germanicum zwischen 1405 und 1420 achtmal im Zusammenhang mit Zahlungen einzelner geistlicher Würdenträger.[1458] Dies ist mit Sicherheit nur ein kleiner Teil der von ihm durchgeführten finanziellen Operationen, die zu Einzahlungen bei der Kammer führten. Für Baglioni und Bueri war der Transfer von Geldern aus Nordeuropa auf die Medici-Bank bei der Kurie und dann in die Kassen der apostolischen Kammer dennoch das wichtigste Geschäft. Auch wenn es sich bei diesen Transaktionen gelegentlich um recht große Summen handelte – Baglioni besorgte beispielsweise über duc. 1000 aus der Kollektorie Dänemark und Norwegen[1459] –,

1453 APS, II, S. 218–9, Nr. 1017; APS, II, S. 231, Nr. 1188 vom 9. August 1413. – APS, II, S. 226, Nr. 1172. – Am 20. Januar 2013 quittierte Johannes Scunemann, ein Subkollektor Baglionis, den Empfang des Peterspfennigs der Diözese Stavanger: DN, III, S. 444.

1454 ASFi, Diplomatico, Medici, 1413 gennaio 24. – Am selben Tag quittierte die Kammer den Eingang von duc. 508, die sie von den Medici gegen eine Anweisung auf Gelder des Kollektors in Polen erhalten hatten. ASFi, Diplomatico, Medici, 1413 marzo 24.

1455 Schwarz (2001a), S. 463.

1456 ASFi, MAP 89, Nr. 269 (25. April 1413): *Ano paghato quegli di Roma alla Chamera f. 250 che dichono il Papa gli à voluti pe' denari dovete costà risquotere.*

1457 Schuchard (2015), S. 100.

1458 RG Online, RG III 01547, http://rg-online.dhi-roma.it/RG/3/1547; RG IV 09117, http://rg-online.dhi-roma.it/RG/4/9117, 02.07.2021.

1459 Lange/Unger (1849–1976), XVII, S. 280; Nordmann (1933b), S. 26.

so begründeten diese Überweisungen allein doch noch keine jahrelange Existenz einer Bankniederlassung in Lübeck. Jedes Wechselgeschäft, das zusätzlich abgewickelt werden konnte, war deshalb sicherlich sehr willkommen. Nachzuweisen sind diese aber heute nur noch in ganz wenigen Fällen, denn das Fehlen aller diesbezüglichen buchhalterischen Aufzeichnungen wird bei ihnen nur selten durch andere Archivbestände kompensiert.

Von weiteren *lettere di cambio,* die nicht im Hinblick auf die Einlieferung in die Kassen der Kurie geschrieben wurden, berichten Briefe zwischen den Medici in Florenz und den Leitern ihrer Agentur in Lübeck. Nur in einem einzigen Fall wurde dabei ein Wechsel aus Rom in Lübeck bedient, als einem *Dienchus Navemisis* zwölf ungarische Gulden angewiesen wurden.[1460] In allen anderen Fällen wurde das Geld in umgekehrter Richtung transferiert. Als Kunden werden Pilger ans Heilige Grab *(ducati 800 a quegli andavono al sipolcho),* Studenten *(paghato agli studianti scudi 40 e 30)* und Prokuratoren wie Johannes Voss (duc. 50), Hermann Dwerg (f. 293) und *Tederigho Restoleri* (Dietrich Reseler?, duc. 1900) genannt.[1461] Wenn auch die Hauptroute der Wechsel Lübeck und Rom als Endpunkte hatte, so zeigt sich in diesen Briefen eine größere Dimension des Geschäftsraumes. Wechsel gingen auf die Medici in Rom und Venedig, den Lucchesen Dino Rapondi und Bartolomeo Spinelli, den Leiter der Bank von Filippo di Tommaso degli Alberti in Brügge, Domenico e Poldo de' Pazzi in Paris, einen Vito in Prag und Arrigo Filisini in Bologna.

Obwohl Baglioni und Bueri sehr große Umsätze mit den von ihnen ausgestellten *lettere di cambio* erzielten und offensichtlich keine Schwierigkeiten bei der Akquisition von Kunden hatten, entsprach der Geschäftsverlauf nicht den Erwartungen in Florenz, denn es fehlten die Gegengeschäfte, die zum Ausgleich der Konten unerlässlich waren. Die entsprechenden Vorwürfe in den Briefen aus Italien wurden zunehmend heftiger. Sie würden in Lübeck schlecht arbeiten, wenn sie dermaßen viele Wechsel schickten, auch wenn man in Rom bereit war, dem Lübecker Rat zuliebe großzügig zu sein. Sie mahnten dringend, keine Wechsel mehr zu schicken, denn sie würden nicht mehr bedient:

> *non fate bene che cci chora di nuovo chominciate a trarre assai; e a Roma avete tratte più partite che vi si sono richordate e hora avete tratto f. 1250 e dite per servire e' chonsoli di chostì [...] di che vi si dicie di nuovo che nulla ne traiate in veruno luogho però che s'è schritto a Parigi e a Bologna e a Bruggia e Roma non paghino nulla. Siatene avisati.*[1462]

1460 ASFi, MAP 97, 121.

1461 Zu Johannes Voss vgl. Vosshall (2016), S. 706; zu Hermann Dwerg vgl. Berbée, Paul A. J. S. (1960–); zu Dietrich Reseler vgl. Schwarz (2001b), S. 257.

1462 ASFi, MAP 97, Nr. 121.

Im Dezember 1414 hatten sich die Schulden der beiden Italiener in Lübeck bei den Medici in Rom auf über 1600 lübische Mark addiert. Sie sollten nun endlich Geld nach Brügge oder Waren nach Venedig liefern oder sie müssten mit schweren finanziellen Konsequenzen rechnen: *mandate merchatantie a Vinegia o rimettete a Bruggia e questo vuol essere sanza più indugio altrimenti vi chosteranno chari.*[1463] Die päpstlichen Anweisungen auf Kollektorengelder verschärften die Situation weiter, denn auch für diese in Rom geleisteten Zahlungen kam aus dem Norden kein Gegenwert: *de denari e chonvenuto e paghino alla Chamera per denari avete a risquotere costì, e noi di qua non abiamo o soldi.*[1464] In Florenz entschloss man sich, ein Exempel zu statuieren und schrieb ihm, man schicke ihm ein paar seiner Wechsel zurück, da man sie nicht bedienen werde. Und so werde man auch mit seinen weiteren Zahlungsaufträgen verfahren, wenn er sie weiter so behandle, wie es ihm gerade gefalle: *E ci è stato apresentato alchuna vostra lettera di chanbio ove traete denari la quale non abiamo voluto paghare e torneravi in direto chome vedrete e chosì faremo di quanto ciene verà sicchè oramai ciene traete quanto vi piace.*[1465] Diese Maßnahme scheint aber ohne große Wirkung geblieben zu sein und wurde bald wieder aufgehoben, denn die Probleme blieben bestehen.

Ungemach kam auf die Medici-Baglioni-Agentur zu, als am 30. April 1418 zwei Lübecker Domherren den Auftrag der apostolischen Kammer erhielten, die Abrechnungen von Ludovico Baglioni für Kollektorien zu überprüfen, denn es gäbe daran Zweifel *(que nobis sub dubiis producta sunt).*[1466] Da es kein Einzelfall war, dass Abrechnungen von Kollektoren überprüft wurden, kann in diesem Vorgang nur schwer eine gezielte Strafaktion gegen die Medici gesehen werden.[1467] Es ging der Kammer wohl eher darum, ihre wiedergewonnene Funktionstüchtigkeit zu manifestieren. Dass es keine ernsthaften Spannungen zwischen Bankiers und Kammer gegeben haben kann, zeigt ein Kredit in Höhe von f. 1200, den Matteo Barucci, seit 1416 Partner in dieser Kurienbank, fünf Tage nach dem Schreiben nach Lübeck dem Papst gewährte.[1468] Der Revisionsbericht aus Lübeck ist nicht erhalten, doch stimmte Bartolomeo de' Bari am 20. November 1418 einer Regelung zu, in der er versprach, die bei Baglioni eingegangenen Gelder innerhalb von vier Monaten an die Kammer abzuliefern.[1469]

Das Misstrauen gegenüber Ludovico Baglioni scheint nach der Übereinkunft zwischen den Medici und der Kurie schnell verflogen zu sein und die Bankiers in Lübeck und Rom

1463 ASFi, MAP 83, Nr. 51.

1464 ASFi, MAP 89, Nr. 269.

1465 ASFi, MAP 97, Nr. 122.

1466 APD, II, S. 266; Vosshall (2016), S. 271–272.

1467 Miltenberger (1894b), S. 416–417. Bischof Eskill von Drontheim war als Kollektor in Schweden exkommuniziert worden, weil er seine Unterlagen nicht zur Überprüfung eingereicht hatte. Ludovico Baglioni erreichte als sein Vertreter am 26. Februar 1420 bei der Kammer seine Absolution. Ein anderer Fall von Beanstandung einer Kollektorenabrechnung durch die Kammer bei Fink (1930/31), S. 187.

1468 Holmes (1968), S. 377.

1469 APD, II, S. 277–278.

konnten weiterhin im kurialen Zahlungsverkehr arbeiten. Wenn auch nicht bei allen Transaktionen von Baglioni immer die Medici ausdrücklich genannt werden, liefen sie doch alle mit Sicherheit über diese Gesellschaft.[1470] Schon im Juni 1419 quittierte der Peruginer dem Erzbischof von Riga den Empfang von duc. 600, die bis zum Martinstag bei der Kammer eingehen mussten.[1471] Ein Jahr später rechnete der Kollektor für Dänemark, Schweden und Norwegen seine Gelder bei ihm in Lübeck als *receptor generalis* ab, um sie an die apostolische Kammer zu transferieren.[1472]

In den Urkundensammlungen der skandinavischen Länder wird Baglioni zwischen 1395 und 1425 29-mal erwähnt, wovon sich mehrere Urkunden allerdings auf denselben Vorgang beziehen. Bemerkenswert ist, dass es aus demselben Zeitabschnitt in diesen Urkundenverzeichnissen nicht eine einzige gibt, in denen die in Brügge so dominanten Alberti erwähnt werden. Ein vergleichbares Bild ergibt sich, wenn die Transfergeschäfte für die norddeutschen und baltischen Diözesen mitbetrachtet werden. Die Agentur von Giovanni de' Medici hatte in Lübeck die konkurrierende Bank der Alberti in diesem Geschäft weitgehend abgelöst. Diesen hielt aber der Deutsche Orden weiterhin die Treue und wickelte alle seine Geschäfte mit der Kurie über sie ab.

5.4.4 Medici-Baglioni-Bueri-Gesellschaft

1422 oder 1423 formten Baglioni und Bueri eine neue Gesellschaft, die wiederum eng in Beziehung mit den Medici-Filialen in Venedig, Rom und Florenz stand. In den Quellen wird nie erwähnt, dass Giovanni de' Medici über eine Accomendaeinlage oder gar eine formelle Teilhaberschaft daran beteiligt war. Die Tatsache aber, dass er für sich das Recht beanspruchte, die in Lübeck geführten Bücher einsehen zu dürfen, zeigt, dass Baglioni und Bueri nicht bloß in einem Korrespondentenverhältnis zu Giovanni standen. Auch Bartolomeo de' Bardi scheint beteiligt gewesen zu sein.[1473] Medici und Bardi waren aber nicht *compagni* in der Gesellschaft von Baglioni und Bueri und auch nicht Accomanditäre. Sie legten Geld in den *corpo* der Gesellschaft mittels Einlagen als *depositi*.[1474] Im *libro segreto* von Cosimo de' Medici wurden 1429 und 1435 noch offene Positionen der zu diesem Zeitpunkt längst wieder aufgelösten

1470 Vgl. oben S. 155.

1471 Böhmer/Techen (1843–1932), VI, Nr. 95, S. 139.

1472 RG Online, RG IV 09117, http://rg-online.dhi-roma.it/RG/4/9117, 02.07.2021. Vgl. Vosshall (2016), S. 271.

1473 Die Bardi-Beteiligung legt ein Satz in einem Brief Bueris an Cosimo de' Medici von 1434 nahe. Die Brüder und Erben Bardis verlangten von Gherardo noch f. 900 aus der aufgelösten Gesellschaft. Weissen (2003), S. 64: *Voi dite trovate ch'io resto a dare, per ragione vechia di Lodovicho e mia, fiorini 900, e' quali aparteghono per la loro parte a' frattegli di Bartolomeo de' Bardi.*

1474 Weissen (2003), S. 65: *Questi sono tutti danari di dipositi e che magior parte tochano a Lodovicho.*

Gesellschaft verrechnet, was als Beleg für diese direkte Art der Beteiligung gewertet werden muss.[1475]

Giovanni de' Medici in Florenz war mit der Leistung der Lübecker Agentur nicht zufrieden und schickte im Dezember 1424 einen Revisor oder Kontrolleur an die Trave, um sich einen Überblick über den Geschäftsgang und die Arbeitsweise der ersten beiden Jahre der Gesellschaft zu verschaffen. Von diesem Andrea di Benozzo Benozzi ist ein langer Brief an Giovanni d'Averardo de' Medici erhalten, in dem er seine Eindrücke mitteilte und über seine Gespräche mit Bueri informierte.[1476] Leider sind die meisten Personen- und Ortsnamen abgekürzt oder kodiert, sodass nicht alle Passagen verständlich sind. Dennoch ist vieles sehr aufschlussreich: Obwohl er sich noch keinen vollständigen Überblick über alle Geschäfte habe verschaffen können und keine exakten Zahlen liefern könne, kommt Benozzi zum Schluss, dass in diesen beiden letzten Geschäftsjahren nur wenig Gewinn erzielt worden sei: *credo che in questo tenpo ella verà avere fatto pocho profitto.* Das große Problem dieser Gesellschaft sei der Ausgleich der Wechselkonten mit ihren Partnern auf den großen Bankenplätzen. Anweisungen, die Benozzi von Giovanni de' Medici nach Lübeck mitgebracht hatte, machten den Bankiers in Lübeck klar, dass man in Florenz nicht gewillt war, weiter auf das Ausgleichen der in ihrem Auftrag bedienten Wechsel zu warten. Bueri bemerkte schon damals, dass Giovanni de' Medici seinen Zahlungsversprechungen nicht mehr glaubte. Benozzi berichtete über neue Beteuerungen, Geld

1475 ASFi, MAP 153, Nr. 2, c. 58r: *1429 – Avanzi scritti in dett a chonti ano di ragione di Gherardo di Bueri di Lubich deono avere a dì XXIIII di marzo f. dugento venti per l. XX s. XIIII di grossi posto Cosimo e Lorenzo de' Medici e compagnia di Vinegia deono dare in questo c. 57 sono per ambra e vai vende[rono] di detti di Lubich a ser Lorenzo Foschari e a ser Nicholò de Gulino e [...] e per noi si contorono detti debitori e [...] di contro i detti di Vinegia — f. CCXX. – E dì primo febraio 1430 f. quatro cento venti cinque per l. XL di grossi posto i nostri di Vinegia debino dare in questo a c. 57 sono per l. CC di grossi per noi deono a lo sconto per conto di Gherardo Bueri di Lubich per 2 anni per anbra di loro venduta a Jacomo Donato ch'é nel tenpo a dì X di settembre 1432 — f. CCCC XXV.* – ASFi, MAP 153, Nr. 2, c. 79v: *Lodovicho di Baglioni e Gherardo Bueri di Lubicha deono dare a dì XXX di magio f. mille settanta d[oro] sono per la partita dirinpetto la quale fu scripta per erore e però si ritrae posto i nostri di Vinegia debino avere sulo dirinpetto dove v'erono suti fatti debitori — f. MLXX s.--.* ASFi, MAP 153, Nr. 2, c. 80r: *Lodovicho di Baglioni e Gherardo Bueri deono avere a dì 30 di maggio f. mille settanta d[oro] posto i nostri di Vinegia debino dare qui dirinpetto e quali [...] dabano di loro merchatantia insino a dì 20 d'aprile 1432 in due partite — f. MLXX s. —.*

1476 Der Brief ist abgedruckt bei Weissen (2003), S. 60–63. – Benozzi berichtet nach Florenz über seine Gespräche mit einem Mann, den er mit be+ kodiert. Die Namen Bueri oder Baglioni kommen im ganzen Brief nicht vor. Da an einer Stelle von Lodovicho die Rede ist, ist davon auszugehen, dass mit be+ Gherardo Bueri gemeint ist. Baglioni scheint in Lübeck nicht anwesend gewesen zu sein. – Über Andrea di Benozzo ist sonst kaum etwas in Erfahrung zu bringen. Neben diesem Brief konnte sein Name nur noch im Catasto von 1427 gefunden werden. Er gab sein Alter damals mit 28 Jahren an und lebte mit seiner Schwester Ginevra und deren Töchterlein zusammen. Er deklarierte keinerlei Vermögen. Es findet sich kein Hinweis darauf, dass er sich im Ausland aufhielt oder mit den Medici in irgendeiner Beziehung stand. Vgl. ASFi, Catasto 78, c. 205v. 1433 lebt er alleine und verfügt über ein Barvermögen von f. 200, Kleidung *(panni per mio vestire)* und sonst nichts. ASFi, Catasto 470, c. 243r. – Harvard University Library; Baker Library, Medici Letters, Nr. 77: Benozzi war am 7. Juli 1425 immer noch in Lübeck.

zu schicken. Sollte er in Zukunft nicht rechtzeitig Bargeld oder Ware losschicken, so solle ihm Giovanni de' Medici nichts mehr glauben: *E lui m'à detto tuto largho, che ogni volta che lui non rimete per llo tempo cher verà al tenpo debito o di chontanti o roba, che alora vole che voi no' gli crediate più.* Er bot sogar an, dass Benozzi in Zukunft die Bücher führen könne: *e che tuto vadi per lle mie mani.* Zu diesen Remittierproblemen kamen noch Schwierigkeiten mit geistlichen Kunden, von denen große Beträge ausstanden. Immerhin war man bei diesen Schuldnern zuversichtlich, da ihnen ein durchreisender Kleriker Hoffnung machte, bei der Kurie durch Androhung der Exkommunikation genügend Druck ausüben zu können.[1477]

5.4.5 Gherardo di Nicola Bueri

Cosimo de' Medici beendete die finanzielle Beteiligung seiner Familie an der Agentur in Lübeck im Jahre 1425.[1478] Bueri erwähnte er deshalb nach diesem Datum in seinem *libro segreto* nicht mehr.[1479] Nach dem Rückzug von Giovanni de' Medici aus der direkten Beteiligung an der Gesellschaft in Lübeck und dem Ausscheiden von Baglioni, der bald danach verstorben ist, betrieb Bueri die Handelsgesellschaft in eigenem Namen und ohne finanzielle Einlage eines Partners als Einzelunternehmen weiter. In einem Brief vom 7. Juli 1425 unterscheidet er klar zwischen diesen beiden Gesellschaften: *a' vostri di Vinegia mandamo per chonto vechio di Lodovicho e mio, e simile ancho per chonto mio nuovo.*[1480] Cosimo setzte sich, wenn auch nicht ganz uneigennützig, für seinen Verwandten bei der apostolischen Kammer ein. Sicherlich hat er sich dafür verwendet, dass dieser am 1. Februar 1426 zum *receptor camere apostolice* in Dänemark, Schweden und Norwegen sowie in den Diözesen Bremen, Kammin, Schwerin, Ratzeburg und

---

1477 ASFi, MAP 1, Nr. 236: *Egli è stato qua uno messer Giovanni Mainesti, e lui chon be+ insieme dicie vole aiutare risquotere questi danari di Lodovicho. e dicie avere di chorte di potegli fare schomunichare.* – Ein Johannes Meynesti, Archidiakon in Rostock, bei APD, III, S. 82, Nr. 1758, 5. Februar 1436.

1478 Über das Ende von Baglioni finden sich in der Fachliteratur unterschiedliche Angaben. Nach Pauli (1872c), S. 104; Sieveking (1906), S. 25–29 kann er 1426 zum letzten Male nachgewiesen werden, während Roover (1963), S. 422 ohne Angabe eines Quellenbeleg behauptet, er komme bis 1433 in den Medici-Dokumenten vor. Dieses zweite Datum wurde von Esch (1966), S. 348; Fouquet (1998), S. 199 übernommen. ASFi, Catasto 49, c. 1189v gibt einen Eintrag, der diese Frage weitgehend klärt und den früheren Historikern Recht gibt. In der Liste der *creditori* der Medici-Niederlassung in Venedig vom 6. Oktober 1427 werden nämlich *Le Redi di Lodovicho Bagloni* aufgeführt.

1479 Der genaue Todestag Baglionis ist nicht bekannt. Svenskt Diplomatariums huvudkartotek över medeltidsbreven, Nr. 21900: Seine Söhne Giovanni und Jacopo sind 1433 in Rom und bescheinigen dem Erzbischof von Uppsala von allen Zahlungsverpflichtungen aufgrund einer Zahlung von 250 Mark lübisch befreit zu sein. Vgl. Archivio di Stato di Perugia, Comune di Perugia, Pergamene, Originale 568. Bini (1816), S. 416; Muzzarelli (2012), S. 27: Francesco di Ludovico lehrte als Jurist an der Universität Perugia. – ASFi, MAP 153, Nr. 2: Libro segreto 1420–1435; ASFi, MAP 153, Nr. 3: Libro segreto 1435–1451.

1480 Harvard University Library; Baker Library, Medici Letters, Nr. 77.

Lübeck berufen wurde und ließ es zu, dass der Leiter seiner Kurienbank für die korrekte Behandlung dieser Kollektorengelder bürgte.

In der Nähe der Aegidienkirche in dem Viertel, das zwar Adelsviertel genannt wird, aber nicht zu den prestigeträchtigsten Residenzquartieren der Stadt gehörte, erwarb Bueri um 1420 ein großes Haus und wurde mehrfach Vorsteher dieser Kirchgemeinde.[1481] Bis 1437 sind sechs weitere Liegenschaftskäufe belegt.[1482] Aus lübischen Urkunden ist zu erfahren, dass er spätestens 1428 das Lübecker Bürgerrecht annahm und eine Tibbeke heiratete, die Carl Wilhelm Pauli für die Tochter des 1436 amtierenden Bürgermeisters Hans Bere hielt. Gerhard Fouquet kann aufgrund seiner Studien nur bestätigen, dass sie sicherlich zum Patriziat der Stadt gehört haben muss und mit den Brunswick verwandt war. In seiner neuen Heimatstadt übernahm Bueri viele ehrenvolle Aufgaben. Er war beispielsweise zusammen mit Herren der Oberschicht Vormund einer Ratsherrenwitwe und fungierte als Testamentsvollstrecker für einen Patrizier.[1483] Aus diesen Fakten lässt sich das Bild eines erfolgreichen Kaufmanns zeichnen, der zwar nie Ratsmitglied wurde und der elitären Zirkelgesellschaft der Lübecker Oberschicht nicht angehörte, aber wohl sehr angesehen und in der Stadt sozial gut integriert war.[1484]

In Florenz zeichnen die Quellen ein etwas anderes Bild. Am 15. Oktober 1421 stellte die Signoria für Gherardo ein Schreiben zu Handen der *egregiis ac magnificis viris dominis proconsulibus et consulis imperialis civitatis Lubicensis amicis nostris carissimis* aus, das ihm auf seine Reise nach Norddeutschland mitgegeben wurde. Es geht darin nicht um kommerzielle Belange, sondern um Heiratspläne von Bueri: Sie empfehlen ihn für eine gute Verbindung und bestätigen, dass er von legitimer Geburt sei.[1485] Bueri hatte sich also wohl zu dieser Zeit entschlossen, sich länger an Lübeck zu binden. Dennoch hat er nie auf sein florentinisches Bürgerrecht verzichtet und musste bis zu seinem Tod jedes Mal eine Steuererklärung abgeben, wenn in Florenz eine auf dem Vermögen beruhende Steuer eingefordert wurde. Bis zum Catasto von 1442 tat dies wegen seiner Abwesenheit für ihn seine Mutter Pippa. Die Informationen, die sie über ihre Familie den Beamten gab, zeigen wenig günstige Vermögensverhältnisse. Obwohl sie 1427 erklärte, schlecht über die Verhältnisse ihrer drei Söhne informiert zu sein, weiß sie, dass Gherardo in Lübeck geheiratet habe, um leben zu können. Adovardo habe sie zu ihm in den Norden geschickt, damit er ihr keine Kosten mehr verursache. Francesco lebe in Split und habe wegen seiner Gicht keine Verdienstmöglichkeiten.

1481 Nordmann (1933b), S. 27.

1482 Fouquet (1998), S. 201.

1483 Vgl. zur Integration Bueris ausführlich Fouquet (1998), S. 203–205; Hammel-Kiesow (2000), S. 59; Vosshall (2016), S. 272.

1484 Fouquet (1998), S. 204–205.

1485 ASFi, Signori. Missive I Cancelleria, 30, c. 12r.

> *I sua figl[i]uoli ne sono Gherardo e Adovardo a Lubiche nella Magna gran tenpo fa, dove detto Gherardo à tolto moglie per avere di che vivere e ch'ello serva e de gran tenpo v'é domiciliato e di suo stato non son[o] punto informata. Adovardo mandai a star con lui per levarmi spesa d'adosso; Francesco é a Spalatro sanza inviamento, malato e infermo de ghotti ed è nicistà fia [e]sonerato.*[1486]

1433 ergänzte Pippa, ihr ältester Sohn habe sich in Lübeck ein Haus gekauft. Sie nennt nun auch ihre Schwiegertochter und Enkel mit Namen. Aus Tibekke wird in Florenz die 38-jährige Teodora und Gherardos Kinder sind Arrigo (20 Jahre), Giovanni (6) und Piero (4).[1487] Der älteste Sohn war wohl unehelich, die beiden jüngeren Knaben waren Kinder aus der Verbindung mit Tibekke. Alle drei werden als *non reale* bezeichnet, womit Pippa vermutlich zum Ausdruck bringt, dass sie keinen Anspruch auf das florentinische Bürgerrecht hatten. Ihre Namen erscheinen auch nicht in den Geburtenregistern der Florentiner Tratte. Wenn auch sehr viele Fragen offenbleiben und Steuererklärungen tendenziell die Vermögensverhältnisse schlechter darstellen als sie in der Realität sind, entsteht doch der Eindruck, dass es Gherardo zum Zeitpunkt seiner Heirat, die er wohl zwischen 1423 und 1425 einging, finanziell nicht gut ging und er die Mitgift seiner Ehefrau dringend brauchte. Dies erklärt, dass er gleich in zwei wesentlichen Punkten gegen das florentinische Heiratsmodell verstieß: In aller Regel ehelichte ein Florentiner eine Florentinerin, die mindestens 15 Jahre jünger war als er selbst.[1488]

Wie in vielen anderen florentinischen Gesellschaften diese Epoche spielten auch in Gherardos Unternehmen die Familienbande eine wichtige Rolle. Sein jüngster Bruder Adovardo hatte 1427 bei den Medici in Venedig ein kleines Guthaben von fast zehn Dukaten;[1489] in lübischen Quellen ist er in den Jahren 1432 und 1433 fassbar und ein Jahr später erwähnt ihn Gherardo in einem Brief an Cosimo de' Medici.[1490] Er ist um 1439 wahrscheinlich als Junggeselle gestorben.[1491] Francesco di Nicola, etwa 1396 geboren, hielt während der Abwesenheit seiner Brüder die Stellung in der Heimat. Die Bueri-Brüder bauten auch ein eigenes kleines Handelsnetz auf. Francesco, der in Florenz geblieben war, spielte eine wichtige Rolle als Handelspartner in Italien für seine Brüder im Norden, tätigte aber auch viele eigene Geschäfte. Als Bankier scheint er nicht tätig gewesen zu sein, denn er ist nur im Warengeschäft nachzuweisen. Zu seinen Lieferanten zählten

1486 ASFi, Catasto 45, c. 436.

1487 ASFi, Catasto 76, c. 124; 405, c. 404; 495, c. 411; 629, c. 550; 671, c. 883; 672, c. 845.

1488 Fouquet (1998), S. 202 hat darauf hingewiesen, dass es „ein bemerkenswerter Umstand" sei, dass Bueri eine Lübeckerin geheiratet hat. Er beruft sich mit dieser Feststellung auf Esch (1992), S. 597, der bei den Florentinern in Lyon nur endogame Heiraten finden konnte. Es scheint wenige weitere Verbindungen von Florentinern mit Einheimischen gegeben zu haben. So heiratete eine Tochter von Filippo di Tommaso degli Alberti in London 1437 Syr Jouffroy Selding. Vgl. Holmes (1960–1961), S. 195.

1489 ASFi, Catasto 49, c. 1189v.

1490 UB Lübeck, VII, Nr. 501, S. 477 und Nr. 547, S. 518; ASFi, MAP 13, Nr. 74.

1491 Istituto della Enciclopedia italiana (1960–), XIV, S. 793.

die Medici, die ihm 1436 aus Venedig Sklavinnen und *tele* schickten.[1492] In vielen Fällen wurde er als Unterhändler eingesetzt, wenn es zwischen den Bueri in Lübeck und Kunden oder Partnern im Süden zu Unstimmigkeiten kam.[1493] Nach dem Tod Francescos im Juni 1445 gab seine Witwe eine eigene Steuererklärung *(Prestanze)* an das Catasto ab.[1494] Gherardo kümmerte sich in vielen Briefen intensiv um seine Schwägerin und die Kinder seines Bruders. Ergreifend sind seine Bemühungen, die Medici zu veranlassen, ihm bei der Verheiratung der ältesten Nichte, Nonina, behilflich zu sein. Sie fand aber erst zwei Jahre nach dem Tod ihres Onkels in Lübeck einen Mann: Turino d'Antonio Baldesi.[1495]

Aussagen über die Entwicklungstendenz des Familienvermögens sind anhand der Angaben an das Catasto möglich. Vorbehalte sind bei den Deklarationen von Gherardo vor allem angebracht, weil er seinen Besitz in Lübeck den Florentiner Beamten in keinem Jahr offenlegte. So wurde 1427 ein steuerbares Einkommen von f. 368 ermittelt, 1433 waren es beachtliche f. 2276. Der Zuwachs war nicht das Ergebnis der Handelstätigkeit, sondern war der Zufluss der Mitgift von Francescos Ehefrau. 1433 sind unter den Schuldnern der Bueri auch Cosimo und Lorenzo de' Medici mit f. 300 zu finden. Das Geld stand ihnen aus der Erbschaft von Piccarda de' Medici zu, da sie die einzigen männlichen Nachkommen ihres Vaters waren. Mit diesem Geld wurde später ein Haus in Florenz gekauft.[1496] Weitere f. 486 hatte die Familie von den Medici in Venedig zugute.[1497] Nach dem Ausscheiden von Francescos Witwe aus dem Familienverbund und der Auszahlung der ihr aus der Mitgift zustehenden Vermögensteile wurde die finanzielle Situation von Gherardo im Catasto von 1446 als bedrückend geschildert. In Florenz und Lübeck seien nur wenige Vermögenswerte vorhanden.[1498]

Um 1432 verbanden sich die Bueri mit einer anderen Kaufmannsfamilie, als Francesco die um 21 Jahre jüngere Alessandra di Bernardo de' Bonsi della Ruota heiratete. Ihr Vermögen hatten die Bonsi im Handel mit Gewürzen, Seide und Tuchen gemacht.[1499] Auch Alessandras

1492 ASFi, MAP 134, Nr. 1, cc. 73v, 111r und 133r.

1493 Vgl. den Brief von Gherardo an Cosimo de' Medici aus dem Jahre 1439 in ASFi, MAP 12, Nr. 186. Der darin mehrfach genannte Francesco ist mit Sicherheit Francesco Bueri und nicht – wie Fouquet (1998) schreibt – Francesco di Filippo Rucellai, der damals erst etwa 14 Jahre alt war.

1494 Um 1461 war ihr Sohn Nicola für über zwei Jahre im Schuldturm *Le Stinche* von Florenz eingesperrt, wo er fast verhungert wäre. Es scheint, als hätte sie diese Inhaftierung veranlasst. Vgl. Nicolas Briefe aus dem Gefängnis an Giovanni di Cosimo de' Medici: ASFi, MAP 6, Nr. 573 und 728. Catasto von Mona Alessandra: ASFi, Catasto 672, cc. 890r–890v.

1495 BNCF, Carte Passerini, 186.

1496 Vgl. Istituto della Enciclopedia italiana (1960–), XIV, S. 792.

1497 ASFi, Catasto 495, cc. 411r–412v.

1498 ASFi, Catasto 671, c. 883v: *Come potete vedere detto Gherardo abita nella Mangnia e à di qua e nipoti debba remediare con poche sustanze e se detto Gherardo si muore nella Mangnia se à nulla di la, si può fare conto sia perduto siché abiate discrezione di questa famigliuola.*

1499 Vannucci (1993), S. 77. – ASFi, Catasto 495, cc. 411r–412v: Im Catasto der Bueri von 1433 stehen die Bonsi mit einem Betrag von f. 500 auf der Liste der Schuldner. Dabei wird es sich um die Mitgift für Francescos Frau gehandelt haben. Durch diese Heirat bestand auch eine direkte Verbindung der Bueri zu Roberto

Brüder Raffaello und Baldassare waren in diesem Geschäft tätig und bekleideten hohe Ämter in Florenz.[1500] Wie die Bueri standen sie auf der Seite von Cosimo de' Medici, als dieser in den Dreißigerjahren des 15. Jahrhunderts um die politische Vormachtstellung in Florenz kämpfte. Ihr dritter Bruder, Niccolò di Bernardo, wurde deswegen am 23. August 1431 aus der Stadt Florenz verbannt.[1501] Im Catasto von 1433 gab er sein Alter mit 25 Jahren an, war unverheiratet und hatte bei seinen beiden älteren Brüdern und der Stadt Florenz beträchtliche Schulden.[1502] Gherardo hat ihn nach Lübeck geholt und ihm Arbeit gegeben. In einem Brief vom 18. Juli 1434 bezeichnet er ihn als *mio famiglio* (Angestellter, Diener).[1503] Doch Bonsi war nicht einfach ein kleiner Angestellter. Er verkehrte auf derselben sozialen Ebene wie Bueri, wie ein Brief vom März 1436 an Piero di Cosimo de' Medici zeigt.[1504] Bonsi kommentierte darin sehr bissig politische Ereignisse in Florenz, über die er trotz seiner Abwesenheit im Norden Deutschlands gut unterrichtet war. Drei Buchungseinträge in den Büchern der Medici-Filiale in Venedig aus den Jahren 1436 und 1437 zeigen, dass Bonsi in Lübeck eine eigene Handelsgesellschaft gegründet hat. Die dort festgehaltenen Kosten beziehen sich nämlich auf Spesen, die ihm für den Transport von Waren von Venedig nach Lübeck *(safferano; fatto di spese a più chose mandate a Lubich a Nicholò Bonsi)* oder in umgekehrter Richtung *(spese a 4 barili di vai mandati da Lubich i Bonsi)* belastet wurden.[1505] Es ist sehr unwahrscheinlich, dass die Medici diese Formulierungen gebraucht hätten, wenn ihr Partner in diesen drei Geschäften Bueri gewesen wäre. Wie lange diese Unternehmung bestanden hat, ist nicht festzulegen, doch wird Niccolò di Bernardo de' Bonsi im Testament von Bueri aus dem Jahre 1445[1506] wieder als Handlungsdiener bezeichnet. Aus dem Jahre 1450 datiert das letzte Dokument, das ihn am

Martelli, der während vielen Jahren die Niederlassung der Medici in Rom leitete und diese auch während mehreren Jahren auf dem Konzil von Basel vertrat. Baldassare Bonsi war mit dessen Schwester Nera Martelli verheiratet.

1500 ASFi, Catasto 67, cc. 77r–79r: Bernardo (64), Sobila, seine Frau (-), Rafaello (31), Baldassare (29), Niccolò (19), Sandra (-), Caterina (-). Im Catasto von 1431 (ASFi, Catasto 397, cc. 77v–82r) ist Bernardo bereits verstorben: Raffaello (34), Baldassare (32), Niccolò (23), Cilia (Frau von Raffaello), Nera (Frau von Baldassare), Ciona (Tochter von Bald.), Simona (Tochter von Raff., geb. 8. März 1431), Sandra und Caterina. – Raffaello war in der Balìa von 1434 und 1436 Prior, vgl. Martelli (1989), S. 91. Er starb 1437 und hinterließ eine *bottega di speziale al mercato vecchio:* ASFi, Catasto 692, c. 378rv. Baldassare betrieb 1462 zusammen mit Ludovico Masi eine Filiale in Tunis, vgl. Camerani Marri (1951). Er war 1439, 1445 und 1458 Prior für das Quartier von Santo Spirito und Teilnehmer an den Balìe von 1438 und 1444; 1446 wurde er Vicario in Scarperia, vgl. Martelli (1989), S. 128. Er starb 1466: ASFi, Catasto 909, cc. 272r–273r.

1501 ASFi, Capitani di Parte, numeri rossi, 65, cc. 10v–11r. Dort eine Aufstellung seines durch die Stadt beschlagnahmten Besitzes.

1502 ASFi, Catasto 490, c. 327r. Er hatte Steuerausstände über f. 52.

1503 ASFi, MAP 13, Nr. 74.

1504 Weissen (2003), S. 67.

1505 ASFi, MAP 134, Nr. 1, cc. 69v und 143r.

1506 Fouquet (1998), S. 206.

Leben zeigt: Er verpflichtete sich darin, Lübeck nicht zu verlassen, solange ein Wechsel in Rom nicht bezahlt war.[1507] Über sein weiteres Schicksal ist nichts bekannt.

Eine weitere Verbindung ging Bueri mit der Familie Rucellai ein. Auch sie schickte mit Francesco di Filippo einen ihrer Söhne nach Norddeutschland, der am 10. August 1445 zum ersten Mal im Lübecker Niederstadtbuch als Angestellter Gherardo Bueris erwähnt wird. Da er im vierzehn Tage später verfassten Testament von Bueri großzügig bedacht wird, kann angenommen werden, dass er schon einige Zeit vorher die Reise nach Deutschland angetreten hatte.[1508] Nach dem Tode seines Patrons blieb er in Lübeck und wurde sein Nachfolger als Leiter der einzigen florentinischen Bank im Norden Europas.[1509]

Bei Bueris Beziehungen zu den Bonsi und Rucellai muss offenbleiben, ob er sich durch die Aufnahme von Söhnen aus diesen einflussreichen Handelsfamilien nur ein breiteres informelles Netzwerk für seine Geschäfte aufbauen wollte oder engere Verpflichtungen und Partnerschaften einging. Die Familien von Bueris beiden florentinischen Angestellten hatten auch in Florenz gemeinsame Geschäfte, die im Jahre 1450 dazu führten, dass Francescos Vater Filippo und der berühmte Giovanni di Paolo Rucellai dafür sorgten, dass Baldassare di Bernardo Bonsi wegen seiner Schulden in das Florentiner Gefängnis Le Stinche verbracht und von Cosimo wieder freigekauft wurde.[1510]

Für das Catasto von 1427 erstellte Giovanni de' Medici 1427 Bilanzen seiner Gesellschaften. Die aufgelöste Gesellschaft Baglioni & Bueri hatte in Rom noch f. 3949 offen, in Venedig über f. 8300. Gegenwerte bestanden nur in Florenz mit f. 587 und Venedig mit f. 1600 für verkauftes Bernstein. Die neue Gesellschaft von Bueri hatte in Rom bereits f. 764 zu bezahlen. Auf diversen Konten anderer Kaufleute standen Positionen im Zusammenhang mit dem Fell-, Leinen-, Pfeffer- und Safranhandel der Lübecker.[1511] Diese Zahlen können als Indiz für einen hohen Umsatz gewertet werden; über den Geschäftserfolg sagen sie nichts aus. Im darauffolgenden Jahr kam es am Sitz der Medici-Bank in Florenz zu einer Aussprache zwischen Cosimo, Gherardo Bueri, Ilarione und Bartolomeo de' Bardi. Mehr als f. 1000 blieb Lübeck noch schuldig, nachdem drei nach Italien gelieferte Pferde als Guthaben angerechnet worden waren. Mit einer Lieferung von Bernstein nach Venedig wollte er von der Schuld f. 250 abtragen, auf den Rest sollte man bis zu einem Frieden in Dänemark warten. Bueri bat auch um Geduld, da er selbst noch 3000 Mark lübisch von den Erben Ludovico Baglionis zugute habe. 1434 war die Schuld immer noch offen und Gherardo wandte sich wegen der Schuldentilgung mit einem

1507 Pauli (1872c), S. 138; Schuchard (2000b), S. 81–82.

1508 Pauli (1872c), S. 116; Fouquet (1998), S. 206.

1509 Vgl. unten S. 309.

1510 ASFi, Mercanzia 1377, c. 110v.

1511 ASFi, Catasto 49, cc. 1162 ff. Dass Bueri und Baglioni erst seit kurzer Zeit nicht mehr gemeinsam die Geschäfte führten, ist wohl die Ursache für eine Verschreibung in den Catasto-Dokumenten, wenn von *Ludovico Bueri* die Rede ist: ASFi, Catasto 49, c. 55v.

Schreiben an Cosimo.[1512] Den Anspruch der Bardi bestritt er aufs Heftigste, akzeptierte aber, Schuldner der Medici über f. 1100 zu sein. Er erinnerte an schriftlich fixierte Abmachungen, welche anlässlich eines Gespräches zwischen ihm, Cosimo, Ilarione und Bartolomeo de' Bardi im Fondaco der Medici in Florenz getroffen worden seien. 100 Gulden seien mit drei Pferden verrechnet worden, die Giovanni de' Medici von ihm gekauft habe. Man sei sich damals auch darüber einig gewesen, von seinem Diener Gostanzo nach Venedig gebrachten Bernstein im Wert von f. 250 bis f. 300 an die Schuld anzurechnen. Mit weiteren Forderungen wollte Cosimo zuwarten, bis Bueri Geld von den Erben Baglionis erhalten hätte, um dann die Schuld in Raten zu bezahlen: *pagare a pocho a pocho.* Er sei wegen des Bernsteins nach Venedig gegangen und habe 1428 – wie versprochen – Lire di grossi 24 s. 8 d. 9 abbezahlt. Seither habe er auf den Frieden in Dänemark gewartet und nichts mehr bezahlt. Sieben Jahre habe der Krieg gedauert und als er endlich nach einem Friedensvertrag auf unsicheren Wegen nach Skandinavien habe gehen können, hätte er feststellen müssen, dass vier von fünf Schuldnern nicht mehr bezahlen konnten: *E che chi è morto e chi è andato alla malla ora.* Nur gerade f. 100 habe er eintreiben können. Cosimo solle also bitte noch etwas Geduld haben: *mecho abiate un pocho di pazienzia.*

Das Ausmaß des Wechselverkehrs zwischen Lübeck und der Kurie zeigt das Rechnungsbuch, das Antonio Salutati im Geschäftsjahr 1428–29 in Rom führte (vgl. Tabelle 5). Während des Buchungsjahres wurde die Auszahlung von 65 Aufträgen aus Lübeck verbucht und eine *lettera di cambio* in die Gegenrichtung geschickt. Unter den Lübecker Kunden, die meist nur als *alamanno* bezeichnet wurden, waren der Probst, ein Kanoniker, mehrere Kleriker, der Stadtrat und ein Kloster. Genannt werden weiter der Bischof von Schleswig, Kleriker aus Schwerin, Schweden, das Domkapitel von Riga sowie mehrere Prokuratoren an der Kurie.[1513] Insgesamt bezahlte die Kurienbank der Medici während dieser Zeit duc. 5176 aus. Im Durchschnitt wurden also monatlich mehr als fünf Wechselgeschäfte mit Lübecker Beteiligung abgewickelt. Der Mittelwert der Transaktionen belief sich auf fast duc. 80; die kleinste mit duc. 3 s. 17 ging an einen *Hermanno Ghandersem.*

Der größte in Rom für Bueri bediente Wechsel war das Jahrgeld des Prokurators des Deutschen Ordens, Kaspar Wandofen, das sich auf duc. 1000 belief. Am 24. Mai 1429 hatte der Ordensmann deswegen nach Königsberg geschrieben und darum gebeten, das Geld über Brügge zu senden und nicht über Lübeck.[1514] Der Wechsel war aber bereits am 30. April bei Bueri gekauft worden und wurde am 20. Juni in Rom ausbezahlt. Zehn Tage später bestätigte Wandofen in einem Brief an den Hochmeister den Empfang des Geldes und bat eindringlich, ihm in Zukunft sein Geld wieder über Brügge zu senden. Dass er sich recht heftig gegen den Weg

---

1512 Weissen (2003), S. 65.

1513 ASFi, MAP 131 A. Vgl. die Auswertung unten ab S. 540.

1514 OBA 5093, abgedruckt bei Forstreuter / Koeppen (1973), S. 75: *Ouch so obirkoufft kein gelt mer mit dem czu Lubick, wenne her alhir unbegelobit ist, sunder mit den kein Brugis in Flandern.*

über Lübeck wehrte, obwohl die Ausführung der Zahlung ohne Probleme vonstattengegangen war, begründete er damit, Bueri sei in Rom *nicht wohl begloubet.*[1515] Er macht damit deutlich, dass er sich der Limiten der Zusammenarbeit zwischen den Medici und Bueri bewusst war. Er befürchtete, dass ihm die Medici bei Vorlage eines Wechsels aus Lübeck kein Geld ausbezahlen und diesen protestieren würden. Monatelang hätte er in diesem Fall auf die dringend benötigten Dukaten warten müssen. Die Medici waren wohl auch nicht bereit, dem Orden eine Kreditlimite einzurichten, die durch zukünftige Zahlungen über Lübeck abgesichert wurden. Auf diese Darlehen aber war der Prokurator angewiesen, solange sein Orden kein Depositum mit einem Kontokorrent einrichten konnte. Cosimo de' Medici hatte offensichtlich aus den chronischen Problemen seines Verwandten in Lübeck, den Gegenwert für die ausgestellten *lettere di cambio* nach Italien zu liefern, die Konsequenzen gezogen. Schon vor dem Konzil von Konstanz war Baglioni damit gedroht worden, seine Wechsel bei der Kurie nicht mehr zu bedienen; Benozzi hatte Bueri zehn Jahre später wieder damit gedroht.[1516] Diese Drohung bestand weiterhin und Cosimo war nicht mehr bereit, große Risiken mit Wechseln aus Lübeck einzugehen.

Die Bedeutung Bueris für die Geschäfte der Medici wuchs zu Beginn der Dreißigerjahre stark an, denn der Konkurs der Alberti öffnete ihnen den Ostseeraum als Markt. Die Stadt Danzig nahm auf Empfehlung des Ratsherrn Buramer, der schon auf diesem Weg Geld nach Rom gesandt hatte, 1432 Kontakt mit *Gerardo dem Walen* in Lübeck auf und kaufte bei ihm von da an ihre Wechsel.[1517] Der Danziger Bürgermeister Hinrik Vorrat bezeichnete ihn 1438 gegenüber Bremen als *mynen wert*, also als seinen Vertreter in Finanzsachen.[1518] Für Bueri und die Medici stellten diese Erfolge einen wichtigen Durchbruch im nordischen Geschäft dar, da sie ihnen in den folgenden Jahren wichtige neue Kundenkreise erschlossen, zu denen auch der Deutsche Orden gehörte. Schon 1432 konnte Bueri im Auftrag des Johanniterpriors von Antvortskov auf Seeland 1120 RG an den Großmeister des Ordens in Venedig transferieren.[1519] Auch in Skandinavien festigte er seinen Geschäftsumfang und konnte beispielsweise 1437 die Servitienzahlung des Erzbischofs Johannes Laxmann von Lund organisieren.[1520] Für Gelder aus dem Ostseeraum wurde der Weg über Brügge nur noch

1515 OBA 5116, abgedruckt bei Forstreuter / Koeppen (1973), S. 81: *Hirumme, gnediger liber herre, bethe ich euch mit ganczem fleisse, das ir mir dasselbige jorgelt obir einen haufen undir einiges unvorczorgelich hin kein Brugk geruchet czi bestellen und nicht kein Lubick, wenne der Gerhardus de Boer von Lubick umme ein solche summe geldes alsamp mit seiner geselschafft alhir nicht wohl begloubet ist und sy nicht vollen gelouben alhir czi Rome han, als sy habel solden.* – Verbuchung des Auszahlung durch Antonio Salutati: ASFi, MAP 131, c. 134v.

1516 Vgl. S. 483.

1517 Hirsch (1858), S. 237–238; Neumann (1863), S. 146; Pauli (1872c), S. 105; Liebe (1894), S. 278; Fouquet (1998), S. 212.

1518 HUB, VII, 1, Nr. 331, S. 163.

1519 UB Lübeck, VII, S. 477. Fouquet (1998), S. 213. – Am 1. Mai 1435 deponierte das Johanniterpriorat 16 Mark lübisch *in cambio apud Gerardum:* UB Lübeck, VIII, S. 610–611. Pauli (1872c), S. 150.

1520 UB Lübeck, Bd. VII, S. 721. Pauli (1872c), S. 136; Weibull (1900–1921), S. 3; Fouquet (1998), S. 212.

selten gewählt; Bueri beherrschte weitgehend den direkten Wechselverkehr in den Süden ohne einen erkennbaren Konkurrenten.

Zum Gewinn an Marktterritorium kam ein markantes Anwachsen der Nachfrage nach Wechseln wegen der Finanzbedürfnisse des Konzils von Basel. Um den Kampf zwischen den Basler Konzilsvätern und dem Papst scheinen sich die Medici und Bueri nicht groß geschert zu haben, denn sie machten gleichzeitig mit beiden Seiten Geschäfte. Die apostolische Kammer hatte Bueris Vollmacht als *receptor* in Nordeuropa am 25. Februar 1432 erneuert. So war er in dieser Region allein für den Einzug, die Verwaltung und den Transfer der Gelder aus dem von Papst Eugen IV. 1433 ausgerufenen Hussitenablass zuständig.[1521] 1444 hatte er für den Türkenablass die gleichen Aufgaben und Kompetenzen.[1522] Im Auftrag des Basler Konzils war er für die aus dem Griechenablass stammenden Gelder verantwortlich. 1440 wurde der Kollektor Giovanni Yncar angewiesen, das in Skandinavien gesammelte Geld den Soziis der Medici in Lübeck (Bueri) zu übergeben.[1523] Sicher war Bueri ebenso in den Urkunden als Zahlstelle vorgesehen, in denen das Konzil die Bischöfe von Uppsala und Lübeck verpflichtete, die als Kollektoren eingesammelten Gelder an die Medici in Basel zu transportieren, auch wenn er namentlich nicht genannt wird.[1524] Die Basler Medici-Bank hatte ihm auf jeden Fall versprochen, dafür zu sorgen.[1525] 1442 bestätigte sie dann auch, sie habe aus Lübeck 324 RG aus dem in Schweden gesammelten Griechenablass erhalten.[1526]

Die Versorgung der Konzilsteilnehmer mit Geld führte zu vielen weiteren Geschäften der Medici mit Bueri, denn ihre Filiale in Basel bot zusammen mit ihrem Korrespondenten Gherardo Bueri in Lübeck als einzige Bank in Basel die Möglichkeit, Geld ohne den Umweg über Brügge bargeldlos vom Norden an den Rhein zu transferieren. Der Deutsche Orden machte rege von diesem Zahlungsweg Gebrauch: Johannes von Rewe zählte im Dezember 1433 zu den Kunden der Medici in Basel und Johann von Ast bat 1439 den Hochmeister, dass man ihm sein Geld mit Wechsel auf die Medici schicken möge.[1527] Die Stadt Danzig schickte Prokurator

1521 Schuchard (2000b), S. 79. – Schuchard hat keinen Beleg für die im Jahre 1429 fällig gewesen Erneuerung gefunden. – Im Dezember 1427 forderte die Kammer die Kollektoren auf, ihre Rechnungslegung bei Bueri zu machen.

1522 Die Kammer benutzte die in Lübeck hinterlegten Gelder auch, um daraus die Reisekosten für päpstliche Nuntien zu bezahlen. Vgl. Esch (2007), S. 391.

1523 ASFi, MAP 149, Nr. 18, 7. April 1440.

1524 ASFi, MAP 139, Nr. 7 und 41–42.

1525 Weissen (2003), S. 70 (10. September 1440): *E que' di Basilea mi dichono ongni dì restano avere più danari dello Choncilio, solecitando ch'io provegha gli riabino per le mie mani.*

1526 ASFi, Diplomatico, Medici, 1442 dicembre 11: *[...] de pecuniis habitis et collectis divinis in regno Svesie ex indulgentiis concessis per sacrum consilium Basiliense pro reductione grecorum, vigore unius littere cambii in civitate Lubicense per Gerardum Bueri [...].* – Nicht immer konnten die Ablassgelder nach Basel abgeführt werden; in Danzig beispielsweise wurden sie erfolgreich durch den Papst blockiert. Vgl. Simson (1909).

1527 ASFi, MAP 131 C, S. 6; OBA 7563, (1. April 1439): *das myr myn tzerung werde in de wessel de Medicis ze Basel.*

Andreas Pfaffendorf 1434 Geld über *Gerardo den Walen* und ließ für ihn bei den Medici in Basel ein Kontokorrent mit einer Überzugslimite von 300 RG einrichten.[1528]

In der Stadt Lüneburg sind Dokumente erhalten, die aufzeigen, welche Rolle Wechsel für die Bezahlung der Spesen der städtischen Vertretung auf dem Basler Konzil spielten. Die Aufträge wurden aus der Kasse des Sodmeisters bezahlt, dessen Abrechnungen für die Jahre 1434 bis 1438 erhalten sind. Darin finden sich mehrere Belege dafür, dass die Dienste von Gherardo Bueri in Lübeck gerne in Anspruch genommen wurden, um von den Vorteilen des bargeldlosen Geldtransfers zu profitieren. Viermal erhielt *Gherardo der Wale* den Auftrag, *lettere di cambio* an den Rhein zu schreiben. Gleichzeitig wurde er mit vier Transfers nach Bologna beauftragt.[1529] Ein weiterer Bueri-Wechsel aus dem Jahre 1436 ist bei den Medici in Venedig verbucht. Vermutlich wurde in jedem Fall durch einen Boten Bargeld nach Lübeck gebracht, denn hätte Bueri einen Partner oder Makler in Lüneburg gehabt, wäre dessen Name in der Rechnungsführung festgehalten worden.

Ein Rechnungsbuch der Medici in Venedig, das zwischen dem 29. Januar 1436 und dem 23. März 1437 geführt wurde, zeigt in Deutschland neben den Konzilsbanken in Basel nur Gherardo Bueri als Korrespondenten.[1530] Er brachte es auf elf Wechsel, die sich in Venedig auf etwas mehr als 125 Lire beliefen, wofür in Lübeck etwa 1 250 Gulden hatten einbezahlt werden müssen (Tabelle 12). Bei zehn Transfers waren die Personen, die sich im Norden die *lettera di cambio* hatten ausstellen lassen, und der *beneficiario* identisch. Sie hatten das Dokument also als Reisescheck mit sich geführt. Eine Transaktion hatte eine Verbindung nach Lüneburg, zwei nach Schweden. Ein Wechsel über 350 Gulden wurde nicht auf einmal bezogen, sondern aufgeteilt auf mehrere Raten. Bei drei Verbuchungen ging es um Geschäfte zwischen Kaufleuten. Ein deutscher Kaufmann schickte 100 Gulden aus Norddeutschland in sein Kontor in Venedig, mit 240 Gulden wurden Konten zwischen Bueri und den Borromei in Brügge und Venedig verrechnet und schließlich wurde auf diesem Weg der Einkauf von Taft bei den Sernelli in Bologna bezahlt. Gesamthaft betrachtet, war dies eine sehr bescheidene Geschäftsaktivität. Die Medici-Filiale in Basel hat im selben Zeitraum mehr als 60 Wechselgeschäfte über Venedig laufen lassen.

Die Lagunenstadt blieb die wichtigste Verrechnungsstation für Bueris Transaktionen mit den Medici, nur selten jedoch ihr Ziel, denn Wechsel auf die Handelsplätze Brügge, Genf und Venedig konnten auch deutsche Kaufleute anbieten. In Brügge machte er nur wenige Waren- und keine Wechselgeschäfte. Dies änderte sich auch nicht, als die Medici in Flandern

1528 Hirsch (1858), S. 237–238; Neumann (1863), S. 130; Neumann (1865), S. 380–382; Pauli (1872c), S. 105; Amiet (1876–1877), S. 207; Geering (1886), S. 276; Ehrensperger (1972), S. 234 und 345; Forstreuter/Koeppen (1973), S. 689; Fouquet (1998), S. 213–214.

1529 Stadtarchiv Lüneburg, Sodmeisterrechnungen: AB 628, cc. 9v und 55r; AB 629, c. 66r; AB 630, cc. 60v und 61r; AB 631, c. 51r.

1530 ASFi, MAP 134, Nr. 1. Vgl. unten die Liste der deutschen Geschäfte auf S. 550.

Tabelle 12. Wechsel von Gherardo Bueri mit Venedig, 1436/37

Carta	Ausstellung Buchung	Buchungstext	L – s – d – q
27r	01.03.1436 11.04.1436	A Gherardo Bueri di Lubich lire sei di grossi, sono per tanti à tratto per loro di chanbio de' dì primo di marzo in Piero Dura, per la valuta n'ebono del detto; posto a libro grande, a c. 178	6.00.00.00
27v	24.02.1436 11.04.1436	A Gherardo Bueri di Lubiche lire dieci di grossi, sono per d. C ci trassero per loro lettera di chanbio de' dì 24 di febraio in Giovanni Vacho[n]dio a Schedoel, in sua agenzia a Inricho Chiss [Heinrich Kress?], portorono a detti contanti per la valuta n'ebono da ***; posto a libro grande, c. 17	10.00.00.00
39r	09.04.1436 11.05.1436	A Gherardo Bueri di Lubiche lire dodici di grossi, sono per ducati 120 ci trassero per loro lettera di chanbio de' dì 9 d'aprile in Ian Achant, e a lui gli pagammo contanti, portò il detto, sono per la valuta n'ebono dal detto, e pigl[i]ammo di contanti; posto a libro grande, a c. 17	12.00.00.00
90v	03.09.1436 03.10.1436	A Gherardo Bueri di Lubich lire sei di grossi, sono per tanti à tratto da Lubich il detto per sua lettera di chanbio de' dì 3 di settenbre in Piero Giovanni di Svezia, e a llui gli demmo chontanti, portò il detto, sono per la valuta n'ebono da lui; posto a libro grande, a c. 17	6.00.00.00
94v	14.09.1436 14.10.1436	A Gherardo Bueri di Lubich lire sette s. 4 di grossi, sono per ducati 72 di valuta tratti da Lunuborgho il detto per sua lettera di chanbio de' dì 14 di settembre in Arighus Arig di Svezia, e a llui gli demmo chontanti, portò il detto e prese [?] quitanza; sono per la valuta n'ebbe da Durante Chaiser; posto a libro grande, a c. 17	7.04.00.00
123r	10.11.1436 31.12.1436	A Gherardo Bueri di Lubich lire sei di grossi, e per lui gli demmo a Uanni Aluichin, portò il detto contanti, sono per parte d'una lettera di chanbio de' dì 10 di novembre di ducati 153 à tratto da Lubich il detto nel detto Ianni; posto a libro grande, a c. 135	6.00.00.00
131r	 28.01.1437	A Gherardo Bueri di Lubich lire ventiquattro di grossi, sono per tanti ci trassono per lui da Bruggia i Borromei in messer Antonio Borromei e compagni e a lloro gli demmo chontanti, portò Pertino loro in magior som[m]a, sono per la valuta chonti con loro; posto a libro grande, a c. 135	24.00.00.00
135r	20.10.1436 15.01.1437	A Gherardo Bueri di Lubich lire nove s. 6 di grossi, sono per resto di ducati 153 ci trasse da Lubich il detto per sua lettera di chanbio de' dì 20 di novenbre in messer Piero Epslors, studante in Padova o in Giovanni Elmihin suo famigl[i]o, e al detto Giovanni gli demmo chontanti, portò il detto, sono per la valuta n'ebono da detto G., posto a libro grande a c. 135	9.06.00.00

Tabelle 12. *Fortsetzung*

Carta	Ausstellung Buchung	Buchungstext	L – s – d – q
137v	18.12.1436 21.02.1437	A Gherardo Bueri di Lubich lire tre di grossi, posto messer Giovanni Ioanni e messer Giovanni Laolt e messer Veraldus Iachobi debino avere al quaderno di chas[s]a a c. 70, sono per tanti pagati a loro sino a dì 30 del passato per parte di una lettera di chanbio di ducati 350 fatta a dì 18 di diciembre, ci trasse da Lubiche il detto ne' detti; posto a libro grande, a c. 135	3.00.00.00
139v	02.03.1437	A Gherardo Bueri di Lubich in chonto nostro lire cinque s. 2 d. 2 q. 16 di grossi, sono per tanti ci trassono per lui da Bolognia i Sernelli in Angnolo Ghadi e chonpagni. e a lloro gli demmo chontanti Sandro loro, sono per tanti disono esere chosto peze 12 di tafettà chonprorono per lo detto; posto a libro grande, a c. 189	5.02.02.16
138v	20.01.1437 27.02.1437	A Gherardo Bueri Lubich lire tre s. 4 di grossi, sono per tanti ci trasse da Lubich il detto per sua lettera di chanbio de dì 20 di giennaio in Nicholò Chocho e a llui gli demmo chontanti, sono per la valuta n'ebbe da Luticha Austede; posto a libro grande, a c. 163	3.04.00.00
141r	18.12.1436 09.03.1437	A Gherardo Bueri di Lubich lire una di grossi, sono per parte di ducati 35 trasse da Lubich il detto per sua lettera di chanbio de' dì 18 di dicenbre in misser Giovanni Ioanni e in misser Giovanni Luolt e in misser Veroldus Iachobi, e a lloro gli demmo chontanti, portò messer *** detto, per la valuta n'ebbe da detti messer Giovanni [...]; posto a libro grande, a c. 189	1.00.00.00
143v	20.12.1436 16.03.1437	A Gherardo Bueri di Lubiche lire una s. 4 di grossi, sono per tanti ci trasse il detto per sua lettera di chanbio de' dì 20 di dicenbre in Anghilbertus Grulbe e a llui gli demmo chontanti, portò il detto, per la valuta n'ebbe dal detto; posto a libro grande, a c. 189	1.04.00.00
143v	18.12.1436 16.03.1437	Al detto lire tre di grossi, sono per parte de' ducati 350 che di Lubiche ci trasse il detto per sua lettera di chanbio de' dì 18 di dicienbre in misser Giovanni Ioanni e in misser Giovanni Laolt e in messer Veraldus Iachobi, e a lloro gli demmo chontantim portorono i detti in ducati 30, cioè ducati 10 per uno, per la valuta n'ebbe da detti; posto a libro grande, a c. 189	3.00.00.00
145r	18.12.1436 22.03.1437	A Gherardo Bueri di Lubich lire dieci di grossi, e per lui gli demmo a messer Giovanni Iohan, a misser Giovanno Laolt e a misser Veraldus Iachobi, portorono i detti chontanti in ducati C d'oro, per parte di ducati 350 trasse da Lubich il detto per sua lettera di chanbio de' dì 18 di dicienbre ne' detti, per la valuta n'ebbe da lloro; posto a libro grande, a c. 189	10.00.00.00

eine eigene Niederlassung gründeten, denn im Brügger Korrespondentenverzeichnis von 1440 wird er nicht genannt.[1531] In einem Registerfragment dieser Gesellschaft von 1441 gibt es nur gerade fünf Konten mit einem Bezug zu ihm. Bei drei Einträgen handelt es sich um sehr kleine Beträge, die bar einbezahlt wurden. Einmal wurde festgehalten, dass man einen Wechsel zwischen den Spinola in Brügge und den Dandolo in Venedig mit seinem Konto bei den Medici in Venedig verrechne. Die fünfte Buchung bezieht sich auf eine Position Tuche, die für ihn in Flandern gekauft worden war.[1532]

Die vielen Wechsel, die Bueri von Lübeck auf die Medici im Süden ausstellte, hatten nicht zwingend einen großen Gewinn für die an diesem Geschäft beteiligten Banken zur Folge. Wie ein roter Faden ziehen sich durch die Geschichte der Beziehungen zwischen den Medici und Bueri die Probleme, ausreichend Waren aus dem Norden nach Venedig liefern zu können, um mit deren Verkauf die mittels Wechseln transferierten Gelder verrechnen zu können. 1440 muss Cosimo seinem Verwandten einmal mehr angedroht haben, seine Wechsel in Rom gar nicht mehr oder nur bis zu einer bestimmten Höhe zu bedienen. Dieses Schreiben ist nicht erhalten, aber die Antwort aus Norddeutschland. Gherardo bemüht sich darin fast verzweifelt, Cosimo zu beruhigen. Wegen des Kriegs in Dänemark und wegen eines Verbots in Lübeck habe er während acht Monaten gar nichts wegführen können. Jetzt seien aber drei seiner Handlungsdiener mit Ware nach Venedig unterwegs, die mehr als duc. 1 600 wert sei. Zudem habe er im Haus weitere Ware für über duc. 2 000, die in vier Tagen auf den Weg gehen würden. Bald werde ein weiterer Transport abfahren.[1533]

Anders als die italienischen Kaufleute in Köln war Bueri im lokalen Kreditgeschäft kaum aktiv. Er hat zwar Ludeke Osenbrügge, der mit einer Schwester seines Freundes Hermann Darsow verheiratet war, 6 Mark geliehen, die sein Bruder Adovardo von den Nachlassverwaltern Osenbrügges zurückerhielt. Dies war aber wahrscheinlich einfach ein Gefälligkeitsdarlehen und darf kaum als Zeugnis dafür gewertet werden, dass Bueri sich im Geschäft mit Kleinkrediten betätigt hätte.[1534] Auch von Darlehen an Städte oder Fürsten ist nichts bekannt.

Für seinen Warenhandel suchte Gherardo die Unterstützung lokaler Kaufleute. Mit seinem Handelsdiener Joachim Dickmann ging er vor 1441 *seltscoppen, rekenscoppen, weddelecgingen, in kopenscoppen* ein, wobei er diesem gemäß Nordmann das Eigenkapital in Form eines Darlehens vorschoss.[1535] Aus Sicht des Florentiners war es wohl eine Accomenda, an der Dickmann am Gewinn beteiligt war, seine Einlage aber in Arbeitskraft einbrachte und nicht in Geld. Am 8. Dezember 1446 wurde diese offene Handelsgesellschaft vor dem Lübecker Niederstadtbuch

1531 ASFi, MAP 104, Nr. 2, S. 39 ff.

1532 ASFi, MAP 134, Nr. 2, S. 228 und 237–238.

1533 Weissen (2003), S. 71.

1534 UB Lübeck, VII, Nr. 547, S. 518; Fouquet (1998), S. 211–212.

1535 UB Lübeck, VIII, S. 11 und 386. – Nordmann (1933b), S. 28.

saldiert und beendet.[1536] Geschäftsverbindungen sind auch mit den Tuchhändlern Hildebrand Hagemann und Hinrik Godesmann sowie dem Reval-Fahrer Bernd Plescow aktenkundig; Einzelheiten über die Rechtsform oder die Aktivitäten dieser Zusammenarbeit sind jedoch nicht bekannt.[1537] Der Handel erstreckte sich im Süden bis nach Venedig *(twisschen Lubeke unde Venedie unde in ander landen);*[1538] im Norden und Osten umfasste sein Marktraum das gesamte Handelsgebiet der Hanse.

Unter den Waren, welche die Florentiner in Lübeck fast ausschließlich aus Venedig importierten, standen die Gewürze auf dem ersten Platz. Vor allem Safran und Pfeffer wurden in großen Mengen im Süden eingekauft.[1539] In diesem Geschäft waren auch die Brüder von Niccolò Bonsi und Gherardos Bruder Francesco tätig. Wofür man in Lübeck die eingeführten Goldfäden *(oro filato)* verwendete, die in Florenz in teure Seidenstoffe eingewoben wurden, wird in den Quellen nicht erwähnt. Tapisserien *(arazzi)* ließ sich Bueri 1441 von den Medici in Brügge einkaufen und nach Lübeck schicken.[1540] Auf einem waren Figuren dargestellt, auf dem anderen Gemüse. Teure Tuche *(taffetà)* kaufte er bei den Sernelli in Bologna ein. Dort besorgte sein Handlungsdiener Hermann Rosenberg auch Bücher, die aber nicht unbedingt für den Wiederverkauf bestimmt waren, denn solche Register wurden ja auch für die Geschäftsführung des Kontors benötigt.

Bei den Exportgütern machten Felle den größten Anteil aus. Fassweise wurden gewaltige Mengen von Fehen *(vai)* in die Markusstadt transportiert. In einem Brief erwähnt Bueri eine Lieferung von zwanzigtausend dieser Eichhörnchenfelle, eine zweite mit 12 900 in vier Fässern und schließlich noch einmal 14 000 Exemplare.[1541] Neben dieser Massenware wurden auf Bestellung auch Pelze von Bären, Mardern, Luchsen, Hermelinen, Zobeln *(vaglono uno tesoro)* und Füchsen in Dänemark, Schweden und Russland besorgt. Diese teuren Stücke wurden nur selten in den Verkauf gebracht, denn die meisten waren für die Garderobe von Cosimo und seiner Familie bestimmt. Fouquet vermutete, dass mit diesem Pelzhandel der Kauf eines Schiffes in Verbindung stand.[1542] Seine wertvollste Ware war das in den Buchhaltungen der Kaufleute in Venedig häufig anzutreffende *ambra* (Bernstein). Bueri war einer von drei Partnern, die am 16. April 1424 einen Vertrag mit dem Amt der Paternostermacher von Lübeck abschlossen. Das darin dokumentierte Kartell lief über drei Jahre und bestimmte, dass die drei Kaufleute

1536 UB Lübeck, VIII, S. 432 und S. 643. Vgl. Fouquet (1998), S. 216–217.

1537 UB Lübeck, VII, Nr. 379, S. 356–357; VIII, Nr. 92, S. 113; Fouquet (1998), S. 216.

1538 UB Lübeck, VIII, S. 11.

1539 ASFi, Catasto 49, c. 1188r: *Adovardo Bueri di Lubiche per pepe et zafferano il quale abiano in casa.*

1540 ASFi, MAP 134, Nr. 2, S. 238 rechts: *E dì detto [10. Januar 1441] lire otto s. quattro di grossi sono per chosto di 2 panni d'arazo chonprati da llui [einem Händler aus Brügge], uno ffighure, d'alle 42, a grossi 30 a'lla, e uno a verdure, d'alle 42, a grossi 17 a'lla, chonperati per Gherardo Bueri di Lubich.*

1541 ASFi, MAP 13, Nr. 74. – Im Catasto von Giovanni de' Medici von 1427 waren noch drei Verkäufe von lübischen Fellen in Florenz offen: an *Iacopo Bonbeni, Bartolomeo Bonbeni und an Giannino nostro garzonetto.* ASFi, Catasto 49, c. 1188r.

1542 UB Lübeck, VII, Nr. 652, S. 631; Fouquet (1998), S. 215–216.

von jedem der zwölf Bernsteindrehermeister der Stadt jährlich 80 Pfund Bernsteinrosenkränze zu einem fixen Preis übernahmen und auf den Messen in Venedig, Nürnberg, Frankfurt und Köln verkauften.[1543] Diese Bernsteinprodukte und rohware brachten den Lübeckern in Venedig großen Gewinn.[1544] Neben Fellen und Bernstein waren die Exporte von Zinnwaren und Leinentüchern nur von untergeordneter Bedeutung.[1545] Nicht für den Verkauf bestimmt war eine erstaunliche Zahl von Pferden, die an die Gonzaga, die Stadtherren von Ferrara, und Cosimo de' Medici geschickt wurden. Die Pferde aus dem Norden galten damals offensichtlich als besonders schön und begehrenswert.[1546]

Bueri wurden von Cosimo auch Aufgaben übertragen, die mit Handelsgeschäften nichts zu tun hatten, für den mächtigen Verwandten in Florenz aber dennoch von großer Bedeutung waren: das Besorgen von lateinischen Manuskripten für die Bibliothek der Medici. Zum ersten Male wird sein Name in diesem Zusammenhang in einem Brief von Poggio Bracciolini an Niccolò Niccolini vom 8. Januar 1428 erwähnt. Ein Gelehrter hatte in Rom erzählt, er habe im Zisterzienserkloster Soroe in der Diözese Roskilde eine zweibändige Handschrift mit den zehn Dekaden des Titus Livius gesehen. Niccolini solle sich nun darum bemühen, dass Cosimo an Bueri in Lübeck schreibe, damit dieser dem Kloster persönlich einen Besuch abstatte.[1547] Wie dieses Geschäft weiterging, ist nicht überliefert, doch war es kein Einzelfall, wie aus einem Brief Bueris vom 29. Mai 1439 an Cosimo zu erfahren ist. Er hatte von den Dominikanern in Lübeck ein Plinius-Manuskript ausgeliehen und dafür f. 100 als Sicherheit hinterlegt. Die Handschrift hatte er an Cosimo nach Florenz geschickt, wo sie vermutlich Kopisten übergeben wurde. Nun erwuchsen Bueri in Lübeck wegen dieses Handels aber große Schwierigkeiten, denn die Prediger glaubten, diese Bücher seien verloren und wollten sie unbedingt zurück. Bueri hatte seinerseits Angst um sein Pfand und bat Cosimo, er solle die Schriften an seinen Bruder Francesco übergeben, der sie dann auf dem Wege über Venedig an die ängstlichen Mönche zurückschicken werde.[1548] Im Inventar von Piero de' Medici von 1464 wird bemerkenswerterweise ein auf f. 100 geschätzter Plinius aufgelistet, der wohl mit einer Handschrift identisch ist, die heute in der Biblioteca Laurenziana aufbewahrt wird.[1549]

1543 UB Lübeck, VI, Nr. 586, S. 575–577; Fouquet (1998), S. 216.

1544 ASFi, Giovanni de' Medici, Catasto 49, c. 1188r: *Jachopo da Mulino et Jacopo Donato per anbra tenpo a Natale prosimo atenghono alla ragione di Lubiche a 87 LL. 164. 16. 9. 11; Le Rede di Lodovico de Bagloni per l'anbra venduta.* – Bernsteinverkauf Bueris in Venedig auch in ASFi, MAP 13, Nr. 74. – North (1991), S. 813–814; Pauli (1872b), S. 104; Schildhauer et al. (1977), S. 177.

1545 ASFi, Giovanni de' Medici, Catasto 49, c. 1188r: *Ghugl[i]elmo stagnatore per ragione di bacini atenghono a Gherardo; Pezze sette di tele line aute da Lubiche.*

1546 ASFi, MAP 1, Nr. 236; f. 13, Nr. 74.

1547 Gordan (1974), S. 120. Vgl. Kent (2000), S. 25.

1548 ASFi, MAP 12, Nr. 186. – Vermutlich Sieveking (1906), S. 28. Er datiert auf den 29. Mai 1449 und gibt als Standort an: Filza 12, n. 180.

1549 Fouquet (1998), S. 216. Über diesen Handschriftenhandel berichtet auch Vespasiano da Bisticci. Vgl. Esch (2000), S. 127; Esch (2007), S. 392; Vosshall (2016), S. 270. – Zur Plinius-Handschrift: Antonazzo (2017), S. 373.

Gherardo Bueri hatte selbst auch eine enge Beziehung zu Handschriften. Unter den Manuskripten der Raccolta Palatina in der Biblioteca Nazionale Centrale di Firenze befindet sich unter der Nummer 125 ein Papierbuch mit 59 Blättern, das den Titel trägt „Vita della Madonna e di Gesù Cristo". Am Ende ist zu lesen: *scritto per mano dy Gherardo di nichola Bueri da firenze e chonpiuto questo dy XXIII di dicienbre MCCCCXXXII.* Darunter steht in roter Tinte:

Dys ist der vrolich dot
Des dich Iummer wesen muot.[1550]

Bueri gehörte also ebenfalls zur langen Reihe von florentinischen Kaufleuten, die sich neben ihrem Beruf literarisch betätigten. Vittore Branca hat für sie den Begriff der „mercanti scrittori" geprägt.[1551] Dies ist das einzige überlieferte Werk von Gherardo und es hat bis heute wissenschaftlich noch keinerlei Beachtung gefunden.

Die Zusammenarbeit zwischen den Medici und Bueri war ab spätestens 1445 schwer belastet. Die Briefe aus Lübeck waren nicht mehr direkt an Cosimo gerichtet, sondern an dessen Sohn Giovanni. Als dieser Bueri vorwarf, er verweigere ein Treffen zur Aussprache, kam eine entrüstete Antwort: *E a la parte dove dì ch'i' schivo di venire chostà, chon riverenza e' non è vero ch'io ischivo di venire chostà, anzi fo schivo di venire chostà.* „Wo du mich sehen willst, dort wirst du mich antreffen!"[1552] Cosimo schien die Geschäftsaussichten im Norden sehr negativ einzuschätzen und riet seinem Verwandten, seine Niederlassung aufzugeben und endgültig nach Florenz zurückzukehren: *Chosimo, volendomi in tuto spichare di qui.* Bueri meinte, das könne er frühestens in drei Jahren tun.[1553] Dieser Ratschlag war sicherlich die Folge der offensichtlichen kommerziellen Probleme der Bank in Norddeutschland. Entweder erkannte Bueri zu diesem Zeitpunkt selber seine prekäre Situation noch nicht oder war überzeugt, sie meistern zu können. Es bleibt unklar, ob es zwischen den alten Partnern bis zum Tode des Lübeckers im Sommer 1449 überhaupt noch Transaktionen gab. Belegt ist hingegen, dass die Medici einen Wechsel aus Lübeck von Bueris früherem Mitarbeiter Giovanni Talani über duc. 74 für einen messer Gherardo honoriert haben.[1554] Die jahrzehntelange Zusammenarbeit zwischen Medici und Bueri war weitgehend beendet. Nun bediente Giovanni di Cosimo Wechsel von Giovanni Talani und Gherardo stellte sie auf Ognibene Sagramoso aus.

1550 Palermo (1853–1868), I, S. 240–242; Gentile (1889), S. 114; Bianchi (2003), S. 31.

1551 Branca (1986).

1552 ASFi, MAP 7, Nr. 309: *[...] dove tu mi vuoi e lì vi mi troverrai.* Weissen (2003), S. 75.

1553 Weissen (2003), S. 75.

1554 ASFi, MAP 6, Nr. 67.

Cosimo zog sich aus der kommerziellen Zusammenarbeit von seinem Verwandten zurück und machte ab 1447 in Lübeck mit dessen ehemaligem Mitarbeiter Giovanni Talani Wechsel- und Warengeschäfte.[1555] Wenn diese Verbindung auch nur von sehr kurzer Dauer war und kaum Spuren in den Quellen hinterlassen hat, muss sie doch für Bueri eine tiefe Kränkung und ein weiterer Einschnitt in seine Verdienstmöglichkeiten gewesen sein. Ende März 1448 sah er seine kommerziellen Aussichten nicht mehr optimistisch. Er teilte Giovanni di Cosimo mit, dass er nur noch so lange in Lübeck bleiben werde, bis er wenigstens mit einem kleinen Vermögen nach Florenz zurückkehren könnte. Roberto Martelli, der Leiter der Römer Medici-Filiale, solle sich bei Nikolaus V. für die Erneuerung des Kollektorenprivilegs einsetzen, das er schon von Martin V. und Eugen IV. erhalten hatte. Doch die Römer Filiale erfüllte ihm diesen Wunsch nicht: *Ruberto che mi faciesse avere letera di Chorte, e non lo fè.*[1556]

Das Ausmaß von Bueris Schwierigkeiten machen Wechselgeschäfte mit dem Deutschen Orden klar, deren Abwicklung im Frühling 1447 begann. Das Geld wurde ihm vom Pfundmeister in Danzig, seinem Schwager Hans Schutze in Dorpat und einem weiteren namenlosen Kaufmann nach Lübeck geschickt. Seine *lettere di cambio* wurden durch Boten der Preußen nach Rom gebracht. Dort gab es mit ihnen aber große Schwierigkeiten, denn der Prokurator schrieb nach Marienburg, dass nicht alle diese Dokumente bei ihm angekommen seien. Für einen Wechsel habe er zwar Geld erhalten, doch die Gulden seien von minderer Qualität gewesen, sodass er darauf einen Verlust gemacht habe. Bei den anderen hätten die Wechsler gesagt, das seien gar keine Wechselbriefe. Der Hochmeister schrieb am 16. Mai einen geharnischten Brief nach Lübeck an *Gerhardt gutter frundt* und verlangte sofortige Ausfertigung korrekter Wechsel und drohte mit Schadensersatzforderungen. Das Schreiben zeigte Wirkung: Gherardo entschuldigte sich, versprach die Übernahme des entstandenen Schadens und am 19. Juli waren drei neue Wechsel nach Rom unterwegs. Es war das letzte Geschäft, das Bueri für den Hochmeister auf der Marienburg besorgte.[1557] Vermutlich gingen diese Wechsel nicht an die Medici-Bank, sondern an Ognibene Sagramoso, denn zwischen Hans Schutze

1555 Vgl. unten S. 308. Dass der Grund für die Trübung zwischen Bueri und Cosimo darin lag, dass Bueri ebenfalls mit Ognibene Sagramoso und damit indirekt auch mit dem Medici-Feind Lamberto Lamberteschi zusammenzuarbeiten begann, ist reine Spekulation, sollte aber bei weiteren Archivrecherchen als Arbeitsthese überprüft werden.

1556 ASFi, MAP 6, Nr. 60: *Giovani, i'ò scrito a tuo padre che lui scriva et chometa a Ruberto che ma fazi avere da lo Papa le bolle de la mia chomissione de la choletoria, chomo io avevo da Papa Martino e da Papa Eugienio, che a me 'porta assai per potermi spaciare de qui e soto onbra di quello schoder da chui debo avere per potermeni venire con qualche substanzia.* Diese Bitte wiederholte er in einem Brief vom 30. Juni 1448, ASFi, MAP 8, Nr. 53. Weissen (2003), S. 80–81.

1557 OBA 9315, 9368; Ordensfoliant 16, ff. 535–536, 554 und 601. Vgl. Militzer (1993), S. 46; Fouquet (1998), S. 213.

und dem Veronesen ist eine kommerzielle Beziehung belegt.[1558] Bueri hatte wahrscheinlich in Basel, wo er mehrmals auf seinen Reisen nach Florenz Halt machte, Kontakt mit dem Veronesen geknüpft.[1559]

Von Gherardo Bueri sind zwei Testamente erhalten. Das erste hat er am 24. September 1445 verfasst. Da er am 5. April des folgenden Jahres nachweislich in Florenz war, könnte das Abfassen dieses letzten Willens als Teil der Reisevorbereitungen geschehen sein.[1560] Er regte darin an, dass die Saldierung seiner Gesellschaften durch seine beiden in Lübeck lebenden Landsleute (Bonsi, Rucellai) geschehen sollte, die seine italienisch geschriebene Buchhaltung lesen und verstehen könnten. Er bedachte die beiden Florentiner und seine deutschen *knechte* Hinrik Thun, Reynolde und Jochim mit Legaten. Vier Jahre später, am 20. März 1449, schrieb er wegen einer ernsthaften Erkrankung *(krank an lyve)* eine neue Fassung seines Testamentes.[1561] Er starb kurz vor dem 1. Juni 1449.[1562]

Lettere di cambio, die Bueri kurz vor seinem Ableben noch ausgestellt hatte, wurden bei der Kurie von den bezogenen Banken protestiert; ob von den Medici oder Sagramoso ist in den Quellen nicht zu ermitteln. In zwei Fällen ist belegt, dass Kunden ihr Geld von den Testamentsvollstreckern in Lübeck zurückforderten und auch erhielten. Ein Kleriker aus dem Dithmarschen verlangte seine duc. 12 zurück; ein Lübecker stellte Forderung über 45 lübische Mark, die er in Padua nicht erhalten hatte.[1563]

Der Rat der Stadt Lübeck beauftragte Bonsi und Rucellai mit der Durchsicht der Bücher und der Auflösung der Firma.[1564] In der Stadt erschienen Vertreter von Bueris wichtigsten Geschäftspartnern, um offene Rechnungen aus seinem Nachlass einzufordern. Cristoffer Roder forderte die Schulden des Verstorbenen *bei Onny de Bene, en lumbert van Verone, unde Merketan, de deme hove to Rome volghet* ein.[1565] Aus den Verfügungen der Testamentsvollstrecker ergibt sich, dass Sagramoso und Bueri eine *seltschupp* eingegangen waren. Sie hatten also eine Gesellschaft gebildet, über deren Grundlagen und Arbeitsweise nichts berichtet wird. Dass es dabei um Wechselgeschäfte ging, ist aus der Formulierung *overghekofften gheldes weghen* zu schließen. Über 749 Mark lübisch konnte der Bevollmächtigte für Sagramoso in Empfang nehmen. Diese

1558 UB Lübeck, VIII, S. 685. Ist es Zufall, dass in diesem Vorgang von der Auszahlung minderwertiger Dukaten in Rom die Rede ist, was Enea Silvio Piccolomini Sagramoso auch vorwirft? Vgl. unten S. 382.

1559 Weissen (2003), S. 70.

1560 ASFi, MAP 8, Nr. 162. Im Inventario des MAP irrtümlich auf den 25. April 1446 datiert. Bei Sieveking (1906) auf S. 26 besprochen. Er gibt als Standort Filza 8, Nr. 151 an. – Braunstein (1967), S. 104–105.

1561 Istituto della Enciclopedia italiana (1960–), XIV, S. 793: Bueri schreibe in einem Brief vom 29. Januar 1449, dass er sich dem Tode nahe fühle. Ein solcher Brief konnte in MAP nicht gefunden werden. In einem Brief vom 29. Januar 1448 ist keine Stelle zu finden, die sich auf den Tod bezieht.

1562 Vom 1. Juni 1449 datiert eine Urkunde, in der Bonsi und Rucellai bereits alleine auftreten. UB Lübeck, VIII, Nr. 615, S. 662.

1563 UB Lübeck, Bd. VIII, S. 674, 6. August 1449 und S. 683, 30. September 1449. Vgl. Fouquet (1998), S. 212–213.

1564 North (1991), S. 812.

1565 UB Lübeck, VIII, S. 684–685.

Summe resultierte sehr wahrscheinlich aus *lettere di cambio,* die der Veronese in Rom bedient hatte und noch nicht glattgestellt worden waren. Sicherlich gab es auch noch offene Geschäfte aus Wechseln, für die Bueri das Geld erhalten hatte, die aber nicht mehr ausbezahlt worden waren. Offen blieben noch Schulden aus dieser florentinisch-veronesischen Gesellschaft bei sechs Lübeckern, die zwischen 4.5 und 53 Mark lübisch lagen und sich auf insgesamt etwas über 113 Mark beliefen. Hans Schutz in Preußen forderte Warenschulden in Höhe von 20 Mark preußisch und in Lübeck lagen noch 118 Korallen.[1566] Der Basler Handelsherr Heinrich Halbisen schickte seinen Mitgesellschafter Friedrich Sennheim nach Lübeck. Sie erhielten von den Testamentsvollstreckern am 25. Juli 1450 346 Mark lübisch ausbezahlt. Vermutlich war diese Schuld durch den Import von Papier und Safran entstanden, denn in diesen beiden Geschäftszweigen hatte sich Halbisen in starkem Maße betätigt.[1567]

Hauptgläubiger war Cosimo de' Medici, der den *in jure civili licentiatus* Benedetto di Stefano degli Olbizi da Fucecchio aus Lucca an die Trave schickte, um mit der Stadt Lübeck über diesen Nachlass zu verhandeln.[1568] Die *seltschap, de im hove to Rome wert genomet: de seltschap Cosmi de Medicis* hatte Ansprüche an Bueri wegen *schulde, de desulffte Gherardus to Venediie unde in Walschelande hafft uthstande unde nagelaten.*[1569] In einem Vertrag vom 8. August 1450 wurden alle Güter, die noch nicht verteilt waren, Olbizi zu Handen der Medici übergeben. So kam auch das Wohnhaus Bueris an der Aegidienstraße an die Medici. Tibbeke erhielt die Nutznießung der ihr von Bueri zugedachten Güter, die aber nach ihrem Tod ebenfalls an die Medici gingen. Sollte mehr Geld übrigbleiben, als die Medici forderten, so sollen weitere Gläubiger berücksichtigt werden. Mit dieser gütlichen Regelung waren aber die Ansprüche der Erben von Gherardos Brüdern Francesco und Adovardo noch nicht befriedigt. Es entzündete sich ein Streit über die Frage, ob aus dem verbliebenen Nachlass zuerst die Forderungen dieser Verwandten oder die der Medici-Bank in Rom zu befriedigen seien. Es kam in dieser Frage zu einem Prozess vor dem Gericht des Podestà von Florenz, der zugunsten der Bankiers entschied und diesen f. 1612 zusprach. Cosimo de' Medici setzte den Lübecker Kleriker Peter Monnik als Prokurator ein, der am 23. August 1454 vor dem Lübecker Niederstadtbuch erklären konnte, dass alle Ansprüche der Medici nun befriedigt seien.[1570] In Bueris Testamenten war vorgesehen, dass nach dem Tode seiner Frau das restliche Vermögen den Kindern seines verstorbenen Bruders Francesco zugute kommen sollte. Sie haben wahrscheinlich nie auch nur einen Gulden erhalten.

1566 UB Lübeck, VIII, Nr. 643, S. 684–685; Fouquet (1998), S. 218.

1567 UB Lübeck, VIII, Nr. 698, S. 743–744.; Fouquet (1998), S. 218.

1568 Roover (1963), S. 64.

1569 Pauli (1872c), S. 106. Abdruck des Eintrages im Niederstadtbuch von Lübeck bei Pauli (1872c), S. 115–117.

1570 ASFi, Podestà 4917; NA 20327, cc. 99v–100v; UB Lübeck, VIII, Nr. 701, S. 745–746; IX, Nr. 196, S. 198–200. – Pauli (1872c), S. 105 und 116; Sieveking (1906), S. 29; Roover (1963), S. 64; North (1991), S. 813; Fouquet (1998), S. 219. Hinweis von Lorenz Böninger.

5.4.6 Giovanni di Bartolino Talani

Giovanni di Bartolino Talani ist 1441 zum ersten Male als Mitarbeiter von Gherardo Bueri in Lübeck nachgewiesen, als er 26-jährig zusammen mit einem anderen *garzone* auf der Reise nach Lübeck in Basel einen Zwischenhalt einlegte und von der Medici-Bank beherbergt und verköstigt wurde.[1571] Doch Talani wollte kein Angestellter bleiben und trennte sich spätestens 1446 von Bueri.[1572] Am 12. Oktober dieses Jahres verfasste die Signoria von Florenz einen Brief an den Rat der Stadt Lübeck, in dem sie zuerst die üblichen diplomatischen Grüße und Höflichkeitsfloskeln überbringt. Sie freue sich über den guten Empfang und die Wertschätzung, die den florentinischen Kaufleuten entgegengebracht werde. In dem Wunsch, diese positive Einstellung mit allem zu erwidern, was für Lübeck von Nutzen und Interesse sein könnte, wird die Gelegenheit genutzt, den eigenen Bürger Giovanni Talani, den Überbringer des Briefes, zu empfehlen und den Rat zu bitten, ihn in seinen Aktivitäten zu begünstigen.[1573] Bueri scheint über den neuen Konkurrenten, den er selber ausgebildet hatte, sehr wütend gewesen zu sein. Am 30. Januar 1447 beklagte er sich heftig über ihn in einem Brief an Giovanni di Cosimo, denn Talani habe die Trennung auf eine Art und Weise vollzogen, die er nicht gutheißen könne. Er wünsche ihm und seiner mit ungenannten Deutschen gegründeten Handelsgesellschaft, was sie verdienen: *Idio voglia ne chapiti chome merita.* Bueri tönte weiter an, dass er vermutete, Talani habe im Wissen und mit Unterstützung der Medici gehandelt: *e ch'è chon Chosimo e con voi bene d'achordo.* Wenn sie aber wüssten, was Talani ihm angetan habe, würden sie ihn fallenlassen.[1574] Ein Schreiben von Talani an Cosimo vom 15. März 1449 zeigt, dass Bueris Wunsch nicht in Erfüllung gegangen war, denn seine Verwandten arbeiteten offensichtlich mit seinem abgesprungenen Mitarbeiter zusammen. Neben Wechselgeschäften wird im Text auch Warenhandel erwähnt.[1575] Bald danach hat Talani seine Gesellschaft in Lübeck aufgelöst und ist nach Italien zurückgekehrt.

1571 ASFi, Catasto 72, c. 91r; MAP 104, Nr. 60, c. 601v.

1572 Archiv der Hansestadt Lübeck, Testamente 1400–1449, 1445 August 24, Boeris (alias Wale): Im Testament, das Gherardo Bueri am 24. August 1445 machte, erhalten seine beiden Handlungsdiener Francesco Rucellai und Niccolò Bonsi Legate, während Talani leer ausgeht. Möglicherweise war er bereits zu diesem Zeitpunkt nicht mehr im Hause Bueris tätig.

1573 ASFi, Missive I Cancelleria 36, lettera 493, cc. 208rv.

1574 ASFi, MAP 8, Nr. 30. Brief vom 28. Januar 1447.

1575 ASFi, MAP 6, Nr. 67.

5.4.7 Francesco di Filippo Rucellai

In der Mitte des 15. Jahrhunderts überragte Giovanni di Paolo Rucellai alle seine Verwandten.[1576] Er hat der Nachwelt viele Zeugnisse seines Reichtums, Kunstverstandes und seiner Bildung hinterlassen, von denen der Rucellai-Palast und die Kapellen in S. Maria Novella und in S. Pancrazio in Florenz sowie sein „Zibaldone" wohl die berühmtesten sind. Während Giovanni zusammen mit Mariotti Banchi in Venedig während vielen Jahren eine Bank- und Handelsgesellschaft betrieb, lebte und arbeitete in Lübeck sein Verwandter Francesco di Filippo Rucellai, der fast völlig vergessen ist. Geboren wurde Francesco am 2. Oktober 1425 als zweiter Sohn von Filippo di Vanni und Mona Tonia. Die Deklaration der Vermögens- und Familienverhältnisse, die sein Vater für die Catasti von 1442[1577] und 1446[1578] verfasste, zeigt eine Großfamilie aus dem unteren Mittelstand, die f. 4. s. 10 zu versteuern hatte. Es fehlt darin jeder Hinweis darauf, dass einer der Söhne außerhalb von Florenz lebte. Das Verhältnis dieser Familie zu Cosimo de' Medici ist nicht eindeutig zu definieren. Im politischen und sozialen Gefüge von Florenz ist es als ambivalent zu bezeichnen, sodass das Fehlen einer kommerziellen Kooperation als zwangsläufig erscheint.[1579]

Am 10. August 1445 wird Francesco im Niederstadtbuch erstmals in Lübeck erwähnt, als er sich zusammen mit Gherardo Bueri und Niccolò Bonsi zum Schuldner des Lübecker Bürgermeisters Johann Bere über 457 Mark und 12 Schillinge lübischer Währung erklärt. Im 14 Tage später verfassten Testament von Gherardo Bueri wird er großzügig bedacht.[1580] Aus diesen beiden Tatsachen ergibt sich, dass er schon einige Zeit vorher zu seinem Landsmann gestoßen sein muss. In einem Brief Bueris an Giovanni di Cosimo de' Medici am 28. Januar 1447 wird er als *garzone* bezeichnet, der am Familientisch zu essen pflegte und als Handelsdiener zwischen der Stadt an der Trave und Italien hin- und herreiste.[1581]

Beim Tod von Bueri kam es nicht zu einem abrupten Ende des Geldflusses zwischen Lübeck und der Kurie. Am 1. Juni übernahmen Niccolò Bonsi und Francesco di Filippo Rucellai den

1576 Die Rucellai führen in ihrer Familiengeschichte den Ursprung ihres Geschlechtes auf einen deutschen Tuchhändler namens Alamanno zurück, der sich im Levantehandel betätigt haben soll und sich durch die Einführung einer neuen Färbereitechnik in Florenz verdient gemacht habe. Vgl. Ademollo (1845), II, S. 621.

1577 ASFi, Catasto 620, c. 390r.

1578 ASFi, Catasto 671 (I), cc. 335r–338r; Catasto 672, c. 303r–306v.

1579 Filippo di Vanni gehörte gemäß Passerini (1861), S. 57 zur Balia, welche im September 1433 Cosimo aus der Stadt verbannte. Nach seiner Rückkehr soll ihm dafür Cosimo die wichtigsten Ämter versperrt haben. Anderseits erzählt Poliziano (1929), S. 56 eine Anekdote, in der Cosimo sich auf Filippo – wenn auch nicht sehr charmant – bezieht. Filippo wird darin *Pippo lungo* genannt und als *huomo inetto e mal fatto* beschrieben. Cosimo de' Medici soll deshalb gesagt haben: *Non rifatelo sì brutto!*, als man einen Knaben auf den Namen Filippo taufen wollte.

1580 Pauli (1872c), S. 115–116; Fouquet (1998), S. 206.

1581 ASFi, MAP 8, Nr. 30. Im Inventar des MAP irrtümlich auf den 30. Januar 1447 datiert: *Se Francesco Ruciellai, figluolo di Filippo di Nanni, ch' è mio gharzone, è chostà, te ne saprà dire novelle.*

Transfer von duc. 620 für den Bischof von Roskilde.[1582] Es ist nicht überliefert, ob sie die Medici, Sagramoso oder Talani damit bezogen. Ihre Kreditwürdigkeit war auf jeden Fall in Rom nicht ausreichend, sodass die Dänen wohl froh waren, neun Monate später wenigstens eine im Niederstadtbuch festgehaltene Verpflichtung von Bonsi zu erhalten, die Stadt nicht zu verlassen, bis er den Betrag wieder erstattet hatte.[1583] Der Versuch, die Gesellschaft auch ohne Bueri weiterzuführen, wurde bald schon wieder abgebrochen. Sie mussten sich völlig neu organisieren.

Die neue kommerzielle Verbindung zwischen Lübeck und Italien ergibt sich aus den Spuren, die ihr früherer Kollege Giovanni Talani nach seiner Rückkehr nach Italien in florentinischen Akten hinterlassen hat. Am 26. Juni 1451 fertigte ein Notar in Florenz für ihn eine Urkunde für einen gezogenen Wechsel aus. Heinrich Favat, der an der Universität Siena studierte, verpflichtete sich, einen Kredit über f. 33 in spätestens zwei Monaten in Lübeck durch eine Zahlung von 66 Mark lübisch bei Francesco Rucellai zu tilgen.[1584] Am 30. Januar 1453 erhielt ein Kleriker aus Modena für seine Rückreise von Dänemark nach Italien von Rucellai ein Darlehen über f. 100, das er *ad manus Johannis de Talanis merc. Florentin.* zurückzahlen sollte.[1585] Im August desselben Jahres zahlte in Rom Galetto Franciotti aus Lucca zwei Wechsel von Rucellai aus, die am 20. Februar in Lübeck geschrieben worden waren.[1586] Das letzte Beweisstück ist ein Wechsel von Rucellai für den Bischof von Ösel vom 21. Oktober, in dem Florenz oder Rom als Auszahlungsort genannt werden.[1587] Diese Vorgänge lassen ein Dreieck vermuten: Rucellai in Lübeck, Talani in Florenz und Franciotti in Rom. Bonsi spielte in dieser Struktur keine Rolle mehr. Dazu passt, dass es während dieser Zeit keinen Beleg für die Anwesenheit von Talani in der Ewigen Stadt gibt. In seiner Heimatstadt hingegen war er recht aktiv. 1451 sicherte er der Mercanzia zu, die Gerichtskosten für eine Auseinandersetzung mit Giovanni di Ciani Signori wegen eines Warengeschäfts in Genf zu bezahlen.[1588] Am 14. Januar 1452 schickte ihn die Signoria mit den städtischen Gesandten nach Ferrara, um dort die Ankunft Friedrichs III. in Florenz vorzubereiten, der sich auf dem Krönungszug nach Rom befand. Für seine Reisespesen und Bemühungen, die wohl vor allem in Übersetzungsdiensten bestanden haben dürften, erhielt er f. 70.[1589] 1454 führte die Bank della Casa in Rom ein Konto, das mit *Giovanni Talani di Firenze* überschrieben ist. Darin geht es um Wechselgeschäfte zwischen ihm und Ludovico degli Strozzi in London.[1590] Am 31. Juli 1454 bestätigte Talani, von den Uffiziali des Monte

1582 UB Lübeck, Bd. VIII, S. 662.

1583 UB Lübeck, Bd. VIII, S. 704, 2. Februar 1450. Vgl. Schuchard (2000b), S. 81–82.

1584 ASFi, NA 10447, cc. 96r und 123r. Vgl. Böninger (2006), S. 23–24.

1585 RG Online, RG VI 00384, http://rg-online.dhi-roma.it/RG/6/384, 02.07.2021; Esch (1998), S. 301; Schuchard (2000b), S. 81–82.

1586 UB Lübeck, IX, Nr. 151.

1587 UB Lübeck, IX, Nr. 161. Vgl. Pauli (1872c), S. 139.

1588 ASFi, Mercanzia 4418, c. 68r.

1589 ASFi, Camera dell'arme 51, c. 4r; ASFi, Signori, Legazioni e Commissarie, Nr. 13.

1590 AOIF 12739, c. 45 links und rechts.

f. 600 als Mitgift für Margerita di Giovanni di Cenni Ugolini erhalten zu haben.[1591] Nach 1454 gibt es keinen Beleg mehr, der ihn am Leben zeigt; im Catasto seines Bruders Sandro von 1457 wird er als verstorben aufgeführt.[1592]

1456 trat Francesco Rucellai in eine Korrespondentenverbindung mit der Kurienbank von Tommaso Spinelli. Die Geschäftsverbindung bestand bis zum Ende seiner Gesellschaft in Lübeck. Die beiden Bankiers sicherten sich über mehrere Jahre gegenseitig eine monopolartige Beherrschung des Wechselverkehrs aus dem Norden Europas in den Süden. Zahlungsanlässe waren der Geldtransfer nach Rom und die Abwicklung von gezogenen Wechseln. Von dieser Möglichkeit machte Ludolph Robinger in Rom Gebrauch, als er am 19. Juni 1469 ein Darlehen von den Spinelli in Höhe von duc. 30 erhielt. Heinrich van der Molen in Lüneburg sollte *marcas 67 et 8 solidos de moneta lubicen.* an Girolamo Rucellai oder in dessen Abwesenheit an Henrik Grymmolt zurückbezahlen.[1593] Wohl nur kurze Zeit pflegte Francesco eine Geschäftsverbindung mit Iacopo e Giovanni della Casa in Rom, in deren vollständig erhaltenem *libro grande* sein Name aber nur 1460 bei einer einzigen Transaktion über duc. 150 genannt wird.[1594]

Das erste Zeugnis aus der Korrespondentenbeziehung Rucellai–Spinelli ist auf den 16. Januar 1457 datiert. Es ist ein Brief aus Rom an Rucellai, der sich zu diesem Zeitpunkt in Venedig aufhielt.[1595] Tommaso zieht darin eine kleine Bilanz der Wechsel, die er für seinen Lübecker Korrespondenten in Rom honoriert hatte und die in Venedig wieder verrechnet wurden. Nach dem Auszahlen von sechs *lettere di cambio* in Rom, die zwischen dem 30. August und dem 4. November ausgestellt worden waren, und trotz eines Guthabens von duc. 1278 s. 16 d. 8 in Venedig, blieb die Bank in Lübeck immer noch mehr als duc. 2200 in Rom schuldig. Hinzu kamen noch duc. 200, die in wenigen Tagen an Hermann Duker *(Manno Ducher)* ausbezahlt werden müssten. Er solle jeden Dukaten, den er finde, an Filippo Inghirami in Venedig bezahlen.[1596]

1591 ASFi, Diplomatico normale, Archivio generale, 1454 luglio 31.

1592 ASFi, Catasto 805.

1593 YUSA 11, 161c: *Solvate pro questa tercio pro secunda ut prima littera cambii adeorum voluntatem Iheronimo de Ruslays et in absentia Henrico Gremmo, marcas sexagintaseptem et octo solidos de moneta lubien pro valore recepi hic nomine predicti Iheronimi ab heredibus Leonardi de Spenellis et sociis mercatoribus Romanam curiam sequentes in ducatos triginta auri de camera faciate sibi bonum pagamentum bene valete. Datum Rome, die decimanona mensi Iunii Anno Domini MCCCCLXIX. Ludolphus Robingher.* [verso] *Honorabili viro domino Henrici Van der Molen in Luneorgho, consuli.*

1594 AOIF 12742, c. 6 links und rechts.

1595 YUSA, 89, Folder 1689. Transkription hier im Anhang auf S. 518. Es scheint sehr wahrscheinlich, dass Spinelli hier die florentinische Jahreszählung verwendete.

1596 Warum Maffeo und Niccodemo von diesen Zahlungen an Inghirami nichts erfahren sollten, bleibt rätselhaft: *ogni ducato vi trovassi, date a Filipo Inghirami sanza dirne chosa nesuna né a Maffio né a Nichodemo.* Vgl. Caferro (1996), S. 438. – YUSA 90, 1713, c. 12: Im Catasto Spinellis desselben Jahres war Rucellai bei den Debitoren mit einer Schuld über f. 1233.

In den folgenden Jahren entwickelte sich zwischen den Spinelli und Rucellai eine sehr enge Korrespondentenbeziehung, die viele urkundliche Zeugnisse hinterlassen hat. Die Schwierigkeiten mit dem Ausgleichen der Konten blieben bestehen und waren nicht immer einfach zu lösen, wie ein Brief von Tommaso an Lionardo Spinelli vom 13. Februar 1468 zeigt. Er schreibt darin, Rucellai in Lübeck irre sich mit seinen Abrechnungen. Er hätte bei ihnen kein Guthaben über f. 970, sondern im Gegenteil eine Schuld über f. 1700. Eine erstaunlich hohe Differenz zeigte sich hier also zwischen den Buchführungen im Norden und im Süden: *che son pure assai al dì oggi.*[1597] In den Bilanzen der Spinelli in Rom werden für Rucellai von 1458 bis 1472 Konten aufgeführt (Tabelle 13). Dabei stammte der letzte Eintrag wohl aus einem älteren, aber nie abgeschlossenen Geschäft, denn die Partnerschaft wurde vermutlich vor 1469 beendet, als sich Rucellai aus Lübeck zurückzog. In diesen Zahlen zeigt sich das typische Bild des ungleichen Gewichts der Geldströme, denn die Konten, auf denen die in Lübeck in Auftrag gegebenen Beträge saldiert wurden, sind sehr viel größer als diejenigen für die *lettere di cambio* in umgekehrter Richtung. In vielen Jahren gab es am Tag der Bilanzierung keine offenen Wechsel aus Rom.

Die Spinelli-Bilanzen aus Rom zeigen, dass der Transfer von großen Beträgen wie etwa die Kollektorie Fregenos nur sehr selten vorkam. Viel häufiger stellte Rucellai *lettere di cambio* über kleine Summen aus, die für den Lebensunterhalt von Kurienangehörigen oder besuchern und die Bezahlung kleiner Annaten bestimmt waren. In Gegenrichtung gingen vor allem gezogene Wechsel, die als Sicherheit für Darlehen geschrieben worden waren. Schon in der Spinelli-Bilanz vom 6. Januar 1458 werden unter den *debitori* auch Kleriker aus Deutschland genannt: *Perricus, vicarius tedesco* mit f. 44 und *Arigo Offer* mit f. 25.[1598] Meist stammt die Kundschaft aus Lübeck, Skandinavien oder dem Gebiet des Deutschen Ordens. Nennungen anderer Herkunftsstädte *(Arrigho di Giovanni d'Olmo della Magnia; Gisbertto di Brema)*[1599] sind sehr selten. Rucellai stellte nicht nur in Lübeck *lettere di cambio* aus, sondern auch in Venedig und Florenz, wenn er sich dort aufhielt. Er bediente persönlich einen Bartholomeus von Posen am 9. Mai 1467 in Florenz und am 7. Januar 1468 in Venedig.[1600]

Von besonderem Interesse sind die 30 *lettere di cambio* von Rucellai, die nicht nur als Buchungseintrag in einer Bilanz überliefert sind, sondern von denen die Originalwechsel und quittungen erhalten sind. Sie gehören zu den über 500 Wechselbriefen, welche aus der Aktivität der Spinelli-Bank in Rom heute in der Beinecke Library in New Haven aufbewahrt werden.

1597 YUSA 89, 1689d.

1598 YUSA 90, 1713.

1599 YUSA 91, 1731; 90, 1730.

1600 YUSA 98, 1856 und 1869; 91, 1742, S. 10. – 1461 wählte der Rat von Lübeck einen Godeman van Buren zum Wechsler, der ab spätestens 1467 ein Wechselbuch führte, das mit Depositen-, Kredit- und Wechselgeschäften zu tun hatte. Diese lübische Bank hatte keinerlei Beziehungen zum internationalen Zahlungssystem der Florentiner und war deshalb in keiner Weise eine Konkurrenz für Rucellai. 1472 war van Buren zahlungsunfähig. Seine Gläubigerliste weist 98 Namen auf. UB Lübeck, X, Nr. 51 und XI, Nr. 348; Ebel (1955–1967), I, Nr. 149, 653, 679 und 885; Dollinger (1966), S. 268–271; Sprandel (1975), S. 46 und 177.

Tabelle 13. Ausstände von Francesco Rucellai bei den Spinelli in Rom, 1468–74

	suo			per noi
	f.	s.	d.	f.
1458, 5. Januar[i]	1233	12	**3**	
1460[ii]	1664	7	7	40
1461, 24. August[iii]	2790	11		96
1461, 28. Dezember[iv]	250	19		
1463, 23. März[v]	1353	18	2	
1464, 23. März[vi]	422	17		
1464, 30. April[vii]	682			
1465, 24. März[viii]	821	1	8	
1467, 24. März[xi]	303	15		
1468, 31. März[x]	1248	13	9	
1469, 11. November[xi]	104	14	3	
1469, 24. November[xii]	Kein Eintrag			
1472, 19. Januar[xiii]	*Perduti*	10	8	
1474, 9. August[xiv]	Kein Eintrag			

i YUSA 90, 1713: Entwurf für die *portata* von Tommaso Spinelli für das Catasto.
ii YUSA 90, 1722.
iii YUSA 90, 1724.
iv YUSA 90, 1726, S. 8.
v YUSA 90, 1729, S. 9.
vi YUSA 90, 1730, S. 4.
vii YUSA 91, 1730, S. 10.
viii YUSA 91, 1733, S. 7.
ix YUSA 91, 1738, S. 8.
x YUSA 91, 1742, S. 8.
xi YUSA 91, 1744, S. 1.
xii YUSA 91, 1744.
xiii YUSA 91, 1747, S. 6.
xiv YUSA 92, 1753.

Ausgefertigt wurden sie zwischen dem 25. Januar 1465 und dem 31. Oktober 1468; der letzte wurde am 19. Dezember 1468 in Rom bedient. Insgesamt wurden damit etwas mehr als f. 1525 an die Kurie transferiert, wobei der größte Betrag eine Zahlung an den damals in Rom lebenden Bischof von Ösel, Jodocus Hogenstein, in Höhe von f. 558 war; zwei Wechsel lauteten nur gerade über f. 5, einer auf f. 8. Viele der *datori* gehörten zur politischen und wirtschaftlichen Führungsgruppe Lübecks.[1601] Rucellai notierte als Zahler den Kaufmann Hermann Sobberhusen, der wohl als Zwischenhändler Geschäfte an den Florentiner vermittelte.[1602] Andere Personen, die aus Kaufmannsfamilien (Burchard Turpenicht, Hans Geroldt) stammten, empfingen in Rom Geld. Ob sie als Pilger oder als Händler in der Stadt am Tiber waren, bleibt unklar.

In der Korrespondenz des Deutschen Ordens wird mehrfach auf Zahlungsmöglichkeiten über Lübeck verwiesen, doch ohne Angabe des Namens des Bankiers.[1603] Um 1450 wären Francesco Rucellai, Niccolò Bonsi oder Giovanni Talani an der Trave mögliche Partner gewesen. Als Spinelli um 1456 in enge Zusammenarbeit mit Rucellai in Lübeck trat, war der Deutsche Orden für sie kein attraktiver Kunde mehr, denn dessen Finanzmittel waren nach dem Krieg in Preußen gegen seine Untertanen weiter zurückgegangen. Jetzt gab es zwar wieder Bankiers, die den Geldtransfer hätten besorgen können, aber es stand kaum Geld dafür zur Verfügung. Die letzten Zahlungen aus Preußen zum Prokurator aus den Jahren 1465 und 1467 sind dank des Spinelli-Archivs genau dokumentiert.[1604] In beiden Fällen wurde das Geld in Lübeck bei Francesco di Filippo Rucellai einbezahlt, der einen Wechsel auf Lionardo Spinelli e co. di Corte ausstellte. Bei den beiden *datori,* Hermann Brandis und Ludolf Nagel, dürfte es sich um Kleriker aus der Diözese Ösel oder Angehörige des Deutschen Ordens gehandelt haben. Der Betrag über 558 Dukaten wird wohl eine Zahlung an die laufenden Kosten des Generalprokurators gewesen sein, während der kleinere über nur gerade 26 Dukaten die Überweisung einer kleinen Pfründe sein dürfte.

Das Monopol, das die Medici zusammen mit dem Nürnberger Anton Paumgartner im Transfer der vom Kollektor Marinus de Fregeno in Nordeuropa gesammelten Gelder hatte, wurde zu Beginn der Sechzigerjahre durch das Gespann Spinelli–Rucellai teilweise durchbrochen. Diese Beträge waren so hoch, dass sie nicht immer bargeldlos überwiesen werden konnten. Im Sommer 1462 wurde einer der Bargeldtransporte in der Nähe von Göttingen durch Männer

1601 Rolf Hammel-Kiesow (Lübeck) war so freundlich, die Liste der in diesen Wechseln genannten Personen zu überprüfen. Sein Ergebnis: Der politischen und wirtschaftlichen Führungsgruppe der Stadt gehörten nach den erfassten Kriterien an: Hermann Sobberhusen, Hermann Colman, Hermann Brandes, Brandan Hoymann (aus Lüneburg), Johannes und Wilhelm Westfal (Bischof von Lübeck 1506–9). Zur wirtschaftlichen Spitzengruppe dürften gehört haben: Heinrich Lange, Hermann Brandes, Karsten Rodewolt, Hans Trupenicht und Johannes Wedegmeier.

1602 Seine Witwe heiratete in zweiter Ehe den Nürnberger Kaufmann Hans Mulich. Hinweis von Rolf Hammel-Kiesow. Vgl. Rörig (1931).

1603 Schuchard (1992), S. 87–88.

1604 Vgl. unten S. 570–572.

der Herzoge Friedrich und Wilhelm von Braunschweig ausgeraubt, die annahmen, es handle sich um Waren aus dem befeindeten Lüneburg. Dieser Vorfall führte zu langen politischen und juristischen Auseinandersetzungen, in deren Verlauf der Papst die Räuber exkommunizierte.[1605] Noch am 6. Januar 1466 hatte *eyn genant Franciscus* verschiedene *processus unde breve* gegen Herzog Friedrich den Jüngeren hängig.[1606] Trotz dieser Zwischenfälle trafen bis 1465 in mehreren Raten insgesamt f. 8709 in Rom ein, die allerdings wiederum seit langem durch die Kammer verpfändet waren.[1607] Im Zusammenhang mit diesen Händeln wird gestanden haben, dass sich 1467 ein Teilhaber der Bank von Tommaso Spinelli di Corte, Alessandro de' Bardi, nach Deutschland begab. Bezeugt ist dieser Besuch durch einen Wechsel, den er am 20. September in Halberstadt ausstellte. *Datore* war ein Otto de Specke *(notarius palacii)* und *beneficiario* Heinricus Gherwen. Bedient wurden die überwiesenen 50 Kammergulden am 6. November in Rom. Gegen Fregeno gab es Vorwürfe, er lege keine Rechnungen ab und habe sein Einzugsgebiet eigenmächtig bis nach Polen erweitert. Eine der ersten Amtshandlungen von Papst Paul II. war im Februar 1465 der Auftrag an den *nuntius* und *cubicularius* Albertus de Gaji von Gnesen, Fregeno zu arrestieren und dafür zu sorgen, dass die gesammelten Gelder an Francesco Rucellai in Lübeck oder Hans Müllner in Krakau ausgehändigt würden. Der Kollektor durfte nach Rom reisen und sich dort rechtfertigen. 1471 war er wieder in seiner alten Funktion in Skandinavien aktiv.[1608]

Als Francesco Rucellai um 1468 in seine Heimatstadt zurückkehrte und die Geschäfte dem einheimischen Kaufmann Hinrik Grymmolt übergab, brach Guasparre di Niccodemo Spinelli die direkten Beziehungen zu Kaufleuten in Lübeck im darauffolgenden Jahr ab.[1609] Wie die Medici schon einige Jahre vor ihm, suchte er nun die Zusammenarbeit mit Nürnberger Handelsherren, die Vertretungen in Venedig und Lübeck hatten. Die oberdeutschen Bankiers waren in der Mitte des 15. Jahrhunderts wieder vermehrt in Lübeck erschienen und übernahmen nun mit den Geschäften Rucellais und Spinellis den Geldverkehr zwischen Italien und dem Norden vollständig.[1610] Sie schlugen damit auch die Brücke von Skandinavien und Ostmitteleuropa zu den Wechselmärkten der westlichen Welt.[1611] Die Wahl von Guasparre Spinelli fiel auf eine Gesellschaft, die im Geschäft mit Florentinern früher schon einmal tätig gewesen war: die Rummel. Schon 1472 führte diese Entscheidung jedoch zu großen Schwierigkeiten, denn

1605 APS, II, Nr. 1328. – Krantz (1546), S. 348; Krantz (1574), S. 846; Lange / Unger (1849–1976), S. 1051; Voigt (1968), S. 161.

1606 UB Lübeck, XI, S. 2, Nr. 3.

1607 APS, II, Nr. 1301, 1321, 1342, 1348 und 1355. – Voigt (1968), S. 162; Esch (1998), Nr. 495–497 und 756; Schuchard (2000b), S. 81–82; Esch (2007), S. 396.

1608 Møller Jensen (2005), S. 79.

1609 Die freundschaftlichen Beziehungen zu Francesco Rucellai hielt er aber aufrecht und machte ihn 1472 zu einem der drei Paten seines Sohnes Tommaso. YUSA 55, 1182, c. 9v.

1610 Nordmann (1937), S. 127.

1611 Stromer (1976b).

der Lübecker Fernhändler Hinrich Drosedow klagte gegen die Brüder Heinrich und Wilhelm Rummel wegen einer ganzen Reihe von Wechselgeschäften, die sie für ihn nicht ordnungsgemäß ausgeführt hatten. Der Lübecker hatte diese Wechsel wohl als Makler an Kunden wie *meister Ludiken Tobinge von Lüneburg* vermittelt.[1612] Die Nürnberger mussten eine Schuld von 1074 Rheinischen Gulden anerkennen und wurden de facto geschäftsunfähig. Zur Schadenssumme gehörten auch 13 *lettere di cambio*, welche Drosedow beim Vertreter der Rummel in Lübeck, Michel Volkmer, im Gesamtwert von 722 Dukaten gekauft hatte. Als *trattario* waren die Spinelli in Rom eingesetzt.[1613]

Neben dem Geschäft mit *lettere di cambio* stand der Handel mit teurer Seide, auf den William Caferro hingewiesen hat, im Zentrum von Rucellais kommerziellen Aktivitäten.[1614] Es sind allerdings keine Schriften von der Hand Francescos oder eines seiner Faktoren erhalten, sodass nur anhand von Notizen in den Büchern von Geschäftspartnern darauf geschlossen werden kann. Diese erwähnen namhafte Umsätze mit dem Händler im Norden. 1461 wurden ihm vom Leiter der Spinelli-Fabrik, Piero d'Antonio Niccoli, Tücher im Wert von f. 314 s. 9 d. 7 geschickt; er war damit der einzige Kunde in Deutschland.[1615] 1467 bezahlte er für Stofflieferungen f. 570 nach Florenz.[1616] Diese Zusammenarbeit wurde in den folgenden Jahren weitergeführt und überdauerte auch das Ende des Engagements der Rucellai in Norddeutschland. In einer Bilanz Niccolis von 1480 wird Francesco di Filippo Rucellai e co. di Firenze als *debitore* über f. 16.3.2 aufgeführt.[1617]

Sicherlich hat Rucellai mit vielen anderen Waren Handel getrieben, doch sind dazu keine Quellen bekannt. Sein Partner Hinrik Grymmolt ist im Fischhandel mit preußischen Fischen nach Magdeburg nachgewiesen. Wegen unzureichender Qualität seiner Ware kam es zu einer Klage des Magdeburger Rates an den Lübecker.[1618] 1478, als die Partnerschaft mit Rucellai nicht mehr bestand, handelte er mit zwei Last (à 13 Tonnen) Honigseim nach Reval.[1619] Dies sind Handelssparten, die für Florentiner untypisch sind, da sie auf den regionalen Markt beschränkt blieben und nicht zu Exporten nach Brügge oder Venedig führten. Es ist jedoch nicht auszuschließen, dass sich Francesco auch im innerdeutschen Handel betätigte.

1612 Pauli (1872c), S. 140.

1613 Schaper (1981), S. 50. – Nordmann (1933a) weist nach, dass die Rummel 1470 finanzielle Aufträge für die Stadt Lübeck ausführten. Es handelte sich um die Überweisung hoher Summen, die Lübecks Syndikus Johann Osthusen am kaiserlichen Hofe zu Wien und Prag benötigte.

1614 Caferro (1996).

1615 YUSA 90, 1725, S. 9.

1616 YUSA 89, 1689.

1617 YUSA 92, 1775, S. 1.

1618 HUB, X, Nr. 2, 1471 Januar 19.

1619 HUB, X, Nr. 704.

Francesco Rucellai nahm nie das Lübecker Bürgerrecht an[1620] und wandte sich nach dem Tod seines Vaters am 29. Januar 1462 auch wieder mehr seiner Heimatstadt Florenz zu. 1464 heiratete er die etwa 16-jährige Costanza di Francesco Vettori, die nie mit ihm die Reise nach Lübeck antrat.[1621] Durch die Gründung einer Familie in seiner Heimatstadt bereitete er seine definitive Rückkehr vor. Dafür organisierte er seine Ablösung in Lübeck durch die Umsetzung einer Nachfolgeregelung. In einem Brief von Tommaso Spinelli in Rom an seinen Neffen Lionardo in Florenz vom 13. Februar 1468 ist die Rede davon, dass Rucellai in Florenz war, während sein Vertreter *(del suo di Lubicche) lettere di cambio* in Lübeck ausstellte.[1622] Am 31. Oktober dieses Jahres war Francesco aber sicher wieder in Lübeck, denn an diesem Tag unterzeichnete er seine letzten überlieferten Wechsel. Ersetzt wurde er in Lübeck durch seinen jüngeren Bruder Girolamo, der dank seiner Vermittlung von 1457 an eine Ausbildung bei den della Casa in Rom absolviert hatte. 1459 war er nach Lübeck gezogen und wird am 19. Juni 1469 in Rom erstmals als Begünstigter eines Wechsels genannt.[1623] Im Falle seiner Abwesenheit trat Hinrik Grymmolt an seine Stelle, mit dem die Rucellai spätestens 1471 eine offene Handelsgesellschaft gebildet hatten.[1624] Vermutlich verließ zu diesem Zeitpunkt der letzte Florentiner Lübeck.

In seiner Heimatstadt genoss Francesco nach seiner Rückkehr großes Ansehen, denn bereits im Mai und Juni 1471 war er als Priore Mitglied der Signoria.[1625] Er verzichtete darauf, sein Vermögen aus dem Familienverbund zu lösen, wie das Catasto von 1480 zeigt, das von seinem älteren Bruder Ubertino für alle Söhne von Filippo di Vanni abgegeben wurde. Aus diesem Dokument ergibt sich, dass die Ehe Francescos mit Costanza kinderlos geblieben war. Als einzige wirtschaftliche

---

1620 In einer städtischen Quelle von 1474 wird er *Borgers to Florens* bezeichnet. Archiv der Hansestadt Lübeck, Niederstadtbuch 1477 vocem jocunditatis, f. 146v.

1621 Passerini (1861), S. 57 gibt nur das Todesjahr 1462, während bei Poliziano (1929), S. 56 als Datum der 29. Januar 1461 zu finden ist. Da diese Jahresangabe wohl auf dem florentinischen Kalender beruht, ist das Jahr auf 1462 festzulegen.

1622 YUSA, 89, Nr. 1689 (der Brief ist datiert auf 1467. Vermutlich wurde dabei aber die florentinische Jahreszählung verwendet): *A me pare che Francesco Ruciellai abbi 'l torto inteso le partite mi mandi; ma più arebbe el torto se, quando e' mi fé' buoni e 570 fiorini, si trovasse che ttu e pPier Niccoli gli avesse scritto che ti servisse de' danari ch' egli aveva a ddare all' Arte della Seta. Guardate se vo' n' avete lume niuno. E' s' è dato conpimento alle lettere che cci sono state presentate del suo di Lubicche, che bbuonamente ci resta a ddare circha di fiorini 1'700 di camera, che son pur assai al dì d'oggi, alla nostra possebilità. Tutto si vuole acconciar cho' llui.*

1623 ASFi, Catasto 816, c. 149: Filippo Rucellai erklärt im Catasto nur, dass Girolamo in Rom sei. Dass er bei della Casa arbeitete, ergibt sich aus YUSA 89, 1696: Tommaso Spinelli schreibt an seinen Geschäftsleiter in Rom, Marco Ricasoli, dass Francesco Rucellai nach Rom komme. *Credo da voi non si partirà, noninstante uno suo fratello vengha chostì a stare chon chotesti della Chasa.* – AOIF 12742, c. 22 links: *E adì 18 d'agosto* [1459] *ventidue camera portò questi* [Girolamo] *per sue spese quando andò a Lubiche per stare con suo fratello.* – YUSA 99, 1889. Vgl. unten S. 439.

1624 Rolf Hammel-Kiesow war so freundlich, nach Grymmolt in den Archiven der Stadt Lübeck zu forschen. Er fand dabei heraus, dass Grymmolt seit 1456 nachweisbar ist, als er drei Häuser kaufte. In den folgenden Jahren erwarb er weitere Immobilien an erstklassiger Lage. Über Grymmolt gibt es keine weiteren Nachrichten, vermutlich ist er vor 1492 gestorben. Sein Sohn Johannes wurde 1510 als Johannes VIII. Bischof von Lübeck.

1625 Cambi (1785–1786), XX, S. 408.

Aktivität wiesen die Brüder eine *bottegha d'arte di lana in Sa' Martino, in nome di Francescho di Filippo Rucielai* aus.[1626] Am 21. August 1482 starb Francesco, worauf sich Costanza als Nonne hinter Klostermauern zurückzog. Seine Brüder ließen die bereits kurz nach dem Tod des Vaters begonnene Kapelle in der Kirche von S. Pancrazio – in der auch der berühmte Giovanni Rucellai eine Kapelle errichten ließ – fertig bauen und 1485 einweihen. Sie wurde den Heiligen Girolamo und Domenico gewidmet, die zusammen mit der Jungfrau und dem Kind von Filippo Lippi gemalt wurden.[1627] Mit größter Wahrscheinlichkeit wurde auch Francesco hier zu Grabe gelegt, denn die Inschrift in der Kapelle schließt auch ihn ein: *Filiorum Philippi Vannis de Oricellaris et eorum descendentium. MCCCCLXXXV.* Francis Kent sah in der Errichtung dieser Kapelle und der Inschrift den Ausdruck, dass die Brüder in ihrer verwandtschaftlichen Einheit die Grundlage ihres Wohlergehens sahen und auch über den Tod hinaus zusammenbleiben wollten.[1628]

5.5 Konstanz

Als Johannes XXIII. am 1. Oktober 1414 in Bologna aufbrach, um sich auf den Weg nach Konstanz zu machen, soll er in seinem Gefolge mehr als 600 Personen mitgeführt haben.[1629] Sicherlich waren darunter auch Mitarbeiter der wichtigsten Bankhäuser, denn diese folgten als

1626 ASFi, Catasto 1012 / II, cc. 364r–368v. – ASFi, Catasto 820, c. 523r: Spätestens seit 1457 bestand eine Partnerschaft zwischen Ubertino Rucellai und Gino di Giuliano Ginori für den Betrieb eines Tuchhandels. 1487 arbeitete diese *bottega d'arte della lana* von Ubertino Rucellai e co. mit einem Betriebskapital von f. 5 000, wovon Ginori ⅖ gehörten. Die Söhne von Filippo waren zum reichsten Zweig der Familie Rucellai geworden, da das Vermögen des berühmten Verwandten Giovanni in den davorliegenden zehn Jahren stark geschmolzen war. Es lässt sich nicht mehr rekonstruieren, wie bedeutend der Anteil war, den die Aktivitäten Francescos und Girolamos in Deutschland zu diesem Reichtum beigesteuert haben. Firenze, Archivio Ginori-Lisci, Nr. 76, c. 241 links. Vgl. Dezzi Bardeschi (1966), S. 43.

1627 Dazu Dezzi Bardeschi (1966), S. 25–26; Doerr Carney (1997).

1628 Kent (1977), S. 102–103 und 290. – Strocchia (1981), S. 255 stellt die These auf, dass Familien, die nicht ins politische Netzwerk der Medici eingebunden waren, gezwungen waren, sich in anderen Bereichen hervorzutun, um ihre soziale Stellung zu zeigen: „Exclusion from the inner workings of the state through exclusion from the Medici network demanded greater attention to non-political behavior, such as amassing greater wealth, pursuing and patronizing humanist activities, or endowing a parish church. Giovanni Rucellai again comes to mind here; his chapel in S. Pancrazio aimed to affirm the power of his family. Burial display functioned as part of the strategy to breathe life into social reputations that were suffocating through political disfavor." Wie weit dieses Verhaltensmuster auch auf die Söhne von Filippo di Vanni zutrifft, konnte an dieser Stelle nicht weiter untersucht werden.

1629 Partner (1958), S. 24–26. – König Sigismund hat am 30. Oktober 1413 in Lodi Konstanz als Konzilsstadt verkündet. Eine der vielen an diesem Tag in die gesamte Christenheit verschickten Urkunden befindet sich in Florenz: ASFi, Ricasoli parte antica pergamene, Nr. 176. – Teile dieses Kapitels über die Florentiner auf dem Konzil von Konstanz wurden bereits in früheren Arbeiten publiziert: Weissen (2012); Weissen (2013). – Zu all den folgend genannten Bankiers finden sich umfassende Informationen bei Esch (1972). – Den Aktivitäten

mercatores romanam curiam sequentes den Kunden überall hin, wie die am 27. September von der Kurie für Cosimo di Giovanni de' Medici, Ilarione de' Bardi und Aldighiero di Francesco Biliotti ausgestellten Salvokondukte zeigen. Für die Vertreter von Filippo de' Ricci wurden im Oktober und November ähnliche Dokumente erstellt.[1630] Am 28. Oktober ritt der Papst mit seinem Hof in Konstanz ein.[1631]

An der Kirchenversammlung sollen 29 Kardinäle, 33 Erzbischöfe, 33 Patriarchen, mehr als 300 Bischöfe und zahlreiche Äbte, Theologen und Juristen teilgenommen haben.[1632] Sie alle sowie die apostolische Kammer und die Kurienbankiers erwarteten, in Konstanz ihre Finanzgeschäfte im gewohnten Rahmen betreiben zu können. Am 16. Oktober 1414 wurde eine Willenserklärung aufgesetzt, in der vom Bürgermeister von Konstanz und vom Vogt Johannes Hagen die freie Ausübung der notwendigen Tätigkeiten und die Ausübung der weltlichen und geistlichen Gerichtsbarkeit über die Angehörigen der Kurie garantiert wurden. Vor allem aber versprachen die Vertreter der Stadt, die Straßen und Wege für alle Konzilsteilnehmer offen zu halten und für die Sicherheit der Teilnehmer zu sorgen.[1633] De facto wurde für die Konzilszeit die strenge Zunftordnung aufgehoben, eine weitgehende Gewerbefreiheit ermöglicht und auf alle Zölle und Abgaben von Fremden verzichtet.

Die Wechsler waren als einzige teilweise von diesen Privilegien ausgeschlossen, denn für die Ausübung des Wechslergewerbes erhob die Seestadt eine Steuer.[1634] Henmann Offenburg willigte dem Rat ein, ab dem 6. Dezember 1414 monatlich 18 RG *von des wechsels und des pfund zolls wegen* zu bezahlen.[1635] Am 2. Februar 1415 einigte sich der Rat auch *mit den frömden wechslern von wälschen landen* auf eine Abgabe für das Bankgeschäft *(super cambio [...] et banco habendo).* Die drei florentinischen Banken (Spini, Medici, Alberti) wurden zu einer getreuen Führung der Geschäfte *(dictum bancum honeste prout decet teneat atque regat)* verpflichtet und angehalten, keine ungebräuchlichen Münzen in Umlauf zu bringen, die Wechselkurse nicht zu

der italienischen Banken auf dem Basler Konzil wird ein Exkurs gewidmet, da es sich dabei wegen der gleichzeitigen Existenz von zwei kirchlichen Finanzverwaltungen um eine Spezialsituation handelt.

1630 Holmes (1968), S. 373; Brandmüller (1997), I, S. 136 gibt den 27. Oktober als Datum der Ausfertigung und erwähnt eine solche *littera passus* auch für Averardo de' Tornaquinci, Niccolò Cambini und Socco (vermutlich eher Zocco) de' Ricci. Palermo (2000), S. 370 meint, auch Francesco Boscoli habe sich in Konstanz aufgehalten, ohne allerdings einen Beleg dafür zu nennen. – Der Erzbischof von Köln hatte für seine dem Kardinalskollegium geschuldeten Servitien eine offene Verpflichtung über duc. 5357 bei Aldighiero Biliotti von der Alberti-Bank. Die Medici-Bank übernahm diese als Pfand und gewährte den Kardinälen *qui disponebant recedere ad concilium* über den offenen Betrag einen Kredit, sodass der Kölner seine Servitien nun den Medici schuldete. Finke et al. (1896–1928), II, S. 187; Baumgarten (1907), S. 196–197.

1631 Finke (1903), S. 12.

1632 Palermo (2000), S. 370 Diese Zahlen sind sehr umstritten, da es unmöglich ist, wirklich alle Konzilsteilnehmer zu erfassen. Vgl. etwa die stark abweichenden Zahlen bei Riegel (1916).

1633 ASFi, Ricasoli parte antica pergamene, Nr. 164. Vermutlich handelt es sich bei diesem Schriftstück um ein Konzept für eine nicht erhaltene Urkunde.

1634 Gothein (1892), S. 484.

1635 Stadtarchiv Konstanz, Ratsprotokoll B I Bd. 2 der Jahre 1414–1419, S. 26.

manipulieren und alle Währungen gleich zu behandeln. Eberhard Gothein hatte sicher recht, als er diese Bestimmungen für „ziemlich naiv" hielt, denn auf die Bankiers aus Florenz dürften sie wohl kaum Eindruck gemacht haben.[1636]

Zu den drei bereits bei Eröffnung des Konzils anwesenden Banken kamen in den darauffolgenden Monaten noch die Gesellschaften von Filippo de' Ricci und Averardo de' Medici. Diese fünf florentinischen Banken hatten im Zahlungsverkehr keine Konkurrenz zu fürchten, obwohl sie auf eine Vielzahl von Kaufleuten trafen, die im Warenhandel und Geldgeschäft tätig waren. Konstanzer wie die Handelsgesellschaft der Munprat sind als Nutzer von *lettere di cambio* und als bezogene Bank belegt.[1637] Der Hochmeister des Deutschen Ordens wies beispielsweise im April 1414 Geld über einen *lumbarden* in Brügge nach Konstanz an, sodass es eine Verbindung zwischen einem Florentiner Bankier in Flandern und einem Deutschen in Konstanz gab. Die einheimischen Kaufleute boten aber keine Wechsel an die Kurie an.[1638] Der Prokurator des Deutschen Ordens, Peter von Wormditt, warnte eindringlich davor, mit deutschen Handelsherren Wechselgeschäfte zu machen, denn sie arbeiteten mit zu geringem Kapital. Die Italiener hätten genügend Bargeld, um Kredite sofort bedienen zu können, während die deutschen bei größeren Beträgen erst ein Konsortium bilden müssten: *beczalunge ober eynen huffen ist bey dessen welschen wechselern gewisser denne bey den dutschen kouflueten; die handeln also ir gelt nicht, das sie es bereit legen haben, s[under si] habens in koufenschaft.*[1639] Mehrere Konstanzer waren als Sortenwechsler tätig, beschränkten sich also auf das Umtauschen von Münzen verschiedenster Herkunft.[1640] Einige von ihnen werden auch Kreditgeschäfte gemacht haben, wie dies von Werner Ehinger mit Sicherheit feststeht.[1641] Zu den einheimischen Handelsherren gesellten sich solche, die wegen der durch die große Versammlung gebotenen Verdienstmöglichkeiten zugezogen waren. Aus Nürnberg kam ein nicht näher zu identifizierender Marcus,[1642] aus Basel Henmann Offenburg[1643] mit seinem Faktor Peter Gatz und aus Freiburg im Uechtland ein Vögelli. Alle diese deutschen Kaufleute kannten sich nicht mit den Gepflogenheiten der Kurie aus und verfügten über keine Erfahrung im Umgang mit der hohen internationalen

1636 Stadtarchiv Konstanz, Ratsprotokoll B I Bd. 2 der Jahre 1414–1419, S. 42. – Gothein (1892), S. 487–488.

1637 Frenken (2008), S. 115.

1638 Lütfried Bettminger und ein *Churado Scioldino* aus Konstanz, wohl beide von der Munprat-Handelsgesellschaft, werden 1400 und 1407 als Beneficiarii von Wechseln der Orlandini in Brügge nach Barcelona genannt. ADP, D, 1145, Bruges-Barcellona, 1400-07-03; ADP, D, 1145, Bruges-Barcellona, 1407-12-03. – Bettminger taucht 1404 in auch Wechseln von Brügge nach Venedig. Schulte (1900), S. 339 und 611. – Deutschmeister: OBA 2048.

1639 Koeppen (1960), S. 271–272.

1640 Schulte (1900), S. 339.

1641 Miltenberger (1894b), S. 440.

1642 Stromer (1970a), S. 134.

1643 Gilomen-Schenkel (1975), S. 31.

Geistlichkeit.[1644] Hans-Jörg Gilomen sieht in den Florentinern die Bankiers von Papst und Kurie, während Henmann Offenburg der Finanzmann von König und Hof gewesen sei.[1645]

Die florentinischen Bankiers im Gefolge von Johannes XXIII. trafen in Konstanz auf keine aus Avignon angereisten Landsleute, denn Benedikt XIII. hatte seine Residenz bereits 1411 in die Burg von Peñíscola verlegt und kam mit seinem Hof nicht nach Konstanz. Da alle Kurienbanken in Konstanz mit eigenen Filialen oder Korrespondenzbanken in Südfrankreich in Verbindung standen, war deren Präsenz in Deutschland auch banktechnisch nicht notwendig. Der dritte Papst, Gregor XII., war bereits von den Geldströmen weitgehend abgeschnitten und deshalb für die Bankiers von keinem Interesse mehr. Zur Anzahl der angereisten Kurienbankiers schrieb Richental: *Item es warend och zuo Costentz wechssler, die da allein dem Baupst, den cardinäln und irem gesind wechsslotend und hinder sy ir guet leitend, von Florentz und andern landen mit iren dienern LXXIII.*[1646] Diese Zahl scheint jedoch zu hoch. Wenn man davon ausgeht, dass in diesen Banken zwei bis höchstens fünf Italiener arbeiteten, so kommt man auf eine Zahl, die um 20 liegen dürfte. Zählt man noch mitgebrachtes Dienstpersonal für die Küche, den Haushalt und die Botendienste hinzu, dann lebten hier kaum mehr als 30 bis 40 Florentiner. Sie machten Konstanz nur für vier Jahre zu einem Wechselplatz; mit Beendigung der Kirchenversammlung konzentrierte sich der ganze Zahlungsverkehr aus Oberdeutschland nach Italien wieder allein auf Nürnberg.[1647]

Vergrößert wurde die Zahl der in Konstanz anwesenden Florentiner durch die im Gefolge von König Sigismund angereisten Kaufleute.[1648] Am Hofe der ungarischen Könige gab es seit dem 14. Jahrhundert eine kleine Kolonie florentinischer Bankiers, die sich in Buda niedergelassen hatten und den Hof mit Luxusartikeln belieferten. Diese Kaufleute begleiteten den König, wenn er zusammen mit den wichtigsten Hofleuten größere Reisen unternahm. Diese illustre und vermögende Kundschaft bot ihnen interessante Geschäftsmöglichkeiten. In den Jahren, als Sigismund neben der Stephanskrone auch die des römischen Königs trug, folgten sie ihm mehrmals nach Deutschland.[1649] So hatte der König Florentiner in seiner Entourage, als er sich auf dem Konzil in Konstanz aufhielt. Der zeitgenössische Chronist Ulrich von Richental nennt sie *Wechsler on Florentzer, die mit zu dem Hofe gehörten.*[1650] Aufgrund der fragmentarischen

1644 Schulte (1900), S. 338 und II, S. 231.

1645 Gilomen-Schenkel (1975), S. 31.

1646 Richental (1882), S. 182. Bei Lenfant (1730), II, S. 415 sind es 242 Bankiers mit ihrem Personal und 48 Wechsler aus Florenz.

1647 Ammann (1949/50); Feger (1964).

1648 Beinhoff (1995); Prajda (2018), S. 75. In den ersten dreißig Jahren des 15. Jahrhunderts soll es in Buda mindestens zwölf florentinische Handelsniederlassungen gegeben haben. Vgl. Prajda (2017), S. 38.

1649 Vgl. Beinhoff (1995).

1650 Richental (1882), S. 221. Vgl. Friedmann (1912), S. 60. – Altmann (1896–1900), XI, Nr. 3176ff. publiziert verschiedene Abrechungen des Königs in Konstanz. Florentiner werden darin als Kreditgeber nicht erwähnt. – Auch vom Nürnberger Reichstag von 1431 sind Dokumente erhalten, die von der vorübergehenden

Quellenlage ist nichts Genaues über die Art und den Umfang ihrer Geschäfte zu ermitteln. Während ihrer kurzen Aufenthalte in Deutschland haben sie sich aber mit Sicherheit nicht im Zahlungsverkehr betätigt, sondern blieben ganz auf Kredite und den Handel mit wertvoller Handelsware konzentriert.

Jacopo di Francesco del Bene und Francesco di Giachinotto Boscoli waren seit 1411 *depositari romanae et Apostolice camere* und übten diese Funktion bis zum 30. September 1414 aus. Vermutlich wurde ihr Mandat beendet, weil sie die weite Reise nach Deutschland nicht auf sich nehmen wollten. Pietro Bardella, der Leiter dieser Gesellschaft, hielt sich nie in Konstanz auf, denn andernfalls müsste sein Name in den erhaltenen Akten der Kammer und der anderen Banken erwähnt werden.[1651] In Konstanz hatte die Kammer keinen Depositar und erledigte das finanzielle Alltagsgeschäft durch eine vertraglich offenere Form der Zusammenarbeit mit den florentinischen Bankiers.[1652] In diese war auch das Konzil als Institution eingeschlossen, denn es gab sich keine eigene Finanzverwaltung. In den Eintragungen des Rechnungsbuches, in dem Stefano da Prato die Ausgaben von Johannes XXIII. notierte, wird unter der Rubrik *In Constantia* als einzige Bank mehrfach die von Giovanni de' Medici genannt.[1653] Sie übernahm viele Aufgaben im Finanzwesen der Kirchenversammlung, ohne allerdings offiziell ihr Depositar zu werden.

Ilarione de' Bardi begleitete Johannes XXIII., als dieser in der Nacht vom 20. auf den 21. März 1415 verkleidet aus Konstanz flüchtete, oder ist ihm bis nach Schaffhausen nachgereist.

Präsenz von Florentinern in der Stadt an der Pegnitz berichten. Hinweis von Lorenz Böninger: ASFi, Notarile Antecosimiano 1876, 8, Nr. 21. Das Dokument verfasste Leonardo di Nofri di Baimozi (Giudice de' Latini) am 1. Februar 1431 in Nürnberg. Es befasst sich mit einem Streit um einen Ballen Tuch zwischen Tomaso di Piero Milanesi und Zenobi Panciatichi.

1651 BNCF, Magliabechiano XIX, Codex 81: Rechnungsbuch mit dem Titel „Introitus omnium pecuniarum receptarum per reverendum in Christo patrem et dominum A. dei gratia episcopum Senensem sanctissimo domini papae thesaurarium [...] virorum Jacobi del Bene et Francesci Boscholis depositariorum", das die Zeit vom 14. März 1413 bis 30. September 1414 abdeckt. Palermo (2000), S. 361 kannte wohl diesen Kodex nicht und gibt den 20. Oktober 1413 als Enddatum für die Amtszeit dieser Bank. – Es ist auf das Rechnungsheft in ASFi, MAP 87, Nr. 58, cc. 331v hinzuweisen, das aus der Buchhaltung von Giovanni de' Medici e co. di Corte stammen dürfte und den Eingang von Annatenzahlungen vom 18. Januar bis 28. September 1414 enthält, also für den gleichen Zeitraum wie der Codex 81. Diese Aufzeichnungen weisen sehr viele inhaltliche Merkmale auf, die an die Arbeit des Depositars erinnern. Es gibt allerdings kein weiteres Indiz dafür, dass der Leiter der Medici-Bank schon vor dem Konzil von Konstanz dieses Amt bekleidet hätte. Es kann auch nicht ausgeschlossen werden, dass zeitweise mehr als ein Depositar im Amt war.

1652 Zu den Finanzen von Johannes XXIII. während der Konzilszeit sind zwei Rechnungsbücher erhalten, in denen Stefano di Geri del Buono *litterarum apostolicarum scriptor registrator et conciliarius camere apostolice et cubicularius und Bischof* von Volterra die Einnahmen und Ausgaben des Papstes während dieses Zeitabschnitts festhielt. Prato, Biblioteca Roncioniano, Manoscritti Roncioniani, Nr. 335 (05.07.1413–30.04.1415) und Nr. 336 (1413–1418). Vgl. Guasti (1884); Fink (1971–1972), S. 627.

1653 Prato, Biblioteca Roncioniano, Manoscritti Roncioniani, Nr. 335, cc. 62v–66v. Erste Erwähnungn am 22. November 1414 von *Johannes de Medicis et sotii;* letzte Erwähnung von *Ylariono de Bardis* am 28. März 1415, als sich Johannes XXIII. auf der Flucht in Schaffhausen aufhielt (c. 66r).

Am 28. März wurden ihm dort persönlich duc. 174 aus den päpstlichen Kassen ausbezahlt. Der Geflohene soll seine Begleiter hier aufgefordert haben, zu sich selber zu schauen und nicht weiter mit ihm zu reisen.[1654] In der Konzilsstadt machte sich in diesen Tagen große Unsicherheit breit, ob und wie es denn in Konstanz weitergehen werde.[1655] Gothein schreibt, König Sigismund sei am nächsten Morgen zuerst zu den Wechslern aus Florenz geritten: „Zum erstenmale erlebte Deutschland das Schauspiel, dass die wohl organisierte Macht des großen Geldkapitals der vereinigten Christenheit unentbehrlich sei, und deshalb auch von den Großen höherer Ehren als andere Berufe des Erwerbslebens gewürdigt werde."[1656] Heinrich Finke bezweifelt diese Darstellung. „Das dürfte kaum aus der Richentalschen Schilderung zu entnehmen sein!"[1657] Doch Gothein hat die Chronik sicher richtig gelesen: *Und früe mornends, als der tag uff kam, an sant Benedicten tag, do nam unßer herr der küng, hertzog Ludwigen von Haidelberg zü im und rait durch die statt ze Costentz mit sinen prusunern zü allen wechßlern, sy wären Ytalici, oder ander […]. Des wurdent die Wechsler, […] vast fro und loptend unßern herrn küng Sigmunden umb söllichs gar vast und sprachend: Wer es in iren landen beschehen, so wärind sy umb ir hab komen. Und also do schlussend sy ir laden wider uff, dann sy hattend vor beschlossen.*[1658] Den Grund für den schnellen Besuch des Königs bei den florentinischen Bankiers nennt Ordensprokurator Peter von Wormditt in einem Brief an den Hochmeister: Die Florentiner hatten nach der Flucht von Johannes XXIII. ihr gesamtes Bargeld und ihre Bücher aus der Stadt in Sicherheit gebracht. Es waren nämlich noch keine zwei Jahre vergangen, seit sie Geld und Buchhaltung in Rom verloren hatten, als König Ladislaus von Neapel im Juni 1413 die Stadt einnahm und plündern ließ.[1659] Eine Fortsetzung des Konzils ohne die Sicherstellung des Zahlungsverkehrs und des Kreditwesens war aber kaum möglich, weshalb die Beruhigung der Wechsler für Sigismund von größter Priorität war.

Nach seiner Gefangensetzung wurde dem Papst vom Konzil eine lange Liste von Verfehlungen vorgehalten, ohne ihm allerdings umfassende Verteidigungsrechte einzuräumen. Besonders sein Lebensstil, seine Geldgier und die daraus hervorgehende Simonie wurden ihm in vielen Fällen vorgeworfen.[1660] Peter von Wormditt fasste die Vorwürfe prägnant zusammen, indem er behauptete, jener würde Gott verkaufen, wenn es dafür Käufer gäbe *(Et vendidisset*

1654 Prato, Biblioteca Roncioniano, Manoscritti Roncioniani, Nr. 335, c. 66r.

1655 Koeppen (1960), S. 234, 13. April 1415 (Konstanz): Das Konzil sei auch nach der Flucht des Papstes in Konstanz bestätigt. In den Anmerkungen zu diesem Brief bringt Koeppen viele Literaturhinweise über die pessimistische Stimmung in Konstanz nach der Flucht.

1656 Gothein (1892), S. 487.

1657 Finke (1903), S. 31.

1658 Richental (1882), S. 63.

1659 Koeppen (1960), S. 268.

1660 Zu den Verhandlungen, die zur Absetzung des Papstes führten, vgl. Holmes (1968), S. 262–263; Esch (1971–1972).

deum, si quis voluisset emisse).[1661] Illustrativ für die Stimmung gegen den Papst, wenn auch sehr polemisch, ist die Beschreibung des Angeklagten durch Dietrich von Niem als Wucherer und Simonisten, der mit den Banken viele Geldgeschäfte machte.[1662] Der Papst habe sich selber wie ein Bankier bereichert und ihnen kirchliche Rechte zugestanden, die ihnen als Laien nie hätten gewährt werden dürfen.[1663] Wegen ihrer Zusammenarbeit mit dem Pontifex gerieten auch die Bankiers indirekt auf die Anklagebank. In einem Flugblatt, das auf den 8. März 1415 datiert ist, wurde behauptet, die päpstlichen Ernennungsurkunden würden nicht mehr in der apostolischen Kanzlei, sondern von den Bankiers versandt.[1664] Ein weiterer Vorwurf traf die Florentiner direkt, denn sie würden von den Klerikern, denen sie Kredite für die Bezahlung von Kammerschulden gaben, 100 Prozent Zins nehmen.[1665] In den umfangreichen Dokumenten wird Adovardo Tornaquinci von der Ricci-Bank namentlich wegen der Beteiligung an einer Finanztransaktion mit dem Johanniterorden genannt.[1666] Zeugen berichteten, Giovanni de' Medici solle im Jahre 1402 duc. 10 000 ausgegeben haben, um damit Baldassare Cossa den Kardinalshut zu kaufen.[1667] Am 29. Mai 1415 wurde Johannes XXIII. abgesetzt, Benedikt XIII. am 26. Juli 1417; Gregor XII. hatte am 4. Juli 1415 abgedankt.

Trotz den kritischen Voten in den Verhandlungen des Konzils über die florentinischen Bankiers ist ihnen gegenüber in den Quellen keinerlei Missstimmung festzustellen. Es findet sich kein Versuch, sie für die Unterstützung des Finanzgebarens von Baldassare Cossa anzuklagen, Schadensersatz zu fordern oder andere Bankiers nach Konstanz einzuladen. Im Gegenteil zeigte sich das Kardinalskollegium so großzügig, dass es nur einen Monat nach der Absetzung Cossas Ilarione de' Bardi über f. 71 ersetzte, die er für einen Boten nach Köln aufgewendet hatte, um den Erzbischof wegen der Zahlung seiner Servitien zu ermahnen.[1668]

Die Frage, ob sich die Reise über die Alpen und der lange Aufenthalt in Konstanz für die florentinischen Bankiers gelohnt haben, ist aus zwei unterschiedlichen Blickwinkeln zu

1661 Wormditt hatte sich schon im Juni 1414 kritisch über die Geldgeschäfte von Johannes XXIII. geäußert: *und doch die loufe des hofes deßer czit in aller werlt offenbar sint, das deßer bobst kein bischtum noch keyn behalden lehen vorgibt, das gelt sey denne vor beczalt.* Zitiert nach Marschall (1964), S. 297. – Eine Zusammenfassung der wichtigsten Anklagepunkte bei Koeppen (1960), S. 241–243.

1662 Niem (1697–1742), S. 344.

1663 Auf dem Konstanzer Konzil wurden viele theologische Fragen diskutiert, die direkt oder indirekt für die florentinischen Bankiers von großer Relevanz waren. Es gibt keinerlei Hinweise auf einen Versuch, etwa Einfluss auf die Beratungen über die Wucherfrage oder die Annaten zu nehmen. Bauer (1965), S. 83; Gilomen (1990).

1664 Mansi (1759–1927), XXVIII, Sp. 913–914: *Bullæ non expediebantur in cancellaria apoftolica, sed in barreo nummulariorum seu usurariorum et mercatorum, maxime Florentinorum.*

1665 Mansi (1759–1927), XXVIII, Sp. 107: *Tum, quia promotus in Curia propter tales angarias cogitur esse passive usurarius, et intra re manus mercatorum, qui pro quingentis mutuatis volunt habere et recuperare mille cum suo interesse.*

1666 Mansi (1759–1927), XXVII, Sp. 664. Vgl. auch Finke et al. (1896–1928), IV, S. 854 und 872.

1667 Finke et al. (1896–1928), IV, S. 851; Holmes (1968), S. 363.

1668 Baumgarten (1898), S. 198.

beantworten. Eine Kurienbank hatte keine andere Wahl, als dem päpstlichen Hof aufs Konzil zu folgen, wenn sie nicht Kunden und damit Marktanteile verlieren wollte. Der Ertrag dieser vier Jahre würde sich unter diesem Aspekt teilweise erst nach der Rückkehr nach Italien zeigen und sich nicht in Dukaten messen lassen. Der pekuniäre Gewinn aus den Transaktionen am Bodensee wäre aus diesem Grunde in Relation mit der Entwicklung der Marktposition zu setzen, was aber anhand der Quellenlage gar nicht geleistet werden kann. Wenn die Marktposition der Medici und Alberti 1420 noch stärker war als vor dem Konzil, dann war dies zu einem guten Teil die Folge des Konkurses der Ricci im November 1414 und desjenigen der Spini sechs Jahre später. Doch das Verschwinden dieser zwei mächtigen Gesellschaften war keine direkte Folge ihrer Konstanzer Geschäfte. Die Zusammenhänge sind viel zu komplex und nicht mehr rekonstruierbar, sodass es sinnvoll ist, sich auf die fassbaren Zahlen zum Umsatz und Gewinn der Wechsler in Konstanz zu beschränken.

Die Abgabe, die vom Rat der Stadt von den Wechslern gefordert wurde, war starken Schwankungen unterworfen, was auf einen Zusammenhang zwischen der Höhe der Forderung und den erzielten Gewinnen schließen lässt. Für die ersten drei Monate bezahlten Spini, Medici und Alberti je 6⅔ RG, vom März 1415 an wurden von jeder Gesellschaft monatlich 10 RG gefordert.[1669] Nach wenigen Monaten ging man zu individuelleren Lösungen über. Die Spini und die Alberti bezahlten ab 8. Juni 1415 monatlich 6 RG, Giovanni de' Medici aber einen Gulden weniger.[1670] Unklar bleibt die Basis, auf der die Höhe der Abgabe erhoben wurde und welchen Einfluss der päpstliche Hof darauf hatte.[1671] Doch offensichtlich gab es Unstimmigkeiten mit den Wechslern, denn der Rat setzte im Dezember 1416 vier Männer ein, die mit ihnen sprechen sollten.[1672] Am 1. August 1417 wurden neue tiefere Abgaben festgesetzt. Spini, Alberti und die beiden Medici-Banken mussten von nun ab nur noch je 4 Gulden und 13 Blappart abliefern.[1673] Dasselbe Bild zeigen die Zahlungen von Henmann Offenburg: Im Dezember 1414 betrug die Abgabe 18 RG (inkl. Pfundzoll), im November 1416 war sie 6 RG[1674] und am 20. März 1417 noch 5 RG.[1675] Beim letzten Eintrag im Ratsprotokoll wurde zu Offenburgs Geschäftserfolg notiert: *da er maint daz [er] nit vil gewinnen häbe.*[1676] In den Abgaben an die Stadt spiegeln

1669 Stadtarchiv Konstanz, Ratsprotokoll B I Bd. 2 der Jahre 1414–1419, S. 28. – Ruppert (1891), S. 386–387. – Feger (1964), S. 322 schreibt von einer „Sondersteuer".

1670 Stadtarchiv Konstanz, Ratsprotokoll B I Bd. 2 der Jahre 1414–1419, S. 42. – Schulte (1900), S. 230.

1671 Gilomen-Schenkel (1975), S. 30–31 vermutet einen Zusammenhang von Umsatz und Abgabe. Es ist jedoch schwer vorstellbar, wie die Konstanzer Behörden dies hätten kontrollieren wollen. Ein einfacherer Parameter wäre die Anzahl der Mitarbeiter in einer Bank gewesen. Vgl. dazu Frenken (2008), S. 137.

1672 Stadtarchiv Konstanz, Ratsprotokoll B I Bd. 2 der Jahre 1414–1419, S. 93: *Luitfried Munprat, Bumaister, Seckler, Stattschriber mit den wechslern ze redent von des wechsels wegen.*

1673 Schulte (1900), S. 230.

1674 Stadtarchiv Konstanz, Ratsprotokoll B I Bd. 2 der Jahre 1414–1419, S. 69.

1675 Stadtarchiv Konstanz, Ratsprotokoll B I Bd. 2 der Jahre 1414–1419, S. 109.

1676 Stadtarchiv Konstanz, Ratsprotokoll B I Bd. 2 der Jahre 1414–1419, S. 109.

sich die gute wirtschaftliche Situation bis zur Flucht und Absetzung Johannes XXIII. und der anschließende Rückgang während der papstlosen Zeit. Die Abschwächung war wohl in erster Linie die Folge des Ausbleibens der kurialen Gelder und weniger der Rückgang der Zahl der Konzilsteilnehmer. Dies führte dazu, dass die Kammer während der papstlosen Zeit kaum Einnahmen zu verzeichnen hatte, wie der Stellvertreter des Kämmerers am 17. März 1417 in einem Rechenschaftsbericht darlegte.[1677] Die Kassen waren so leer, dass für die Krönung Martins V. bei der Spini-Bank ein Kredit über duc. 1 000 aufgenommen werden musste. Auch beim Konstanzer Handelsherrn Werner Ehinger musste gegen Pfänder Geld ausgeliehen werden, die durch dieselbe Florentiner Gesellschaft abzulösen waren.[1678]

Gewinnzahlen einer florentinischen Bank aus den Konzilsjahren sind nur im *libro segreto* von Giovanni di Bicci de' Medici zu finden, der hier die Profite aus seiner Beteiligung an der Kurienbank festhielt. Im Jahr 1415 hat er f. 5 910 Gewinn erzielt, 1416 waren es 2 850,[1679] 1417 stieg er wieder auf f. 3 100 und von 1418 bis 1420 belief er sich zusammen auf f. 5 978.[1680] Auch diese Zahlen zeigen, dass das erste Jahr mit Abstand das ertragreichste war und die Profite in den Folgejahren zwar kleiner waren, aber dennoch auf einem sehr hohen Niveau blieben.

Da alle Bankiers davon ausgingen, die Rheingegend bald wieder verlassen zu können, kauften sie sich keine Häuser, sondern mieteten sich Räume für das Alltagsleben und die Banktätigkeit. Bartoli, Biliotti und Bardi wohnten sehr nah beieinander bei der Kirche St. Stephan, die als Hauptpfarrkirche das religiöse Zentrum des städtischen Patriziats war und in der das Konzil viele Versammlungen und kirchliche Feiern abhielt.[1681] Sicherlich suchten sie bei der Wahl ihrer Unterkunft weniger den Gruppenzusammenhalt mit ihren Landsleuten als vielmehr die beste Lage für die Kundenkontakte. Diese Räume wurden ihnen von reichen Bürgern der Stadt vermietet. Aldighiero di Francesco Biliotti zahlte seine Miete an Hans Stokgrumel, der während den Konzilsjahren in den Ratsprotokollen der Stadt mehrfach als Ratsherr genannt wird.[1682] Diese Lokalität befand sich in der Nähe der heutigen Wessenbergstraße.[1683] Im Haus „Zur Tanne" waren alle Mitarbeiter der Medici-Bank untergebracht.[1684]

1677 Finke et al. (1896–1928), II, S. 766–768: *Item est verum, quod de Francia non veniunt recepte camere, ut scitis. De Dalphinatu nichil reoepi, de comitatu Sabaudie nichil preter ducentos florenos, quos habuerunt illi mercatores, qui habent dicta pignora. De partibus inferioribus nichil, de Anglia nichil, de Italia nichil, de Portugalia nichil preter LXXX florenos, de quibus concordavit unus Portugalensis, de Scotia nichil, de Alamannia sunt habite alique pecunie a collectoribus et subcollectoribus, que non sufficiunt de multo ad onera, supradicta dictorumque pignorum recuperacionem.*

1678 Miltenberger (1894b), S. 393, 401 und 440.

1679 Medici (1400–1420), 97.

1680 Medici (1400–1420), 106.

1681 Maurer (1989), S. 18.

1682 Schulte (1900), S. 231: *Aldigerus, der Wechsler in Stokgrúmels hus.* – Stadtarchiv Konstanz, Ratsprotokoll B I Bd. 2 der Jahre 1414–1419, S. 44, 61, 68 und weitere.

1683 Schulte (1900), S. 1.

1684 Schulte (1900), S. 338 verlas zu „Haus der thonne", das er in der Vorstadt beim Leprosenhaus lokalisiert.

Aus dem Ausgabenheft von Carlo Bartoli sind über den Alltag dieses Bankiers und seiner Mitarbeiter in Konstanz sehr viele Einzelheiten zu erfahren. Er zahlte an eine Klara, die Witwe des Goldschmieds Heinrich, jeden Monat 8 RG für vier Zimmer im Haus „Zum Tiergarten".[1685] Während der Niederlassungsleiter und ein Koch in Einzelzimmern schliefen, lebten die vier Diener im selben Raum. Im vierten Zimmer wohnte ein ser Guasparre, der wohl ein Konzilsteilnehmer war.[1686] In einem Inventar werden nur wenige Möbelstücke aufgezählt; die Kopfkissen und Leintücher waren alle *non buone* und *tutte triste.* Das Geschäftslokal hatte man zuerst bei *Borchardo Chilicher di Ghostanza* (Burkhard Kilcher) gemietet, dem für die Zeit vom 1. März bis 24. Juni 1416 eine Miete von 21 RG bezahlt wurde. Der nächste Buchhaltungseintrag für Lokalitäten wurde am 15. Februar 1417 über den Betrag von 30 RG an *Janni Stochofer* geschrieben.[1687] Bei den weiteren Bankspesen fallen hohe Kosten für Boten auf.[1688] Wichtigster Lieferant von Lebensmitteln war die Firma eines Landsmanns; Lodovico da Orto e Polo di Monte e co., bei denen man anschreiben ließ.[1689] Bei ihnen wurden Medizin, Gewürze, Kerzen, Zucker, Papier, italienischer Wein und Öl gekauft, die aus Genf nach Konstanz gebracht wurden.[1690] Bei anderen Italienern wurden Glasflaschen und Stoff gekauft.[1691] Offensichtlich wurde auch der lokale Wein sehr geschätzt, denn er wurde bei *Janni Chepes* in Lindau, *Berlich Sterser da Stein* und *Madonna Chiara Rinvort* gekauft. Elsässer Wein verkauften den Florentinern die beiden Basler *Scriber* und *Mattia.*[1692] Alle anderen Lebensmittel wurden nicht als Bankspesen betrachtet, sodass jeder Florentiner dafür selber aufkommen musste. Deutsche Kaufleute waren auch Lieferanten für Stoffe.[1693] Zwei Eintragungen betreffen Pferdekäufe, von den eines dem Erzbischof von Gran abgekauft wurde.[1694] Aus dem eigenen Sack bezahlte Bartoli dem Maestro Giovanni da Norcia 3 RG für eine Kopie der Hölle und des Fegefeuers von Dante.[1695]

1685 ASFi, Bartoli 22, cc. 71r, 72v, 77v und 96r. Vgl. Vischer (1955).

1686 ASFi, Bartoli 22, Beilage: Die beiden Deutschen werden *Chonzo da Cholongnia* und *Ditimaro* genannt; die Italiener waren Francesco Corsini und Filippo di Dego. Mattia war der Koch. – ASFi, Bartoli 22, cc. 91r und 92v: Die drei Deutschen erhielten einen Monatslohn von einem RG und Kleidung; an Weihnachten erhielten sie ein kleines Geldgeschenk, *per mancia.*

1687 Finke (1903), S. 21: „Für ein zweischläfriges Bett mit Zubehör, alle 14 Tage reine Wäsche, wurde anfangs 2 Gulden monatlich bezahlt. Später sank der Preis um ein Viertel und dann bis auf die Hälfte. Bald sogar billiger als in normalen Zeiten."

1688 ASFi, Bartoli 22, cc. 79v, 76r und 80v.

1689 ASFi, Bartoli 22, c. 85v.

1690 ASFi, Bartoli 22, 2. März 1417.

1691 ASFi, Bartoli 22, c. 84r: Zwei Glasflaschen bei Bartolomeo Monaldi; c. 86r: Stoff bei Giovanni Rossi e co. di Firenze.

1692 ASFi, Bartoli 22, cc. 77r, 80r, 84v, 91rv und 96v. Zum Weinhandel und konsum in Konstanz während des Konzils vgl. Frenken (2008), S. 126.

1693 ASFi, Bartoli 22, c. 77r: Bei *Marcho Mestelin ritagliatore* werden Tuch für eine Pferdedecke und verschiedene farbige Tücher für Carlo di Gieri gekauft. ASFi, Bartoli 22, c. 85v: Stoffkauf bei *Vuciere di Ghostanza.*

1694 ASFi, Bartoli 22, c. 98v.

1695 ASFi, Bartoli 22, c. 93r.

Vom sozialen Leben der florentinischen Kolonie berichtet eine Anekdote des Humanisten Poggio Bracciolini, der damals *scriptor apostolicus* war. Sie lässt Carlo Bartoli in einem wenig vorteilhaften Licht erscheinen. Carlo soll Konstanz für drei Monate verlassen haben, um in Avignon Geschäfte zu erledigen. Als er wieder an den Bodensee zurückkehrte, erzählte er, dass alle Florentiner dort in sechs Monaten verrückt würden. Aldighiero di Francesco Biliotti *(homo perfacetus)* meinte dazu, Carlo habe dasselbe in der halben Zeit geschafft.[1696] Zeugnisse von Geselligkeit finden sich auch in Bartolis Ausgabenheft, die Kosten für Essen für durchreisende Kaufleute oder Gelehrte und Dichter ausweisen. Er hat in Konstanz beispielsweise den Juristen Giovanni di Gherardo da Prato bewirtet.[1697]

Die einzige Gelegenheit, bei der alle anwesenden Florentiner als Nation auftraten und so auch wahrgenommen wurden, waren die Festlichkeiten aus Anlass des Festes von San Giovanni Battista, dem Patron ihrer Heimatstadt. Der Chronist Ulrich von Richental berichtet ausführlich darüber und die Illustratoren der beiden erhaltenen Handschriften finden diesen Vorgang einer bildhaften Darstellung wert.[1698] Bei Bartoli findet sich der Betrag, den er für dieses Fest im Jahre 1416 zu bezahlen hatte. In eine gemeinsame Kasse musste er 8 RG abliefern, zudem wendete er s. 8 d. 10 für Kerzen auf.[1699]

5.6 Basel

5.6.1 Konzilsbanken

Die Durchführung eines Konzils in Basel stellte die Kurienbanken vor schwierige Entscheidungen. Viele Herausforderungen, die ihnen das Bankgeschäft in einer deutschen Stadt mit weniger als 10 000 Einwohnern stellte, hatten sie schon in Konstanz zu meistern gelernt. Doch am Rheinknie kam hinzu, dass Eugen IV. und die apostolische Kammer nicht über die Alpen kamen und lange Zeit sehr unsicher war, ob die Versammlung überhaupt ihre Arbeit aufnehmen würde.[1700] Am 29. Juli 1431 war sie eröffnet worden und stieß von Anfang an auf den Widerstand

1696 Holmes (1968), S. 374.

1697 ASFi, Bartoli 22, c. 86v, 24. Oktober 1416. Lorenz Böninger und Elisabetta Guerrieri waren so freundlich, diesen Gast zu identifizieren. Sie kamen zum Schluss, dass es sich dabei nicht um den berühmten Dantisten gehandelt hat, sondern um einen gleichnamigen Juristen.

1698 Richental (1882), S. 93–94. Untersuchungen zu diesem Anlass bei Gothein (1892), S. 488; Beyerle (1904), S. 20–21; Wacker (2002), S. 163–164.

1699 ASFi, Bartoli 22, c. 75r.

1700 Ein anonymer florentinischer Chronist schrieb dazu im 15. Jahrhundert: *Papa Martino sempre differì di andare al Concilio di Basilea, perché secondo per gli antichi si dice mai non ci andò Papa che non ritornassi Cardinale come intervenne ultimamente à Papa Gio: che andò al Concilio di Constanza et poi fu fatto Papa Martino e Papa*

des Papstes, der ihre Rechtmäßigkeit erst am 15. Dezember 1433 bestätigte. In Anbetracht dieser unsicheren Situation und des organisatorischen Problems der Doppelspurigkeit des auf zwei Plätze aufgeteilten kurialen Geldflusses zeigten die italienischen Bankiers wenig Interesse, in Basel ihre Dienste anzubieten. Die im europäischen Vergleich als bedeutende Handels- und Finanzherren zu bezeichnenden Basler wie Heinrich Halbisen oder Henmann Offenburg waren aber nicht in der Lage, das florentinische Zahlungssystem zu ersetzen.[1701] So bemühten sich die Konzilsteilnehmer selber um die Eröffnung von Niederlassungen führender italienischer Bank- und Handelshäuser. Kardinal Giuliani Cesarini hat als Konzilspräsident die Medici-Bank persönlich eingeladen, einen Vertreter nach Basel zu senden.[1702]

Doch die Bankiers stellten Bedingungen. Zunächst forderten sie vom Konzil, dass sie auch – wie die Konzilsteilnehmer – vom speziellen Schutz der Versammlung profitieren konnten, denn die zu erwartenden umfangreichen Transporte von Wertsachen verlangten nach erhöhter Sicherheit. Im Geleitbrief für die Konzilsherren hatte König Sigismund angeordnet, dass sie nicht der Jurisdiktion der Stadt Basel unterstellt sein sollten, sondern den Konzilsorganen.[1703] Diese Regelung betraf jedoch nur die direkten Teilnehmer der Kirchenversammlung, nicht aber die Kaufleute, welche sich aus geschäftlichen Gründen zum Konzil nach Basel begaben. Zwischen dem 16. und 27. Februar 1433 verhandelten die Väter über dieses Thema[1704] und rangen sich schließlich zu Formulierungen durch, wie sie im Salvokondukt für Giovanni d'Amerigo Benci vom 22. März zu lesen sind. Besonders wichtig war diesem sicherlich die Zusicherung, ungehindert Gold, Silber und Münzen aus Basel wegführen zu können: *etiam si in auro et argento consistant vel in moneta, ad quascumque partes mundi voluerit et voluerint portandi et exportandi quotiens et totiens placuerit.* Kardinal Cesarini, der Konzilspräsident, stellte die Bankiers unter seinen persönlichen Schutz: *volumus immunitatibus et privilegiis gaudere quibus nostra familia.* Diese Formulierung nahmen die Medici durchaus wörtlich, wie die Anweisung an Bernardo Portinari zeigt, er solle sich bei einer Reise durchs Rheintal nach Brügge als Diener des Kardinals

---

Eugenio, quale successe à Martino, quale Eugenio se bene non andò fù privato nel Concilio di Basilea e fatto Amadio Duca di Savoia, poi fattosi eremita chiamato Papa Felice, [...]. ASFi, Manoscritti, Nr. 755, c. 211r.

1701 Schulte (1900), S. 388–389 und II, S. 231. Basels Stellung im internationalen Handel wird durch Ehrensperger (1972) umfassend dargestellt.

1702 ASFi, Diplomatico, Medici, 1433 marzo 22: *Cum spectabilis vir Iohannes Americi Benci, civis et campsor florentinus, ad nostram instantiam personaliter cum suis sociis rebus et bonis, invenibus et servitoribus ad civitatem Basiliensem et Concilium ibidem existens se transtulerit [...].*

1703 Wurstisen (1883), S. 270–271. Vgl. die Verhandlungen des Fürsten- und Städtetages in Basel am 27. Juli 1432: Kerler et al. (1878–1906), X, S. 932–939.

1704 Haller (1897), 350, 1433 Februar 16: *Quia sunt nonnulli mercatores campsores, volentes venire ad concilium, petentes litteras securitatis, placuit quod domini deputati pro gravaminibus provideant.* – Haller (1897), S. 350, 1433 Februar 21: *Quo ad salvumconductum dandum mercatoribus venientibus ad consilium fuerunt deputati ad videndum de forma et modo dandi huiusmodi salvoconductus, videlicet episcopus Bellicensis, prepositus S. Florini de Confluencia et precentor.* – Haller (1897), S. 358, 1433, Februar 27: *Deputet quelibet deputacio duos ad videndum materiam mercatorum ad concilium venire volendium [?] pro salvaconductibus eis dandis.*

ausgeben.[1705] Schließlich wurde Benci noch ausdrücklich zugesichert, dass er und seine Angestellten sich völlig frei bewegen könnten.[1706] Vermutlich sahen die nicht überlieferten Urkunden für die anderen Konzilsbankiers ähnlich aus.

Im Reich waren zu Beginn des Basler Konzils noch eine Reihe von Wirtschaftssanktionen gegen die Florentiner wirksam, die sie trotz des Salvokondukts des Konzils in ihren Aktivitäten behinderten. Zusätzlich zu der immer noch aktiven Drohung mit Arretierung von Waren aus dem Jahre 1418[1707] erlaubte der König 1431 weitere Repressalien gegen Florentiner, deren Hintergrund Aloys Schulte im Wirtschaftskrieg gegen Venedig sieht.[1708] Bereits am 1. Juli 1432 wurden die Alberti von all diesen Strafmaßnahmen ausgenommen, wobei diese Ausnahme damit begründet wurde, diese Familie sei bei der Bewilligung der Repressalien aus Florenz verbannt gewesen.[1709] Noch am 1. November 1432 bestätigte der König Kaspar Schlick, Heinrich von Stöffeln, Hermann Hecht und Ulrich Rolle von Königseck Repressalien gegen die anderen Florentiner.[1710] Erst am 5. August 1435 erklärte er, dass auch die Medici nicht behelligt werden dürften.[1711]

Neben dem Schutz auf den Wegen zum Konzil wollten die Bankiers von den Hemmnissen der städtischen Zunftordnung, Wirtschafts- und Steuergesetzgebung und Rechtsprechung befreit werden. Niemand dachte dabei daran, dass permanente Bankfilialen eingerichtet werden sollten. Es ging also nur um Privilegien für die Dauer des Konzils. So dürfte es nicht allzu viel Überzeugungskunst des Konzilspräsidenten gebraucht haben, um eine weitgehende Privilegierung durch die Basler Räte erreichen zu können. Die Stadt war aber nicht bereit, die alten Gewerbeordnungen für die Zeit des Konzils zu sistieren, sondern ließ sich durch die Konzilsleitung nur zu klar umschriebenen Zugeständnissen an ein paar wenige Firmen bewegen. Am 7./8. April 1433 wurden nach Verhandlungen mit dem Erzbischof von Mailand sechs namentlich genannte Personen *dem heiligen Concilio zen Eren* vom städtischen Pfundzoll befreit, alle anderen mussten diese Abgabe zahlen. Neben zwei Apothekern, einem Tuch- und einem Pelzhändler gehörten zu dieser Gruppe auch zwei *campsores: Guilielmi de Guarentis, depositarius concilii* und *Johannes Bencii Aymerici.*[1712] Privilegiert wurden damit der Leiter der

1705 Vgl. unten S. 404.

1706 ASFi, Diplomatico, Medici, 1433 marzo 22.

1707 Vgl. oben S. 60.

1708 Schulte (1900), S. 519–520. In der ausführlichen Untersuchung dieser Handelssperre durch Heimpel (1930) wird Florenz seltsamerweise mit keinem Wort erwähnt. Vgl. Altmann (1896–1900), Nr. 9304.

1709 Altmann (1896–1900), Nr. 9193; Beinhoff (1995), S. 177.

1710 Altmann (1896–1900), Nr. 9304.

1711 ASFi, Diplomatico, Medici, 1435 agosto 5; Altmann (1896–1900), Nr. 11149; Beinhoff (1995), S. 35 und 177.

1712 StaBS, Politisches C2, Concil von Basel, fol. 31v, Anweisung an einen städtischen Knecht vom 8. April 1433: *Lieber Johannes: miner heren meynung ist, dz du den sechs personen – uff jene site geschriben – sagest, sii mögent ire laden ufftuon und veilhaben. Und nim nizemal kennen phundzoll von inen. Sag inen ouch dabii, dz sii sich keines andern koufmansguot der bie siie oder harkomet underziehent. Nach den andern allen schick und nim dem phundzoll und gib kein zil mee.* Die anderen Privilegierten wurden offensichtlich nach ihrer Herkunft

Basler Agentur der sienesisch-veronesischen Bank Benzi & Guarienti[1713] und der Direktor der Genfer Medici-Filiale, der sich zur Einrichtung eines Kontors am Rhein aufhielt. Die sechs Begünstigten hatten der Stadt zu schwören, sich auf ihr Gewerbe zu beschränken und keine Geschäfte für andere Gesellschaften im Kommissionsverhältnis abzuwickeln. Bei Rechtshändeln sollte der weltliche Protektor des Konzils und nicht ein städtisches Gericht über die ausländischen Kaufleute richten.[1714] Schließlich wurden die fremden Händler auch noch von den städtischen Steuern befreit.[1715]

Nachdem die Rechtsgrundlagen geklärt und die Privilegien erteilt waren, haben mehrere Bankhäuser Niederlassungen in Basel eröffnet. Die außerordentlich gute Quellenlage zur Geschichte dieser Kaufleute gibt die Sicherheit, dass es hier vier italienische Gesellschaften gab: Cosimo und Lorenzo de' Medici, Alberti / Gianfigliazzi / da Uzzano, Borromei / Spinelli und Guarienti / Benzi / Lamberteschi / Sagramoso. Auch auf dem Höhepunkt des Konzils in den Jahren 1434 bis 1436 waren vermutlich selten mehr als 15 Florentiner in der Stadt am Rhein, um Handel zu treiben und Finanzgeschäfte abzuwickeln. Wenn Basel während kurzer Zeit auch fast so viele Florentiner wie Brügge vorzuweisen hatte, so fehlten am Rheinknie doch mit wenigen Ausnahmen alle anderen italienischen Kaufleute.[1716] Basel war ein großer temporärer Wechselplatz, aber kein Bankenplatz geworden. Die Basler Verhältnisse spiegeln die Dominanz der florentinischen Kaufleute in diesen Jahren in der Umgebung der päpstlichen Kurie. Konzilsbanken sind immer in allererster Linie als Pendants zu den Banken zu betrachten, welche dem

---

ausgewählt: Conradus Magliochus de Vignona (Apothecarius), Johannes Servionis de Gebennis (Apothecarius), Bartholomeus Famucii de Luca, *mercator pannorum* und Guilielmus Frement de Parisuis, *pelliparius*. Weitere Forderungen des Konzils an den Stadtrat betr. Mieten und Handel.

1713 Zu dieser Bank vgl. unten S. 374.

1714 StaBS, Rufbuch, I. 95. – Harms (1907), S. 114–116; Weber (1947), S. 12. – Das Konzil hat dann aber selber in Streitfällen zwischen Konzilsteilnehmern und den Bankiers entschieden. So befahl es den Medici am 10. Juli 1436 unter Androhung der Exkommunikation, Heinrich Trugeleyb als Prokurator eines Johannes Brun zu akzeptieren und ihm 50 Gulden aus einem Wechsel auszubezahlen. ASFi, MAP 148, Nr. 25.

1715 Geering (1886), S. 279–280.

1716 Ehrensperger hat beim Durchforschen des Basler Gerichtsarchivs nach Florentinern neben den Wechslern auch den Arzt Franciscus Damaryge de Zati (Francesco d'Amerigo Zati, StaBS, GA E 1, 153; ASFi, Catasto 73, c. 177; Prajda (2017), S. 53) und den Bartscherer Lucas Bartolomei gefunden, der im Rechnungsheft der Medici-Filiale aus den Jahren 1433 und 1434 sehr häufig als Luca barbiere vorkommt, und gegen den 1437 Ennelin Frigk wegen ausstehenden Lohns und Darlehen klagte (StaBS, O1, c. 41v). Am 26. Juli 1437 unterzeichnete Vieri di Nicola de' Medici als Zeuge eine Urkunde in Basel. Vgl. Camerani Marri (1951), S. 51. Es handelte sich dabei um einen direkten Nachkommen von Vieri di Cambio, bei dem Giovanni de' Medici seine Lehrjahre zugebracht hatte. Der Grund für seinen Aufenthalt in Basel ist unbekannt. – In der Basler Kartause wurde ein Bild mit Darstellungen aus dem Leben des heiligen Bruno aufbewahrt. Neben dem Bild, das den Besuch des Heiligen beim Eremiten Raymundus zeigt, war das Wappen der Florentiner Familie Guicciardini zu sehen: drei Hörner. Wer aber der Stifter dieses Bildes war, konnte nicht ermittelt werden. Vermutlich handelte es sich um einen Besucher des Basler Konzils, doch war es sicherlich kein Angestellter der Medici-Bank, wie Baer vermutete. Baer (1941), III, S. 480, 487, 489, 500, 512, 514, 561 und 586. Vgl. auch Ehrensperger (1972), S. 357, der auf den Verweis auf die Medici verzichtete.

päpstlichen Hofe folgten. Sie richteten sich nicht auf die lokalen Verhältnisse aus, sondern führten ihre Geschäfte wie italienische Enklaven nördlich der Alpen.[1717]

Neben dem Wechselplatz der Italiener für das Konzil bestand parallel der lokale und regionale innerdeutsche Finanzmarkt. Dieses Nebeneinander von zwei Strukturen kommt in der Tatsache zum Ausdruck, dass es zwischen den einheimischen Bankiers und dem Konzil keinerlei Transaktionen gegeben hat. Die Basler hielten sich gegenüber dem Konzil mit großen Kreditsummen zurück. Deutschen Konzilsbesuchern gewährten sie hingegen mehrfach Darlehen: 5150 RG erhielt 1434 Kaiser Sigismund von Henman Haner, Hans Bischof, Eberhart von Hiltalingen, Peter Hans Wentikon. Heinrich Wiss lieh den Gesandten der Stadt Köln 250 Gulden, damit sie einem Italiener 200 Gulden zurückbezahlen konnten. Einen weiteren Kredit von 400 Gulden an die Kölner gewährte Wernlin Freidigman.[1718]

Mit der Zunahme der Spannungen zwischen dem Papst und den in Basel versammelten Anhängern des Konziliarismus verließen auch die florentinischen Banken nach und nach die Stadt am Rheinknie. Am 10. März 1438 schrieb der Leiter der Medici-Bank an Cosimo, der letzte Mitarbeiter der Borromei sei bereits abgereist und er habe gehört, die *da Verona* werden es ihnen wohl bald gleichtun und die von der da-Uzzano-Bank werden sich auch nicht mehr lange halten können.[1719] Als Ende 1442 der Konzilspapst Felix V. Basel verließ und seine Residenz in Lausanne nahm, hatten die Florentiner kaum noch Kunden in Basel. Am 16. Mai 1443 wurde die letzte feierliche Sitzung der Kirchenversammlung gehalten.[1720] Cosimo hielt seine Filiale bis in den Sommer 1444 aufrecht; Dego degli Alberti gab 1447 seine Wechselstube im Haus „Zum Schlüssel“ auf und zog nach Genf.[1721] Nur die Bank Guarienti-Lamberteschi-Sagramoso harrte bis zum offiziellen Ende im Jahre 1448 aus.[1722]

Nach Meinung von Caferro gehörten zu den Kunden von Spinelli vor allem die Anhänger des Papstes. Er erwähnt den Erzbischof von Taranto, Giovanni Berardi, der im Dezember 1433 die vom Papst nach Basel gesandte Delegation anführte und den Standpunkt des Papstes so aggressiv vertrat, dass ihn Enea Silvio Piccolomini als *intrepido e audace* bezeichnete.[1723] Als weiteren Kunden führt er den Bischof von Padova, Piero Donato, auf, den er zur Entourage

1717 Über die Kolonie der Florentiner in Rom vgl. Esch (1972); Bullard (1976).

1718 Kuske (1917–1934), I, S. 301, Nr. 869. – Ehrensperger (1972), S. 345.

1719 ASFi, MAP 11, Nr. 618: *Questo de' Bonromei in tutto s'é levato di qui, e quello giovane ci era rimaso per loro, sarà aportatore di questa.* – Am 8. Mai 1438 hielt sich Alessandro Borromei, der Leiter der Brügger-Gesellschaft von Antonio Borromei auf dem Konzil auf, wie seine Unterschrift als Zeuge einer Procura von Vieri de' Medici für Bernardo Portinari bezeugt. Mit größter Sicherheit befand er sich aber hier nur auf der Durchreise. Vgl. ASFi, MAP 89, Nr. 27.

1720 Freudenberger (1988), S. 92.

1721 Vgl. unten S. 344.

1722 ASFi, Diplomatico, Medici, 1443 luglio 12: Cosimo de' Medici ernennt Giuliano Baratti zu seinem Prokuratoren in Basel.

1723 Piccolomini, (Pius II.) (1912).

des Berardi zählt. Schließlich nennt er noch Piero da Monte, den Protonotar Eugens IV. in Basel und späteren päpstlichen Gesandten in England sowie den Bischof von Portugal, Antonio, den Eugen später zum Kardinal ernannte. Diese Zusammensetzung der Kundschaft hält er für den Grund, weshalb die Bank von Tommaso Spinelli in Basel Schwierigkeiten hatte.[1724] Caferro geht also davon aus, dass sich die Kunden nach politischen Gesichtspunkten auf die vier wichtigen Konzilsbanken (Medici, Alberti, Borromei, Guarienti) aufteilten. Würde diese These stimmen, so dürften in den Bilanzen der Borromei die Papstgegner *(tucta la nazione di Francia e gran parte de' tedeschi e così quelli del duca di Milano)*[1725] nicht vorkommen. Tatsächlich sind die französischen Namen in diesen Bilanzen sehr selten, es werden jedoch Leute wie der Hofmeister des Erzbischofs von Lyon[1726] erwähnt. Auch deutsche und mailändische Prälaten sind in kleiner Zahl zu finden; immerhin zählte aber der Erzbischof von Mailand zu seinen Kunden. Es sind anderseits auffallend viele Spanier als Schuldner und Gläubiger auf diesen Listen aufgeführt. Genauer analysieren lässt sich auch der Kundenkreis der Medici anhand der Bilanz von 1442. Diese weist keine Franzosen oder Mailänder auf, doch sind ein paar wenige Deutsche zu finden.[1727] Als Konsequenz daraus wäre also zu vermuten, dass die Franzosen mit den Alberti und den Guarienti ihre Geschäfte machten. Auf den ersten Blick scheint sich zu bestätigen, dass die politischen Vorgänge auf dem Konzil einen Einfluss auf die Wahl der Bank hatten, mit der ein Prälat zusammenarbeiten wollte. Entscheidend für die Bankbeziehung war das Korrespondentennetz, über das ein Bankier verfügte. Die Medici hatten keine eigenen Niederlassungen in Spanien, England, Frankreich und Mailand. In diesen Wirtschaftsräumen waren aber die Borromei, Alberti und Guarienti aktiv. Die Basler Verhältnisse reflektierten also komplexere Entwicklungen der kommerziellen Veränderungen, die erst in zweiter Linie von politischen Faktoren beeinflusst wurden. Eine Trennung von Politik und Geschäft zeigt auch die Zusammenarbeit der Florentiner Bankiers mit dem Konzil als Institution. Alberti und Gianfigliazzi haben sich auf die Seite der Papstgegner gestellt und sind dem Konzil bis zu seinem Ende treu geblieben. Aber auch die Medici-Bank arbeitete lange in Basel weiter, als die Versammlung vom Papst nach Ferrara und Florenz verlegt worden war. Dies war nicht nur eine Aufmerksamkeit gegenüber den in Deutschland verbliebenen Kunden, denn auch für das Konzil waren Cosimos Angestellte als Depositare von Ablassgeldern bis weit in die Vierzigerjahre hinein aktiv.

1724 Caferro (1995), S. 726–727.

1725 ASFi, MAP 20, Nr. 55.

1726 YUSA 90, 1703: *mastro Giovanni Liberalis, maestro di casa l'arciveschovo di Lione.*

1727 Vgl. unten S. 497.

Alberti

Benedetto e Antonio degli Alberti e co.

Die Medici verfügten in ihrer prosperierenden Römer Filiale über einen großen Stamm an ausgezeichnet ausgebildeten Bankfachleuten, von denen sie ein paar nach Basel schicken konnten, ohne die dem Papst folgende Gesellschaft in irgendeiner Form in ihrer Arbeitsfähigkeit zu beeinträchtigen. Die Aufgabe der Basler Niederlassung war die Fortführung und Ergänzung der Arbeit der Kurienbank. Als sich Francesco, Antonio und Benedetto degli Alberti zur Gründung einer Basler Niederlassung entschlossen, hatten sie dabei eine andere Strategie im Sinn, wie die Berufung der Filialleiter zeigt: Sie holten aus ihrer Niederlassung in Brügge ihren Verwandten Dego di Bernardo degli Alberti,[1728] der in seiner Arbeit in Flandern viel

1728 Dego wurde etwa 1395 als Sohn des Bernardo di Iacopo (detto Lepre) degli Alberti und der Sandra Ardinghelli geboren (vgl. Stammbaum 1 auf S. 138). Sein Vater war im Jahre 1400 an einer Verschwörung gegen die in Florenz herrschende Oligarchie beteiligt. Als dieser Umsturzversuch scheiterte, gelang ihm die Flucht, doch wurde er durch die Signoria in absentia zum Tode verurteilt. Zwei seiner Schwestern verloren ihre Männer auf dem Schafott: Bartolomea war mit Saminiato de' Ricci und Margherita mit Antonio de' Medici verheiratet. Bernardo lebte ab 1400 wahrscheinlich in Brügge und London, wo er sich im Handel betätigte. Es ist unklar, in welcher Funktion und bei welchem Unternehmen er dort wirkte. Passerini schreibt, er habe mit Pacchio di Messer Pepo Adimari eine eigene Gesellschaft geführt. Lepre starb im August 1405 in Forlì und hinterließ wohl mehr Schulden als Vermögen, denn aus der Hinterlassenschaft konnte seiner Witwe die Mitgift nicht mehr ausbezahlt werden und seine Söhne verzichteten wohl aus gutem Grunde 1410 auf das Erbe. Vgl. Passerini (1869–1870), I, S. 111; Foster Baxendale (1991), S. 727, Anm. 31 und S. 741, Anm. 85. Foster Baxendale zeigt auf S. 158, dass Lepre 1396 vor der Mercanzia erschien, ASFi, Mercanzia 4297, f. 418. Benedetto di Filippo Adimari im *libro segreto* von Giovanni de' Medici: ASFi, MAP 153, Nr. 1, cc. 23–24. Bernardos Testament vom 7. August 1405 findet sich im ASFi, Diplomatico. Bereits am 20. August desselben Jahres bestätigte ein mit einem Legat beschenktes Kloster den Eingang des Geldes: ASFi, Diplomatico normale, 1405, agosto 20. – Wo Dego und seine Geschwister die Jahre nach 1400 verbrachten, ist nicht überliefert, doch gehörten sie mit Sicherheit zu den aus Florenz verbannten *rebelli.* Sein jüngerer Bruder Nerozzo war ein Jugendfreund des berühmten Leon Battista degli Alberti, Mancini (1967), S. 70: *suo coetaneo, gradito compagno nel cavalcare e in ogni virile destrezza.* Alberti (1844), III, S. 235: Leon bezeichnete ihn als *tu Nerozzo mio dolcissimo fra gli altri quali amo.* Vgl. Foster (1985), S. 28. Erst das Catasto von 1427 enthüllt, dass sich Dego und Nerozzo zu diesem Zeitpunkt in Brügge aufhielten, wo sie in der *compagnia* von Antonio di Ricciardo degli Alberti arbeiteten. Vgl. Foster (1985), S. 117; Foster Baxendale (1991), S. 740. Die beiden Brüder blieben während den folgenden Jahrzehnten eng miteinander verbunden und bildeten in ihrer Heimatstadt, wohin sie kurz nach Aufhebung der Verbannung im Jahre 1428 zurückgekehrt waren, lange eine Steuergemeinschaft. Passerinis Behauptungen, „Dego visse povero" und sei in Armut untergegangen, muss widersprochen werden: Dego und Nerozzo konnten um 1430 ihren kleinen Immobilienbesitz in Florenz sogar etwas ausbauen, als sie zu dem Sechstel eines Hauses, das sie im Quartier von S. Croce besaßen, noch einen weiteren Sechstel hinzukaufen konnten. Eine Analyse des Immobilienbesitzes der Nachkommen von Lepre findet sich bei Foster (1985), S. 64–66. Sie waren zwar deutlich weniger vermögend als ihre reichen Verwandten Benedetto, Antonio und Francesco, doch waren sie sicherlich nicht arm. Dego erklärte in seiner Abgabe an das Catasto vom 31. März 1433, er sei 35 Jahre alt, sein Bruder Nerozzo 31. Er war unverheiratet und hatte einen illegitimen Sohn, den fünfjährigen Alessandro. Über diesen Sohn ist nur noch zu erfahren, dass er vor 1446 gestorben sein soll. Vgl. Passerini (1869–1870), II, S. 106–112. – Nerozzo war seit 1428 mit Iacopa d'Antonio Bombeni verheiratet und hatte zwei Kinder: Benedetto (9, illegitim) und Sandra (3, legitim). Vgl. Foster Baxendale (1991), S. 753. In

Erfahrung mit englischen Kunden gesammelt hatte, die traditionell das Kerngeschäft der Alberti in Brügge bildeten. Er hatte aber auch die deutschen Wirtschaftsverhältnisse kennen gelernt, sodass es ihm nicht schwergefallen sein wird, Kundenbeziehungen zur lokalen und regionalen Wirtschaft am Oberrhein aufzubauen. Ihm fehlte allerdings jede Erfahrung im Geschäft mit der Kuriengeistlichkeit, sodass ihm ein Partner zur Seite gegeben wurde, der die Wünsche und Bedürfnisse dieser spezifischen Kundengruppe kannte. Sein engster Mitarbeiter wurde Antonio d'Adovardo di Jacopo de' Gianfigliazzi, der um 1411 geboren war.[1729] Er war als Jüngling nach Rom gegangen, wo er in der Bank von Benedetto di Bernardo degli Alberti seine Lehrjahre absolvierte. Sein Vorgesetzter war damals Tommaso Spinelli, wie er später selber vor Gericht aussagte.[1730] Antonio brachte seine in der Römer Filiale erworbenen Erfahrungen im Umgang

Florenz waren die Brüder nun an zwei Häusern mit je einem Drittel beteiligt; eines davon bewohnten sie selber. Hinzu kam noch ein kleiner Grundbesitz auf dem Lande. Seit dem 1. Juli 1428 waren sie mit einer Einlage von f. 1350 Teilhaber in der Gesellschaft Antonio degli Alberti e co. in Brügge. Foster (1985), S. 200. ASFi, Catasto 492, cc. 181r–182r und ASFi, Catasto 32, c. 364v. Dego wird 1436 ausdrücklich als *compagno d'Antonio di Ricciardo degl'Alberti e compagni di Brugga* bezeichnet. ASFi, Mercanzia 1322, 13 agosto 1436. Über diese Partnerschaft waren sie an der Filiale in Köln beteiligt, deren Geschäftskapital mit demjenigen von Brügge verknüpft war. Kurz nach dem Verfassen dieser Steuererklärung muss er die Reise nach Basel unternommen haben, wo er am 25. Mai 1434 (ASFi, MAP 131 C, S. 171r) das erste Mal urkundlich erwähnt wird. Vermutlich war er aber bereits 1433 auf dem Konzil anwesend.

1729 ASFi, Catasto 75, c. 212: Nach Auskunft des Catasto von 1427 war er damals 16 Jahre alt, seine Brüder Bartolomeo und Giovanni 8, resp. 5½. Eine Abwesenheit Antonios wird nicht erwähnt. ASFi, Catasto 494, c. 330v: Im Catasto von 1433 ist Antonio 22 Jahre alt, Bartolomeo 14. Giovanni wird nicht mehr erwähnt, ist also sehr wahrscheinlich in der Zwischenzeit verstorben. – Antonio de' Gianfigliazzi kommt in den Konzilsakten als *Antonius de Albertis*, *Janfiliaciis* oder *Jamlacis* vor.

1730 ASFi, Mercanzia 1325, c. 224v. – Dass ein Gianfigliazzi in einer Alberti-Bank arbeitete, war nichts Außergewöhnliches, denn die beiden Familien waren durch mehrere Heiratsallianzen eng miteinander verbunden. Foster Baxendale hat bis 1401 fünf Heiraten zwischen den beiden Häusern finden können; darunter die Eltern von Francesco d'Altobianco degli Alberti, dessen Mutter eine Gianfigliazzi war. Passerini (1869–1870); Foster Baxendale (1991), S. 748. Das Engagement von Antonios Familie in den Alberti-Unternehmungen war nicht auf Mitarbeit beschränkt, denn seine Mutter Margherita wies dem Catasto von 1433 gegenüber aus, dass sie f. 1600 Schulden hatte, wovon bei Francesco d'Altobianco e co. di Roma f. 200, Francesco d'Altobianco proprio 150, Antonio di Ricciardo f. 100. Daneben besaß sie allerdings sechs größere Bauerngüter. ASFi, Catasto 494, c. 330v. Über den Aufenthalt ihrer beiden Kinder, Antonio (22 Jahre alt) und Bartolomeo (14), machte sie keine Aussage. Im Archiv der Spinelli wird eine Gerichtsurkunde vom 27. November 1431 aufbewahrt, nach der Bartolomeo das Erbe von Jacopo und Lorenzo Gianfigliazzi zugesprochen wurde. Es muss offen bleiben, weshalb sein älterer Bruder Antonio darin nicht genannt wird. YUSA 267, 4975. Dieser Zweig der Gianfigliazzi hatte Beziehungen zu den Medici. 1427 hatten Antonio und sein Bruder noch eine Schuld von f. 90 bei Cosimo und Lorenzo de' Medici; ASFi, Catasto 49, c. 1157v: *Rede di messer Jachopo Gianfigliazzi et d'Adovardo suo figluolo*. ASFi, MAP 131, Nr. 1, c. 184v. Es ist nicht bekannt, dass die Alberti zu dieser Zeit eine Niederlassung in Valencia hatten. Gemäß den *ricordanze* des Bongianni di Bongianni di Giovanni Gianfigliazzi über die Jahre 1433–1475 hatte jedoch Antonios weit entfernter Verwandte Gherardo Gianfigliazzi eine Niederlassung in Valencia, wo Bongianni selber 1434 hinging. Es ist also mindestens als Möglichkeit zu erwägen, dass Antonio sich irgendwann zwischen 1427 und 1433 vorübergehend von den Alberti löste und in die iberische Filiale von Gherardo eintrat. Archiv der Buonomini di S. Martino di Firenze, Archivio Gianfigliazzi, Ricordanze di Bongianni di Bongianni di Giovanni Gianfigliazzi.

mit der Kurie und hohen Klerikern in die Führung der Basler Niederlassung ein. In Basler Quellen wird er häufig *Antonio de Valencia* genannt, was wohl den Schluss zulässt, dass er aus dieser Stadt in Spanien nach Basel gekommen ist. Sicherlich waren auch diese Verbindungen zu iberischen Bankkunden kommerziell nicht uninteressant, denn keine der anderen Banken in Basel hatte eine Verbindung in diese Region Europas. Es scheint also ein mit viel Planung und Vorbedacht zusammengesetztes Gespann gewesen zu sein, das sich gut verstanden hat, denn es blieb während mindestens zwanzig Jahren durch viele schwierige Zeiten hindurch miteinander verbunden.

In Florentiner Gerichtsakten wird Dego degli Alberti als *governatore e administratore dela compagnia e ragione deli Alberti di Basilea che diceva in Benedeto e Antonio deli Alberti e compagni* bezeichnet, während Antonio nur den Rang eines Faktors bekleidete.[1731] Dego war also der Leiter der Basler Gesellschaft, während Antonio Gianfigliazzi sein Angestellter war. Susannah Foster irrt sich, wenn sie annimmt, dass die Basler Alberti-Agentur wie Köln vom *corpo* in Brügge abhing: Basel wurde von der Gesellschaft in Rom alimentiert und erhielt wie diese kein eigenes Geschäftskapital: *che nacque da quella di Corte di Roma.*[1732] Sie stand folglich unter dem direkten Einfluss von Francesco d'Altobianco degli Alberti, auch wenn sie unter dem Namen von *Benedetto e Antonio degli Alberti e compagni di Basilea* firmierte.[1733]

Von der Umgestaltung des Alberti-Imperiums um 1435 wurde auch die Basler Filiale betroffen: Dego löste seine Teilhaberschaft in Brügge auf und konzentrierte sich auf Basel.[1734] Dass er der Familiengesellschaft treu blieb, musste er bald bereuen, denn das Alberti-Filialnetz brach danach innerhalb kurzer Zeit zusammen.[1735] Degos jüngerer Bruder Nerozzo hat sich anders entschieden und sich seine Einlage auszahlen lassen. Er berichtete dem Catasto 1442, er sei 1435 aus der Alberti-Gesellschaft ausgeschieden. Wie es seinem Bruder ergangen sei, der in der Bank geblieben war, sei allseits bekannt: *E dipoi ci dividemmo nel 35, e ciò che per chatasto demmo, tutto a me rimase, come per la mia scritta apare, che di tutto v'è [in]formazione. Lui rimase nella compagnia con Benedetto e Antonio degli Alberti. Come le cose son seghuite questo è noto a tutti.*[1736]

Informationen zu den Wechselgeschäften von Dego degli Alberti e co. di Basilea sind aus ihrer sehr dünnen eigenen Schriftüberlieferung nicht zu gewinnen. Einzelne ihrer Wechsel finden sich aber in den Büchern der Mercanzia, die Protokolle der Verhandlungen zwischen den völlig zerstrittenen Familienzweigen der Alberti enthalten. Während der Auseinandersetzung

1731 ASFi, Mercanzia 1325, c. 161r.

1732 Foster (1985), S. 199. ASFi, Mercanzia 7130, c. 252r.

1733 ASFi, Mercanzia 271, c. 36rv. – ASFi, Mercanzia 7130, c. 252r: Stiller Teilhaber an der Römer und damit auch an der Basler Filiale war neben Francesco ebenfalls Giorgio di Francesco Canigiani.

1734 ASFi, Mercanzia 1325, c. 263v; Mercanzia 4402, c. 87r.

1735 Vgl. oben S. 146.

1736 ASFi, Catasto 617, 295r. – Im gleichen Jahr kamen ihm beim Empfang, den Florenz Herzog Francesco Sforza bereitete, gleich zwei Ehrenämter zu. Vgl. del Corazza (1894), S. 290.

zwischen den Filialen in Basel und London wurde berichtet, dass vom 10. September 1434 bis zum August 1435 zwischen den beiden Kompanien 19 Wechsel im Gesamtwert von über 1230 Sterlinen abgewickelt worden waren, einer davon über Köln. Diese Summe war sicherlich fast ausschließlich durch Überweisungen an englische Konzilsteilnehmer zustande gekommen.[1737] Von regem Handel an die Themse zeugen auch die hohen Beträge, die als Saldo zwischen den beiden Banken am 15. Juni 1436 offenstanden. London hatte zu diesem Zeitpunkt bei den Baslern eine Schuld über duc. 2489 s. 18 d. 4; die Gegenforderung von Dego belief sich auf über duc. 7140.[1738] In der am 19. März 1436 erstellten Bilanz der Londoner waren noch sechs Wechsel von englischen Klerikern an den Rhein nicht verrechnet. In die andere Richtung gab es keinen Zahlungsverkehr.[1739] Es ist nicht nur der Zufall der Quellenlage, dass England in den Wechselgeschäften von Dego degli Alberti mit Abstand am häufigsten genannt wird. Zum Geldtransfer mit Nord- und Oberdeutschland hatte er offensichtlich keine Verbindung.

Bernardo da Uzzano, Dego degli Alberti, Antonio Gianfigliazzi e co.

Die Basler Filiale stand im Konkursverfahren des Alberti-Imperiums auf der Seite von Francesco d'Altobianco degli Alberti und bildete zusammen mit dessen Bank am päpstlichen Hof eine Allianz gegen die Filialen in Brügge, Köln, London, Florenz und Venedig.[1740] Im April 1436 klagten die Basler und die Römer gegen die anderen Alberti-Gesellschaften, da sie von diesen große Geldbeträge einforderten. Dego degli Alberti stellte Forderungen in Höhe von über f. 6000 an Brügge, gegenüber London f. 4000 und Florenz f. 2050, von Köln verlangte er über 2000 RG.[1741] Vor dem Gericht der Mercanzia klagte er auch gegen Benedetto degli Alberti in Venedig und Florenz. Am 13. August 1436 erschien er selbst vor den Herren der Mercanzia, um seine Aussagen zu Protokoll zu geben;[1742] am 21. Februar 1437 war er wieder *Basilee commorantis.*[1743]

Der Prozess gegen den in London lebenden Alessandro Ferrantini zog sich bis zum 13. Juni 1437 hin. Im Urteil der Mercanzia wurde dieser schuldig gesprochen und zu einer Zahlung von f. 7140 an Dego verurteilt.[1744] Da er diese Summe weder in Bargeld noch als Guthaben bei einer anderen Bank stehen hatte, wurde der zu bezahlende Betrag durch den Verkauf von ihm gehörenden Waren aufgebracht. Den größten Anteil erbrachten Wollballen, die Ferrantini zum Verkauf von London nach Italien hatte transportieren lassen und in Pisa sequestriert worden

1737 ASFi, Mercanzia 271, c. 179v; ASFi, MAP 81, Nr. 48, cc. 521r–524v.
1738 ASFi, Mercanzia 133, c. 37r.
1739 ASFi, Mercanzia 271, cc. 173v, 174v und 175r.
1740 ASFi, Mercanzia 271, c. 36rv. Vgl. unten S. 142.
1741 ASFi, Mercanzia 7130, cc. 252v und 253r.
1742 ASFi, Mercanzia 1322, cc. 72v–73v.
1743 ASFi, Mercanzia 271, c. 160r.
1744 ASFi, Mercanzia 271, cc. 122v–123v.

waren. Dego erhielt auch Grammatikbücher, die in Florenz bei Benedetto degli Alberti eingezogen wurden. Diese 27 Bücher waren im Auftrag von Ferrantini gekauft worden und hätten an den Herzog von Bedford *(ducha di Betteforte)* geliefert werden sollen.[1745]

Am 17. Mai 1437 mussten die Basler in Florenz erneut gegen die Kölner klagen, da diese die Zahlung von f. 980 aus einem ersten Urteil nicht geleistet hatten. Diesmal ging Antonio de' Gianfigliazzi nach Italien, um die Interessen der Gesellschaft zu vertreten. Am 12. und 15. Juni erschien Biliotti aus Köln vor der Mercanzia, um darzulegen, dass er 1434 aus der Kölner Gesellschaft ausgetreten sei und für die danach abgeschlossenen Geschäfte nicht haftbar gemacht werden könne.[1746] Der langwierige Streit mit den alten Hauptpartnern im internationalen Handel mit *lettere di cambio* stellte Dego degli Alberti und Antonio de' Gianfigliazzi vor große Probleme. Für ihre Kunden war es völlig unerheblich, wen die Gerichte in Florenz für schuldig sprachen. Sie mussten feststellen, dass ihre Basler Bankverbindung offensichtlich in Zahlungsschwierigkeiten war und ihre Hauptpartner auf den wichtigsten internationalen Bankenplätzen in Brügge, London, Venedig und am päpstlichen Hofe verloren hatte. Viele haben sich sicherlich dafür entschieden, ihre Verbindungen zu wechseln. Als Beispiel kann hier Oddo de Varzis angeführt werden, der als apostolischer Protonotar in Basel weilte und am 26. Juli den *legum doctorem* Domenico di Niccolò Martelli und Angelo di Lorenzo della Stufa, die Brüder der Leiter der Medici-Filiale, zu seinen Prokuratoren in allen Geldansprüchen an Francesco d'Altobianco degli Alberti ernannte. Erstellt wurde dieses Notariatsinstrument *in banco cambii honorabilium virorum Cosme et Laurentii de Medicis [...] et eorum sociorum societatis basileensis.* Als Zeugen werden Vieri di Nicola de' Medici und Angelo di Bindacio de' Ricasoli aufgeführt.[1747] Varzis hatte sich also ganz offensichtlich dafür entschieden, alle seine Geschäfte von den bankrotten Alberti zu den Medici zu überführen.

Die Basler Niederlassung der Alberti wurde im Verlaufe des Konkurses aufgelöst; Dego und Antonio trennten sich von Benedetto, Antonio und Francesco degli Alberti, entschlossen sich jedoch, in Basel zu bleiben und eine neue Gesellschaft zu gründen. Allein waren sie aber nicht vermögend genug, um die Geschäfte als internationale Bankiers auf einem Konzil betreiben zu können. Zudem war ihr altes Zahlungsnetz über das Alberti-Filialsystem zusammengebrochen und die Verbindung zu einer Kurienbank verlorengegangen. Sie mussten also schnell einen Weg finden, wenn sie nach dem Konkurs ihrer *maggiori* nicht selbst alle Geschäfte in Basel aufgeben wollten. Rettung bot ihnen und den früheren Alberti-Direktoren in Brügge und Köln eine Partnerschaft mit der Gesellschaft von Bernardo da Uzzano und Francesco Boscoli, die eine Kurienbank betrieben. Stiller Teilhaber war Grigoro d'Antonio Ciuschi.[1748] Am 15. August 1436

1745 ASFi, MAP 81, Nr. 48, cc. 521r–524v.

1746 ASFi, Mercanzia 1325, cc. 263v–265r und nicht nummerierte Seiten mit Datum vom 15. Juni 1437.

1747 ASFi, Diplomatico, Medici, 1437 luglio 26. Vgl. Camerani Marri (1951), S. 51.

1748 ASFi, Mercanzia 7151, c. 67v. – Bernardo d'Antonio da Uzzano war am 28. Februar 1398 in eine der wichtigsten Bankiersfamilien von Florenz geboren worden. Die da Uzzano waren eine der wenigen Unternehmerfamilien,

wurde zwischen den beiden Parteien ein auf fünf Jahre befristeter Vertrag für eine Niederlassung in Basel geschlossen: *per trafficare de mercantia et di canbi et dipositi.* Da Uzzano / Boscoli und Dego degli Alberti sollten je 2000 Kammerdukaten in den *corpo* einlegen *(mettere et fermi tenere).*[1749] Im Juli 1437 vertrat Bernardo als Prokurator die Interessen von Dego gegen seine Verwandten im Konkursverfahren vor der Mercanzia.[1750]

Durch die Partnerschaft mit da Uzzano hatten sich Alberti und Gianfigliazzi wieder an ein großes Korrespondentennetz angeschlossen, das auf den meisten wichtigen Handelsplätzen vertreten war. Die Basler konnten nun wieder *lettere di cambio* nach Rom (Francesco Boscoli e co.) und Genf (Bardo di Neri e co.) ausstellen. In Brügge und London waren sie über die Gesellschaften von Filippo Borromei an das internationale Zahlungssystem angeschlossen. In Flandern sind sie unter den Kreditoren zu finden, auf einem *conto daparte* hatten sie ein Guthaben von 400 Grossi di Brugia und auf dem Kontokorrent ein solches über etwas mehr als 64 grossi.[1751] In deren *libri mastri* von Filippo Borromei des Jahres 1438 werden mehr als 20 Wechselgeschäfte verbucht, an

die sich von der Bankenkrise um 1342 wieder hatten erholen können, und gehörten in der ersten Hälfte des 15. Jahrhunderts zur Oligarchie, welche Florenz in den Jahren vor der Machtübernahme der Medici beherrschte. Bernardo war als *socio minore* mit über f. 4000 an der Gesellschaft seines berühmten Onkels Niccolò da Uzzano, der als Gegenspieler Cosimos berühmt wurde, und Michele del Bene beteiligt und arbeitete darin als Direktor, wie seine Prestanze an die *catasti* von 1427 und 1430 zeigen. 1431 erbte er diese Unternehmung, doch hatte sein Onkel testamentarisch soviel Kapital daraus als Legate vermacht, dass die Bank praktisch mit einem negativen *corpo* weiterarbeiten musste. Das Testament von Niccolò ist publiziert bei Gherardi (1881), S. 230–232. Trotz seiner ausgezeichneten Beziehungen geriet Bernardo immer wieder in große finanzielle Schwierigkeiten. 1433 ließ er seinen erst 13-jährigen Sohn Giovanni emanzipieren, was vermutlich geschah, um Vermögenswerte der Familie vor drohenden Ansprüchen der Gläubiger zu schützen. Vgl. Kuehn (1983), S. 202. Die Ufficiali des Catasto bestätigten: *Veduto detti bilanci gli toccherà di danni circha f. 700.* ASFi, Catasto 487, c. 107. Hier zitiert nach Dini (1980), S. 385. Bernardo hat versucht, als Bankier und Politiker zu ähnlicher Statur wie sein Onkel zu wachsen. Es gelang ihm jedoch nicht, in der Republik eine eigenständige und einflussreiche Position zu erringen. Er erscheint vielmehr als Opportunist, der das Geschehen nicht mitgestaltete, sondern sich die für ihn günstigste Verhaltensweise aussuchte. So war er 1433 Mitglied der Balìa, welche Cosimo de' Medici aus Florenz verbannt hatte, und im Jahr darauf in der anderen, welche ihn wieder zurückrief. Als Bankier engagierte er sich im Geschäft mit Geldern des *monte commune* seiner Heimatstadt und gehörte zu den vermögenden Personen, bei denen die Stadt zwischen 1427 und 1434 durch die Ufficiali del banco Kredite aufnahm, um Kriegskosten bestreiten zu können. McLean (1998), S. 592–596: Medici (f. 155887), Bernardo di Lamberto Lamberteschi (f. 34825), Bernardo d'Antonio da Uzzano (f. 13854). – Boscoli war eine der schillerndsten Figuren in der florentinischen Bankenwelt der ersten Hälfte des 15. Jahrhunderts. Vgl. Esch (2000), S. 119. ASFi, MAP 82, Nr. 82, c. 101: Im Juni 1436 war Boscoli zahlungsunfähig und musste mit den Erben von Averardo di Francesco de' Medici und Andrea di Lippaccio de' Bardi einen Vergleich unterzeichnen. Auch für ihn war die Arbeit für da Uzzano in Rom sicherlich eine Rettung.

1749 Da Uzzano wird im Zusammenhang mit der Basler Alberti-Bank am 13. August 1436 zum ersten Male erwähnt: ASFi, Mercanzia 1322, c. 72r. – Im Mastro von Filippo Borromei in London vom Jahre 1438 werden Geschäfte mit *Bernardo da Uzzano e Degho degli Alberti e compagni di Baxilea* erwähnt, die bereits zwei Jahre zurückliegen. Vermutlich handelt es sich dabei aber nur um die Weiterführung von Geschäften der alten Kompanie.

1750 ASFi, Mercanzia 1325, 15 luglio 1437.

1751 ABIB, Nr. 661. Vgl. Zerbi (1952), S. 434.

Tabelle 14. Korrespondenten von Bernardo da Uzzano e Dego degli Alberti e co. di Basilea, 1438

Brügge	Filippo Borromei
	Lorenzo di Niccolò di Zanobi
	Girolamo Grimaldi
Venedig	Bartolomeo Contarini
	rede di Buonsignore d'Andrea
	Alessandro Borromei
London	Benedetto Spinola
	Ubertino de' Bardi
	Filippo Borromei
Genf	Bardo de' Neri

denen Dego beteiligt war. Die involvierten Handelsplätze waren Basel, London, Brügge, Genf und Venedig (Tabelle 14).[1752] Der größte Betrag belief sich auf 1 200 venezianische Dukaten, den Filippo Borromei e co. in Brügge auf die Bank der Tommasi in Venedig bezog. Als *beneficiari* werden Dego und Antonio Gianfigliazzi genannt. Bei den meisten dieser Transaktionen handelte es sich um Wechselarbitragegeschäfte, doch war auch eine kleinere Zahl von reinen Zahlungsanweisungen an Kleriker darunter. Was hier in den Borromei-Büchern festgehalten wurde, stellt sehr wahrscheinlich nur einen kleinen Teil des Umsatzes der Basler dar, doch sind von keinem anderen ihrer Korrespondenten irgendwelche Aufzeichnungen erhalten. Auch mit einer großen Zahl von Kaufleuten aus anderen italienischen Städten wurde zusammengearbeitet: die Erben von Bonsignore d'Andrea Benzi, Grimaldi, Tommasi, Contarini, Pizamanno, Spinola.[1753] Neben der Verbindung zu den englischen Kunden gab es auch eine nach Köln. Am 12. September 1437 wies ihr das Konzil f. 4600 di camera auf die Opferstöcke in Köln an. Mit diesem Geld sollte der Galeerenkapitän des Konzils im Mittelmeer, Nicod de Menthon, bezahlt werden.[1754] Norddeutschland und Nürnberg spielten in den Geschäften dieser Bank keinerlei Rolle.

Für Bernardo da Uzzano e Dego degli Alberti e co. di Basilea wurden 1438 in den Rechnungsbüchern von Filippo Borromei in London und Brügge Konten für Wechselgeschäfte geführt, auf

1752 ABIB, mastro 7, cc. 69–70, 153–154 und 209–210; mastro 8, cc. 192–193, 199v und 266–267. – Vgl. Biscaro (1913), S. 47, 296 und 306.

1753 ABIB, mastro 7, cc. 69–70, 153–154 und 209–210; mastro 8, cc. 192–193, 199v und 266–267.

1754 Kuske (1917–1934), S. 319.

denen 14 Wechsel verbucht wurden. Diese blieben innerhalb einer engen Korrespondentenstruktur, die nur die Bankenplätze in Brügge, London, Venedig und Genf beinhaltete. Dass auch die römische Kurie von der Verbindung der Boscoli / da-Uzzano-Bank nach Basel wusste, zeigt die Zahlung der apostlischen Kammer von duc. 15 an die Bank für einen nach Basel geschickten Boten.[1755]

Der Direktor der Basler Medici-Niederlassung, Roberto Martelli, berichtete am 10. März 1438 aus Basel über Probleme der da-Uzzano-Bank an Cosimo de' Medici, da sich deren Leiter ganz auf die Seite des Herzogs von Mailand und damit gegen den Papst und Florenz geschlagen hätte: *Questi di Bernardo da Uzzano, con tucto sieno divenuti – dico questo de' Gianfigliazzi – duchesco, credo non ci potrà molto istare.*[1756] Die Gesellschaft von Bernardo da Uzzano in Basel überdauerte tatsächlich die zwischen den Partnern vereinbarten fünf Jahre nicht. Im September 1438 wurde sie saldiert. In den 27 Monaten ihrer Existenz hatte sie einen Gewinn von 1 232 RG erwirtschaftet. Es war nicht ein Versagen der Niederlassungsleiter am Konzil, das zu ihrem Ende geführt hatte, sondern die finanzielle Situation ihres Partners Bernardo da Uzzano, der ein Jahre später bankrott war.[1757]

Dego degli Alberti e co.

Dego degli Alberti und Antonio Gianfigliazzi orientierten sich nach der Trennung von da Uzzano und Boscoli am Rheinknie neu und richteten sich darauf ein, sich definitiv nördlich der Alpen niederzulassen. Um 1442 ließ Antonio seinen jüngeren Bruder Bartolomeo nach Basel kommen. Da dieser bereits etwa 22 Jahre alt war, kann angenommen werden, dass er zuvor eine mindestens sechsjährige Ausbildung in einer anderen Bank absolviert hatte, bevor er sich auf den Weg in den Norden machte. Der erste Beleg über seinen Aufenthalt am Rheinknie findet sich in der Catasto-Erklärung seiner Mutter für das Jahr 1442. Sie gab an, dass er verschuldet sei und lediglich ein kleines Grundstück in der Nähe von Florenz besitze.[1758] Er tritt in den Quellen ein einziges Mal als Geschäftsmann auf, als er 1443 einen Rechtsvertreter für das Basler Gericht ernannte und diesem die Generalvollmacht übertrug.[1759] Spätestens 1444 ist er wieder in seine Heimatstadt zurückgekehrt, denn ab diesem Datum sind eine Reihe von florentinischen Dokumenten mit seinem Namen überliefert. Darunter sind auch verschiedene Verträge, die er

1755 Esch (1998), S. 281.

1756 ASFi, MAP 11, Nr. 618.

1757 Über die finanziellen Probleme von Bernardo da Uzzano vgl. Dini (1980), S. 385. – Zum Konkursverfahren vgl. ASFi, Mercanzia 10874, cc. 64v–65v und 71r–72r. – ASFi, MAP 11, Nr. 635: Bittbrief von Bernardo da Uzzano an Cosimo de' Medici wegen des Verfahrens gegen ihn. – Bernardos Sohn Giovanni ist der Verfasser einer berühmten Pratica di Mercatura. Vgl. Eine Notiz dieses Giovanni in ASNSPi, Salviati, serie I: Libri di commercio, Nr. 1, c. 181r: *Richordo chome questi dì [8] d'ottobre 1440 mi truovo sanza padre e quasi sanza nulla dell'avere del mondo.*

1758 ASFi, Catasto 619, c. 276r.

1759 StaBS, GA A 23, 130v. – Ehrensperger (1972), S. 281 berichtet über diesen Bartolomeo, ohne auf seine Verwandtschaft mit Antonio Gianfigliazzi hinzuweisen.

abschloss, als er 1444 die 14-jährige Sandra degli Alberti heiratete, die Tochter von Nerozzo di Bernardo, was ihm die Nutznießung ihrer Mitgift einbrachte.[1760] Diese Heirat ist Ausdruck der engen Verbindung, welche die beiden Familien auch in Geschäften eingegangen waren. Möglicherweise muss sie auch als eine Art von Entschädigung der beiden Alberti-Brüder an die beiden Gianfigliazzi gesehen werden.[1761] 1446 ging es auch Nerozzo degli Alberti so schlecht, dass er nicht mehr in Florenz leben konnte. Er begab sich zu seinem Bruder nach Basel und Genf.[1762]

Quellen zu den Geschäften von Dego degli Alberti e co. sind nur in sehr kleiner Zahl überliefert. In einer Abrechnung des Konzils mit ihrem Depositar vom 10. Mai 1439 werden mehrere Wechsel aufgelistet, mit denen ihr Geld angewiesen wurde, das sie ins Deposit übernommen hat. Abgeschickt wurden sie in Brügge, Köln, Mainz, Genua und Nijmegen. Im Gegenzug hat die Bank auch einen Wechsel im Auftrag des Konzils nach Polen verschickt. Die Namen der Korrespondenten der Bank werden in diesem Dokument nicht genannt.[1763]

Ein weiteres Zeichen der Verbundenheit Antonio Gianfigliazzis mit Basel war bis zu ihrer Zerstörung im 17. Jahrhundert eine Glasscheibe, die er im südlichen Kreuzgangsarm der Basler Kartause stiftete. Die zwölf Fenster dieser Reihe wurden von Persönlichkeiten des Basler Konzils bezahlt; neben dem Bankier Gianfigliazzi, dessen Name hier als *Antonius Aduardi* überliefert wurde,[1764] waren die Kardinäle Albergati und Cervantes sowie Stephanus de Novaria unter den Stiftern. Der Florentiner befand sich also in allerbester Gesellschaft, was wiederum zeigt, wie groß sein Ansehen bei den Teilnehmern an der Kirchenversammlung gewesen sein muss. Er scheint eine besonders enge Beziehung zu den Kartäusern unterhalten zu haben, denn auch im *Liber beneficiorum* dieses Klosters wird er erwähnt. Beide Stiftungen können heute nicht mehr aufs Jahr genau datiert werden, sodass es nicht möglich ist zu überprüfen, ob dahinter

1760 Archiv der Buonomini di S. Martino di Firenze, Archivio Gianfigliazzi, Spogli di atti e contratti della Gabella. Zu Bartolomeo d'Adovardo Gianfigliazzi vgl. die Dokumente zu seiner Erbschaft in ASFi, Carte Strozziane III, CXXIX, Nr. 9 und 12.

1761 In einem Brief schrieb Marco Parenti im August 1469 an Filippo Strozzi über Frauen, die als Gattin für Lorenzo de' Medici in Frage kämen: *e v'è qualche oppositione in quella, che me la gusta, chome sarebbe 1a di Bartolomeo Gianfigliazzi. Qui è bellezza e nobiltà, ma le condizioni del padre non sodisfa' molto.* Zitiert nach Molho (1994), S. 232. Dieser Vorbehalt scheint Filippo Strozzi selber wenig gestört zu haben, denn er heiratete Selvaggia de' Gianfigliazzi dann selber. Vgl. ASFi, Carte Strozziane V, Nr. 1086, 3. – Strocchia (1981), S. 379: Als Bartolomeo 1493 starb, ließ Monna Nanna, wie Sandra in den Quellen genannt wird, seine Bestattung prunkvoll durchführen: „a string of flags decorated with the family arms und richly painted with the image of S. Bartolomeo sent to her husband's tomb in 1493".

1762 ASFi, Catasto 663, c. 735v.

1763 Haller (1901), S. 243–244.

1764 Ehrensperger macht aus Antonio de Valencia, Antonio de' Gianfigliazzi, Antonio Aduardi und Antonio de Florencia vier verschiedene Personen. Mit großer Sicherheit ist damit immer Antonio d'Adovardo de' Gianfigliazzi gemeint. Vgl. Ehrensperger (1972), S. 302 und 357. – Gianfigliazzi hat das zehnte Fenster gestiftet. Es trug die Spenderinschrift: *Antonius Aduardi de // Janfigliazziis mercator // civitatis Florentiae.* Vgl. Wackernagel (1890), S. 375.

eine Fürbitte, Dankesgabe für Errettung aus Not (Pest, Krieg, Konkurs) oder eine andere Motivation stand.[1765]

Dem Bild von vermögenden Kaufleuten, die Liegenschaften erwerben und neue Filialen eröffnen konnten, widersprechen die *portate* ans Catasto von 1442. Nerozzo degli Alberti schrieb über seinen Bruder Dego, dass dieser Mühe habe, seinen Lebensunterhalt zu bestreiten, denn er mache in Basel wenig oder keinen Gewinn und unternehme alles, um nicht wegen seiner Schulden ins Florentiner Gefängnis *(le Stinche)* zu müssen: *Lui si truova al presente a Basilea, cercha di ci vanzarsi le spese come meglio può, pocho o nulla vi si fa, ma tutto ciò che fa per non venire ad abitare nelle Istinche. Nulla di là si truova, e meno di qua.*[1766] Antonio de' Gianfigliazzi ging es nicht besser, wie seine Mutter den Beamten des Catastos erklärte. Auch er verfügte kaum über Vermögen und litt unter Schulden: *Nonn'à niente di sustanza e nonn'à casa. E debito asai.* Die Begründung für diese schlechte finanzielle Situation ist in den Registern der Mercanzia zu finden. 1442 war der frühere Partner Grigorio Cruschi in Basel erschienen. Zuerst reiste er zusammen mit Dego und Antonio an den Reichstag nach Frankfurt, wo für Dego degli Alberti, Grigorio d'Antonio Cruschi und Gianozzo de' Mozzi am 14. November durch Friedrich III. eine *littera familiaritatis* und ein Salvokondukt ausgestellt wurde.[1767] Die Reise zum König war aber nicht der Hauptgrund für Cruschis Reise über die Alpen. Er forderte in seinem eigenen und Francesco Boscolis Namen von Dego degli Alberti die ihnen aus der alten Gesellschaft zustehenden Gelder. Sie wollten ihren Anteil am einbezahlten Eigenkapital und am erzielten Gewinn.[1768] Dego anerkannte diese Forderungen, war aber nicht in der Lage, sie zu erfüllen. Alle Versuche der von Cruschi und Boscoli eingesetzten Prokuratoren, Ognibene Sagramoso und Lorenzo Becchi, das Geld in Basel einzutreiben, blieben ohne Erfolg. Am 27. August 1445 verurteilte die Mercanzia Dego zur Zahlung von f. 1500, die er wohl nie leisten konnte.

Als 1442 viele Konzilsteilnehmer Basel verließen und nur sehr wenige vermögende Prälaten zurückblieben, verlor Basel als Bankenplatz schnell an Bedeutung. Immer wichtiger wurde in den Geschäften von Dego und Antonio hingegen Genf. Aus den Jahren 1439 und 1441 stammen

---

1765 StaBS, Klosterarchiv Kartause L, fol. 352: *Oretur pro Antonio de Florentia campsore, unde X flor. ad fenestram quandam in maiori Galilea et in elemosinam.* – Vgl. Baer (1941), S. 499.

1766 ASFi, Catasto 617, c. 295r. Nerozzo ging es bedeutend besser. Er versteuerte jetzt mehrere Häuser und Güter, die allerdings fast alle seiner Tochter Sandra gehörten, die diese mütterlicherseits geerbt hatte.

1767 Österreichisches Staatsarchiv in Wien, Haus-, Hof unf Staatsarchiv, Reichregister Bd. N, fol. 16v. Dieser Eintrag besteht lediglich aus drei Zeilen. Vgl. Chmel (1840), S. 130. – Cruschi hatte nach dem Konkurs und Tod von Bernardo da Uzzano am 17. Februar 1440 in Rom mit Francesco di Giachinotto Boscoli, der kurz zuvor mit Bernardo da Uzzano in Konkurs gegangen war, eine neue Gesellschaft gegründet. Über seinen Nachlass wurde 1447 in Florenz ein Konkursverfahren eröffnet. Vgl. ASFi, Mercanzia 1334, c. 66v und ASFi, Mercanzia 10874, c. 124r. – Auch Gianfigliazzi war in Frankfurt, wie seine Mutter im Catasto schreibt. ASFi, Catasto 619, c. 25r: *E truovasi in Franchoforte nella Magna drieto allo 'mperadore.*

1768 ASFi, Mercanzia 7151, c. 67r. Um Giovanni, den Sohn des in der Zwischenzeit verstorbenen Bernardo da Uzzano, scheinen sie sich nicht gekümmert zu haben.

die ersten Belege für die Anwesenheit ihres Vertreters in der Stadt an der Rhone.[1769] Bald beschlossen sie, hier eine eigene Niederlassung zu gründen. Während Dego in Basel blieb und weiter dem Bankgeschäft und Warenhandel nachging, baute sein Partner Antonio in Genf eine neue Unternehmung auf. Am 10. November 1442 wurde durch Antonio della Casa in Rom zum ersten Male ein Wechsel für *Antonio Gianfigliazzi e co. di Ginevra* eingelöst.[1770] Als schließlich am Rhein nur noch ein Rumpfkonzil übrigblieb, das sich unter dem Druck Friedrichs III. nach Lausanne verlegte, war hier das Geschäft schließlich völlig uninteressant geworden. Am 19. Juli unterzeichnete Antonio Gianfigliazzi einen Vertrag für eine Accomandita in Genf, die von ihm geleitet wurde.[1771] Dego und Antonio gaben 1447 die Wechselstube im „Schlüssel" auf[1772] und kauften in Antonios Namen ein Haus in Genf. Die Basler Immobilie am Schlüsselberg verkauften sie drei Jahre später für 470 Gulden an Heinrich Halbisen.[1773] Bei dieser Gelegenheit wird *Anthonis von Jan Vigliacys* bereits als Bürger von Genf bezeichnet.[1774] Über ihre weitere Geschäftstätigkeit in Genf berichten Eintragungen im *Libro Giallo* der Gesellschaft des Antonio della Casa und Simone Guadagni aus dem Jahre 1454, in denen Antonio und Dego mehrfach erwähnt werden.[1775] Antonio Gianfigliazzi wird jetzt als *sensale* bezeichnet; er arbeitete also als Makler.[1776] Dego degli Alberti scheint nur noch ein Angestellter von Antonio gewesen zu sein: Antonio della Casa übergab ihm am 24. August 1454 für Antonio Gianfigliazzi f. 30: *paghammo chom'ordinò a Degho Alberti suo, quando andò a Firenze.*[1777] Ob dies die definitive Heimkehr Degos in seine Vaterstadt oder nur eine der vielen Geschäftsreisen des jetzt fast 60-Jährigen war, ist nicht ersichtlich. Es ist auf jeden Fall die letzte Nennung seines Namens. Sein Sterbedatum ist nicht bekannt. Antonio de' Gianfigliazzi wird 1465 unter den Genfer Steuerzahlern genannt, wo er 1467 starb.[1778] Seiner Witwe Tita und seinem Sohn Adovardo, die beide in der Rhonestadt blieben, hinterließ er die Geschäfte in Genf. 1493 trug Adovardo in Florenz einen Prozess mit den Hinterbliebenen seines Onkels Bartolomeo aus, da die Genfer meinten, einen Anspruch auf den Ertrag der Güter zu haben, die sein Vater in Florenz seinem Bruder zur Nutznießung

1769 AOIF 12735, cc. 37 rechts, 170 links und 173 links.

1770 AOIF 12735, c. 173 rechts.

1771 ASFi, Diplomatico normale, S. Croce, 1446 luglio 19: Das Kapital in Höhe von duc. 2000 stellten ser Giovanni di Luca Martini, Niccolò di di Piero di Buonaccorso und Zanobi di ser Martino. ASFi, Diplomatico normale, S. Croce, 1466 dicembre 23: Urteil der Mercanzia gegen Bartolomeo Gianfigliazzi, der die im Jahre 1446 von ser Martino di ser Giovanni di Luca Martini in eine Accomandita einbezahlten duc. 2000 den Einlegern immer noch schuldete und nun an deren Erben auszahlen sollte.

1772 Geering (1886), S. 278.

1773 Sapori (1946); Ehrensperger (1972), S. 278.

1774 Koelner (1953), S. 243.

1775 StaBS, Schlüsselzunft 55 und 243. – Vgl. Geering (1886), S. 274–276; Schulte (1900), S. 342 und 512; Wackernagel (1907–1916), II/1, S. 512; Eckstein (1911), S. 23 und 27.

1776 Vgl. den Personenindex bei Cassandro (1976b).

1777 Cassandro (1976b), S. 208.

1778 Bergier (1963), S. 308–310. Hier Steuerzahlung von Gianfiagliazzi in Genf im Jahre 1465.

hinterlassen hatte.[1779] Offensichtlich gewann er diesen Rechtsstreit, denn 1499 schrieb er ein Testament, in dem er seiner Frau Bianca und seinen vier Söhnen Häuser in Genf und Florenz verschrieb. Er wünschte in Florenz in S. Trinita bestattet zu werden.[1780]

Medici

Unternehmensgeschichte

Im Herbst 1432 schickten die Medici den Leiter ihrer Genfer Niederlassung, Giovanni d'Amerigo Benci, nach Basel, um die kommerziellen Aussichten der beginnenden Kirchenversammlung zu prüfen.[1781] Da er bereits in Konstanz für sie gearbeitet hatte, war er mit den finanziellen Rahmenbedingungen eines Konzils und den deutschen Verhältnissen vertraut.[1782] Sehr wohl scheint er sich am Rheinknie aber nicht gefühlt zu haben, denn er schrieb nach Genf, er wäre lieber dort: *Noi qua stiamo tanto agi quanto si po dire, ma a me non fa tropo pro; più tosto vorrei essere costà, e anche non poso per più cagioni.*[1783] Er muss dennoch zum Schluss gekommen sein, dass die Kirchenversammlung für seine *maggiori* von kommerziellem Interesse zu werden versprach; die Stadt ohne das Konzil war wirtschaftlich hingegen wohl uninteressant. Es wurde deshalb in Florenz beschlossen, eine an das Konzil gebundene und befristete Agentur zu errichten. Zusammen mit Tommaso Ruffaldi aus Siena, der in den Diensten des Mailänder Kaufmanns Mariano Vitali stand, und Franceschino Sangiorgio aus Piacenza wurde die Gesellschaft Giovanni d'Amerigo Benci e co. di Basilea gegründet, die am 28. November 1432 ihre Arbeit aufnahm.[1784] Das erste Wechselgeschäft belegt eine am 20. März 1433 in Nantes ausgestellte

1779 Archivio Buonomini di S. Martino di Firenze, Archivio Gianfigliazzi, Processi.

1780 Archivio Buonomini di S. Martino di Firenze, Archivio Gianfigliazzi, Testamenti 1340–1759. – An der Decke der Hauptkapelle von S. Trinità ist noch heute das Wappen der Gianfigliazzi zu sehen. Die Familiengruft befindet sich unter dem Hauptaltar.

1781 Roberto di Niccolò Martelli beschreibt in seinen *ricordanze* die Gründungsgeschichte der Basler Gesellschaft, vgl. unten S. 513.

1782 Giovanni d'Amerigo Benci wurde 1394 in Florenz aus einer Familie kleiner Bürger geboren. Ab 1408 stand er im Dienst von Giovanni di Bicci de' Medici, wo er ein Jahr später als *giovane di bottega* in Rom und 1415 in Konstanz belegt ist. ASFi, MAP 153, Nr. 1, fol. 79. Bereits vor 1420 wurde ihm die Verantwortung für die Buchführung in dieser Niederlassung übertragen. 1424 schickte ihn Cosimo nach Genf, um die Eröffnung einer Filiale vorzubereiten. 1431 heiratete er Ginevra de' Peruzzi, die ihm nach Genf gefolgt ist. Kurze Zeit später holte ihn Cosimo de' Medici zurück nach Italien, um zusammen mit Antonio Salutati da Pescia als Generaldirektor das Medici-Unternehmen zu führen. Als Salutati 1443 starb, führte er diese Aufgabe bis zu seinem Tod im Jahre 1455 mit sehr großem Erfolg weiter. Im Catasto von 1457 geben seine Erben ein Vermögen von f. 26 338 an; es war das zweitgrößte in der Stadt nach dem der Medici. Vgl. Roover (1963), S. 53 und viele weitere; Renouard (1960–).

1783 ASFi, MAP 88, Nr. 119.

1784 Zu Tommaso Ruffaldi vgl. Mainoni (1982), S. 91–93; del Bo (2000/1), S. 189–190; Tognetti (2004), S. 37; Spinelli et al. (2006), S. 72; zu Francesco Sangiorgio vgl. del Bo (2000/1), S. 12; zu Mariano Vitali del Bo (2008).

Prokura.[1785] Wie wichtig den Konzilsvätern die Präsenz der Medici-Bank war, drückten sie im Salvokundukt aus, das sie Benci ausstellten: *Cum spectabilis vir Iohannes Americi Benci, [...], ad nostram instantiam personaliter cum suis sociis rebus et bonis, invenibus et servitoribus ad civitatem Basiliensem et Concilium ibidem existens se transtulerit, sitque eius huiusmodi accessus dicto Sacro Concilio utilis et expediens, [...].*[1786]

Im Mai 1433 wurde mit Roberto di Niccolò Martelli ein erfahrener Faktor der römischen Filiale nach Deutschland geholt und als Leiter eingesetzt.[1787] Benci kehrte im August nach Genf zurück, um sich wieder der Filiale Genf zu widmen,[1788] ohne aber die Oberaufsicht über den Geschäftsgang in Basel aufzugeben.[1789] Bald danach zerbrach die florentinisch-mailändisch-piacentinische Gesellschaft. Ruffaldi trat aus der Gesellschaft aus und verließ Basel; Sangiorgio wurde von Martelli ausgeschlossen, da er ihn für einen Dieb hielt: *detto Francischino lo quale era ladro.*[1790] Am 27. Juni 1434 wurde der Firmenname in Cosimo e Lorenzo de' Medici e co. di Basilea geändert.[1791] Von 1435 an wird in Florenz auch ein Konto für *i nostri di Basilea* geführt.[1792] Im Gesellschaftsvertrag der Hauptfirma aus dem gleichen Jahr wird Basel ausdrücklich als Filiale aufgeführt: *la compagnia di Firenze, quella di Corte e di Basilea, quella di Vinegia e di Ginevra.*[1793]

Für die ersten Jahre ihres Bestehens ist die Rechtsform der Basler MediciZweigstelle nirgends genau definiert, denn ein Gesellschaftsvertrag ist nicht überliefert. Dies heißt nun nicht unbedingt, dass ein solcher im Laufe der Jahrhunderte verloren gegangen ist. Im Gegenteil, die These, dass gar nie einer angefertigt wurde, scheint bedeutend wahrscheinlicher. Die Medici waren 1433 und 1434 im Exil in Venedig. In dieser Zeit haben sie nicht einmal den Vertrag der Hauptgesellschaft erneuert, obwohl dies durch den Tod eines Teilhabers eigentlich nötig gewesen wäre. Sie haben damit bis 1435 gewartet, als sie in Florenz wieder sicher die politische Macht ausübten. Während dieser Zeit konnte kein Vertrag für eine Filiale abgeschlossen werden, da die Rechtsperson des Hauptteilhabers juristisch nicht fest war. Da die Medici wohl auch nicht daran dachten, in Basel eine permanente Filiale zu gründen, was durch die Miete

1785 Camerani Marri (1951), S. 44 und 46. ASFi, Diplomatico, Medici, 1433 marzo 20.

1786 ASFi, Diplomatico, Medici, 1433 marzo 22.

1787 ASFi, MAP 131 C, S. 1ff. Benci ist am 9. September wieder in Basel belegt. Vgl. Roover (1963), S. 450. Vgl. Roover (1974), S. 304; Ehrensperger (1972), S. 281. – Roberto Martelli hat in seinen *ricordanze* eine Beschreibung seines Werdegangs bis zum Antritt der Leitungsfunktion in Basel hinterlassen. ASFi, Fondo Martelli, Nr. 303, c. 60r, vgl. unten S. 513.

1788 ASFi, Catasto 429. Für seinen Aufenthalt in Basel bezog er f. 15 für seine Lebenshaltungskosten.

1789 Bergier (1978), S. 286.

1790 ASFi, Fondo Martelli, Nr. 303, c. 57r.

1791 ASFi, Fondo Martelli, Nr. 303, c. 57r. – Die erste Verwendung der neuen Firma bei Camerani Marri (1951), S. 46.

1792 ASFi, MAP 153, Nr. 3.

1793 Roover (1974), S. 549.

statt des Kaufes von Geschäftslokalitäten unterstrichen wird,[1794] wäre ein Gesellschaftsvertrag für diese Niederlassung auch gar nicht sinnvoll gewesen, denn dieser hätte auf eine bestimmte Zeit abgeschlossen werden müssen. Das Unternehmen musste auch sehr flexibel sein, um dem Konzil bei einer eventuellen Verlegung folgen zu können oder um bei einer plötzlichen Auflösung der Versammlung möglichst rasch liquidiert werden zu können.

Wie aus dem *libro segreto giallo* hervorgeht, haben die Medici ihre Filiale in Basel in den Jahren 1433 und 1434 mit einem Kapital von insgesamt f. 324 ausgestattet.[1795] Eine so kleine Summe kann nicht als eigentliches Geschäftskapital betrachtet werden. Die f. 324 waren wohl nur als Starthilfe und Spesengeld nach Basel gegeben worden. Roberto Martelli hielt fest, er habe fünf Jahre lang ohne Eigenkapital gearbeitet.[1796] Auch in der Jahresbilanz von 1442 findet sich kein Hinweis auf einen von Gesellschaftern eingelegten *corpo.*[1797] Diese Tatsache verwundert nicht, wenn man in Betracht zieht, dass auch die große Filiale in Rom kein Eigenkapital hatte.[1798] Die fehlende Selbstfinanzierung erklärt sich durch die Spezialisierung dieser beiden Zweigstellen auf die hohe Kirchenführung als Kundschaft: Da Kleriker weniger an Darlehen als an Investitionsmöglichkeiten interessiert waren,[1799] war immer genügend Fremdkapital in den Kassen. So findet man unter den Einlegern bei der Basler Bank zum Beispiel den Kardinal de la Plaigne mit einem Guthaben von über f. 2 000.[1800]

Nachdem Giovanni d'Amerigo Benci die Agentur in Basel installiert hatte, folgten ihm in der Geschäftsführung *fattori,* d. h. mit der Prokura ausgestattete Angestellte, die ein festes Gehalt bezogen und nicht am Geschäftskapital beteiligt waren.[1801] Der 1408 geborene Roberto Martelli[1802] gehörte einer angesehenen Kaufmannsfamilie an, die mit den Medici wirtschaftlich eng verbunden war; viele seiner Brüder waren Leiter einer Medici-Filiale: Antonio in Pisa, Bartolomeo in Ancona, Ugolino in Pisa und Alessandro in Venedig.[1803] Er begann seine Bankkarriere in den Diensten der Albizzi und setzte sie bei den Medici fort, zu deren politischer Faktion er sich sein Leben lang bekannte. Von 1424 an arbeitete er in der Römer Filiale, wo er bis zum Faktor und Chefbuchhalter aufstieg.[1804] Von dort kam er nach Basel, wo er bis 1438

1794 ASFi, MAP 104, Nr. 60, cc. 598–602.

1795 ASFi, MAP 153, Nr. 3.

1796 ASFi, Fondo Martelli, Nr. 303, c. 57r: *sanza avere corpo alcuno.*

1797 ASFi, MAP 104, Nr. 60, c. 599.

1798 Roover (1974), S. 90.

1799 Roover (1974), S. 78.

1800 ASFi, MAP 104, Nr. 60, c. 601.

1801 Zu diesen Begriffen vgl. Edler-de Roover (1934); Roover (1963), S. 116–118.

1802 Für Robertos Geburtsjahr liegen zwei verschiedene Daten vor. Litta nennt 1408, was durch den Catasto-Eintrag von 1433 gestützt wird, wo Roberto als 25-jährig bezeichnet wird. Litta (1819–1894), VI, tavola 1 und ASFi, Catasto 473. Im Archiv der Familie Martelli (im ASFi) wird aber der 17. September 1406 als Geburtstag genannt.

1803 Roover (1963), S. 66. – Litta (1819–1894), VI, tavola 1: Dieser Zweig der Familie starb 1752 aus.

1804 Im Jahre 1431 erstellte er die Jahresbilanz der Filiale von Rom, AOIF 12744.

lebte. Sein Abgang aus der Rheinstadt hatte in erster Linie politische Hintergründe, denn nach der Aufdeckung der aktiven Beteiligung an der Siegelaffäre war seine Anwesenheit in Basel bei den meisten Konzilsteilnehmern wohl nicht mehr erwünscht. Er selber fühlte sich hier in Lebensgefahr: *mi trovai sendo in Basilea quasi in pericolo di morte.*[1805] Auf jeden Fall hielt er sich spätestens ab dem 26. August 1438 in Ferrara auf und übernahm die Leitung der dortigen Konzilsbank der Medici.[1806] Der Empfang scheint fast triumphal gewesen zu sein, denn er wurde mit Auszeichnungen überhäuft: Vom griechischen Kaiser erhielt er den Titel eines *conte paladino,* vom deutschen Kaiser das Privileg, die unehelichen Kinder legitimieren zu dürfen.[1807]

Gleichzeitig mit Roberto Martelli war Giovenco di Lorenzo della Stufa von Rom nach Basel gekommen, wo er am 23. Februar 1434 zum ersten Male erwähnt wird.[1808] Er führte als *cassiere* das Kassenbuch und wurde mehrfach von Cosimo von hier nach Flandern und England geschickt, um dort Aufträge zu erfüllen. 1436 wurde er in London bei Alessandro Ferrantini vorstellig, dem Niederlassungsleiter der konkursiten Alberti, um sich über Geschäftsmöglichkeiten zu erkundigen.[1809] Als Bankleiter in Basel erscheint er in den Quellen erstmals am 8. Mai 1439, doch hat er diese Aufgabe sicherlich bereits ein paar Monate zuvor von Martelli übernommen.[1810] Als sich die Kirchenversammlung durch Verlegung nach Ferrara und dann Florenz

---

1805 ASFi, Fondo Martelli, Nr. 303, c. 60v. ASFi, MAP 96, Nr. 15: In einem Brief an Bartolomeo de' Battiferri vom 20. Januar 1438 schrieb er zu seinen Plänen: *Non dubitate del mio istare qui. Sono in buona gratia di Palermo e di messere Lodovico, et per conservarla fo tucto quello m' è possibile. Tais non credo abbia tanta possanza. Io non potrei sanza grandissima incomodità e danno della compagnia lasciare qui, e però non posso come e voi e io disidero venirvi ad vedere: quanto più presto potrò, fia. Voglio, partendomi, lasciare qui ordinato in forme la cosa passi con honore della compagnia.*

1806 ASFi, MAP 13, Nr. 15: Brief vom 26. August 1438 aus Ferrara an Cosimo de' Medici.

1807 Diese beiden Angaben macht Litta (1819–1894), ohne diese Aussagen zu belegen. Zur Verleihung des Titel eines kaiserlichen Pfalzgrafen vgl. Beinhoff (1995), S. 20–21. – Nach Martellis Rückkehr nach Italien wurde er 1439 Teilhaber der Römer Filiale der Medici, was er bis zu seinem Tod blieb. 1438 bis 1443 und 1447 bis 1458 war er Generaldepositar des Papstes, 1439 und 1446 einer der Prioren der Republik Florenz. Cosimo schickte ihn zweimal mit Erfolg nach Rom, um bei Papstwahlen die Interessen der Medici zu vertreten: Nikolaus V. und Kallixt III. Pius II. kannte ihn aus der gemeinsamen Basler Zeit sehr gut. Von allen Päpsten, denen er diente, erhielt er Privilegien. – In der Kunstgeschichte ist Roberto bekannt als Freund und Mäzen von Donatello, der für ihn eine Statue anfertigte. Von Donatello soll auch der Entwurf für den Palast sein, den Roberto in der Via de' Spadai errichten ließ, der *Poscia dei Martelli* genannt wird. Allerdings ist es ausgeschlossen, dass der Künstler die Jugendjahre im Hause von Roberto verbrachte, wie verschiedentlich berichtet wird, denn der Künstler war 23 Jahre älter als der Bankier. Martelli starb 1464 als geachteter und wohlhabender Bürger. Roover (1963), S. 96, 198, 314 und 421. Vgl. Cambi (1785–1786), S. 228; Cavalcanti (1821), S. 127; Kauffmann (1935), S. 43–45; Cornelio (1961), S. 174–176. – ASFi, Archivio Martelli, Documenti in Pergamena, Nr. 37. Über Martelli liegt bislang nur eine kleine Studie vor, die seine Rolle bei der Entstehung von Benozzo Gozzolis Fresken in der Cappella dei Magi beleuchtet: Crum (1996).

1808 ASFi, MAP 131 C, c. 9r.

1809 ASFi, MAP 13, Nr. 77. Am 12. November 1436 war er zusammen mit Robertos Bruder Giovanni in Brügge. Vgl. ASFi, MAP 11, Nr. 611 vom 8. Februar 1438.

1810 ASFi, MAP 13, Nr. 114. – Er ist etwa 1413 geboren und hatte einen sehr vermögenden Vater. Seine Ausbildung im Handels- und Bankgeschäft machte er bei den Medici in Rom, wo er ab 25. November 1432 das Kassenbuch

spaltete und in Basel die Zahl der finanzkräftigen Kirchenfürsten immer kleiner wurde, verloren die Medici zunehmend ihr Interesse an der Aufrechterhaltung ihrer Basler Niederlassung. Im *libro segreto giallo,* dem Hauptbuch der Zentrale in Florenz, wird die Basler Niederlassung 1440 zum letzten Male erwähnt wird.[1811]

Per 1. August 1441 wurde die Gesellschaft beendet und Giovenco della Stufa kehrte nach Florenz zurück.[1812] Die Nachfolgegesellschaft war eine Agentur der Genfer Medici-Filiale und übernahm deren Firma: *Giovanni d'Amerigo Benci e co. di Basilea.*[1813] Von diesem Tag an wurde zwischen einer *ragione vecchia* und einer *ragione nuova* unterschieden.[1814] Die *maggiori* in Florenz nahmen von dieser Änderung der Rechtsgrundlage und des Namens kaum Kenntnis, sodass auch in den folgenden Monaten in den Urkunden weiter von der Bank von Cosimo und Lorenzo de' Medici gesprochen wurde.[1815] Beweis für die erneute Abhängigkeit von Genf ist, dass einerseits von den *Medici di Vinegia* und den *Medici di Corte di Firenze* die Rede ist, anderseits aber von den *nostri di Ginevra,* wenn man in Basel Geschäfte abbuchte.[1816] Weiter wird der Agenturleiter *factori et negotiorum gestori Cosme de Medicis, sive Johannis Benci in Basilea* genannt.[1817] Alle diese Indizien führen zum Schluss, dass die Medici 1441 mit Benci einen Vertrag über die Basler Niederlassung abschlossen, womit sie ihm die Hauptverantwortung über diese Gesellschaft übertrugen. Dass es sich dabei um eine Liquidationsfirma handelte, geht daraus hervor, dass alle Reserven Basels dem Genfer Unternehmen überschrieben wurden.[1818] Das Bankpersonal wurde auf ein Minimum von einem Faktor und einem *garzone* reduziert und gleichzeitig wurden viele der Geschäftsräume aufgegeben.[1819] Auch die Geschäftstätigkeit

führte, das 1422 durch Roberto Martelli begonnen und von Antonio della Casa und Girolamo de' Bardi fortgesetzt wurde. Nach seiner Rückkehr von Basel nach Florenz übte er mehrfach wichtige Funktionen für die Republik Florenz und die Familie Medici aus. Am 1. Januar 1444 ist er als *padrone di navi mercantili* belegt, wie er sich selber in einem Brief an Cosimo bezeichnete. Er berichtete darin seinem Herrn in Florenz aus Sluys von der Ankunft der florentinischen Flotte. Wahrscheinlich war er zu diesem Zeitpunkt Kommandant dieser Schiffe. Sein Name fand in den Chroniken seiner Heimatstadt Erwähnung, als er 1459 eine wichtige Rolle beim Empfang des Papstes und des Herzogs von Mailand in Florenz spielte. Sein Todesjahr ist unbekannt, doch muss es nach 1469 gewesen sein. AOIF 12508; ASFi, MAP 5, Nr. 469 und 525; Messeri (1894), S. 297; Anonimo (1907), S. 45; Watson (1963), S. 326, 330 und 332; Roover (1974), S. 304.

1811 ASFi, MAP 153, Nr. 3.

1812 ASFi, MAP 5, Nr. 525: Brief von Bartolomeo di Giovanni di Nettolo Becchi an Giovanni di Cosimo de' Medici vom 5. August 1441: *Questa mattina e tornato da Basilea Giovencho della Stufa sano e salvo. Di tutto Iddio sia lodato.*

1813 ASFi, MAP 97, Nr. 5; MAP 104, Nr. 60, c. 601. Roover (1974), S. 409.

1814 ASFi, MAP 104, Nr. 60, c. 601.

1815 So in einem Dokument, das in Basel ausgestellt wurde: ASFi, Diplomatico, Medici, 1442 novembre 12.

1816 ASFi, MAP 104, Nr. 60, c. 600.

1817 StaBS, St. Urk. 1275.

1818 ASFi, MAP 153, Nr. 3, c. 20.

1819 ASFi, MAP 104, Nr. 60, c. 601. Für die Zeit vom 25. März 1441 bis zum 31. Juli 1441 betrug der Mietzins f. 40. Für die folgenden zwölf Monate lediglich f. 50. Dies kann wohl mehr durch die Rückgabe von Räumen an den Vermieter als durch ein Sinken der Zinsen erklärt werden.

nahm stark ab: Im März 1442 waren nur drei Geschäfte des amtierenden Faktors offen, während von seinen Vorgängern noch 27 Kredite nicht zurückbezahlt waren.[1820]

Während der letzten Phase ihrer Existenz wurde die Medici-Bank in Basel von Lorenzo di Giovanni Becchi geleitet, der zu diesem Zeitpunkt bereits Mitglied der Arte della Seta und der Arte del Cambio von Florenz war, sodass er wohl nicht nur einfacher Faktor der Gesellschaft war, sondern deren Teilhaber.[1821] Er übernahm die Leitung der Agentur spätestens am 1. August 1441 und wird im Januar 1444 in einer Basler Notariatsurkunde erwähnt: *Laurencio Iohannis Nettoli de Florentia, factori et negotiorum gestori Cosme de Medicis, sive Iohannis Benci in Basilea.*[1822] Drei Wochen später war er in Genf und schrieb von dort nach Florenz, er werde in vier Tagen in Basel sein.[1823] Es ist die letzte Quelle, die ihn in Verbindung mit der Stadt am

1820 ASFi, MAP 104, Nr. 60, cc. 598–602.

1821 Über seine Identität herrscht einige Unklarheit, denn in den zeitgenössischen Quellen wird er Lorenzo di Nettolo, Laurencio Iohannis Nettoli, Laurentius de Medicis und Lorenzo di Giovanni genannt: ASFi, MAP 97, Nr. 5; StaBS, St. Urk. 1275; ASFi, Diplomatico, Medici, 1442 novembre 12; ASFi, MAP 104, Nr. 60, cc. 598–602. De Roover und im Anschluss an ihn Losi und Ehrensperger machten aus ihm einen Verwandten des Vorgängers: Lorenzo di Giovanni della Stufa. Sie berufen sich dabei auf Dokumente bei Camerrani, in denen ohne die Angabe eines Familiennamens von einem Lorenzo di Giovanni die Rede ist. Camerani Marri (1951), Nr. 148–150; Losi (1968), S. 187; Roover (1974), S. 304. Ein Lorenzo della Stufa kann in dieser Zeit historisch jedoch nicht nachgewiesen werden. Da es völlig ausgeschlossen scheint, dass ein Mann, der eine so wichtige Position innehatte und zu einer so prominenten Familie gehört haben soll, in den Akten der Tratte, des Catastos, der Mercanzia und der Arte del Cambio nicht auftaucht, muss diese Identifizierung wohl falsch sein. Ich selber habe in einem Aufsatz den Namen Lorenzo di Giovanni Nettoli vorgeschlagen, denn ein Lorenzo Nettoli wurde anfangs 1444 damit beauftragt, Bargeld von Genf nach Florenz zu transportieren: Roover (1974), S. 402. Im Archiv der Medici finden sich Zeugnisse von der Existenz eines Lorenzo Nettoli: ASFi, MAP 22, Nr. 222 und MAP 28, Nr. 283. Aber Nettoli ist nicht der Familienname des Basler Medici-Mannes, sondern der lateinische Genitiv des Vornamens seines Großvaters Nettolo: Lorenzo di Giovanni di Nettolo. Ein Giovanni di Nettolo ist im Florentiner Catasto von 1427 nur ein einziges Mal als Oberhaupt der Familie Becchi zu finden. Bis 1414 stand dieser Giovanni Becchi in den Diensten der Medici und gründete anschließend in Imola eine eigene Handelsgesellschaft. Sein Sohn Bartolomeo lässt sich 1439 als Mitarbeiter von Roberto Martelli in der Römer Medici-Filiale nachweisen. Sein zweiter Sohn Lorenzo wurde 1439 Mitglied der Arte del Cambio und trat 1441 der Arte della Seta bei. Im November 1446 unterschrieb er im Haus der Medici in Rom eine Urkunde und war als Kaufmann in Verbindung mit der Bank von Antonio della Casa und gab noch 1480 eine Steuererklärung ab. Sein Bruder Francesco war wie der Vater priore. Der jüngere Bruder Girolamo war von 1470–1490 Bischof von Fiesole: Roover (1970a), S. 65, 66, 310 und 332; BNCF, Carte Passerini 176; ASFi, MAP 131, c. 24v; ASFi, Catasto 79, c. 243; Catasto 93, c. 45r; AOIF 12737, c. 117v; ASFi, Diplomatico normale, Dono Gondi, Nr. 45. – Lorenzo Becchi war 1427 acht Jahre alt. Es ist durchaus realistisch, dass ein 22-Jähriger die nur noch sehr kleine Niederlassung in Basel betreute

1822 StaBS, St. Urk. 1275. – Über das Leben von Lorenzo vor seiner Ankunft in Basel ist kaum etwas überliefert. Im Januar 1434 war er in der Gesellschaft seines Vaters in Mantua tätig. Im Sommer scheint er in die Dienste der Medici in Rom gewechselt zu sein. Vgl. ASFi, MAP 5, Nr. 284, 297 und 298.

1823 Bergier (1978), S. 289–290. Brief vom 25. Januar 1444: *E xi truova a Baxilea uno vantagatiximo maestro [..], e questo vi dicho perchè mi ritrovai in chanpo con questi tedeschi a Lafenbergh, indixino d'agosto, [..]. In fra 4 dì xarò a Baxilea.* – ASFi, Diplomatico, Medici, 1443 giugno 17: Der Kardinal von San Martino bestätigt von Lorenzo di Giovanni von Cosimo e Lorenzo de' Medici e co. in Basel f. 100 für die deutsche Nation am Basler Konzil erhalten zu haben.

Rhein nennt. Diese Vorgänge deuten darauf hin, dass Becchi nicht mehr permanent in Basel sesshaft war, sondern je nach Bedarf zwischen Basel und Genf hin- und herreiste.

Noch in der Bilanz der Borromei in Rom vom 24. März 1443 ist die Basler Gesellschaft der Medici zu finden: *Giovanni Benci e compagni di Baxilea f. 0 s. 12.*[1824] Doch bis zum 12. Juli 1443 hatte diese Medici-Bank alle Aktivitäten eingestellt: *prestantissimus vir Cosma de Medicis, civis et mercator florentinus olim Sacrum Concilium Basilee sequens.* Da sie beim Konzil noch Guthaben hatte, wurde an diesem Tag mit Giuliano Baratti ein Prokurator ernannt, der dieses einfordern sollte. Diese Ernennung überrascht, denn der aus Rom stammende Händler war kein erfolgreicher Bankier, sondern ein vor dem Konkurs stehender kleiner Spezereihändler, den das Konzil nach Basel geführt hatte und bei dem die Bank vorher Papier, Kerzen und andere Verbrauchswaren gekauft hatte. Tommaso Spinelli hat bei ihm 1436 ein Abführmittel besorgt.[1825] Noch etwas mehr als ein Jahr zuvor hatte der Medici-Geschäftsführer über ihn geschrieben, dass er bei der Bank eine Schuld von f. 350 habe. Würde man jedoch seinen ganzen Laden verkaufen, so könnte man dafür wohl keine f. 100 erlösen.[1826] Lange hat sich Baratti nicht mehr in Basel aufgehalten, denn bereits im Juni 1445 lebte er wieder in Rom.[1827]

Roberto Martelli notierte in seinen *ricordanze* voller Stolz, welchen Erfolg seine Arbeit hatte. Vor seiner Ankunft in Basel ist demnach lediglich ein Ertrag von etwa duc. 200 erwirtschaftet worden, dem ein Aufwand von duc. 300 gegenüberstand. Gläubiger hatten f. 6 000 bis f. 7 000 Forderungen an die Medici, denen Verpflichtungen von Schuldnern in etwa gleicher Höhe gegenüberstanden. In der Kasse befanden sich etwa f. 2 000. Im ersten Jahr unter seiner Leitung hat die Bank bis zum 27. Juni 1434 einen Ertrag von f. 1 557 s. 5 d. 1 erzielt (vgl. Tabelle 12). Und dies, obwohl die Genfer bei ihm ständig f. 3–4 000 in der Kreide gestanden haben und alle Gewinne, die er in Transaktionen mit Korrespondenten erzielte, den Genfern gutgeschrieben wurden. Zudem haben die *maggiori* ihm nie die f. 6 000 zur Verfügung gestellt, die ihm für den *corpo* versprochen worden waren. Er ist so knapp an Bargeld gehalten worden, dass er sich Geld beim Konzilspräsidenten, Kardinal Cesarini, ausleihen musste. Dennoch hat sich das Geschäft unter seiner Leitung schnell positiv entwickelt und im September 1434 konnte er nach Florenz berichten, er werde im laufenden Jahr einen Gewinn von mehreren Tausend Fiorini machen: *e abiate per fermo che al continovo mi troverrò d'avanzo costà migliaia di fiorini.*[1828]

Aus seiner Arbeit vom 1. August 1433 bis zum 24. März 1438 hat Martelli an die *maggiori* f. 8 966 s. 14 d. 1 abgeliefert, nachdem vom Ertrag der Aufwand in Höhe von f. 2 961 abgezogen

---

1824 YUSA 90, 1704.

1825 YUSA 645, 8949.

1826 ASFi, MAP 104, Nr. 60, cc. 598–602: *Giuliano Baratti f. 350 Reno. Costui nonn à a mala pena tanto possi vivere non che pagarci. Trovaxi una bottega di speziale che quando si vendesse tutto sarìa faticha di ritrarne f. 100.*

1827 RTA XVII, S. 670.

1828 ASFi, MAP 20, Nr. 50.

Tabelle 15. Ertrag der Medici-Filiale in Basel, 1433–38

Periode	Ertrag in f.
01.08.1433 - 26.06.1434	1 557.05.01
27.06.1434 - 24.03.1435	3 895.18.01
25.03.1435 - 24.03.1436	3 347.01.11
25.03.1436 - 24.03.1437	2 007.01.00
25.03.1437 - 24.03.1438	1 119.09.09
Total	**11 927.00.00**

worden war.[1829] Cosimo de' Medici verbuchte für die Basler Filiale bis zum Ende des Einsatzes von Giovenco della Stufa einen Gewinn von lediglich f. 5 065. Die Differenz entstand vor allem durch Rückstellungen für *mali debitori* (Tabelle 15).[1830]

In der einzigen erhaltenen Bilanz dieser Gesellschaft, die vom 24. März 1442 datiert, wurde für das Geschäftsjahr vom 25. März 1441 bis zum 24. März 1442 ein Ertrag von duc. 518 s. 11 d. 2 ausgewiesen; im darauffolgenden Jahr waren es noch duc. 370 s. 10 d. 6.[1831] Der Ertrag von f. 889 s. 1 d. 8 a camera, der für diese beiden Jahre in der Bilanz figuriert, wurde durch den Aufwand und die nicht mehr eintreibbaren Guthaben *(si perderanno)* aufgefressen, sodass an die Teilhaber kein Profit verteilt werden konnte: *non vi fu avanzo.*[1832] Diese Bilanz zeigt, wie Ertrag und Aufwand zustande kamen (vgl. Tabellen 16 und 17). Allerdings sind die Buchungstexte so knapp, dass nicht immer verständlich wird, welche Art von Geschäft sich hinter den genannten Summen verbirgt. Es kann jedoch festgestellt werden, dass der Profit aus dem Warenhandel mit etwas mehr als 26 Kammerdukaten sehr klein war, was wegen der Dominanz

---

1829 In der Rechnung von Martelli hat es offensichtlich einen kleinen Fehler gegeben, der wohl durch Rundungen entstanden ist.

1830 ASFi, MAP 153, Nr. 3: Im Geschäftsjahr 1435 (= 25. März 1435 bis 24. März 1436) betrug der Gewinn f. 3 570 s. 15 a fiorini und im darauffolgenden Jahr f. 1 605. Diese Beträge wurden am 16. Mai 1439 zusammengelegt und nach Florenz überwiesen. Von der Summe von f. 5 175 s. 15 wurden f. 1 983 für eine Reserve für *i mali debitori* in Basel zurückgelassen. Der Gewinn von f. 3 192 s. 15 wurde unter die Teilhaber Cosimo und Lorenzo de' Medici (2⁄3), Antonio Salutati (1⁄6) und Giovanni Benci (1⁄6) aufgeteilt. In den Jahren 1437, 1438 und 1439 beliefen sich die Bruttogewinne auf f. 776 s. 11 d. 1, f. 899 s. 25 d. 10 und f. 722 s. 28 1 d. 8. Nach den Abzügen für die schlechten Schuldner und Gehälter des Personals blieb für diese drei Jahre ein Reingewinn von f. 1 872 s. 14 d. 6 übrig. Diese letztgenannte Summe enthielt f. 324, die in den Jahren 1433 und 1434 als Reserve in Basel belassen worden waren. Die f. 1 872 s. 14 d. 6 wurden 1441 nach Florenz bezahlt, wo sie nach dem genannten Schlüssel aufgeteilt wurden.

1831 ASFi, MAP 104, Nr. 60, cc. 598–602.

1832 ASFi, MAP 104, Nr. 60, c. 599.

Tabelle 16. Ertrag der Basler Medici-Filiale, 25. März 1441–24. März 1442

in Kammerdukaten	f.	s.	d.
Konto der Borromei in Milano	5	10	
Konto der Medici in Venedig	73	7	
Konto von Gherardo Gianfigliazzi in Valenzia	5		
Zinsen auf einem Konto bei den Medici in Venedig	16		
Versicherung für die Bardi in Brügge	28		
Konto von maestro Guglielmo di Berda	3		
Konto von messere I. da Trevigi	1	6	
Konto des Kardinals von Palermo	7	4	
Konto des Bischofs von San Penxò	54	10	
Gewinn aus Warenverkauf	14	11	4
Gewinn aus dem Verkauf von Silberwaren	11	11	1
Kassenbuch (24.3.41 - 6.5.41)	5	7	5
Kassenbuch (6.5.41 - 24.8.41)	62	13	3
Kassenbuch (24.8.41 - 24.12.41)	40	12	8
Kassenbuch (24.12.41 - 24.3.42)	41	17	9
Ertrag	**370**	**10**	**6**

des Geldgeschäfts bei den Konzilsbanken zu erklären ist. Vier Konten von Geistlichen waren mit Gewinn abgeschlossen worden; dabei handelte es sich vermutlich um den Ertrag aus bevorschussten Annatenzahlungen oder Verbrauchskrediten. Unter den Einnahmen konnte ebenso die Prämie für ein Versicherungsgeschäft mit den Bardi in Brügge abgebucht werden. Einen Überschuss wiesen Konten mit den Medici in Venedig, Gianfigliazzi in Valencia und Borromei in Mailand auf. Das Kassenbuch, über das alle Wechselgeschäfte liefen, zeigte fast 150 Kammerdukaten an Bonus.

Der Aufwand resultierte in erster Linie aus den Mietkosten bei Heinrich Halbisen und der Verpflegung der Mitarbeiter und ihrer Gäste, wofür man die Lebensmittel beim Basler Wernli von Kilchen und dem Römer Giuliano Baratti einkaufte. Die Kosten für Korrespondenz und den Kauf der Geschäftsbücher fallen mit etwa 12 Rheinischen Gulden kaum ins Gewicht. Seltsamerweise fehlt jeder Hinweis auf Saläre. Gesamthaft betrachtet, war die Basler Medici-Agentur in

Tabelle 17. Aufwand der Basler Medici-Filiale, 25. März 1441–24. März 1442

in Rheinischen Gulden	f.	s.	d.
Kleinspesen bis zum 1.8.41	80	4	
Verpflegung eines Kaufmanns aus Lübeck (Gherardo Bueri?)		17	8
Kauf von Wein bei Wernli von Kilchen	18		
Verpflegung von Giovanni Talani und einem anderen Angestellten von Gherardo Bueri aus Lübeck	1	3	
An Giuliano Baratti für Papier, Wachs, Esswaren und Almosen (1 RG)	8	8	4
An Giuliano Baratti für die Verpflegung von Lorenzo und einem giovane während acht Monaten	48		
Miete bei Heinrich Halbisen (24.3.41 - 1.8.41)	40		
Miete bei Heinrich Halbisen (1.8.41 - 1.8.42)	50		
Für Pferdefutter an Heinrich Halbisen (24.3.41 - 1.8.41)	2	11	6
Briefspesen	9		
4 Bücher für die Bank	1	21	
4 Papierhefte	1	17	3
Schulden von Ianni, einem früheren Koch	4		
Schulden eines Pagen	1	8	
Schulden von Giovanni Ciedeler, einem früheren Diener	1		
Aufwand	**250**	**16**	**4**
Aufwand in Kammerdukaten	**200**	**12**	

diesem Jahr eine sehr kleine Bank, die nur noch wenig kommerzielle Initiative entwickelte. In Basel hatte man insgesamt fast 271 RG ausgegeben, was etwa 200 Kammerdukaten entsprach. Die Entwicklung des Geschäftsertrages der Medici bestätigt die Feststellung von Traugott Geering[1833] und Franz Ehrensperger,[1834] dass die durch das Konzil in Basel hervorgerufene Hochkonjunktur ihren Höhepunkt in den Jahren 1433 bis 1437/38 hatte. Damit wird auch belegt, dass nicht allein die Höhe der Teilnehmerzahl, die 1439 am größten war,[1835] sondern die

1833 Geering (1886), S. 289.
1834 Ehrensperger (1972), S. 331.
1835 Wackernagel (1907–1916), I, S. 520–521.

Kaufkraft der anwesenden Personen von Bedeutung war. In besonderem Maß musste dies für die MediciBank Folgen haben, die sich auf Geschäfte mit wohlhabenden Kunden spezialisiert hatte und die kleinen Kreditgeschäfte nur in beschränktem Maße betrieb.

Ein interessantes Indiz für die Entwicklung der Geschäftsintensität sind die Spesen für das Absenden und Empfangen von Briefen. In der Zeit vom 13. Dezember 1433 bis zum 27. Juni 1434 wurden dafür mehr als f. 10[1836] ausgegeben, während im ganzen Jahre 1441/42 nur gerade f. 9[1837] dafür aufgewendet werden mussten. Wenn man davon ausgeht, dass mit der Abnahme des Verkehrs über Basel nach 1439 wohl auch die Briefspesen stiegen (je weniger Briefe ein Bote zum Transportieren erhielt, um so teurer wurde die Spedition des einzelnen Briefes), so zeigt sich auch hier der bemerkenswerte Rückgang des Geschäftsumfanges.

Was die einzelnen Geschäftszweige anbetrifft, so zeigt die Jahresbilanz, dass auch in Basel die Grundlage des Gewinns durch die Geldgeschäfte gelegt wurde. Zwar war das Lager an Waren recht groß, doch überwogen die Geldeinlagen bei weitem (f. 763 s. 16 d. 6 an Waren gegenüber einer Einlage von über f. 2 000, die allein der Kardinal de la Plaigne gemacht hatte).[1838] Im gleichen Jahr 1441 machte die Bank mit ihren Warengeschäften nur gerade einen Gewinn von f. 25 s. 22 d. 5.[1839]

Am Gesamtumfang des MediciUnternehmens (ohne Woll und Seidenmanufaktur) machte der Gewinn der Basler Filiale einen Anteil von 5,2 Prozent aus, womit sie hinter Rom, Venedig und Genf an vierter Stelle stand (Tabelle 18). Weniger Gewinn als in Basel wurde in Ancona, Brügge / London und Florenz erzielt.

Die *fattori* waren weder am Gewinn noch am eventuellen Verlust beteiligt. Roberto Martelli war darüber sehr enttäuscht und verbittert. Er beklagte sich 1439, die *maggiori* hätten dank seiner Dienste in Basel f. 8 966 s. 14 d. 1 a oro di camera verdient und ihm habe man nur gerade ein Jahresgehalt von duc. 100 bezahlt. Das sei nicht einmal ein Viertel dessen gewesen, was ihm zugestanden hätte. Hätten sie ihn 1439 nicht zum Teilhaber gemacht, hätte er sie verlassen.[1840] Robertos Nachfolger werden ein Jahressalär in gleicher Höhe erhalten haben. Um im Namen von

1836 ASFi, MAP 131 C, c. 14.

1837 ASFi, MAP 104, Nr. 60, c. 601.

1838 ASFi, MAP 104, Nr. 60, cc. 599 ff.

1839 ASFi, MAP 104, Nr. 60, c. 601.

1840 ASFi, Fondo Martelli, Nr. 303, c. 57r: + *Somma f. 11927 s. – d. 5. De quali i maggiori n'ebbono f. 8966 s. 14 d. 1 a oro di camera che il resto si spese e per salari e per altre spese e tucto questo si fece sanza avere corpo alcuno e a mme fu assignato per mio salario ducati 100 l'anno che non mi fu dato il quarto di quello meritavo e se non fusse istato che poi dell'anno 1439 mi fecero loro compagnio non vi restavo contento.* In seinen nur wenigen Seiten umfassenden *ricordanze* nahm er diese Verbitterung ein zweites Mal auf. ASFi, Fondo Martelli, Nr. 303, c. 61r: *fu proveduto come factore con salario sì piccolo che se non fusse la speranza del tempo a venire parendomi essere molto male tractato, non restavo mai contento perché sapevo in VI anni avere durato in extimabile fatica e per honore e grande reputazione e ancora utilità di compagnia avere facto grandemente mio debito.* – Die Behauptung, er sei in Basel reich geworden, stimmt sicherlich nicht. Dass er aus dem eigenen Vermögen der deutschen Nation 8 000 Goldfiorini leihen konnte, womit diese die Stadt Pilsen von den Hussiten freikaufte, beruht auf einer falschen Interpretation von Geschäftsdokumenten der Medici. Vgl. Litta (1819–1894), I, tavola I.

Tabelle 18. Gewinn des Medici-Unternehmens (ohne Manufakturen), 1435–41

Filiale	**f.**	**s.**	**d.**	**Anteil in %**
Rom	35960	21	0	36,9
Venedig	27740	1	10	28,9
Genf	19924	25	6	20,2
Basel	5065	0	6	5,2
Ancona	4168			4,3
Brügge / London	2350	0	0	2,4
Florenz	2200	0	0	2,1
Total	**97408**	**19**	**10**	**100,0**

Cosimo arbeiten zu können, waren sie sicherlich mit der Prokura ausgestattet.[1841] Über ihre Entscheidungskompetenzen ist nichts Gesichertes überliefert. Einzig ein Brief von Kardinal Cesarini an Cosimo zeigt, dass sie bei sehr großen Geschäften die Zustimmung der Zentrale einholen mussten.[1842] Dies taten sie wohl auch bei finanziell oder politisch risikoreichen Geschäften.[1843] Immerhin konnte Roberto Martelli dem Konzil Wechsel über 8000 RG in Nürnberg für den Krieg gegen die Hussiten ausstellen, für die er keine Erlaubnis in Florenz einholen musste. Bei einer dermaßen großen Summe schien es aber wiederum ratsam, Cosimo durch Kardinal Cesarini schriftlich versichern zu lassen, dass die Bank durch diese Darlehen keine Risiken eingehe. Sie seien durch Kirchenabgaben und die persönliche Verpflichtung des Kardinals gedeckt.[1844]

Dass man nach Basel Mitarbeiter der Filiale bei der Kurie schickte, hängt mit der Art der Geschäfte zusammen, die man an diesen beiden Bankplätzen tätigte. Benci, Martelli, della

1841 Giudici (1850), II, S. 78 zitiert eine entsprechende Bestimmung aus den *Statuti dell'Arte di Calimala.*

1842 ASFi, MAP 12, Nr. 417.

1843 ASFi, MAP 20, Nr. 50.

1844 ASFi, MAP 12, Nr. 417: *Et quia pridie erant necessaria quatuor milia florenorum Renensium, induxi Robertum ut faceret litteram cambii in Norimbergam ut solverentur pro succursu eiusdem fidelissime civi tatis Pilznensis obsesse ab hereticis. Rehabuit de pecuniis que quotidie colliguntur circa tria milia, et ante non multos dies habebit residuum, et multo plus de semidecima imposta in Alamania. Et quia maior pecunia erat necessaria nec in promtu inveniebatur, ut res fidei non paterentur aliquid detrimentum induxi dictum Robertum ad mutuandum alia quatuor milia nationi gallicane, oro qua summa se obligarunt circa 25 prelatos et alias personas usque ad summam 6 milia florenorum et plus. Nihilominus ne sotietas vestra posset terminare in damno, ego me oblogavi ipsi Roberto in solidum usque ad dicta quatuor milia que sine dubio recolligentur et plura. Nichilominus si quo casu non recolligentur usque ad illam summam ut scitis non potestis perdere quia adhuc esse debent apud vos quatuor milia et quadringenti vel circa ducati, ymo multo maior mihi deberetur si fieret mihi certa ratio.*

Stufa und wahrscheinlich auch Becchi hatten in Rom den Umgang mit hohen Kirchenherren kennengelernt. Sie kannten die Wünsche und Eigenarten dieser Kundschaft und wussten, wie man mit ihr zusammenarbeiten musste. Von großem Vorteil war selbstverständlich auch, dass ihnen viele Konzilsteilnehmer bereits aus Rom persönlich bekannt waren, was den geschäftlichen Umgang zwischen den Bankiers und ihren Kunden sehr erleichterte.

Unterstützt wurden die Geschäftsleiter von den *garzoni* und *giovani,* untergeordneten und meist jungen Angestellten, Dienern *(famiglio)* und Hilfskräften *(fanciullo, ragazzo, paggio, cuoco).* Ihre Aufgaben bestanden im Transport von Wertsachen zwischen den verschiedenen Geschäftsstellen und der Ausübung weniger vertrauensvoller Chargen (Sekretariat, Nebenbuchhaltung, Bereitstellen und Versand von Waren usw.). In Basel treffen wir mehrfach auf den *giovane* Piero Malzi, der während seiner ganzen Tätigkeit im MediciUnternehmen nie zum *fattore* aufstieg.[1845] In allen Funktionen, in denen Bankfachwissen benötigt wurde, sind nur Italiener zu finden; die einfacheren Arbeiten wurden auch Deutschen anvertraut.

Wie viele Leute der Personalbestand insgesamt umfasste, ist nicht mehr festzustellen. In einem Rechnungsheft der Basler Medici, das Aufzeichnungen vom Dezember 1433 bis zum Juni des folgenden Jahres enthält, werden im Zusammenhang mit Bankgeschäften die Namen von acht Mitarbeitern genannt. Da vermutlich noch mindestens eine Person für die Küche und die Besorgung des Haushaltes hinzuzuzählen ist, gehörten zum Personal also etwa zehn Männer.[1846] Vom 1. August 1441 an, als die Bank nur noch reduziert arbeitete, waren nur der Geschäftsführer und ein *giovane* (Zacheria Müller) in Basel; ein *cuoco* (Ianni) und ein *fanciullo* (Giovanni Ciedeler) waren entlassen worden oder hatten unter Zurücklassung von Schulden die Arbeitsstelle verlassen.[1847]

Deutsche Handelsherren als Kunden der Medici-Bank

Die wirtschaftliche Betätigung auf den regionalen und lokalen Märkten in Deutschland war für die Basler Konzilsbanken nur ein Nebengeschäft.[1848] Handel und Bankgeschäfte mit den Deutschen alleine hätten nicht genügend Umsatz und Gewinn erzielen lassen, um Florentiner zur Wohnsitznahme nördlich der Alpen zu veranlassen. Gelder zwischen den deutschen Städten und dem Konzil konnten auch ohne Beteiligung von Italienern über das innerdeutsche Zahlungssystem transferiert werden. Der Basler Heinrich Halbisen bezahlte beispielsweise am 15. September 1436 in seinem eigenen Namen und in demjenigen von Münzmeister Peter Gatz

1845 ASFi, MAP 153, Nr. 2, c. 32d. 25. Mai 1440: Piero Malzi erhält für 1439 ein Gehalt von 32 scudi als *giovane* der Genfer Medici-Agentur. Die Filiale in Brügge bezeichnet ihn 1441 als Piero Malzi di Friborgho, ASFi, MAP 134, Nr. 3, c. 21v.

1846 ASFi, MAP 131 C: Ruberto Martelli (*fattore,* Filialleiter), Giovenco della Stufa (*fattore* oder *garzone*), Ghaltieri *(famiglio)*, Francesco (*nostro* ohne Titelangabe), Giacopo *(famiglio),* Rubino *(famiglio),* Piero Malzi (*nostro* ohne Titelangabe), Iodoco *(ragazzo).*

1847 ASFi, MAP 104, Nr. 60, cc. 598–602.

1848 Zu den drei Ebenen der Bankaktivitäten in Deutschland vgl. Hildebrandt (1991), S. 831.

an den apostolischen Abbreviator Nicolaus Volrat 200 RG aus, die der Nürnberger Kaufmann Fritz Usmer an Kardinal Cervantes angewiesen hatte.[1849] Dieser deutsche Geldstrom fand während des Konzils in Basel Anschluss an das florentinische Zahlungssystem. Basel war während des Konzils ein internationaler Handelsplatz, auf dem die deutschen Kaufleute bei italienischen Bankiers dieselben Finanzdienstleistungen kaufen konnten wie in Venedig oder Brügge.

Basler Großkaufleute wie Halbisen, Wernli von Kilchen und Niklaus Gottschalk[1850] sowie wegen des Konzilgeschäfts angereiste deutsche Bankiers wie Johannes Westfeling[1851] machten als Kunden von den Diensten der Florentiner in ihrer Vaterstadt regen Gebrauch. Schon kurz nach Errichtung der Medici-Niederlassung nahmen sie bei ihr Kredite auf und kauften Wechsel. Dass Halbisen Gastgeber der Medici und Wernli von Kilchen für die Borromei war, zeugt von älteren Beziehungen zwischen diesen deutschen und italienischen Handelsherren.[1852] Die oberrheinische Hochfinanz „mit internationalen Tentakeln", die Wolfgang von Stromer in den Rechnungen des General-Thesaurars der Grafen und Herzöge von Savoyen gefunden hat, hat zweifellos sehr eng mit den Medici in Basel und Genf zusammengearbeitet.[1853] Das letzte nachweisbare Geschäft zwischen Basler Großkaufleuten und den Medici findet man im Hauptbuch der Brügger Filiale von 1441. Damals wickelte Heinrich Halbisen Geschäfte über die Basler Niederlassung der Medici nach Brügge und Genf ab. Er bezahlte auf diesem Wege den Kauf einer großen Menge Wolle bei Ubertino de' Bardi in London. Zahlungen erfolgten auch über seinen Sohn, der sich in Mecheln aufhielt und die Messe in Antwerpen besuchte.[1854] Nach dem Abzug der Konzilsbanken ging diese Blütezeit des Basler Handels sehr schnell zu Ende.

Belegt ist für die Verbindung zwischen Basel und Venedig, dass neben den Baslern Heinrich Halbisen, Wernli von Kilchen und Hans Amelung auch die Diesbach-Watt-Gesellschaft, die Frankfurter Handelsherren Hans Bromm und[1855] Wolf Blum[1856] sowie Matthäus Bachendens (Bacgarach) aus Köln und die Straßbürger Dibur (von Burg?) dieses Angebot nutzten (Tabelle 19). Zweimal bedienten sie sich dabei der Vermittlungsdienste von Jakob, dem Wirt des Gasthauses „Zur Krone" in Basel. An den Arbitragegeschäften zwischen den Banken waren sie hingegen nicht beteiligt, obwohl viele von ihnen Wechsel zwischen Venedig und Brügge

1849 ASFi, MAP 89, Nr. 23/24. Usmer bei Stromer (1970a), S. 375.

1850 ASFi, MAP 131 C, cc. 11, 12, 13, 17 und 36.

1851 Wackernagel (1907–1916), II, S. 512.

1852 Zu den Beziehungen zwischen den Borromei und der Diesbach-Watt-Gesellschaft mit Peter von Watt und Wernli von Kilchen vgl. oben S. 210. – Ist Bernart Altisan bei Rocchi (1980), S. 96 ein Bernhard Halbisen? Dann wäre bereits um 1394 ein Basler in Spanien als Handelsherr tätig gewesen.

1853 Stromer (1995a), S. 155. Er hat nicht erkannt, dass Michele di Ferro einer der wichtigsten Medici-Bankiers dieser Zeit war: Korrespondent der Medici in Genf etwa zwischen 1420 und 1424, dann zusammen mit Amerigo Benci Teilhaber der Bank in Genf. Cassandro (1976b), S. 574.

1854 Sieveking (1906), S. 46–47; Apelbaum (1915), S. 27; Ehrensperger (1972), S. 319.

1855 Simonsfeld (1887), I, S. 224; Sieveking (1906), S. 21; Braunstein (2016), S. 253–257.

1856 Stromer (1995a), S. 83 nach Barbarigos Mastro B fol. 88a/b, 97 b.

Tabelle 19. *Lettere di cambio* für deutsche Handelsherren von Basel nach Venedig, 1436/37

datore	**Einzahlung**	***beneficiario***	**Auszahlung**	**Lire**
Piero Bachirech	28.06.36	Piero Bachirech (Peter von Bacharach) o a Giovanni Brome di Franchoforda	28.07.36	20.00.00
Matteo Bacchendens di Cholongna	14.07.36	Matteo Bacchendens di Chologna	30.07.36	40.00.00
Iachopo, ostiere della chorona	15.06.36	Piero Bacherech e Giovanni Brome	01.08.36	50.00.00
Iachopo della Corona	12.07.36	Piero Bacherech e Giovanni Brome	01.08.36	60.00.00
Ghuernieri della Chiesa	19.07.36	Giovanni Charlini, fattore di Piero di Vatt, o Bartolomeo, famiglio di Ghuernieri della Chiesa	02.08.36	60.00.00
Ghuarnieri della Chiesa	19.06.36	Giovanni Charlini, fattore di Piero Devunit di Norinbergho, o Bartolomeo, famiglio di Ghuernieri della Chiesa	04.08.36	100.00.00
Giovanni Amelonch da Basilea	21.08.36	Giovanni Amelonch da Basilea	20.09.36	10.00.00
Arigho Elbison	21.10.36	Giovanni Cherlini	12.01.37	40.00.00
Arigho Elbison	07.12.36	Giovanni Bruno, fattore di Buolf Brumm di Franchofordia e per lui gli demmo alla chomeserìa di Luigi de' Richoverati	22.01.37	40.00.00
Arigho Elbison	21.01.37	Churado Dibur o Giovanni Dibur	15.02.37	10.00.00
Egdo Stang	07.01.37	Churado Dibur, Giovanni Dibur da Strasborgho	15.02.37	10.00.00

über die Medici transferierten.[1857] Auffällig ist an der Zusammensetzung der Gruppe von deutschen Kaufleuten, die Wechsel über Basel laufen ließen, das Fehlen der Nürnberger; für sie brachte die Präsenz der Medici in Basel keine neuen Geschäftsoptionen.

Eine Kooperation bestand auch zwischen Heinrich Halbisen und Gherardo Bueri in Lübeck. Als der Florentiner starb, meldete sich in der Stadt an der Trave der Basler Friedrich Sennheim als Prokurator Halbisens. Er erhielt von den Testamentsvollstreckern 346 Mark lübisch ausbezahlt. Ob diese Schuld durch Warenlieferungen oder Wechselgeschäfte entstanden war, ist nicht zu ermitteln.[1858]

Korrespondentenstruktur

Keine andere florentinische Bank in Deutschland hat ein Handelsvolumen erreicht, das sich mit demjenigen der Medici-Niederlassung auf dem Basler Konzil vergleichen ließe, die zwischen 1432 und 1444 bestand.[1859] Den Kern ihres Korrespondentennetzes bildeten bis 1436 die Gesellschaften der Medici in Venedig, di Corte, Florenz und Genf (Amerigo Benci e co.), Ventura & Pazzi in Avignon und Barcelona, Gherardo Bueri in Lübeck sowie Ubertino de' Bardi in Brügge und London. Dieses System spiegelt sich weitgehend in den Briefspesen, die in einem Rechenheft von 1433/34 ausgewiesen werden (Tabelle 20). Die darin zum Ausdruck kommende hohe Zahl von Briefen nach Venedig beruht sicherlich auf der Tatsache, dass sich Cosimo und Lorenzo de' Medici zu diesem Zeitpunkt selbst in dieser Stadt aufhielten, sodass alle *lettere private* dorthin geschickt werden mussten. Bestätigt findet man die Bedeutung Basels für den Verkehr mit Brügge, der dann nach London weiterführte. Da nach Genf ständig eigene Boten unterwegs waren, denen Post kostenlos mitgegeben werden konnte, dürfte die tatsächliche Zahl der Korrespondenz zwischen diesen beiden Orten sowie Avignon und Barcelona noch sehr viel höher gewesen sein. Das Fehlen der deutschen Städte zeigt, dass die Briefe dorthin nicht mit bezahlten Postboten, sondern über befreundete Kleriker und Kaufleute spediert wurden.

Ein Rechnungsbuch der Medici in Venedig von 1436/37 zeigt die Basler und die Empfänger ihrer Briefe als einen Kreis von italienischen Banken, über den ein reger Handel mit Wechselbriefen betrieben wurde. Die meisten davon lauteten über 50 Lire (50 RG). Die Buchungstexte sind zu knapp formuliert, um erkennen zu können, bei welchen dieser Transaktionen es sich um den Ausgleich von Konten handelte und bei welchen die Bankiers versuchten, durch das Ausnutzen von Wechselkursschwankungen auf den internationalen Bankenplätzen einen Gewinn

1857 ASFi, MAP 134, Nr. 1: Stefan Volkmeier (5r), Wilhelm und Georg Mendel (5r, 32r, 37v, 48v, 136v), Ludwig Poltus (30v), Leonhard, Karl und Wilhelm Hirschvogel (30v), Georg und Heinrich Rummel (31v), Nikolaus Wolf (32r), Hans Meuting (75v). Zu Volkmeier vgl. den Brief von Lienhardt in Nürnberg an seinen Bruder Stefan in Venedig vom 4. Februar 1435 in ASFi, MAP 68, Nr. 484.

1858 Fouquet (1998), S. 218.

1859 In diesem Kapitel werden ausschließlich die Geschäfte der Bankiers mit Personen behandelt. Zu Transaktionen im Auftrag des Konzils als Institution vgl. S. 297.

Tabelle 20. Anzahl von Briefsendungen von und nach Basel, Dezember 1433–Juni 1434

von	nach Basel	von Basel	nach
Venedig	5	14	Venedig
Brügge	1	4	Brügge
Genf		4	Genf
Barcelona	2	2	Barcelona
Avignon	1	1	Avignon
Rom		1	Rom
Florenz		1	Florenz

zu erzielen. Basel war die einzige deutsche Stadt, die während der Konzilszeit in diesen große Geldbeträge bewegenden Handel einbezogen war.[1860] Die Basler Niederlassung war in das Gefüge der Medici-Strategie für das Interbankgeschäft vollständig eingebunden. Allerdings war der in Basel gebräuchliche Rheinische Gulden für die Florentiner eine wenig bekannte Währung und der Handel mit ihm nicht einfach. Im Februar 1433 schrieb Giovanni d'Amerigo Benci von Basel aus an den Leiter der Medici-Bank in Genf und warnte ihn vor Arbitragegeschäften mit diesen Münzen, da sich der Kurs offensichtlich nicht wie erwartet entwickelt hatte: *Credetti fosse grascia in questi fiorini di Reno: egl' è il chontrario; non ve ne traete più a pregii in mercatanti, e avere costì uno marco d'oro a fiorini 83 sono contento, e non lo fate di somma che potesino avere verghognia.*[1861]

Neben dem Hauptnetz bestand ein zweites mit Handelsherren, die nur gelegentlich Geldgeschäfte mit den Medici in der Konzilsstadt machten. Dies waren in erster Linie die anderen italienischen Gesellschaften in Basel und Kurienbankiers: Guarienti, Borromei, Alberti, della Casa.[1862] Die europaweite Herkunft der Konzilsteilnehmer führte auch zu Beziehungen zu ungewöhnlichen Handelsplätzen, zu denen etwa die bretonische Stadt Nantes gehörte. Hier arbeitete der Lucchese Iacopo Tomucci, auf den die Medici in Basel am 9. Juli 1436 für den Kanoniker Jean Billy einen Wechsel über 111 scudi ausstellten. Am 29. Mai 1437 schickte Tomucci

1860 Ein Beispiel einer solchen Buchung aus ASFi, MAP 134, Nr. 1, c. 49v: *A' nostri di Basilea per loro, lire cinquanta di grossi, sono per la valuta a grossi 48 ½ per ducato, che insino a dì 21 del passato rimettemmo per loro a Bruggia a' Bardi da Luigi Benbo in somma di lire 127 s. 11 di grossi, sono per tanti qui a ser Francesco Balbi e fratelli, portò ser Francesco detto; posto a libro grande, a c. 16 – L. 50.* – Wie diese Arbitragegeschäfte funktionierten, haben de Roover und Stromer beschrieben: Roover (1963), S. 112–123; Stromer (1970a), S. 438.

1861 ASFi, MAP 88, Nr. 119. Vermutlich kurz nach dem 5. Februar 1433 geschrieben.

1862 ASFi, MAP 131, Nr. 3, cc. 5v, 9r, 17r und 18r. – AOIF 12737, cc. 11r, 37v und 236r.

den Auftrag zurück, da er die Auszahlung verweigerte, und gab den Auftrag, den Betrag an Colo della Mossaya auszubezahlen.[1863]

Bis zur Schließung der Bank änderte sich grundsätzlich nichts an der Zusammensetzung des Medici-Netzwerkes, wie die Bilanz der Korrespondentenkonten vom März 1442 zeigt (Tabelle 21). Den einzigen Wechsel hatte es in Brügge gegeben, wo die Bardi durch die neu gegründete Medici-Bank als Korrespondenten abgelöst worden waren; die Bardi-Niederlassung in London blieb Teil des Systems. Wenn auch diese Angaben aus einer Bilanz stammen, die nur die Momentaufnahme an einem bestimmten Tag wiedergibt, so kommt darin dennoch zum Ausdruck, dass die Basler viel mehr *lettere di cambio* honorierten als sie ausstellten, es gab nämlich fast keine Guthaben von Korrespondenten in Basel. Deutlich wird die enge Bindung an die Handelsplätze Genf und Venedig, während sich die Kurie und das Basler Konzil bis zu diesem Zeitpunkt in so starkem Maße auseinandergelebt hatten, dass zwischen diesen beiden Orten nur noch wenig Geldverkehr bestand.

Die Einbindung der Medici-Bank in Basel in das florentinische System des Zahlungsverkehrs mittels *lettere di cambio* zeigt sich in vielen Belegen für Wechsel, die in Basel ausgestellt oder bedient wurden. Die Konzilsteilnehmer konnten sich auf diesem Wege Geldmittel für den eigenen Lebensunterhalt und die Gesandten kirchlicher oder weltlicher Institutionen die Gulden schicken lassen, mit denen sie sich die Gunst der Entscheidungsträger zu erwerben versuchten und die Verfahrenskosten bezahlten. Eine besonders große und vermögende Personengruppe bildeten die Kurienkleriker, die in Basel überwiegend von Cosimos Bank betreut wurde, da sie bis 1438, als kommerziell betrachtet der Höhepunkt für Bankgeschäfte in Basel bereits überschritten war, die einzige mit einer Schwestergesellschaft *di Corte* war. Sie dominierte deshalb während der ersten Phase der Kirchenversammlung den Wechselverkehr zwischen dem Konzil und der Kurie. Die angereisten Protonotare, Sekretäre und Prokuratoren generierten für sie mit einer Vielzahl von Transfers über allerdings meist kleine Beträge viel Umsatz. Viel lukrativer war sicherlich das Geschäft mit den Kardinälen, für das sie fast über ein Monopol verfügte. Nur bei Geldgeschäften mit Wechselplätzen außerhalb Italiens konnten andere Banken für *porporati* Transaktionen durchführen: Eine Zahlung für Prospero Colonna von London an den Rhein wurde von der Alberti ausgeführt; der spanische Kardinal Ram ließ Geld aus seiner Heimat von den Borromei transferieren.[1864]

Bei den Wechseln der Medici in Basel, die nicht mit ihrer Schwestergesellschaft in Rom *(i nostri di Corte)* in Verbindung standen, überwogen als Kunden die Italiener und Franzosen.[1865] Auffällig ist die geringe Zahl von *pagatori* und *beneficari* aus dem Einflussgebiet des

1863 ASFi, Diplomatico, Medici, 1436 luglio 9. – Billy war mit diesem Ablauf nicht einverstanden und ließ in Venedig durch einen Notar einen Protest beurkunden: ASFi, Diplomatico, Medici, 1437 ottobre 7.

1864 YUSA 90, 1700.

1865 Eine vollständige Liste der Belege für Wechselgeschäfte mit Italienern und Franzosen ist viel zu lang, um sie hier abzudrucken. Hier müssen ein paar Beispiele aus dem ASFi reichen. MAP 13, Nr. 94; Diplomatico, Medici, 1435 gennaio 15, 1436 luglio 9, 1437 ottobre 7, 1442 agosto 8, 1443 giugno 18. Vgl. StaBS, St. Urk. 1275.

Tabelle 21. Saldi der Korrespondenten von Giovanni Benci e co. in Basel am 24. März 1442 (Angaben in Kammerdukaten).

		Schulden	Guthaben
Avignon	Jacopo Ventura		16
Barcelona	Jacopo Ventura	2	
Brügge	Bernardo Portinari	4	
London	Ubertino de' Bardi		46
Corte	Borromeo Borromei	1	
Corte	Cosimo de' Medici	64	
Genf	Giovanni Benci		2248
Venedig	Cosimo de' Medici		777

Herzogs von Mailand. Diese Tatsache lässt sich leicht durch die politischen Verhältnisse dieser Jahre erklären, denn Mailand stand 1435 einem Bündnis von Papst, Venedig, Florenz und Genua gegenüber.[1866] Unter den deutschen Kunden finden sich in erster Linie Personen aus dem Norden und Skandinavien; Transaktionen nach Oberdeutschland oder ins Rheinland sind wesentlich seltener nachzuweisen. Die Verbindung zu Gherardo Bueri in Lübeck spiegelt sich in den Quellen also mit großer Deutlichkeit.[1867]

Warenhandel

Das Warenangebot der Medici in Basel war ganz auf die Bedürfnisse der klerikalen Kundschaft zugeschnitten. In ihrem Inventar befanden sich im Jahre 1442 goldene Tassen, Kelche und silberne Löffel.[1868] Im Stock befanden sich sogar zwei Bischofshüte *(2 capelli da vescovi, cholli cordoni).*[1869] Doch das Geschäft mit den geistlichen Herren war nicht immer einfach. Roberto Martelli hatte 1434 für den Kardinal Albergati einen teuren Stoff *(domaschino bianco broccato d'oro)* in Florenz bestellt.[1870] Als das Tuch in Basel eintraf, war der Kardinal bereits wieder abgereist, und Martelli blieb auf der Ware sitzen *(mi restò adosso).* Da das Gold an den Rändern des Stoffes immer schwärzer wurde, wollte es auch kein anderer Kunde kaufen. Der

1866 Odenweller (2019), S. 105–107.
1867 Zum Wechselgeschäft mit Gherardo Bueri in Lübeck vgl. S. 297. Zu Venedig vgl. S. 550.
1868 ASFi, MAP 104, Nr. 60, c. 601.
1869 ASFi, MAP 104, Nr. 60, c. 602.
1870 ASFi, MAP 104, Nr. 60, c. 601.

Einkaufspreis wurde dem Konto der Medici in Florenz belastet und möglicherweise ist es derselbe, der in der Basler Bilanz von 1442 erwähnt wird.[1871]

Der Erfolg im Warenhandel war in hohem Maße vom Gang der Versammlung abhängig. Roberto Martelli konnte 1434 an Lorenzo de' Medici schreiben, dass in wenigen Tagen Tuch für 800 Dukaten verkauft worden sei. Schon wenige Jahre später musste er nach Florenz berichten, dass man in der Rheinstadt mit Tuchhandel keinen rechten Gewinn machen könne.[1872] Der Filialleiter in Brügge, Bernardo Portinari, wurde gebeten, in Basel eingelagerte Ware *(alchuni broccati d'oro)* nach Brügge zu holen, wenn man sie dort verkaufen könne.[1873] Bilanz und Inventar von 1442 sind Zeugnis für den fast völligen Zusammenbruch des Warenhandels, mit dem im zuvor liegenden Jahr nur gerade ein Ertrag von f. 25 s. 22 d. 5 erarbeitet war.[1874] Drei Positionen für über f. 56 belasteten die Bilanz, da die Ware nicht bezahlt worden war. An Lager waren noch Stoffe im Wert von f. 478, die aus London, Alexandria, Rouen und aus den eigenen Manufakturen in Florenz gekommen waren.[1875]

Diverse Dienstleistungen (Vertrauensbildung)

Die welterfahrenen Kaufleute boten ihrer internationalen Kundschaft in den unvertrauten deutschen Städten auch Hilfen an, die weit über das Bankgeschäft im engeren Sinn hinausgingen. Diese Dienstleistungen zeigen, dass das Geldgeschäft schon damals weitgehend auf persönlichen Beziehungen beruhte. Wichtigen Kunden half man beispielsweise beim beschwerlichen Transport der Gepäckstücke. Diese Arbeit wurde von spezialisierten Fuhrleuten oder jungen Bankangestellten übernommen, die den zum Teil recht gefahrvollen Weg zwischen den einzelnen Handelsplätzen zurücklegen mussten. So war es verständlich, dass die Bank gebeten wurde, ihren kommerziellen Sendungen anderes Gut beilegen zu dürfen. Daraus entwickelte sich ein kleines Geschäft, das die Geldinstitute ohne Aussicht auf Profit als Dienst am Kunden anboten. 1430 musste Kardinal Antonio von Aquileia den Medici in Rom etwas mehr als einen Dukaten für den Transport eines Koffers bezahlen: *furono di spesa a una valigia mandamo.*[1876] Um sicher zu sein, dass die Fuhrleute nichts entwendeten, wurden detaillierte Verzeichnisse der

1871 ASFi, MAP 131 C, c. 5.

1872 ASFi, MAP 20, Nr. 50.

1873 ASFi, MAP 68, Nr. 588: *A Basilea et Ginevra restano anchora molti drappi di detta ragione, fra' quali sono alchuni brocchati d'oro, come per una nota vedrai. Se ti paresse o tu credessi finirli chostà a pregio che noi ce ne salvassimo, puoi scrivere nell'uno luogho e nell'altro che tti siano mandati, che chosì s'è ordinato faranno. Ma abbi a righuardo di non farli venire se non credi spacciarli con profitto.*

1874 ASFi, MAP 104, Nr. 60, c. 601.

1875 ASFi, MAP 20, Nr. 50, 22. September 1434: *Abiamo in questi dì venduti drappi per ducati 800 con poco utile, che altro non s'è potuto fare, e di quelli ci restano facciàn quanto si può. Sono in buon luogo e bene governati.* – ASFi, MAP 104, Nr. 60, c. 602.

1876 ASFi, MAP 131, Nr. 1, c. 80v.

zu transportierenden Kisten angefertigt. Ein solches Dokument stellt die einzige Quelle dafür dar, dass man auch von Basel aus solche Transportdienste anbot.[1877]

Mit dem Transport von Waren war der Handel mit Versicherungsverträgen verbunden. Cosimo de' Medici allerdings hat seine Leute immer davor gewarnt, sich an diesen Geschäften zu beteiligen.[1878] Zeugnisse für die Tätigkeit von MediciFilialen in diesem Branchenzweig sind daher sehr selten. Es verwundert also nicht, dass man der Basler Filiale nur noch ein einziges Versicherungsgeschäft nachweisen kann: Für einen Transport der Firma Bardi in Brügge hat sie eine Versicherungsgarantie gegeben. Da die Waren unversehrt an ihrem Bestimmungsort ankamen, konnte die ansehnliche Prämie von f. 28 als Gewinn verbucht werden.[1879]

Das Vertrauensverhältnis zwischen Bankier und Kunden konnte im besten Falle auch sehr private Formen annehmen, was etwa durch einen Brief des Kardinals Albergati an den Geschäftsführer der Medici in Basel belegt wird. Darin bittet der Kirchenmann nicht nur um ein kleines Darlehen, sondern auch um Hilfe bei der Suche nach einer geeigneten Unterkunft in der Konzilsstadt.[1880] Tommaso Spinelli lieh einem Prälaten einmal für ein Essen Geschirr aus, das er nicht komplett zurückgeben konnte.[1881] Durch die Erfüllung derartiger Privatwünsche entstand häufig ein enges Verhältnis, das sich positiv auf die Festigkeit der geschäftlichen Beziehungen auswirkte.

Politische Aktivitäten der Medici in Basel

Neben all den positiven wirtschaftlichen Aussichten beeinflussten auch politische Interessen die Entscheidung von Cosimo de' Medici, in Basel eine Zweigstelle seiner Gesellschaft zu errichten. Während seines einjährigen Exils in Padua und Venedig vom Oktober 1433 an verfolgte er seine politische Agenda weiter.[1882] Er war darauf bedacht, alles zu erfahren, was sich auf dem Konzil tat, und versuchte alles, um die politischen Entscheidungen der Kirchenversammlung zum Vorteile der florentinischen Republik zu beeinflussen. Er erwartete von den Leitern seiner Bank regelmäßige Berichte über die Verhandlungen des Konzils, ließ sich aber auch von vielen anderen Italienern Berichte aus Basel schicken.[1883] So findet sich im Medici-Archiv ein Brief des Kardinals von Zypern

---

1877 ASFi, MAP 68, Nr. 641.

1878 Roover (1974), S. 127.

1879 ASFi, MAP 104, Nr. 60, c. 601.

1880 ASFi, MAP 46, Nr. 10, 15. März 1436: *Mandiamo là ad Basilea Iacomo Spagnolo, nostro famigio, presente portatore, ad provederze d'una casa apta per noy. Pertanto vi preghiamo che vi piaza essere cum luy se bisognarà ad cerchare la dicta casa. Et bisognandoli per fare fornire la dicta casa, denari, vi preghiamo che per fine ad 20 o ad 25 fiorini li paghiati, e metete ad nostro conto.*

1881 YUSA 90, 1700: *miser Charlo Adelangno da Trevigi, per resto di taze li prestamo a una ciena fecie, che li furo abbatuti, sianne in parte sichuri e dovrà pagare presto.*

1882 Cosimo und das Basler Konzil ist eine viel zu umfangreiche Fragestellung, um sie im Rahmen dieser Arbeit zu Bankstrategien umfassend beantworten zu wollen. Die folgenden Ausführungen beschränken sich deshalb auf eine zusammenfassende Beschreibung der in Basel fassbaren politischen Aktivitäten seiner Faktoren.

1883 ASFi, MAP 20, Nr. 72: Brief des Francesco da Todi vom 9. Dezember 1438 aus Basel an Cosimo de' Medici.

über den Verlauf der Verhandlungen in Arras mit dem Kardinal von England und dem Herzog von Burgund sowie der Bericht des Marchus Marinonus an Kardinal Branda de Castiglione über die Vorgänge in Basel vom September 1435.[1884] Doch die Gefallen beruhten auf Gegenseitigkeit, denn Kardinäle, die Cosimo halfen, erhofften sich, dass er sich beim Papst für sie einsetzen würde, wenn sie Anliegen hatten. Ein Beispiel ist das Schreiben der sechs in Basel weilenden Kardinäle an Cosimo, in dem sie ihn baten, sich bei Eugen IV. für die Freigabe von Geldern von Kardinal Colonna bei der Kurie einzusetzen.[1885] Die Medici ihrerseits ließen sich durch die Konzilsväter beim Eintreiben von Geldern im Königreich Kastilien helfen, indem sie erreichten, dass der Konzilspräsident ein offizielles Schreiben in dieser Sache nach Spanien schickte.[1886]

Da die Signoria der Stadt Florenz nach der Verlegung des Konzils nach Ferrara keine offiziellen Gesandten in Basel hatte, dienten Cosimos Filialleiter als Nuntiaturersatz[1887] und Informationsquellen, ohne dass sich die Republik exponieren musste. Roberto Martelli, Giovenco della Stufa und Giovanni Becchi hatten den Auftrag, alles nach Florenz zu melden, was sie über die politischen Entwicklungen auf dem Konzil oder sonst in Nordeuropa in Erfahrung bringen konnten. Im Archiv der Medici im Staatsarchiv von Florenz werden neun Briefe der Filialleiter in Basel an die *maggiori* in Italien verwahrt. Geschäftliche Fragen spielen darin nur am Rande eine Rolle, denn den Hauptteil machten immer Berichte über die Vorgänge auf der Versammlung und persönliche Beurteilungen der Situation und Aussichten aus.[1888]

Roberto Martelli hat in seinen *ricordanze* zwei Vorgänge beschrieben, an denen er beteiligt war und auf die er stolz war, da sie zum Ruhm der durch ihn vertretenen Gesellschaft beigetragen haben.[1889] 1434 habe er der deutschen Nation am Konzil ein zinsloses Darlehen über f. 8 000 gewährt. Damit hätte der Krieg gegen die Hussiten erfolgreich geführt werden können.[1890] Ein Jahr später habe er auf Wunsch aller Konzilsteilnehmer duc. 12 000 für die Kosten der

---

1884 ASFi, MAP 72, Nr. 436; MAP 12, Nr. 173. – Weitere Briefe vom Konzil, die keinen direkten Bezug zu den Medici hatten: ASFi, MAP 66, Nr. 34.

1885 ASFi, MAP 11, Nr. 548: Brief von Kardinal Colonna an Cosimo de' Medici vom 17. Dezember 1434. – ASFi, MAP 148, Nr. 43: Brief von sechs in Basel weilenden Kardinälen an Cosimo zur Unterstützung von Kardinal Colonna vom 18. Dezember 1434.

1886 MC, II: 1435 August 19, Deputatio pro communibus.

1887 Helmrath (1987), S. 257.

1888 ASFi, MAP 11, Nr. 543, 609, 611 und 618; 13, Nr. 77 und 114; 20, Nr. 50, 55 und 76.

1889 ASFi, Fondo Martelli, Nr. 303, c. 60r: *perché la nostra compagnia mediante lo mezo mio vi fé' due cose degnie di memoria a laude e gloria della detta compagnia.*

1890 ASFi. Fondo Martelli, Nr. 303, c. 60r: *negli anni MCCCCXXXIIII l'exercito degli ussi overo boemi a campo incontro alla ciptà di Pilsna e quella avendo per fame quasi ridotta all'ultima disperazione e conosciendosi che dove quella a terra vi fuse perduta tucta la Magna e per conseguente tucta la crispiannità era opressa da i detti infedeli prestammo f. 8000 di reno alla nazione giermanica sanza alcuna utilità e fussi tale sforzo che non solamente si dette soccorso alla detta terra ma mediante l'operazione del cardinale di Santo Agnolo si misse tra i detti boemi tale discordia che in tra lloro per 2 battaglie furono insieme se n'amazzorono ben XXVIII mila di che in tucto n'è conseguito la loro disfazione e mai poi preso armi contro e crisptiani.*

Wiedervereinigung mit der griechischen Kirche bereitgestellt.[1891] Am direktesten und öffentlichsten griffen die Florentiner Bankiers in das politische Geschehen auf der Kirchenversammlung in der Siegelaffäre ein. Als die Konzilsväter am 5. Mai 1437 ein Dekret beschlossen, wonach das Unionskonzil mit den Griechen in Avignon stattfinden sollte, verfasste eine Minorität ein Dekret zugunsten von Florenz oder Udine. Als Vertreter der Interessen von Cosimo de' Medici ließ sich Roberto Martelli in eine Verschwörung verwickeln,[1892] die zum Ziel hatte, das Dekret der Minderheit mit dem Konzilssiegel zu versehen. In der Nacht vom 13. auf den 14. Juni wurde der Boden der mit vier Schlössern gesicherten Siegelkiste herausgebrochen, das Dekret gesiegelt und abgeschickt. Obwohl das Siegel wieder zurückgelegt wurde und die Kiste ihren Boden wiedereingesetzt bekam, war der Betrug schnell aufgedeckt. Zunächst wurde der Diebstahl noch geheim gehalten und die Straßen in Richtung Italien blockiert. Der Bote wurde abgefangen und die zweifelhafte Urkunde zusammen mit einer Reihe von Briefen des Erzbischofs von Taranto nach Basel zurückgebracht.[1893] Als Täter wurden schnell Leute aus dem Umkreis des Konzilspräsidenten Cesarini identifiziert: sein Diener Alexander, sein Sekretär Bartolomeo de' Battiferri und Roberto Martelli. Als Haupttäter allerdings galt Giovanni Berardi da Tagliacozzo, der Erzbischof von Taranto. Kardinal Cesarini schwörte, mit dieser Geschichte nichts zu tun zu haben. Das Konzil glaubte ihm und sah von einer Untersuchung gegen ihn ab. Viel seines bisherigen Einflusses büßte er aber in der Folge ein. Battiferri flüchtete nach Italien; Alexander wurde auf der Flucht in Straßburg verhaftet und in Basel eingekerkert.[1894] Der Erzbischof gestand, dass er Martelli gebeten habe, die Urkunde zu transportieren, doch leugnete er das Aufbrechen der Siegelkiste.[1895] Dem Prozess, der am 21. Juni begann, entzog er sich am 19. Juli durch Flucht an den päpstlichen Hof nach Bologna.[1896] Als Fluchthelfer dienten ihm Markgraf Wilhelm von Rötteln und Rudolf von Ramstein.[1897] Unter den abgefangenen Briefen waren auch solche von Roberto Martelli und als diese vor der Konzilsversammlung verlesen

1891 ASFi, Fondo Martelli, Nr. 303, c. 60v: *E da ppoi nel'anno MCCCCXXXV sendo per lo Concilio già ordinato di fare la unione de' greci e mancando al Concilio e per mandare l'imbasciadori in Gostantinopoli e quivi fare convenire tucti quelli della Chiesa orientale acciò disponessino e deliberassono la passata dell' Omperadore e di tucti quelli che passorono in Ytalia ducati d'oro XII mila e non possedendosi a questa somma provedere per lo Concilio non obstante moltissime provisioni avessono facte. E protestando l'imbasciadori greci che per la nostra Chiesa occidentale non si servava l'operarsi facto e che tucto lo Concilio insieme congregato mi richiesono gli volessi aiutare e sobvenire in tanto loro bisognio avendo preso la obligatione di tucti e prelati v'erano e factomi ben sicuro gli servì di decta somma donde ne seguì che l'imbasciadori del Concilio insieme con quelli de'greci e accordorono allora la passata de' greci di qua e passorono.*

1892 Quellen: Piccolomini, (Pius II.) (1823), S. 73–75; MC, II, S. 979–982. Sekundärliteratur: Zhisman (1858), S. 171–173; Valois (1909), S. 63–65; Becker (1935), S. 52–54; Clifford (1972), S. 435–439.

1893 Becker (1935), S. 53; Clifford (1972), S. 436. Quellen: MC, II, S. 979; CB, V, S. 253.

1894 Clifford (1972), S. 437. Quellen: MC, II, S. 982–983 und 985. Er soll gemäß Piccolomini, (Pius II.) (1823), S. 75 dem weltlichen Leben entsagt haben und in ein Kloster eingetreten sein.

1895 Clifford (1972), S. 437–438.

1896 MC, II, S. 990. – Clifford (1972), S. 438.

1897 Wurstisen (1883), S. 347–348.

wurden, entstand einiger Unmut. Enea Silvio Piccolomini berichtet unter Weglassen des Bezugs zur Medici-Bank: *Robertus, ut erat dicax, furere synodum ajebat, patres quosdam temulentos asserebat, quosdam ignavos, asinos, boves appelabat.* Der sarkastische Martelli beschrieb also die Konzilsväter als Säufer, Esel und Ochsen.[1898] Diese Art des Humors kam bei den Kirchenherren nicht gut an. Schließlich wurde er für kurze Zeit unter Hausarrest gestellt und verhört. Diesem Prozedere musste sich auch der Leiter der Borromei-Bank, Giovanni da Castro, unterziehen, doch scheint er sich nicht in die Geschichte verwickelt zu haben.[1899] Viele Details dieser Affäre sind unklar, und Josef Zhisman hält sie gar für erfunden.[1900] Ein Brief, den Roberto dem nach Ferrara geflüchteten Battiferri schickte, enthält zwar auch keine klaren Beweise für seine Schuld, immerhin bestätigt er dort aber, dass etwas vorgefallen ist, was ihm den Aufenthalt in Basel sehr unangenehm machte: Er sei im Stich gelassen, müsse sich alleine quälen, denn er habe niemanden, mit dem er sprechen könne, und von allen, die dem *Tais* (= Kardinal d'Alleman?) folgen, werde er gehasst. Dass er nicht auch nach Ferrara abgereist sei, sei nur aus Rücksicht auf das Ansehen seiner Bank geschehen.[1901] In seinen *ricordanze* schrieb er sogar, er habe sich *in pericolo di morte* gewähnt. Einige Monate später verließ er dann Basel doch und begab sich nach Ferrara, um die Leitung der dortigen Konzilsbank zu übernehmen.[1902]

Borromei

Unternehmensgeschichte

Tommaso Spinelli und Galeazzo Borromei gingen eine ideale Partnerschaft ein, um eine Bank auf der Kirchenversammlung zu betreiben: Tommaso brachte seine Erfahrungen im Geschäft mit dem hohen Klerus ein und konnte erwarten, dass sich der größere Teil seiner klerikalen Kundschaft, die er als Leiter der Alberti-Bank in Rom kennengelernt hatte, in die Stadt am Rhein

1898 Piccolomini, (Pius II.) (1823), S. 74–75.

1899 MC, II, S. 990.

1900 Zhisman (1858), S. 171–172.

1901 ASFi, MAP 96, Nr. 15.

1902 ASFi, Fondo Martelli, Nr. 303, c. 60v: *L'anno MCCCCXXXVIII e venono a Fferrara e per la contradizione che ffu in Basilea per rispecto del luogo dove lo Concilio per la decta unione cielebrare si doveva che cchi voleva in Vignione e chi in Firenze, mi trovai sendo in Basilea quasi in pericolo di morte solo perché chi lo voleva in Avinione che erano la più parte istavavano da mme tucte le dificultà avevano e invero insieme con monsignore di Santo Agnolo ne feci una exactissima diligenzia e perché nella fine del MCCCCXXXVIII in quello Concilio non n'era rimaso se non passione e ogni mala visione faceva me ne partì e venni a Ferrara del mese di maggio 1438 dove trovai Cosimo e Piero e Giovanni suoi figliuoli.* Vgl. Crum (1996), S. 404–406. – Die Konzilsväter in Basel gaben die Idee nicht auf, die Griechen an den Rhein zu bekommen, als diese schon längst mit der päpstlichen Partei einig waren. Zeugnis davon ist ein Eintrag des Konzilprotektors Konrad von Weinsberg, in dem er den besten Weg für die Griechen von Ferrara nach Basel beschreibt. Generallandesarchiv Karlsruhe, GA 15 Schubl. G Nr. 57/15, S. 49.

begeben würde. Wahrscheinlich gingen die beiden davon aus, dass auch der Papst mit der Kurie die Reise unternehmen würde. Möglicherweise ging die Initiative für diese Partnerschaft auch von den Borromei aus, denn Galeazzos Bruder Antonio kannte die Verhältnisse am Konzil aus eigener Erfahrung; der *insignito et venerando dotor miser Antonio Bon Romei* hatte im Jahre 1433 mit zwanzig Pferden eine Gesandtschaft der Stadt Venedig ans Konzil nach Basel begleitet. Hier wurde er auch am 3. Oktober 1433 von Kaiser Sigismund zum Ritter geschlagen.[1903] Galeazzo hingegen konnte viel Geld und die Dienste eines bestehenden Niederlassungsnetzes (London, Brügge, Venedig) zur Verfügung stellen. Tommaso übernahm in dieser neuen Unternehmung die Funktion des Geschäftsführers. Das Konto des *libro segreto* dieser Gesellschaft wies am 22. Dezember 1435 ein Guthaben von f. 5454 aus. Wie viel davon *corpo* und wie viel Gewinn war, lässt sich nicht mehr aufschlüsseln.[1904] Vermutlich stammte das ganze Eigenkapital von Galeazzo, der dafür mit drei Vierteln am Gewinn beteiligt war. Tommaso hatte Anspruch auf den restlichen Profit und brachte sein Wissen und seine Arbeitskraft in die Gesellschaft ein.[1905] Als Firma wurde die Bezeichnung *Galeazzo Borromei e co. di Basilea* gewählt.

In einer Erklärung, die Tommaso vermutlich im Zusammenhang mit finanziellen Forderungen von Galeazzos Töchtern verfasst hat, berichtet er selbst über diesen Aufenthalt in Basel.[1906] Sechs Monate wartete er in Basel, bevor er eine Bank eröffnete, wahrscheinlich, um zuerst die Erfolgsaussichten zu prüfen. Der erste Beleg für seine Anwesenheit auf dem Konzil ist ein Eintrag in einem Rechnungsheft der Medici-Bank vom 3. Juni 1434.[1907] Da die erhofften Gewinne ausblieben, verließ er das Konzil: *visto ch'io mi perdea lo tenpo.*[1908] Er kehrte an den päpstlichen Hof nach Florenz zurück, wohin auch viele seiner Basler Kunden gereist waren.[1909] Dank einer Spesenabrechnung über seinen Aufenthalt nördlich der Alpen[1910] und aus der Angabe, dass Galeazzo sechs oder sieben Monate nach seiner Abreise aus Basel gestorben sei, lässt sich die zeitliche Spanne von Spinellis Aufenthalt in Basel auf den 16. Februar 1434 bis Sommer 1435 festlegen.[1911]

Giovanni da Castro wurde aus Padua von Galeazzo als *garzone* nach Basel geschickt, wohl um dort einen Vertrauensmann als Aufpasser zu haben. Sein Vater war der renommierte Rechtsgelehrte Paolo di ser Angelo da Castro, ein Freund von Enea Silvio Piccolomini, der Giovannis Pate wurde.[1912] Seine Hauptaufgabe war das Führen der Bücher. Als zweiter *garzone* arbeitete

1903 Beinhoff (1995), S. 311, 320, 198 und 201. Andrea Gatari berichtet in einem Tagebuch über diese Reise und Antonio Borromei, vgl. Gatari (1904), S. 378.
1904 YUSA 90, 1700.
1905 YUSA 85a, 1585a.
1906 Text von Tommaso: YUSA 85, 1584. Streit mit den Töchtern Galeazzos: YUSA 85, 1585.
1907 ASFi, MAP 131 C.
1908 YUSA 85, 1584.
1909 Caferro (1995), S. 728.
1910 YUSA 645, 8949b.
1911 Galeazzo starb in Venedig. YUSA 85, 1574a.
1912 Martines (1968), S. 499–500. Vgl. Mueller (1997), S. 221.

der Sohn von Tommasos Schwester Isabella, Lionardo di ser Piero Doffi, der wie der Diener *(famiglio)* Ianno *(todescho, da Traiecto)* vom 22. Dezember 1435 bis zum 30. Mai 1437 in Basel nachgewiesen ist. Zwei andere Deutsche, Michele und Ruggieri, und ein Benedetto da Miscia waren als Diener bereits im Dezember 1435 wieder aus den Diensten der Florentiner ausgeschieden.[1913] Es wurde in Basel mit einem sehr kleinen Personalbestand gearbeitet.

Nach der Abreise Tommasos stieg da Castro als Bankleiter in den Rang eines *fattore* auf, ohne als Partner aufgenommen zu werden. Er blieb bis zur Auflösung der Gesellschaft *Borromeo Borromei e co. di Basilea* in Deutschland; die letzte erhaltene Bilanz wurde am 30. Mai 1437 erstellt. Das Ende der Bank scheint in engem Zusammenhang mit der Siegelaffäre[1914] gestanden zu haben. Am 3. August 1437 schrieb Tommaso Spinelli aus Ferrara an Giovanni da Castro nach Basel einen Brief, in dem er ihm von einem Gespräch mit seinem Vater berichtet, der seine umgehende Rückkehr wünscht. Hintergrund dieser Aufforderung ist die Siegelaffäre, in die Giovanni verwickelt war. Die beiden Hauptschuldigen, Battiferri und Taranto, waren aus Basel an den Hof des Papstes geflüchtet und mit beiden hatte Tommaso wenige Tage vor seinem Brief Kontakt wegen Geschäften gehabt. Da Castro war ebenfalls wegen seiner Beteiligung von den Konzilsbehörden verhört worden. Nun drohte, dass auch er wohl Basel werde verlassen müssen. Man könnte in Basel auch einen Angestellten zurücklassen.[1915] Genau so scheint sich da Castro dann ein paar wenige Monate später entschieden zu haben, denn in einem Brief vom 10. März 1438 berichtete der Direktor der Medici-Bank an Cosimo, dass Giovanni da Castro Basel verlassen habe und der zurückgelassene junge Angestellte nun ebenfalls gegangen und Überbringer dieses Schreibens sei.[1916]

Korrespondenten

In den Bilanzen der Basler Borromei-Gesellschaft finden sich keine Warenkonten und in den erhaltenen Briefen werden keine Warengeschäfte erwähnt. Ein Diamant ist der einzige Wert in der Buchhaltung, der nicht aus einem reinen Geldgeschäft herrührt. Vermutlich hat sich Tommaso Spinelli weitgehend auf das Bankgeschäft konzentriert.[1917] Das System von Korrespondenten, mit dem Spinelli und da Castro zusammenarbeitete, lässt sich anhand der vier erhaltenen Bilanzen rekonstruieren.[1918] Den Kern bildeten die anderen Unternehmungen von Galeazzo Borromei in Venedig, Brügge und London und die Gesellschaften der mailändischen

1913 YUSA 90, 1700 und 1703.

1914 Vgl. oben S. 367.

1915 YUSA 89, 1694.

1916 ASFi, MAP 11, Nr. 618: *Questo de' Bonromei in tutto s'é levato di qui, e quello giovane ci era rimaso per loro, sarà aportatore di questa.* – Am 8. Mai 1438 hielt sich Alessandro Borromei, der Leiter der Brügger Gesellschaft von Antonio Borromei auf dem Konzil auf, wie seine Unterschrift als Zeuge einer Procura von Vieri de' Medici für Bernardo Portinari bezeugt. Mit größter Sicherheit befand er sich aber hier nur auf der Durchreise. Vgl. ASFi, MAP 89, Nr. 27.

1917 Zu Tommaso Spinelli vgl. Caferro (1995); Caferro (1996); Jacks / Caferro (2001); Caferro (2008).

1918 Vgl. unten S. 523–532.

Verwandten in Brügge und Mailand. Ergänzt wurde dieses auf familiären Banden beruhende Unternehmenssystem durch Bankiers, die in Einzelgeschäften direkt *lettere di cambio* auf Basel ausstellen konnten: Martini (Avignon), Aitanti (Barcelona), Rau (Genua), Giachinotti & Cambini (Corte), Rucellai (Florenz), da Como (Mailand und Genf), Bardo di Neri (Genf), da Meleto (Bologna) und Spinelli (Mantua). Iacopo Tomucci in Nantes und die Franchisachi an einem nicht genannten Ort (Tournai?) konnten über Galeazzo Borromei in Brügge Wechsel als Kommissionsgeschäft nach Basel senden. Da in Basel das wichtigste Geschäft darin bestand, *lettere di cambio* der Konzilsteilnehmer zu bedienen oder mit Wechseln abgesicherte Kredite auszubezahlen, wurde die Bank in Basel viel häufiger mit Wechseln bezogen als sie ihre Korrespondenten zu einer Auszahlung verpflichtete. Als Folge davon hatte sie bei fast allen ihren Partnern Guthaben (vgl. Tabelle 22).[1919] Eine Ausnahme stellte nur die Bank der Borromei in Mailand dar, die einen positiven Saldo auswies.

Die wichtigsten Beziehungspunkte waren die Kurie, Venedig und Brügge. Aus Barcelona ist auf dem Konto von Aitanti nur eine einzige Transaktion zu finden. Da die Kreditorenlisten aber viele Katalanen ausweisen, muss dieser Zahlungsweg wichtiger gewesen sein, als die Saldi zum Ausdruck bringen. Die meisten Bankenplätze, die durch die Borromei bedient wurden, standen auch im Angebot der Medici; sie verfügten aber zusätzlich über den sicherlich sehr wichtigen Anschluss an Mailand. Auch Konzilsbesucher aus Genua und Mantua konnten sie direkt bedienen.

Unter der Kundschaft, die Spinelli in Basel bediente, sind auffallend viele Persönlichkeiten aus dem Herzogtum Mailand und dem Territorium Venedigs, wo die Borromei selber verankert waren.[1920] Neben Bretonen, Engländern und Spaniern sind auch viele Deutsche als Kunden verzeichnet. Da hierzu aber Konten von Korrespondenten in Nürnberg oder Lübeck fehlen, ist eine Geschäftsabwicklung in diese Städte über die Basler Kaufleute Heinrich Halbisen, Wernli von Kilchen und Wernli Fridigman von der Diesbach-Watt-Gesellschaft zu vermuten, denn diese werden mit zum Teil erheblichen Beträgen in den Bilanzen genannt. Kaum vertreten sind hingegen Florentiner und Franzosen. Die ersten wurden wohl durch die Medici und Alberti ausreichend bedient, nach Frankreich unterhielt er scheinbar keine Beziehungen. Caferro kommt in seiner Analyse der politischen Zugehörigkeit der Kunden zum Schluss, dass die Borromei-Bank ausschließlich Anhänger des Papstes bedient hätte, während es den Medici gelungen sei, auch mit Anhängern des Konzils Geschäfte zu machen.[1921] Eine erstaunliche Feststellung, war doch die Unterstützung von Cosimo für den Papst nicht erst seit der Siegelaffäre offensichtlich.

1919 Rechnet man die Korrespondentenkonten der vier Saldi zusammen, so ist der Betrag für die Debitoren etwa 19 mal größer als derjenige der Kreditoren. Diese Zahlen können nur als Indiz für das Ungleichgewicht zwischen den Baslern und ihren Partnern dienen, da diese Zahlen mit zu vielen Unwägbarkeiten versehen sind.

1920 Vgl. die Bilanzen aus Basel unten S. 523–532.

1921 Jacks / Caferro (2001), S. 42–43.

Tabelle 22. Negativsaldi der Korrespondenten der Borromei-Bank in Basel, 1435–37

	Debitori	22.12.1435	24.03.1436	24.03.1437	30.05.1437
?	Giovanni e Francolino de' Franchisachi		55		
Brügge	Filippo Borromei e co.	10		0.5	
	Galeazzo Borromei e Antonio di Francesco e co.	17		46	50
London	Galeazzo Borromei e Antonio di Francesco e co.	4	20	0.5	0.5
Avignon	Martino Marti e co.				12
Barcelona	Piero Aitanti	4067			
Genua	Oddo Rau				25
Bologna	Nicholò di Piero da Meleto	19	9		
Corte	Adovardo Giachinotti e Andrea Cambini e co.	22	22	24	1244
	Borromeo Borromei e co.			137	1163
	Galeazzo Borromei e co.	1938	2573	4235	2873
Florenz	Giovanni Rucellai e co.	23			
Genf	Ambrogio e Iacomo da Como di Milano			137	89
	Bardo di Neri e co.		58		
Mailand	Ambrogio e Iacomo da Como		7		
	Filippo Borromei, Alexandro e Paolo da Castagnolo				24
Mantova	Bonsignore e Conte Spinelli e co.	34	34		
Nantes	Iacopo Tomucci		18	10	217
Venedig	Galeazzo Borromei e Lazzero di Giovanni	313	6		

Tabelle 22. *Fortsetzung*

	Creditori				
Venedig	Niccodemo Spinelli	67	67		
Mailand	Filippo Borromei, Alexandro e Paolo da Castagnolo		17		0.5
	Ambrogio e Iacopo da Como	41		790	
Brügge	Galeazzo Borromei e Antonio di Francesco e co.		52		
	Filippo Borromei e co.			4	4
Corte	Galeazzo Borromei e co.		3		

Geschäftserfolg

Der Geschäftsverlauf in Basel war für Tommaso Spinelli sehr enttäuschend und die Ausgaben sollen nach seiner eigenen Aussage höher gewesen sein als der Gewinn: *non vi si faciea nulla, altro che spendere.*[1922] Die vier erhaltenen Bilanzen der Borromei-Bank decken nicht alle Buchungsperioden ab und geben auch die saldierte Zeitspanne nicht an, sodass die Lücken eine Rekonstruktion des Geschäftsganges verunmöglichen.[1923] Nur für die Periode vom 24. März bis zum 30. Mai 1437 sind die Zahlen soweit vollständig, dass ein kleiner Gewinn von 23 Kammerdukaten festgestellt werden kann. Dieser Saldo betrifft jedoch nur die letzten Monate der Geschäftsaktivitäten, als in Basel eine Liquidationsgesellschaft arbeitete, die keine neuen Geschäfte mehr abschloss. Folglich hatte es im Kassenheft keine Kreditoren mehr. Die negative Entwicklung des Kontos *libro segreto* (von 5 454, 5 453, 5 353 zu 5 327 Kammerdukaten), dem in der Regel erwirtschafteter Gewinn oder Verlust zugewiesen wurde, zeigt von Dezember 1435 bis Mai 1437 einen negativen Geschäftsgang. In der zweitletzten Bilanz wurde ein kleiner Verlust von etwas mehr als f. 27 bilanziert, der in der Schlussabrechnung durch einen Überschuss von f. 23 fast wieder ausgeglichen werden konnte. Dies führt zum Schluss, dass das Geschäftsergebnis nicht sehr gut gewesen sein kann. Entweder wurde ein sehr kleiner Gewinn oder sogar ein

---

1922 Tommaso behauptete gegenüber den Töchtern Galeazzos, dass das Führen eines *libro segreto,* das in der Hoffnung auf die Eintragung von Gewinnbeteiligungen begonnen worden war, deshalb wieder aufgegeben worden sei. Vgl. YUSA 85, 1584. In den vier Basler Bilanzen (YUSA 90, 1700 und 1703) wird allerdings das *libro segreto* immer erwähnt. – Das Gerichtsurteil: YUSA 235, 4376.

1923 Anhand der Bilanzen vom 24. März (A) und 30. Mai 1437 (B) ist festzustellen, dass der Gewinn nach folgendem Verfahren ermittelt wurde: (Debitoren des Hauptbuches A + entrata B) – (Kreditoren des Hauptbuches A + uscita B).

Verlust erwirtschaftet. Im Hinblick auf die Abnahme des in den Bilanzen genannten Betrages im *libro segreto* ist wohl die erste Hypothese die wahrscheinlichere.

In den Saldi der Bank di Corte, die nach dem Tod von Galeazzo Borromei am 16. Juni 1436 erstellt wurden, wurde die Chomesseria di Ghaleazzo Borromei e co. di Basilea unter den Kreditoren mit f. 346 s. 14 geführt, Galeazzo Borromei e co. di Basilea mit f. 2398 s. 17.[1924] In einer weiteren Bilanz vom 15. Juli beliefen sich die Beträge der Basler Filiale auf der Liste der Kreditoren auf f. 2612 s. 10 d. 4, resp. f. 790 s. 14.[1925] In der letzten Zusammenstellung der Guthaben und Schulden vom 15. Oktober 1436 erreichten die Kreditoren in Basel f. 722 s. 0 d. 4, resp. f. 1793 d. 1.[1926]

Il Banco da Verona

Benzi & Guarienti

Die Bank von Buonsignore Benzi und Pace de' Guarienti hatte mit ihren Nachfolgegesellschaften zwar die längste Firmengeschichte aller Basler Konzilsbanken, ist aber die am schlechtesten dokumentierte. In Staatsarchiven der Heimatstädte der beiden Kaufleute gibt es im Gegensatz zu den riesigen Beständen in Florenz kaum Archivalien zu kommerziellen Aktivitäten ihrer Bürger und im Familienarchiv der Guarienti in Tamassia wurde im Laufe der Jahrhunderte alles aussortiert, was an die kommerzielle Epoche in der Geschichte der Grafenfamilie erinnert. So kann die Firmengeschichte nur in Bruchstücken nachgezeichnet werden.

Die Bankiers aus Florenz wären aufgrund ihrer Größe und Erfahrung im kurialen Finanzgeschäft durchaus in der Lage gewesen, alle wichtigen Geldbedürfnisse des Konzils in Basel abzudecken. In einer Zeit aber, in welcher der römisch-deutsche König in Italien weilte und heftige Kämpfe zwischen Florenz, Venedig, Mailand und dem Papst ausgetragen wurden, schien es den Konzilsvätern wohl zu riskant und politisch unklug, sich allein in die Hände von Bankiers aus einer Stadt zu begeben.[1927] Es waren deshalb auch nicht die großen Gesellschaften der Alberti oder Pazzi, für die sie sich neben den Medici beim Basler Rat für Steuer- und Zollerleichterungen einsetzten, sondern für Buonsignore Benzi und Pace de' Guarienti mit Wurzeln in Siena und Verona.[1928] In Basel erscheint *Bonsignore Benzi e Pace de Guarienti e sociis* erstmals am 7./8. April 1433. Wie häufig in kirchlichen Akten wurde nicht die juristische Bezeichnung der Firma verwendet, sondern der Name des Geschäftsleiters:

1924 YUSA 90, 1701.
1925 YUSA 90, 1702.
1926 YUSA 90, 1702.
1927 Vgl. Beinhoff (1995), S. 167–194.
1928 Vgl. oben S. 330.

Guilielmi de Guarentis, depositarius concilii.[1929] Dieser Sohn von Pace war bei Eröffnung der Arbeit in Basel 33 Jahre alt. Wie lange er sich in Basel aufgehalten hat, lässt sich nicht mit Sicherheit feststellen, doch bald wurden die Geschäfte von seinem um neun Jahre jüngeren Bruder Pietro geleitet.

Während Pace de' Guarienti seinen Söhnen und Faktoren die Leitung der Niederlassungen in Nordeuropa überließ und selbst in Verona lebte, blieb sein Partner Buonsignore Benzi als Kurienbankier in Italien tätig. Von hier aus spielte er in einer Episode des Basler Konzils für kurze Zeit auch eine politische Rolle. Die Konzilsväter hatten mit den Griechen vereinbart, die Verhandlungen für die Vereinigung der beiden Kirchen in Italien zu führen und alle Kosten dafür zu übernehmen. Als über Siena als zukünftigen Konzilsort verhandelt wurde, schrieb die Signoria der Stadt an 12. Juli 1436 an Benzi, der sich im Gefolge des Papstes in Bologna aufhielt. Obwohl er bereits seit mehreren Jahren auch Bürger von Bologna war, fragte sie den *concivis noster,* ob er ihr einen Kredit über f. 30 000 gewähren könne. Schließlich fiel die Wahl aber nicht auf Siena und Benzi musste den riesigen Betrag nicht bereitstellen.[1930]

Für die Partner der Bank *da Verona,* wie diese Gesellschaft von den Florentinern genannt wurde,[1931] war Basel nicht nur eine temporäre Filiale der Hauptgesellschaft bei der Kurie, sondern die Ausgangsbasis für den Eintritt in das Geschäft mit den kurialen Geldern aus dem Ostseeraum, aus dem die Alberti gerade ausgeschieden waren. Der erste belegte Kontakt zu einem deutschen Kunden ist die persönliche Bürgschaft von Andreas Pfaffendorf, des Vertreters des Deutschen Ordens in Basel, beim *banco Bonsiniorum* für ein Darlehen über 112 duc. Der Rat der Stadt Danzig sicherte Pietro de' Guarienti in einem Brief vom 24. November zu, dass er dieses Geld über *Bruck in Flandern bynnen korcz* erhalten werde.[1932] Nach dieser ersten Transaktion mit einem Kunden in diesem Marktraum sollte hier weiterer Umsatz erzielt werden. In einem Brief vom 30. September 1434 an Paul von Rusdorf, den Hochmeister des Deutschen Ordens, beklagte sich Pietro de' Guarienti zuerst darüber, dass ein weiteres Darlehen an Andreas Pfaffendorf über 446 RG trotz mehrfacher Intervention beim Lieger in Brügge noch nicht zurückbezahlt worden sei. Erstaunlicherweise bot er dem Hochmeister dann an, in *necessitatibus et requestis necessariis* nicht nur 400 oder 600, sondern sogar die gewaltige Summe von 10 000

1929 StaBS, Politisches C2, Akten Concil von Basel, c. 31. Die anderen Privilegierten waren: Conradus Magliochus de Vignona (Apothecarius), Johannes Servionis de Gebennis (Apothecarius), Bartholomeus Famucii de Luca (mercator pannorum) und Guilielmus Frement de Parisuis (pelliparius).

1930 Brandmüller (1994): Umfassende Darstellung der Verhandlungen zwischen dem Basler Konzil und der Signoria von Siena. Hier der wörtliche Text des Briefes an Benzi. – Als weitere mögliche Kreditoren wurden der in Venedig niedergelassene Mitbürger Giovanni Tagliacci und die Florentiner Cosimo de' Medici und Andrea de' Pazzi in Betracht gezogen. Vgl. Brandmüller (1994), S. 220.

1931 ASFi, MAP 11, Nr. 618.

1932 Hirsch (1858), S. 237–238; Neumann (1863), S. 147; Dombrowski (1913), S. 80–81; Forstreuter / Koeppen (1973), S. 651.

oder 20 000 RG zu leihen.[1933] Dieses Angebot wurde offensichtlich nicht ausgeschöpft, denn es gibt keine weiteren finanziellen Kontakte zwischen der Bank und dem Orden; es zeigt aber einen recht aggressiven Schritt in den seit kurzer Zeit verwaisten Markt.

Da die Veränderungen in der Guarienti-Unternehmensstruktur nach dem Tode Benzis mit der großen Krise des Konzils im Frühjahr 1438 zusammenfielen, vermuteten die Medici, die Veroneser würden Deutschland verlassen.[1934] Doch diese entschieden sich zu bleiben und Pietro arbeitete in einer Gesellschaft unter dem Namen seines Vaters *Pace de' Guarienti e co.* weiter.[1935] 1439 wurde er als *Dominus Petrus de Verona, mercator* Bürger Basels.[1936] Mehr auf eine Ausweitung der Geschäftstätigkeit als einen Abbau weist in den Quellen auch das Auftauchen von zwei neuen Vertretern der *banca de Verona* in Basel hin. *Omniea Bonum von Bern usser Lamparten* gewährte 1438 dem Konzilsprotektor Konrad von Weinsberg einen Kredit über 234 RG[1937] und in einer Notiz des Konzils vom 19. Juni 1439 werden *Omnibinum de Sacramosia de Verona, Angelus de Portiis de Roma mercatores de banca de Verona* erwähnt.[1938] In welcher Funktion Ognibene de' Sagramoso und Angelo de Porciis für das Unternehmen handelten, ob als Angestellte oder Teilhaber, erhellt sich aus den Konzilsakten nicht.[1939]

Für die Konzilsbank wurden durch die Guarienti in kurzer Aufeinanderfolge Sozietäten gegründet, deren Existenzdaten und Beteiligungsverhältnisse nicht mehr bis in die Einzelheiten aufgeschlüsselt werden können. Zuerst schlossen sie einen Partnerschaftsvertrag mit dem aus Imola stammenden Andrea da Casale, der in Verbindung mit Ludmann Meltinger, Jacob Waltenheim, Heinrich Halbisen und anderen Handelsherren die Papierfabrikation in der Stadt

1933 Forstreuter/Koeppen (1973), S. 695. Forstreuter hält Guarienti irrtümlicherweise für einen Beamten des Konzils. Ursache dieses Irrtums ist die Unterschrift des Bankiers, der mit *Petrus de Guarientis de Verona, Sacri Basiliensis Concilii depositarius* unterzeichnete, obwohl er diesen Brief nicht in dieser Funktion schrieb.

1934 ASFi, MAP 11, Nr. 618.

1935 AOIF 12737, c. 173r, 2. Juli 1441 und c. 218r, 26. Februar 1442. Diese Firma ist in ASFi, NA 19069, cc. 278v–279r zu finden.

1936 StaBS, Missiven A 9, 93; Öffnungsbuch I, 49; GA 0 1, c. 281v.

1937 Albrecht (1850), S. 91; Ammann (1966), S. 178. Für den Namen von Ognibene Sagramoso gibt es in den Quellen mehrer Schreibweisen: Sagramori, Sacramori, Sacramoso. Hier wird die Namensvariante verwendet, die seine Nachfahren heute tragen.

1938 CB, VI, S. 506. – CB, VI, S. 57: De Portiis war schon vor dem 24. Mai 1437 in Basel. – ASFi, MAP 12, Nr. 433: Er hat Geld in den Spezereihandel des in Basel tätigen Landmanns Giuliano Baratti investiert und verloren. Schreiben an Cosimo de' Medici, in dem er sich darüber beklagt, dass die Geschäftsbücher Barattis von den Gerichten an Roberto Martelli übergeben worden seien. Dieser habe sie an Baratti zurückgegeben, da die beiden befreundet waren: *el libro dove stavano scripte le nostre rasonni, el quale sigillato fo deposto in nelle mano de Roberto Martello, homo della vostra Signoria, con esserli facto expresso commandamento avesse quel libro cosi sigillato ad conservare sopte certa pena. Roberto predicto non avendo alcun respecto al commandamento et al devere, tirato da amicitia contracta già bon tempo con decto Iuliano, à rassignato el libro al dicto Iuliano sensa altre licentia della Corte aspectare, in grave dampno e preiudicio e iactura mia, e ancho in pocho suo honore.* – CB, VI, S. 694: Er ist in Deutschland am 2. November 1439 zum letzten Male nachgewiesen.

1939 CB, VI, S. 506 und 644; Gilomen (1998), S. 98.

am Rhein vorantrieb.[1940] Von seiner Verbindung mit der lokalen Wirtschaft zeugt auch ein Dokument aus dem Jahre 1441, in dem ihm Bukart von Mutzwiler, genannt Ziegler, und Lienhart von Rotemburg ein Darlehen über 30 RG bestätigten.[1941] Nach Beendigung der Kooperation mit da Casale wurden zwei Florentiner Partner der Guarienti.[1942] In Basel lebte Lamberto di Bernardo Lamberteschi und in Genf betrieb Giovanozzo de' Mozzi (in den Basler Quellen: *Johann Notzo*) eine Warenhandlung.[1943] Das Gesellschaftskapital von 1 000 Gulden für die Geschäfte in Basel und Genf wurde durch drei gleich hohe Einlagen gebildet. Geschäftsführer des Unternehmens war Guarienti, der *si mit knaben und sust geregiert und versorget, besetzt und entsetzt, in genomen und ussgeben;* die Florentiner waren nur stille Teilhaber.[1944]

Über die Wechselgeschäfte der Guarienti-Gesellschaft in Basel ist nur sehr wenig aktenkundig. Dass sie in Oberdeutschland über ein breites Netz an Korrespondenten verfügt haben muss, zeigt ein Dokument des Konzils vom 19. Juni 1439, in dem die *banca de Verona* versicherte, Ablassgeld nach Basel zu transferieren, das in Ulm bei Johannes Rueter (Rieter), in Ravensburg bei Joss Humpis von der Großen Ravensburger Handelsgesellschaft, in Konstanz bei Anton Geisberg und an anderen Orten lag.[1945] Aus einem in Florenz protestierten Wechselgeschäft, das Pietro Guarienti im November 1441 von Basel aus für einen Bartolino di Dono de Gaeta initiiert hatte, sind Verbindungen zu Antonio e Piero de' Pazzi e co. in Rom zu erkennen, deren Umfang nicht präzisiert werden kann.[1946] Diese Beziehung hatte auch einen politischen Aspekt, denn Lamberteschis Mutter war eine Alberti und seine Ehefrau eine Pazzi. Nach Basel war er als Flüchtling gekommen, der von Cosimo de' Medici aus Florenz verbannt worden war.[1947] Die Guarienti-Banken waren in den Vierzigerjahren folglich als Konkurrenten der Medici zu betrachten.

Die Partnerschaft zwischen Guarienti, Mozzi und Lamberteschi dauerte nur bis 1445 und endete in heftigen Streitigkeiten, die auch mit Waffen ausgetragen wurden und das Basler Schultheißengericht beschäftigten.[1948] Pietro de' Guarienti dazu verurteilt, Pietro di Domenico

1940 Apelbaum (1915), S. 52; Mainoni (1982), S. 138.

1941 StaBS, GA A 23, c. 16. – Weitere Nennungen von Guarienti in den Gerichtsakten: GA A 24, cc. 17, 17v, 18, 2lv, 39v und 42v. Vgl. Ehrensperger (1972), S. 277.

1942 Vgl. unten S. 378.

1943 Nach Meinung von Ehrensperger (1972), S. 277–278 lebte Mozzi in Basel und begab sich erst später nach Genf. Anhand der nicht eindeutigen Quellen scheint es jedoch wahrscheinlicher, dass er von Genf aus regen Handel mit Basel trieb. – 1461 lebte Mozzi in Rom, da er wegen großer Schulden auf der Flucht vor den Pazzi war, die gegen ihn in Florenz gerichtlich vorgingen. ASFi, MAP 8, c. 25. – StaBS, GA 23, c. 16: 1441 sind in den Basler Gerichtsakten die ersten Genfer zu finden, die mit ihnen Handel trieben.

1944 Ehrensperger (1972), S. 277.

1945 CB, VI, S. 506. Vermutlich bildeten diese deutschen Kaufleute ein Konsortium, um diese große Summe bearbeiten zu können. Mitglieder der Familie Geisberger (heute Freiherrn Gaisberg von Schöckingen) sind in der zweiten Hälfte des 15. Jahrhunderts als Mitarbeiter der Großen Ravensburger Gesellschaft belegt. Vgl. Schulte (1923), I, S. 163.

1946 ASFi, NA 19069, cc. 278v–279r. Hinweis von Lorenz Böninger.

1947 Zu Lamberteschi vgl. ausführlich unten S. 383.

1948 StaBS, GA E 3, c. 35r.

Lamberteschi, dem Neffen von Lamberto, eine Wiedergutmachung von drei Gulden zu bezahlen. Wenige Wochen nach diesem Urteil trafen sich die beiden Familien wieder vor den Gerichten.[1949] Diesmal stritten sie wegen nicht näher beschriebener geschäftlicher Zwistigkeiten. Lamberteschi bestand darauf, die Bücher der Gesellschaft zu sehen, was ihm aber Guarienti verweigerte. Das Gericht entschied, die *rödelen, registren und rechenbücher* sollten durch einen neutralen Schiedsrichter überprüft werden, *der ouch ir sprach sy und und sich der sachen verstand.* Die Parteien einigten sich auf Antonio di ser Paolo, Simone Guadagni, den Leiter der Gesellschaft von Antonio della Casa in Genf und den Venezianer Giorgio Corner. Doch wurden durch dieses Schiedsverfahren die *spenne und zweytracht* nicht aus der Welt geschafft und es kam zu einem komplizierten Rechtsstreit, der in Genf und Basel ausgetragen wurde. Pietro Guarienti war zu diesem Zeitpunkt nicht mehr in Basel, sondern leitete die Bank in Rom. Zu seinem Prokuratoren ernannte er am 8. Mai 1446 Giovanozzo de' Mozzi, der bei Lamberteschi *Gebennis vel Basilee* Geld eintreiben sollte.[1950] Vor dem Schultheißengericht ging es um 220 RG, die Lamberteschi schließlich bezahlen musste.

Ognibene Sagramoso

Als Nachfolgegesellschaft der Guarienti-Bank im Zahlungsverkehr mit Deutschland ist die Gesellschaft von Ognibene Sagramoso zu betrachten, der von 1438 bis 1447 in Basel als Bankier und Warenhändler niedergelassen war. Zuerst arbeitete er in leitender Funktion in der Gesellschaft der Guarienti. Spätestens 1442 hat er sich selbstständig gemacht, denn die von Tommaso Spinelli erstellten Bilanzen der Römer Borromei-Bank erwähnen ihn in den Jahren 1443 und 1444 als Korrespondenzbank in Basel: *Ognibene de' Sagramori di Baxilea.*[1951] 1447 übernahm er als Mieter die Lokale im Haus „Zum Schlüssel" von Dego degli Alberti und blieb hier bis zum Ende des Konzils.[1952] Danach begab er sich nach Rom und betrieb dort eine Bank *di Corte.*

1949 Apelbaum (1915), S. 52. – Zu Mozzi und den Verhandlungen im Streit zwischen Guarienti und Lamberteschi vgl. StaBS, GA O 1, cc. 298–300, 311. – StaBS, GA E 3, cc. 35, 51, 52, 58, 66, 126, 127 und 167. – StaBS, GA A 23, cc. 16 und 23. – GA A 24, cc. 17, 17v, 18, 21v, 39v und 42v. – StaBS, GA A 26, c. 283v. – StaBS, Öffnungsbuch I, c. 247; II, c. 194.

1950 ASFi, NA 12518, c. 87r. – Obwohl er an einer in Genf und Basel arbeitenden Handelsgesellschaft beteiligt war, gab sich Giovanozzo de' Mozzi 1442 vor den Florentiner Steuerbeamten als armen Mann aus. ASFi, Catasto 608, cc. 856rv: *Per questa scritta vi si mostra la povertà di Rubaconte e Giovannozo d'Antonio de' Mozi el quale Rubaconte è stato infermo circha d'anni 8 o più [...] più non anno di rendita; Giovannozo se n'è ito di fuori per disperato e di lui non so chessene sia pel debito del chomune e di spezielta. Rubaconte d'età d'anni XXVII o circha e Giovannozo d'età d'anni XXIIII o circha abiateci buona discrizione che queste sono teste d'avere provigione dal chomune e no paghare.*

1951 YUSA 90, 1704: Bilanz vom 24. März 1443. Ognibene hat darin eine Schuld von 13 s. – YUSA 90, 1707: Bilanz von 1444. – Vgl. Caferro (1995), S. 736.

1952 Geering (1886), S. 278.

Leben der florentinischen Kolonie in Basel während des Konzils

In Basel war die Gruppe der Bankiers aus Italien etwas kleiner als in Konstanz und dürfte in der Zeit der größten Geschäftstätigkeit bei etwa 15 gelegen haben. Zu den niedergelassenen kamen nach Brügge durchreisende und von dort kommende Kaufleute. So ist am 26. Juli 1437 auch Vieri di Nicola de' Medici in Basel nachgewiesen.[1953] Es handelt sich dabei um einen direkten Nachkommen von Vieri di Cambio, bei dem Giovanni de' Medici die ersten Jahre als Kaufmann zugebracht hatte. Der Grund für seinen Aufenthalt in Basel ist unbekannt. Ein weiteres Zeugnis florentinischer Präsenz befand sich in der Basler Kartause. Neben einer Darstellung aus dem Leben des heiligen Bruno war das Wappen der Familie Guicciardini zu sehen: drei Hörner. Der Stifter dieses Bildes konnte nicht ermittelt werden. Vermutlich handelte es sich um einen Besucher des Basler Konzils, doch war es sicherlich kein Angestellter der Medici-Bank, wie Casimir Baer vermutete.[1954] Ehrensperger hat beim Durchforschen des Basler Gerichtsarchivs nach Florentinern neben den Wechslern auch *Franciscus Damaryge de Zati* und den Bartscherer *Lucas Bartolomei* gefunden. Beim ersten handelt es sich um Francesco d'Amerigo Zati.[1955] Unmöglich hingegen ist die Identifikation des Bartscherers, der im Rechnungsheft der Medici-Filiale aus den Jahren 1433 und 1434 sehr häufig als *Luca barbiere* vorkommt und gegen den 1437 Ennelin Frigk wegen ausstehenden Lohns und Darlehen klagte.[1956] Aus Rom war Giuliano Baratti angereist, der sich hier mit wenig Erfolg als Trödler versuchte.[1957]

In der Abrechnung der Medici-Bank von 1442 finden sich verschiedene Beträge, die sich auf die Miete der Wohn- und Geschäftslokalitäten beziehen. Für die Zeit vom 25. März bis zum 1. August wurden dafür 40 Kammerdukaten aufgewendet, für die anschließenden zwölf Monate nur deren 50 bezahlt. Als Vermieter wird Heinrich Halbisen genannt: *Arrigo Albixon, nostro oste.*[1958] Bezeugt wird dies auch durch einen Eintrag in den Jahresrechnungen der Stadt, wo es heißt: *Item empfangen XVII guldin zinses von den wechszelern in Heinrich Halbysens hus.*[1959] Von Halbisen ist bekannt, dass er die Gaden am Haus „Zum Schlüssel" an Himmelfahrt 1433 an *walchen*

1953 Camerani Marri (1951), S. 51.

1954 Baer (1941), III, S. 480, 487, 489, 500, 512, 514, 561 und 586. Vgl. auch Ehrensperger (1972), S. 357, der auf den Verweis zu den Medici verzichtete.

1955 Francesco d'Amerigo Zati: StaBS, GA E 1, 153. Ehrensperger (1972), S. 447 hält ihn für einen Arzt, doch gehörte dieser Mann mit Sicherheit zur sehr reichen florentinischen Kaufmannsfamilie Zati, die damals in Buda eine sehr wichtige Position im Handel einnahm. Vgl. Prajda (2017), S. 53. Vom Reichtum dieser Familie zeugt das Catasto von 1433: ASFi, Catasto 73, cc. 177 und 183. Francesco deklarierte damals f. 1378 als Vermögen. Sein jüngerer Bruder Uberto zählte mit f. 20486 zu den zehn reichsten Florentinern.

1956 StaBS, O1, c. 41v. – Die einzige Möglichkeit nach diesem Namen zu suchen, bieten die Datenfiles von Herlihy/ Klapisch, welche sie von den Catasto-Erklärungen des Jahres 1427 angefertigt haben. Darin finden sich aber vier Männer, die Luca di Bartolomeo heißen; keiner von ihnen führt einen Familiennamen oder Beruf an.

1957 Vgl. oben S. 351.

1958 ASFi, MAP 104, Nr. 60, c. 600.

1959 Harms (1909–1913), I, S. 157.

vermietete.[1960] Es ist zweifelhaft, ob diese Mieter die Medici-Bankiers waren, denn die im Haus „Zum Schlüssel" bezahlten Mieten waren bedeutend tiefer als der Betrag, der von den Medici unter Mietzins verbucht wurde.[1961] Möglicherweise haben sie sich direkt in seinem Wohnhaus „Unter den Becherern 22" (heute: unterster Teil der Freien Straße) eingemietet.[1962] Die Bank befand sich auf jeden Fall nicht nur in unmittelbarer Nähe des Marktplatzes, sondern hatte als Nachbarn Bürger der Stadt Basel, die als Handelsherren ein sehr großes Ansehen genossen, wie etwa Claus Gottschalk, Hans Irmi der Ältere und ihr Vermieter.[1963] Die Florentiner arbeiteten in großzügigen und repräsentativen Räumen. Dies entspricht wohl nicht nur dem Ansehen, das die Bank hatte, sondern auch der Art ihrer Tätigkeit, die nicht aus dem kleinen Wechselgeschäft mit Laufkundschaft bestand, sondern aus Verträgen mit sehr vornehmer Kundschaft.

Die Alberti hatten ihre Wohn- und Geschäftsräume während der ersten Jahre direkt im Haus der Schlüsselzunft und bezahlten dafür im Jahr 192 Gulden. Basler Quellen zeigen, dass sich Dego und Antonio nach der Trennung von da Uzzano und Boscoli am Rheinknie neu ausrichteten und darauf einstellten, sich definitiv nördlich der Alpen niederzulassen. 1441 erwarben beide das Basler Bürgerrecht und wurden Mitglied der Zunft zum Schlüssel, in der die großen Basler Handelsherren Peter Gatz, Claus Gottschalk, Wernlin von Kilchen und Andres Wiler zünftig waren.[1964] Dego kaufte das Haus „Zum weissen Bären" am Schlüsselberg 5 und Antonio wurde zum *kaufher zer Strolen* (heute: Freie Straße 11).[1965] In unmittelbarer Nähe zu ihren Liegenschaften befand sich das Haus der Schlüsselzunft, in dem sie für einen Zins von 16 Gulden eine Wechselstube und einen Gaden mieteten.[1966] Diese gaben sie 1447 wieder auf und die Immobilie am Schlüsselberg verkauften sie drei Jahre später für 470 Gulden an Heinrich Halbisen.[1967]

Von den weiteren italienischen Bankiers sind nur spärliche Informationen über ihren Aufenthaltsort während ihrer Zeit in Basel überliefert. Tommaso Spinelli mietete Räume beim Basler Handelsherrn Wernli von Kilchen *(Varnieri della Chiesa, nostro oste),* die ebenfalls in der Nähe des Zunfthauses zum Schlüssel lagen. Er arbeitete damit in unmittelbarer Nähe der Medici, der Alberti und der reichsten Basler Heinrich Halbisen und Claus Gottschalk *(Niccolò*

1960 StaBS, Sl 10, 45v. – Koelner (1953), S. 206: „1434 vermittelte er [Heinrich Halbisen der Ältere] – der italienischen Sprache mächtig – die Vermietung des einen Zunftgadens zum Schlüssel an einen *walchen, und söllent min herren mit dem walchen nüt ze schaffen han.* Die Namen der Mieter zum Schlüssel sind nicht überliefert." Vgl. Geering (1886), S. 270.

1961 Vgl. Geering (1886), S. 270–271.

1962 Geering (1886), S. 275–276 berichtet, dass Halbisen sein eigenes Haus ab 1440 vermietet habe. Vgl. Schönberg (1879), S. 608.

1963 Claus Gottschalk hatte sein Haus „Unter den Becherern 4", Hans Irme *der elter* „Unter den Bechrern 19". Beide Angaben bei Schönberg (1879), S. 608.

1964 Koelner (1953), S. 11 und 23.

1965 Koelner (1953), S. 55 und 230.

1966 StaBS, GA, Öffnungsbuch I, 120. – Ehrensperger (1972), S. 446, Anm. 160 setzt Dego gleich mit Antonio. – Vgl. Geering (1886), S. 278; Koelner (1953), S. 55; Ehrensperger (1972), S. 278.

1967 Ehrensperger (1972), S. 278. Über die Gianfigliazzi: Sapori (1946).

Chociale), den er als *vicino* bezeichnete.[1968] Von Bankiers aus Verona ist nur aktenkundig, dass Ognibene Sagramoso 1447 die Lokale von Dego degli Alberti im Haus „Zum Schlüssel", als Mieter übernahm.[1969] In Basel findet sich eine Clusterbildung der Banken um das Zunfthaus zum Schlüssel. Ihre Vermieter waren Fernhändler, die den Florentinern von den internationalen Handelsplätzen in Brügge, Venedig und Barcelona bekannt waren. Lamberteschi ist allerdings in jeder Hinsicht ein Sonderfall. Er lebte in einiger Distanz von der kleinen Kolonie der florentinischen Bankiers, zu der er als Exilierter auch nicht gehörte. Lamberteschi lebte mit seiner Frau und seinen Kindern im Haus „Zum Liebenstein" am heutigen Gemsberg 8 und damit in einer vornehmen Wohnlage, denn er hatte als Nachbarn den ehemaligen Basler Bürgermeister Jacob zu Rhein, der mit zwei Basler Fürstbischöfen des 15. Jahrhunderts nah verwandt war.[1970] Dass es keinen Beleg dafür gibt, dass er sich während seinen zwanzig Basler Jahren hier kein Wohnhaus gekauft hat, ist nicht auf Lücken in den Archivbeständen zurückzuführen, sondern wohl eher auf seine Hoffnung, hier nicht immer bleiben zu müssen.

Informationen zum Alltagsleben der Florentiner am Rheinknie sind in den Bilanzen der Medici und Borromei / Spinelli und im Rechnungsheft *(stracciafoglio)* von Roberto Martelli zu finden, das den Zeitraum vom 13. Dezember 1433 bis zum 27. Juni 1434 umfasst. Es weist auf 38 Seiten seine kleinen Ausgaben und Einnahmen aus; im Gegensatz zu Bartolis Heft aus Konstanz erwähnt es keine Wechsel- und großen Kreditgeschäfte.[1971] Die Florentiner gaben für den Eigenbedarf viel Geld in die lokale Wirtschaft. Martelli notierte den Kauf von Pferden, Papier, Kerzen, Wein und Kleidern. Bürger der Stadt und zugewanderte Handwerker erhielten Aufträge: Schneider, Fuhrleute, Pferdehändler, Racker und viele andere mehr. Viele dieser Lieferanten und Dienstleister waren jedoch keine Basler, denn die Italiener zogen es vor, mit Landsleuten zusammenzuarbeiten, die ihre Sprache und Wünsche verstanden. Die alltäglichen Lebensmittel wie Fleisch, Wein und Brot wurden bei Deutschen eingekauft, alles andere aber – Kerzen, Papier, Gewürze und Medizin – nach Möglichkeit bei einem Landsmann. Auch der Friseur kam aus Florenz. Die Florentiner bemühten sich offensichtlich, die Lebensweise ihrer Heimat auch im Norden weiterzupflegen, und lebten in einer fast abgeschlossenen Welt. In geringem Maße wurden von Basel aus Waren in den Süden Europas verkauft: Goldwaren nach Venedig[1972] und Musikinstrumente nach Florenz.[1973] Schließlich profitierten von den Florentinern die in den Dienst der Banken aufgenommenen Diener und Köche sowie die Vermieter ihrer Wohnungen und Geschäftslokalitäten.[1974]

1968 YUSA 90, 1700.
1969 Geering (1886), S. 278.
1970 Schönberg (1879), S. 617.
1971 ASFi, MAP 131 C.
1972 ASFi, MAP 131 C, c. 4.
1973 Bergier (1978), S. 289–290.
1974 ASFi, MAP 104, Nr. 60, cc. 599 ff.

Es gibt keine Zeugnisse über die sozialen Kontakte der Italiener in Basel. Zweifellos sind sie sich in der kleinen Stadt fast täglich begegnet, doch über gemeinsame Festlichkeiten oder andere freundschaftliche Anlässe ist nichts bekannt. Das Fest des Stadtpatrons, Johannes der Täufer, haben sie mit Sicherheit auch in Basel sehr aufwändig gemeinsam gefeiert. Aus den Briefen von Tommaso Spinelli und Roberto Martelli entsteht allerdings der Eindruck, dass man sich vor allem gegenseitig beobachtete. Die jahrelange Absenz von der Heimat führte dazu, dass neue Freundschaften und Netzwerke entstanden, die für viele Jahre halten konnten.[1975] Evident werden diese Bekanntschaften aus Basler Zeiten im Leben von Enea Silvio Piccolomini, dem späteren Pius II., der fast zehn Jahre in Basel lebte. Die gemeinsame Basler Zeit wurde für den Kaufmann später noch wichtig, denn als er um 1460 von Gläubigern verfolgt wurde, gewährte ihm Pius II. einen speziellen Schutz in der Ewigen Stadt. Diese Freiheit nutzte er, um seinem Interesse für Mineralogie nachzugehen. Dabei entdeckte er die für die Wirtschaftsgeschichte des 15. Jahrhunderts wichtigen Alaun-Vorkommen in Tolfa.[1976] Als Teil seiner Seele und *veterem et Basiliensem amicum* bezeichnete Enea Piccolomini 1445 Giuliano Baratti, einen wenig erfolgreichen römischen Warenhändler, der in Basel mit allerlei Spezereien und Medikamenten gehandelt hatte und 1444 als Prokurator die Medici-Bank saldieren sollte. Bei ihm lebte er, als er sich als Gesandter des deutschen Königs beim Papst in Rom aufhielt.[1977]

Ognibene Sagramoso schrieb 1453 nach Wiener Neustadt, da er vom Kaiser gerne eine *littera familiaritatis* wollte und dafür um die Fürsprache von Bischof Eneas bei Friedrich III. bat. Ognibene, der schon seit einigen Jahren den Grafentitel führen durfte, wurde im Antwortschreiben aus Österreich vom 27. Januar 1454 von Enea mit *Magnifice comes, amice honorande* angesprochen. Es sei nicht einfach gewesen, da der Kaiser Kaufleuten solche Privilegien nicht gerne gewähre *(nam qui negotiantur his Cesar hujusmodi litteras egre concedit).* Er schicke ihm die gesiegelte Urkunde durch seinen Neffen Pietro Piccolomini nach Rom. Er gebe diesem aber auch die Dukaten wieder mit, die er ihm geschickt habe, da sie zu leicht seien. Woher er denn solch minderwertige Münzen habe *(miratus sum unde aureos tam malos extraxeris)?* Sein Vorgehen verletze die Freundschaft *(Quod jus amicitie minime patitur).* Er halte ihn trotzdem für einen ehrbaren Kaufmann, der ihn nicht betrügen wollte. Ihre Freundschaft sei ihm doch sicher mehr wert als ein paar Gramm Gold *(Existimo tibi pluris esse amicitiam meam quam auri*

1975 YUSA 89, 1685a. An das jahrelange Zusammenleben als italienische Kolonie in einer kleinen deutschen Stadt spielte eine Kleriker noch 1467 an, als er Tommaso Spinelli um einen Gefallen bat: *Per amore dela bona memoria di messer lo vescovo nostro, che sapete quanto singolare amore et affectione vi portò sempre, e , a Roma, e, persino a Baxilea in farvi sempre honore e utile.*

1976 Roover (1963), S. 438. Vgl. Gottlob (1889), S. 278–305; Istituto della Enciclopedia italiana (1960–), XXII, S. 225–227; Delumeau (1963); Caferro (1995), S. 726–727. – Auch Tommaso blieb mit da Castro weiter in Verbindung. 1465 transportierte Spinelli ihm 3 914 libr. Alaun von Rom nach Florenz. YUSA 87a, 1187.

1977 Piccolomini, (Pius II.) (2003–2007), S. 1; Izbicki (2006), S. 215 und 231.

parvum pondus).[1978] Diese Briefstelle wirft kein sehr gutes Licht auf Sagramoso als Bankier. Als Enea 1458 als Papst Pius II. den Petersstuhl bestieg, existierte seine Bank in Rom nicht mehr.

Wenige Wochen nach der Krönung von Pius II. wurde Giovenco di Lorenzo della Stufa Vater eines Sohnes. Er ließ ihn auf den Namen Enea taufen. In den Tratte der Republik Florenz sind nur zwei Florentiner mit diesem Vornamen zu finden. Der andere ist Enea di Iacopo di Domenico di Bernardo Lamberteschi, der ein Großneffe des in Basel lebenden Lamberto Lamberteschi war.[1979] Bedeutend weniger freundschaftlich verlief die Beziehung zwischen Enea und Roberto Martelli, die sich als Papst und Direktor der Medici-Bank in Rom wiedersahen. Der Humanist hat den Bankier in seiner Schilderung der Basler Siegelaffäre nicht gerade sehr schmeichelhaft dargestellt und auf das Amt des Depositars der päpstlichen Kassen machte er ihm offensichtlich keine Hoffnungen.

Als Bankier kann Sagramoso in Rechnungsbüchern in Wechselgeschäften bis Dezember 1455 nachgewiesen werden, mit denen Geld über die Medici in Florenz und Jacopo Attavanti in Venedig nach Neapel, London und Rom transferiert wurde.[1980] Bald danach hat er sich nach Verona zurückgezogen, wo er 1460 das Amt eines Provveditore ausübte. Am 2. Juni 1473 machtes er hier sein Testament. Seine Nachkommen bilden heute den Familienzweig der Grafen Sagramoso di San Paolo di Campomarzo.[1981]

5.6.2 Lamberto di Bernardo Lamberteschi

Lamberto di Bernardo Lamberteschi stammte aus einer sehr reichen und angesehenen Kaufmannsfamilie, die um 1430 zur obersten politischen und wirtschaftlichen Elite von Florenz zu zählen ist. Sein Großvater Lamberto war 1347 bis 1367 Faktor der Alberti,[1982] wie auch dessen Neffe Tommaso di Niccolò (1355–1370).[1983] Sein Vater Bernardo war bis 1434 in den Kreis der reichsten Geschäftsleute in Florenz aufgestiegen.[1984] In den Prestanze von 1403 lag er im Quartier von S. Croce auf dem 17. Platz und hatte vor sich noch fünf Alberti-Haushalte; im Catasto

1978 Weiss (1897), S. 269–270. Der Brief von Ognibene an Enea ist nicht erhalten.

1979 Florentine Renaissance Resources, Online Tratte of Office Holders, 1282–1532. Machine readable data file. Edited by David Herlihy, R. Burr Litchfield, Anthony Molho, and Roberto Barducci. (Florentine Renaissance Resources / STG: Brown University, Providence, R. I., 2002.) http://www.stg.brown.edu/projects/tratte/, 08.06.2021.

1980 ASFi, MAP 134, Nr. 3, c. 13v; AOIF 12615, c. 2 sinistra.

1981 Vgl. Oneto (1938). Ich danke für die Unterstützung bei der Archivrecherche durch die Grafen Cesare und Gabriele Sagramoso.

1982 Foster (1985), S. 175. Sie gibt hier drei Belege aus ASFi, Notarile Antecosimiano, dass Lamberto als Prokurator der Alberti fungierte. Lamberto auch APS, I, Nr. 537, S. 554.

1983 Renouard (1938), S. 57; Foster (1985), S. 175.

1984 Martines (1963), S. 353; Conti (1984), S. 73.

von 1427 war er mit einem Vermögen von f. 41 727 der größte Steuerzahler des Quartiers. Der reichste Alberti, Filippo di Tommaso, folgte erst auf dem dritten Platz mit f. 19 000; Francesco d'Altobianco war nur 16. mit f. 10 752.[1985] Bernardo Lamberteschi hatte sein Vermögen vor allem als Investor und nicht als Handelsherr gemacht. Er legte sein Geld vor allem in Accomendaverträgen an, bei denen Stoffe zwischen Katalonien, Flandern, England und Ungarn gehandelt wurden. Auch in Läden von Seiden- und Tuchhändlern in Pisa und Florenz hatte er investiert.[1986] In seinen Steuererklärungen wies er enge geschäftliche Beziehungen zu den Alberti aus: Filippo di Tommaso nennt 1427 gemeinsame Schuldner über f. 6 000; Giannozzo und Antonio waren seine Gläubiger.[1987] Seine enge Verbindung zu den Alberti drückte sich auch darin aus, dass er 1391 Ravenna di Duccio degli Alberti heiratete.[1988] Seine Vernetzung in der florentinischen Gesellschaft war mehrfach Gegenstand der historischen Sozialforschung.[1989]

Lamberto wurde etwa 1402 geboren und nahm als Jüngling aufgrund des großen Reichtums seines Vaters und seiner vornehmen Herkunft in der Florentiner Gesellschaft eine wichtige Position ein: Bei öffentlichen staatlichen Schauspielen in Florenz in den Jahren 1427 und 1429 spielte er eine herausragende Rolle, wie der Chronist Cambi festhielt.[1990] 1427 schickte ihn sein Vater mit einer der Galeeren der Republik nach Flandern.[1991] Kurz vor 1430 heiratete er die etwa 14-jährige Lena di Andrea Pazzi, eine Verbindung, die ihn als Mitglied der städtischen Elite zeigt.[1992] Sein Schwiegervater war seit 1422 Partner bei Francesco di Giachinotto Boscoli e co., welches die Römer Niederlassung der Bank von Francesco d'Averardo de' Medici war.[1993] Diese Verbindung weist auch auf Familien hin, die politisch in Opposition zu Cosimo de' Medici standen. Lena Pazzi war nämlich die Tante der Verschwörer, welche am 26. April 1478 in der Kathedrale von Florenz Giuliano de' Medici erdolchten.[1994]

In der Mitte der Dreißigerjahre fiel Lamberto zusammen mit seinen engsten Verwandten abrupt aus dem Kreis der städtischen Führungselite, denn die Lamberteschi standen 1434 auf der Seite der Medici-Gegner und der Chronist Cambi notierte die Namen von Lamberto und Domenico di Bernardo Lamberteschi auf der Liste der *rubegli del Chomune di Firenze,* die nach

1985 Martines (1963), S. 353 und 365–366.
1986 Foster (1985), S. 175.
1987 Foster (1985), S. 190.
1988 Renouard (1938), S. 57; Foster (1985), S. 175 und 269.
1989 Doreian et al. (2005); Wasserman / Faust (1999).
1990 Cambi (1785–1786), XX , S. 173 und 175. Vgl. auch Kent (1978).
1991 ASFi, Catasto 68, cc. 41r–46r.
1992 Ansell / Padgett (1993), S. 1276: Padgett und Ansell, die anhand von Kreditoren- und Debitorenlisten in den Catasti von Florenz das Beziehungsnetz der florentinischen Elite zu ermitteln versuchen, haben die Lamberteschi nur als Handelspartner der Velluti ermitteln können.
1993 Roover (1963), S. 38.
1994 Vgl. Spallanzani (1987), S. 314.

der Rückkehr Cosimos aus dem Exil in Venedig aus Florenz verbannt wurden.[1995] In den offiziellen Büchern der Stadt ist der Eintrag zu finden, dass Domenico am 11. September 1434 für fünf Jahre nach Verona oder Civitale in Friaul *(quale luogo de' due vorrà)* verbannt wurde.[1996] Damit stimmt überein, dass Domenicos Sohn Piero im Catasto von 1469 angibt, seine Familie habe seit 1434 keine Steuern mehr bezahlt.[1997] Lamberto war zunächst von dieser Verbannung direkt nicht betroffen. Noch bis 1436 wurden in seinem Namen von Florenz aus Geschäfte ausgeführt. In seinem Auftrag wies die Bank der mit ihm verwandten Pazzi zwei Wechsel auf die Medici-Filiale in Venedig an.[1998] Am 16. August 1436 war er noch in Florenz und gab den Uffiziali der Stadt Auskunft über das Vermögen seines verbannten Bruders Domenico.[1999] Vater Bernardo war zu diesem Zeitpunkt bereits tot. In Basel taucht sein Name zum ersten Male im Jahre 1438 auf, als *her Lambertus der Lamparter* wohl unter dem Eindruck der mörderischen Pestseuchen dieser Jahre in die Seelzunft (religiöse Gemeinschaft) der Zunft zum Schlüssel eintrat.[2000] Im gleichen Jahr kaufte sich *Lampertus Bernardi de Lampertesiis de Florencia* das Bürgerrecht.[2001] Er muss also kurz zuvor seinen Wohnsitz in Basel genommen haben. Als Verbannter erscheint er in den florentinischen Dokumenten am 24. Dezember 1439, als er vom Capitano della Balia zum *rubello* erklärt wurde.[2002] Rudolf Wackernagel bezeichnete Lamberto in seiner Geschichte der Stadt Basel also mit Recht als Florentiner Flüchtling.[2003]

1995 Cambi (1785–1786), XX, Domenico di Bernardo: S. 364 und Lamberto di Bernardo: S. 365. Über die Verbannung von Domenico auch in der Chronik der Morelli / Morelli (1774), S. 125.

1996 ASFi, Capitani di Parte, numeri rossi 70, c. 3r und ASFi, Otto di Guardia e Balia della Repubblica, 224, c. 50v. Zu seiner Verbannung vgl. Shaw (2000), S. 70 und 88.

1997 ASFi, Catasto 911, cc. 441r–445: *dal 1434 in qua è stata ispenta per essere stati ribelli.*

1998 ASFi, 154a, 64r, 1. Oktober 1436: *A Lamberto Lamberteschi di Firenze per lui duc. cinquanta di grosso. Sono per tanti ci trassono per lui da Firenze à ttratto per lui da Firenze i Pazi per loro lettera di cambio de dì 13 di settembre. Insomma di duc. 73 di grossi in messer Antonio Borromei e chompagni e a lloro gli demmo contanti per Robertino loro. Sono per la valuta n'ebono da' Rucellai. Posto a libro grande a c. 28. duc. 50.* Ein zweiter Wechsel wurde am 20. Juni 1436 in Venedig für Lamberteschi honoriert. Auch in diesem Fall lief das Geschäft über die Pazzi in Florenz. ASFi, 154a, c. 52r.

1999 ASFi, Capitani di Parte, numeri rossi 70, c. 69v. – ASFi, Emancipazioni 3, cause inopie, f. 175r, 23. Sept. 1437. Lena Lamberteschi verlangt von den städtischen Behörden, dass ihre Mitgift von f. 2000 aus dem Vermögen ihres Mannes ausgeschieden werde. Vermutlich sicherte sie durch diesen Schritt *(emancipazione)* ihr eigenes Geld vor dem Zugriff der Stadtverwaltung, die mit Konfiskationen gegen die Verbannten vorging. Von diesem Zeitpunkt an galt sie für die Florentiner Beamten als eigenständiger Haushalt, sodass sie – im Gegensatz zu ihrem Mann – in den folgenden Jahren hier auch Steuern zu bezahlen hatte. Sie erhielt dafür als Gegenwert vier Güter aus dem Besitz der Lamberteschi, die ihr Schwiegervater Bernardo 1427 in seinem Catasto erwähnt hatte. – Weitere Akten über die Konfiskation der Lamberteschi-Vermögen in ASFi, Capitani di Parte, numeri rossi 65, cc. 44r und 164r–v.

2000 StaBS, Öffnungsbuch I, 3, Missiven A 9, 93: 11. Juli 1438. – Vgl. Wackernagel / Thommen (1890–1910), VII, S. 400, Nr. 243; Koelner (1953), S. 55.

2001 Koelner (1953), S. 224.

2002 ASFi, Otto di Guardia e Balia della Repubblica, 224, c. 74r.

2003 Wackernagel (1907–1916), II / 1, S. 397.

Trotz des Erwerbs des Basler Bürgerrechts hatte Lamberto nur ein Ziel: den Sturz der Oligarchie um Cosimo de' Medici und seine eigene Heimkehr nach Florenz.[2004] Zu diesem Zweck hat er sich von Basel aus mit anderen Gleichgesinnten organisiert und sogar aktiv an einem Waffengang gegen Florenz teilgenommen. Giovanni Rucellai berichtet in seinem „Zibaldone", dass Lamberto zu jenen Florentinern gehörte, die sich um Rinaldo degli Albizzi scharten und an einem gegen die Medici gerichteten Umsturz arbeiteten. Im April 1440 war er unter den Männern, die unter der Führung des Condottiere Niccolò Piccinino einen militärischen Angriff auf Florenz versuchten und erst im Juni in der berühmten Schlacht bei Anghiari geschlagen wurden.[2005] Da die Florentiner Lambertos nach der Schlacht nicht habhaft werden konnten, ließ man durch Andrea del Castagno ein überlebensgroßes Bild von ihm malen, hängte es aus einem Fenster am Palazzo del Podestà und versah es mit einem Spottvers von Antonio Buffone:

Io son Lamberto Lamberteschi, a cui
Ben si può dire : A te volò il cervello!
Con questi traditor farmi rubello
Della mia patria, ove già ricco fui.[2006]

In einem Dokument von 1448 tritt Lamberto Lamberteschi auch in Basel kriegerisch auf. Die Bücher der Schlüsselzunft vermerken, dass er von der Zunft wegen *zwey armbrest, zwen wellkropfen, zwen gurtel, zwen lidrin kocher* halte. Offensichtlich hat er sich mit dieser

2004 Der Kampf um seinen Besitz in Florenz ist in vielen Quellen dokumentiert: ASFi, Archivi della Repubblica, Notificazioni di atti di emancipazione, Nr. 3; Archivio Bardi, Serie III, Nr. 133, cc. 8v, 15r, 22rv und 28r; Capitani di parte Guelfa, numeri rossi 65, cc. 44r, 163r und 164r; Capitani di parte Guelfa, numeri rossi 70, cc. 44v, 53r, 90v und 91r; Capitani di parte Guelfa, numeri rossi 71, c. 1r; Diplomatico normale, Archivio generale appendice, Nr. 648; 1444 novembre; Diplomatico, S. Maria del Bigallo, 1437 ottobre 5; Diplomatico, S. Maria del Bigallo, 1446 ottobre 7; Manoscritti 441, cc. 50r und 74r; NA 20611, c. 17v; Otto di Guardia e Balia della Repubblica, Nr. 224, c. 74r.

2005 Der Text von Giovanni Rucellai bei Kent / Perosa (1960–1981), S. 50; Battista (2013), S. 169. – In einer anderen Chronik wird sicherlich fälschlicherweise von einem Lorenzo Lamberteschi berichtet, der jedoch historisch sonst nicht fassbar ist: *ipse Nicolaus Piccinninus cum omni ejus exercitu et posse et maxime cum d. Rainaldo, d. Maso de Albizis, Ludovico de Rossis, Laurentio de Lamberteschis, Roberto de Antilla, Io. Pieri Arrigi, Antonio Nicolai Barbadori, Francisco Joanni alias Carnesecca et d. Nicolao Antonii Gianfigliazzis et multis aliis publicis inimicis et rebellibus comunis Florentie contra territorium florentinum hostiliter.* – Vgl. zu diesen Vorgängen Griffo (1986), S. 283–289. Lamberteschis Teilnahme an diesem Kriegszug gegen Florenz wird auch vom Chronisten Dei (1985), S. 56 erwähnt.

2006 Martines (1980); Edgerton (1985); Spencer (1991). Der Text des Gedichtes bei Cavalcanti (1838–1839), S. 578. Singgemäße Übersetzung: Ich bin Lamberto Lamberteschi, von dem gesagt werden kann, dir ist das Gehirn weggeflogen! Ich habe mich zusammen mit diesen Verrätern zum Rebellen meiner Heimat gemacht, wo ich einst reich war.

Ausrüstung tatsächlich an kriegerischen Aktivitäten der Stadt Basel beteiligt, denn er zog zusammen mit seinen Zunftbrüdern in den Krieg gegen die umliegenden Adligen.[2007]

Während sich Lamberto weigerte, in Florenz weiter Steuern zu bezahlen, kam er in seinem Exil dieser Pflicht nach. In der Basler Steuerliste von 1454 figuriert er unter der Bezeichnung *der Lamparter* mit einem Vermögen von 3950 Gulden.[2008] Er gehörte somit auch in Basel zu den reichen Einwohnern, doch gab es vor ihm noch eine ganze Reihe von Baslern, die ein weit größeres Vermögen deklarierten. Wie weit diese Angabe den tatsächlichen Verhältnissen entsprach, muss offen bleiben, denn in der Rheinstadt wusste sicherlich niemand über den Umfang seiner Beteiligungen in Italien Bescheid.

Seine Frau gehörte selbst nicht zu den Verbannten; sie hätte also in Florenz bleiben können, um dort die Interessen der Familie zu vertreten.[2009] Im Catasto von 1446 wurde jedoch notiert, dass sie sich bei ihrem Mann in Parma aufhalte. Es fehlt weiter die in den Steuererklärungen sonst übliche Angabe über ihre Wohnadresse in Florenz. Sie ist nicht nur zu ihrem Mann nach Parma gereist, sondern ist ihm auch über die Alpen gefolgt und hat während einiger Jahre in Basel gelebt.[2010] Ihre Kinder Venna, Bernardo und Carlo sind also sehr wahrscheinlich zwischen 1453 und 1457 in Basel zur Welt gekommen.[2011] Lamberto hat sich aus geschäftlichen und politischen Gründen häufig aus Basel entfernt und sich – das Territorium von Florenz meidend – in oberitalienischen Städten aufgehalten. Auch in geschäftlichen Belangen ließ er sich durch Basler vertreten, beispielsweise durch Burckart Fry.[2012] Doch ist er in Basel so häufig nachgewiesen, dass er hier mit Sicherheit seinen Hauptwohnsitz hatte.[2013]

Neben dem Politiker und Handelsherrn ist im *manoscritto veneziano* in der British Library eine weitere Facette des Lamberto de' Lamberteschi zu erfassen, nämlich die eines Heilkundigen

2007 Koelner (1953), S. 224.

2008 Schönberg (1879), S. 617; Koelner (1953), S. 224.

2009 Foster Baxendale (1991) hat dieses Verhalten sehr häufig bei den Frauen der exilierten Alberti-Männer feststellen können.

2010 ASFi, Catasto 658 (II), c. 590rv: *oggi si ritruova a Parma chol marito.* – StaBS, GA A 36, sabbato ante palmar, 1487.

2011 ASFi, Catasto 911, cc. 316rv: Lena zählt die Mitglieder ihres Haushaltes auf: *Mona Lena sopra scripta 54 anni in circha, Venna Maria sua figliuola 15 in circha, Bernardo suo figliuolo 13 in circha, Charlo suo figliuolo minore 11 in circha.*

2012 StaBS, GA A 26, c. 283v.

2013 StaBS, O 1, S. 286b und 298–299. – StaBS, GA E 3, 23: 1446 verbot Peter Scherrer von Basel Gut seiner Gattin, das bei Lampertus de Lamberteschis lag. Im gleichen Jahr verbot Meister Peter von Neuenburg Gut, das bei *den banckierern in Lambertus von Lamberteschis huss* lag. – StaBS, GA 24, cc. 271–272. Streit um Schuldbriefe usw. zwischen Lamberteschi und Meltinger und anderen, die für Guarienti gebürgt hatten. – StaBS, GA A 26, c. 83v: Burkart Fry hat einen lateinischen Brief nach Bologna gebracht. – StaBS, GA 38, cc. 31–34: Langes Protokoll über Beziehungen zwischen Lamberteschi und Basler Kaufleuten. StaBS, GA B, c. 172v: 1451 Bürgschaft von Ludman Meltinger, Hans Zschach und Rudolf Herstrass für Andreas Wiler zu Händen des Lambertus des Lamberteschis. – StaBS, Schlüsselzunftarchiv 10, c. 51: Geschäfte mit der Zunft. – Vgl. Ehrensperger (1972), S. 66 und 280–281.

und frühen Alchimisten. Das Ehepaar Lamberteschi wird in der Handschrift Sloane 416, die in der British Library in London zu finden ist, als Quelle für sehr unterschiedliche Rezepte genannt: für die Herstellung von Parfüm *de Valens,* für Schwangerschaftstests, aber auch, wie man ein schwaches Pferd wie ein kräftiges und gesundes aussehen lassen kann. Zu erkennen sind Menschen mit einem sehr breiten Spektrum an Interessen und großem Wissen. Was sie damit in Basel angestellt haben und ob sie hier Freunde mit ähnlichen Interessen gefunden haben, entzieht sich aufgrund der Quellenlage der Klärung.[2014]

Da die Florentiner mit dem von Cosimo de' Medici aus der Stadt verbannten Lamberteschi kaum Geschäfte machten, musste er dafür andere Partner finden. Zwischen 1438 und 1441 gründete Lamberto zusammen mit Piero di Pace Guarienti eine Gesellschaft.[2015] Möglicherweise stand im Hintergrund sein älterer Bruder Domenico, der nach Verona verbannt worden war. 1445 wurde die Kooperation im Streit beendet, der zu langwierigen Streitigkeiten vor den Basler Gerichten führte.[2016] Im Anschluss daran machte der vermögende Florentiner Geschäfte mit Basler Handelsherren. Gesichert ist, dass er eine Gesellschaft mit Hans Waltenhein dem Jüngeren[2017] einging: *guette zyt xellschafft und fruntschafft.*[2018] In welchem Geschäftsfeld die beiden agiert haben, ist nicht überliefert.[2019] 1452 stellte Lamberto für seinen Geschäftspartner eine *lettera di cambio* aus, die diesen zum Bezug von 200 RG berechtigte. Der Basler tat dies bei Arrigo degli Orsi in Bologna und quittierte schriftlich den Empfang des Geldes.[2020] Verrechnet wurde das Geschäft über die Bank von Ognibene de' Sagramoso in Rom.[2021] Lamberto hatte also im Wechselverkehr einen Weg ohne Einbezug von Florentinern gefunden. Überliefert ist diese Transaktion, da Lambertos Sohn Bernardo 1487 vergeblich bei den Basler Gerichten gegen die Erben Waltenheims klagte. Er meinte, dass die 200 Gulden in Basel nie an seinen Vater zurückbezahlt worden seien.[2022] In Verbindung mit Sagramoso, den Lamberto aus Basel kannte, zeigt ihn auch ein Schiedsspruch in einem

2014 Tosatti (1991).

2015 Vgl. oben S. 375.

2016 Vgl. oben S. 377.

2017 Vgl. StaBS, Schlüsselzunftarchiv 196 und 199.

2018 StaBS, GA A 26, c. 283v.

2019 Apelbaum (1915), S. 52.

2020 Akten dieser Familie im ASBo, Archivio Banzi. Arrigo ist darin nicht zu finden.

2021 Sagramoso stand 1455 auch in Beziehung mit den Medici in Florenz. ASFi, MAP 134, Nr. 3 , c. 13v: *Rimetemo a Vinegia a nostri per loro conto [...] d'uso da Ognibene de' Sagramosi [. . .] qui a Giovanni Buorromei.*

2022 StaBS, GA A 26, c. 283v; GA A 36, sabbato ante palmarum. 1487: *Heinrich von Ursis am zweinzigsten und nünden tag des monatz junii im jar gezalt thusendt vierhundert funffzig und zwen jor. Lieber fründ, es ist harkomen Johannes Waltenheim von Basel mit einem uwren briefe uff lyhung zweyhundert guldin, der da gesandt ist zue Omne bene zu Rom und statt uff zweintzig tag des octoberss, und ein uwren breif an mich, der mir vest den selben empholhen hat und ein andren sinen gesellen, genant Jacob Oppermano, der nit harkomen ist; harumb üch und uwer schriben angesehen, so ir zu mir gethan, und ich ime gezalt hundertfunffzig und syben ducaten, sechtzehen schilling uff geld ze rechnen. Welt üch hie mit warnen, daz ir daselbs zue Basel mögen bezalt werden. Nit me, dan gott helff uch. Und wyset die übergeschrifft Lamperto Lamperteschi.* Vgl. Ehrensperger (1972), S. 280–281.

im Detail nicht überlieferten Streitfall mit Piero und Iacopo de' Pazzi vom 30. Dezember 1454.[2023] Diese Namen deuten auf eine weitere wahrscheinliche Partnerschaft hin, denn die Pazzi haben ihm als Verwandten seiner Frau sicherlich zu helfen versucht. In ihrer Steuererklärung von 1457 findet sich als Korrespondent Arrigo degli Orsi in Bologna. Nach dem Ende der Kurienbank von Sagramoso könnten die Pazzi dessen Position im Geldtransfer von Lamberto eingenommen haben.[2024]

Es ist darauf hinzuweisen, dass die Beziehung zwischen Lamberteschi und Sagramoso über eine reine Korrespondentenbeziehung hinausgegangen sein könnte, denn zwischen den beiden gab es auch eine Verbindung über Cristoffer Roder aus der Diözeses Naumburg. Dieser Jurist vertrat 1450 die Interessen des Veronesen gegenüber den Testamentsvollstreckern von Gherardo Bueri in Lübeck. Er war ebenso Prokurator von Lamberto und Elena de' Lamberteschi. Zweimal war er für sie in Florenz, um dort für sie Notare als Prokuratoren einzusetzen.[2025] Es fällt auch auf, dass Sagramoso fast zeitgleich mit dem Tod Lamberteschis seine Bank in Rom schloss. Alle weiteren Aussagen dazu wären aber reine Spekulation.

Nur zwei weitere von Lambertos Geldtransfers nach Rom sind dokumentiert. Im Burgerarchiv der Stadt Thun ist ein Schreiben von *Uwer williger Lambertus de Lambertheschis burger ze Basel* an den Rat vom 9. Januar 1454 erhalten. Es geht darin um eine Bulle, die ein Bote bei ihm gegen Zahlung von 33 Gulden 7 Schillinge und 8 Pfennige Basler Münze abholen könne. Am 5. Februar quittierte er den Zahlungseingang. Dem Boten gab er ein kleines Werbegeschenk mit: *das mir geschiket ist von Rom von unsrem heiligen vatter bobst Nicolaus etlich angnus dei.*[2026] Den letzten bezeugten Wechsel stellte 1456 er aus. Sein Name wird zwar in den Dokumenten nicht genannt, doch kann kein Zweifel daran bestehen, welcher Florentiner in Basel mit der Stadt Luzern eine Zahlung vertraglich regelte: *und sint alsso zu eim Florentzer ein Lantparter komen, der dann gelt usslicht gen Rom; dann in aller statt Bassel nit mer dann ein wechseler ist der gen Rom gelt oder wechsel brieff gebe.*[2027]

Als Basler Kleriker 1451 in Rom Geld für die Servitien von Bischof Arnold von Rotberg aufnehmen mussten, wandten sie sich nicht an einen Korrespondenten des Florentiners in ihrer Heimatstadt, sondern an die Medici. Die Kapläne verpflichteten sich am 21. August, das Darlehen über 440 Gulden bei den Medici in Genf zurückzubezahlen. Diesen Umweg hätten

2023 ASFi, NA 2557, inserto 2. Hinweis von Lorenz Böninger.

2024 ASFi, Catasto 829, c. 528v.

2025 ASFi, Diplomatico normale, Archivio generale appendice, Nr. 648: Vermutlich war Christopher Roder Jurist. Im November 1444 erschien in Florenz Cristoforo Roder und setzte einen Notar als Prokurator ein. Dieser sollte die Interessen von Lamberto Lamberteschi bei der Vollstreckung des Testaments seines Vaters Bernardo vertreten. 1466 war er wegen Lena Lamberteschi in Florenz. Vgl. ASFi, NA 20611, c. 17v. Nach Auskunft von Lorenz Böninger gibt es zu Christoph Roder in Florenz sehr viele Quellen. 1473 wird er *habitator populi Sancti Proculi* genannt (ASFi, NA 13146, cc. 171–23r).

2026 Burgerarchiv Thun, Missiven 1447–1472, Bd. 3a, BAT 665, Nr. 109, 111 und 113.

2027 Amiet (1876–1877), S. 324, Beilage 31 und 209. – Amiet (1876–1877), S. 210; Ehrensperger (1972), S. 279.

sich die Schuldner sicherlich erspart, wenn die Tilgung in Basel möglich gewesen wäre.[2028] Über Genfer Banken liefen 1458 auch die Servitien des Basler Bischofs Johannes von Venningen, der die erste Rate über Antonio della Casa und die zweite über Piero und Giovanni de' Medici bezahlte.[2029] Lamberteschis Position bei der Kurie scheint schwach gewesen zu sein und sein Umsatz im Wechselgeschäft war wohl sehr gering.

Zu weiteren Geschäftsfeldern, in denen Lamberto aktiv war, gibt es nur vereinzelte Hinweise. Im Rechnungsbuch der Genfer Niederlassung von Antonio della Casa und Simone Guadagni wird 1453 erwähnt, dass sie für ihn bei Guasparre Bovattieri für vier scudi und zehn solidi weißen Taft aus Bologna gekauft haben. Dieser wurde nach Basel geschickt und musste auf der nächsten Allerheiligenmesse bezahlt sein.[2030] Aus den Basler Quellen ist schließlich noch zu erfahren, dass er sein Geld auch als Kreditgeber im Pfandleihgeschäft einsetzte. Er gewährte Dorothea von Wittenheim ein Darlehen über 14 Gulden gegen Hinterlegung ihres Schmuckes: *da ist inn eim ein granat und drü perlin, in dem andern ein saffyr mit vil kleinen perlin und in dem dritten ein Ribulin mit dry klein perlin* und zwei Ringe *hat der ein ein rubin, ein türckis und zwy perlin uff den siten.*[2031]

Zeitweise befand sich im Haushalt von Lamberto auch Piero Lamberteschi. Piero war mit Sicherheit kein Bruder von Lamberto, wie Ehrensperger schreibt, sondern der Neffe: der etwa 1429 geborene Sohn von Domenico.[2032] *Petrus Lamberteschis de Florentia* wurde 1446 ins Basler Bürgerrecht aufgenommen, nachdem er zusammen mit den Städtern an einer kriegerischen Aktion teilgenommen hatte: *receptus est in civem quod nobiscum fuit in campis multotiens.* Im Gegensatz zu seinem Onkel wurde er aber nie schlüsselzünftig.[2033] Da keine eigenständigen Geschäftsaktivitäten von ihm belegt sind, darf wohl davon ausgegangen werden, dass er in

2028 StAB, Domstift VI, S. 5. Vgl. auch Esch (1998), S. 298.

2029 Wirz (1911–1918), I, S. 112, Nr. 326 und 327. – Auf der Rückseite der Urkunde vom 21. Juli 1458 (StAB, Domstift VI, Nr. 61), in der Kardinal Jacob (St. Anastasii) bestätigte, von Piero und Giovanni de' Medici die Servitien von Bischof Johannes von Venningen erhalten zu haben, steht der Name N. de Bonaparte. Dabei handelt es sich nicht um einen Bankier, wie Ehrensperger (1972), S. 282 vermutete, sondern um den Kammerkleriker Nicolaus di Bonaparte. Vgl. ASFi, MAP 28, Nr. 208.

2030 Cassandro (1976b), S. 332. Er hat diesen Betrag auf der Allerheiligen-Messe von 1453 bezahlt: Cassandro (1976b), S. 333.

2031 StaBS, GA E 3, 68. Vgl. Ehrensperger (1972), S. 279.

2032 Ehrensperger (1972), S. 280. – In der Literatur findet sich ein Piero Lamberteschi, der mit allergrößter Wahrscheinlichkeit mit dem in Basel lebenden Piero nicht identisch ist. Dieser hielt sich 1422 am Hofe König Sigismunds in Ungarn auf. Er trat als Zwischenhändler zwischen dem königlichen Hof und Poggio Bracciolini auf, der die offizielle Chronik des Königs schreiben sollte. 1423 gewährte der König ihm, Antonius Frontis und Zenobius de Panzaciis (Panciatichi) in Ofen Erleichterungen im Handelsverkehr mit Ungarn. Vgl. Davies (1982), S. 167; Beinhoff (1995), S. 172. – In Ungarn sind weitere Verwandte nachgewiesen: Niccolò diente unter Filippo Scolari im ungarischen Heer. Er und Giovanni de' Lamberteschi wurden allerdings 1401 bei den Maßnahmen Sigismunds gegen die Italiener zu Kerkerhaft verurteilt. Vgl. Beinhoff (1995), S. 173.

2033 Koelner (1953).

den Diensten seines Onkels stand, vielleicht auch sein Partner war. 1448 ist er noch in Basel zu finden, wie ein Vermerk im Gerichtsarchiv über den Kauf eines Hengstes bezeugt.[2034]

Am 6. November 1458 wurde die Verbannung von Lamberto und seinem Bruder Domenico durch die Medici um weitere 25 Jahre verlängert. Diese Nachricht hat ihn aber gar nicht mehr erreicht, denn er war bereits am 8. Juli dieses Jahres verstorben und in der Barfüßerkirche bei den Franziskanern bestattet worden. Die Inschrift auf seinem Grabstein ist dank einer Abschrift aus dem 17. Jahrhundert überliefert:

Anno Domini M.CCCC.LVIII
Hic jacet
LAMPERTUS de BERNHARDI
de Lampertescus,
civis Basil.
expulsus de Florentia indigne.
Cuius anima requiescat in pace[2035]

Diese wenigen Worte verdeutlichen die Zerissenheit Lambertos zwischen seiner Heimatstadt, in die er immer zurückkehren wollte, und der Stadt, die ihm Exil und Bürgerrecht gewährte. Er fühlte sich in Basel wohl immer als Gast und hat sich hier nicht einmal ein Haus gekauft. Mit seinem Tod wurde der direkte Anschluss Basels an das europaweite Zahlungssystem abgeschnitten. Der Basler Predigermönch Heinrich Schnetz besorgte sich 1468 für eine Reise nach Rom eine *lettera di cambio* beim Bankier Zilli in St. Gallen, der Wechsel auf Tommaso Spinelli in Rom ausstellen konnte.[2036] Offensichtlich gab es keine Möglichkeit mehr, derartige Geschäfte über Basel abzuwickeln.

Mona Lena lebte noch zwei bis drei Jahre über den Tod ihres Mannes hinaus mit ihren kleinen Kindern in Basel.[2037] Erst am 26. Oktober 1464 ist sie in Florenz belegt, wo sie mit dem Torre al Gallo eine der letzten Familienbesitzungen an die Lanfredini verkaufte.[2038] Die Abgabe an das Catasto von 1469 enthält keinerlei Hinweis auf eine Verbindung zu Basel. Ihre Kinder Bernardo und Venna lassen sich um 1475 in Neapel nachweisen, wo die Tochter mit

2034 StaBS, GA A 24, c. 168.

2035 Diese Grabplatte ist nach Auskunft von Benno Schubiger vom Historischen Museum in Basel, das sich in der ehemaligen Barfüßerkirche befindet, nicht mehr erhalten und nur noch bei Tonjola (1661), S. 251 überliefert. – Vgl. StaBS, Schlüsselzunftarchiv, 224. Vgl. Ehrensperger (1972), S. 280–281.

2036 Vgl. oben S. 222.

2037 StaBS, GA A 36, sabbato ante palmar. 1487.

2038 ASFi, Carte Gondi, Nr. 10.

Antonio Villani verheiratet war und für Bernardo ein Konto beim Seidenhändler Tommaso Ginori geführt wurde. Piero di Domenico war 1458 in Rom und stand dort in Verbindung mit der Bank der Baroncelli. Am 12. Juli 1460 wurde er zusammen mit seinen Brüdern Antonio, Jacopo und Andrea von der Republik Florenz zu *rubelli* erklärt.[2039] Den ersten Beweis für eine Rückkehr in seine Geburtsstadt findet man im Jahre 1469, als er als Haushaltsvorstand einen Überblick über das Vermögen der Nachfahren von Domenico di Bernardo Lamberteschi an das Catasto schrieb. In diesem Text ist kein Wort über seine Zeit in Basel zu lesen. Er war damals nicht in Florenz niedergelassen, sondern in Prato, während seine um zwölf Jahre ältere Frau Cilia in Rom lebte, wohin er bald wieder reisen wollte.[2040] Im florentinischen Ehemodell war es äußerst selten, dass eine Ehefrau bedeutend älter als ihr Mann war. Vermutlich hat Piero eine vermögende Witwe geheiratet. 1480 erwähnt das Catasto nur noch seine kleine Hinterlassenschaft.[2041] In Florenz war der Ruhm dieses Geschlechtes durch die lange Zeit des Exils verblasst und der größte Teil des riesigen Vermögens verloren. Bernardo di Lamberto erhielt 1494 das Bürgerrecht von Florenz zurück, wie dem Cittadinario entnommen werden kann, doch erholte sich die Familie nicht mehr von der Verbannung.[2042]

2039 ASFi, Otto di Guardia e Balia della Repubblica, 224, c. 104r.

2040 ASFi, Catasto 911, cc. 444r–445r. – Am 10. September 1469 ist Piero in Florenz belegt, als er in einem Erbstreit als Prokurator gegen die Erben von Cipriano di Lionardo Spinelli auftrat. Vgl. YUSA 87, Nr. 1644b. Die Pazzi als Erben von Piero bei Kuehn (2008), S. 146.

2041 ASFi, Catasto 1002, c. 481r.

2042 ASFi, Cittadinario Fiorentino, Manoscritto 419, consorti dei Rinucci e Tigliamochi.

6 Marktraumstrategien

6.1 Organisation des Handels

Der Begriff ‚Netzwerk', der in der Wirtschaftsgeschichte der letzten Jahre sehr im Zentrum stand, wird in der hier vorlegten Studie für die Beziehungen zwischen den Kurienbanken und ihren Korrespondenten in Deutschland nicht verwendet. Dabei wird als einfachstes Merkmal eines Netzwerks definiert, dass alle in einem System verbundenen Kaufleute voneinander profitieren. Zwischen den Bueri in Lübeck und den Rummel in Nürnberg gab es aber keinerlei kommerziellen Kontakt und keinen Informationsaustausch. Von Netzwerken über nationale Grenzen hinweg kann nicht gesprochen werden. Innerhalb des Geschäftssystems der Medici, Alberti und Spinelli gab es keine Solidarität und keinerlei Gemeinschaftsbewusstsein.[2043] Anstelle eines Netzwerkes bestand die Korrespondentenstruktur aus Einzelbeziehungen. Die Organisation funktionierte über die Kurienbank als zentralen Punkt, von dem aus in einer Speichenarchitektur alle Außenbeziehungen ausgingen. Passender als ‚networking' ist also der Begriff ‚hub and spoke'.

Eigenständige Niederlassungen der Kurienbanken in Deutschland, die mit Eigenkapital ausgestattet waren und in eigenem Namen Geschäfte abschließen konnten, gab es mit den Medici, Guarienti, Alberti / da Uzzano und Borromei nur während der Konzilsjahre in Basel. Hierarchisch abhängige Einheiten waren die als Agenturen zu bezeichnenden Einheiten Medici–Baglioni–Bueri in Lübeck und Alberti–Biliotti in Köln, die ihr Eigenkapital aus dem *corpo* einer übergeordneten Filiale bezogen. Alle anderen Geschäftsbeziehungen gingen von der Kurie aus auf Korrespondenten, die in keiner juristisch-organisatorischen Abhängigkeit ihrer Partner standen.[2044] Durch den Verzicht auf eigene Gesellschaften in Deutschland konnten die Kurienbankiers ihre Gewinnaussichten bei gleichzeitiger Verringerung von Aufwand und Risiko steigern. Das Transportproblem, das Problem der Bereitstellung der Gegenwerte für die Wechsel und das Umsatzproblem wurden in dieser Konstellation vollständig auf die in Deutschland lebenden Partner übertragen. Zur Risikoverminderung wurden diesen Limiten für die Höhe der Wechsel vorgeschrieben und Fristen für die Lieferung des Geldes in Brügge oder Venedig gesetzt. Nur wenigen sehr eng Vertrauten wurden *nostro-* und *loro*-Konten von der Kurienbank für direkte Wechselgeschäfte eingerichtet. Die meisten durften nur Wechsel ausstellen, wenn diese durch Florentiner Banken in Venedig oder Brügge garantiert wurden. Über diese *lettere per commissionem* delegierte der Kurienbankier die Risikokontrolle an den Ort, wo der Warenfluss aus dem Norden genau

2043 Selzer / Ewert (2010), S. 30.
2044 Eine Einführung in die Funktionsweise dieser Korrespondentensysteme bei Leone (1988).

kontrolliert werden konnte. In langen Briefen wurden viele weitere Einzelheiten der Kooperation geregelt; notariell wurden sie in keinem bekannten Fall festgehalten. Es wurde etwa festgelegt, welche Bankmitarbeiter die Berechtigung hatten, Wechsel zu unterzeichnen und dass entgegen allen italienischen Bankusanzen die Wechsel gesiegelt werden mussten.

Zusammenfassend ist zwischen drei Formen der Zusammenarbeit zwischen den deutschen und den florentinischen Bankiers zu unterscheiden. (1) Die erste und größte Gruppe umfasste die deutschen Kaufleute, welche sich damit begnügten, mit den Italienern auf den internationalen Bankenplätzen zusammenzuarbeiten, indem sie bei ihnen Wechsel auf andere Orte für ihre Kunden in der Heimat kauften oder das italienische Zahlungssystem für den Ausgleich ihrer Konten zwischen verschiedenen Märkten nutzten. (2) Eine zweite Gruppe von Handelsherren hatte dank ihrer permanenten Präsenz in Venedig oder Brügge soviel Kreditwürdigkeit bei den Florentinern erworben, dass ihnen diese erlaubten, in Deutschland Wechsel nach Rom und auf andere außerhalb des deutschen Zahlungssystems liegende Orte zu schreiben. Verrechnet wurden diese Geschäfte dann an Orten, an denen beide Unternehmen vertreten waren. (3) Die engste Form der Kooperation kam zustande, wenn Deutsche in direktem Korrespondentenverhältnis mit florentinischen Banken in Rom standen und die Verrechnung der Transaktionen erfolgte, ohne dass Bankgarantien in Venedig oder Brügge vorgängig vorhanden sein mussten.

6.2 Geschäftssparten

Die Palette an Finanzdienstleistungen, welche die Kurienbanken und die in Deutschland lebenden Florentiner in Zusammenarbeit anboten, wurde vom Geldtransfer mittels der *lettera di cambio* dominiert. Kollektoren der Päpste oder des Basler Konzils transportierten auf diesem Weg die gesammelten Gelder zur apostolischen Kammer oder an die Finanzverwaltung der Kirchenversammlung. Der hohe Klerus bezahlte so die fälligen Annaten und Personen, die nach Rom reisten oder dort lebten, wurden aus Deutschland mit den benötigten Kammerdukaten versorgt. Die italienischen Bankiers kannten weitere Verwendungsmöglichkeiten des Wechsels, die sie in Deutschland nur sehr selten oder gar nie zum Einsatz brachten. In die Arbitragegeschäfte scheinen nur die Konzilsbanken der Alberti und Medici eingebunden gewesen zu sein.

Die Konzentration auf den Geldtransfer durch die Kurienbanken ist der Grund, weshalb kaufmännische Wechsel zur Kreditschöpfung innerhalb Deutschlands ohne Bedeutung waren. Dies war auch in Italien nicht Teil ihres Geschäftsmodells. Wie Michael North festgestellt hat, wurde der kaufmännische Wechsel von den Hansen nicht verwendet, die auch – abgesehen von wenigen Ausnahmen – nur in Brügge arbeiteten.[2045] Die Norddeutschen brauchten für die

2045 North (1999), S. 44; Stefke (1999), S. 36.

Geldschöpfung mittels gezogenen Wechseln keine Italiener, da sie dafür ihre eigenen Finanzinstrumente hatten.[2046] Die Oberdeutschen, wie die Paumgartner und die Humpis, bedienten sich der Florentiner, um damit Waren zwischen Brügge und Venedig zu bezahlen und sich dabei auch Kreditlimiten einrichten zu lassen.

Bei den Zahlungswegen ist zwischen den Großaufträgen in der Höhe von teilweise mehreren Tausend Gulden und dem Mengengeschäft der vielen kleinen Wechsel zu unterscheiden. Es war mindestens im 15. Jahrhundert meist nicht allzu schwer, in Deutschland einen Bankier zu finden, der kleine Beträge überweisen konnte. Obwohl der Nürnberger Bankier Müllner unbegrenzte Kompetenzen hatte und sein Landsmann Gartner immerhin bis auf 2500 Dukaten hätte gehen können, blieben die tatsächlichen Wechselbeträge doch sehr bescheiden: Der Großteil lautete auf weniger als 100 Dukaten.[2047] Die Servitienzahlungen des Kölner Erzbischofs, die sich auf 15000 Gulden beliefen, und wenige weitere große Anweisungen stellen sehr große Ausnahmen dar. Die *lettera di cambio* als Zahlungsanweisung oder Reisescheck nannte Raymond de Roover auch *lettera di credito.*[2048] Diese begriffliche Differenzierung ist aber in den zeitgenössischen Quellen nicht zu finden.

Die wichtigste Kundengruppe der Basler Medici-Bank waren die Kardinäle und Bischöfe unter den Konzilsteilnehmern, denen gerne große Kredite eingeräumt wurden. Kardinal Hugo de Lusignano gewährten sie 1435 ein Darlehen von 1100 Golddukaten, wofür sie als Garantie die Einkünfte aus der Abtei von Montevergine bei Avellino erhielten.[2049] In der Schuldanerkennung wurde das Geschäft als *nomine meri et amicabilis mutui* bezeichnet, was aber nicht mehr als eine Umschreibung für Darlehen ist, denn selbstverständlich wollten die Medici nicht auf einen Gewinn verzichten. Vier Monate später erhielt derselbe Kirchenfürst ein Darlehen von 2000 Golddukaten, für das er verschiedene auf Banken in Venedig ausgestellte Wechsel mit einem Gesamtwert von fast 4000 Dukaten als Garantie gab.[2050] Wie wichtig bei diesen Abmachungen das Vertrauen war, zeigt die Tatsache, dass in beiden Fällen kein Notar beigezogen wurde. Die Verträge sind zwar auf Pergament geschrieben, aber die persönliche Unterschrift des Kardinals reichte als juristische Beglaubigung aus. Dieses Vorgehen hatte den Vorteil, dass das Geschäft bedeutend schneller und diskreter abgewickelt werden konnte. Manchmal begnügte man sich auch mit einer einfachen Zahlungsverpflichtung auf Papier.[2051] Einen gezogenen

2046 Stark (2000), S. 104.

2047 Vgl. unten S. 568. – Im Vergleich dazu können die Zahlen aus der Untersuchung der Wechselgeschäfte im Datini-Archiv herangezogen werden, die sich durchschnittlich auf etwa 350 Dukaten beliefen; Beträge unter 200 Dukaten waren sehr selten. Dies ist ein Beleg dafür, dass die Wechsel nicht für das Arbitragegeschäft benutzt wurden. Hinweis von Reinhold C. Mueller.

2048 Roover (1963), S. 110.

2049 Camerani Marri (1951), Nr. 105, S. 47.

2050 Camerani Marri (1951), Nr. 111, S. 49.

2051 Beispiele für solche einfachen Zahlungsverpflichtungen: ASFi, MAP 93, Nr. 606: Bischof Marcial von Evreux verpflichtet sich zur Rückzahlung eines Darlehens in Lyon (2. Juli 1434). Vgl. ASFi, MAP 139, Nr. 119.

Wechsel musste hingegen der Erzbischof von Mailand ausstellen, als er ein Darlehen von Tommaso Spinelli in Anspruch nahm.[2052] Selten wurden bei hohen Klerikern von den Medici und Spinelli die Dienste von Notaren in Anspruch genommen.[2053] Nicht alle Darlehen an die Kirchenfürsten betrafen große Summen, denn manchmal ging auch hohen Kirchenherren das Kleingeld aus und sie mussten ein paar Gulden bei den Bankiers leihen. Vital de Mauléon, Bischof von Saint-Pons und Patriarch von Alexandria, lieh sich einmal 25 RG: *i qua' li prestamo.*[2054]

Für die Banken bestand die Gefahr, in Liquiditätsschwierigkeiten zu geraten, wenn die großen Darlehen nicht pünktlich zurückgezahlt wurden. So konnten die Basler Medici von einem Bischof, der seinen Amtssitz in Volterra verloren hatte, kein Geld mehr erwarten, da er nicht einmal mehr genügend hatte, um seinen Lebensunterhalt bestreiten zu können: *perchè à fatica di vivere.*[2055] Es ist daher verständlich, dass sich die *maggiori* in Florenz Sorgen machten, als sie hörten, die Basler hätten Probleme mit großen Debitoren. Im Dezember 1434 verlangten sie von Roberto Martelli Auskunft über ein Darlehen von 2550 Dukaten, das zwei nicht genannten Kardinälen gewährt worden war. Martelli beruhigte sie, indem er ihnen versicherte, 1000 habe er bereits zurück, und für den Rest habe er ausreichende Sicherheiten. Zudem hätten die Medici so viele Freunde, dass dieses Darlehen unmöglich verloren gehen könne.[2056] Unter dem Druck der Zentrale trieben die Basler die Schulden unerbittlich ein. Roberto Martelli mahnte so auch den Kardinal Aleman wegen einer großen Schuld mit unverblümten Worten. Er habe dem Kardinal gesagt, dass sein Verhalten sehr schlimm sei und er dafür sorgen müsse, den Medici wegen des ausstehenden Geldes keine Schwierigkeiten mehr zu machen: *Ò detto al chardinale quanto questo v'è grave e che dovrebbe provedere di non farvi oramay più incomodità dei vostri danari.*[2057] Die Eminenz musste den Bankier aber um einen Monat vertrösten, denn erst dann erwarte er einen Eingang von 5000 Dukaten, die er dann aber vollumfänglich den Medici zu übergeben versprach.

Nach Meinung von de Roover fürchteten die italienischen Gesellschaften die Kreditgewährung an den hohen Adel, da sie mit sehr großen Risiken verbunden war, wie das Beispiel der Bardi und Peruzzi in England gezeigt hatte. Es fiel ihnen jedoch schwer, diese Geschäfte mit

2052 YUSA 90, 1700, Franciscus Piccolpasso, Erzbischof von Mailand: *miser Francesco, arcivescovo di Milano, costui n'abiamo oblighato per sua lettera di chanbio, e scritto l'altra è douta a Milano.* – Die Vertreter des Deutschen Ordens in Basel mussten sich bei jedem ihrer Darlehen zur Rückzahlung in Brügge verpflichten. Vgl. Forstreuter / Koeppen (1973), S. 737.

2053 Beispiel: Camerani Marri (1951), Nr. 102, S. 46. YUSA 90, 1700: Für ein Darlehen über f. 80 an Kardinal Dominicus Ram: *miser Domenicho, chardinale di Termo, abiamo sua scrita oblighatione.*

2054 ASFi, MAP 131 C, c. 4r.

2055 ASFi, MAP 104, Nr. 60, c. 599.

2056 ASFi, MAP 20, Nr. 50: *Abiate per fermo che quelli debitori ci si son fatti aranno fine buono e presto, e per l'avenire farò ongni cosa per non ne far più.*

2057 ASFi, MAP 20, Nr. 50.

Fürstenhöfen zu vermeiden, denn dort wollten sie ihre Luxusprodukte absetzen.[2058] Die Florentiner in Deutschland standen nicht vor diesem Problem, da es prachtentfaltende Höfe wie in Italien, Frankreich, Ungarn und England hier noch nicht gab. Darlehen von Bueri, Rucellai und Biliotti in größerem Umfang an einen deutschen Fürsten sind nicht zu belegen. Dieses Geschäft überließen sie vollständig den deutschen Handelsherren. Kreditgeschäfte machten sie nur im überschaubaren lokalen Rahmen.[2059]

In der städtischen Wirtschaft gewährten Medici und Borromei in Basel kleine Kredite an Spezerei- und Papierhändler, Kerzenmacher, Goldschmiede, Gewandschneider, Bader, Schneider, Strohhutmacher und viele andere, die in den Akten der Kaufleute erwähnt werden. Eine auffallend große Gruppe unter ihren Schuldnern machten die Metzger aus. 1433 und 1434 nahmen *Ruedi, Ans Puchel, Hans Smel, Burchardo, Obize Glauche* und *Sechinger* Geld bei ihnen auf.[2060] Der Grund für diese Darlehen ist sicher im stark angewachsenen Fleischbedarf in der Stadt während des Konzils zu suchen.[2061] Diese Veränderung des Marktes zwang die Metzger zu großen Einkaufsreisen auf die Ochsenmärkte, die sie weit über die Grenzen der Umgebung der Stadt hinaus führten.[2062] Nur in einem Fall ist das Einkaufsgebiet anhand der Eintragung in der Buchhaltung genauer festzulegen. *Sechinger* erhielt das Darlehen in Basel in der Währung von Burgund ausbezahlt, sodass angenommen werden kann, dass er seine Ware in jenem Währungsgebiet einkaufte: *contante in moretti di Borgongnia.*[2063] Nachdem das Konzil die allgemeine Anerkennung verloren hatte, brachen diese Geschäftsbeziehungen völlig zusammen. In der Medici-Bilanz von 1442 fehlen diese Metzgerkonten vollständig.

Für die Bürger der deutschen Städte waren Depositengeschäfte bei den Florentinern finanziell wenig interessant, da diese nur einen Zins von 5 Prozent gewährten.[2064] Diese Rendite war auch auf dem lokalen Kapitalmarkt zu erzielen, auf dem die Risiken bedeutend geringer waren.[2065] Unter den Depositenkunden der italienischen Banken im Norden findet sich deshalb kein einziger einheimischer Kaufmann. Erstaunlicherweise benutzte aber der Basler Rat die Dienste der Medici, als er bei diesem Bankhaus 1440/41 gegen Zins den Betrag von 1 600 Gulden hinterlegte.[2066]

2058 Roover (1963), S. 2–3.

2059 Im 13. und zu Beginn des 14. Jahrhunderts waren die römischen Könige noch regelmäßige Kunden der florentinischen Bankiers. Vgl. Weissen (2006).

2060 ASFi, MAP 131 C.

2061 Über die Bedeutung des europäischen Ochsenhandels im Spätmittelalter vgl. Westermann (1979); Blanchard (1986).

2062 Koelner (1948), S. 36–38.

2063 Koelner (1948), S. 69.

2064 Vgl. das Geschäft mit dem Bischof von Barcelona unten S. 434.

2065 Gilomen (2011).

2066 Harms (1909–1913), I, S. 157: *Item empfangen XVII guldin zinses von den wechszelern in Heinrich Halbysens hus als die ettwas zites XVIC guldin hinder inen hattent, die der rëten worent, fecerunt XIX lb XI s.*

6.3 Sicherheit auf den deutschen Straßen

6.3.1 Handelswege

Florentinische Kaufleute reisten häufig zwischen ihrer Heimatstadt und den wichtigsten nördlichen Handelsplätzen in Flandern hin und her. Dabei führten sie eine schier unvorstellbare Anzahl von Waren- und Bargeldtransporten durch. Der Verkehr von Personen, Gütern und Nachrichten über den Landweg stellte eines der großen wirtschaftlichen Probleme des Mittelalters dar, denn die Straßen und Wege waren seit der Römerzeit nicht besser, sondern in den weitaus meisten Fällen nur schlechter geworden.[2067] Von Flandern aus führte ein Landweg, der streckenweise durch die Binnenschifffahrt ergänzt wurde, über Gand oder Brüssel, über Paris durch das Rhonetal *(via rodania, lo chamino di Parigi)* nach Avignon. Von dort aus ging man weiter zu Fuß nach Marseille oder Arles, auf dem Schiffswege dann nach Pisa und die letzten Kilometer nach Florenz wieder auf dem Lande.[2068] Als Variante zu den Wegen durchs Rhonetal benutzten die Florentiner schon im 13. Jahrhundert die Straße von Flandern durchs Rheintal bis Basel *(lo chamino della Magna),*[2069] um durchs schweizerische Mittelland nach Genf zu gelangen. Von dort aus gingen sie häufig durch das Rhonetal nach Südfrankreich oder über den Mont Cenis, den Großen St. Bernhard oder den Simplon nach Oberitalien.[2070]

2067 Gömmel (1987), S. 1039–1040. Vgl. Kellenbenz (1965).

2068 Pegolotti beschreibt den Weg von London nach Florenz per Schiff: Bis an die Mündung der Garonne, durch diese nach Libournes an der Dordogne, auf dem Landweg über Montpellier nach Aigues-Mortes in der Provence, dort nach Porto Pisano verladen, dann Arno aufwärts per Kahn über Pisa nach Signa und dann mit dem Wagen nach Florenz. Vgl. Friedmann (1912), S. 76; Pegolotti (1936), S. 209–212 und 256–258. Dieser Weg soll nach Perroni (1968), S. 134 spätestens ab 1335 die wichtigste Route geworden sein. – Große Bedeutung kam auch der Binnenschifffahrt zu. Vgl. Eckolt (1980). – Zur Geschichte der Transportwege von Italien in den Norden ist immer noch Schulte (1900) zu konsultieren, wenn es auch unterdessen eine Reihe von jüngeren Studien gibt, die viele Teilaspekte revidieren und ergänzen. – Davidsohn (1896–1925), IV/2, S. 319–320. – Pegolotti berichtet, dass Waren, die im *Borgogna dello 'mperio* gekauft wurden, durch das Rheintal ausgeführt werden mussten, da sie sonst in die Hände des französischen Königs gefallen wären. Nur für Waren aus der *Borgogna nel reame* (Frankreich) stand die Rhone-Route offen. Vgl. Pegolotti (1936), S. 232.

2069 Im Januar 1313 kam auf diesem Weg Iacopo Perivoli von Castelfiorentino, ein Angestellter der Frescobaldi von Brügge, auf der Flucht vor der englischen Justiz nach Basel, um sich hier mit Mancino Benci zu treffen, den ihm die Gesellschafter von Vienne aus entgegengeschickt hatten. Weiteres über den Aufenthalt in Basel ist nicht bekannt, da sich diese Berichte allein auf die Spesenabrechnungen der beiden Kaufleute abstützen können. Vgl. Sapori (1955–1967b), S. 908. – Ein weiterer Beleg für die Benutzung dieser Strecke von Flandern über Basel nach Südfrankreich findet sich in der Abrechnung für den Transport von Tuch, den die Alberti del Giudice im Jahre 1348 von Flandern nach Avignon durchführten: *della mandata di panni cinquantadue che 'nostri di Fiandra mandarono loro per lo chamino della Magna e da Basola.* Vgl. Sapori (1952), S. 298; Ehrensperger (1972), S. 267.

2070 Für die westlichen Alpenpässe vgl. Hassinger (1978–1981). Für die Simplon-Route im 14. Jahrhundert vgl. Daviso (1951); Fournier (1981).

Für die Florentiner kann die These von Jean-François Bergier nicht bestätigt werden, dass der Gotthard die *liaison priviligiée entre l'Italie et l'Occident*[2071] gewesen sei, denn für sie spielte dieser Pass nur eine Nebenrolle.[2072] Nachrichten über Transporte florentinischer Handelsgüter, bei denen der Gotthard erwähnt wird, sind äußerst selten.[2073] Dabei spielte nicht nur die Beschwerlichkeit dieses Alpenübergangs eine wichtige Rolle, sondern auch die den Zugang beherrschende Position Mailands, das den Weg in den vielen Jahren der Auseinandersetzungen mit Florenz und Venedig seinen Gegnern nicht öffnete.[2074] Die Alberti führten um 1350 mehrfach Tuche im Konvoi zusammen mit Venezianern über diesen Pass.[2075] Das nächste Zeugnis eines Transports florentinischer Ware über den Gotthard stammt aus dem Jahre 1369, als Lando d'Antonio degli Albizzi in Mecheln einen *conducitore* damit beauftragte, Tuche von Flandern über Basel und Mailand nach Florenz zu transportieren.[2076] Häufiger wird erwähnt, dass Reisende, die keine Waren begleiteten, über den Gotthard stiegen. Auf diesem Weg ging beispielsweise der berühmte Chronist Benedetto Dei, als er in Begleitung von Accerito Portinari aus dem Norden Europas an seinen Arbeitsplatz in der Medici-Filiale in Mailand zurückkehrte.[2077] Doch auch bei den einzelreisenden Kaufleuten scheinen die mittleren Alpenpässe nicht sehr beliebt gewesen zu sein. Aus den detaillierten Berichten von Buonaccorso Pitti über seine verschiedenen Reisen nach Frankreich und Deutschland ist zu erfahren, dass er nie einen Pass der mittleren Alpen benutzte. Meist umging er den Gotthard westlich, überquerte den Simplon, den Großen St. Bernhard oder nahm die Route durch die Provence und das Rhonetal.[2078]

Von der zweiten Hälfte des 14. Jahrhunderts an gingen immer mehr Warentransporte für Köln, Frankfurt und Oberdeutschland über den Brenner und die benachbarten östlichen

---

2071 Bergier (1975), S. 29.

2072 Glauser (1968), S. 243 erwähnt in seiner Untersuchung von Zollregistern, welche Transporte über den Gotthard in den Jahren 1493 bis 1505 erfassten, nicht einen einzigen Florentiner; auf dieser Passstraße waren fast ausschließlich die Kaufleute aus Oberdeutschland, Asti, Mailand und Como anzutreffen. Er kam als Ergebnis seiner Arbeit zum Schluss, dass der Gotthard im Spätmittelalter zwar ein wichtiger Alpenpass war, doch waren ihm die östlichen Übergänge (vor allem der Brenner) überlegen. Was er hier für den gesamten Güterverkehr formulierte, gilt sicherlich in noch stärkerem Maße für die Florentiner und dies auch in der Zeit bis 1474. – Vgl. Martini / Vismara (1956), S. 287; Ehrensperger (1972), S. 266; Frangioni (1983); Frangioni (1994). – Die folgende Aussage von Kellenbenz (1985), S. 334 muss auf bestimmte italienische Handelsstädte beschränkt werden: „La strada più importante in direzione delta Renania era quella che attraversava il Gottardo e passava a Basilea, continuando alla sinistra del Reno via Strasburgo fino a Magonza e scendendo la valle del Reno, a Colonia."

2073 Schulte (1900), S. 458.

2074 Vgl. Mainoni (1984).

2075 Vgl. Goldthwaite et al. (1995), S. LII, 41, 86, 123, 125, 126, 135, 152, 156, 213, 214 und 222.

2076 ASFi, Mercanzia 1160, 1371 novembre 13.

2077 Schulte (1900), S. 455.

2078 Pitti (1905), S. 57, 100, 106, 117 und 209–228.

Alpenübergänge.[2079] Diese Pässe waren besonders wichtig für die Florentiner in Lübeck und Nürnberg, welche ihre Faktoren Waren und Bargeld zwischen Italien und Deutschland transportieren ließen: *la via di Verona*. Nicht immer wählten die Kaufleute den schnellsten Weg, sondern gingen den wichtigen Handelsplätzen nach. Aus einem Brief, den Gherardo Bueri am 25. April 1446 an Giovanni de' Medici schrieb, ist zu erfahren, dass er seine Reiseroute von Florenz nach Lübeck über Genf und dann wohl Basel plante.[2080] Bereits in früheren Jahren hat er vermutlich diesen Weg gewählt, wie Belege für seinen Aufenthalt in Basel zeigen. Es ist sehr wahrscheinlich, dass er sich für diesen Reiseweg entschied, um auf der Durchreise noch Geschäfte in Genf erledigen zu können. Genf war eine wichtige Zwischenstation von Kaufleuten, welche sich von hier aus über Schaffhausen oder Konstanz auf die Märkte Oberdeutschlands begeben wollten. Eindeutige Belege dafür, dass einer der nach Deutschland reisenden Florentiner diese Route gewählt hat, konnten jedoch keine gefunden werden.

Als die Meerenge von Gibraltar für die Italiener offenstand, wechselten viele Händler vom Land- auf den Seeweg. Spätestens 1277 begannen die Genuesen damit, Galeeren um die iberische Halbinsel herum nach Flandern und England zu schicken. Nach 1298 wurden diese Fahrten regelmäßig durchgeführt und Sluys, der Meerhafen von Brügge, wurde zum Hafen für die Fahrten in den Westen.[2081] Allerdings erst von 1325 an wurde der Transport auf diesem Seeweg wirklich bedeutend und Brügge zu einem wichtigen Platz für die deutsch-florentinischen Beziehungen. Zu Hunderten kamen nun die von den Toskanern als *navigli di alemanni* bezeichneten Handelsschiffe aus Bremen, Hamburg und den Städten Skandinaviens.[2082] Für die Florentiner gewann der reine Seeweg weiter an Bedeutung, als sie 1406 Pisa eroberten und 1421 Livorno von Genua kauften, denn dadurch kamen sie in den Besitz von Hafenanlagen, von denen aus sie ab 1425 regelmäßige Galeerenfahrten nach Brügge einrichteten.[2083]

Für die Strecke zwischen Brügge und Italien stand also eine große Zahl von Varianten zur Auswahl. Anhand der Alberti-Rechnungsbücher konnte Marco Spallanzani berechnen, dass Iacopo und Bartolomeo degli Alberti (1348–50) dem Weg durchs Rhonetal etwa im Verhältnis 4.5:1 den Vorzug gegenüber der Gotthard-Route gaben.[2084] Die Compagnia von Bartolomeo (1352–58) bevorzugte den *chamino di Parigi* in noch stärkerem Maße und

2079 Kellenbenz (1977b), S. 199–206; Rösch (1982), S. 43–44; Kellenbenz (1985), S. 335. – Karte bei Braunstein (1986), S. 36.

2080 ASFi, MAP 8, Nr. 162.

2081 Roover (1948a), S. 50. – Die erste bekannte Fahrt einer Galeere aus Genua nach Flandern ist im Jahre 1277 belegt; die Venezianer kamen ab 1314. Vgl. Houtte (1985), S. 153; Melis (1990a), S. 362. Baskische Seeleute haben bereits 1210 Weine aus Frankreich auf dieser Route transportiert. Vgl. Houtte (1994), S. 259.

2082 Melis (1984), S. 135 und 148–149.

2083 Doren (1901–1908), S. 109; Kuske (1909), S. 411; Roover (1963), S. 2; Watson (1963).

2084 Goldthwaite et al. (1995), S. XLIX. – Auf diesem Wege verlief meist auch der seit dem 13. Jahrhundert bestehende Kurierdienst zwischen Florenz und der Champagne / Flandern. Vgl. Simon (1974), S. 23.

entschied sich nur gerade ein einziges Mal für den Weg durch Deutschland. Während der sieben analysierbaren Rechnungsjahre wurden auf der Strecke zwischen Paris und Avignon 4100 Stoffe transportiert, auf dem Weg durch Deutschland waren es nur gerade 93.[2085] Diese Bevorzugung des Landweges über Paris durch die Alberti ist für die Florentiner durchaus typisch, wie die Arbeiten vieler Wirtschaftshistoriker zeigen: Die florentinischen Kaufleute kamen nur sehr selten über die Alpenpässe nach Flandern; sie nahmen weit häufiger die *via rodania.*[2086] Untypisch hingegen war, dass die Alberti während des untersuchten Zeitraumes nur einmal den direkten Seeweg von der Nordsee ins Mittelmeer benutzten, als sie drei Ballen Stoff von venezianischen Schiffen von Flandern nach Italien bringen ließen.[2087] Das Schiff wurde nämlich von der zweiten Hälfte des 14. Jahrhunderts an dem Wagen sehr häufig vorgezogen und Giovanni da Uzzano bestätigt kurz vor 1440 in seiner Pratica di Mercatura, die Kaufleute hätten mehr Ware über den See- als den Landweg transportiert: *ma è più mandano per mare, che per terra.*[2088] Spallanzani berechnete, dass die durchschnittlichen Kosten für den Transport über den Gotthard zwar um ein Drittel tiefer waren als die Benutzung des Weges über Avignon,[2089] der Zeitaufwand aber in einem umgekehrten Verhältnis stand: Die Waren wurden über die Wegstrecke durch Deutschland nach Florenz in 101 bis 167 Tagen transportiert, während für den Weg über Avignon durchschnittlich 50 Tage weniger benötigt wurden.[2090] Auf dem Seeweg durch die Straße von Gibraltar waren Tücher 67 Tage unterwegs, wobei sich diese Zeit noch halbieren ließ, als die Schiffe in Porto Pisano anlegten und nicht mehr der Umweg über den Hafen von Venedig gemacht werden musste. Der Seeweg war aber nicht nur sehr viel schneller als der Landweg, sondern bot vor allem größere Sicherheit: Im Norden herrschte während langer Zeitabschnitte Krieg (Hundertjähriger Krieg, Armagnakenzüge, Burgunderkriege), die Gotthard-Route wurde zeitweise durch die Auseinandersetzungen zwischen Österreichern und Eidgenossen unterbrochen und im Süden änderten sich mehrfach die Koalitionen zwischen den großen Mächten Venedig, Mailand und Florenz.

2085 Goldthwaite et al. (1995), S. LXXIV.

2086 Melis (1974b), S. 304; Bergier (1979b); Soldi Rondinini (1978); Hassinger (1979); Kellenbenz (1985).

2087 Die Alberti waren unter den ersten Florentinern, welche die Seeroute benutzten. Sie waren nach Meinung von Holmes unter den florentinischen Kaufleuten auch „certainly unusual", weil sie eigene Schiffe für den Handel mit Nordeuropa besessen haben. Sie sollen bereits vor dem Ende des 14. Jahrhunderts ein eigenes Transportnetz mit ihren Schiffen organisiert haben. Vgl. Holmes (1960–1961), S. 196.

2088 Da Uzzano (1766), IV, S. 128. – Dieser Zunahme des Schifftransports durch die Florentiner steht bei anderen großen Handelsnationen eine gegenläufige Entwicklung entgegen. Vgl. Lexikon des Mittelalters (1980–1999), II, Sp. 747.

2089 Goldthwaite et al. (1995), S. tav. 3.1, 3.4 und 3.5. Vgl. Kellenbenz (1977b), S. 206.

2090 Goldthwaite et al. (1995), S. LXXXV.

6.3.2 Gefahren

Auf den deutschen Straßen lauerten viele Gefahren durch einfache Kriminelle, Raubritter und Adlige, die aus irgendwelchen Gründen die Handelsleute mir Repressalien beschwerten.[2091] Als Ludovico Baglioni 1419 in Süddeutschland unterwegs war, kam ihm in Schaffhausen ein sehr wertvolles Einhorn abhanden.[2092] Acht Jahre später war Gherardo Bueri wegen der päpstlichen Kollektorie im Bistum Schwerin unterwegs und wurde ausgeraubt.[2093] In der Nähe von Nürnberg wurden mehrere durchreisende Venezianer ausgeraubt.[2094] Bei einem von Spallanzani untersuchten Transport der Alberti von Flandern über den Gotthard *(il chamino della Magna)* wurde im April 1349 ein Wagenkonvoi von einem Grafen, der in den italienischen Quellen *conte Giovanni di Brainborgo, Bramborgo, Braynborgo* und auch *Vraimborgho* genannt wird, auf dem Weg zwischen Basel und Luzern festgehalten. Der verantwortliche Fuhrmann, Stefano da Vinciona, schickte unverzüglich einen Boten mit der schlechten Nachricht zu seinen Auftraggebern. Unter diesen waren neben Venezianern auch die Alberti und Bardi aus Florenz: *per farci sapere dell'arestamento.* Offensichtlich stammte der Hauptteil der beschlagnahmten Güter von venezianischen Kaufleuten, denn die Florentiner sandten den Alberti-Faktor Ticcio di Bonaccorso Bonaccorsi zuerst nach Venedig, um mit den Hauptbetroffenen ein gemeinsames Vorgehen für die Wiederbeschaffung der beschlagnahmten Waren zu vereinbaren.[2095] Der

2091 Vgl. unten S. 54; Schulte (1900), S. 185, 203, 497 und viele weitere Stellen; Doren (1901–1908), S. 109. – Über die Unsicherheit der Straßen in Deutschland vgl. Schulte (1900), S. 453 und 494–497; Afflerbach (1993), S. 36–38. – Am 1. April 1361 hatte Kaiser Karl IV. in Basel einen Reichspassierzoll eingerichtet und der Stadt verpfändet. Es war ein Halbguldenzoll pro Fardel, der jedoch bald zu einem ganzen erhöht wurde. Dadurch fühlten sich die Durchreisenden ausgebeutet und 1370 und 1391 versuchten die Mailänder, durch diplomatische Demarchen diese Zölle zu senken. Schulte (1900), S. 417; Ehrensperger (1972), S. 267. – Herzog Rudolf IV. von Österreich gab am 13. März 1361 den italienischen Kaufleuten, unter denen er auch diejenigen aus *Florentia* nennt, einen Geleitbrief für die Straße von Ottmarsheim über Basel, Rheinfelden, den Bözberg und Brugg nach Luzern. Abgedruckt bei Schulte (1900), S. 24–25. – Graf Siegmund von Thierstein gab am 22. Dezember 1368 den *mercatores* aus Florenz (daneben auch Mailand, Como und Venedig) einen Geleitbrief. Abgedruckt bei Schulte (1900), S. 25–26 und 420. – 1415 Salvokondukt für Mailand, Como, Lucca, Venedig, Toskana und Lombardei durch Herzog Karl von Lothringen und verschiedene andere Herren für die Strecke von der Mosel bis Straßburg. Ehrensperger (1972), S. 268. – Friedmann (1912), S. 105: „Immerhin ist es eigentümlich, dass auch noch damals die Verkehrsbeziehungen zwischen Florenz und Deutschland keine sehr regen waren und die Urkunden, welche auf diesen Verkehr Bezug nehmen, an Zahl sehr spärlich sind."

2092 RG Online, RG IV 01123, http://rg-online.dhi-roma.it/RG/4/1123, 02.07.2021. Schuchard (2000b), S. 77.

2093 Schuchard (2000b), S. 80.

2094 Braunstein (1967), S. 378.

2095 Es wurden zwei Venezianer als Camerlengo (messer Niccolò Leoni) und Ricompratore (messer Bartolomeo Merchadelli) eingesetzt. – Hintergrund dieses Vorfalls waren mit Sicherheit nicht die Aktivitäten eines Raubritters, sondern die gegen Venedig gerichteten Unternehmungen Kaiser Karls IV., die im Wirtschaftsinteresse Nürnbergs unternommen wurden. Auch der in dieser Zeit ausgebrochene Konflikt zwischen Habsburgern und Eidgenossen mag eine Rolle gespielt haben, denn die beiden Mächte versuchten, die Kaufleute durch das durch sie kontrollierte Territorium zu führen. Besonders hervorgetan hat sich hierbei auf kaiserlicher Seite der Ritter Burkard Münch von Basel; vgl. Stromer (1978b), S. 68. In den hier geschilderten Vorfall war ein noch

Venezianer Iacopo Mechadelli machte sich nach Luzern auf, doch hatte er dort keinen Erfolg. Die Alberti beschlossen deshalb, sich selbst um die Sache zu kümmern *(per riavere quatro nostri torselli di panni)*. Da sie über keine Niederlassung in Deutschland verfügten, von der aus sie einen sprachkundigen Beauftragten in die Eidgenossenschaft hätten schicken können, wurde Bonaccorsi dorthin befohlen, obwohl er vorher nur in Süditalien tätig gewesen war. Im August stieg er von Mailand aus über die Alpen und erreichte von seinem Standort in Luzern aus tatsächlich die Freigabe der Alberti-Tuche.[2096]

Um 1430 überfielen der fränkische Ritter Albrecht von Egloffstein und seine drei Söhne, deren Burg nördlich von Nürnberg lag, einen Warenzug. Die betroffenen Lübecker Kaufleute gingen bis vor den König und das Kammergericht, um ihre Güter wieder zurückzuerhalten. Nachdem die vier fränkischen Ritter dreimal einer Vorladung keine Folge geleistet hatten, wurden sie durch König Sigismund am 25. Januar 1431 geächtet. Doch noch am 1. Oktober 1434 waren die Waren den Handelsherren immer noch nicht ausgeliefert. Vielleicht ist dies nie geschehen. Im Januar 1441 überfielen Konrad und Leonhard von Gemppenberg bei der Burg Scherneck einen Warentransport von Hansekaufleuten. Nach Intervention von Kurfürst Ludwig IV. von der Pfalz konnten die Kaufleute in diesem Falle bereits am 3. Juli 1441 den Erhalt ihrer Güter bestätigen.[2097] In beiden Fällen war Gherardo Bueri unter den geschädigten Kaufleuten. Nicht besser erging es Francesco Rucellai, der im Auftrag der Kurie Gelder des Kollektors Marinus de Fregeno von Lübeck aus in den Süden transportieren sollte. Die Herzöge Friedrich und Wilhelm von Braunschweig ließen den Zug im Sommer 1462 zwischen Northeim und Göttingen ausrauben. Sie gaben an, dass sie meinten, es handle sich um Güter aus der Stadt Lüneburg, gegen die sie wegen einer Fehde Repressalien exekutierten. Alle an der Tat Beteiligten wurden durch Rom exkommuniziert. Ob diese Maßnahme irgendeine Wirkung hatte, ist zumindest zweifelhaft, denn über einer Rückgabe des Geldes finden sich keine Belege.[2098]

Generelle Aussagen über die Sicherheit auf den deutschen Handelswegen sind schwierig, da in den Berichten vor allem die unangenehmen Vorfälle aufgezeichnet wurden und neben den Fakten auch subjektive Gefühle dafür verantwortlich sind, ob man sich sicher fühlt oder nicht. Im Jahre 1436 schickten die Medici ihren Angestellten Bernardo Portinari nach Brügge, um dort eine Niederlassung zu gründen. Aus den Anweisungen *(ricordi)*, die sie ihm dafür mit auf den Weg gaben, sind aussagekräftige Informationen über die Verkehrsverhältnisse durch

---

nicht identifizierter Graf Hans von Froburg verwickelt. Diese Adligen hatten den unteren Hauenstein-Pass in ihrem Besitz, der seit der Eröffnung des Gotthardpasses der wichtigste Juraübergang war; vgl. Schulte (1900), S. 183. Die Venezianer wurden in diesen Jahren in der Oberrheingegend mehrfach ausgeraubt. Schon 1348 war ein Botschafter der Markusstadt in Basel, um requirierte Waren zurückzufordern und Gespräche über Verkehrsprivilegien zu führen. Drei Jahre später haben Venezianer auf dem Weg nach Flandern 34 Ballen Handelsgüter verloren. Vgl. Mone (1854), S. 20–21; Cessi (1952), S. 143–148; Ehrensperger (1972), S. 267.

2096 Über den Hintergrund dieser Beschlagnahme vgl. Cessi (1914), S. 73–92.

2097 UBStL, VIII, Nr. 11, S. 10; Nr. 22, S. 25–26. – Vgl. Fouquet (1998), S. 217.

2098 Krantz (1546), S. 348; Krantz (1574), S. 846; Voigt (1968), S. 161.

Deutschland zu finden: Er sollte über Basel gehen, da es wegen des dortigen Konzils auf dieser Route einfacher war, Reisebegleitung zu finden und sicher zu reisen. Doch solle er sich nicht als Kaufmann zu erkennen geben, sondern nur erklären, dass er ans Konzil gehe.[2099] Bemerkenswert ist der Hinweis, dass er in Deutschland auf keinen Fall als Florentiner erkannt werden dürfe, denn sonst habe er Repressalien zu befürchten. Damit können nur die 1418 von König Sigismund wegen der Streitigkeiten mit Friedrich Deys gemeinten Maßnahmen gemeint sein. Er und sein Diener sollten sich als Römer und Diener des Kardinals von S. Agnolo ausgeben.[2100] Die Handelsherren nützten also aus, dass während der Zeit des Basler Konzils der Verkehr auf den Straßen von und nach dem Ort der Kirchenversammlung stark zunahm. Es war deshalb einfacher, größere Reisegruppen zu bilden, denen sie sich anschließen konnten. Hinzu kam der Schutz, den die mit kaiserlichem Salvokondukt reisenden Konzilsteilnehmer genossen. Aber auch das geistliche Gewand und der Schutz des Papstes halfen nicht immer gegen Räuber, wie mehrere Überfälle auf päpstliche Kollektoren in Deutschland belegen.[2101] Portinari wurde weiter angewiesen, er solle auf seiner Reise vor allem auf seine Sicherheit achten. Wenn er irgendwo Zweifel wegen lauernder Gefahren hatte, solle er lieber auf Gesellschaft warten: Lieber warten und sicher reisen, statt schnell und gefährlich.[2102]

6.3.3 Kommunikationswege

Eine der Grundlagen des Handels mit *lettere di cambio* war ein Postsystem, das den schnellen und zuverlässigen Transport der Dokumente sicherstellte. Die Niederlassungen mit italienischen Mutterhäusern informierten über den Geschäftsgang, gaben Anweisungen und Erklärungen zu einzelnen Geschäften und Informationen über die Entwicklung der Konkurrenzsituation. Die Zentrale und die Korrespondenten wurden auch über politische Ereignisse informiert.

2099 ASFi, MAP 68, Nr. 588: *Per ogni chaso ci pare pure sia meglo d'andare a Basilea che per l'altre via. Molte più compagnie e più sichuro camino troverai, sanza altre dimostrazione se non che vai al Choncilio, e quando sarai a Basilea ti sarà trovato buona compagnia per Brugia, e dando tu bocie di volere andare a Ginevra, tirerai a ttuo chamino.*

2100 ASFi, MAP 68, Nr. 588: *Una cosa abi a richordo, che per tutta la Magnia tu non ti faccia da Firenze, per cierte rapresagle vi sono. Potrai dire essere del paese di Roma e servidore del chardinale di Sancto Agnolo, e così avisa il famiglo.* Zu den Repressalien wegen Friedrich Deys vgl. S. 61.

2101 Denzel (1995b), S. 327. – Vgl. Renouard (1941), S. 139–146, 208, 213 und 310–313; Roover (1948a), S. 238; Despy (1952), S. 102–108; Militzer (1993), S. 35.

2102 ASFi, MAP 68, Nr. 588: *Prima t'ingiegnierai a ogni modo d'andare a salvamento chom più presteza potrai non rimettendo però a pericolo dove chonosciessi dubio, fosse per lo chammino o per altro che bisogniando soprastare per attendere chompagnia o chose che schifassi pericholo e sospetto, più tosto ti confortiamo a soprastare alchuni dì andando sichuro che l'affrettarti andando con pericholo.* Zum schnellen und sicheren Reisen vgl. Renouard (1941), S. 549–550; Perroni (1968), S. 134.

Allein von den Mitarbeitern der Medici-Bank in Basel sind zwölf solcher Briefe erhalten.[2103] Zwischen Brügge, Genf, Venedig, Rom und allen anderen wichtigen Finanzplätzen konnte dieser Versand in den meisten Zeiten völlig problemlos abgewickelt werden. Auch zwischen Venedig und Nürnberg sowie zwischen Köln und Brügge bestanden im 15. Jahrhundert Kuriersysteme, die den Kaufleuten offenstanden.[2104] Gherardo Bueri empfahl den Medici, dass Briefe nach Lübeck über Brügge geschickt werden sollten. Wahrscheinlich wurde die Korrespondenz über das Meer in die nördliche Handelsstadt gebracht, von wo aus es einen fest eingerichteten Postdienst nach Lübeck gab. In der Mitte des 15. Jahrhunderts benötigten die Boten für diese Landstrecke zwölf Tage.[2105] Doch in Bueris Briefen ist zu erkennen, dass er trotzdem immer wieder Mühe hatte, seine Schreiben in den Westen und Süden zu schicken. Er berichtete in seinen Briefen nie davon, dass er von einem Botendienst Gebrauch gemacht hätte, sondern musste seine Dokumente den eigenen Dienern mitgeben, die nach Venedig oder Basel gingen oder anderen Personen, die bereit waren, ihm diese Gefälligkeit zu erweisen. Wie mühsam dies zeitweise war, zeigt ein Brief, den er am 30. Januar 1447 verfasste, aber erst am 15. März abschicken konnte: *Tenuta a dì 15 di marzo per non essere achaduto per chi mandarla.*[2106] Nicht anders sah es eine Generation später aus, als die Spinelli in regem Kontakt mit Köln und Nürnberg standen. Aus der Korrespondenzliste von Lionardo Spinelli, die er 1464/65 in Venedig machte, geht hervor, dass er für das Überbringen päpstlicher Urkunden nach Köln Boten anstellte, die dann nur für ihn allein einen Auftrag ausführten.[2107] Dass er dermaßen wichtige Dokumente nicht irgendwelchen Reisenden mitgeben wollte, ist leicht verständlich. Zwischen Venedig und den oberdeutschen Städten bestand ein Kurierdienst, der fähig war, Briefe innerhalb von fünf Tagen nach Nürnberg zu bringen.[2108] Spinelli ging jedoch nicht selbst zu diesen Boten, sondern suchte deutsche Handelsherren, die bereit waren, seine Korrespondenz der ihren mitzugeben.[2109]

Die Schwierigkeiten beim Postversand führten dazu, dass für die deutschen Wechsel in der Regel keine festen Zahlungsfristen nach Ausfertigung festgelegt wurden, sondern die Honorierung eine bestimmte Anzahl Tage nach Vorlage *(vista)* beim *trattario* erfolgte. Im Unterschied zu den normalen Zeiten waren während des Konzils auf den Straßen des Rheins viel leichter Boten zu finden, denen Briefe mitgegeben werden konnten, während die Bankiers für ganz

2103 ASFi, MAP 11, Nr. 543, 609, 611 und 618; 13, Nr. 77 und 114; 16, Nr. 21; 20, Nr. 50, 55 und 76; 88, Nr. 119; 96, Nr. 15.

2104 Drossbach (2001).

2105 Neumann (1980–1981), S. 13.

2106 Weissen (2003), S. 76. Vgl. Sieveking (1906), S. 25.

2107 Beispielsweise YUSA 93, 1779, c. 53 links: *Richordo questo dì 30 di dicenbre io diè a Pangrazio, chorriere, quando lo mandai a Colongna, per parte di suo salario, ducati 15, e patti ò cho' llui ne richordo in questo, c. 99.*

2108 Roeck (2000), S. 48.

2109 Beispielsweise YUSA 93, Nr. 1779, c. 100 rechts: *A Norinbergho, per mano di Lionardo Risfolgore [Leonhard Hirschvogel]. Una a Gian Muler e conpagni [Hans Müllner].*

wichtige Briefe ihre eigenen Kuriere beauftragten.[2110] So schickte ein Mitarbeiter der Bank von Filippo Borromei im Oktober 1438 von Genf aus Briefe an den Geschäftsführer in Antwerpen über Basel und gab sie der Briefsendung der Medici nach Basel mit: *Ultimam meam tibi scripsi per Basileam sub litteris illorum de Medicis.*[2111] Mehrmals benutzte auch das Basler Konzil die Medici-Bank als Postkurier, zum Beispiel als 1436 diverse Briefe nach Konstantinopel zu bringen waren.[2112] Ein kleines Rechnungsheft der Basler Medici nennt zwischen dem 13. Dezember 1433 und dem 27. Juni des folgenden Jahres nicht weniger als sieben Boten, welche teilweise mehrfach für sie im Einsatz standen.[2113]

6.4 Florentiner und Deutsche

6.4.1 Rückständigkeit der Deutschen

Es ist schwierig, über die Gründe für das geringe Interesse der großen florentinischen Handelsgesellschaften an Deutschland zu spekulieren, da keine direkten Quellen dazu Aussagen machen. Als wichtigster Faktor wird in der wirtschaftshistorischen Literatur das unterschiedliche Entwicklungsniveau zwischen den beiden Wirtschaftskreisen angeführt. Dieser Unterschied zeige sich im Handelsvolumen und der einfachen Art der Geschäftsführung, hat Raymond de Roover immer wieder betont: „The business methods of the German merchants were much more primitive than those of the Italians.“[2114] „However, business methods in Northern Germany were backward in comparison with those of the Italian merchant-bankers; this was perhaps the main reason why the latter failed to develop Lubeck into a banking center.“[2115] „Dans l'Allemagne du Nord, les méthodes commerciales rétrogrades de la Hanse teutonique furent lentes à changer.“[2116] Auch Gerhard Fouquet spricht von einem „Rückstand des hansischen Ostseeraums“,

2110 ASFi, MAP 131 C, c. 10.

2111 ABIB, Famiglia, Filippo di Vitaliano. – Ein Grund, weshalb dieser Brief auf Lateinisch geschrieben wurde, ist nicht ersichtlich. – Zu den Verkehrswegen nach Genf vgl. auch Breittmayer (1904); Hugentobler (1949).

2112 ASFi, MAP 131 C, c. 120.– Am 24. Dezember 1436 sorgten die Medici in Venedig dafür, dass Konzilskorrespondenz übers Meer nach Konstantinopel gebracht werden konnte: *A' nostri di Basilea per loro, lire quattro di grossi, posto debbino avere al quaderno di chassa a c. 38, sono per tanti faciemo di spese in mandare una barcha a Burazo chon loro lettere andavono in Ghostantinopoli agli 'nbasciadori del Choncilio; posto a libro grande, a c. 152, f. 4.* ASFi, MAP 134, Nr. 1, c. 120v.

2113 ASFi, MAP 131 C: *Gianino, coriere del'inbasciadori, per lettere portò a Vinegia; Porina, coriere, per lettere ci recò da Vinegia; Mateo, coriere; Gioschin; uno coriere degl'anbasciedori di Vinegia; Tritachio, coriere; Ricio, coriere; Ianni da Norinbergo, coriere.*

2114 Roover (1948a), S. 60.

2115 Roover (1963), S. 196.

2116 Roover (1970b), S. 28.

den er in der mangelnden „Ausweitung des bargeldlosen Geldverkehrs und der Kreditschöpfung“ sieht.[2117] Dieser These ist zuzustimmen, wenn man das Markthandeln innerhalb der deutschen Wirtschaftsregionen betrachtet. Auch komplexe Bankgeschäfte auf Wechselkursschwankungen werden bei spätmittelalterlichen deutschen Handelsherren mit Sicherheit nie gefunden werden. Diese sogenannte Rückständigkeit ist aber zu differenzieren, wenn man die deutschen Handelsherren betrachtet, deren Geschäftsfelder über den eigenen Wirtschaftskreis hinausgehen. Viele von ihnen wussten zweifelsohne sehr genau, wie eine *lettera di cambio* funktionierte. Die *ricordanze* von Lionardo Spinelli haben zweifelsfrei gezeigt, dass die deutschen Handelsherren wussten, wie man mit diesem Finanzinstrument kaufmännische Kredite und Kreditlimiten bewirtschaften konnte. Auch ohne italienische Beteiligung konnten sie die in Brügge oder Venedig benötigten Geldmittel nicht nur durch Bargeldtransport, Edelmetallexport oder Warenverkauf bereitstellen, sondern sich auf einen organisierten Zahlungsverkehr abstützen. Anweisungen bis nach Brügge, Venedig und wahrscheinlich auch Mailand waren möglich, von dort aus wurde das Geschäft dann aber allein von den Italienern kontrolliert.[2118] Dasselbe galt auch in umgekehrter Richtung: Zahlungen aus dem Süden in den Norden mussten über Zwischenstationen in diesen Handelsstädten an der Peripherie des deutschen Wirtschaftsraumes abgewickelt werden.[2119] Es waren also zwei geschlossene Kreise von Zahlungssystemen entstanden: das deutsch-nordische und das italienische. An wenigen Orten waren diese miteinander verknüpft, um den Transfer von einem Kreis in den andern zu ermöglichen. Die Direktgeschäfte der Florentiner Kurienbanken mit Partnern in deutschen Städten sprengten diese Grenzen nur teilweise, denn ohne die Bankenplätze waren diese nicht möglich. Auch der Vorwurf, sie hätten noch keine Ahnung von einer doppelten Buchführung gehabt, ist unerheblich, denn der qualitative Stand der Buchführung hat keinerlei Einfluss auf das Geschäft im Geldtransfer.[2120] Dieses hätte sich auch mit einer reinen Zettelwirtschaft – wenn auch mühsam – bewältigen lassen. Die komplexen Transaktionen mit *lettere di cambio,* bei denen auf die Wechselkursschwankungen spekuliert wurde, sind hingegen auf eine ausgefeiltere Buchhaltungskunst angewiesen. Der entscheidende Vorteil der Florentiner im deutschen Geschäft mit der Kurie war die Organisation ihres Verrechnungssystems zwischen den durch Warenhandel abgestützten Bankenplätzen und dem vergleichsweise finanzdominierten Geschäft in Rom. Von Bedeutung war auch das Know-how, das sie in den Bankgeschäften mit der apostolischen Kammer und den Kurienklerikern angesammelt hatten. Die Florentiner waren aus diesen Gründen nicht nur den deutschen Handelsherren, sondern auch allen anderen Handelsnationen überlegen.

2117 Fouquet (1998), S. 192.

2118 Beuttel (1999), S. 266, Anm. 556: 29. April 1322, der Bischof von Kurland bezahlt einen Teil des Servitium Commune in Avignon durch *Bonaiuti Rogerii de societate Perutiorum de Florencia;* 11. September 1324, der Bischof von Kurland bezahlt Servitien über Bardi *(Lorinus de Bardis de societate Bardorum).*

2119 Stromer (1971), S. 51–52.

2120 Zu den kaufmännischen Kenntnissen der Deutschen vgl. Braunstein (2016), S. 407–490.

Die Basis jeder kommerziellen Kooperation ist das Vertrauen zwischen den handelnden Parteien. Von zentraler Bedeutung für die Vertrauensbildung zwischen den Florentinern und den Deutschen waren die persönlichen Begegnungen in Venedig. Giovanni de' Medici traf hier Wilhelm Rummel, um die Zahlungen der Republik Florenz an König Ruprecht von der Pfalz zu organisieren. Die beiden Familien haben dann bis in die Dreißigerjahre zusammengearbeitet. Als Giovanni d'Amerigo Benci in Basel Lokalitäten für die Medici-Bank und ihre Mitarbeiter suchte, fand er sie bei Heinrich Halbisen, der in Venedig bestens bekannt war.[2121] Tommaso Spinelli mietete sich bei dem Venedighänder Wernli von Kilchen ein. Dass er mit dem Basler 1437 ein Geschäft machte, obwohl es ihm sehr risikoreich schien, begründete er damit, er kenne ihn persönlich und vertraue ihm. Der Basler sei verschwiegen und gönne auch den Geschäftspartnern Ehre und Gewinn: *nondimancho perché io chonoscho Varnieri discretto e ama l'onore mio e l'utile, sono chontento di questa diferenzia dello avere in prima ducati 100 per ducati 105 di camera.*[2122] Lionardo Spinelli ging nach Venedig, um sich dort am 6. Februar 1465 mit Friedrich Humpis zu treffen und die Modalitäten eines Kreditgeschäfts mittels *lettere di cambio* zwischen Venedig und Brügge auszuhandeln. Zwei Tage später traf er Hans Tucher, den Faktor von Anton Paumgartner in der Lagunenstadt, und besprach die Abwicklung der Servitienzahlung des Kölner Erzbischofs.[2123]

6.4.2 Hindernisse

Der Handel mit Wechseln war mit sehr viel Schriftlichkeit verbunden, da er nur dank einer umfangreichen Korrespondenz zwischen den beteiligten Banken funktionieren konnte. Schriftliche Sprachkompetenz war deshalb sehr viel wichtiger als beim Warenhandel oder dem Kreditgeschäft auf den Bankenplätzen. Verständigungsprobleme mussten folglich als schwerwiegende Störungen empfunden werden. Tommaso Spinelli scheint sich sehr aufgeregt zu haben, als ihm Peter von Watt und Wernli von Kilchen Briefe auf Deutsch schrieben. Da er kein Wort verstand, musste er einen Deutschen als Übersetzer hinzuziehen. Er fürchtete deswegen Missverständnisse und Schaden.[2124] Sein Neffe Lionardo scheint etwas flexibler gewesen zu sein, denn er akzeptierte in Rom auch deutsche Wechselbriefe. Am 5. Januar 1467 stellten *Hans und Erhart Fechlin* in Venedig einen Wechsel über 17 Kammerdukaten zugunsten von *frater Petrus de Caprarino* aus, der als *preceptor*

2121 ASFi, MAP 104, Nr. 60, cc. 598–602.

2122 YUSA 89, 1694.

2123 YUSA 93, 1779, cc. 57 links und rechts.

2124 YUSA 89, 1694: *Troppa soma fu avere tratto, e poi e' ci scrive in tedescho [...] Credo che a Varnieri no' farò altra risposta a una sua, avuta pure in tedescho, dove mi parlla di detti ducati 3 mila e sì del tenpo.* [...] *a nullo modo intendo d'avermi a inbochare per le mani d'altri d'avermi a fare leggiere le lettere, ché ssai quanti a queli erori a mio danno si potrebe pigliare.*

des Priors des Augustinerklosters in Memmingen bezeichnet wird. Dieser erhielt den Betrag am 10. Februar. Eine zweite *lettera di cambio* stellten die Brüder am 25. Januar 1468 in ihrer Heimatstadt aus. Die Spinelli hatten dafür in Rom an den Superior des Augustinerklosters in Memmingen, Filipp Vogel, 30 Kammerdukaten auszubezahlen: *Bezalt vir dissen ersten wechselbrieff bruoder Filipp Vuogel, superior sant Augustin orden im chloster ze Meingen biss uff 30 fl. di kamera als er fil er von [...] biss uff die sum alss drissig fl. di kamera und waz ir im geben daw, niempt quittantz von im und sendet sy messer Nicodemo Spinely gen Venedig. Wen er mir die gibt, so will ich in ze Venedig bezallen, wie er mit uns ainss ist worden. Und dez ze verkind hab ich, Hans Fechlin, daz geschriben mit miner hand geschrift vir mich und min bruoder Erhart und unser geselschaft.*[2125] Der Wechsel wurde tatsächlich am 20. April dieses Jahres honoriert, wofür der genannte Geistliche quittierte.

Die Aussichten, dass in Rom ein Florentiner deutsche Briefe lesen konnte, waren sehr gering. Abgesehen von Ugolotto Agli[2126] ist auch für keinen der in Deutschland lebenden florentinischen Bankiers und Seidenhändler irgendein Beleg dafür zu finden, dass er die Sprache dieses Landes gelernt hätte. Gherardo Bueri wird wohl während seinen fast 40 Jahren in Deutschland mehr als ein paar Sprachbrocken gelernt haben. Der Hochmeister schrieb ihm die Briefe auf Deutsch, obwohl er dies sicherlich auch auf Lateinisch hätte tun können. Seine Bücher führte er auf Italienisch und kein einziges deutsches Schriftstück von ihm ist erhalten. Francesco Rucellai an der Trave, Bartolomeo Biliotti am Rhein und Benvenuto Aldobrandi an der Pegnitz haben sich wohl Grundkenntnisse der deutschen Sprache für den täglichen Gebrauch angeeignet; aber sie haben sie nie zu ihrer Geschäftssprache gemacht. Von Lamberteschi sind drei kurze deutsche Briefe an die Stadt Thun erhalten. Die Handschrift ist aber die eines Deutschen; er hat also einen Basler als Schreiber eingesetzt.[2127] Es gibt einen einzigen Eintrag in deutscher Sprache in einem florentinischen Kaufmannsbuch. Er befindet sich auf der letzten Seite des *manuale di mercatura di Saminiato de' Ricci.*[2128] Dieser Bezug zu Deutschland beruht auf der spezifischen Situation des Schreibers, denn Antonio di ser Francesco Salutati da Pescia stand seit 1416 in den Diensten von Giovanni de' Medici und hat sich wohl einige Zeit am Bodensee aufgehalten:[2129]

> *Ach liber her got hilf und berat.*
> *Meyn wylligen trewn dinst zuvor. Liber her, ewre gnaden las ich zu wyssen, als mir meyn bruder Iohannes myr alle meyne gutte und geld genommen hat, und das hat er geton [...?] eyn rechtte scholkheit als eyn peine und frouter harn [...?].*[2130]

2125 YUSA 98, 1850.
2126 Sacchetti (1970), S. 199–200.
2127 Burgerarchiv Thun, 665, Nr. 109, 111 und 113.
2128 Vgl. unten S. 259.
2129 Ricci (1963). Vgl. Guidi Bruscoli (1960–).
2130 Ricci (1963), S. 89, 97, 111–115, 122, 133–134 und 148. – BNCF, Fondo Panciatichi 71, c. 33v.

Dass sich – wohl sehr wenige – Florentiner für das Erlernen der deutschen Sprache interessierten, belegt ein Manuskript aus dem Jahre 1467 mit dem Titel: *Questo libro lo quale si chiama Introito e porta di choloro che voglono inparare tedescho e partito in quattro parti secondo la quattro alimenti.*[2131] Auf c. 82v dieser Handschrift steht: *questo libro è di Nicholo Rucelai e chonpangni in Firenze.* Eine Verbindung zu Francesco Rucellai in Lübeck scheint wahrscheinlich, kann jedoch nicht bewiesen werden.[2132]

In Rom war es kein Problem, jemanden zu finden, der die deutsche Sprache beherrschte und die Wechsel ins Italienische übersetzen konnte. Am päpstlichen Hofe gab es immer genug Kleriker aus Deutschland, die dem Bankier helfen konnten. An anderen Orten behalf man sich mit Dolmetschern. Vermutlich stand das Verständigungsproblem am Anfang der Entstehung des Maklerberufes. Die Deutschen suchten sich in Brügge Zwischenhändler, welche die Italiener und ihre Geschäfte verstanden, wenn sie Geldbeträge in den Westen oder Süden Europas transferieren wollten. Sie fanden ihre Partner in den Wirtsleuten der Gasthöfe, in denen sie abstiegen. Für die Italiener war dies völlig normal, denn sie arbeiteten an vielen Orten Europas mit Wirten zusammen, die sie auf ihren Reisen regelmäßig besuchten. Das Wort *oste* wurde im 14. Jahrhundert von ihnen daher auch synonym mit Geschäftspartner / Korrespondent gebraucht.[2133] Eine besonders wichtige Rolle spielte die Wirtefamilie van der Beurse. Sie nahm als Makler zwischen den Hanseaten und den Italienern eine so zentrale Rolle ein, dass ihr Haus zu einem der wichtigsten Treffpunkte der Kaufleute dieser beiden Nationen wurde.[2134] Auch in Venedig wurde mit Sensalen gearbeitet.[2135]

Die Medici in Venedig erleichterten sich um 1427 für die Abwicklung der Geschäfte mit Deutschland durch die Einstellung eines Deutschen: *Gianni di Lubiche, nostro garzonetto.*[2136] Vielleicht war dieser Diener durch die Vermittlung Gherardo Bueris in die Lagunenstadt gelangt. In der Römer Filiale arbeitete *Ghuglemo, tedescho.*[2137] Zahlreiche deutsche Angestellte finden sich in der Buchhaltung der Spinelli: *Averardo della Magna, nostro famiglio* (1460), *Burcardo* (1463), *Sifredi* (1465), *Jachopo di Nicholayo della Magna, mio famiglio* (1466), *Arigho della Magna, nostro famiglio* (1466) und *Gherardo della Magna, nostro famiglio* (1466). Auch *Tilimano,* den Spinelli als *mio servidor* bezeichnete, dürfte ein Deutscher gewesen sein. *Tedeschi* sind in großer Zahl auch unter den Gehilfen zu finden, die der Florentiner Gherardo Bueri in seiner Bank in Lübeck beschäftigte, während in den Aufzeichnungen der temporären Banken

2131 BNCF, Magliabechiano IV, Nr. 66. Dazu ausführlich Rossebastiano Bart (1984).

2132 Zu den Fremdsprachenkenntnissen der florentinischen Kaufleute: Weissen (2000); Guidi Bruscoli (2015); Soldani (2017).

2133 Vgl. Goldthwaite et al. (1995).

2134 Houtte (1978–1981), V, S. 237–250.

2135 Simonsfeld (1887).

2136 ASFi, Catasto 49, c. 1188v.

2137 ASFi, Catasto 49, cc. 1162 ff.

auf dem Basler Konzil deutsche Namen nur unter den Köchen und dem Hilfspersonal zu finden sind.[2138]

Es gibt viele Belege für Oberdeutsche und Hanseaten, die im Kontakt mit Venedig die italienische Sprache gebrauchten. Sie haben sie zum großen Teil während einer Lehrzeit in der Lagunenstadt gelernt. Carlo de' Ricci schrieb 1449 einen Brief an Abel Kalthoff in Köln auf Italienisch und erwartete scheinbar selbstverständlich, dass er verstanden wurde.[2139] Wer als Fernhändler im Deutschland des 14. und 15. Jahrhunderts etwas gelten wollte, musste einige Zeit in Italien verbracht haben. Aus dem Jahre 1308 datiert das erste Dokument, das uns davon berichtet, dass junge Deutsche nach Venedig gingen, um sich ausbilden zu lassen. Neben dem Rechnen mit dem Abacus gingen auch sie in Schulen *ad audiendum gramaticam.*[2140] 1342 wurde über einen Georg von Regensburg festgehalten: *Qui est Veneciis causa adiscendi linguam.*[2141] In Venedig verbrachte auch Jakob Fugger einige Jahre und unterschrieb später gerne seine Briefe mit *Jacopo.*[2142] Im Fondaco dei Tedeschi hielten sich zeitweise ganze Gruppen von *adolescentes Theotonicos* auf, *missos per parentes eorum ad hanc urbem nostram, ut discant linguam nostram et abachum.*[2143] Wenn Tommaso Spinelli sich darüber ärgerte, dass ihm die beiden Deutschen in ihrer Muttersprache schrieben, so ist dies nicht verwunderlich, denn von zwei so erfahrenen Kaufleuten, die selber in engen Geschäftsbeziehungen mit Venedig standen und sich mit großer Wahrscheinlichkeit über längere Zeit dort auch aufhielten, erwartete er wohl mit Recht, dass sie ihm auf Italienisch schreiben würden.

Einige wenige deutsche Kaufleute schickten ihre Söhne zur Ausbildung nach Florenz. Der erste deutsche Handelslehrling in einer Bank am Arno ist im Juli 1434 belegt. Es war ein junger Lübecker, den Gherardo Bueri zu Cosimo de' Medici schickte, um Italienisch zu lernen. Es war seine Absicht, diesen dann im Handel zwischen Norddeutschland und Venedig einzusetzen. Dieses Unterfangen scheiterte allerdings, da Cosimo diesen Lehrling nicht für geeignet hielt. Bueri holte ihn deshalb wieder nach Hause.[2144] Lienhard II. Hirschvogel berichtet in seiner

2138 Das Bild der Deutschen in der italienischen Literatur wurde durch Amelung (1964) und Voigt (1973) untersucht. Sie konnten zeigen, dass den Deutschen vor allem Barbarei vorgeworfen wurde. Unter diesem Sammelbegriff wurden sie der Dummheit, Trunksucht, Gefräßigkeit, Grausamkeit, Unsauberkeit, Ausschweifungen, Raublust, Habgier usw. beschuldigt. In einem Lehrbuch für die venezianische Kaufmannssprache des 15. Jahrhunderts findet sich als Ausdruck dieser Einschätzung der Übungssatz: „Sag nur ruhig, die Deutschen seien immer betrunken." Zitiert nach Esch (1994b), S. 120. Als positive Eigenschaften ließen die Italiener handwerkliche Geschicklichkeit und Anspruchslosigkeit gelten. Trotz allem scheinen deutsche Diener in vornehmen florentinischen Familien der Renaissance eine wichtige Rolle gespielt zu haben.

2139 ASFi, MAP 82, Nr. 179.

2140 Simonsfeld (1887), I, S. 8.

2141 Simonsfeld (1887), I, S. 484.

2142 Pölnitz (1942).

2143 Simonsfeld (1887), I, S. 289.

2144 ASFi, MAP 13, Nr. 74: *El mio gharzone vi lasciai, dite, è triste, e però di più presto in qua lo rimanderete, arei charo; e di chossì vi priegho mi diciate che vizio à perch'io facievo chonto, inparata la linghua, metterlo a lo viaggio*

Chronik über die Ausbildung seines jüngeren Bruders Franz: *Ano domini 1460 a dì 16. Dezember hat ihn sein Vater von hinauss gesendet gen Florenz, da welsch lernen reden, darnach in den 1465 Jarn dj 18 abril zog er dan auss und kom her haym.* Er war bei der Abreise 11 Jahre alt. Bis heute konnte nicht ermittelt werden, bei welcher florentinischen Bank der junge Hirschvogel in die Lehre ging. Immerhin ist bemerkenswert, dass er vier Jahrzehnte später in Geschäftsverbindungen mit Florentinern zu finden ist, die sich in Nürnberg niedergelassen haben.[2145] Um 1470 lebte Wilhelm V. Rummel als junger Mann mehrere Jahre im Palast von Guasparre Spinelli.[2146] 1478 schließlich ging der Augsburger Kaufmannssohn Wilhelm Rem nach Florenz in die Lehre.[2147]

Am liebsten war es aber zumindest Tommaso Spinelli, wenn des Italienischen unkundige Deutsche ihm auf Lateinisch schrieben: *E sì vogliamo cha da hora innanzi, de' danari che la lettera del chanbio sieno in latino.*[2148] Diese Forderung war durch die Deutschen meist leicht zu erfüllen: Die meisten Fernhändler der Hanse gebrauchten bis in die Mitte des 14. Jahrhunderts hinein nicht nur für Notariatsinstrumente,[2149] sondern auch für ihre Korrespondenz und ihre Buchhaltung das Lateinische. Auch unter den Oberdeutschen beherrschten viele Kaufleute Lateinisch: Franz Pirckheimer d. Ä. (1388–1449) war ein Seiden- und Brokathändler, doch besaß er auch eine größere Reihe medizinischer, naturwissenschaftlicher, alchemistischer und theologischer Bücher. Dieser direkte Vorfahre der berühmten Humanisten Willibald und Caritas Pirckheimer kopierte eigenhändig lateinische Werke. Seine Bibliothek war ihm so wichtig, dass er sie in seinem Testament an erster Stelle nannte.[2150] Mag dieser humanistisch gebildete Kaufmann auch eine Ausnahme darstellen, so war es doch ebenso für einen weniger geschulten Kaufmann meist recht einfach, einen Notar zu finden, der aushelfen konnte. Zahlreich sind die von Notaren verfertigten kommerziellen Schriftstücke aus Deutschland, welche im Archiv der Medici in Florenz aufbewahrt werden.[2151] Nikolaus Perckheimer schickte lateinische Wechselbriefe von Köln nach Rom.[2152]

Auf der Seite der Italiener waren Lateinischkenntnisse stets vorhanden, obwohl diese Sprache im Handel schon im 13. Jahrhundert als Geschäftssprache durch die Volkssprache weitgehend ersetzt worden war. Zur Ausbildung eines *garzone* in einer Bank gehörte nicht nur der *abacco* und die *mercatura,* sondern auch immer die *grammatica.* Wenn es die Italiener aus verständlichen

---

di Vinegia. Mecho istette 3 anni, e non gli trov(a)i vizio se none ch'era molto istiziosso. Avissatemene in servigio lo meglio potete.

2145 Bruchhäuser (1989), S. 184; Böninger (2006), S. 264.

2146 Vgl. S. 218.

2147 Schulte (1900), S. 595; Bruchhäuser (1989), S. 184.

2148 YUSA 89, 1694.

2149 Schneider (1988b), S. 25.

2150 Reimann (1935), S. 1–7.

2151 Vgl. Camerani Marri (1951).

2152 Vgl. Anhang S. 84.

Gründen vorzogen, wenn immer möglich, in ihrer Muttersprache zu kommunizieren, so waren sie doch fast ausnahmslos in der Lage, einen lateinischen Brief zu lesen, und häufig konnten sie diese Sprache auch schreiben. So schickte ein Mitarbeiter der Bank von Filippo Borromei in Genf im Oktober 1438 Briefe an den Geschäftsführer in Antwerpen über Basel und gab sie der Briefsendung der Medici mit: *Ultimam meam tibi scripsi per Basileam sub litteris illorum de Medicis.*[2153] Unter den Florentinern gab es Kaufleute wie Francesco d'Altobianco degli Alberti, die in dieser Sprache sogar Gedichte verfassten.[2154]

Da die Italiener das Geschäft dominierten, bestimmten sie nicht nur die Spielregeln, sondern weitgehend auch die Arbeitssprache. Sie litten daher kaum unter einer Sprachbarriere, denn sie erwarteten mit großer Selbstverständlichkeit, dass die Gegenpartei dieses Problem löste. Es war an den Deutschen, Italienisch zu lernen oder nach anderen Möglichkeiten zu suchen, wie sie mit den Italienern Informationen austauschen konnten. Für die Florentiner hat daher kaum Druck bestanden, fremde Idiome zu lernen. Armando Sapori formulierte dies sehr knapp: „Il problema dell'apprendere delle lingue straniere ... era pressoché inesistente."[2155]

Die Erfahrungen von Biliotti, Bueri und Rucellai zeigten den Kurienbanken, dass viele der Herausforderungen an kommerzielle Tätigkeit in einem Markt, mit dessen Sprache, Gesetzen und Usanzen man nur wenig vertraut war, direkt vor Ort gelöst werden konnten. Sprachbarrieren konnten sie nicht abschrecken, denn sie waren es gewohnt, in vielen fremden Ländern Handel zu treiben. Auch eine feindliche Stimmung der lokalen Handelskräfte gegen die Florentiner ist nur gerade kurze Zeit gegenüber Baglioni fassbar,[2156] doch war diese schnell beseitigt und aus den nachfolgenden Jahrzehnten sind aus dem 15. Jahrhundert keine Handelshemmnisse einer deutschen Stadt bekannt, die sich ausdrücklich gegen die Florentiner gerichtet hätten.

Streitfälle zwischen Florentinern wurde immer vor den Gerichten der Heimatstadt ausgetragen. Bartolomeo Biliotti und Dego degli Alberti trugen ihre Zwistigkeiten vor der Mercanzia in Florenz aus. In allen anderen Fällen war der Gerichtsstand der Sitz der Gesellschaft. Lamberteschi, der als Exilierter nicht vor die Mercanzia geladen werden konnte, stritt sich mit dem Landsmann Giovanozzo Mozzi und dem Veronesen Pietro Guarienti vor dem Basler Schultheißengericht. Waren die Rechnungsbücher für das Urteil von Entscheidung, so wurden Italiener mit deren Auswertung beauftragt. Notare spielten auch als Übersetzer eine Rolle, wie um 1500 ein Streit zwischen Raffaello di Iacopo Vecchietti und einer Nürnbergerin zeigt. Als der Florentiner nach dem Tod ihres Mannes bei ihr noch ausstehende Gelder einforderte, wurden die Geschäftsbücher des Verstorbenen durch einen Notar ins Lateinische übersetzt,

2153 ABIB, Famiglia, Filippo di Vitaliano.
2154 Weissen (2000).
2155 Sapori (1975), S. 52.
2156 Zur Stellung Baglionis in Lübeck vgl. Esch (1966), S. 348; Fouquet (1998), S. 198.

damit beide Parteien die gleichen Grundlagen hatten.[2157] Guasparre Spinelli verzweifelte um 1470 bei seinen Versuchen, in Nürnberg seine Guthaben bei den Rummel und den Meuting durch Gerichte eintreiben zu lassen. Nicht einmal die Intervention des Papstes beim Nürnberger Rat brachte ihm nur einen Gulden zurück.[2158] Dennoch sind keine Klagen über die Rechtsprechung in Deutschland überliefert und Befürchtungen, in Deutschland nicht zu seinem Recht zu kommen, scheinen bei den strategischen Überlegungen der Florentiner keine Rolle gespielt zu haben.

2157 StadtAN, B 14/II, N, cc. 37v, 70r und 88v.
2158 Staatsarchiv Nürnberg, B Laden, Urkunde Nr. 32.

7 Fazit: Marktaufteilung

Die Untersuchung der Marktraumstrategien der florentinischen Kurienbanken bestätigt die Konzentration der Bankenpräsenz auf Köln, Nürnberg und Lübeck. Nur von kurzzeitiger Bedeutung waren Breslau sowie während der Konzilien Konstanz und Basel, das wegen Lamberto Lamberteschi wenige Jahre über diesen Anlass hinaus ein Wechselplatz blieb. Nur von geringer und kurzer Bedeutung waren Mainz, Lüneburg, Leipzig und Dorpat, die Geschäfte über die Muttergesellschaften auf den Wechselplätzen abwickelten. Der deutsche Wirtschaftsraum bestand aus zwei Einflussgebieten, „geschieden ungefähr durch eine von Basel gegen Nordosten steigende Linie".[2159] Diese Gliederung deckt sich mit Peter Moraws Unterscheidung in ein „Älteres (Wirtschafts-)Europa" mit dem an Brügge angebundenen großniederrheinischen Raum um Köln und einem nach Venedig ausgerichteten „Jüngeren Europa" mit Nürnberg und Lübeck. In ihrem Kernterritorium Oberdeutschland mussten die Nürnberger auch Kaufleute aus Augsburg, Memmingen, Ravensburg und anderen Handelsstädten dulden. Florentiner haben hier nur um 1473 einen kläglich gescheiterten Versuch unternommen, selber direkt im Zahlungsverkehr mit Rom aktiv zu sein.[2160] Lübeck und Köln hingegen lagen in einem Spannungsfeld, denn Italiener und Oberdeutsche wechselten sich hier als Bankiers ab und lagen zeitweise auch mit den einheimischen Kaufleuten in Konkurrenz.

Schon 2003 hat Esch festgestellt, dass große Teile Deutschlands durch die florentinischen Banken nicht abgedeckt wurden. Von den Wechselplätzen aus wurden nur Gelder aus den umliegenden Regionen und den daran wirtschaftlich verbundenen Städten bedient. Moraw ist zuzustimmen, wenn er von einer „Konstellation führender Großstädte mit jeweils von ihnen erschlossenen Räumen [...], natürlich mit ergänzenden weit gespannten Wirtschaftsbeziehungen und mit überlappenden Interessengebieten", schreibt.[2161] In Münster, Bremen oder Magdeburg hingegen gab es kaum Personen oder Institutionen, die den Wechsel als Zahlungsmittel einsetzten.[2162] Diese Verhältnisse waren keine Folge der unterschiedlichen Dichte der florentinischen Präsenz, wie die Auswertung der „Introitus et Exitus"-Register der apostolischen Kammer ab 1458 durch Götz-Rüdiger Tewes zeigen. Ihn hat dabei nicht interessiert, auf welchem Wege die Annaten nach Rom kamen, sondern allein die Anzahl und die Höhe der Annatenzahlungen aus den einzelnen Bistümern. Neben den Hauptzahlern Mainz, Köln, Augsburg und Passau fand er von 1458 bis 1461 auch 21 Bistümer, für die ein oder gar kein Geldeingang vermerkt wurde.

2159 Esch (1966), S. 336.
2160 Vgl. oben den Abschnitt über Benvenuto di Daddo Aldobrandi S. 223.
2161 Moraw (1987), S. 602.
2162 Esch (2003a), S. 33.

Diese lagen vor allem im Norden und Nordosten des Reiches.[2163] Die These muss also wohl lauten, dass es nur dort Florentiner gab, wo es zahlungswillige und -fähige Kunden gab; wer keine Annaten bezahlte, brauchte auch keine Wechsel.

Bis zum Ende des Großen Schismas waren *lettere di cambio* an die Kurie von Brügge, Venedig, Genf und wahrscheinlich von Mailand aus möglich, nachdem an diesen Orten der Gegenwert der auszubezahlenden Summe bereitgestellt worden war. Von dort aus wurde das Geschäft dann aber allein von den Italienern kontrolliert. Dasselbe galt auch in umgekehrter Richtung: Zahlungen aus dem Süden in den Norden, die allerdings große Ausnahmen darstellten, mussten über Zwischenstationen in diesen Handelsstädten an der Peripherie des deutschen Wirtschaftsraumes abgewickelt werden. Es entstanden also zwei geschlossene Kreise von Zahlungssystemen: das deutsch-nordische und das italienische. Die Lucchesen und Bolognesen waren die ersten Bankiers, die durch Errichtung von eigenen Niederlassungen und der Aufnahme von Korrespondentenbeziehungen mit Deutschen Köln und Nürnberg direkt an das internationale Zahlungssystem anschlossen.

Aus der Sicht der Florentiner Zünfte und der Signoria blieb Oberdeutschland lange Zeit in erster Linie ein Durchgangsland auf dem Weg nach Flandern. Kennzeichnend für diese Außerachtlassung dieses Wirtschaftsraums sind die Kontakte zur Stadt Konstanz zu Beginn des 15. Jahrhunderts. Am 14. September 1409 verfasste die Signoria eine Instruktion an ihre Gesandten Piero Cambini und Bartolomeo del Bambo Ciai, die sie nach *Vineczia et nella Magna* schickte, um zu schauen, ob sie mehr Sicherheit und Zollvergünstigungen für Händler erreichen könnten, die Waren auf dem Landweg von Florenz nach Flandern *(Ponente)* bringen wollten.[2164] Scheinbar waren die beiden erfolgreich, denn am 11. Dezember 1409 gewährte die Stadt Konstanz den Florentiner Kaufleuten sicheres Geleit über den Bodensee.[2165] Obwohl Konstanz damals selber eine wichtige wirtschaftliche Stellung in Oberdeutschland innehatte, interessierten sich die Italiener offensichtlich nicht für diese Märkte. Sie wollten nur durchreisen können, um möglichst sicher in den Nordwesten Europas zu kommen. Die Alberti dominierten den kurialen Zahlungsverkehr aus dem Ostseeraum von Brügge aus und sahen während Jahrzehnten keinen Konkurrenten auftauchen, der ihnen dieses Monopol streitig gemacht hätte. In Venedig gab es erste Kontakte zwischen den Medici und Nürnberger Kaufleuten, doch ist auch hier keine Bestrebung zu erkennen, über die Alpen in den nördlichen Wirtschaftsraum vorzudringen.

Deutschland südlich der Mainlinie wurde für die florentinischen Kurienbankiers erst nach 1409 kommerziell von Bedeutung.[2166] Die Pisaner Kirchenversammlung führte zu einem

2163 Tewes (2005), S. 214–215.
2164 Abgedruckt bei Schulte (1900), S. 173–174. – Vgl. Mone (1853), S. 41.
2165 Abgedruckt bei Schulte (1900), S. 217–218. – Vgl. Wielandt (1950/53), S. 20 und 27.
2166 Denzel (1991), S. 197.

starken Ansteigen der aus den nördlichen und östlichen Kirchenprovinzen an die Kammer von Johannes XXIII. sprudelnden Kollektorengelder. Die Abwicklung dieser Transfers versprach große Gewinne und führte fast gleichzeitig zum Beginn der Partnerschaft von Giovanni de' Medici mit Ludovico Baglioni in Lübeck und der Gründung der Ricchi-Niederlassung in Breslau. Es scheint diesen beiden aufstrebenden Bankhäusern nicht darum gegangen zu sein, den Alberti Umsatz wegzunehmen, sondern vom Zuwachs an Geldfluss zu profitieren. Die Gründung der Alberti-Niederlassung in Köln war keine Gegenmaßnahme gegen aufstrebende Konkurrenz, sondern vielmehr ein festeres Anbinden eines Marktes, den man schon beherrschte. Die Präsenz der Guadagni und Medici in der Stadt am Rhein über Simone Sassolini war für sie kommerziell sicher keine Bedrohung.

1427 waren die Bilanzen der Giachinotti-Cambini-Gesellschaft noch weitgehend von Geschäften geprägt, die sie im Verbund mit Vieri Guadagni abgewickelt hatten. Kurz danach hat sich die Bank fast vollständig auf den Mittelmeerraum ausgerichtet und die Partnerschaften nach Köln und Breslau völlig aufgegeben. Als Korrespondent in Venedig wurde Michele di Giovanni di ser Matteo durch Giovanni Panciatichi abgelöst. Die Gründe für die Vernachlässigung des deutschen Geschäftes sind nicht allein in den persönlichen Interessen und Beziehungen der Gesellschafter zu finden, sondern auch in Veränderungen der Marktsituation in Köln und Breslau. Am Rhein hatte Cosimo de' Medici eine Korrespondentenbeziehung zu Simone Sassolini etabliert, die für den Bologneser wohl interessanter war als die mit seinen alten Partnern.[2167] Mit der Niederlassung der Alberti und der Zusammenarbeit Medici–Sassolini war dieser Markt völlig abgedeckt.

In der Mitte der Dreißigerjahre wurde der deutsche Markt durch die Konkurse der Alberti, Rummel und Kress neu aufgemischt. Die Medici gaben ihre weitgehende Favorisierung von Nürnberg und Lübeck auf, die sie über über den Bankenplatz Venedig bearbeiteten, und verstärkten im Gegenzug ihre Präsenz in Brügge. Da sie das Kleinsummengeschäft in Köln nicht interessierte, kontrollierten sie es indirekt über ihren ehemaligen Angestellten Antonio della Casa, der es mit Bartolomeo Biliotti betrieb. Bis 1446 beherrschte die Partnerschaft den Wechselverkehr zwischen der Stadt am Rhein und der Kurie und wurde weder durch die Kooperation von Antonio de' Rossi mit Bernardo da Uzzano und Francesco Boscoli, noch durch Giovanni d'Albertos Zusammenarbeit mit den Medici und Borromei / Spinelli gefährdet. Bei der Schließung des Basler Konzils war nur noch Lamberto Lamberteschi hier in der Lage, *lettere di cambio* auszustellen. Mit seinem Tod endete 1458 die Präsenz der Florentiner im Rheintal.

Zwischen 1445 und 1450 stellten die Geschäfte der Borromei / Spinelli in Köln und Oberdeutschland wie auch die Verbindungen von Ognibene Sagramoso nach Deutschland nur ein kurzes Zwischenspiel dar. Gleichzeitig zogen sich die Medici fast vollständig aus Deutschland zurück. In Köln beendete die letzte florentinische Bank ihre Arbeit, in Lübeck starb Gherardo

2167 Vgl. unten S. 231.

Bueri. Die Probleme, die durch die Neutralitätspolitik der Kurfürsten im neuen Schisma und Kriege um Nürnberg verursacht wurden, scheinen von einschneidender Wirkung gewesen zu sein. Die Störungen der Bankenplätze zu Beginn der Fünfzigerjahre hingegen zeigten kaum Auswirkungen, da sie wohl umgangen werden konnten. Es waren in erster Linie Behinderungen des innerdeutschen Handels, die zum Abbruch der Anbindung bis nach Rom führten.[2168] Um 1450 stand keine florentinische Bank in direkter Verbindung mit Deutschland; Ognibene Sagramoso aus Verona war der einzige Italiener der – wenn auch in sehr geringem Umfang – direkt Gelder aus Deutschland an die Kurie transferierte.

Die Folgen des Zusammenbruchs der florentinischen Präsenz in Deutschland machen die in der Mitte der Vierzigerjahre beginnenden Schwierigkeiten des Deutschen Ordens deutlich, einen zuverlässigen permanenten Bankpartner bei der Kurie zu finden. Zwischen 1447 und 1452 musste er immer wieder neue Wege für den Transfer seiner Gelder nach Rom suchen. Im Sommer 1445 gab der Hochmeister dem Pfundmeister in Danzig den Auftrag, in Mechelen einen Wechsel über 500 RG kaufen zu lassen. Am 24. Juli 1445 schrieb dieser auf die Marienburg, er habe etliche Holländer und Brabanter gefragt, *die al sulch gelt wol zcu Danczik uffnemen unde geben es zcu Mechelen widder aws.* Auf 100 Gulden verlangten diese aber 4 Gulden Wechselgeld. Er meinte, dass er selbst Männer finden werde, die das Geld *obir lant lossen tragen.* So komme der Wechselkauf in Mechelen günstiger.[2169] Ein Jahr später musste die Stadt Danzig dem Deutschmeister mitteilen, dass nirgendwo Wechsel nach Köln und Nürnberg gekauft werden konnten, sodass wiederum Bargeld transportiert werden musste.[2170] Konnte ein Bankier für diese Dienstleistung gefunden werden, so führte dies nur zu Einzelgeschäften; eine neue dauerhafte Route für den Geldtransfer konnte nicht etabliert werden. So wurde Geld von Riga über Brügge geschickt;[2171] über diesen Bankenplatz liefen auch Zahlungen, die bei Francesco de' Baroncelli und 1450 bei den Medici eingingen. Über Venedig kam Geld von Konrad Paumgartner zu den Medici, über die Große Ravensburger Gesellschaft zu Antonio della Casa und schließlich über einen unbekannten Bankier im Norden zu Ognibene Sagramoso. Dass offensichtlich nicht nur die Florentiner in Lübeck, sondern auch die deutschen Kaufleute zu dieser Zeit keinen bargeldlosen Geldtransfer durchführen konnten, lässt darauf schließen, dass nicht ein einzelnes Unternehmen in Nöten steckte, sondern eine umfassendere Notsituation für die Abwicklung von Wechselgeschäften bestand. Die Ursachen für diese kommerzielle Ausnahmesituation sind

2168 Deutlich machen dies die Verhandlungen zwischen dem Pfundmeister in Danzig, der im Auftrag des Hochmeisters Geld nach Nürnberg transferieren soll. Er verhandelt mit Hans Kerstand, der sich lange weigert, Geld für den Orden zu transferieren. Vgl.OBA 9767.

2169 OBA 8829.

2170 Hirsch (1858), S. 237–238.

2171 OBA 10094. Einbezahlt wurde dieser Betrag in Riga beim Kaufmann Heinrich Gendena. In diesem Brief ist von einem Lombarden die Rede, der wegen des entstandenen Schadens Bürgschaft geleistet habe. Vermutlich handelt es dabei um Gherardo Bueri. Vgl. S. 208. – Schuchard (1992), S. 87; Brück (1995), S. 156–161.

nicht eindeutig zu ermitteln oder gar auf eine bestimmte wirtschaftliche oder politische Entwicklung zurückzuführen. Es waren turbulente Jahre, während denen der Orden unter Spannungen litt, in die Burgund, England, Polen und weitere Mächte verwickelt waren. Gleichzeitig gab es auch massive Störungen der internationalen Handelsrouten im Süden Deutschlands und in Oberitalien.

Nur zaghaft ersetzten einheimische Kaufleute in Köln die alten Bankverbindungen und in Lübeck begann ein ehemaliger Angestellter des verstorbenen Gherardo Bueri, sein eigenes Geschäft aufzubauen. Ab 1455 hatte Deutschland durch die Bemühungen der Spinelli eine noch nie dagewesene kommerzielle Bedeutung für florentinische Bankiers. Vor allem zwischen 1460 und 1467 setzte Lionardo Spinelli zielstrebig eine Marktraumstrategie um, die zu sehr großen Umsätzen führte. Durch den Konkurs seiner wichtigsten deutschen Partner brach diese in kurzer Zeit in sich zusammen und Deutschland wurde als Ziel wirtschaftlicher Expansion wieder aufgegeben. Die Jahre zwischen 1450 und 1475 waren geprägt von einer tiefgreifenden strukturellen Neuordnung des kurialen Zahlungsverkehrs in Deutschland. Am Ende dieses Zeitabschnitts gab es in Deutschland keine florentinischen Bankiers mehr, da diese entweder verstorben oder in ihre Heimat zurückgekehrt waren. Es gab keine unternehmungslustigen Florentiner, die sich auf ein kommerzielles Wagnis in Deutschland einlassen wollten. Handelsherren aus den oberdeutschen Städten übernahmen weitgehend ihre Funktion und konzentrierten die Abwicklung auf Nürnberg. Gleichzeitig wurden die alten Formen der Zusammenarbeit zwischen den Bankiers in Deutschland und ihren Partnern bei der Kurie neu gestaltet.

In der ersten Hälfte des 15. Jahrhunderts wurde der Zahlungsverkehr aus einer Großregion mit der Kurie meist durch einen Bankier dominiert, der mit immer derselben Gesellschaft bei der Kurie zusammenarbeitete. Anstelle dieser bilateralen Kooperationen entwickelten sich ab 1445 komplexere Formen von Beziehungsstrukturen. Die Kurienbankiers bedienten gleichzeitig die Wechsel mehrerer Korrespondenten aus derselben deutschen Stadt; anderseits beschränkten sich die deutschen Kaufleute nicht mehr darauf, bei der Kurie nur einen Partner zu haben. Liefen Gelder aus Norddeutschland zuvor entweder über die Alberti oder die Medici, über Brügge oder Lübeck, so bot sich nun eine viel größere Zahl an Möglichkeiten, Geld zu überweisen.

Deutschland war ein Nebenmarkt, um den es im 15. Jahrhundert zu keiner Zeit einen Konkurrenzkampf zwischen mehreren florentinischen Banken gab. Nach einer kurzen Phase des Interesses zum Ende des Großen Schismas stieg seine Attraktivität nur während den Konzilien vorübergehend stark an, um nach Abschluss der Kirchenversammlungen sofort wieder zu erlöschen. Arnold Esch hat die östlich des Rheins gelegenen Märkte für die Florentiner deshalb sicherlich mit Recht als „das ungeliebte deutsche Geschäft" bezeichnet.[2172] Auch von den Bankiers aus Siena, Verona, Lucca, Genua und Neapel, die im 15. Jahrhundert an der Kurie aktiv waren und zeitweise die Florentiner aus dem Amt des Generaldepositars verdrängen konnten,

2172 Esch (1966), S. 286.

war keiner in Deutschland präsent. Ebenso wenig erwuchs den Florentinern Konkurrenz von den deutschen Kaufleuten, denn es gab bis in die Neunzigerjahre des 15. Jahrhunderts in Rom keine deutschen Banken mit Anschluss an das internationale Zahlungssystem. Anderseits spielten die Florentiner im innerdeutschen regionalen Zahlungsverkehr keine Rolle, denn dieser war fest in der Hand der einheimischen Kaufleute. Es gibt – abgesehen von den Wechseln auf die Konzilsbanken – keinen Beleg, dass sie im Auftrag deutscher Kundschaft mittels der *lettera di cambio* Geld innerhalb des östlich des Rheins gelegenen Wirtschaftsraums transferierten. Auch für raffinierte Finanzgeschäfte bot Deutschland den Florentinern keine Möglichkeiten. Die auf den internationalen Bankenplätzen üblichen Geschäfte, bei denen Wechselkursschwankungen für Arbitragegewinne und die Umgehung des kirchlichen Zinsverbotes ausgenützt wurden, haben sie östlich des Rheins nicht abgewickelt und deutsche Banken darin nicht einbezogen.[2173]

Für die Abwicklung der florentinisch-deutschen Wechselgeschäfte wurden keine banktechnischen Innovationen benötigt, da die dafür notwendigen Finanzinstrumente längst existierten und auch den Kaufleuten im Norden vertaut waren. Dass im 15. Jahrhundert dennoch alle Versuche scheiterten, Deutschland dauerhaft direkt in das kuriale Zahlungssystem der Kurienbanken einzubinden, lag an den geringen Umsätzen in diesem Geschäft und den immer wieder auftretenden Störungen im deutschen Handel, die die Lieferung von Waren nach Brügge und Venedig als Gegenleistung für die Auszahlung von Wechseln im Süden erschwerten und zeitweise auch verunmöglichten.

Die Attraktivität des deutschen Marktes für die Florentiner wurde mehr durch die Entwicklung der Beziehungen der deutschen Kirchenführung und weltlichen Fürsten mit dem Papsttum als durch Veränderungen der gesamtwirtschaftlichen Situation Deutschlands bestimmt. Alle Florentiner, die sich in großen deutschen Handelsstädten niederließen, haben mit Einwohnern ihrer neuen Wohnorte Geschäfte gemacht und sind teilweise auch Partnerschaften mit einheimischen Handelsleuten eingegangen. Diese wirtschaftliche Betätigung auf den regionalen und lokalen Märkten in Deutschland war nicht das Hauptziel ihrer Präsenz, sondern nur ein Nebengeschäft.[2174] Handel und Bankgeschäfte mit den Deutschen alleine hätten nicht genügend Umsatz und Gewinn generiert, um Florentiner in größerer Zahl zur Wohnsitznahme nördlich der Alpen zu veranlassen. Auch wenn die meisten wohl gar nicht die Absicht hatten, für immer nördlich der Alpen zu bleiben, sondern planten, nach ein paar Jahren wieder nach Hause zurückzukehren. Nur Asylanten, die aus politischen Gründen aus der Arnostadt verbannt

2173 Zur Bedeutung der Wechsel als Kreditinstrument, das wegen der Unberechenbarkeit der Wechselkurse von der Kirche akzeptiert wurde, vgl. Roover (1963), S. 10–14. Es ist den Überlegungen von Spufford (1986), S. XXXVII–LIV zum Thema Wechsel als Instrument des Geldtransfers und der Investition zuzustimmen. Viele Historiker haben die technischen Aspekte dieser Praxis untersucht, unter denen besonders Raymond de Roover, Giulio Mandich, Giovanni Cassandro und Reinhold C. Mueller zu nennen sind. Vgl. Bibliographie im Anhang.

2174 Zu den drei Ebenen der Bankaktivitäten in Deutschland vgl. Hildebrandt (1991), S. 831.

worden waren und nicht mehr ins europaweite Handelsnetz ihrer Landsleute integriert waren, mussten versuchen, ihre Gewinnziele vornehmlich innerhalb des Wirtschaftsraums ihres Exilortes zu erreichen.

Sehr komplex und vielschichtig war das Verhältnis zwischen den Medici und den Alberti, deren Interessen sich in Deutschland im ersten Drittel des 15. Jahrhunderts unablässig kreuzten. Standen sie in hartem Wettbewerb zueinander und bekämpften sie sich nach Kräften? Oder gab es stille Absprachen über die Aufteilung der Märkte?[2175] Gab es überhaupt das Konzept des Wettbewerbs und der Konkurrenz in der Mentalität von Renaissance-Kaufleuten? Verhielten sich die Florentiner in ihrer durch Zunftgesetze geregelten Heimatstadt anders als auf den Märkten in den anderen Handelsplätzen? Die neuesten Forschungen zum Konkurrenzverhalten florentinischer Kaufleute, die sich im Ausland aufhielten, stimmen darin überein, dass der Wettbewerb durch soziale Kontrolle und stille Übereinstimmung darüber, was ehrenvolles Verhalten war, weitgehend eingeschränkt war.[2176] Selbstverständlich versuchte jeder Bankier, mehr Kunden zu gewinnen und mehr Gewinn zu erzielen als seine Mitbewerber, doch wusste er auch, dass er auf die Existenz von starken Handelspartnern angewiesen war. Ebenso bewusst war ihm, dass der Reputationsschaden eines Florentiners negative Auswirkungen auf das Ansehen aller florentinischen Unternehmen hatte. Die kommerziellen Beziehungen zwischen den Florentinern im Ausland wurden stark durch den Willen zur friedvollen Koexistenz und solidarischem Handeln in unsicheren Marktverhältnissen geprägt.[2177] Der ethische Grundsatz kann mit „Nutze deinen eigenen Vorteil, schade aber deinen Konkurrenten nicht" umschrieben werden. Im *Libro di buoni costume* von Paolo da Certaldo aus der Mitte des 14. Jahrhunderts ist diese Maxime in einem praktischen Ratschlag zu erkennen: „Wenn du ein Kaufmann bist und deine Briefe zusammen mit denjenigen für andere erhältst, so achte immer darauf, deine Briefe zuerst zu lesen und erst dann die anderen weiterzugeben. Und wenn deine Briefe dir raten, zu deinem Profit Ware zu kaufen oder zu verkaufen, so gehe sofort zum Sensale und führe aus, wozu deine Briefe dir raten. Erst danach gibst du die anderen Briefe weiter."[2178] Nur wenn in der Heimatstadt Florenz innenpolitisch verfeindete Familien ihren Zwist auf wirtschaftliche Felder ausweiteten, erhielt die Konkurrenz auch in fremden Märkten einen viel schärferen Charakter. Koexistenz und stille Marktabsprache bildeten die Grundlagen für das Konkurrenzverhalten der fünf bis sieben Florentiner Kurienbanken. Auf den Märkten, auf

2175 Hunt (1994), S. 63 schreibt von „joint monopolies" und „market-allocation arrangements" zwischen florentinischen Banken in der ersten Hälfte des 14. Jahrhunderts.

2176 Vgl. Esch (1971–1972), S. 774; Goldthwaite (1987), S. 23–24; McLean / Padgett (1997).

2177 Grundlegend dazu Guidi Bruscoli (2000).

2178 Branca (1986), S. 86: *Se fai mercatantia e co le tue lettere vengano legate altre lettere, sempre abbi a mente di leggere prima le tue lettere che dare l'altrui. E se le tue lettere contassoro che tu comperassi o vendessi alcuna mercatantia per farne tuo utile, subito abbi il sensale, e fa ciò che le tue lettere contano, e poi dà le lettere che sono venute co le tue.*

denen viel Geld- und Warenverkehr zu erwarten war, hatten meist mehrere von ihnen eine eigene Niederlassung oder zumindest einen Korrespondenten. Dies traf neben den wichtigen italienischen Handelsplätzen für Barcelona, Avignon, Genf, Brügge und London zu. Dabei ist zu beobachten, dass die Banken von Giovanni de' Medici eine klare Tendenz zeigten, ein in sich geschlossenes Kooperationsnetz zu betreiben, dessen Mitglieder exklusiv untereinander Geschäfte abschlossen, während alle anderen Kurienbanken für alle anderen Mitbewerber offen blieben. Wer also beispielsweise in London mit der römischen Niederlassung der Medici arbeitete, tat dies in der Regel mit keiner anderen florentinischen Gesellschaft, während die Londoner Partner der Pazzi Wechsel auch auf die Baroncelli, Spinelli und andere Banken in Rom ausstellten.

Ausgangspunkt dieser Arbeit war die Debatte zwischen Wolfgang von Stromer und Arnold Esch, wie umfangreich die Aktivitäten der florentinischen Bankiers im spätmittelalterlichen Deutschland waren. Als stark konzentriertes Fazit dieser Recherchen ist einerseits Esch zuzustimmen: Finanzielle Kontakte mit der apostolischen Kammer aus Deutschland wurden bis zur Eröffnung einer Filiale der Augsburger Fugger im Jahre 1495 immer direkt oder indirekt über die Handelsplätze Brügge oder Venedig abgewickelt. Die Einzahlungen der deutschen Gelder bei der apostolischen Kammer erfolgten ausnahmslos durch italienische Kurienbanken. Anderseits konnte hier im Sinne von Wolfgang von Stromer gezeigt werden, dass das direkte Engagement der Florentiner Bankiers in Deutschland viel weiter ging und zeitweise bedeutend intensiver war als bis anhin bekannt.

8 Exkurs: Handelspraktiken

8.1 Kontenausgleich der Wechselgeschäfte

8.1.1 Möglichkeiten des rein buchhalterischen Ausgleichs

In der Fachliteratur zur deutschen Wirtschaftsgeschichte wird der schematisierte Ablauf des bargeldlosen Geldtransfers häufig ähnlich dargestellt, wie er bei Caroline Göldel zu finden ist: „Der Geldbetrag musste [...] nur noch zum Sitz des mit der Geschäftsabwicklung beauftragten Bank- oder Handelshauses transportiert werden, welches dann intern mit seiner am Erfüllungsort ansässigen Filiale oder einem Geschäftspartner abrechnete."[2179] Solche Formulierungen, obwohl sie im Prinzip korrekt sind, können den Eindruck erwecken, als sei das Verrechnen der Konten zwischen den in Deutschland Wechsel ausstellenden Bankiers und den Bezogenen nur eine einfache Buchungsaktion gewesen. Tatsächlich gab es für einen Bankier, der mit einem Korrespondenten auf einem anderen Handelsplatz zusammenarbeitete, vier Varianten der Verbuchung: Ein Kaufmann in Lübeck konnte seinen Partner in Venedig anweisen, einen Wechsel zu honorieren oder einen Wechsel aus Venedig remittieren; in der Gegenrichtung konnte der Bankier das Gleiche mit ihm tun. War noch ein Partner in Brügge im Spiel, so wuchs die Anzahl der Variationsmöglichkeiten beträchtlich, denn nun konnte der Lübecker Ausstände in Venedig durch einen Wechsel aus Brügge ausgleichen lassen. Dieses System konnte nur funktionieren, wenn die Bilanz zwischen den beteiligten Bankiers ausgeglichen war. Dieses Ausgleichen der Konten zwischen *prenditore* und *trattario* war im Geschäft mit Deutschland eine äußerst komplexe Angelegenheit und nicht ganz so simpel, wie der einleitend zitierte Text glauben macht.

Die größte Schwierigkeit für die Florentiner in Deutschland war, dass die Geldströme vom Norden in den Süden während des ganzen Mittelalters viel stärker flossen als diejenigen in umgekehrter Richtung. Die *lettere di cambio* mit Wechseln von Partnern zu verrechnen und dadurch den Zahlungsverkehr rein buchmäßig abzuwickeln, war deshalb nur zu einem sehr kleinen Teil möglich. Einen Ausgleich über Warenhandel zu schaffen, war gleichfalls sehr schwierig, denn während des ganzen Spätmittelalters wurden wertmäßig viel mehr Waren vom Süden in den Norden verkauft als in die umgekehrte Richtung;[2180] die Handelsbilanz Deutschlands war vermutlich permanent passiv.[2181] Dem Import nordwesteuropäischer Tuche und Wolle und dem Bezug von Gewürzen, Drogen, Seiden- und Baumwollwaren aus dem Mittelmeerraum

---

2179 Göldel (1988), S. 1.

2180 Roover (1959); Esch (2010), S. 248–250.

2181 Stromer (1976a).

standen der Export von Leinentextilien, Edelmetall, Metallprodukten, Pelzen und Bernstein gegenüber. Mit Sicherheit waren die Luxuswaren aus dem Süden viel mehr wert als die Gebrauchsgegenstände aus dem Norden. Verstärkt wurde dieses Ungleichgewicht noch durch die Ungleichheit im Transfer von Geld, da die Kurie sehr große Summen anzog. Die Folge für das Verhältnis des Geldflusses zwischen den Kurienbanken und ihren Korrespondenten in Deutschland war, dass der Wert der in Rom ausbezahlten Wechsel weit höher war als die der im Norden honorierten. Es fehlte weitgehend der *ricambio* für einen rein buchhalterischen Ausgleich der Konten.

Die Ausfuhr von Edelmetallen in Form von Barren oder Münzen aus den Bergwerken Deutschlands konnte einen Teil dieser Differenz ausgleichen. Da Benvenuto Aldobrandi nicht in der Lage war, 1473 in Nürnberg genügend Ware aufzukaufen, die ihm in Venedig Gewinn bringen konnte, wies er die Servitienzahlung des Bischofs von Dorpat mittels Wechsel nach Rom an, musste aber die Goldmünzen über Verona nach Venedig bringen lassen.[2182] Den Städten und Fürsten gefiel der Abfluss von Gold meist gar nicht und sie erließen immer wieder neue Gesetze, die dies verhindern sollten. In Konstanz und Basel haben sich die Florentiner diesen Export deshalb immer ausdrücklich bewilligen lassen, bevor sie ihre Banken eröffneten. Ein Goldtransport war ein leichtes Opfer für Räuber und der Verlust auf den Verkehrswegen wog wegen des hohen Werts der Ware schwer. Die Medici haben aus diesem Grund 1420 in einem Dokument geregelt, wieviel Gold einem Transport mitgegeben werden durfte.[2183]

Fouquet ist vollumfänglich zuzustimmen, dass es nicht möglich war, „ohne Warenhandel, ohne Fluss der Handelsgüter" den bargeldlosen Verkehr zu steuern.[2184] Im Idealfall lief die Verrechnung eines in Deutschland ausgestellten Wechsels nach folgendem Muster ab: Ein Kunde übergab in Lübeck einem Florentiner Geld und zahlte für dessen Transfer nach Rom eine Gebühr. Der Bankier kaufte mit dem Geld im Norden Ware und lieferte diese nach Brügge oder Venedig. Den Verkauf konnte er meist den Angestellten der Niederlassungen seines Partners überlassen. Mit einem Teil des erzielten Ertrags glich er sein Wechselkonto auf dem Bankenplatz aus; mit dem Gewinn kaufte er Waren für den Markt im Norden. Diese Kooperation ersparte ihm, eine teure eigene Infrastruktur unterhalten zu müssen. Doch eine so problemlose Transaktion war offensichtlich nicht die Regel. Viele Kunden im Norden wollten ihr Geld erst übergeben, wenn sie die Sicherheit hatten, dass die Wechsel ausbezahlt worden waren, wodurch der Bankier vom Kreditnehmer zum Kreditgeber wurde. Die Beschaffung von Produkten für den Markt auf den internationalen Bankenplätzen war aufwändig und mit vielen Imponderabilien behaftet. Bernstein und Felle waren die sichersten Gewinnbringer, aber die Bankiers betätigten sich im Sinne von *venturing and diversification* in vielen anderen gewinnträchtigen

2182 YUSA 114, 2217.
2183 Palermo (1988b), S. 88.
2184 Fouquet (1998), S. 214.

Handelssparten. Als Beispiele nennt Hermann Kellenbenz die Medici in Brügge, die Chorknaben für S. Giovanni in Laterano besorgten und mit Pferden und Gobelins handelten.[2185] Es sind aber auch Belege für den Export von wertvollen Handschriften und Musikinstrumenten zu finden. Hatte der Kaufmann endlich ausreichend Ware zusammen, musste sie auf einen langen Transportweg geschickt werden, auf dem viele Gefahren drohten.

8.1.2 Bueri in Lübeck

Wie schwierig die Organisation des Zusammenspiels von Geld- und Warenhandel zeitweise war, erhellt ein Brief aus dem Jahre 1424. Damals schickte Giovanni de' Medici seinen Vertrauten Andrea di Benozzo Benozzi zu Ludovico Baglioni und Gherardo Bueri nach Lübeck, um eine Reihe von Unstimmigkeiten zu klären und das Geschäftsgebaren der beiden zu analysieren. Da sich Baglioni zur Zeit des Besuches nicht in Lübeck aufhielt, besprach er sich mit Bueri und berichtete über diese Gespräche an Giovanni nach Florenz. Einer dieser Briefe ist erhalten und enthält viele Informationen über die großen Schwierigkeiten der im Norden operierenden Bankiers beim Remittieren ihrer Wechsel.[2186]

Benozzi kritisierte, dass Bueri in den vergangenen Jahren immer nur dann Ware nach Venedig geschickt hatte, wenn er zuvor einen Wechsel dorthin ausgestellt hatte, den er wieder ausgleichen musste. Dies habe früher genügt, da die Ware problemlos sofort nach Eintreffen hatte verkauft werden können. Die Zeiten hätten sich aber geändert, und nun brauche man ein Jahr oder sogar 18 Monate, bis man sie absetzen könne. Dies habe zur Folge, dass die Zinsen den Gewinn vernichteten: *e gli interessi si mangiono el ghuadagnio ed ogni chosa.* Er müsse in Zukunft auf zwei Punkte achten: die ausgestellten Wechsel innerhalb der abgemachten Zeit remittieren und aus dem Verkauf der Waren Gewinn erzielen: *l'una, che lui rimeterà al tenpo, e l'altra che lui ghuadagnierà della roba.* War der Wechsel ursprünglich vermutlich dadurch entstanden, dass Kaufleute verhindern wollten, dass sie die Rimessen für übersendete Waren in Bargeld schicken mussten, so stellen die oben beschriebenen Vorgänge eine Umkehrung dieses Ablaufs dar: die Lieferung von Waren, um Wechsel zu remittieren. Ein weiteres kommerzielles Problem dieser Warenverkäufe war das Risiko, zu Schleuderverkäufen gezwungen zu werden, um Wechselschulden begleichen zu können.[2187]

Offenbar war es Bueri damals von der Stadt Lübeck verboten, Bargeld auszuführen und in den Süden zu transportieren. Anders kann eine diesbezügliche Briefstelle bei Benozzi kaum interpretiert werden: *Di che lui mi dicie che di chontanti non può la 20 [remittere]*

2185 Kellenbenz (1968), S. 378.
2186 Weissen (2003), S. 60.
2187 Stark (1985), S. 132–133.

perché se chostoro vedesono ch'egli la 20 di chontanti, no llo lascierebono. Es blieb ihm so nur die Möglichkeit, die Saldierung über Warenexport zu organisieren. Er musste Handelsware aus dem Norden auf die internationalen Handelsplätze bringen und dort verkaufen. Den dadurch erzielten Gewinn ließ er dem lokalen Korrespondenten der Kurienbank übergeben; Korrespondent und Kurienbank konnten den Ausgleich dann untereinander buchmäßig vornehmen.

Nicht nur Bargeldausfuhren wurden durch die städtischen Behörden Lübecks untersagt, zeitweise verboten sie jede Art von Export. Vom 10. September 1440 stammt ein Brief Bueris, in dem er sich bei Cosimo de' Medici darüber beklagt, dass die Medici-Filiale in Basel ihn mit Wechseln über f. 460 auf die Niederlassungen in Brügge und Venedig bezogen habe, obwohl sie von diesen Ausfuhrverboten wusste: *veduto lo stretto chomandamento esere qui fatto che robe niuna di qua si chavasse.* Er werde diese Wechselforderungen nicht erfüllen. Cosimo solle sich bei den Baslern dafür einsetzen, dass sie sich ihm gegenüber anders verhalten. Vielleicht bekomme er dann Lust, ihre Wünsche zu erfüllen: *e che se vogliono da me esere serviti di quello restono a 'vere, faciano per modo me ne vengha vogla di farlo.* Die Blockade habe acht Monate gedauert und sei am 24. August aufgehoben worden. Am darauffolgenden Tag habe er sofort seinen Diener Rosenberg, und am 3. September Giovachino mit Waren im Wert von mehr als 1600 Dukaten nach Venedig losgeschickt. Er habe weitere Ware für mehr als 2000 Dukaten in seinem Haus in Lübeck und werde Rinaldo und Goscalco in den nächsten Tagen damit auf den Weg schicken.[2188] Bueri sandte seine Diener gestaffelt los, weil er nicht wollte, dass sie zusammen gingen und dadurch der Verlust bei einem Überfall zu groß würde: *l'uno dopo l'altro perché non si agiunghano a chamino, per portare meno pericholo.*[2189]

Bueri war sicherlich selbst häufig auf den Wegen über die Alpen anzutreffen. Noch viel häufiger waren seine Handelsdiener unterwegs. Am 6. Mai 1429 ist mit Goscalco einer seiner Angestellten beim päpstlichen Hof anzutreffen, wo ihm die Medici-Leute *per spese* f. 3 ausbezahlten.[2190] Bueris Faktor Giovanni Talani wurde von den Medici in Basel bewirtet und Rosenberg ist auch in Bologna und Florenz nachgewiesen.[2191] In Venedig kamen 1436/37 mindestens sechs Angestellte aus Lübeck mit Waren an. Zwei von ihnen haben die lange Reise sogar zweimal gemacht (Tabelle 23).

Die Wagen aus Lübeck brachten fast ausschließlich Fässer mit Tausenden von Fehen. Auf der Rückfahrt nahmen sie Safran, Goldfäden und Stoffe mit (Tabelle 24).

2188 ASFi, MAP 13, Nr. 66. Weissen (2003), S. 70. – Der Brief wurde nicht von Francesco Rucellai von Lübeck nach Florenz gebracht, wie Sieveking (1906), S. 28 und Fouquet (1998), S. 217 schreiben. Die Textstelle *l'ultima fu insino a dì 7 d'aghosto cho lettera di Franceschο nostro per lla via di Basilea* heißt, dass Gherardo den Brief an Cosimo den Briefen beilegte, die er an seinen Bruder Francesco nach Florenz schickte.

2189 ASFi, MAP 13, Nr. 66.

2190 ASFi, MAP 131, Nr. 1, c. 116v.

2191 ASFi, MAP 104, Nr. 60, c. 601v.

Tabelle 23. *Famigli* (Diener) von Gherardo Bueri auf Besuch bei den Medici in Venedig, 25. März 1436–24. März 1437

Datum	Name
25. Mai 1436	Hormanno di Rosanberg, suo famiglo
19. Juli 1436	Gianni Deoran, suo famiglo
13. August 1436	Ghualtieri, suo famiglo
1. September 1436	Giovachino suo famiglo
7. September 1436	Gianni Meus, suo famiglo
15. Oktober 1436	Ermanno di Rosenbergho, loro famiglo
31. Oktober 1436	Gianni Van de Iomil, suo famiglo
23. Februar 1437	Gianni Mis, suo famiglo

Tabelle 24. Warenhandel zwischen Venedig und Lübeck im Rechnungsbuch „Uscita rossa, segnata B" der Medici in Venedig, 25. März 1436–24. März 1437

Warenlieferung von Lübeck nach Venedig			
Seite	Datum	Kunde	Ware
40v	14. Mai	Gherardo	4 barili di vai
69r	04. Aug	Francesco	pàncholi[i]
77r	25. Aug	Gherardo	4 barili di vai
95v	13. Okt	Gherardo	4 barili di vai
95v	13. Okt	Gherardo	4 barili di vai
95v	13. Okt	Gherardo	2 barili di vai
95v	13. Okt	Gherardo	2 barili di vai
95r	14. Okt	Gherardo	2 barili di vai
111r	26. Nov	Gherardo	2 barili di vai
111r	26. Nov	Gherardo	2 barili di vai
142v	16. Mär	Gherardo	barili 4 di vai
142v	16. Mär	Gherardo	uno barile di vai
142v	16. Mär	Bonsi	4 barili di vai

Tabelle 24. *Fortsetzung*

Warenlieferung von Venedig nach Lübeck			
Seite	**Datum**	**Kunde**	**Ware**
40r	12. Mai	Gherardo	zaferano e oro filato
44r	25. Mai	Gherardo	uno fardello di libri
69r	04. Aug	Gherardo	più robe
69v	04. Aug	Bonsi	zafferano
77v	25. Aug	Gherardo	zaferano
102v	31. Okt	Gherardo	zaferano e altre chose
104r	03. Nov	Gherardo	oro filato
122r	29. Dez	Gherardo	più robe
139v	02. Mär	Gherardo	peze 12 di taffettà
142v	16. Mär	Gherardo	zaferano
142v	16. Mär	Gherardo	oro filato
142v	16. Mär	Gherardo	più chose
143v	16. Mär	Gherardo	braccia 1 ¼ di zetani allessandrino

i Dieses Wort findet sich auch im großen Wörterbuch der Treccani nicht. Möglicherweise handelte es sich bei dieser nach Venedig gebrachten Ware um Sitzbankbezüge aus Fell.

8.1.3 Biliotti in Köln

Für die Korrespondentenbeziehung zwischen Bartolomeo Biliotti in Köln und Antonio della Casa in Rom kann über sieben Jahre verfolgt werden, wie sich die Konten entwickelten. Wenigstens aus der Perspektive von della Casa lässt sich rekonstruieren, wie sie ausgeglichen wurden (Graphik 4). Insgesamt nahm Antonio della Casa zwischen dem 15. September 1439 und dem 1. Mai 1446 54 Buchungen vor, welche die Konten des in Köln niedergelassenen Biliotti in Köln entlasteten. Der Gesamtumsatz belief sich dabei auf f. 3509 s. 7 d. 7. Alle Vorgänge liefen lediglich über vier Handelsplätze: Rom (5), Brügge (9), Venedig (20) und Köln (20).

Köln: Biliotti konnte im Auftrage von della Casa in Köln f. 566 s. 13 d. 8 ausbezahlen. Dabei handelte es sich um Wechselbriefe, welche am päpstlichen Hof ausgestellt worden waren oder

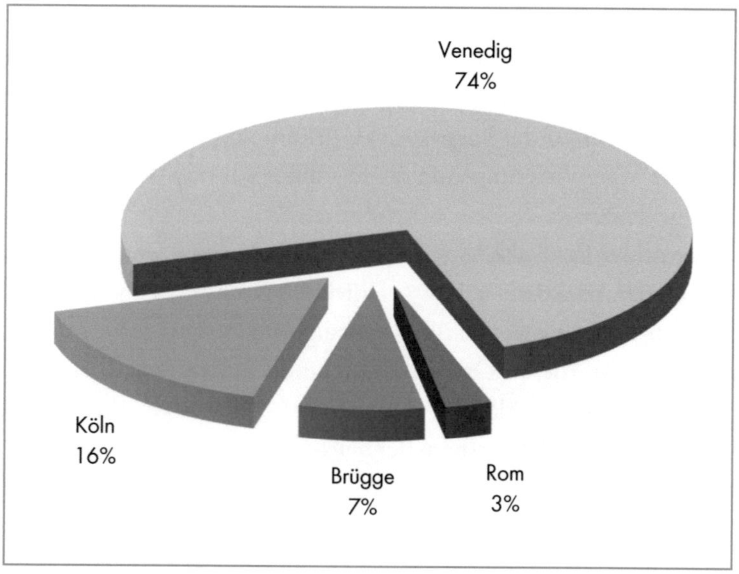

Graphik 4. Wert der Gutschriften auf das Konto von Bartolomeo di Domenico Biliotti bei Antonio della Casa di Corte, 1439–46

um Barauszahlungen auf direkte briefliche Anweisung durch della Casa. Setzt man diese Summe ins Verhältnis zu den *lettere di cambio,* die in Rom im Auftrag des Kölners honoriert wurden, so weist der Umsatz zwischen diesen beiden Geschäftsleuten also ein Ungleichgewicht von 6.2:1 zu Ungunsten des Bankiers in Deutschland auf. Ein direktes buchungsmäßiges Ausgleichen der Konten zwischen Köln und Rom war folglich unmöglich. Es musste deshalb nach anderen Möglichkeiten gesucht werden, die fehlenden Geldwerte von Deutschland nach Italien zu transferieren.

Brügge: Dreimal brachte Biliotti Bargeld nach Brügge, wo er Ubertino de' Bardis Bank insgesamt f. 83 für della Casa einzahlte. Mittels fünf Wechseln über dieselbe Bank in Flandern wies er dem Bankier bei der Kurie f. 158 an. Schließlich wurde auch noch eine Verrechnung zwischen Biliottis Guthaben mit della Casas Schulden bei den Bardi in Brügge in Höhe von f. 8 s. 10 vorgenommen *(loro ci facessino debitori e loro creditori).*

Rom: Dreimal empfing della Casa Bargeld, das Biliotti überbringen ließ, doch machten diese Münzen lediglich f. 57 s. 13 d. 3 aus. Durch Umbuchung mit Konten der della Casa in Florenz, wo Antonio della Casa zeitweise zwei Banken betrieb (di Corte und Florenz), kamen f. 25 auf Biliottis Konto und schließlich noch f. 9 s. 5 für einen in Gold gefassten Diamanten, den er seinen Landsleuten zum Verkauf überlassen hatte.

Venedig: Der mit Abstand wichtigste Verrechnungsort war für den doch so nahe bei Flandern arbeitenden Biliotti der Handelsplatz Venedig, über den er f. 2601 s. 5 d. 8 ausgleichen konnte. Durch rein buchhalterischen Kontenausgleich bei gemeinsamen Geschäftspartnern wurden den

Römern f. 161 s. 12 gutgeschrieben. f. 2439 s. 13 d. 8 waren Wechsel, mit welchen della Casa Ausstände bei Kaufleuten bezahlte, indem er Biliottis Konten bei Girolamo de' Bardi, Borromeo Borromei, den Portinari und anderen Banken in Venedig belasten ließ. Auf welchem Wege Biliotti zu diesen Guthaben in der Lagunenstadt gekommen ist, erhellt sich aus den Quellen nicht. Es sind direkte Warenlieferungen in die Lagunenstadt oder Verrechnungen mit Warenverkäufen in Brügge denkbar.

Gesamthaft betrachtet kann also festgestellt werden, dass es – wenn auch wohl mühsam – gelungen ist, die an den päpstlichen Hof geschickten Wechsel weitgehend bargeldlos zu remittieren. Die vielen Buchungen, die über Venedig und Brügge liefen, zeigen, dass Biliotti darauf angewiesen war, an diesen Orten durch Handelsaktivitäten einen guten Gewinn zu erwirtschaften. Diesen konnte er dann als Gegenwert für die ausgestellten Wechsel einsetzen. Nur wenn er diesen den Geschäftspartnern der della-Casa-Bank einzahlen konnte, schuf er sich die für das Geschäft mit *lettere di cambio* notwendige Kreditwürdigkeit.

8.1.4 Medici in Basel

Das Phänomen des markanten Anstiegs des Konsums und damit auch des Geldbedarfs an den von der Kurie besuchten Orten beschreibt Giovanni di Bernardo da Uzzano in seinem vor 1440 geschriebenen Manuskript, das unter dem Titel *Della Pratica della Mercatura* erschienen ist. Er schreibt, das Geld werde dort teuer, wo sich der Papst aufhalte, denn die Kleriker verlangten von den Banken, die mittels Wechseln auf ihren Konten eingegangenen Gelder in bar ausbezahlt zu bekommen.[2192] Als König Sigismund 1425 die Gewissheit hatte, dass das nächste Konzil in Basel stattfinden würde, kündigte er der Stadt an, diese erwartete Entwicklung durch die Gründung einer Reichsmünzstätte ausnutzen zu wollen. Die Konzilsteilnehmer würden viel Gold nach Basel bringen, mit dem sie aber kaum ihren Aufwand direkt bezahlen konnten. Das Edelmetall musste also in Silbermünzen umgewandelt werden. Die erwartete Folge davon war ein Ansteigen des Silberpreises und ein Wertverfall des Goldes. Eine königliche Münze könnte das Gold also günstig erwerben, während die

2192 Da Uzzano (1766), S. 157: „Dove il papa và, sempre è caro di danari, per la gran quantità vi s' à a pagare d' ogni parte; […] imperocchè il forte de' Cherici, ch' anno i danari in su i banchi gli vogliono contanti per portargli con loro, e i banchi gli fanno cambiare, e conviengli per forza loro pigliare a cambio[…]." Vgl. Weissen (2002). – Der Autor erscheint in der Literatur häufig mit einem falschen Vatersnamen. Holmes (1960–1961), S. 205 beispielsweise nennt ihn Giovanni d'Antonio. Bei Friedmann (1912), S. 5 wird der Autor Giovanni di Antonio als Sohn des Bernardo da Uzzano bezeichnet, was unmöglich ist. Entweder hieß der Vater Antonio oder Bernardo. Dieser Irrtum rührt sicherlich von einem Versehen auf dem Umschlagsblatt bei Pagnini del Ventura (1765–1766), II her. An anderen Stellen gibt Pagnini richtig Giovanni di Bernardo di Antonio. – Vgl. Dini (1980), S. 379. – Litta (1819–1894), Tav. I: Giovanni di Bernardo wurde am 11. Juli 1420 geboren und starb am 26. Juni 1445.

städtische Münze für ihr Silber mehr bezahlen musste. 1429 wurde der Plan konkretisiert und Münzmeister Peter Gatz begann mit dem Schlagen von Goldgulden mit der Umschrift *Moneta Nova Basiliensis.* Allein im Jahre 1434/35 wurden 126 020 Gulden geschlagen, wofür fast 450 kg Gold verbraucht wurden.[2193]

Die italienischen Bankiers schätzten die Entwicklungen auf dem Basler Goldmarkt gleich wie der römische König ein und erwarteten, die Konten zwischen den Wechselplätzen durch den Export von günstig eingekauftem Gold ausgleichen zu können. Für den Entschluss, an der Kirchenversammlung ihre Kontore zu eröffnen, war dies von grundlegender Bedeutung, denn der Warenhandel war hier von dermaßen geringer Bedeutung, dass er für die Verrechnung von Wechselgeschäften unerheblich war. Es wurden hier viel zu geringe Umsätze aus dem Verkauf von Tuchen oder Gewürzen gemacht, um mit den dadurch erzielten Gewinnen angewiesene Gelder auszahlen zu können. Es gab hier auch keine Waren, die auf die Märkte in Genf, Brügge oder Venedig hätten gebracht werden können. Die rein buchhalterische Verrechnung konnte nur in seltenen Fällen zum Kontenausgleich benutzt werden, da doch viel mehr Geld nach Basel kam als weggeschickt wurde. Da hier die Münzerhausgenossen ein Monopol des Wechselns zwischen verschiedenen Münzwährungen und des Goldhandels innehatten,[2194] musste dieses eingeschränkt werden, indem den fremden Bankiers das Wegführen von Edelmetallen eingeräumt wurde. Im Salvokundukt des Konzils für die Medici-Bank von 1433 wurde dieses Recht ausdrücklich festgehalten: *si in auro et argento consistant vel in moneta, ad quascumque partes mundi voluerit et voluerint portandi et exportandi quotiens et totiens placuerit.*[2195]

Schon in den ersten Monaten nach dem eigentlichen Beginn des Konzils protestierten die angereisten Kleriker bei der Stadt wegen der Verschlechterung des Goldwertes: *Da nu das heilig concilium und viel der lüten gen Basel käm, begunde der silberin müncz zer rinnen [...].* Die Stadt erließ am 19. August 1433 ein Silberausfuhrverbot und einen Richtlinienkatalog für das Wechseln fremder Münzen.[2196] Diese Maßnahmen behinderten die italienischen Bankiers kaum, wie Buchungen über Goldausfuhr in einem Rechnungsbuch der Medici in Venedig zeigen. Boten brachten das meiste Edelmetall über Genf in die Lagunenstadt. Die Medici hatten aber keine Hemmungen, für diese gefährlichen Transporte auch hohe Herren um Unterstützung zu bitten. Als 1434 Kardinal Antonio Correr von Basel nach Italien reiste, gab man ihm Gold mit. Dies war mit Gewissheit eine der besten Möglichkeiten, die Transportrisiken zu minimieren.[2197]

2193 Geering (1886), S. 273–275; Harms (1907), S. 105–142; Bissegger (1917), S. 72.

2194 Schulte (1900), S. 315; Lexikon des Mittelalters (1980–1999), VI, Sp. 931–932.

2195 ASFi, Diplomatico, Pergamene Medici, 1433 marzo 22.

2196 StaBS, Rufbuch I, c. 95, 1433 September 1. – Amiet (1876–1877), S. 208–209. – Weitere Verträge zwischen Konzil und Stadt in diesen Fragen vom 19. August, 18. November, 28. November 1433. Vgl. Thommen (1895), S. 206–220; Thommen (1897), S. 214–218; Harms (1907), 138; Rosen (1989), S. 144.

2197 ASFi, MAP 20, Nr. 50 (22. September 1434): *Lo cardinale di Bolognia partì; poco ci è scaduto avere a ffare con la sua signoria, e nondimanco bene contento resta di me. Piàcciavi a ssua venute suplire a quello io nonn ò potuto servirlo. E' tutto vostro. Mando per lui 18 marche d'oro. Iddio lo facci salvo.*

Auf diesem Weg ging in Venedig allein im Jahre 1436/37 Gold im Wert von über 8600 RG ein.[2198] Durch diese Lieferungen konnten zum Kontenausgleich Geschäfte über mehrere Plätze miteinander verrechnet werden. 1436 hatten die Medici in Basel wegen Goldlieferungen ein großes Guthaben in Venedig, gleichzeitig aber Schulden bei der Bank von Iacopo Ventura in Barcelona. Als nun in Venedig ein in Katalonien ausgestellter Wechsel ausbezahlt wurde, belastete man diesen Betrag Basel, das diese Summe dann mit Barcelona verrechnen konnte (vgl. Tabelle 25).[2199]

Tabelle 25. Verrechnung zwischen Basel, Venedig und Barcelona

	Basel		Venedig	Barcelona	
	Basel	Barcelona	Basel	Basel	Venedig
Basel schickt Gold nach Venedig	-		+		
Venedig honoriert Wechsel von Barcelona und belastet damit das Basler Konto			-		+
Barcelona honoriert Wechsel von Basel		+		-	

Durch das Wegführen des Edelmetalls wurde der Gewinn der Basler Reichsmünzstätte, die von König Sigismund an seinen Reichs-Erbkämmerer und Konzilsprotektor Conrad von Weinsberg verliehen worden war, stark beeinträchtigt.[2200] In einer Abrechnung der Münzmeister im Jahre 1436 steht dazu: *Dy Lamparter und Florenczer haben grossen schaden thun am slegschacze, wann sy viel·goldes uff kaufft han, [...].*[2201] Die Münzmeister wurden deshalb angewiesen, Gold auch weiterhin über dem aktuellen Kurswert aufzukaufen, um den Export durch die Lombarden und Florentiner einzuschränken.[2202] Doch der Münzmeister und die Florentiner standen sich auch nahe. Als Lamberto Lamberteschi nach Italien reiste, übernahm Peter Gatz die rechtliche Vormundschaft für dessen Ehefrau Mona Lena: *Petern Gatzen iren gegebenen vogt.*[2203]

2198 ASFi, MAP 134, Nr. 1, cc. 55r, 70r, 97v und 128v.

2199 Ein solcher Vorgang findet sich in der Buchhaltung der Medici in Venedig: *A' nostri di Basilea per loro, lire sessanta di grossi, sono per la valuta a s. 17 d. 1 per ducato, che insino a dì 30 del passato rimettemmo per loro a Barzelona a' Venturi da 'Ntonio Ferretti e chonpagni, sono per tanti qui a messer Antonio Borromei e chonpagni, portò Gianpiero loro contanti.* ASFi, MAP 134, Nr. 1, c. 55r.

2200 StaBS, Kleines Weissbuch von Basel, Bl. 157 und 158.

2201 Amiet (1876–1877), S. 208.

2202 Amiet (1876–1877), S. 203–204.

2203 StaBS, GA 5 B, 172v.

Möglicherweise bot der Goldmarkt auch eine Möglichkeit, auf die Preisschwankungen des Edelmetalls zu spekulieren. Geschickte Bankiers verstanden es wohl, durch Aufkaufen oder Zuführen von großen Goldmengen, den Preis in die gewünschte Richtung zu treiben und daraus Profit zu ziehen. Anders ist nur schwer zu erklären, weshalb Giovanni Benci als Leiter der Basler Medici-Filiale zeitweise große Mengen Gold von Genf an den Rhein bringen ließ[2204] und 1438 Bernardo Portinari aus Brügge eine Ladung englischer Nobles hierher brachte.[2205]

8.2 Kredit und Zahlungsverkehr

Bei der einfachsten Abwicklung einer Transaktion mit einer *lettera di cambio* zahlte ein Kunde an einem Ort einen Wechsel, der dann ihm oder seinem Begünstigten an einem anderen Ort von einem anderen Bankier ausbezahlt wurde. Für den *prenditore* war die Transaktion damit abgeschlossen. Ein florentinischer Bankier der Renaissance konnte aber eine viel breitere Palette an Finanzdienstleistungen anbieten, die mit diesem Instrument verknüpft waren. Sie beruhten auf den drei volkswirtschaftlichen Funktionen einer Bank, die die Abwicklung des Zahlungsverkehrs, die Kapitalvermittlung und die Vermögensaufbewahrung umfassten.[2206] Anders als bei modernen Bankiers gehörte der Warenhandel ebenfalls zu seinem Arbeitsbereich, denn ohne diesen konnte der Handel mit *lettere di cambio* nicht funktionieren. Der Transfer von Geld mittels Wechsel konnte ein Depositengeschäft in Form eines Kontokorrent zur Folge haben; wurde einem Kunden ein Verbrauchsdarlehen gewährt, so konnte dies über den damit verbundenen gezogenen Wechsel zu Zahlungsverkehr führen.

8.2.1 Depositen

In vielen Fällen hatte ein Kurienkleriker bei einer Bank dank eines Wechsels oder aus anderer Provenienz eine größere Geldsumme zur Verfügung, die er nicht sofort benötigte. Er konnte dieses Geld auf einem durch einen Termin gesperrten Konto *(deposito a discrezione)* platzieren, wofür ihm eine Verzinsung bezahlt wurde.[2207] Wie dieses Geschäft in der Praxis funktionierte,

2204 ASFi, MAP 88, Nr. 119: *E mandate per lo detto Piero Malzi, in detto propunto, quello oro vecchio o di tara che voi vi trovate. Pesate giusto e tirate bene e metete le lege come dovete; e se da fare a scudi è vantagio, e avisate e metelo.*

2205 Roover (1963), S. 320.

2206 Vgl. Herrmann et al. (1975), S. 94–95; North (1991), S. 811.

2207 Vgl. Melis (1972), S. 82. – Goldthwaite (1985), S. 27 weist darauf hin, dass Luca Pacioli in seinen Ausführungen über die doppelte Buchhaltung von Gebühren für das Führen eines Kontokorrent schreibt, doch ist auch ihm kein Beispiel dafür bekannt, dass diese tatsächlich gefordert wurden.

wird an einem Beispiel deutlich: Der Bischof von Barcelona, Simon Salvador, wollte im Jahre 1439 bei den Medici in Basel 4 000 Kammerdukaten hinterlegen, die er für minderjährige Neffen verwaltete. Sein Wunsch war es, dafür am Geschäftskapital beteiligt zu werden und eine prozentuale Gewinnbeteiligung zu erhalten. Giovenco della Stufa, dem dieses Anliegen unterbreitet worden war, verwies den Bischof an Cosimo selber, da dies seine Kompetenzen überstieg und in einer temporären Konzilsbank eine Festanlage auch keinen Sinn machte. Der Filialleiter schrieb einen Brief an die Zentrale nach Florenz, in dem er vorschlug, dem Bischof nur einen festen Jahreszins von 5 Prozent auszubezahlen, womit jener sicher zufrieden sein werde: *credo ne rimarrà contento.*[2208] Ob dieses Geschäft zustande gekommen ist, ist nicht überliefert. Diese Gelder bildeten als *sopracorpo* zusammen mit den Anteilen der Teilhaber und den nicht ausgeschütteten Gewinnen *(corpo)* das Geschäftskapital, mit dem die Bank arbeiten konnte.[2209] In den buchhalterischen Aufzeichnungen der florentinischen Bankiers, die mit Geldern aus Deutschland arbeiteten, sind viele Festgeldanlagen zu finden. In den Geschäftsdokumenten von Giovanni de' Medici findet sich als ältester Beleg mit einem Bezug zu einem deutschen Kunden ein Schreiben zu einer Einlage über f. 300 vom 1. September 1396, den *Arnoldus de Dinslaken* unterzeichnete.[2210] Laut seiner Catasto-Erklärung von 1427 hatten zwei deutsche Kleriker ein *deposito a discrezione* bei seiner Bank in Rom. Der Protonotar Hermann Dwerg hatte f. 4 000 und ein *Albato Scienche* (Albert Schenk?) genannter Kleriker hatte f. 3 400 auf einem Konto stehen.[2211] Als Garantie hatte ihnen der Bankier eine schriftliche Bestätigung der Abmachungen *(scritta)* gegeben. Solche Einlagen gab es auch in Venedig, wo ein Giovanni Bianchi (Hans Weiss?) an die Gesamtsumme von 9 300 Dukaten 1 050 beigesteuert hatte.[2212] Offensichtlich wurde bei diesen Geschäften das kirchliche Wucherverbot verletzt, doch befanden sich die beiden Deutschen in bester Gesellschaft, denn unter den anderen zehn Einlegern waren drei Kardinäle.[2213]

Für viele Kunden war die von den Banken gebotene Sicherheit Grund genug, ihr Geld nicht im eigenen Haus aufzubewahren, sondern ein laufendes Konto zu eröffnen, von dem sie nach und nach Abhebungen vornehmen konnten, um damit ihren Lebensunterhalt zu bestreiten. Dieses bei der Kurie selbstverständliche Angebot machten die Florentiner ihren Kunden auch in den Konzilsstädten. Ein Beispiel für diese Art eines Depositengeschäfts stellt die Einlage des Kardinals de la Plaigne bei der Medici-Bank auf dem Basler Konzil dar. Der Kirchenfürst hatte bei den Bankiers f. 2 040 s. 6 a camera deponiert, ohne dafür irgendeine Vergütung zu erhalten.

2208 ASFi, MAP 13, Nr. 114.

2209 Melis (1972), S. 77.

2210 ASFi, MAP 153, Nr. 1, Beilage 1.

2211 ASFi, Catasto 49, c. 1199r. Vgl. Roover (1963), S. 208.

2212 Roover (1963), S. 245. – Schulte (1900), S. 252–253 erwähnt einen Johann Weiss aus Augsburg, dessen Bruder Ulrich 1430 in Florenz als Familiar der Stadt gestorben ist.

2213 Roover (1963), S. 208 und 210.

Von dieser Einlage hob er nach und nach bis zu 40 Dukaten im Monat ab.[2214] Über dieses Konto wurden für gute Kunden auch Zahlungen an Dritte abgewickelt. Man kaufte für sie Ware ein oder bezahlte ihre Rechnungen, indem man ihr Konto belastete: *Il cardinale di Piagienza de' dare f. due di r°, per lui al dipintore.*[2215] Es scheint, dass diese Vorgehensweise auf mündlichen Anweisungen beruhte; Belege für den Gebrauch von Schecks sind keine zu finden. Das Kontokorrent stand nicht nur den vermögenden Konzilsteilnehmern offen, sondern jedermann, der sein Geld in sicherer Verwahrung wissen wollte. Für die Jahre 1433–1434 sind mehrere derartige Einlagen nachzuweisen. So hatte ein Prior von Carpentrasse ein Guthaben von 21 Gulden, das er in Stückelungen von 6, 4 und 11 Gulden abhob, wofür er sich zwei Monate Zeit ließ.[2216] Diese kleinen Einlagen waren für das Bestreiten des Lebensunterhaltes bestimmt. Man stößt daher mehrfach auf die Formulierung *alla giornata li prende* (er holt es nach und nach ab).[2217]

Größere Guthaben deutscher Herkunft gab es auch bei den Alberti, bei denen der Generalprokurator des Deutschen Ordens, Peter von Wormditt, 1404 über ein Depositum von duc. 5 130 verfügte.[2218] 1449 behauptete der zum Erzbischof von Riga gewählte Sylvester Stodewescher, er habe bei Francesco Baroncelli e co. in Rom ein Guthaben über 500 Dukaten, von dem der Bankier aber nichts wissen wollte.[2219] Vermutlich handelte es sich dabei um unverzinste Gelder aus Wechseln, die bei den Banken auf einem Kontokorrent stehen blieben, und nicht um Festdepositen.

8.2.2 Kredit

Die Banken bei der Kurie und an den Konzilien von Konstanz und Basel vergaben Kredite an Personen, die Geld für ihren täglichen Bedarf oder die Bezahlung von Annaten brauchten, und an Vertreter von Institutionen, die größere Summen für den Erwerb von Privilegien benötigten. Aus der großen Anzahl von Belegen zu Darlehen seien hier nur zwei exemplarisch herausgegriffen. Am 7. September 1434 bestätigte Roberto Martelli *mercator florentinus de banco de Medicis* vor einem Notar in Basel, dass er von Nikolaus Sachow, Kanoniker der Diözese

2214 ASFi, MAP 104, Nr. 60, cc. 598–602. ASFi, MAP 139, Nr. 95: Kardinal Hugo von Zypern zahlte von seinen Konten auch kleine Beträge an seine Diener, wie aus einem Brief an Roberto Martelli hervorgeht: *Intelleximus solvisse vos Ioanni Gardiensi, aule nostre magistro, florenos 10 Renenses. Quam solutionem admittimus et probamus volumusque illos ad nostrum poni computum. Similiter fieri contenti sumus de duobus ducatis datis per Marcum Spinellinum Bruggis, nostro nomine, cuidam Petro de Pitepassi et Ioanni Legrande, cantoribus, qui ad nos venire debebant.*

2215 ASFi, MAP 131 C, c. 9.

2216 ASFi, MAP 131 C, c. 3.

2217 ASFi, MAP 104, Nr. 60, cc. 598–602.

2218 Militzer (1993), S. 40.

2219 Militzer (1979), S. 249.

Lübeck, 650 Rheinische Gulden erhalten habe. Durch diese Zahlung sei ein Kredit getilgt, den er dem Abt des St.-Michaelis-Klosters in Lüneburg gewährt hatte.[2220] Bei einem anderen Vorgang kaufte ein Lübecker bei Gherardo Bueri einen Wechsel nach Basel über 100 RG. Da er vermutete, dass ihm dieses Geld nicht reichen werde, bat er Bueri um einen Empfehlungsbrief, damit ihm Martelli eine Kreditlimite einrichtete: *bey seyner geselleschaft czu Basel uff 200 adir 300 gulden glouben machen sal.*[2221]

Depositen-, Kredit- und Wechselgeschäft standen in mehrfacher gegenseitiger Abhängigkeit. Für Prokuratoren war es am angenehmsten, wenn sie jederzeit auf ein Kontokorrent bei einer Bank zurückgreifen konnten. So hatten sie großen Handlungsspielraum und mussten sich nicht unter Druck auf die Suche nach Darlehen machen.[2222] Wenn der Bankier aus Erfahrung wusste, dass dieses regelmäßig neu alimentiert wurde, war er auch gerne bereit, gegen Zinsen eine Überzugslimite einzurichten. Wichtig war dabei, dass der Nachschub über seinen Korrespondenten im Norden lief. Fielen die Vorauszahlungen auf das Kontokorrent weg, musste es durch Kredite nachgefüllt werden. Kredite gab es aber nur, wenn sie in Rom wieder zurückbezahlt wurden oder der Bankier eine Verbindung zu einem Ort hatte, an dem der Kunde die Tilgung leisten konnte. Für solche Darlehen an Deutsche kamen also nur Banken infrage, die über Korrespondenten in Deutschland, Brügge oder Venedig verfügten. Anderseits sollte der Wechsler im Norden in Rom so gut verknüpft sein, dass seine *lettere di cambio* auch problemlos bedient wurden. Diese Zusammenhänge waren der Grund für die Treue der Prokuratoren des Deutschen Ordens zu den Alberti.[2223]

Der gezogene Wechsel

In den wenigen erhaltenen Buchhaltungsschriften von Florentinern bei der Kurie finden sich unter den Debitoren viele Deutsche. Da sich die Einträge in den meisten Fällen nur auf die Nennung des Namens und des geschuldeten Betrages beschränken, lässt sich der Grund für die Schuld nur selten ermitteln. Hinweise auf die Art des Geschäftes geben manchmal kleine Zusätze im Buchungstext. Wird die Verpflichtung zur Rückzahlung an einem anderen Bankenplatz erwähnt, so dürfte es sich meist um gezogene Wechsel handeln. 1427 waren bei den Medici fünf Kredite offen, wovon einer in Lübeck und ein anderer in Venedig zurückzubezahlen war.[2224]

2220 Hodenberg (1860/70), S. 648.

2221 Ehrensperger (1972), S. 234.

2222 OBA 4936: ausführliche Begründung des Prokurators Johann von Kurland, weshalb es dringend nötig wäre, ein Kontokorrent bei einer Florentiner Bank einzurichten: *das so beqweme zeit vor ougen qwemen.*

2223 Vgl. oben S. 266.

2224 ASFi, Catasto 49, cc. 1162.

	f. di cam.
• *m. Tilimanno Doshagen, tedescho*	*70.00.00*
• *m. Andrea Patachul, proposto rigen.*	*400.00.00*
• *m. Osvaldo Strouss, alamanno*	*406.00.00*
• *m. Marquardo Brannt, alamanno, debbe paghare a Lubiche*	*100.00.00*
• *m. Alberto Scienk, alamanno, a paghare a Vinegia*	*80.00.00*

In einem anderen Fall wurde am 28. November 1429 in Rom für Deutsche eine kleine Rechnung bei der Kurie bezahlt, die direkt dem Konto dieses Kunden bei Bueri in Lübeck belastet wurde.[2225]

In der Bilanz der Römer Filiale von Tommaso Spinelli vom 6. Januar 1458 finden sich unter den Schuldnern zwei deutsche Kunden: *Perricus, vicarius tedesco* mit f. 44 und *Arigo Offer* mit f. 25.[2226] Zwei Jahre später war diese Liste bedeutend länger und zeigt, dass eine Reihe dieser Schuldner Verpflichtungen eingegangen war, das ausgeliehene Geld in Lübeck zurückzuzahlen:[2227]

	f. di cam.
• *Antonio Stunevelt e altri hobrigati paghare Lubiche*	*20.00.00*
• *messer Giovanni Le Chostede e per lui messer Arrigho Osemer a paghare a Lubiche*	*8.00.00*
• *messer Arnoldo Somonenart*	*25.00.00*
• *messer Alincho de Malinstra*	*2 000.00.00*
• *messer Andrea Peper*	*300.00.00*
• *messer Giovanni Pree*	*30.00.00*
• *Churado Minter*	*20.00.00*
• *Giovanni di Bolemer*	*60.00.00*
• *messer Cherumno Romecharus*	*60.00.00*

2225 ASFi, MAP 131, Nr. 1, c. 164v: *A Gherardo Bueri di Lubicche ducati sette di camera come disse Antonio di ser Lodovico a maestro Niccolò Ambergo e per lui a maestro Ruggiero della Ciegha, notaio di messer Johannes di Ralla, contanti per parte del registro della sua causa a' libro, a c. 194. Ducati 7.*

2226 YUSA 90, 1713.

2227 YUSA 90, 1722.

Auf der Debitorenliste vom 5. Juni 1460[2228] ist eine ganze Reihe von Kölnern zu finden, die Beträge zwischen 23 und 100 Kammergulden schuldig waren. Im April 1462 waren Kölner Schuldner auch zu Zahlungen an das Bankhaus da Rabatta in Brügge verpflichtet:[2229]

	f. di cam.
• *messer Giorgio Heseler e altri hobrigathi a paghare a Cholognia*	*23.00.00*
• *ein misser Chosimino und andere müssen Köln bezahlen*	*50.00.00*
• *Giovanni d'Andrea, Abt von St. Maria muss in Köln bezahlen*	*100.00.00*
• *messer Giovanni Voldenbergh*	*40.00.00*
• *Bertoldo, conte de Enenberghe*[2230]	*50.00.00*
• *Arnoldo Deert*	*60.00.00*

Nicht alle florentinischen Banken beteiligten sich am Geschäft mit Darlehen an Deutsche bei der Kurie. In den Bilanzen der Baroncelli, della Casa, Cambini und della Luna, die sie für das Catasto von 1457 erstellt haben, finden sich keine deutschen Namen, worin sich ihre Strategie spiegelt, sich in Deutschland nicht zu engagieren.

Spätestens in der ersten Hälfte des 15. Jahrhunderts wurde es üblich, dass deutsche Schuldner einen gezogenen Wechsel unterschreiben mussten, über den das Darlehen auf eine Bank in der Heimat des Kreditnehmers abgesichert wurde.[2231] Als es dem Hochmeister des Deutschen Ordens 1418 schwer fiel, im Norden flüssige Mittel zu finden, mit denen er in Brügge einen Wechsel kaufen konnte, schlug er seinem Generalprokurator vor, Geld in Rom mittels eines gezogenen Wechsels aufzunehmen: *im hofe von euch obirkoufen, also das sie czu Brucke beczalt wurden.*[2232] In der Buchhaltung der Florentiner in Rom sind diese Geschäfte daran zu erkennen, dass im Buchungstext vermerkt wurde, an welchem Ort und manchmal auch bei welcher Bank die Schuld zu bezahlen war. Am 5. Juni 1460 schuldeten der spätere Kardinal Georg Hessler und andere Deutsche den Spinelli in Rom 23 Kammerdukaten, für die sie sich zur Zahlung in Köln verpflichtet hatten: *messer Giorgio Heseler e altri hobrigathi a paghare a Cholognia f. 23.*[2233]

Wie diese gezogenen Wechsel ausgesehen haben, ist nur in einem einzigen Exemplar überliefert. Unterschrieben wurde er am 19. Juni 1469 von Ludolph Robinger in Rom auf den Betrag von *marcas 67 et 8 solidos de moneta lubicen.* Dafür hatte er von der Bank Heredes Lionardo

2228 YUSA 90, 1722.
2229 YUSA 90, 1729, S. 5.
2230 1488 zum Erzbischof von Mainz gewählt.
2231 Lopez (1971), S. 135.
2232 Koeppen (1960), Nr. 285.
2233 YUSA 90, 1722.

Spinelli in Rom 30 Kammerdukaten erhalten. Der Wechsel ging an Henricus van der Molen in Lüneburg, der den Betrag an Girolamo Rucellai oder in dessen Abwesenheit an Henrik Grymmolt ausbezahlen sollte.[2234]

> *Solvate pro questa tercio pro secunda ut prima littera cambii adeorum voluntatem Iheronimo*[2235] *de Ruslays et in absentia Henrico Gremmo, marcas sexagintaseptem et octo solidos de moneta lubien pro valore recepi hic nomine predicti Iheronimi ab heredibus Leonardi de Spenellis et sociis mercatoribus Romanam curiam sequentes in ducatos triginta auri de camera faciate sibi bonum pagamentum bene valete. Datum Rome, die decimanona mensi Iunii Anno Domini MCCCCLXIX.*
>
> *Ludolphus Robingher*
>
> [verso] *Honorabili viro domino Henrici*
> *Van der Molen in Lu-*
> *neborgho, consuli.*[2236]

Der gezogene Wechsel war zwischen Deutschland und Rom ein durchaus gebräuchliches Mittel, um sich im Süden Kredit zu beschaffen. Am 15. Dezember 1461 brach der Lübecker Kleriker Albert Krummediek auf eine Reise nach Rom auf, um dort die Zustimmung von Papst Pius II. zu einem Kompromiss im Lüneburger Prälatenkrieg zu erreichen; Ende Oktober des folgenden Jahres war er wieder in der Heimat.[2237] Während dieser Zeit gab er die stattliche Summe von 2 885 Mark und 4 Schilling aus. In Rom hatte er – vermutlich bei der Bank von Tommaso Spinelli – 1850 Mark gegen Wechsel aufgenommen. Diese wurden von Francesco Rucellai präsentiert und im Auftrag des Rats durch den Lübecker Domherrn Johann von Minden bezahlt.[2238]

Bevorschussung von Servitien

Ein neu gewählter Bischof oder Abt erhielt die päpstliche Anerkennungsurkunde erst, wenn er die dafür fälligen Servitien und Taxen bezahlt hatte. Er musste gegenüber der Kammer eine Obligation eingehen, die fälligen Servitien und Abgaben zu bezahlen. Er konnte dann einen Bargeldtransport nach Rom organisieren oder sich einen Bankier suchen, der ihm ein Darlehen

2234 Vgl. Herrmann et al. (1975), S. 104.
2235 Girolamo di Filippo Rucellai und Henrik Grymmolt.
2236 YUSA 99, 1889.
2237 Zum Prälatenkrieg vgl. Brosius (1976), zur Reise Krummedieks vgl. Brosius (1978).
2238 Brosius (1978), S. 417–419.

gewährte, mit dem die Kammerforderung befriedigt werden konnte. Seit Aloys Schulte und Davidsohn sind in der Literatur eine große Zahl solcher Servitienbevorschussungen dokumentiert.[2239] Als Sicherheit erhielt der Kaufmann die Provisionsurkunde, die er nach Abzahlung des Kredits dem Bischof aushändigte. Wurde die Schuld nicht beglichen, ging die Urkunde an die Kammer zurück und die Providierung wurde geprüft.[2240] Die Kosten, die bis zum Abschluss des Ernennungsverfahrens anfielen, schwankten je nach Bedeutung und Reichtum der Diözese von ein paar wenigen Gulden bis zu mehreren tausend. Zur Zeit von Innozenz IV. galten beispielsweise Mainz f. 5 000, Bamberg f. 3 000 und Trier f. 7 000;[2241] die Servitien für das Erzbistum Köln waren auf 10 000 Goldgulden festgesetzt; die Basler Mitra kostete lediglich ein Zehntel dieses Betrages.[2242] Durch Bestechungsgelder, Taxen, Kanzlei- und Gesandtschaftsspesen konnte sich der in Rom tatsächlich benötigte Betrag leicht verdoppeln. Hinzu mussten noch die Zinsforderungen des Bankiers und dessen Spesen gerechnet werden.[2243] In der Regel musste das Geld spätestens sechs bis zwölf Monate nach Darlehensgewährung wieder zurückbezahlt sein.[2244] Diesen Ablauf einer Servitienzahlung haben offensichtlich nicht alle Ankläger von Johannes XXIII. in Konstanz verstanden, als sie ihm vorwarfen, er würde seine Bullen von einer florentinischen Bank fabrizieren lassen.[2245]

Die meisten Prälaten gingen nicht persönlich nach Rom, um ihre Provision oder Konfirmation in Empfang zu nehmen und die Servitien zu bezahlen, sondern setzten dafür Prokuratoren ein. Dies konnten bei der Kurie lebende Deutsche sein oder Gesandte, die anstelle des Neugewählten die Reise unternahmen. Diese obligierten sich dann selbst für die der Kurie zustehenden Zahlungen. Anhand der Servitienzahlungen der vier preußischen Bistümer in der ersten Hälfte des 15. Jahrhunderts hat Jan-Erik Beuttel aufgezeigt, dass diese dafür etwa zur Hälfte die Dienste der Generalprokuratoren des Deutschen Ordens in Anspruch nahmen. In den anderen Fällen stützten sie sich auf andere Deutsche bei der Kurie ab oder unternahmen die Reise nach Rom in persona.[2246]

2239 Davidsohn (1896–1908), III, S. 45 und IV/2, S. 276–278. – Esch (1971–1972), S. 773 zeigt um 1400 viele Bevorschussungen durch Kardinäle. Eine umfassende Darstellung dieser Zahlungen liegt noch nicht vor.

2240 Roover (1970a), S. 201–202. – Arcelli (1996), S. 12.

2241 Denzel (1991), S. 25.

2242 Göller (1905), S. 123.

2243 Göller (1924a), S. 82. – Landeshauptarchiv Koblenz, Best. 128, Laach, Benediktinerkloster 370: Giovanni Frescobaldi, Vertreter von Tommaso Spinelli in Brügge, bestätigt die Zahlung von duc. 634 durch den Kaufmann Gerhard Cruos von Kleve. Damit ist ein Darlehen über duc. 600 an den Abt des Klosters Laach für die Besorgung einer päpstlichen Bulle bezahlt. Duc. 30 fallen für den Transport der Urkunde von Rom nach Brügge an und duc. 4 für den Boten nach Rom.

2244 Goldthwaite (1985), S. 29: Bei den Cerchi erfolgte die Rückzahlung meist innerhalb von sechs Monaten; selten nur gestanden sie Fristen von mehr als einem Jahr zu. 1436 verpflichtete sich Antonio della Casa für die Medici-Bank, die Servitien für den neuen Bischof von Konstanz innerhalb von vier Monaten zu bezahlen. Vgl. Esch (1998), S. 286.

2245 Finke (1889), S. 88–89.

2246 Beuttel (1999), S. 265–271.

Die Servitien stellten zwar unregelmäßige Einkünfte dar, da sie nur bei der Wahl eines neuen Bischofs fällig wurden, ihre Höhe machten sie aber für die Kammer und die Bankiers zu den wichtigsten Transaktionen aus Deutschland. Diese Bedeutung unterstreicht, dass im Archiv der Spinelli und in dem der Strozzi die einzigen Dokumente, die als Nachschlagewerke in den Kontoren der Bankiers im Gebrauch waren, Verzeichnisse der Servitien sind. In den Carte Strozziane findet sich eine Handschrift mit dem Titel *Tassa assai antica delle Chiese Cattedrali,* das im 15. Jahrhundert von einem Schreiber in einer deutschen Handschrift angelegt wurde. Es ist vergleichbar mit dem um 1440 entstandenen *liber taxarum* von Tommaso Spinelli, das dieser vermutlich nach seiner Ernennung zum Generaldepositar im April 1443 hat anlegen lassen. Auf 133 Seiten werden zuerst die Zahlungsverpflichtungen der Bischöfe und anschließend die der Äbte aufgelistet. Den Abschluss machen Texte zur Ordnung der Kirchenprovinzen und zur Aufteilung der Servitien auf die verschiedenen kurialen Institutionen.[2247] Diese beiden Handbücher machen deutlich, welchen Wert diese Informationen für die Bankiers in Rom hatten. Die Servitien boten außergewöhnliche Verdienstmöglichkeiten und standen deshalb im Zentrum ihrer Aufmerksamkeit.

Arnold Esch hat viele Servitienbevorschussungen aus Deutschland in seiner Publikation über Zahlungen aus Deutschland an die Kurie erfasst.[2248] Es reicht daher an dieser Stelle ein paar exemplarische Vorgänge zu dokumentieren. In den buchhalterischen Aufzeichnungen des Medici-Angestellten Antonio Salutati, die dieser in seiner Funktion als Generaldepositar der apostolischen Kammer machte, findet sich im Jahre 1429 ein Eingang von 2135½ RG vom Regensburger Bischof Conrad VII. von Soest.[2249] Der Zahler war ein Jahr vorher gewählt worden und hatte sich für seine Servitien von den Medici einen Kredit geben lassen. Am 19. Mai 1437 erhielt Gherardo Bueri in Lübeck ein Schreiben, in dem er gebeten wurde, er möge seine *amici* an der Kurie anweisen, dem Erzbischof von Lund noch 90 bis 110 Dukaten zur Erlangung des Palliums auszuhändigen, obwohl in Lübeck noch 405 Mark 3 Schilling vorgestreckter Servitiengelder ausstanden.[2250]

Servitien des Kölner Erzbischofs Ruprecht von der Pfalz

Die Spinelli waren um 1460 für ihre Kölner Geschäfte von einheimischen Handelsherren zu Nürnbergern gewechselt, die in der Stadt am Rhein Niederlassungen unterhielten. In Zusammenarbeit mit Konrad Paumgartner wurde die größte Zahlung aus dem Norden an die Kurie abgewickelt, die heute noch nachvollzogen werden kann, die Servitien des Kölner Erzbischofs

2247 ASFi, Carte Strozziane I, 358, Nr. 6, cc. 16–28; YUSA, MS 850.
2248 Esch (1998).
2249 ASFi, MAP 131, Nr. 1, c. 128v.
2250 UB Lübeck, VII, Nr. 737, S. 721; Fouquet (1998), S. 212.

Ruprecht von Pfalz. Dieser war nach dem Tode Dietrichs von Mörs am 30. März 1463 vom Domkapitel zum Nachfolger gewählt worden.[2251] Die Anerkennung der Wahl wurde von Pius II. an die Bedingung geknüpft, dass er erst in sein Amt eingeführt werden könne, wenn der schon zwei Jahre zuvor vom Papst zum Erzbischof von Mainz ernannte Adolf von Nassau sich gegen den abgesetzten Diether von Isenburg durchsetzen konnte. Dies war erst am 27. November 1463 der Fall.[2252] Ein zweites Problem, das der Einsetzung im Wege stand, war die Bezahlung der fälligen Servitien. Der Wittelsbacher hatte sich zwar am 16. Juni 1463 gegenüber der Kurie zur Zahlung verpflichtet, infolge der schlechten Finanzlage des Kölner Erzstiftes dieses Versprechen aber nicht einhalten können.[2253] Am 4. Juni 1464 erlaubte ihm Pius II., seine Priesterschaft und seine Klöster mit einem *subsidium caritativum* zu belasten, um seine Servitien bezahlen zu können. Davon sollte ein Fünftel in die römische Kollekte für einen Kreuzzug gegen die Türken fließen.[2254]

Dank der in diesem Falle außerordentlich günstigen Quellenlage lässt sich sehr genau verfolgen, wie die hohen deutschen Kleriker in solchen Situationen mit den florentinischen Bankiers bei der Kurie nach Lösungen ihrer finanziellen Probleme suchten. Der Electus schickte Anfang 1464 eine Gesandtschaft nach Rom, um die Ausstellung der päpstlichen Anerkennungsurkunde zu erwirken und die Bezahlung der Servitien zu verhandeln. Zusammen mit dem einflussreichen Dekan von St. Castor in Koblenz, Johannes Spey, unternahm der neu ernannte erzbischöfliche Kanzler Dr. Georg Hessler die Reise.[2255] Dieser war von früheren Aufenthalten an der Kurie mit den Verhältnissen in Rom bestens vertraut.[2256] Die beiden Botschafter konnten beide Ziele erreichen, wie das „Repertorium Germanicum" verzeichnet: Das Pallium wurde am 25. Mai 1464 übertragen und am 16. Juni verbuchte die apostolische Kammer den Eingang einer ersten Rate der Servitien in Höhe von f. 5 277 s. 38 d. 10, eine zweite Teilzahlung über f. 5 000 ging am 14. August ein.[2257] Die erzbischöflichen Gesandten hatten für diese Zahlungen, Taxen und die Spesen ihrer Reise ein Darlehen über 18 000 Kammergulden bei einem alten Geschäftspartner von Hessler aufgenommen: bei der Bank der Spinelli.[2258]

2251 Zur Geschichte dieses Erzbischofs vgl. Podlech (1879), S. 331–333; Widder (1995).

2252 Hollweg (1907), S. 9–10.

2253 Strnad (1964–1966), S. 202.

2254 Esch (1998), S. 351.

2255 Evelt (1877), S. 417; Hirschfelder (1994), S. 87.

2256 Vgl. unten S. 458.

2257 Deutsches Historisches Institut in Rom (1916–), VIII.1, Nr. 5102. – Aus der Abrechnung, die Spey und Hessler der apostolischen Kammer am 24. Juni 1464 ablegten, geht hervor, dass sie insgesamt etwa 14 500 Dukaten an die Kurie und ihre Beamten hatten bezahlen müssen. Die gesamten Kosten dieser Gesandtschaft schätzte Schmitz auf annähernd 15 000 Dukaten, doch bemerkte er wohl nicht, dass die beiden Gesandten die abgerechneten Beträge gar nicht bei sich hatten, sondern sie durch Darlehen in Rom hatten aufnehmen müssen. Der Verdienst der Bankiers muss dieser Schätzung noch zugerechnet werden. Vgl. Schmitz (1895/96), S. 113; Hollweg (1907), S. 10.

2258 YUSA 90, 1722: Bereits in einer Bilanz der Spinelli in Rom vom 5. Juni 1460 ist unter den Debitoren Georg Hessler zu finden: *messer Giorgio Heseler e altri hobrigathi a paghare a Cholognia f. 23*. In einem

Die päpstliche Bulle mit der Anerkennung des neuen Erzbischofs wurde der Bank als Sicherheit für den riesigen Kredit übergeben. Als Lionardo Spinelli jedoch auf den Eingang des Geldes aus Köln warten musste, drohte er schnell damit, Ruprecht von der Pfalz exkommunizieren zu lassen. Im Herbst 1464 schaltete sich in diese Sache der Neffe des Papstes ein, Kardinal Francesco Todeschini-Piccolomini, der die Rolle des Beschützers der deutschen Nation im Kardinalskollegium von seinem Onkel übernommen hatte. Er versuchte Spinelli zu beruhigen und bat ihn um etwas Geduld. Gleichzeitig hinterlegte er sein Tafelsilber beim Bankier als Pfand für den deutschen Kirchenfürsten. Der Kardinal berichtete über diese Vorgänge in einem nicht datierten Brief an den Erzbischof von Köln: *Ceterum, reverendissime pater, meminimus iam pridem scripsisse vestrae paternitati, quoniam mercatores de Spinellis amplius exspectare nolebant iniquissimoque animo ferebant tam diutinam dilationem solutionis illarum pecuniarum (sc. annates), nos opposuisse pigniri apud eos vasa nostra argentea, ut pro aliquis mensibus supersederent a via iuris, quam intentare animo statuerant.*[2259] Ob es wegen der Schulden tatsächlich zur Verhängung der Exkommunikation Ruprechts von der Pfalz kam, wie Joseph Schlecht schrieb, kann anhand der bekannten Quellen nicht eindeutig beantwortet werden.[2260] Immerhin kam im November 1464 Bewegung in diese Angelegenheit, denn der Erzbischof konnte dank einer Anleihe bei der Stadt Köln damit beginnen, die Spinelli zufriedenzustellen.[2261]

Lionardo Spinelli hatte mit den Gesandten des Erzbischofs *(Giorgio Eseler, canonico della chiesa di Cholognia* und *Giovanni Span, canonico St. Andrea di Cholognia)* im August 1464 abgemacht, dass der ihnen gewährte Kredit in Höhe von 18 000 Kammerdukaten bei Filippo Inghirami oder Niccodemo Spinelli in Venedig zurückzuzahlen war.[2262] Er hielt alle Notizen im Zusammenhang mit diesem Transfer in einem kleinen Buch fest,[2263] dessen erster Eintrag den Versand von drei Briefen von Florenz nach Köln festhält; in den folgenden Monaten bis

---

Notariatsinstrument vom 7. Juli 1462 (YUSA 87, 1647a) werden weitere finanzielle Beziehungen zwischen Hessler und der Florentiner Bank evident. Dem Deutschen wurde darin mit der Exkommunikation gedroht, denn er hatte zusammen mit Iacob Iodick (Pfarrer in Erpel) und Rogerius de Holt (Scolasticus der Diözese Köln) für ein Darlehen über 70 RG an einen Laurentius Venarius gebürgt, die dem Bankier nicht zurückbezahlt worden waren. Vgl. YUSA 91, 1731, S. 13.

2259 Strnad (1964–1966), S. 202.

2260 Schlecht (1913), S. 317.

2261 Schmitz (1895/96), S. 114; Hollweg (1907), S. 10.

2262 YUSA 91, 1731, S. 13. Ebenso schwer dürfte es dem Salzburger Erzbischof Johann II. von Reisberg gefallen sein, 1429 sein Servitiengeld auf die Bank der Medici in Venedig zu bringen. Von dort aus wurden am 12. April 1429 14 200 venezianische Dukaten mit einer einzigen *lettera di cambio* an die Medici in Rom angewiesen. Als *datore* trat in Venedig Guglielmo Oigrel (Agrel) von Salzburg auf, der als *beneficarii* die bischöflichen Botschafter messer Ghasparre d'Olm (chavaliere), messer Salvestro (dottore) und messer Giovanni (Kanzler) einsetzte. Diesen wurden am 22. April 14 448 Kammerdukaten ausbezahlt. ASFi, MAP 131, Nr. 1, c. 112v. – Am 2. Mai bezahlten sie beim Kardinalskollegium duc. 10 384.12.4 ein. ASFi, MAP 131, Nr. 1, cc. 10v und 11r.

2263 YUSA 93, Nr. 1779, cc. 8 links, 10 rechts, 15 links, 24 rechts, 31 links und 45 rechts.

zum 9. Juli 1465 gab er achtmal Postendungen mit insgesamt 25 Briefen nach Köln auf. Fünf Briefe waren an den Erzbischof direkt gerichtet, acht an Georg Hessler, sieben an Johannes Spey, zwei an Heinrich Urdemann,[2264] je einer an das Domkapitel, *messer Tilimanno* und *ser Ruberto Antroni.* Bei der Übermittlung dieser Briefe und wohl auch bei ihrer Übersetzung spielte ein Mann, der in den Aufzeichnungen Guglielmo Morello genannt wird, eine wichtige Rolle. Vermutlich handelt es sich hier um Wilhelm Moerlin von Augsburg, den Sohn des Sebald.[2265]

Am 8. November 1464 reiste Lionardo Spinelli zusammen mit einem Diener und zwei Pferden von Florenz nach Venedig, um sich um den Eingang der Kölner Gelder zu kümmern. Die Zahlungen des Erzbischofs wurden über die Kölner Niederlassung der Bank von Anton Paumgartner von Nürnberg abgewickelt: *Curado Pancortimarer e compagni di Cholongnia.* In der Markusstadt verhandelte Spinelli mehrfach mit Hans Tucher, der Vertreter der Paumgartner in Venedig war; Lionardo bezeichnet ihn als *fattore e conpagno d'Antonio Pangortiner e conpagni.*[2266] Am 11. Januar kam man überein, dass bis zum 11. oder 15. Februar 6 000 Kammerdukaten einbezahlt sein sollten. Dafür sollten die Deutschen einen Zins von 1.875 Prozent bezahlen, was einem Jahreszins von 22.5 Prozent entspricht.[2267] Am 8. Februar versprach Tucher, dass bis zum 20. März weitere 9 000 Dukaten in Venedig hinterlegt seien, wollte sich aber nicht schriftlich darauf festlegen lassen. Erst vier Tage später konnte man sich auf einen Zins von 2 Prozent einigen.[2268] Nach Empfang der ersten und zweiten Rate stellten die Spinelli dem Erzbischof eine Quittung aus. Es folgte eine abschließende dritte über 3 100 Dukaten, nach deren Eingang die päpstlichen Bullen, die sich seit dem 1. Dezember 1464 in Venedig befanden, nach Köln überstellt wurden.

Paumgartner musste 23 Transaktionen (Tabelle 26) durchführen, bis er Geld im Wert von 18 100 Kammerdukaten in Venedig zusammen hatte. Lionardo Spinelli selbst erhielt direkt

2264 Zu Henricus Urdeman vgl. RG 81, Nr. 2053. Schuchard (1992), S. 90: procurator causarum. Urdeman war 1458 bei Bankiers hoch verschuldet, RG 7, Nr. 1030. Vermutlich hatte der Brief an ihn mit den Servitien des Bischofs nichts zu tun. – YUSA 87a, 1655. Lionardos detaillierte Aufstellung über die Spesen für die Abwicklung dieses Geschäfts ist erhalten. Allein für die Brief- und Reisespesen hat er nach eigenen Berechnungen insgesamt 110.16.4 Dukaten aufgewendet.

2265 Die Moerlin waren als Kaufleute in Augsburg tätig. Wilhelm taucht in den deutschen Quellen als Kaufmann nicht auf. Sein Bruder Peter machte 1455 Bankrott. Staatsarchiv Augsburg, Lit. Hochstift Augsburg, Mb 983, f. 224, 1438 Januar 2. Hinweis von Peter Geffcken. – Ein Guiglielmo Morello kaufte am 15. November 1442 bei Antonio Gianfiglazzi e compagni di Ginevra einen Wechsel über 150 Dukaten, der am 2. Januar 1443 von Antonio della Casa di Corte an *maestro Guiglielmo Cianon, scrittore della Penitenzieria* honoriert wurde. Die Familie Moerlin stand in Verbindung mit der Großen Ravensburger Gesellschaft. Vgl. Schulte (1900), S. 186. Eine Verschreibung für den deutschen Namen Wilhelm Rummel kann wohl ausgeschlossen werden.

2266 YUSA 93, 1779, c. 57r. (8. 2. 1465). – Hans VI. Tucher d. Ä. wurde 1428 in Nürnberg geboren und starb dort am 24. 2. 1491. Er wurde berühmt durch seinen Bericht über eine Reise ins Heilige Land.

2267 YUSA 93, 1779, c. 53r.

2268 YUSA 93, 1779, c. 57r.

Tabelle 26. Zahlungen Ruprechts von der Pfalz an Lionardo Spinelli, 1465

Datum	Vorgang	Betrag	Kontostand	Total
04.01.	Paumgartner zahlt 1005 ungarische Dukaten bar ein	1000.00.00	1000.00.00	1000.00.00
11.01.	Verrechnung mit einem Guthaben Paumgartners bei Guerrucci	1000.00.00	2000.00.00	2000.00.00
16.01.	Verrechnung mit einem Guthaben Paumgartners bei Guerrucci	2000.00.00	4000.00.00	4000.00.00
22.01.	Verrechnung mit einem Guthaben Paumgartners bei Guerrucci	1089.00.10	5089.00.10	5089.00.10
22.01.	Verrechnung mit einem Guthaben Paumgartners bei Soranzo	800.00.00	5889.00.10	5889.00.10
Durch diese fünf Zahlungen ist die erste Ratenzahlung vollständig und Spinelli stellt dem Erzbischof am 22. Januar eine Quittung über 6000 Kammerdukaten aus.[i]				
05.02.	Verrechnung mit einem Guthaben Paumgartners bei Soranzo	1500.00.00	7389.00.10	7389.00.10
28.02.	Verrechnung mit einem Guthaben Paumgartners bei Guerrucci	1150.00.00	8539.00.10	8539.00.10
01.03.	Paumgartner Barzahlung	1850.00.00	10389.00.10	10389.00.10
05.03.	Gutschrift an Spinelli in Rom (Kreditrückzahlung)[ii]	5741.12.08	4647.08.02	10389.00.10
05.03.	Gutschrift an Spinelli in Rom (Gewinn aus Wechsel)	147.08.02	4500.00.00	10389.00.10
05.03.	Verrechnung mit einem Guthaben Paumgartners bei Guerrucci	300.00.00	4800.00.00	10689.00.10
07.03.	Paumgartner 3 Barzahlungen	732.20.00	5532.20.00	11421.20.10
07.03.	Verrechnung mit einer Lieferung Quecksilbers Paumgartners an Benedetto Spinelli	97.04.00	5629.24.00	11518.20.10
07.03.	Verrechnung mit einem Guthaben Paumgartners bei Benedetto Spinelli	20.00.00	5649.24.00	11538.20.10
07.03.	Verrechnung mit einer Lieferung Quecksilbers Paumgartners an Benedetto Spinelli	98.06.00	5748.00.00	11636.26.10
08.03.	Paumgartner Barzahlung	30.00.00	5778.00.00	11666.26.10
16.03.	Verrechnung mit einem Guthaben Paumgartners bei Guerrucci	600.00.00	6378.00.00	12266.26.10

Tabelle 26. *Fortsetzung*

Datum	Vorgang	Betrag	Kontostand	Total
16.03.	Verrechnung mit einem Guthaben Paumgartners bei Guerrucci	400.00.00	6778.00.00	12666.26.10
16.03.	Paumgartner zahlt 800 ungarische Dukaten bar ein	800.00.00	7578.00.00	13466.26.10
19.03.	Verrechnung mit einem Guthaben Paumgartners bei Soranzo	100.00.00	7678.00.00	13566.26.10
26.03.	Verrechnung mit einem Guthaben Paumgartners bei Soranzo	400.00.00	8078.00.00	13966.26.10
26.03.	Verrechnung mit einem Guthaben Paumgartners bei Guerrucci	500.00.00	8578.00.00	14466.26.10
26.03.	Paumgartner Barzahlung	245.00.00	8823.00.00	14711.26.10
28.03.	Paumgartner zahlt 101 venezianische und ungarische Dukaten bar ein	100.00.00	8923.00.00	14811.26.10
04.05.	Gutschrift an Spinelli in Rom (Kreditrückzahlung)	8823.00.00	100.00.00	14811.26.10
Durch diese zwanzig Zahlungen ist die zweite Ratenzahlung vollständig und Spinelli stellt dem Erzbischof am 4. Mai eine Quittung über 9000 Kammerdukaten aus.				
15.06.	Verrechnung mit einem Guthaben Paumgartners bei Niccodemo Spinelli	3000.00.00	3100.00.00	17811.26.10
15.06.	Gutschrift an Spinelli in Rom (Kreditrückzahlung)	3100.00.00	0	17811.26.10
Durch die beiden letzten Transaktionen ist das Darlehen vollständig abbezahlt und Spinelli teilt dem Erzbischof mit, er habe dessen päpstliche Ernennungsurkunde an seine Vertrauensleute ausgehändigt.				

i Für den Wechsel über 6000 Kammerdukaten wurden nur duc. 5741.12.8 benötigt. Der Rest des Betrages wurde als Gewinn verbucht. YUSA 93, Nr. 1779, cc. 10 links: [Paumgartner] *E de' dare ducati 147 s. 8 d. 2, in questo c. 2. E i miei di Corte li debino avere che tanti avanzai in detto cambio che li fo buoni a detti di Corte – duc. 147.08.02.*

ii Mit diesen Zahlen stimmt überein, dass die Bilanz der Spinelli-Filiale in Rom am 14. März Hessler als Debitor über f. 12012 s. 16 d. 9 ausweist. YUSA 91, 1733, S. 6.

sieben Barzahlungen. Das restliche Geld kam von Geschäftspartnern Paumgartners in Venedig, die ihre Paumgartner-Konten mit Lionardo verrechneten. Spinelli buchte acht Eingänge von Piero Nerucci, wobei es sich sicherlich um den Lucchesen Piero Guerrucci handelte.[2269] Vom größten Bankier Venedigs dieser Jahre, Giovanni di Vettore Soranzo (Spinelli nennt ihn *Sovranzo*), kamen vier Überweisungen.[2270] Mit Lionardos Onkel Niccodemo konnten 3 000 Dukaten verrechnet werden. Die letzten Gelder lieferte sein Vetter Benedetto Spinelli. Diesem war von Paumgartner zweimal Quecksilber gesendet worden, dessen Verkaufserlös an Lionardo ging. Der kleinste Teilbetrag war mit 20 venezianischen Dukaten die Kompensation eines Darlehens von Paumgartner an Benedetto. Bis zum 9. Juli 1465 hatte der Bankier sein ganzes Darlehen wieder zurückerhalten und schickte die Bulle nach Köln. Weitere Kontakte zwischen Ruprecht von der Pfalz und Bankiers aus Florenz sind nicht belegt.

Neben den erwähnten Briefen gab es einen weiteren Transport vom Süden nach Köln. Im November 1464 übergab Spinelli in Bologna an Roberto Noro, den deutschen Kaplan in der Kirche von Rignalla, und an den Fuhrmann Giuliano di Bino Geld, um dem Erzbischof mit zwei Maultieren zwei Löwen zu bringen.[2271] Diese dürften im Tiergarten des Kirchenfürsten zur Schau gestellt worden sein. Von Zahlungen Ruprechts von der Pfalz für diese Raubtiere findet sich kein Hinweis, sodass sie wohl ein Geschenk des Bankiers waren.[2272]

Kurz nachdem die letzten Servitiengelder bei Spinelli eingegangen waren, machte Anton Paumgartner Konkurs und ritt am 20. Juni 1465 aus Nürnberg weg, gab sein Bürgerrecht auf und hinterließ in der Stadt viele Schulden.[2273] Auch bei den Spinelli blieb ein offenes Konto stehen. In zwei Bilanzen von 1467 wurden *Churado Panchortiner e compagni di Cholongna* unter den Debitoren mit etwas mehr als f. 15 aufgeführt. Zwei Jahre später schrieb man dieses Geld als *perduti* ab.[2274]

2269 Piero Guerrucci eröffnete um 1458 in Venedig eine Bank. Mueller zählte ihn zu den wichtigsten Bankiers in Venedig seiner Zeit. Guerrucci musste am 21. Oktober 1473 seine Tätigkeit einstellen. Vgl. Mueller (1997), S. 223–229.

2270 Vgl. Mueller (1997), S. 107.

2271 YUSA 93, 1779, c. 51r.

2272 1406 schickten die Florentiner dem Polenkönig Wladislaus Jagiello zwei lebende Löwen nach Krakau. Stromer (1970a), S. 146.

2273 Kohl (1868), S. 139–140; Müller (1955), S. 1–2; STA Weimar, Reg Aa 812, f. 3. Hinweis von Ekkehard Westermann. – Die Medici-Filiale von Venedig schrieb am 22. Januar 1465 an die Zentrale, dass sie der Genfer Niederlassung habe helfen müssen, als unter deren Kunden eine Konkurswelle ausgebrochen sei. Vgl. Roover (1963), S. 251. Es ist denkbar, dass es einen Zusammenhang zwischen diesen Genfer Ereignissen und dem Bankrott Paumgartners gab.

2274 YUSA 91,1739, 24. März 1467: *Churado Panchortiner e compagni di Cholongna fallì e Rabatti di Brugia ci danno intenzione di farecieli ritrarre f. 15 s. 13 d.4.* So auch YUSA 91, 1742, S. 5 vom 31. März 1467; 11. November 1469: YUSA 91, 1744, S. 1.

Gewinn der Bankiers aus Krediten

Am 24. Mai 1435 schrieb der Doctor Decretalium Coloman Knapp in einem Brief aus Basel an Probst Sigismund von Salzburg, er habe in Basel einen Kredit über 40 RG erhalten, der Bankier habe in sein Buch aber wegen der Zinsen 43 RG eingetragen: *iste tres veniunt pro usura seu reverencia eidem mercatori.*[2275] Diese kurze Briefstelle macht deutlich, wie schwierig die Suche nach eindeutigen Aussagen zu d en Zinsforderungen in den Büchern der florentinischen Kaufleute ist. Es gibt keine Konten für die eingegangenen Zinsen und meist fehlt auch eine Angabe über die Tilgungsfrist. Diese Informationen wurden in den *ricordanze* festgehalten, von denen aber nur sehr wenige erhalten sind. Auskünfte über die Höhe der Zinsen sind deshalb meist nur archivalische Zufallsfunde und auch dann sind sie immer mit großer Vorsicht zu interpretieren, denn nie ist sicher, dass der als Darlehen notierte Betrag auch dem tatsächlich ausbezahlten entspricht. Eine Untersuchung dieses Aspekts würde den Rahmen dieser Publikation sprengen. Es kann aber generell festgehalten werden, dass die verlangten Zinsen in der Regel sehr hoch waren. Generalprokurator Hogenstein Gelder musste bei einem *banckir* ein Darlehen über 500 Dukaten aufnehmen. Nach sechs Monaten musste er 600 Dukaten zurückzahlen. Die Zinsen beliefen sich also auf 20 Prozent, was einem Jahreszins von 40 Prozent entspricht.[2276] Hans Koeppen hat für die Kredite der Alberti für die Prokuratoren durchschnittliche Zinsen von etwa 24 Prozent errechnet.[2277]

8.3 Risiken des Wechselgeschäfts für den Bankier und seine Kunden

Risikobehaftet war das Wechselgeschäft für den Kunden, wenn es mit einem Kredit an den Bankier verbunden war. Wenn ein Kleriker in Lübeck zu Gherardo Bueri ging, um einen Wechsel nach Rom zu kaufen und gleichzeitig dem Bankier den abgemachten Betrag aushändigte, gewährte er damit im Prinzip dem Kaufmann einen Kredit, der durch die Auszahlung in der Ewigen Stadt getilgt wurde. Die norddeutschen Kunden waren offensichtlich häufig der Meinung, dass ein Geschäft, bei dem sie in Vorleistung traten und einem Italiener große Summen überließen, zu große Risiken barg. Wenn das Geld in Rom nicht ausbezahlt wurde und der Bankier bis zur Rückmeldung des Fehlschlagens einer Transaktion Deutschland wieder verlassen hatte oder Konkurs gegangen war, so mussten sie mit dem Verlust ihrer Einzahlung rechnen. Die Aussichten, auf juristischem Weg zu ihrem Recht und Geld zu gelangen, waren sehr klein. Vereinbarten der Kunde und die Bank, dass die Zahlung erst nach Eingang einer Empfangsquittung

2275 Zeibig (1852), S. 566–569.
2276 Schuchard (1992), S. 89.
2277 Koeppen (1960), S. 461.

aus Rom zu leisten war, so ging das Risiko auf den Kaufmann über. Bei diesem Ablauf eines Wechselgeschäfts wurde mit einem Darlehen gearbeitet, das eine längere Laufzeit als bei der ersten Variante hatte. Immerhin hatte der Wechsler bei Zahlungsverweigerung oder -unfähigkeit bessere Chancen, sich durch Rückgriff auf die Erben oder durch die Gerichte schadlos zu halten. Kompliziert war es im Fall einer *lettera di cambio,* die die Basler Medici-Bank ausgestellt hatte und der Lucchese Iacopo Tomucci in Nantes nicht bezahlen wollte, weil er den Betrag schon anderen bezahlt habe und mit diesen Florentinern gar keine Geschäfte mehr mache. Wie dieser Streit ausgegangen ist und ob am Schluss die Bank oder ihr Kunde den Schaden zu tragen hatte, wird nirgends berichtet.[2278] Wurde einer Bank ein Wechsel vorgelegt, so musste sie vor der Honorierung sichergehen, dass sie darauf kein Geld verlor. Wechselkursschwankungen, Fehler im Formular der Urkunde oder Verdacht der fehlenden Rückerstattung konnten dazu führen, dass sie sich weigerte, dem *beneficiario* Geld auszuhändigen. Sie musste auch sichergehen, dass die präsentierende Person tatsächlich berechtigt war, diesen Betrag in Empfang zu nehmen. Zu Konflikten kam es auch, wenn der Begünstigte den erstandenen Wechsel verlor oder er auf dem Weg zu ihm verloren ging. Dies passierte beispielsweise 1413 dem Probst von Gnesen, dem ein Gericht in Breslau dann helfen musste.[2279] All diese Risiken mussten so weit wie möglich minimiert werden, um das Wechsel- und das Kreditgeschäft für die Kunden und die Banken attraktiv zu machen.

Die Bankiers gewährten in der Regel nur Kunden mit einer institutionellen Anbindung die Möglichkeit eines nachschüssigen Wechsels, da sie hier auf das Vermögen der Institution rekurrieren konnten. Wer mit dieser hohen Kreditwürdigkeit ausgestattet war, wie etwa der Hochmeister des Deutschen Ordens in Preußen oder der Rat von Danzig, konnte erreichen, dass ihm erst nach Abschluss des Geschäftes Rechnung gestellt wurde.[2280] Bei diesem Zahlungsablauf eines Wechsels erhielten die Italiener ihr ausbezahltes Geld zurück, wenn sie dem Kunden Quittungen vorlegten.[2281] Diese Dokumente wurden vom *beneficiario* auf Lateinisch oder Deutsch geschrieben.[2282] In einem Falle wurde 1427 die Bestätigung in Rom durch einen Notar aufgesetzt und durch deutsche Zeugen bestätigt.[2283]

Zur Absicherung von Geld, das der Bankier nach erfolgreichem Wechsel zugute hatte, der Kunde ihm aber nicht schon zu Beginn der Transaktion aushändigen wollte, konnte mit einem Treuhänder zusammengearbeitet werden. Bei diesem wurde das Geld hinterlegt, bis

2278 ASFi, MAP 20, Nr. 655. ASFi, Diplomatico, Medici, 1437 ottobre 7.

2279 Stobbe (1865), S. 38.

2280 Neumann (1863), S. 144–145.

2281 Vgl. Roover (1953), S. 90–91; Roover (1963), S. 194–195. – Militzer (1993), S. 45–46: Als der Hochmeister des Deutschen Ordens 1411 über Nikolaus Bunzlau dem Generalprokurator in Rom 2000 Dukaten schickte, erhielt Bunzlau sein Geld erst, nachdem er aus Rom aus eine Empfangsbestätigung vorlegen konnte.

2282 UB Lübeck, IX, Nr. 151.

2283 YUSA 4975, c. 32v.

aus Rom eine Bestätigung einging, dass die angewiesene Summe tatsächlich ausbezahlt worden war. Nach diesem Schema sollte 1405 Ludovico Baglioni für Bischof Peter von Roskilde einen großen Betrag an die Kurie in Rom überweisen. Die drei Lübecker Bürger Westhof, tor Brugge und Hoep hinterlegten am 30. Juli 1405 in Lübeck bei Hinrich vamme Orte und Siverd Veckinchusen 422 fränkische Kronen und 400 Mark lübisch. Baglioni sollte das Geld erhalten, wenn er bis zum 28. Februar 1406 eine Quittung aus Rom vorlegen könnte, andernfalls sollten die drei Vertreter des Bischofs das Geld wieder zurückerhalten. Ob der Italiener den Auftrag fristgerecht hat ausführen können, bleibt in den Quellen unbeantwortet. Zwar bestätigte am 14. März 1406 Meister Gerd Kumhar vor dem Niederstadtbuch, dass ihm das Geld von den Treuhändern von Seiten des Bischofs ausbezahlt worden sei. Ob dieser Mann aber als Vertreter des Roskilders oder des Italieners die Münzen in Empfang nahm, wird nicht eindeutig gesagt.[2284] Zu Problemen kam es, wenn der Verwalter der hinterlegten Gelder starb, denn dies führte zu Schwierigkeiten mit seinen Erben. So geschah es 1413, als Baglioni und Bueri darum kämpfen mussten, beim Lübecker Münzmeister hinterlegtes Geld aus dessen Nachlass ausbezahlt zu erhalten.[2285]

Roberto Martelli wird sich sehr geärgert haben, dass er einem Probst aus Trient ein kleines Darlehen ohne jede Sicherheit gegeben hatte, denn als dieser aus Basel abreiste, musste das Geld abgeschrieben werden.[2286] Dies widerfuhr florentinischen Bankiers sehr selten, denn die Absicherung von Krediten war eine Selbstverständlichkeit. Auch bei Kurienbankiers spielten Pfänder eine wichtige Rolle.[2287] In der Literatur wird häufig die von Johannes XXIII. an die Medici verpfändete kostbare Mitra erwähnt, die 1420 zu Spannungen mit Martin V. führte.[2288] Doch dermaßen preziöse Wertsachen fanden sich in den Bankkontoren als Sicherheiten selten. In Basel nahm die MediciBank von einem Arnoldo Ricenchux, der ihr f. 15 schuldete, einen Mantel als Pfand.[2289] Da dieser Schuldner sein Darlehen nicht zurückbezahlen konnte und der Mantel keine Käufer fand, musste die Schuld für die Bank als verloren gelten. Ähnlich ging es ihr mit Heinrich, einem Pferdehändler, der einen Zeugen nannte, dass er der Bank für eine Schuld eine Trense als Pfand hinterlegt hätte. Obwohl die Kreditgeber dies bestritten, blieb ihnen nichts anderes übrig, als auch diesen Betrag bei den Verlusten zu verbuchen.[2290] Vom Jahre 1442 ist eine Aufstellung der bei dieser Bank deponierten zehn Pfänder *(pegni)* erhalten.[2291] Zum

2284 UB Lübeck, V, S. 131, Nr. 131, Anm. 1. Asmussen (1999), S. 407 geht davon aus, dass die Zahlung in Rom nicht erfolgte. Wahrscheinlich ist aber wohl, dass Kumhar ein Vertrauter des ortsabwesenden Baglioni war.

2285 Nordmann (1933b), S. 26.

2286 ASFi, MAP 104, Nr. 60, c. 599: *Di costui non c'e alcuna obrigazione. Non ci si truova, e agevolmente si perderanno.*

2287 Fink (1971–1972), S. 638.

2288 Miltenberger (1894b), S. 400.

2289 ASFi, MAP 104, Nr. 60, c. 601. Arnold von Reichenstein?

2290 ASFi, MAP 104, Nr. 60, c. 599.

2291 ASFi, MAP 104, Nr. 60, c. 602.

großen Teil waren es Goldsachen (Münzen, Ringe), aber auch eine Bibel diente als Sicherheit.[2292] Die Kunden waren fast ausnahmslos Angestellte und Diener von hohen Persönlichkeiten oder des Konzils: der Arzt des Kardinals von S. Martino, der Kurier des Kardinals Condulmar, der Soldan des Konzils. Diese Geschäfte galten als sehr sicher, da das Pfand den Wert des Darlehens immer bei weitem überstieg: *e tutti sono buoni, cioè senza nostro pericholo.*[2293]

Sehr viel seltener spielten Pfänder im Wechselgeschäft eine Rolle. Bei einem gezogenen Wechsel vom 8. Juni 1421 hat *Piero Jocta,* ein Kaufmann aus Freiburg, von Antonio Salutati in Rom 65 scudi d'oro erhalten. Er stellte ihm einen Wechsel aus, durch den Meister Harri, Wirt der Deutschen in Avignon, verpflichtet wurde, am 1. August, den Pazzi 68 ⅔ scudi zu bezahlen. Der Notar Piero di Montori hat in einer Urkunde festgehalten, dass Jocta sich verpflichtete, für Schaden und Zinsen zu haften, falls die Zahlung nicht erfolgen sollte. Als Pfand erhielten die Medici 29 Tücher aus Freiburg, mit denen der Wechsel vollständig abgesichert war. Die Zahlung erfolgte wie verabredet und die Tücher wurden freigegeben.[2294] Eine Lübecker Quelle zeigt einmal einen pfandstellenden Kaufmann. Francesco Rucellai musste 1453 als Sicherheit für die erhaltene Wechselsumme des Bischofs von Ösel mehrere Ellen rotes Florentiner Tuch hinterlegen.[2295]

Die florentinischen Handelsherren haben die Einbindung von Notaren in ihre Geschäftsabwicklung schon in der zweiten Hälfte des 14. Jahrhunderts weitgehend aufgegeben. Die Schriftlichkeit zwischen Kaufleuten beruhte auf dem Vertrauen, was den Lauf der Transaktionen vereinfachte, beschleunigte und verbilligte.[2296] Bei Wechsel- und Kreditgeschäften bei der Kurie hingegen wurden die Notare der apostolischen Kammer noch im 15. Jahrhundert sehr häufig eingeschaltet, wenn Deutsche darin involviert waren. Die Akten des Notars Gherardo Maffei da Volterra im Staatsarchiv von Florenz zeugen von vielen Verträgen bei der römischen Kurie, in denen die Konditionen einer Zahlung notariell festgehalten wurden. In diesen Texten finden

2292 ASFi, MAP 97, c. 15, 28. Januar 1440: *Renerus de Thenismonte, leodicensis diocesis* obligiert sich, einen Kredit über 12 Kammerdukaten in Florenz zurückzubezahlen.

2293 ASFi, MAP 104, Nr. 60, c. 602.

2294 ASFi, MAP 131, F, c. 9r: *Richordo che insino a dì 8 di luglio demo a Piero Jocta, merchantte di Friborgh, duc. 65 d'oro, per i quali cie ne fé prima e seconda lettera per Vignione di duc. 68 ⅔, a grossi 20 ½ l'uno, in maestro Harri Hostiero degli Alamanni di Vignione, di paghargli a' Pazzi per noy a ½ aghosto prossimo vegnientte; e in chaxo non fusson paghati, ci dè rifare d'ogni danno e interesso e di ciò n'abbiamo per pegnio a nostra pitizione nella ,la di qui, cioè le guarda Piero da Montori, notaio, a nostra stanza, pezze 29 di panni di Friborgh del detto Piero Jocta, tanto siamo paghati a conpimento insino al vendelle; e di chosì n'abbiamo scritto di mano di detto di Friborgh, soscritta di mano del detto notaio. Furono poy paghati in Vignione e rendemogli la sua scritta e liberemoli i sopradetti panni e però cancielliamo detto richordo.* Auf derselben Seite ein ähnliches Geschäft für *Ans Fredericher do Norinbergho* vom 9. Juli 1421 nach Avignon zu *Ans Dachen.* Die 100 duc. di Venezia sind den Medici in Venedig zurückzubezahlen. Als Pfand wurden sechs große Silbertassen und ein verschlossenes Fass mit Werkzeug entgegengenommen.

2295 UB Lübeck, IX, Nr. 161. Vgl. Schuchard (2000b), S. 81–82.

2296 Kellenbenz (1990),

sich auch die Namen der Personen, die sich für die Rückzahlung verbürgten. Festgehalten wurde auch, durch welchen Notar der Wechselvertrag ausgefertigt wurde: *demmo a chambio per Lubiche per mano di ser Gherardo da Volterra* oder *per mano di ser Filippo da Pescia.*[2297] Notariatsurkunden wurden für die großen Einkäufe von Deutschen bei Florentinern ausgefertigt, wenn die Zahlung nicht sofort erfolgte. Zu den großen Mengen an Seidenstoffen, die Georg Hessler und der kaiserliche Gesandte Sigismund Lamberger bei Tommaso Spinelli in Florenz erstanden, sind drei durch Notare erstellte Verträge und eine Quittung erhalten.[2298]

Wenn es trotz aller Vorsichtsmaßnahmen zu Zahlungsausständen kam, folgten die Bankiers einem Prozedere, das im Prinzip nur unwesentlich von modernen Inkassoverfahren abweicht. Die erste Stufe war die Zahlungserinnerung, die mit einer Fristerstreckung verbunden war. Führte dies nicht zum gewünschten Erfolg, folgten Drohungen. Aldighiero Biliotti hat während des Konstanzer Konzils den Vertretern des Deutschen Ordens mehrfach *gar ernstlichen drowet* und sich schließlich direkt an den Hochmeister gewandt. Noch einmal richtete er ihm eine neue Frist ein, bei deren Verfall er auf anderen Wegen an sein Geld zu kommen wisse.[2299] Beim nächsten Schritt wurde der Schuldner durch die apostolische Kammer exkommuniziert. Dies tat sie bereitwillig und ohne Ansehen der Person, da sie ein großes Interesse am einwandfreien Funktionieren des Geldflusses zur Kurie hatte.[2300] Bei vielen Geistlichen reichte wohl die bloße Androhung dieser Maßnahme, um sie zum Begleichen ihrer Ausstände zu veranlassen. Doch die Belege für die Durchsetzung des Ausschlusses aus der Gemeinschaft der Gläubigen sind zahlreich. Aus dem Jahre 1390 ist eine Liste mit den Namen von 95 Kirchenfürsten erhalten, über die wegen Nichtbezahlens der Servitien die Kirchenstrafe verhängt wurde.[2301] In Konstanz verrechnete Carlo di Geri Bartoli einem Giovanni Roderigo die Kosten für das Anschlagen von dessen Exkommunikation an einer Kirchentür.[2302] Die Medici in Basel ließen den mächtigen schottischen Kirchenfürsten James Kennedy von St. Andrews wegen einer Schuld über f. 48 für Tuche bannen und seinen Namen am Münster anschlagen.[2303] 1453 hat der Generalauditor der Kammer die Kirchenstrafe gegen *maestro Gobellino Flessen di Buren della diocesi di Padeburgen* auf Begehren der Bank von Franceso und Carlo Cambini wegen einer Schuld über f. 26 gesprochen.[2304] Petrus Schonevelt, den die Spinelli am 28. Dezember 1466 wegen

2297 AOIF 12736, cc. 6v und 15v. Zu Maffei und da Pescia vgl. Istituto della Enciclopedia italiana (1960–), LXVII; Marini (1784), S. 148.

2298 ASFi, NA 6199, cc. 220r, 268r und 302r–306r; 6208, cc. 49v–50r.

2299 OBA 2375, 2395. Vgl. Finke et al. (1896–1928), IV, S. 721; Koeppen (1960), S. 351–361.

2300 Bassermann (1911), S. 50.

2301 Baumgarten (1907), S. 47.

2302 ASFi, Corporazioni religiose soppresse dal governo francese 88, Nr. 22, c. 92v.

2303 ASFi, MAP 104, Nr. 60, c. 599v: *messere Iacopo, eletto di Santo Andrea inn Ixcozia. Costui è iscomunicato et publicato. E questo à fatto Ginvenco per panno li vendé --- c. 10 --- f. 48 s. 16.*

2304 ASFi, Diplomatico normale, S. Apollonia, 1453 ottobre 13. Notar dieses Aktes war Gherardo Maffei di Volterra.

seines Zahlungsrückstandes exkommunizieren ließen,[2305] konnte sich vom Bann lösen, indem er den Bankiers ein kostbares Buch überließ.[2306] Die Strafe konnte auch Laien wie den Kölner Stacius Malsen treffen, der 1440 durch das Basler Konzil wegen Schulden bei den Medici exkommuniziert wurde.[2307]

War der Schuldner durch nichts dazu zu bewegen, seinen Verpflichtungen nachzukommen, blieb nur der Weg zum Richter. Dego degli Alberti ernannte 1437 einen Prokurator, um von Andreas Gall, Pfarrer der Andreaskirche in Weisskirchen 86 venezianischer Gulden einzutreiben. Guasparre Spinelli schickte Benvenuto di Daddo Aldobrandi mit einer Prokura nach Nürnberg, um gegen Leonhard Jamnitzer vorzugehen.[2308] Recht unzimperlich gingen Florentiner Bankiers in Rom gegen den Prokurator des Deutschen Ordens vor, als sich dessen Ausstände 1456 auf 1500 Dukaten beliefen. Sie erreichten bei Gericht, dass sie die palastähnliche Residenz des Prokurators beschlagnahmen durften. Enea Silvio Piccolomini, damals Bischof von Siena, und der kaiserliche Gesandte Johannes Hinderbach, die zu diesem Zeitpunkt hier als Gäste wohnten, haben die Florentiner *us dem huse getriebn, wie wol sie ungerne uszogen.* Dem Prokurator überließen sie einen kleinen Wohntrakt, für den er ihnen Miete bezahlen musste. Sie drohten damit, das Haus zu verkaufen, wenn die Schulden nicht beglichen würden.[2309]

8.4 Gewinn aus dem Cambio

Als der Rat der Stadt Luzern 1456 Geld nach Rom transferieren lassen wollte, schickte es den Ratsherrn Heinrich von Hunwil nach Basel, um mit Lamberto Lamberteschi die Konditionen eines Wechsels zu verhandeln. Der Luzerner wollte zuerst wissen, wie viele Kammerdukaten in Rom für einen Rheinischen Gulden ausbezahlt würden. Der Bankier bot drei Dukaten für vier Gulden, wozu noch 6 Gulden für seine Provision (Vorwechsel) kämen. Der Luzerner errechnete auf 120 Gulden Kosten von 14 Gulden. Dies erschien ihm zu hoch. Er wollte deshalb wissen, wie viel Provision er nehme, wenn in der Ewigen Stadt Gulden ausbezahlt würden. Dafür verlangte der Florentiner 5 Gulden. Schließlich einigte man sich darauf, dass in Basel f. 100 an Florentiner oder Genueser Goldmünzen einbezahlt würden. Venezianische Gulden seien zu teuer. In Rom sollten 100 Kammerdukaten ausbezahlt werden. Für seinen Aufwand sollte der Florentiner mit 6 Dukaten entschädigt werden: *darumb dz er üch die früntschaft tuot, dz er üch die C tugaten ze Rom gitt und jr nit bedorffent sorgen, dz man si üch under wegen verstele*

2305 YUSA 91, 1739, S. 8.

2306 YUSA 91, 1742, S. 5: *abbiamo un breviario vale più.* – Vgl. auch YUSA 98, 1849.

2307 ASFi, Diplomatico, Medici, 1440 febbraio 19.

2308 Wien, Deutschordenszentralarchiv, Urkunden 3406. Zu Spinelli vgl. S. 225.

2309 OBA 14396. Vgl. Schuchard (1992), S. 90; Militzer (2003), S. 16.

oder berobe oder suss darum komen möchtent.[2310] Diese Verhandlungen zwischen Kunden und Bankier zeigen die beiden Faktoren, die den Gewinn des Kaufmanns in einem Wechselgeschäft ausmachten: Wechselkursgewinn und Provision. Wenn 1416 ein Kleriker von Antonio di Giovanni de' Ricchi in Breslau für einen Wechsel über f. 124, der in Konstanz nicht ausbezahlt wurde, eine Rückzahlung in Höhe von f. 136 forderte, so verlangte er wohl auch die bezahlte Provision zurück.[2311]

8.4.1 Gewinn aus dem Wechselkurs

Es sind nur wenige Quellen überliefert, in denen Angaben über den Gewinn aus Wechseln zwischen Deutschland und den internationalen Bankenplätzen zu finden sind. Die folgenden Aussagen halten Einzelfälle fest. Sie können deshalb weder eine Entwicklung aufzeigen noch Anspruch auf Allgemeingültigkeit erheben. Sie vermitteln aber einen Eindruck von der täglichen Praxis im deutsch-florentinischen Bankgeschäft des 15. Jahrhunderts. Im *Manuale di Mercatura* des Saminiato de' Ricci ist zu lesen, wer mit Wechseln und Waren rechnet, sei immer in Schwierigkeiten. Er gibt uns deshalb ein Rezept für Lasagna und Maccheroni: *Chi ragiona di chambi e chi di merchatantie sempr'è chon afanni e tribulazioni. Io farò il contrario, e darovi ricetta a fare lasangnie e maccheroni.*[2312]

Die in Deutschland wirkenden Bankiers konnten nicht in gleicher Weise wie ihre Kollegen auf den internationalen Bankenplätzen Profit aus dem geschickten Ausnutzen von Kursunterschieden auf den europäischen Bankenplätzen ziehen, da in Lübeck, Köln, Basel und Nürnberg keine Tageskurse des Rheinischen oder Lübischen Gulden zu anderen Währungen kotiert wurden.[2313] Korrespondenten, die Geld von Deutschland nach Rom transferierten, konnten sich behelfen, indem sie die Umrechnungskurse teilweise fixierten. Da den Deutschen die Usanzen und Bedingungen auf dem Bankenplatz Venedig vertraut waren, nicht aber die Besonderheiten von Rom, wurde die Abwicklung der Transaktionen wesentlich vereinfacht, wenn die Bankiers in Deutschland sich nicht um den Wechselkurs des Kammerdukaten zu kümmern hatten. Festgeschrieben wurde folglich zwischen den Bankiers in Deutschland und ihren Partnern bei der Kurie nur der Umrechnungskurs zwischen Venedig und Rom. Tommaso Spinelli verlangte 1437 von Wernli von Kilchen für 105 Kammerdukaten, die er am päpstlichen Hof in seinem Auftrag auszahlte, 100 Dukaten von Venedig: *vorebbe darmi in Vinegia ducati 100 di Vinegia per fiorini*

2310 Amiet (1876–1877), S. 205–206.

2311 Stobbe (1865), S. 39.

2312 Ricci (1963), S. 163. Eine Übersetzung dieses Rezeptes ins Englische bei Mueller (1997), S. 355.

2313 Über die Funktionsweise des Wechselmarktes und das Entstehen eines Wechselkurses vgl. Roover (1963), S. 112–114; Spufford (1986).

105 camera.[2314] Lionardo Spinelli bot Jakob Gartner um 1465 gleich viele Dukaten von Venedig, wie er in Rom Kammerdukaten bezahlt hatte. Hans Müllner hingegen musste ihm etwa gleichzeitig bloß 99 venezianische auf 100 römische Dukaten geben.[2315] Den Deutschen blieb durch dieses Verfahren nicht erspart, dass sie den Rheinischen Gulden in Venedig wechseln mussten; die Spinelli legten ihrerseits das Verhältnis sicherlich so fest, dass sie bei allen Fluktuationen zwischen römischer und venezianischer Währung mit einem sicheren Profit rechnen konnten.[2316] War der Kurs zwischen den Partnern nicht fixiert, so galten die Tageskurse in Rom. Dabei legte der *trattario* den Wechselkurs allein fest, was ihm die Möglichkeit gab, sich einen relativ guten Ansatz zu bewilligen. Dem Bankier im Norden blieb nur das Vertrauen in seinen Korrespondenten und die Hoffnung, dass seinem Kunden ein guter Kurs zugestanden wurde: *E pregovi fatte ne bon pagamentto.*[2317] Es ist kein Fall bekannt, in dem eine solche Zahlung wegen einer schlechten Ausführung protestiert worden wäre. Der Kurs hing davon ab, ob der Bankier in Rom *trattario* oder *prenditore* war.[2318] Ankaufs- und Verkaufskurs lagen zwischen 1439 und 1446 etwa 20 Prozent auseinander und ließen einen sicheren Gewinn erwarten (Graphik 5). Abgesehen von dieser kurzen Periode, aus der außerordentlich viele Daten überliefert sind, sind nur noch wenige Einzeldaten zu ermitteln. Im Jahre 1494 galten 100 Kammergulden in Rom 128¼ RG (= 0.779727).[2319]

Die Medici bezahlten im Geschäftsjahr 1429/30 in Rom für 1 Rheinischen Gulden normalerweise s. 15 d. 4.8, was einem Verhältnis von 1 zu 0.771 entsprach.[2320] Einige buchhalterische Aufzeichnungen zeigen aber bedeutend schlechtere Kurse. So wurden für 2135½ RG, welche Bischof Konrad von Soest von Regensburg den Rummel in Nürnberg einbezahlt hatte, in der Ewigen Stadt nur gerade 1295½ Kammerdukaten gutgeschrieben.[2321] Es wurde hier also mit einem schlechten Kurs von etwa 0.6565 gerechnet. Durch Kursschwankungen kann diese deutliche Differenz unmöglich begründet werden. Zu einer anderen Betrachtungsweise dieser Zahlen gelangt man, wenn man davon ausgeht, dass sich der am 16. Juni 1428 vom Papst als neuer Bischof anerkannte Konrad seine Servitien durch die Medici mittels eines Darlehens vorstrecken

2314 YUSA 89, 1694.

2315 YUSA 93, Nr. 1779, c. 85r. Nach Auskunft von Reinhold C. Mueller (Venedig) waren dies die für den Wechsel zwischen Rom und Venedig üblichen Ansätze: pari oder 1–2 Prozent drüber oder darunter.

2316 So rechnete er 1465 für 19 800 venezianische 18 000 römische Dukaten: YUSA 91, 1731, S. 13. – Bei Mueller (1997), S. 303–314 findet sich eine ausführliche Untersuchung zu den Einflüssen auf die Entwicklung der Wechselkurse in Venedig.

2317 YUSA 97, 1847.

2318 Spufford (1986), XLVI.

2319 Spufford (1986), S. 128: In diesem „Handbook of Medieval Exchange", das eine große Zahl von Tabellen ausweist, in denen die Wechselkurse zwischen den verschiedenen im Mittelalter gebräuchlichen Währungen enthalten sind, findet sich zum Verhältnis zwischen dem Rheinischen Gulden und dem Kammerdukaten *(fiorino d'oro di camera)* nur diese eine Referenz.

2320 Vgl. unten S. 540.

2321 Vgl. oben S. 543.

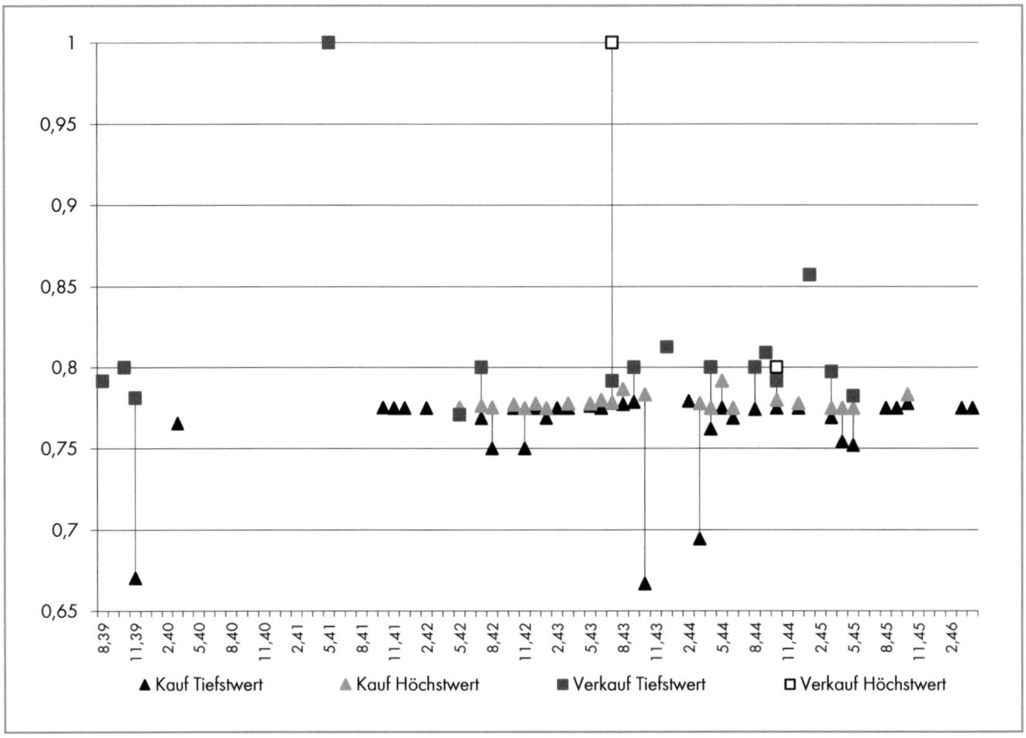

Graphik 5. Wechselkurs des Rheinischen Gulden zum Kammergulden in den Büchern von Antonio della Casa bei der Kurie, 1439–46

ließ. Zieht man nämlich von den f. 2 135 ½ Gulden zuerst 15 Prozent als Zinsleistung für ein Jahr ab, so kommt man wieder zum üblichen Umrechnungsfaktor von 0.771. Es handelte sich hier also mit großer Sicherheit um die buchhalterische Darstellung eines Kreditgeschäftes. Zinsen wurden auch bei Messewechseln selbstverständlich verlangt und ohne Bedenken als solche in den Büchern deklariert. Der in Genf niedergelassene Nürnberger Hans Ortolf zahlte an die Gesellschaft von Antonio della Casa und Simone Guadagni im Jahre 1454 mehr als *27 scudi per discrezione di danari datoli a cambio.*[2322]

2322 Cassandro (1976b), S. 377. Da die Höhe des Kredits und die Laufzeit nicht angegeben wird, kann der Zinsfuß nicht berechnet werden. Zum Einbezug des Zinses in den Wechsel vgl. Roover (1972), S. 57–67. Wer bei der apostolischen Kammer seine Abgabe nicht in Kammerdukaten ablieferte, musste ebenfalls damit rechnen, dass seine Zahlung mit einem Wechselkursverlust verbucht wurde. Jansen (1904), S. 132.

8.4.2 Provisionen

Zum Gewinn aus der Differenz der Wechselkurse belastete der Bankier seinem Kunden für seine eigenen Aufwendungen *provisioni* oder *portagium.* 1442 wurden in Lübeck bei Gherardo Bueri aus schwedischen Kollektorien 324 RG einbezahlt, durch die Medici in Basel aber dem Konzil nur 308 gutgeschrieben: *pro cambio pro dicto Gerardo Bueri.*[2323] Fast 5 Prozent des gesammelten Geldes musste also für den Transfer aufgewendet werden. Im eingangs geschilderten Wechsel der Luzerner erhielt Lamberteschi in Basel 6 Prozent der Wechselsumme. Dies waren offensichtlich die üblichen Höhen für die Provisionen der Bankiers.[2324] Über die *vorwessel* wurde immer wieder hart verhandelt und daran scheiterten auch Geldtransfers, wie beispielsweise Wechselgeschäfte zur Finanzierung von König Ruprechts Italienzug, als der Hauptmann der Straßburger Einheiten 1402 keinen *mit solichem vorwehsel, als sich gebürt* finden konnte.[2325]

Gebühren wurden auch im Kommissionsgeschäft zwischen den beteiligten Banken fällig. Bediente ein Florentiner in Rom einen Wechsel aus Deutschland in Kommission eines Florentiners in Venedig, so wurde manchmal zwischen diesen eine Provision in Höhe eines definierten Prozentanteils vereinbart. Dieselben Regelungen galten, wenn Geld in die entgegengesetzte Richtung angewiesen wurde. Beispielsweise nahm Antonio della Casa 1446 auf Wechsel von Rom nach Venedig 2 Prozent. In seiner Buchhaltung schlug sich der Profit nieder, indem er einen Bareingang über 270 Gulden verbuchte, auf der Gegenseite aber lediglich einen Ausgang nach Venedig über 264.12.00 notierte.[2326] Zinsen wurden auch fällig, wenn die bezogene Bank zu lange auf das Remittieren des ausbezahlten Betrages warten musste. Belegt ist dieser Vorgang im Prozess zwischen der Basler und der Londoner Alberti-Niederlassung, als die Mercanzia den Baslern f. 100 als Zinsen zugestand, weil das Geld aus England nicht ans Rheinknie transferiert werden konnte.[2327]

Zusammenfassend ist festzuhalten, dass der deutsch-florentinisch-römische Zahlungsverkehr auf einem komplexen System von Abmachungen zwischen den an diesem Geschäft beteiligten Bankiers und ihren Kunden beruhte. Der Profit der Florentiner rührte nur zu einem sehr kleinen

2323 ASFi, Diplomatico, Medici, 1442 novembre 12.

2324 Geering (1886), S. 276.

2325 Stromer (1970a), S. 214.

2326 AOIF 12737, c. 32 rechts: *E dì 11 di dicenbre f. dugientosessantaquatro s. 12 a oro camera, sono per lire 27 di grossi, contamo a noi e traemmo per lui a Vinegia a 2 per cento a' Partini in Iachopo Benzi; posto a detti Benzi, c. 72.* – Reinhold C. Mueller fand in Venedig dafür einen Ansatz von ½ bis 1 Prozent des Betrages. Vgl. Mueller (1997), S. 291.

2327 ASFi, MAP 81, Nr. 48, cc. 521r–524v: *Et per cagione che detti di Basola domandano discretione di danari a questi conti e a questo producono tre lettere, cioè 2 lettere e uno conto di partite di detti Ferrantini di Londra, dove dicono per non poter rimettere loro e loro danari n'useranno verso di loro discretione per modo ne saranno contenti, et examinato sopra ciò, d'acordo facciamo pe' detti conti debino avere i detti di Basola da' detti Ferrantini f. cento di camera, questo sia per ogni interesso potessono domandare, excepto a quello è detto degli scudi 6100 in questo rapporto.*

Teil aus den spekulativen Gewinnen aus Wechselkursschwankungen. Haupteinnahmequelle waren feste Spesensätze, für die sie ein vielfältiges Berechnungsinstrumentarium entwickelten. Dies führt dazu, dass es nicht eine einzige Transaktion gibt, bei der bis ins letzte Detail geklärt werden kann, wer wie viel daran bezahlte oder verdiente.[2328] Da Kaufleute in Deutschland, Venedig, Brügge und Rom daran verdienen wollten, entstanden für die Klienten hohe Unkosten. Dass die Zeitgenossen diese nicht immer einfach akzeptierten, zeigt der Traktat „De Jubilellis" von Dietrich von Nieheim vom Ende des 14. Jahrhunderts. Darin werden die Profite der Bankiers im Transfer von deutschen Kollektorien aufs Heftigste angeprangert. Esch hat sicherlich recht, wenn er schreibt, der Autor beziehe sich bei diesen Vorwürfen auf die hohen Bankspesen.[2329]

8.5 Geschäfte in Florenz

In Florenz gab es im 15. Jahrhundert eine zahlenmäßig erstaunlich große Kolonie von Deutschen. Lorenz Böninger hat diese Gruppe umfassend analysiert und dabei für den hier untersuchten Zeitraum überwiegend Handwerker, vor allem Weber und Schuhmacher, gefunden. Kaufleute aus Deutschland tauchen in den florentinischen Quellen nur sehr selten auf. Von internationaler kommerzieller Bedeutung waren nur der aus Lauingen stammende Michael Petz und der Nürnberger Martin Paumgartner, die zwischen 1456 und 1464 als Handelsherren in Florenz nachgewiesen sind. Sie handelten mit Metallwaren aus Oberdeutschland und Seiden- und Wollfabrikaten in umgekehrter Richtung.[2330] Es gab keinen Deutschen, der in Florenz als Bankier tätig war und Geldgeschäfte mit Kunden in seiner Heimat abwickelte.

Es kam aber zu Gelegenheitskäufen von Deutschen, welche auf dem Weg in den Süden waren und in der Stadt am Arno einen Zwischenhalt machten. In der Abrechnung des Abts Georg Liebenknecht von seiner Romreise im Jahre 1448 findet sich auch eine Position über duc. 21 für roten Samt, den er in Florenz gekauft hat.[2331] Ein guter Kunde in Florenz war der spätere Kardinal Georg Hessler, der schon als junger Kleriker mehrfach als Gesandter zwischen Rom und Deutschland hin- und herreiste. Bereits 1457 war er mit einer Gesandtschaft des Papstes nach

2328 Manchmal ist zu erfahren, welche Totalkosten einem Kunden für einen Wechsel entstanden. Der Bamberger Bischof bezahlte 1404 464 RG für einen Wechsel über 400 Dukaten, Konrad Paumgartner verlangte 1460 135 RG für 100 Kammerdukaten. Anhand dieser Zahlen lassen sich aber keine Aussagen über den tatsächlich dem *beneficiario* erstatteten Betrag und über den Profit der italienischen Bankiers ermitteln. Krag (1914), S. 13; Göldel (1988), S. 4. – Diese Feststellungen über die Bedeutung der Provisionen im internationalen Zahlungsverkehr decken sich mit Leone (1988), S. 20.

2329 Esch (1975), S. 130.

2330 Franceschi (1989); Böninger (1999); Goldthwaite (1999); Böninger (2006); Böninger (2016). – Pretz: Catasto von Giovanni di Lorenzo Benci: ASFi, Catasto 820, cc. 463r–464v. Böninger (2006), S. 268.

2331 Hirtner / Brauer (2014), S. 192.

Deutschland betraut worden war. Als er kurz nach 1460 eines der sieben Priesterkanonikate am Kölner Dom erwerben konnte, vertrat er in den folgenden Jahren mehrfach die Interessen der Erzbischöfe in Rom.[2332] Bei diesen Aufenthalten lernte er Tommaso Spinelli kennen, mit dem er in den folgenden Jahren eine Reihe von Geschäften machte. Als Hessler die Verhandlungen für die Servitienzahlungen Ruprechts von der Pfalz führte, deckte er sich bei Spinelli für f. 600 mit einem großen Posten an Gold- und Seidenstoffen ein.[2333] Am 11. Februar 1466 wurde in Florenz ein Vertrag über die Lieferung *qamplures petias drapporum de brocchato et de sirici diversi coloris et qualitatis* zwischen Lionardo Spinelli und Hessler aufgesetzt, die einen Wert von f. 540 venezianisch hatte.[2334] Die Rechnung wurde von den Spinelli in Rom geführt.[2335] Genau sieben Monate später machte der Direktor von Spinellis *Bottega dell'Arte della seta* in Florenz, Piero d'Antonio de' Nicoli, mit dem deutschen Prälaten einen weiteren Vertrag für *drappos de sirico.*[2336] Auch Georgs Bruder Johannes wurde hier bald Kunde.[2337] Wofür die geistlichen Herren diese großen Mengen an Seidenstoffen einkauften, ist nicht überliefert. Für den eigenen Gebrauch dürfte wohl nur ein kleiner Teil davon bestimmt gewesen sein und Wiederverkauf werden die Prälaten kaum betrieben haben. Eine Erklärung könnte sein, dass diese Waren für den erzbischöflichen Hof in Köln bestimmt waren, der sich durch Direkteinkäufe günstige und qualitativ hochstehende Produkte für die Leute der *mensa episcopalis* sicherte. Georg Hessler blieb ein guter Kunde. In der Bilanz vom 5. März 1474 ist der *Pronotharius apostolico* mit f. 14.15 auf der Liste der Debitoren.[2338] In diesen Jahren stand er in den Diensten des Kaisers und spielte eine wichtige Rolle als Diplomat. Besonders in der Frage des burgundischen Erbes soll er sich sehr für Maximilian verdient gemacht haben. Am 25. Juni 1477 wurde er zum Kardinal ernannt.[2339] Als die Medici-Filiale in Brügge 1479 in Konkurs ging, war er als Bischof von Würzburg mit einem großen Betrag unter den Debitoren.[2340]

2332 Hollweg (1907), S. 7–8: Am 14. Januar 1462 wurde Hessler als Prokurator des Kölner Kapitels nach Rom geschickt. Am 22. Juli war er wieder zurück in Köln.

2333 YUSA 93, Nr. 1779, cc. 45 und 34: *per più drapperie d'oro e di seta che l'inbassadori di Cholongna tolsono dalla nostra bottegha dell'arte della seta.*

2334 ASFi, Notarile antecosimiano 6199, cc. 302r–305r, 1466 settembre 11.

2335 YUSA 91, 1738, S. 6–7: In der Spinelli-Bilanz von Rom vom 24. März 1467 hatte *Giorgio Eseler* eine Schuld von f. 15 s. 8 und f. 582 s. 7 d. 9.

2336 ASFi, NA 6199, c. 220r.

2337 YUSA 91, 1736, S. 9. *Giovanni Esler todescho* schuldet der Bottega della seta von Tommaso Spinelli am 3. Januar 1467 f. 27, Georgs Schuld belief sich auf f. 103. – In der Römer Spinelli-Bilanz vom 31. März 1467 (YUSA 91, 1742, S. 10) ist *Giorgio Eseler pretonotario appostolico, presente a Roma prochuratore dell'arciveschovo di Chologna* verpflichtet, bis zum 7. Mai 1467 bei Heinrich und Peter Meichsner f. 2200 zu bezahlen. Es fehlt jeder Hinweis auf den Grund dieser Schuld, sodass es sich dabei um eine Annatenzahlung oder einen Warenkauf gehandelt haben könnte.

2338 YUSA 92, 1753, c. 1.

2339 Hollweg (1907), S. 66.

2340 Roover (1963), S. 352.

Der königliche Hof in Wien verstand es, kostbare Stoffe durch das Ausschalten des Zwischenhandels zu besonders guten Preisen zu erstehen. Königin Elisabeth von Ungarn, Tochter von Kaiser Sigismund und Witwe von König Albrecht II., schickte in den Vierzigerjahren den Wiener Heinrich Heyden mit 1 200 venezianischen Dukaten und drei Barren Gold nach Florenz, um hier goldgewirkte Seidenstoffe zu kaufen.[2341] Da er bei Bologna ausgeraubt wurde, kam er aber nie am Arno an. Zu sehr engen und dauerhaften Beziehungen kam es in der zweiten Jahrhunderthälfte zwischen dem Hofe Friedrichs III. und den Spinelli. Als der Monarch in Rom eintraf, um sich hier als letzter römisch-deutscher König zum Kaiser krönen zu lassen, verbrachten er und seine frisch angetraute Gemahlin Eleonora die Nacht zum 8. März 1452, dem Krönungstag, in der Villa von Tommaso Spinelli am Monte Mario außerhalb der Stadtmauern.[2342] Zehn Jahre später suchte der Kaiser wieder den Kontakt zum Kaufmann. Viele Zeitgenossen haben Friedrich III. als sehr geizig beschrieben, es verwundert deshalb wenig, dass er am 30. Juni 1462 einen Brief an die Signoria von Florenz schreiben ließ, in dem er ihr mitteilt, er schicke den Sekretär Leonardum Cembinum (Jamnitzer) an den Apostolischen Stuhl. Bei der Durchreise in Florenz soll er *in civitate vostra Florentie, certos nobis compare pannos sericeos et iocalia et prout eo referent latus capretis.* Grund des Briefes war die Bitte des Kaisers, ihm alle Abgaben und Zölle zu erlassen.[2343] Jamnitzer erschien bei Lionardo Spinelli in Florenz und hat wohl reichlich Ware eingekauft. Der Kaufmann notierte in seinen *ricordanze,* er habe ihm einen Mantel und eine Mütze geschenkt, die mehr als d. 12 wert waren. Die Kleidungsstücke hätten ihn aber weniger gekostet.[2344] Jamnitzer verpflichtete sich bei seiner Abreise, in Venedig f. 41 zu bezahlen.[2345] Im darauffolgenden Jahr kam der Kleriker mit einem ähnlichen Auftrag wieder aus Wien nach Florenz, auch diesmal vorbereitet mit dem kaiserlichen Ankündigungs- und Bettelbrief an die Signoria.[2346] Vermutlich hat es 1465 weitere Einkäufe des kaiserlichen Gesandten gegeben. Lionardo Spinelli hat in den ersten drei Monaten dieses Jahres von Venedig aus drei Briefe an Jamnitzer in der Wiener Neustadt *(città nuova)* geschrieben, deren Inhalt nicht überliefert ist.[2347] 1469 erhielt Guasparre Spinelli vom Kaiser einen Passport, der ihm mit seinen Waren die zollfreie Reise durch alle Territorien des Reiches garantieren sollte.[2348]

2341 Chmel (1840), Nr. 1642.

2342 Chmel (1840), CXIX; Bayer (1872), S. 140; Infessura (1913), S. 43; Dykmans (1968), S. 559–566; Esch (1981), S. 47; Jacks / Caferro (2001), S. 63.

2343 ASFi, Signori, Responsive, Copiari, vol. 1, cc. 108v–109r. – Zum Geiz Friedrichs vgl. Rill (1987), S. 11, 31 und 66.

2344 ASFi, Spinelli-Baldocci, Nr. 067, c. 10r: *Richordo questo dì IIII°d'ottobre 1462 io largii in dono a messer Lionardo Iannizer inbasciadore dall'omperadore uno mantello e uno chapucio di paonazzo di grana doppio valea più di d. 12 ma a me chostò meno. Dio volgli l'abbibane allogato.*

2345 ASFi, NA 6208, fol. 49v. Vgl. Böninger (2006), S. 24.

2346 ASFi, Signori, Responsive, Copiari, vol. 1, c. 114r.

2347 YUSA 93, 1779, cc. 100r, 101v und 102r.

2348 YUSA 24a, 546i.

Ein Jahr später wurde er zum *Comes Palatinus* ernannt.[2349] Vielleicht sollten diese Ehrungen darüber hinwegtrösten, dass seine Wiener Kunden es mit dem Zahlen nicht so genau nahmen. 1473 stellte Guasparre Spinelli eine Vollmacht für Benvenuto Aldobrandi aus, er solle versuchen, von Jamnitzer die duc. 180 zu bekommen, die er von ihm noch zugute habe.[2350] Da nur duc. 60 eingingen, ließ er den Deutschen am 18. Juni 1474 exkommunizieren.[2351]

2349 ASFi, NA 16828, cc. 263v–267v.
2350 YUSA 55, 1182, c. 32v.
2351 YUSA 55, 1182, c. 43v.

9 Anhang

9.1 Abkürzungen

9.1.1 Währungseinheiten

lbr.	libbra oder lira a fiorini[2352]
f.	fiorino d'oro a fiorini
s.	soldo
d.	denaro
RG	Rheinischer Gulden, fiorino di Reno
cam.	(fiorino di) Camera
Vin.	(ducato di) Vinegia
ung.	ungheresi
duc.	ducato
st.	sterlini
∇	scudi

9.1.2 Archive

ABIB	Archivio Borromeo, Isola Bella
ADP	Archivio Datini, Prato
AFPB	Archivio della Fabbriceria di S. Petronio, Bologna
AOIF	Archivio dell'Ospedale degli Innocenti, Firenze
ASBo	Archivio di Stato, Bologna
ASFi	Archivio di Stato di Firenze
ASFi, MAP	Archivio di Stato di Firenze, Mediceo Avanti il Principato
ASFi, NA	Archivio di Stato di Firenze, Notarile Antecosimiano
ASRo	Archivio di Stato di Roma
ASVe	Archivio di Stato di Venezia
BNCF	Biblioteca Nazionale Centrale, Firenze
OBA	Berlin, Geheimes Staatsarchiv Preußischer Kulturbesitz, Staatsarchiv Königsberg, Ordensbriefarchiv

---

2352 Vgl. Goldthwaite et al. (1995), CXIX.

StaBS	Staatsarchiv Basel
StaBS, GA	Staatsarchiv Basel, Gerichtsarchiv
StadtAN	Stadtarchiv Nürnberg
YUSA	Yale University, Beinecke Library, Gen. Mass. 109, Spinelli Archive

9.1.3 Urkundensammlungen

APD	Krarup, Alfred; Lindbaek, Johannes (Hrsgg.): Acta pontificum Danica, pavelige aktstykker vedrørende Danmark. 7 Bde. København 1904–1943.
APS	Bååth, Ludvig Magnus (Hrsg.): Acta Pontificum Suecica I, Acta cameralia. Vol. II: Ann. MCCCLXXI–MCDXCII. (Diplomatarium Svecanum, appendix). Holmiae 1957.
CB	Haller, Johannes (Hrsg.): Concilium Basiliense. Studien und Quellen zur Geschichte des Concils von Basel. 8 Bde. Basel 1896–1936.
DN	Lange, Christian Christoph Andreas; Unger, Carl Richard (Hrsgg.): Diplomatarium Norvegicum. Oldbreve til kunsskab om Norges indre og ydre forhold, sprog, slaegter, saeder, lovgivning og rettergang i middelalderen. 21 Bde. Kristiania 1849–1976.
HUB	Rundstedt, Hans-Gerd (Hrsg.): Hansisches Urkundenbuch. 11 Bde. Weimar 1876–1916.
LivUB	Bunge, Friedrich Georg von; Hilderbrand, Hermann (Hrsgg.): Liv-, est- und kurländisches Urkundenbuch nebst Regesten. 12 Bde. Reval 1853–1914.
MC	Birk, Ernst; Beer, Rudolf; Palacky, Franz (Hrsgg.): Monumenta conciliorum generalium seculi decimi quinti ediderunt Caesareae Academiae scientiarum socii delegati. Concilium Basilense, scriptorum. 4 Bde. Wien, Basel 1857–1935.
UB Lübeck	Böhmer, Johann Friedrich; Techen, Friedrich (Hrsgg.): Urkundenbuch der Stadt Lübeck (1139–1470). 11 Bde. Lübeck 1843–1932 (Codex diplomaticus Lubecensis, Abt. 1).

9.2 Bericht über die Recherchen in italienischen Archiven

In florentinischen Unternehmen wurde über jeden Geschäftsvorgang genau Buch geführt. In großen Unternehmungen, die auch eine Vielzahl von verschiedenen Aktivitäten entfalteten, wurden deshalb nicht selten bis zu 15 Bücher gleichzeitig geführt. Sie können eine große Zahl an vielfältigen Informationen über Geschäftspartner, Kunden, Ware und

Geschäftsabwicklung bieten. Sie sprechen zu uns zuerst über die wirtschaftlichen Aktivitäten von Menschen, doch auch Wertvorstellungen und Verhaltensweisen lassen sich hier verfolgen und analysieren. Die moderne Geschichtsschreibung unterteilt die buchhalterischen Aufzeichungen der großen florentinischen Unternehmungen in drei Kategorien: *libri d'analisi,* in denen die tagtäglichen kleinen Geschäfte notiert wurden, *libri della sintesi,* in denen die Vorgänge aus den *libri d'analisi* zusammengefasst wurden, und schließlich das *libro segreto.*[2353]

Benedetto Cotrugli schrieb in der Mitte des 15. Jahrhunderts, man könne jemanden, der nicht gerne schreibe, nicht einen Kaufmann nennen: *Et come tu vedi uno mercante che li grava la penna o vero ad essa penna sia male acto, puoi dire che non sia mercante.*[2354] Roberto Lopez hat sicherlich Recht, wenn er feststellt, dass die Kaufleute im Spätmittelalter die größeren Konsumenten von Tinte und Papier waren als die Kleriker. Dementsprechend groß ist die Zahl der Papiere, welche damals durch die Handelsherren beschrieben wurden. Auch zur italienischen Literatur der Renaissance haben sie bedeutende Beiträge geleistet.[2355]

Von der unvorstellbaren Menge an Dokumenten, welche die fleißigen florentinischen Kaufleute produziert haben, ist das meiste verloren, und dennoch sind noch riesige Bestände erhalten. Richard Goldthwaite und Marco Spallanzani haben während ihrer langjährigen Arbeiten mit diesen Dokumenten eine Datenbank erstellt, in der sie alle bekannten florentinischen Rechnungsbücher aus der Zeit von 1200 bis 1600 gesammelt und der Forschung zur Verfügung gestellt haben. Diese Informationen sind ein zentraler Ausgangpunkt für alle, die sich mit der Wirtschaftsgeschichte von Florenz beschäftigen.[2356] Einige dieser Rechnungsbücher sind wissenschaftlich untersucht, etwa durch die weitgehend unveröffentlichten Dissertationen, welche unter der Leitung von Armando Sapori und Federigo Melis entstanden sind und von denen viele wertvolle Transkriptionen enthalten. Es verbleiben aber noch sehr viele Archivbestände mit Beziehungen zur Geschäftstätigkeit von international tätigen Kaufleuten, die bis heute kaum oder gar nicht für die Wirtschaftsgeschichte erschlossen wurden. Darüber hinaus gibt es viele Archive, von deren Existenz die Historiker und Historikerinnen noch keine Kenntnis haben oder die sehr schwer zugänglich sind. Das Archiv der da Uzzano, in dem sich auch eine Reihe von Registern der Bank dieser Familie befinden soll, liegt heute im Historischen Institut der Universität von St. Petersburg in Russland. Victor Rutenburg

2353 Goldthwaite et al. (1995), S. XXIII. – Es wäre völlig unsinnig, an dieser Stelle eine umfassende Quellenkunde zur italienischen und deutschen Wirtschaftsgeschichte des Spätmittelalters verfassen zu wollen, da es zu den wichtigsten Quellentypen ausreichend Fachliteratur gibt, in denen auch auf die bedeutenden Archive verwiesen wird. Vgl. die besonders ausführlichen und hilfreichen Einführungen von Sapori (1955), S. 5–51; Melis (1975); Melis (1985).

2354 Cotrugli (1990), S. 171.

2355 Lopez (1969), S. 35.

2356 Goldthwaite (2018).

hat einiges daraus publiziert, doch sind diese Publikationen in Russisch abgefasst und deshalb von der westlichen Geschichtsschreibung kaum rezipiert worden.[2357] Teile des Archivs der weitverzweigten Medici-Familie haben ihren Weg in die USA gefunden, wo auch das Spinelli-Archiv in der Beinecke Rare Book and Manuscript Library der Yale University in New Haven verwahrt wird.

Die schier unüberschaubare Masse an relevanten Archivbeständen zwang bei den Recherchen für die vorliegende Studie zu einer Abwägung, welches diejenigen mit den größten Aussichten auf einen Erkenntnisgewinn waren. Auf diese wurde die Quellenarbeit in der Folge stark konzentriert. Im Gegensatz zu den meisten wissenschaftlichen Publikationen, in denen normalerweise nur diejenigen Quellen genannt werden, die einen direkten Bezug zum Untersuchungsthema zeigten, haben die nachfolgenden Abschnitte zum Ziel, weitere Studien und Archivrecherchen zu den italienisch-deutschen Wirtschaftsbeziehungen anzuregen. Sie geben deshalb eine kurze Übersicht aller Archivbestände, die im Laufe der Forschungsarbeit vertieft konsultiert wurden. Dadurch soll verhindert werden, dass Zeit für das Studium von Beständen aufgewendet wird, die offensichtlich für diese Themenstellung nicht relevant sind.

9.2.1 Florenz

Archivio di Stato

Im Staatsarchiv von Florenz (ASFI) werden mehr als 600 Fundus aufbewahrt, die Regale von über 75 km füllen. Neben den gleichnamigen Institutionen in Venedig und Rom ist es sicherlich einer der wichtigsten Orte der historischen Recherche in Italien.

Der große Fondo Mediceo avanti il Principato (MAP), welcher die meisten Quellen aus dem Privatarchiv der Familie de' Medici für die Zeit vor der Erhebung in den Fürstenstand umfasst, ist dank eines vierbändigen Inventars gut erschlossen. Erst ganz gegen Schluss dieser Arbeit war es auch möglich, sämtliche Dokumente dieses Fundus als Reproduktionen via Internet zu bearbeiten. Es fanden sich ein paar weitere Schriftstücke, welche anhand der Inventarbeschreibung einen Bezug zu Deutschland haben könnten, deren Überprüfung aber einen negativen Befund ergeben hat. Es sind dies

2357 Viktor Rutenburg hat über dieses Archiv immer wieder in russisch abgefassten Artikeln berichtet, doch wurde die angekündigte Gesamtdarstellung durch seinen Tod im Jahre 1988 verhindert. Vgl. Rutenburg (1957).

MAP	Nr.	MAP	Nr.
7	362	14	401
6	566, 574, 578	68	583
73	26	82	16, 168-174
84	113	99	35
137	38, 42		

Die Sammlung von über 85 000 Pergamenturkunden (Diplomatico) ist derzeit digital noch wenig erschlossen, doch erste Online-Inventare haben es erlaubt, darin die im 15. Jahrhundert geschriebenen Urkunden der Kaufmannsfamilien zu bearbeiten. Ertragreich zeigte sich dabei allein der Fundus der Medici, für den Giulia Camerani Marri die Urkunden mit kommerziellem Inhalt mittels Regesten erschlossen hat.[2358] Es ist wenig wahrscheinlich, dass im Diplomatico weitere Pergamente mit wirtschaftlichen Bezügen zu Deutschland zu finden sind.

Die beiden riesigen Archive der Notariatsakten und der Mercanzia umfassen je über 15 000 voluminöse Bände. Sie sind nur schlecht erschlossen, denn es gibt dafür bis heute nur Verzeichnisse der Buchtitel.[2359] Wie die Suche nach der berühmten Nadel im Heuhaufen gestalten sich deshalb die Nachforschungen nach Aktenstücken mit Bezug zu geschäftlichen Aktivitäten in Deutschland. Wenn nicht nach einem bekannten datierbaren Gerichtsfall wegen eines Konkurses oder Streitigkeiten zwischen Geschäftspartnern gesucht werden kann, bleibt nichts anderes übrig, als die vielen hunderttausend Seiten durchzublättern. Diese Arbeit konnte selbstverständlich für diese Studie nicht vollumfänglich geleistet werden, sondern blieb auf Stichproben beschränkt. Dabei wurden zwar ein paar wenige Textstellen gefunden, die sich auf außerhalb Italiens aktive florentinische Banken bezogen, doch wurden vor allem Niederlassungen in Avignon, Lyon, Brügge und London genannt. Diese Nennungen finden sich vor allem in den beiden Büchern des 15. Jahrhunderts, in denen die Gerichtsbehörde alle bei ihr deponierten Geschäftsbücher verzeichnete.[2360] Im Weiteren habe ich mich darauf beschränkt, das weiterzuverarbeiten, was andere Forscherinnen und Forscher vor mir bereits gefunden haben. Hier ist besonders Gino Corti zu erwähnen, der gegen 1 000 Accomandita-Verträge aus den Jahren

2358 Camerani Marri (1951).

2359 Nach Meinung von Marco Spallanzani von der Universität Florenz arbeiten auch florentinische Historiker kaum mit diesen Quellen, da die Menge abschreckend wirkt. Als Einstieg in die Arbeit mit diesem Fundus empfielt sich Grunzweig (1932–1934). Einen Überblick über die Arbeitsweise dieser Behörde im 15. Jahrhundert bei Astorri (1992) und Astorri (1998).

2360 ASFi, Mercanzia 11758 und 11759.

1445 bis 1572 untersucht hat.[2361] Von unschätzbarer Hilfe waren auch die Notizen über die Nennung von Alberti-Unternehmungen in den Akten der Mercanzia, welche mir Luca Boschetto freundlicherweise überlassen hat. Durchgearbeitet wurden die Register 9, 235, 243, 248–51, 253, 257, 262, 271–74, 276, 280–83, 300, 310, 314, 328, 402, 667, 1031, 1131, 1160, 1164, 1224–25, 1235, 1237–40, 1243–44, 1247–50, 1264–68, 1276–77, 1293, 1319–25, 1327–28, 1330, 1332–36, 1338, 1341, 1343, 1356, 1370–80, 1432–33, 1450–51, 1472, 1483, 1518, 4325–28, 4336, 4339–40, 4346–48, 4351, 4353, 4361, 4387, 4395–97, 4405, 4412–18, 4424, 4450–52, 7130, 7151, 7158, 7166–68, 7170, 7172, 7227, 10770, 10831, 10874–75, 11298–11302, 11915, 11922, 14103.

Das Notarile antecosimiano, in dem die vor der Erhebung von Cosimo I. zum Großherzog geschriebenen Notariatsbücher gesammelt sind, stellt die Forscher und Forscherinnen wegen seiner gewaltigen Zahl an Codices vor dieselben Probleme wie die Mercanzia. Eine Beschränkung auf die Überprüfung der beurkundeten Fälle, bei denen der Notar und das Jahr bekannt waren, war folglich unumgänglich. Selbstverständlich wurden die bestellten Bücher jeweils ganz durchgeblättert: 70, 170, 681, 1396–1417, 1739–1750, 2295–2300, 3372, 3577, 4420–21, 5731–32, 6199, 6208, 6235–36, 10446–47, 12517–19, 13288, 15597, 16825, 16828, 18448–53, 20611, 20662, 21410.

Im Catasto werden die von den Florentinern eingereichten Steuererklärungen *(portate)* und die von den Steuerbeamten erstellten Endfassungen *(campioni)* verwahrt. Sie sind für die Historikerinnen und Historiker durch das Online-Catasto der Daten von 1427 recht gut erschlossen.[2362] Paul Padgett hat mir zudem eine von ihm erstellte Datenbank für das Catasto von 1480 überlassen. Von diesen beiden Datensammlungen aus wurden Personen- und Bankinformationen gesucht. Es ist nicht zu erwarten, dass es in diesem Fundus weiteres Material gibt, das zu wesentlichen neuen Erkenntnissen führen würde.

Eine Wundertüte stellen die Carte Strozziane dar, denn die in diesen fast 2 500 Archiveinheiten gesammelten Dokumente haben unterschiedlichste Provenienzen und bilden inhaltlich keine Einheit. Für die Präsenz der Florentiner in Deutschland war dieser Fundus nur von sehr geringer Bedeutung. Konsultiert wurden: Carte Strozziane II, 116, Nr. 9, c. 58; 112, Nr. 8; 123, Nr. 9; 127, Nr. 9; III, 86 b (Spogli), Nr. 3; V, 14; 9; 48; 1744; 1746; 1770.

Im Laufe der Jahrhunderte sind die Archive vieler Familien durch Verheiratungen und Erbschaften in die Bestände anderer Geschlechter übergegangen. Die Suche nach den Urkunden der bekannten Bankiersfamilien gestaltet sich deshalb sehr aufwendig. Hilfreich waren die vielen guten Inventare, welche die in den letzten hundert Jahren dem Staatsarchiv übergebenen Archive erschließen (Archivio Bardi, Dono Panciatichi, Ricci, Peruzzi de' Medici, delle Tratte, Martelli, Medici Tornaquinci, Carte Torrigiani, Capponi, Ubaldini, Del Bene, Spinelli-Baldocci usw.).

2361 ASFi, Mercanzia 10831 und 10832. Corti (1937).

2362 Herlihy, David; Litchfield, R. Burr; Molho, Anthony; Klapisch-Zuber, Christiane: Florentine Renaissance Resources. Online Catasto of 1427. http://cds.library.brown.edu/projects/catasto/overview.html, 08.06.2021.

Durch Erbschaften sind Familiendokumente auch in die Archive vieler Klöster und wohltätiger Institutionen von Florenz gelangt. Die meisten dieser Quellen befinden sich heute im Staatsarchiv. Diese Verzeichnisse wurden ebenfalls durchgearbeitet, wenn auch mit nur sehr kleinem Ertrag. Für die deutsche Wirtschaftsgeschichte sind besonders die unter den Nummern 2033–2064 im Archiv der aufgelösten religiösen Gesellschaften aufbewahrten Papiere der Familie Saliti von Bedeutung. Dazu gehört unter der Nummer 2058 eine Reihe von Dokumenten (Rechnungsbücher, Briefe usw.), die aus der Nürnberger Unternehmung dieses Geschlechtes stammen. Marco Spallanzani hat bereits 1978 in einem kurzen Artikel auf diesen Fundus hingewiesen[2363] und Francesco Guidi Bruscoli hat darin viele Daten für einen Aufsatz zu wirtschaftlichen Beziehungen zwischen Florenz und Nürnberg im 16. Jahrhundert gefunden.[2364] Das früheste Dokument aus dieser Handels- und Bankunternehmung stammt aus dem Jahre 1512, sodass sie außerhalb des Untersuchungszeitraumes liegt.

Schließlich ist noch auf die Spezialsammlungen *Libri di commercio e di famiglia* und *Manoscritti* hinzuweisen, die wohl auch für Bezüge nach Deutschland als ausgewertet zu betrachten sind.

Biblioteca Nazionale Centrale

In der Nationalbibliothek werden in diversen Sammlungen Geschäftsbücher aufbewahrt. In den untersuchten Archiven konnte jedoch nur eine einzige Stelle gefunden werden, die auf eine Geschäftstätigkeit von Florentinern in Deutschland schließen lässt. Es handelt sich dabei um das Buch *Modi e forme di mercanzie e cambi* von Antonio Salutati da Pescia.[2365] Dieser Text wurde von Borlandi herausgegeben, ohne dass sie allerdings den Bezug zu den Medici und das Konzil von Konstanz darin erkannt hätte.[2366] Bearbeitet wurden Ginori Conti 29, 6–9; Libri di commercio dei Capponi 1–3; Tondi, Panciatichi.

Archivio della Congregazione dei Buonomini di S. Martino

Die Kongregation der Buonomini di San Martino wurde im Jahre 1441 durch den Erzbischof Antonino Pierozzi gegründet „per sovvenire ai poveri vergognosi", also als Fürsorgeinstitution zugunsten von Menschen, denen es einmal gut ging und die sich deshalb schämten, um Unterstützung zu bitten.[2367] Das Archiv befindet sich im ersten Stock des Hauses der Buonomini in

2363 Spallanzani (1978–1981). Vgl. auch Spallanzani (1991).
2364 Guidi Bruscoli (1999).
2365 BNCF, Serie Panciatici (Mss. Palatini): Antonio da Pescia, Modi e forme di mercanzie e cambi, (erste Hälfte 15. Jahrhundert), c. 33v.
2366 Ricci (1963).
2367 Buonomini (1934), S. 3.

der Piazza S. Martino in Florenz. Dieser Institution haben viele vermögende Florentiner große Legate und manchmal auch ihr ganzes Gut vermacht, womit dann auch die Familienarchive an den neuen Besitzer übergegangen sind. Die Papiere der Familie Gianfigliazzi machen heute den größten Einzelbestand aus. Sie sind seit kurzem wissenschaftlich erschlossen, da ein Inventar dieses Fundus erstellt wurde, der auch gedruckt werden soll. In der Gianfigliazzi-Hinterlassenschaft wurden in Testamenten und Prozessunterlagen Hinweise auf Antonio und Bartolomeo d'Adovardo gefunden. Geschäftsdokumente aus der Tätigkeit dieser beiden werden aber nicht aufbewahrt. Die Sammlungen aus der Geschichte anderer Familien sind archivalisch nicht erschlossen und zum Teil in so schlechtem Zustand, dass eine Bearbeitung ohne vorhergehende Restaurierungsarbeiten nicht möglich ist.

Archivio dello Spedale degli Innocenti

Unter den Estranei bewahrt das Archiv des teilweise vom berühmten Bankier Marco Datini von Prato gestifteten Findelhauses eine große Zahl von Rechnungsbüchern auf, die aus der Geschäftstätigkeit von Bankiers, Händlern und Fabrikanten des 15. Jahrhunderts stammen. Unter der Nummer 490 wird ein „Registro di entrata e uscita, 1424–1432" mit 78 beschriebenen Seiten geführt, dessen Schreiber alle einen Bezug zu Basel hatten: Antonio della Casa, Roberto Martelli, Girolamo de' Bardi und Giovenco della Stufa. Dieses Buch wurde aber nicht in Basel geführt, sondern in Rom und enthält keinen Eintrag, der in Bezug zu Basel steht. Mit größter Wahrscheinlichkeit handelt es sich dabei um die regelmäßigen Kasseninventare der Römer Filiale der Medici-Bank. Auch in den anderen Registern war kein Bezug zu Deutschland zu finden. Die Rechnungsbücher der Gesellschaft Guadagni und della Casa in Genf aus den Jahren 1450–65 sind die einzigen umfangreicheren Dokumente aus der Zeit des Höhepunktes dieser Messen. Einen Band hat Michele Cassandro mustergültig transkribiert und ediert.[2368] Die beiden anderen wurden von Melis und seinen Schülern mehrfach ausgewertet, doch fehlt noch eine eingehende Untersuchung dieser wichtigen Dokumente. Erhalten sind auch Rechnungsbücher aus Rom und Florenz: Estranei 486–489. Ergebnislos verlief die Durchsicht der Rechnungsbücher eines Seidenfabrikanten (Nr. 367) und der *ricordanze* der Cambini (Nr. 230 ff.).

9.2.2 Weitere staatliche Archive in Italien

In den 592 Schachteln und Dokumentenmappen, welche die weltberühmte schriftliche Hinterlassenschaft des Kaufmanns Francesco di Marco Datini (1335–1410) aus Prato enthalten, werden etwa 130 000 Briefe aufbewahrt. Bislang ist nur sehr wenig aus diesem riesigen Fundus

2368 Cassandro (1976).

wissenschaftlich publiziert, doch ist es heute durch ein ausgezeichnetes Online-Inventar sehr gut für die Wissenschaft erschlossen. Francesco di Marco selber unterhielt keine Filiale in Deutschland, sondern führte seine Handelsgeschäfte dorthin über Partnerunternehmen. Es ist deshalb nicht verwunderlich, dass von den 125 549 Briefen, welche Federigo Melis als Geschäftsbriefe *(carteggio commerciale)* klassierte, nicht ein einziger einen Absender in Deutschland nennt.[2369] In den Tausenden von Briefen mit Korrespondenten aus Mailand, Brügge und Venedig nach Hinweisen auf Handel Datinis mit deutschen Partnern zu suchen, hätte den zeitlichen Rahmen dieser Untersuchung gesprengt. Da die Aussichten auf eine lohnende Ausbeute minim schienen, wurden auch die etwa 600 Geschäftsbücher und die *ricordanze* nicht intensiv durchforscht. Zeitlicher Aufwand und wissenschaftlicher Ertrag wären hier sicherlich in einem sehr schlechten Verhältnis zueinander gestanden.

Nur ein kurzer Besuch war im Archiv der Scuola Normale Superiore in Pisa möglich, wo sich ein reicher Bestand an Rechnungsbüchern aus der kommerziellen Tätigkeit der florentinischen Familie Salviati befindet. Allein aus dem 15. Jahrhundert sind 20 Rechnungsbücher erhalten. Nur die beiden Register aus der Firma von Giovanni da Rabatta e Giovanni di Alamanno Salviati di Banco di Bruges aus den Jahren 1461–1470, die von Piero da Rabatta geführt wurde, konnten betrachtet werden. Auch diese wurden nicht bis ins letzte Detail untersucht.[2370]

Im Staatsarchiv von Verona wurden ein paar wenige Dokumente zur Familiengeschichte der Guarienti gefunden, doch kein einziger Beleg, der mit der kaufmännischen Vergangenheit dieser Familie in Vebindung steht. Auch in Padova und Venedig blieb die Suche erfolglos, denn Nachlässe der Alberti, Spinelli, Borromei und del Bene konnten dort nicht gefunden werden.

Im Archivio di Stato di Bologna war nur ein eintägiger Besuch möglich, um die Akten der Familien Orsi und Gozzadini zu sichten.[2371] Von großem Interesse wären auch die Ergebnisse der Erschließung der Akten des *Ufficio delle bollette e delle presentazioni dei forestieri* und die umfangreichen Notariatsakten. Für die deutsch-florentinischen Beziehungen sind weitere Forschungen kaum aussichtsvoll, doch wäre eine Darstellung von Bologna als Handelsplatz der Deutschen von größtem Interesse. Im Archivio della Fabbriceria di S. Petronio in Bologna wurden die Bestände des Archivio Foscari durchsucht.[2372] Deutsche wurden nur in einem *mastro* des Tuchhändlers Giorgio di Matteo Pannolini gefunden, der unter seinen Kunden auch deutsche Studenten hatte.[2373]

2369 Melis (1962), S. 33.

2370 Register Nr. 24 und 25. – Eine kurze Beschreibung dieser Dokumente bei Melis (1990a), S. 346–348.

2371 Archivio Banzi und Archivio Orsi für Heinrich de Ursis (Orsi), Archivio Malvezzi-Lupari und Ugolini Dante für Gozzadini.

2372 Intensiv wurden die Register 344 und 352 bearbeitet.

2373 Archivio della Fabbriceria di S. Petronio 371.

Im Archivio di Stato di Torino, in dem die Akten der Herzöge von Savoyen aufbewahrt werden, war nur eine briefliche Anfrage möglich. Es scheinen sich dort keine Akten zu den Beziehungen Papst Felix V. zu italienischen Bankiers zu finden.

9.2.3 Familienarchive in Privatbesitz

Das Privatarchiv der Alli (Agli) befindet sich heute im Archivio di Stato in Rom. Es enthält keine Dokumente, die an die kommerzielle Tätigkeit dieser Familie im Spätmittelalter erinnern. Die Borromeo-Arese haben ihr Archiv nach schlechten Erfahrungen während des Zweiten Weltkrieges auf die Isola Bella im Lago Maggiore verlegt. Dort werden die Dokumente heute in sechs großen Räumen von äußerst engagierten Hobby-Archivaren betreut. Die Bestände sind nur mit Zustimmung des Principe zugänglich und nur an ein paar wenigen Samstagen im Jahr. Für die Handels- und Bankgeschichte bis zum Ende des 15. Jahrhunderts sind vor allem die Mastri des Filippo di Vitaliano Borromei von großem Interesse. Erhalten sind acht dicke Register (Tabelle 27), die sich alle in einem ausgezeichneten Zustand befinden. Tommaso Zerbi hat den *mastro* 8 in Bezug auf seine Bedeutung für die Buchhaltungsgeschichte untersucht; den Inhalt hat er dabei nicht berücksichtigt.[2374] Girolamo Biscaro hat eine ausführliche Studie des *mastro* 7 publiziert.[2375] Die letzten drei Bücher sind für die internationale Handelsgeschichte von geringerem Interesse, da Filippo nach dem Tod seines Vaters nach Mailand zurückkehrte, um die Führung der Familie zu übernehmen. Der *commerciante* tritt hier immer stärker neben dem Feudalherren in den Hintergrund. Neben den Registern sind die unter den Namen Vitaliano und Filippo in der Archivreihe „famiglia" aufbewahrten Briefe und Urkunden von Interesse. Hierbei handelt es sich neben Dokumenten zur Familiengeschichte um Abschriften von Gesellschaftsverträgen, Geschäftsbriefe, Kreditoren- und Debitorenlisten und viele Proteste von *lettere di cambio.*

Die Bücher und Briefe zeigen, dass Filippos Unternehmungen in Brügge und London vollständig in das Bankensystem der Florentiner integriert waren und sich auch der Kolonie der Florentiner anschlossen. Filippo ist dennoch den Mailändern zuzuordnen, denn er bezeichnete sich selber immer als *milanese* und beteiligte an seinen Unternehmungen keine Kaufleute aus Florenz. Seine eigenen Geschäfte mit deutschen Kaufleuten sind deshalb nicht Gegenstand dieser Untersuchung, doch soll wenigstens an dieser Stelle auf diese hingewiesen werden. Im *mastro* 6 wurden kleinere Geschäfte mit *Churado da San Ghallo* verbucht.[2376] Umfangreicher war der Handel mit *lane todesche,* den Giovanni Borromei mit *Arigho Rottemborgho todescho* betrieb.[2377]

2374 Zerbi (1952).
2375 Biscaro (1913).
2376 ABIB, mastro 6, 62–63, 203–204.
2377 ABIB, mastro 6, 111r, 113r.

Tabelle 27. Rechnungsbücher der Borromei

· Mastro 6:	Giovanni di Filippo, Mailand	1427/28
· Mastro 7:	Filippo di Vitaliano, London	1436-38
· Mastro 8:	Filippo di Vitaliano, Brügge	1438
· Mastro 9:	Filippo di Vitaliano, Brügge	1445
· Mastro 10:	Filippo di Vitaliano, Brügge	1446
· Mastro 11:	Filippo di Vitaliano, Brügge	1448[i]
· Mastro 12:	Filippo di Vitaliano, Mailand	1451/52
· Mastro 13:	Filippo di Vitaliano, Mailand	1453-55

i In diesem Buch sind nur wenige Seiten beschrieben.

Schließlich sind noch zwei Notariatsurkunden aus dem Jahre 1438 zu nennen, in denen es um die Weigerung der Borromei in Antwerpen geht, einen im Jahr zuvor von den Borromei in London von Conradus Collbingher gekauften Wechsel über 1 040 Dukaten an Ulrich Sprutenhove, *mercator alamanus* und *sotius et eo nomine Judoci Unpis*, auszubezahlen.[2378] Es dürfte sich dabei wohl um die Gesellschaft von Jos Humpiss dem Alten von Konstanz handeln.[2379] Weitere Deutsche sind im Rechnungsbuch aus London zu finden, auf die Biscaro hinweist.[2380]

Die Frescobaldi haben mir freundlicherweise ihr riesiges Familienarchiv in ihrem Palazzo in Poggibonsi geöffnet. Es enthält viele Urkunden aus der Untersuchungszeit; die Serie der Rechnungsbücher setzt erst danach ein. Für die deutsch-florentinischen Wirtschaftsbeziehungen ist dieser Bestand ohne Relevanz.

Die Grafen Baja-Guarienti in Tamassia (Verona) und Gabriele Sagromoso in Verona, die Nachfahren von Pace Guarienti und Ognibene de' Sagramoso, haben ihre Archive ebenfalls bereitwillig der Forschung zugänglich gemacht. In beiden Beständen sind allerdings keine Akten aus der kommerziellen Vergangenheit dieser Familien zu finden. Heute werden ausschließlich Adelsbriefe, Testamente, Urkunden zu feudalem und landwirtschaftlichem Güterbesitz und Gerichtsakten aufbewahrt.

Von den Archiven der Familien Biliotti, Lamberteschi, Bueri, Bonsi, Rossi, Rinieri, Aldobrandi, della Luna und Pazzi waren keine Spuren zu finden. Ein Besuch bei den Rucellai war nicht möglich.

2378 ABIB, Famiglia, Filippo di Vitaliano, Nr. 28. Zu Kolbinger vgl. auch Biscaro (1913), S. 66.
2379 Vgl. Schulte (1900), S. 624–626.
2380 Biscaro (1913), S. 66.

9.3 Quellentranskriptionen

Die Transkription der lateinischen und italienischen Texte erfolgte unter Anleitung und freundlicher Mithilfe von Elena Cecchi und Gino Corti, denen ich sehr zu Dank verpflichtet bin. Sie halten sich an die in der italienischen Geschichtswissenschaft üblichen Editionsgrundsätze, wie sie von Melis, Fortuna, Fubini und Cecchi[2381] für italienische Urkunden formuliert wurden. Insbesondere die folgenden Regelungen spielten bei der Edition eine wichtige Rolle:

1. Die Interpunktion wurde dem heutigen Brauch angepasst. Der Text ist sinngemäß in Absätze gegliedert.
2. Eckige Klammern [ ] bezeichnen Zusätze des Autors.
3. Versehen der Vorlage werden an der Stelle, wo das Versehen empfunden wird, mit [!] gekennzeichnet. Eine unsichere Lesung wird mit [?] angedeutet. Offensichtliche Verschreibungen (z. B. falsche Reihenfolge der Buchstaben, Wiederholung von Wörtern) wurden verbessert. Verfehlungen in der Satzkonstruktion wurden belassen.
4. In der Vorlage von deren Schreiber hervorgehobene Stellen (etwa durch Unterstreichung) sind durch Fettdruck gekennzeichnet.
5. Lücken in der Vorlage, etwa zum Zwecke späterer, jedoch nicht erfolgter Ergänzung, oder infolge Verderbung werden, wenn nicht mit größter Wahrscheinlichkeit ausfüllbar, durch [ ] angedeutet. Die vorgenommene Ergänzung ist durch Einschluss in [ ] gekennzeichnet.
6. Wörter, die paläographisch nicht transkribiert werden konnten, wurden durch [?] ersetzt.
7. Römische Zahlen sind in arabischen Zeichen gegeben.
8. Alle Wortkürzungen sind aufgelöst, soweit es sich nicht um allgemeingebräuchliche und verständliche Abkürzungen oder um unsicher zu deutende Worte handelt.
9. Abkürzungen werden nur für die Maß- und Münzeinheiten gebraucht.
10. Personen- und Ortsnamen werden nach Vorlage wiedergegeben, auch wenn die Schreibung innerhalb des Stückes wechselt.
11. Große Anfangsbuchstaben nur bei Satzbeginn; bei Völker, Länder, Orts, Gewässer und Personennamen; Monats und Festnamen.
12. Die Seiten werden zwischen eckigen Klammern paginiert. Leere Seiten werden ohne Anmerkung übersprungen: Sind die Seiten 14 bis 16 unbeschrieben, so springt die Paginierung von [Seite 13] auf [Seite 17].

2381 Cecchi (1972); Melis (1972); Fortuna (1977); Fubini (1977–1990).

Übersicht der Quellentranskriptionen

Brief der Medici-Gesellschaft an Ludovico Baglioni in Lübeck, Florenz, 25. April 1413 [2382]

A dì 25 d'aprile 1413

Da poi che vi fue andò l'ultima che fue a dì primo ch'era chopia vi richorderano quello e poi bisogna da voi nonn'é lettera di nuovo.

Noi v'abiavamo detto che marche 53 s. 2 che voi dovevate avere rendute a messer Janni Fosse averle levate da vostro conto. Di poi abiamo da Roma che gli ano paghati ed abiamo auto la copia di quella del chanbio perché gli ano paghati ed é di mano di Gherardo, sicché voi vi gli avete a fare rendere, provedete di riavegli e anchora che simili erori non ebino a seghuire.

Da Vinegia abiamo poi che pagherono e ducati 800 a quegli andavono al sipolcho e achoncio ne diamo a vostro conto marche 900 siate avisati.

E più aviamo paghati ducati 40 sopra una lettera di ducati 60 de dì 30 di dicembre a domino Janni Bicharelle al quale andava anche lui al sipolcro, dar volete i resto alla tornata [...].[2383]

Noi aconciamo di chonto nuovo marche 296 per altretanti ducati dee avere rimesso a Pazi di Parigi in loro e marche 18 per scudo rimessi a detti d' Anichino Bicieri e marche 153 scudi 14 rimessi loro da Gianni di Nuns.

Da detti di Parigi abiamo per l'ultima loro di dì [...][2384] di marzo e dichono promettere per loro scudi 294, dove voi dite 296, e deli schudi 18 non dichono nulla, provedete a chiarigli e noi se di nuovo aremo da loro vi si dà noi, l'abiamo loro richordato.

Ano di poi paghato que' denaro alchuno altro denaro per vostra lettera come da loro sarete avisati e chome vi si dicie per questa, non ciene avete mai detto nulla, ne fatto menzione che tratti gli [a]biate loro e però farete bene a provedere da cchi avessi a essere rifatti, vi facessi paghare acciò che no[n] si perdesse tanto tenpo ne simile, e denari che n'avisiamo possa essere il chontrario non si perda assai, perché però che dubitiamo non abiate fatto scrittura chostì di lettera d'aviso, che abiate tratto a Roma che [a]visiamo e denari paghati là e da voi non abiamo nulla e però provedete a chiarire bene tutto e risquotere da chi gli dovete riavere, e noi n'avisiamo potere mai saldare questi conti apurato se voi no[n] mete il chapo a la scrittura avete fatto per la drieto e masimente e co[n] questi che arete aviso e da noi e da Roma de denari paghati che restono in su chonti, si che piaciavi farlo compiutamente.

2382 ASFi, MAP 89, Nr. 289. Am rechten oberen Rand: *secondo foglio.*

2383 Mit Tinte unleserlich gemachtes Wort.

2384 Leerstelle im Text.

Anchora vi richordiamo che quello rischotessi o vi trovassi costì provisiate a rimettere a quel modo vi pare il meglio e sopratutto f. si rimettono per chanbio che abiate righuardo a chui gli date che no[n] vada come quegli d'Aghostino dappo [sic].

Da magiori e simile di Roma sarete avisati de denari e chonvenuto e paghino alla Chamera per denari avete a risquotere costì, e noi di qua non abiamo o soldi, siché come vi si dicie providerete no[n] vi si perda tanto tenpo.

Sarete suti avisati come il famiglio che chondusse l'ultima mandata ebe a pagha f. 69 perché gli manchavano per ispese che da lui arete poi saputo il perché sono stati e fatovi rendere conto di tutto.

Ano paghato quegli di Roma alla Chamera f. 250 che dichono il Papa gli à voluti pe' denari dovete costà risquotere.

Brief der Medici an Ludovico Baglioni in Lübeck, Florenz, 6. Juni 1413[2385]

Al nome di Dio, a dì vj di giungnio 1413

A dì 26 d'aprile vi scrivemo adiritura per Giovanni di Perusia e poi a dì 13 di maggio per uno da Nich[..]us, in chui vi traemo fiorini 12 vng.; dipoi abiamo le vostre de dì 16 di marzo e dì 29 d'aprile, ch'a tutte se farà risposta.

Chome vi s'è detto per altra, noi vi traemo in Dienchus Navemisis, f. 12 vng., che arete pagato per quella del chanbio e dite quante marche se n'à a 'chonciare.

E àvanvi detto per l'ultima come nostri di Roma aveano paghato a maestro Janni Vosse ducati 50 e voi avete schritto per lo passato avergliele renduti, sicché sono una volta pagati: provedete chostì a esere paghati che s'ànno aver chostì marche 32 s. 2; quegli di Roma avisano avere quella del chanbio di mano di Gherardo. Siatene avisati e rispondente.

Anchora v'abiamo detto che voi chiarissi i Pazzi di Parigi de' danari avete loro rimessi, però chomettavate avere loro rimessi una partita di scudi 296 e da lloro abiàno erano 294: hora vegiàno dite a nnoi, per questa ultima, nel modo che dichono loro di 294 che sopracciò no bisongnia provedere.

2385 ASFi, MAP 97, Nr. 121. Am oberen rechten Rand: *chopia in Lubiccha.*

E più vi si disse come da' Pazzi abiavamo, avete rimesso da [Ja]ni di Nos scudi 147: non dichono nulla di scudi 18 dite avete rimessi loro d'Anichino Bucini: èsene loro schritto, anchora voi ditte loro sopracciò quello vi pare.

Abianvi per molte detto, e chopia dell'una e dell'altra, v'abiamo mandate le partite di molti danari di que' di Roma ànno paghato e voi, per vostri chonti, nulla n'avete detto di che n'arete avute le dette partite e posto mente da cchi arete a esere rifatti e avisateciene a cciò che achonciare si possano.

Ora per questa vostra ultima mostrate esere avisati d'alchuna e chiaritela in modo che s'achoncierà e lle dette partite fiano chon questa.

Duchati 15 per avere la dilazione del Veschovo Ladinsisi e ducati 20 a Janni Orchimo di Lubicche e ducati 20 a meser Giovanni Bulem.

E più achoncieremo e' ducati 300 di meser Cristiano Conbatti che dite essere rifatti e voi siete avisati di 400 che di 100 avete a esere rifatti; sicché provedete a farrlo e provedete a farlo e avisate sopracciò che si possa achonciare tutto.

E più achonciarono al conto nuovo e' ducati 800 traesti a Vinegia in quelli andavano al Sipolcho per marche 90 [...].[2386]

E più duc. 10 traesti a Bologna a' Filixini in Ferara: erano cioè marche 11 s. 14.

E più marche 120 s. 13 per ducati 100 traesti in meser Ermanno Verghi.

E più marche 44 s. 9 d. 4 per scudi 40 traesti a Parigi a' Pazzi in Dono Rapondi, Niccholaus Crachuni e altri. E di questi dichono e' detti Pazzi che avete loro schritto s'adomandono oltre a scudi 40 anchora scudi 30 che gli paghino e chosì dichono fare sicché avisate se chostì ne siete chontenti e chome a cciò uno che al tenpo si posino achonciare.

Dipoi dite avere auto il chonto della laccha da Bruggia e quanto dite dell'avervi male servito, abiamo inteso che cciene sa male che a perdere se n'abia; e dite s'achoncino lire 34 s. 8 d. 6 grs. -, a marche 6 s .8 per lira, che chosì si farà, cioè marche 223 s. 13 d. 3.

E dite avere rimesso a Parigi scudi 46 d'Aret Feralch per la valuta da lui a marche e scudi, che di quegli per l'ultima lettera abiamo da lloro non dichono nulla; èssi loro richordato che ci avisino e simile degli scudi 18 che di sopra vi si dicie.

E dite anchora che avete chostì prestato a uno merchatante di chavagli marche 1010 perché a Parigi dia a' Pazzi poi quando ne trarà e' danari de' chavagli; di questo vi diciamo che per cierto

2386 Unleserliche Stelle im Text.

avete perduto il chonoscimento masimamente avendone l'asenpro innazi d'Aghostino Dono che se voi sapete fare ragione chon lui e chon alchuno merchatante di chavagli ne fian 1000 marche o più si perdono; e questo vi si dicie però che voi ne portate più pericholi, cioè se 'l buono huomo perde o ne avese male di chavagli per chamino o per altro disastro; l'altra sia chavagli non ànno chondizione come niente aviene e stanno in sugli alberghi e mangiano loro e chavagli; l'altra poi che se delibera paghargli posto ongni [verso] chosa si erò bene, sicché vedete in quanti dubi ne state. Per cierto voi non fate bene e se voi volete dire noi schriviamo a' Pazzi siàno chon lloro a pigliare i danari, siete voi sì grossi che i Pazzi voglino stare a vendere chavagli chome fusono choijoni e d'ongni chavallo si vende, dite lo vogliano el danaro o lla promessa cierto crediamo di no anzi quando il buonomo darà loro il danaro o promessa la piglieranno anchora lo manderanno a rrichordare al merchatante e questo basta a fare a lloro che sono merchatanti d'altro che di chavagli! ma poi che siete chaduti in simile erore dovresti chostì farvene sichurare in modo che 'venendo de' chasi vi si dicie e che sono venuti in Aghostino da poi dagli altri non potesi perdere.

E gli è buon pezzo che da' magiori, per dopie fosti [avisati] che a Roma né altrove non traesti danari e voi pure lo fate: non fate bene che cci chora di nuovo chominciate a trarre assai; e a Roma avete tratte più partite che vi si sono richordate e hora avete tratto f. 1250 e dite per servire e' chonsoli di chostì e quegli de Roma apare gli voglino paghare che sono avisati della chonmessione de' nostri magiori e chrediamo se ne pentiranno e non ànne fatto bene; di che vi si dicie di nuovo che nulla ne traiate in veruno luogho però che s'è schritto a Parigi e a Bologna e a Bruggia e Roma non paghino nulla. Siatene avisati.

E poi che voi diliberate d'usare di chomesione e fare a vostro modo sopra al trarre, che fate male, almeno pigliasti voi i danari chostì e nonne aspettassi d'avere le quitanze e che l'abino a venire da Roma delle 4 le 3 non vi debino giungniere e anchora il tenpo grande si perde e simile di pregio e nonne potrete esere rifatti quello saresti anzi avesi paghato e' danari; sicché provedete a risquotere che vedete sono una gran [perdi]ta di danari chome vedete le partite vi si manda in questa.

E vi s'è per dopie detto delle mandate avete fatto avere achoncio ongni chosa dal chosto e rimesso a vostro conto e simile e' ritratto s'è fatto; e sopracciò fareno sanza più dire.

Attendiamo come vi si dicie abiate sollecitato quello delle volpi ebe in Praga che danari abian rimessi a Vinegia, ch'è buon pezzo che gli dovea avere paghati. Stefano fu là e dovràvi sopracciò avere detto quello fia suto di bisongnio.

Resta a finire cierte fighure d'anbra e simile e' leochorni e da Parigi abiàno risposta che pochi danari se n'arebe al dì d'oggi e pocha stima ve se ne fa, però che dichono vi se n'è fatto vendita di due d'uno di braccia 1 ½ di franchi 50 e uno di braccia 2 ½ di franchi 112 ½; chrediamo anchora tornino in chostà che, sechondo dite, quello ne trovasti ànno migliore chorso chostà. Siatene avisati.

Eravisi detto di martore 100 trovavàno meno a una mandata faciesti dipoi vi mandamo che ll'abiavamo trovate vendute a Vinegia in somma di vai. Siatene avisati.

Quanto dite sopra il fatto di Piero Chorbon, abiamo inteso e dove s'è ridetto e chon chi fè sue facciende, che sia alla buona hora: noi non eravàno informati che inpacciare ci vogliamo.

Anchora vi diciamo come quegli di Vinegia ànno paghati ducati 400 sopra lettera di ducati 60 de dì 30 di dicienbre 1412 ch'erano in chonpagnia chon quegli andavano al Sipolcro: alla tornata dicie voi 'l trarete il resto.

Chome e' vi s'è detto, voi vedere quanto si resta avere da quello Aghostino da po a Parigi e per cierto troppo chattivamente si perdono che si vorebe voi vi desi modo se trare se ne potesse nulla e non si vorebe esere tanto indugiato ad esere andato là Lodovicho, che forse qualche profitto n'arebe fatto.

Siamo avisati della laccha avete finito; di quello vi resta anchora a finire, poi l'arete fatto e detto chome fia finito.

Voi vedete quanti danari vi venite a trovare chostà e anchora dovrete ongni dì trovare più rischotete quegli che vedete sono paghati a Roma e altrove, sicché provedete una volta a rimettergli o mandare merchatantia; ma bene vi richordiamo che rimettiate che non vogliate chredergli a' choijoni de' chavagli.

Brief der Medici an Ludovico Baglioni in Lübeck, Florenz, 3. Juli 1413 [2387]

A dì 3 luglio 1413

Questa chopia d'una mandatovi a dì 10 di giungnio per chortigiano di poi non v'abiamo a dire altro di nuovo.

Fosti avisati della nuova di Roma e come el papa era partito e Re prese Roma e simile altre terre della Chiesa che assai ne dispiace alle nostre chomunità e dubito i[n] che chol detto Re di nuovo si piglierà ghuerra sicchè vedete in pacie non ci si può stare uno anno.[2388]

Il papa giunse qui e più dì e anchora ci s'è chredesi in questi pochi dì si retornerà a Bologna che seghuirà saprete.

2387 ASFi, MAP 97, Nr. 122.
2388 Johannes XXIII. und König Ladislaus.

E vi s'è tanto detto sopra la tratta avete fatto a Roma ultima rispondete vedrete e sichome richordo nonn'è fate per vostri che per questa non si richapitola più

Anchora vi si manda in questa le partite abiamo paghati e a Roma questa vostra ultima rispondete d'alchuna che l'anviata chome vedrete in detta partita e achoncia l'abiamo proveduta noi possiamo achongiare il resto avisate.

E ci è stato apresentato alchuna vostra lettera di chanbio ove traete denari la quale non abiamo voluto paghare e torneravi in direto chome vedrete e chosì faremo di quanto ciene verà sicchè oramai ciene traete quanto vi piace.

Brief der Medici an Gherardo Bueri, Florenz, 13. Juli 1413 [2389]

[c. 129r]
[...] siamo a quello chel provino di vero.

E dichono avere paghato agli studianti scudi 40 e 30 dichiano che avia loro chiesti che avete pure loro tratti, noi abiamo gli scudi 40 a vostro e simile si poranno e 30 quando aremo gli abino pagh[ati] siatene avisati.

E più ci dichono e detti di Parigi come il merchatante de' chavagli v'era giunto e in sulla fiera gli avea chondotti e a paghare aveano al detto Righo vi[...] franchi 70 promettere a più detti chavagli che così dichiarò avere da lui da voi dichosi paghati e dichono il detto n'avea venduti già da G. e ritratto attendea che avetegli dicie paghagli a detti Pazzi, che chosì piaccia a Dio faccia e che de' chavagli faccia bene, che se faciesse il contradio credo al danno verebe a noi, a loro dichono che de tutto v'avisono sicché di ciò faremo sanza più dirvi.

Dichono avere avere avuto scudi 294 e 18 e 14 ch'avete loro rimessi e restano avere scudi 10 di 20 rimette[gli] loro.

Voi rimanete avisati come noi saldamo il chonto come voi.

Avete pure ora achoncio le 53 marche e s. 2 di maestro Giovanni Vosse che noi gli abiamo anchora achonci.

2389 ASFi, MAP 88, Nr. 129. Es fehlt der erste Teil des Briefes.

Arete auta la quietanza de' ducati 40 per conto e nostri di Vinegia a maestro Giovanni Bichirei che 60 ne dovea avere, sicché se lla quietanza non giungnese chostà, ci pare no[n] gli aresti mai chostì che nove bene a fare chosì.

Anchora siamo avisati di lire 34 a Bruggia a Bartolomeo Spinelli che gli abiamo aconci e dite avere rimesso alchuni denaro e non chiarite in chi né chome che achonci non sono, aconcierannosi quando l'arete detto a conpimento.

Di poi non avete rimessi altri denari né a Parigi né a Bruggia che vi vogliamo preghare rimettiate un pocho di sollecetudine a farllo a Bruggia e a Parigi del meglio potete e sopratutto rimette[re] da persona che siano paghati.

Disevisi come parea a nostri magiori alla tornata di Lodovicho che llui arebe facto bene ad essere ito a Parigi a vedere si potesse avere di que[i] denari vecchi che sarebe un buon fatto.

Siamo avisati di lettera avete da Lodovicho e da quando dicie tornare di chostà, che actendiamo sia tornato e rechato denari a sse e voi gli abiate rimessi in quel modo vi sia paruto il meglio, avisate che seghuito.

Anchora sarebe facto buono che col marchatante de' chavagli che andò a Parigi ci avessi mandato uno cho[n] lui per più salvezza de' danari e per l'avenire non metterai a rimandare più chavagli per le chagioni vi s'é detto, cioé se n'arivassono male e non aresti mai nulla e voi n'avete veduta la pruova.

[c. 129v]
[...]ranno pag[hati] siatene avisati

Non vegiamo avervi a dire per ora altro se non che vi piaccia essere solleciti a rimettere di qua quello potete e a risquotere chostì da cchi dovete avere acciò che possiate una volta saldare i chonti come si richiede.

A dì 19 abiamo la vostra de dì 9 di luglio e visto quanto dite, vi sarà risposto quello bisognia.

Anchora abiamo avuto chopia di più partite seguite da poi, che li saldamo al chonto e visto abiamo tutto che sia mancherà achonciare nulla se farà.

Chon dette partite mettete lire 100 e 64 avete per conto a Bruggia agli Alberti che s'achoncieranno e anchora dite avere per conto oltre cento e che la lettera del chanbio attendiamo che seghuito arete.

E voi avete aconcio marche 348 s. 5 d. 4 per fiorini 293 paghati a messer Ermanno da Veghi che sta bene.

Di poi dovrete avere achoncio la valuta di ducati 869 paghati alla Chamera per gli e[n]sengniementi di lodo vechio avea chostì e ducati 3 s. 6 per la quietanza de' detti denari.

E più ducati 250 pagherò a dipositoni della Chamera per uno asengniamento pigliorono.

E di poi sarete certi avisati da[i] nostri di Corte di ducati 1250 paghati a messer Tederigho Nestoleri che arete dato quello n'abiamo a porre a conto.

Di più chapitoli che dite sopra il fatto della grazia, mandò messere Tederigho per consoli di chostà abiamo visto, faremo sanza riprichare più, di poi vi sarà suto lettera scrive messere Tederigho e veduto quello arete potuto fare, crediamo che seranno giovate essere el fatto sicché attendiamo che assai ne siate sanza perdita chà Dio piaccia.

Ora di nuovo avete lire di ragione 535 ½ nel detto messere Tederigho e dite averne auto dal Proposto di chostì, marche 600 e dite che questi non avete potuto disdire a Magiori se detto anno sapiamo se voranno si paghino, crediamo di sì, quando si pagharanno e concidiamo marche 600 a vostro.

Di lettera avete da Lodovicho e si siano avisati di quanto và mandato e si de[i] vai e de[i] chavagli che vi diciamo vegiate di finigli per buo[n] modo il più presto potete, il mandargli di qua non vi chonsigliamo però che di grosse perderesti, sicché farete meglio a provedere di finigli di chostà.

Del chaso di Stefano sentirono i Magiori da llui e da voi che vi rispondiamo de tutto.

Qui s'é tanto sopra il fatto de rimettere di qua che più non ci diffendiamo a dire perché vegiamo lo chominciate a fare, attendiamo che di poi l'abiate fatto di più e se fossi suti solleciti per lo passato e farllo non sarebeno ite le chose al modo sono.

Non achade altra risposta alla vostra.

Voi arete poi avuta più chopia di partite di denari si sono paghati di qua, arete detto dì per dì di quello arete rischosso, acciò che s'achonci tutto come fà bisongnio.

Brief von Gherardo Bueri an Lorenzo de' Medici in Florenz, Lübeck, 12. Juli 1425[2390]

L[orenzo], magiore Firenze

Al nome di Dio, a dì xij di luglio 1425

Carissimi, l'ultima insino a dì 25 giungno per la via di Vinegia per Tedericho Aghei nostri; e dipoi, a dì 30, per uno mesere Tomaso Prete, inghilese, ve ne mandiamo la chopia e no veghiàno dipoi vostra. E per quella vi dissi a pieno, però farò chon pocho dire.

Furono chon la ultima, e simile con quella della via di Vinegia de dì 25 di Vinegia, lettera a' magiori, che data l'arete loro.

Questa vi faciàno perché none avendo quella di Vinegia e la chopia mandatavi per quello inghilese, per questa siate avisato quanto per lo detto Tedericho, chon lo nome di Dio e di salvamento, a' vostri di Vinegia mandamo per chonto vechio di Lodovicho e mio, e simile ancho per chonto mio nuovo.

Mandamo prima a' detti di Vinegia, chon lo nome di Dio e di salvamento, per mio chonto vechio e di Lodovicho, libbre 2300 d'ambra fine e più mantegli xj di dossi rossi: che Dio tuto mandi a salvamento. E noi detto abiàno atendino allo fine della anbra, ma gli mantegli di dossi rossi vogliàno chostà a voi mandino che costà fine ne faciate, e di chosì vi preghiàno e che provegiate a vantagiargli quanto potete e avisatene; che noi più per una pruova che altro ve gli mandiàno. E riusciendo bene, vi manderemo degli altri, che sono dossi 200 per mantello; e qua chosta lo mantello; marchi 4 s. 10: siàvi aviso.

E più mandiamo a' detti, per lo detto, per chonto di Lodovicho propio che a' magiori vostri per lo debito loro ànno a fare buoni lo ritratto, vari / M / lucis e più vari 500 bello ora siàvi aviso che Dio tutto mandi a salvamento.

E per chonto di que' di Roma mandiamo loro f. 50 di Lubicha e f. 50 di Ghallara, di 5 per scudo.

Per chonto mio nuovo e però mando loro, chon lo nome di Dio e di salvamento, f. M di Ghallara, di /5/ scudo, e f. 50 di Molira rag° fiorini di Ghallara e più f. 25 di Ghallara di...... [..]agione: che Dio tutto mandi salvo e loro a voi gli mandi fatene fare d'ongni ragione di per sé ed erane rifatto a punto.

2390 Harvard University Library, Baker Library, Medici Letters, Nr. 77.

In questa ora è venuto chostui e parte in fretta e i' ò per lui tutto in Chorte f. 50 di camera. Siàvi aviso. Andrea di Benozo fia presto in 8 giorni.

Per questa sanza più dire. Cristo vi ghuardi.

Gherardo Bueri, in Lubicha

[verso]
Chosimo e Lorenzo de' Medici e chonpagni,
in Firenze

Brief von Roberto Martelli an Lorenzo de' Medici, Basel, 22. September 1434[2391]

+ Al nome di Dio, a dì 22 di settembre 1434

Sono più dì nonn ò vostre lettere, e avendovi scritto a conpimento per altre, poco mi resta a dire qui. Voi arete visto come ci prociedono le cose e in quanto disordine si truova essere lo Concilio per la differenza è tra li spagnoli e franzesi e l'inghilesi. La quale nonstante le pratiche tenute e che ci si tengono, nonn à per ancora avuto fine, e dificultà ci è grandissima. La nazione d'Italia e la Giermanica à preso lo 'ncarico d'aconciarla, e per molti se n'à speranze. Sono punti non si possono dividere, e quale delle parti nonn arà sua intenzione si vorrà partire, perché i franzesi ci sono incorporati e ànnoci boci assay. Si crede li spagniuoli oteranno avanti al'inghilesi. Presto se ne dovrà vedere un fine. Iddio lo concieda buono, ch' è da dubitarene assay, veduta la durezza di questi inghilesi, e quali si vogliono trovare a riformare il conpagnio e non essere riformati loro.

Per altre vi dissi che tutto questo peso si riducie sopra le spalle di monsignore lo Legato, il quale à assay che ffare, e per suo mezzo si crede ciascuna delle parti arà da contentarsi e non si partire. Sapretelo. Altro non ci è di nuovo. A questi Greci mancano danari, e poi si partirebbono; presto si tiene saranno spacciati. Donde i danari si debbino venire, ancora non s'intende. Il papa avea mandato qui a notificare in quello era rimaso con lloro, e costoro non vogliono mutare niente di quanto ànno conchiuso, e ànno mandato uno a Firenze perché il papa con sua bolla confermi lo decreto qui publicato circa a questa materia. Potrà essere non lo vorrà fare, perché consentirebbe ancora 2 anni questo Concilio durasse.

2391 ASFi, MAP 20, Nr. 50. Papier. Fettspur eines Siegels.

Lo cardinale die Bolognia partì; poco ci è scaduto avere a ffare con la sua signoria, e nondimanco bene contento resta di me. Piàcciavi a ssua venute suplire a quello io nonn ò potuto servirlo. E' tutto vostro. Mando per lui 18 marche d'oro. Iddio lo facci salvo.

Gli altri 3 cardinali che partirono prima debbono, almanco i due Sancta Croce[2392] e Sancto Piero[2393], essere di costà e avere fatto buon fructo. Iddio ne concieda loro grazia.

Per la rocta seguìta in Romagna si crede più presto ne seguìra buon accordo e pace. Piacciavi avisarne, così che ffa il conte Francesco e N. Fortebracci e come a Firenze s' è reparato ai sospetti v'erano.

La causa del patriarca sta pur così; non ci è chi speri che concordare si debbia. Altro di nuovo non ci è. Che seguirà v'avisero. Abiamo in questi dì venduti drappi per ducati 800 con poco utile, che altro non s' è potuto fare, e di quelli ci restano facciàn quanto si può. Sono in buon luogo e bene governati. Quanto io allargherò la mano, purché in nel denayo si vengha. Vanno tenporali da far coxì.

Lo cardinale d'Arli dovea accordarsi con l'abate di Santo Antonio e poco restava. Altro pensiero gli è venuto e in tutto la pratica nonn à luogo, e per via di ragion ànno dato modo a vederla tenpo, ameteranno. O' detto al chardinale quanto questo v' è grave e che dovrebbe provedere di non farvi oramay più incomodità dei vostri danari. Uno mese mi dà termine a ffare che ll'abate di Santo Antonio gli darà, voglia[o]nno, ducati 5 o 6 mila e che tutti diporrà apresso di noi. Credo saranno parole, e coxì ò detto a llui. Con questa speranze mi tiene.
Avevo princiepato questa stimando il fante dovesse partire sino al dì soprascritto; e questi inbasciadori, per vedere una conclusione di questi fatti del patriarca, l'ànno sopratenuto fino a questo dì 29. Altro non ci è di nuovo, e di costà ci son de' 5 e 12 e 17, attendone con disiderio. Poco arà a dire qui perché non ci è scaduto altro di nuovo ne' questi inghilesi e franzesi e spagnuoli sono d'accordo né mi pare siano per la via. Se dei loro spendessono forse non ci starebbono a perdere questo tenpo. Saprete quello seguirà. E'una tenpesta tante pratiche ci si tengono.

Lo munitorio è bollato e in tutto spacciato e assai àsi pro, ma pur messer Simone da Termo à tanto operato che per ancora il patriarca no' llo può usare. I fatti de' boemi stanno all'usato; ànno dato doversi ora d'ottobre congregare a Praga e quivi fare una conclusione di quello che fare vogliono. Iddio voglia sia buona. Lo 'nperadore dimostrava volere passare in Ungheria. E' pure stato publicato lo monitorio contro alla Illustre Signorìa di costa, e con ogni inonestà stato apiccato questa mactina alla chiesa principale, veduto e letto da tutto lo Concilio. Questo patriarca forse crede essere in poxessione, ma chi meglio la 'ntende, ne stime l'opposito; 40 dì

2392 Kardinal Nicolaus Albergati.
2393 Kardinal Johannes Cervantes.

apresso che costà fia pervenuto a notizia, si debbe restituire tutto sotto la pena di scomunica e intradicto etc. che tutte sono pazie. Facieva più per lui d'acordarsi.

Lo vescovo Roffense[2394], imbasciadore del Re d'Inghilterra, s' è morto questo dì. Iddio abia avuto l'anima. Costui s' è incorporato davero.

Messer Iacopo Donato à scritto di qua al vescovo di Padova[2395]della oferta avete fatta alla Signoria, in forma che honore assay ve n' è stato fatto. Voi avete visto che al continovo abiamo sovenuti questi inbasciadori per i danari bisogniano delle spese, e di costà, secondo ci è scritto da' nostri, ne restiamo avere buona somma, e per questo avete ordinato non sì presto si ritraranno. Non so quale intorno a cciò sie la vostra intenzione, se servire gli debb[o]nno, ché veduto quanto di costà si ritraghino con istento, ero in animo di non gli servire più. Poi mi sa troppo male lasciargli e perdere tutto quello che fatto abiamo verso loro; piaccievi alla avuta di questa chiarirmi la mente vostra intorno a cciò e come con loro vi contentate si segua.

Questi presidenti del papa ànno ottenuto di potere per nnome della Camera apostolica, ricievere e quitare e conporre, e sanza dubbio perverrà loro danaro assay e noi sareno loro depositari e di circa da ducati 1400 possono avere e saranno quelli riscotessono per loro provisione. Non domandate se il vescovo di Padova la sollecita, e questo non bisogniava a Nostro Signiore avendo il bisogno avea.

Io sono avisato per lettere di Giovanni Benci come voi metete questi danari ò prestati a questi 2 cardinali a 'stanze de' loro rede veniziani e del duca, per perduti è molto grava la cosa. Ducati 2550 s' è prestati, de' quali 1000 n'abiamo in nostri mani: restano 1550, e di questi v'ò detto lo vescovo di Padova, Arano di Candia, messere Federigo Contariny e messere Giovanni Francesco e l'abate de' Sandri cie ne sono obrigati, e costì anno detto avate ordinato co' llettere, e sanza manco presto saranno ritratti. Così scrive l'abate, e quando bene ciò non seguisse, non potete perdere niente. Avete tanti amici e conoscienti che se alle volte, con bene farvi sicuri e con darvi onore e utile, non sono serviti, ve gli perderesti. Abiate per fermo che quelli debitori ci si son fatti aranno fine buono e presto, e per l'avenire faro ongni cosa per non ne far più.

\/oi avete visto quanto con messere Simon da Termo ò seguito, e attendo da vuoi quello circa a' fatti suoi à bisognio dela proccura vi richiesi per questa cagione. Non dimanco se provedere potete al suo apetito sanza mandarilo, mi sara caro. Poco l'arei adonerare se già non fusse per risquotere per voi o per avere a parlare con Inghilesi, i quali vogliono vedere più oltre non bisognia. Di questo n'avete diliberato come paruto vi fia che il bisognio richiega.

2394 Joannes Langton, Bischof von Rochester.
2395 Pietro Donato, Bischof von Padua.

De' fatti di conpagnia dico abastanza in lettera di conpagnia in que' di 2 dì, e manderò Piero Malzi con buona somma, e abiate per fermo che al continovo mi troverrò d'avanzo costà migliaia di fiorini.

Per questa nonn ò a dirvi altro e né de' fatti di Pensoso non so che dirvi. Sentirete che faranno i due Strigoni e Sup[ti] quelli ne potete far fondamento. Qui son tante traverse, che male giudicare si può del futuro. Iddio ne concieda fine buono. Meo del Vantagio è venuto qui, che propio ce lo mandoro i nostri con bolle della elezion de' nostri signori. Sto di buono animo. Priego Iddio non sia invano e che come disiderate vi guardi.

R. vostro in Basilea, a dì 29, a vespro.
Lorenzo de' Medici in Vinegia, proprio.

Brief von Giovanni da Castro an Antonio Borromei, Basel, 20. September 1436[2396]

Spectabilis miles et gienerose domine, mi humili recomendazione premissa etc. Cognoscho che arei factto mio debito se almancho, dipoi che questa ragione rimase vedova del suo principal membro, io vi avesi scritto, né perché factto non non l'abbi non so. Hora, inpulso dallo stimolo dela choscienzia, con hogni debita riverenziy et ad correzione, vi dirò quello che più taciendolo né a Dio né al mondo schusa ammissibile non mi parrebbe poter trovare. Intesi più fa la voluntà dela felicie memoria del nostro magiore in ultimo esere stata che di queste conpagnie si faciessi uno fine, non ricordandosi la promessa fattane davanti, cioè quando le principiò, e questo non esere in sola sua diterminazione. Seguonsi hora in Corte e qui questi banchi in nome di chui e chome sapete, di chon non picholo disiderio chome manna aspetato che voi vi abiate persuaduto dare a questi trafichi el nome di Borromeo vostro figliuolo, e veduto lo pregiudizio ne li viene, dilibero dirvene el mio povero parere. Magnifico miser Antonio, merciè di Dio voi ci trovate hogidì el fiore dele conpagnie di ponente. Avetene chostà a Vinegia una ch' è l'onor di tute l'altre, salvo superiore non à. Niuno giudichò in tal grado che non cierchassi agiungniere a queste una conpagnia in Corte, la quale volendo ci avete questo peso di Corte e a voi pocho e picholissimo, e in brievi giorni ingiugnierà ala vostra felicie chasa de' Borromei una fama immortale e gloria. Avete la riputazione de' secholari, né è da meno chara quella delli eclesiastici, né sarà con meno utile che qualunche altra ve ne aabiate a tanto per tanto quando e guadagni seranno mai minori, e noi siamo giunti insieme che se non mai non staremo chosì.

2396 YUSA 88, 1679.

E sono questi guadagni che si fanno dormendo, e puosi dormire faciendoli, aveteli al ghoverno di Tomaso, huomo di non pichola praticha, uomo qui parem, al dì d'ogi in Corte non à. E chome vi dicho, queste conpagnie di Corte sono quelle che più exaltono el nome, più danno di comodità e meno d'affanno di tutte l'altre. Confortovi a volerle rivisitare, eziandio a tenerci di vostro el capitale, che quale e quanto sia v' è noto. A questi preti molestum nomen gli è istud comiseria, non solo loro, ma e merchatanti si riduchon a vivi volentieri, né anche chome meritono possono da noi esere serviti stando noi in su questa bilancia, dico deli amici aquistati per l'adrieto, non ci posiamo ben mantenere e recuperare amichum perditum gravisimum est. Al mondo non potrebono esere più chiari sono e facti di queste ragioni, avendoci voi alquanto che pure disi credo inchinato l'animo, per quanto io richonoscha di questa diliberazione vi saprei consigliare, e quando l'oposito fusi di vostra intenzione, una mezza grosezza mi parebbe quella d'altri a più seguire. Uno fervebte desiderio ho di vedere questa chasa fra l'altre in gloria, ma mosso a dir quello che dicono, e sì che mi chonoscho debitore favellare per queste ragioni. Lascivene Iddio pigliar el buon partito e in stato felicie conservi.

In Baxilea, a dì 20 di setenbre 1436. Dela Magnificentia vostra humil servitore Giovanni da Chastro.

[verso]
Spectabili et giеneroso militi domino Antonio de Borromeis, domino et preceptori suo honorandissimo, Verone.

Brief von Tommaso Spinelli an Giovanni da Castro in Basel, Ferrara, 29. Juli 1437[2397]

+ Al nome di Dio, a dì 29 di luglio 1437

A dì 22 detto, per fante proprio ti scrissi, dipoi mi sono chonparite 2 tue, una de' dì 12 a dì 13, l'altra de' dì 14 a dì 25 sotto breviata risposta.

Questa ultima che tu ài mandata vi è la chagione per farci avisati de' ducati 3 mila ci à tratto da Norinbergho Piero Dovatt.[2398] Chome credo averti detto inn altra, egli è buon dì vi si diè chonpimento; resta che hora Giovanni Carlini[2399] ci faccia dovere a' nostri di Vinegia, ché la

2397 YUSA 89, 1694. Papier.
2398 Peter von Watt.
2399 Giovanni Cherlini.

quitanza ne gli abiamo mandata più dì sono, e vedi Giovanni questa è stata troppo gran posto per ogni chagione, ché ssai di molti chasi potrebono intervenire, di che Idio ci ghuardi, ché mi farebono sudare le tenpie. Atendo questi dì 5 d'aghosto benedetti, che Dio voglia ci ritornino in mano e sanza mancho. Troppa soma fu avere tratto, e poi e' ci scrive in tedescho, che ci è di nicistà di ghovernarci per mano d'altri. E sia cierto che l'averlomi messo innanzi Varnieri,[2400] che so non ci meterebe innanzi choxa che danno ne potessi avere, m'à fatto sdruciolare, chome ti dicho. Io v'ò dato chonpimento, atendo hora a riaverlli in Vinegia cho' la grazia di Dio.

Credo che a Varnieri no' farò altra risposta a una sua, avuta pure in tedescho, dove mi parlla di detti ducati 3 mila e sì del tenpo, vorebbe anzi del vantaggio, vorebbe darmi in Vinegia ducati 100 di Vinegia per fiorini 105 camera ch'io qui a suo conto metessi, la quale adimandita no' mi pare punto giusta, inperò ch'io t'avisso che in Vinegia io non posso e danari s'io non ò mandata in prima, in mano di Giovanni Carlini la quitanza. Siché io m'ò senpre in prima a sborsare li danari avanti ch'io li riabi in Vinegia, e nonestante che ora e danari di Vinegia sieno uno pocho meglio che non sogliono, tu ssai chome questo anno sono stati di queli che pocha grascia n' è stata. E perché tu di' che Medici volentieri lo farebono loro tal patto, io sono chontento che piglino la loro volta, pure che chredino fare la loro bisongna: che a me pare a Piero e' sia Varnieri bonissima chonpangnia e chon pocho mio profitto; nondimancho perché io chonoscho Varnieri discretto e ama l'onore mio e l'utile, sono chontento di questa diferenzia dello avere in prima ducati 100 per ducati 105 di camera, la rimeto in lui e in te, che liberamente l'achonciate chome vi pare, che ne sarò chontento. Quando la somma fusse grossa doverebono quegli di Norinbergho darmi qui tale giorno a la lettera del chanbio a paghare che in Vinegia io l'avessi riavuti, ché, chome ti dicho, io lo pagho qui e poi l'ò a riavere in Vinegia, e perde tenpo assai. Ora fa' tu ne lo posibile che venendoci sia realmente l'altra parte.

E sì vogliamo cha da hora innanzi, de' danari che la lettera del chanbio sieno in latino, ché a nullo modo intendo d'avermi a inbochare per le mani d'altri d'avermi a fare leggiere le lettere, ché ssai quanti a queli erori a mio danno si potrebe pigliare.

Per chui mano di loro abiamo a rispondere, abiamo inteso, seghuirassi. Ora tu di'ànno a fare cierta scritta. Falla fare per buona forma, e vorebe essere in latino, dove loro si possino sottoscrivere. Tu se' in sul fatto, seghui lo salvamento nostro, sopratutto che in te sia rimesso. E Idio ne lassi seghuire di questa facienda, risposta pure in chonpagnia.

E' ti s' è detto chome chol veschovo del Porto ci ghovernamo. Credo sia partito da Vinegia. Atendo da' nostri chome cho' lui l'aranno fatta. Da ducati 6 mi chosta il presente li ferono.

A Firenze s' è scritto intorno al fatto di messer Ghuasparre. Pocha speranza è d'averne.

2400 Wernli von Kilchen.

E v'ài mutato la cifera che m'ài dato, che m'ài dato assai faticha. Io ne scriverò pure in sulla vechia, ma pocho, e choxì mi pare abbi a fare tu, perché pocho bon frutto mi pare sìano atti a fare, e sanza pericholo non possa la chosa.

Battifero[2401] è più dì qui arivò, chome arai sentito, chome si ritiene bene assai. Dicie atende danari di chostà, per darcci danari della vesta s'à fata lui. Solecita che si proveghi a mandare datorno, che sieno proprio. Muta verso, muta quel muro, choxì ne credo in questi dì dicie mi pare che vogli [es folgt eine Zeile chiffrierter Text.]

+

I'ò presentato a messere Francesco da Padova la lettera di fiorini 150 prestati a Taranto,[2402] e sì quella de' fiorini 80. Insino a ora, se altro non mi dichono, mi pare che avanti mi dìeno uno secondo d'aspetare Taranto, e choxì anche ducati 20 d'oro per lo fante mandasti. Non credo però avere danno, perché Taranto no' llo doverà sofferire. Ò di già tenuto on chaxa da dì 8, dicho di Churado, questo e' l ghuadangnio nostro.

In dì 20 proprio sarìa ingiusta choxa che noi avessimo a paghare le spexe di Micchel, ultimo fante mandasti, e per aroto noi siamo anchora in pericholo di perdere ducati 6 che si spexe in fante si mandò a Vinegia a Giovanni Carlini per questa materia de' 3000 ducati. Varnieri non doverebbe patire si perdesino, almeno questi si danno a Nichere, che fo chonto di darli anche qualche fiorini 203.

Questi poloni atendono cho' disiderio che noi li prestiamo loro e ducati mille che in su quella del canbio de' fiorini 3000 anchora si chonteneva, ma non dare asolutamente che si prestasino, ché avendolo detto se ne tenea que' medi che tenuto si son de' 3000, attendosi chostoro, dicho, sodisfatti se no' gli ànno.

A' Medici, secondo ho inteso, sono venuti a mano e chavagli che di chostà furono chonperati per gli inbasciadori del choncilio. Io non mi voglio inpaciare di rinvernirla e far conto; forse Taranto quando ci fia.
Io ò non so se mai di chostì v'arete a partire, ma se a tale termine viene, insino da hora voglio che tu sia avisato di mio animo, che se ti pare di lasciare chomesioni a Ghuarnieri, ti possa trare in chortigiani insino a cierta somma, ed anche, se lla choxa lo patisse, vi si potrà lasciare uno gharzoneto per uno pezzo. Dimi di tuo parere.

Vedi ch'io ti mando in questa uno di Rimino a' presedenti, dà la. Credo che Taranto doverà essere partito, e sì chredo che dicha di choxe molte legieri. Fieci una scrive Padova al detto.

2401 Bartolomeo de' Battiferri.
2402 Joannes Berardi de Tagliacotio, Erzbischof von Taranto.

+ Al nome di Dio, a dì 3 d'aghosto 1437

Insino a qui è quasi chopia d'una ch'io ti scrissi per Churado, che cci avevi mandato proprio ad istanza di Taranto. Credo l'arà avuta. Dipoi m' è chonpartita la tua per lo Besso, choriere, che ci fu lo dì di San Piero in Vinchola, e sì n'ebbi anchora una de' dì 16, che a tutte quante ti farò risposta, ma sarà sì breve che forse n'arai amirazione.

Noi siamo avisati della partita di Taranto e 'l dove s'adirizò; atendesi chome presto e per che via si sia adirizato Nostro Signore chon suoi cardinali ànno inteso tutto. Io per me ne sento che alchuna providigione fanno, ma devesi credere la farano, che Idio voglia sia buona. Quando Finochio sonava la povaliera detto [?], somerso era, chome dire: mura quel muro. Ora voi ve ne avedrete bene, che Idio a buono porto chonduchi.

Assai se' da lodare delle spexe ài fatte e in mandare de' chorieri, ma quanto da ora innanzi a me più non gharba che in simile choxe più ti travagli se già di chostà no' ne se'à a sichuro. Vedi che prima tu tti metti di chostà a pericholo, e poi di qua; el grado che se n'à non ti dicho, ma di quello ch'io mi dolgho si è che chostoro non mi vogliono aceptare questi ducati 38, che 20 sono per Churado e 18 per Ugho, e sono a pericholo di no' li perdere. Fìdomi pure che se Taranto si chonducie ad opera, li riaremo. Anchora non ne abiamo riavuto danaro de' fiorini 80 per li chavalli, ne' fiorini 150 prestati a Taranto. E sai che lettere di sua mano non ò mostra qui, pure me ne dano intenzione li riarò. Ora penxa de' ducati 100 che di' prestati alla sua partita, di che di' non ài chiareza chome siamo atti a riavelli se qui non ci chonpariscie.

S'io non ti dicho degli affari di qua, chome detto è di sopra, no' ne avere amirazione, ch'io ti prometto ch'io sono sì stancho di queste choxe, visto le provigioni, ch'io ne fo tavola. Siamo atti a stare qui uno pezzo, none aparendo di nuovo, di Toschana no' ci è altro. El chonte è per dare el ghuasto a Lamiglio e Biadora di Lucha; èssi detto che Niccholò Picinino s' è rachostato a Pontriemoli, e dichono che 'l chonte Franceschо si li viene achostando; credo non farano zufa. Luccha sta dura, chome ssai sua faticha. Idio dia buono fine a tutti. Èssi detto che le gienti del chonte Francescho, che sono nella Marcha, ànno rotto Francescho Picinino. Atendesi lo cierto.

Brief von Tommaso Spinelli an Giovanni da Castro in Basel, Ferrara, 3. August 1437[2403]

Giovanni, io ho lettera da tuo padre che in tutto e per tutto à diliberato rivolerti di qua, e choxì m'à detto messer Angniolo, tuo fratello, per sua parte. Diché, intesa la diliberazio di tuo padre, che dicie che in questi dì manderà chostì uno suo famiglio per te, a me non è paruto di darlli alchuna choxa allo inchontro della sua diliberazione e ò li risposto ch'io vo' chredere che n'abi presa la migliore, e choxì ò detto a messer Angniolo, del quale ti manda una lettera in questa. E pertanto, per quanto a me s'apartiengha, io ti richonforto facci e chomandamenti di tuo padre, e faciendo tu l'oposito, troppo ne saresti da biasimare, e sì ti dicho che per quello che a me ne tochi una hora non è mio animo di sopratenerti, so che di questo mi puoi avere molto bene inteso. E sse a me stesse bene lo chomandare, lo fare' di dirti che se noi chomandamenti faciessi. Ora io credo che datte medesimo se' molto bene amaestrato, siché intorno a questa parte fo fine.

Solo mi resta a dirti solo del chome verà a restare chostì lo trafficho nostro, che anche di questo mi paserò di legieri, perché stando tu in sul fatto e sendo discretto, molto meglio gli puoi giudichare di me, ma chome ella si sia, partito se ne piglierà. Io chonsidero che chotesta materia non à avere fine per aventura sì presto, e none [...], tuttavolta tu ubbiderai quello che tuo padre ti chomanda e sarai di qua, e noi in questo mezzo, chome avisato n'ò, e' magiori di Vinegia[2404] provedrano per quella migliore via potrano, che a Dio piaccia aparechiarci lo meglio a pigliare. So bene che chostì rimarà molto tristamente. Ora faremo chome potremo.

Hordina a Lionardo[2405] lo bisognio e rachomandalo a Varnieri[2406] e a cchi altri ti pare e làssali i danari che chredi bisongnio, e choxì hordina l'altre choxe, e vièntene, escine di chostà.

Non si à più bisongnio di que' libri antichi, fane uno fardello e màndalimi qui, bene chovertati. Arò charo sentire presto di tua diliberazione, acciò che meglio sappi che affare per noi. Che Idio sia a te e a noi in aiuto. Se vieni, abbi chura lo chome, e stieti a richordo sopratutto che non ti fussi posto le mani adosso. Saràci una ch'io scrivo a Lionardo, dove li dicho alchuna choxa di queste facciende: dàlla parendoti a parte.

[verso]

+ 1437

Copia di lettere ch'io scrissi a Giovanni da Chastro a Basilea a dì 3 d'aghosto.

2403 YUSA 89, 1694. Papier.
2404 Antonio Borromei.
2405 Lionardo Doffi.
2406 Wernli von Kilchen.

Brief von Roberto Martelli an Bartolomeo de Battiferri, Basel, 20. Januar 1438 [2407]

Avendo io scriptovi e sugellato la lettera, ò avuto una vostra facta a dì 6 con più lettere al nostro monsignore vostro e del cardinale di Santa Croce[2408] e dello arcivescovo[2409] di Taranto e di Firenze, le quali m' è troppo dispiaciuto questo fante l'abbia qui portate; e perché e rrimandarle indietro non sarebbono a tempo, prima avendole recte l'ò dipoi date al fuoco.

Quello scrivesti circa alla pace ò notificato a tucti questi del Re d'Araona e all'arcivescovo di Milano[2410], affine che pensare potessono nonn essere così utile come credono, di procedere con tanta animosità contro al papa e alla sedia appostolica, che la sua santità sospendere vogliono domactina,[2411] sicome per quella altra vi dico, e alla sedia vogliono in futuro torre il conferire dei benifici e il dare gratie aspectative e così che in Corte non si possa più comettere causa. Tucte queste cose si spacciano domattina per ciessione. Così mi pare voglino cassare il decreto ferono i legati, non obstante l'acordo facto, e però se voi di costà vigillate e costoro non dormono. Tucta volta se la pace avesse efecto e i Greci venuti fussino, dubito il fuoco vostro più assai ci scalderebbe che voi il nostro.

Ò veduto quanto operato avevi verso l'amiraglio e Siccofanta. Spero la venute costà di monsignore gli farà tractare a rrivedervi, advisandovi che i maestri dello admiraglio ànno viso d'andare per quella via andorono gli altri aveva prima. Monsignore ne porto in costà le partite di quelli mille ducati.

Pregovi, mio dolcissimo messere Bartolomeo, ut taliter operare velitis quod illos rehabeam.

Non dubitate del mio istare qui. Sono in buona gratia di Palermo[2412] e di messere Lodovico, et per conservarla fo tucto quello m' è possibile. Tais non credo abbia tanta possanza. Io non potrei sanza grandissima incomodità e danno della compagnia lasciare qui, e però non posso come e voi e io disidero venirvi ad vedere: quanto più presto potrò, fia. Voglio, partendomi, lasciare qui ordinato in forme la cosa passi con honore della compagnia.

A maestro Io. da Raugia che 3 dì fa venne, ò facto a ffo buona compagnia: non si può dare pace a non avere trovato qui monsignore. Ancora nonn à diliberato quello fare si debba: credo verrà a rrivedervi, ma che in luogo siate possa sicuramente venirvi.

2407 ASFi, MAP 96, Nr. 15. Papier. Fettspur eines Siegels.
2408 Kardinal Nicolaus Albergati.
2409 Joannes Berardi de Tagliacotio (1421–1445).
2410 Franciscus Piccolpasso (1435–1443)
2411 Das Konzil suspendierte den Papst am 24. Januar 1438.
2412 Nicolaus de Tudisco.

Per questa non dico altro. Iddio vi conservi. Ex Basilee die 20 Ianuari[i] MCCCCXXXVII.[2413]

Vester Robertus de Martellis.

Sono a dì 23 e iersera ebbi la vostra de' dì 7 e dì 11, con la quale ò avuto le botte di messere Giorgio nostro, che per lo primo fidato glie le manderò in tal forma l'arà e prestamente e sicure. Ò inteso quello di nuovo scrivete, e se non fate la pace e non avete i Greci vi vego spacciati salvo se per fare ben contento lo Re Renato non facessi tanto che il Re di Francia fusse ner voi. Queste sono quelle cose che avendole voi, aiutare vi possono, dove che mancandovi actum est de vobis. Ymo ego hic destitutus, solus debes me cruciari, nam neminem habes cum quo loqui possim et ab omnibus Taidem sequentibus odiatus. Sed hoc mihi gratissimum est, cum summe quidem laus sit displicuisse malis. Vale iterum, anime mi, et noli te macerare. Priegovi mi racomandiate a monsignore, la gratia del quale curate di conservarmi.

[verso]
Egregio viro domino Bartholomeo de Bactiferris, suo tanquam fratri honorandissimo.

Brief von Giovenco della Stufa an Cosimo und Lorenzo de' Medici, Basel, 2. November 1439 [2414]

+ Al nome di Dio, a dì 2 di novembre 1439.

Honorevoli magio[ri] etc. A dì 17 del passato vi scrissi l'ultima e vi dissi a compimento quanto fino a quel dì ci era seguito di nuovo. Dapoi ò scritto ben 4 volte a Ruberto e l'ò avisato del seguito, dapoi il che arete tutto visto. E' seguito dapoi che a dì 29 del passato si tenne sessione, nella quale per l'abate di Scozia, maestro Giovanni de Sagobia, e maestro Tomaso de' Corselli furono nominati quelli doveano intrare in conclavio per la elezione del papa. L'altro giorno seguente, che fumo a dì 30, si fé sessione e si decretò che que' tali dovesso no entrare in conclavio per far la elezione del papa. Il cardinale d'Arli con gran solenità disse la messe e comunicò tutti que' tali in verità con gran divotione. Fatto la messa, fu dato a tutti il giuramento in tanta piena forme quanto dire si può. Fatto quest'atto, uscirono fuor della chiexa colla prociessione e da tutto questo concilio furono aconpagnati a' luogo del conclavio, nel quale furono serrati. E' camarlingo a guardare il conclavio fu facto lo vescovo di Losana, e con lui sono molti

2413 Nach heutiger Zeitrechnung 1438.
2414 ASFi, MAP 20, Nr. 76. Papier.

gientiluomini del paexe col borgomastro della terra e col conte Jani Testem[2415], e con grande ordine lo guardono. Ogi è il quarto dì sono rinchiusi e ancora non ànno dimostrato d'essere d'acordo: fo conto domani l'areno. I nomi deli elettori vi mando in questa una nota. In luogo d'italiani ànno messi piamontexi, cioè vescovi e abati di Piamonte i quali qui à mandati il duca di Savoia; que'italiani ci erano, erano infame e non degni a tale atto. Il duca di Savoia, per quanto si possa conprendere, v'à dentro 14 bocie ferme di suoi suditi, il perché si tiene tocherà a llui. Io no' llo credo però, ma il volgo è cosi. Se lo cardinale di Cipri fussi qui presso non li mancherebbe perché ci à gran bocie; coxì ci è nominato lo vescovo di Fresinge, maestro Giovanni di Sagobia, messere Wolramo de Mursa.[2416] Tosto sapren come tutto passerà, che Dio ci e lo mandi buono.

Io vi dissi per l'ultima come quello è rimaxo in luogo di Filippetto era suto richiesto da Gioioso e da alcuni Panfilii di dovere passare in Candia per interdersi con Reputato e con Gientile e co' Candiani di loro volontà, e per non aver mandato non volle seguir tal coxa. Più volte è suto solecitato di dovere procaciare licienza, e coxi per l'ultima vi scrissi vi dissi coxì avea fatto, e coxì vi dico per questa che m'avisiate quello vi per di tale cosa però che a tutto riparerò. Al trafico suo non nocierà nulla questa coxa i' modo è ordinato, pertanto rispondete presto. Se questo Bene fussi presente questo dì, come si crede farà, tanto più neciessaria fia tale andata. E quello à nome d'otenere Bulimarzo più caldo che altri è di questa coxa, però ch' è d'animo di passare in Candia quando li Aquilani e Candiani se ne contenteranno opure una parte.

+ Tenuta a dì 3 a mezodì, e ancora questi del conclavio non ànno fatto nulla. E'uscito fuori una bocie che sono in gran discordia tra loro e che ultimamente al'ultimo squitino l'arcivescovo di Cologna à avuto bocie 18. Non credo di cierto si possa sapere, tuttavolta s' è detto del conclavio è uscita questa coxa. Conprendesi per questo il duca di Savoia non l'arà sia suo modo come si diciea. Ogi è lo quinto dì sono rinchiusi.
Questa vi mando per via di Milano, per le mani del cardinale di Terraona, lo quale m'avisa subito ve la manderà e ogn'altra lettera li mandassi.

Dallo inperadore né da nessuno prencipe non ci è lettera nessuna per le quali scrivano non volere si segui alla elezion del papa. Non é buon segno per papa Eugenio. Voglono tenere il piè in 6 staffe questi prencipi al dì d'ogi, e fanno bene poi i cherici cosi voglono.

Per questa non v'ò a dir altro. Scriverovi come le coxe prociederanno alla giornata. Che l'Altissimo Idio vi conservi.

Vostro Giovenco della Stufa vi si racomanda.

2415 Bürgermeister Arnold von Rotberg und Graf Hans von Thierstein.
2416 Johann Grünwalder (Bf. von Freising), Juan de Segovia, Walram von Moers (Bf. von Utrecht).

+ Tenuta a dì 5 a mezodì, e quest'ora sono intrati i custodi del conclavio dentro e uscitone, e da uno di loro ho che ànno fatto il duca di Savoia papa. Convocaxi la congregatione, la quale convocata n'anderanno là e si publicherà fra 2 ore. A' nno fatta bunna elezione. Idio vogla sia cagion di mettere la Chiesa in pacie. Aviserovi come tutto passerà. Non posso ora, perché l'aportatore parte.

Cosmo e Lorenzo de' Medici propri, in Firenze

Jahresabschluss der Bank „Giovanni Benci e conpagni in Baxilea", Basel, 24. März 1442[2417]

[c. 598r] + 1441[2418]

Saldo a dì 24 di marzo, anno predetto

[c. 599r] + MCCCCXLI

Qui apresse scriveremo i debitori e creditori del quaderno della cassa e debitori dello stratto e creditori e debitori de' libro e denari contanti ci troviano in chassa a dì 24 di marzo al rivedere del chonto. E prima.

Debitori del quaderno.

Veri de' Medici f. 67. 1. 6 Reno. Questo fé Ruberto Martelli più anni sono a 'Vingnone al detto Veri; per più nostre lettere gli abiano ricordato ci facci il dovere e infine non c'à mai risposto, e la coxa sta pur coxì, ... c. 2	f. a oro cam.	53	13
Giuliano Baratti f. 350 Reno. Costui nonn à a mala pena tanto possi vivere non che pagarci. Trovaxi una bottega di speziale che quando si vendesse tutto sarìa faticha di ritrarne f. 100. E detto debito fè Ruberto detto ... c. 2	f.	280	
maestro Arnoldo Ricenchux f. 6 s. 5 Reno. Abianne uno mantello. E detto debito fé Giovenco della Stufa. Aremmo venduto detto mantello più dì fa, ma non xi truova ch' l conpera 2	f.	15	
messere Giovanni Cristiani. Costui non c' è, né atto a venirce. Non abiamo obrigazione nessuna. E questo fé Giovenco per panno li vendé .... c. 3	f.	6	8

2417 ASFi, MAP 104, Nr. 60. 5 Papierblätter, modernerweise nummeriert: 598–602. ASFi, MAP 104, Nr. 58 ist eine kürzere Fassung dieser Abrechnung, die auf die meisten der Erklärungen verzichtet.

2418 Nach neuer Zeitrechnung 1441/42.

maestro Gisberto Caroli. Costui non c' è, né atto a venirce, né n'abbiamo obrigazione nessuna, e certto scritto di xuo mano. E questo fé Ruberto Martelli per panno li vendé anni xono ... c. 3	f.	9	12
messere Arrigo Berman. Costui e morto anni sono, e uno suo principale fidiguxxore abbiamo quito per una certa parte di denari ci diè, come ci lasciò Giovenco di comessione. Vero e uno altro fidiguxxore e laico e se pure fosse prete, pure se ne arebbe qualche speranza. E detto debitore fé Ruberto Martelli ... c. 4	f.	19	16
Diego Alberti e conpagni. Pagherà ora in su la fiera di Ginevra, perché maggiore soma n'ànno i nostri di Ginevra di loro, in loro mano... c. 4	f.	138	
maestro Piero di Tuglie. Non c' è al prexente, e altro che iscritta di xuo mano n'abbiamo. Giovenco della Stufa l'a fatto ... c. 4	f.	60	
messere Ruberto de Aldimari, per lo adrieto vescovo di Volterra. Di costui nonn ò isperanza d'averne coxa presto e perché à fatica di vivere. Abbianne scritta di xuo mano, e Giovenco della Stufa l'à fatto ... c. 5	f.	41	19
maestro Giovanni Lione. Di costui n'abbiàno tante anelli d'oro lo vaglion. Felo Giovenco ... c. 5	f.	13	12
messere Stanxixlao, proposto di Trento. Di costui non c'e alcuna obrigazione. Non ci si truova, e agevolmente si perderanno. Fello Ruberto Martelli ...c. 5	f.	12	10
maestro Giovanni Ferrerix. Costui fé Ruggieri[i] e infra pochi saran pagati...c. 8	f.	4	
maestro Giovanni de Tenplo, nostro amico, e infra pochi dì s'aranno. Lorenzo l'à fatto... c. 9	f.	4	
frate Arcibaldux di Santo Iermano. Costui à fatto Lorenzo e n'abbiamo fidiguxore maestro Giovanni di Tuglia, il quale à in banco ducati 250 o più, come per li creditori del quaderno vedrete, e davanti mezzo mexe pagerà.....c. 9	f.	40	
+ Soma ducati 688 soldi 10 a oro camera.			

i Vermutlich Ruggieri di ser Ludovico della Casa, Geschäftsleiter der Medici-Niederlassung in Genf.

[c. 599v]
Seguono i debitori del quaderno della cassa.

messere Iacopo, eletto di Santo Andrea inn Ixcozia. Costui è iscomunicato et publicato. E questo à fatto Ginvenco per panno li vendé... c. 10	f.	48	16
messere Arrigo di Tanay, per panno vendutoli. A' cci promisso in pochi dì pagherà. Questo à fatto Lorenzo... c. 10	f.	4	8
maestro Piero di Tuglia, per arienti venduti, e lo a fatto Giovenco della Stufa ... c. 10	f.	4	16

Apresso scriveremo i debitori dello stratto ci troviamo detto dì 24 di marzo.

messere Matteo, vescovo di Cortona. Costui è coxa romatica di più anni, e oramai si possono mettere per perduti. Fello Ruberto Martelli .... c. 1	f.	2	16	
maestro Gerardo Legabelle. Fello Giovenco 3 anni sono e apresso mai c' è arivato .... c. 1	f.	1	12	
maestro Bruno Tentor. Costui è una zachera, e pur infine s'aranno. Fello Giovenco .... c. 1	f.	1	5	8
Lorenzo Panperduto. Costui li doverà avere prima dal pretenotayo de' Bardexini, il quale si truova costì. Dite a Giovenco facci d'averli dal detto pretenotaio, però ch' è de' xuoi .... c. 1	f.	2		
messere Antonio Ferreri, catelano. Costui si truova ancora costì e per tanto si vuole alxì Giovenco della Stufa gliele domandi, che ancora e de' xuoi ... c. 2	f.	3	4	
Benedetto da Lione, francoso. Costui sono parechi anni si partì di qui e mai apresso c' è arivato. Fello Giovenco della Stufa .... c. 2	f.	4		
Arrigo, cozone di cavelli. Costui si truova qui e gliele abbiamo più volte ricordato. A' cci risposto che Giovenco à di xuo uno morxo di cavello che vale bene 2 ducati e più dice overo a Giovenco senxale di cavalli, e parci secondo la verità nonn è punto coxi, anzi è uno tristo e tutto fa per non pagare, e quaxi sono perduti ed è pure di que' di Giovenco della Stufa .... c. 2	f.	3	11	
Currado da Gostanza, coriere. Fello Giovenco e per perduti oramai si potrebbono mettere. Fello Giovenco della Stufa .... c. 2	f.	4		
Gerardo Mechingen. Questi s'arano infra mezzo mexe. Fello Giovenco della Stufa .... c. 3	f.	1	12	
Giovanni Arrighi, coriere. E'una zachera, e fatica ci fia ad averli. Fello Giovenco della Stufa .... c. 3	f.		8	
Ianni Sanco d'Elfordia. Questo fé far Giovenco per una vendita di uno cavallo più anni xono, a uno tristo di questa villa e che mai s'aranno .... c. 3	f.	7	4	
Zacheria Muller. Costui e nostro giovane, infra 3 o 4 dì s'aranno....... c. 13	f.	1	12	
+ Soma ducati 91 soldi 4 denari 8 a oro camera.				

[c. 600r] + MCCCCXLI

Debitori de' libro, ci troviamo a dì 24 di marzo, anno predetto. E prima.

messere Niccolò Heliston, inghilexe. Di costui ci troviamo uno dapetto vale el doppio ..... c. 3	f.	3		
I Venturi di 'Vingnone per noi costì. Oramai la dovrebbe Giovenco con i detti Venturi chiarito, perche quando di qui si partì ne prexe le 'ncarico ..... c. 6	f.	16	4	10
I diputati de' Greci ..... c. 7	f.	574	8	
I Bardi di Londra per noi. Giovenco lo dovrebbe oramai avere chiarito costì, perché al xuo partire ne prexe lo incarico ..... c. 11	f.	46	13	
Spese di banco fatte in questo anno, come appare in uno foglio il quale fia in questo ..... c. 27	f.	200	12	
I Borromei di Corte di Firenze per loro. Per l'essere picola soma non ce ne siàno provisti ..... c. 33	f.	1	12	6
Giovenco della Stufa, per xuo conto proprio ..... c. 33	f.	141	14	1
Il Portinaio di Bruggia, per lui. Per l'essere piccola soma non ce ne siàno provisti ..... a c. 40	f.	4	9	8
I Venturi di Barzelona per loro. Per l'essere piccola soma non ce ne siàno provisti ..... a c. 40	f.	2	12	4
I Medici di Vinegia per noi, che oramai ce li doverebbono pure fare buoni, cioè lire 65 soldi 16 grossi, per lo Moroxino, e lire 9 soldi 17 per li Medici di Corte di Firenze ..... c. 41	f.	777	10	
I Medici di Corte di Firenze per loro; provedrècene in su questa fiera ...c. 42	f.	64	5	
Masserizie, le quale ci troviamo e lo vagliono ..... c. 44	f.	11	10	
I nostri di Ginevra, e qua' si truovano di nostro ..... c. 44	f.	2248	17	2
Mercatantie, le quale ci troviamo come vedere potete per uno foglio in questo ..... c. 46	f.	478	14	
Lorenzo di Giovanni, per xuo conto proprio ..... c. 46	f.	47	18	
Arienti in vasella, le qua' ci troviamo come vedere potete per uno foglio fia in questo ..... c. 47	f.	285	2	6

Soma ducati 4905 s. 3 d. 1 a oro camera.

Apresso scriveremo i denari contanti trovati abbiamo in cassa, a dì 24 di marzo, anno predetto, al rivedimento del conto.

In fiorini di Reno, f. CCCCLVIII Reno, e per alcun non son buoni, se ne fa di tara f. 2 Reno; resta	f. Reno	456		
In marchi 1 oncie 1 d. 4 d'oro, vagliono al peso di Troix, a f. 84 ½ il marco	f.	96	18	6
In ducati 17 Vinegia, vagliono a 4 per 5 fiorini	f.	21	5	9
In f. 72 Reno vecchi, per f. 72 Reno, e più una verga d'oro per f. 17 Reno, fanno in tutto	f.	89		
In scudi 7 di Toloxa, a s. 28 l'uno f. 8 s. 12 Reno, e f. 11 app.^{ti} a s. 18, f. 8 s. 14 Reno, e f. 19 ½ di Raona, a s. 19 ½ Reno, f. 16 s. 12 d. 3 Reno. In tutto vagliono	f.	33	15	3
In scudi 15 chincard, a s. 16 ½, f. 10. 17. 6, e pietri 3 a s. 21 ½ f. 2. 18. 6, e f. 13 di Gelese a s. 15 ½ f. 8. 17. 6, e f. 5 di Gellese a s. 12, f. 2. 14., e marchi 12 di Monpolieri a s. 16, f. 8 s. Reno. Montono in tutto	f.	33	5	6
In monete d'ariento, cioè in soldi di Baxilea e grossi di Messa e grossi di Berna e rappi di Baxilea e moneta di Savoia, come appare a uno foglio partita per partita	f.	308	2	10
In più pengni, cioè tutte coxe d'oro, come appare particolarmente a uno foglio	f.	132	4	
Soma in tutto	Reno f.	1 170	5	10
+ Soma in tutto i denari contanti, come vedere si può, fiorini 1 170 s. 5 d. 10 Reno: vagliono conputando 5 fiorini di Reno per ducati 4 camera	a oro cam. du-cati	936	4	

[c. 600v.] + MCCCCXLI

Creditori del quaderno, ci troviamo a dì 24 di marzo, anno predetto. E prima.

messere Lamberto Torondi. Costui e buono perché c' è stato più anni....c. 70	f.	11	16
messere Niccolò, arcivescovo upsalense. E questo e buono perché c'e stato 3 anni sono.......................c. 70	f.	55	18
messere Giovanni di Santo Chimento. Alla giornata ne vanno............c. 70	f.	14	12
messere Matteo de Triboila. A'nne lettere in Corte anni xono..............c. 71	f.	4	16

maestro Piero Colle. Alla giornata se li viene a prendere ..... c. 71	f.	10		
I Medici di Firenze. Di questi n'à uno amico una lettera a detti ..... c. 71	f.	10	18	
Giovanni Serra, catalone. Alla giornata li prende ..... c. 72	f.	40		
maestro Piero Colle. Alla giornata se lli prende ..... c. 73	f.	23		
maestro Giovanni Monte. Costui è buono, che non li prende ed è ci stato buon tenpo ..... c. 74	f.	334	19	
maestro Guglielmo Testa ..... c. 76	f.	1		
maestro Giovanni di Tuglia. Alla giornata se li logora ..... c. 80	f.	40		
maestro Iacopo Inghilexe, scoto. E' più tenpo non c' è suto ..... c. 81	f.	14	8	
messere Girone Grillonix. E' buono ..... c. 32	f.	128		
maestro Guglielmo Tochina ..... c. 84	f.	10		
Il detto ..... c. 84	f.	5		
maestro Giovanni di Tuglia. A'nno avuto da noi lettere generale più mexi sono, e per ancora si truova qui ed è atto a starei buon pezzo ..... c. 85	f.	250	14	
messere Guido di Carovant di Brettangnia. Costui n'à ancora lettere generale più mexi sono, e per ancora ci starà uno pezzo ..... c. 86	f.	95		
Udinetto Galderano. Costui verrà un dì a prenderli ..... c. 86	f.	16		
messere Giovanni Martini ..... c. 86	f.	8		
Uno baldachino d'oro venduto, il quale non attiene a nnoi ..... c. 86	f.	15	4	
messere Giuliano, cardinale di Santo Angniolo. Abbiamo scritto a' Medici di Corte di Firenze gliene pagiàno la valuta, e in pochi dì si caxxerà ..... c. 87	f.	140		
Rafaello Agostino. Alla giornata ne vanno ..... c. 87	f.	24		
Giovanni Boreta ..... c. 87	f.	5		
messere Giovanni di Fonte ..... c. 88	f.	10		
messere Luca Rovverex. Alla giornata tirano via ..... c. 88	f.	33	17	
Arrigo Albixon, nostro oste, e questi gli dobbiamo pagare a dì primo d'agosto, per resto della pigione del banco insino a detto dì, in soma di ducati 40 camera ..... c. 88	f.	37	12	

+ Soma ducati 1 339 soldi 14 a oro camera.

[c. 601r] + MCCCCXLI

Creditori de' libro, ci troviamo a dì 24 di marzo, anno predetto. E prima.

Ser Niccolò da Castello. Questi attengono alle rede di messere Iacomino de Rubeix	c. 3	f.	12		
messere Francesco Salvadorix, catelano	c. 3	f.	4	13	
Simone Nori	c. 4	f.	33	12	4
messere Piero Brunetti. A'nne lettere in Corte	c. 4	f.	8	3	4
Boscio di Giovanni di Valenza, per xuo conto	c. 7	f.	-	5	
Cosimo de' Medici, nostro maggiore, per conto xuo, per domascino brocato e finito di qua	c. 11	f.	66	15	
I Borromei di Bruggia, per loro	c. 17	f.	2	8	
I Medici di Corte, per uno conto da parte	c. 20	f.	1 660	7	3
Cosimo de' Medici, nostro maggiore, a chautela, dove debitori ci xono i Greci etc.	c. 22	f.	574	8	
Avanzi dell'anno MCCCCXL	c. 24	f.	518	11	2
Avanzi di questo anno	c. 34	f.	370	10	6
Il cardinale Aquense. 30 in 40 ducati camera prende il mexe	c. 36	f.	2 040	6	
+ Soma ducati 5 291 s. 19 d. 7 a oro camera.					
+ Soma la prima facca de' debitori del quaderno della cassa		a oro cam. duc.	688	10	
+ Soma la seconda facca de' debitori del quaderno della cassa		a oro cam. duc.	91	4	8
+ Soma la 3ª facca de' debitori de' libro		a oro cam. duc.	4 905	3	1
+ Soma i denari contanti ci troviamo in cassa		a oro cam. duc.	936	4	-
Soma in tutto debitori		a oro cam. duc.	6 621	1	9

+ Soma i creditori del quaderno della cassa, come appare dinanzi	a oro cam. duc.	1399	14	
+ Soma i creditori de' libro, come appare sopra	a oro cam. duc.	5291	19	7
Soma in tutto creditori	a oro cam. duc.	6631	13	7

E' cci a dare, come vedere si può, duc. 10 s. 11 d. 10 a oro camera, il quale errore procedere da' libro vecchio.

Giovanni Benci e conpagni in Baxilea, a dì 24 di marzo MCCCCXLI.

[c. 601v] + MCCCCXLI

Scrivereno qui apresso gli avanzi ci troviamo a' libro, questo dì 24 di marzo, fatti in questo anno detto. E prima.

E per tanti n'avanzamo in uno conto tenuto con i Borromei di Milano	a oro cam. f.	5	10
E per tanti n'avanzamo in una sicurtà fatta a' Bardi di Bruggia	f.	28	
E per tanti n'avanzamo al quaderno della cassa, in una ragione tenuta con maestro Guglielmo di Berda	f.	3	
E per tanti n'avanzamo al quaderno della cassa, in una ragione tenuta con messere I. da Trevigi	f.	1	6
E per tanti n'avanzamo al quaderno della cassa, in una ragione tenuta col cardinale di Palermo	f.	7	4
E per tanti ce ne feron buoni i Medici di Vinegia per discrezione di denari nostri sopratenutoci	f.	16	
E per tanti n'avanzamo al quaderno della cassa, in una ragione tenuta col vescovo di San Penxò	f.	54	10
E per tanti n'avanzemo in uno conto tenuto con i Medici di Vinegia	f.	73	7
E per tanti n'avanzamo in uno conto tenuto con Gerardo Gianfigliazzi di Valenza	f.	5	

E per tanti se ne xono avanzati in mercatantie vendute in questo anno	f.	14	11	4
E per tanti se ne xono avanzati in arienti venduti in questo anno	f.	11	11	1
E per tanti ne fu d'avanzo al conto della caxa tenuto per le man di Giovenco i' chui ci rimaxe el governo in quello tenpo Lorenzo fu a Francofordia, da dì 24 di marzo insino a dì 6 di maggo	f.	5	7	5
E per tanti ne fu d'avanzo al conto della cassa, da dì 6 di maggo insino a dì 24 d'agosto	f.	62	13	3
E per tanti ne fu d'avanzo al conto della cassa, da dì 24 d'agosto insino a dì 24 di dicienbre	f.	40	12	8
E per tanti ne fu d'avanzo al conto della cassa, da dì 24 di dicienbre insino a dì 24 di marzo	f.	41	17	9
+ Soma in tutto i predetti avanzi ducati 370 s. 10 d. 6 a oro camera, e di tanti ci xonn a creditore, come vedere potete.				

Apresso scriveremo ne xpese ci troviamo avere fetto in questo anno. E prima.

E per tanti ne xpexe la ragione vecchia in ispexe minute di caxa, da dì 25 di marzo insino a dì primo d'agosto	Reno f.	80	4	
E per tanti ne xpendemo per dare dixinare a uno mercatante da Lubiche	f.	-	17	8
E demo a Warnieri della Ciexa, per vino conperamo in più volte	f.	18		
E per tanti ne spendemo qui, quando ci fu Giovanni Talani e uno altro govane del Buero di Lubich	f.	1	3	
E demo a Giuliano Baratti per 2 lixime di fogli f. 3. 1 n. 6, e al detto per cera e confeziona ebbe la ragione vecchia, e al detto f. s. 10 per cera, e più fiorini 1 Reno, dato per Dio in questi dì xanti. In tutto montanto	f.	8	8	4
E facemo buoni a Giuliano Baratti per le xpexe di 8 mexe per Lorenzo e per uno govane	f.	48		
E facemo buoni ad Arrigo Albixin, per la pigone della caxa, da dì 24 di marzo a dì primo d'agosto	f.	40		
E facemo buoni al detto per la pigone del banco insino a dì primo d'agosto prossimo	f.	50		
E facemo buoni al detto per biada avuta la ragone vecchia	f.	2	11	6
E per tanti se ne xono in questo anno spexi in mandare e ricevere lettere	f.	9		
E per tanti ci è debitore Ianni, che fu nostro chuoco	f.	4		

E per lo costo di 4 libri per lo banco	f.	1	21	
E per 4 quaderni di carta reale, per li detti libri	f.	1	17	3
E per tanti ci restava a debitore uno paggo avero ragazzo	f.	1	8	
E per tanti ci resta debitore Giovanni Ciedeler, che fu nostro fanciullo	f.	1		
+ Soma f. 250 s. 16 d. 4 Reno, vagliono ducati 250 s. 12 a oro camera, e di tanti ci xono a debitori, come vedere potete.				

[c. 602r] + MCCCCXLI

Scrivereno qui apresso tutti gli arienti in vasella, ci troviamo questo dì 24 di marzo, anno predetto, e per che pregio ci stanno. E prima.

2 bacini d'ariento dorati, per tutto vagliono, a f. 7 ¾ Reno il marco, cioè fu marchi 21 oncie 5	a oro cam. f.	134	8	
29 cuchiai d'ariento, pexorono marchi 3 oncie 2, a f. 7 ¼ il marco montono	f.	19		
2 saliere d'ariento, pexorono marchi oncie 6 d. 3, a f. 7 ¼ Reno il marco montono	f.	4	8	6
In più arienti rotti, pexorono marchi 1 oncie 5 d. 18, a f. 7 Reno il marco, montono	f.	9	12	4
12 tazze d'ariento di più ragione, pexon marchi 11 oncie, a f. 7 il marco, montono	f.	62	9	4
4 quadretti d'ariento, pexorono marchi 4 oncie , a f. 7 il marco	f.	23	2	
1 bocale d'ariento dorato, marchi 2 oncie 2 d. 18, a f. 7 Reno il marco monta	f.	13	2	
E dobbiemo avere da messere Simone da Termo oncie 5 d'ariento anni xono e oggimai si poxono mettere per perduti. Prestogliele Ruberto Martelli. Vaglion	f.	3	9	4
E dobbiamo avere da Perino, orefice, oncie 5 d'ariento, il che se lo contò per f. 5 Reno, che coxì fu di patto e ora lo niega. Per perduto oramai si può raginarlo. Fello overo li diè detto ariento Giovenco della Stufa	f.	4		
E dobbiamo avere dal cardinale Aquense 2 quadretti, peson marchi 2 oncie ½ sicuro e vaglion	f.	11	11	
+ Soma marchi 48 oncie denari 3 d'ariento al peso di Baxilea, le quale ci stanno, come vedere potete, per ducati 285 s. 2 d. 6 a oro camera, e di tanti ci stanno a debitore, come vedere potete.				

Scrivereno qui apresso le mercatantie ci troviamo detto dì 24 di marzo, e per che pregio.

1 scanpolo di panno turchino di Firenze, di braccia 21 di Baxilea, per	cam. f.	21	
1 taglio di xaia melanexe di grana, di braccia 7, per	f.	14	
1 scanpolo di panno fior di pexco, di braccia 2, per	f.	2	
1 scanpolo di panno bigio di Londra, di braccia 3	f.	3	
1 pezza di xaia melanexe nera, della quale n'ò levato braccia 1, per	f.	78	
1 pezza di panno paonazo di Firenze, verzino	f.	64	
1 scanpolo di panno paonazo di Roano, di braccia 16 ½, per	f.	20	
1 scanpolo di panno paonazo di Firenze, senza grana, di braccia 20 ½	f.	24	
1 scanpolo di panno fior di pesco di Firenze, di braccia 22, per	f.	22	
1 scanpolo di panno di grana alla lucexina, di braccia 2	f.	4	
1 scanpolo di panno paonazo di grana, di braccia 9 ⅓	f.	12	5
1 scanpolo di panno cilesto di Firenze, di braccia 22 ⅓	f.	22	7
1 scanpolo di brocato giallo allessandrino, di braccia 2	f.	8	
2 capelli da vescovi, cholli cordoni, per	f.	20	
In marchi 1 oncie 7 ½ di taffettà neri, a soldi 12 oro l'onca	f.	11	4
In marchi 3 oncie 2 di taffettà di grana, In marchi 10 oncie 6 di taffettà di grana, in tutto marchi 14, a s. 15 a oro l'onca	f.	84	
In marchi 4 oncie d. 12 di taffettà cremixi, a soldi 31 Reno oncia	f.	34	14
In marchi 7 oncie 1 di taffettà verde, al peso di Baxilea, a s. 12 a oro l'oncia	f.	34	4
+ Soma in tutto la montanza di dette mercatantie ducati 473 s. 14 a oro camera, e tanto ci stanno a debitore, come vedere potete.			

Nota che tutte le predette mercatantie a quello pregio medesimo l'abiamo ragionate chome fu fatto a noi dalla ragione vechia.

volta

[c. 602v] + MCCCCXLI

Apresso scrivereno i pengni ci troviamo questo dì 24 di marzo e di che qualità. E prima.

In una borxa di maestro Tomaxo Rodenon, nela quale è pezzi C d'oro, per	Reno f.	100	
In uno anello dette Currado da Norinbergo, per	f.	3	
In uno anello d'oro del soldano del concilio[i], per	f.	4	
In uno anello d'oro del medico del cardinale di San Martino, per	f.	3	10
In uno fermaglio d'oro del xoldano del papa Filice, per	f.	2	10
5 pezzi d'oro di Filiberto, speziale, per	f.	6	
In uno anello d'oro del coriere del cardinale Vicentino	f.		14
In uno anello d'oro di questo servidore del cardinale Aquense	f.	2	
Una Bibia di maestro Giovanni di Tuglia, nostro amico, ed à denari in banco	f.	10	
In uno banco di maestro Antonio Martini	f.		16
+ Soma in tutto i predetti pengni f. 132 s. 4 Reno, i quali sono posti in una partita infra contanti, come vedere potete, e tutti sono buoni, cioè senza nostro pericholo.			

i Peter von Kirchhofen.

Brief von Carlo de' Ricci von der Medici-Filiale in Rom an Abel Kalthoff in Köln, Rom, 7. Februar 1449[2419]

+ Al nome di Dio, a dì 7 di febraio 1448

a Abel Ralchoff in Cholognia

A dì 20 del passato, per le mani de' nostri di Bruggia, fu l'ultima vi schrivemo. Dipoi abbiamo due vostre de' dì 5 e 9 di dicienbre. Apresso faremo risposta.

Di quella de' dì 9 ne fu aportatore Gherardo di Chernieri, al quale ci siamo oferti per vostro amore di prestare ogni favore intorno alla facienda di pro [?] venuto, siché a llui istà ora a richiederci, che di bonissima voglia lo serviremo in tutto, e alla relazione ve n'avederete faciendolo, perché desiderosi

2419 ASFi, MAP 82, Nr. 179. Anhand der im Brief enthaltenen Mitteilung, der Papst habe am 20. Januar das Jubeljahr ausgerufen, lässt sich der Brief mit Sicherheit nach heutiger Jahresrechnung auf 1449 datieren.

savamo di fare chosa vi piaciessi. Ma chome per altre nostre detto v'abiamo, per lo gran sospetto della morìa s'à a tenpo nuovo per chagione che tutta questa vernata ci à tocho, e chosì ora al presente chontinova, bisogniandoci levare non vogliamo trovarci chon gravezza di persona, e però vi si disse che più nulla rimetessi né traessi, o che di nuovo vi chonchordassi cho' nostri di Bruggia, e che tutto quello traessi cie ne provedessimo, e facciamo de' loro ciò quello che di tutto nostri di Bruggia tragliono, che per li detti cie ne prometiamo da Vinegia. Così fatto arete avuto l'aviso, e altrimete non possiamo per ora fare, e se in chonto ordinerete con detti nostri di Bruggia che di tutto quello trarete cie ne provehiamo sopra di loro, da Vinegia faremo tale compagnia, e quelli ci ordinasse che volentieri ritorneranno a botegha. E benché di qui avesimo a partire, in ogni luoghi dove andassimo si darà a tutto compimento, e dove andassi il papa, andremo noi. Siché achordandovi cholli detti, ci piacierà e nnoi daremo chompimento in questo mezo che possiate avere l'aviso nostro a tutto che ttrato arete si darà compimento a da' nostri di Brugia cie ne provederemo al'usato e nne sarete avisati.

E' vi s' è detto per più nostre quanto seghuito abiamo per vostro contto, e chome di tutte le partite che per l'utima vostra avisasti tratte, la più parte n'avamo paghate, e gli utimi che vi diciemo sono fiorini 50 di camera, paghamo per vostra lettera de' dì 31 d'ottobre a maestro Piero Chonte da qui [?] prochuratore, e per lettera de' dì 29 di novembre a maestro Bernardo d'Altoren fiorini otto di camera, e per lettera de' dì 28 di novenbre a messere Nicholò di Franch f. 8 di camera, e per lettera de' dì 2 di dicienbre a Wernero Sichen f. 15 di camera. E di tutto vi diciemo averne mandato le quitanze a' nostri di Brugia, le quali v'aranno mandate e voi arete achoncione la schrittura e cie n'arete avisati.

E l'ultime partite che tratte abbiamo per voi a' nostri di Brugia per quello che paghato avemo, che per voi ci venìa a manfare [?] sono fiorini 50 traemo loro per dì 16 di questo, a grossi 50½ per fiorino, e più fiorini 31 di camera per dì 20 di questo, pure grossi 50½, per fino che al dì gli arete, loro fate buoni e avisato.

Dipoi abiamo paghato per vostra lettera de' dì 5 di dicienbre a maestro Matteo Uberti f. 18 di camera a la quitanza se ne manderà a Brugia a' nostri; e non si paghando altro in questo mezzo che prima asserar [?] questa, vi si trarranno a Bruggia a' nostri, diràvissi e voi n'achonciate la scrittura e al dì gli farete loro buoni.

Avendo levato la chomissione a vvoi, cioè che più non chomettiate, no' sarà ragione da nnoi avessi ghravezza, e però non bisognia mandarvi forma altrimenti di nostre lettere di chambio; se ciò i nostri di Brugia vi chonchordassi, allora la poteremo fare e nella forma che ora savamo dovendo, siché vedete se chonchordare vi potete cho' loro, ché faciendolo chome si dicie assai ci piacierà, acciò che a chiedendo di chometere, noi lo potessimo fare per chotesta parte, posto che dirado achada o piacieri. Voi intendiate bene la mano di Ruberto e di Lionardo[2420],

2420 Lionardo d'Agnolo Vernacci, Stellvertreter Roberto Martellis als Leiter der Medici-Niederlassung in Rom.

e ssì intendiamo benissimo lo vostra, e di tutto savamo benissimo d'achordo, se il sospetto di sopra si dicie non fusse la chagione, ma altro non si può a quello vuole Iddio, e nnoi bisognia abbiamo pazienza.

Il giubileo si publichò a dì 20, chome per l'ultima vi si disse, per l'anno avenire. Iddio con pacie lo choncieda.

Abiamo, chome di dicie, paghato e chosì pagheremo tutto che quello avete tratto, e quando arete avuto l'aviso nostro di non trarre più, siamo cierti arete soprasseduto, e forse vi fia paruto istrano che sendo da nnoi procieduto l'avere a fare vostre faciende, vi sia chosì tosto levato la chomessione. Questo avrete potuto vedere è procieduto per la morìa ch' è chominciata, è anchora, perché quando vi schrivemo a prencipio, questa materia, i chambi da Bruggia a Vinegia valevano grossi 51, dove poi andarono a grossi 52 ½, siché 4 per cento perdavamo e perdiamo de' danari ci mandate a paghare. Dobbiendo perseverare insieme non sarìa possibile fare in questo modo, maxime in tempo di morìa, che ci è maggiore charestia di danari. Se vi pare intorno a questo fare provedimento alchuno cholli nostri di Bruggia, che altre chose si faccino chon debito e honesto modo, in forma voi e nnoi non perdiamo, s' è ischritto loro siamo cierti non si partiranno dalle chose honeste e ragionevoli, e quando l'una parte e ll'altra si salva, l'amicizzia dura più e chontinovasi lunghamente.

E' vi si manda pure con questa la chopia in che modo facciamo le lettere di chambio. Siamo cierti che pichola chosa acchadrà trarre, e dandovi la valuta in Bruggia a vostro modo, speriamo ne vorrete servire. Fate risposta.

E per noi avete a dare chonpimento per mano di me, Ruberto Martegli o di Lionardo Vernacci, sì chome siate avisati, e sendo anchora di mano di Charlo de' Ricci, ischritore di questa, vi date compimento.

E' ssi tratto a' nostri di Bruggia per voi, per uso, fiorini 18 di camera a grossi 50 ½ per fiorino, per gli ultimi che si disse in questa aver paghato per voi, fogli loro buoni al tempo e ponete a vostro conto e avisate. Voi vedete quanto di sopra si dicie che per questa ragione, oltre ala mano di Ruberto e di Lionardo, l'avete a fare per mano di me Charlo de' Ricci. ischrittore di questa. Fatene richordo.

A dì 13 di febraio e abiamo la vostra de' dì 14 di gennaio. Faren apresso risposta, benché pocho achagia, perché di sopra dicie abastanza. Noi abiamo visto chome restavate avisato chome, per rispetto della morìa, ci adavamo avere a levare, e per questa chagione vi s'era detto non chomettessi più. Dipoi aré visto per altre nostre lettere che vi abiamo scritto chome noi non ci leviamo, ma che veduto i danari di Brugia a Vinegia chome si manteghano alti ne potremo fare al pregio che d'achordo savamo rimasi, cioè d'avere in Brugia grossi 50 ½ per uno duchato che paghassimo qui, e che cho' detti di Brugia per detta chagione ve ne intendessi. Chosì arete fatto e avisato, siché ne sarete rimasi che quando ci salvassimo, faremo volentieri chosa vi piacesse, ma a questo modo sare' cho' nostro danno di 4 per cento, chome in questa si dicie.

A tutto che arete sino al giorno avesti l'aviso nostro di no' llo fare più, si darà buon chompimento, e da Brugia da' nostri cominceremo chome siamo chostumati fare. Abiamo visto chome sono in tutto fiorini 388 quelli che tratto avete sino al dì.

Oltre quanto si dicie di sopra avere paghati, abiamo paghati dappoi per vostra lettera de' dì 20 di settenbre, a messer Nicholò Senepp fiorini 27 di camera, e lla quitanza se ne manderà ai nostri di Brugga. Achonciateli a dovere. La scriptura è a Brugga a' nostri; s' è detto che per uso facciamo debitori della valuta di detti f. 27 a grossi 50½, e nnoi creditori al tempo. Ordinate abbi chonpimento, cioè che si faci loro buono, e avisate.

Èssi paghato per voi sino al giorno, in tutto f. 258 di camera, sicché f. 130 si resta a paghare. Chosì faremo.

Bericht von Tommaso Spinelli über seine Geschäfte mit Galeazzo Borromei, Florenz, um 1449[2421]

+ Al nome di Dio amen.

Io fe' chonpagnia chon Ghaleazzo, sì chome apare per la scritta. Andai a Basilea e posimi là, e avanti aprissi bancho stetti mesi 6 o circha, dipoi apri lo bancho e stettivi uno anno o circha, e partimi di là perché non vi si faciea nulla, altro che spendere. E che, visto ch'io mi perdea lo tenpo, me ne venni a Firenze e dissi a Ghaleazzo, ch'io mi perdea lo tenpo a Basilea, lo perché rimanemo d'achordo ch'io aprissi bancho a Firenze, che dipoi estetti parecchi mesi cho pochi cientinaia di fiorini, e tutto questo appare per le scritture, e avendo io aperto bancho a Firenze, in chapo di mesi 6 o 7 si morì Ghaleazzo. Hora è da chonsiderare e ghuadangni ch'io potetti fare in mesi 8, morendo Ghaleazzo.

Seghuì poi che morto Ghaleazzo, io trafichai poi in nome della chomesseria di Ghaleazzo circha a mesi 8 salvo il vero. Tutto apariscie per le scritture che ànno apresso di loro e Sei della Merchatantia. E dapoi fu morto Ghaleazzo venono le chontenzioni tra 'l Chomune di Firenze e chomessari ch'erono a Vinegia. Li uficiali del Monte voleano ch'io dessi loro ciò mi trovava di Ghaleazzo, io volevo seghuire sechondo la scritta e fare la volontà di Ghaleazzo, dal'altra

2421 YUSA 85, 1584.

parte Giovanni Borromei mi perseghuitava perché si teneva malchontento del testamento fe' Ghaleazzo e fu in tanti travagli messo, che per buona fe'io fui parecchie volte per chapitare meno che bene. E chon questa maladizione fe' questo traficho tra i' nomi di Ghaleazzo e la chomesseria anni due e mesi. E quando sarà bene chonsiderato ongni cosa, è d'avere amirazione chome in tutto io non diè a terra. Aiutomi Iddio, ché per loro non manchò già.

Se alchuno volessi dire ch'io avessi ghuadangniato dove asegnio che, chome si vede, la ragione perde, Idio m' è testimone, così chi stava mecho, Giovanni da Chastro che si truova a Padova, lo quale mi mandò e volle ch'io tenessi Ghaleazzo. Stette al chontinovo a ghovernare quella ragione: fatelo disaminare, e se trovate ch'io non ne asengni la verità, punitemi. Le scritture sono di suo [!] mano, chome per li libri si dimostra.

Nel tenpo ch'io seghui lo traficho in nome di Ghaleazzo e della chomesseria, ebbi due chassieri: lo primo fu Giuliano di Piero Borromei, lo sechondo fu Alesandro suo fratello, li quali mi furono dati da Ghaleazzo. Loro tenono i chonti della chassa al chontinovo e sono vivi, ch'io creda. E' libro grande tenne Iachopo di Nicholò di Chocho Donati. Se a me non è da dare fede, informatevi da lloro e troverete ch'io v'ò mostro la verità.

Egli è vero ch'io chominciai e' libro a Basilea e chominciai a fare una ragione che dicie e' libro segreto, chon dire: io non voglio si vegha così per ogni chatuno i chorpi e salari faremo, e credendo io fare di grandissimi fatti. Ma dipoi, visto ch'io non faciea nulla, diliberai di non ne tenere libro segreto, e tutte quelle partite vi sono fe' morire in su detto libro. E che questo sia vero, informatevi da Giovanni da Chastro, da' due fratelli de' Borromei, da Iachopo Chocchi e da qualunche altro stette mai mecho, e troverete vi dicho la verità. E più m'obrigho, se mai nel tenpo ch'io fé per Ghaleazzo o per la chomesseria, che in mia prop[r]ietà io faciessi alchuno utile, io voglio essere apellato sleale. E dipoi ch'io ò fatti e fatti grandi, mai volli tenere libro segreto, do[v]e si vede bene chiaro che mai tenni libro segreto, e questo è vero, per la santa Dio ghuangniela.

Li esechutori rimasono di Ghaleazzo, che furono viniziani quelli aciettorono, mandorono per me e andai a lloro a Vinegia e portai ongni scrittura perché mi dissono voleano ch'io sengniassi loro chonto. Chosì fé. Loro mi rividono ongni ragione e Lazero di Giovanni, che fu uno de' chomesari, ne fé richordo del chome trovò la ragione, e finalmente ferono mmi restassi di quello di Ghaleazzo fiorini 3937 di camera. Di che parendomi essere gravato de' danni ch'io avea ricievuti per la 'redità per alora, furono chontenti i chomesari ch'io faciessi loro buoni fiorini 3700 di camera, e l'avanzo sostenessi. Chosì fe', dipoi volendo io mi faciessino lo dovere restando avere messer Antonio e Lazero buona somma dalla eredità che fu, ora erono più di fiorini X mila e pareano loro stare male, per piaciere loro e avendo avuta la volontà de' chomesari, fe' loro buoni tutti e fiorini 3937, sichome apare per le scritture. Questo è pure da credere, che restando avere Lazzero tanta somma di danari dalla chomesseria, avendo trovato che di quello di Ghaleazzo m'avessi trovato più, non saria stato chontento a fiorini 3937 e soldi ***.

Volsi aver richordo che andando lo aversari al palagio del Podestà per farmi dare bando o dare altro rinscrescimento, avere richorso al Arte di Merchatantia, dove sono matricholato, e chonsolo provederanno, Bartolomeo e Lorenzo provederanno.

Scritta attenente a Tommaso Spinello

[verso][2422]
Ricordi diversi di gite fatte iin più paesi dal signor Tommaso Spinelli per interessi di mercatura, in tempo che faceva compagnia di banco col signor Galeazzo Borromei.

Ricordanze von Roberto di Niccolò Martelli, 1452[2423]

[c. 57r] + MCCCCLII

Qui apresso farò ricordo di quello feci per la compagnia de' Medici in Basilea e diche in detti a Cosmo e Lorenzo de' Medici e compagni una scritta di mia mano in Firenze a dì 24 di Marzo 1439. La copia della quale fia questa.

La ragione di Basilea principiò in nome di Giovanni Benci e compagni così come allora diceva quella di Ginevra a dì 28 di novembre 1432 e fu governata per lo detto Giovanni e per Tommaso Ruffaldi e Francieschino da San Giorgio. E in capo d'uno anno avanzorono circa a ducati 200 cento e ne spesono 300 e al mio arrivare là che fu di maggio 1433 vi trovai tucti e sopradetti e dipoi del mese d'agosto lo detto Giovanni si partì e mi lasciò in loro compagnia e istatovi alquante settimane Tommasi si partì e così rimasi con detto Francischino lo quale era ladro e tristo e lasciomi Giovanni creditori per fiorini 6 000 in 7 000 e tanti debitori che circa a 2 000 fiorini mi trovano di contanti. E non obstante la ragione di Ginevra ci fussi sempre debitore di f. 3 in 4 000 e che tucti gli avanzi faciavamo con le ragioni di fuori andassono a utilità di detti di Ginevra e che ffu una buona somma ci troviamo creditori avanzi a dì 27 di g[i]ugnio 1434 quando mutai lo nome e segnio in nome di Cosmo e compagni di fiorini 1557 s. 5 d 1. in tucto questo tempo non avendomi i maggiori dato i ducati 6 000 dovevano per lo corpo di deta ragione fumo tenuti si magri a danari che mi bisognava e torre a cambio e acchattarre in questo dal cardinale di Santo Agniolo si come sa Giovenco della Stufa che era cassiere e come appare per libri e così

2422 Zusatz von späterer Hand.

2423 ASFi, Fondo Martelli, Nr. 303, cc. 57r–62v.

+ per lo primo anno furono gli avanzi	f. 1557	s. 5	d. 1	a oro di camera
+ E da dì 27 di g[i]ugno infino a dì 24 di marzo 1434	f. 3895	s. 18	d. 1	
+ E da dì 24 di marzo infino a dì 24 di marzo 1435	f. 3347	s. 1	d. 11	
+ E l'anno del 1436	f. 2007	s. 1		
+ E l'anno 1437	f. 1119	s. 9	d. 9	
+ Somma	f. 11927	s. –	d. 5	

De quali i maggiori n'ebbono f. 8966 s. 14 d. 1 a oro di camera che il resto si spese e per salari e per altre spese e tucto questo si fece sanza avere corpo alcuno e a mme fu assignato per mio salario ducati 100 l'anno che non mi fu dato il quarto di quello meritavo e se non fusse istato che poi dell'anno 1439 mi fecero loro compagnio non vi restavo contento.

[cc. 60r–62v] 1452

Al nome de Dio amen. Io Roberto di Niccolò Martelli questo dì primo di novembre anno decto in Firenze farò qui apresso Ricordo come dell'anno MCCCCXVIIII sendomi levato dall'abaco e già per uno anno istato al banco di Lando e Antonio degl'Albizi dove in quello tempo era loro cassiere Ugolino Martelli, andai di mia propria voluntà e senza che da altri ne fussi richiesto o sollecitato a stare al banco di Cosmo e Lorenzo de' Medici e compagnia di Firenze dove istetti infino di giennaio nel 1422 e a dì 30 di detto mese Giovanni di Bicci de' Medici mi mandò a stare a Roma e di compagnia vi andai di maestro Lionardo Dati generale de' frati predicatori dove arrivai a dì 11 di febrayo e in Roma nella compagnia di detti Cosmo e Lorenzo istetti anni X che VI anni tenni lo conto della cassa e uno i libri maggiori e in detto tempo ebbi la infermità della moria cioè dell'anno 1429 che ffu nel tempo di Papa Martino al quale più volte parlai e dopo la sua morte sucesse Papa Eugienio e apresso si cominciò lo Concilio a Basilea dove per la detta compagnia fui mandato del mese d'aprile MCCCCXXXIII e v'arrivai del mese di maggio dove istetti anni V al governo di quella ragione e quello vi feci appare per una nota data a maggiori, la quale è copiata in questo a c.57 e perché la nostra compagnia mediante lo mezo mio vi fe' due cose degnie di memoria a laude e gloria della detta compagnia ne farò qui menzione, e la prima fu che essendo negli anni MCCCCXXXIIII l'exercito degli ussi overo boemi a campo incontro alla ciptà di Pilsna e quella avendo per fame quasi ridotta all'ultima disperazione e conosciendosi che dove quella a terra vi fuse perduta tucta la Magna e per conseguente tucta la crispiannità era opressa da i detti infedeli prestammo f. 8000 di reno alla nazione giermanica sanza alcuna utilità e fussi tale sforzo che non solamente si dette soccorso alla detta terra ma mediante l'operazione del cardinale di Santo Agnolo si misse tra i detti boemi tale discordia che in tra lloro per 2 battaglie furono insieme se n'amazzorono ben XXVIII mila di che in tucto n'è conseguito la loro disfazione e mai poi preso armi contro e crisptiani //

[c. 60v] E da ppoi nel'anno MCCCCXXXV sendo per lo Concilio già ordinato di fare la unione de' greci e mancando al Concilio e per mandare l'imbasciadori in Gostantinopoli e quivi fare convenire tucti quelli della Chiesa orientale acciò disponessino e deliberassono la passata dell' Omperadore e di tucti quelli che passorono in Ytalia ducati d'oro XII mila e non possedendosi a questa somma provedere per lo Concilio non obstante moltissime provisioni avessono facte. E protestando l'imbasciadori greci che per la nostra Chiesa occidentale non si servava l'operarsi facto e che tucto lo Concilio insieme congregato mi richiesono gli volessi aiutare e sobvenire in tanto loro bisognio avendo preso la obligatione di tucti e prelati v'erano e factomi ben sicuro gli servì di decta somma donde ne seguì che l'imbasciadori del Concilio insieme con quelli de' greci e accordorono allora la passata de' greci di qua e passorono. L'anno MCCCCXXXVIII e venono a Fferrara e per la contradizione che ffu in Basilea per rispecto del luogo dove lo Concilio per la decta unione cielebrare si doveva che cchi voleva in Vignione e chi in Firenze, mi trovai sendo in Basilea quasi in pericolo di morte solo perché chi lo voleva in Avinione che erano la più parte istavavano da mme tucte le dificultà avevano e invero insieme con monsignore di Santo Agnolo ne feci una exactissima diligenzia e perché nella fine del MCCCCXXXVIII in quello Concilio non n'era rimaso se non passione e ogni mala visione faceva me ne partì e venni a Ferrara del mese di maggio 1438 dove trovai Cosimo e Piero e Giovanni suoi figliuoli e quivi essendo cominciata la moria e a Firenze restata, si cominciò a ragionare del partire e ridurre in Firenze tucti i greci e la Corte e qui celebrare lo Concilio per la unione e per commissione di papa Eugienio scrissi a Cosimo e Lorenzo chella comunità mandasse là per accordare alcuni capitoli per la venuta qui del Concilio e così Lorenzo de' Medici vi venne. Lo quale restò daccordo e partissi e lasciommi dovessi servire il papa infino di ducati VI mila per la spesa dell'avere i greci di là che erano da persone VII cento e benché io facessi ogni mio sforzo di non passare //

[c. 61r] la commessione niente di manco mi fu necessario rimanere in Ferrrara dopo la partita del papa e insieme col cardinale di Santo Angiolo e con monsignore lo cardinale di Venezia vice cancelliere per fare arivare i detti greci per la spesa de' quali oltre a mille fatiche n'ebbi e afanni incomportaboli prestay ducati XIIII mila li quali ritrassi poi non sanza grandissima fatica. E così ridotti in Firenze arrivai qui del mese di giennaio e tucto quello anno del 1438 e così da quello adietro fu proveduto come factore con salario sì piccolo che se non fusse la speranza del tempo a venire parendomi essere molto male tractato, non restavo mai contento perché sapevo in VI anni avere durato in extimabile fatica e per honore e grande reputazione e ancora utilità di compagnia avere facto grandemente mio debito e dove al mio arrivare a Ferrara v'erano in corte delle compagnie ci andavano innanzi non prima arrivati a Ffirenze non era compagnia ci s'appressasse con tanta grazia e benivolenza di Papa Eugienio e di tucta la corte che tanto avevo quanto domandavo. E l'anno MCCCCXXXVIIII fu facto compagnio della ragione di

Corte a trarre l'octavo del guadagnio per V anni, e qui istemo con la corte insino a dì VII di marzo MCCCCXLII e andammo a Ssiena dove istemmo con la compagnia infino all'uscita di settembre anno decto, e a dì primo d'octobre partì con la compagnia nostra e andammo a Roma e quivi benchè la compagnia de' Borromei fusse facta dipositario del papa e che la nostra mancasse della grazia del papa per le guerre e discordie del conte Franciesco dove la sua santità grandemente si teneva offesa da Cosmo niente di manco passai tucto lo tempo della sua vita in modo avanzammo ragionevolmente e fumo sempre preservati e vero che mesi VI avanti la sua morte molto ira indignato contro di me perché intese io avere operato lo conte passase verso Roma con grandissimo sforzo donde mi fu necessario partirmi e venire a Ffirenze e istetti qui fino a dì 5 di febraio e essendo lo prefato papa amalato a morte lo camarlingo e lo cardinale...mandorono //

[c. 61v] per me e non parendo Cosmo io andassi sicuramente nighò la mia andata, il perché di nuovo gli fù scritto e così a mme che per ogni modo mi mandassono a Roma e così mi missi in chamino e arrivai là a dì 12 di febraio e benchè il papa fusse quasi in fine, non di manco, mi fe' dire che io dovessi partire perché sapeva v'ero andato per operare si facesse un papa amico a Cosmo e alla nostra comunità, e perché questo nonn era vero mi fù detto per lo chamarlingho e per tucto lo collegio de' cardinali non dovessi partirmi e così aspettai la morte di detto papa, e il giorno lo quale morì a dì 23 di febraio e apresso fue creato papa Thommaso da Sarzana cardinale e vescovo di Bolognia e nominato papa Niccola quinto col quale per XXIIII anni avevo avuto grandissima amicizia e per rispecto di Cosmo e ancora per compiaciermi mi fe' suo dipositario e così infino a oggi l'ò servito e servo con grandissima benivolenzia e grazia della sua santità e di tucto lo collegio de' cardinali e di tucta la corte per modo che per la grazia di Dio non solamente vingo ad avere conservata la reputazione e credito della compagnia ma ancora acresciuta. E benchè a me non si convengha scrivere quello che ssia in lode mia, non di manco perché e sia in buono exemplo di quelli che dopo noi saranno e perché ancora ne sia bisogniando mai renduto buon merito a quelli che di me discenderanno m'à paruto di darne in questo libro e a c. fare ricordo di tucti i danari contanti ò messi in casa a comune tra tucti gli altri miei fratelli e per honore e bene di tucta la casa nostra e di mia propria liberalità sanza che mai o per me o per mia donna o figliuoli per vestire o per altro uso d'entrate nostre comuni toccassi mai uno danai, anzi tucto quello me fuse di bisognio da l'anno MCCCCXXIII in qua sempre ò spesi di danari avuti di mio salario o guadagniati nella compagnia sono istato e che al presente sono, sicchè per me mai la casa ebbe altra gravezza se non quella ò avuto per la vita mia e della donna e de' figliuoli //

[c. 62r] quello che in tucto questo tempo sono istato e sono nella compagnia de' Medici abbia avuto a stare e praticare oltre a facti apartenenti della compagnia non iscrivo qui particularmente perché sarebbe troppa lunga scrittura tanto è che mentre sono istato di fuori di Firenze e in Firenze ancora quando la corte ci fu, mai si pratichò cosa grande e d'importanza che io non vi fussi aoperato e principalmente nel passare de' greci in Ytalia e maxime poi nel fargli venire a Ffirenze e per li danari prestati e per la sollicitudine e avisi dati per me mediante monsignore lo cardinale [...][2424] posso con verità scrivere avere quasi aoperato il tucto e le lettere e avisi dati per inpedire lo Concilio non si facisse a Vignione e i pericoli ne portai a Basilea, ne possono fare fede che cosa quasi impossibile a ddire la fama n'ebbi donde seguito chell'Omperadore di Gostantinopoli ci mandò infino di Gostantinopoli la bolla col sigillo d'oro. La quale io pagai de' miei propri danari e con la sua maestà e con tucti i suoi contraemo grandissima amicizia. Così essendo a Basilea con l'Omperadore Sigismondo ebbi grandissima famigliarità e di moltissimi drappi lo fornì così gli pagai f. 20mila in 4 volte per la Signoria di Venezia e perché era humanissimo prencipe molto dimostramente contractava con meo ogni suo bisognio.

Al Re d'Araona andai due volte a Napoli e una a Tiboli e benchè con la sua mano e con giuramento della sua fede rapresentasse farmi satisfare di danari 7000 ci dovea per Francesco Masi niente di manco non gli paghò e per altro mezzo non fumo poi accordati con costui non ebbi altra pratica di parole perché sempre fu nimico e della nostra comunità mostrommi beni in Napoli tucte le sue gioye che farò per la somma di danari 100 mila.

All'Omperadore Fedrigo terzo lo quale entrò in Roma a dì 8 di marzo 1451 parlai due volte e così più volte parlai al Re d'Ungheria altra pratica non mi acchadde avere con loro. //

[c. 62v] MCCCCLII

Quanto io mi sia da XVII anni in qua impacciato e con grandissimi signori spirituali e temporali e in quanti grandissime cose e diverse io sia intervenuto o con pratiche o con prestare danari e facto quello che ssia a mio honore e reputazione non voglio scrivere qui perché sarebbe multiplicare in troppo lungo dire, tanto è che assai fare ne può fare infinitissime lettere sutomi scripte e da signori temporali e spirituali così da Cosmo e da molti altri per modo che oltre alla grande utilità ò facta avere alla compagnia con acrescimento di reputazione e cet. ò di mostro non essere istato solo adoperato in facti di compagnia e che la fatica mai non m'à invilito nelle difficultà in cosa alcuna.

Sopravenendo poi del'anno 1453 la morte di papa Niccola e trovandomi in Firenze chavalcai a Roma dove arrivai avanti e cardinali entrassero in conclavio e a tucto lo collegio con lettere di credenziali de' nostri signori offersi i favori della comunità e per la nostra compagnia fu prestato loro ducati 25mila fù poi creato ... Alponso cardinale di Valenzia e chiamato papa Calisto terzo fu huomo avarissimo, costui mentre lo servì mi fece ... accoglienzia poi chè volli essere pagato mi volle con parole e dimostrazioni di farmi male torre danari 10mila ci restava a ddare donde mi fù necessario fare rivedere tutti i conti tenuti a tempo di papa Niccola e così

2424 Unleserlicher Name.

fù che montorono uno milione e mezo di fiorini e per la grazia di Dio trovorono ogni cosa essere facta fedelmente e bene e rimase in confusione chi volle confondere la compagnia e me e benchè a ssuo tempo non fussimo pagati fummo poi facto papa Pio con la aprovazione de' nostri libri a honore nostro grandissimo.

E al tempo di deto papa Pio[2425]

Brief von Tommaso Spinelli an Francesco Rucellai in Venedig, Rom, 16. Januar 1457[2426]

+ Al nome di Dio, a dì 16 di gienaio 1457

A Lubiche vi scrivemo l'ultima, e a più vostre ci ressta a far risposta, che speriano fare a bocha, e questa sarà breve.

Abian paghati più danari per vostre lettere, che ve ne riprichereno alchune partite sotto scrite

a maestro Adel Falangiera per vostra lettera de' dì 2 di settenbre	f. 50	
e a maestro Gherardo Leopagie per vostra lettera de' dì 30 d'aghosto	f. 42	
e a Anduvise Radizuni per vostra lettera de' dì 24 di settenbre	f. 50	Le chitanze
e a Enriches Estope per lettera de' dì 20 d'ottobre	f. 35	serbian
e a Giovanni Ropen per lettera de' dì 20 d'ottobre	f. 35	qui, chome
e a messer Otto Berlia per vostra lettera de' dì 4 di novebre	f. 500	ci ordinasti

A chreditori v'abiàno di ducati 1160 per lire 116 di grossi ricievette Nichodemo da Maffio.

E più, di ducati 118 soldi 16 denari 8 per tanti ricievuti el detto Nichodemo da Maffio; altro non à ricievuto che n'abiàno aviso, e per l'ultime lettere dicie aspettava voi, che Dio v'abbi chondotto salvo.

E perché sapiate quello v'avete a fare, voi ci restate debitore, tra pel chonto per voi e per noi, di più di ducati 2 mila 200, però ogni ducato vi trovassi, date a Filipo Inghirami sanza dirne chosa nesuna né a Maffio né a Nichodemo.

2425 Hier brechen die *ricordanze* ab.

2426 YUSA 89, 1689. Es ist nicht klar, ob Spinelli hier die florentinische Jahreszählung verwendet oder nicht. Der Brief könnte folglich auch aus dem Jahre 1458 stammen.

Fra pochi dì si pagheranno e ducati 200 che più fa traesti in messer Manno Ducher, che n'ànno preso achordo cho' maestro Giovanni da Sa' Miniato de' fatti del v° [2427] per chi gli ricieve, e non s'atende che una sichura da Fiorenze.

Non ci è di nuovo da far menzione; aparendo, ne sarete avisato. Che Dio di buon mandi, e voi e noi di mal ghuardi.

Tomaso Spinelli e chompagni di Chorte, in Roma

[Auf der Rückseite:]
Franchiescho di Filippo Ruciellai, in Vinegia

Brief von Benvenuto di Daddo Aldobrandi an Guasparre Spinelli e compagni in Venedig, Nürnberg, 7. Dezember 1473 [2428]

Al nome di Dio, a dì 7 di dicienbre 1473.

A dì primo di chuesto fu l'utima vi schrisi, e dipoi abiamo vostra de' dì 13 di novenbre abiamo risposta, e no sentiamo chosa alchuna dele vostre chase de' drapi. D'in ora aspetiamo sentirne il seghuito.

E chome per vostra dite che i drapi vostri, cioè tre peze cholorati, di braccia 141 di Firenze, vi chostano di primo chosto fiorini 176¼ larghi, e di spese da chostì isino a Milano fa la soma di fiorini 184¼ larghi, e che noi faciamo chome di chosa nostra, noi vi diciamo che noi faremo inverso di voi tanto cuanto a noi sarà posibile, e istimiamo ci arete a mandare degli atri, sentendo in prima la fine di chuesti chon buono utile, e intenderenci meglio per l'avenire e cho migliore ordine.

E intendiamo chome molto vi piacie che noi non abiamo voluto uscire di chomesione dele bole di trabatense di mandarle sopra a di noi a Lubiche datevi di buona voglia, che' de' vostri afari di chuà fate chonto di esere di chuà in persona, e chon perfeto amore si ghovernerano, e basti.

E chome per altra vi diciemo chome a dì 18 del pasato avemo el ritrato dele bole di trabatense di ducati 1'084, che di tuto abiamo ordinato che chostì, per noi per i vostri di Roma, vi siano fati buoni da Piero Ghualterotti, e chosì degli atri isino a chuesto giorno ci troviamo avere riceuto

2427 Die Aufschlüsselung dieser Sigla ist nicht möglich. Vielleicht ist damit ‚vescovo' gemeint.
2428 YUSA 114, 2217.

per vostri di Roma, instimiamo a tuto potere soperire in modo abiamo ordinato per la via di Verona. Idio lasci per tuto venire a salvamento.

E a dì 16 del passato di chuì partì Piero, mio figlio cho' la roba, e per lui vi si manda il ronzino portante leardo pomelato, el chuale vi chondurà chostì Giovanni mio, inperò che Piero bisognia lui ritorni indietro per anche roba.

Non altro per ora. Idio vi ghuardi. Vostro Benvenuto di Daddo Aldobrandi in Norinbergho.

[verso]
Domino Ghuasparo Ispinegli a chonpagni in Vinegia.

+ 1473

Da Norimbergho.

A dì 12 di gennaio, di 7 del passato.

9.4 Daten aus florentinischen Rechnungsbüchern

Übersicht über die Daten aus florentinischen Rechnungsbüchern

Von der Datini-Niederlassung in Barcelona akzeptierte Wechsel aus Brügge mit deutscher Kundschaft, 1398–1407[2429]

datore	*prenditore*	*beneficiario*	Ausstellung	vorgesehenes Auszahlung	ausbezahlt	Betrag in Barcelona [∇]	Wechselkurs
Nofri di Monperotto e d'Arnoldo Poltes	Luigi e Salvestro Mannini e co.	Nofri di Monperotto, alamanno, Gulielmo Pi[eri] di Soviglera, overo di Seriviera	8. Juli 1398	30. September 1398	31. August 1398	600	s. 10 d. 6
da Churado Soliere da Noribergho	Giovanni Orlandini e Piero Benizi e co.	Bertoldo Crafott e Anerigho Trachet di Noribergho	15. November 1399	24. Januar 1400	3. Februar 1400	890	s. 10 d. 2
Conrado Sprutenhfor	Ghuiglielmo Barberi	Gillam Piere de Sarisiera o Lunchric Munprat o Hans Slotter	2. Juli 1400	1. Oktober 1400		1 000	s. 10 d. 9 ½
Arnoldo Poltus	Giovanni Orlandini e Piero Benizi e co.	Guiglemo Pieri di Sanroviera e Luttifredi di Mo[nperotto] o Luttifredi Battamigniera di Chostanza	3. Juli 1400	30. September 1400	23. Juli 1400	1 300	s. 10 d. 8
Arnoldo Poltuse	Alberto e Bernardo degli Alberti e co.	Game Sala di Barzalona o Lufrede Monperott [..] o Gios Chunpis	9. Juli 1400	9. Oktober 1400		1 180	s. 10 d. 7
Churado Sprotinaver	Giovanni Orlandini e Piero Benizi e co.	Guiglemo Pieri di Soriviera o Luttifredi di Monperotto o Ganni Isaltera	11. Dezember 1400	15. Januar 1401	11. Januar 1401	1 200	s. 10 d. 5

2429 Auswertung der Onlinedatenbank des Datini-Archivs: http://datini.archiviodistato.prato.it/, 02. 07. 2021.

datore	*prenditore*	*beneficiario*	Ausstellung	vorgesehenes Auszahlung	ausbezahlt	Betrag in Barcelona (∇)	Wechselkurs
Francescho Moraghes	Giovanni Orlandini e co.	Ganni di Lubeca	22. April 1407		13. Mai 1407	500	s. 9 d. 3
Lufredi Lattamingnata	Giovanni Orlandini e co.	Lufredo Battamignara o Churado Scioldino di Ghostanza	3. Dezember 1407	2. Januar 1408	11. Januar 1408	1 500	s. 9 d. 3 ½

Bilanz der Gesellschaft „Galeazzo Borromei e co. di Basilea", 22. Dezember 1435 [2430]

	f. di cam.	f. di cam.
Kasse		
DEBITORI		
• Danari in cassa		3 100.00.00
• Quaderno di cassa		
• Piero da Monte, protonotaio di papa	162.12.00	
• Francescho, veschovo di Bergamo	198.07.04	
• Francescho, arciveschovo di Milano	347.00.07	
• Varnieri dela Chiesa, nostro oste	560.19.05	
• 24 weitere kleinere Konten	560.09.03	
		1 829.08.05
• Stracciafoglio		48.03.09
CREDITORI		
• Quaderno di cassa		

2430 YUSA 90, 1700.

• maestro Cristiano, sta ala zecha	100.00.00	
• misser Agniolo deli Ubaldi da Perugia	105.12.00	
• Iannusius, arcidiachono carzeloviensis [?]	142.00.00	
• misser Giovanni de Ghonzalves, maestro schuola di Sighonzona	362.00.00	
• Giovanni di Saxso da Trasborgho	649.03.06	
• Arrigho Albista di Baxilea	819.10.01	
• el signor Giovanni de Silva, alfiere di Chastella	3213.05.07	
• 24 weitere kleinere Konten	599.13.00	
		5991.04.02
• Quadernuccio		1.13.03
Hauptbuch		
DEBITORI		
• Libro grande nero		
• Masserizie	10.12.11	
• Spese di casa	47.18.03	
• Cavalli	59.02.06	
• Galeazzo Borromei e Lazzero di Giovanni di Vinegia, per noi	313.06.06	
• Galeazzo Borromei e compagni di Corte, per loro	557.00.00	
• Galeazzo Borromei e compagni di Corte, per noi	1381.08.06	
• Piero Aitanti, Barcellona	4067.00.00	
• 15 weitere kleinere Konten	242.14.00	
		6679.02.08
• Uscita		6070.06.04
CREDITORI		
• Libro grande nero		
• messer Andrea, veschovo d'Osimo	0.06.03	
• messer Andrea, veschovo d'Osimo, tesorier dela camera	2.18.00	
• Tomaso Spinelli nostro	5.12.01	

• Anbruogio e Iacopo da Horate di Milano, per loro	7.03.04	
• Anbruogio e Iacopo da Horate di Milano, per noi	34.01.09	
• Avanzo ci conciederà Idio	52.05.11	
• Nichodemo Spinelli di Vinegia	67.11.04	
• messer Ghaleazzo da Mantova, luoghotenente dela camera apostolica	129.00.04	
• El conto del libro segreto	5454.00.04	
		5753.00.04
Entrata		5025.15.11

Bilanz der Gesellschaft „Galeazzo Borromei e co. di Basilea", 24. März 1436 [2431]

	f. di cam.	**f. di cam.**
Kassenbuch		
DEBITORI		
Danari in cassa		3340.01.11
Quaderno di cassa		
• miser Piero Donato, veschovo di Padova	101.12.06	
• miser Francesco, arcivescovo di Milano	347.00.07	
• 26 weitere kleinere Konten	448.03.05	
		906.16.06
Stracciafoglio		31.13.09
CREDITORI		
Quaderno di cassa		1637.18.10
• miser Andrea, veschovo de Osimo	56.03.01	
• maestro Arrigho Ubelinche, procuratore dela chausa	56.18.04	

2431 YUSA 90, 1700. Die Bilanz zeigt als Datum den 24. März 1435 (= moderner Jahreszählstil).

• miser Ghaleazzo de'Chamani, arciprete mantovano	78.17.09	
• el signor Giovanni de Silvae, alfiere di Chastila	115.11.00	
• miser Giovanni de Deavecia, arcidiachono [?]	121.19.00	
• maestro Zinusius, arcidiacono [?]	142.00.00	
• miser Giovanni de Ghonzales, scholasticho di Sighonza	257.12.02	
• Lanciloto de [...][i]	458.17.00	
• 26 weitere kleine Konten	350.06.06	
		1 637.18.10
Hauptbuch		
DEBITORI		
Libro grande nero		
• Ghaleazzo Borromei e Antonio di Francesco e conpagni di Londra, per noi	0.10.00	
• Varnieri della Chasa, questi si dovea mettere a disavanzi	1.00.08	
• Ghaleazzo Borromei e Lazzero di Giovanni di Vinegia, per noi	6.06.03	
• Anbruogio e Iacomo da Chomo di Milano, per loro	7.16.08	
• Nicholaio di Piero da Meleto, sta a Bologna	9.07.00	
• Maserizie di chasa	10.12.11	
• Iacopo Tomuti, dimora a Nantes in Bretagna, sopra nostri di Brugia	18.00.00	
• Ghaleazzo Borromei e Antonio di Francesco e conpagni deti, per loro	20.02.00	
• Adovardo Giachineti e Andrea Chanbini e compagni di Corte	22.10.00	
• Gioie ci troviamo qua e una punta di diamante in chiovo	30.00.00	
• Bonsigniore e Conte Spinelli e compagni di Mantova	34.06.07	
• Lionardo di ser Piero Doffi, nostro giovane	35.19.03	
• miser Ghaleazzo de'Chavriani da Mantova, luoghotenente dela camera apostolica di qui	40.15.03	
• Chavalli dela conpagnia	42.11.11	
• Giovanni e Francholino de'Franchisachi deonno sopra nostri di Brugia	55.13.01	

• Bardo di Neri e conpagni di Ginevra. Àciene dipoi provisti	58.10.06	
• Giovanni da Chastro, nostro giovane	91.11.06	
• Ghaleazzo Borromei e conpagni di Corte, per noi	2 573.12.06	
		3 051.06.01
Uscita		3 194.15.03
CREDITORI		
Libro grande nero		
• Ianni da Traiecto, nostro famiglio	2.08.09	
• Ghaleazzo Borromei e conpagni di Corte, per loro	3.09.10	
• Ghaleazzo Borromei e Antonio di Francescio e conpagni di Brugia, per noi	11.09.00	
• Filippo Borromei, Alexandro e Paolo da Chastagniuolo di Milano, per noi	17.01.01	
• Ghaleazzo Borromei e Antonio di Francescho e conpagni, per loro conto	41.08.08	
• Nichodemo di Lionardo Spinelli di Vinegia, per la bottegha	67.11.04	
• miser Andrea, veschovo di Osimo	101.00.00	
• El libro segreto	5 453.11.01	
		5 697.19.09
Entrata		5 817.10.09

i Unleserliche Ortsangabe.

Bilanz der Gesellschaft „Commissaria Galeazzo Borromei e co. di Basilea", 24. März 1437[2432]

	f. di cam.	f. di cam.
Kassenbuch		
DEBITORI		
• Danari in cassa		2753.19.01
• Quaderno di cassa A		126.14.08
– maestro Piero de Cortis da Legge, orafo	12.18.10	
– misser Ghaleocto da Peruga, avochato	13.00.10	
– maestro Giovanni Lioni, abreviatore in Concilio	20.06.2006	
– maestro Bartolomeo de Monte, scritore apostolico	25.00.04	
– 17 weitere Guthaben	55.08.02	
CREDITORI		
• Quaderno di cassa A		1 173.15.06
– mastro Giovanni Liberalis, maestro di casa l'arciveschovo di Lione	65.00.07	
– mastro Bernardo Serra, limosiniere d'Araona	71.05.06	
– misser Francescho, arciveschovo di Milano	103.10.03	
– maestro Desiderio Brittonis	123.19.00	
– Pino de Sifragha da Lodi	140.12.00	
– maestro Giovanni Blondelroi, procuratore del conte Rinieri	347.00.00	
– 19 weitere Kreditoren	322.08.02	
Hauptbuch		
DEBITORI		
• Libro grande bianco A		6242.00.02
– Comissaria di Ghaleazzo e Antonio e compagni di Londra, per noi	0.10.00	
– Filippo Borromei, Alexandro Paolo da Chastagnuolo di Milano, per noi	0.10.00	

2432 YUSA 90, 1703.

- Borromeo Borromei e compagni di Corte, per loro	05.02.2000	
- Cavalli ci troviamo	04.11.2000	
- Iachopo Tomuti di Nantes, sopra e nostri di Brugga	10.00.00	
- Paolo da Chastro	10.05.2000	
- Masserizie di chasa	10.12.2011	
- Giovanni da Chastro, che sta chon noi	17.17.05	
- Comissaria di Ghaleazzo Borromei e Antonio di Francesco e compagni di Brugia, per loro	19.00.08	
- Adovardo Gachinotti e Andrea Chanbini e compagni di Corte, per loro	24.00.00	
Comissaria di Ghaleazzo Borromei e Antonio di Francesco e compagni di Bruggia, per noi	27.10.2000	
- Gioie ci troviamo qui e una punta di diamante	30.00.00	
- Anbruogo e Iacopo di Choma di Ginevra	137.17.06	
- Comissaria di Ghaleazzo Borromei e compagni di Corte, per loro	966.10.03	
- El conto della chassa, riveduto questo dì, che è danari contanti e debitori del quaderno di chassa, che creditori di detto quaderno furono più	1 706.18.03	
- Comissaria di Ghaleazzo Borromei e compagni di Corte, per noi	3 269.15.02	
• Uscita		2 040.17.01
CREDITORI		
• ibro grande bianco A		6 269.16.04
- Firenze d'Anversa	01.12.2006	
- Ianni da Traiecto, nostro famiglio	3.13.06	
- Filippo Borromei e compagni di Brugga, per loro	4.00.00	
- Lionardo Doffi, nostro gharzone	29.13.07	
- Varnieri della Chiesa, nostro oste	84.19.06	
- Anbruogo e Iacopo da Choma di Milano, per loro	790.04.08	
- El libro segreto	5 355.12.07	
• Entrata		3 727.15.11
Disavanzo		27.16.02

Bilanz der Gesellschaft „Borromeo Borromei e co. di Basilea", 31. Mai 1437 [2433]

	f. di cam.	f. di cam.
Kassenbuch		
DEBITORI		
Danari in cassa		2245.03.10
Stracciafoglio		
• 6 kleine Konten	26.03.06	
		26.03.06
Hauptbuch		
DEBITORI		
Libro grande bianco A		
• Filipo Borromei e Alexandro e Paolo da Chastagnuolo di Milano, per loro	24.08.00	
• Oddo Rau di Genova	25.00.00	
• spese di casa	26.01.07	
• Giovanni da Chastro	28.11.01	
• Giorgio Aghostin da Bruga	32.10.05	
• maestro Bartolomeo de Monte	41.04.03	
• Commesseria di Ghaleazzo e Antonio e compagni di Bruga, per loro	49.07.02	
• maestro Giovanni Lioni da Ratispona	60.19.08	
• Commesseria di Ghaleazzo Borromei e compagni vechi di qui	76.06.00	
• Anbruogio e Iacopo da Como, di Ginevra	89.12.02	
• Iachopo Tomuci da Lucha, sta a Nantes, sopra nostri di Brugia	217.00.00	
• Mariano de Vitali di Milano	233.16.02	

2433 YUSA 90, 1703

• maestro Stefano e maestro Cristiano dela Zecha	340.04.00	
• Borromeo Borromei e compagni di Corte, per loro	1 163.00.00	
• Adovardo Giachinotti e Andrea Chanbini e compagni di Corte, per loro	1 244.00.00	
• Commesseria di Ghaleazzo Borromei e compagni di Corte, per noi	2 873.03.02	
• 21 weitere kleinere Konten	103.01.05	
		6 628.05.01
Uscita		3 109.19.09
CREDITORI		
Libro grande bianco A		
• Giovanni di Longhavilla	25.04.00	
• Gherardo Puccinan	26.16.06	
• Nicchol̀o Vuolchare, servidore del'arciveschovo di Taranto	30.06.00	
• Varnieri Sciuodefel	32.13.00	
• maestro Guglielmo Braghin, brettone	40.09.08	
• maestro Piero Giquel, brettone	40.00.00	
• maestro Luccha da Siena, de' minori	44.14.09	
• maestro Giufré Laric, brettone	50.00.00	
• d. Arrigho Ubelinche, procuratore	51.03.11	
• maestro Bernardo Scora, limosinieri del Re di Raona	55.16.08	
• Giovanni da Chastro	65.00.00	
• domino Marcho de' Marinoni da Milano	73.03.05	
• Varnieri della Chiesa, nostro oste	84.19.06	
• domino Iohanni, veschovo aurelianensi	91.15.00	
• Piero di Sisragha da Lodi	140.12.00	
• maestro Giovanni Liberulis, maestro di chasa l'arciveschovo di Lione	162.12.00	
• Varnieri dela Chiesa	544.14.04	
• Piero Solge da Trasborgho	730.17.08	
• misser Antonio, veschovo del Porto	1 100.00.00	

• El libro segreto	5 327.16.03	
• 19 weitere kleinere Konten	176.10.05	
		8 895.05.01
Entrata		5 358.03.01
Avanzo		23.04.00

Wechselkursrelation des Rheinischen Gulden zum Kammergulden in Rom, 1439–46[2434]

Monat	Kauf Tiefstwert	Kauf Höchstwert	Verkauf Tiefstwert	Verkauf Höchstwert
08. 1439			0.7917	
09. 1439				
10. 1439			0.8000	
11. 1439	0.6702		0.7813	
12. 1439				
01. 1440				
02. 1440				
03. 1440	0.7657			
04. 1440				
05. 1440				
06. 1440				
07. 1440				
08. 1440				
09. 1440				
10. 1440				
11. 1440				
12. 1440				

Monat	Kauf Tiefstwert	Kauf Höchstwert	Verkauf Tiefstwert	Verkauf Höchstwert
01. 1443	0.7689	0.7750		
02. 1443	0.7750			
03. 1443	0.7750	0.7778		
04. 1443				
05. 1443	0.7763	0.7778		
06. 1443	0.7750	0.7800		
07. 1443	0.7781	0.7784	0.7917	1.0000
08. 1443	0.7773	0.7867		
09. 1443	0.7787		0.8000	
10. 1443	0.6667	0.7833		
11. 1443				
12. 1443			0.8125	

2434 Quelle: AOIF 12737. – Erklärung der Tabelle: Im November 1439 bezahlte Antonio della Casa für einen in Köln ausgestellten Wechsel pro Rheinischen Gulden 0.6702 Kammergulden; für jeden Rheinischen Gulden, den er nach Köln transferierte, berechnete er 0.7813.

Monat	Kauf Tiefstwert	Kauf Höchstwert	Verkauf Tiefstwert	Verkauf Höchstwert
01. 1441				
02. 1441				
03. 1441				
04. 1441				
05. 1441			1.0000	
06. 1441				
07. 1441				
08. 1441				
09. 1441				
10. 1441	0.7752			
11. 1441	0.7750			
12. 1441	0.7750			
01. 1442				
02. 1442	0.7750			
03. 1442				
04. 1442				
05. 1442	0.7752	0.7753	0.7708	
06. 1442				
07. 1442	0.7688	0.7765	0.8000	
08. 1442	0.7500	0.7753		
09. 1442				
10. 1442	0.7750	0.7771		
11. 1442	0.7500	0.7750		
12. 1442	0.7750	0.7778		

Monat	Kauf Tiefstwert	Kauf Höchstwert	Verkauf Tiefstwert	Verkauf Höchstwert
01. 1444				
02. 1444	0.7792			
03. 1444	0.6944	0.7778		
04. 1444	0.7621	0.7750	0.8000	
05. 1444	0.7750	0.7917		
06. 1444	0.7688	0.7750		
07. 1444				
08. 1444	0.7742		0.8000	
09. 1444			0.8090	
10. 1444	0.7750	0.7800	0.7917	0.8000
11. 1444				
12. 1444	0.7750	0.7778		
01. 1445			0.8571	
02. 1445				
03. 1445	0.7690	0.7750	0.7973	
04. 1445	0.7542	0.7750		
05. 1445	0.7519	0.7750	0.7824	
06. 1445				
07. 1445				
08. 1445	0.7750			
09. 1445	0.7750			
10. 1445	0.7778	0.7833		
11. 1445				
12. 1445				
01. 1446				
02. 1446				
03. 1446	0.7750			
04. 1446	0.7750			

Cosimo e Lorenzo de' Medici di Corte: Bareinzahlungen aus Deutschland, 26. März 1429 – 24. März 1430[2435]

Seite	Datum	Empfänger	in bar erhalten von	im Auftrag von (in persona)	Fiorini di Camera	Anlass
4r	1429.04.07	Antonio Salutati da Pescia	m. Giovanni Liecche, alamanno	idem	45.00.00	l'annata della Incorporazione della mensa capitolare in Liecche, maguntine dioc.
4r	1429.04.07	Antonio Salutati da Pescia	m. Giovanni Liecche, alamanno	idem	30.00.00	l'annata della Incorporazione d'una chiesa parrochiale al monasterio Inselghienstatt, manguntine dioc.
4v	1429.04.09	Antonio Salutati da Pescia	m. Matteo Dittmari, canonico a Lubiche	idem	16.00.00	l'annata del detto suo canonicato
7r	1429.04.18	Antonio Salutati da Pescia	m. Arnoldo Witt, alamanno	del futuro rettore di detta chiesa	55.00.00	l'annata della parrochiale chiesa de Duffel, cameranen. dioc.
7r	1429.04.18	Antonio Salutati da Pescia	m. Gherardo Charreri		16.00.00	l'annata dell'unione del priorato de Gux, pattavien. dioc. unito alla badia di santo Severino della detta diocesi
8r	1429.04.21	Collegio dei Cardinali	m. Hermanno Wercch	idem	50.00.00	comunne servigio della chiesa caminen. dioc.
8v	1429.04.23	Antonio Salutati da Pescia	m. Hermanno Charreri		22.00.00	parte dell'annata del priorato di santa Maria di Montelauri, wabren. dioc.

2435 ASFi, MAP 131. Diese Liste erhebt keinen Anspruch auf Vollständigkeit, da sie nur die eindeutig identifizierbaren Einträge aufweist.

Seite	Datum	Empfänger	in bar erhalten von	im Auftrag von (in persona)	Fiorini di Camera	Anlass
12v	1429.05.09	Antonio Salutati da Pescia	m. Hermanno Wercch		50.00.00	parte del comune servigio della chiesa chaminen.
18r	1429.05.30	Antonio Salutati da Pescia	m. Gherardo Wartimont	idem	18.00.00	l'annata del canonicato e prebenda della chiesa di santo Vettorio Santinzis, colon. dioc.
19r	1429.05.31	Antonio Salutati da Pescia	m. Conrado Reychirscover	m. Giovanni	54.00.00	l'annata del canonicato e prebenda della chiesa banborgiensis
21v	1429.06.06	Antonio Salutati da Pescia	Bertoldo Abrernaton	idem	22.00.00	l'annata e prebenda della chiesa wormanen.
24v	1429.06.15	Antonio Salutati da Pescia	m. Giovanni Ecleftest	m. Piero	8.00.00	l'annata della prepositura di San Giovanni de Willishoven, pattavien. dioc.
25v	1429.06.21	Antonio Salutati da Pescia	m. Fedrigo Soer de Rittenbergh	m. Arrigo	19.00.00	della prepositura di San Filicie e Regule, turinen. constantien. dioc.
25v	1429.06.21	Antonio Salutati da Pescia	m. Lambertus Meyer	idem	20.00.00	l'annata della parrochiale chiesa de Lohem tra Rettendorf
26v	1429.06.26	Antonio Salutati da Pescia	m. Arrigo Beyem	idem	100.00.00	parte del comune servigio della chiesa di Basilea
26v	1429.06.26	Collegio	m. Arrigo Beyem	idem	100.00.00	parte del comune servigio della chiesa di Basilea
30v	1429.07.27	Antonio Salutati da Pescia	m. Andrea Scionau, scrittore apostolico	m. Giovanni	45.00.00	l'annata della parrochiale cioè de' fructi della chiesa vormanen.
31r	1429.07.29	Antonio Salutati da Pescia	m. Niccolò Mattia	m. Giovanni	17.00.00	l'annata della parrochiale chiesa Lubonten wladislamen. dioc.

Seite	Datum	Empfänger	in bar erhalten von	im Auftrag von (in persona)	Fiorini di Camera	Anlass
31r	1429.07.29	Antonio Salutati da Pescia	m. Giovanni Vanchemdum, per lui da Francesco d'Altobianco degli Alberti e compagni	m. Gottifredi	495.00.00	per nome del collettore di Colognia
31r	1429.07.30	Antonio Salutati da Pescia	m. Piero Cirollo	m. Giovanni	16.00.00	l'annata di Santo Nicolo, magdeburgen. dioc.
32v	1429.09.15	Antonio Salutati da Pescia	m. Arrigo Attemdo	idem	30.00.00	l'annata della parricchiale chiesa in Delfel, agusten. dioc.
36r	1429.09.15	Antonio Salutati da Pescia	Antonio Salutati da Pescia	Antonio Salutati da Pescia	46.00.00	l'annata delle parrocchiale chiesa Alzencodonen., constanzien. dioc. unita al monasterio in Alterberg
41v	1429.10.20	Antonio Salutati da Pescia	m. Senndrus Mattencusen, alamanno	m. Piero	84.00.00	la prepositura della chiesa di Monte Albano, maguntin.
43v	1429.10.31	Antonio Salutati da Pescia	m. Janni Cherno	idem	25.00.00	l'annata della parrocchiale chiesa Henenfelfelt, eisteten. dioc.
43v	1429.10.31	Antonio Salutati da Pescia	m. Johannes di Ghronis	idem	10.00.00	parte del priorato di Santo Piero de Ciwiery, or. S. B., magdeburgen. dioc.
45r	1429.11.03	Antonio Salutati da Pescia	m. Todrigho Naghel	m. Arnoldo	115.00.00	l'annata della prepositura righen.
48r	1429.11.14	Antonio Salutati da Pescia	m. Niccolò Vulrat, recò in Lando suo famiglio		35.00.00	parte del comune servigio della badia ebranen, or. S. B., erbipolen. dioc.

Seite	Datum	Empfänger	in bar erhalten von	im Auftrag von (in persona)	Fiorini di Camera	Anlass
49r	1429.11.16	Antonio Salutati da Pescia	m. Tilimanno Tenkinch	idem	20.00.00	l'annata del canonicato e prebenda di Santa Maria al grado, colonien. dioc.
52v	1429.12.01	Collegio dei Cardinali	m. Hermanno Duncher	m. ***	31.17.06	comune servigio della chiesa scalaten.
53v	1429.12.05	Collegio dei Cardinali	Antonio Salutati da Pescia	m. Hermanno	8.06.08	comune servigio della chiesa winbergien.
54r	1429.12.06	Antonio Salutati da Pescia	Antonio Salutati da Pescia	m. Lodovico	23.00.00	l'annata della parrocchiale chiesa di Santo Stefano, constantien. dioc.
58r	1429.12.19	Antonio Salutati da Pescia	m. Henrigho Storbergh	m. Giovanni	25.00.00	l'annata della parrocchiale chiesa in Bendelstoff, erbipolen. dioc.
62v	1430.01.11	Antonio Salutati da Pescia		m. Giovanni	14.00.00	l'annata della parrocchiale chiesa in Tolinghe, ratisbonen. dioc.
63r	1430.01.11	Antonio Salutati da Pescia		m. Tommaso Roden	15.00.00	l'annata del caninicato della chiesa lubicien.
63v	1430.01.12	Antonio Salutati da Pescia		m. Giovanni	17.00.00	l'annata della parrocchiale chiesa in Tarienberg, paderburnen. dioc.
67r	1430.01.28	Antonio Salutati da Pescia		m. Piero	23.00.00	l'annata della parrocchiale chiesa in [...?] Berghe, manghuntine. dioc.
67v	1430.01.30	Antonio Salutati da Pescia		m. Giovanni	14.00.00	l'annata del canonicato e prebenda di Santo Niccolò, madeburgien.
68r	1430.01.31	Antonio Salutati da Pescia	m. Hermanno Duncher	m. Giovanni	50.00.00	parte del comune servigio della chiesa osnaburgien.

Seite	Datum	Empfänger	in bar erhalten von	im Auftrag von (in persona)	Fiorini di Camera	Anlass
70r	1430.02.08	Antonio Salutati da Pescia	m. Piero Pugmatteri	m. Nicchodemo	200.00.00	parte del comune servigio della chiesa frisigien.
71r	1430.02.09	Antonio Salutati da Pescia	m. Currado Cheroffeliz, per lui da m. Arrigho Bull suo procuratore		324.00.00	socchollettería di Gostanza
72r	1430.02.14	Antonio Salutati da Pescia	m. Giovanni Cholchagien, alamanno		24.00.00	l'annata della chapella di Santa Maria Madalena in Aghula, iltesenen.
75v	1430.03.01	Antonio Salutati da Pescia	m. Bertoldo Rantafusoris	m. Arrigo	200.00.00	l'annata della prepositura della chiesa di Magonza
77v	1430.03.06	Antonio Salutati da Pescia	m. Giovanni Vacchemdum	idem	40.00.00	l'annata del canonicato e prebenda di Santo Cionagio, trayetten. Iroden. dioc.
78r	1430.03.07	Antonio Salutati da Pescia	m. Hermano Rosse		35.00.00	l'annata dell'unizone del monasterio [...?] Santa Filicita, or. cisternen, maguntine dioc.
78r	1430.03.07	Antonio Salutati da Pescia	m. Hermanno Rosse		45.00.00	l'annata e prebenda della chiesa wormanen.
78r	1430.03.07	Antonio Salutati da Pescia			12.00.00	parte dell'annata chiesa in Ghalmirae, maguntine dioc.
81r	1430.03.14	Antonio Salutati da Pescia		m. Piero	16.00.00	l'annata della parrocchiale chiesa di Santo Lodegeri de Amavilla, agusten. dioc.
81v	1430.03.15	Antonio Salutati da Pescia	m. Giovanni Deccomis, alamanno	m. Michele	16.00.00	l'annata della parrocchiale chiesa di Santa Maria in Vasis, salisburgien. dioc.

Seite	Datum	Empfänger	in bar erhalten von	im Auftrag von (in persona)	Fiorini di Camera	Anlass
82r	1430.03.18	Antonio Salutati da Pescia	m. Arrigo Uberlinche		100.00.00	per detta camera appostolica
82v	1430.03.22	Antonio Salutati da Pescia	m. Tilimanno de Drosaghen, per lui da Cambio de' Medici e comp.	m. Hermanno Widalers	32.00.00	l'annata del cannonicato e prebenda della chiesa di Colognia

Cosimo e Lorenzo de' Medici di Corte: *Lettere di cambio* mit Bezug zu Deutschland gruppiert nach *trattario*, 26. März 1429 – 24. März 1430[2436]

c.	*datore*	*prenditore*	*beneficiario*	Einzahlung	Auszahlung	Reno	Camera
	Gherardo Bueri	**Lübeck**					
11v	m. Hermanno Woister	Medici di Corte	m. Hermanno Woister	1429.05.05		100.18.00	77.00.00
	Heinrich und Wilhelm Rummel	**Nürnberg**					
57r	Medici in Rom	Medici di Corte	m. Arrigo Hamann, alamanno				130.00.00
	Alfano e Savere	**Perugia**[i]					
19r	m. Flanchardo de Ratispona, alamanno	Medici di Corte	m. Ulrico de Ichslar oder m. Jacopo Frischeman, alamanni	1429.05.31		[ii]48.00.00	50.00.00
42v	m. Sandrus de Marteschusen	Medici di Corte	Teodrigo Winchal, studente	1429.10.25			45.10.00
57r	m. Tommaso Roden	Medici di Corte	m. Egherto Schum, alamanno				28.00.00
66v	m. Tommaso Roden	Medici di Corte	m. Currado Enden oder m Arrigo Vuenemar, studenti				31.00.00
68r	m. Tommaso Roden	Medici di Corte	m. Eghbertus Schum, studente	1430.01.31			22.00.00

2436 ASFi, MAP 131. Diese Liste weist nur die eindeutig identifizierbaren Vorgänge auf.

c.	*datore*	*prenditore*	*beneficiario*	Einzahlung	Auszahlung	Reno	Camera
78v	m. Arrigho Zoerbeck, alamanno	Medici di Corte	Giovanni Cierretani	1430.03.09			13.00.00
	Simone Sassolini	**Köln**					
23v	Frighet Jannes, caval-catore	Medici di Corte	idem	1429.06.11		25.00.00	20.00.00
	Cosimo e Lorenzo de' Medici	**Florenz**					
48v		Rummel, Nürnberg	m. Giorgio Nebaldan				45.00.00
49r	m. Guglielmo de Su-tenchem, alamanno	Medici di Corte	m. Guglielmo de Sutenchem, alamanno	1429.11.15			50.00.00
64r		Bueri, Lübeck	Ghualtiero Romelinerode				24.00.00
	Cosimo e Lorenzo de' Medici	**Corte di Roma**					
103r	Pisanello de' Pisanelli	Medici, Florenz	Currado di Francoforte, mercatante	1429.03.02	1429.03.26		82.00.00
105v		Rummel, Nürnberg	m. Arrigho Conneghat	1429.01.29	1429.04.02		10.00.00
105r	m. Arnoldo Vernen, canonico liodien.	Sassolini, Köln	m. Branda cardinale di Piacenza	1429.02.17	1429.04.01	360.00.00	277.04.00
106v	m. Chari d'Anbor-gho, per le mani di m. Giorgio Soldevel	Bueri, Lübeck	m. Niccolò Amborgho	1428.01.11	1429.04.05		80.00.00

c.	*datore*	*prenditore*	*beneficiario*	Einzahlung	Auszahlung	Reno	Camera
106v	da' signori di Lubicche	Bueri, Lübeck	m. Niccolò Amborgho	1428.10.26	1429.04.05		23.02.00
108r		Kress, Nürnberg	m. Ghuttero Gruben, alamanno	1429.01.07	1429.04.08		190.00.00
108r		Kress, Nürnberg	m. Michele da Praga	1429.03.07	1429.04.08		50.00.00
109v	m. Ridolfo Anbrighe	Bueri, Lübeck	m. Giovanni Arz, alamanno	1429.02.24	1429.04.12	14.00.00	10.15.04
109v	da lui	Bueri, Lübeck	Elerus Smyt, Alamanno	1429.03.04	1429.04.12	3.00.00	2.07.00
110v	m. Artingo, scrittore	Bueri, Lübeck	Giovanni Mutar, cherico di Lubicche	1429.02.20	1429.04.18	6.00.00	4.13.00
110v		Rummel, Nürnberg	m. Giovanni Engellard, procuratore in corte	1428.06.19	1429.04.18		210.00.00
112r	da lui	Bueri, Lübeck	m. Hermanno Chrein-bergh, alamanno	1429.02.20	1429.04.21	100.00.00	77.00.00
112v		Rummel, Nürnberg	m. Arrigho Coningh, alamanno	1429.03.25	1429.04.22		125.00.00
114v	dal detto	Bueri, Lübeck	m. Tedrigho Naghel	1429.02.20	1429.04.30	200.00.00	154.00.00
116v		Bueri, Lübeck	m. Giovanni Christiani		1429.05.04	[iii]67.10.00	46.14.00
117r	Bertoldo Littorp	Bueri, Lübeck	m. Tommaso Roden	1429.03.12	1429.05.07		110.00.00
117r	Arrigo Vanord de Lunenborgh	Bueri, Lübeck	m. Tommaso Roden	1429.03.17	1429.05.07		20.00.00
118v		Rummel, Nürnberg	Tommaso Roden	1429.01.21	1429.05.11		30.00.00
119r	Antonio Arrighi	Medici, Florenz	monna Anna di Michele Danelli, tedescha	1429.04.02	1429.05.12		10.00.00

c.	*datore*	*prenditore*	*beneficiario*	Einzahlung	Auszahlung	Reno	Camera
121v	m. Arrigo Chren	Bueri, Lübeck	m. Piero Siron, procuratore in corte	1429.04.08	1429.05.20		54.00.00
121r		Kress, Nürnberg	m. Arrigo Ubelim, per lui a m. Corrado Reycherschover, canonico ratisponen.	1429.04.13	1429.05.19		68.00.00
124v	m. Ludolpho Quare	Bueri, Lübeck	m. Hermanno Pentel, alamanno	1429.04.15	1429.05.28		50.00.00
124r		Rummel, Nürnberg	m. Michele Durcoff, alamanno	1429.05.04	1429.05.28		25.00.00
128v	m. Currado, vescovo di Ratispona	Rummel, Nürnberg	Medici di Corte		1429.06.04	2 135.10.00	1 295.10.00
131r	m. Giovanni Cornaris	Bueri, Lübeck	m. Nicholò Amborgo, per le mani di m. Giorgio Soltbadel	1429.04.09	1429.06.14	20.00.00	15.08.00
131r	Usbulff	Bueri, Lübeck	m. Nicholò Amborgo	1429.05.02	1429.06.14	200.00.00	154.00.00
131r	m. Giovanni Mainesti	Bueri, Lübeck	Arrigo Mamesa	1429.04.30	1429.06.14		13.17.00
131r		Bueri, Lübeck	m. Marcuardo Vasanten, alamanno	1429.04.29	1429.06.14	10.00.00	7.14.00
132v	Tala Buzan	Bueri, Lübeck	m. Piero Sironu	1429.05.02	1429.06.17	16.00.00	11.16.03
134v		Bueri, Lübeck	m. Ghuasparre Vendoffen, procuratore di Prussia	[iv] 1429.04.30	1429.06.20		1 000.00.00
135r		Bueri, Lübeck	m. Hermanno Chreremnbergh, Marquardo Wuolmas, procuratore in corte, Arnesto Aurifabri, Arnoldo de Randa, procuratore in corte	1429.04.14	1429.06.23	20.00.00	15.08.00

c.	*datore*	*prenditore*	*beneficiario*	Einzahlung	Auszahlung	Reno	Camera
136r		Rummel, Nürnberg	m. Arrigo Grevesten de Herfordia	1429.05.21	1429.06.27		85.10.00
136r		Rummel, Nürnberg	m. Arrigo Grevestein de Herfordia	1429.06.02	1429.07.27		83.10.00
137v		Rummel, Nürnberg	frate Frederico Fuchs dell'ordine de' frati minori	1429.05.29	1429.06.30		22.00.00
142v		Kress, Nürnberg	m. Tommaso Roden, procuratore in corte	1429.06.21	1429.08.02		60.00.00
142r		Rummel, Nürnberg	m. Guglielmo de Sute-chem, alamanno	1429.06.31 [!]	1429.07.30		1 000.00.00
142r		Rummel, Nürnberg	m. Guglielmo de Sute-chem, alamanno	1429.07.08	1429.07.30		1 000.00.00
142r		Rummel, Nürnberg	m. Giovanni de Cyl, alamanno	1429.06.31 [!]	1429.07.30		200.00.00
144v	Gualtieri Axsa	Bueri, Lübeck	m. Olano Lorenzi, propo-sto uspalen. [!]	1429.07.01	1429.08.27		60.00.00
144r		Rummel, Nürnberg	m. Guglielmo de Sute-chem, alamanno	1429.07.15	1429.08.13		1 000.00.00
144r	m. Hermanno Wrye, alamanno	Sassolini, Köln			1429.08.23	145.00.00	100.00.00
146v		Rummel, Nürnberg	m. Niccolò Hernit, alamanno	1429.06.22	1429.09.05		76.00.00
150r	m. Ridolfo Robrincher	Bueri, Lübeck	m. Giovanni Arze	1429.08.18	1429.09.26	40.00.00	30.06.00
150r	Giovanni, suo fratello	Bueri, Lübeck	m. Tederigo Mainesti	1429.08.14	1429.09.27		20.00.00
150r	m. Giorgio Solbedel	Bueri, Lübeck	m. Andierigho Chopach	1429.05.30	1429.09.27		15.08.00

c.	*datore*	*prenditore*	*beneficiario*	Einzahlung	Auszahlung	Reno	Camera
151r	m. Hermanno Chreinberghe	Bueri, Lübeck	per noi		1429.10.03	220.00.00	154.00.00
151r	m. Ludolfo Robingh	Bueri, Lübeck	per noi		1429.10.03	105.00.00	70.00.00
151r	m. Otto de Scunborgo	Rummel, Nürnberg	per noi		1429.10.03	[v]70.00.00	47.15.00
152r	Robringher	Bueri, Lübeck	m. Giovanni Enghellard, procuratore di Corte	1429.08.18	1429.10.05	30.00.00	23.02.00
152r	vescovo Siluinen.[vi]	Bueri, Lübeck	m. Niccolò Annborgho	1429.07.26	1429.10.05	40.00.00	30.16.00
152r	da lui	Bueri, Lübeck	Hermanno Ghandersem	1429.08.16	1429.10.05	5.00.00	3.17.00
152r	dala moglie di Pietro Huon	Bueri, Lübeck	m. Giovanni Arz, alamanno	1429.08.28	1429.10.07	12.00.00	9.05.00
152r	m. Hermanno Van Aghan	Bueri, Lübeck	m. Giovanni Canter	1429.08.28	1429.10.07		23.02.00
152v	m. Giovanni Hochem	Bueri, Lübeck	Jannes da Lemum, alamanno	1429.08.26	1429.10.08	8.00.00	6.03.00
153r	dal detto	Bueri, Lübeck	Giovanni Maccheriz, alamanno	1429.08.28	1429.10.11		7.00.00
154v	m. Giorgio Soldebelt	Bueri, Lübeck	m. Giovanni Schery, alamanno	1429.08.16	1429.10.17	10.00.00	7.14.00
154v	m. Giorgio Beldetiel	Bueri, Lübeck	m. Giovanni de Ayda, alamanno	1429.08.18	1429.10.19	10.00.00	7.14.00
154v	da lui	Bueri, Lübeck	m. Niccolò Verdis	1429.09.04	1429.10.19	80.00.00	61.12.00
154r		Kress, Nürnberg	m. Giovanni Bruni	1429.07.27	1429.10.14		250.00.00
154r		Kress, Nürnberg	m. Giovanni Bruni	1429.07.27	1429.10.14		250.00.00
155r	dal capitolo righen.	Bueri, Lübeck	m. Udrigo Nagheler, alamanno	1429.09.03	1429.10.20		500.00.00

c.	*datore*	*prenditore*	*beneficiario*	Einzahlung	Auszahlung	Reno	Camera
155r	dal capitolo righen.	Bueri, Lübeck	m. Udrigo Nagheler, alamanno		1429.10.20	490.00.00	377.06.00
155v	Arrigo Bartolomei	Bueri, Lübeck	m. Niccolò Amborgo	1429.03.12	1429.10.20	10.00.00	7.14.00
155v	Piero Nicolay	Bueri, Lübeck	m. Alano Lorennzen	1429.07.01	1429.10.22		16.00.00
155r		Kress, Nürnberg	m. Giovanni Chalcha-gren, alamanno	1429.09.22	1429.10.19		150.00.00
155v		Rummel, Nürnberg	m. Guglielmo de Sute-hem, alamanno	1429.09.21	1429.10.22		770.00.00
157r		Rummel, Nürnberg	m. Tederigo Dominizi, alamanno	1429.09.23	1429.10.30		700.00.00
159r		Kress, Nürnberg	m. Niccolaio Wolrad	1429.06.17	1429.11.05		90.00.00
161r	m. Currado Abenborgh	Bueri, Lübeck	m. Giovanni Chelcha-ghem, alamanno	1429.11.01	1429.11.14	95.00.00	73.03.00
161v		Rummel, Nürnberg	m. Giorgio Nebeldan, alamanno	1429.10.17	1429.11.14		450.00.00
162v		Rummel, Nürnberg	m. Niccolò Hernit, procu-ratore in corte	1429.09.14	1429.11.18		45.10.00
164r	dal proposto di lubicche	Bueri, Lübeck	m. Arrigo Wriborgo, alamanno	1429.09.03	1429.11.04	90.00.00	69.06.00
164r	da lui	Bueri, Lübeck	Iannes Sirenbergh	1429.10.08	1429.11.20		4.12.05
164v		Bueri, Lübeck	m. Niccolò Anborgo		1429.11.28		7.00.00
164r		Rummel, Nürnberg	m. Lodovico Scherem-bergh	1429.10.12	1429.11.04		53.00.00

c.	*datore*	*prenditore*	*beneficiario*	Einzahlung	Auszahlung	Reno	Camera
166v		Rummel, Nürnberg	m. Arrigo Amann, alamanno	1429.11.09	1429.12.07		200.00.00
167v		Rummel, Nürnberg	m. Piero de Elburgh	1429.10.25	1429.12.09		100.00.00
169r	m. Niccolò Serchon	Bueri, Lübeck	m. Hermanno Weccher	1429.09.03	1429.12.12		40.04.00
170r	Bertoldo Bitter	Bueri, Lübeck	m. Tommaso Roden	1429.08.08	1429.12.16	40.00.00	30.16.00
170v		Rummel, Nürnberg	m. Bruno de Breff, alamanno	1429.11.18	1429.12.19		60.00.00
171r	vescovo selvinen	Bueri, Lübeck	m. Niccolò Anborgo	1429.09.28	1429.12.20	20.00.00	15.08.00
173v	m. Ridolfo Gherner	Bueri, Lübeck	m. Niccolò Anborgo	1429.11.02	1430.01.07	4.00.00	3.01.04
173v	m. Mattia Bischar	Bueri, Lübeck	m. Niccolò Anborgo	1429.08.17	1430.01.07	10.00.00	7.14.00
173r		Rummel, Nürnberg	m. Niccolò da Preda, procuratore in corte	1429.11.26	1430.01.03		75.00.00
174v	m. Niccolaio Bodencher	Bueri, Lübeck	m. Matteo Dittmari	1429.08.28	1430.01.10	10.00.00	7.14.00
175r	dal vescovo Selvinon. [?]	Bueri, Lübeck	m. Giovanni Slore	1429.09.28	1430.01.10	12.00.00	9.05.00
175r		Kress, Nürnberg	m. Giovanni de Monpaur	1429.11.29	1430.01.12		150.00.00
176r	Ghotech Choppo per parte del capitolo righen.	Bueri, Lübeck	m. Gualtieri Romelincrode	1429.11.12	1430.01.17		500.00.00
176r	Sivart Vichancusa	Bueri, Lübeck	m. Gualtieri Romelin	1429.11.12	1430.01.17	40.00.00	30.16.00
176r	da lui	Bueri, Lübeck	m. Gualtiri Romelin	1429.11.12	1430.01.17	20.00.00	15.08.00
178r		Kress, Nürnberg	m. Niccolò Wlart, abreviatore in corte, per lui a m. Antonio, cardinale di Bologna	1429.10.30	1430.01.24		80.00.00

c.	*datore*	*prenditore*	*beneficiario*	Einzahlung	Auszahlung	Reno	Camera
179r	Ridolfo Quercirer	Bueri, Lübeck	m. Hermanno Pentel	1429.11.15	1430.01.26	50.00.00	38.10.00
179v	vescovo selinen. [?]	Bueri, Lübeck	m. Niccolò Anborgho	1429.09.28	1430.01.28	30.00.00	23.02.00
180v	Eghebertus Schum	Alfano e Saurer di Perugia[vii]	m. Tommaso Rodeno		1430.01.31		28.00.00
180r	m. Bernardo Bedezem	Bueri, Lübeck	m. Tommaso Rodeno	1429.09.21	1430.01.28	20.00.00	15.08.00
180r		Rummel, Nürn-berg	m. Arrigo Wirlisch, alamanno	1429.10.01	1430.01.28		25.00.00
181r	m. Currado Emdem	Alfano e Saurer di Perugia[viii]	m. Tommaso Roden, an seinen Diener Arrigo Wirlisch		1430.02.01		31.00.00
182r	m. Hermanno Creinbergh	Bueri, Lübeck	Marcuardo Bolmars	1429.11.20	1430.02.03	40.00.00	31.16.00
183r	m. Roberto del detto ordine di San Sogma	Bueri, Lübeck	frate Giovanni de Raghugia, procuratore dell'ordine de' frati predicatori	1429.11.04	1430.02.08		12.00.00
183r		Rummel, Nürnberg	m. Ghuglielmo Wilirch, alamanno	1430.01.10	1430.02.05		25.00.00
183v		Rummel, Nürnberg	m. Niccolò Hertenzi	1430.01.09	1430.02.09		38.00.00
184v		Bueri, Lübeck	m. Niccolò Ambergho, procuratore in Corte	1429.06.15	1430.02.14	[xi] 14.00.00	13.15.00
184v	m. Giovanni Gualtieri	Bueri, Lübeck	m. Cieccho Rod, portò Antonio Gianfigliazzi	1429.12.18	1430.02.14	30.00.00	23.02.00
186r		Rummel, Nürnberg	m. Ridolfo Acchillasch, alamanno	1430.01.15	1430.02.18		50.00.00

c.	*datore*	*prenditore*	*beneficiario*	Einzahlung	Auszahlung	Reno	Camera
187r	da lui	Bueri, Lübeck	m. Giovanni Bedichenpel, alamanno e canonico di Lubicche	1430.01.08	1430.02.21		40.00.00
187v		Rummel, Nürnberg	m. Bartolomeo Liulf, per lui a m. Niccolò Ambergho		1430.02.25		100.00.00
190r	dal monasterio di Santa Maria di Lubicche	Bueri, Lübeck	m. Arrigo Blodenbirche, alamanno	1429.12.18	1430.03.08	10.00.00	7.14.00
192v	m. Giovanni Clonenbergh	Bueri, Lübeck	m. Giovanni Soler, alamanno	1429.03.20	1430.03.16	10.00.00	7.14.00
192r		Rummel, Nürnberg	m. Giovanni Cursorius, alamanno	1430.02.17	1430.03.16		68.00.00
193v	m. Giovanni Bruno, canonico zwerinen.	Bueri, Lübeck	per noi		1430.03.21	1 200.00.00	800.00.00
194v	m. Anselmo, correttore, messer Adovardo e messer Piero, canonico da Borsella	Sassolini, Köln	per noi		1430.03.22	1 100.00.00	755.00.00
195r	da lui	Bueri, Lübeck	Janni Bodensbenghel, alamanno	1430.01.28	1430.03.22		9.10.08

i 1405 ist eine Bank Savere di Francesco Savere in Perugia nachgewiesen. Esch (1966), S. 344.
ii Venezianische Dukaten.
iii A s. 18 l'uno.
iv Lettera d'aviso.
v Wohl auch ein Kredit, der beglichen wurde. Statt der üblichen 18 s. Kammerdukaten pro Rheinischen Gulden erhielt Otto nur 13 s. 7.75 d.
vi Osilien? Ösel?
vii Geld kam zurück, da es nicht ausbezahlt wurde.
viii Geld kam zurück, da es nicht ausbezahlt wurde.
xi Di Lubicche.

Deutsche Kunden im Rechnungsbuch „Uscita rossa, segnata B" der Medici in Venedig, 1436 (Auszüge, ohne Basel)[2437]

Seite	*datore*	*prenditore*	*beneficiario*	Einzahlung	Auszahlung	Lire
5r		Francescho Balbi e fratelli	Stefano Folghomer per nome di Giorgio Mendel		1436.02.19	20.00.00.00
27r	del detto	Gherardo Bueri di Lubich	Piero Dura	1436.03.01	1436.04.11	6.00.00.00
27v		Gherardo Bueri di Lubiche	Giovanni Vachondio a Schedoel, in sua agenzia a Inricho Chiss	1436.02.24	1436.04.11	10.00.00.00
30v	Luino Poltus o Lionardo o Charlo Iorisfoghil	Bardi di Bruggia	tanti qui a Ghuglelmo Arisfoghel		1436.04.20	30.00.00.00
31v	Giovanni e Arigho Romoli		ser Nicholò Bernardi		1436.04.21	5.00.00.00
32r	Giorgio Mendel, e al detto Giorgio gli mandammo contanti	Medici, Venedig	Nicholò Vulf, alamanno[i]	1436.03.05	1436.04.25	2.00.00.00
37v	da Ghuglielmo Mendole	Bardi di Bruggia	Giorgio Mendole		1436.05.07	60.00.00.00
39r		Gherardo Bueri di Lubiche	Ian Achant	1436.04.09	1436.05.11	12.00.00.00
48v	Giorgio Mendel		ser Cristofano Soranzo		1436.06.09	4.00.00.00

2437 ASFi, MAP 134, Nr. 1. Teil eines Papierheftes. Erhalten sind 156 Blätter.

Seite	*datore*	*prenditore*	*beneficiario*	Einzahlung	Auszahlung	Lire
70r	Nicholò Mantino	Benci di Ginevra aus Antwerpen	in Giovanni Mantini e compagni	1436.06.08	1436.08.04	100.00.00.00
75v	Rasi van Sun	Bardi di Bruggia	Giovanni Mautingho (e a llui gli demmo contanti)	1436.06.18	1436.08.21	100.00.00.00
90v	n'ebono da lui	Gherardo Bueri di Lubich	Piero Giovanni di Svezia, e a llui gli demmo chontanti	1436.09.03	1436.10.03	6.00.00.00
94v	Devire Chansie	Gherardo Bueri di Lubich (tratti da Lunuborgho il detto)	Orighus Orig di Svezia (e a llui gli demmo chontanti)	1436.09.14	1436.10.13	7.00.00.00
115r	da Firenze Giovan-ni Benci	Giovanni Benci e compagni di Ginevra	Bartolomeo di Domenicho Biliotti, e a llui gli demmo chontanti	1436.09.25	1436.12.10	7.10.00.00
123r	detto Ianni	Gherardo Bueri di Lubich	Uanni Aluichin	1436.09.10	1436.12.31	6.00.00.00
126r	per la chonpagnia di Iachopo di Pracoman	Benci di Ginevra	Gianni Cherlini o a Churado Zel o in Gianni Torinberg (e al detto Gian Torinbergh gli demmo chontanti)	1436.09.05	1437.01.12	100.10.00.00
131r	Gherardo Bueri di Lubich	da Bruggia i Borromei	messer Antonio Borromei e com-pagni		1437.01.28	24.00.00.00
133v	Derigho Laghuida/ Gianfigliazzi di Valenza	da Bruggia i Bardi	Ridolfo di Burcho di Cholongnia (a llui gli demmo chontanti)	1437.01.04	1437.02.05	50.00.00.00
135r	da detto G	Gherardo Bueri di Lubich	in messer Piero Epslors, studante in Padova o in Giovanni Elmihin suo famiglo (e al detto Giovanni gli demmo chontanti)	1436.11.20	1437.02.15	9.06.00.00

Seite	***datore***	***prenditore***	***beneficiario***	**Einzahlung**	**Auszahlung**	**Lire**
136v	Ghuglielmo Mendel [ii]	Bardi di Bruggia	demmo qui a Giorgio Mendel, e per lui a Stefano Folchomer, portò il detto chontanti		1437.02.18	20.00.00.00
137v	detti	Gherardo Bueri di Lubich	messer Giovanni Ioanni e, messer Giovanni Luolt e messer Veraldus Iachobi [iii]	1436.12.18	1437.02.21	3.00.00.00
138v	Luticha Austede	Gherardo Bueri Lubich	Nicholò Chocho e a llui gli demmo chontanti	1437.01.20	1437.02.27	3.04.00.00
139v	Gherardo Bueri di Lubich	Bolognia i Sernelli (sono per tanti disono esere chosto peze 12 di tafettà chonprorono per lo detto)	Angnolo Ghadi e chonpagni		1437.03.02	5.02.02.16
143v	detto	Gherardo Bueri di Lubiche	Anghilbertus Grulbe e a llui gli demmo chontanti	1436.12.20	1437.03.16	1.04.00.00

i Geld wurde in Rom nicht bezogen und ging deshalb nach Venedig zurück.
ii Wilhelm Mendel d. J., Sohn Wilhelms d. Ä. Vgl. Stromer (1966), S. 16.
iii Dies war die erste Teilzahlung. Die drei Geistlichen bezogen den Rest des Wechsels in drei weiteren Raten: am 9., 16. und 22. März.

Wechsel zwischen Deutschland und dem päpstlichen Hof in den *libri grandi* der Gesellschaft von Antonio della Casa gruppiert nach *trattario*, 1439–46 [2438]

c.	*datore*	*prenditore*	*beneficiario*	Einzahlung	Auszahlung	Reno	Camera
	Antonio della Casa di Corte						
I173I		Alberti, Basel	Lorenzo dello Stecchuto	1441.08.18	1441.09.28		28.00.00
I173I		Alberti, Basel	Giovanni Niccholai d'Olanda		1441.12.09	6.00.00	4.13.00
I173I	Arigo Colombinirson	Alberti, Basel	maestro Federigo Banden-murin, alamanno	1442.04.20	1442.05.24		11.00.00
I173I	da llei	Alberti, Basel	Lisabetta di Giovanni di Boncore	1442.04.15	1442.05.28	100.00.00	77.10.08
I173I	da llui	Alberti, Basel	Vessellus Bachus, clerico Osnaburgense	1442.10.29	1442.11.26		15.10.00
I173I	da llui	Alberti, Basel	maestro Arrigho Vyffin, plebano in Vegen	1442.11.16	1442.12.13	4.00.00	3.02.00
I404I	da llui	Alberti, Basel	frate Giovanni I Bytto, inghilexe	1443.01.22	1443.02.12		32.00.00
I404I		Alberti, Basel	maestro Currado Lotorsfic		1443.04.10		180.00.00
I404I	da llui	Alberti, Basel	Ruberto de Blettasinsch della diocia di Cologna	1443.05.12	1443.05.05	95.00.00	73.15.00

2438 AOIF 12737.

c.	*datore*	*prenditore*	*beneficiario*	Einzahlung	Auszahlung	Reno	Camera
1404l	da llui	Alberti, Basel	messer Guiglielmo Elopie dell'ordine di San Domenicho d'Olando	1443.07.12	1443.08.19		15.,10.00
1404l	da llui	Alberti, Basel	Gherardo Ghilberti de Castro, chericho	1443.07.13	1443.09.13		15.06.08
1476l	da llui	Alberti, Basel	Lodovico Prett di Borgogna	1443.07.21	1443.08.11		16.05.00
1476l	da llui	Alberti, Basel	Iacopo Veschelan, alamanno	1443.07.24	1443.08.31	10.00.00	7.15.00
1476l		Alberti, Basel	Nicholaio da Meleto e compagni di Bolognia		1443.10.15	20.00.00	15.13.04
1173l		Alberti, Basel	ser Niccolò da Chastello, secretario del chardinale di Santa Sabina	1441.05.12	1441.05.31		200.00.00
1173l	Niccholò di Piero di Bonachorso	Alberti, Basel	Zanobi di ser Martino e compagni	1441.11.18	1442.01.16		40.00.00
1173l		Alberti, Basel	Giovanni d'Alberto	1442.01.10	1442.02.09	7.00.00	5.08.06
1445l	maestro Federicho de Attandenze	Alberti, Basel		1444.03.06	1444.03.21	50.00.00	50.00.00
1390l	Guiglielmo Morello	Antonio Gianfiglazzi e compagni di Ginevra	maestro Guiglielmo Cianon, scrittore della Penitenzieria	1442.11.15	1443.01.02		150.00.00
1173r	Alberti, Basel	Benci, Genf	della Casa, di Corte		1441.06.29		200.00.00
1050l	da lui	Biliotti, Köln	maestro Ermanno Wuch	1439.10.12	1439.11.21	42.00.00	28.03.00

c.	*datore*	*prenditore*	*beneficiario*	Einzahlung	Auszahlung	Reno	Camera
1050l	Giovanni Clundt, proposto di Santo Apostolo di Cologna, per nome di maestro Giovanni Procen	Biliotti, Köln	maestro Giovanni Glork, scriptore della Penitenziera	1440.01.15	1440.03.04	51.00.00	39.01.00
1050l	la valuta de lui	Biliotti, Köln	a Giovanni di Simone, chericho traiettense	1441.10.11	1441.11.15	11.00.00	8.10.06
1222l	da llui	Biliotti, Köln	Tilmanno d'Arrigho di Traietto	1441.10.12	1441.11.15	15.00.00	11.12.06
1222l		Biliotti, Köln	messer Piero de Mera, preposto emericense per Lambo d'Adamo Sichobone, dottore in leggie	1441.12.23	1442.02.23	20.00.00	15.10.00
1274l	don Currado, pastore in One	Biliotti, Köln	Teo d'Arigho Vandedich, notaio di palazo	1442.02.27	1442.04.24		7.15.00
1274l	Antonio, canonico di San Martino di Leggie	Biliotti, Köln	Giovanni di Paolo, canonico di Santo Martino, servitore del chardinale di Sancta Maria Nuova	1442.05.24	1442.05.26	54.00.00	41.17.02
1274l	dal chonvento de' frati del Charmino di Cologna	Biliotti, Köln	don Arrigho de Attendon	1442.05.18	1442.07.03	92.00.00	71.06.00
1274l	maestro Ambrogio de Vacchendum, canonico di Cologna[i]	Biliotti, Köln	Iacopo Petri	1442.05.21	1442.07.05	13.00.00	10.01.06
1274l	don Ian Vaelhundunch, canonico di Cologna	Biliotti, Köln	Rinerius Dellis, famiglio di Vaelhendunch	1442.05.18	1442.07.05	12.15.00	9.18.00

c.	*datore*	*prenditore*	*beneficiario*	Einzahlung	Auszahlung	Reno	Camera
I274I	don Ghuglielmo de Liberant	Biliotti, Köln	maestro Giovanni de Nivella, scrittore nel registro	1442.06.04	1442.07.21	26.00.00	20.03.00
I274I	Arnoldo, suo fratello	Biliotti, Köln	Arnoldo Alderes detto Clerici[ii]	1442.05.28	1442.08.06	12.00.00	9.06.00
I274I	lettera di llui	Biliotti, Köln	Gianni Spansen, layco di Silanda	1442.07.30	1442.08.25	14.10.00	11.04.10
I274I	maestro Ianni Ficho	Biliotti, Köln	maestro Iacopo Petri, abreviatore	1442.07.12	1442.08.31	90.00.00	69.15.00
I274I	dom Vandino de Vartendunche, canonico di Cologna	Biliotti, Köln	maestro Iacopo Petri	1442.08.02	1442.10.03	10.00.00	7.15.00
I274I	da llui	Biliotti, Köln	dom Niccholayo de Vigna, prete leodicense	1442.09.01	1442.10.06	70.00.00	54.08.00
I274I	maestro Antonio de Claramonte	Biliotti, Köln	misser Guiglielmo de Fonti e pigliammo obrigho per maestro di ser Allessandro da Panzano per lo nome errcto nella del chambio, che dicie Iohanni de Claramonte	1442.10.04	1442.11.05	18.15.00	14.10.06
I274I	da llui	Biliotti, Köln	maestro Antonio de Claramonte	1442.10.04	1442.11.06	12.00.00	9.06.00
I319I		Biliotti, Köln	dom Iohannes Epischopi, per nome di maestro Arnoldo Longhi	1442.05.25	1442.07.01	40.00.00	32.00.00
I319I	dom Tilmanno Techinche	Biliotti, Köln	messere Gimignano da Prato	1442.05.18	1442.07.03	20.00.00	15.07.06

c.	*datore*	*prenditore*	*beneficiario*	Einzahlung	Auszahlung	Reno	Camera
I319I	frate Ghuglielmo a' 24, dell'ordine de' Minori	Biliotti, Köln	Martino d'Antonio Bruni		1442.08.14	15.00.00	11.05.00
I319I	maestro Francho	Biliotti, Köln	Martino Bruni	1442.11.03	1442.11.27	22.13.04	17.00.00
I319I	messer Bartolomeo de Eych	Biliotti, Köln		1442.09.07	1443.10.21	30.00.00	20.00.00
I369I	dom Niccolò di Vandon, per nome di maestro Giovanni Vachtendunch il Vecchio	Biliotti, Köln	maestro Teodericho Sprunch, notaio di palazo, e a maestro Giovanni Vachtendunch il Giovane [...] e prendemmo obrigho per mano di ser Gherardo da Volterra per la absentia di detto maestro Giovanni Vachtendunch il Giovane	1442.10 13	1442.12.07		7.15.00
I369I	da llui	Biliotti, Köln	frate Arnaldo di Irinchen, prete di Leodio	1442.11.03	1442.12.10	18.00.00	14.00.00
I369I	maestro Piero Bac-chiere di Leggie	Biliotti, Köln	dom Filippo de Monte, chappellano di Santo Marti-no di Leggie	1442.10.29	1442.12.10	36.05.00	28.02.00
I369I	per una assolutio per maestro Francho Alpont	Biliotti, Köln	maestro Giovanni Tolmer		1442.12.20		1.00.00
I369I	dom Sichabodon Borsnert	Biliotti, Köln	maestro Iachopo Petri, abre-viatore (in maestro Piero de Mera o in lui)	1442.09.19	1443.01.02	20.00.00	15.10.00

c.	*datore*	*prenditore*	*beneficiario*	Einzahlung	Auszahlung	Reno	Camera
1369l	dom Vimbero di Bachtendinich, chanonicho della maggiore chiesa di Chologna[iii]	Biliotti, Köln	maestro Iachopo Petri, abreviatore	1442.11.27	1443.01.02	22.00.00	17.01.00
1369l	da llui	Biliotti, Köln	frate Giovanni Holduch dell'ordine del Charmino	1442.11.29	1443.01.13	30.00.00	23.05.00
1369l	messer Giovanni Vachtendunch	Biliotti, Köln	maestro Aristotele de via Lapida	1442.12.04	1443.01.14	10.00.00	7.15.00
1369l		Biliotti, Köln	Simone di Ghalpera di Bruggia, bottaio		1443.01.21	12.00.00	9.06.00
1369l	da llui	Biliotti, Köln	Guarnieri di Ghenna de Champis	1442.12.02	1443.02.04	30.00.00	23.05.00
1369l		Biliotti, Köln	Iannes Balus	1442.01.23	1443.02.23	12.00.00	9.06.00
1409l	dom Niccholò pa-store Vanchocho	Biliotti, Köln	Iachopo Petri, abreviatore [...] per parte e nome di dom Ian Ficho pastore in Vinegha	1442.12.02	1443.03.06	20.00.00	15.10.00
1409l	da llui	Biliotti, Köln	maestro Ghisilberto de Chovedene, canonico di Leggie	1443.02.21	1443.03.26	100.00.00	77.15.00
1409l	maestro Lorenzo de Gimingham	Biliotti, Köln	maestro Ghottifredo de Ulmo, alias Starlas	1442.03.12	1443.03.30	60.00.00	46.13.04
1409l	dom Bernardo Van-derborgh, canonico di Colognia[iv]	Biliotti, Köln	Ermanno Mungherman de Campis	1443.04.02	1443.05.09	100.00.00	77.15.00

c.	*datore*	*prenditore*	*beneficiario*	Einzahlung	Auszahlung	Reno	Camera
1409l	da llui	Biliotti, Köln	dom Piero Symans, prete cameracense		1443.05.18	18.00.00	14.00.00
1409l	Giovanni Vantenvangro	Biliotti, Köln	Antonio della Chasa a Firenze [...] a conto d'esso Antonio	1443.03.23	1443.06.08	3.00.00	2.06.06
1409l	da lloro	Biliotti, Köln	Ghottifredo e a Raso Balghambarde	1443.05.15	1443.06.26	5.00.00	3.18.00
1409l	Ghualtieri Fanin	Biliotti, Köln	maestro Arnoldo Olderes, clericho di Leggie	1443.06.08	1443.07.08	9.05.00	7.04.00
1409l	da llui	Biliotti, Köln	Alberghetto Ana, clericho leodense	1443.06.29	1443.07.27	16.00.00	12.09.00
1409l	da llui	Biliotti, Köln	Gherardo di Margni	1443.07.14	1443.08.08	50.00.00	38.17.06
1409l	da llui	Biliotti, Köln	Giannes Filiberti di Zurigho de Vacchiendurch	1443.07.14	1443.08.12	43.00.00	33.08.06
1458l	de llui	Biliotti, Köln	Alberto Rost, clerico mune-sciense [?]	1443.07.04	1443.08.12	46.00.00	35.15.06
1458l	Arigo Ardivisto da Colognia[v]	Biliotti, Köln	Ianni Calderifici da Montabuto	1443.06.10	1443.08.29	40.00.00	31.09.04
1458l	de lui	Biliotti, Köln	Iacopo de Laerdelton, alamanno	1443.07.04	1443.09.05	25.00.00	19.09.04
1458l	da lui	Biliotti, Köln	Ianni di Battemborgh	1443.09.02	1443.10.08	15.00.00	11.12.06
1458l	ser Bastiano de Viseto	Biliotti, Köln	messer Guiglielmo di Santi	1443.08.27	1443.10.19	14.00.00	10.18.00
1476l	da llui	Biliotti, Köln	Ermanno Arlosen di Ghillera	1444.02.03	1444.03.09	31.00.00	24.00.00

c.	*datore*	*prenditore*	*beneficiario*	Einzahlung	Auszahlung	Reno	Camera
1476l	Arrigho de Preles	Biliotti, Köln	messer Guiglielmo di Santi	1444.02.06	1444.03.09	27.00.00	21.00.00
1476l	da llui	Biliotti, Köln	Daniselle Bruman Vanbel	1444.02.20	1444.03.31	4.00.00	3.02.00
1499l	da maestro Gottifre-do de Strale	Biliotti, Köln			1444.05.30	38.00.00	29.15.00
1518l	da llui	Biliotti, Köln	Iacopo Arsinvanbel	1444.02.20	1444.03.31	4.00.00	3.02.00
1518l	da llui	Biliotti, Köln	Ghuelas Van Dan	1444.02.20	1444.04.02	2.00.00	1.11.00
1518l	da llui	Biliotti, Köln	Ianni Ianesen	1444.02.20	1444.04.02	2.00.00	1.11.00
1518l	de llui	Biliotti, Köln	Maio di Van, clerico Treve-renensis diocesis		1444.04.02	7.00.00	5.08.06
1518l	de llui	Biliotti, Köln	Giorgio Chesenis	1444.03.01	1444.04.02		5.08.06
1518l	de llui	Biliotti, Köln	Ianni Protoman di Brabante	1444.03.05	1444.04.08	13.00.00	10.01.06
1518l	de llui	Biliotti, Köln	Lodovicho Arnoldi, clerico trayettense	1444.03.11	1444.04.15	40.00.00	31.00.00
1518l	maestro Piero Bacher	Biliotti, Köln	maestro Guiglielmo Lapide, abreviatore […] per parte di maestro Piero di Colomba	1444.02.05	1444.04.17	23.00.00	17.06.06
1518l		Biliotti, Köln	Gisberto Tori, chustode dello Spedale di Sancta Chaterina Ilede	1444.03.18	1444.04.28	5.00.00	3.17.06
1518l	da llui	Biliotti, Köln	Mattia Emesin, alamanno	1444.04.03	1444.05.05	6.00.00	4.13.00
1518l	da llui	Biliotti, Köln	maestro Gregorio d'Ergode-gia [?], maestro in arti	1444.04.03	1444.05.12	30.00.00	23.15.00
1518l	da llui	Biliotti, Köln	don Ilbrando Gherardi	1444.04.07	1444.05.14	16.00.00	12.08.00

c.	*datore*	*prenditore*	*beneficiario*	Einzahlung	Auszahlung	Reno	Camera
I518I	da llui	Biliotti, Köln	Federigo Flores di Frigia	1444.04.28	1444.05.10	30.00.00	23.05.00
I537I	da llui	Biliotti, Köln	'Rigo de Belde da Campis	1444.04.07	1444.06.08	30.00.00	23.05.00
I537I	maestro Giovan Boachtenduch	Biliotti, Köln	maestro Gherardo de Dich, notaio di palazo	1444.03.30	1444.06.15	20.00.00	15.07.06
I537I	da llui	Biliotti, Köln	fra' Gottifredo Cicoff, del'ordine de' predicatori	1444.03.22	1444.06.13	25.00.00	19.07.06
I537I	da llui	Biliotti, Köln	maestro Guglelmo de Lughan e compagni in arti	1444.06.21	1444.08.27	31.00.00	24.00.00
I537I	da llui	Biliotti, Köln	Celag Vanberg di Fiandra	1444.08.25	1444.10.06	30.00.00	23.05.00
I537I	da llui	Biliotti, Köln	Ianni Choperman, alaman-no	1444.09.08	1444.10.06	15.00.00	11.14.00
I537I	da llui	Biliotti, Köln	'Rigo Luningh Vandeventria	1444.09.23	1444.10.27	12.00.00	9.06.00
I537I	da llui	Biliotti, Köln	Cornelio Petri, pastore	1444.09.23	1444.10.27	12.00.00	9.06.00
I537I	da llui	Biliotti, Köln	don Nicolaio Broncur, prete leodiense	1444.08.28	1444.10.31	100.00.00	58.02.00
I537I	da llui	Biliotti, Köln	Filippo d'Adrian di Silanda	1444.11.02	1444.12.07	9.00.00	7.00.00
I537I	messer Giovanni Bach Tendunal	Biliotti, Köln	messer Iacopo Petri	1444.11.01	1444.12.14	21.00.00	16.05.06
I564I		Biliotti, Köln	messer Arigho Tungheris		1444.10.07	25.00.00	20.04.06
I1022I	Nicholò Ficho	Biliotti, Köln	maestro Gosvino di Giollo		1445.03.17	70.00.00	53.16.08
I1022I	priore e chonvento di Ciertosa	Biliotti, Köln	Ian Consomir, cherico trayettense		1445.05.15	26.12.00	20.00.00

c.	*datore*	*prenditore*	*beneficiario*	Einzahlung	Auszahlung	Reno	Camera
II032I	da llui	Biliotti, Köln	Tomaxo Lincola, laicho	1444.12.08	1445.02.06		30.18.00
II032I	da llui	Biliotti, Köln	don Gherardo Corogs, prete traiettense	1445.02.06	1445.03.22	10.00.00	7.15.00
II032I	da loro	Biliotti, Köln	don Iacopo Birimchen e a don Herico Schostonis, alemanni	1445.02.25	1445.04.05	40.00.00	31.00.00
II032I	Ian Vantighella di Colongna	Biliotti, Köln	Ian Vanberghe	1445.03.27	1445.04.14	24.00.00	18.02.00
II032I	da llui	Biliotti, Köln	fra Giovanni Conponer di Melina	1445.03.22	1445.04.14	60.00.00	54.05.00
II032I	da llui	Biliotti, Köln	Gherardo Delam	1445.03.21	1445.04.14	20.00.00	15.10.00
II032I	da llui	Biliotti, Köln	Pietro Rosso di Fiandra	1445.03.24	1445.05.12	3.00.00	2.06.06
II032I	da llui	Biliotti, Köln	fra Iacopo di Versa, religioso di San Bernardo	1445.02.25	1445.05.12		20.00.00
II032I	maestro Ghuglelmo di Prela	Biliotti, Köln	maestro Iachopo Petri	1445.04.04	1445.05.12	40.00.00	31.00.00
II032I	da llui	Biliotti, Köln	Tederigho Martini, alamanno	1445.07.01	1445.08.18	4.00.00	3.02.00
II032I	da llui	Biliotti, Köln	don Berardo Tonbalde, alamanno	1445.07.24	1445.09.04	290.00.00	224.15.00
II032I	da llui	Biliotti, Köln	Ian Ghuert	1445.09.03	1445.10.30	11.05.00	8.15.00
II032I	da llui	Biliotti, Köln	Piero Cavalco	1445.10.04	1445.10.30	30.00.00	23.10.00
II076I	da lloro	Biliotti, Köln	Ianni Smit e Ianni Brisinghen di Borsella	1446.01.06	1446.03.05	40.00.00	31.00.00

c.	*datore*	*prenditore*	*beneficiario*	Einzahlung	Auszahlung	Reno	Camera
II076l	da lloro	Biliotti, Köln	Iodoco e Iochen de Vangent	1446.03.10	1446.04.12	16.00.00	12.08.00
I499l	per suo nome da messer Giovanni, vicario della diocia di Leggie	Biliotti, Köln	maestro Martino Bruni		1444.04.08	30.00.00	22.17.03
I518l		Biliotti, Köln	Ianni Vandere di Fiandra	1444.03.01	1444.04.02	7.00.00	5.08.06
I173r	Alberti, Basel	Borromeo Borromei e Tommaso Spinelli di Chorte	della Casa, di Corte	1441.08.28	1441.10.10	129.00.00	100.00.00
I024l	Giovanni Zeven	Bueri	Giovanni Zeven	1439.05.29	1439.07.08		31.05.00
I401l	messer Baldovino de' Monte	Gherardo Bueri			1443.01.29	75.00.00	57.13.04
I173l	Marabottino Ulivieri	Girolamo di Francesco di Mariano da Ginevra, Alberti, Basel	Nicolò di Biagio di ser Nello		1442.05.28		80.00.00
	Antonio Gianfigliazzi in Genf						
I037r	della Casa, di Corte	Alberti, Basel	Benci, Genf	1439.11.20	1439.12.11	23.05.00	18.00.00
	Meleti in Bologna						
I476r		Alberti, Basel	della Casa, di Corte		1443.11.29		31.04.00

c.	*datore*	*prenditore*	*beneficiario*	Einzahlung	Auszahlung	Reno	Camera
	Dego degli Alberti in Basel						
1037r	Persio da Francia	della Casa, di Corte	lui o in Margherita sua femina		1439.08.04	18.00.00	14.05.00
1037r		della Casa, di Corte	maestro Tommaso Billian		1439.10.10	15.00.00	12.00.00
1173r	maestro Ricchardo Chantoni	della Casa, di Corte	Iacopo Giovanni Honvell, inghilexi		1442.05.05	12.00.00	9.05.00
1404r	frate Ugho, comandatore d'Urbino	della Casa, di Corte	per nome del comandatore d'Anversa		1443.06.08		100.00.00
1445r		della Casa, di Corte	maestro Currado Luttorf		1443.07.04	80.00.00	80.00.00
1404r	frate Ugho, comandatore d'Urbino	della Casa, di Corte[vi]	per nome di messer Giovanni d'Anversa		1443.07.16		50.00.00
	Bartolomeo Biliotti in Köln						
1319r	Niccolò Coclen, alamanno	della Casa, di Corte	Giovanni Oyten o in Ermanno Rotarii de Longheris		1442.07.31	35.00.00	28.00.00
1319r		della Casa, di Corte	Mattio Bix, alamanno	1442.06.08	1443.07.17	9.00.00	7.02.06
1319r		della Casa, di Corte	maestro Andrea Marchartan		1443.07.17	42.36.00	35.00.00
1319r	maestro Tederigo, suo fratello	della Casa, di Corte	Ianni de Ondencoop		1443.07.17	10.00.00	8.00.00

c.	*datore*	*prenditore*	*beneficiario*	Einzahlung	Auszahlung	Reno	Camera
I319r	dal detto	della Casa, di Corte	Giovanni di Simone di Traiecto		1443.09.02	17.00.00	13.12.00
I319r		della Casa, di Corte	una Margherita [...?] e Bardi di Bruggia,		1443.12.04	16.00.00	13.00.00
I035r	maestro Giovanni Sluper, notaio di palazo	della Casa, di Corte		1439.09.26	1439.10.19	60.00.00	48.00.00
I035l	maestro Teoderi-cho Vanlindinche Vannideo	della Casa, di Corte	maestro Teodericho Vanlindinche		1439.11.09	30.00.00	23.08.09
I499r		della Casa, di Corte	Tommaso Sadre, famiglo di maestro Ricchardo Chanton		1444.04.18	5.00.00	4.00.00
I499r	maestro Gobellino de Flessen	della Casa, di Corte	Arrigo Plasserman, ala-mano		1444.08.18	50.00.00	40.00.00
I499r	maestro Arigo de Fungheris	della Casa, di Corte	in lui		1444.09.29	25.00.00	20.04.06
I564r	Lorenzo di Giovanni di Traiecto	della Casa, di Corte	Lorenzo di Giovanni di Traiecto		1444.10.07	12.00.00	9.10.00
I564r	maestro Federigo Ondencorp	della Casa, di Corte	maestro Federigo Ondencorp		1444.11.08	8.36.00	7.00.00
I564r	Tilimanno di Santis di Traiecto	della Casa, di Corte	Tilimanno di Santis di Traiecto		1444.10.29	25.00.00	20.00.00
II022r	Vinaldo Belzir, sta in palazo di nostro signore	della Casa, di Corte	Piero Gilberto, cittadino di Colongna		1445.01.10	14.00.00	12.00.00

c.	*datore*	*prenditore*	*beneficiario*	Einzahlung	Auszahlung	Reno	Camera
II022r	maestro Bertoldo Helmici, notayo di palazzo	della Casa, di Corte	Ianni Helmici di Colognia		1445.03.24	92.00.00	73.07.00
II022r	messer Arrigo de Attendorn	della Casa, di Corte	messer Arrigo de Attendorn		1445.05.20	170.00.00	133.00.00
I476r		della Casa, di Corte[vii]	dom Pietro Epinans		1444.02.26	8.00.00	6.04.08
	Borromeo Borromei e Tommaso Spinelli di Corte						
I173r	Alberti, Basel in Genf	Meleti di Bologna	della Casa, di Corte	1441.11.10	1441.12.29		16.08.00
	Antonio de' Pazzi e compagni di Corte						
I173r	Alberti, Basel	Pacie de' Ghuaranti	della Casa, di Corte[viii]	1442.06.06	1442.07.02		130.00.00

i Vermutlich Ambrosius Wachtendunck. Hinweis von Klaus Militzer.
ii Offensichtlich ein Fehler bei der Buchung, da beide Arnold genannt werden.
iii Wennemar von Wachtendunck, Priesterkanoniker des Kölner Domstifts 1435–66. Hinweis von Klaus Militzer.
iv Bernhard van der Burg, Priesterkanoniker des Kölner Domstifts 1438–58. Hinweis von Klaus Militzer.
v Heinrich Hardevust aus einem Kölner Patriziergeschlecht. Hinweis von Klaus Militzer.
vi *De' quali dicie vuole fra 6 mesi se ne li mostri lettera da contto, e con questa condizione si li fanno buoni.*
vii *Per una lettera ne li facemmo indietro.*
viii *E a dì 2 di luglio f. cientotrenta di camera, rimessonci da Antonio de' Pazzi e compagni di Corte, rechò Giovanni d'Andrea contanti per lettera a dì 6 di gugnio a Pacie de' Ghuaranti; a entrata, c. 354.*

Lionardo di Cipriano Spinelli e co. di Corte als *trattario* von *lettere di cambio* mit Bezug nach Deutschland, 1465–69[2439]

prenditore	*datore*	*beneficiario*	Ausstellung	Bezahlt	Duc. Cam.
AUGSBURG					
Jorg Roggenburg[i]	Burhardus Conversi	Johannes de Rebdorff	1466 08 25	1467 01 30	75.00
KRAKAU					
Lorenz Egen, Konrad Guldenmund, Ludwig Meuting	Sandinogy de Chanczin	Antonius de Lataslaus de Forlimo	1467	1467 10 20	25.00
Lorenz Egen, Konrad Guldenmund, Ludwig Meuting	Sbigneo de Olschnitza[ii]	Antonius de Lataslaus de Forlimo	1467	1467 10 27	100.00
FRANKFURT					
Hans Müllner von Nürnberg		Kardinal Francesco Piccolomini	1465 09 10	1465 10 31	303.00
HALBERSTADT					
Alessandro de' Bardi	Heinricus Gherwen	Otto de Specke[iii]	1467 09 20	1467 11 06	50.00
MEMMINGEN					
Hans und Erhart Vöhlin		Filipp Ruggel[iv]	1468 01 25	1468 02 20	30.00
POSEN					
Lorenz Egen, Konrad Guldenmund, Ludwig Meuting	Benedictus de Lopramo[v]	Martinus de Piemtak[vi] [?] und Paulus Soleflai[vii]	1467 06 27	1467 10 15	210.00
Lorenz Egen, Konrad Guldenmund, Ludwig Meuting von Krakau	Ado de Dambrowa[viii]	Martinus de Dambrowa	1468 05 01	1468 07 16	130.00

2439 YUSA 97. Ab dem 8. Februar 1468 lautete die Firma Eredi di Lionardo Spinelli e co. di Corte.

prenditore	***datore***	***beneficiario***	**Ausstellung**	**Bezahlt**	**Duc. Cam.**
Lorenz Egen, Konrad Guldenmund, Ludwig Meuting von Krakau	magister Schindla [ix]	Nicolaus Othuschsty, [x] Petrus Thomas de Cessle [xi]	1468 10 03	1468 12 27	50.00 [xii]
ST. GALLEN					
Georvin Zili	Heinrich Schretz	frater Henricus Schretz von Basel [xiii]	1468 04 13	1468 05 31	40.00
VENEDIG					
Niccodemo de' Spinelli	Hans und Erhard Vöhlin von Memmingen	frater Petrus de Caprarino [xiv]	1467 01 05	1467 02 10	17.00
KÖLN					
Nikolaus Perckheimer [xv]		Petrus Ercklens [xvi]	1467 01 03	1467 02 27	15.00
Nikolaus Perckheimer	Dithmarus Calde	Dithmarus Calde	1467 01 08	1467 02 19	38.50
Nikolaus Perckheimer		Nicolaus Edam	1467 01 10	1467 02 15	100.00
Goedwin von Stralen	Bartholomeus de Lucemborch	Bartholomeus de Lucemborch	1467 01 23	1467 02 27	30.00
Nikolaus Perckheimer	Heinrich Steinwech	Heinrich Steinwech	1467 08 25	1467 10 10	15.00
Nikolaus Perckheimer	Hartmann Inbolt	Fridell de Torbecke [xvii]	1467 09 02	1467 10 06	53.00
Nikolaus Perckheimer	Johan Meynershagen	Johan Meynershagen, [xviii] Johannes Zuomdorp	1467 09 04	1467 10 31	37.50
Nikolaus Perckheimer	Proconsulus et consuli	Johan Tüte von Münster, Petrus de Österreich	1467 10 02	1467 11 04	40.00
Nikolaus Perckheimer		Wilhelmus de Breitbach [xix]	1467 10 07	1468 02 23	37.00

prenditore	***datore***	***beneficiario***	**Ausstellung**	**Bezahlt**	**Duc. Cam.**
Nikolaus Perckheimer		Dithmarus Calde	1467 10 24	1468 02 13	22.00
Nikolaus Perckheimer	Santo	Santo filio di Tilmano	1467 12 22	1468 02 13	37.00
Nikolaus Perckheimer		Petro Ercklen,[xx] Johannes Ercklen	1468 01 03	1468 02 28	15.00
Nikolaus Perckheimer		Wilhelmo de Breidbach	1468 01 07	1468 02 23	37.50
Nikolaus Perckheimer		Dietmaro Calde	1468 01 08	1468 02 19	38.25
Nikolaus Perckheimer		Wilhelmo de Breidbach	1468 01 09	1468 02 23	11.25
Nikolaus Perckheimer		Nicolaus Edam, Petro Ercklen	1468 01 19	1468 02 15	100.00
Goedwin von Stralen	Bartolomeo de Lutzelenburch	Bartolomeo de Lutzelenburch	1468 01 23	1468 02 23	30.00
Nikolaus Perckheimer		Nicolaus Edam[xxi]	1468 02 03	1469 0 03	37.00
Nikolaus Perckheimer		magister Johannes Ercklens	1468 07 16	1468 09 26	9.00
Nikolaus Perckheimer	Johannes Tutte de Monasterio	Johannes de Hersborn[xxii]	1468 09 02	1468 11 03	34.00
Nikolaus Perckheimer		Jacobo de Lippia, magistro Michael Molner	1468 09 22	1468 11 10	22.50
Nikolaus Perckheimer	magister Hermano Botterman de Orsson	magister Hermano Botterman de Orsson	1468 10 01	1468 11 12	12.00
Nikolaus Perckheimer		Heinricis Bardim,[xxiii] Nicolaus Edamm Johannes Hessboem	1468 10 29	1468 12 17	18.00

prenditore	datore	beneficiario	Ausstellung	Bezahlt	Duc. Cam.
Nikolaus Perckheimer		Bernardus Cobbing [xxiv]	1469 03 02	1469 05 30	10.00
Nikolaus Perckheimer		Bernardus Cobbing	1469 03 29	1469 05 30	10.00
Nikolaus Perckheimer		Petrus Gisbrecht de Haestrecht	1469 04 01	1469 05 09	18.75
LÜBECK					
Francesco Rucellai	Heinrich Lange	Johannes Langen [xxv]	1465 01 25	1465 05 25	60.00
Francesco Rucellai	Hermannus Ducker	Nicolaus Tungen	1465 04 01	1465 05 25	30.00 di r°
Francesco Rucellai	Hermannus Sobberhusen [xxvi]	Nicholo Glashagen [xxvii]	1465 06 08	1465 07 18	30.00
Francesco Rucellai	Alberto Crumedick	Johannes Stanghen	1465 06 08	1465 07 23	10.00
Francesco Rucellai	Herman Colman	Nicolaus Corver	1465 06 25	1465 04 23	25.75
Francesco Rucellai	Hermannus Brandis	Jodocus [xxviii]	1465 08 20	1465 11 22	26.00
Francesco Rucellai	Tederigo Storteman	Gorgio Wendestorp [xxix] oder Alberto Chok	1465 09 10	1465 11 19	19.00
Francesco Rucellai	Heinrich Peyne [xxx]	Messer Pietro Sconevelt,[xxxi] Inrikus Siringer da Norimbergo, Maestro Didrigo Clinchenrodt	1465 09 10	1465 11 26	52.00
Francesco Rucellai	Johannes Bössink	Johannes Bössink [xxxii]	1465 09 12	1465 11 20	30.00
Francesco Rucellai	Hermann Sobberhusen	Henricus Hug... de Hollandia	1465 09 20	1465 10 29	90.00

prenditore	datore	beneficiario	Ausstellung	Bezahlt	Duc. Cam.
Francesco Rucellai	Nicholaus Santalin	messer Heinricus Ninegal	1466 06 30	1466 09 14	50.00
Francesco Rucellai	Ludolphus Nagel	Jodocus [xxxiii]	1466 10 15	1478 02 05	558.00
Francesco Rucellai	Bischof von Lübeck	Wilhelmus Westfal [xxxiv]	1466 11 05	1468 07 24	20.00
Francesco Rucellai	Gotfridi	Albertus Tock [xxxv]	1467 07 27	1467 10 31	80.00
Francesco Rucellai	Johannes Sankenstede	Maestro Ditmaro Sankenteden	1467 08 01	1467 10 26	24.00
Francesco Rucellai	maestro Detlevo Hoyer	Theodoricus Clinkrode	1467 08 01	1467 11 21	22.25
Francesco Rucellai	Francesco Sconevelt	Francesco Sconevelt, Anthonius Schonevelt [xxxvi]	1467 08 06	1467 10 06	40.00
Francesco Rucellai	Magister Theodorico Stoneman	Georgius Wendelstorp [xxxvii]	1467 09 25	1467 11 21	8.00
Francesco Rucellai	Cristiano Rodwald	Brandanus Hoymann	1467 10 10	1467 11 24	24.00
Francesco Rucellai	Ludolphus Nagel	Gorgio Hollante [xxxviii]	1467 10 15	1468 02 04	100.00
Francesco Rucellai	Ludolphus Nagel	Brochardo Trupenicht	1467 10 15	1468 02 05	50.00
Francesco Rucellai	Ludolphus Nagel	Jodocus [xxxix]	1467 10 15	1468 02 05	58.00
Francesco Rucellai	Henning Rumer	maestro Ditimaro Chalde	1467 10 15	1468 02 13	10.00
Francesco Rucellai	Johannes Westfal	Wilhelmus Westfal [xl]	1467 10 20	468 01 22	20.00
Francesco Rucellai	recepi a secundo mercatore	Wilhelmus Westfal [xli]	1467 10 20	168 01 22	20.00
Francesco Rucellai	Dedericus Basedow	Johannes Basedow	1467 10 31	1468 01 03	30.00

prenditore	*datore*	*beneficiario*	Ausstellung	Bezahlt	Duc. Cam.
Francesco Rucellai	Benedetto Wulf	Benedictus Wulff[xlii]	1468 09 20	1468 11 26	23.00
Francesco Rucellai	Janni Wedemeier von Lübeck	Wilhelmus Westfal[xliii]	1468 09 22	1468 12 15	5.00
Francesco Rucellai	Janni Wedemeier von Lübeck	Wilhelmus Westfal[xliv]	1468 09 22	1468 12 15	5.00
Francesco Rucellai	Giovanni Sanchesteden	Detimaro Sanchesteden	1468 09 27	1468 11 25	34.00
Francesco Rucellai	Nicolo Gernold	Nicolo Gernold	1468 10 31	1468 12 19	30.00
NÜRNBERG					
Heinrich und Peter Meichsner		Hermannus Kirchoff, Arnoldus Ketensen		14xx 10 06	130.00
Hans Müllner		Petrus Ercklencz, miser Zuani Eysner[xlv]	1466 05 10	1466 08 14	100.00
Hans Müllner	Heinricus Lebenther	messer Heinricus Lebenter[xlvi]	1466 06 10	1466 08 07	100.00
Hans Müllner	Nicolai Spiczmiri[xlvii]	Anthonio Defferlinio[xlviii]	1466 06 13	1466 09 09	500.00
Hans Müllner		Johannes Nigeman	1466 07 10	1466 08 06	18.00
Hans Müllner		Messer Jorigio Drachsel[xlix]	1466 07 12	1466 08 23	75.00
Hans Kramer[l]	Johannes Feuchtner	Johannes Feuchtner	1467 08 18	1467 10 17	20.00
Heinrich und Peter Meichsner		Fridericus Schtromer	1467 09 16	1468 01 28	31.00
Heinrich und Peter Meichsner	Hermanus Kerhoff, Johannes Osterwick	Missir Hermannus Kirchoff, Missir Johannes Osterwick	1467 10 06	1467 11 03	30.00

prenditore	*datore*	*beneficiario*	Ausstellung	Bezahlt	Duc. Cam.
Konrad Marstaller		Laurencius Pesler [li]	1467 11 12	1467 12 14	100.00
Heinrich und Peter Meichsner	Andreas in der Clingen	Andreas in der Clingen	1467 11 23	1468 02 01	14.00
Hans Kramer	Andreas in der Clingen	Andreas in der Clingen	1467 12 08	1468 02 01	12.00
Heinrich und Peter Meichsner	Martinus de Eybe	Fridericus Pawtucz	1467 12 16	1468 02 09	24.00
Heinrich und Peter Meichsner		Nicolaus Hennecken	1467 12 28	1468 01 27	50.00
Heinrich und Peter Meichsner		Rahwalt Jungenmundi	1468 01 02	1468 02 08	24.00
Heinrich und Peter Meichsner		Hermanus de Buchelungen	1468 02 25	1468 04 08	46.00
Heinrich und Peter Meichsner		Paulus de Dronghelen	1468 03 16	1468 05 05	22.00
Heinrich und Peter Meichsner		Paulus de Dronghelen	1468 03 31	1468 05 05	30.00
Heinrich und Peter Meichsner		Gotsleacus Raniti, Nicolaus Matei, Domina Cicilia, Domina Elena	1468 04 28	1468 05 30	45.00
Heinrich und Peter Meichsner		Jacobus Rasthauer	1468 04 31	1468 05 30	300.00
Heinrich und Peter Meichsner		fratres Rinaldus et Hermanus	1468 09 01	1468 10 06	230.00
Heinrich und Peter Meichsner		misser Johannes Keller	1468 09 07	1468 12 03	15.00
Heinrich und Peter Meichsner		misser Erckinger de Schwartzenberg [lii]	1468 09 08	1468 11 10	77.00
Heinrich und Peter Meichsner		misser Bertolt Brawe, misser Petter Frainhans	1468 10 10	1460 11 21	34.00

prenditore	***datore***	***beneficiario***	**Ausstellung**	**Bezahlt**	**Duc. Cam.**
Heinrich und Peter Meichsner		misser Bartoldus Rider	1468 10 12	1468 11 24	15.00
Heinrich und Peter Meichsner		misser Tilmanno Reyssmyner	1468 10 12	1468 12 14	36.00
Heinrich und Peter Meichsner		Henricus Gherwen [liii]	1468 10 12	1468 12 14	130.00
Heinrich und Peter Meichsner		misser Heinerckis Melderstat, misser Sigmunde Zerer [liv]	1468 10 15	1468 11 15	144.00
Heinrich und Peter Meichsner		misser Zorzi, misser Otto Spigeler	1468 10 15	1468 11 21	90.00
Hans Kramer	ser Andres in der Klingen	ser Andres in der Klingen	1468 10 16	1468 12 01	100.00
Hans Kramer	ser Andres in der Klingen	ser Andres in der Klingen	1468 10 16	1468 12 01	100.00
Heinrich und Peter Meichsner		misser Andreas in der Klingen, Johannes Brant	1468 10 17	1468 11 01	30.00
Heinrich und Peter Meichsner		Feit Druchsess,[lv] Andreas in der Klingen	1468 10 17	1468 11 10	76.00
Heinrich und Peter Meichsner		misser Johannes Wiperti	1468 10 21	1468 11 21	12.00
Heinrich und Peter Meichsner		misser Johannes Wiperti	1468 10 21	1468 11 21	15.00
Heinrich und Peter Meichsner		meystro Johannes Fust	1468 10 21	1468 11 21	9.00
Heinrich und Peter Meichsner	Conradi Hawersperg [lvi]	meystro Heinerkind Holtzschuer [lvii]	1468 10 21	1468 12 12	10.00
Heinrich und Peter Meichsner		misser Hermano Michahelis	1468 10 21	1468 11 24	12.00
Heinrich und Peter Meichsner		Sigismundus Czerer [lviii]	1469	1469 04 17	25.00

prenditore	datore	beneficiario	Ausstellung	Bezahlt	Duc. Cam.
Heinrich und Peter Meichsner		Theodericus Morang (doctor)	1469 02 28	1469 04 12	24.00
Heinrich und Peter Meichsner		misser Hein-netar Leubing (prothnotarius)	1469 03 02	1469 04 13	200.00
Heinrich und Peter Meichsner		Misser Marti-nus Ahausser	1469 03 06	1469 04 08	30.00
Heinrich und Peter Meichsner		Georgius Rephim	1469 03 06	1469 04 11	30.00
Heinrich und Peter Meichsner		misser Andreas in der Klingen	1469 04 07	1469 05 05	340.00
Heinrich und Peter Meichsner		Andreas in der Klingen	1469 04 07	1469 05 06	40.00
Heinrich und Peter Meichsner		misser Jeorigo Rephim, misser Jacomo Rau	1469 04 14	1469 05 15	16.00
Heinrich und Peter Meichsner		misser Melchi-or Truchsess, misser Veyt Truchsess	1469 04 14	1469 05 15	38.00
Heinrich und Peter Meichsner		misser Johan-nes Bannach	1469 04 15	1469 05 13	29.00
Heinrich und Peter Meichsner		misser Jacomo Ulfoniss[lix]	1469 04 27	1469 05 27	40.00
Heinrich und Peter Meichsner		meistro Bernar-dus Cobbinck, Gherardus,[lx] Bernardus Dulmer	1469 04 27	1469 05 26	112.00
Heinrich und Peter Meichsner		misser Pertold Dassel, misser Henigius Mowrack	1469 04 29	1469 05 20	30.00
Hans Kramer		Peter Morang[lxi]	1469 05 16	1469 07 01	38.00
Heinrich und Peter Meichsner		Melchior de Merkaw	1469 05 22	1469 07 03	60.00

prenditore	*datore*	*beneficiario*	**Ausstellung**	**Bezahlt**	**Duc. Cam.**
Hans Krame		Prancracius [lxii]	1469 05 28	1469 07 01	140.00
Heinrich und Peter Meichsner		Georino Jahafft	1469 06 26	1469 07 29	20.00
Heinrich und Peter Meichsner		Georg Rephim	1469 07 01	1469 07 29	30.00

i Faktor des Ludwig Meuting.
ii Scolastico.
iiii Notarius palacii.
iv Superior des Augustinerklosters in Memmingen.
v Canon. Gnecznen.
vi Plebanus in Sarbrinincen.
vii Quittiert: Magister Petrus de Cyeslyc canon. poznanien. et sacro palatii apostol. notarius domini Martini de Pyatek.
viii Decanus Poznan.
xi Archidecanus Poznan.
x Canon. Poznan.
xi Canon. Poznan.
xii Quittiert: Antonius de Latiosis de Forlimio.
xiii Dominikaner.
xiv Preceptor S. Augustini de Memmingen.
xv Faktor des Ludwig Meuting.
xvi Cubicularius des Papstes.
xvii Decanus in eccl. S. Margarette in Colonia.
xviii Sartor Romane.
xix Abbas monasterium Marien
xx Decanus.
xxi Prokurator des Gherardus Krauss vom Augustinerorden.
xxii Canon. S. Severini in Colonia.
xxiii Canon. eccl. beata Maria virginis in capitolo Colon.
xxiv Notarius palacii, eccl. Monaster.
xxv Student in Perugia.
xxvi Kaufmann in Lübeck. Vgl. Afflerbach (1993), S. 66.
xxvii Notarius.
xxviii Episc. Osiliensis.
xxix Ecclesiaticus Zwerinensis dioc.
xxx Archidiaconus.
xxxi Kaplan des Erzbischofs von Mailand.
xxxii Eccl. Bremensis dioc.
xxxiii Episc. Osilienisis.
xxxiv Canon. Lubic.
xxxv Can. Verd.
xxxvi Legum doctor, decan. eccl. Zwerinen.
xxxvii Eccl. Zwerinen.
xxxviii Decanus Osiliensis.
xxxix Episc. Osiliensis.
xl Cler. Lubic.
xli Cler. Lubic.
xlii Cler. Lubic.
xliii Can. Lubic.
xliv Can. Lubic.
xlv Sekretär und Kaplan des Thomas Perckheimer.
xlvi Notarius palacii.
xlvii Collector in Regno Polonis.
xlviii Clerico camerae apostolicae.
xlix In dect. licen., canonicus eccl. Ratisponen.
l Faktor des Ludwig Meuting.
li Doctor et can. Ratisponen.
lii Domherr von Eichstätt.
liii Propositus Halberstaden.
liv Clericus Bambergensis.
lv Clericus Bambergensis.
lvi Doctor.
lvii Eccl. S. Martin Heiligenstaden.
lviii Eccl. Bambergensis.
lix Von Schweden.
lx Notarius palatii.
lxi Doctor.
lxii Canonicus.

9.5 Verzeichnis der Illustrationen

9.5.1 Graphiken

9.5.2 Abbildungen

9.5.3 Tabellen

9.5.4 Familienstammbäume

9.6 Literaturverzeichnis

Ademollo, Agostino: Marietta de' Ricci ovvero Firenze al tempo dell'assedio. Firenze 1845.

Afflerbach, Thorsten: Der berufliche Alltag eines spätmittelalterlichen Hansekaufmanns. Betrachtungen zur Abwicklung von Handelsgeschäften. (Kieler Werkstücke. Reihe A, Bd. 7). Frankfurt a. M. 1993.

Aiazzi, Giuseppe (Hrsg.): Ricordi storici di Filippo di Cino Rinuccini dal 1282 al 1460 colla continuazione di Alamanno e Neri, suoi figli, fino al 1506. Seguiti da altri monumenti inediti di storia patria estratti dai codici originali e preceduti dalla Storia genealogica della loro famiglia e della descrizione della cappella gentilizia di S. Croce, con documenti ed illustrazioni. Firenze 1840.

Ait, Ivana: Mercanti „stranieri" a Roma nel secolo XV nei registri della «Dogana di terra». Studi romani 35 (1987), 12–30.

--- Credito e iniziativa commerciale. Aspetti dell'attività economica a Roma nella seconda metà del XV secolo. In: Società italiana degli storici dell'economia (Hrsg.): Credito e sviluppo economico in Italia dal Medio Evo all'età contemporanea. Verona 1988a, 81–95.

--- La dogana di terra come fonte per lo studio della presenza di mercanti stranieri a Roma nel XV secolo. In: Forestieri e stranieri nelle città basso-medievali. (Quaderni di storia urbana e rurale, Bd. 9). Firenze 1988b, 29–42.

--- Aspetti del mercato del credito a Roma nelle fonti notarili. In: Chiabò, Maria; Capogrossi Colognesi, Luigi; Fortini, Laura; Modigliani, Anna (Hrsgg.): Alle origini della nuova Roma. Martino V (1417–1431). (Nuovi studi storici, Bd. 20). Roma 1992, 479–500.

--- I mercatores Camere Bonifacii pape octavi. In: Esposito, Enzo (Hrsg.): Dante e il giubileo. Atti del Convegno, Roma, 29–30 novembre 1999. (Dantologia / Centro bibliografico dantesco, Bd. 2). Città di Castello 2000, 55–68.

--- Mercanti-banchieri nella città del papa. Gli eredi di Ambrogio Spannocchi fra XV e XVI secolo. Archivi e cultura 37 (2004), 7–44.

--- Aspetti dell'attività mercantile-finanziaria della compagnia di Ambrogio Spannocchi a Roma (1445–1478). Bollettino Senese di Storia Patria 113 (2007a), 91–129.

--- Da banchieri a imprenditori: gli Spannocchi a Roma nel tardo medioevo. In: Nevola, Fabrizio (Hrsg.): L'ultimo secolo della repubblica di Siena. Politica e istituzioni, economia e società. Siena 2007b, 297–332.

--- L'immigrazione a Roma e Viterbo nel XV secolo. Forme di integrazione dei mercanti-banchieri toscani. In: del Bo, Beatrice (Hrsg.): Cittadinanza e mestieri. Radicamento urbano e integrazione nelle città bassomedievali (secc. XIII–XIV). (L'Italia comunale e signorile, Bd. 6). Roma 2014a, 263–282.

--- Mercanti a Roma fra XV e XVI secolo. Interessi economici e legami familiari. In: Tanzini, Lorenzo; Tognetti, Sergio (Hrsgg.): Il governo dell'economia. Italia e Penisola Iberica nel basso Medioevo. (I libri di Viella, Bd. 173). Roma 2014b, 59–77.

--- Mercanti lombardi e toscani a Roma: testimonianze dalle fonti del XV e XVI secolo. In: Cabibbo, Sara; Serra, Luigi (Hrsgg.): Venire a Roma, restare a Roma. Forestieri e stranieri fra Quattro e Settecento. Roma 2018, 119–135.

Alberti, Leon Battista: Opere volgare. Firenze 1844.

--- I primi tre libri della famiglia. Firenze 1946.

--- I libri della famiglia. Torino 1994.

Albrecht, Joseph: Conrads von Weinsberg, des Reichserbkämmerers Einnahmen- und Ausgaben-Register von 1437 und 1438. (Bibliothek des Literarischen Vereins in Stuttgart, Bd. 18). Tübingen 1850.

Alengry, Charles: Les foires de Champagne. Paris 1915.

Alexi, S.: Die Münzmeister der Calimala und Wechslerzunft in Florenz. Zeitschrift für Numismatik 17 (1890), 258–269.

Altmann, Wilhelm (Hrsg.): Die Urkunden Kaiser Sigmunds (1410–1437). (Regesta Imperii, Bd. 11). Innsbruck 1896–1900.

Amelung, Peter: Das Bild des Deutschen in der Literatur der italienischen Renaissance (1400–1559). München 1964.

Amiet, Jean Jacques: Die französischen und lombardischen Geldwechsler des Mittelalters namentlich in der Schweiz. Jahrbuch für Schweizerische Geschichte 1 & 2 (1876–1877), 177.

Ammann, Hektor: Die Diesbach-Watt-Gesellschaft. Ein Beitrag zur Handelsgeschichte des 15. Jahrhunderts. (Mitteilungen zur Vaterländischen Geschichte, Bd. 37.1). St. Gallen 1928.

--- Die Anfänge der deutsch-italienischen Wirtschaftsbeziehungen des Mittelalters. Rheinische Vierteljahrsblätter 7 (1937), 179–194.

--- Freiburg und der Breisgau in der mittelalterlichen Wirtschaft. Der Breisgau (1941a), 248–259.

--- Untersuchungen zur Geschichte der Deutschen im mittelalterlichen Frankreich. 3. Die Deutschen auf den Messen von Chalon an der Saône und in Burgund. Deutsches Archiv für Landes- und Volksforschung 5 (1941b), 580–590.

--- Konstanzer Wirtschaft nach dem Konzil. Schriften des Vereins für Geschichte des Bodensees und seiner Umgebung 69 (1949/50), 63–174.

--- Deutsch-italienische Wirtschaftsbeziehungen. Manuskript. Institut für vergleichende Städtegeschichte, Münster [um 1955].

--- Die Nördlinger Messe im Mittelalter. In: Büttner, Heinrich; Feger, Otto; Meyer (Hrsgg.): Aus Verfassungs- und Landesgeschichte. Festschrift zum 70. Geburtstag von Theodor Mayer. Lindau 1955–1956, 283–315.

--- Die Anfänge des Aktivhandels und der Tucheinfuhr aus Nordwesteuropa nach dem Mittelmeergebiet. In: Studi in onore di Armando Sapori. Milano 1957, 273–310.

--- Die Weinsberger Rechnungen und die Wirtschaftsgeschichte. Württembergisch Franken 40 (1966), 169–184.

--- Nürnbergs industrielle Leistung im Spätmittelalter. In: Gesellschaft für Sozial- und Wirtschaftsgeschichte (Hrsg.): Wirtschaftliche und soziale Probleme der gewerblichen Entwicklung im 15.–16. und 19. Jahrhundert. (Forschungen zur Sozial- und Wirtschaftsgeschichte, Bd. 10). Stuttgart 1968, 1–15.

--- Die wirtschaftliche Stellung der Reichsstadt Nürnberg im Spätmittelalter. (Nürnberger Forschungen, Bd. 13). Nürnberg 1970.

Andernach, Norbert (Hrsg.): Die Regesten der Erzbischöfe von Köln im Mittelalter. (Publikationen der Gesellschaft für rheinische Geschichtskunde). Köln 1954–1995.

Anonimo: Ricordi di Firenze dell'anno 1459. (Rerum Italicarum Scriptores, Bd. 27). Città di Castello 1907.

Ansell, Christopher K.; Padgett, John F.: Robust action and the rise of the Medici. American Journal of Sociology 98 (1993), 1259–1319.

Anthony von Siegenfeld, Alfred: Die Wappenbriefe und Standeserhebungen des Römischen Königs Ruprecht von der Pfalz, mitgetheilt aus den Reichs-Registratursbüchern im k. u. k. Haus-, Hof- und Staatsarchive zu Wien. Jahrbuch der K. k. heraldischen Gesellschaft ‚Adler' in Wien 5/6 (1883), 395–430.

Antonazzo, Antonio: Gli excerpta pliniani di Landino. Studi medievali e umanistici 15 (2017), 363–392.

Apelbaum, Johannes: Basler Handelsgesellschaften im fünfzehnten Jahrhundert. Mit besonderer Berücksichtigung ihrer Formen. (Beiträge zur schweizerischen Wirtschaftskunde, H. 5). Basel 1915.

Arany, Krisztina: Florentine families in Hungary in the first half of the fifteenth century. Budapest 2014.

Arcelli, Federico: A banking enterprise at the papal court. The company of Antonio della Casa and Jacopo di Michele di Corso Donati (1438–1440). The Journal of European Economic History 25 (1996), 9–32.

--- Il banchiere del Papa. Antonio della Casa, mercante e banchiere a Roma (1438–1440). Catanzaro 2001.

Arias, Gino: Per la storia economica del secolo XIV. Communicazioni d'archivio e osservazioni. Archivio della Società Romana di Storia Patria 28 (1905), 301–354.

Arnold, Robert (Hrsg.): Repertorium Germanicum. Regesten aus den päpstlichen Archiven zur Geschichte des deutschen Reichs im XIV. und XV. Jahrhundert. Berlin 1897.

Arnoux, Mathieu; Bourlet, Caroline; Hayez, Jérôme: Les lettres parisiennes du carteggio Datini: première approche du dossier. Mélanges de l'École française de Rome – Moyen Âge 117 (2005), 193–222.

Ashtor, Eliyahu: The volume of Levantine trade in the later Middle Ages (1370–1498). The Journal of European Economic History 4 (1975), 573–612.

--- The volume of Mediaeval spice trade. The Journal of European Economic History 9 (1980), 753–763.
Asmussen, Georg: Die Lübecker Flandernfahrer in der zweiten Hälfte des 14. Jahrhunderts (1358–1408). (Hansekaufleute in Brügge, Bd. 2). Frankfurt a. M. 1999.

Babel, Antony: Histoire économique de Genève. Des origines au début du XVIe siècle. Genève 1963.
Bachmann, Adolf: Die deutschen Könige und die kurfürstliche Neutralität (1438–1447). Ein Beitrag zur Reichs- und Kirchengeschichte Deutschlands. Archiv für österreichische Geschichte 75 (1889), 1–237.
Badische historische Commission (Hrsg.): Regesta episcoporum Constantiensium. Regesten zur Geschichte der Bischöfe von Constanz von Bubulcus bis Thomas Berlower, 517–1496. Innsbruck 1895–1941.
Baer, Casimir Hermann: Die Kunstdenkmäler des Kantons Basel-Stadt. Basel 1941.
Baethgen, Friedrich: Quellen und Untersuchungen zur Geschichte der päpstlichen Hof- und Finanzverwaltung unter Bonifaz VIII. Quellen und Forschungen aus italienischen Archiven und Bibliotheken 20 (1928–1929), 114–237.
--- Neue Beiträge zur Geschichte des päpstlichen Finanzwesens um die Wende des 13. Jahrhunderts. Quellen und Forschungen aus italienischen Archiven und Bibliotheken 24 (1932–1933), 124–149.
Baglioni, Astorre: I Baglioni. Prato 1964.
Baglioni, Simone: Il banco Strozzi-Lanfredini negli anni 20 del Quattrocento. Firenze 1997.
Baix, François: La Chambre Apostolique et les „libri Annatarum“ de Martin V (1417–1431). (Analecta Vaticano-Belgica, Bd. 14). Bruxelles 1947–1960.
Baja Guarienti, Carlo: Fonti inedite per la storia Veronese. L'archivio Guarienti (secoli XV–XVIII). Tesi di laurea. Università degli studi di Ferrara 2002/2003.
Balestracci, Duccio: Una città nella crisi. Firenze (1280–1380). A proposito del recente volume di Charles Marie de la Roncière. Archivio Storico Italiano 143 (1985), 163–195.
Balz, Horst; Cameron, James K. et al. (Hrsgg.): Theologische Realenzyklopaedie: Studienausgabe. Teil II: Katechumenat / Katechumenen. Berlin 1999.
Banholzer, Max: Die Schweizer Reise von Papst Martin V., 1418. Solothurner Kalender 129 (1982), 80–85.
Bardenhewer, Luise: Der Safranhandel im Mittelalter. Bonn 1914.
Barducci, Roberto: Politica e speculazione finanziaria a Firenze dopo la crisi del primo trecento (1348–1358). Archivio Storico Italiano 137 (1979), 177–214.
Bartels, Karl Heinz: Drogenhandel und apothekenrechtliche Beziehungen zwischen Venedig und Nürnberg. Das Eindringen italienischer Elemente in die deutsche Apothekengesetzgebung als Folge des Drogenhandels und anderer Verbindungen zwischen Venedig und

Nürnberg. (Quellen und Studien zur Geschichte der Pharmazie, Bd. 8). Frankfurt a. M. 1966.
Bassermann, Elisabeth: Die Champagnermessen. Ein Beitrag zur Geschichte des Kredits. Tübingen 1911.
Battista, Gabriella (Hrsg.): Giovanni di Pagolo Rucellai, Zibaldone. (Memoria scripturarum). Firenze 2013.
Bauer, Clemens: Die Epochen der Papstfinanz. Historische Zeitschrift 138 (1928), 457–503.
--- Wirtschaftsgeschichtliche Probleme des 15. Jahrhunderts. In: Die Welt zur Zeit des Konstanzer Konzils. (Vorträge und Forschungen, Bd. 9). Stuttgart 1965, 83–97.
Bäumer, Remigius: Servitien. In: Lexikon des Mittelalters, Bd. 7. München 1980–1999, 1795.
Baumgarten, Paul Maria: Untersuchungen und Urkunden über die Camera collegii cardinalium für die Zeit von 1295–1437. Leipzig 1898.
--- Aus Kanzlei und Kammer. Erörterungen zur kurialen Hof- und Verwaltungsgeschichte im XIII., XIV. und XV. Jahrhundert. Bullatores, taxatores, domorum, cursores. Freiburg i. Br. 1907.
Bautier, Robert-Henri: Les Tolomei de Sienne aux foires de Champagne. D'après un compte-rendu de leurs opérations à la foire de mai de Provins en 1279. In: Recueil de travaux offerts à M. Clovis Brunel. Par ses amis, collègues et élèves. (Mémoires et documents de l'École des Chartes, Bd. 12). Paris 1955, 106–129.
Bayard, François (Hrsg.): Lyon et l'Europe. Hommes et sociétés. Melanges d'histoire offerts a Richard Gascon. Lyon 1980.
Bayer, Victor: Die Historia Friderici III. imperatoris des Enea Silvio de' Piccolomini. Eine kritische Studie zur Geschichte Kaiser Friedrichs III. Prag 1872.
Bec, Christian (Hrsg.): Il libro degli affari proprii di casa de Lapo di Giovanni Niccolini de Sirigatti. (Démographie et sociétés, Bd. 13). Paris 1969.
Becker, Jochen: Marketing-Konzeption. Grundlagen des ziel-strategischen und operativen Marketing-Managements. München 2013.
Becker, Paul: Giuliano Cesarini. Münster 1935.
Beckmann, Josef: Johannes Malkaw aus Preussen. Ein Streiter für die römische Oboedienz während des großen Schismas. Historisches Jahrbuch 48 (1928), 619–625.
Beinhoff, Gisela: Die Italiener am Hof Kaiser Sigismunds (1410–1437). (Europäische Hochschulschriften. Reihe 3, Geschichte und ihre Hilfswissenschaften, Bd. 620). Frankfurt a. M. 1995.
Bendel, Franz Josef; Heidingsfelder, Franz; Kaufmann, Max (Hrsgg.): Urkundenbuch der Benediktiner-Abtei St. Stephan in Würzburg. (Urkundenbuch der Benediktiner-Abtei St. Stephan in Würzburg). Leipzig, Erlangen 1912–1938.
Benrath, Gustav Adolf: Ablass. In: Balz, Horst Robert; Krause, Gerhard; Müller, Gerhard; Schumann, Frank; Wolter, Michael; Thornton, Claus-Jürgen; Glatter, Michael; Schwertner,

Siegfried M.; Döhnert, Albrecht; Ott, Katrin (Hrsgg.): Theologische Realenzyklopädie. Berlin 1976–2007, 347–364.

Berbée, Paul A. J. S.: Dwerg, Hermann. In: Istituto della Enciclopedia italiana (Hrsg.): Dizionario biografico degli Italiani. Roma 1960–.

Bergier, Jean-François: Marchands italiens à Genève au début du XVIe siècle (1480–1540). In: Studi in onore di Armando Sapori. Milano 1957, 883–896.

--- Les foires de Genève et l'économie internationale de la Renaissance. Paris 1963.

--- Le trafic à travers les alpes et les liaisons transalpines du haut Moyen Age au XVIIIe siècle. In: Bergier, Jean-François (Hrsg.): Economia e transiti. (Le alpi e l'europa, Bd. 3). Bari 1975, 1–72.

--- De Nuremberg à Genève. Quelques notes sur l'activité des marchands d'Allemagne aux foires de Genève, autour de 1500. In: Schneider, Jürgen (Hrsg.): Wirtschaftskräfte und Wirtschaftswege. Festschrift für Hermann Kellenbenz. (Beiträge zur Wirtschaftsgeschichte, Bd. 4). Stuttgart 1978–1981, 581–602.

--- Lettres genevoises des Medici 1425–1475. In: Rosa, Luigi de (Hrsg.): Studi in memoria di Federigo Melis. Napoli 1978, 279–310.

--- From the fifteenth century in Italy to the sixteenth century in Germany. A new banking concept? In: Center for Medieval and Renaissance Studies, University of California Los Angeles (Hrsg.): The dawn of modern banking. New Haven 1979a, 105–129.

Bergier, Jean-François (Hrsg.): Histoire des Alpes, Perspectives nouvelles. Geschichte der Alpen in neuer Sicht. Basel 1979b.

Berti, Alessandro: Commercio e banca a Lione all'inizio del Cinquecento, visti attraverso il libro mastro segn. E di Lodovico Cavalcanti (1505–11). Firenze 1994.

Bethmann, Ludwig Conrad; Waitz, Georg: Gesta Episcoporum Eichstetensium continuata. In: Waitz, Georg (Hrsg.): Gesta saec. XIII. (Monumenta Germaniae Historica. Scriptores (in Folio), Bd. 25). Hannover 1880, 590–609.

Bettarini, Francesco: The new frontier: Letters and merchants between Florence and Poland in the fifteenth century. Mélanges de l'École française de Rome – Moyen Âge 127 (2015). Online seit 7.10.2015. https://doi.org/10.4000/mefrm.2648, 02.07.2021.

Beumann, Helmut: Regnum Teutonicum und rex Teutonicorum in ottonischer und salischer Zeit. Bemerkungen zu einem Buch von Eckhard Müller-Mertens. Archiv für Kulturgeschichte 55 (1973), 215–223.

Beutin, Ludwig: Der deutsche Seehandel im Mittelmeergebiet bis zu den Napoleonischen Kriegen. (Abhandlungen zur Handels- und Seegeschichte, Bd. 1). Neumünster 1933.

--- Italien und Köln. In: Studi in onore di Armando Sapori. Milano 1957, 29–46.

Beuttel, Jan-Erik: Der Generalprokurator des Deutschen Ordens an der Römischen Kurie. Amt, Funktionen, personelles Umfeld und Finanzierung. (Quellen und Studien zur Geschichte des Deutschen Ordens, Bd. 55). Marburg 1999.

Beyerle, Konrad: Die Geschichte des Chorstiftes St. Johann zu Konstanz (Fortsetzung). Freiburger Diözesanarchiv 32 (1904), I–CXXXIX.

Bianchi, Simona: I manoscritti datati del Fondo Palatino della Biblioteca Nazionale Centrale di Firenze. (Manoscritti datati d'Italia, Bd. 9). Firenze 2003.

Bigwood, Georges: Le régime juridique et économique du commerce de l'argent dans la Belgique du moyen âge. (Mémoires de l'Académie Royale de Belgique, Classe des Lettres et des Sciences morales et politiques, 2e série, Bd. 14). Bruxelles 1921–1922.

--- Les financiers d'Arras. Revue belge de philologie et d'histoire 3 (1924), 465–508.

Bini, Telesforo: I lucchesi a Venezia. Alcuni studj sopra i secoli 13. e 14. Lucca 1853.

Bini, Vincenzo: Memorie istoriche della perugina Università degli studi. Perugia 1816.

Birkner, Erich: Die Behandlung der Nürnberger im Ostseegebiet. Zeitschrift des Westpreußischen Geschichtsvereins 69 (1929), 1–54.

Biscaro, Gerolamo: Il banco Filippo Borromei e compagni di Londra, 1436–1439. Archivio Storico Lombardo 40 (1913), 37.

Bissegger, Paul: Die Silberversorgung der Basler Münzstätte bis zum Ausgang des 18. Jahrhunderts. Basel 1917.

Bisticci, Vespasiano da: Vite di uomini illustri del secolo XV. Firenze 1859.

Blanchard, Ian: The continental European cattle trades, 1400–1600. Economic History Review, 2nd ser. 39 (1986), 427–460.

--- International lead production and trade in the „Age of the Saigerprozess" 1460–1560. (Zeitschrift für Unternehmensgeschichte. Beiheft, Bd. 85). Stuttgart 1995.

Bleicher, Knut: Organisation. Strategien, Strukturen, Kulturen. Wiesbaden 1991.

Bluhme, Friedrich: Die Rechtsnachfolge der freien Stadt Frankfurt in die Patronatsrechte des säcularisirten Bartolomäus-Stifts über die Kirchen zu Ober-Ursel und zu Schwanheim. Ein Rechtsgutachten mit ungedruckten Urkunden. Zeitschrift für Kirchenrecht 4 (1864), 46–104.

Blumenthal, Hermann: Johann XXIII., seine Wahl und seine Persönlichkeit. Eine Quellenuntersuchung. Zeitschrift für Kirchengeschichte 21 (1901), 488–516.

Boeselager, Elke von: Fiat ut petitur. Päpstliche Kurie und deutsche Benefizien im 15. Jahrhundert. Düsseldorf 1999.

Böhmer, Johann Friedrich; Techen, Friedrich (Hrsgg.): Urkundenbuch der Stadt Lübeck (1139–1470). (Codex diplomaticus Lubecensis, Abt. 1). Lübeck 1843–1932.

Bolton, James; Guidi Bruscoli, Francesco: The Borromei bank research project. In: Armstrong, Lawrin D. (Hrsg.): Money, markets and trade in late medieval Europe. Essays in honour of John H. A. Munro. (Later medieval Europe, Bd. 1). Leiden 2007, 460–490.

Bolton, Jim: When did Antwerp replace Bruges as the commercial and financial centre of north-western Europe? The evidence of the Borromei ledger for 1438. The Economic History Review 61 (2008), 360–379.

Böninger, Lorenz: Historische Forschungen anlässlich des 500. Todestages Lorenzo de' Medicis. Eine Bilanz nach vier Jahren (1992–1996). Zeitschrift für historische Forschung 25 (1998), 261–282.
--- Gli artigiani stranieri nell'economia e nella cultura fiorentina. In: Franceschi, Franco; Fossi, Gloria (Hrsgg.): La grande storia dell'artigianato. Il Quattrocento. (Arti fiorentine, Bd. 2). Firenze 1999, 109–127.
--- Die deutsche Einwanderung nach Florenz im Spätmittelalter. (Medieval Mediterranean, Bd. 60). Leiden 2006.
--- Gli uomini e le donne d'affari tedeschi e la Mercanzia di Firenze nei primi decenni del XV secolo. In: Tognetti, Sergio; Maccioni, Elena (Hrsgg.): Tribunali di mercanti e giustizia mercantile nel tardo Medioevo. (Biblioteca Storica Toscana, Bd. 75). Firenze 2016, 157–182.
Boockmann, Hartmut: Ein Bürgersohn wird Kirchenfürst. In: Boockmann, Hartmut (Hrsg.): Fürsten, Bürger, Edelleute. Lebensbilder aus dem späten Mittelalter. München 1994, 81–103.
--- Der Deutsche Orden in der Kommunikation zwischen Nord und Süd. In: Rachewiltz, Siegfried de; Riedmann, Josef (Hrsgg.): Kommunikation und Mobilität im Mittelalter. Begegnungen zwischen dem Süden und der Mitte Europas, 11.–14. Jahrhundert. Sigmaringen 1995, 179–189.
Borchardt, Karl: Handel und Politik im spätmittelalterlichen Breslau. Jahrbuch der Schlesischen Friedrich-Wilhelms-Universität zu Breslau 47/48 (2006/2007), 161–170.
Borel, Frédéric: Les foires de Genève au quinzième siècle. Genève 1892.
Borlandi, Antonia (Hrsg.): Il manuale di mercatura di Saminiato de' Ricci. (Fonti e Studi, Bd. 4). Genova 1963.
Bornstein, Daniel E.: The Bianchi of 1399. Popular devotion in late medieval Italy. Ithaca 2019.
Boschetto, Luca: I libri della „Famiglia" e la crisi delle compagnie degli Alberti negli anni trenta del Quattrocento. In: Furlan, Francesco; Laurens, Pierre; Matton, Sylvain (Hrsgg.): Leon Batista Alberti. Firenze 1998, 87–131.
--- Leon Battista Alberti e Firenze. Biografia, storia, letteratura. (Ingenium, Bd. 2). Firenze 2000.
--- Società e cultura a Firenze al tempo del Concilio. Eugenio IV tra curiali, mercanti e umanisti (1434–1443). (Libri, carte, immagini, Bd. 4). Roma 2012.
Bosl, Karl: Bosls Bayerische Biographie. 8000 Persönlichkeiten aus 15 Jahrhunderten. Regensburg 1983.
Bourquelot, Félix: Études sur les foires de Champagne. Sur la nature, l'étendue et les règles du commerce qui s'y faisait aux 12., 13., & 14. siècles. Paris 1865.
Boyle, Leonard E.: A survey of the Vatican archives and of its medieval holdings. (Subsidia Mediaevalia, Bd. 1). Toronto 1972.
Branca, Vittore: Mercanti scrittori. Ricordi nella Firenze tra Medioevo e Rinascimento. (Classici italiani per l'uomo del nostro tempo). Milano 1986.

Brandmüller, Walter: Siena und das Basler Konzil – die Legation des Battista Bellanti. In: Helmrath, Johannes; Müller, Heribert; Wolff, Helmut; Meuthen, Erich (Hrsgg.): Studien zum 15. Jahrhundert. Festschrift für Erich Meuthen. München 1994, 207–230.

--- Das Konzil von Konstanz 1414–1418. (Konziliengeschichte. Reihe A, Darstellungen). Paderborn 1997.

Braudel, Fernand: L'Italia fuori d'Italia. Due secoli e tre Italie. In: Romano, Ruggiero (Hrsg.): Storia d'Italia. Dalla caduta dell'impero romano al secolo XVIII. (Storia d'Italia, Bd. 2). Torino 1974, 2089–2242.

Braunstein, Philippe: Relations d'affaires entre Nurembergeois et Vénetiens à la fin du XIVe siècle. Mélanges d'Archéologie et d'Histoire 76 (1964), 227–269.

--- Wirtschaftliche Beziehungen zwischen Nürnberg und Italien im Spätmittelalter. In: Stadtarchiv Nürnberg (Hrsg.): Beiträge zur Wirtschaftsgeschichte Nürnbergs. (Beiträge zur Geschichte und Kultur der Stadt Nürnberg, Bd. 11). Nürnberg 1967, 377–406.

--- Venezia e Germania nel Medioevo. In: Biadene, Susanna; Corrain, Lucia (Hrsgg.): Venezia e la Germania. Arte, politica, commercio, due civiltà a confronto. Collaborazione alla ricerca iconografica e commenti ai saggi per immagini. Milano 1986, 35–50.

--- Erscheinungsform einer Kollektividentität. Die Bewohner des Fondaco dei Tedeschi in Venedig (12.–17. Jahrhundert). In: Bestmann, Uwe; Irsigler, Franz; Schneider, Jürgen (Hrsgg.): Hochfinanz, Wirtschaftsräume, Innovationen. Festschrift für Wolfgang von Stromer. Trier 1987, 411–420.

--- Leggende „welsche" e itinerari slesiani: la prospezione mineraria nel Quattrocento. Quaderni Storici 24 (1989), 25–56.

--- Immagini di una identità collettiva. Gli ospiti del Fondaco dei Tedeschi a Venezia (secoli XII–XVII). In: Del Treppo, Mario (Hrsg.): Sistema di rapporti ed élites economiche in Europa (secoli XII–XVII). (Europa Mediterranea, Quaderni, Bd. 8). Napoli 1994a, 63–69.

--- L'événement et la mémoire. Regards privés, rapports officiels sur le couronnement romain de Frédéric III. In: La circulation des nouvelles au Moyen Age. (Publications de la Sorbonne. Serie histoire ancienne et médiévale). Roma 1994b, 219–229.

--- Les allemands à Venise (1380–1520). (Bibliothèque des Écoles françaises d'Athènes et de Rome, Bd. 372). Rome 2016.

Breittmayer, Albert: Le Rhône, sa navigation depuis les temps anciens jusqu'à nos jours. Lyon 1904.

Brésard, Marc: Les foires de Lyon aux XVe et XVIe siècles. Paris 1914.

Brilioth, Yngve Torgny: Den påfliga beskattningen af Sverige intill den stora schismen. Uppsala 1915.

Brosius, Dieter: Die Rolle der römischen Kurie im Lüneburger Prälatenkrieg (1449–1462). Niedersächsisches Jahrbuch für Landesgeschichte 48 (1976), 107–134.

--- Eine Reise an die Kurie im Jahre 1462. Der Rechenschaftsbericht des Lübecker Domherrn Albert Krummediek. Quellen und Forschungen aus italienischen Archiven und Bibliotheken 58 (1978), 411–440.

Bruchhäuser, Hanns-Peter: Kaufmannsbildung im Mittelalter. Determinanten des Curriculums deutscher Kaufleute im Spiegel der Formalisierung von Qualifizierungsprozessen. (Dissertationen zur Paedagogik, Bd. 3). Köln 1989.

Bruchhäuser, Hanns-Peter (Hrsg.): Quellen und Dokumente zur Berufsbildung deutscher Kaufleute im Mittelalter und in der frühen Neuzeit. (Quellen und Dokumente zur Geschichte der Berufsbildung in Deutschland). Köln 1992.

Brück, Thomas: Hermann Helewegh. Ratssekretär und Ratsherr in Riga im Spannungsfeld zwischen Stadt und Stadtherren im 15. Jahrhundert. In: Wernicke, Horst; Werlich, Ralf-Gunnar; Kattinger, Detlef (Hrsgg.): Akteure und Gegner der Hanse. Zur Prosopographie der Hansezeit. Gedächtnisschrift für Konrad Fritze. (Hansische Studien, Bd. 10). Weimar 1995, 145–164.

Brucker, Gene A.: Florentine politics and society, 1343–1378. Princeton 1962.

--- The economic foundations of Laurentian Florence. In: Garfagnini, Gian Carlo (Hrsg.): Lorenzo il Magnifico e il suo mondo. (Atti di Convegni, Bd. 19). Firenze 1994, 3–15.

--- The civic world of early Renaissance Florence. (Princeton Legacy Library). Princeton 2015.

Buggani, Olivia: Un banco ‚al minuto' della fina del Quattrocento. L'azienda di Francesco di Giuliano de' Medici e comp. di Firenze (1488–1491). Tesi di laurea. Università degli studi di Firenze 1999.

Bullard, Melissa M.: Mercatores Florentini Romanam Curiam Sequentes in the early sixteenth century. Journal of medieval and Renaissance studies 6 (1976), 51–71.

Bünz, Enno: Markgraf Wilhelm I. von Meißen und die Kirche. In: Grässler, Ingolf; Kleiner, Anne (Hrsgg.): Wilhelm der Einäugige. Markgraf von Meißen (1346–1407). (Saxonia, Bd. 11). Dresden 2009, 54–66.

--- Ablässe im spätmittelalterlichen Bistum Meißen. Einige Beobachtungen zur Anzahl und Verbreitung der Indulgenzen. In: Rehberg, Andreas (Hrsg.): Ablasskampagnen des Spätmittelalters. Luthers Thesen von 1517 im Kontext. Berlin 2017, 337–368.

Bysted, Ane: The crusade indulgence. Spiritual rewards and the theology of the crusades, c. 1095–1216. (History of warfare, Bd. 103). Leiden 2015.

Caferro, William: L'attività bancaria papale e la Firenze del rinascimento. Il caso di Tommaso Spinelli. Società e storia 70 (1995), 717–753.

--- The silk business of Tommaso Spinelli, fifteenth-century Florentine merchant and papal banker. Renaissance Studies 10 (1996), 417–439.

--- Tommaso Spinelli. The soul of a banker. The Journal of the Historical Society 8 (2008), 303–320.

Caizzi, Bruno: Ginevra e Lione. Un episodio di guerra fredda economica nel XV secolo. Cenobio 2 (1953), 39–46.
Cambi, Giovanni: Istorie. (Delizie degli eruditi toscani, Bd. 20). Firenze 1785–1786.
Camerani Marri, Giulia: I documenti commerciali del fondo diplomatico mediceo nell'Archivio di Stato di Firenze, 1230–1492. Regesti. (Biblioteca dell'Archivio Storico Italiano, Bd. 3). Firenze 1951.
Canestrini, Giovanni: Tre documenti relativi alla liberazione dalla prigionia di Giovanni XXIII. Archivio Storico Italiano 4 (1843), 429–438.
Careri, Flavia: Il banco di pegni di Isacco da San Miniato (Firenze, 1473–1475). Tesi di laurea. Università degli studi di Firenze 1992.
Carlomagno, Antonio: Il banco Salviati di Pisa. Commercio e finanza di una compagnia fiorentina tra il 1438 e il 1489. Tesi di dottorato. Università di Pisa 2009.
Carr-Riegel, Leslie: Italian traders in Poland 1300–1500. Doctoral Dissertation. Central European University, Budapest / Vienna 2021.
Cassandro, Giovanni: Vicende storiche della lettera di cambio. Bolletino dell'Archivio storico del Banco di Napoli (1955–1956), 1–91.
Cassandro, Michele: Due famiglie di mercanti fiorentini: i Della Casa e i Guadagni. Economia e storia 21 (1974), 289–329.
--- Banca e commercio fiorentini alle fiere di Ginevra nel secolo XV. Schweizerische Zeitschrift für Geschichte 26 (1976a), 567–611.
Cassandro, Michele (Hrsg.): Il Libro Giallo di Ginevra della compagnia fiorentina di Antonio della Casa e Simone Guadagni, 1453–1454. (Istituto internazionale di storia economica „F. Datini". Prato. Pubblicazioni. Serie I: Documenti, Bd. 3). Prato 1976b.
--- Le fiere di Lione e gli uomini d'affari italiani nel Cinquecento. Firenze 1979.
--- Strategia degli affari dei mercanti-banchieri italiani alle fiere internazionali d'Oltralpe (secoli 14–16). In: Dini, Bruno (Hrsg.): Aspetti della vita economica medievale. Firenze 1985, 140–150.
--- Caratteri dell'attività bancaria fiorentina nei secoli XV e XVI. In: Società Ligure di Storia Patria (Hrsg.): Banchi pubblici, banchi privati e monti di pietà nell'Europa preindustriale. Amministrazione, techniche operative e ruoli economici. Genova 1991, 343–366.
--- I banchieri pontifici nel XV secolo. In: Gensini, Sergio (Hrsg.): Roma capitale (1447–1527). (Pubblicazioni degli archivi di stato. Saggi, Bd. 29). Pisa 1994a, 207–234.
--- Le élites internazionali a Ginevra e Lione nei secoli XV–XVI. In: Del Treppo, Mario (Hrsg.): Sistema di rapporti ed élites economiche in Europa (secoli XII–XVII). (Europa Mediterranea, Quaderni, Bd. 8). Napoli 1994b, 231–247.
Cavalcanti, Giovanni: Della carcere dell'ingiusto esilio e del trionfale ritorno di Cosimo padre della patria. Narrazione genuina tratta dall'istoria fiorentina, manoscritto di Giovanni Cavalcanti. Firenze 1821.
--- Istorie fiorentine. Firenze 1838–1839.

Cecchi, Cristina: Antonio e Benedetto Salutati. Mercanti fiorentini. In: Cardini, Roberto; Viti, Paolo (Hrsgg.): Le radici umanistiche dell'Europa. Coluccio Salutati cancelliere e politico. (Humanistica, Bd. 2). Firenze 2012, 15–30.

Cecchi, Elena: Paleografia commerciale. In: Melis, Federigo (Hrsg.): Documenti per la storia economica dei secoli XIII–XVI. (Istituto internazionale di storia economica „F. Datini". Prato. Pubblicazioni. Serie I: Documenti, Bd. 1). Firenze 1972, 563–575.

Cecchini, Giovanni: Il carteggio di Alfano Alfani nell'Archivio di Perugia. Archivi e cultura 10 (1943), 18–57.

Celli, Roberto: Mercatura e banca a Firenze alla fine del Trecento studiata attraverso il libro banco, segn. F, della compagnia Datini, 1397–1399. Tesi di laurea. Università degli studi di Firenze 1993.

Cessi, Roberto: Gli Alberti di Padova. Archivio Storico Italiano 40 (1907), 233–284.

--- Le relazioni commerciali tra Venezia e le Fiandre nel secolo XIV. Nuovo archivio veneto, n. s. 27 (1914), 5–116.

--- Politica ed economia di Venezia nel Trecento. Roma 1952.

Chiarini, Giorgio: Il libro di mercatantie et usanze de' paesi. (Documenti e studi per la storia del commercio e del diritto commerciale italiano, Bd. 7). Torino 1936.

Chiaudano, Mario: I Rothschild del Duecento. La gran tavola di Orlando Bonsignori. Bolletino Senese di Storia Patria, n. s. 6 (1935), 103–143.

Chiostrini Mannini, Anna: I Davanzati. Mercanti, banchieri, mecenati. Firenze 1989.

Chmel, Joseph (Hrsg.): Regesta chonologico-diplomatica Friderici III. Romanorum imperatoris. Wien 1840.

Cipolla, Carlo M.: Storia facile dell'economia italiana dal Medioevo a oggi. Raccontata a grandi linee. Milano 2003.

Clark, Albert C.: The literary discoveries of Poggio. The Classical Review 13 (1899), 119–130.

Clergeac, A.: La curie et les bénéficiers consistoriaux. Etude sur les communes et minus services, 1300–1600. Paris 1911.

Clifford, Gerald C.: Cardinal Cesarini at the Council of Basel, 1431–1438. Dissertation. University of Chicago 1972.

Conforti, Claudia: La „nation florentine" à Rome pendant la Renaissance. In: Bottin, Jacques; Calabi, Donatella (Hrsgg.): Les étrangers dans la ville. Minorités et espace urbain du bas Moyen Âge à l'époque moderne. Paris 1999, 93–106.

Conti, Elio: L'imposta diretta a Firenze nel Quattrocento (1427–1494). (Studi storici, 136–139). Roma 1984.

Coornaert, Émile: L'évolution d'Anvers, du milieu du Xve à la fin du XVIe siècle. L'Information historique 21 (1959), 191–194.

Cordes, Albrecht: Spätmittelalterlicher Gesellschaftshandel im Hanseraum. (Quellen und Darstellungen zur Hansischen Geschichte, NF, Bd. 45). Köln 1998.

Cornelio, Francesco: Il sistema di aziende de'Medici di Firenze, nel periodo 1420–1450. Pisa 1961.
Corti, Gino: Le accomandite fiorentine del XV e XVI secolo. Tesi di laurea. Università degli studi Firenze 1937.
Crum, Roger J.: Roberto Martelli, the Council of Florence, and the Medici Palace Chapel. Zeitschrift für Kunstgeschichte 59 (1996), 403.
Cuvelier, Joseph: Un capitaliste du XIVe siècle. Bulletin de la Classe des Lettres et des Sciences Morales et Politiques (Belgique) 7 (1921), 46–56.
Czaja, Roman: Handelsbeziehungen der Großschäffer des Deutschen Ordens zu den preußischen Städten am Anfang des 15. Jahrhunderts. In: Jörn, Nils; Kattinger, Detlef; Wernicke, Horst (Hrsgg.): „kopet uns werk by tyden". Beiträge zur hansischen und preußischen Geschichte. Walter Stark zum 75. Geburtstag. Schwerin 1999, 201–209.
Czaja, Roman (Hrsg.): Die Ritterorden in der europäischen Wirtschaft des Mittelalters. (Ordines militares – Colloquia Torunensia Historica, Bd. 12). Torún 2003.

da Uzzano, Giovanni di Antonio: La practica della mercatura. (Della decima e di varie altre gravezze imposte dal comune di Firenze, della moneta, della mercatura de' fiorentini fino al secolo XVI, Bd. 4). Lisbona 1766.
Daenell, Ernst; Wernicke, Horst: Die Blütezeit der deutschen Hanse. Hansische Geschichte von der zweiten Hälfte des XIV. bis zum letzten Viertel des XV. Jahrhunderts. Bd. 2. Berlin 2001.
Dalla Corte, Girolamo: Dell'istorie della città di Verona. Venezia 1744.
Daniels, Tobias; Esch, Arnold: A Donatello for Rome, a Memling for Florence. The maritime transports of the Sermattei of Florence. Renaissance Studies (2021), 1–18. https://doi.org/10.1111/rest.12717, 09.07.2021.
Daugnon, Francesco Foucault de: Gli italiani in Polonia dal IX secolo al XVIII. Crema 1905–1907.
Davidsohn, Robert: Forschungen zur Geschichte von Florenz. Berlin 1896–1908.
--- Geschichte von Florenz. Berlin 1896–1925.
--- Blüte und Niedergang der Florentiner Tuchindustrie. Zeitschrift für die gesamte Staatswissenschaft 85 (1928), 225–255.
--- Der Florentiner Welthandel des Mittelalters. Weltgeschichtliches Archiv 30 (1929), 79–94.
Davies, Martin C.: Poggio Bracciolini as rhetorician and historian. Rinascimento 22 (1982), 153–182.
Daviso, Maria C.: La route du Valais au XIVe siècle. Schweizerische Zeitschrift für Geschichte 1 (1951), 545–561.
Dei, Benedetto: La cronica dall'anno 1400 all'anno 1500. (Fonti e Studi, Bd. 1). Firenze 1985.
del Bo, Beatrice: Un uomo d'affari del XV secolo. Mariano Vitali da Siena a Milano. Tesi di laurea. Università degli studi di Milano 2000/01.
--- Mariano Vitali da Siena. Integrazione e radicamento di un uomo d'affari nella Milano del Quattrocento. Archivio Storico Italiano 166 (2008), 453–493.

del Corazza, Bartolomeo di Michele: Diario, 1405–1438. Archivio Storico Italiano 14 (1894), 233–298.

del Punta, Ignazio: Tuscan merchant-bankers and moneyers and their relations with the Roman Curia in the XIIIth and early XIVth century. Rivista di storia della chiesa in Italia 64 (2010), 39–53.

del Treppo, Mario: I mercanti catalani e l'espansione della corona d'Aragona nel secolo XV. Napoli 1972.

Delumeau, Jean: L'alun de Rome, 15e–19e siècles. Paris 1963.

Demo, Edoardo: L'„anima della città". L'industria tessile a Verona e Vicenza (1400–1550). (Early Modern Studi di storia europea protomoderna, Bd. 14). Milano 2001.

--- „Date per mio nome al portadore de questa". L'operato di un banchiere padovano del primo quattrocento. In: Molina, Barbara; Boschiero, Gemma (Hrsgg.): Politiche del credito, investimento consumo solidarieta. Atti del congresso internazionale, Cassa di Risparmio di Asti / Asti, 20–22 marzo 2003. Asti 2004, 276–296.

Denzel, Markus A.: Kurialer Zahlungsverkehr im 13. und 14. Jahrhundert. Servitien- und Annatenzahlungen aus dem Bistum Bamberg. (Beiträge zur Wirtschafts- und Sozialgeschichte, Bd. 42). Stuttgart 1991.

--- „La practica della cambiatura". Europäischer Zahlungsverkehr vom 14. bis zum 17. Jahrhundert. (Beiträge zur Wirtschafts- und Sozialgeschichte, Bd. 58). Stuttgart 1994.

--- Europäische Wechselkurse von 1383 bis 1620. (Währungen der Welt, Bd. 9). Stuttgart 1995a.

--- Kleriker und Kaufleute. Polen und der Peterspfennig im kurialen Zahlungsverkehr des 14. Jahrhunderts. Vierteljahrschrift für Sozial- und Wirtschaftsgeschichte 82 (1995b), 305–331.

--- Wechselplätze als territoriale Enklaven an der europäischen Peripherie. Von der Anbindung zur Integration von Finanzmärkten im System des bargeldlosen Zahlungsverkehrs (Spätmittelalter bis beginnendes 20. Jahrhundert). In: Zwahr, Hartmut; Schirmer, Uwe; Steinführer, Henning; Straube, Manfred (Hrsgg.): Leipzig, Mitteldeutschland und Europa. Festgabe für Manfred Straube und Manfred Unger zum 70. Geburtstag. Beucha 2000, 545–560.

--- Handelspraktiken als wirtschaftshistorische Quellengattung vom Mittelalter bis in das frühe 20. Jahrhundert. Eine Einführung. In: Denzel, Markus A.; Hocquet, Jean Claude; Witthöft, Harald (Hrsgg.): Kaufmannsbücher und Handelspraktiken vom Spätmittelalter bis zum 20. Jahrhundert. (Vierteljahrschrift für Sozial- und Wirtschaftsgeschichte. Beihefte, Bd. 163). Stuttgart 2002, 11–45.

--- Das System des bargeldlosen Zahlungsverkehrs europäischer Prägung vom Mittelalter bis 1914. (Vierteljahrschrift für Sozial- und Wirtschaftsgeschichte. Beihefte, Bd. 201). Stuttgart 2008.

--- Von der Kreuzzugssteuer zur allgemeinen päpstlichen Steuer. Servitien, Annaten und ihre Finanzierung in voravignonesischer Zeit (12. bis frühes 14. Jahrhundert). In: Maleczek, Werner (Hrsg.): Die römische Kurie und das Geld. Von der Mitte des 12. Jahrhunderts bis zum frühen 14. Jahrhundert. (Vorträge und Forschungen, Bd. 85). Ostfildern 2018, 131–165.

Despy, Georges: Bruges et les collectories pontificales de Scandinavie et de Pologne au XIVe siècle. Bulletin de l'institut historique belge de Rome 27 (1952), 95–110.

Deutsches Historisches Institut in Rom (Hrsg.): Repertorium Germanicum. Verzeichnis der in den päpstlichen Registern und Kameralakten vorkommenden Personen, Kirchen und Orte des Deutschen Reiches, seiner Diözesen und Territorien vom Beginn des Schismas bis zur Reformation. Berlin 1916–.

Dezzi Bardeschi, Marco: Il complesso monumentale di S. Pancrazio a Firenze ed il suo restauro (nuovi documenti). Quaderni dell'Istituto di Storia dell'Architettura 13, 73–78 (1966), 1–66.

Diefenbacher, Michael: Art. Kamerer, Ulrich. In: Diefenbacher, Michael; Endres, Rudolf (Hrsgg.): Stadtlexikon Nürnberg. Nürnberg 2000, 514–515.

Dietz, Alexander: Frankfurter Handelsgeschichte. Frankfurt a. M. 1910.

Dini, Bruno: Nuovi documenti su Giovanni di Bernardo di Antonio da Uzzano. Nuova rivista storica 64 (1980), 378–395.

--- L'industria serica in Italia, secc. XIII–XV. In: Cavaciocchi, Simonetta (Hrsg.): La seta in Europa. Secc. XIII–XX. (Istituto internazionale di storia economica „F. Datini". Prato. Pubblicazioni. Serie III, Atti delle „settimane di studi" e altri convegni, Bd. 24). Firenze 1993, 91–123.

--- L'economia fiorentina e l'Europa centro-orientale nelle fonti toscane. Archivio Storico Italiano 153 (1995a), 633–655.

--- Saggi su una economia-mondo. Firenze e l'Italia fra Mediterraneo ed Europa (secc. XIII–XVI). (Percorsi, Bd. 8). Firenze 1995b.

--- La ricchezza documentaria per l'arte della seta e l'economia fiorentina nel Quattrocento. In: Sandri, Lucia (Hrsg.): Gli Innocenti e Firenze nei secoli. Un ospedale, un archivio, una città. Firenze 1996, 153–178.

--- I mercanti banchieri italiani e le fiere di Ginevra e di Lione. In: Salvestrini, Francesco (Hrsg.): L'Italia alla fine del Medioevo. I caratteri originali del quadro europeo. Firenze 2006, 433–456.

Doerr Carney, Nancy: „So ancient yet so new". Albertis creation of a final resting place for Giovanni Rucellai in Florence. Thesis. Rice University 1997. https://hdl.handle.net/1911/17235, 18.06.2021.

Dollinger, Philippe: Die Hanse. (Körners Taschenausgaben, Bd. 371). Stuttgart 1966.

Dombrowski, Ludwig Heinrich: Die Beziehungen des Deutschen Ordens zum Baseler Konzil bis zur Neutralitätserklärung der deutschen Kurfürsten (März 1438). Bamberg 1913.

Donnet, Fernand: Les lombards à Termonde et dans quelques villes des Pays-Bas. Annales du cercle archéologique de la ville et de l'ancien pays de Termonde 8 (1900), 126–161.

Doreian, Patrick; Ferligoj, Anuška; Batagelj, Vladimir: Generalized blockmodeling. (Structural Analysis in the Social Sciences, Bd. 25). Cambridge 2005.

Doren, Alfred: Die Florentiner Wollentuchindustrie vom vierzehnten bis zum sechzehnten Jahrhundert. Ein Beitrag zur Geschichte des modernen Kapitalismus. (Studien aus der Florentiner Wirtschaftsgeschichte, Bd. 1). Stuttgart 1901.

--- Italienische Wirtschaftsgeschichte. (Handbuch der Wirtschaftsgeschichte, Bd. 7). Jena 1934.

Doublier, Étienne: Die Päpste und der Siegeszug des Ablasses im 13. Jahrhundert. In: Schneidmüller, Bernd; Weinfurter, Stefan; Matheus, Michael; Wieczorek, Alfried (Hrsgg.): Amt und Herrschaft in Antike, Mittelalter und Renaissance. (Publikationen der Reiss-Engelhorn-Museen, Bd. 74). Regensburg 2016, 341–356.

Doumerc, Bernard: Par Dieu écrivez plus souvent! La lettre d'affaires à Venise à la fin du Moyen Âge. In: La circulation des nouvelles au Moyen Age. (Publications de la Sorbonne. Serie histoire ancienne et médiévale). Roma 1994, 99–109.

Drossbach, Gisela: Der Hospitalorden von Santo Spirito in Sassia als Geldtransfer-Netz? In: Hoffmann, Carl A.; Kiessling, Rolf (Hrsgg.): Kommunikation und Region. (Forum Suevicum, Bd. 4). Konstanz 2001, 231–248.

Dubois, Henri: Les foires de Chalon et le commerce dans la vallée de la Saône à la fin du moyen âge, vers 1280–vers 1430. Paris 1976.

Durrer, Robert: Die Familie von Rappenstein, genannt Mötteli und ihre Beziehungen zur Schweiz. Geschichtsfreund 48/49 (1893), 81.

Dygo, Marian: Die Münzpolitik des Deutschen Ordens in Preussen in der ersten Hälfte des 15. Jahrhunderts. (Fasciculi Historici, Bd. 14). Warszawa 1987.

Dykmans, Marc: Du monte Mario à l'escalier de Saint-Pierre de Rome. Mélanges d'archéologie et d'histoire 80 (1968), 555–568.

Ebel, Wilhelm: Lübecker Ratsurteile. Berlin 1955–1967.

Eckertz, Gottfried: Urkunden, die Herrlichkeit Riehl bei Köln betreffend. Annalen des Historischen Vereins für den Niederrhein 2 (1855), 303–306.

Eckolt, Martin: Schiffahrt auf kleinen Flüssen Mitteleuropas in Römerzeit und Mittelalter. Oldenburg 1980.

Eckstein, Alexander: Zur Finanzlage des Basler Konzils. Berlin 1911.

Edgerton, Samuel Y.: Pictures and punishment. Art and criminal prosecution during the Florentine Renaissance. New York 1985.

Edler-de Roover, Florence: Glossary of medieval terms of business, Italian series 1200–1600. Cambridge 1934.

--- Andrea Banchi setaiolo fiorentino del Quattrocento. Archivio Storico Italiano 150 (1992), 877–963.

Ehrenberg, Richard: Makler. Hosteliers und Börse in Brügge vom 13. bis zum 16. Jahrhundert. Zeitschrift für das gesamte Handelsrecht 30 (1885), 403–468.

--- Das Zeitalter der Fugger. Jena 1896.

Ehrensperger, Franz: Die Medici-Bank im spätmittelalterlichen Basel. Basler Stadtbuch (1971), 76–82.

--- Basels Stellung im internationalen Handelsverkehr des Spätmittelalters. Basel 1972.

Eirich, Raimund: Memmingens Wirtschaft und Patriziat von 1347 bis 1551. Eine wirtschafts- und sozialgeschichtliche Untersuchung über das Memminger Patriziat während der Zunftverfassung. Weissenhorn 1971.

Engel, Eva-Maria: Finanzielle Beziehungen zwischen deutschen Königen und und Städtebürgern von 1250 bis 1314. Jahrbuch für Wirtschaftsgeschichte 4 (1975), 95–113.

Engel, Wilhelm: Die Burgen Frankenberg über Uffenheim. Mit einem burgenkundlichen Nachwort v. H. Kunstmann. (Veröffentlichungen der Gesellschaft für Fränkische Geschichte, Bd. 11). Würzburg 1956.

Englberger, Johann: Bischof Rüdiger von Passau (1233–1250) und die Schulden seines Vorgängers Gebhard (1221/22–1232) bei italienischen Kaufleuten. Ostbairische Grenzmarken 38 (1996), 19–24.

Ennen, Edith: Kölner Wirtschaft im Früh- und Hochmittelalter. In: Kellenbenz, Hermann (Hrsg.): Zwei Jahrtausende Kölner Wirtschaft. Köln 1975, 87–193.

Ennen, Leonard: Die Stadt Köln und das Kaufhaus der Deutschen in Venedig. Monatsschrift für rheinisch-westfälische Geschichtsforschung und Altertumskunde 1 (1875), 105–138.

Ennen, Leonard; Eckertz, Gottfried (Hrsgg.): Quellen zur Geschichte der Stadt Köln. (Quellen zur Geschichte der Stadt Köln, Bd. 2). Köln 1863.

Erdmannsdörffer, Bernhard: De commercio, quod inter Venetos et Germaniae civitates aevo medio intercessit. Dissertation. Universität Leipzig 1858.

Esch, Arnold: Bankiers der Kirche im Großen Schisma. Quellen und Forschungen aus italienischen Archiven und Bibliotheken 46 (1966), 277–398.

--- Besprechung von J. Favier, Les finances pontificales à l'époque du Grand Schisme d'Occident. Göttingische Gelehrte Anzeigen 221 (1969a), 133–159.

--- Bonifaz IX. und der Kirchenstaat. Tübingen 1969b.

--- Das Papsttum unter der Herrschaft der Neapolitaner. Die führende Gruppe Neapolitaner Familien an der Kurie während des Schismas 1378–1415. In: Max-Planck-Institut für Geschichte Göttingen (Hrsg.): Festschrift für Hermann Heimpel zum 70. Geburtstag am 19. September 1971. (Veröffentlichungen des Max-Planck-Instituts für Geschichte, Bd. 36). Göttingen 1971–1972, 713–800.

--- Florentiner in Rom um 1400. Namensverzeichnis der ersten Quattrocento-Generation. Quellen und Forschungen aus italienischen Archiven und Bibliotheken 52 (1972), 476–525.

--- Dal Medioevo al Rinascimento. Uomini a Roma dal 1350 al 1450. Archivio della Società Romana di Storia Patria 94 (1973), 1–10.

--- Simonie-Geschäfte in Rom 1400. „Kein Papst wird das tun, was dieser tut". Vierteljahrschrift für Sozial- und Wirtschaftsgeschichte 61 (1974), 433–457.

--- Das Archiv eines Lucchesischen Kaufmanns an der Kurie 1376–1387 (mit Beobachtungen zum Zahlungsverkehr zwischen Deutschland und Rom um 1400). Zeitschrift für historische Forschung 2 (1975), 129–171.

--- Importe in das Rom der Frührenaissance. Ihr Volumen nach den römischen Zollregistern der Jahre 1452–62. In: Rosa, Luigi de (Hrsg.): Studi in memoria di Federigo Melis. Napoli 1978, 381–467.

--- Le importazioni nella Roma del primo Rinascimento (il loro volume secondo i registri doganali romani degli anni 1452–1462). In: Esch, Arnold; Ait, Ivana (Hrsgg.): Aspetti della vita economica e culturale a Roma nel Quattrocento. (Fonti e studi del corpus membranarum italicarum. Prima serie, Studi e ricerche, Bd. 17). Roma 1981, 7–79.

--- Die Kirchenstaatsfinanzen und das Bruttoprodukt der großen Handelsunternehmen (14.–15. Jh.). In: Guarducci, Annalisa (Hrsg.): Prodotto lordo e finanza pubblica, secc. XIII–XIX. (Pubblicazioni – Serie II, Atti delle „settimane di studi" e altri convegni, Bd. 8). Firenze 1988, 487–506.

--- Viele Loyalitäten, eine Identität. Italienische Kaufmannskolonien im spätmittelalterlichen Europa. Historische Zeitschrift 254 (1992), 581–608.

--- Importe in das Rom der Renaissance. Die Zollregister der Jahre 1470 bis 1480. Quellen und Forschungen aus italienischen Archiven und Bibliotheken 74b (1994a), 360–453.

--- Roma come centro di importazioni nella seconda metà del Quattrocento ed il peso econornico del papato. In: Gensini, Sergio (Hrsg.): Roma capitale (1447–1527). (Pubblicazioni degli archivi di stato. Saggi, Bd. 29). Pisa 1994b, 107–143.

--- I Giubilei del 1390 e del 1400. In: Fossi, Gloria (Hrsg.): La storia dei giubilei. [Firenze] 1997–1998, 278–293.

--- Überweisungen an die Apostolische Kammer aus den Diözesen des Reiches unter Einschaltung italienischer und deutscher Kaufleute und Bankiers. Regesten der vatikanischen Archivalien 1431–1475. Quellen und Forschungen aus italienischen Archiven und Bibliotheken 78 (1998), 262–387.

--- Brügge als Umschlagplatz im Zahlungsverkehr Nordeuropas mit der römischen Kurie im 15. Jahrhundert. Die vatikanischen Quellen. In: Jörn, Nils; Kattinger, Detlef; Wernicke, Horst (Hrsgg.): „kopet uns werk by tyden". Beiträge zur hansischen und preußischen Geschichte. Walter Stark zum 75. Geburtstag. Schwerin 1999a, 109–136.

--- Ein Sonderfall deutscher Präsenz in Rom. Die erste Generation deutscher Frühdrucker nach vatikanischen Quellen. In: Schulz, Knut (Hrsg.): Handwerk in Europa. Vom Spätmittelalter bis zur Frühen Neuzeit. (Schriften des Historischen Kollegs, Kolloquien, Bd. 41). München 1999b, 27–32.

--- Brügge als Umschlagplatz im Zahlungsverkehr Nordeuropas mit der römischen Kurie im 15. Jahrhundert. Die vatikanischen Quellen. In: Jörn, Nils; Paravicini, Werner; Wernicke, Horst (Hrsgg.): Hansekaufleute in Brügge 4. Beiträge der Internationalen Tagung in Brügge April 1996. (Kieler Werkstücke. Reihe D. Beiträge zur europäischen Geschichte des späten Mittelalters, Bd. 13.4). Frankfurt a. M. 2000, 109–137.

--- Nürnberg und Rom. Nürnbergische und andere deutsche Waren in den römischen Zollregistern der Frührenaissance. Anzeiger des Germanischen Nationalmuseums (2002), 128–139.

--- Kölnisches in römischen und lucchesischen Archivalien des späten Mittelalters. Neue Belege für Waren- und Geldverkehr mit Italien. Rheinische Vierteljahrsblätter 67 (2003a), 21–36.

--- Wege nach Rom. Annäherung aus zehn Jahrhunderten. München 2003b.

--- Aus dem Alltag eines Ablasskollektors. Eine Reise durch Deutschland, die Niederlande und Österreich anhand der Buchführung 1470–1472. In: Meyer, Andreas; Rendtel, C.; Wittmer-Butsch, M. (Hrsgg.): Päpste, Pilger, Pönitentiarie. Festschrift für Ludwig Schmugge zum 65. Geburtstag. Tübingen 2004a, 109–134.

--- Mercanti e merci tedeschi a Roma nella seconda metà del Quattrocento. Archivi e cultura 37 (2004b), 46–56.

--- Poggio Bracciolini. Ein Geldgeschäft in Rom 1452. Quellen und Forschungen aus italienischen Archiven und Bibliotheken 84 (2004c), 493–496.

--- Deutsche im Rom der Renaissance. Indizien für Verweildauer, Fluktuation, Kontakte zur alten Heimat. In: Flug, Brigitte; Matheus, Michael; Rehberg, Andreas (Hrsgg.): Kurie und Region. Festschrift für Brigide Schwarz zum 65. Geburtstag. (Geschichtliche Landeskunde, Bd. 59). Stuttgart 2005a, 263–276.

--- Le fonti per la storia economica e sociale di Roma nel Rinascimento: un approccio personale. In: Esposito, Anna; Palermo, Luciano (Hrsgg.): Economia e società a Roma tra Medioevo e Rinascimento. Studi dedicati ad Arnold Esch. (I libri di Viella, Bd. 51). Roma 2005b, 1–32.

--- Bruges come piazza di cambio nei pagamenti dal Nordeuropa alla Curia romana nel Quattrocentro e l'importazione di merci a Roma dal Nord. In: Economia, cultura materiale ed arte nella Roma del Rinascimento. Studi sui registri doganali romani, 1445–1485. (RR inedita. Saggi, Bd. 36). Roma 2007, 371–411.

--- Mercanti tra le Fiandre e Roma. In: Bonincontro, I. (Hrsg.): A proposito di mercanti. Nuove edizioni di fonti e prospettive di ricerca. Roma 2012, 293–304.

--- Italienische Kaufleute in Brügge, flandrisch-niederländische Kaufleute in Rom. In: Fouquet, Gerhard; Gilomen, Hans-Jörg (Hrsgg.): Netzwerke im europäischen Handel des Mittelalters. (Vorträge und Forschungen / Konstanzer Arbeitskreis für Mittelalterliche Geschichte, Bd. 72). Ostfildern 2010, 245–261.

--- Gabione Gozzadini da Bologna banchiere papale e la sua gestione d'afari a Roma (1397–1403). In: Fara, Andrea; Strangio, Donatella; Piñeiro, Manuel Vaquero (Hrsgg.): Oeconomica. Studi in onore di Luciano Palermo. Viterbo 2016, 51–66.

Esch, Arnold; Michler, Andrea: Mercenari, mercanti e pellegrini. Viaggi transalpini nella prima Età moderna. (Biblioteca di storia, Bd. 7). Bellinzona 2005.

Esposito, Anna: La popolazione romana dalla fine del sec. XIV al Sacco: caratteri e forme di un'evoluzione demografica. In: Sonnino, Eugenio (Hrsg.): Popolazione e società a Roma dal medioevo all'età contemporanea. (Pagine della memoria, Bd. 5). Roma 1998, 37–49.

--- Mercanti e artigiani ebrei forestieri a Roma tra '400 e '500. Prime indagini. Archivi e cultura 37 (2004), 57–74.

Ettelt-Schönewald, Beatrix: Kanzlei, Rat und Regierung Herzog Ludwigs des Reichen von Bayern-Landshut (1450–1479). (Schriftenreihe zur bayerischen Landesgeschichte, Bd. 97.1). München 1995.

Eubel, Conrad: Die provisiones praelatorum während des großen Schismas. Römische Quartalschrift für christliche Altertumskunde und Kirchengeschichte 7 (1893), 405–446.

--- Hierarchia catholica medii aevi sive summorum pontificium S. R. E. cardinalium, ecclesiarum antistitum series e documentis tabularii praesertim Vaticani collecta, digesta, edita. Münster 1913–1935.

Evelt, Julius: Rheinländer und Westfalen in Rom. Monatsschrift für rheinisch-westfälische Geschichtsforschung 3 (1877), 415–437.

Fabroni, Angelo: Magni Cosmi Medicei vita. Pisa 1788–1789.

Face, Richard D.: The caravan merchants and the fairs of Champagne. Thesis. University of Wisconsin 1957.

Falsini, Aliberto Benigno: Firenze dopo il 1348. Le conseguenze della peste nera. Archivio Storico Italiano 129 (1971), 425–503.

Favier, Jean: Les finances pontificales à l'époque du Grand Schisme d'Occident, 1378–1409. (Bibliothèque des Écoles Françaises d'Athènes et de Roma, Bd. 211). Paris 1966.

--- De l'or et des épices. Naissance de l'homme d'affaires au Moyen Âge. Paris 1987.

Fazzini, Marco; Fici, Luigi; Montrone, Alessandro; Terzani, Simone: A modern mook at the Banco de' Medici. Governance and accountability systems. International Business & Economics Research Journal (IBER) 15 (2016), 271–286.

Feger, Otto: Das Konstanzer Konzil und die Stadt Konstanz. In: Franzen, A.; Müller, W. (Hrsgg.): Das Konzil von Konstanz. Freiburg i. Br. 1964, 310–333.

Feine, Hans Erich: Kirchliche Rechtsgeschichte. Die katholische Kirche. Köln, Graz 1964.
Ferguson, Wallace K.: Recent trends in the economic historiography of the Renaissance. Studies in the Renaissance 7 (1960), 7–26.
Figliuolo, Bruno: I mercanti fiorentini e il loro spazio economico. Un modello di organizzazione capitalistica. Archivio Storico Italiano 171 (2013), 639–664.
Fink, Karl August: Eine Straßburger Kollektorie aus dem Pontifikat Martins V. Quellen und Forschungen aus italienischen Archiven und Bibliotheken 22 (1930/31), 182–226.
--- Zum Finanzwesen des Konstanzer Konzils. In: Max-Planck-Institut für Geschichte Göttingen (Hrsg.): Festschrift für Hermann Heimpel zum 70. Geburtstag am 19. September 1971. (Veröffentlichungen des Max-Planck-Instituts für Geschichte, Bd. 36). Göttingen 1971–1972, 627–651.
Finke, Heinrich: Forschungen und Quellen zur Geschichte des Konstanzer Konzils. Paderborn 1889.
--- Eine Papstchronik des 15. Jahrhunderts. Römische Quartalschrift für christliche Altertumskunde und Kirchengeschichte 4 (1890), 340–362.
Finke, Heinrich (Hrsg.): Bilder vom Konstanzer Konzil. (Neujahrsblätter der Badischen Historischen Kommission, Bd. 6). Heidelberg 1903.
Finke, Heinrich; Hollnsteiner, Johannes; Heimpel, Hermann (Hrsgg.): Acta concilii Constanciensis. Münster 1896–1928.
Fiorato, Adelin Charles: Bonaccorso Pitti. Marchand et aventurier florentin. Montreuil 1991.
Fissi, Simona: Aspetti del commercio delle lane e della manifattura tessile laniera nello stato di Venezia tra il XIII e il XVIII sec. Firenze 1999.
Flegler, Alexander: Die Beziehungen Nürnbergs zu Venedig. Anzeiger für Kunde der deutschen Vorzeit 14 (1867), 289.
Forstreuter, Kurt; Koeppen, Hans (Hrsgg.): Die Berichte der Generalprokuratoren des Deutschen Ordens an der Kurie. Bd. 4: 1429–1436. (Veröffentlichungen der niedersächsischen Archivverwaltung, Bd. 37). Göttingen 1973.
Fortuna, Alberto Maria: Autografi dell'Archivio Mediceo avanti il Principato. Firenze 1977.
Foster, Susannah K.: The ties that bind. Kinship association and marriage in the Alberti family, 1378–1428. Thesis. Cornell University, Ithaca 1985.
Foster Baxendale, Susannah K.: Exile in practice. The Alberti family in and out of Florence 1401–1428. Renaissance Quarterly 44 (1991), 720–756.
Fouquet, Gerhard: Ein Italiener in Lübeck. Der Florentiner Gerardo Bueri (gest. 1449). Zeitschrift des Vereins für Lübeckische Geschichte und Altertumskunde 78 (1998), 187–220.
Fournier, Chantal: Walliser Pässe und internationaler Verkehr im Mittelalter. Blätter aus der Walliser Geschichte 17 (1981), 453–461.
Fournier, Louis: Les Florentins en Pologne. In: Charpin-Feugerolles, Hippolyte André Suzanne de (Hrsg.): Les Florentins à Lyon. Lyon 1893, 201–341.

Franceschi, Camillo de: Esuli fiorentini della compagnia di Dante. Mercanti e prestatori a Trieste e in Istria. Archivio Veneto 23 (1938), 83–178.

Franceschi, Franco: I tedeschi e l'Arte della Lana a Firenze fra Tre e Quattrocento. In: Rossetti, Gabriella (Hrsg.): Dentro la città. Stranieri e realtà urbane nell'Europa dei secoli XII–XVI. (Europa Mediterranea. Quaderni, Bd. 2). Napoli 1989, 257–276.

--- Il fiorino di Firenze, il dollaro della crescita medievale. In: Giardina, Andrea (Hrsg.): Storia mondiale dell'Italia. Roma 2017, 262–266.

Frangioni, Luciana: Milano e le sue strade. Costi di trasporto e vie di commercio dei prodotti milanesi alla fine del Trecento. (Studi e testi di storia medievale, Bd. 3). Milano 1983.

--- Milano fine Trecento. Il carteggio milanese dell'Archivio Datini di Prato. Firenze 1994.

Frantz, Erich: Sixtus IV. und die Republik Florenz. Regensburg 1880.

Frati, Ludovico: Papa Martino V e il „Diario" di Cambio Cantelmi. Archivio Storico Italiano 48 (1911), 117–136.

Frenken, Ansgar: Wohnraumbewirtschaftung und Versorgungsdeckung beim Konstanzer Konzil (1414–1418). Zur logistischen Bewältigung eines Großereignisses im Spätmittelalter. Zeitschrift für die Geschichte des Oberrheins 156 (2008), 109–146.

Frenz, Thomas: Wie wird man Bischof von Passau? Urkundentechnische und rechtliche Fragen vom 8. bis zum 19./20. Jahrhundert. Passau 2000.

Freudenberger, Theobald: Würzburg im Papstschisma zur Zeit des Konzils von Basel 1439–1443. Würzburger Diözesangeschichtsblätter 50 (1988), 83–97.

Friedmann, Eduard: Der Mittelalterliche Welthandel von Florenz in seiner geographischen Ausdehnung. (Nach der Practica mercatura des Balducci Pegolotti). (Abhandlungen der Geographischen Gesellschaft in Wien, Bd. 10.1). Wien 1912.

Fubini, Riccardo; Rubinstein, Nicolai; Mallett, Michael E. (Hrsgg.): Lettere di Lorenzo di Piero de' Medici. Firenze 1977–1990.

Fusaro, Maria: Gli uomini d'affari stranieri in Italia. In: Franceschi, Franco (Hrsg.): Commercio e cultura mercantile. (Il Rinascimento italiano e l'Europa, Bd.. 4). Costabissara 2007, 369–396.

Füssel, Stephan; Vogel, Klaus A. (Hrsgg.): Deutsche Handwerker, Künstler und Gelehrte im Rom der Renaissance. Akten des interdisziplinären Symposions vom 27. und 28. Mai 1999 im Deutschen Historischen Institut in Rom. (Pirckheimer-Jahrbuch, Bd. 15/16). Wiesbaden 2001.

Galoppini, Laura: „Nationes" toscane nelle Fiandre. In: Petti Balbi, Giovanna (Hrsg.): Comunità forestiere e nationes nell'Europa dei secoli 13.–16. (Europa Mediterranea. Quaderni, Bd. 19). Napoli 2001, 135–163.

--- I Lucchesi a Bruges ai tempi della signoria di Paolo Guinigi (1400–1430). In: Atti del convegno Paolo Guinigi e il suo tempo. Lucca, 24–25 maggio 2001. (Quaderni lucchesi di studi sul Medioevo e sul Rinascimento Istituto storico lucchese). Lucca 2003, 57–96.

--- Mercanti toscani e Bruges nel tardo Medioevo. Pisa 2009.

--- Il Libro della comunità dei Lucchesi a Bruges (1377–1404): i conflitti celati. In: Hamilton, C. I.; Virga, Anita (Hrsgg.): The Late Medieval and Renaissance Italian city-state and beyond. Essays in honour of M. E. Bratchel. (The Southern African Journal of Medieval and Renaissance Studies, Bd. 22/23). Witwatersrand 2012a, 63–90.

--- Lucchesi e uomini di comunità a Bruges nel tardo Medioevo. In: Tanzini, Lorenzo; Tognetti, Sergio (Hrsgg.): Mercatura è arte. Uomini d'affari toscani in Europa e nel Mediterraneo tardomedievale. (I libri di Viella, Bd. 132). Roma 2012b, 45–79.

--- Ti mostrerò simiglanti ragioni: un „libro-manuale" quattrocentesco per l'arte della mercatura, appartenuto ai Rosselmini di Pisa, conservato nella biblioteca Arcivescovile „Cardinale Pietro Maffi". In: Rossetti, Gabriella; Carlini, Antonio (Hrsgg.): Pietro Maffi Arcivescovo di Pisa (1903–1931). Un tempo difficile, un grande pastore, una eredità culturale significativa. Pisa 2012c, 133–159.

Ganzer, Klaus: Das Konzil von Trient und die Annaten. In: Gatz, Erwin (Hrsg.): Römische Kurie. Kirchliche Finanzen. Vatikanisches Archiv. Studien zu Ehren von Hermann Hoberg. (Miscellanea historiae pontificiae, Bd. 45–46). Rom 1979, 215–248.

Gardi, Andrea: La fiscalità pontificia tra medioevo ed età moderna. Società e storia 9 (1986), 509–558.

Garosi, Alcide: Siena nella storia della medicina (1240–1555). Firenze 1958.

Gascon, Richard: Un siècle du commerce des épices à Lyon, fin XVe– fin XVIe siècles. Annales. Économies, Sociétés, Civilisations 15 (1960), 638–666.

--- Grand commerce et vie urbaine au XVIe siécle. Lyon et ses marchands (environs de 1520– environs de 1580). (Civilisations et Sociétés, Bd. 22). Paris 1971.

Gatari, Andrea: Diario del Concilio di Basilea 1433–1435. (Concilium Basiliense. Studien und Quellen zur Geschichte des Concils von Basel, Bd. 5). Basel 1904.

Gatz, Erwin (Hrsg.): Die Bischöfe des Heiligen Römischen Reiches 1198 bis 1448. Ein biographisches Lexikon. (Die Bischöfe des Heiligen Römischen Reiches). Berlin 2001.

Gauthier, Jules: Les Lombards dans les deux-Bourgognes. (Bibliothèque de l'École des Hautes Études, Bd. 156). Paris 1907.

Geering, Traugott: Handel und Industrie der Stadt Basel. Zunftwesen und Wirtschaftsgeschichte bis zum Ende des XVII. Jahrhunderts. Basel 1886.

Geffcken, Peter: Die Welser und ihr Handel 1246–1496. In: Häberlein, Mark; Burkhardt, Johannes (Hrsgg.): Die Welser. Neue Forschungen zur Geschichte und Kultur des oberdeutschen Handelshauses. (Colloquia Augustana, Bd. 16). München 2002, 27–167.

Gentile, Luigi: I codici Palatini della R. Biblioteca nazionale centrale di Firenze. (Indici e cataloghi, N. S., Bd. 4). Firenze 1889.

Gherardi, Alessandro: Statuti della Università e Studio fiorentino dell'anno 1387. (Documenti di storia italiana, Bd. 7). Firenze 1881.

Ghirardacci, Cherubino: Della historia di Bologna. Bologna 1657.
Giersiepen, Helga: Das Kanonissenstift Vilich, von seiner Gründung bis zum Ende des 15. Jahrhunderts. Bonn 1993.
Gilomen, Hans-Jörg: Wucher und Wirtschaft im Mittelalter. Historische Zeitschrift 250 (1990), 265–301.
--- Die Rotamanualien des Basler Konzils. Verzeichnis der in den Handschriften der Basler Universitätsbibliothek behandelten Rechtsfälle. Tübingen 1998.
--- Der Kleinkredit in spätmittelalterlichen Städten. Basel und Zürich im Vergleich. In: Holbach, Rudolf (Hrsg,): Städtische Wirtschaft im Mittelalter. Festschrift für Franz Irsigler zum 70. Geburtstag. Köln 2011, 109–148.
Gilomen-Schenkel, Elsanne: Henmann Offenburg (1379–1459). Ein Basler Diplomat im Dienst der Stadt, des Konzils und des Reichs. (Quellen und Forschungen zur Basler Geschichte, Bd. 6). Basel 1975.
Ginori Conti, Piero: Carte Cambi da Querceto (sec. XV–XVI). Inventario e descrizione. Firenze 1939.
Girgenti, Danilo: I mercanti banchieri italiani in Inghilterra fra il 1270 e il 1340. Tesi di laurea. Università degli studi di Firenze 1998.
Giudici, Paolo Emiliani: Storia politica dei municipi italiani. Firenze 1850.
Glauser, Fritz: Der internationale Gotthardstransit im Lichte des Luzerner Zentnerzolls von 1493 bis 1505. Schweizerische Zeitschrift für Geschichte 18 (1968), 177–245.
Goetz, Leopold Karl: Deutsch-russische Handelsgeschichte des Mittelalters. (Hansische Geschichtsquellen, Bd. 5). Lübeck 1922.
Göldel, Caroline: Neu gefundene Quellenzeugnisse für den Gebrauch von Wechselbriefen im überregionalen Zahlungsverkehr des Spätmittelalters. Scripta Mercaturae 22 (1988), 1–13.
Goldthwaite, Richard A.: Private wealth in Renaissance Florence. A study of four families. Princeton 1968.
--- The building of Renaissance Florence. An economic and social history. Baltimore 1980.
--- Local banking in Renaissance Florence. The Journal of European Economical History 14 (1985), 5–55.
--- The Medici bank and the world of Florentine capitalism. Past and Present 114 (1987), 5–55.
--- La cultura economica dell'artigiano. In: Franceschi, Franco; Fossi, Gloria (Hrsgg.): La grande storia dell'artigianato. Il Quattrocento. (Arti fiorentine, Bd. 2). Firenze 1999, 57–73.
--- The economy of Renaissance Florence. Baltimore 2008.
Goldthwaite, Richard A.; Settesoldi, Enzo; Spallanzani, Marco (Hrsgg.): Due libri mastri degli Alberti. Una grande compagnia di Calimala, 1348–1358. Firenze 1995.
Goldthwaite, Richard; Spallanzani, Marco: Censimento di libri contabili privati dei fiorentini 1200–1600. Firenze 2018. https://www.academia.edu/38036416/CENSIMENTO_25dec2018_docx, 14.06.2021.

Göller, Emil: König Sigismunds Kirchenpolitik (1404–1410). Freiburg i. Br. 1901.
--- Papst Johann XXIII. und Kaiser Sigmund im Sommer 1410. Römische Quartalschrift für christliche Altertumskunde und Kirchengeschichte 17 (1903), 169–180.
--- Der Liber Taxarum der päpstlichen Kammer. Quellen und Forschungen aus italienischen Archiven und Bibliotheken 8 (1905), 113.
--- Die Einnahmen der Apostolischen Kammer unter Benedikt XII. Paderborn 1920.
--- Deutsche Kirchenablässe unter Sixtus IV. Römische Quartalschrift für christliche Altertumskunde und Kirchengeschichte 31 (1923), 55–70.
--- Aus der Camera Apostolica der Schismapäpste. Teil I: Die Servitien der deutschen Bischöfe und Äbte unter der römischen Obödienz während des Schismas. Römische Quartalschrift für christliche Altertumskunde und Kirchengeschichte 32 (1924a), 82–147.
--- Untersuchungen über das Inventar des Finanzarchivs der Renaissancepäpste (1447–1521). In: Miscellanea Francesco Ehrle. (Studi e testi, Bd. 37–42). Roma 1924b, 227–272.
--- Aus der Camera Apostolica der Schismapäpste. Teil II: Die übrigen Kameralien der Schismapäpste römischer Reihe. Römische Quartalschrift für christliche Altertumskunde und Kirchengeschichte 33 (1925), 72–110.
Gömmel, Rainer: Technischer Fortschritt im Verkehrswesen während des Spätmittelalters und der frühen Neuzeit. In: Bestmann, Uwe; Irsigler, Franz; Schneider, Jürgen (Hrsgg.): Hochfinanz, Wirtschaftsräume, Innovationen. Festschrift für Wolfgang von Stromer. Trier 1987, 1039–1062.
Gordan, Phyllis Walter: Two Renaissance book hunters. The letters of Poggius Bracciolinus to Nicolaus de Niccolis. (Records of civilization: sources and studies, Bd. 91). New York 1974.
Gothein, Eberhard: Wirtschaftsgeschichte des Schwarzwaldes und der angrenzenden Landschaften. Straßburg 1892.
Gottlob, Adolf: Aus der Camera apostolica des 15. Jahrhunderts. Ein Beitrag zur Geschichte des päpstlichen Finanzwesens und des endenden Mittelalters. Innsbruck 1889.
--- Die päpstlichen Kreuzzugs-Steuern des 13. Jahrhunderts. Ihre rechtliche Grundlage, politische Geschichte und technische Verwaltung. Heiligenstadt 1892.
Gras, Norman S. B.: Business and capitalism. An introduction to business history. New York 1939.
Gregory, Heather J.: The return of the native. Filippo Strozzi and Medicean politics. Renaissance Quarterly 38 (1985), 1–21.
Greve, Anke: Brügger Hoteliers und hansische Kaufleute. Ein Netzwerk vorteilhafter Handelsbeziehungen oder programmierte Interessenkonflikte? In: Jörn, Nils; Paravicini, Werner; Wernicke, Horst (Hrsgg.): Hansekaufleute in Brügge 4. Beiträge der Internationalen Tagung in Brügge April 1996. (Kieler Werkstücke. Reihe D. Beiträge zur europäischen Geschichte des späten Mittelalters, Bd. 13.4). Frankfurt a. M. 2000, 151–161.

--- Herberge, Wirte und Handel in Brügge im Spätmittelalter. In: Hammel-Kiesow, Rolf (Hrsg.): Vergleichende Ansätze in der hansischen Geschichtsforschung. (Hansische Studien, Bd. 13). Trier 2002, 223–236.

--- Hansen, Hosteliers und Herbergen. Studien zum Aufenthalt hansischer Kaufleute in Brügge im 14. und 15. Jahrhundert. Turnhout 2006.

Grierson, Philip: The coin list of Pegolotti. In: Later Medieval Numismatics (11th–16th Centuries). Selected Studies. (Collected studies series, Bd. 98). London 1979, 485–492.

Griffo, Massimo: Firenze antica dalle origini a Lorenzo Magnifico. Milano 1986.

Grohmann, Alberto: Città e territorio tra medioevo ed età moderna (Perugia, secc. XIII–XVI). Perugia 1981.

Gruber, Karlfriedrich: Nicholaio Romolo da Noribergho. Ein Beitrag zur Nürnberger Handelsgeschichte des 14./15. Jahrhunderts aus dem Archivio Datini in Prato (Toskana). Mitteilungen des Vereins für die Geschichte der Stadt Nürnberg 47 (1956), 416–425.

Grunzweig, Armand: Le fonds de la Mercanzia aux Archives de l'État de Florence au point de vue de l'histoire de Belgique. Bulletin de l'institut historique belge de Rome 12–14 (1932–1934), 61.

Guasti, Cesare (Hrsg.): Commissioni di Rinaldo degli Albizzi per il comune di Firenze: dal 1399 al 1433. Bd. 1: 1399–1423. (Documenti di storia italiana, Bd. 1). Firenze 1867.

--- Gli avanzi dell'archivio di un pratese vescovo di Volterra che fu al Concilio di Costanza. ASI (Archivio Storico Italiano), Serie IV 13–14 (1884), 20.

Guidi Bruscoli, Francesco: Ricci, Saminiato. In: Istituto della Enciclopedia italiana (Hrsg.): Dizionario biografico degli Italiani. Roma 1960–.

--- Der Handel mit Seidenstoffen und Leinengeweben zwischen Florenz und Nürnberg in der ersten Hälfte des 16. Jahrhunderts, aus dem Italienischen übersetzt von Kurt Weissen. Mitteilungen des Vereins für Geschichte der Stadt Nürnberg 86 (1999), 81–113.

--- Benvenuto Olivieri. I mercatores fiorentini e la camera apostolica nella Roma di Paolo III Farnese (1534–1549). Firenze 2000.

--- Trade with Northern Europe. In: Nigro, Giampiero (Hrsg.): Francesco di Marco Datini. The man the merchant. (Biblioteca di storia, Bd. 9). Firenze, Prato 2010, 395–417.

--- Mercanti-banchieri fiorentini tra Londra e Bruges nel XV secolo. In: Tanzini, Lorenzo; Tognetti, Sergio (Hrsgg.): Mercatura è arte. Uomini d'affari toscani in Europa e nel Mediterraneo tardomedievale. (I libri di Viella, Bd. 132). Roma 2012, 11–44.

--- I mercanti italiani e le lingue straniere. In: Lori Sanfilippo, Isa; Pinto, Giuliano (Hrsgg.): Comunicare nel Medioevo. La conoscenza e l'uso delle lingue nei secoli XII–XV; atti del convegno di studio svoltosi in occasione della XXV edizione del Premio internazionale Ascoli Piceno (Ascoli Piceno, Palazzo dei Capitani, 28–30 novembre 2013). (Atti del premio Internazionale Ascoli Piceno. III serie). Roma 2015, 103–131.

--- Da comprimari a protagonisti: i fiorentini in Portogallo nel Basso Medioevo (1338–1520). eHumanista 38 (2018), 65–82.

--- Tessuti di seta fra la penisola italiana e l'Oltralpe nel Rinascimento. In: Dal Prà, Laura; Carmignani, Marina; Peri, Paolo (Hrsgg.): Fili d'oro e dipinti di seta. Velluti e ricami tra Gotico e Rinascimento. (Castello in mostra). Trento 2019, 69–77.

Guillemain, Bernard: La cour pontificale d'Avignon 1309–1376. Étude s'une société. (Bibliothèque des Ecoles françaises d'Athènes et de Rome, Bd. 201). Paris 1962.

Halaga, Ondrej R.: Le grand commerce Occident-Orient et l'Europe centrale. In: Rosa, Luigi de (Hrsg.): Studi in memoria di Federigo Melis. Napoli 1978, 1–29.

Haller, Johannes (Hrsg.): Protokolle des Concils 1431–1433. Aus dem Manuale des Notars Bruneti und einer römischen Handschrift. (Concilium Basiliense. Studien und Quellen zur Geschichte des Concils von Basel, Bd. 2). Basel 1897.

--- Beiträge zur Geschichte des Konzils von Basel. Zeitschrift für die Geschichte des Oberrheins 15 (1901), 9.

Haller von Hallerstein, Helmut: Größe und Quellen des Vermögens von hundert Nürnberger Bürgern um 1500. In: Stadtarchiv Nürnberg (Hrsg.): Beiträge zur Wirtschaftsgeschichte Nürnbergs. (Beiträge zur Geschichte und Kultur der Stadt Nürnberg, Bd. 11). Nürnberg 1967, 117–176.

Hammel-Kiesow, Rolf: Hildebrand Veckinchusen (ca. 1365–1426). In: Gerkens, Gerhard; Grassmann, Antjekathrin (Hrsgg.): Der Lübecker Kaufmann. Aspekte seiner Lebens- und Arbeitswelt vom Mittelalter bis zum 19. Jahrhundert. Lübeck 1993, 129–132.

--- Neue Aspekte zur Geschichte Lübecks. Von der Jahrtausendwende bis zum Ende der Hansezeit. Die Lübecker Stadtgeschichtsforschung der letzten 10 Jahre (1988–1999). Teil 2: „Verfassungsgeschichte", „Bürger, Rat und Kirche", „Außenvertretung" und „Weltwirtschaftspläne". Zeitschrift des Vereins für Lübeckische Geschichte und Altertumskunde 80 (2000), 9–62.

--- Die Hanse. München 2004.

Harms, Bernhard: Die Münz- und Geldpolitik der Stadt Basel im Mittelalter. (Zeitschrift für die gesamte Staatswissenschaft. Ergänzungsheft, Bd. 23). Tübingen 1907.

--- Der Stadthaushalt Basels im ausgehenden Mittelalter. Quellen und Studien zur Basler Finanzgeschichte. Tübingen 1909–1913.

Hassinger, Herbert: Die Alpenübergänge vom Mont Cenis bis zum Simplon im Spätmittelalter. In: Schneider, Jürgen (Hrsg.): Wirtschaftskräfte und Wirtschaftswege. Festschrift für Hermann Kellenbenz. (Beiträge zur Wirtschaftsgeschichte, Bd. 4). Stuttgart 1978–1981, 313–372.

--- Zur Verkehrsgeschichte der Alpenpässe in der vorindustriellen Zeit. Vierteljahrschrift für Sozial- und Wirtschaftsgeschichte 66 (1979), 441–465.

--- Geschichte des Zollwesens, Handels und Verkehrs in den östlichen Alpenländern vom Spätmittelalter bis in die zweite Hälfte des 18. Jahrhunderts. (Deutsche Handelsakten des Mittelalters und der Neuzeit, Bd. 16.1). Wiesbaden 1987.

Hauke, Hermann: Katalog der lateinischen Handschriften der Bayerischen Staatsbibliothek München, Clm 27270-2749. Wiesbaden 1975.

Hayez, Jérôme: L'Archivio Datini, de l'invention de 1870 à l'exploration d'un système d'écrits privés. Mélanges de l'École française de Rome – Moyen Âge 117 (2005), 121–191.

Hefele, Carl Joseph von: Conciliengeschichte. Freiburg i. Br. 1873–1890.

Heimpel, Hermann: Zur Handelspolitik Kaiser Sigismunds. Vierteljahrschrift für Sozial- und Wirtschaftsgeschichte 23 (1930), 145–156.

Heitmann, Klaus: Das italienische Deutschlandbild in seiner Geschichte. Das lange neunzehnte Jahrhundert (1800–1915). Heidelberg 2008.

Helmrath, Johannes: Das Basler Konzil: 1431–1449. Forschungsstand und Probleme. (Kölner historische Abhandlungen, Bd. 32). Köln 1987.

Henn, Volker: Der ‚dudesche kopman' zu Brügge und seine Beziehungen zu den ‚nationes' der übrigen Fremden im späten Mittelalter. In: Jörn, Nils; Kattinger, Detlef; Wernicke, Horst (Hrsgg.): „kopet uns werk by tyden". Beiträge zur hansischen und preußischen Geschichte. Walter Stark zum 75. Geburtstag. Schwerin 1999, 131–142.

Hennig, Ernst: Die päpstlichen Zehnten aus Deutschland im Zeitalter des Avignonesischen Papsttums und während des großen Schismas. Ein Beitrag zur Finanzgeschichte des späteren Mittelalters. Halle 1909.

Herlihy, David; Klapisch-Zuber, Christiane: Les Toscans et leurs familles. Une étude du catasto florentin de 1427. Paris 1978.

Herlihy, David; Litchfield, R. Burr; Molho, Anthony; Barducci, Roberto: Online tratte of office holders, 1282–1532. http://www.stg.brown.edu/projects/tratte/, 08.06.2021.

Herlihy, David; Litchfield, R. Burr; Molho, Anthony; Klapisch-Zuber, Christiane: Florentine Renaissance Resources. Online Catasto of 1427. http://cds.library.brown.edu/projects/catasto/overview.html, 08.06.2021.

Herrmann, Willy; Tuor, Iso; Wenger, Bernhard: Geld und Wirtschaft. Bern 1975.

Heyd, Wilhelm von: Das Haus der Deutschen in Venedig. Historische Zeitschrift 32 (1874), 193–220.

--- Geschichte des Levantehandels im Mittelalter. Hildesheim 1879.

--- Der Verkehr süddeutscher Städte mit Genua während des Mittelalters. Forschungen zur deutschen Geschichte 24 (1884), 213–230.

--- Schwaben auf den Messen von Genf und Lyon. Württembergische Vierteljahrshefte für Landesgeschichte, NF 1 (1892), 373–385.

Hildebrandt, Reinhard: Banking system and capital market in South Germany (1430–1630). Organisation and economic importance. In: Società Ligure di Storia Patria (Hrsg.): Banchi pubblici, banchi privati e monti di pietà nell'Europa preindustriale. Amministrazione, techniche operative e ruoli economici. Genova 1991, 827–842.

Hirsch, Theodor: Handels- und Gewerbegeschichte Danzigs unter der Herrschaft des Deutschen Ordens. Leipzig 1858.

Hirschfelder, Gunther: Die Kölner Handelsbeziehungen im Spätmittelalter. (Veröffentlichungen des Kölnischen Stadtmuseums, Bd. 10). Köln 1994.

Hirtner, Gerald; Brauer, Michael: Ablassbriefe aus Rom und Stoffe aus Florenz. Die Romreisen des Abts Georg Liebenknecht von Michaelbeuern in den Jahren 1448 und 1450. In: Erhart, Peter; Kuratli Hüeblin, Jakob (Hrsgg.): Vedi Napoli e poi muori – Grand Tour der Mönche. St. Gallen 2014, 187–195.

Hoberg, Hermann: Die Servitienlasten der Bistümer im 14. Jahrhundert. Quellen und Forschungen aus italienischen Archiven und Bibliotheken 33 (1944), 101–135.

--- Die Einnahmen der Apostolischen Kammer am Vorabend der Glaubensspaltung. In: Gatz, Erwin (Hrsg.): Hundert Jahre Deutsches Priesterkolleg beim Campo Santo Teutonico, 1876–1976. Beiträge zu seiner Geschichte. (Römische Quartalschrift für christliche Altertumskunde und Kirchengeschichte. Supplementheft, Bd. 35). Rom 1977, 69–85.

Hodenberg, Wilhelm von (Hrsg.): Archiv des Klosters St. Michaelis zu Lüneburg. Celle 1860/70.

Hofmann, Walther von: Forschungen zur Geschichte der kurialen Behörden vom Schisma bis zur Reformation. (Bibliothek des königlichen preußischen historischen Instituts in Rom, Bd. 12; Bd. 13). Rom 1914.

Höhlbaum, Konstantin: Das Urkunden-Archiv der Stadt Köln seit dem Jahr 1397. Inventar V: 1431–1450. Mitteilungen aus dem Stadtarchiv von Köln 7 (1890), 1–101.

Holbach, Rudolf: Sozialer Aufstieg in der Hochkirche. In: Schulz, Günther (Hrsg.): Sozialer Aufstieg. Funktionseliten im Spätmittelalter und in der Frühen Neuzeit. Büdinger Forschungen zur Sozialgeschichte 2000 und 2001. (Deutsche Führungsschichten in der Neuzeit, Bd. 25). München 2002, 337–356.

Hollberg, Cecilie: Deutsche in Venedig im späten Mittelalter. Eine Untersuchung von Testamenten aus dem 15. Jahrhundert. (Studien zur historischen Migrationsforschung, Bd. 14). Göttingen 2005.

Hollweg, Walter: Dr. Georg Hessler. Ein kaiserlicher Diplomat und römischer Kardinal des 15. Jahrhunderts. Versuch einer Biographie. Leipzig 1907.

Holmes, George A.: Florentine merchants in England, 1346–1436. Economic History Review 13 (1960–1961), 193–208.

--- How the Medici became the pope's bankers. In: Rubinstein, Nicolai (Hrsg.): Florentine studies. Politics and society in Renaissance Florence. London 1968, 357–380.

--- Cosimo and the Popes. In: Ames-Lewis, Francis (Hrsg.): Cosimo „il Vecchio“ de' Medici, 1389–1464. Essays in commemoration of the 600th anniversary of Cosimo de' Medici's birth. Oxford 1992, 21–31.

Hoock, Jochen; Reininghaus, Wilfried (Hrsgg.): Kaufleute in Europa. Handelshäuser und ihre Überlieferung in vor- und frühindustrieller Zeit. (Untersuchungen zur Wirtschafts-, Sozial- und Technikgeschichte, Bd. 16). Dortmund 1997.

Hoshino, Hidetoshi: L'arte della lana in Firenze nel basso medioevo. Il commercio della lana e il mercato dei panni fiorentini nei secoli XIII–XV. (Biblioteca Storica Toscana, Bd. 21). Firenze 1980.
Houtte, Jan A. van: La genèse du grand marché international d'Anvers à la fin du moyen-âge. Revue belge de philologie et d'histoire (1940), 87–126.
--- The rise and decline of the market of Bruges. Economic History Review 19 (1966), 29–47.
--- Von der Brügger Herberge „Zur Börse" zur Brügger Börse. In: Schneider, Jürgen (Hrsg.): Wirtschaftskräfte und Wirtschaftswege. Festschrift für Hermann Kellenbenz. (Beiträge zur Wirtschaftsgeschichte, Bd. 4). Stuttgart 1978–1981, 237–250.
--- Mercanti, imprenditori e banchieri italiani nelle Fiandre. In: Dini, Bruno (Hrsg.): Aspetti della vita economica medievale. Firenze 1985, 151–170.
--- L'attività delle élites meridionali nei grandi centri commerciali dei Paesi Bassi tra XIII ed il XVI secolo. In: Del Treppo, Mario (Hrsg.): Sistema di rapporti ed élites economiche in Europa (secoli XII–XVII). (Europa Mediterranea, Quaderni, Bd. 8). Napoli 1994, 259–272.
Hrdina, Jan: Päpstliche Ablässe im Reich unter dem Pontifikat Bonifaz' IX. (1389–1404). Erste quantitative Ergebnisse. In: Hrdina, Jan; Kühne, Hartmut; Müller, Thomas T. (Hrsgg.): Wallfahrt und Reformation – Pout' a reformace. Zur Veränderung religiöser Praxis in Deutschland und Böhmen in den Umbrüchen der Frühen Neuzeit. (Europäische Wallfahrtsstudien, Bd. 3). Frankfurt a. M. 2007, 109–130.
Hübler, Bermhard: Die Constanzer Reformation und die Concordate von 1418. Leipzig 1867.
Hucker, Bernd Ulrich: Der Köln-Soester Fernhändler Johann von Lunen (1415–1443) und die hansische Gesellschaft Falbrecht & Co. und v. d. Hosen & Co. In: Köhn, Gerhard (Hrsg.): Soest. Stadt–Territorium–Reich. Soest 1981, 383–421.
--- Nürnberg als Geldmarkt der Stauferkönige. In: Bestmann, Uwe; Irsigler, Franz; Schneider, Jürgen (Hrsgg.): Hochfinanz, Wirtschaftsräume, Innovationen. Festschrift für Wolfgang von Stromer. Trier 1987, 147–188.
Hugentobler, Emil: La navigation fluviale du Léman à la Méditerranée. Genève 1949.
Huiskes, Manfred (Hrsg.): Beschlüsse des Rates der Stadt Köln (1320–1550). Bd. 1: Die Ratsmemoriale und ergänzende Überlieferung (1320–1543). (Publikationen der Gesellschaft für rheinische Geschichtskunde, Bd. 65). Düsseldorf 1990.
Hunt, Edwin S.: The medieval super-companies. A study of the Peruzzi company of Florence. Cambridge 1994.

Infessura, Stefano: Römisches Tagebuch. Jena 1913.
Irsigler, Franz: Köln, die Frankfurter Messen und die Handelsbeziehungen mit Oberdeutschland im 15. Jahrhundert. In: Stehkämper, Hugo (Hrsg.): Köln, das Reich und Europa. Abhandlungen über weiträumige Verflechtungen der Stadt Köln in Politik, Recht und Wirtschaft im Mittelalter. (Mitteilungen aus dem Stadtarchiv von Köln, Bd. 60). Köln 1971, 341–429.

--- Die wirtschaftliche Stellung der Stadt Köln im 14. und 15. Jahrhundert. Strukturanalyse einer spätmittelalterlichen Exportgewerbe- und Fernhandelsstadt. (Vierteljahrschrift für Sozial- und Wirtschaftsgeschichte. Beihefte, Bd. 65). Wiesbaden 1979.

Irsigler, Franz (Hrsg.): Zwischen Maas und Rhein. Beziehungen, Begegnungen und Konflikte in einem europäischen Kernraum von der Spätantike bis zum 19. Jahrhundert. Versuch einer Bilanz. (Trierer historische Forschungen, Bd. 59). Trier 2006.

Israel, Uwe: Fremde aus dem Norden. Transalpine Zuwanderer im spätmittelalterlichen Italien. (Bibliothek des Deutschen Historischen Instituts in Rom, Bd. 111). Tübingen 2005.

Istituto della Enciclopedia italiana (Hrsg.): Dizionario biografico degli Italiani. Roma 1960–.

Izbicki, Thomas M.: Reject Aeneas, accept Pius. Selected letters of Aeneas Sylvius Piccolomini (Pope Pius II). Washington, D. C. 2006.

Jacks, Philip J.; Caferro, William: The Spinelli of Florence. Fortunes of a Renaissance merchant family. University Park 2001.

Jacoby, David: The migration of merchants and craftsmen. A Mediterranean perspective (12th–15th Century). In: Cavaciocchi, Simonetta (Hrsg.): Le migrazioni in Europa. Secc. XIII–XVIII. (Istituto internazionale di storia economica „F. Datini". Prato. Pubblicazioni. Serie II, Atti delle „settimane di studi" e altri convegni, Bd. 25). Firenze 1994, 533–560.

Jahnke, Carsten: Lübeck, der Bankenplatz des Nordens? Lübecker Banken des 15. Jahrhunderts als Indikatoren eines neuen Kommunikationsmodells und eines sich ausweitenden Handelsraumes. Scripta Mercaturae 40 (2006), 149–168.

Jamme, Armand: De Rome à Florence, la curie et ses banquiers aux XIIe et XIIIe siècles. In: Maleczek, Werner (Hrsg.): Die römische Kurie und das Geld. Von der Mitte des 12. Jahrhunderts bis zum frühen 14. Jahrhundert. (Vorträge und Forschungen, Bd. 85). Ostfildern 2018, 167–204.

Jank, Dagmar: Das Erzbistum Trier während des Großen Abendländischen Schismas: (1378–1417/1418). (Quellen und Abhandlungen zur mittelrheinischen Kirchengeschichte, Bd. 47). Mainz 1983.

Jansen, Max: Papst Bonifatius IX. (1389–1404) und seine Beziehungen zur deutschen Kirche. (Studien und Darstellungen aus dem Gebiete der Geschichte, Bd. 3). Freiburg i. Br. 1904.

--- Die Anfänge der Fugger (bis 1494). (Studien zur Fugger-Geschichte, Bd. 1). Leipzig 1907.

Jenks, Stuart: War die Hanse kreditfeindlich? Vierteljahrschrift für Sozial- und Wirtschaftsgeschichte 69 (1982), 305–338.

--- Geldumlauf, Währungssysteme und Zahlungsverkehr in Nordwesteuropa. Köln 1989.

--- Documents on the Papal Plenary Indulgences 1300–1517 Preached in the Regnum Teutonicum. (Later Medieval Europe Series). Boston 2018.

Johrendt, Jochen: Die päpstlichen Einkünfte im 13. Jahrhundert. Heterogenität und mangelnde Qualifizierbarkeit am Beispiel von Spenden, Urkundentaxen, Immobilieneinnahmen, Lehnsabgaben und Zinsleistungen. In: Maleczek, Werner (Hrsg.): Die römische Kurie und das Geld. Von der Mitte des 12. Jahrhunderts bis zum frühen 14. Jahrhundert. (Vorträge und Forschungen, Bd. 85). Ostfildern 2018, 87–127.

Johrendt, Jochen; Müller, Harald: Rom und die Regionen. Studien zur Homogenisierung der lateinischen Kirche im Hochmittelalter. Berlin 2012.

Jordan, Edouard: La faillite des Buonsignori. In: Picard, A. (Hrsg.): Mélanges Paul Fabre. Etudes d'histoire du Moyen Age. Paris 1902, 418–432.

--- De mercatoribus camerae apostolicae saeculo XIII. Rennes 1909.

Kaltenbrunner, Ferdinand: Actenstücke zur Geschichte des Deutschen Reiches unter den Königen Rudolf I. und Albrecht I. Wien 1889.

Karant-Nunn, Susan C.: Humanism to the fore. Renaissance studies in Germany today. Renaissance Quarterly 47 (1994), 930–941.

--- Turning new leaves. Renaissance studies in Germany, 1995. Renaissance Quarterly 48 (1995), 843–854.

--- Navigating currents. Renaissance studies in Germany today. Renaissance Quarterly 49 (1996), 840–849.

Kast, Christoph: Das Register des am Basler Konzil tätigen päpstlichen Kollektors Andreas de Montecchio († 1454). Deutsches Archiv für Erforschung des Mittelalters 73 (2017), 125–167.

Kauffmann, Hans: Donatello. Eine Einführung in sein Bilden und Denken. Berlin 1935.

Kellenbenz, Hermann: Köln und Italien vom ausgehenden Mittelalter bis zum Beginn des 19. Jahrhunderts. In: Istituto di Cultura (Hrsg.): Köln und Italien. Köln 1962, 71–82.

--- Landverkehr, Fluss- und Seeschiffahrt im europäischen Handel. In: International Commission of Maritime History (Hrsg.): Les grandes voies maritimes dans le monde XVe–XIXe siècles. Paris 1965, 65–174.

--- Der Aufstieg Kölns zur mittelalterlichen Handelsmetropole. (Vorträge, Bd. 17). Köln 1967a.

--- Die Beziehungen Nürnbergs zur iberischen Halbinsel, besonders im 15. und in der ersten Hälfte des 16. Jahrhunderts. In: Stadtarchiv Nürnberg (Hrsg.): Beiträge zur Wirtschaftsgeschichte Nürnbergs. (Beiträge zur Geschichte und Kultur der Stadt Nürnberg, Bd. 11). Nürnberg 1967b, 456–493.

--- Medicibank und Banchieri. Vierteljahrschrift für Sozial- und Wirtschaftsgeschichte 55 (1968), 373–388.

--- Deutsche Wirtschaftsgeschichte. Bd. 1: Von den Anfängen bis zum Ende des 18. Jahrhunderts. München 1977a.

--- Lindau und die Alpenpässe. In: Huter, Franz; Zwanowetz, Georg (Hrsgg.): Erzeugung, Verkehr und Handel in der Geschichte der Alpenländer. Festschrift für Herbert Hassinger anlässlich der Vollendung des 65. Lebensjahres. (Tiroler Wirtschaftsstudien, Bd. 33). Innsbruck 1977b, 199–219.

--- Gli operatori economici nell'Europa centrale ed orientale. In: Dini, Bruno (Hrsg.): Aspetti della vita economica medievale. Firenze 1985, 333–358.

--- Gli operatori economici e il mondo economico italiano nell'opera di Federigo Melis. In: Frangioni, Luciana (Hrsg.): I mercanti italiani nell'Europa medievale e rinascimentale. (Opere sparse di Federigo Melis, Bd. 2). Firenze 1990, IX–XLII.

--- Les élites a Ratisbona, Norimberga e Augusta nel tardo Medioevo e nella prima età moderna. In: Del Treppo, Mario (Hrsg.): Sistema di rapporti ed élites economiche in Europa (secoli XII–XVII). (Europa Mediterranea, Quaderni, Bd. 8). Napoli 1994, 293–321.

Kent, Dale V.: The Rise of the Medici Faction in Florence (1426–1434). Oxford 1978.

--- Cosimo de' Medici and the Florentine Renaissance. The patron's oeuvre. New Haven 2000.

Kent, Dale V.; Kent, Francis W.: A self disciplining pact made by the Peruzzi family of Florence (June 1433). Renaissance Quarterly 34 (1981), 337–355.

Kent, Francis W.: Household and lineage in Renaissance Florence. The family life of the Capponi, Ginori and Rucellai. Princeton 1977.

Kent, Francis W.; Perosa, Alessandro (Hrsgg.): Giovanni Rucellai ed il suo Zibaldone. (Studies of the Warburg Institute, Bd. 24). London 1960.

Kerler, Dietrich; Beckmann, Gustav; Herre, Hermann (Hrsgg.): Deutsche Reichstagsakten unter Kaiser Sigmund. (Deutsche Reichstagsakten. Ältere Reihe, 7–12) München 1878–1906.

Keussen, Hermann: Zwei Kölner Gesandtschaften nach Rom im 14. Jahrhundert. Mitteilungen aus dem Stadtarchiv von Köln 12 (1887), 67–88.

Kiessling, Rolf: Stadt und Land im Textilgewerbe Ostschwabens vom 14. bis zur Mitte des 16. Jahrhunderts. In: Bulst, Neithard; Hoock, Jochen; Irsigler, Franz (Hrsgg.): Bevölkerung, Wirtschaft und Gesellschaft. Stadt-Land-Beziehungen. Trier 1983, 115–137.

Kipper, Rainer: Der Germanenmythos im Deutschen Kaiserreich. Formen und Funktionen historischer Selbstthematisierung. (Formen der Erinnerung, Bd. 11). Göttingen 2002.

Kirch, Rolf von; Nebinger, Gerhart: Die von Kirch, ein reichsstädtisches Geschlecht in Schwaben, Lindau-Neuburg a. D. Blätter des Bayerischen Landesvereins für Familienkunde 30 (1967), 244–275.

Kirsch, Johann Peter: Die päpstlichen Kollektorien in Deutschland während des XIV. Jahrhunderts. (Quellen und Forschungen aus dem Gebiet der Geschichte, Bd. 3). Paderborn 1894.

--- Die päpstlichen Annaten in Deutschland während des XIV. Jahrhunderts. (Quellen und Forschungen aus dem Gebiet der Geschichte, Bd. 9). Paderborn 1903.

Klapisch-Zuber, Christiane: Ritorno alla politica. I magnati fiorentini 1340–1440. (La storia, Bd. 1). Firenze 2009.

Klein, Francesca: Mediceo Avanti il Principato online. http://www.archiviodistato.firenze.it/map/, 08.06.2021.

Klein, Herbert: Kaiser Sigismunds Handelssperre gegen Venedig und die Salzburger Alpenstraße. In: Aus Verfassungs- und Landesgeschichte. Festschrift zum 70. Geburtstag von Theodor Mayer. Lindau 1955–1956, 317–329.

Klier, Richard: Beziehungen Nürnbergs zu Pettau im fünfzehnten Jahrhundert. Südostdeutsches Archiv 10 (1967), 83–101.

Kluge, Mathias F.: Zwischen Metropole, Fürst und König. Die Venedische Handelsgesellschaft der Kaufleute Veckinchusen und ihr Niedergang. Hansische Geschichtsblätter 131 (2013), 33–76.

Knipping, Richard: Die Papierurkunden des 15. Jahrhunderts und die städtischen Urkundenkopiare. I. 1210–1450. Mittheilungen aus dem Stadtarchiv von Köln 10 (1896), 222–315.

Koch, Kurt: Einführung in die Ablasstheologie. In: Rehberg, Andreas (Hrsg.): Ablasskampagnen des Spätmittelalters. Luthers Thesen von 1517 im Kontext. Berlin 2017, 19–30.

Koelner, Paul: Die Metzgernzunft zu Basel. Basel 1948.

--- Die Zunft zum Schlüssel in Basel. Basel 1953.

Koeppen, Hans: Die Berichte der Generalprokuratoren des Deutschen Ordens an der Kurie. Bd. 2: Peter von Wormditt (1403–1419). (Veröffentlichungen der niedersächsischen Archivverwaltung, Bd. 13). Göttingen 1960.

--- Die Berichte der Generalprokuratoren des Deutschen Ordens an der Kurie. Bd. 3: Johann Tiergarten (1419–1428). Erster Halbband (1419–1423). (Veröffentlichungen der niedersächsischen Archivverwaltung, Bd. 21). Göttingen 1966.

--- Peter von Wormditt, Gesandter des Deutschen Ordens am päpstlichen Hof 1403–1419. In: Jähnig, Bernhart (Hrsg.): Das Preußenland als Forschungsaufgabe. Eine europäische Region in ihren geschichtlichen Bezügen. Festschrift für Udo Arnold zum 60. Geburtstag. (Einzelschriften der Historischen Kommission für ost- und westpreußische Landesforschung, Bd. 20). Lüneburg 2000, 17–36.

Kohl, Johann Georg: Pilgerfahrt des Landgrafen Wilhelm des Tapferen von Thüringen zum heiligen Lande im Jahre 1461. Bremen 1868.

Kohn, Karl: Aus dem Wirtshaus zum Wilden Mann. Funde aus dem mittelalterlichen Nürnberg. Nürnberg 1984.

Kopiński, Krzysztof: Mieszczanin Dawid Rosenfeld w dyplomatycznej i gospodarczej służbie zakonu krzyżackiego w Prusach w pierwszej połowie XV wieku. Zapiski historyczne 66 (2001), 39–56.

Koppmann, Karl: Kämmereirechnungen der Stadt Hamburg. Hamburg 1869–1941.

Koppmann, Karl (Hrsg.): Hanserecesse. Abteilung 1. Leipzig 1870–1893.

Körner, Martin: Die Diesbach-Watt-Handelsgesesellschaft um 1420 bis 1460. In: Cicurel, Ronald; Mancassola, Liliane (Hrsgg.): 1291–1991. Die schweizerische Wirtschaft: Geschichte in drei Akten. St.-Sulpice 1991, 28–33.

Krag, Wilhelm: Die Paumgartner von Nürnberg und Augsburg. Ein Beitrag zur Handelsgeschichte des XV. und XVI. Jahrhunderts. Augsburg 1914.
Krantz, Albert: Chronica regnorum aquilonarium Daniae, Svetiae, Norvagiae. Straßburg 1546.
--- Saxonia et metropolis. Köln 1574.
Kraus, Josef: Die Stadt Nürnberg in ihren Beziehungen zur Römischen Kurie während des Mittelalters. Mitteilungen des Vereins für Geschichte der Stadt Nürnberg 41 (1950), 1–154.
Kriegk, Georg Ludwig (Hrsg.): Frankfurter Bürgerzwiste und Zustände im Mittelalter. Frankfurt a. M. 1862.
Krofta, Kamil (Hrsg.): Monumenta Vaticana res gestas Bohemicas illustrantia V: Acta Urbani VI et Bonifatii IX. 1378–1396. (Monumenta vaticana res gestas bohemicas illustrantia Krofta). Pragae 1903.
Krüger, Klaus: Hansekaufleute in Brügge. Teil 1: Die Brügger Steuerlisten 1360–1390. (Kieler Werkstücke. Reihe D. Beiträge zur europäischen Geschichte des späten Mittelalters, Bd. 2). Frankfurt a. M. 1991.
Krumbholtz, Robert: Die Finanzen des Deutschen Ordens unter dem Einfluss der polnischen Politik des Hochmeisters Michael Küchmeister (1414–1422). Deutsche Zeitschrift für Geschichtswissenschaft 8 (1892), 226–272.
Kubon, Sebastian: Wiederaufgefundene Quellen des Deutschen Ordens aus der Zeit des Konstanzer Konzils vorwiegend zur Auseinandersetzung mit Polen-Litauen. Jahrbuch für die Geschichte Mittel- und Ostdeutschlands 61 (2015), 3–38.
Kuehn, Thomas: Emancipation in late medieval Florence. New Brunswick 1983.
--- Illegitimacy in Renaissance Florence. Ann Arbor 2002.
--- Heirs, kin, and creditors in Renaissance Florence. Cambridge 2008.
Kühne, Hartmut: Ostensio reliquiarum. Untersuchungen über Entstehung, Ausbreitung, Gestalt und Funktion der Heiltumsweisungen im römisch-deutschen Regnum. (Arbeiten zur Kirchengeschichte, Bd. 75). Berlin 2000.
Kühne, Ulrich: Verzeichnis der in den Registern und Kameralakten Alexanders V., Johann's XXIII und des Konstanzer Konzils vorkommenden Personen, Kirchen und Orte des Deutsches Reiches, seiner Diözesen und Territorien: 1409–1417. (Repertorium Germanicum, Bd. 3). Berlin 1935.
Kulischer, Josef: Warenhändler und Geldausleiher im Mittelalter. Zeitschrift für Volkswirtschaft, Sozialpolitik und Verwaltung 17 (1908), 29.
Kuske, Bruno: Die Handelsbeziehungen zwischen Köln und Italien im späteren Mittelalter. Westdeutsche Zeitschrift für Geschichte und Kunst 27 (1908), 393–440.
--- Die Kölner Handelsbeziehungen im 15. Jahrhundert. Vierteljahrschrift für Sozial- und Wirtschaftsgeschichte 7 (1909), 296–308.
--- Quellen zur Geschichte des Kölner Handels und Verkehrs im Mittelalter. 3 Bde. (Publikationen der Gesellschaft für rheinische Geschichtskunde, Bd. 33). Bonn 1917–1934.

--- Die Handelsbeziehungen zwischen Köln und Italien im späteren Mittelalter. In: Köln, der Rhein und das Reich. Beiträge aus fünf Jahrzehnten wirtschaftsgeschichtlicher Forschung. Köln 1956, 1–47.

L'Atelier du Centre de recherches historiques: Édition numérique des données du catasto. Online seit 30.11.2016. http://journals.openedition.org/acrh/7462, 08.06.2021.

Laenen, J.: Les Lombards à Malines, 1295–1457. Bulletin du Cercle archéologique, littéraire, et artistique de Malines 15 (1905), 23–40.

Lagorio, Lelio: Dizionario di Volterra. Storia e descrizione della città, personaggi e bibliografia. Ospedaletto 1997.

Lane, Frederic C.; Mueller, Reinhold C.: Money and banking in medieval and Renaissance Venice. Baltimore 1985.

Lang, Heinrich: Networks and Merchant Diasporas. Florentine Bankers in Lyon and Antwerp in the Sixteenth Century. In: Caracausi, Andrea; Jeggle, Christoph (Hrsgg.): Commercial networks and European cities, 1400–1800. (Perspectives in Economic and Social History, Bd. 32). London 2015, 107–120.

Lange, Christian Christoph Andreas; Unger, Carl Richard (Hrsgg.): Diplomatarium Norvegicum. Oldbreve til kunsskab om Norges indre og ydre forhold, sprog, slaegter, saeder, lovgivning og rettergang i middelalderen. Christiana 1849–1976.

Langosch, Karl; Stammler, Wolfgang; Wachinger, Burghart; Keil, Gundolf; Ruh, Kurt; Schröder, Werner; Worstbrock, Franz Josef: Die Deutsche Literatur des Mittelalters. Ulrich Von Lilienfeld – ‚das Zwölfjährige Mönchlein'. (Deutsche Literatur des Mittelalters: Verfasserlexikon). Berlin 2011.

Lanza, Antonio: Lirici toscani del Quattrocento. Roma 1973–1975.

Laurent, Henri: Un grand commerce d'exportation au moyen-âge. La draperie des Pays-Bas en France et dans les pays méditerranéens, XIIe–XVe siècles. Paris 1935.

Lazzareschi, Eugenio: Libro della comunità dei mercanti lucchesi in Bruges. Milano 1947.

Lea, Henry Charles: A history of auricular confession and indulgences in the latin church. Philadelphia 1896.

Lee, Egmont: Foreigners in Quattrocento Rome. Renaissance and Reformation, N. S. 5 (1983), 135–146.

Lemmel, Hans-Dietrich: Genealogie Rummel. Stand: 30.12.2019. http://geneal.lemmel.at/Ruml.html, 08.06.2021.

Lenfant, Jacques: The history of the Council of Constance. Amsterdam 1730.

Leone, Alfonso: Il giornale del banco Strozzi di Napoli (1473). (Fonti e documenti per la storia del Mezzogiorno d'Italia, Bd. 7). Napoli 1981.

--- Some preliminary remarks on the study of foreign currency exchange in the medieval period. In: Mezzogiorno e mediterraneo. Credito e mercato internazionale nel secolo XV. Napoli 1988, 17–29.

Lesnikov, Michail P.: Die Handelsbücher des hansischen Kaufmannes Veckinchusen. (Forschungen zur mittelalterlichen Geschichte, Bd. 19). Berlin 1973.

--- Zur Geschichte der Hansischen Handelsgesellschaften im XV. Jahrhundert. (Die Handelsgesellschaften von Hildebrand Veckinhusen). In: Troisième conférence internationale d'histoire économique, Munich 1965. (Congrès et colloques, Ecole pratique des hautes études-Sorbonne. Sixième section, Sciences économiques et sociales, Bd. 10). Paris 1974, 37–46.

Lesnikov, Michail P.; Stark, Walter; Cordes, Albrecht (Hrsgg.): Die Handelsbücher des Hildebrand Veckinchusen. Kontobücher und übrige Manuale. (Quellen und Darstellungen zur Hansischen Geschichte, NF, Bd. 67). Köln 2013.

Lewin, Alison Williams: Negotiating survival. Florence and the Great Schism, 1378–1417. Madison 2003.

Lexikon des Mittelalters. München 1980–1999.

Liebe, Georg: Die Anfänge der lombardischen Wechsler im deutschen Mittelalter. Zeitschrift für Kulturgeschichte, 4. Serie 1 (1894), 273–280.

Liermann, Hans: Abgaben, kirchliche. In: Balz, Horst Robert; Krause, Gerhard; Müller, Gerhard; Schumann, Frank; Wolter, Michael; Thornton, Claus-Jürgen; Glatter, Michael; Schwertner, Siegfried M.; Döhnert, Albrecht; Ott, Katrin (Hrsgg.): Theologische Realenzyklopädie. Berlin 1976–2007, 329–347.

Lisowski, Ioannes (Hrsg.): Polonica ex Libris „Obligationum et Solutionum" Camerae Apostolicae ab a. 1373. (Elementa ad fontium editiones, Bd. 1). Romae 1960.

Litta, Pompeo: Famiglie celebri italiane, Milano 1819–1880.

Lockwood, Dean P.: Ugo Benzi. Medieval philosopher and physician, 1376–1439. Chicago 1951.

Löhr, Joseph: Die Verwaltung des kölnischen Großarchidiakonates Xanten am Ausgang des Mittelalters. (Kirchenrechtliche Abhandlungen, Bd. 59–60). Stuttgart 1909.

Lombardo, Maria Luisa: Lettere di cambio dei mercanti catalani a Roma nella seconda metà del Quattrocento. Archivi e cultura 37 (2004), 77–99.

Lopez, Roberto S.: The commercial revolution of the Middle Ages, 950–1350. London 1971.

Lorenz-Ridderbecks, Angela: Krisenhandel und Ruin des Hansekaufmanns Hildebrand Veckinchusen im späten Mittelalter. Untersuchung des Briefwechsels (1417–1428). Hamburg 2014.

Losi, Luigina: Rapporti dei Medici con il Concilio di Basilea-Ferrara-Firenze attraverso una corrispondenza medicea, 1433–1439. Tesi di laurea. Università degli studi di Firenze 1968.

Loye, Joseph de: Les archives de la chambre apostolique au 14e siècle. Bd. 1. (Bibliothèque des Ecoles françaises d'Athènes et de Rome, Bd. 80). Paris 1899.

Lunt, William E.: The financial system of the medieval papacy in the light of recent literature. Quarterly Journal of Economics 23 (1909), 251–295.

--- Papal revenues in the Middle Ages. New York 1934.
--- Financial relations of the papacy with England 1327–1534. (The mediaeval Academy of America, Bd. 74). Cambridge, MA 1962.
Lütge, Friedrich: Der Handel Nürnbergs nach dem Osten im 15./16. Jahrhundert. In: Stadtarchiv Nürnberg (Hrsg.): Beiträge zur Wirtschaftsgeschichte Nürnbergs. (Beiträge zur Geschichte und Kultur der Stadt Nürnberg, Bd. 11). Nürnberg 1967, 318–376.
Luzzatto, Gino (Hrsg.): Tarifa zoè noticia dy pexi e mexure di luogi e tere che s'adovra marcadantia per el mondo. Pubblicata dal R. Istituto Superiore di scienze economiche e commerciali di Venezia, celebrandosi l'XI Centenario dell'Università di Pavia (21 maggio 1925). Venezia 1925.

Maas, Clifford W.: The German community in Renaissance Rome, 1378–1523. (Römische Quartalschrift für christliche Altertumskunde und Kirchengeschichte. Supplementheft, Bd. 39). Freiburg i. Br. 1981.
Mack, Charles R.: Building a Florentine palace. The Palazzo Spinelli. Mitteilungen des kunsthistorischen Institutes in Florenz 27 (1983), 261–284.
Mainoni, Patrizia: Mercanti lombardi tra Barcellona e Valenza nel basso Medioevo. Bologna 1982.
--- Milano di fronte a Venezia. Un'interpretazione in chiave economica di un rapporto difficile. In: Pirovano, Carlo (Hrsg.): Venezia Milano. Storia, civiltà e cultura nel rapporto tra due capitali. Milano 1984, 9–24.
Maleczek, Werner: Studenti tedeschi nelle università italiane. In: Rachewiltz, Siegfried de; Riedmann, Josef (Hrsgg.): Kommunikation und Mobilität im Mittelalter. Begegnungen zwischen dem Süden und der Mitte Europas, 11.–14. Jahrhundert. Sigmaringen 1995, 135–167.
--- Die päpstlichen Legaten im 14. und 15. Jahrhundert. In: Schwinges, Rainer Christoph; Wriedt, Klaus (Hrsgg.): Gesandtschafts- und Botenwesen im spätmittelalterlichen Europa. (Vorträge und Forschungen / Konstanzer Arbeitskreis für Mittelalterliche Geschichte, Bd. 60). Ostfildern 2003, 33–86.
Mancini, Girolamo: Vita di Leon Battista Alberti. Firenze 1882.
--- Vita di Leon Battista Alberti. Roma 1967.
Manikowski, Adam: Mercanti italiani in Polonia nel XVI e XVII secolo. In: Dini, Bruno (Hrsg.): Aspetti della vita economica medievale. Firenze 1985, 359–369.
Mansi, Johannes Dominicus (Hrsg.): Sacrorum conciliorum nova et amplissima collectio. Florentiae 1759–1927.
Mantegna, Cristina: I documenti dei mercanti nel quadro socio-economico del medioevo. Archiv für Diplomatik 57 (2011), 377–394.
Marini, Luigi Gaetano: Degli Archiatri Pontificj. Bd. 2. Roma 1784.
Marschall, Werner: Die Stellung des Generalprokurators des Deutschen Ordens, Peters von Wormditt, zu den Päpsten des Konzils von Konstanz und zur kirchlichen Einheit. In: Franzen, A.; Müller, W. (Hrsgg.): Das Konzil von Konstanz. Freiburg i. Br. 1964, 292–309.

Martelli, Ugolino di Niccolò: Ricordanze dal 1433 al 1483. (La memoria familiare, Bd. 3). Roma 1989.
Martines, Lauro: The social world of the Florentine humanists, 1390–1460. Princeton 1963.
--- Lawyers and statecraft in Renaissance Florence. Princeton 1968.
--- Gherardo Ortalli, Pingatur in Palatio. La pittura infamante nei secoli XIII–XVI, Rome 1980.
Martini, Giuseppe; Vismara, Giulio: L'età sforzesca dal 1450 al 1500. (Storia di Milano, Bd. 7). Milano 1956.
Märtl, Claudia: Der Papst und das Geld. Zum kurialen Rechnungswesen unter Pius II. (1458–1464). In: Flug, Brigitte; Matheus, Michael; Rehberg, Andreas (Hrsgg.): Kurie und Region. Festschrift für Brigide Schwarz zum 65. Geburtstag. (Geschichtliche Landeskunde, Bd. 59). Stuttgart 2005, 175–195.
Märtl, Claudia: Le finanze papali del primo Rinascimento. Tra magnificenza e contabilità. https://www.assbb.it/wp-content/uploads/2014/10/UD_43.pdf, 08.06.2021.
Maschke, Erich: Der wirtschaftliche Aufstieg des Burkard Zink (*1396 +1474/75) in Augsburg. In: Brunner, Otto; Kellenbenz, Hermann; Maschke, Erich; Zorn, Wolfgang (Hrsgg.): Festschrift für Hermann Aubin zum 80. Geburtstag. Wiesbaden 1965, 235–262.
--- Deutsche Städte am Ausgang des Mittelalters. In: Rausch, Wilhelm (Hrsg.): Die Stadt am Ausgang des Mittelalters. Linz 1974, 1–44.
--- Der Peterspfennig in Polen und dem deutschen Osten. Sigmaringen 1979.
Maurer, Helmut: Konstanz im Mittelalter. (Geschichte der Stadt Konstanz, 1–2). Konstanz 1989.
Mayr-Adlwang, Martin: Ueber Expensenrechnungen für päpstl. Provisionsbullen des 15. Jahrhunderts. Institut für Österreichische Geschichtsforschung, Mitteilungen 17 (1896), 71–108.
McLean, Paul D.: Patronage and political culture. Frames, networks and strategies of self-presentation in Renaissance Florence. Thesis. University of Chicago 1998.
McLean, Paul D.; Padgett, John F.: Was Florence a perfectly competitive market? Transactional evidence from the Renaissance. Theory and Society 26 (1997), 209–244.
Melis, Federigo: Malaga sull sentiero economico del XIV e XV secolo. Economia e storia 3 (1956), 19.
--- Aspetti della vita economica medievale. Studi nell'archivio Datini di Prato. Siena 1962.
--- Figure e fatti della vita economica medievale (secoli XIV–XV), appunti dalle lezioni svolte nelle Università di Firenze e di Pisa e raccolti dal prof. Cesare Ciano. Pisa 1964.
--- Le società commerciali a Firenze dalle seconda metà del XIV al XVI secolo. In: Troisième conférence internationale d'histoire économique, Munich 1965. (Congrès et colloques, Ecole pratique des hautes études-Sorbonne. Sixième section, Sciences économiques et sociales, Bd. 10). Paris 1974a, 47–62.
--- Tracce di una storia economica di Firenze e della Toscana in generale dal 1252 al 1550. Appuniti raccolti alle lezioni del prof. Federigo Melis a cura del dott. Bruno Dini. Firenze 1974b.

--- L'economia fiorentina del rinascimento. (Opere sparse di Federigo Melis, Bd. 4). Firenze 1984.
--- Intensità e regolarità nella diffusione dell'informazione economica e generale nel Mediterraneo e nell'Occidente alla fine del Medioevo. In: Frangioni, Luciana (Hrsg.): I trasporti e le comunicazioni nel Medioevo. (Opere sparse di Federigo Melis, Bd. 6). Firenze 1985a, 179–223.
--- Movimento di popoli e motivi economici nel giubileo del 1400. In: Frangioni, Luciana (Hrsg.): I trasporti e le comunicazioni nel Medioevo. (Opere sparse di Federigo Melis, Bd. 6). Firenze 1985b, 237–259.
--- Studi di storia economica toscana nel medioevo e nel Rinascimento in memoria di Federigo Melis. (Biblioteca del Bollettino storico pisano. Collana storica, Bd. 33). Pisa 1987.
--- Lo sviluppo economico della Toscana e internazionale dal sec. XIII al sec. XV. In: Dini, Bruno (Hrsg.): Industria e commercio nella Toscana medievale. Firenze 1989, 3–26.
--- Contributo alle storiografia economica della Fiandra e del Brabante da fonti italiane della seconda metà del Trecento e degli inizi del Quattrocento, in: I mercanti italiani nell'Europa medievale e rinascimentale. In: Frangioni, Luciana (Hrsg.): I mercanti italiani nell'Europa medievale e rinascimentale. (Opere sparse di Federigo Melis, Bd. 2). Firenze 1990a, 345–366.
--- I mercanti italiani nell'Europa medievale e rinascimentale. (Opere sparse di Federigo Melis, Bd. 2). Firenze 1990b.
Melis, Federigo (Hrsg.): Documenti per la storia economica dei secoli XIII–XVI. (Istituto internazionale di storia economica „F. Datini". Prato. Pubblicazioni. Serie I: Documenti, Bd. 1). Firenze 1972.
Meltzing, Otto: Das Bankhaus der Medici und seine Vorläufer. (Volkswirtschaftliche und wirtschaftsgeschichtliche Abhandlungen, NF, Bd. 6). Jena 1906.
Mercanti stranieri a Roma tra '400 e '500. (Archivi e Cultura, Bd. 37). Roma 2004.
Messeri, Antonio: Matteo Palmieri cittadino di Firenze del secolo XV. Archivio Storico Italiano ser. V, 13 (1894), 257–340.
Metcalf, David Michael: The templars as bankers and monetary transfers between west and east in the twelfth century. In: Edbury, Peter W. (Hrsg.): Coinage in the latin east. The fourth Oxford symposium on coinage and monetary history. (British Archaeological Reports (Oxford). International series, Bd. 77). Oxford 1980, 1–17.
Meuthen, Erich: Nikolaus von Kues und die Geschichte. Mitteilungen und Forschungsbeiträge der Cusanus-Gesellschaft 13 (1978), 234–252.
Meyer, Andreas: Das Wiener Konkordat von 1448 – eine erfolgreiche Reform des Spätmittelalters. Quellen und Forschungen aus italienischen Archiven und Bibliotheken 66 (1986), 108–152.
Miglio, Massimo: Il giubileo di Nicolò V. In: Miglio, Massimo (Hrsg.): Scrittura del sacro. Roma 2013, 61–76.

Milani, Luigi Adriano: Sei tavolette cerate, scoperte in una antica torre di casa Majorfi in via Porta Rossa in Firenze. Pubblicazioni del R. Istituto di studi superiori pratici e di perfezionamento in Firenze, sezione di Filosofia e filologia 2 (1877), 151–168.
Militzer, Klaus: Tuchhandel und Tuchhändler Kölns in Österreich und Ungarn um 1400. Blätter für deutsche Landesgeschichte 114 (1978), 265–288.
--- Die Finanzierung der Erhebung Sylvester Stodeweschers zum Erzbischof von Riga. Zeitschrift für Ostforschung 28 (1979), 239–255.
--- Ursachen und Folgen der innerstädtischen Auseinandersetzungen in Köln in der zweiten Hälfte des 14. Jahrhunderts. (Veröffentlichungen des kölnischen Geschichtsvereins, Bd. 36). Köln 1980.
--- Die vermögenden Kölner. (Mitteilungen aus dem Stadtarchiv von Köln, Bd. 69). Köln 1981.
--- Geldüberweisungen des Deutschen Ordens an die Kurie. In: Jenks, Stuart; North, Michael (Hrsgg.): Der hansische Sonderweg? Beiträge zur Sozial- und Wirtschaftsgeschichte der Hanse. (Quellen und Darstellungen zur Hansischen Geschichte, NF, Bd. 39). Köln 1993, 31–48.
--- Die Einbindung des Deutschen Ordens in das europäische Finanzsystem. In: Czaja, Roman (Hrsg.): Die Ritterorden in der europäischen Wirtschaft des Mittelalters. (Ordines militares – Colloquia Torunensia Historica, Bd. 12). Torún 2003, 7–18.
Miltenberger, Franz: Das Itinerarium Martins V. von Constanz bis Rom (16. Mai 1418–28. Sept. 1420). Mitteilungen des Instituts für österreichische Geschichtsforschung 15 (1894a), 661–664.
--- Versuch einer Neuordnung der päpstlichen Kammer in den ersten Regierungsjahren Martins V. (1417–1420). Römische Quartalschrift für christliche Altertumskunde und Kirchengeschichte 8 (1894b), 393–450.
Miskimin, Harry A.: The economy of early Renaissance Europe, 1300–1460. Cambridge 1963.
Modigliani, Anna: I Porcari. Storie di una famiglia romana tra Medioevo e Rinascimento. (RR inedita. Saggi, Bd. 10). Roma 1994.
Moise, Filippo: Santa Croce di Firenze. Illustrazione storico-artistica. Firenze 1845.
Molà, Luca: La comunità dei lucchesi a Venezia. Immigrazione e industria della seta nel tardo Medioevo. (Memorie, Bd. 53). Venezia 1994.
Molà, Luca; Mueller, Reinhold C.: Essere straniero a Venezia nel tardo medioevo. Accoglienza e rifiuto nei privilegi di cittadinanza e nelle sentenze criminali. In: Cavaciocchi, Simonetta (Hrsg.): Le migrazioni in Europa. Secc. XIII–XVIII. (Istituto internazionale di storia economica „F. Datini". Prato. Pubblicazioni. Serie II, Atti delle „settimane di studi" e altri convegni, Bd. 25). Firenze 1994, 839–852.
Molenda, Danuta: Investments in ore mining in Poland from the 13th to the 17th centuries. The Journal of European Economic History 5 (1976), 151–170.

Molho, Anthony: Florentine public finances in the early renaissance, 1400–1433. (Harvard historical monographs, Bd. 65). Cambridge, MA 1971.
--- Fisco ed economia a Firenze alla vigilia del Concilio. Archivio Storico Italiano 148 (1990), 807–844.
--- Marriage alliance in late medieval Florence. (Harvard Historical Studies, Bd. 114). Cambridge, MA 1994.
Møller Jensen, Janus: Denmark and the crusades, 1400–1650. Thesis. University of Southern Denmark 2005.
Mone, Franz Joseph: Zur Handelsgeschichte der Städte am Bodensee vom 13. bis 16. Jahrhundert mit Venedig, Mailand, Piemont, Genua, Toscana, Katalonien, Provence, Savoyen, Lothringen, Champagne, Breisgau, Schwaben, Frankfurt, Köln, Geldern und Belgien. Zeitschrift für die Geschichte des Oberrheins 4 (1853), 3–67.
--- Der süddeutsche Handel mit Venedig vom 13. bis 15. Jahrhundert. Zeitschrift für die Geschichte des Oberrheins 5 (1854), 1–35.
Monumenta Hungariae Historica. Acta extera. Budapest 1874–1876.
Moranvillé, Henri: Itinéraire de Martin V de 1418 à 1420. Bibliothèque de l'école des chartes 55 (1894), 720–721.
Moraw, Peter: Deutsches Königtum und bürgerliche Geldwirtschaft um 1400. Vierteljahrschrift für Sozial- und Wirtschaftsgeschichte 55 (1969), 289–328.
--- Königtum und Hochfinanz in Deutschland, 1350–1450. Zeitschrift für die Geschichte des Oberrheins 132 (1974), 23–44.
--- Königliche Herrschaft und Verwaltung im spätmittelalterlichen Reich (ca. 1350–1450). In: Schneider, Reinhard (Hrsg.): Das spätmittelalterliche Königtum im europäischen Vergleich. (Vorträge und Forschungen, Bd. 32). Sigmaringen 1987, 185–200.
Morel, Paul: Les lombards dans la Flandre française e le Hainaut. Lille 1908.
Morelli, Giovanni di Iacopo; Morelli, Lionardo di Lorenzo: Croniche. (Delizie degli eruditi toscani, Bd. 19). Firenze 1774.
Mueller, Reinhold C.: Mercanti e imprenditori fiorentini a Venezia nel tardo medioevo. Società e storia 55 (1992), 29–60.
--- The Venetian money market. Banks, panics, and the public debt, 1200–1500. (Money and banking in medieval and Renaissance Venice, Bd. 2). Baltimore 1997.
--- Currency exchanges 1383–1411. (Medieval and Early Modern Data Bank, Rutgers University Libraries). https://memdb.libraries.rutgers.edu/mueller-currency, 09.06.2021.
Müller, Heribert: Die kirchliche Krise des Spätmittelalters. Schisma, Konziliarismus und Konzilien. (Enzyklopädie deutscher Geschichte, Bd. 90). München 2012.
Müller, Karl Otto: Quellen zur Handelsgeschichte der Paumgartner von Augsburg (1480–1570). (Deutsche Handelsakten des Mittelalters und der Neuzeit, Bd. 9). Wiesbaden 1955.

Murray, James M.: Merchant account books in fourteenth-century Bruges. In: Jörn, Nils; Kattinger, Detlef; Wernicke, Horst (Hrsgg.): „kopet uns werk by tyden". Beiträge zur hansischen und preußischen Geschichte. Walter Stark zum 75. Geburtstag. Schwerin 1999, 27–31.

--- Bruges, cradle of capitalism, 1280–1390. Cambridge 2005.

Muzzarelli, Maria Giuseppa: From the closet to the wallet. Pawning clothes in Renaissance Italy. Renaissance and Reformation / Renaissance et Réforme 35 (2012), 23–38.

Myśliwski, Grzegorz: Venice and Wrocław in the later Middle Ages. In: Górecki, Piotr; van Deusen, Nancy (Hrsgg.): Central and eastern Europe in the Middle Ages. A cultural history. (International library of historical studies, Bd. 51). London 2009a, 100–115, 250–261.

--- Wroclaw w przestrzeni gospodarczej Europy (XIII–XV wiek). Centrum czy peryferie? (Monografie Fundacji na Rzecz Nauki Polskiej. Seria humanistyczna). Wroclaw 2009b.

Nagl, Franz: Urkundliches zur Geschichte der Anima. Römische Quartalschrift für christliche Altertumskunde und Kirchengeschichte. Supplementheft 12 (1899).

Neri, Damiano: I commercianti fiorentini in Alto Adige nei secoli XIII e XIV. Archivio per l'Alto Adige 42 (1948), 90–146.

Neuheuser, Hanns Peter (Hrsg.): Quellen und Beiträge aus dem Propsteiarchiv Kempen. Köln 1994.

Neumann, Gerhard: Ein Beitrag zur Frage der Kommunikation am Ende des Mittelalters. In: Grassmann, Antjekathrin; Neugebauer, Werner (Hrsgg.): Aus der Geschichte der Post in Lübeck. (Veröffentlichungen, Senat der Hansestadt Lübeck, Amt für Kultur, Bd. 13–14). Lübeck 1980–1981, 11–17.

Neumann, Max: Geschichte des Wechsels im Hansagebiet, bis zum 17. Jahrhundert nach archivalischen Quellen. (Zeitschrift für das gesamte Handelsrecht, Bd. 7). Erlangen 1863.

--- Geschichte des Wuchers in Deutschland bis zur Begründung der heutigen Zinsengesetze (1654). Halle 1865.

Niem, Dietrich von: De vita ac fatis Constantiensibus Johannis Papae XXIII. usque ad fugam et carcerem ejus. In: Hardt, Hermann von der (Hrsg.): Magnum Oecumenicum Constantiense Concilium de Universali Ecclesiae Reformatione, Unione, et Fide. Francofurti, Lipsiae, Helmestadi, Berolini 1697–1742, 335.

Nigro, Giampiero (Hrsg.): Francesco di Marco Datini. The man the merchant. (Biblioteca di storia, Bd. 9). Firenze, Prato 2010.

Noack, Friedrich: Deutsches Leben in Rom. Stuttgart 1907.

--- Das Deutschtum in Rom seit dem Ausgang des Mittelalters. Leipzig 1927.

Nordmann, Claus: Der Prozess des Lübecker Hinrich Drosedow gegen die Nürnberger Heinz und Wilhelm Rummel. Mitteilungen des Vereins für Geschichte der Stadt Nürnberg 31 (1933a), 215–221.

--- Nürnberger Grosshändler im spätmittelalterlichen Lübeck. (Nürnberger Beiträge zu den Wirtschafts- und Sozialwissenschaften, Bd. 37/38). Nürnberg 1933b.

--- Der Einfluss des oberdeutschen und italienischen Kapitals auf Lübeck und den Ostseeraum in der Zeit von 1370 bis 1550. Mitteilungen des Vereins für Geschichte der Stadt Nürnberg 35 (1937), 123–135.

North, Michael: Banking and credit in northern Germany in the fifteenth and sixteenth century. In: Società Ligure di Storia Patria (Hrsg.): Banchi pubblici, banchi privati e monti di pietà nell'Europa preindustriale. Amministrazione, techniche operative e ruoli economici. Genova 1991, 809–826.

--- Von den Warenmessen zu den Wechselmessen. Grundlagen des europäischen Zahlungsverkehrs in Spätmittelalter und Früher Neuzeit. In: Johanek, Peter; Stoob, Heinz (Hrsgg.): Europäische Messen und Märktesysteme in Mittelalter und Neuzeit. (Städteforschung, Reihe A: Darstellungen, Bd. 39). Köln 1996, 223–238.

--- Kreditinstrumente in Westeuropa und im Hanseraum. In: Jörn, Nils; Kattinger, Detlef; Wernicke, Horst (Hrsgg.): „kopet uns werk by tyden". Beiträge zur hansischen und preußischen Geschichte. Walter Stark zum 75. Geburtstag. Schwerin 1999, 43–46.

Nübling, Eugen: Ulm's Handel im Mittelalter. Ulm 1900.

Odenweller, Kristina: Diplomatie und Pergament. Karriere und Selbstbild des gelehrten Juristen Giovan Francesco Capodilista. (Spätmittelalter, Humanismus, Reformation). Tübingen 2019.

Olsen, Glenn: Italian merchants and the performance of papal banking functions in the early thirtheenth century. In: Herlihy, David; Lopez, Roberto S.; Slessarev, Vsevolod (Hrsgg.): Economy, society, and government in medieval Italy. Essays in memory of Robert L. Reynolds. Kent 1969, 43–63.

Oneto, Gustavo: Mille anni di storia della famiglia Sagramoso. Milano 1938.

Origo, Iris: The merchant of Prato. Francesco di Marco Datini. London 1957.

Orzalesi, Elena: I mercanti italiani e la riscossione delle decime in Germania (sec. XIII–XIV). Firenze 1996.

Pagnini del Ventura, Giovanni Francesco: Della decima e di varie altre gravezze imposte dal comune di Firenze. Della moneta e della mercatura de' Fiorentini fino al secolo 16. Lisboa 1765–1766.

Palermo, Francesco: I manoscritti palatini di Firenze. Firenze 1853–1868.

Palermo, Luciano: Il porto di Roma nel XIV e XV secolo: strutture socio-economiche e statuti 1979.

--- Aspetti dell'attività mercantile di un banco operante a Roma. I della Casa alla metà del Quattrocento. In: Società italiana degli storici dell'economia (Hrsg.): Credito e sviluppo economico in Italia dal Medio Evo all'età contemporanea. Verona 1988°, 67–80.

--- Un aspetto della presenza dei fiorentini a Roma nel '400. Le tecniche economiche. In: Forestieri e stranieri nelle città basso-medievali. (Quaderni di storia urbana e rurale, Bd. 9). Firenze 1988b, 81–96.

--- Banchi privati e finanze pubbliche nella Roma del primo Rinascimento. In: Società Ligure di Storia Patria (Hrsg.): Banchi pubblici, banchi privati e monti di pietà nell'Europa preindustriale. Amministrazione, techniche operative e ruoli economici. Genova 1991, 433–459.

--- La finanza pontificia e il banchiere „depositario" nel primo Quattrocento. In: Strangio, Donatella (Hrsg.): Studi in onore di Ciro Manca. Padova 2000, 349–378.

--- I mercanti e la moneta a Roma nel primo Rinascimento. In: Esposito, Anna; Palermo, Luciano (Hrsgg.): Economia e società a Roma tra Medioevo e Rinascimento. Studi dedicati ad Arnold Esch. (I libri di Viella, Bd. 51). Roma 2005, 243–282.

Paravicini, Werner: Lübeck und Brügge. Skizze einer Forschungsaufgabe. In: Friedland, Klaus (Hrsg.): Brügge-Colloquium des Hansischen Geschichtsvereins. Referate und Diskussionen. (Quellen und Darstellungen zur Hansischen Geschichte, NF, Bd. 36). Köln 1990, 103–120.

--- Jenseits von Brügge. Norddeutsche Schiffer und Kaufleute an der Atlantikküste und im Mittelmeer in Mittelalter und Früher Neuzeit. In: Müller-Mertens, Eckhard; Böcker, Heidelore (Hrsgg.): Konzeptionelle Ansätze der Hanse-Historiographie. (Hansische Studien, Bd. 14). Trier 2003, 69–114.

Parsons, Gerald: The cult of Saint Catherine of Siena. A study in civil religion. Florence 2008.

Partner, Peter: Camera Papae. Problems of papal finance in the later Middle Ages. Journal of Ecclesiastical History 4 (1953), 55–68.

--- The papal state under Martin V. The administration and government of the temporal power in the early fifteenth century. London 1958.

--- The ‚budget' of the Roman church in the Renaissance period. In: Jacob, Ernst F. (Hrsg.): Italian Renaissance studies. A tribute to the late Cecilia M. Ady. London 1960, 256–273.

--- La Camera apostolica come organo centrale delle finanze pontificie. In: Frova, Carla (Hrsg.): Alessandro VI e lo stato della Chiesa. Atti del convegno (Perugia, 13–15 marzo 2000). (Pubblicazioni degli archivi di stato. Saggi, Bd. 79). Roma 2003, 27–36.

Paschini, Pio: Da medico a patriarca di Aquileia, camerlengo e cardinale di Santa Romana Chiesa. Memorie Storiche forogiuliesi 22 (1927), 1–56.

--- Una famiglia di curiali: I Maffei di Volterra. Rivista di storia della chiesa in Italia (1953), 337–376.

Passerini, Luigi: Genealogia e storia della famiglia Rucellai. Firenze 1861.

--- Gli Alberti di Firenze. Genealogia, storia e documenti. Firenze 1869–1870.

Pastura Ruggiero, M. G.: La Reverenda Camera Apostolica e i suoi archivi (secoli XV–XVIII). Roma 1984.

Pauli, Carl Wilhelm: Das Creditwesen und der Handelsverkehr. In: Lübeckische Zustände im Mittelalter. Vorlesungen gehalten in den Jahren 1850 bis 1868. Nebst eines Vortrags über deutsche Rechtsverhältnisse im Mittelalter. Lübeck 1872a, 121–147.

--- Lübeckische Zustände im Mittelalter. Vorlesungen gehalten in den Jahren 1850 bis 1868. Nebst eines Vortrags über deutsche Rechtsverhältnisse im Mittelalter. Lübeck 1872b.

--- Über die frühere Bedeutung Lübecks als Wechselplatz des Nordens. In: Lübeckische Zustände im Mittelalter. Vorlesungen gehalten in den Jahren 1850 bis 1868. Nebst eines Vortrags über deutsche Rechtsverhältnisse im Mittelalter. Lübeck 1872c, 98–171.

Paulsen, Rheinhard: Schifffahrt, Hanse und Europa im Mittelalter. Schiffe am Beispiel Hamburgs, europäische Entwicklungslinien und die Forschung in Deutschland. (Quellen und Darstellungen zur Hansischen Geschichte, Bd. 73). Köln 2016.

Paulus, Nikolaus: Geschichte des Ablasses am Ausgange des Mittelalters. Paderborn 1923.

Pegolotti, Francesco Balducci: La pratica della mercatura scritta da Francesco Balducci Pegolotti e copiata da un codice manoscritto esistente in Firenze nella Biblioteca Riccardiana. (Della decima e di varie altre gravezze imposte dal comune di Firenze, della moneta, della mercatura de' fiorentini fino al secolo XVI, Bd. 3). Lisbona 1766.

--- Libro di divisamenti di paesi e di misure di mercatantile, edited by Allan Evans. (The mediaeval Academy of America, Bd. 24). Cambridge, MA 1936.

Perroni, Amedeo Giulio: The Florentine merchant and the profit motive. Dissertation. University of Washington 1968.

Petersen, Stefan: Benefizientaxierungen an der Peripherie. Pfarrorganisation, Pfründeneinkommen, Klerikerbildung im Bistum Ratzeburg. (Studien zur Germania Sacra, Bd. 23). Göttingen 2001.

Petriboni, Pagolo di Matteo; di Borgo Rinaldi, Matteo: Priorista (1407–1459), with two appendices (1282–1406). Roma 2001.

Petruccelli della Gattina, Ferdinando: Il concilio. Milano 1869.

Petti Balbi, Giovanna: „Pochi … interissimi, onoratissimi e mercatanti": gli Alberti a Genova tra Tre e Quattrocento. In: Omaggio a Fausto Amalberti. (Atti della Società Ligure di Storia patria, n. s., Bd. 56). Genova 2016, 205–248.

Petzsch, Christoph: Die Nürnberger Familie von Lochaim. Ein Kaufmannsgschlecht des 14.–16. Jahrhunderts. Zeitschrift für bayerische Landesgeschichte 29 (1966), 212–238.

Peyer, Hans Conrad: Leinwandgewerbe und Fernhandel der Stadt St. Gallen von den Anfängen bis 1520. (St. Galler wirtschaftswissenschaftliche Forschungen, Bd. 16). St. Gallen 1959.

Pfeiffer, Friedrich: Rheinische Transitzölle im Mittelalter. Berlin 1997.

Piana, Celestino: Nuove ricerche su le università di Bologna e di Parma. (Spicilegium Bonaventurianum, Bd. 2). Firenze 1966.

Piccolomini, Enea Silvio, (Pius II.): A Calumniis vindicatus. Ternis retractationibus eius quibis dicta et scripta pro Concilio Basileensi contra Eugenium PP. IV. Roma 1823.

--- De Concilio Basiliensi. (Fontes rerum Austriacarum). Wien 1912.

--- Commentaries. (The I Tatti Renaissance library, Bde. 12, 29, 83). Cambridge, MA 2003–2007.

--- Ich war Pius II. Memoiren eines Renaissancepapstes. Augsburg 2008.

Pinchart, Alexandre: Essai sur les relations commerciales des Belges avec le nord de l'Italie et particulièrement avec les Vénetiens depuis le XII siècle jusqu'au XVI siècle. Messager des sciences historiques des arts, ecc. de la Belgique (1851), 9–25.

Pinto, Giuliano: Cultura mercantile ed espansione economica di Firenze. In: Pinto, Giuliano; Rombai, Leonardo; Tripodi, Claudia (Hrsgg.): Vespucci, Firenze e le Americhe. Firenze 2014, 3–18.

Pirenne, Henri: Storia economica e sociale del Medioevo. Milano 1967.

Pitti, Buonacorso: Cronica. Bologna 1905.

Plebani, Eleanora: Una fuga programmata. Eugenio IV e Firenze (1433–1434). Archivio Storico Italiano 170 (2012), 285–310.

Plöchl, Willibald M.: Das Kirchenrecht der abendländischen Christenheit 1055 bis 1517. (Geschichte des Kirchenrechts, Bd. 2). Wien 1962.

Podlech, Ernst: Geschichte der Erzdiözese Köln. Mainz 1879.

Poeck, Dietrich W.: Kontorverlegung als Mittel hansischer Diplomatie. In: Jörn, Nils; Paravicini, Werner; Wernicke, Horst (Hrsgg.): Hansekaufleute in Brügge 4. Beiträge der Internationalen Tagung in Brügge April 1996. (Kieler Werkstücke. Reihe D. Beiträge zur europäischen Geschichte des späten Mittelalters, Bd. 13.4). Frankfurt a. M. 2000, 33–53.

Poliziano, Angelo: Tagebuch (1477–1479) mit 400 Schwänken und Schnurren aus den Tagen Lorenzos des Grossmächtigen und seiner Vorfahren. Jena 1929.

Pölnitz, Götz von: Jacob Fugger und der Streit um den Nachlass des Kardinals Melchior von Brixen. Quellen und Forschungen aus italienischen Archiven und Bibliotheken 30 (1940), 223–294.

--- Fugger und Medici. Historische Zeitschrift 166 (1942), 1–23.

--- Jakob Fugger. Kaiser, Kirche und Kapital in der oberdeutschen Renaissance. Tübingen 1949.

--- Fugger und Hanse. Ein Hundertjähriges Ringen um Ostsee und Nordsee. Tübingen 1953.

--- Die Fugger. Frankfurt a. M. 1960.

Pontecorvi, Alessandro: Maffei, Gherardo. In: Istituto della Enciclopedia italiana (Hrsg.): Dizionario biografico degli Italiani. Roma 1960–.

Postan, Michael; Rich, Edwin; Miller, Edward: The Cambridge economic history of Europe. Economic organization and policies in the Middle Ages. Cambridge 1963.

Prajda, Katalin: Florentine merchant companies established in Buda at the beginning of the 15th century. Mélanges de l'École française de Rome – Moyen Âge 125 (2013).

--- ‚Florentines' trade in the kingdom of Hungary in the fourteenth and fifteenth centuries trade routes, networks, and commodities. Hungarian Historical Review 6 (2017), 36–58.

--- Network and migration in early Renaissance Florence. Friends of friends in the kingdom of Hungary. (Renaissance history, art and culture, Bd. 2). Amsterdam 2018.

Prange, Wolfgang (Hrsg.): Schleswig-Holsteinische Regesten und Urkunden. Bd. 13: Urkundenbuch des Bistums Lübeck. Bd. 2: 1220–1439. (Veröffentlichungen des Schleswig-Holsteinischen Landesarchivs, Bd. 36). Neumünster 1994.

Preyer, Brenda: The „chasa overo palagio“ of Alberto di Zanobi. A Florentine palace of about 1400 and its later remodeling. The Art Bulletin 65 (1983), 387–401.
Prignano, Mario: Giovanni XXIII. L'antipapa che salvò la Chiesa. (Storia, Bd. 98). Brescia 2019.
Ptásnik, Jan (Johannes): Italia mercatoria apud Polonos saeculo XV ineunte. Romae 1910.
--- Wloski Kraków za Kazimierza Wielkiego i Wladyslawa Jagielly. Rocznik krakowski 13 (1911), 49–110.
--- Gli italiani in Polonia nel medioevo. Warschau 1922.
--- Kultura wloska wieków srednich w Polsce. Warszawa 1959.
Pückert, Wilhelm: Die kurfürstliche Neutralität während des Basler Conzils. Ein Beitrag zur deutschen Geschichte von 1438–1448. Leipzig 1858.
Puza, Richard: Kollekte, Kollektor. In: Lexikon des Mittelalters, Bd. 5. München 1980–1999, 1254.

Quirini-Poplawska, Donuta: Die italienischen Einwanderer in Kraków und ihr Einfluss auf die polnischen und deutschen Städte im 16. Jahrhundert. Wissenschaftliche Zeitschrift der Friedrich-Schiller-Universität Jena, Gesellschafts- und Sprachwissenschaftliche Reihe 26/3 (1977), 337–354.

Rachini, Giampaolo: Le fiere di Lione nel XV e XVI secolo. Firenze 1996.
Ramacciotti, Gaetano: Gli archivi della reverenda camera apostolica. Con inventario analitico-descrittivo dei registri camerali conservati nell'Archivio di Stato di Roma. Roma 1961.
Raspini, Giuseppe: Il pesciatino Leonardo Salutati vescovo di Fiesole (1450–1466). Firenze 1994.
Rehberg, Andreas: Kirche und Macht im römischen Trecento. Die Colonna und ihre Klientel auf dem kurialen Pfründenmarkt (1278–1378). (Bibliothek des Deutschen Historischen Instituts in Rom, Bd. 88). Tübingen 1999.
Reichert, Winfried: Lombarden zwischen Rhein und Maas. Rheinische Vierteljahrsblätter 51 (1987a), 188–223.
--- Oberitalienische Kaufleute und Montanunternehmer in Ostmitteleuropa während des 14. Jahrhunderts. In: Bestmann, Uwe; Irsigler, Franz; Schneider, Jürgen (Hrsgg.): Hochfinanz, Wirtschaftsräume, Innovationen. Festschrift für Wolfgang von Stromer. Trier 1987b, 269–354.
--- Lombarden in der Germania-Romania. Atlas und Dokumentation. (Beiträge zur Landes- und Kulturgeschichte, Bd. 2.1–2.3). Trier 2003.
Reichert, Winfried; Irsigler, Franz: Lombardi nell'Occidente dell'Impero. In: Del Treppo, Mario (Hrsg.): Sistema di rapporti ed élites economiche in Europa (secoli XII–XVII). (Europa Mediterranea, Quaderni, Bd. 8). Napoli 1994, 323–336.
Reimann, Arnolf: Die älteren Pirckheimer. In: Gesellschaft für Deutsche Literatur (Hrsg.): Festgabe der Gesellschaft für Deutsche Literatur zum siebzigsten Geburtstag ihres Vorsitzenden Max Herrmann. Leipzig 1935, 1–7.

Remling, Franz Xaver: Urkundenbuch zur Geschichte der Bischöfe zu Speyer. Bd. 2: Jüngere Urkunden. Mainz 1853.
Renouard, Yves: Le compagnie commerciali fiorentine del Trecento. Archivio Storico Italiano 96 (1938), 41–68, 163–179.
--- Les relations des papes d'Avignon et des compagnies commerciales et bancaires de 1316 à 1378. Paris 1941.
--- Recherches sur les compagnies commerciales et bancaires utilisées par les papes d'Avignon avant le Grand Schisme. Paris 1942.
--- Les hommes d'affaires italiens du moyen âge. Paris 1949.
--- Benci, Giovanni. In: Istituto della Enciclopedia italiana (Hrsg.): Dizionario biografico degli Italiani. Roma 1960–.
Rhode, Gotthold: Die Ostgrenze Polens. Im Mittelalter bis zum Jahre 1401. Wien 1955.
Ricciardelli, Fabrizio: The politics of exclusion in early Renaissance Florence. Turnhout 2007.
Richental, Ulrich von: Chronik des Constanzer Concils 1414–1418. (Bibliothek des litterarischen Vereins, Bd. 158). Tübingen 1882.
Riegel, Joseph K.: Die Teilnehmerlisten des Konstanzer Konzils, ein Beitrag zur mittelalterlichen Statistik. Zeitschrift für Geschichtskunde von Freiburg 31 (1916), 193–267.
Rill, Bernd: Friedrich III. Habsburgs europäischer Durchbruch. Graz 1987.
Rippmann, Dorothee Elisabeth: Bauern und Städter: Stadt-Land-Beziehungen im 15. Jahrhundert. Das Beispiel Basel, unter besonderer Berücksichtigung der Nahmarktbeziehungen und der sozialen Verhältnisse im Umland. (Basler Beitrage zur Geschichtswissenschaft, Bd. 159). Basel 1990.
Roberg, Burkhard: Peterspfennig. In: Lexikon des Mittelalters, Bd. 6. München 1980–1999, 1942.
Rocchi, Ambrogio de': Una pratica di mercatura in formazione (1394–1395). (Istituto internazionale di storia economica „F. Datini". Prato. Pubblicazioni. Serie I, Documenti, Bd. 2). Firenze 1980.
Rödel, Dieter: Kamerer-Seiler. In: Lexikon des Mittelalters, Bd. 5. München 1980–1999, 882–883.
Roeck, Bernd: Venice and Germany. Commercial contacts and intellectual inspirations. In: Aikema, Bernard J.; Brown, Beverly L. (Hrsgg.): Renaissance Venice and the north. Crosscurrents in the time of Bellini, Dürer, and Titian. New York 2000, 44–55.
Roon-Bassermann, Elisabeth von: Sienesische Handelsgesellschaften des XIII. Jahrhunderts mit besonderer Berücksichtigung ihres internationalen Handels. Mannheim 1912.
Roover, Raymond de: Money, banking and credit in medieval Bruges. Italian merchant-bankers, Lombards and money-changers. A study in the origins of banking. (The mediaeval Academy of America, Bd. 51). Cambridge, MA 1948a.
--- The Medici. Its organization, management, operations, and decline. (Business history series. Graduate School of business administration. New York University). New York 1948b.

--- La communauté des marchands Lucquois à Bruges de 1377 à 1404. Handelingen van het Genootschap voor Geschiedenes „Société d'Emulation" te Brugge 96 (1949), 23–89.
--- L'évolution de la lettre de change, XIVe–XVIIIe siècles. (École pratique des hautes études, VIe section, affaires et gens d'affaires, Bd. 4). Paris 1953.
--- The story of the Alberti company of Florence, 1302–1348, as revealed in its account books. Harvard Business Review 32 (1958), 14–59.
--- La balance commerciale entre les Pays-Bas et l'Italie au quinzième siècle. Revue belge de philologie et d'histoire 37 (1959), 374–386.
--- The rise and decline of the Medici bank (1397–1494). (Harvard studies in business history, Bd. 21). Cambridge, MA 1963.
--- La struttura della banca fiorentina nei secoli XIV e XV e la tesi Salvemini-La Sorsa. Economia e storia 11 (1964), 190–198.
--- The Bruges money market around 1400, with a statistical supplement by Hyman Sardy. (Verhandelingen van de Koninklijke Vlaamse Academie voor Wetenschappen, Letteren en schone Kunsten van België). Bruxelles 1968.
--- Il banco Medici dalle origini al declino (1397–1494). Firenze 1970a.
--- Le marché monétaire au Moyen Âge et au début des temps modernes. Problèmes et méthodes. Revue Historique 254 (1970b), 5–40.
--- Early banking before 1500 and the development of capitalism. Revue internationale d'histoire de la Banque 4 (1971), 1–16.
--- Renseignements complémentaires sur le marché monétaire à Bruges au XIVe et au XVe siècle. Handelingen van het Genootschap „société d'émulation" te Brugge 109 (1972), 51–91.
--- Business, banking, and economic thought in late medieval and early modern Europe. Chicago 1974.
Ropp, Goswin von der: Unkosten einer Lüneburger Romfahrt im Jahre 1454. Hansische Geschichtsblätter 6 (1887), 29–60.
Rörig, Fritz: Das Einkaufsbüchlein der Nürnberg-Lübecker Mulich's auf der Frankfurter Fastenmesse des Jahres 1495. In: Rechts- und Staatswissenschaftlichen Fakultät der Christian-Albrechts-Universität zu Kiel (Hrsg.): Festschrift für Max Pappenheim. (Veröffentlichungen der Schleswig-Holsteinischen Universitätsgesellschaft, Bd. 32). Breslau 1931, 515–569.
--- Wirtschaftskräfte im Mittelalter. Abhandlungen zur Stadt- und Hansegeschichte. Köln 1959.
Rosa, Luigi de: Gli imprenditori industriali e bancari. In: Cavaciocchi, Simonetta (Hrsg.): L'impresa. Industria – Commercio – Banca, secc. XIII–XVIII. (Istituto internazionale di storia economica „F. Datini". Prato. Pubblicazioni. Serie II, Atti delle „settimane di studi" e altri convegni, Bd. 22). Firenze 1991, 313–333.

Rösch, Gerhard: Venedig und das Reich. Handels- und verkehrspolitische Beziehungen in der deutschen Kaiserzeit. (Bibliothek des Deutschen Historischen Instituts in Rom, Bd. 53). Tübingen 1982.

--- Il Fondaco dei Tedeschi. In: Biadene, Susanna; Corrain, Lucia (Hrsgg.): Venezia e la Germania. Arte, politica, commercio, due civiltà a confronto. Collaborazione alla ricerca iconografica e commenti ai saggi per immagini. Milano 1986, 51–72.

Rosen, Josef: Finanzgeschichte Basels im späten Mittelalter. Gesammelte Beiträge 1971–1987. Stuttgart 1989.

Rosetti, Gabriella: Accoglienza e rifiuto in Italia nel Medioevo. In: Cavaciocchi, Simonetta (Hrsg.): Le migrazioni in Europa. Secc. XIII–XVIII. (Istituto internazionale di storia economica „F. Datini". Prato. Pubblicazioni. Serie II, Atti delle „settimane di studi" e altri convegni, Bd. 25). Firenze 1994, 717–730.

Rossebastiano Bart, Alda: Antichi vocabolari plurilingui d'uso popolare. La tradizione del „solenissimo vochabuolista". (Lessicografia e lessicologia). Alessandria 1984.

Rouche, André: La nation florentine à Lyon au commencement du XVIe siècle. Lyon 1912.

Rubinstein, Nicolai: The place of the Empire in 15th century Florentine political opinion and diplomacy. Bulletin of the Institute of Historical Research 30 (1957), 125–135.

Rülke, Friedrich: Die Verlagerung der Handelswege zwischen 1450 und 1550 und ihre Rückwirkung auf die Deutsche Hanse. Hannover 1971.

Ruppert, Philipp (Hrsg.): Das alte Konstanz in Schrift und Stift. Die Chroniken der Stadt Konstanz. Konstanz 1891.

Rutenburg, Victor I.: La compagnia Uzzano, sui documenti dell'archivio di Leningrado. In: Studi in onore di Armando Sapori. Milano 1957, 687–706.

Saalman, Howard: Tommaso Spinelli, Michelozzo, Manetti and Rossellino. The Journal of the American society of architectural historians 25 (1966), 151–164.

Sacchetti, Franco: Il trecentonovelle. Torino 1970.

Saffré, Romain: Une banque suivant la Cour de Rome. Antonio della Casa et le Languedoc (1439–1452). Paris 2016.

Salutati, Coluccio: Epistolario. (Epistolario di Coluccio Salutati, Bd. 18.1). 1905.

Samaran, Charles; Mollat, Guillaume: La fiscalité pontificale en France au XIVe siècle (période d'Avignon et grand schisme d'occident). (Bibliothèque des Écoles françaises d'Athènes et de Rome, Bd. 96). Paris 1905.

Sanfilippo, Matteo: Roma nel Rinascimento: una città di immigrati. In: Bini, B.; Viviani, V. (Hrsgg.): Le forme del testo e l'immaginario della metropoli. Viterbo 2009, 73–85.

Sapori, Armando: La crisi delle compagnie mercantili dei Bardi e dei Peruzzi. (Biblioteca Storica Toscana, Bd. 3). Firenze 1926.

--- La storia economica d'Italia nei secoli XII–XVI e la storia economica mondiale. Bulletin of the International Committee of Historical Sciences 1 (1933), 127–142.

--- I libri della ragione bancaria dei Gianfigliazzi. (Pubblicazioni della direzione degli Studi medievali, Bd. 2). Milano 1946.

--- I libri degli Alberti del Giudice. (Pubblicazioni della Direzione degli „Studi Medievali", Bd. 3). Milano 1952.

--- Gli italiani in Polonia fino tutto il Quattrocento. In: Studi di storia economica (secoli XIII, XIV, XV). (Biblioteca storica Sansoni). Firenze 1955–1967a, 149–176.

--- Studi di storia economica (secoli XIII, XIV, XV). (Biblioteca storica Sansoni). Firenze 1955–1967b.

--- La mercatura medievale. Firenze 1975.

Sarnowsky, Jürgen: Die Wirtschaftsführung des Deutschen Ordens in Preußen (1382–1454). (Veröffentlichungen aus den Archiven Preußischer Kulturbesitz, Bd. 34). Köln 1993.

Sayous, André-Emile: Les opérations des banquiers italiens en Italie et aux foires de Champagne pendant le XIIIe siècle. Revue Historique 170 (1932), 1–31.

Schäfer, Karl Heinrich: Deutsche in Avignon und ihre Wohnungen zur Zeit Johanns XXII. (1316–1334). Römische Quartalschrift für christliche Altertumskunde und Kirchengeschichte 20 (1906), 162–164.

Schaper, Christa: Die Hirschvogel von Nürnberg. (Nürnberger Forschungen, Bd. 18). Nürnberg 1973.

--- Die Ratsfamilie Rummel. Mitteilungen des Vereins für Geschichte der Stadt Nürnberg 68 (1981), 1–107.

Schaube, Adolf: Handelsgeschichte der romanischen Völker des Mittelmeergebiets bis zum Ende der Kreuzzüge. (Handbuch der mittelalterlichen und neueren Geschichte). München 1906.

Schermann, Matthieu: Observations sur les conséquences financières d'une crise politique: l'expulsion des Florentins de Venise vue de la comptabilité Salviati (1451–1454). In: Nigro, Giampiero (Hrsg.): Le crisi finanziarie. Gestione, implicazioni sociali e conseguenze nell'età preindustriale. (Istituto internazionale di storia economica „F. Datini". Prato. Pubblicazioni. Serie II, Atti delle „settimane di studi" e altri convegni, Bd. 47). Prato 2016, 395–409.

Schiff, Otto: König Sigmunds italienische Politik bis zur Romfahrt (1410–1431). Frankfurt a. M. 1909.

Schildhauer, Johannes; Fritze, Konrad; Stark, Walter: Die Hanse. Berlin 1977.

Schlecht, Joseph: Pius III. und die deutsche Nation. Mit einem Anhang ungedruckter Briefe und dem Lobgedichte des Engelbert Funk. In: Görres-Gesellschaft zur Pflege der Wissenschaft im katholischen Deutschland (Hrsg.): Festschrift Georg von Hertling zum siebzigsten Geburtstag. Kempten 1913, 305–328.

Schmeidler, Bernhard; Biebinger, Wilhelm; Neukam, Wilhelm (Hrsgg.): Quellen zur Handelsgeschichte der Stadt Nürnberg seit 1400. 1. Heft: 1400–1405. (Veröffentlichungen der Gesellschaft für Fränkische Geschichte, Bd. 1). Erlangen 1934.

Schmidlin, Josef: Geschichte der deutschen Nationalkirche in Rom S. Maria dell'Anima. Freiburg i. Br 1906.
Schmidt, Tilman (Hrsg.): Libri rationum camerae Bonifatii papae VIII (Archivum secretum Vaticanum, Coll. 446 necnon Intr. et ex. 5). Città del Vaticano 1984.
--- Waffenembargo und Handelskrieg im Mittelalter. Vierteljahrschrift für Sozial- und Wirtschaftsgeschichte 93 (2006), 23–33.
Schmitz, Ludwig: Die Kosten der päpstlichen Bestätigung Ruprechts von der Pfalz zum Erzbischof von Köln. Rheinische Geschichtsblätter 2 (1895/96), 113–115.
Schmugge, Ludwig: Pellegrini tedeschi in Italia. In: Rachewiltz, Siegfried de; Riedmann, Josef (Hrsgg.): Kommunikation und Mobilität im Mittelalter. Begegnungen zwischen dem Süden und der Mitte Europas, 11.–14. Jahrhundert. Sigmaringen 1995, 169–196.
Schneider, Georg: Die finanziellen Beziehungen der florentinischen Bankiers zur Kirche von 1285 bis 1304. Schmoller, Staats- und socialwissenschaftliche Forschungen 17 (1899), 1–78.
Schneider, Jürgen: Die Bedeutung von Kontoren, Faktoreien, Stützpunkten (von Kompagnien), Märkten, Messen und Börsen im Mittelalter und früher Neuzeit. In: Pohl, Hans (Hrsg.): Die Bedeutung der Kommunikation für Wirtschaft und Gesellschaft. Frankfurt a. M. 1988a, 37–63.
--- Innovationen und Wandel der Beschäftigungsstruktur im Kreditgewerbe vom Spätmittelalter bis zur Mitte des 19. Jahrhunderts. In: Pohl, Hans (Hrsg.): Innovationen und Wandel der Beschäftigungsstruktur im Kreditgewerbe. Frankfurt a. M. 1988b, 21–46.
--- Messen, Banken und Börsen (15.–18. Jahrhundert). In: Società Ligure di Storia Patria (Hrsg.): Banchi pubblici, banchi privati e monti di pietà nell'Europa preindustriale. Amministrazione, techniche operative e ruoli economici. Genova 1991, 133–169.
Schönberg, Gustav: Finanzverhältnisse der Stadt Basel im 14. und 15. Jahrhundert. Tübingen 1879.
Schönfelder, Alexander: Handelsmessen und Kreditwirtschaft im Hochmittelalter. Die Champagnermessen. (Schriften zur Wirtschaftsgeographie und Wirtschaftsgeschichte, Bd. 1). Saarbrücken 1988.
Schrader, Theodor: Die Rechnungsbücher der hamburgischen Gesandten in Avignon 1338 bis 1355. Hamburg 1907.
Schuchard, Christiane: Die Deutschen an der päpstlichen Kurie im späten Mittelalter (1378–1447). (Bibliothek des Deutschen Historischen Instituts in Rom, Bd. 65). Tübingen 1987.
--- Rom und die päpstliche Kurie in den Berichten des Deutschordens-Generalprokurators Jodocus Hogenstein (1448–1468). Quellen und Forschungen aus italienischen Archiven und Bibliotheken 72 (1992), 54–122.
--- I tedeschi alla Curia pontificia nella seconda metà del Quattrocento. In: Gensini, Sergio (Hrsg.): Roma capitale (1447–1527). (Pubblicazioni degli archivi di stato. Saggi, Bd. 29). Pisa 1994, 51–71.
--- Päpstliche Legaten und Kollektoren nördlich der Alpen. In: Rachewiltz, Siegfried de; Riedmann, Josef (Hrsgg.): Kommunikation und Mobilität im Mittelalter. Begegnungen

zwischen dem Süden und der Mitte Europas, 11.–14. Jahrhundert. Sigmaringen 1995, 261–275.
--- Die Anima-Bruderschaft und die deutschen Handwerker in Rom im 15. und im frühen 16. Jahrhundert. In: Schulz, Knut (Hrsg.): Handwerk in Europa. Vom Spätmittelalter bis zur Frühen Neuzeit. (Schriften des Historischen Kollegs, Kolloquien, Bd. 41). München 1999, 1–25.
--- Die Papstfinanz und der Norden Europas im späten Mittelalter. In: Heinig, Paul-Joachim; Moraw, Peter; Krauss, Barbara (Hrsgg.): Reich, Regionen und Europa in Mittelalter und Neuzeit. Festschrift für Peter Moraw. (Historische Forschungen). Berlin 2000a, 249–260.
--- Die päpstlichen Kollektoren im spätmittelalterlichen Reich. (Bibliothek des Deutschen Historischen Instituts in Rom, Bd. 91). Tübingen 2000b.
--- Die deutschen Kurialen und die Anima-Bruderschaft in der zweiten Hälfte des 15. Jahrhunderts. In: Füssel, Stephan; Vogel, Klaus A. (Hrsgg.): Deutsche Handwerker, Künstler und Gelehrte im Rom der Renaissance. Akten des interdisziplinären Symposions vom 27. und 28. Mai 1999 im Deutschen Historischen Institut in Rom. (Pirckheimer-Jahrbuch, Bd. 15/16). Wiesbaden 2001, 26–45.
--- Breslau und die Papstfinanz im späten Mittelalter. Jahrbuch der Schlesischen Friedrich-Wilhelms-Universität zu Breslau 50 (2009), 11–61.
--- Oculus camere. Die Apostolische Kammer und ihr Kollektoren im 14. Jahrhundert: Wege, Medien und Hemmnisse der Kommunikation. In: Drossbach, Gisela; Schmidt, Hans-Joachim (Hrsgg.): Zentrum und Netzwerk. Kirchliche Kommunikationen und Raumstrukturen im Mittelalter. Berlin 2015, 93–125.
Schulte, Aloys: Geschichte des mittelalterlichen Handels und Verkehrs zwischen Westdeutschland und Italien mit Ausschluss von Venedig. Berlin 1900.
--- Die Fugger in Rom, 1495–1523. Mit Studien zur Geschichte des kirchlichen Finanzwesens jener Zeit. Leipzig 1904.
--- Geschichte der großen Ravensburger Handelsgesellschaft 1380–1530. (Deutsche Handelsakten des Mittelalters und der Neuzeit, Bd. 3). Stuttgart 1923.
Schultheiss, Werner: Geld- und Finanzgeschäfte Nürnberger Bürger vom 13.–17. Jahrhundert. In: Stadtarchiv Nürnberg (Hrsg.): Beiträge zur Wirtschaftsgeschichte Nürnbergs. (Beiträge zur Geschichte und Kultur der Stadt Nürnberg, Bd. 11). Nürnberg 1967, 49–116.
Schulz, Knut: Deutsche Handwerkergruppen im Rom der Renaissance. Mitgliederstärke, Organisationsstruktur, Voraussetzungen. Eine Bestandsaufnahme. Römische Quartalschrift für christliche Altertumskunde und Kirchengeschichte 86 (1991), 3–22.
--- Deutsche Handwerkergruppen in Italien, besonders in Rom (14.–16. Jahrhundert). In: Cavaciocchi, Simonetta (Hrsg.): Le migrazioni in Europa. Secc. XIII–XVIII. (Istituto internazionale di storia economica „F. Datini". Prato. Pubblicazioni. Serie II, Atti delle „settimane di studi" e altri convegni, Bd. 25). Firenze 1994, 567–591.

--- Artigiani tedeschi in Italia. In: Rachewiltz, Siegfried de; Riedmann, Josef (Hrsgg.): Kommunikation und Mobilität im Mittelalter. Begegnungen zwischen dem Süden und der Mitte Europas, 11.–14. Jahrhundert. Sigmaringen 1995, 197–228.

Schulz, Knut; Schuchard, Christiane: Handwerker deutscher Herkunft und ihre Bruderschaften im Rom der Renaissance. Darstellung und ausgewählte Quellen. (Römische Quartalschrift für christliche Altertumskunde und Kirchengeschichte. Supplementheft, Bd. 57). Rom 2005.

Schwaiger, Georg: Wiener Konkordat. In: Lexikon des Mittelalters, Bd. 9. München 1980–1999, 88–89.

Schwarz, Brigide: Klerikerkarrieren und Pfründenmarkt. Perspektiven einer sozialgeschichtlichen Auswertung des Repertorium Germanicum. Quellen und Forschungen aus italienischen Archiven und Bibliotheken 71 (1991), 243–265.

--- Ein Freund italienischer Kaufleute in Norden? Berthold Rike, Domprost von Lübeck und Domkustos von Breslau (gest. 1436). Zugleich ein Beispiel für die Nutzung des Repertorium Germanicum für eine Biographie. In: Keller, Hagen; Paravicini, Werner; Schieder, Wolfgang (Hrsgg.): Italia et Germania. Liber Amicorum Arnold Esch. Tübingen 2001a, 447–467.

--- Eine „Seilschaft“ von Klerikern aus Hannover im Spätmittelalter. Quellen und Forschungen aus italienischen Archiven und Bibliotheken 81 (2001b), 256–277.

Schwarz, Ulrich: Petenten, Pfründen und die Kurie. Norddeutsche Beispiele aus dem Repertorium Germanicum. Blätter für deutsche Landesgeschichte 133 (1997), 1–21.

Schwerdfeger, Josef: Papst Johann XXIII. und die Wahl Sigismunds zum römischen König. Ein Beitrag zur Vorgeschichte des Constanzer Concils. Wien 1895.

Sciolla, Gianni Carlo: La scultura di Mino da Fiesole. (Archeologia e storia dell'arte, Bd. 3). Torino 1970.

Selzer, Stephan; Ewert, Christian: Netzwerke im europäischen Handel des Mittelalters. Konzepte – Anwendungen – Fragestellungen. In: Fouquet, Gerhard; Gilomen, Hans-Jörg (Hrsgg.): Netzwerke im europäischen Handel des Mittelalters. (Vorträge und Forschungen / Konstanzer Arbeitskreis für Mittelalterliche Geschichte, Bd. 72). Ostfildern 2010, 21–47.

Shaw, Christine: The politics of exile in Renaissance Italy. New York 2000.

Sieveking, Heinrich: Aus venezianischen Handlungsbüchern. Ein Beitrag zur Geschichte des Großhandels im 15. Jahrhundert. Jahrbuch für Gesetzgebung, Verwaltung und Volkswirtschaft 25/26 (1901–1902), 299.

--- Die Handlungsbücher der Medici. Sitzungsberichte des Kaiserlichen Akademie der Wissenschaften in Wien, philosophisch-historische Klasse 151 (1906), 1–65.

Simon, Volker A.: Der Wechsel als Träger des internationalen Zahlungsverkehrs in den Finanzzentren Südwestdeutschlands und der Schweiz. (Schriften zur südwestdeutschen Landeskunde, Bd. 12). Stuttgart 1974.

Simons, Patricia: Portraiture and patronage in quattrocento Florence with special reference to the Tornaquinci and their chapel in S. Maria Novella. Melbourne 1985.

Simonsfeld, Henry: Der Fondaco dei Tedeschi in Venedig und die deutsch-venetianischen Handelsbeziehungen. Eine historische Skizze. Stuttgart 1887.

--- Die deutschen Colonien in Treviso im späteren Mittelalter. Abhandlungen der Bayerischen Akademie der Wissenschaften, Philosophisch-historische Klasse 19, 3 (1891), 543–638.

Simsch, Adelheid: Die Handelsbeziehungen zwischen Nürnberg und Posen im europäischen Wirtschaftsverkehr des 15. und 16. Jahrhunderts. (Osteuropastudien der Hochschulen des Landes Hessen, Reihe 1, Bd. 50). Wiesbaden 1970.

Simson, Paul: Danzig und das Ablassgeld für das Baseler Konzil. Mitteilungen des Westpreußischen Geschichtsvereins 8 (1909), 35–37.

Sohn, Andreas: Procuratori tedeschi alla Curia Romana intorno alla metà del Quattrocento. In: Gensini, Sergio (Hrsg.): Roma capitale (1447–1527). (Pubblicazioni degli archivi di stato. Saggi, Bd. 29). Pisa 1994, 493–503.

--- Deutsche Prokuratoren an der römischen Kurie in der Frührenaissance (1431–1474). (Norm und Struktur, Bd. 8). Köln 1997.

Soldani, Maria Elisa: Uomini d'affari e mercanti toscani nella Barcellona del Quattrocento. (Anuario de estudios medievales. Anejo, Bd. 69). Madrid, Barcelona 2010.

--- „E perché costui è uxo di qua e intende bene la lingua“. Remarques sur la communication entre marchands au bas Moyen Âge. In: Couto, Dejanirah; Péquignot, Stéphane (Hrsgg.): Les langues de la négociation. Approches historiennes. Rennes 2017, 129–161.

Soldi Rondinini, Gigliola: Le vie transalpine del commercio milanese dal secolo XIII al X. In: Istituto di storia medioevale e moderna della Facoltà di Lettere e filosofia dell'Universita di Milano (Hrsg.): Felix olim Lombardia. Studi di storia padana dedicati dagli allievi a Giuseppe Martini. Milano 1978, 343–484.

Souhr-Könighaus, Annika; Sarnowsky, Jürgen; Kubon, Sebastian (Hrsgg.): Regesten zu den Briefregistern des deutschen Ordens II: die Ordensfolianten 8, 9 und Zusatzmaterial. Mit einem Anhang: Die Abschriften aus den Briefregistern des Folianten APG 300, R/Ll, 74. (Beihefte zum Preußischen Urkundenbuch, Bd. 2). Göttingen 2014.

Spading, Klaus: Zu den Ursachen für das Eindringen der Holländer in das hansische Zwischenhandelsmonopol im 15. Jahrhundert. (Neue Hansische Studien). Berlin 1970.

--- Holland und die Hanse im 15. Jahrhundert. Zur Problematik des Übergangs vom Feudalismus zum Kapitalismus. (Abhandlungen zur Handels- und Sozialgeschichte, Bd. 12). Weimar 1973.

Spallanzani, Marco: Alcune lettere di credito con „segnali“ dell'inizio del Cinquecento. In: Studi in memoria di Mario Abate. Torino 1986, 757–764.

--- Le aziende Pazzi al tempo della congiura del 1478. In: Melis, Federigo (Hrsg.): Studi di storia economica toscana nel medioevo e nel Rinascimento in memoria di Federigo Melis. (Biblioteca del Bollettino storico pisano. Collana storica, Bd. 33). Pisa 1987, 305–320.

--- Tessuti di seta fiorentini per il mercato di Norimberga intorno al 1520. In: Ministero per i Beni Culturali e Ambientali, Ufficio centrale per i. beni archivistici (Hrsg.): Studi in memoria di Giovanni Cassandro. Roma 1991, 995–1016.

Spencer, John R.: Andrea del Castagno and his patrons. Durham 1991.

Spinelli, Franco; Corsini, Enrico; Pennella, Lucina; Romano, Lorna: I Lombardi in Europa. Nomi, sedi, operatività, rapporti con le autorità. Milano 2006.

Spittler, Ludwig Timotheus: Von der ehemaligen Zinsbarkeit der nordischen Reiche an den römischen Stuhl. In: Sämmtliche Werke. Stuttgart 1827, 99–166.

Sprandel, Rolf: Zur Geschichte der Wollproduktion in Nordwestdeutschland. In: Spallanzani, Marco (Hrsg.): La lana come materia prima. I fenomeni della sua produzione e circolazione nei secoli XIII–XVII. (Istituto internazionale di storia economica „F. Datini". Prato. Pubblicazioni. Serie II, Atti delle „settimane di studi" e altri convegni, Bd. 1). Firenze 1974, 97–107.

--- Das mittelalterliche Zahlungssystem nach hansisch-nordischen Quellen des 13.–15. Jahrhunderts. (Monographien zur Geschichte des Mittelalters, Bd. 10). Stuttgart 1975.

--- Die hansische Handelsstellung in Brügge. In: Friedland, Klaus (Hrsg.): Brügge-Colloquim des Hansischen Geschichtsvereins. Referate und Diskussionen. (Quellen und Darstellungen zur Hansischen Geschichte, NF, Bd. 36). Köln 1990, 69–81.

Spufford, Peter: Handbook of Medieval Exchange. (Royal Historical Society Guides and Handbooks, Bd. 13). London 1986.

--- Late medieval merchant's notebooks. A project. Their potential for the history of banking. In: Denzel, Markus A.; Hocquet, Jean Claude; Witthöft, Harald (Hrsgg.): Kaufmannsbücher und Handelspraktiken vom Spätmittelalter bis zum 20. Jahrhundert. (Vierteljahrschrift für Sozial- und Wirtschaftsgeschichte. Beihefte, Bd. 163). Stuttgart 2002, 47–61.

Stabel, Peter: Venice and the Low Countries. Commercial contacts and intellectual inspirations. In: Aikema, Bernard J.; Brown, Beverly L. (Hrsgg.): Renaissance Venice and the north. Crosscurrents in the time of Bellini, Dürer, and Titian. New York 2000, 30–43.

Stark, Walter: Untersuchungen zum Profit beim hansischen Handelskapital in der ersten Hälfte des 15. Jahrhunderts. (Abhandlungen zur Handels- und Sozialgeschichte, Bd. 24). Weimar 1985.

--- Über die Handelstechniken auf dem Brügger Markt um die Wende vom 14. zum 15. Jahrhundert. In: Jörn, Nils; Paravicini, Werner; Wernicke, Horst (Hrsgg.): Hansekaufleute in Brügge 4. Beiträge der Internationalen Tagung in Brügge April 1996. (Kieler Werkstücke. Reihe D. Beiträge zur europäischen Geschichte des späten Mittelalters, Bd. 13.4). Frankfurt a. M. 2000, 97–107.

Stauber, Reinhard: Herzog Georg von Bayern-Landshut und seine Reichspolitik. Möglichkeiten und Grenzen reichsfürstlicher Politik im wittelsbachisch-habsburgischen Spannungsfeld zwischen 1470 und 1505. (Münchener Historische Studien, Abt. Geschichte, Bd. 15). Kallmünz 1993.

Stefani, Marchionne di Coppo: Cronica fiorentina die Marchionne di Coppo Stefani. (Rerum Italicarum Scriptores, Bd. 30.1). Città di Castello 1903.

Stefanik, Martin: Guerra commerciale. Il blocco economico del Re Sigismondo contro Venezia. Il ruolo delle città e dei mercanti nella lotta fra gli stati. Mélanges de l'École française de Rome – Moyen Âge 127 (2015).

Stefke, Gerald: Sundisches, lübisches und flandrisches Geld und der kaufmännische Wechselverkehr zwischen Brügge und Stralsund im ersten Jahrzehnt des 15. Jahrhunderts – nach Hildebrand Veckinchusens Buchführung und anderen gleichzeitigen Quellen. In: Jörn, Nils; Kattinger, Detlef; Wernicke, Horst (Hrsgg.): „kopet uns werk by tyden". Beiträge zur hansischen und preußischen Geschichte. Walter Stark zum 75. Geburtstag. Schwerin 1999, 33–42.

Stehkämper, Hugo; Müller, G.: Kölner Neubürger 1356–1798. Bd. 1: Neubürger 1356–1640. (Mitteilungen aus dem Stadtarchiv von Köln, Bd. 61). Köln 1975.

Stein, Walther: Akten zur Geschichte der Verfassung und Verwaltung der Stadt Köln im 14. und 15. Jahrhundert. Bd. 2. Bonn 1895.

Steiner, Robert: Die Meuting in Augsburg. (Genealogia Boica, Bd. 3.1). München 1978.

Stieda, Wilhelm: Hansisch-Venetianische Handelsbeziehungen im 15. Jahrhundert. Festschrift der Landes-Universität Rostock. Halle 1894.

--- Hildebrand Veckinchusen. Briefwechsel eines deutschen Kaufmanns im 15. Jahrhundert. Leipzig 1921.

Stobbe, Otto: Mitteilungen aus den Breslauer Signaturbüchern. Zeitschrift des Vereins für Geschichte und Alterthum Schlesiens 6 (1864), 335–356.

--- Miszellen zur Geschichte des deutschen Handelsrechts. Zeitschrift für das gesamte Handelsrecht 8 (1865), 28–55.

--- Mittheilungen aus Breslauer Signaturbüchern. Zeitschrift des Vereins für Geschichte und Alterthum Schlesiens 7 (1866), 176–191, 344–362.

--- Mittheilungen aus Breslauer Signaturbüchern. Zeitschrift des Vereins für Geschichte und Alterthum Schlesiens 8 (1867), 151–166, 438–453.

Stöckly, Doris: Le système de l'incanto des galées du marché à Venise (fin XIIIe–milieu XVe siècle). (The Medieval Mediterranean. Peoples, economies and cultures, 400–1453, Bd. 5). Leiden 1995.

Stolz, Otto: Quellen zur Geschichte des Zollwesens und Handelsverkehrs in Tirol und Vorarlberg vom 13. bis 18. Jahrhundert. (Deutsche Zolltarife des Mittelalters und der Neuzeit, Bd. 1). Wiesbaden 1955.

Strack, Georg: Thomas Pirckheimer (1418–1473). Gelehrter Rat und Frühhumanist. (Historische Studien, Bd. 496). Husum 2010.

Strangio, Donatella: La finanza pubblica nella Roma del primo Rinascimento. I registri introitus et exitus della Camera Apostolica nei primi anni di pontificato di Eugenio IV (1431–1434). In: Strangio, Donatella (Hrsg.): Studi in onore di Ciro Manca. Padova 2000, 521–553.

Strayer, Joseph R.: Italian bankers and Philip the Fair. In: Herlihy, David; Lopez, Roberto S.; Slessarev, Vsevolod (Hrsgg.): Economy, society, and government in medieval Italy. Essays in memory of Robert L. Reynolds. Kent 1969, 113–121.

Strieder, Jakob: Das reiche Augsburg. Ausgewählte Aufsätze zur Augsburger und süddeutschen Wirtschaftsgeschichte des 15. und 16. Jahrhunderts. München 1938.

Strnad, Alfred A.: Francesco Todeschini-Piccolomini. Politik und Mäzenatentum im Quattrocento. Römische Historische Mitteilungen 8/9 (1964–1966), 101–425.

--- Papsttum, Kurie, Kirchenstaat und Finanzen. Das Vatikanische Geheimarchiv als historische Quelle. Innsbrucker Historische Studien 6 (1983), 187–190.

--- Wie Johannes Hinderbach zum Bistum Trient kam. Persönliche Herkunft und geistliche Laufbahn eines landesfürstlichen Protegés. Innsbrucker Historische Studien 18/19 (1997), 381–432.

Strocchia, Sharon T.: Burials in renaissance Florence, 1350–1500. Berkley 1981.

Stromer, Wolfgang von: Eine gesellige Versammlung des Nürnberger Rates in Ulrich Stromers Haus und der Aufenthalt Kaiser Karls IV. in Nürnberg im Jahre 1358. Mitteilungen des Vereins für Geschichte der Stadt Nürnberg 52 (1964), LIV–LXIV.

--- Die Guldenmund. Fernhändler, Metallurgen, Buchdrucker. In: Aubin, Hermann (Hrsg.): Beiträge zur Wirtschafts- und Stadtgeschichte. Festschrift für Hektor Ammann. Wiesbaden 1965, 353–361.

--- Handel und Geldgeschäfte der Mendel von Nürnberg 1305–1449. Tradition 11 (1966), 1–16.

--- Das Schriftwesen der Nürnberger Wirtschaft vom 14. bis zum 16. Jahrhundert. Zur Geschichte Oberdeutscher Handelsbücher. In: Stadtarchiv Nürnberg (Hrsg.): Beiträge zur Wirtschaftsgeschichte Nürnbergs. (Beiträge zur Geschichte und Kultur der Stadt Nürnberg, Bd. 11). Nürnberg 1967, 751–799.

--- Nürnberger Unternehmer im Karpatenraum. Ein oberdeutsches Buntmetall-Oligopol 1396–1412. Kwartalnik Historii Kultury Materialnej 16 (1968), 641–662.

--- Oberdeutsche Hochfinanz 1350–1450. (Vierteljahrschrift für Sozial- und Wirtschaftsgeschichte. Beihefte, Bd. 55–57). Stuttgart 1970a.

--- Oberdeutsche Unternehmer im Handel mit der iberischen Halbinsel im 14. und 15. Jahrhundert. In: Kellenbenz, Hermann (Hrsg.): Fremde Kaufleute auf der Iberischen Halbinsel. Köln 1970b, CLVI–CLXXV.

--- Das Zusammenspiel oberdeutscher und florentiner Geldleute bei der Finanzierung von König Ruprechts Italienzug 1401–1402. In: Kellenbenz, Hermann (Hrsg.): Öffentliche Finanzen und privates Kapital im späten Mittelalter und in der 1. Hälfte des 19. Jahrhunderts. (Wirtschaftsgeschichte, Bd. 16). Stuttgart 1971, 50–86.

--- Struktur der Banken in Oberdeutschland. In: Troisième conférence internationale d'histoire économique, Munich 1965. (Congrès et colloques, Ecole pratique des hautes études-Sorbonne. Sixième section, Sciences économiques et sociales, Bd. 10). Paris 1974, 259–262.

--- Nürnberg-Breslauer Wirtschaftsbeziehungen im Spätmittelalter. Jahrbuch für fränkische Landesforschung 34/35 (1975), 1079–1100.

--- Die oberdeutschen Geld- und Wechselmärkte. Ihre Entwicklung vom Spätmittelalter bis zum Dreißigjährigen Krieg. In: van der Wee, Herman; Vinogradov, Vladimir A.; Kotovsky, Grigorii G. (Hrsgg.): Fifth international conference of economic history. Leningrad, 10–14 August 1970. (Congrès et colloques, Ecole pratique des hautes études-Sorbonne. Sixième section, Sciences économiques et sociales, Bd. 15). Den Haag 1976a, 130–150.

--- Tuchhandel im Spiegel oberdeutscher Handelsbücher. In: Spallanzani, Marco (Hrsg.): Produzione, commercio e consumo dei panni di lana (nei secoli XII–XVIII). (Istituto internazionale di storia economica „F. Datini". Prato. Pubblicazioni. Serie II, Atti delle „settimane di studi" e altri convegni, Bd. 2). Firenze 1976b, 325–340.

--- Bernardus Teutonicus und die Geschäftsbeziehungen zwischen den deutschen Ostalpen und Venedig vor der Gründung des Fondaco dei Tedeschi. In: Roth, Paul W. (Hrsg.): Beiträge zur Handels- und Verkehrsgeschichte. Graz 1978a, I–XV.

--- Der kaiserliche Kaufmann. Wirtschaftspolitik unter Karl IV. In: Seibt, Ferdinand (Hrsg.): Kaiser Karl IV. Staatsmann und Mäzen. München 1978b, 63–73.

--- Die Gründung der Baumwollindustrie in Mitteleuropa. Wirtschaftspolitik im Spätmittelalter. (Monographien zur Geschichte des Mittelalters, Bd. 17). Stuttgart 1978c.

--- Funktion und Rechtsnatur der Wechselstuben als Banken in Oberdeutschland, dem Rheinland und den mitteleuropäischen Montanzentren. Bankhistorisches Archiv, Zeitschrift zur Bankengeschichte 5 (1979), 3–34.

--- Commercial policy and economic conjuncture in Nurenberg at the close of the Middle Ages. A model of economic. The Journal of European Economic History 10 (1981), 119–129.

--- Medici-Unternehmen in den Karpatenländern. Versuche zur Beherrschung des Weltmarktes für Buntmetalle. In: Dini, Bruno (Hrsg.): Aspetti della vita economica medievale. Firenze 1985, 370–397.

--- Die Kontinentalsperre Kaiser Sigismunds gegen Venedig 1412–1413, 1418–1433 und die Verlagerung der transkontinentalen Transportwege. In: Vannini Marx, Anna (Hrsg.): Trasporti e sviluppo economico, secoli XIII–XVIII. (Istituto internazionale di storia economica „F. Datini". Prato. Pubblicazioni. Serie II, Atti delle „settimane di studi" e altri convegni, Bd. 5). Firenze 1986, 61–84.

--- Ulrich Kamerer, Großunternehmer und Kammergraf, gen. 1385–1439. In: Imhoff, Christoph von (Hrsg.): Berühmte Nürnberger aus neun Jahrhunderten. Nürnberg 1989, 27.

--- Binationale deutsch-italienische Handelsgesellschaften im Mittelalter. In: Rachewiltz, Siegfried de; Riedmann, Josef (Hrsgg.): Kommunikation und Mobilität im Mittelalter. Begegnungen zwischen dem Süden und der Mitte Europas, 11.–14. Jahrhundert. Sigmaringen 1995a, 135–158.

--- Landmacht gegen Seemacht. Kaiser Sigismunds Kontinentalsperre gegen Venedig 1412–1433. Zeitschrift für historische Forschung 22 (1995b), 143–189.
--- Handel und Kulturaustausch zwischen Oberdeutschland und dem östlichen Mitteleuropa im 15. Jahrhundert. In: Rautenberg, Hans-Werner (Hrsg.): Wanderungen und Kulturaustausch im östlichen Mitteleuropa. Forschungen zum ausgehenden Mittelalter und zur jüngeren Neuzeit. (Völker, Staaten und Kulturen in Ostmitteleuropa). München 2006, 93–192.
Sułkowska-Kurasiowa, I.; Kuraś, S.: Bullarium Poloniae. Roma 1992.
Swanson, Robert Norman (Hrsg.): Promissory notes on the treasury of merits. Indulgences in late medieval Europe. (Brill's companions to the Christian tradition, Bd. 5). Leiden 2006.
Székely, György: Wallons et Italiens en Europe centrale aux XIe–XVIe siècles. Annales Universitatis Scientiarum Budapestinensis de Rolando Eötvös nominatae, Sectio Historica 6 (1964), 3–71.

Tamba, Giorgio: Gozzadini, Gabione. In: Istituto della Enciclopedia italiana (Hrsg.): Dizionario biografico degli Italiani. Roma 1960–.
Tanzini, Lorenzo: 1345. La bancarotta di Firenze. Una storia di banchieri, fallimenti e finanza. Roma 2018.
Tanzini, Lorenzo; Tognetti, Sergio (Hrsgg.): Il governo dell'economia. Italia e Penisola Iberica nel basso Medioevo. (I libri di Viella, Bd. 173). Roma 2014.
Teke, Susanna, Operatori economici fiorentini in Ungheria nel tardo Trecento e primo Quattrocento. Archivio Storico Italiano 153 (1995), 697–707.
Tewes, Götz-Rüdiger: Die römische Kurie und die europäischen Länder am Vorabend der Reformation. (Bibliothek des Deutschen Historischen Instituts in Rom, Bd. 95). Tübingen 2001.
--- (Manuskript) Beobachtungen zum kurialen Rechnungswesen im Spätmittelalter. Referat an der Tagung Rechnungswesen im späten Mittelalter, Christian-Albrechts-Universität Kiel 6.–7. Juli 2001. https://www.histsem.uni-kiel.de/de/das-institut-1/abteilungen/professur-fuer-geschichte-des-spaeten-mittelalters-sowie-wirtschafts-und-sozialgeschichte/alle-webseiten-fouquet/tagungen/tagung-2001-rechnungswesen-im-spaeten-mittelalter, 09.07.2021.
--- Deutsches Geld und römische Kurie. Zur Problematik eines gefühlten Leides. In: Flug, Brigitte; Matheus, Michael; Rehberg, Andreas (Hrsgg.): Kurie und Region. Festschrift für Brigide Schwarz zum 65. Geburtstag. (Geschichtliche Landeskunde, Bd. 59). Stuttgart 2005, 209–239.
--- Kampf um Florenz. Die Medici im Exil (1494–1512). Köln 2011.
--- Zwischen Seelenheil, Machtpolitik und Profiten. Erfahrungen und Strategien von Deutschen und Italienern an der römischen Kurie um 1500. In: Matheus, Michael; Nesselrath, Arnold; Wallraff, Martin (Hrsgg.): Martin Luther in Rom. Die Ewige Stadt als

kosmopolitisches Zentrum und ihre Wahrnehmung. (Bibliothek des Deutschen Historischen Instituts in Rom, Bd. 134). Berlin 2017, 169–186.

Theiner, Augustinus (Hrsg.): Vetera monumenta Poloniae et Lithuaniae gentium finitimarum historiam illustrantia maximam partem nondum edita ex tabulariis Vaticanis deprompta collecta ac serie chronologica disposita. Bd. 1: Ab Honorio PP. III. usque ad Gregorium PP. XII.; 1217–1409. Roma 1860.

--- Vetera monumenta Poloniae et Lithuaniae gentium finitimarum historiam illustrantia maximam partem nondum edita ex tabulariis Vaticanis deprompta collecta ac serie chronologica disposita. Bd. 2: Ab Joanne PP. XXIII. usque ad Pium PP. V.: 1410–1572. Roma 1861.

Thomas, Antoine: Les registres de Boniface VIII. Recueil des bulles de ce pape publiées ou analysées d'après les manuscrits originaux des Archives du Vatican. (Ecole Française „Athenai". Bibliothèque des Ecoles françaises d'Athènes et de Rome, Bd. 1). Paris 1884.

Thomas, Georg Martin: Capitular des deutschen Hauses in Venedig. Berlin 1874.

Thommen, Rudolf: Basel und das Basler Konzil. Basler Jahrbuch (1895), 188–225.

--- Zur Geschichte des Basler Konzils. Anzeiger für schweizerische Geschichte 7 (1897), 213–223.

Toccafondi, Diana: L'Archivio Datini: formazione e tramissione di un archivio mercantile. In: Cecchi, Elena (Hrsg.): L'archivio di Francesco di Marco Datini, fondaco di Avignone. Inventario. Roma 2004, XVII–XXIX.

Toews, John B.: Pope Eugenius IV and the Concordat of Vienna (1448). An interpretation. Church history 34 (1965), 178–194.

Tognetti, Sergio: Il Banco Cambini. Affari e mercanti di una compagnia mercantile-bancaria nella Firenze del XV secolo. (Biblioteca Storica Toscana – Serie I, Bd. 37). Firenze 1999.

--- „Fra li compagni palesi et li ladri occulti". Banchieri senesi del Quattrocento. Nuova rivista storica 88 (2004), 27–102.

--- Gli affari di messer Palla Strozzi (e di suo padre Nofri). Imprenditoria e mecenatismo nella Firenze del primo Rinascimento. Annali di Storia di Firenze 4 (2009), 7–88.

--- Mercanti e libri di conto nella Toscana del basso medioevo. Le edizioni di registri aziendali dagli anni 60 del Novecento a oggi. Anuario de estudios medievales 42 (2012), 867–880.

--- I Gondi di Lione. Una banca d'affari fiorentina nella Francia del primo Cinquecento. (Biblioteca Storica Toscana, Bd. 70). Firenze 2013.

--- Nuovi documenti sul fallimento della compagnia Frescobaldi in Inghilterra. In: Città e campagne del Basso Medioevo. Studi sulla società italiana offerti dagli allievi a Giuliano Pinto. (Biblioteca dell'Archivio Storico Italiano, Bd. 37). Firenze 2014, 135–158.

--- Notai e mondo degli affari nella Firenze del Tre-cento. In: Pinto, Giuliano; Tanzini, Lorenzo; Tognetti, Sergio (Hrsgg.): NOTARIORUM ITINERA. Notai toscani del basso Medioevo tra routine, mobilità e specializzazione. (Biblioteca Storica Toscana, Bd. 78). Firenze 2018, 127–162.

Tonjola, Johannis: Basilea sepulta retecta continuata Monumenta sepulchralia templorum. Basel 1661.
Toomaspoeg, Kristjan: „La societe de Venise“ du marchand hanseatique Hildebrand Veckinchusen (1401–1425). In: Budak, Neven; Houben, Hubert (Hrsgg.): Towns and communication. Communication between towns. Zagreb 2011, 227–244.
Tosatti, Bianca Silvia: Il manoscritto veneziano. Un manuale di pittura e altre arti – miniatura, incisione, vetri, vetrate e ceramiche – di medicina, farmacopea e alchimia del quattrocento. Milano 1991.
Trexler, Richard C.: The spiritual power. Republican Florence under the interdict. Leiden 1974.
Tripodi, Claudia: Gli Spini tra XIV e XV secolo. Il declino di un antico casato fiorentino. (Biblioteca Storica Toscana, Bd. 68). Firenze 2013.
Troe, Heinrich: Münze, Zoll und Markt und ihre finanzielle Bedeutung für das Reich vom Ausgang der Staufer bis zum Regierungsantritt Karls IV. Ein Beitrag zur Geschichte des Reichsfinanzwesens in der Zeit von 1250 bis 1350. (Vierteljahrschrift für Sozial- und Wirtschaftsgeschichte. Beihefte, Bd. 32). Stuttgart 1937.

Untergehrer, Wolfgang: Die päpstlichen nuntii und legati im Reich (1447–1484). Zu Personal und Organisation des kurialen Gesandtenwesens. München 2012.

Valois, Noel: Le pape et le concil, 1418–1450. Paris 1909.
Vannucci, Marcello: Le grandi famiglie di Firenze. (Quest'Italia, Bd. 194). Roma 1993.
Vaquero Piñeiro, Manuel: Mercanti iberici nello spazio commerciale romano nel tardomedievo. Archivi e cultura 37 (2004), 117–143.
Varanini, Gian Maria: Mercenari tedeschi in Italia nel Trecento: problemi e linee di ricerca. In: Rachewiltz, Siegfried de; Riedmann, Josef (Hrsgg.): Kommunikation und Mobilität im Mittelalter. Begegnungen zwischen dem Süden und der Mitte Europas, 11.–14. Jahrhundert. Sigmaringen 1995, 269–301.
Vendittelli, Marco: Mercanti romani del primo Duecento in Urbe potentes. In: Carbonetti, Cristina; Hubert, Étienne (Hrsgg.): Rome aux XIIIe et XIVe siècles. Cinq études. (Collection de l'École Française de Rome, Bd. 170). Rome 1993, 87–135.
--- Una nota sul primo „campsor domini pape“ conosciuto. In: Vismara, Cinzia (Hrsg.): Per Gabriella. Studi in ricordo di Gabriella Braga. (Studi umanistici, Bd. 6). Cassino 2013, 1834–1841.
--- „Geldhandel“ und Kreditwesen in Rom im 12./13. Jahrhundert. Aufstieg und Niedergang der römischen mercatores. In: Maleczek, Werner (Hrsg.): Die römische Kurie und das Geld. Von der Mitte des 12. Jahrhunderts bis zum frühen 14. Jahrhundert. (Vorträge und Forschungen, Bd. 85). Ostfildern 2018a, 495–558.
--- Mercanti-banchieri romani tra XII e XIII secolo. Una storia negata. (I libri di Viella, Bd. 281). Roma 2018b.

Veronesi, Marco: Oberdeutsche Kaufleute in Genua, 1350–1490. Institutionen, Strategien, Kollektive. (Veröffentlichungen der Kommission für geschichtliche Landeskunde in Baden-Württemberg. Reihe B, Bd. 199). Stuttgart 2014.

Viard, Jules: Les journaux du trésor de Philippe VI de Valois suivis de l'Ordinarium thesauri de 1338–1339. Paris 1899.

Vigne, Marcel: La banque à Lyon du XV à XVIII siècle. Lyon 1903.

Vischer, Melchior: Jan Hus. Aufruhr wider Papst und Reich. Frankfurt a. M. 1955.

Vogel, Walter: La Hanse, d'après les publications récentes. Revue Historique 179 (1937), 1–33.

Voigt, Klaus: Der Kollektor Marinus de Fregeno und seine „Descriptio provinciarum Alamanorum". Quellen und Forschungen aus italienischen Archiven und Bibliotheken 48 (1968), 148–206.

--- Italienische Berichte aus dem spätmittelalterlichen Deutschland. Von Francesco Petrarca zu Andrea de' Franceschi (1333–1492). (Kieler historische Studien, Bd. 17). Stuttgart 1973.

Vosshall, Anja: Stadtbürgerliche Verwandtschaft und kirchliche Macht. Karrieren und Netzwerke Lübecker Domherren zwischen 1400 und 1530. (Kieler Werkstücke, Reihe E. Beiträge zur Sozial- und Wirtschaftsgeschichte, Bd. 12). Frankfurt a. M 2016.

Wacker, Gisela: Ulrich Richentals Chronik des Konstanzer Konzils und ihre Funktionalisierung im 15. und 16. Jahrhundert. Aspekte zur Rekonstruktion der Urschrift und zu den Wirkungsabsichten der überlieferten Handschriften und Drucke. Tübingen 2002.

Wackernagel, Rudolf: Die Glasgemälde der Basler Karthause. Anzeiger für schweizerische Altertumskunde 23 (1890), 369–381.

--- Geschichte der Stadt Basel. Basel 1907–1916.

Wackernagel, Rudolf; Thommen, Rudolf (Hrsgg.): Urkundenbuch der Stadt Basel. Basel 1890–1910.

Wall, Heinrich de: Ablass. In: Erler, Adalbert; Kaufmann, Ekkehard; Werkmüller, Dieter; Stammler, Wolfgang (Hrsgg.): Handwörterbuch zur deutschen Rechtsgeschichte. Bd. 1. Berlin 1964–1998, 19–20.

Waschinski, Emil: Die Münz- und Währungspolitik des Deutschen Ordens in Preußen, ihre historischen Probleme und seltenen Prägungen. Göttingen 1952.

Wasserman, Stanley; Faust, Katherine: Social network analysis. Methods and applications. (Structural Analysis in the Social Sciences, Bd. 8). Cambridge 1999.

Watson, William B.: A common market in fifteenth century Europe. The structure of Genoese, Venetian, Florentine, and Catalan trade with Flanders and England. Thesis. Harvard University 1963.

Weber, Alfred R.: Basler Bank- und Börsenwesen. In: Adam, Werner (Hrsg.): Wirtschaftsgeschichte Basel, mit besonderer Berücksichtigung der Gegenwart. Zürich 1947.

Weber, Max: Wirtschaftsgeschichte. Abriss der Universalen Sozial- und Wirtschafts-Geschichte, aus den nachgelassenen Vorlesungen. München 1923.
Weibull, Lauritz (Hrsg.): Diplomatarium dioecesis Lundensis. Lunds Ärkestifts Urkundsbok. (Monumenta Scaniae historica). Lund 1900–1921.
Weigle, Fritz: Deutsche Studenten in Pisa (Deutsche Studenten in Italien IV). Quellen und Forschungen aus italienischen Archiven und Bibliotheken 39 (1959), 173–221.
Weiss, Anton: Aeneas Silvius Piccolomini als Papst Pius II., sein Leben und sein Einfluss auf die literarische Cultur Deutschlands. Mit 149 bisher ungedruckten Briefen aus dem Autogr.-Codex Nr. 3389 der k. k. Wiener Hofbibliothek, sowie einem Anhang. Graz 1897.
Weiss, Sabine: Salzburger am Hof Papst Martins V. in Rom (1420–1431). Ein Beitrag zur Erforschung deutscher Kurienaufenthalte. Römische Quartalschrift für christliche Altertumskunde und Kirchengeschichte 86 (1991), 53–77.
Weiss, Stefan: Rechnungswesen und Buchhaltung des Avignoneser Papsttums (1316–1378). Eine Quellenkunde. (Monumenta Germaniae Historica, Hilfsmittel, Bd. 20). Hannover 2003.
--- Die Aufzeichnungen der päpstlichen Finanzverwaltung. Vom Liber Censuum des Cencius bis zur entwickelten Buchhaltung des Avignoneser Papsttums. In: Maleczek, Werner (Hrsg.): Die römische Kurie und das Geld. Von der Mitte des 12. Jahrhunderts bis zum frühen 14. Jahrhundert. (Vorträge und Forschungen, Bd. 85). Ostfildern 2018, 65–85.
Weissen, Kurt: „An der stuer ist ganz nuett bezahlt". Landesherrschaft, Wirtschaft und Verwaltung in den fürstbischöflichen Herrschaften in der Umgebung der Stadt Basel. (Basler Beiträge zur Geschichtswissenschaft, Bd. 197). Basel 1994.
--- „Ci scrive in todescho!" The Florentine merchant-banker Tommaso Spinelli and his German costumers. The Yale University library gazette 74 (2000), 112–125.
--- I mercanti toscani alle fiere tedesche nel tardo medioevo. In: Cavaciocchi, Simonetta (Hrsg.): Fiere e mercati nella integrazione delle economie europee. Secc. XIII–XVIII. (Istituto internazionale di storia economica „F. Datini". Prato. Pubblicazioni. Serie II, Atti delle „settimane di studi" e altri convegni, Bd. 32). Firenze 2001, 887–908.
--- „Dove il Papa va, sempre è caro di danari". The commercial site analysis in Italian merchant handbooks and notebooks from the 14th and 15th centuries. In: Denzel, Markus A.; Hocquet, Jean Claude; Witthöft, Harald (Hrsgg.): Kaufmannsbücher und Handelspraktiken vom Spätmittelalter bis zum 20. Jahrhundert. (Vierteljahrschrift für Sozial- und Wirtschaftsgeschichte. Beihefte, Bd. 163). Stuttgart 2002, 63–74.
--- Briefe in Lübeck lebender Florentiner Kaufleute an die Medici (1424–1491). Zeitschrift des Vereins für Lübeckische Geschichte und Altertumskunde 83 (2003), 53–81.
--- Florentiner Kaufleute in Deutschland bis zum Ende des 14. Jahrhunderts. In: Irsigler, Franz (Hrsg.): Zwischen Maas und Rhein. Beziehungen, Begegnungen und Konflikte in einem europäischen Kernraum von der Spätantike bis zum 19. Jahrhundert. Versuch einer Bilanz. (Trierer historische Forschungen, Bd. 59). Trier 2006, 363–402.

--- La rete commerciale tedesca delle compagnie fiorentine *romanam curiam sequentes*, 1410–1470. Archivio Storico Italiano 169 (2011), 707–726.

--- I banchieri fiorentini ai concili di Costanza e Basilea. In: Tanzini, Lorenzo; Tognetti, Sergio (Hrsgg.): Mercatura è arte. Uomini d'affari toscani in Europa e nel Mediterraneo tardomedievale. (I libri di Viella, Bd. 132). Roma 2012, 81–95.

--- Die Päpste und ihre Bankiers. Von Italien nach Konstanz. In: Braun, Karl-Heinz (Hrsg.): Das Konstanzer Konzil 1414–1418. Weltereignis des Mittelalters. Essays. Stuttgart 2013, 28–32.

--- Ein Florentiner im Jahre 1423 auf Suchexpedition in Süddeutschland. Zeitschrift für die Geschichte des Oberrheins 165 (2017), 89–119.

Weizsäcker, Julius (Hrsg.): Deutsche Reichstagsakten unter König Ruprecht. (Deutsche Reichstagsakten. Ältere Reihe, Bd. 4–6). Gotha 1882.

Wendehorst, Alfred: Das Bistum Eichstätt. (Germania Sacra. Die Bistümer der Kirchenprovinz Mainz, NF, Bd. 45). Berlin 2006.

Wendt, Heinrich: Schlesien und der Orient. Ein geschichtlicher Rückblick. (Darstellungen und Quellen zur schlesischen Geschichte, Bd. 21). Breslau 1916.

Werner, Karl Ferdinand: Deutschland. Begriff; geographisch-historische Problematik; Entstehung. In: Lexikon des Mittelalters, Bd. 3. München 1980–1999, 782–790.

Werveke, Hans van: Les origines des bourses commerciales. Revue belge de philologie et d'histoire 15 (1936), 133–141.

Westermann, Ekkehard (Hrsg.): Internationaler Ochsenhandel (1350–1750). Stuttgart 1979.

Widder, Ellen: Karriere im Windschatten. Zur Biographie Erzbischof Ruprechts von Köln (1427–1478). In: Widder, Ellen; Mersiowski, Mark; Johanek, Peter (Hrsgg.): Vestigia Monasteriensia. Westfalen – Rheinland – Niederlande. (Studien zur Regionalgeschichte, Bd. 5). Bielefeld 1995, 29–72.

Wiegand, Wilhelm: Urkundenbuch der Stadt Straßburg. Bd. 3: Privatrechtliche Urkunden und Amtslisten von 1266 bis 1332. (Urkunden und Akten der Stadt Straßburg, Bd. 1). Straßburg 1884.

Wielandt, Friedrich: Das Konstanzer Leinengewerbe. (Konstanzer Stadtrechtsquellen, Bd. 2–3). Konstanz 1950–1953.

Williams, George (Hrsg.): Official correspondence of Thomas Bekynton. London 1872.

Wirtz, Caroline: Köln und Venedig. Wirtschaftliche und kulturelle Beziehungen im 15. und 16. Jahrhundert. (Beihefte zum Archiv für Kulturgeschichte, Bd. 57). Köln 2006.

Wirz, Caspar (Hrsg.): Regesten zur Schweizergeschichte aus den päpstlichen Archiven 1447–1513. Bern 1911–1918.

Woker, Philippe: Das kirchliche Finanzwesen der Päpste. Ein Beitrag zur Geschichte des Papstthums. Nördlingen 1878.

Wurstisen, Christian: Basler Chronik. Basel 1883.

Zaccaria, Raffaella Maria: Guadagni, Vieri. In: Istituto della Enciclopedia italiana (Hrsg.): Dizionario biografico degli Italiani. Roma 1960–.

Zagata, Pier: Cronica della Citta di Verona descritta da Pier Zagata, ampliata e supplita. Verona 1749.

Zanoboni, Maria Paola: Portinari, Bernardo. In: Istituto della Enciclopedia italiana (Hrsg.): Dizionario biografico degli Italiani. Roma 1960–.

Zaoral, Roman: The management of papal collections and long-distance trade in the thirteenth-century Czech lands. Mélanges de l'École française de Rome – Moyen Âge 127 (2015). Online seit 12.10.2015. https://doi.org/10.4000/mefrm.2732, 13.06.2021.

Zeibig, Hartmann Joseph: Beiträge zur Wirksamkeit des Basler Concils in Österreich. Sitzungsberichte der philosophisch-historischen Klasse der Kaiserlichen Akademie der Wissenschaften 8 (1852), 515–616.

Zerbi, Tommaso: Le origini della partita doppia. Milano 1952.

Zhisman, Josef: Die Unionsverhandlungen zwischen der orientalischen und der römischen Kirche seit dem Anfange des XV. Jahrhunderts bis zum Concil von Ferrara. Wien 1858.

Zwölfer, Richard: Die Reform der Kirchenverfassung auf dem Konzil zu Basel. Basler Zeitschrift für Geschichte und Altertumskunde 28 (1929), 141–247.

Druck und Bindung
Books on Demand GmbH, Norderstedt